Gerhard Kaiser

GOTTFRIED KELLER

Das gedichtete Leben

Insel Verlag

Erste Auflage 1981

Druck: Nomos Verlagsgesellschaft, Baden-Baden
Printed in Germany

Inhalt

Jemand setzt sich zur Aufgabe, die Welt abzuzeichnen. Im Laufe der Jahre bevölkert er einen Raum mit Bildern von Provinzen, Königreichen, Gebirgen, Buchten, Schiffen, Inseln, Fischen, Behausungen, Werkzeugen, Gestirnen, Pferden und Personen. Kurz bevor er stirbt, entdeckt er, daß dieses geduldige Labyrinth aus Linien das Bild seines eigenen Gesichts wiedergibt. *Jorge Luis Borges*

Der Verstand vergißt, die Phantasie vergißt nie. *Peter Handke*

Ich habe mich in diesen Geschichten entblößt, ich weiß; bis zur Unkenntlichkeit.
Max Frisch

Für Adolf Muschg

Spinnen und Weben

»Es war ein Spinnen und Weben der Phantasie, von dem sich nicht leicht ein Begriff geben läßt«, berichtet Conrad Ferdinand Meyer über einen Besuch bei Gottfried Keller in dessen letzter Krankheit.

»Unverwüstlich sind die Dichter,
Alles wird zum Traum verwoben;
Selbst der nahe Tod wird spielend
Noch mit Schein und Tand umschlungen«

verrät ein Gedicht aus der ersten Schaffensperiode von 1843 oder 1844 (XIV, 141).[1] Ich will keinen Begriff von diesem Spinnen und Weben der Phantasie geben; ich will es anschaulich machen. Der poetische Text ist kein Endprodukt, das auf Verwertung wartete. Er ist ein stillgestellter Ablauf, der durch Lesen wieder in Gang gesetzt werden will und soll. Nicht die erklärte Absicht des Poeten, nicht das vorgegebene Material ziehen den Blick auf sich; Blickfang ist der poetische Prozeß und dessen innere Steuerung, die bei Keller in einer Grundschicht so traumhaft arbeitet, wie seine Träume nach eigenem Zeugnis »wohl organisiert« sind, »einen ordentlichen Verlauf und schöne künstlerische Anschauung« haben (XXI, 69).[2] Mehrfach gebrochen drängt sich das Wissen Kellers über das Nichtwissen des poetischen Traumwebers vor: In »Romeo und Julia auf dem Dorfe« gehen die pflügenden Bauern wie »Weberschiffchen des Geschickes aneinander vorbei und ›was er webt, das weiß kein Weber!‹« (VII, 96) Wer ist in diesem seltsam schiefen Vergleich der bewußt-bewußtlose Weber des Geschickes? Auf der Handlungsebene niemand, denn die Bauern gleichen ja den Weberschiffchen. Auf der Erzählebene: der Erzähler. Durch das Loch im Text sieht der Autor herein, verdeckt durch ein nicht entschlüsseltes Zitat aus Heinrich Heines »Romanzero«[3], das wiederum tief in die Bildwelt der Klassik und Romantik zurückreicht:
Goethes Erdgeist in dem von Keller immer wieder heraufgerufenen »Faust« ist ein *wissender* Weber. Deshalb ist Brentano noch

näher, gegen den der junge Keller 1845 in einem Gedicht »Clemens Brentano, Kerner und Genossen« milde polemisierte (XIV, 83). Er wurde erwähnt in seinen Gesprächen mit Ferdinand Freiligrath; hatte doch Brentano am 3. September 1839 einen rühmenden Brief an den Dichter exotischer Lyrik geschrieben. Noch der freiheitliche politische Emigrant, seit 1845 in Zürich, trug das Schreiben des katholischen Romantikers bei sich und las es dem Nachwuchsautor Keller vor. Bei Brentano konnte er die Verse finden:

»Wenn der lahme Weber träumt, er webe,
Träumt die kranke Lerche auch, sie schwebe,
Träumt die stumme Nachtigall, sie singe,
Daß das Herz des Widerhalls zerspringe,
Träumt das blinde Huhn, es zähl' die Kerne,
Und der drei je zählte kaum, die Sterne,
Träumt das starre Erz, gar linde tau' es,
Und das Eisenherz, ein Kind vertrau' es,
Träumt die taube Nüchternheit, sie lausche,
Wie der Traube Schüchternheit berausche;
Kömmt dann Wahrheit mutternackt gelaufen,
Führt der hellen Töne Glanzgefunkel
Und der grellen Lichter Tanz durchs Dunkel,
Rennt der Traum sie schmerzlich übern Haufen,
Horch! die Fackel lacht, horch! Schmerz-Schalmeien
Der erwachten Nacht ins Herz all schreien;
Weh, ohn' Opfer gehn die süßen Wunder,
Gehn die armen Herzen einsam unter!«

Die unverwüstlichen Dichter sind schwerfüßige Träumer, die aus einem zerstückelten, einsamen Leben den Traum vom ganzen Leben wecken, aus dem wiederum ein schmerzliches Erwachen herausreißt. Der lahme Weber webt ununterbrochen fort. Seine Phantasie vergißt nichts; sein Verstand erinnert sich. Drei Jahre vor seinem Tod trägt der alternde Mann Sorge, Porträts von Immermann, dem Romancier der Epigonenthematik, die auch Keller bewegte, und von Brentano sicherzustellen, die in Freiligraths Studierzimmer gehangen hatten und bei dessen Abreise nach England 1846 in Kellers Besitz übergegangen waren. Er möchte die selten gewordenen Blätter von »innerem Wert« an Freiligraths Witwe zurückgeben, »da ich nur noch beschränkte Zeit zu leben habe«. Sie sollen hingehen, woher sie kamen. Keller dachte zyklisch, in Bewegungen, die Anfang und Ende verknüpfen.[4]

Dieses Kreisen will auch den Leser einkreisen. Lektüre wäre die Lust an Ergebnissen? Lektüre ist die Lust dabei zu sein – als Webender und Verwebter, als Spinner und Versponnener, als Freisetzender und Freigelassener.

»Der grüne Heinrich« oder der Ich-Schreiber

»O! Grün, Grün! mein mütterliches Grün!
. . . Nimm mich auf in deine Arme!«
E. T. A. Hoffmann, Die Genesung.

Leben dichten

In einer autobiographischen Skizze Gottfried Kellers von 1876 heißt es rückblickend, er sei bei der Niederschrift des »Grünen Heinrich« über der Jugendgeschichte des »Helden oder vielmehr Nichthelden« in ein solches Fabulieren hineingekommen, »daß das Buch vier Bände stark und ganz unförmlich wurde. Ursache hievon war, daß ich eine unbezwingliche Lust daran fand, in der vorgerückten Tageszeit einen Lebensmorgen zu erfinden, den ich nicht gelebt hatte, oder, richtiger gesagt, die dürftigen Keime und Ansätze zu meinem Vergnügen poetisch auswachsen zu lassen. Jedoch ist die eigentliche Kindheit, sogar das Anekdotische darin, so gut wie wahr . . . Dagegen ist die reifere Jugend des grünen Heinrich zum größten Teile ein Spiel der ergänzenden Phantasie und sind namentlich die beiden Frauengestalten gedichtete Bilder der Gegensätze, wie sie im erwachenden Leben des Menschen sich bestreiten. Endlich aber mußte das Buch doch ein Ende erreichen . . . Der einmal beschlossene Untergang wurde durchgeführt . . . So wurde der grüne Heinrich also begraben.« (XXI, 20 ff.)[1] Die Formulierung vom erfundenen Lebensmorgen, den der Autor nicht gelebt hat, haftet; doch sie wird alsbald halb zurückgenommen. Die Kindheitsgeschichte ist bis ins Anekdotische hinein so gut wie wahr. Erst mit der Pubertät des grünen Heinrich wachsen ihm literarische Schicksale, vornehmlich sein Liebesschicksal, zu.

Randscharf wie diese Trennung von Realität und Phantasie ist die Fügung der Bauteile des Romans in seiner Erstfassung, die 1854/55 erschien. Der junge grüne Heinrich bringt die von ihm selbst während der letzten Zeit vor seiner Abreise niedergeschriebene Geschichte seiner Kindheit und frühen Jugend aus der Schweizer Heimatstadt mit nach München (XVI, 66; A 1, Kap. 4), wo er sich zum Maler ausbilden will. Die Ich-Erzählung reicht – vom Autor Keller her gesehen – so weit, wie die Phantasie-Erfindung die Linien der realen Kindheitsgeschichte mit innerer Konsequenz in eine erfundene Pubertätsgeschichte auszieht. Mit Annas Tod und der Auswanderung Judiths sind die halbwüchsigen Liebesträume ausgeträumt, die Schwester-Geliebte und die Mutter-Geliebte, letzte Spielfiguren im Feld einer frühkindlich geprägten Erwartungshaltung, verschwunden. Die Kiste, die Heinrichs Siebensachen birgt, heißt eine »Arche Noä« (65). Sie hat ihn aus einem Untergang an Land getragen, wo er die durch seine Schulkatastrophe behinderte Auseinandersetzung mit den objektiven Bildungsmächten – Berufswelt, Ökonomie, Gesellschaft, Staat – auf sich gestellt fortzuführen hat. Im leeren Augenblick, innerlich nicht mehr zu Hause, aber auch noch nicht in der neuen Welt angekommen, blättert Heinrich in seinen Aufzeichnungen, und der Romanleser liest sich mit ihm fest.

Die an so markanter Stelle des Romans plazierte Ich-Erzählung wird eingerahmt durch die Ausführungen eines überblickenden Erzählers, der von seinem Romanhelden in dritter Person spricht und zunächst den Abschied von der Heimat und der Mutter sowie die Reise nach München, dann den Lebensweg Heinrichs bis zu seinem frühen Tod schildert. Da der grüne Heinrich am Ende begraben wird, muß ein anderer über ihn das Wort nehmen. Allenfalls ließe sich fragen, wieso das halbe Kind, als das Heinrich geschrieben haben soll, so souverän erzählen kann und wie es kommt, daß seine Stimme von der des Erzählers, der in dritter Person spricht, kaum zu unterscheiden ist, obwohl dieser ihm doch »jugendliche Subjektivität und Schreibseligkeit« ankreidet (66). Die Antwort ist einfach: Weil Keller an sich als Erzähler zu bemängeln hat, was der Erzähler am erzählenden Heinrich bemängelt: »das subjektive und eitle Geblümsel«. So schon am 22. September 1850 an Ferdinand Freiligrath, während der Produktion der ersten Romanfassung.

Die autobiographische Äußerung, in der sich Keller an die Entstehungsumstände des Romans erinnert, gehört in die Planungsphase der Neufassung des »Grünen Heinrich«, die 1879/80 gedruckt wurde. Sie verändert den Erzählvorgang in zwei entscheidenden Punkten. »Allein er schläft nicht sehr ruhig«, gesteht der siebenundfünfzigjährige Autobiograph Keller vom grünen Heinrich (XXI, 22). Der Dichter holt ihn aus dem Grab bei der Mutter, in das er am Ende der ersten Gestalt des Romans sinkt, wieder heraus und beordert ihn durchgehend zum autobiographischen Erzählen. Als älterer Mann setzt er seine Erinnerungen fort, und so entsteht der zweite Teil der Geschichte. Er beginnt bei Verhandlungen über die Freigabe eines kleinen väterlichen Erbes für die Malerausbildung in München (V, 97 ff.; B 3, Kap. 9) und reicht bis zur Gegenwart des Erzählers beim Akt der Niederschrift. Der Bericht von der Reise aus der Heimat in die deutsche Kunststadt entfällt. Die zweite Änderung im Erzählvorgang ist unscheinbar, aber sie vollendet in Wechselbeziehung mit der ersten einen grundlegenden Orts- und Charakterwechsel des Erzählens: Heinrich schreibt jetzt seine Kindheit und Jugend bis zur Abfahrt nach München erst am Ende der Münchener Lehrzeit auf.[2]

Die zeitliche Verlagerung des Kindheits- und Jugendberichts bringt einen Gewinn an Wahrscheinlichkeit, weil man dem in den Münchener Lehrjahren gereiften Helden eher den Zugriff der Darstellung glaubt als dem pubertären Malerjüngling, dem bisher die Erzählung anvertraut war. Trotzdem liegt hier nicht der Sinn der Änderung; nimmt doch Keller im Zuge der Bearbeitung mit dem Ausbau der Ich-Erzählung die andere, neue Unwahrscheinlichkeit in Kauf, daß Heinrich von der abwesenden Mutter wie ein Anwesender, ja wie ein Gedankenleser sprechen kann, mit der Hilfskonstruktion: »So sehe ich sie jetzt noch, obgleich ich nicht dabei war, dank der Kenntnis ihrer Gewohnheiten ...« (VI, 48; B 4, Kap. 3). Vor allem tut Keller auch in der Zweitfassung des Romans nichts Eingreifendes, um den Erzähler als Person und die Erzählsituation psychologisierend und individualisierend auszuformen. Der gealterte Heinrich erzählt in der gleichen Weise wie der junge Mann und wie vorher der alles überblickende Erzähler des Romans.[3] Fundamental ist die Änderung vielmehr in anderer Hinsicht:

Der seine Kindheits- und Jugendgeschichte wieder lesende

Heinrich der Erstfassung hat als Stützpunkt seiner Münchener Weltfahrt eine Wohnung genommen, die nicht eben zur Welt geöffnet ist. Die Fenster, an denen Sessel stehen, gehen auf einen stillen Hof, »und noch ein anderer behaglicher Sitz zum träumerischen Ausruhen versprach die endlich geleerte Arche Noä zu werden, welche er zwischen den Ofen und das Bett hineinschob« (XVI, 65; A 1, Kap. 4). Auf seiner Reisekiste zwischen Ofen und Bett träumend beginnt Heinrich den neuen Lebenslauf, so wie ja auch die biblische Arche Noä das vom Untergang Gerettete aus sich entläßt. Während sich aber Noah an seiner Hände Arbeit macht, wendet sich Heinrich zurück. Im Gewesenen sucht er die Richtschnur für das Kommende. Er liest sich in der Fremde die Heimat herbei. Der seine Kindheits- und Jugendgeschichte schreibende Heinrich der Zweitfassung tritt noch gründlicher aus seiner Gegenwart weg. Er geht als ein »Sorgenschreiber« an die Niederschrift, der sich Rechenschaft über seinen bisherigen Weg ablegen will. Doch was als »Selbstprüfung« beginnt, endet als »Erinnerungsvergnügen« (VI, 176; B 4, Kap. 10).

»Kaum war ich . . . recht an der Arbeit, so vergaß ich vollkommen meinen kritischen Zweck und überließ mich der bloß beschaulichen Erinnerung an alles, was mir ehedem Lust oder Unlust erweckt hatte; jede Sorge der Gegenwart entschlief, während ich schrieb vom Morgen bis zum Abend und einen Tag wie den andern . . . wie einer, der während schöner Frühlingswochen in einem Gartensaale sitzt, ein Glas alten Landweines zur Rechten und einen Strauß junger Feldblumen zur Linken.« (VI, 61; B 4, Kap. 4) Solche Macht hat die Rückwärtswendung, daß sie sogar die gegenwärtige Schreibsituation in der dürftigen Großstadtbehausung zu verwandeln und zu verklären vermag. Der aber den jugendlichen Schreiber so beschreibt, der alternde Heinrich, schreibt selbst rückwärts gewendet, »um noch einmal die alten grünen Pfade der Erinnerung zu wandeln« (VI, 325; B 4, Kap. 16), gekennzeichnet also durch das gleiche Stichwort Erinnerung, in der allein es ihm noch grünt, nachdem mit dem Tod der wiedergefundenen Jugendgeliebten Judith »die Stimme der Natur selbst« (324) aus seiner Gegenwart entschwunden ist. Die frühere Situation wird aus der späteren hervorgebracht wie die Puppe aus der Puppe; die eine bestrahlt, kommentiert und produziert die andere, es ist alles anders und doch gleich, und schon deshalb darf sich der Erzählstil des früheren nicht von dem des späteren Heinrich abheben, weil es nicht um Unterscheidung, sondern um Konvergenz, ein Verfließen der Konturen und der Zeiten gegeneinander geht.

»Wie lang ist es her, seit ich das Vorstehende geschrieben habe. Ich bin kaum derselbe Mensch, meine Handschrift hat sich längst verändert, und doch ist mir zu Mut, als führe ich jetzt fort zu schreiben, wo ich gestern stehen blieb. Dem unveränderlichen Lebenszuschauer sind Stern und Unstern gleich kurzweilig...« (v, 97; B 3, Kap. 9). So setzt in der Bearbeitung der bejahrte Lebenszuschauer mit dem zweiten Teil der Geschichte Heinrichs ein, der schon als junger Mann und Verfasser des ersten Teils seiner Geschichte ein Lebenszuschauer war. Der junge Heinrich hat durch die Trennung von Judith, wie ihm zuweilen scheint, das Beste seines Lebens verloren (v, 231; B 3, Kap. 14); dem alten ist das gleiche zum zweitenmal durch ihren Tod widerfahren. Der junge schreibende Heinrich hat seinen Beruf – die Malerei – hinter sich; der alte – die beamtete Schreiberei – auch. Und noch weiter greifende Parallelen sind mit der Veränderung der Erzählperspektive hergestellt. Der grüne Heinrich, der die zweite Hälfte seiner Erinnerungen schreibt, dürfte etwa fünfundzwanzig Jahre älter sein als der Verfasser der ersten Hälfte. Etwa fünfundzwanzig Jahre liegen auch zwischen der Erstfassung des »Grünen Heinrich« und der Umarbeitung[4], und doppelt beziehen sich nun die doppelten Schreibsituationen – die des Autors und die des fingierten Ich-Erzählers – aufeinander.

Der gealterte Dichter übernimmt mit wenigen Änderungen aus der Erstfassung des Romans die in Ich-Form erzählte Kindheits- und Jugendgeschichte, wie sie der jüngere Dichter niedergeschrieben hatte. Dagegen formt er den zweiten Teil des Romans tiefgreifend um, der von der Münchener Zeit der Malerausbildung und den späteren Widerfahrnissen des Helden berichtet, und setzt ihn fort, indem er Heinrich weiterleben läßt bis zur späten Niederschrift. Sie bildet den Schlußpunkt des Romans. Auf der Ebene von Kellers Schriftstellerbiographie verhalten sich demnach Erst- und Zweitfassung des Romans ähnlich zueinander wie auf der Ebene der Romanerzählung die erste und zweite Romanhälfte. Dem zu Jahren gekommenen schreibenden Heinrich ähnelt sein zu Jahren gekommener Autor – auch er sitzt als kinderloser Junggeselle nach ebenso verantwortungs- wie entsagungsvoller Beamtentätigkeit wieder an der Geschichte seiner Jugend –, und er erfindet eine Schreibsituation des jungen Heinrich, die der eigenen früheren Schreibsituation am »Grünen Heinrich« in der Heidelberger und Berliner Studienzeit 1848-1855 gemäß ist. Der Autobiograph und gescheiterte Maler Heinrich Lee schreibt in München, wie einst der gescheiterte Maler Gottfried Keller in Berlin – in der Fremde, innerlich vereinsamt, von materieller Not und Schuldgefühlen gegenüber der verlassenen verwitweten Mutter zu Hause geplagt.

Der grüne Heinrich der Erstfassung träumt, in seiner mitgebrachten Niederschrift blätternd, von seiner Kindheit und Jugend; der grüne Heinrich der Zweitfassung *er*träumt sie schreibend, gleich Keller in der Fremde. Die Analogie geht so weit, daß der rückblickende Autor im autobiographischen Bericht von 1876 über die fernen Jahre der Romanentstehung sinngemäß dasselbe sagt, was er als Romanbearbeiter den rückblickenden Schreiber Heinrich über das Schreiben des jungen Heinrich berichten läßt: er spricht an beiden Stellen, *im* Roman und *angesichts* des Romans, vom Hervorbringen einer ungelebten Jugend. »Ich hatte in der trüben Dämmerung, die mich schon geraume Zeit umgab, das Gefühl bekommen, als ob ich eigentlich keine Jugend erlebt hätte; und nun entwickelte sich unter meiner Hand eine Bewegung jungen Lebens, die trotz aller Bescheidenheit der Zustände und Verhältnisse mich gefangen nahm, beschäftigte und bald mit glückseligen, bald mit reumütigen Empfindungen erfüllte.« (VI, 61; B 4, Kap. 4) So die Romanformulierung, die neben die Formel der autobiographischen Skizze vom erfundenen Lebensmorgen tritt (XXI, 21). Der grüne Heinrich schafft sich im Erzählen phantasievoll eine Jugend. Gottfried Keller bringt aus seiner Biographie einen Roman hervor und schreibt sich im Roman eine Biographie zu.[5] Beide sind darin, wie der Graf auf dem Schloß, Heinrichs letzter

Station vor der Heimkehr zur Mutter, scherzhaft vermutet, »Geisterbeschwörer und Schatzgräber« (VI, 176; B 4, Kap. 10). Das Wort fällt angesichts eines emblematischen Zufallsarrangements, das Keller aus der Stillebenmalerei bekannt gewesen sein könnte; Heinrichs autobiographisches Buch bildet es zusammen mit dem Totenschädel des seltsamen Albertus Zwiehan, den der schreibende Held in der Zweitfassung des Romans als »mysteriöses Reisegepäck« bei sich führt. Die Vanitas-Symbolik deutet auf die Vergeblichkeit dieses Schreibens. Heinrichs Schreibtätigkeit, die nach dem Schatz des Lebens gräbt und dessen Geister beschwört, zielt in den Tod.[6] In der Nacht vor der Einkehr auf dem Schloß huscht der Kauz vor seinem Gesicht vorüber, »und aus der Tiefe schrie der Uhu« (VI, 144; B 4, Kap. 8) – Totenvögel, auch sie zum Vanitas-Arrangement gehörig. (Abb. 1)

Was da als *Schreib*-Motivation vom Autor zum Ich-Erzähler hinüberwandert, das ist als *Handlungs*-Motivation des Romans schon während der Vorarbeiten mit einer Bündigkeit formuliert worden, die im ausgearbeiteten Werk eher wieder gelockert wird; läßt doch die Erstfassung den Helden der Mutter leidend nachsterben, während eine Arbeitsnotiz zum »Grünen Heinrich« auf einen aktiven Selbstmord des Helden hindeutet: »Er hat keine Vergangenheit und verliert eben deswegen das Recht auf die Zukunft. Er gibt sich mit dem vollsten Bewußtsein dieses Unglückes den Tod.« (XIX, 348) Hier schlägt sich über lange Jahre hinweg der Bogen vom Arbeitsbeginn zur letzten Stunde des Romans und von seinem Inhalt zur Fiktion und Realität seiner Hervorbringung, denn der Spruch gilt für alle: den alten grünen Heinrich wie den alten Keller, den jungen grünen Heinrich wie den jungen Keller, und deshalb schreiben sie alle: Wer keine Vergangenheit hat, kann sie sich allenfalls erfinden. Eine Zukunft voll gelebten Lebens hat er nicht. Sein spärliches Handeln mündet in Erinnern.

Indem die Rede von der Erfindung eines ungelebten Lebensmorgens vom Autor dem Ich-Erzähler der zweiten Romanhälfte zugesprochen wird, entsteht eine weitere, vielleicht die entscheidende Oszillation am Text der zweiten Fassung, denn die von Keller in seiner Skizze getroffene Unterscheidung zwischen erlebter Kindheit und phantasierter Jugend kann für den

Autobiographen Heinrich nicht geltend gemacht werden, wie er sie auch nicht trifft. Und schon für den Autor Keller ist sie eine Hilfskonstruktion, die vor dem Fall ins Bodenlose bewahren soll.[7] In gleichzeitigen und späteren Briefen wird anderes laut. »Ich habe erst vor sechs Wochen das letzte Kapitel meines Romanes und zwar am Palmsonntag buchstäblich unter Tränen geschmiert und werde diesen Tag nie vergessen«, schreibt Keller am 9. Mai 1855 an den Literarhistoriker Hermann Hettner, seinen Freund. Das nicht nur, weil der Romanautor in seiner Dichtung lebt; auch, weil das Leben des Autors in das Schreiben des Romans einsickert. Kellers unglückliche, zur Verdüsterung der Berliner Jahre beitragende Leidenschaft für Betty Tendering, die bella trovata, verstellt sich zu Heinrichs Liebesgeschichte mit Dortchen Schönfund.

Die Schreibunterlage, auf der Keller von ihr und dem Grafenschloß schreibt, zeigt Bettys Initialen am Gittertor eines herrschaftlichen Anwesens, das ihm verschlossen bleibt.[8] Die Öffnung mitsamt dem Landsitz wird erdichtet, doch was findet sich drin? biographische Leiden. Das Auferweckungsgedicht des Angelus Silesius, das Dortchen Schönfund vergeblich dem gefrorenen Christen Heinrich zuruft, ruft Keller auf der Schreibunterlage ebenso vergeblich sich selbst zu (XXII, 435). Auch im Wunschbild des Lebens wird Dortchen nicht erlangt. Heinrich krankt an einer Schreibhemmung, die seine Korrespondenz mit der Mutter zum Verdorren ins Geschäftsmäßige bringt, bis er auf dem Grafenschloß ohne recht erkennbare Motivation völlig verstummt (XIX, 306 f.; A 4, Kap. 14 / VI, 244 ff.; B 4, Kap. 13). ». . . als dann das eigentliche Komponieren gegen den Schluß angehen mußte, war ich mit dem Kopfe nicht mehr dabei«, läßt Keller am 19. Januar 1878 gegen Ida Freiligrath verlauten. »So mußte dann die mütterliche Tragik in allerhand Übertreibungen aushelfen. Selbst erlebte Empfindungen waren dabei im Spiele; denn ich hatte beinah ein Jahr lang nicht nach Hause geschrieben und glaubte zuweilen es nicht erleben zu können, heimzukehren. Nun, mein Mütterchen ist nachher zufrieden bei mir auf der Zürcher Staatskanzlei gestorben, was ihr in unsern Verhältnissen sogar stattlich vorkam.«[9] Der nicht heimschreibende und nicht heimkehrende Keller verstrickt sich in die Geschichte

eines nicht heimschreibenden und nicht heimkehrenden Helden wie Heinrich sich im Schloß des Grafen verstrickt, aber dann wird der eine in den Tod geschickt, damit der andere, der nicht-schreibende Berufsschreiber und Verseschmied, mit dem Mütterchen lebenbleiben kann. Ehrenwörtlich versichert Keller am 2. April 1855 seinem Verleger Vieweg, daß er »nur unter den größten Leiden aller Art das Buch fertig gebracht habe und durch dasselbe, das ich zugleich erlebte, indem ich es schrieb, in jeder Weise gebannt war.«
Und der schreibend gebannte Heinrich? Er hat ja auch das erlebt, was sein Autor nur phantasiert. Oder phantasiert er auch das, was sein Autor erlebte? Schon der kleine grüne Heinrich ist in Spiel und Ernst damit beschäftigt, Wirklichkeit zu erdichten und Erdachtes als wirklich zu behandeln; zu seinem Unglück, wie sich immer wieder zeigt. Als Heinrich in München seine ungelebte Jugend schreibend hervorgebracht hat, geht er hin und läßt das Buch einbinden. Der Buchbinder aber unterliegt einem verständnisvollen Mißverständnis. Er bindet nämlich die Blätter, statt auftragsgemäß in grüne Leinwand, in kostbare grüne Seide zu einem Goldschnittband mit Metallspangen. Die Kindheits- und Jugendgeschichte zehrt damit die letzten Gelder Heinrichs auf. Von nun an leidet er ernstlich Not, aber was tut es. Das Kostbarste, was er hat und ist, das ist auch kostbar wie ein grüner Prinz Heinz gekleidet[10]: sein erdichtetes Leben, das sein eigentliches ist. Buchstäblich trägt das Buch die »Leibfarbe« seines Schreibers (VI, 61; B 4, Kap. 4), und der späte Heinrich setzt dieses erinnert-erdichtete Leben fort. Die grünen Pfade der Erinnerung, auf denen er wandelt, sind nicht Straßen realer Erfahrung von Realität; sie sind mit Tinte geschriebene Zeilen auf Papier, der neuen Welt der alten Phantasie, in die er sich aus der Misere seiner Gegenwart flüchtet. Die Lebensgeschichte des grünen Heinrich ist das Protokoll einer Wanderschaft im Zwischenreich. Der phantastisch lebende Heinrich ist das Produkt des phantasierend schreibenden Heinrich.

Das heißt aber nichts anderes, als daß die Realität in diesem Werk ein Grenzwert bleibt.[11] Es gibt kein Zurück hinter die Erzählung eines ewig grünen Heinrich von ihr, doch es gibt durch die Beschreibung der Schreibsituation ein Signal dafür, daß eine Realität jenseits dieser Rede liegt. Sie kann Konturen in eine Decke des Schweigens einprägen, die sich partienweise über ihr breitet, aber auch in eine Decke des kommentierenden Hinsprechens über die Dinge. Ihr Druck kann die erinnernde Phantasie beflügeln und vorantreiben, aber auch abwehrende, konventionalisierte, zuweilen miteinander konkurrierende Vorstellungs- und Erklärungsmuster hervorrufen.[12] Die Wirklichkeit jenseits bekundet so ihr Vorhandensein im Ausbleiben ihres vollen Erscheinens und veranlaßt damit den Leser, sich nicht beruhigt der Immanenz des Erzählten zu überlassen. Es ist ein Erzähltes in einem Erzählprozeß, der selbst in seinem Prozeßcharakter, in seinen Stauungen, Wirbeln, Untiefen, Strömungen, Sperren spricht, darin die Realität jenseits nicht nur verhüllend, sondern auch zusätzlich als Energie im Text bezeugend. Darin enthält die sonor erzählte Geschichte auch einen Unterton, eine sich nie ganz auflösende Herausforderung, nach der Geschichte im Hintergrund der Geschichte zu fragen. Doch in der Annäherung an sie entgleitet die erste Geschichte, so daß an den Ausgangspunkt zurückgegangen werden muß. In einem melancholischen Spiel mit dem Namen der Geliebten Dortchen Schönfund ruft der grüne Heinrich der Erstfassung des Romans die banale Weisheit: »Dortchen ist nicht Hierchen« in den Wald (XIX, 285; A 4, Kap. 13).[13] Derselbe Kernsatz läuft im Erzählen ununterbrochen mit. Dortchen und Hierchen gehören im gedichteten Leben und gelebten Dichten als getrennte zusammen und bleiben als zusammengehörige geschieden wie die Vorder- und Rückseite einer Münze.

Das gilt für die Realität als Jenseits im Diesseits der Erinnerung des grünen Heinrich wie für Kellers Biographie als Jenseits im Diesseits des autobiographischen Romans, der die Biographie *um*schreibt und um*schreibt,* weiterschreibt, zuschreibt, verdeckt und offenbart. So ist das Verhältnis von Leben und Schreiben im »Grünen Heinrich« humoristisch, aber nicht im Sinne der Tradition Jean Pauls, Theodor Gottlieb von Hippels und Laurence Sternes, die Keller während der Arbeit am »Grünen Heinrich« in seiner Jeremias-Gotthelf-Rezension von 1851 kritisch zitiert (XXII, 75). Denn diese Humoristen erheben sich schreibend über das Leben und nehmen es in eine Verfügung, die Keller mißbilligt und als Weltflucht, Ausdruck »unglückseliger und trüber Zeit« durchschaut.[14] Er schreibt ums Leben, und so sitzt er mit dem grünen Heinrich auf einer Schaukel, in deren Schwingen sein Schreiben zum Leben und sein Leben zum Schreiben wird. Das Anzeigen einer Abwesenheit der Realität, die doch mit dem Text ihr Wesen treibt, ist exakt der Realitätsbezug dieses Erzählens. Das Anzeigen seiner Subjektivität ist exakt die Objektivität, die es erreicht. Da ihn Welthunger zum Träumen bringt, hat selten ein Lebensdichter so wirklichkeitsgesättigt, mit so viel »Phantasie für die Wahrheit des Realen« geträumt wie der erzählende grüne Heinrich und der dessen Erzählen erzählende Autor.[15] Da ihn Sehnsucht nach dem Leben umtreibt, glühen die Lebensbilder in sinnlichem Glanz. Der grüne Heinrich sieht das grüne Gold des Lebensbaums, das sein Autor bei Goethe und Schiller lobt und gegen deren Kritiker verteidigt.[16] Da Heinrich sich anschickt, Rechenschaft abzulegen, ist er mit viel Distanz zu sich angetreten; doch da sein Erleben weithin Phantasieleben ist, wird seine Rechenschaft alsbald zur Lebensphantasie, die ihn in Weltvergessenheit gefangennimmt. Der Selbstrichter wird zum Narziß, sein Schreiben narzißtisch, und abermals läuft dieser Vorgang perspektivisch in die Tiefe vom lebenden zum schreibenden Heinrich und von diesem zu seinem Autor.

»Wenn ich einst aus mir selbst heraustreten und, als ein zweites Ich, mein ursprüngliches eignes Ich in seinem Herzkämmerlein aufstören und betrachten ... wollte«, so lautet Kellers erster Hinweis auf den »Grünen Heinrich« am 8. Juli 1843 in seinem Tagebuch (XXI, 34). Die Eintragung des fast Vierundzwanzigjährigen beginnt mit dem Blick in eine fünf Jahre ältere Notiz vom »Heumonat 1838«: »Ein Mann ohne Tagebuch ... ist, was ein Weib ohne Spiegel ... Selbständigkeit kann ... nur bewahrt werden durch stätes Nachdenken über sich selbst und geschieht am besten durch ein Tagebuch. Auch gewährt die Unterhaltung desselben die genußvollsten Stunden.« (33) Auch hier geht das Motiv der Rechenschaftsablage in das des Selbstgenusses über, ist wohl insgeheim eins mit ihm. Daß das Tagebuch keine beherrschende Rolle für Keller gewinnt, mag nicht

zuletzt damit zusammenhängen, daß der Roman das viel weitere Feld für das Hinüberspielen des Selbstgerichts in den Selbstgenuß bietet. Auf der schon erwähnten Schreibunterlage der Berliner Arbeitszeit am Roman belegt sich Keller zwischen zwei hohen Konsolenspiegeln mit den Namen: »Spiegelinski, Spiegelanski, Spiegelwerk, Vorspiegelung, Spiegelberger, Guckinspiegel« (XXII, 439). Keine schlechten Bezeichnungen für einen Autor, dem Autobiographie und Roman so gegeneinander verfließen, daß das Werk zum erdichteten Leben und das Leben zum Werk wird, auch im Gedicht. »Ich will spiegeln mich in jenen Tagen«, beginnt ein Poem »Jugendgedenken«, das im März 1845 von Kellers Kindheit spricht (XIV, 97).
Nun gibt es freilich schon lange vor Keller Vermischungen von Werk und Leben, abgesehen von der literarischen Gattung Autobiographie, die in ihrer Ausdruckshaltung vom Pathos der Lebensbeichte bei Rousseau bis zum Bekenntnis Goethes reichen kann, Wahrheit werde schon durch die Stilisierung im Erzählvorgang zur Dichtung.[17] Dennoch meint »Dichtung und Wahrheit«, wo es Ich heißt, den Autor Goethe und nicht eine Romanfigur. Dasselbe ist festzuhalten für Rousseaus »Confessions« mit dem für den »Grünen Heinrich« wichtigen Konflikt von Phantasie und Realität und für Augustins »Confessiones«, die Autobiographie eines anderen Muttersohnes, die der grüne Heinrich auf dem Grafenschloß und Keller während der Arbeit an dieser Episode liest – so eine Mitteilung an Hermann Hettner am 26. Juni 1854. Die Autobiographie bleibt bis zu Keller ein Grenzgebiet zur Poesie, aber diesseits der Grenze. Jean Paul erfindet zwar in der »Selberlebensbeschreibung« einen erzählenden Geschichtsprofessor seines Namens, aber erzählt wird des Autors gelebte Biographie. Erst Keller erfindet sich einen Lebensmorgen, indem er seinen Helden einen Lebensmorgen erfinden läßt. Umgekehrt liegt bis zu Keller bei allen Verwebungen von Poesie und Biographie das Werk jenseits des Biographischen. So ist der leibhaftige Autor in Jean Pauls »Flegeljahren« eine Kunstfigur. So zieht sich eine strenge Trennungslinie zwischen dem Autor Goethe und seiner Romanfigur Werther oder seiner Dramenfigur Tasso; in »Torquato Tasso« durch die historische Einbettung und die Objektivität der klassisch-geschlos-

senen Dramenform, in den »Leiden des jungen Werthers« durch die harte Fügung von Werthers Briefen mit dem Herausgeberbericht, die eine Identifizierung der Goetheschen Schreibsituation im Text unmöglich macht. So ist in Eduard Mörikes »Maler Nolten« seine leidenschaftliche Verstrickung an die geheimnisvolle Somnambule Maria Meyer eingegangen, aber sie wird, vom biographischen Zusammenhang abgeschieden, zum Element eines frei erfundenen ›romanhaften‹ Handlungsgefüges, das durch die Konventionen des spätromantischen Schauerromans und des klassischen Entwicklungsromans bestimmt ist. Sogar der von Keller nirgends erwähnte »Anton Reiser« des Psychologen und Ästhetikers Karl Philipp Moritz, als autobiographischer Roman der engste Verwandte des »Grünen Heinrich«, bleibt von der Biographie des Autors deutlich abgehoben, obwohl die Romanhandlung bei Moritz noch weitergehend als bei Keller der Lebensgeschichte des Autors entspricht, während in »Tasso« oder in »Werther« doch nur einzelne, wenn auch zentrale Krisenpunkte der Existenz des Autors zum Werkkern werden. Und abermals liegt die Trennung von Leben und Werk bei Moritz in der Darbietungsweise, die verhindert, was die Darbietungsweise des »Grünen Heinrich« – entgegen dem erklärten Willen des Autors Keller – provoziert. Wer nach der Identität des Anton Reiser mit seinem Autor fragt, muß gegen eine Erzählweise anlesen, die den Romanhelden als Beobachtungsobjekt in die dritte Person rückt und unter das Okular eines kühlen psychologischen Beobachters legt, wo sich bei Keller ein versunkenes Schreiber-Ich in einem versunkenen Schreiber-Ich spiegelt.[18] Augustins »Confessiones« richten sich als Beichte an Gott und als appellative Bekehrungsgeschichte an die Gemeinde; Rousseaus »Confessions« nehmen die Pose einer Beichte an, in der an die Stelle Gottes der Gott der literarischen Öffentlichkeit, das Publikum, getreten ist. Kellers Roman geht so weit, eine Autobiographie zu erschreiben, in welcher der einzelne mit seinem Eigentum allein und noch der Ansatz zur »konfessionellen Herbigkeit Rousseaus« (XXI, 21) selbstbezogen ist.[19] Moritz lädt den Leser ein, sich mit ihm über das Vergrößerungsglas der Analyse zu beugen; Keller lädt den Leser ein, seinen ich-befangenen Helden zu belauschen, mit dem grünen Heinrich im Spiegel zu versinken, die Wonnen der Erinnerung zu schmecken, die noch Reue und Schuldeinsicht überrieseln. Die Welt Reisers steht vor einem neutralen Beobachtungshintergrund, von dem sie sich abhebt. In den Spiegel des Autors Keller mit dem sich spiegelnden Heinrich gerät als letzter der Leser, unterwegs nach dem sich entziehenden Gegenüber Wirklichkeit. Narziß, der da zu Gange ist, nennt sich auch in dem Medium seiner Erzählung. In der Erstfassung des »Grünen Heinrich« führt der Narr Kunz von der Rosen beim Münchner Künstlerfest als letzte der neun schweren Narrheiten die »unfruchtbare Selbstbespiegelung« am Seil (XVIII, 201; A 3, Kap. 6).[20] Bei einem Kegelspiel werden sie alle zu Fall gebracht, kommen aber zu einer »scherzhaften Auferstehung«. Anschließend stellt er mit seiner närrischen Gefolgschaft eine seltsame Folge plastischer Werke nach, in der sich die Niobiden zu den drei Grazien, diese zu Amor und Psyche, diese wieder zu Narziß zusammenziehen (V, 220; B 3, Kap. 13). Narzißmus ist Schrumpfung der Welt ins Ich, weshalb denn auch zuletzt der Tod im Narrentreiben triumphiert mit der Darstellung des sterbenden Fechters durch den kleinsten Zwerg und mit der Präsentation der Laokoongruppe durch den wilden Mann Erikson und zwei Satyrn. Später rückt das Prädikat Narziß noch näher auf Heinrichs Leib. In der Urform des Romans erkennt der Held, daß sein Manuskript »wohl das Produkt der Selbstgefälligkeit sein dürfte, welche ihn in so frühem Alter unbewußt getrieben hatte, ein Bild von sich selbst zu entwerfen und festzuhalten«. Er glaubt zwar, »sich sagen zu dürfen, daß die Eitelkeit der eingewickelten Bücher zu der guten Art gehöre, welche ihren Inhaber zierlich verlockt, sich selbst zu ergänzen und darzustellen . . .«, aber es ist eine Stunde der gesteigerten Eitelkeit und der Selbsterhöhung, in der er so denkt (XIX, 196 f.; A 4, Kap. 8).[21] In der Zweitfassung vermutet Heinrich in Dortchen Schönfunds Anspielung auf den Narzissustag beim Wort »Narziß eine Stichelei auf die Selbstbespiegelung meines Schreibbuches« (VI, 195; B 4, Kap. 11). Narziß sieht sein Spiegelbild und starrt sich in der Entäußerung an. Selbstbezogen und entäußert zugleich ist der erinnernde Schreiber, dem sich Erinnerung vergegenständlicht und Umgebung verflüchtigt, der sich in sich einfühlen und zugleich von außen begreifen will.

Der Totenschädel des Albertus Zwiehan, der auf Heinrichs grünem Buch gelegen hat und von Heinrich als Erzähler einem – bekanntlich grünen – Kohlkopf verglichen wird (VI, 141; B 4, Kap. 8), ein knöcherner »Schalksnarr« in der wohlwollend-spöttischen Charakterisierung durch den Grafen (VI, 187; B 4, Kap. 10), wird von Dortchen Schönfund, der Adoptivtochter des Grafen, in Heinrichs Gästezimmer feierlich aufgebahrt: »Wir haben Ihrem stummen Reisekameraden den Aufenthalt etwas verschönert und Sie dabei mitgemeint.« (VI, 206; B 4, Kap. 11) Um die Beziehung auf den immergrünen Heinrich zu verdeutlichen, ist der Schädel »auf einem Postamente von grünem Moose weich gebettet, und um den Scheitel wand sich ein Kränzlein von Immergrün.« (205 f.) Auch zwei kreuzweis gesteckte Schilfrohre gehören zur Draperie: Sinnbilder des Wankelmuts und der Schwäche, aber auch alte Attribute auf Ecce homo-Darstellungen, denn die römischen Soldaten gaben Christus ein Szepter aus Schilf in die Hand. Und wo liegt der Schädel? Unter dem Spiegel, hinter dem die Schilfrohre festgemacht sind. Narziß ist Narr und Schmerzensmann, schwankend im Wind, Kohlkopf – eine grobianische Schriftstellercharakteristik, die in John Kabys, dem Schmied seines Glücks, wiederauftaucht –; er ist redender Totenkopf (VI, 141; B 4, Kap. 8), dessen Form spricht: ein »unseliges Sphäroid« (140), die geodätische Normalfigur des Erdkörpers. Die narzißtische Spiegelwelt, Lebensschatz und Geisterleben des traurig-närrischen Ich-Schreibers, ist des Todes, ist der Tod, wenngleich ein grüner.

Doch noch einmal gewinnt Keller einen Orientierungspunkt draußen, an dem sich der Autor Keller und seine Schreibfigur Heinrich definitiv scheiden. Verwiesen ist im Text auf eine Realität draußen, eine Objektivität draußen, zuletzt einen Autor draußen. Heinrich Lee und Gottfried Keller sind narzißtische Schreiber, aber nur Gottfried Keller ist zugleich Autor eines Romans, der an einen Verleger gekettet ist, sich an ein Publikum wendet und somit als Literat die Problematik der Kunst als Ware und Botschaft erfährt, die der grüne Heinrich an der Malerei erlebt und abhandelt. Als Maler dachte Heinrich an eine

Öffentlichkeit, als Schreiber schreibt er für sich, und sein Buch darf nur zu denen sprechen, die er liebt und von denen er geliebt sein will: sein Freund Lys, der Graf, Dortchen, Judith. In der Frühform des Romans findet der Graf, Heinrichs Gönner, das durchweichte Manuskript, Dortchen Schönfund trocknet es Seite für Seite am Kaminfeuer und beide lesen es, ohne Heinrichs Erlaubnis einzuholen (XIX, 223 f.; A 4, Kap. 10). In der Bearbeitung aber erteilt Heinrich ausdrücklich seine Zustimmung an die Freunde (VI, 177; B 4, Kap. 10). Sie wollen ihrerseits sein Buch nicht literarisch lesen, sondern mit Hilfe des Buches ihn und in ihm, der sich unmittelbar nicht ganz mitteilen kann. Er ist wie sein Buch mit Spangen verschlossen, »ein grünseidener Quartant mit goldenem Schloß« (176). Auf die Selbstaussprache im Buch angewiesen zu sein, ist eine Form der Stummheit.

Wiederum arbeitet die Zweitfassung, die Heinrich folgerichtig zum Schreiber macht, diesen Zug scharf heraus, indem sie seine behagliche und ausführliche, die biographische Niederschrift fortsetzende Erzählung vor dem Grafen auf einige Episoden zusammenschrumpfen läßt und Heinrichs Wohlgefühl darüber streicht, nicht dem »toten weißen Papier«, sondern »einem lebendigen Menschenkind« zu erzählen (XIX, 226; A 4, Kap. 10/ VI, 176 f.; B 4, Kap. 10). Das Eintreten des schriftlichen Monologs für den Dialog zeigt die Aussperrung von Leben und Gemeinsamkeit, die Heinrich doch so eindringlich aus der einsamen Erinnerung aufsteigen zu lassen vermag; eindringlich, wie er sie vielleicht nie erlebt hat. So schenkt Heinrich sein Liebstes, das Buch, schließlich Judith. Indem er es nach ihrem Tode zurückempfängt und bei sich weiterleben läßt, erweist es sich als Ersatzkind dieses Ehe-Ersatzes: Statt erzeugtes im Zeichen des Todes erdichtetes Leben.

Keller aber will nicht als Mensch gekannt; er will als Schriftsteller anerkannt sein. Kein Zweifel, daß der schreibende Heinrich, als ›Persona‹ des schreibenden Keller, ein Poet ist; aber er ist es bewußtlos und ohne Absicht. Seine großen literarischen Erfahrungen – die Lektüre Jean Pauls, die in der Erstfassung eine wichtige Rolle spielt, und die Lektüre Goethes, die für die Zweitfassung zentral wird, versteht er als Einweihungen zum

Maler. Die Neufassung, die in der Parallelisierung von vier Schreibsituationen – zwei Heinrich Lees und zwei Kellers – erzählerisch den Roman durchbildet und auf seine Entstehungsbedingungen durchsichtig macht, schreibt das erste und einzige Gedicht, in dem sich Heinrich als lyrisches Ich, seine Getrenntheit von der Öffentlichkeit seines Volkes beklagend, an eben diese Öffentlichkeit wendet, einem Unbekannten zu. Es ist der ›unbekannte‹ Autor des Romans. Gestrichen sind die folgenden Gedichte Heinrichs, bei denen sich ihm die Zunge in der gleichen Weise zu lösen scheint wie dem Poeten Keller, der von der patriotischen Lyrik zur lyrischen Erinnerung und Verinnerung kommt: Autorschaft entsteht im imaginativen Erblicken von Öffentlichkeit. Es ist charakteristisch, daß Heinrich an dieser Stelle den Vorwurf des Narzißmus zurückweist, den er aus der Tiefe seines eigenen Ich heraufholt und dem Volk erst in den Mund legt:

»Klagt mich nicht an, daß ich vor Leid
Mein eigen Bild nur könne sehen!
Ich seh durch meinen grauen Flor
Wohl euere Gestalten gehen.«

(XIX, 179; A 4, Kap. 7)

Die Gestalten eines Publikums sind es, die da schattenhaft auftauchen. Im moralisch-patriotischen Gewissen des Einzelgängers keimt ein Autorgewissen auf. Dieses Gewissen, dieser Blick nach draußen, in denen der unliterarische Charakter von Heinrichs Schreiben zu Ende ginge, werden in der Romanbearbeitung gelöscht (vgl. S. 179 und VI, 137; B 4, Kap. 7). Jetzt bleibt er konsequent der »kleine Geheimschreiber« (III, 97; B 1, Kap. 9), als der das Kind zu schreiben beginnt.[22]

Die Zweitfassung beseitigt ebenso folgerichtig den Hinweis auf den Romancharakter des Romans im Werk selbst, den der absonderliche Anfang der Erstfassung in der Folge zweier Stadtpanoramen enthält, nämlich des wirklichen, wenn auch in der Schilderung idealisierten Zürich und der bei aller Ähnlichkeit damit poetisch erfundenen Geburtsstadt des grünen Heinrich: ». . . in diese, wie in einen Blumenscherben, das grüne Reis einer Dichtung zu pflanzen, möchte tunlich sein: indem man durch das angeführte, bestehende Beispiel das Gefühl der Wirklichkeit gewonnen hat, bleibt hinwieder dem Bedürfnisse der Phantasie größerer Spielraum und alles Mißdeuten wird verhütet.« (XVI, 8; A 1, Kap. 1) Indem der auktoriale Erzähler das Realitätsverhältnis seiner Phantasie zu klären versucht, bringt er ans Licht, wie sehr sie mit der Realität verwachsen ist. Beim Unternehmen, ihr einen Freiraum zuzuweisen und zu sichern, entstehen Grenzlinien und territoriale Zerstückelungen *im* Roman anstelle der Abgrenzung nach draußen, und wenn der grüne Heinrich aus der fiktionalen Geburtsstadt in die reale Kunststadt München reist, muß er nicht nur die bayerische Grenze, sondern auch eine solche Romangrenze überschreiten.

Die Romanbearbeitung hebt die dem Charakter des Werks unangemessene Scheidung auf und läßt Heinrich in einer Stadt zur Welt kommen, von der nicht gesagt werden kann und muß, daß es Zürich ist. Sie ist so sehr und so wenig das wirkliche Zürich, wie der Autobiograph der wirkliche Autor und die Wirklichkeit des Autobiographen die Fiktion des Romans ist. Die streng durchgehaltene autobiographische Schreibsituation eines Helden, der Heinrich Lee und nicht Gottfried Keller heißt, stellt jetzt die Fiktionalität des Romans sicher – Rücken an Rücken zur realen Schreibsituation des Autors. Die Ausweitung der Ich-Erzählung auf den gesamten Roman motiviert zudem, daß das Dichtertum Heinrichs nicht thematisch wird. Beim Erzähler der Erstfassung, der Heinrichs Ich-Erzählung einrahmt, fragt man sich vergeblich, wieso er nicht über Heinrichs schriftstellerische Fähigkeiten nachdenkt. Dem grünen Heinrich können sie verborgen bleiben, ja ihre Verborgenheit ist eine Qualität des Schreibens, denn nur dem Monologisten erschließt sich der Brunnen der Erinnerung so tief.

Nur dem Monologisten ist es aber auch erlaubt, die Formlosigkeit seines Lebens als Formlosigkeit seines Schreibens zur Erscheinung zu bringen. Noch der autobiographische Roman, solange er in Er-Form erzählt ist, unterliegt den Ansprüchen der Kunstgattung Roman auf kompositionelle Ausgewogenheit, wechselseitige Erhellung der Teile, Durchdringung von Sinn, Vorgang und Gegenständlichkeit im Darstellen, intensive und umfassende Reflexion der Umwelt im Helden dergestalt, daß nichts im Werk bloßer Stoff und nichts abstrakte Innerlichkeit bleibt. Wo in der Tradition des klassischen Romans diesem Anspruch nicht genügt wird, herrscht ästhetischer Mangel. Vieles im »Grünen Heinrich« genügt ihm nicht, wie das Vorwort zur Erstfassung des Romans eingesteht und mit dem Hinweis auf die Veränderung des Autors während der Produktion und durch sie erklärt. Dabei ist es kein Zufall, daß das Werk einem Brief verglichen wird, »welchen man über eine vertrauliche Angelegenheit schreibt, oft unterbrochen durch den Wechsel und Drang des Lebens ... man wird vielfältig ein Anderer ... Man hat den Brief mit einer gewissen redseligen Breite begonnen ... Bald aber wird die Sache ernster ... endlich zwingt sich von selbst, und noch gedrängt durch die äußeren Ereignisse und Schicksale, nicht eine theoretische, sondern im Augenblick praktische Ökonomie in die ... Feder, so daß nur das Wesentliche sich lösen darf ...« (XVI, 1 f.).

Die in dritter Person erzählte Erstfassung des Romans braucht eine Rechtfertigung ihrer Unausgewogenheit aus dem Verweis auf die intime und ›formlose‹ Mitteilungsweise des Briefes. Die zweite Fassung kann auf Vorwort und Rechtfertigung verzichten, denn die Intimität ist jetzt durchgehend in die Erzählfiktion eingesenkt und ein Moment des Romans in seiner Publizität geworden. Die Gleichgewichtsmängel der Komposition, das Ausufern der Kindheits- und Jugendgeschichte, die schmerzliche Zusammenziehung des Romanschlusses, die Fülle und Zufälligkeit aktueller Bezüge, der sperrige und unerschöpfliche Reichtum an Stoff, das Quellen der Episoden, die Verdunkelungen und Erhellungen – alles das macht Kellers großen Roman zum Gegenstück kompositorisch schlanker und stimmiger klassischer Romankunst. Aber gerade diese Züge erzeugen nun die Authentizität eines Romans, der Leben dichtet. Ein Autor muß seinem Gegenstand gewachsen sein. Er darf an keinem Punkt seinem Stoff erliegen. Er hat allenfalls einen menschlichen, keinen künstlerischen Anspruch auf Verständnis für seine Irrwege und Entwicklungen. Ganz anders der anspruchslose Erinnerungsschreiber – er wird mit diesen Fehlern und Schwächen zum Schlußstein des Romans, in dem »nicht der objektive

Dichter und Erzähler spricht, sondern dessen Figurenkram, und zwar mittelst Tinte und Feder« – so Keller zu Theodor Storm am 11. April 1881. Er schreibt ›formlos‹, und er schreibt – wie Keller – kompensatorisch. Aber indem Kellers Text auf die ›Erfindung‹ der kompensatorischen Schreibsituation hinausläuft, wird er zum Roman höchsten Ranges. Indem der narzißtische Lebendichter Keller vom narzißtischen Schreiber und Maler Heinrich schreibt, erweist sich der Lebensmangel als künstlerische Produktivkraft.

Das Erdichten des Lebens, das Zuschreiben der Biographie *als poetisches Verfahren* ist der Modus, aber nicht das Thema des Romans über einen Helden, dem schon im wirklichen Leben »alles sich zum Romane gestaltete« (IV, 33; B 2, Kap. 4) und der von der Natur wie von einer kunstgewerblichen Veranstaltung sprechen kann (IV, 83 f.; B 2, Kap. 8). Es wird zwar vom Schreiben geschrieben, aber keine Poesie über Poesie, kein Roman über die Entstehung eines Romans. Das betont Keller selbst in einem Brief an Hermann Hettner vom 5. Januar 1854, und Heinrich von Treitschke, der preußische Historiker, hat es schon 1860 in seinem Blick auf den Schweizer Poeten scharfsichtig bemerkt, aber kurzschlüssig als Mangel an Mut, den eigenen Entwicklungsgang aufzudecken, getadelt.[23] In Wirklichkeit zeigt sich weder – wie Keller leichthin äußert – ein bloßes Belieben, »das ewige Literaturdichten zu umgehen«, noch Mutlosigkeit. Es bezeugt sich vielmehr Kellers Mut, soviel Autobiographie zu erdichten, und Kellers Fähigkeit, soviel Autobiographie zum Roman zu machen. Er hatte diese Fähigkeit und diesen Mut, weil er keine Alternative hatte. Er war nicht frei zu literarischen Spielen mit Wirklichkeit, Fiktion und Autorschaft. Er war diesem Spiel ausgeliefert. Es spielt in ihm.

Auch das ist Humor: Ein Autor erfindet sein Leben, aber er kann dieses erfundene Leben und die Umstände seiner Erfindung nur dadurch als Konterbande in die Poesie einschmuggeln und zum Roman deklarieren, daß er den Romanautor und seine Autorschaft *im* Roman verschweigt. Spräche er sie aus, würde der Roman zur Autobiographie, der grüne Heinrich stünde enthüllt als Autor Gottfried Keller und dieser wiederum enthüllt als Privatmann da. Der blinde Fleck, um den herum der Roman geschrieben ist, wäre verschwunden, das Rätsel Kellers gelöst: daß Mißlingen des Lebens die Voraussetzung für das Gelingen des Schreibens ist. »Süße Frauenbilder zu erfinden, wie die bittre Erde sie nicht hegt« (II/1, 141), läßt Keller im Gedicht »Tod und Dichter« als »lieblichste der Dichtersünden« beichten. Die Erfindung stellt sich ein, weil sie die Erfahrung fortschreiben muß. Das »Leid der Erde« ist im anderen Dichtergedicht »Poetentod« verschlungen mit der »Freude Traumgestalt« (162). Das Leiden ist real; die Freude Traum.

Eine erschütternde Eintragung Kellers in sein Traumbuch am 20. September 1847 zeigt das Tagträumerische seiner Poesie: »Heute im Wald wünschte ich ein gewandter Jäger zu sein, ich schoß ein junges, zartes Reh in Gedanken und überschickte es Ihr, wozu ich mir ein Sonett ausdachte: Ich möchte Sie nähren und kleiden mit allem, was die Erde trägt, und ihr Leben ganz allein tragen. Sie solle aber von der wilden, blutigen Gabe nicht auf ein rauhes, hartes Herz schließen. ›Im Liebesunmut schoß ich, fern von Ihr, das junge Reh.‹ – Da Sie, wie ich höre, auch dichtet, so dachte ich mir ein Antwortsonett aus. Wenn ich auch nicht gerade wünsche, daß Sie sehr schöne Verse mache, so fiel das Sonett doch sehr gut aus, von der Gegenliebe eingegeben. Hierauf kehrte ich zurück und traf Sie auf dem Wege an, die Begegnung, Ihre und meine Kleidung, die erste Verlegenheit, alles wurde aufs ausführlichste ausgeheckt und eine artige Novellette gemacht. Wenn ich übrigens diese kindischen Phantasien nicht zum Dichten gut brauchen könnte, so wäre ich allerdings ein eitler Esel. Ist es aber mir armem Teufel nicht zu gönnen, wenn ich von der Ware, welche ich offiziell verfertige und verkaufe, im geheimen selbst ein bißchen nasche und konsumiere?« (XXI, 79 f.).[24]

Indem sich der Dichter als Tagträumer erweist, erweist sich auch dieser Tagträumer als Dichter. Das erträumte Leben wird zum Anlaß eines Sonetts, dem ein Gegensonett der Geliebten zuphantasiert wird. Der Wunschtraum stellt höher als eine intime Antwort ein Dichterwort der Geliebten, das sie als Dichterin ein wenig unter den poetischen Liebhaber stellt – die Gegenliebe hat das beste an ihren Versen getan. Während sich seine

Liebesgabe als poetische Leistung enthüllt, enthüllt sich ihre poetische Leistung am Ende doch ›nur‹ als Liebesgabe. Das poetisch-erotische Traumereignis wird schließlich als ganzes zu einer Novellette ausgerundet, die freilich in der Phantasie stehenbleibt, wie Keller auch seine Novellen lange in der Phantasie fertig haben konnte, ehe er sie niederschrieb. Fast ließe sich von hier ein Weg zum Spätwerk »Hadlaub« imaginieren. Produkte entstehen dem Poeten aus dem Tagtraum, der ihm aus dem Leben entsteht; Produkte, von denen er selbst ein wenig konsumieren kann; Sonette wachsen dem armen Teufel aus seinen Entbehrungen zu. Die »Charis, die Sonnenwärme«, die Keller in seinem Brief an Storm vom 21. September 1883 bei den neueren Talenten vermißt, vermag in seinem Werk zu leuchten, aber ihn selbst überläuft der Frost, und seine tiefste Spiegelungsfigur ist der »gefrorne Christ« Heinrich Lee (VI, 210; B 4, Kap. 12). Das ist der letzte Grenzwert des Romans: Erinnerung verweist auf Realität jenseits, Phantasie auf Leben, Subjektivität auf Objektwelt, Selbstbezug des Schreibens auf Autorschaft. Die Abkapselung des Themas Autorschaft ermöglicht den Blutkreislauf von Dichtung und Leben.

Die Eigentümlichkeit dieser Lösung zeigt der Blick auf Charles Dickens' zeitlich nahestehenden autobiographischen Roman »The Personal History, Adventures, Experience, and Observation of David Copperfield, the Younger« (1849/50). Zwar zieht Dickens die autobiographische Linie seines Romans bis zum Schriftstellerberuf seines Helden durch, der wie der grüne Heinrich rückblickend seine Erinnerungen schreibt; doch die Lebensproblematik setzt sich nicht in einer Schreibproblematik fort. Autorschaft wird im Text erwähnt, bleibt aber dem Helden äußerlich. Der Roman ist trotz der Sensibilität und Intelligenz Davids, der unter schwerem Leiden seine Kindheit und Jugend meistert, viel mehr Handlungs-, ja Abenteuerroman als – wie der »Grüne Heinrich« – Seelenroman. Der künstlerisch scheinbar konservative Autor Keller deutet mit der Thematisierung nicht nur der eigenen Biographie, sondern auch der eigenen Erinnerungs- und Schreibsituation vor auf die Moderne Marcel Prousts mit seinem monumentalen Suchbild »A la recherche du temps perdu«. Trotzdem bleibt Keller dadurch von ihm weit

getrennt, daß er Nichtautorschaft als Unterscheidung von Kunst und Leben setzt. Proust läßt die magische Linie vergehen: Am Ende seiner Erinnerungen erfährt der Erzähler die Berufung zu dem Werk, das in den Erinnerungen vorliegt.
Unausgesprochen allerdings ist bei Keller doch vom Verhältnis Autorschaft und Leben im Roman die Rede, nämlich an der Stelle, wo der grüne Heinrich aus Goethe eine Malerästhetik herauszulesen meint. Unter umdeutender Hindeutung auf Shakespeares »Macbeth« formuliert er in der Parabel vom Seher die Position seiner bewußtlosen Poesie: ». . . wer in einem festlichen Zuge mitzieht, kann denselben nicht so beschreiben wie der, welcher am Wege steht. Dieser ist darum nicht überflüssig oder müßig, und der Seher ist erst das ganze Leben des Gesehenen, und wenn er ein rechter Seher ist, so kommt der Augenblick, wo er sich dem Zuge anschließt mit seinem goldenen Spiegel, gleich dem achten Könige im Macbeth, der in seinem Spiegel noch viele Könige sehen ließ. Auch nicht ohne *äußere* Tat und Mühe ist das Sehen des ruhig Leidenden, gleichwie der Zuschauer eines Festzuges genug Mühe hat, einen guten Platz zu erringen oder zu behaupten. Dies ist die Erhaltung der Freiheit und Unbescholtenheit unserer Augen.« (v, 6; B 3, Kap. 1) Der Seher ist erst das ganze Leben des Gesehenen, das Sehen ist aber auch das ganze Leben des Sehers; er hat nichts vom glücklichen Leben als das Sehen dessen, dem er gegenübersteht, und sogar das Wunschbild der Aufhebung der Differenz schließt die Differenz in sich ein – in eröffnender und verdeckender Weise. Denn noch wenn sich der rechte Seher am Ende dem Festzug anschließt, bleibt er der Mann mit dem goldenen Spiegel, dem im Spiegel ein Einig-Unterschiedenes erscheint. Der König läßt in seinem Spiegel noch viele Könige sehen, die ihm als Könige gleichen.
Vor allem aber: Es gibt noch einen zweiten Seher in dieser Parabel, den eigentlichen, den der Seher und Spiegel-König in den Spiegel sehen läßt. Spricht der Text über die Malerei heimlich von der Poesie, so spricht das Gleichnis auch heimlich von diesem eigentlichen Seher, dem der Spiegel-König den Spiegel zeigt. Er ist lediglich durch den Shakespeare-Bezug da: der Usurpator Macbeth, der unglückliche, der Hölle verfallene Kö-

nig, der im Zuge der acht Könige die sieht, zu denen er nie gehören wird – die Folge der glücklichen Könige. Und damit verrät die Parabel noch mehr: Wo der Goethe lesende Malerjüngling im Seher nur den Anschauenden ›sieht‹, der – im Gegensatz zum Phantasten – zu einer reinen Auffassung der Objekte gedeiht und die »Freiheit und Unbescholtenheit« der Augen bewahrt, schafft sich im Rahmen vermeintlicher Goethe-Nachfolge auch hier der narzißtische Zug von Heinrichs Schreiben Ausdruck. Der königliche Seher, der den Festzug erblickt und sich ihm zuletzt einreiht, was läßt er in seinem Spiegel sehen? Lauter Könige, lauter Spiegelbilder und als solche unerreichbar gegenüber. In der *Erinnerung* erscheint die Welt, im Vergangenen Gegenwart. Der Blick, der in der Selbstbespiegelung versinkt, stößt auf die Welt. Sie ist Spiegel.

Schreibt Keller so, wie der Seher sieht? Ja und nein. Er schreibt aus der Situation des Macbeth im Gleichnis. Aber er schreibt zugleich das Gleichnis und die Situation, in der das Gleichnis steht – zusamt den vertrackten und versteckten Falltüren in ihr.[25] Durch sie fällt man von der Malerei auf die Poesie, vom ersten Seher auf den zweiten, vom Autobiographen auf den Autor, vom Anschauenden auf den Anspielenden, vom Darstellenden auf den Versteckenden, vom ›Objektivisten‹ auf den Humoristen. Keller hat mehrfach gegen die positivistische Schule des Germanisten Wilhelm Scherer angeraunzt. Am 13. August 1882 bemerkt er zu Marie von Frisch, daß sie »uns arme Lebende historisch-realistisch behandelt und mit saurer Mühe überall nur Erlebtes ausspürt . . .«. Am 22. September des gleichen Jahres wird gegenüber Storm der Vorwurf wiederholt, daß sie »auch bei den Lebenden das Gras wachsen hört und besser wissen will, woher und wie sie leben und schaffen als diese selbst«.[26] Über seinen späteren Biographen und Herausgeber, den Germanisten Jakob Baechtold, gesteht Keller am 12. Dezember 1884 dem Freund Paul Heyse: »Ich sagte Baechtold geradezu, ich möchte nach meinem Tode jedenfalls nicht in seine Hände fallen.« 1883, im Erscheinungsjahr von Kellers »Gesammelten Gedichten«, veröffentlichte Scherer seine »Geschichte der deutschen Literatur«, die das Schema Werk und Leben kanonisch machte. 1905, fünfzehn Jahre nach Kellers

Tod, erschien das Werk »Das Erlebnis und die Dichtung« des Begründers der geisteswissenschaftlichen Literaturwissenschaft Wilhelm Dilthey. Keller hatte Grund, gegen die kausale Ableitung des Werks aus dem Leben empfindlich zu sein; er hätte Grund gehabt, der Auffassung des poetischen Werkes als einer Sublimation von Erlebnissen zu mißtrauen.

Denn weil ihm wie kaum einem anderen Autor Werk und Leben, Erlebnis und Dichtung ineinanderfließen, muß er den Spiegel zuhalten, den er doch hinhält. Die Spottreden von Heinrichs Freund Erikson über einen totalen und total entleerten Kunstbetrieb münden in den ungeheuren Kalauer von den Verlegern ein, die in stündlich erfolgenden Auflagen preisgekrönte Werke »über ganz Deutschland hin so tiefsinnig verlegen, daß sie kein Teufel wieder finden könnte!« (v, 305; B 3, Kap. 15)

Keller braucht dafür keinen Verleger. Er verlegt sich selbst im Werk, indem er sich veröffentlicht. Er tut es so, daß er die poetischen Themen Werk und Leben, Erlebnis und Dichtung, die von Goethes »Torquato Tasso« bis zu Thomas Mann höchste Dignität besitzen, in seiner Epik ausläßt oder karikiert[27] und das epische Verfahren der erzählerischen Selbstkonstitution des Poeten vermeidet. Er ist nicht der Humorist des Autorspiels, vielmehr des Beziehungsspiels Lebendichten.[28] Die Redenden und Schreibenden sind keine wahren Poeten. Der Poet redet und schreibt von sich, jedoch nicht von Poesie. Keller hat aber auch das Recht, die wissenschaftlichen Paradigmen Erlebnis und Dichtung, Werk und Leben zurückzuweisen, weil sie nicht an die Wirklichkeit des Dichters heranreichen, der das Leben im Werk und das Erlebnis als Erschreibnis hervorbringt. »Er war eben, bei seinem außerordentlichen Weltverstand, doch dem Leben gegenüber ein Kind, er streckte seine kurzen Arme nach den allerschönsten Früchten aus.« So der Zürcher Archäologe Karl Dilthey, Bruder von Wilhelm Dilthey, über seinen Freund Keller.[29] Sein Weltverstand war Schreibverstand. Die Doppelbödigkeit seines Lebens und seines Schreibens läßt das Modell »Das Erlebnis und die Dichtung« ebenso hinter sich wie das Bewußtsein des Autors. Was dieser Text weiß, kann und darf kein Autor wissen. Wenn er es wüßte, könnte er ihn nicht schreiben, denn er könnte nicht leben. Er müßte lebend in der Gruft versinken, wie Proust es getan hat. Deshalb sagt der Text immer mehr als der Dichter sagen will, und doch ist dieses Mehr eine Leistung des Dichters. Er hinterläßt nicht Spuren, sondern Zeichen.

Keller mag spotten über die Philologen, die das Gras wachsen hören. Er hört es nicht wachsen; er läßt es wachsen – auf dem Grab des grünen Heinrich und auf den grünen Pfaden von dessen Erinnerung. Weil das Lebendichten im Leben verboten ist, lernt er als Autor hinter einer Fassade unauffälliger Bürgerlichkeit, fast Spießigkeit, zu schreiben. Im Schreiben steht das Lebendichten nicht unter Strafe; es sei denn, das »ruhige Leiden« des Sehenden selbst wäre die Höllenstrafe, im Dichten zu leben und das Leben zu dichten. So aber ist es.

»Unter der Schwelle
Siedet die Hölle«

zitiert Paul Heyse scherzhaft die Kerkerszene des »Faust I«, als Keller 1882 seine letzte Wohnung über einer lärmigen Gastwirtschaft bezogen hatte.[30] Der Schönschreiber wußte wohl kaum, wie nahe er damit dem Ich-Schreiber trat. Der Ich-Schreiber aber wußte wohl ebensowenig, was er in einem bislang verschollenen Altersbrief an Friedrich Nietzsche vom 20. September des gleichen Jahres erzählte, mit dem er auf die Zusendung der »Fröhlichen Wissenschaft« seines Verehrers antwortete. Gegenüber Emil Kuh hatte Keller neun Jahre früher, am 18. November 1873, die »Unzeitgemäßen Betrachtungen« als das »knäbische Pamphlet eines Spekulierburschen« bezeichnet; jetzt bringt er, vorsichtig auf Distanz bedacht, einen Einwand gegen Artikel 80 der »Fröhlichen Wissenschaft« in Form einer Geschichte vor: »In jungen Jahren sah ich einst auf dem Operationstisch einer chirurgischen Klinik einen Greis aus den unteren Ständen liegen, welchem in seinem erkrankten Knochenwerk herumgesägt wurde. Schon im Anfange, während des Bloßlegens und Unterbindens der Gefäße, beklagte er sich seufzend und stöhnend über den Schmerz; als aber die Säge kam und das Leiden stieg, wurde das Klagen lauter und lauter, aber immer artikulierter, sozusagen formvoller und edler.«[31]

Das als Einspruch gegen Nietzsches These, nur in der Kunst sei die Leidenschaft beredt, in der Natur jedoch wortkarg, stumm und verlegen. Wo der Kirchenvater der Moderne unter der Überschrift »Kunst und Natur« Kunst und Leben voneinander abrückt und das Leben in die Schranken weist, macht sich der Lebensdichter ans Grenzverwischen. Wo Keller einen Akt der Diplomatie in Richtung auf den unheimlichen Fremden zu begehen meint, offenbart er Heimliches seines Lebens. Er hat in jungen Jahren sich selbst in dem Alten aus der »unteren oder natürlichen Menschenklasse« gesehen, ohne sich zu erkennen. Was in ihm als Erinnerung an einen Greis lebt, ist ein poetisches Bild seiner poetischen Existenz, die mit Kunst auf Schmerz antwortet: je größer der Schmerz, um so artikulierter die Kunst. Keller mußte Berührungsangst haben; die Passion war zu groß. Er konnte sich kaum selbst berühren.
In Georg Büchners Lenz-Novelle, die an diesem Punkt auf die Notizen Johann Friedrich Oberlins zur Krankengeschichte zurückgreift und sie ausbaut, will der Dichter im Wahnsinn ein totes Mädchen mit den Christusworten »Stehe auf und wandle!« auferwecken.[32] Der Kapellmeister Johannes Kreisler, E. T. A. Hoffmanns bis zum Selbstverlust zerrissener Künstler, ». . . erzählte einmal . . . einem Freunde, wie einst der Wahnsinn der Mutter den Sohn zum Dichter in der frömmsten Manier gebildet habe. – Die Frau bildet sich ein, sie sei die Jungfrau Maria und ihr Sohn der verkannte Christus, der auf Erden wandle, Kaffee trinke und Billard spiele, aber bald werde die Zeit kommen, wo er seine Gemeinde sammeln und sie geradesweges in den Himmel führen würde. Des Sohnes rege Phantasie fand in der Mutter Wahnsinn die Andeutung seines höheren Berufs.«[33] James Ensor, ein Bahnbrecher der modernen Malerei, zeichnet sich 1886 ironisch-pathetisch als gekreuzigten Christus einer Kreuzigungsgruppe ein. ENSOR steht an der Stelle der Inschrift INRI. (Abb. 2) Nietzsche, der moderne »Spekulierbursche« und Artist, beendet 1888, zwei Jahre vor Kellers Tod, seine literarische Produktion, indem er sich und sein Werk unter dem Titel »Ecce homo« auslegt. Der Einzigartige, der sich offenbart, ist auch der einzige, der sich versteht, und in diesem Akt transzendiert er in die Eiswüste des Wahnsinns. Der sich

geheim haltende Autor, der gefrorene Christ, der im »Grünen Heinrich« vielfältig mit Christus-Bezügen umgeht und der den immergrün gekränzten Schädel des Narziß in die Ecce homo-Symbolik einrückt, stellt übergreifend seine Autorschaft unter ein Christuswort, das er, als Autor schreibend, zudeckt. Der Roman liegt auf der Schreibunterlage. So verbirgt er ein Signet, das Keller dorthin gekritzelt hat. Es zeigt eine Leier, das alte Symbol der Poesie. Die Öffnung des Corpus hat die Form eines Herzens, das durch die Saiten des Instruments zum Tönen gebracht wird und zugleich hinter ihnen wie hinter Gittern liegt. Die Devise, die sich wie ein Schutz von zwei Seiten um das Gebilde legt, stammt aus Johannes 20, 17: Noli me tangere. Gesprochen vom Sohn zu der anderen Maria, nicht der reinen Mutter, sondern der Sünderin aus Magdala.[34] (Abb. Rückseite Schutzumschlag)

Der Mutter-Sohn-Roman

Wieso haben der grüne Heinrich – und sein Autor – das Gefühl, einen Lebensmorgen erfinden zu müssen, den sie eigentlich nicht gelebt haben? Wieso hat der grüne Heinrich keine Vergangenheit und verliert deswegen das Recht auf die Zukunft? Der Text gibt die Antwort: Weil die Mutter ihm von früh auf sagt, daß er keine Kindheit und Jugend hat, und Heinrich es ihr glaubt.[35] Weil er ein vaterloses Kind ist, kann er nicht zu einer bürgerlichen Existenz erzogen werden. Weil er nicht richtig erzogen werden kann, wird er ein Außenseiter, Träumer und Phantast. Weil er nicht in die Wirklichkeit des Lebens findet, ist er genötigt, sich als Autobiograph einen Lebensmorgen zu erfinden. Weil er nicht arbeiten lernt, muß sich die Mutter für ihn noch als Erwachsenen materiell, physisch und psychisch abarbeiten. Sie rechnet es sich als Schuld an, dem Sohn den Vater nicht ersetzt, ihn nicht richtig in die Welt gebracht zu haben. In einem Mäppchen findet der Heinrich der Zweitfassung des Romans nach ihrem Tode das Fragment eines Briefes, der neben der Klage über die vaterlose Kindheit und Jugend ihres Sohnes die Selbstbeschuldigung enthält, sie habe es in der Einbildung, ein Genie in die Welt gesetzt zu haben, ». . . an einer festen Erziehung ... mangeln lassen und das Kind einer zu schrankenlosen Freiheit und Willkür anheimgestellt« (VI, 299; B 4, Kap. 15).

Umgekehrt rechnet sich Heinrich die Schuld an, sein Leben verfehlt, die Mutter im Stich gelassen und damit schließlich getötet zu haben[36], statt tüchtig und erfolgreich nach durchlaufener Ausbildung zu ihr zurückzukehren und an die Stelle des toten Vaters zu treten. In der Erstfassung identifiziert sich Heinrich nach dem Tod der Mutter mit Lord Byrons tragischem Helden Manfred. Im Zitat sieht sich Heinrich wie Manfred als Vernichter eines »blutsverwandten weiblichen Wesen[s] ...:

›Nicht meine Hand, mein Herz das brach das ihre,
Es welkte, mich durchschauend.‹«

Es war ihm, »als ob alle Mütter der Erde ihn durchschauten, alle glücklichen ihn verachteten und alle unglücklichen ihn haßten als auch zur Rotte Korah gehörig« (XIX, 323 f.; A 4, Kap. 15) – ein Verstoß wider die Mütter, wo im Alten Testament die Rotte Korah das Gebot Jehovas verletzt. Ein verinnertes Gericht der Mütter steht an der Stelle der Richterinstanz des jüdischen Vatergottes. Die Mutter als »strenge Richterin« (XIX, 307; A 4, Kap. 14) richtet die Sünde wider den heiligen Muttergeist.

In der Zweitfassung ist zwar diese romantische Reminiszenz getilgt, aber das Kapitel von der Heimkehr zur sterbenden Mutter hat die verzweifelt-ironische Überschrift erhalten: »Die Rückkehr und ein Ave Cäsar« (VI, 275; B 4, Kap. 14). Die Huldigung der Gladiatoren für den Kaiser der Welt: »Ave Caesar, morituri te salutant« ist damit parodiert zum höhnischen Gruß der moribunden Mutter an den, der die Krone nicht erlangt – Judith und Heinrich lassen sie im neuen Schluß des Romans auf dem Tisch Gottes liegen. Das in der Erstfassung von einem alten Fischer gesungene Lied »Verlornes Recht, verlornes Glück« findet sich jetzt als prophetischer Vorwurf gleichfalls im Nachlaß der Mutter, die das »seltsame Gedicht« als junges Mädchen abgeschrieben und aufbewahrt hat. Es handelt von einem Seemann, grau von Jahren, der singend auf dem Wasser fährt:

». . . Vieltausendmal
Glitt ich in das Wellental,
Fuhr ich auf zur Wogenhöh,
Ruht ich auf der stillen See!

Und die Woge war mein Knecht,
Denn mein Kleinod war das Recht;
Gestern noch mit ihm ich schlief –
Ach, nun liegts da unten tief!

In der dunklen Tiefe fern
Schimmert ein gefallner Stern;
Und schon ists wie tausend Jahr,
Daß das Recht einst meines war.

Wenn die See nun wieder tobt,
Niemand mehr den Meister lobt:
Hab ich Glück, verdien ichs nicht,
Glück wie Unglück mich zerbricht!«

(VI, 298 f.; B 4, Kap. 15)

Gleichnisse der Schiffahrt wie das hier entfaltete durchziehen den Roman vom Hinweis auf die Arche Noä über den Vergleich Heinrichs mit dem Seefahrer und Spätheimkehrer Odysseus (V, 24; B 3, Kap. 2/VI, 207; B 4, Kap. 11/XIX, 204 f.; A 4, Kap. 9) bis hin zu den Lebensschiffern Erikson (XIX, 21 f.; A 4, Kap. 1) und Judith (VI, 314; B 4, Kap. 16). Auch Heinrich kommt nach seinem Nausikaa-Abenteuer mit Dortchen Schönfund heim, aber nicht zur lebenden Ehefrau, vielmehr zur Mutter im Tode. Odysseus lenkt sein Schiff an allen Gefahren vorbei, aber Heinrich verzagt und fährt in die Tiefe – des Todes in der Erstfassung, der Erinnerung in der Zweitfassung. Heinrich sucht, wie schon sein Familienname Lee sagt, die windgeschützte Lee-Seite auf[37], während Odysseus die Stürme beherrscht. Er spricht sich selbst das Urteil, wenn er im Nachdenken über die Willensfreiheit von der Aufgabe spricht, »das Steuer nicht fahren zu lassen und wenigstens die Ehre eines tüchtigen Schwimmers zu erkämpfen« (VI, 16; B 4, Kap. 2). Der Seemann Heinrich ist so ein »Lehmann«, wie ihn der unaufmerksame Maler Lys zutreffend bei der ersten Begegnung anredet (v, 160; B 3, Kap. 11). In der Tat seltsam, daß sich die junge Elisabeth Lee das Rollengedicht des alten Seemanns angeeignet hat, das so genau auf den schuldigen Jungen zielt und die allegorische Situation des verlorenen Rechts existentiell lesbar macht auf die Situation der verlorenen Mutter: »Ach, nun liegts da unten tief.«

Der »Grüne Heinrich« ist also ein Mutter-Sohn-Schuld-Roman über einen verlorenen Vater. Dieselbe Aufzeichnung, die von der Erfindung des Lebensmorgens in der Heidelberger und Berliner Arbeitszeit am Roman spricht, bestätigt das für die frühe Zürcher Planungs- oder vielleicht besser Imaginationsphase nach dem Abbruch der Münchener Malerausbildung: »Allerlei erlebte Not und die Sorge, welche ich der Mutter bereitete, ohne daß ein gutes Ziel in Aussicht stand, beschäftigten meine Gedanken und mein Gewissen, bis sich die Grübelei in den Vorsatz verwandelte, einen traurigen kleinen Roman zu schreiben über den tragischen Abbruch einer jungen Künstlerlaufbahn, an welcher Mutter und Sohn zugrunde gingen. Dies war meines Wissens der erste schriftstellerische Vorsatz, den ich mit Bewußtsein gefaßt habe, und ich war ungefähr dreiundzwanzig Jahre alt. Es schwebte mir das Bild eines elegisch-lyrischen Buches vor mit heiteren Episoden und einem zypressendunkeln Schlusse, wo alles begraben wurde. Die Mutter kochte unterdessen unverdrossen an ihrem Herde die Suppe, damit ich essen konnte, wenn ich aus meiner seltsamen Werkstatt nach Hause kam.« (xxi, 18)
Wieder zeigt sich hier die autobiographische Tiefenstaffelung des Romans. Keller imaginiert den Roman eines Sorgenkindes und Muttersohns unter Rückbezug auf seine eigene Situation, die unter dieser Imagination fortdauert und sich verschärft, denn die Mutter muß für ihn sorgen, damit er den Roman von den Muttersorgen und den Sorgen des Sohnes um diese Sorgen fortspinnen kann. Bis zum neunundzwanzigsten Lebensjahr hat sich Keller von Mutter und Schwester ernähren lassen. »Ich bin die unnütze Zierpflanze, die geruchlose Tulpe, welche alle Säfte dieses Häufleins edler Erde, das Leben von Mutter und Schwester aufsaugt«, schreibt er anläßlich einer schweren Krankheit

der Schwester am 16. September 1847 in sein Tagebuch (XXI, 77). »Ein seltsames Gewächs« nennen die Lehrer den »grünen Heinrich« (III, 103; B I, Kap. 9), die Zierpflanze, die ihr Leben aus dem Boden von Kellers Biographie zieht. Dabei ist zu verfolgen, wie die dichterische Einbildungskraft die in der biographischen Realität angelegte Linie dergestalt vertiefen kann, daß das Phantasiespiel deutlicher wird als die Wirklichkeit. So läßt Keller nicht nur die vier im frühesten Alter gestorbenen Geschwister[38], sondern auch die Schwester Regula zu deren Ärger aus dem Roman heraus[39], die in seiner gelebten Biographie mit der Mutter zusammen die Fürsorge für ihn trägt und nach deren Tod die Mutterrolle für den Junggesellen übernimmt. Das Mutter-Sohn-Verhältnis wird auf diese Weise konzentriert, beider Einsamkeit zusammen und je für sich zum äußersten gebracht, und entsprechend zieht auch der Roman mit dem Doppeltod von Mutter und Sohn in der Erstfassung die letzte Folgerung, die das Leben – und die Zweitfassung des Romans – in einer stabilisierenden Verknorpelung der Konstellation vermeiden.

An der gleichen Stelle der Romanorganisation übt sich Keller aber auch in einem Schweigen, aus dem lediglich Fetzen abgerissener und verworrener Rede dringen. Nur zwei Tage vor der Selbstanklage für die Ausbeutung von Mutter und Schwester, die mit der Metapher vom Saugen den erwachsenen Sohn auf die Säuglingsstufe oraler Lust regredieren läßt, zeichnet der geniale Träumer Keller einen von Mutter und Sohn handelnden inzestuösen Traum auf: »15. September 47. Heute nacht besuchte ich im Traum meine Mutter und fand eine große Riesenschlange auf dem Tabouret zusammengeringelt liegen, wie früher unsre rote Katze, welche gestorben ist. Die Schlange bildete eine ordentliche Pyramide auf dem kleinen Stühlchen, auf dem obersten engsten Ringe lag der kleine Kopf, und neben ihm ragte das spitzige Schwanzende empor, welches aus dem hohlen Innern des Turmes vom untersten Ringe her aufstieg. Da ich erschrak, so versicherte meine Mutter, es sei ein ordentliches gutes Haustier, und sie weckte dasselbe. Wirklich entwickelte sich die Schlange sehr gemütlich, gähnte und reckte sich nach allen Seiten, wobei sie die schönsten Farben schimmern ließ.

Dann spazierte sie in hohen Wellenbewegungen in der Stube umher, über den Schreibtisch und über den Ofen hin, stellte sich auf den Schwanz und fuhr mit dem Kopfe, da sie sich bei weitem nicht ganz aufrichten konnte, rings an der Stubendecke umher, als ob sie Raum suche. Dann folgte sie der Mutter in die Küche und auf den Estrich, wo sie hinging; auch ich tat bald vertraut mit dem Tier und rief es gebieterisch beim Namen, den ich vergessen habe. Plötzlich aber hing die Schlange tot und starr über den Ofen herunter, und nun fürchteten wir sie erst entsetzlich und flohen aus der Stube. Da wurde sie wieder munter, putzte sich, lachte und sagte: ›So ist es mit euch Leutchen! man muß immer tot scheinen, wenn man von euch respektiert werden soll.‹ Wir lachten auch, spielten mit ihr und streichelten sie. Da stellte sie sich wieder tot, sogleich wichen wir entsetzt zurück; sie machte sich wieder lebendig und wir näherten uns wieder, sie erstarrte nochmals und wir sprangen immer wieder fort. So trieb sie das Spiel . . .« (XXI, 67 f.).[40]

Ein Wunschtraum von schönen, aber auch bedenklichen Spielen mit der Mutter, nach denen man den Namen der Schlange am besten schnell vergißt. Die Mutter lehrt den Umgang mit ihr, indem sie diese weckt und als Haustier in hohen Wellenbewegungen herumspazieren läßt. Doch in das Streichelspiel dringt zum Entsetzen der Sünder die Stimme eines Verbots, die in der biblischen Sündenfallparabel vom Schöpfergott ausgeht, hier aber der Schlange in den Mund gelegt ist und ihr Verhalten prägt. Nur die tot herabhängende Schlange ist respektierlich. Darin ist mit traurigem Lachen das Verbot des Inzestes mit der Mutter erinnert, das in der Entwicklung des männlichen Kleinkindes von einem mächtig gegenwärtigen Vater ausgeht. Er fehlt hier, aber seine Rede tönt bauchrednerisch aus der Schlange: »Man muß immer tot scheinen, wenn man von euch respektiert werden soll«, gilt auch vom Vater, der den Tod der Schlange fordert. Der erwachsene Träumer Keller steigt durch den Traumschacht in die frühe Phase kindlicher Sexualität hinab, der Sigmund Freud den Namen des Vatermörders und Muttergatten Ödipus gegeben hat. Er findet dort eine verlockende Mutter, den nächsten Menschen des anderen Geschlechts, von dem elementare Wunschbefriedigungen ausgehen und auf den sich umfassende, zur gentialen Formierung drängende Wünsche richten. Der Träumer Keller findet bei der Mutter keinen Vater, denn er ist ihm – wie dem grünen Heinrich – als Fünfjährigem gestorben (III, 20; B 1, Kap. 2).

Der väterliche Rivale ist beiseitegetreten, auf dem Höhepunkt der ödipalen Krise; doch er hat dadurch den Weg zur Mutter, den abzuschneiden Sache der Väter ist, nicht offengelassen; er hat ihn in einer besonders subtilen Weise verbarrikadiert. Das Kind will die Mutter für sich. Der Erfolg untergründiger frühkindlicher Wünsche, den Nebenbuhler wegzuschaffen, ist geeignet, ein Schuldgefühl zu erzeugen und zu versteinern, das die eigene Existenz des Wünschenden bis zum Grund in Frage stellt. Der die Mutter begehrende Sohn ist durch den Tod des Vaters zum Vatermörder geworden. Er hat in einer Entwicklungsphase gewünscht, als das Wünschen noch geholfen hat, weil in ihr der Übergang von Phantasie und Wirklichkeit nicht scharf gezogen ist. An dieser Schwelle wird Keller lebenslänglich mit einem Fuß stehen. Nach verlorenen Liebesmühen läßt er Frauen nur noch in ihrer Eigenschaft als Mütter gelten, »und daran sind sie auch nicht schuld, sondern die allgemeine Mutter Natur«. Der Schreiber dieses ungalanten Briefes vom 6. März 1856 an die Verlegergattin Lina Duncker beschränkt sich deshalb statt anderer Sünden auf die »Dichtersünde« der Erfindung »süßer Frauenbilder« (II/1, 141).

Denn das Verschwinden des Vaters hat den Sohn zugleich des Lehrers zur Mannheit beraubt, der von der Mutter weg ins Leben und zu anderen Frauen leitet. Und all das hat ihm nicht einmal die Mutter zugänglich gemacht – oder doch nur im Traum, denn sie ist zwar das Gegenüber und vielleicht der heimliche Partner der kindlichen Träume, aber sie darf es nicht sein und nicht wissen. Sie muß schweigen und ihn zum Schweigen bringen, weil sie in der Erwachsenenwelt mit deren Gesetzen lebt. So hat Rudolf Kellers Witwe, Gottfried Kellers Mutter, Erwartungen und Erwartungserwartungen nicht gezeigt und nicht entgegengenommen. Sie hat, statt kindliche Sehnsüchte zu erfüllen, sie stumm vereist und darin konserviert. Sie hat in zweiter Ehe einen Gesellen aus dem väterlichen Geschäft geheiratet und damit das Kind, das zu ihr ins Bett geholt sein möchte, in einer Nichtigkeitserfahrung stehenlassen. Es wird nicht gelobt; es kann der Meister nicht werden – »Niemand mehr den Meister lobt«, wie das Gedicht im Nachlaß von Heinrichs Mutter sagt. Ein hergelaufener Fremder ist dem Sohn vorgezogen worden – so die kindliche Erlebnisperspektive. Die Klage über die Vaterlosigkeit des Kindes hallt in diesem Keller als Anklage wider.[41] Du hast es so haben wollen. Du hast nun nur noch eine Mutter. Hüte dich!

Der Sohn hat Schuld am Vater, die Mutter hat Schuld am Sohn, der Sohn lädt Schuld an der Mutter auf sich. Er möchte ihr zu nahe sein; aber er möchte sie auch für ihre ›Schuld‹ an ihm, die Verweigerung, den doppelten Verrat am Vater und am Sohn, der in der Wiederverheiratung liegt, bestrafen. Er tut es, indem er sie flieht und doch bis in die verzwergte äußere Gestalt hinein[42] ewiges Kind bleibt, das an ihr hängt und sie aussaugt, wobei das Schweigen des ›unmündig‹ gebliebenen Sohnes ihr Schweigen vergilt. Es ist am tiefsten, wo von dem fremden Mann die Rede sein müßte, den die Mutter an Stelle des Vaters und des Sohnes genommen hat und der im Tagebuch des vierundzwanzigjährigen Keller am 8. August 1843 wie ein Erinnerungsgespenst vorbeihuscht: ». . . wann wir zwischen den Lehrstunden im Hofe herum sprangen, dann zeigte ich den andern Buben das Vaterhaus und sagte: ›Dort wohn' ich, in dem schwarzen Haus mit den roten Balken!‹ Dann sagten die Knaben wohl: ›Ist das dein Vater, der dort herausschaut?‹ und ich antwortete: ›Nein, mein Vater ist gestorben! Der herausguckt, ist ein fremder Mann, der bei uns wohnt, und meine Mutter ist in der Küche!‹ – – Ich schaue jetzt zu dem gleichen verwitterten Fenster hinaus, und im Hofe des Schulhauses sind kleine Mädchen, die sehen mich und scheinen zu sagen: ›Wer ist denn der Kerl mit dem Schnurrbart dort? der macht ein trauriges Gesicht!‹ Ich glaube, sie lachen mich aus. – –« (XXI, 57). Den Mädchen ist der erwachsene kleine Kerl mit dem Männlichkeitsattribut im Gesicht komisch und der Mutter fremd. Sie ist in die Küche verbannt, genau wie in dem autobiographischen Bericht über die Roman-Imaginations- und -Inkubationszeit des etwa Dreiundzwanzigjährigen. Sorge und Fürsorge ist die um das Wort gebrachte Muttersprache, und der Sohn hat mit dem

Gesellen von ehemals, der längst durch Scheidung wieder verschwunden ist, gemein, daß er (Jung)geselle ist und sein wird.[43]

Was wird aus dem erlebten Familienroman in der erdichteten Biographie, dem »Grünen Heinrich«? Die Frage ist quer zu einer Schriftstellerei gestellt, die erdichtetes Leben hervorbringt – bis in die Initialen hinein: Elisabeth und Rudolf heißen die Eltern Gottfrieds wie auch Heinrichs. G(e). H(a). und G(e). K(a). – wie reimt sich das![44] Eine »innere Verstockung« macht Keller brieflich am 19. Januar 1878 gegenüber Ida Freiligrath geltend, »die vom Autor ausgegangen war und nicht zum richtigen Ausdruck gelangen konnte«. Die Leserin hatte den »peinlich traurigen Eindruck« des vierten Bandes, die »glänzenden Hungerträume«, den tragischen Ausgang, den Tod von Elisabeth und Heinrich Lee beanstandet.[45] Der Roman flüstert das Leben, das Leben den Roman. Beide haben eine stumme Mitte. In ihr liegt letzten Endes die endgültig schweigende Mutter des Vater- und Muttermörders. Aus ihr verschwindet mit der Schwester Regula auch der fremde Mann: eine weitere Verdichtung des Romans, hier nicht nur im Sinne von Konzentration, sondern auch von Fortschaffen durch Abdichten. Über die Stummheit legt sich die offizielle Rede vom armen vaterlosen Kind. Die Mutter pflanzt damit eine Vorstellung vom Vater und – indirekt – auch von der Mutter in Heinrichs Bewußtsein, die das Bild der bürgerlichen Familie seit dem Ausgang des 18. Jahrhunderts prägt und rechtfertigt bis hin zur Sublimationsstufe einer Philosophie der Geschlechter in der deutschen Klassik.[46] Laut Goethe vermittelt der Vater »die Statur, des Lebens ernstes Führen«, während das »Mütterchen die Frohnatur und Lust zu fabulieren« weckt.[47] »Der Mann muß hinaus ins feindliche Leben«, weiß Schillers »Lied von der Glocke«, »und drinnen waltet die züchtige Hausfrau«. Von der »Macht des Weibes« erfährt man beim gleichen Autor:

»Kraft erwart' ich vom Mann, des Gesetzes Würde behaupt' er,
Aber durch Anmut allein herrschet und herrsche das Weib.«

»Auch dein zartester Laut ist dein harmonisches Selbst« – darin liegt bei Schiller die »Würde der Frauen«, »treue[r] Töchter der frommen Natur«. Zusammenwirkend entfalten die Eltern das Kind gleichmäßig nach innen und außen, in die Welt der Gesellschaft und der Innerlichkeit, in eine labile Balance von Norm und Spontaneität, aus der in Spannung zur externen Gesellschaft, aber doch auch ihren Anforderungen gemäß produktive und zugleich gesellschaftlich integrierte Individuen hervorgehen: das große Thema des klassischen Bildungsromans.

Daß diese Familienform eine historisch entstandene kulturelle Einrichtung ist, zeigt der Hintergrund der dörflichen Heimat der Eltern Heinrichs, aus der sein Vater als »vierzehnjähriger Knabe« (III, 10; B 1, Kap. 2) aufgebrochen und in die er als Handwerksmeister zurückgekommen war, um sich eine gesellschaftlich über ihm stehende Frau zu holen und mit ihr in die Stadt zu ziehen.[48] Erziehung als Tätigkeit und Problem von Eltern gibt es in dieser Sphäre des Dorfes, in die Heinrich in regelmäßigen Abständen eintaucht, nicht eigentlich. Sie kennt statt dessen Dressur als Antwort auf Regelverstöße bei selbstverständlicher und von der gesamten Umwelt mitgesteuerter Einübung der jungen Generation in die Konformität. Sogar das philosophisch-atheistische Schullehrerchen auf dem Lande, der theoretische Weiberfeind, verhält sich in der Praxis konformistisch (IV, 109; B 2, Kap. 9). Das arme Meretlein, dessen lange zurückliegende Geschichte Heinrich auf dem Dorf erfährt und seinem Kindheitsbericht zuordnet (III, 46 ff.; B 1, Kap. 5), wird in den Tod gepeinigt, weil sich das zur Korrektur dem Dorfpfarrer übergebene Adelskind nicht einfügt, aber bezogen ist dieses Unternehmen nicht auf die Familie, sondern auf die von der Kirche repräsentierte und verwaltete Sitte. Die ländlichen Vettern und Basen des Stadtkindes und Sonderlings Heinrich wachsen unerzogen und doch durch Vorbilder völlig ausgerichtet in Hausgenossenschaften unter väterlicher Gewalt auf, die auch das Gesinde mitumfassen, weil in diesen Haushalten Berufs- und Familiensphäre ungetrennt sind.[49] Nur die Tochter Anna des verwitweten, berufslosen und zurückgezogen lebenden Schulmeisters wird wie Heinrich bewußt gebildet. Deshalb sind sie und er von einem Hauch der Fremde umgeben in einem Kreis, wo man zwar Ratschläge in speziellen Situationen, sogar – im städtisch angereicherten ländlichen Haushalt des Onkels –

kulturelle Ressourcen wie Bücher, Zeichnungen und Stiche finden kann, aber keine planmäßige Leitung auf ein Bildungsziel hin.

Für die Mutter Heinrich Lees hingegen ist die Erziehung des Sohnes Beruf, Wissenschaft und Kunst, ja der schwierige Lebensinhalt, und das um so mehr, als sie sich an ihrer Aufgabe zerreibt.[50] Das gilt in Hinsicht auf die ihr unzugängliche Position väterlicher Vermittlung in die Gesellschaft, die der Gutstochter vom Lande in der stadtbürgerlich-kapitalistischen Ausprägung fremd bleibt, aber auch in Hinsicht auf die ideale Mutterposition, die sie nur nach einer Seite hin erfüllt und damit verzerrt. Die altmodische Geschichte von der barbarischen Abrichtung Meretleins durch den dörflichen Pfarrer steht in schneidendem Kontrast einem Paradebeispiel moderner kleinfamiliärer Mutterpädagogik der Frau Lee gegenüber, schmerzlichen Gefechten des Schmollens zwischen Mutter und Sohn, in denen Motivationen manipuliert werden und verinnerter Schulddruck eine virtuose Instrumentalisierung erfährt – bis hin zur tränenschweren Mutterrede von dem Zeitpunkt, zu dem sie, ach, nicht mehr dasein wird (III, 36 ff.; B I, Kap. 4). Aber dieses Verfahren hat doch auch eine Analogie zu dem gegen Meretlein angewandten, weil es gleichfalls mehr auf Anpassung statt Entfaltung gerichtet ist. Das Instrumentarium ist modern, das Ziel – bloße Wohlverhaltenheit – antiquiert.[51] Wie groß die emotionalen Energien sind, die auf diese Weise zwischen Mutter und Sohn aufgestaut und verdrängt werden, zeigt sich etwa am Ende eines hochaffektiven monologischen Kinderspiels, bei dem Heinrich im Kampf gegen eine fremde große schwarze Katze der eigenen unheimlichen Triebwelt begegnet, wie schon im Traum die Schlange Nachfolgerin einer roten Katze war: »Meine Mutter trat herein . . . und fand mich halb bewußtlos am Boden liegen . . . Sie hatte nie auf mein Treiben in der Kammer geachtet, zufrieden, daß ich so still und vergnüglich war, und wußte sich nun meine verwirrte Erzählung umso weniger zu reimen.« (III, 113; B I, Kap. 10)

Sie darf sich keinen Reim machen, weil sie das Reimwort ist, und so wird alles, was über die Stabilisierung eines Regelkanons hinausgeht, in Heinrichs Kammer stattfinden, während sie am

Herd steht – und sei es metaphorisch, bei faktischer Anwesenheit. Sie *ist* für Heinrich eine Gefühlssphäre, aber sie *bildet* keine Gefühlssphäre. Sie bewährt sich als tüchtige, aber nicht als züchtige Hausfrau im Sinne des Schillerschen Programmzitats, das eine entfaltete, differenzierte und kultivierte Empfindungsfähigkeit meint. Der Abschied des Sohns von der Mutter beim Aufbruch zur Künstlerreise ist explosiv von verschluckter Zärtlichkeit (XVI, 20 f.; A 1, Kap. 1/V, 144 f.; B 3, Kap. 10), und die Erzählerreflexion auf die Gefühlsverhaltenheit des »Volks« verwischt die Spuren, weil Mutter und Sohn nicht Volk sind (XVI, 21; A 1, Kap. 1). Den leblosen Kopf der toten Mutter erfaßt Heinrich zum ersten Mal in seinem Leben mit den Händen (VI, 291; B 4, Kap. 14). So bringt die gefrorene Mutter einen »gefrorenen Christen« von Sohn hervor, dem Dortchen Schönfund im Grafenschloß vergebens den bei ihr durchaus nicht geistlich gemeinten Weckruf des Angelus Silesius zusingt:

»Blüh auf, gefrorner Christ!
Der Mai ist vor der Tür,
Du bleibest ewig tot,
Blühst du nicht jetzt und hier!«
(VI, 236; B 4, Kap. 12)

In seiner Verformung deutet Heinrichs Leben auf Konfliktpotentiale der modernen Familie, die als Erziehungseinrichtung um so mehr an Harmonie beschwören muß, als sie selbst und ihre Hervorbringung, das Individuum, von Gefährdungen bebt. »Sobald einer ein Gebrechen hat, so hat er seine eigne Meinung«, weiß der Krüppel, Psychologe und verhinderte Autobiograph Lichtenberg am Ende des 18. Jahrhunderts[52], und er weiß auch schon, daß dabei die Meinungen nur die Spitze des Eisberges sind. Ein halbes Jahrhundert später bricht Heinrich Lee wie vor ihm klassische und romantische Kunstjünger seit Goethes »Wilhelm Meister« zu der Bildungsfahrt auf, die sich in der Kunst der Selbstbildung vollenden soll. Doch nicht erst seine Rückkehr als Bruchstück steht im Zeichen realistischen Katzenjammers; er kann sich schon anläßlich des Trennungsschmerzes in der Erstfassung des Romans ». . . nicht enthalten, jene Familien bitterlich zu beneiden, welche Vater, Mutter und eine hübsche runde Zahl Geschwister nebst übriger Verwandtschaft in sich vereinigen . . . Wie verschieden dagegen war seine eigne Lage! Das ganze Gewicht ruhte auf zwei einzigen Seelen; wurden sie auseinander gerissen, so kannte jede die Einsamkeit der anderen, und der Trennungsschmerz wurde so verdoppelt.« Er fragt sich deshalb – wohl im Blick auf undeutlich wahrgenommene utopische Sozialisten vom Schlage Wilhelm Weitlings mit ihrer Kritik an der bürgerlichen Familie:[53] »Haben . . . jene Propheten nicht unrecht, welche die jetzige Bedeutung der Familie vernichten wollen? Wie kühl, wie ruhig könnten nun meine Mutter und ich sein, wenn das Einzelleben mehr im Ganzen aufgehen . . . könnte . . .«. Aber: »›Nein‹, rief ihm sein innerstes Gefühl zu, ›der Zustand, den sich diese Menschen wünschen, gleicht zu sehr der stabilen gedankenlosen Seligkeit . . .‹« (XVI, 36 f.; A 1, Kap. 2). Die Mutter-Sohn-Passion ist zu ehren, denn sie ist das, worin einzig er lebt. Individuum sein heißt zum Leiden erwacht sein. Wäre der grüne Heinrich gedankenlos selig, gäbe es ihn und seine Geschichte nicht.

Sie kreist um den Tod, sie kreist in der Erinnerung. Beide sind resignative Erfüllungen; herzerfüllendes Leid. Die Erinnerung ist Vereinigung in der Trennung. Der Tod ist Bestrafung des Vater- und Muttermörders, die doch seinen unaussprechlichen Wunsch so befriedigt, daß es im Roman nicht direkt ausgesprochen werden muß. Die versagende stumme Mutter ist auch die gewährende. Stumm darf Heinrich bei der Mutter gebettet sein in einem gereinigten Verhältnis. Dieses Zusammenschlafen ist nicht ein Tarnwort für etwas anderes, Verfänglicheres; es ist noch unschuldiger als Schlafen. Aber es ist auch mehr als ›Beischlaf‹, nämlich Wiederherstellung der vorgeburtlichen Geborgenheit im Schoß der Erde und damit Rücknahme aller Schmerzen. Insofern das Wort Lee nicht nur die windgeschützte Seite, sondern im Schweizerdeutsch auch einen Hügel bezeichnet, in dessen Windschatten es gut wohnen ist, zielt der Name des grünen Heinrich Lee von vornherein auf diese Endstation, den friedlichen Grabhügel, unter dem Mutter und Sohn getrennt vereinigt sind und wo »ein recht frisches und grünes Gras gewachsen« ist – so der Schlußsatz des Romans in der ersten Fassung.[54] Auf dem Weg der Vaternachfolge, dessen Jägeruniform, Anzüge und grüne Stoffe auftragend (III, 97; B 1, Kap. 9), ist Heinrich grün geblieben und bei der schwarzen Mutter angekommen, die doch die Frau des Vaters war. »So ging denn der tote grüne Heinrich auch den Weg hinauf in den alten Kirchhof, wo sein Vater und seine Mutter lagen.« (XIX, 329; A 4, Kap. 15) Die Mutter liegt beim längst verstorbenen Vater; der Sohn bei der toten Mutter, der nachzufolgen er so eilig hat, wie er die Heimkehr zur lebenden vertrödelte.

In den Vorarbeiten Kellers zum Roman findet sich eine Werknotiz, die in die Schwärze zwischen Mutter und Sohn seltsam hineinleuchtet: »Die glückliche heitere Jugend der Frau Lee, ihr Liebesverhältniß und ihre Untreue. Die Idee der lebenslänglichen Buße, auch *ihr* tragisches Schicksal hat eine frühe Schuld zum Träger.« (XIX, 347) Ein Quartblatt aus der Berliner Zeit spricht vom »Befremden der Mutter vor einzelnen seltsamen Blicken Heinrichs« (355). Von zwei Seiten her ist hier die Möglichkeit der sexuellen Verirrung der Mutter angespielt, aber nicht ausgeführt; in der Achse steht als steinerner Gast der tote Vater. Im Schluß der Erstfassung ist mit dem Verweis auf Byrons »Manfred« immerhin die Zitatandeutung einer Inzesttragödie erhalten geblieben, um die es sich bei der Schuld des Helden an einer Blutsverwandten handelt. Daß dem inneren Zensor dabei nicht geheuer war, zeigt der sich selbst kommentierende Kommentar des Erzählers ausgerechnet an dieser Stelle, an Heinrich sei »in Wirklichkeit« nichts zu durchschauen »als das lauterste und reinste Wasser eines ehrlichen Wollens« (XIX, 324; A 4, Kap. 15). Trotzdem blieb das »Manfred«-Zitat noch zu deutlich und fiel der Bearbeitung zum Opfer. Schon hier zeigt sich: Was die Zweitfassung dem Roman an Geschlossenheit und Konsequenz in der Durchbildung der Erzählsituation zubringt, verliert sie oft in inhaltlichen Zurücknahmen des Erzählten, so daß beide Romanfassungen zusammen und kontrastiv erst den Roman ausmachen – wieder eine Grenzverwischung. Stehengeblieben allerdings ist in beiden Fassungen die Rede des Gedichts vom verlorenen Glück und Recht:

»...
Gestern noch mit ihm ich schlief,
Ach, nun liegts da unten tief!«

Lyrisch-allegorisch – das Recht als Mutterrecht – deutet diese Rede vor und zurück: auf die Träume vom Schlaf mit der Mutter und auf den Todesschlaf in der Tiefe bei ihr, wo der falsche Odysseus und »dämonische Simpel« verschwindet. Der grüne Mutterschläfer Heinrich mit seinen »kleinen sanften Leiden« möge dem »milden glücklichen Schlaf« der Frau Rodenberg dienen. So schreibt Keller mit dämonischem Humor am 2. Dezember 1880 an Julius Rodenberg, den Herausgeber der »Deutschen Rundschau«, und ähnliches bekommt die Freundin Marie von Frisch schon Weihnachten 1879 zu hören.
Noch geheimnisvoller ist das Gedicht vom verlorenen Recht an anderer Stelle:

»...
Einen Seemann, grau von Jahren,
Sah ich auf den Wassern fahren,
War wie ein Medusenschild
Der erstarrten Unruh Bild.«

Um dem tödlichen Blick der Medusa zu entgehen, fängt der Held Perseus in der griechischen Sage ihr Bild im Spiegel seines blanken Schildes auf, damit er sie töten kann. Der Medusenschild zeigt das tödliche und getötete Antlitz der Medusa, ist »der erstarrten Unruh Bild«, und der Seemann, der Glück und Recht verloren hat, gleicht diesem Schild, dem sich die tödliche-getötete Medusa eingeprägt hat. Die schlangenhäuptige Meduse ist ein Symbol der das Kind tödlich bedrohenden, verschlingenden Mutter, die es umfängt und, unter dem Schein es zu säugen, selbst aussaugt. Auch das gehört zum Sog, der vom Muttergrab in der Muttererde ausgeht. Es enthält Strafe, Erfüllung, Vernichtung. Der Schlaf bei der Mutter ist beseligend, doch er ist für das wünschende Kind, dem kein starker Vater Hingabe und Selbstfinden in der Liebe vormacht, auch äußerste Gefährdung, denn wie die Mutter das Kind hervorgebracht hat, kann sie es auch in sich zurückholen; sie ist die vom Vater unter Todesstrafe verbotene, doch auch, wenn der Vater nicht vor ihr schützt, die tötende Geliebte. Nicht die männlich-väterliche Kraft des Perseus, der den Schauder besiegt, sondern die Starre des gefrorenen Christen, den der Schauder unauslöschlich gezeichnet hat, bezeugt sich im Schicksal des kleinen Kerls Heinrich.

Wieder ist diese Schicksalsfigur nicht zeitlos einem ewig-menschlichen Wesen mit ewig-menschlichen Verwirrungen eingeprägt. Kellers Landsmann und Zeitgenosse Johann Jakob Bachofen hat mit seinem »Mutterrecht« (1861) und seiner »Gräbersymbolik der Alten« (1859) Rücken an Rücken mit Keller den gebärenden und verschlingenden Erdschoß der Mütter, ihre inzestuöse Verklammerung mit den Söhnen in die antiken Mythen ebensosehr hineingelegt wie in ihnen aufgefunden: »Die Mutter ist das ursprünglich Gegebene; sie wird eher angeschaut als der zeugende Mann . . .«. Nach mythischen Vorstellungen wird »aus dem Sohne . . . der Vater, die Mutter tritt ihrem Kinde als Gattin zur Seite«. Die Mutterwelt steht im Zeichen der Zyklen. »Die versteinernde Kraft der Gorgo-Medusa«, die vom Sonnenhelden Perseus gebrochen wird, sagt laut Bachofen: »Alles, was die stoffliche Mutter aus ihrem Schoße gebiert, ist dem Untergang verfallen. Es tritt nur ans Licht, um wieder in die Finsternis des Mutterleibes zurückzukehren . . . In dem Leben schenkt die Mutter den Tod.« Wenn durch Perseus das Haupt der Meduse an die mutterlose Jungfrau Athene, die dem Haupt des Zeus entsprungene Göttin der Weisheit, übereignet wird, ist darin der Sieg männlicher List und Umsicht über die Schrecken der Muttersphäre besiegelt. »Dieselbe Göttin, die Herakles, die Danaiden und Theseus beschützt, die auch für den Muttermörder Orest den weißen Stein in die Urne legt, dieselbe nimmt den Gorgonenbesieger Perseus unter ihre sichernde Obhut.«[55]

Sigmund Freud hat eine Generation nach Keller und Bachofen in den Träumen des Fin de siècle gelesen wie Bachofen in den antiken Mythen, doch auch er hat die Bestätigung seiner Lektüre der Träume in der Mythologie gesucht. So verbindet er die

Spinne als Traumsymbol der übermächtigen, tödlichen Mutter mit der Medusa, wie sie in Kellers Lied und Bachofens Mythendeutung erscheint: ». . . die Spinne im Traum [ist] ein Symbol der Mutter, aber der phallischen Mutter, vor der man sich fürchtet, so daß die Angst vor der Spinne den Schrecken vor dem Mutterinzest und das Grauen vor dem weiblichen Genitale ausdrückt. Sie wissen vielleicht, daß das mythologische Gebilde des Medusenhaupts auf dasselbe Motiv des Kastrationsschrecks zurückzuführen ist«[56], der nicht nur vom Vater am Ende der ödipalen Entwicklungsphase des männlichen Kindes, sondern auch von der nicht in Schach gehaltenen Mutter ausgehen kann. Die Symbolik der vampirischen Frau und der Meduse greift um sich im Jugendstil der bildenden Kunst und im Symbolismus der Literatur bis hin zum Gorgonengedicht »Die sterbende Meduse« des anderen Kellerschen Landsmannes und Zeitgenossen Conrad Ferdinand Meyer, gleichfalls eines Mutterverhafteten, von ihr in den Wahnsinn als anderen Tod Hinabgerufenen.[57] (Abb. 3, 4)

Epochal erklärt sich dieser Sog der Mütter im Reich der Liebe aus der Entwicklung der bürgerlichen Familie in ihrem Zusammenhang mit übergreifenden gesellschaftlichen und ökonomischen Prozessen, wie sie im »Grünen Heinrich« faßbar wird. Der Stadthaushalt der Mutter mit den ständigen Vaterreden verweist auf die moderne Familie als ein Spannungsgefüge von Vater, Mutter, Kind. Der antike König Ödipus hatte keinen Ödipuskomplex. Er ist kein Exempel dafür, was aus der Erfüllung verbotener Wünsche folgt, sondern ein kultisches Opfer, das der Heiligkeit eines kulturellen Musters mit Namen Inzestschranke fällt und es damit befestigt. Er tötet den Vater und heiratet die Mutter, weil er sie nicht kennt. Erst der moderne Knabe möchte in der Mutter, die ihn mit ihrer Aura umgibt, die Matrix seiner Phantasie, seiner Zärtlichkeit, seiner Sehnsucht heiraten und zu diesem Ende den Vater beiseite bringen. Erst dem modernen Knaben mit seiner familiär provozierten Innerlichkeit wird der Vater zum Inbegriff von außen kommender Gesetze und von Verboten, die das Echo eigener Wünsche sind. Das Wecken zur Nichterfüllung gibt der Sehnsucht und der Abstoßung ihre Tiefe, Wirkungsmacht und Verborgenheit.

Der Extremfall Ödipus demonstriert Körperstrafen für Übertretungen, die Körpern verboten sind. So real Ödipus den Vater umbringt und die Mutter beschläft, so real blendet er sich. Der Normalfall Ödipuskomplex ist bis hin zur Kastrationsdrohung ein Seelendrama hinter den Kulissen. Deshalb erscheinen seine Figuren nicht als die sie sind: Vater, Mutter, Sohn der modernen Familie. Sie müssen im Reflex des antiken Mythos aufgesucht werden, der Gestalt werden konnte, weil es der ihn hervorbringenden Kultur nicht um die Verinnerlichung, sondern um die Einfleischung und kultische Fixierung von Kulturnormen ging. Das Nichtvorhandensein des Ödipuskomplexes ist die Voraussetzung für die Entstehung des Ödipus-Mythos.
Die im ödipalen Feld ausgebildete Pädagogik mit ihrem subtilen Zusammenspiel von Normverinnerung und Spontaneitätsentfaltung ruft den Menschen einer dynamischen Gesellschaft hervor. Sie ist geprägt von der freien Konkurrenz ökonomischer, politischer und ideeller Subjekte, bei der Produktivität und Originalität sich in Produktion, Spezialisierung, Akkumulation umsetzen. Die Sphäre aber, in der Produktivität und Originalität aus dem Weben der Emotion und Phantasie aufsteigen, ist der Bezirk der Mütter, in dem Kindheit als psychische Kategorie allererst entspringt. Das Mutterreich steht unter der Gleichung Natur – Gefühl – Harmonie – Poesie; die Sphäre des Mannes steht unter der Gleichung Geist – Expansion – Energie – Prosa des bürgerlichen Alltags: ein lineares anstelle des zyklischen mütterlichen Prinzips.
Im dörflichen Haushalt, wie ihn Heinrich noch in der Heimat der Eltern vorfindet, sind Familienleben und Berufsleben eins. Vater und Mutter befinden sich auf dem gleichen Boden. In dem Maße, in dem dieser alte oikos, die *eine* Welt von Familie und Beruf, auseinanderfällt, werden Vater und Mutter zu Repräsentanten gänzlich verschiedenartiger Bereiche, die doch aufeinander angewiesen sind.[58] Einer als ideale Liebesgemeinschaft gedachten Familie drinnen liegt eine Außenwelt arbeitsteiliger und hoch verflochtener, abstrakt werdender ökonomischer, politischer und gesellschaftlicher Prozesse gegenüber. Eine Illustration des »häuslichen Glückes« von Daniel Chodowiecki aus dem Jahr 1796, dessen graphisches Werk einen Orbis pictus der

sich formierenden bürgerlichen Welt ergibt, stellt ein Ideogramm des exklusiven familiären Binnenraums, hält man die Gruppe neben eine Familiendarstellung der älteren ständischen Gesellschaft.
Das Gemälde »Schusterwerkstatt« des Niederländers Jan Josef Horemans aus dem Jahre 1712 zeigt am Beispiel eines Handwerker-Interieurs die »familia« im alten Sinne der Hausgenossenschaft als Lebens- und Produktionsgemeinschaft. In *einem* Raum leben Vater, Mutter, Kinder und Personal zusammen; wird geschustert, genäht, gesponnen, gespielt, gegessen, kommuniziert. Bei einigen Figuren ist nicht auszumachen, ob sie zur Familie im modernen Verständnis gehören. Ist der Junge mit dem Rücken zum Betrachter Sohn oder Lehrling? Ist die Brot schneidende Frau rechts Magd, Tante oder Großmutter? Bei Chodowiecki in plakativem Gegensatz die Familienidee der Moderne: Ehemann und Ehefrau sitzen in innigem Körper- und Blickkontakt auf einem Sofa, das sie wie eine Muschel umfängt. Sie befinden sich in einem fast abstrakten, abgedunkelten, nach draußen abgedichteten Binnenraum der Familie ohne Fenster und Tür. Der Beruf ist abgetan. Die Frau hat ein Kleinkind auf dem Schoß; eine Tochter steht lesend mit dem Gesicht zu den Eltern vor dem Tisch, hinter dem sie angeordnet sind. Eine spärliche Lichtquelle wird vom Kopf des lesenden Mädchens so verdeckt, daß er wie von einem Heiligenschein umgeben ist. Der Himmel des Ehebetts im Hintergrund des Paares; die Beleuchtung, die das hellste Licht auf die Frau, einen Abglanz auf den Mann fallen läßt, schließlich die Stellung der Tochter erwecken den Eindruck, als verrichte eine junge Heilige ihre Andacht vor dem Altar ehelicher Liebe, an dem vorbildliche Gefühle zelebriert werden. (Abb. 5, 6)
Doch dieser intime Raum ist schon in der Formierung unterminiert. Der Mann, der hinaus muß ins feindliche Leben, wird zum Agenten dieser Außenwelt und trägt gegenläufig deren Spannungen in die Familie hinein. Seine Rolle im Kosmos des Hauses, in dem gelebt und gearbeitet wird, war anschaulich. Im Familienraum als Refugium verliert sie an Durchsichtigkeit und Überzeugungskraft. Bei Fixierung, ja teilweise Verhärtung der juristischen und ökonomischen Herrschaftsposition des Man-

nes im Verlaufe des 19. Jahrhunderts und während Männer Geschichte zu machen wähnen, wird so die Stellung der Väter in der Familie schwächer bis zur gegenwärtigen vaterlosen Gesellschaft. Die Sphäre der Mütter gewinnt Dominanz und die Tendenz, sich gegen die Väter zu verschließen, sogar sie auszuschließen. Die unerfüllbare Forderung an den Vater, die Außenwelt vertraut zu machen, schlägt um in den stummen oder lauten Vorwurf, der Vater habe die Familie bei der Erfüllung dieser Aufgabe im Stich gelassen. Unversehens steht er als starrendes Idol von Ansprüchen und Fahnenflüchtling in einem vor der Tür. Damit aber bricht die andere Gefährdung inmitten der Familiensphäre von Mutter und Kind auf, daß es in ihr versinkt.

Kunst und Literatur sind nicht nur Illustration; sie sind in ihrer modernen Gestalt als Seelenausdruck und Seelenanalyse auch Produkt dieser Entwicklung. »Ohne das Weib wäre für jede feinfühlende Seele das heutige Leben nicht zu ertragen«, schreibt der liberale Historiker Georg Gottfried Gervinus 1835, denn es ist das Weib, »das in der neuen Zeit die poetische Seite der Gesellschaft bildet«.[59] Der Entwicklung der Familie entspringend, stellen Kunst und Poesie aber auch die Bilder und Diskurse bereit, in denen das Neue zur Welt kommt. So stehen die Vorstellung von Judith, Heinrichs mütterlicher Geliebter, als »Stimme der Natur selbst« (VI, 324; B 4, Kap. 16) und die Bedeutung der Mutter als Mutter Erde im »Grünen Heinrich« im Zusammenhang einer Rede und Bildlichkeit von Mutter Natur, die mit dem Sturm und Drang Nachdruck gewinnt.[60] Wie die Antike den König Ödipus, aber nicht den Ödipuskomplex hervorbringt, erdenkt sie auch mythische Nacht- und Erdmütter neben Himmels- und Lichtgöttern, doch nicht die Dualität von Vater Geist und Mutter Natur, deren eigentümlich Modernes in der Innerlichkeit und zugleich kategorialen Abstraktheit dieser Größen liegt.[61] Mutter Natur ist so sehr in uns, wie sie uns gegenüber ist, und eben darin ist sie das andere des aufgeklärten Geistes; nur darin ist sie sein unerreichbares Sehnsuchtsziel und das Umfassende, dem er nicht entkommt. Die Nabelschnur, an welcher der grüne Heinrich hängenbleibt, verbindet auch das lyrische Ich in der Erstfassung von Goethes

Gedicht »Auf dem See«, das den Zürchersee meint, mit der Welt.

»Ich saug an meiner Nabelschnur
Nun Nahrung aus der Welt«

– Wellen und Rudertakt wiegen dieses Ich in einen Zustand vor dem Ich zurück. Als Schoß der Welt ist Mutter Natur nächtlich und erregt den Schauder, den Faust als der Menschheit besten Teil im Abstieg zu den Müttern der Gestaltbildung und des Gestaltwandels im ersten Akt von »Faust II« empfindet.

Doch indem Kunst und Literatur das Neue formieren, präformieren sie auch dessen letzte Konsequenzen, noch ehe sie voll in die Erscheinung getreten sind. Sie schreiben die Gesetzestafeln und gleichzeitig das Menetekel an die Wand, schon lange bevor Darius seine Sturmbataillone antreten läßt. Kunst und Literatur sagen, daß die Muttersphäre in der Exklusion der Väter zum Reich der Todesverlockung und Verstörung wird und daß in der Innenwendung der modernen Familie diese Exklusion schon angelegt ist. Sie vollzieht sich stufenweise. Von der Klassik bis zur Spätromantik ist es der als männlich gedachte Geist, der das Anschauungsbild von Mutter Natur formulieren muß. Die klassische Philosophie der Geschlechter, der klassisch-romantische Bildungsroman übersetzen diffuse und kontingente Erfahrungen in ein System von Ideen und in die Konstruktion eines Entwicklungsganges. In diesem Sinne ist Mutter Natur eine Idee, der keine empirische Realität unmittelbar entspricht; vielmehr eine Formel für Realität. Dasselbe gilt für den Bildungsgang des Individuums und zum Individuum im Entwicklungsroman.

So wie Keller sich in neuartiger Weise eine Biographie zuschreibt, die vexatorisch sein eigenes Leben ist und nicht ist, zeigt sich bei ihm der Status von Mutter Natur verändert. Er entwirft sie nicht, sie bringt ihn zum Reden. Die Begegnung mit dem Philosophen Ludwig Feuerbach in Heidelberg, während einer entscheidenden Phase der Romanarbeit, befestigt Kellers Tendenz, in der empirischen, erfahrenen Natur selbst jene Mutter Natur wahrzunehmen, die bisher ein Produkt des stilisierenden Geistes war. Keller ist tief beeindruckt davon, daß

Feuerbach ihr den Geist austreibt, den die klassisch-idealistische Philosophie in sie hineingelegt hat, und die Natur als sensuelles Ereignis nimmt, dabei aber trotzdem von ihr begeistert bleibt. Ein ». . . ganzes glühendes Erfassen der Natur ohne alle Neben- und Hintergedanken« wird Feuerbach durch Keller in einem Brief an Wilhelm Baumgartner vom 27. März 1851 bescheinigt, und schon am 28. Januar 1849 heißt es gegenüber dem gleichen Partner, Feuerbach habe nichts »als die Natur und wieder die Natur, er ergreift sie mit allen seinen Fibern in ihrer ganzen Tiefe und läßt sich weder von Gott noch Teufel aus ihr herausreißen«. Keller spricht auch von sich, indem er von Feuerbach spricht.

Der Verzicht auf Neben- und Hintergedanken, auf eine ideelle Konstruktion bedeutet für den »Grünen Heinrich«, daß Mutter Natur, Mutter Erde unmittelbar erfahrbare Momente des erdichteten und zugeschriebenen Lebens selbst werden. Natur wird zur ›Tatsache‹ und ›Tastsache‹. Das gibt Gestalten wie Judith gegenüber ihrer Verwandten und Vorgängerin Philine in »Wilhelm Meister«, aber auch gegenüber romantischen weiblichen Naturverkörperungen die sinnliche, atmosphärische, detailgesättigte Präsenz erlebten Lebens; und bleiben an Judith als der von glühender Liebesphantasie erfundenen Gestalt noch Züge der literarischen Ahnenreihe erkennbar, so ist die Mutter Elisabeth Lee in ihrer Abkunft von der realen Mutter Elisabeth Keller so erschütternd, weil in ihrer Vertiefung zur Mutter Erde literarische Symbolik jäh ins Psychologische umschlägt. Die vom Geist formulierte Idee wird zum Phantasma, das übermächtig aus dem Unbewußten aufsteigt und die Wahrnehmung perspektiviert: nicht mehr die Erde als Mutter, sondern die Mutter als Erde.

Gleichzeitig mit dieser Entgeisterung der Mutter, die sie erst unentrinnbar macht, wird aber ihr vernichtender, tödlicher Zug beherrschend, vergraben und sich darstellend im Muttergrab als Ziel des Romans, und eben damit steht Keller in einer Linie, die sich weithin in der Zeit verfolgen läßt, wie etwa die Dominanz des Todes in Bachofens Vorstellung der Muttersphäre, die tödliche Aura der Mutter bei Conrad Ferdinand Meyer oder zuweilen bei Kellers Freund Storm zeigt.[62] In der persönlichen Leidenssituation des Autors Keller und seiner Romanfigur fassen sich mithin Leidensmomente im historischen Roman der Institution Familie so exemplarisch wie extrem zusammen. An seiner familiären Krise zeigt sich die Krise der bürgerlichen Familie: Die Vaterlosigkeit Heinrichs schafft gleichsam experimentelle Bedingungen für die Entfaltung der familiären Problematik. Der Verlust treibt die ödipale Situation heraus in die Erstarrung. Die Fremdheit der dem Sohn nicht durch Erziehung vermittelten, weil der Mutter durch Herkunft unverständlichen Welt draußen ist äußerstes Beispiel des Risses zwischen Familie und Gesellschaft, der am Ende auch die Väter, die ihn schließen sollten, zerreißt. Die Phantasiewucherung unter einer Decke der Vereisung ist die Überreaktion von Mutter und Sohn auf das vaterlose Zusammenleben in der Kernfamilie, die als Dreiecksverhältnis entworfen ist und funktioniert. Die Meduse ist so die Muse in der Tiefe der zugeschriebenen Biographie. Der blinde Fleck auf der Ebene des Erzählens, daß das mißlingende Leben die Voraussetzung des gelingenden Schreibens ist, hat seine inhaltliche Entsprechung und Begründung in dem blinden Fleck, an dem diese Musa-Medusa sitzt: die Spinne in der Mitte des Netzes. Der *im Leben* gebannt untergehende Heinrich ist *als Erzähler* Perseus: Im Spiegel des Medusenschildes seiner erzählten Existenz macht er das Medusenhafte der Mutter als blinden Fleck erkennbar. Wovon nicht gesprochen werden darf, davon ist überall die Rede: von der Autorschaft und von der Muse-Meduse, die dazu inspiriert. Pegasus, das Flügelroß der Poesie, entspringt dem Leib seiner Mutter Medusa, als Perseus ihr das Haupt abschlägt.

So ist das Bild der Meduse am Ende der Mutter-Sohn-Geschichte ein Knotenpunkt, wie bei Freud mythologisches Zeichen für das Spinnennetz der Mutterwelt, in deren Koordinaten sich Heinrichs Leben abspielt, in das er verstrickt ist, an dem er sogar mitspinnt, sofern in die Drohung der Mutter, das Kind zu überwältigen und zu verschlingen, auch die grausige Lust des Kindes einschwingt, von der Mutter überwältigt und verschlungen zu werden, und in den Haß gegen die drohende Mutter auch der Selbsthaß gegen das, was im eigenen Inneren dieser Drohung als Sehnsucht entgegenkommt. Demnach ist die Spinne nicht nur die Mutter; sie ist auch ein Teil des Kindes, das der drohenden Verlockung und verlockenden Drohung bis zu dem Punkt verfällt, daß das ›Selbst‹ in das Gegenüber eingeht und zum Gegenüber wird. Selbst Spinne werden, so entgeht man der Spinne; so verliert man aber auch das Selbst. Die Spinne in sich töten, so rettet man das Selbst, aber man tötet auch seinen geheimsten Wunsch, mit ihr ununterscheidbar eins zu werden. In der Kindheitsgeschichte Heinrichs gibt es die widrige Episode, wie er lebende Tiere, die er in einer kleinen Menagerie mit viel zu engen Käfigen gefangenhält, endlich dadurch von ihren Leiden ›befreit‹, daß er sie mit einem glühenden Eisen durchbohrt und, tot oder halb tot, im Garten begräbt. Unter den Tieren sind auch große Spinnen. Sie »versahen in Wahrheit die Stelle der wilden Tiger für mich, da ich sie entsetzlich fürchtete und nur mit großem Umschweife gefangen hatte« (III, 107 f.; B 1, Kap. 10). Über die Gleichung Spinne – Tiger läuft die Beziehung hinüber zu dem schon erörterten Kampf mit der großen schwarzen Katze, in dessen Ausgang die Mutter ahnungslos hineingerät, und zu den Raubkatzen der Kellerschen Poesie, in denen sich die Faszination durch das Geheimnis des Geschlechts bis hin zu Lucie-Lux-Luchs mit dem feinen Fell im »Sinngedicht« verkörpert (XI, 337). Die Zerstörung der Spinnen im Menagerie-Abenteuer ist ein Stück Selbstzerstörung der Bestie, des wilden Tiers, des Spinners Heinrich in seiner Versponnenheit mit der Mutter.

Deshalb drängt sich immer wieder im »Grünen Heinrich« das Bild des Spinnens und das des Spinnennetzes auf[63], wenn es die Existenz Heinrichs zu charakterisieren gilt. Einmal findet er sich »in ein ungeheures Lügennetz verwoben und verstrickt«, dann mit einem »moralischen Zwangsnetze« umwickelt, dann wieder »in einem ordentlichen Gewebe von Schuldbeziehungen gefangen« (III, 132 u. 135; B 1, Kap. 12/VI, 29; B 4, Kap. 3). Bei der Trödlerin Margret nimmt das Kind Geistergeschichten sowie magische, astrologische, pansophische Bilder und Ideen auf, und »mit all diesen Eindrücken beladen, zog ich dann über die Gasse wieder nach Hause und spann in aller Stille unserer Stube den Stoff zu großen träumerischen Geweben aus, wozu die erregte Phantasie den Einschlag gab. Sie verflochten sich mir mit dem wirklichen Leben, daß ich sie kaum von demselben unterscheiden konnte.« (III, 88; B 1, Kap. 8) Judith liebkosend, dabei an die Freundin Anna denkend, ahnt der grüne Jüngling »das Leben und Weben der Liebe« (IV, 13; B 2, Kap. 2). In der Erstfassung des »Grünen Heinrich« wird das Wesen der phantastischen Malerei, der er verfallen ist, als »Herausspinnen einer fingierten, künstlichen, allegorischen Welt aus der Erfindungskraft« beschrieben (XVIII, 136; A 3, Kap. 4), und in der ausweglosen Verfangenheit in seiner Künstelei kritzelt Heinrich schließlich wochenlang »in dunklem Selbstvergessen« das »ungeheure, graue Spinnennetz« (V, 300; B 3, Kap. 15), das abstrakte und totale Bild seiner Mutterbeziehung, das von seinem Freund Erikson mit der Aufforderung durchstoßen wird: »Sieh, wie du aus der verfluchten Spinnwebe herauskommst, die du da angelegt hast, und wenn du dich mit dem Ding, mit der Kunst oder deren Richtung irgend getäuscht fändest, so besinne dich nicht lange und stelle die Segel anders!« (XIX, 21; A 4, Kap. 1) Heinrich-Odysseus soll wie Erikson, der »das Seefahrtsgeschäft seines heimatlichen Hauses« wiederaufnimmt (V, 299; B 3, Kap. 15), steuern und entkommen!

Doch er kann nicht entkommen; nicht im Kuß mit Anna beim Durchkriechen unter einem Spinnenfaden, der die »Himmelspforte« aus beieinander stehenden Tannenstämmen wieder »versperrt« (IV, 203; B 2, Kap. 16), denn im scheinbaren Überwinden der Sperre zeigt sich ihre Unüberwindlichkeit – gleich wird die Schreckenserfahrung der Sexualität Heinrich und Anna auseinandertreiben. Heinrich kann nicht entkommen; nicht einmal im flüchtigen Glück mit einer Proletarierin, um die ein »geheimnisvolles Leben und Weben« ist – zum Überfluß heißt sie noch Hulda (= Frau Holle; VI, 91; B 4, Kap. 5) –, weil eben Heinrichs Heimat die Mutter ist, die schweigende lauernde Spinnerin. »Sie sitzt den ganzen Tag am Fenster und spinnt; sie spinnt Jahr aus und ein ... Wie es scheint, glaubt sie durch diesen Vorrat weißen Tuches, das sie jedes Jahr weben läßt, Ihr Glück herbeizulocken, gleichsam wie in ein aufgespanntes Netz, damit es durch einen tüchtigen Hausstand ausgefüllt werde, wie die Gelehrten und Schriftsteller etwa durch ein Buch weißes

Papier gereizt werden sollen, ein gutes Werk darauf zu schreiben, oder die Maler durch eine ausgespannte Leinwand, ein Bild darauf zu malen . . . Wahrhaft melancholisch aber ist es anzusehen, wenn sie die Betten sonnt . . .«. Mit diesen Worten stellt ein Bekannter aus der Heimat im fernen München die Mutter vor Heinrichs Gewissen (VI, 110; B 4, Kap. 6), der sich »bei diesem letztern Vergleich des wackern Redners . . . eines bittern Lächelns nicht enthalten« kann (110). Vielleicht leuchtet ihm der Zusammenhang zwischen Spinnen, Weben und Leinwand ein: man malt das Spinnengewebe der Mutterbeziehung auf ein Gewebe der Mutterbeziehung – laut Erzählerkommentar der Erstfassung über die Hausfrauen: »Die weiße Leinwand ist ihr Papier . . . da schreiben sie ihre ganze Lebensphilosophie, ihre Leiden und ihre Freuden darauf.« (XVI, 15; A 1, Kap. 1) Schließlich Keller, der durch ein Buch weißes Papier gereizte Schriftsteller? Am 16. Juli 1853, in der Schlußphase der Arbeit am Roman, beklagt er gegenüber Hermann Hettner »das verworrene Netz von Geldmangel, kleinen Sorgen, tausend Verlegenheiten, in welches ich mich . . . verwickelte . . .«. Der alte Keller lag auf dem Kranken- und Sterbebett, wie Conrad Ferdinand Meyer nach einem Besuch berichtet hat, in einem »Spinnen und Weben der Phantasie, von dem sich nicht leicht ein Begriff geben läßt«.[64] Auch sein grüner Heinrich ist im Münchener Exil zuletzt über alle Begriffe hinaus. Er ist gefangen und vermag nichts anderes, als daraufhin in Heimkehrträume zu verfallen.

In ihnen spinnt die Mutter als Spinnerin am Bächlein einen »glänzenden Faden, der sich . . . kreuz und quer an dem Abhange herumzog und sich da sofort zu großen Flächen blendender Leinwand gestaltete.

Mein Sohn, mein Sohn,
O schöner Ton!
Wann kommt er bald,
Geht durch den Wald?«

So singt sie sehnsuchtsvoll, während sie für den Mutterwaldgänger das Bettzeug rüstet (VI, 122; B 4, Kap. 7), das sich alsbald in eine Herde schöner Fasanen verwandelt, über die sie die Rute schwingt. Entsprechend hatte sie im Inzesttraum des Tagebuchs vom 15. September 1847 der Schlange Gebote gegeben. Die mächtige Mutter, eine geborene *Hartmann,* wie die Erstfassung verrät (XVII, 54; A 2, Kap. 3)[65], ist Herrin der Männlichkeitsattribute, mit denen sie das Leben hütet. Heinrich vermag mit seiner glühenden Stange nur zu töten (III, 108; B 1, Kap. 10), und es klingt wie Hohn, wenn er auf dem Tiefpunkt der Münchener Fahnenstangenbemalerei als »Herr Stangenmacher« angeredet wird (VI, 97; B 4, Kap. 5). Trotz der Titulierung durch die holde Proletarierin Hulda, die von der Titelfreudigkeit der bayerischen Unterschichtsprache zeugt – Heinrich kann keine Stange machen. Sogar im Heimkehrtraum zerbröckelt ihm der Stecken, mit dem er nach der Neueinkleidung seine alten Gewänder im Bach davonschieben will (VI, 117; B 4, Kap. 6). Der neue Adam ist ohnmächtig wie der alte, der des Traums am Ende ohnmächtig wie der des Lebens. Noch der Versuch der Selbstkonstitution durch das Erschreiben einer Biographie hat mit der Kindheit die Mutter konstituiert, und das kostbare Einbinden des Buches trägt dazu bei, Heinrich so mittellos zu machen, daß ihn äußere und innere Situation gleichermaßen auf den Heimweg zwingen (VI, 61 f.; B 4, Kap. 4). Er zieht ihn mit den Zugvögeln und wie die Zugvögel – instinktiv (VI, 144; B 4, Kap. 8).

Das ewige Kind

Am Ende seiner Heimkehrträume steht Heinrich vor dem Vaterhaus, das ein Mutterhaus ist. Aber er kann nicht wieder hinein; Heinrich in der Erstfassung erlebt das dann auch in Wirklichkeit (XIX, 321; A 4, Kap. 15). Wie sehr dieses Haus als bergender und vor der Welt abschließender Innenraum erfahren wurde, ergibt sich daraus, daß es sich im Traum so seltsam darstellt: »Es war eigentlich das nach außen gekehrte Innere eines Hauses« (VI, 133; B 4, Kap. 7). Gerade das macht für Heinrich nun das Haus unzugänglich. »Suchend drückte ich mich an eines der Fenster und hielt die Hand an die Schläfe, um die Spiegelung der Kristallscheibe aufzuheben; da sah ich, statt

in ein Gemach hinein, in einen reizenden Garten hinaus, der im Sonnenlichte lag, und dort glaubte ich zu sehen, wie die Mutter im Glanze der Jugend und Schönheit, angetan mit seidenen Gewändern, zwischen Blumenbeeten wandelte. Ich wollte das Fenster aufmachen, ihr zurufen, fand aber durchaus keinen Riegel oder Knopf, denn ich war ja außerhalb des Hauses, obschon ich aus dem Innern nach einem Garten hinausschaute.« (134) Die Traummutter ist so jung, schön und verlockend, wie die wirkliche nie war, und das Traumhaus zeigt gleichen Glanz. Und doch kehrt eine der am frühesten wahrgenommenen Eigenheiten des realen Hauses in ihm wieder. Schon das Kleinkind ». . . betrachtete . . . stundenlang das innere häusliche Leben in diesen Höfen; die grünen Gärtchen in denselben schienen mir kleine Paradiese zu sein, wenn die Nachmittagssonne sie beleuchtete und die weiße Wäsche darin sanft flatterte . . .« (III, 26; B I, Kap. 3). Sogar die Perspektive hat hier überdauert: Das Paradies ist ein Innenhof, in dem als sanft verlockendes Signal die Wäsche flattert, und Heinrich ist draußen.
Der erwachsene Heinrich versucht träumend, den Weg in die Kindheit zurück zu finden. Das Kind Heinrich versäumt träumend das Erwachsenwerden, sitzt spielend und phantasierend in der Mutterklause. Frühe Wahrnehmungen sind beherrscht durch Himmelserscheinungen und Wolkenbildungen, die vom festen Umriß der Berge nicht unterschieden werden. Sie sind fließend wie die eigene Einbildungskraft und zugleich deren Projektionsfläche: das Weibliche, die Mutter, aber aus der schwarzen Witwe ins Weiße, Helle verwandelt.[66] Die weiße Brust der schönen Schauspielerin von Fausts Gretchen, auf die später das Schulkind Heinrich seine Augen heftet, erfreut sein »Herz zum ersten Male wieder so andächtig . . . wie einst, wenn ich in das glänzende Feld des Abendrotes geschaut und den lieben Gott darin geahnt hatte« (III, 128; B I, Kap. 11). »So nannte ich . . . die erste weibliche Gestalt, welche mir wohlgefiel und ein Mädchen aus der Nachbarschaft war, die weiße Wolke, von dem ersten Eindrucke, den sie in einem weißen Kleide auf mich gemacht hatte.« (III, 28; B I, Kap. 3) Beim ersten Besuch einer Kunstausstellung prägt sich Heinrich »voll inniger Sympathie die schönen Wolkenbilder ein, welche von Glücklichen

mit leichter und spielender Hand hingetürmt schienen« (IV, 49; B 2, Kap. 5). In Licht- und Wolkenstudien wird es der Malerjüngling am weitesten bringen (XVII, 135 f.; A 2, Kap. 5), und Leinwände, weiße Flächen werden ihn faszinieren. Wie sich schon beim Motiv des Spinnens und des Gewebes zeigte: nicht nur das Thema, auch der Vorgang der Malerei hat mit der Mutter zu tun. Noch auf dem Grafenschloß preist der gewesene Maler die Abendwolke – Allernährerin, Allsehende, Spiegel des Gemüts. »Welch ein Haushalt ... drin das unentbehrlichste Existenzmittel zugleich einen unerschöpflichen Überfluß an Schaugebilden schafft für Arm und Reich, Jung und Alt, in allen Lagen ein Spiegel des Gemütes und sein stiller Richter, der alles sieht!« (VI, 189; B 4, Kap. 10) Weltflüchtig bei der Mutter sitzend, bringt Heinrich am Ursprung seiner Malerei im Kopieren eines Landschaftsgemäldes mit Abendhimmel ein »formloses, wolliges Geflecksel« hervor (III, 169; B 1, Kap. 15), und so breitet sich auch sein Ich aus, von keinem Vater eingedämmt und geformt, von keinem Vater zur Abarbeitung, Begrenzung und Selbsterprobung an der Realität draußen angehalten, von keiner Mutter emotional gebildet, aber in allem, was er tut und sinnt, schon verurteilt.

Allmachts- und Ohnmachtserfahrungen, Selbstgenuß und Selbstverdammung schlagen deshalb ineinander um im Stufengang seiner Spiele von der Stein- durch die Tier- zur Menschenwelt. Von der »schaffenden Gewalt« des Kindes, die eines »sinnlichen Stoffes« bedarf (XVI, 170; A 1, Kap. 7), spricht die Erstfassung. Wie nachdrücklich das Wort gemeint ist, zeigt die Abschwächung in der Zweitfassung zu »Gestaltungslust« (III, 104; B 1, Kap. 10). Während andere Knaben »artige kleine Naturaliensammlungen besaßen ... und von ihren Lehrern und Vätern angeleitet wurden« (105), verkehrt sich Heinrichs Schöpferlust beim willkürlichen Sammeln, Ordnen und Benennen von Mineralien und von Trödelkram in Entmutigung und Trauer angesichts der Einsicht, daß er sich nur am äußeren Schein erfreut, aber kein Verständnis der gegebenen Ordnung der Dinge gewinnt. Das Vernichten der kleinen Menagerie, die das Kind sich eingerichtet hatte, ist Exzeß der Herrschaft über eine eigene Welt, aber auch Selbstzerstörung des Schöpfers,

dem sein Werk mißraten ist. In einem närrischen, theosophisch-magischen Treiben bannt Heinrich fötusartige Wachsfigürchen in flüssigkeitsgefüllte Glasbehälter und sinnt ihnen als ihr Herr und Gott vertrackte Namen und gleichsam intra-uterine Biographien zu, aber das Belebungsspiel – er bringt die Wachsmännchen zum Schwanken und Zappeln[67] – ist auch Erschütterung eines Jüngsten Gerichts und schlägt in ein Vernichtungsspiel um, als das Kind die Gläser gegen die übermächtig lebendige schwarze Katze schleudert mit dem Erfolg, daß er selbst halb ohnmächtig am Boden liegt (113).
Heinrichs kindliche Theaterleidenschaft zeigt die gleiche Ambivalenz. Sein Vater spielt als Erwachsener in der Freizeit mit seinen Berufskollegen zu Bildungszwecken Theater (III, 18; B I, Kap. 2). Damit vollzieht sich die Wendung einer großbürgerlich-klassischen Bildungsidee ins Kleinbürgerliche und zugleich Unverbindliche. Goethes Theaterspieler Wilhelm Meister sucht auf der Bühne, und unbewußt schon im kindlichen Puppenspiel, Selbstentfaltung und Selbstdarstellung, aber im sozialen Bezug. Er ist Theaterunternehmer, Regisseur und Schauspieler, bis sich sein heroischer Traum von einem Theater der Nation, des Bürgertums und des bürgerlichen Ich auflöst. Es gibt keine theatralische Sendung Wilhelms, in der das Zusammenspiel der Individuen als Medium zugleich die Botschaft, ja die Realität einer sozialen Utopie freier Einzelner wäre. In dieser Einsicht geht er unters Joch der Praxis in bürgerlichem Beruf und Ehe. Der kleine Meister betritt seine Phantasiebühne als David, der den Riesen Goliath tötet. Es ist ein Spiel vom Vatermord, das dem Sohn in der Realität hilft, mit dem Vater und seinen Ansprüchen zu leben, aber auch sich gegen sie abzugrenzen und zu behaupten. Der grüne Heinrich kommt vom Theater, das er als Kind spielt, statt zur Praxis zur Tafelmalerei: von einer gesellschaftlich-dialogischen zu einer monologischen Kunstübung, welche die Flächen zum Einschreiben einer Sprache ohne Worte bereitstellt. Doch bereits das theatralische Kind wirkt nie als Gleicher unter Gleichen. Als Meerkatzen-Statist in der Hexenküche des »Faust« vergißt er das Mitspielen; im kindlichen Theaterspiel will er Regisseur und Theatergott, nicht Schauspieler sein. So schleudert er »als Zeus gewaltige, ununter-

brochene Blitze« in das Spiel von David und Goliath hinunter, das in einem großen alten Faß stattfindet, bis »die Welt, welche ich zu beherrschen wähnte, plötzlich auf ihrem Lager wankte, überschlug und mich aus meinem Himmel schleuderte; denn Goliath hatte endlich den David überwunden und mit Gewalt an die Wand geworfen« (III, 116 f.; B 1, Kap. 11). Daß Goliath über David siegt, während Heinrich waltet, ist die konservative ›Revolution‹ der Väter im Namen des Realitätsprinzips, in deren Verlauf sich Heinrich am platten Boden wiederfindet.

Wer nicht mitspielen will und kann, hat keine Freunde. Der kindlichen Gruppe steht Heinrich gegenüber, oder er spielt sich renommistisch in ihr auf. Freundschaften werden zu Ersatzschauplätzen der Auseinandersetzung mit dem Vater und entarten zu Rivalitäten. Doch wie in der Mutterbindung die Mutter und das im eigenen Ich, was ihr zustrebt, nicht geschieden werden können, ist auch im Vaterbild etwas vom eigenen Ich und im Kampf dagegen ein Moment der Selbstbekämpfung. So trifft Heinrich im Heimkehrtraum auf einen bösen Gegenspieler und Doppelgänger Meierlein. Der Träumer erblickt ihn als »einen verkniffenen Knirps von Knaben mit grauen verwelkten Haaren . . . Sogleich erkannte ich den Jugendfeind, jenen vom Turme gestürzten Knaben Meierlein« (VI, 134; B 4, Kap. 7). Doppelgänger ist Meier als Meier*lein* und verewigter Knirps, der »seit der Kinderzeit fast gar nicht mehr gewachsen« war (III, 179; B 1, Kap. 15); denn Knirps nennt Judith den halbwüchsigen Heinrich (V, 65; B 3, Kap. 6), wie auch sein zwergenwüchsiger Autor ein Knirps ist. Gegenspieler seit frühen Kinderzeiten ist Meier als ein tüchtiger Helfer seines Vaters, wo Heinrich vaterlos dahinträumt, und als kleiner Geschäfts›mann‹, der Heinrichs Träume in Schulden für ihn und Kapital für sich auszumünzen sucht. Dabei maßt sich der um zwei Jahre ältere Meierlein »väterlichen Ernst« (III, 178; B 1, Kap. 15), ja einen Patriarchenton gegen Heinrich an, »ungefähr wie er Abraham überkommen haben mochte, als er mit seinem Sohne Isaak den vermeintlich letzten Gang tat« (XVI, 228; A 1, Kap. 8). »Prahler, Schulden, Philister unter den Kindern« heißt dieses Kapitel (III, 157; B 1, Kap. 14), das auch den Theatersieg des Philisters

Goliath über David nachspielt. Und noch einmal Doppelgänger ist Meierlein, am väterlichen Turme hinaufkletternd, von wo er sich zu Tode stürzt, als seinem Vater Nachstrebender auch dessen zum Tode bestimmter Konkurrent (III, 179; B 1, Kap. 15). Das Verschwinden Meierleins unter des Traumheinrich Würgegriff aktualisiert am Ende von Heinrichs Münchener Zeit die Vatermord- und Selbstmordtendenz, die im tödlich erbitterten Kampf der Kinder, später in Heinrichs geheimer Befriedigung beim Unfalltod Meierleins zutage trat. Damals lag Meierlein »zerschmettert und tot auf dem Pflaster« (179). Am Ende des Traumes ist Heinrichs »treffliche Traumeshabe« zerfallen, und er findet sich selbst zwischen »einigen zertretenen Resten auf dem Pflaster« wieder (VI, 135; B 4, Kap. 8).

Bei anderen Freunden ist die Nähe zu Heinrich noch deutlicher, aber auch in ihnen besteht, gemessen an Heinrich, eine Dominanz des Wirklichkeitsanspruchs, damit der Vatermacht. In der »Leserfamilie« (III, 130 ff.; B 1, Kap. 12) begegnet Heinrich zunächst einer Multiplikation seiner Phantasie-Realitätsverwechslungen, nur daß die Familienmitglieder sich mangels produktiver Imagination an Trivialromane halten. ». . . sie suchten hier die bessere Welt, welche die Wirklichkeit ihnen nicht zeigte.« So lassen sich die Mädchen von ihren leichtfertigen Liebhabern »sattsam küssen und liebkosen«, während ihre Einbildungskraft in der Lektüre von Liebesgeschichten spazierengeht, mit dem Erfolg, daß sie bald unter den trocknenden Windeln vaterloser Kinder ihrer Leselust frönen. Trotzdem ist der Freund, den Heinrich hier zu kindlichen Weltfahrten der Imagination findet, mehr Realist als Heinrich, denn Heinrich träumt nach innen gewendet von Liebe, der Freund aber, nach außen gerichtet, von materiellen Erwerbungen. Heinrich versenkt sich in seine Welt, der Freund drängt auf den handgreiflichen Beweis von Heinrichs Traumschatz – im Doppelsinn des Wortes – und zwingt Heinrich zu fadenscheinigen Realisierungsversuchen. Wieder ist es auch eine Art von Selbstgericht, wenn Heinrich den Lügengenossen mit der Faust ins Gesicht schlägt und danach nicht mehr ansehen kann.

So schneiden auch beim Brechen einer dritten Freundschaft, nun schon in der Jugendzeit, Heinrich nicht nur die harten

Worte des anderen, sondern auch die eigenen ins Herz. Es ist ein »feuriger und lebhafter« Jüngling, der Heinrichs schöne und schwungvolle, ideale und tiefsinnige Freundschaftsbriefe mit seinen Antworten weit übertrifft, weil er heimlich die Klassiker der Weltliteratur ausschöpft und der eigenen Suada einfließen läßt. Heinrich ist über den Schwindel empört, aber als rückblickender Erzähler erkennt er in den falschen Briefen die Strafe des Schicksals für die Possen, die der Malerlehrling seinem unsoliden Meister Habersaat mit schwindelhaften Naturstudien spielt. Alle drei Falschspieler stehen unter der Kapitelüberschrift »Schwindelhaber«. Im strengen Sinne gilt das sogar für das Freundschaftsverhältnis von Heinrichs Seite, denn solange die Freunde zusammenleben, findet manche Mißstimmung zwischen ihnen statt, und so ist die Abreise des Freundes in die Ferne die mit innerer Freude begrüßte Gelegenheit, das Verhältnis ins Ideale zu verklären, in Wahrheit aber zum Anlaß eitler Gefühls- und Gedankenschaustellung zu erniedrigen (IV, 78 ff.; B 2, Kap. 7). Mißbrauchte Freundschaftsbriefe demnach, frei nach Kellers Novellentitel, von beiden Seiten. Die Freundschaft borgt ihr Lebensrecht von poetischen Briefen, die Briefe borgen die Poesie aus. Was aber das Tiefste von Heinrichs Schmerz ausmacht, bleibt nach der Enthüllung am leisesten: Gegenüber der Trivialleserfamilie war Heinrich überlegen; im Bezug auf den vielwissenden Freund erscheint er als Eigenproduzent von Bildungsgütern auch aus Not, denn er ist zu diesem Zeitpunkt schon von der Schule und ihren Bildungsmitteln abgeschnitten. Der glückliche Freund kann – und sei es trügerisch – über sie verfügen. Er ist ›Bürger‹ der Schule.

Damit ist der wichtigste Ort der Beziehungsprobleme Heinrichs genannt. Die Schule ist im allgemeinen und im besonderen der Raum des Vaters, denn sie ist Vaterforum der Belehrung und Hinleitung zu den Ordnungen und Normierungen der Gesellschaft. Die Armenschule, in die Heinrichs Mutter in ängstlicher Erfüllung des Vaterwillens ihren verwaisten Sohn zuerst schickt, ist als »Werk eines gemeinnützigen Vereins« (III, 94; B 1, Kap. 9) ein Zeugnis des pädagogischen und sozialen Engagements der zum Unternehmertum aufsteigenden Handwerkerschicht, der Heinrichs Vater angehört. Er »hatte bei seinen Lebzeiten für die Einrichtung und für die Ergebnisse dieser Anstalt, die er zuweilen besuchte und in Augenschein nahm, geschwärmt« (94). Die Entscheidung ist unglücklich, denn Heinrich ist erst auf der Armenschule als Sohn des arrivierten Handwerkers, dann auf der Realschule, zu der er übergeht (III, 142; B 1, Kap. 13), als Sohn einer armen Witwe herausgehoben. Selbst in der Jägeruniform, die doch von der Uniform des Vaters herkommt, ist das Kind durch eine andere Farbnuance unter den Kameraden bei den schulischen militärischen Übungen ein Sonderling, gezeichnet von der mütterlichen Sparsamkeit. »Weil ich der grüne Heinrich hieß, d. h. weil ich eine abgesonderte und abgeschiedene Erscheinung war . . .«, kann der Erzähler Heinrich argumentieren (IV, 129; B 2, Kap. 11): grüner Heinrich sein und abgeschieden sein, bei mitschwingender Nebenbedeutung, sind identisch. Als die Mutter zu einem »Feldzug« an Pfingsten mit anschließendem Tanz (III, 146 f.; B 1, Kap. 13) »aus den begrabenen Vorräten ihrer Jugend« ein Paar feine weiße Lederhandschuhe abschneidet und aufopfert, um den Sohn wie seine Mitschüler auszustatten, betont das nicht nur ihre von Heinrich selbstverständlich in Anspruch genommene Selbstlosigkeit.[68] Es sagt sinnbildlich auch, daß der Sohn gleichsam mit ihren Händen sogar in diese Welt werdender Männer eingreift, und wenn er sich als mannhafter Weiberfeind, Rädelsführer und Polterer noch so keck gebärdet. Die begrabenen Vorräte der mütterlichen Jugend dienen einem Abgeschiedenen, dessen Jugend begraben werden wird. Das heimliche Hineinlangen in den von der Mutter unter Verschluß gehaltenen Geldkasten mit Patengeschenken aus Anlaß der Pfingstfahrt weist – ähnlich wie Heinrichs Malen – in die Tiefenschicht der stummen Ersatzsprachen, die sich über dem Schweigen von Mutter und Sohn ausbilden. Heimliche Griffe gegen die Mutter sind verboten. Das damit erkaufte ›männliche‹ Ansehen ist risikobelastet und prekär wie die Geldbeschaffung (148 f.).

Schon als Hilfsunterweiser gegenüber seinen Schulgenossen im Anfangsunterricht ist Heinrich abgesondert, wenn auch lustvoll, »weil ich, ausgerüstet mit der Macht zu lohnen und zu strafen, kleine Schicksale kombinieren, Lächeln und Tränen,

Freund- und Feindschaft hervorzaubern konnte« (III, 98; B I, Kap. 9). Von hier läuft eine Linie zu den von Heinrich angemaßten imaginativen Schicksalszuteilungen für »alle mir bekannten Leute, jung und alt« (III, 110; B I, Kap. 10), bei denen er nach Anregungen verfährt, die er in der seltsamen theosophischen Literatur der alten Trödlerin Margret gewonnen hat. Wieder sind das Machtspiele, in deren Zeichen Heinrich bereits in die »gefährlichen Hallen« der Schule eintritt, »welche die Verwirklichung seltsamer und beängstigender Träume zu sein schienen« (III, 33; B I, Kap. 3). Indem Heinrich beim ersten Unterricht selbstverständlich und selbstgefällig den Buchstaben P den Pumpernickel nennt und damit gleichzeitig dem ihm unbekannten Buchstaben eine Bedeutung und der ihm unbekannten Sache eine Chiffre zuordnet, beansprucht er in aller Kindlichkeit und Ahnungslosigkeit, das Diskurssystem der Schule und der Erwachsenenwelt anzugeben, statt sich ihm als gegeben einzuordnen. Als der Schulmeister den »Schalk« züchtigt, läßt der statt Geschrei ein Stoßgebet los: »Sondern erlöse uns von dem Bösen« und vollzieht darin wieder einen willkürlichen Zuordnungsakt, diesmal von Evangelium und Realität, bei dem der Schulmeister als der Böse figuriert (31). Noch am gleichen Tag scheint der Spruch von dem angerufenen Gott bestätigt zu werden, denn am Nachmittag fährt der Schul»tyrann« in der Absicht, Umsicht und Allwissenheit zu gewinnen, mit dem Kopf durch eine Glasscheibe und verletzt sich jämmerlich (33).

Heinrich muß das innere Aufjauchzen durch eine weitere Bitte aus dem Vaterunser niederkämpfen: »Und vergib uns unsere Schulden, wie auch wir vergeben unsern Schuldigern«. Er zeigt so schon am ersten Schultag die eigentümlichen Motivationsverknotungen seiner vaterlosen Kindheit. Wo der lebend anwesende Vater zwischen dem Anspruch der Gesellschaft und den Lebensäußerungen des Kindes zu vermitteln vermocht hätte, bricht hier das Vaterbild auseinander in einen bösen anwesenden Vater, der die Forderungen der Gesellschaft repräsentiert, und einen guten abwesenden Vater im Himmel, der stark genug ist, zugunsten des Kindes einzugreifen und den bösen zu strafen, aber auch schwach genug, sich dazu vom Sohn bestimmen zu lassen. Der schlimme Wunsch gegen den bösen Vater und Rivalen weckt in seiner Erfüllung Befriedigung und zugleich Schuldgefühle, die selbst gegenüber dem Schuldigen gelten – eine Schuldverstrickung mit dem Vater in der Ferne, die der mit der Mutter in der Nähe entspricht. Beide werden in einem Schmollen bebrütet, die dem grünen Heinrich bereits am ersten Schultag die Etikettierung eintragen: »Stille Wasser sind tief!« (33) Das heißt aber nichts anderes, als daß die Gesellschaft, in Gestalt des Schulmeisters, Heinrichs auf Nichtverständnis beruhende Nichtanerkennung des herrschenden Regelsystems mit seiner Unterstellung unter eine verallgemeinernde Regel beantwortet, und zwar unter die Rubrik, ein undurchsichtiger Einzelgänger zu sein.

Wie tief dieses stille Wasser ist und wie unruhig es sich gebärden kann, zeigt sich erschreckend in der schlimmsten Schulgeschichte Heinrichs und verhängnisvoll in der letzten. Die schlimmste, »Kinderverbrechen« überschrieben (III, 88 f.; B I, Kap. 8), fand in Heinrichs siebentem Lebensjahr statt. Hatte der Schulanfänger sich in aller Unschuld als Adam und Gehilfe Gottes eingeführt, der den Dingen Namen und den Namen Dinge gibt, so erweist er sich nun als sündenfälliger Schöpfer allein durch das Wort, indem er seine Kenntnis unanständiger, höchst roher Ausdrücke auf einige viel ältere Knaben zurückführt, die ihn im Wald gezwungen hätten, alles auszusprechen, was sie verlangten, auch jene anstößigen Worte. Aufgrund seiner Lügengeschichte ergehen ungerechte Bestrafungen über ahnungslose Unschuldige, und Heinrich findet die Befriedigung, »daß etwas Auffallendes geschah, gehandelt und gelitten wurde, und das infolge meines schöpferischen Wortes«. (92) Das wirklich Schöpferische dieses Wortes besteht darin, daß Heinrichs Lügenerzählung die Wahrheit von der schulischen Einfleischung der Diskurssysteme erzählt, die er am ersten Schultag erlebt und gelernt hatte. Er erzählt, wie man Sprache eingeprägt bekommt, die immer Sprache der anderen ist, aber er erzählt so, daß ihm jetzt gelingt, was damals gescheitert war: sich zum Herrn des Diskurses zu machen. Er bringt es sogar fertig, erst das Wort der Rebellion zu sprechen und sich dann als Ordnungshüter davon freizusprechen, wobei er in seiner Ge-

schichte noch die Mutter-Taufe und die Vater-Waffe erhält. Er fällt nämlich – in seiner Phantasie – in einen tiefen Bach, »in welchem ich bis zum Ausgange des Waldes teils schwamm, teils watete«, und schlägt schließlich einen großen Ziegenbock mit einem Zaunpfahl in die Flucht (91).
Um so härter ist sein Fall, als nicht mehr andere für ihn zum »Sündenbock« werden, sondern er es für sie wird.[69] Wieder geht es darum, daß Heinrich, sonst eher dem »Chorus in den Schauspielen der Alten« gleich (88), aus der Rolle des Betrachters und Kommentators in die des Regisseurs übertritt. Als Heinrich in der Pubertät ist – wie Keller, der seiner Romanfigur diese Episode aus der eigenen Biographie zudiktiert –, wird ein mißliebiger, ungeschickter Lehrer von den Schülern durch Renitenz und Streiche aus dem Amt verdrängt. Heinrich läßt sich zum Mißbrauch seiner poetischen Imaginationskraft hinreißen, indem er eine von beiden Seiten freundliche Begegnung mit dem Lehrer so bösartig umdichtet, daß die Erzählung Öl ins Feuer des Übermuts gießt. Ohne Engagement in der Sache, inszeniert Heinrich anschließend das theatralische Spektakel Revolution gegen den Lehrer. Im folgenden Verhör verteidigt er sich so »würdig«, aber ungeschickt, daß er in der Pose des Hauptschuldigen mit der »eisernen Stirn« dasteht und von der Schule verwiesen wird (III, 191; B I, Kap. 16). Das ist die letzte Variation über das Thema Herrschaft und Knechtschaft in Heinrichs Schulzeit.
Rückblickend meint der Erzähler, hätte damals sein liberaler Vater noch gelebt, wäre der Sohn wohl »ein ganz liberales Männlein« gewesen (182). So aber findet er sich auf der Seite der Konservativen gegen den als »leidenschaftlicher Liberaler« verschrienen Lehrer wieder (182). Umgekehrt kann man auch lesen: Daß der Lehrer – wie der Vater einst – ein leidenschaftlicher Liberaler war, macht ihn zur Vaterfigur. Während Heinrich als David die Revolution gegen diesen Goliath in schöne poetische Formen bringt, wiederholt sich die Schicksalsfigur von der Umwälzung des Theaterfasses kraft höherer Gewalt, »da der große und allmächtige Staat einer hilflosen Witwe das einzige Kind vor die Türe gestellt hatte mit den Worten: Es ist nicht zu brauchen!« (192) Der Supervater Staat vollstreckt symbolisch

die »Todesstrafe« am rebellischen Sohn, »denn ein Kind von der allgemeinen Erziehung ausschließen heißt nichts anderes als seine innere Entwicklung, sein geistiges Leben köpfen«. (192) Die Kastrationsdrohung, auch eine symbolische Köpfung, liest der Knabe gemeinhin im seelischen Innenraum der Familie am Ende der ödipalen Phase dem Vater von den Lippen. Dem einzigen Sohn der Witwe erschallt ihr Donnerwort verspätet und geballt im Raum der Gesellschaft. Es ist Antwort nicht nur auf alle schulischen Rebellionen, sondern auch auf die Befriedigung des heimlichen Todeswunsches beim Sturz Meierleins, die im Kapitel vor dem Schulausschluß erzählt wird. Im Raum der Institutionen wird auch die Rechnung präsentiert und eingetrieben, die im Bezirk der Freundschaft durch die Flucht Heinrichs unter den Rockschoß der Mutter zum Verschwinden gebracht werden konnte. »Frieden in der Stille. Der erste Widersacher und sein Untergang« hieß dieses Kapitel. Jetzt geht Heinrich unter.

Doch die Strafe ist auch der Lohn. Der Sohn wird vom Vater Staat in die Muttersphäre zurückgewiesen. Er darf nicht Vater werden; er muß nicht Vater werden. Er muß Muttersohn bleiben; er darf Muttersohn bleiben. Aus dieser Musenhöhle – Musenhölle steigen die Phantasiegespinste auf, mit denen in der Erzählung Heinrichs geschieht, was mit ihnen im Leben Heinrichs und in seiner Malerei geschieht: »Sie verflochten sich mir mit dem wirklichen Leben, daß ich sie kaum von demselben unterscheiden konnte.« (III, 88; B 1, Kap. 8) Der sechsjährige Heinrich will über die Diskurssysteme verfügen; der siebenjährige läßt kraft Schöpfung durch das Wort die »härtesten Schulstrafen« (92) auf Unschuldige niedergehen. Den Vierzehnjährigen[70] holen die Folgen seines schöpferischen Wortes ein – genau das Alter, in dem sein Vater das Heimatdorf verläßt, um Handwerker zu werden (III, 10; B 1, Kap. 2). Der gerade erwachsene Heinrich hat im Schreiben die Ebene gefunden, auf der er folgenlos Phantasie und Leben vermischen, die Diskurssysteme setzen, die Geschichte von ihrer Einsetzung erzählen kann. Doch ist es folgenlos? Heinrich schreibt auf dem Polster des Geldes, das die Mutter durch Beleihung ihres Hauses herbeigeschafft hat (VI, 60 f.; B 4, Kap. 4), und sie quittiert ihren angstvollen Schritt durch eine selbstzerstörerische Steigerung der Sparsamkeit, derzufolge der dürftigste Einkauf auf dem Samstagsmarkt in der Erstfassung als »ihre Poesie, Elegie und Samstagstragödie« figuriert (XIX, 73; A 4, Kap. 4). Die Poesie der stummen Muse, die nur mit Geld zu winken vermag, löst Heinrich die Zunge zum Monolog von ihr. Und dieser Monolog ist sein Beitrag zur Vollendung ihrer Tragödie. Aus der verspielten Kindheit geht ein verspieltes Leben hervor.

Frauen: Der Ursprung als Ziel

»Flucht zur Mutter Natur« ist das Kapitel überschrieben, das der Schilderung der Schulkatastrophe folgt. Es führt ins Heimatdorf der Eltern zur »Sippschaft« (III, 202; B 1, Kap. 18) und läßt den ersten Tag so enden: ». . . die kühle erfrischende Luft atmend, schlief ich sozusagen an der Brust der gewaltigen Natur ein.« (III, 201; B 1, Kap. 17) Zwar ist der Raum der Sippschaft mit ihren patriarchalischen Familienstrukturen grundsätzlich von der halbierten Kleinfamilie Lee in der Stadt unterschieden, doch besteht für den grünen Heinrich eine Übereinstimmung darin, daß auch die Sippe und das Heimatdorf mütterlich dominiert sind. Nicht der Oheim oder der verwitwete Lehrer, sondern das tote Meretlein, die Muhme und Ehefrau des Oheims (V, 73 f.; B 3, Kap. 7), die entfernten Verwandten Judith und Anna sind die beherrschenden Figuren in dem Koordinatensystem, in dem sich Heinrich bewegt. Im Heimatdorf fällt die Entscheidung über Heinrichs Malerlaufbahn, die bei der Mutter ihren Ausgang nimmt. Während die ehemaligen Freunde des Vaters in der Stadt allesamt von der Malerei abraten und die Ausbildung zu einem konventionellen bürgerlichen Beruf empfehlen, eröffnet der wohlwollend-behäbige Oheim den Zugang zur Hinterlassenschaft eines Malers, der früher oft im ländlichen Haus zu Gast war. Später erreicht er vom dörflichen Vormundschaftsrat die Freigabe einer kleinen väterlichen Erbschaft, die »den Aufenthalt an der Künstlerschule ermöglichen sollte« (V, 98; B 3, Kap. 9). Beide Hilfen zur Malerei stehen unter düsteren Vorzeichen, denn der Maler-Bekannte des

Oheims verlor in der fernen Kunststadt Rom, wohin er zum Studium aufgebrochen war, »allen Halt und alle Ehrbarkeit« (III, 218; B 1, Kap. 19), und bei der Tagung der Vormundschaft kommt Heinrich neben den Schlangenfresser zu sitzen, eine in der Zweitfassung des Romans eingefügte Parallelfigur: er hat sich als Malerschüler auf Akademien herumgetrieben und fällt nun dem Armenhaus der Gemeinde zur Last (V, 98; B 3, Kap. 9). Als »ganzer Maler« wird der »Herr Neveu« vom Oheim begrüßt und scherzhaft zum »Hofmaler« seines Gehöfts ernannt (III, 216; B 1, Kap. 19). »›Guten Morgen, Maler! Haben der Herr Maler wohl geruht? Maler, zum Frühstück!‹« tönt es Heinrich schon am Morgen nach der Ernennung vom »Völklein« der Jungen entgegen (III, 223; B 1, Kap. 20): traurige Scherze, die Heinrich mit seinem Leben bezahlen wird.[71]

Es ist von Bedeutung, daß Heinrichs erster Besuch im Heimatdorf vom Hofe des Oheims aus der Mutter des Vaters gilt, einem ehrwürdigen »Weib, bei dem man begreifen konnte, wie die Alten das verdoppelte Wehrgeld des Mannes forderten, wenn es erschlagen oder beschimpft wurde« (III, 206; B 1, Kap. 18), und daß der Rückweg von dieser Ahnfrau die Bekanntschaft mit Judith bringt. Die Großmutter hat ihren Sohn, Heinrichs Vater, so lange überlebt, daß von ihm in der ersten Unterhaltung zwischen ihr und dem Enkel nicht die Rede ist. Nur in ihrem Schlaf ahnt Heinrich hinter den geschlossenen Augen Bilder der Vergangenheit »in zartem, verjährtem Sonnenscheine« (207). Es ist sinnbildlich, daß der Weg zur Großmutter hinwärts über den dörflichen Friedhof geht: »Dort duftete es gewaltig von tausend Blumen, eine flimmernde, summende Welt von Licht, Käfern und Schmetterlingen, Bienen und namenlosen Glanztierchen webte über den Gräbern hin und her . . . Und unter diesem zarten Gewebe lag das Schweigen der Gräber und der Jahrhunderte . . .« (205). Das Gräberfeld ist der Ort einer zyklischen Verschlingung von Tod und Leben im Mutterbereich der Erde, die Heinrichs Erzählen mit tiefem Brustton schon auf der ersten Seite des ersten Kapitels der bearbeiteten Romanfassung feiert: »Der kleine Gottesacker . . . besteht in seiner Erde buchstäblich aus den aufgelösten Gebeinen der vorübergegangenen Geschlechter . . . Es wächst auch das grünste Gras darauf . . .« (III,

1 f; B 1, Kap. 1). Das ist ein Präludium des Themas vom Muttergrab, dem Mutterschoß, dem Grab Heinrichs, auf dem das grüne Gras wächst, und so ist denn auch die Heimat als Sphäre der Frauen für Heinrich zugleich eine Sphäre des Todes. »Totentanz« heißt vieldeutig das Kapitel, das von Heinrichs und Annas seligem Tanz miteinander bei der Leichenfeier der Großmutter berichtet (IV, 33; B 2, Kap. 4). Auf deren frischem Grab küssen sich beide zum ersten Mal.[72] Der Tod der Muhme, Düsternis verbreitend im Haus des Oheims (III, 74; B 1, Kap. 7), ist das Vorspiel zum Tod Annas. Im geistigen Schatten von Annas Sterben läßt die Erstfassung des Romans die nackte Judith aus dem Bade in der Heidenstube steigen. Auch diese Stelle der Liebesbegegnung, erst zwischen Anna und Heinrich, dann zwischen Judith und Heinrich, ist ein Todesort laut einer von Anna dem Heinrich erzählten Sage, denn nach der Einführung des Christentums soll hier hoch im Fels eine Heidenfamilie, erst die Kinder, dann die Eltern, verhungert sein. Der Vorgang gewinnt mythische Zeitlosigkeit für Anna und Heinrich, als unter ihrem Erzählen ein »fremdartiges Weib«, ein Mann und »eine ganze Reihe von Knaben und Mädchen, halb oder ganz nackt« an der Öffnung der unzugänglichen Höhle erscheinen (IV, 30 f.; B 2, Kap. 3). Blicke wechseln über den Abgrund hinüber und herüber, und Anna bringt den »armen Heidenleuten« ein Opfer, in dem das eigene Lebensopfer präformiert ist. Die sterbenden Heiden der Sage fielen ins Wasser, an dem Heinrich mit Anna und Judith beisammen ist: das Wasser des Lebens ist das Wasser des Sterbens.

Mutter Natur steht also im Zeichen des Todes, und doch ist sie anders als die letale Mutter zu Hause: zum realen ein idealer Mutterraum, dessen volle Entfaltung in der Polarität von Judith und Anna sich dem Wunschtraum des Autors verdankt. Sind zwischen Mutter und Sohn Lee die Empfindungen von einer Eisdecke überzogen, so findet Heinrich in einer Reihe von Mutterfiguren, was ihm bei der biologischen, aber ›unnatürlichen‹ Mutter fehlt. Die erste von ihnen ist die seelisch, ökonomisch und körperlich gewichtige, große Mutter Margret, die Trödlerin in der Nachbarschaft, die wie ein Landpfleger oder eine Äbtissin unter ihren Schützlingen thront (III, 62; B I, Kap. 6), Gaben entgegennimmt, Gespräche führt und anhört, Prämien für Lebenstüchtigkeit aussetzt, in einer ursprünglichen Wirtschaft Schätze, Geheimnisse und Gerümpel anhäuft. Sie ist ein Ursprung der Geborgenheit, der Sprache und der Phantasieanregungen für das kleine Kind, wo die leibliche Mutter dürre Ordnungen und sprachlose, verdeckte Intensität aussendet. Weil sie nur ein etwas verächtliches Ehemännchen hat, ist sie auf das Männchen Heinrich stolz.

Die zweite Wunschmutter leuchtet nur episodisch, aber um so heller auf. Es ist die Schauspielerin des Gretchen bei der Faustaufführung einer Wanderbühne, an welcher der theaterbesessene Schüler Heinrich mit seinen Freunden als Meerkatze in der Hexenküche teilnehmen darf. Für den kindlichen Lebenszuschauer und Träumer verwirren sich Kunst und Wirklichkeit wie später für Heinrich mit Anna in der Heidenstube Traum und Leben, mit Judith bei nächtlicher Ariostlektüre Poesie und Gegenwart. Die schöne, offenbar in Wirklichkeit wie in Goethes Drama von ihrem Liebhaber gekränkte junge Frau findet den im leeren nächtlichen Theater versehentlich eingeschlossenen »kleinen Bursch« (III, 127; B I, Kap. 11). In seiner Erscheinung bündeln sich die Motivationsstränge: Als Meerkatze ist er das Tier der verdammten Sinnlichkeit, die das spielende Kind im Kapitel vorher angefallen hatte, aber nun entschärft zur Spielfigur des Theaters, in dem Heinrich freigeistert. Doch das Heinrich-Tier im nächtlichen Theater ist zugleich auftrumpfender Vatergott, korrespondierend dem blitzeschleudernden Zeus auf der Theatertonne, von dem im gleichen Kapitel die Rede ist, denn der Katzen-Gott-Heinrich haut im nächtlichen Imponierspiel so mächtig auf die Pauke aus dem Theaterfundus, daß es »wie ein Gewitter durch den leeren, mitternächtlichen Saal hallte« (126), bis der Blechtrommler vor Angst und Einsamkeit in sich zusammenkriecht.

Gretchen kommt zu diesem grünen Heinrich, in dem die Faustmotive auf das Kleinformat einer leidenden Kinderseele geschrumpft sind: das magisch-theosophische Herrschaftstreiben, der Gottgleichheitsanspruch und das Suchen nach jenen Brüsten, welche die Quellen alles Lebens sind. Sie herzt und küßt ihn anstelle des großen Visionärs, und schließlich nimmt sie ihn mit in ihr Bett, aber nicht wie dem Liebhaber Faust geschah. Die schöne schlafende Schauspielerin ist als »steinerner Ritter« auf dem Lager ausgestreckt, die Meerkatze als »treuer Hund« in einem kleinen Spiel- und Schlafraum der Lust ihr zu Füßen: ein »herrliches Abenteuer« für den Knaben (128 f.), doch auch das Liebesglück, auf das der grüne Heinrich lebenslänglich beschränkt bleiben wird, sei es, daß ihm Judith »gleich einem überlebensgroßen alten Marmorbilde« entgegenkommt (XVIII, 88; A 3, Kap. 3), sei es, daß ihm später Dortchen Schönfunds Bild »schwer wie aus Eisen gegossen« im Herzen liegt (VI, 239; B 4, Kap. 13), sei es, daß dieses »eiserne Abbild« sich in seinem Herzen umdreht, ». . . und es war, als ob es mit furchtbarem Druck der schweren Eisenhände sich gegen die Wände seiner dunklen Behausung stemmte« (246). Ein Kapitel »Das eiserne Bild« folgt dem vom gefrorenen Christen, und auch zur Mutter schlingt sich die Gleichnisrede zuletzt hinüber, denn verglichen mit der Gewissenslast nach ihrem Tode ist »der Druck von Dorotheas eisernem Bilde leicht wie eine Flaumfeder« (VI, 295; B 4, Kap. 15). Gretchen erstmals spielt mit Heinrich das Spiel der Grenzüberschreitung zwischen kindlich-mütterlicher und sexueller Liebkosung, und während Heinrichs Mutter ihn nie mit Zärtlichkeiten beschenkt, findet er hier die Wärme eines »lebendigen Weibes«, das in aufregender Weise nicht die Mutter ist, an dem ihn aber »der weiße Raum ihrer Brust« fasziniert (III, 127 f.; B 1, Kap. 11), das Ziel und die Quelle kindlicher Lust.[73] Von der alten Margret zum schönen Gretchen führt eine humoristische Namensbrücke über den kleinen Faust-Nachfolger Heinrich, dessen Goethe-Bezug vom Autor kompositorisch bewußt hergestellt ist, denn in Kellers Biographie steht an der Stelle des »Faust« eine Aufführung der »Zauberflöte«.[74] Von der weißen Brust Gretchens geht ein Motivbogen zur »Brust der gewaltigen Natur«, an der Heinrich im Heimatdorf liegt, und zur dritten und letzten Wunschmutter Judith, die dort herrscht. Sie legt in der Erstfassung des Romans die Kleider vor ihm ab, nachdem er ihr von dem Eindruck erzählt hat, den »der erste Anblick einer bloßen Frauenbrust« bei der Schauspielerin auf ihn gemacht hat (XVIII, 86 f.; A 3, Kap. 3). »Ich wollte mich selbst nochmals am Jugendglanz dieses unschuldigen, von keiner Wirklichkeit getrübten Phantasiegebildes erlustieren«, schreibt Keller am 21. Oktober 1880 an Wilhelm Petersen anläßlich der Wiedereinführung Judiths im Schluß der Zweitfassung des Romans, die nun nicht mehr im Tod von Mutter und Sohn, sondern in einer Freundschaft von Heinrich und Judith bis zu Judiths Tod endet. Unschuldig? »Himmelteufel« und »verwünschte Hexe« wird Judith im Liebesspiel mit Heinrich genannt (IV, 228 f.; B 2, Kap. 18), und Storm erhält am 25. Juni 1878 die Versicherung, die gealterte Judith habe den Teufel zähmen lernen. Gleichviel – das von keiner Wirklichkeit getrübte Phantasiegebilde ist ein Musterbeispiel für die Erfindungsleistung einer autobiographischen Phantasie, untergründige Tendenzen des gelebten Lebens heraustreten zu lassen, denn erst in Judith wird ganz deutlich, welche inzestuösen Spannungen im Bereich der Mutter Elisabeth und ihres Sohnes verschwiegen werden.

Als Heinrich Judith kennenlernt, ist sie die Witwe eines schön und kraftvoll aussehenden, aber nichtigen Mannes, eines »Esels« (V, 44; B 3, Kap. 4), so daß sie »unbefangen« sagen kann, »sein Tod sei ein großes Glück gewesen« (44). Der armseligen Isolierung und traurigen Witwenschaft der Mutter Lee, die es vom Land in die Stadt verschlagen hat, kontrastiert bei Judith, die vom Dienst in der Stadt aufs Land zurückgekehrt ist, eine heitere, wirtschaftlich wohlabgesicherte Unabhängigkeit und Sonderstellung im gesellschaftlichen und wirtschaftlichen Gefüge, die später noch durch einen Lotteriegewinn gefestigt wird (IV, 217; B 2, Kap. 17). Heinrichs verblühende Mutter sorgt und arbeitet; die schöne und üppige Judith scheint eine wirtschaftende Mutter eigens deshalb zu haben, damit ihr selbst nichts an Arbeit übrigbleibt als im hübschen Haus und im Garten gemächlich zu walten (IV, 11; B 2, Kap. 2). Später beschränkt sie sich auf die Obsternte, eine mehr symbolische als ökonomische Tätigkeit. »Sie galt für eine Art Loreley, obschon sie Judith hieß, auch niemand etwas Bestimmtes oder Nachteiliges von ihr wußte« (III, 210; B 1, Kap. 18) – eine humoristische Opposition, denn beide Namen haben die gleiche makabre Beziehung; der richtige zur kraftvollen männermordenden Witwe des Alten

Testaments, der Übername zu einem elbischen Naturgeist, der gleichfalls die Männer in den Tod zieht. Die Erstfassung läßt sie beim Kennenlernen ungefähr dreißig Jahre, damit mehr als doppelt so alt sein wie den vierzehnjährigen Heinrich (XVII, 11; A 2, Kap. 1)[75], die Zweitfassung gibt ihr kaum zweiundzwanzig Jahre (III, 210; B 1, Kap. 18) und schwächt so die Mutter-Sohn-Relation zu Heinrich ab, ohne sie zu beseitigen. Für Heinrich ist sie die verführerische zärtliche Witwe, die den Knaben dem früheren Ehemann vorzieht und zu sich ins Bett nimmt, während die anderen Männer als Narren vor dem Fenster im Gewitter stehen (IV, 227 ff.; B 2, Kap. 18) – ein Wunschglück, dessen Abkunft von dem bei Gretchen gewährten sich aufdrängt. Zum dritten Mal in seinem jungen Leben ist er Ersatzmann, besser Männerersatz. Mit brennender Wange Judiths weiße Schulter anglühend, so »sog« Heinrich die »süßeste Schmeichelei« als geistige Muttermilch von ihr ein, »und meine Augen ruhten dabei auf der Höhe der Brust, welche still und rein aus dem frischen Linnen emporstieg und in unmittelbarster Nähe vor meinem Blicke glänzte wie die ewige Heimat des Glückes ... Ich fühlte mich ganz außer der Zeit; wir waren gleich alt oder gleich jung in diesem Augenblicke, und mir ging es durch das Herz, als ob ich jetzt die Ruhe vorausnähme für alles Leid und alle Mühe, die noch kommen sollten.« (227)

Gleich jung und gleich alt ist Heinrich im Glück mit der Mutter-Geliebten, weil es auch Vorgriff ist auf die zeitlose Todesruhe bei der Mutter im Grab. Herbstlich an der feinen Grenze von Lebensmacht und Vergängnis tritt ihm Judith als Fruchtbarkeitsgöttin Pomona erstmals entgegen (III, 210; B 1, Kap. 18), Blumen, Früchte und Milch gebend, wo die dunkle Mutter daheim schwarze Bettelsuppen (VI, 25; B 4, Kap. 3) kocht. Dennoch ist im »marmorweißen und kühlen Trunk«, den Heinrich mit »unbeschreiblichem Behagen« von Judith nimmt, neben der Lebensverheißung auch etwas Marmorn-Steinernes, Statuenhaftes, Erkältendes. Judith entfaltet es da am meisten, wo ihre Sinnlichkeit am stärksten ausstrahlt: in der Badeszene, bei der sie in halb seufzenden, halb singenden Tönen ein »zauberhaftes« Lied ertönen läßt. Vor ihrer beängstigenden Pracht weicht Heinrich krebsgängerisch zurück, »von einem heißkalten Schauer und Respekt durchrieselt« (XVIII, 88 f.; A 3, Kap. 3). ». . . ich sah jedes Glied in dem hellen Lichte deutlich, aber wie fabelhaft vergrößert und verschönt, gleich einem überlebensgroßen alten Marmorbilde.« Danach geht die »glänzende Gestalt« für immer »wie ein weißes Feuer« in Heinrichs Gehirn und Blut um. Pomona ist auch ewig junge Venus und gefährlich-verführende Eva im Garten, die den Apfel reicht (V, 39; B 3, Kap. 4), vertraut-fremd von Anfang, denn »ihr Gesicht hatte den ausgeprägten Typus unsers Geschlechtes, aber durch eine ungewöhnliche Schönheit verklärt« (III, 210; B 1, Kap. 18). Beglückend ist diese Schönheit für Heinrich und verstrickend, ja verschlingend, und gerade im Ausfalten der Glücksmomente wird auch die Angst mächtig, die in Heinrichs Glücksmöglichkeiten eingebrannt ist, die Gefahr verschluckt zu werden im Eingang bei der Mutter. Sie entdeckt und versteckt sich scherzhaft, wenn Judith Heinrich »gleich fressen möchte« (IV, 226; B 2, Kap. 18) oder ihn ein andermal bedroht: »Wenn du mir nicht heilig und auf deine Ehre versprichst, daß du wiederkommen willst, so nehm ich dich . . . zu mir ins Bett und du mußt bei mir schlafen!« (233) Der grüne Heinrich sitzt wenig später »erschöpft auf [dem] Boden und brach gar jämmerlich in Tränen aus« (234); es kommt ihm »gar nicht in den Sinn, über diese Drohung zu lachen oder dieselbe zu verachten«. So ergreift er nach Annas Tod vor Judiths entfesseltem Erfüllungsanspruch förmlich die Flucht (V, 92; B 3, Kap. 8).

Gerade diese Flucht zeigt den Hemmungsmechanismus, der bei alledem im Verhältnis Judiths und Heinrichs von beiden Seiten funktioniert: Wo Judith sich gehenläßt, tritt Heinrich zurück; umgekehrt ermöglicht Judiths Einhalten an der Grenze Heinrichs Auflösung in Liebesgenuß. »Wäre sie ein Mädchen von meinem Alter gewesen, so hätte ich ohne Zweifel meine Unbefangenheit nicht bewahrt«, heißt es schon anläßlich der ersten Begegnung (III, 211; B 1, Kap. 18). Während Heinrich Judith in verfänglichem Spiel die Haare löst oder mit ihr ringt, bewahrt sie die Fassung: »Judith saß in tiefen Gedanken versunken und verschloß, die Wallung ihres aufgejagten Blutes bändigend, in ihrer Brust innere Wünsche und Regungen fest vor meiner Jugend, während ich, unbewußt des brennenden Abgrundes, an dem ich ruhte, mich arglos der stillen Seligkeit hingab . . .« (IV, 13; B 2, Kap. 2). Eben das macht die verfängliche Komik in Judiths Drohung aus, den grünen Heinrich mit ins Bett zu nehmen. Einmal geschieht zwischen beiden tatsächlich nichts sonst, zum anderen offenbart sich Heinrich durch seine Reaktion genau als das Kind, als das Judith ihn anspricht, indem sie ihm mütterlich mit der Strafe droht, die für einen Mann das höchste Glück wäre. In einer prekären, weit in die Extreme ausschwingenden Weise ist Judith auch die Heinrichs Gefühle erweckend zähmende Mutter, die der Rollenerwartung der bürgerlichen Familie entspricht und den »Knirps« (V, 65; B 3, Kap. 6) zu freilich fragmentarischer personaler Integration führt. Was gegenüber der Mutter zu Hause nicht stattfindet, geschieht zwischen Heinrich und Judith: »Ich konnte nicht einschlafen vor dem Bedürfnisse, mich zu äußern« (65). Er beichtet ihr, was ihn an Schuld bedrückt, nachdem er vorher mit seinem Geständnis bei Annas Vater nur konventionelles Gerede und bei der kranken Anna Krämpfe ausgelöst hatte (64). Aber Judith enthält ihm die Erfüllung des Kinderwunsches vor, »durch die Vermittlung eines fremden Mundes die Vertilgung eines drückenden Gefühles oder Verzeihung zu erlangen« (67). Bei Elisabeth Lee wird die Mutterliebe zugedeckt; aber sie deckt auch zu. Judith gibt Heinrich nicht nur die Muttermilch für seine verhockte Sinnlichkeit, sondern auch das Brot des Erwachsenenlebens, der Verantwortung und des Gewissens zu essen: »›Weißt du wohl, Heinrich, daß du allbereits ein Menschenleben auf deiner grünen Seele hast . . .? Die Vorwürfe deines Gewissens sind ein ganz gesundes Brot für dich, und daran sollst du dein Leben lang kauen, ohne daß ich dir die Butter der Verzeihung darauf streiche!‹« (66 f.) So reagiert die Beichtmutter Judith, als Heinrich ihr seine Schnödigkeit gegen den Maler-Lehrer Römer gesteht, einen symbolischen Vatermord, den sie ihm auf die Seele bindet, um ihn verantwortlich und fest zu machen, und schon der Himmelteufel Judith liebt in Heinrich gerade das, was ihn von ihr trennt: Seine Zurückhaltung, seinen Zug zu Höherem, zu Anna (IV, 226 ff.; B 2, Kap. 18).

Dergestalt enthält Judiths Versuch nach Annas Tod, Heinrich

ganz zu gewinnen, ein tiefes kritisches Verstehen Heinrichs, doch zugleich ein Mißverständnis ihrer Beziehung und ihrer eigenen Rolle in ihr. Heinrich sucht und findet in Judith die Mutter als Geliebte, aber auch die Geliebte als Mutter; mithin Erfüllungen, die sich an Versagungen entwickeln und begrenzen. Dieses Verhältnis setzt jedoch voraus, daß Judith in Heinrich das Kind als Mann, aber auch den Mann als Kind sucht und findet. Sie will ihn zum Mann erziehen im Bestreben, seine Liebesfähigkeit durch Gewähren und Abwarten, seine Personalität durch Verstehensakte und Appelle zur Reife zu bringen, aber sie scheitert bei diesem Unternehmen, denn Heinrich lernt in dieser Schule nur die Selbstbewahrung, aber nicht die Selbstverwirklichung. Er verdrängt – wenigstens im Sexuellen – seine Phantasiespiele, aber er läßt sich nicht voll auf Wirklichkeit ein, und die Wirklichkeit der Wirklichkeiten ist die Liebeserfüllung verheißende und verlangende Judith. Er flieht vor ihr und bleibt so, wie sein Malerfreund Lys ihm später vorwerfen wird, ein leeres Schema (v, 275; B 3, Kap. 14). Statt daß ein Vater ihm die *Mutter*phantasien verbietet und damit am Ende der ödipalen Phase die Latenzperiode einleitet, aus welcher der Knabe zur Männlichkeit erwacht, verbietet eine Mutter ihm am Ende der Pubertät die Mutter*phantasien*. Sie leitet damit, statt der Epoche der Liebesfähigkeit und Reife, eine falsche, um vieles verspätete Latenzperiode des Malerjünglings in München ein, in der Heinrich, »dem reinern Andenken Annas« lebend (xviii, 139; A 3, Kap. 4), seine sexuellen Wünsche vergißt oder allenfalls in gedämpfter Weise die emotionale Figur seiner Erfahrungen zwischen Judith und Anna repetiert; so in der Konstellation mit Rosalie – Judith war die Frau mit der roten Rose zwischen den Lippen (iv, 101; B 2, Kap. 8) – und Agnes, die schon im Anlaut ihres Namens die Nähe zu Anna erkennen läßt. Als Diana (= die Anna) erscheint sie beim Künstlerfest. Daß hier Ernst nicht entstehen kann, davor schützt Heinrich die List seines Instinkts, indem sie ihm Früchte vor Augen führt, die man nicht pflücken muß, weil man sie nicht pflücken darf. Goethes Werther liebt ausgerechnet eine Frau, die er nicht haben kann; Heinrich spielt halben Herzens mit Frauen, deren Bindung an seine Freunde ihm den Vorwand liefert, sich nicht einmal seelisch nach ihnen auszustrecken. Nicht weil er Agnes dem Freund Lys wegnehmen will, sondern weil der sie sitzenläßt – und damit Heinrichs moralischen Grund zunichte macht, sich nicht an sie zu wagen –, kommt es zum Duell. Als das Geschlechtswesen in Heinrich aufs neue erwacht, ordnet es sich alsbald wieder der Mutter zu. Auf dem Heimweg zu ihr findet er Dortchen.

Doch indem Judiths Erziehung des Kindes Heinrich zum Manne scheitert, zeigt sich auch das Gewollte ihres ungewollten Mißerfolges, die Paradoxie ihres Wunsches, denn der Mann Heinrich würde die Mutter sowenig lieben wollen, wie das Kind Heinrich sie lieben darf. Das zum Manne erzogene Kind bliebe in Beziehung zur Erzieherin immer das Kind; die Lust, sich einen Mann erzogen zu haben, bliebe in Beziehung auf den Erzogenen immer die Lust einer Mutter. Heinrichs Weigerung, ganzer Mann zu werden, verhält sich reziprok dazu, daß sie ganz den Mann nicht wollte, schon als sie das »Bürschchen« den Männern vorzog (IV, 231; B 2, Kap. 18). Trotzdem wird das Entsprechungsverhältnis zwischen Judith und Heinrich an einem entscheidenden Punkt von ihr überstiegen. Bei beiden ist das Ausweichen vor einer vollen partnerschaftlichen Liebe Antwort auf Versagungen ihrer Umwelt: bei Heinrich des vollständigen familiären Raumes, bei Judith des ›vollständigen‹ Mannes in ihrer Umgebung, statt dessen ihr nach der Verwitwung nur Geschäftsleute der Ehe entgegenkommen (V, 44; B 3, Kap. 4). Wenn sie in Heinrich das liebt, was ihn ihr entzieht, liebt sie in ihm nicht nur das erziehbare Kind, vielmehr auch die Spur der Individuation und Sublimation, die von seinem Leiden gezogen ist und die sie bei den Männern ihrer dörflichen Umwelt nicht finden kann. Judith sucht in Heinrichs Jugend »etwas Besseres ... als ihr die Welt bisher geboten« (44). Die anderen sind eine Sorte, und so ist es denn aufschlußreich, daß sie sich mit Heinrich ins Bett zurückzieht, während nicht ein einzelner, sondern eine Männerhorde ihr nachstellt.

Judiths heitere Selbstgenügsamkeit hat demnach einen Zug von Trauer, die dem Traurigen in Heinrich entspricht. Der Lotteriegewinn als Zufall ist Sinnbild sowohl ihres Glücks wie ihrer Zusammenhanglosigkeit. Ihre Auswanderung nach Amerika, mit der sie auf die Enttäuschung durch Heinrich antwortet, ist das Ergebnis dieses Mangels an Einbindung und der Versuch, ihn zu überwinden, aus dem nur Negativen – nicht dazuzugehören – eine Position zu gewinnen. Heinrich ist bei ihr trotz allem auf einem Rückweg zur Mutter, sie aber verfolgt dunkel die Utopie einer neuen Welt, in der die Liebe ein Dialog, ein ernstes Spiel und nicht nur ein Zupacken oder ein Geschäft ist. Es ist die Utopie erzogener, zu ihrer vollen Menschheit freigesetzter Menschen, die in dieser Figur tiefer gefaßt und durch ihre Widersprüche geführt ist als in allen weiblichen Glücks- und Beglückungsgestalten von Kellers Poesie. Keine der Wunschmuttergestalten, die sich in Kellers späterem Werk zu Ehefrauen mausern, ist so herrlich und mächtig wie Judith. Um so greller ist der Mißklang bei der letzten Begegnung, wo Heinrich die auf dem hochbepackten Auswandererwagen davonfahrende Judith, »hoch und schön unter den Frauen« (V, 96; B 3, Kap. 8), nicht mehr erreichen kann. Bei einer militärischen Übung in Reih und Glied eingezwängt, muß er das Kommando des militärischen »Tyrannen« zur Kehrtwendung ausführen und »wie ein Besessener« im Geschwindschritt an das entgegengesetzte Ende des Platzes marschieren.

Wieder ist das eine Situation von scharfer Zweischneidigkeit. Einmal mehr kehrt die Gesellschaft das Tyrannische nach vorn, das in ihrem unväterlichen, unvermittelten Zugriff auf den Muttersohn Heinrich liegt. Hat ihn der Schulverweis aus dem Vaterland zum Rückzug in den Schoß von Mutter Natur verurteilt, so wird die militärische Kolonne, die ihn in eine »eiserne Ordnung« einzwängt (94) und ihn von der freiesten Erzieherin, die er je finden konnte, abschneidet, zum Bild der Regression selber. Wie in der Episode vom kleinen Meretlein das Heidnisch-Weltfreudige des »Feyen- oder Koboltskindes« (III, 55; B 1, Kap. 5) das Maß der Unmenschlichkeit abgibt, in die sich die Normierungen und Reglementierungen der Gesellschaft zusammenballen und das Gesicht eines finsteren Christentums annehmen können; wie in Annas Sage die Heidenfamilie bei der Durchsetzung des Christentums den Tod im Wasser findet, so ist auch Judiths Heidnisches als Loreley, Venus und Pomona Zeichen einer Lebensfülle, Freiheit und Vollständigkeit, die sich nicht dem Schematismus der Gesellschaft einfügt. Sie ent-

schwindet Heinrich wie eine Fata Morgana, nachdem schon das arme Meretlein wie eine Fata Morgana aufgeleuchtet und untergegangen war, eingefangen von ihren Quälern, denen sie vergeblich in ein innerweltliches Paradies der Brüderlichkeit von Mensch und Tier zu entkommen versucht hatte. Sogar die giftige Schlange war hier gezähmt. Zu heidnisch-paradiesischer Nacktheit hat sie das Bußgewand als Zeichen ihr fremder gesellschaftlicher Konventionen abgeworfen; sie wird von ihren Verfolgern gefaßt, als sie fliehend versucht, ihre Kleider wieder überzustreifen (50 f.).
Was das Meretlein zugrundegehend unternimmt, ist eine Vereinigung von Christentum und Heidentum, Frömmigkeit und Lebensfülle, indem sie die biblischen Psalmen auf fröhliche weltliche Weisen singt. Ihr Tod als Kind verhindert das Aufbrechen des Widerspruchs in ihr, wie er sich bei der erwachsenen Judith zeigt, denn die gesellschaftliche Randständigkeit dieser »Römerin« (XVIII, 29; A 3, Kap. 1) ist auch Ausdruck einer libertinistischen Chaotik, ihres inzestuösen Sogs, die als gesellschaftssprengend erfahren werden und denen sich zu entziehen auch ein Stück, sei es verkrüppeltes, Mündigwerden Heinrichs bedeutet. Mag seine Anklammerung ans Bild der toten Anna, die wie eine Heilige vor ihm steht, Weltflucht sein, so ist doch in Judiths Lebenswillen nicht nur Lebensernst, sondern auch eine erschreckende Lebenshärte gegenwärtig, mit der sie zumindest untergründig auf den Tod Annas als auf die Stunde des eigenen Sieges gewartet hat. Aus der Mehrdeutigkeit des Heidnischen in Judith enthält Heinrichs brutale Reglementierung auch etwas vom Charakter einer »kräftigen Erlösung« (V, 93; B 3, Kap. 8), und Heinrichs »wahrer Durst, mich der Strenge hinzugeben«, ist ein erneutes Anfragen nach dem Vater im Vaterland, der helfen sollte, die Verstrickungen zu zerschneiden.

Die Badeszene, bei der das Ambivalente in Judith am mächtigsten hervortritt, läßt nicht nur Heinrich, sie läßt auch seinen Autor befangen werden. ». . . die Szene ist schön, ›als machten . . . die alten Götter die Rund‹ . . .«, schreibt Storm am 15. Juli 1878 in Anspielung an Eichendorffs »Schöne Fremde« zu dieser Episode.[76] Keller hat sie trotzdem oder vielleicht deshalb bei der späteren Romanbearbeitung gestrichen und damit eine Tat der Spurenverwischung begangen. Zugespitzt könnte man sagen, daß der Autor hier auf der Ebene der Lebenserdichtung den ›Muttermord‹ vornimmt, den sein Held auf der Ebene der Handlungswirklichkeit begeht. Heinrich läßt die reale Mutter sterben, sein Autor löscht die vieldeutig oszillierende Bannkraft der Idealmutter an der Stelle ihrer stärksten Bezeugung. Er schafft damit die Voraussetzung der Wiederkehr Judiths im Schluß der zweiten Romanfassung, in der die wichtigste inhaltliche Neuerung der Bearbeitung liegt. Judith kommt zurück aus einem Purgatorium als dea ex machina: eine Mutter Natur, der das Heidentum ausgetrieben, christlich-bürgerliche Ordnung eingefleischt ist. Sie ist »zarter und besser . . . als in der Jugend« und hat sich selbst »veredelt und höher gehoben« (VI, 315; B 4, Kap. 16).

Damit tritt das utopische Moment der Figur klarer, aber auch domestiziert hervor. Wo Goethes »Wilhelm Meister« in die Vision einer neuen Welt Amerika, einer sozialutopisch entfalteten Gesellschaft mündet, die von der Turmgesellschaft der Männer vorbereitet und organisiert wird, da ist im »Grünen Heinrich« die große Idealmutter Judith, freilich bei geschrumpften ideellen Dimensionen, in der neuen Welt so etwas wie eine Mutter des Vaterlandes geworden. Sie hat »die Meere durchschifft« (314), während Heinrich gestrandet ist, und hat die kleine Kolonie der mit ihr gezogenen Auswanderer wirtschaftlich, sozial und kulturell geführt und gefestigt. Aber sie kehrt, nachdem sie ihre Besitzungen als tüchtige Geschäftsfrau veräußert hat, in die alte Welt, zu Heinrich zurück und bezeugt darin, was die Mutter des Vaterlandes von den Mannweibern und herrschsüchtigen Frauenzimmern unterscheidet, die Keller in seinem Werk mit satirischem Ingrimm zu verfolgen liebt.[77] Auch diese Schelte ist ein Topos in der Philosophie der Geschlechter, welche die Aufgabenverteilung der bürgerlichen Kernfamilie ideell überwölbt; man denke etwa an Schillers satirisches Gedicht »Die berühmte Frau«, die »für einer Zeitung Gnadenlohn« ein »Zwitter zwischen Mann und Weib« wird:

»Gleich ungeschickt zum Herrschen und zum Lieben,
Ein Kind mit eines Riesen Waffen,
Ein Mittelding von Weisen und von Affen!
Um kümmerlich dem stärkern nachzukriechen,
Dem schöneren Geschlecht entflohn . . .«

(Abb. 7)

Weil die Frau naturhaft Kultur des Menschen repräsentiert, ist ihre Weise der Selbstverwirklichung das Sein, nicht das Handeln. Sie bildet emotional und sittlich, wie Judith als Kritikerin des grünen Heinrich, doch sie bildet nicht aus für Beruf und politische Öffentlichkeit. Sie leuchtet Heinrich heim in die berufliche und politische Sphäre, aber sie wird nicht beruflich oder politisch aktiv. Die Frau ist Muse, aber nicht Künstlerin.

Eigentümlich innerhalb dieser Tradition ist bei Keller lediglich das Übergewicht, das die Frau als Natur in der Konstellation der Geschlechter gewinnt, sei es durch den Todessog, wie er unwiderstehlich von Heinrichs Mutter oder als chaotische Verlockung von der noch nicht gebändigten Judith ausgeht, sei es durch die Inthronisation als »Stimme der Natur selbst« (324) und »einfache Naturmanifestation« (an Storm am 25. Juni 1878), wie sie der heimkehrenden Judith widerfährt, in der doch auch Leben weggeschnitten ist und die doch auch Leben wegschneidet. Ihre Wandlung ist weniger das Ergebnis einer psychischen Entwicklung als der erzählerischen Exstirpation der in ihr angelegten Mehrdeutigkeit. So hinterläßt die Veränderung Narben im Text und verstellt mit dem Machtwort Natur die vorher sehr deutliche Problematik der Gesellschaft und des Individuums. Hinter der widerspruchsvollen Wirklichkeit scheint die Möglichkeit einer Harmonie auf, die denn doch keine ist, weil zu viel Leidenserfahrung, zu viel Pessimismus in sie eingelassen sind. Weil Judith »weder eine gewohnheitsmäßige Pädagogin noch eine vorsätzliche Tatverrichterin« (316) ist, wird sie in der Heimat die häusliche Sphäre nur noch zu caritativem Wirken verlassen, das konventionell eine Domäne schöner Weiblichkeit ist. Doch gerade in dieser Erfüllung der Frauenrolle bestätigt sie die Macht der Frau, bezeichnet das Ziel des Romans und die Mitte seiner Welt. Sein dunkler Horizont schließt sich programmatisch in der alten Schweiz, wo Heinrich in der Zweitfassung des Romans den Tod der Mutter in einem beschädigten, resignierten Leben überdauert. »Unverdientermaßen bleibt der Kerl jetzt leben«, murrt Keller im Brief an Paul Heyse vom 9. August 1880 über den »Grünspecht«. Gegenüber der Erstfassung ist die Schuld am Tod der Mutter gemildert, denn in der Romanbearbeitung wird sie durch Spekulanten in die letzte Ausweglosigkeit getrieben (VI, 293 ff.; B 4, Kap. 15), aber die Korrespondenz zwischen Frau Lee und Judith ist noch verdichtet, denn der Tod der Realmutter ermöglicht, ja motiviert jetzt die späte Vereinigung mit der Idealmutter. Ein Gerücht, Heinrich habe »die Mutter in Schulden gebracht und darüber . . . sterben lassen«, sei »in elendem Zustande heimgekehrt« und friste »als ein Schreiberlein« irgendwo in Not und Kummer sein Leben, läßt sie zu ihrem grünen Jungen, dem immer noch Diminutive gelten, heimgehen, hat sie ihn doch »einst so herzlich geliebt und gekost« (VI, 318 f.; B 4, Kap. 16).

Freilich ist Judith nun der Realmutter so viel ähnlicher geworden, daß ihre Erscheinung geradezu als Antwort auf Heinrichs Sehnsucht nach Vereinigung mit der Toten wirkt. Bei einem Spaziergang wirft sich Heinrich »an eine kleine begrünte Erdwelle«. Er überläßt sich der schmerzlichen Erinnerung. »›Am besten wäre es‹, dachte ich, ›du lägest unter dieser sanften Erdbrust und wüßtest von nichts! Still und lieblich wäre es hier zu ruhen!‹« Da gleitet oder schwebt Judith, »eine leichte Gestalt von der gleichen grauen Farbe« wie das Felsband, vor dem sie sich bewegt, gleich dem »Geist des Berges aus dem Gestein« (310 f.): mater terra rediviva. Sie nimmt dem ›Muttermörder‹ die Beichte ab, wie sie es einst dem ›Vatermörder‹ Heinrich getan hat, und sowohl der psychisch-kathartische wie der quasi religiöse Sinn dieses Verhältnisses tritt jetzt in der Stilisierung in aller Deutlichkeit heraus: Heinrich verliert gegen das Ende hin die Aufmerksamkeit auf seine Rede, »denn ich spürte inzwischen den alten Druck von der Seele weichen und wußte, daß ich frei und gesund war. Plötzlich unterbrach ich mich und sagte: ›Es nützt nichts, länger zu schwatzen! Du hast mich erlöst, Judith, und dir danke ichs, wenn ich wieder munter bin; dafür bin ich dein, solang ich lebe!‹« (320). Sie erlöst ihn, indem sie ihn liebt; abermals nicht, indem sie ihn freispricht.

Charakteristisch ist der Ort, wo der ›neue Bund‹ der Liebe geschlossen wird, der an die Stelle des ›alten Bundes‹ der Gesetzlichkeit mit der Mutter tritt und doch auch dem alten so sehr ähnelt. Es ist nicht mehr der Quellgrund der sexuellen und erotischen Faszination. Es ist ein heiliger Berg, vor der christlichen Zeit eine Stelle des heidnischen Kultus, später eine Dingstätte, mit einem alten bemoosten Steintisch, angesichts dessen sich Judith und Heinrich einer Formel bei der Krönung christlicher Könige erinnern, wenn diese die Krone vom Altar nehmen: »... sie nehmen die Krone von Gottes Tisch!« (323). Gottes Tisch ist ein Wort für den Altar und auch für das Abendmahl, die heilige Kommunion, die hier gefeiert wird; in der Krone klingt die biblische Bedeutung der Krone des Lebens mit, christlich die Seligkeit des ewigen Lebens, bei Keller säkularisiert die Seligkeit der Ehe als ›heiliger Kommunion‹ bezeichnend. Judith allerdings hat nicht im Sinn, zu nehmen, »was die Welt das Glück nennt, und uns zu Mann und Frau [zu] machen! ... wir wollen uns nicht krönen! Wir wollen jener Krone entsagen und dafür des Glückes umso sicherer bleiben, das uns jetzt, in diesem Augenblicke, beseligt ...« (323). Sie sind von der ewigen Seligkeit über die Seligkeit der Ehe auf eine selige Entsagung herabgestimmt, die noch viel tiefer geht als die Entsagung der Gemeinschaft der Entsagenden in »Wilhelm Meisters Wanderjahren«. Wie bei Judith als Figur ist im Ort dieses Bündnisses mit den Assoziationen, die er weckt, die heidnische Schicht gesetzlich-christlich überlagert.

Judiths Spruch lautet auf Vereinigung als Nicht-Vereinigung, wie im Grab der Mutter. Sie legt das Schwert zwischen sich und den ›Sohn‹, der sich als Junggeselle und gutes Kind erweist, indem er ihren Willen zu seinem Willen erklärt – etwas, das zwischen Heinrich und seiner realen Mutter nie geschehen ist. Sie beantwortet diese Erklärung mit einer rituellen Geste der Mütterlichkeit, die sich fundamental von ihren früheren grenzgängerischen Zärtlichkeiten unterscheidet. Heinrich »rief: ›Ich habe ja gesagt, ich sei dein, und will es auf jede Art sein, wie du es willst!‹ Sie schloß mich heftig in die Arme und an ihre gute Brust; auch küßte sie mich zärtlich auf den Mund und sagte leis: ›Nun ist der Bund besiegelt!‹« (324) Nach dem Tode Annas hatte Judith nicht nach der Ehe mit Heinrich, nur nach seiner Liebe gefragt: ». . . an mich darfst du dich nicht binden, du sollst frei sein wie der Wind!« (V, 92; B 3, Kap. 8) Jetzt dient das gleiche Argument der Begründung des Verzichts auf die Ehe. Heinrich soll »ein freier Mann in jedem Sinne« sein – frei auch jederzeit eine andere Frau zu nehmen. Es ist eine Freiheit, die in Wirklichkeit durch den Akt genommen wird, der sie zu geben beansprucht, denn er bindet in der Tiefe. Es ist im übrigen immer noch ein Appell an den Adoleszenten, der sich unterwegs zu den Frauen befindet, und eine verkappte Probe seiner menschlichen Reife, die er nicht besteht, denn wäre er ein zum Partner erwachsener Mann, er zöge sie in seine Arme. Die Möglichkeit der Liebeserfüllung ohne Ehe ist jedenfalls nicht mehr im Kreis von Judiths Denken. Sie heißt nun Naturmanifestation als stillschweigende Verkünderin einer dem Menschen naturhaften Identität von Liebe und Ehe, einer Kulturnatur des Menschen mithin, deren »Sibylle« sie gerade deshalb ist (VI, 312; B 4, Kap. 16), weil sie dieser Verkündigung nicht untersteht.[78] Als unverheiratet bringt sie zutage, was Ehe bei Keller ihrem Grunde nach ist, so wie der »Grüne Heinrich« zutage bringt, wieviel Unaussprechliches unter diesem Zuspruch liegt. Pomona stirbt in der Aufopferung für fremder Leute Kinder und verurteilt Heinrich zur Unfruchtbarkeit. Sie verkündet eine Harmonie mit einem Todeskern.

Er zeigt sich so herb, weil Judith vorher so üppig war. Aber er ist immer da, wo bei Keller von Liebe als Ehe gesprochen wird, weil diese Normalität die andere Seite einer Chaotik der Liebe ist. Wieder verdeutlicht Kellers individuelle psychische Konfliktlage eine epochale Situation. Das Verständnis der Familie als einer Naturordnung entsteht mit der Philosophie der Geschlechter historisch im Zusammenhang der Ausbildung der modernen Familie in ihrem Gegenüber zur Gesellschaft.[79] Während die ältere Familie als Hausgenossenschaft unter väterlicher Gewalt von der ständischen Gesellschaft und ihren Garantiemächten her legitimiert und auch gesichert wird, ist die moderne Familie im Selbstverständnis ihrer Glieder ein sittlich-organisches Wesen eigenen Rechts. Das geht bis zu der äußersten Konsequenz, daß die Gesellschaft als unnatürlich verworfen oder umgekehrt als Superfamilie verklärt wird: die Familie ist dann nicht mehr Gesellschaft im Kleinen, sondern die Gesellschaft Familie im Großen, weshalb denn auch die Parole der Französischen Revolution in seltsamer Verquickung verschiedener Bezugssysteme neben die politisch-juristischen Werte Freiheit und Gleichheit die überschwengliche Forderung der Brüderlichkeit stellt. »Seid umschlungen, Millionen, diesen Kuß der ganzen Welt . . .«.

Die primär als gesellschaftliche Institution und Agentur verstandene alte Familie ordnet das Verhältnis ihrer Glieder in letzter Instanz rechtlich; die Ehe ist eine Rechtsordnung, in der auch die sexuellen Beziehungen geregelt sind. Die als Naturordnung verstandene moderne Familie basiert dem Anspruch nach auf dem Gefühl der Liebe als Neigung freier Individuen zueinander. Damit sie als Dauerordnung vorgestellt werden kann, bedarf sie deshalb der Idee der natürlichen Ehelichkeit der menschlichen Liebe, einer kulturellen Erfindung und Fiktion, die sich als solche, wenn auch verhalten und verschämt, einbekennt. »Die Leidenschaft flieht, die Liebe *muß* bleiben« (Hervorhebung G. K.), heißt es banal, aber prägnant in Schillers »Lied von der Glocke«, während in Goethes klassischer Ballade »Der Gott und die Bajadere« sehr sublim Natur erst aus Menschlichkeit *entsteht* – ». . . des Mädchens frühe Künste werden nach und nach Natur« – und dann diese naturhafte Liebe zur Ehe *erklärt* wird. Der Chor der Priester verkündet das Gesetz der alten Ehe, nach der nur die Gattin dem Gatten folgt; der Gott der Liebe verkündet dagegen die neue Lehre, daß da Ehe ist, wo unbedingte Liebe ist.

Verinnerlichung und psychische Differenzierung des Menschen und seiner zentralen Beziehungen können zur Illustration und Illumination dieser Idee von Natur nur unter der Bedingung dienen, daß die Opfer, Reglementierungen und Verzichte verborgen oder doch versilbert werden, die zu diesem Ende stattfinden. Die Größe von Goethes Gedicht etwa liegt darin, daß die Beschränkungen und Leiden im Superzeichen des Todes zusammengefaßt und darin überhöht werden: die vollkommene Liebesehe wird im Tode wahr. Bei Keller ist ein solches offenbares Geheimnis als Versteck nicht hinreichend, weil in seiner

familiären Sozialisation eine so tiefgreifende Entstellung der Liebesfähigkeit stattgefunden hat. Die durch Feuerbach von der Idee zum Faktum vergegenständlichte Natur bietet dieses tiefere Versteck, indem ihr gleichwohl das Potential der kulturellen Ordnungen einverleibt wird.[80] Freilich ist sie als die Grabplatte auf den Sehnsüchten Heinrichs auch ein doppelt verräterisches Versteck. »Jugendglück, Heimat, Zufriedenheit, alles schien mir seltsamerweise mit Judith zurückgekehrt oder vielmehr wie aus dem Berge herausgewachsen zu sein« (313), erzählt Heinrich von seiner Wiederbegegnung mit Judith, die als so ›bodenständige‹ Natur so viel an Versagungen mitbringt. Seltsam: in ihnen ist das Kind glücklich wieder zu Hause. Es wird vom »Hausmütterchen« (315) besorgt, aber nicht beglückt, damit die alte Mutter nicht böse wird. So Keller am 21. April 1881 an Wilhelm Petersen: »Damit nun aber nicht ein zu großes Gütlichtun und Wohlleben entstehe, entsagen die beiden, und es bleibt ein ernst gehaltener Stimmungston bestehen, welcher der Mutter im Grabe nicht weh tut.«[81]
Mit Judiths Heimkehr ändert sich der gesamte Roman. Die Kreiskomposition der Erstfassung des Mutter-Sohn-Romans beginnt mit dem Abschied von der Mutter und rundet sich in der Vereinigung von Mutter und Sohn im Grabe, wobei die erste Begegnung mit der Grafenfamilie als verzögerndes Moment vor der Ankunft in der Kunststadt wirkt, die zweite Begegnung mit dem Grafen als verhängnisvolle Verzögerung der Heimkehr. Eingebettet ist die Kindheits- und Jugendgeschichte als Begründung dessen, was im Rahmen geschieht. Doch auch die zweite Fassung zeigt eine Zyklik trotz der nun durchgesetzten chronologischen Anordnung des Erzählten von der Kindheit bis zum beginnenden Alter. Während der Kreis um die reale Mutter aufgebrochen ist, unterstreicht das Rotieren der ersten und zweiten Schreibsituation ineinander das doppelte Kreisschema der Handlung im Zeichen der Idealmutter Judith, bei dem die Realmutter zurücktritt. Nach dem ersten Gewinn und Verlust Judiths die erste Schreibsituation; in der Gemeinschaft mit ihr die Vatermordbeichte. Nach dem zweiten Gewinn und Verlust Judiths die andere Schreibsituation; in der zweiten Gemeinschaft mit ihr die Muttermordbeichte.[82] Dazwischen der

Tod der realen Mutter als Bindeglied: Also immer noch ein Mutter-Sohn-Roman, aber nun höherer Ordnung. Am Ende der ersten Romanfassung legt sich der grüne Heinrich neben die Mutter in die Erde, »und es ist auf seinem Grabe ein recht frisches und grünes Gras gewachsen«. Am Ende der Zweitfassung, nach Judiths Tod, fügt er dem Buch seiner Jugend den anderen Teil hinzu, »um noch einmal die alten grünen Pfade der Erinnerung zu wandeln«. Er begräbt sich im Inneren der Vergangenheit. Die Romanschlüsse sind identisch in der Nichtidentität. Der Heinrich der Erstfassung geht zur Mutter; der Heinrich der Zweitfassung geht zu den Müttern, und damit kein Zweifel an der Tödlichkeit auch dieses Weges besteht, wird seinem Schreiben in der Umarbeitung des Romans der Totenschädel Zwiehans zugeordnet.

Heinrichs Beziehung zu Judith entwickelt sich parallel der Beziehung zu einer anderen Verwandten auf dem Dorf, dem gleichaltrigen jungen Mädchen Anna, die zunächst in allem einen Gegensatz zu Judith bildet. Das zugrunde liegende psychische Muster ist die Spaltung sinnlicher und zärtlicher Strebungen in der männlichen Adoleszenz, die von der Mutterherrschaft im Kinderreich der modernen bürgerlichen Familie ihren Nachdruck erhält. Die Mutter als erstes Liebesobjekt des Kindes weckt über der Decke Zärtlichkeit und unter der Decke Begehren. Die gelingende Sozialisation im familialen Dreieck legt idealiter den Grund zur personalen Integration von Sinnlichkeit und Trieb beim Erwachsenwerden zur Liebe. Auch bei Heinrich zeigt sich das Grundmuster der Spaltung, wenn er befangen vor Anna zurückscheut und sich von Judith einfangen läßt. Das Auffällige seiner pubertären Schüchternheit, die sich bei Anna sammelt, ist zunächst einmal Ausdruck der Differenziertheit des Stadtkindes gegenüber den dörflichen Altersgenossen, die ihn zur Strafe für seinen »Stoizismus« (IV, 86; B 2, Kap. 8) zu ewigem Weiberhaß und ewiger Ungeliebtheit verdammen. Aber sie treiben mit Entsetzen Scherz, wenn sie seine Bettücher so verknoten, daß er sich »in der unbequemsten und lächerlichsten Lage von der Welt zum Schlafe zusammenkauern« muß (88). Im Bett, dem Ort der Geburt, der Liebe und des Todes, liegt der verdammte Liebhaber als pubertierender Embryo: Seine Ausformung des Grundmusters ist eine Verbiegung, die im Verhältnis zu Anna ebenso zum Vorschein kommt wie im Verhältnis zu Judith.[83]

Anna tritt mädchen- und frühlingshaft auf, »schlank und zart wie eine Narzisse« (III, 239; B 1, Kap. 21), durch Diminutive zärtlich eingefaßt. Das »Bäschen« mit »Glockenstimmchen« und »blauen Äuglein« kommt ein »zierliches Treppchen« herunter und führt die Gäste durch ein »duftendes Rosen- und Nelkengärtchen«. In Heinrichs Imagination erscheint Anna mit »silberne[m] Krönchen auf dem Kopfe und silberblinkende Tränchen vergießend« (XVIII, 29; A 3, Kap. 1). Ist Judith Pomona und Römerin vor einer Tempelkulisse (29), so ist Anna nach der Heiligen der Musik Cäcilia stilisiert (IV, 102; B 2, Kap. 8). Der erste Besuch Heinrichs mit der Verwandtschaft des Oheims in ihrem Vaterhause endet bei Gesang und Orgelspiel. Der Schulmeister, ihr Vater, »schritt . . . zu der Orgel hin und öffnete dieselbe, daß die glänzende Pfeifenreihe zu Tage trat und das Innere der beiden Flügeltürchen das gemalte Paradies zeigte mit Adam und Eva, Blumen und Tieren.« (III, 248; B 1, Kap. 21)

Das Christentum kann im »Grünen Heinrich« Inbegriff der geist- und phantasietötenden, tyrannisch reglementierenden Züge der Gesellschaft sein, wie es sich im geistlichen Zuchtvater des kleinen Meretlein, abgeschwächt in Heinrichs Erzählung vom Religionsunterricht und von der Christenlehre darstellt, die zur Abrechnung mit dem schlimmen Vater Staat wird. Das Christentum, wie der Staat, haben aber auch ein Sonntagsgesicht, und das des Christentums zeigt sich in Anna. Es bildet um sie her eine helle, harmonisch geordnete, Störung und Übermaß ausschließende Sphäre, der Heinrich mit innigem Vergnügen einwandert. Läßt sich Heinrichs Verhältnis mit Judith schon der Konstellation ablesen – die männermordende Witwe mit dem Knirps –, so gilt für sein Verhältnis zu Anna das gleiche: Die verwitwete Elisabeth Lee und der verwitwete Lehrer mit Heinrich und Anna als Kindern entsprächen der vollständigen Familie Keller mit den Geschwistern Gottfried und Regula. Im Umkreis Judiths kommt Heinrichs Mutter, im Umkreis der Mutter Elisabeth Judith nicht vor. Reale und ideale Mutter verstellen einander, da sie an der gleichen Systemstelle in Heinrichs Seelenhaushalt stehen. Anna läßt sich selbstverständlich der Mutter Elisabeth als eine Art Tochter zugesellen (IV, 131 f.; B 2, Kap. 11). Sie ist eine ideale Schwestergestalt.

So findet sich Heinrich mit ihr zu einem kindlichen Liebesreigen. Erst wühlen sich beide mit den Händen bis zur gegenseitigen Berührung in einen Berg von Bohnen ein, die Anna »der Schwänzchen zu entledigen« hat (IV, 21; B 2, Kap. 3). Dann fangen sie einander und wiegen sich im Rhythmus eines Kinderliedes, das sie, Atem in Atem, singen – ein Spiel der Zurücknahme mehr als der Freisetzung von Sinnlichkeit, wobei das Lied wie die Arbeit scherzhaft an den Ausrottungsfeldzug erinnern, den das Kind Heinrich einst gegen seine Triebe geführt hat. Wie damals die Tiere seiner Menagerie von ihm mit einem glühenden Stab getötet wurden, geht es bei der »Bohnenromanze« um ein gefangenes kleines Mäuslein:

»Es zappelte und schrie:
Was hab ich denn verbrochen?
Da hat man ihm ins Herzlein
Ein' goldnen Pfeil gestochen.«
(27)

Ein Pfeil mindestens so sehr des Todes wie Amors. »Und als das Liedchen zu Ende war, lagen unsere Lippen dicht aufeinander, aber ohne sich zu regen; wir küßten uns nicht und dachten gar nicht daran . . .« (28). Kein Wunder, daß nach Tötung dieses Tierleins und dem Abschneiden der Schwänzchen auch Annas Kuß sich von dem Judiths weit unterscheidet: »Als ich Anna geküßt, war es gewesen, als ob mein Mund eine wirkliche Rose berührt hätte; jetzt aber küßte ich eben einen heißen, leibhaften Mund und der geheimnisvolle balsamische Atem aus dem Innern eines schönen und starken Weibes strömte in vollen Zügen in mich über.« (IV, 232; B 2, Kap. 18)

An Anna denkt Heinrich bei Judith, so »daß mitten im heftigen Küssen Annas Stern aufging« (232). An Judiths Brust ruhend sieht er »das feine, schlanke Bild Annas auftauchen« (IV, 13; B 2, Kap. 2) – nicht nur, »weil ich in jener unbewußten Zeit ein Weib für das andere nahm«, wie der Erzähler Heinrich bieder kommentiert, sondern auch weil im Doppelverhältnis eine eigentümliche Entsprechung besteht, in der Anna und Judith unterirdisch für Heinrich zusammengehören wie Tag und Nacht. Es ist sehr feinfühlig, daß Judith Heinrich einen entsprechenden Vertrag aufnötigt, nach dem er ihr nachts und Anna am Tage gehören soll (IV, 233; B 2, Kap. 18). Heinrich wird bei Judith nicht zum Mann, denn seine aufglühende Sinnlichkeit zielt bei ihr auf umfassend-undifferenzierte Wunscherfüllungen, eine Lust an vereinnahmenden Umarmungen, der die Angst entgegenläuft, in solchen Umarmungen unterzugehen, eine Angst, die wiederum Züge der Wollust annehmen kann. Will Heinrich für Anna rein wie Kristall und völlig durchsichtig sein (230), so erklärt er gegen Judith seine Bereitschaft, sich von ihr ein Messer in die Brust stoßen zu lassen: ». . . so würde ich in diesem Augenblicke ganz still dazu halten und mein Blut ruhig auf deinen Schoß fließen lassen!« (231): Wieder die übermächtige Mutter mit dem Männlichkeitsattribut, angesichts derer die männliche Liebe ins Weibliche changiert – aus der Hingabe kommt das Blut (der Samen) und fließt in den Schoß der großen Mutter.

Aus der Wollust-Angst steigt eine narzißtische Selbstbewahrungstendenz bei Heinrich auf, an deren Heraustreten im Bild Annas Judith so unbewußt mitwirkt. Das durch die Unzärtlichkeit der Mutter und die frühkindliche Schulderfahrung im Verhältnis zum Vater verletzte Selbstgefühl Heinrichs schleppt seine Schmerzen noch in seine Sehnsüchte ein und läßt ihn das Angebot der Erfüllung noch als geheime Strafandrohung erfahren. Es wäre so schrecklich wie schön, gefressen zu werden; doch die heilige Cäcilie schützt vor der Meduse, die ideale Schwester vor der idealen Mutter, während Kellers Schwester Regula für den Autor des »Grünen Heinrich« mehr eine Nachfolgerin der Mutter Elisabeth war. Hier ist der Punkt, an dem die Verdoppelung der Mutter im Roman in eine Real- und Idealgestalt es notwendig macht, die reale Schwester nicht einfach verschwinden zu lassen, sondern an eine andere Stelle des familiären Systems zu verschieben: als Gegengewicht zu so viel Müttern. Sie wird als Anna die Anima zum Animus Heinrich, Spiegelfigur, wie es schon das kleine Meretlein war, das vom erzogenen Muttersohn Heinrich einig-unterschiedene Dressurobjekt eines bösen Stiefvaters.

Von hier aus bekommt es einen besonderen Sinn, daß Anna mit dem Spiegelnamen – die Namenhälften spiegeln einander wider – als Narzisse auftritt: Narzissen pflückt die vom Unterweltgott geraubte Proserpina; sie sind in der Antike Gräberblumen. Vor allem aber: Anna ist die Narzisse des Narziß Heinrich[84], in deren Reinheit und Selbstbewahrung er seine Reinheit und Selbstbewahrung erkennt, von der erblickt er sich erblicken möchte, so unterschieden von ihm, daß sie ihm als Spiegel *gegenüber*steht, so nah bei ihm, daß sie ihm als *Spiegel* gegenübersteht. Während er vor der Unfaßbarkeit und Übermacht Judiths auf kindliche Bildchen und aufgeschriebene Verslein zurückfällt, die Wohlwollen bei ihr wecken (IV, 11 f.; B 2, Kap. 2), plagt sich Heinrich, der Anna zunächst kaum anzublicken wagt (III, 247; B 1, Kap. 21 / IV, 14; B 2, Kap. 2), mühevoll an ihrem Bildnis ab und trägt es im Schweiße seines Angesichts wie ein Altarblatt zu ihr über den Berg (IV, 116 ff.; B 2, Kap. 10). Sein Sich-Abarbeiten an ihrem Bild ist auch ein Versuch, ein Bild von sich zu gewinnen. Er will das Bild sein, das sich sein Bild von ihr von ihm macht; der ihr errichtete Altar ist ein Altar auch der Selbstverherrlichung in dieser merkwürdigen Liebe. Sie ist Heinrichs Höhen- und Königsweg. Nicht nur aus handwerklichem Unvermögen, auch weil Dunkles aus dem hellen Bild ausgeschieden werden muß, gerät es Heinrich nazarenisch ideal und steif (126 f.), wie im Erzählzusammenhang Anna gleichsam zweidimensional neben der dreidimensionalen Judith erscheint. Judith als die vollplastische Figur taucht zweimal in das Wasser bei der Heidenstube: in der Badeszene der ersten Romanfassung und vorher als die zufällige und falsche Empfängerin eines von Heinrich »in den heftigsten Ausdrücken« abgefaßten Liebesbriefes an Anna (IV, 73; B 2, Kap. 6), den er dem Fluß anvertraut und der tief in der Nacht »an die Brust einer badenden Frau« gelangt, »welche niemand anders als Judith war, die ihn auffing, las und aufbewahrte« (73 f.). Anna dagegen erscheint zweimal als Spiegelbild im gleichen Wasser, ohne es zu berühren und von ihm unberührt, so wie schon das erste Zusammentreffen mit Heinrich im Zeichen des Echos, also eines akustischen Spiegelungsphänomens, endet (III, 248; B 1, Kap. 21): die Nymphe Echo ist es in Ovids »Metamorphosen«, die den Spiegelmenschen Narziß liebt.

Die erste Spiegelung Annas kommt zustande, als sie Heinrich bei einer Rast in der Heidenstube die Sage von der im Wasser versunkenen Heidenfamilie erzählt, wobei sie aussieht »wie ein holdseliges Märchen; aus der Flut schaute ihr Bild lächelnd herauf, das weiß und rote Gesicht wie durch ein dunkles Glas fabelhaft überschattet« (IV, 29; B 2, Kap. 3); die zweite Spiegelung ergibt sich später in der Liebesszene zwischen Anna und Heinrich anläßlich des Tellfestes. Dabei zeigt sich allerdings auch, daß im Arrangieren und Drapieren Annas zum Inbegriff des Heiligen und Reinen etwas Tödliches und Tötendes liegt. Mit Anna als Talisman schützt sich Heinrich gegen die Anziehungskraft Judiths; und bei der »entfalteten vollen Frauengestalt« Judith kann Heinrich »behaglicher an die abwesende zarte Knospe« Anna denken »als in Gegenwart dieser selbst« (IV, 12; B 2, Kap. 2), weil er auf Judith das Verworrene und Chaotische in ihm ablenken kann, was das narzißtische Verhältnis zu Anna stören möchte. Deshalb ist Judith, die zufällige und falsche Empfängerin des leidenschaftlichen Liebesbriefes an Anna, in Wirklichkeit die notwendige und richtige. Ohne Anna wäre Heinrich Judith ausgeliefert; ohne Judith könnte Heinrich sich nicht so klar in Anna finden. Doch während Judith Heinrich ›bedroht‹, bedroht dieser durch seine Reaktion auf die Drohung Anna. Indem er sich ein Bild von ihr macht, erstarrt Anna zum Bild, aus dem der trübe Lebensstoff entflieht. Das lebensfeindliche finstere Gesicht des Christentums und sein ideales Gesicht als Vision von Reinheit und Harmonie hängen darin zusammen, daß auch diese Reinheit streng ist und auf Ausschließung beruht. Dem armen Meretlein ist ein Totenschädel als Attribut zudiktiert worden, als sie dem Maler Modell stehen mußte (III, 49 f.; B 1, Kap. 5). Im Zwiehanschädel wandert das Todesattribut zu Heinrich weiter; er ordnet es sich nach Annas Tod selbst zu. Annas Sterbenskrankheit ist wie die Antwort auf den tödlichen Selbstbezug Heinrichs zu ihr, der ihr Spiegelklarheit zudenkt und sie damit durchsichtig werden läßt – hinschwindend in der Schwindsucht.

Neben dem Bergweg gibt es auch einen Talweg zu Anna, eben durch die Heidenstube, deren Schauder Heinrich vergebens dadurch zu zähmen sucht, daß er sie an die Wand von Judiths stillem Domizil malt (IV, 73; B 2, Kap. 6). Wenn Anna die den Ortsnamen gebende Sage von der Heidenfamilie kennt, zeigt sich darin, daß auch sie Anteil an dieser heidnischen Sphäre hat. Sie erzählt, was aus ihrem Heidnischen wird. Bereits als die Märchenfigur, wie von dunklem Glas überschattet (IV, 29; B 2, Kap. 3), erinnert sie an das arme Meretlein, das zu Tode kommen mußte, weil es ganz leben wollte. Anna muß sterben, weil sie ganz Reinheit sein will und soll, und so fährt die Nixe in ihr hinab, als es zur traumhaften Liebesverwirrung zwischen Heinrich und Anna in der Heidenstube kommt, bei der Heinrich Hören und Sehen vergißt (IV, 204; B 2, Kap. 16), indessen sie »totenbleich« wird und wie ein »urfremder, wesenloser Gegenstand« in seinen Armen liegt. In »eisige Kälte« sind beide versunken. Sie überfällt Heinrich – wie bei Judith – in der Lust zur sexuellen Vereinigung, weil sie ihm auch Vernichtung bedeutet. »Mich dünkte, ich müßte sie in eine grundlose Tiefe fallen lassen, wenn ich sie losließe, und töten, wenn ich sie ferner gefangen hielt; eine große Angst und Traurigkeit senkte sich auf unsere kindischen Herzen.« (204 f.) Mit »düsterm Schweigen« blicken Heinrich und Anna nach der Auflösung der Umarmung in das »feuchte Element« (205). »Von dessen Grunde sah ich ihr Spiegelbild mit dem Krönchen heraufleuchten wie aus einer andern Welt, wie eine fremde Wasserfei, die nach einem Vertrauensbruch in die Tiefe zu fliehen droht« (205): Anna sieht aus »wie eine Feenkönigin« (IV, 165; B 2, Kap. 13); Meretlein »wie ein Feyen- oder Koboltskind« (III, 55; B 1, Kap. 5). Annas Festkleid aus hellgrünem Damast (IV, 165; B 2, Kap. 13) ähnelt dem Totenkleid des armen Meretlein, die in gelbem Brokat und mit einem »glitzrigen Krönlein« im Sarg liegt (III, 55; B 1, Kap. 5).

Der Vertrauensbruch, den Heinrich spürt, ist wechselseitig, Bruch des stillen Vertrages zur Bespiegelung. Das von Heinrich schon im Vorfeld der Ereignisse tief empfundene Träumerische der Situation in einer »Landschaft der Absence«[85] ist nichts anderes als eine Erfahrung der Verdoppelung und Selbstentfremdung. Drei Habichte in der Romanbearbeitung (IV, 204;

B 2, Kap. 16), drei Weihen in der Erstfassung (xvII, 276; A 2, Kap. 8) kreisen über der Liebesszene. Ein Traum Kellers am 3. Dezember 1847 (xxI, 84) von einem schönen kranken Gabelweih, der in die Hände eines »kleinen lausigen Jungen« fällt – Vorläufer des grünen Heinrich, der einen Weih in seiner Menagerie verkommen läßt (III, 108; B 1, Kap. 10) –, macht die Weihen als Vervielfältigungen des Ich in seiner verbotenen, kranken Triebhaftigkeit erkennen. Der Gabelweih ist in alemannischen Kinderversen der Hühnerdieb, der die Mutter bestiehlt und verflucht wird, auch ein Schimpfname für das ungezogene Kind.[86] Der besänftigende Kommentar meint, »daß in jenem Alter das rote Blut weiser sei als der Geist und sich von selbst zurückdämme, wenn es in ungehörige Wellen geschlagen worden.« (IV, 206; B 2, Kap. 16) Die Handlung sagt, daß Heinrich aus diesem Alter nie herauskommt und Anna in diesem Alter eingesargt wird. Sie finden aus ihrer Starre, indem sie in einer Befriedungsszene miteinander und mit dem guten Pferd das Brot der Verantwortung und des Alltags kauen, auf das Judith den Vatermörder Heinrich verweist, aber dieser Frieden ist noch nicht tief genug, denn Brotessen ist Leben. »Vom Kaun des Brots und allem Irrsal los« sinkt der alte Bettler in Kellers gleichnamigem Gedicht (II, 109 f.) in die mütterliche Erde. Am Totenbett Annas wiederholt sich Heinrichs Schauder, als er die Hand der Leiche berührt (v, 79; B 3, Kap. 7). Jetzt ist sie wirklich kalt und erkältend, totenbleich und ein fremder, wesenloser Gegenstand. Ganz Bild, ist Anna der »bessere und geistigere Teil meiner selbst«, den Heinrich in ihr liebt (v, 44; B 3, Kap. 4). Die heilige Cäcilie ist die künftige Tote; die tote Anna ist die vollendete Heilige. Bei der Vorbereitung ihrer Beerdigung findet Heinrich eine alte Glasscheibe, auf der sich von einem früher unter ihr geschützten Kupferstich die Umrisse dreier musizierender Engelknaben niedergeschlagen haben (v, 83 f.; B 3, Kap. 7). Diese Scheibe wird in den Sarg über Annas Gesicht eingesetzt, ein verfestigter Wasserspiegel, wie dieser einst als dunkles Glas erschien[87], und nun kann Heinrich sie endlich ungestört anblicken: nicht das gefährliche andere Ich; das gereinigte andere Ich. »Ich glaube, die Glasscheibe tat es mir an, daß ich das Gut, was sie verschloß, gleich einem hinter Glas und Rahmen gebrachten Teil meiner Erfahrung, meines Lebens, in gehobener und feierlicher Stimmung, aber in vollkommener Ruhe begraben sah; noch heute weiß ich nicht, war es Stärke oder Schwäche, daß ich dies tragische und feierliche Ereignis viel eher genoß als erduldete und mich beinahe des nun ernst werdenden Wechsels des Lebens freute.« (87)

Der trauernde Liebhaber spürt die Lust des Narziß, auf der stillen Fläche sich zu erblicken und zu lieben. Von Anna geht die Linie zum anderen Spiegelbild, dem späteren Freund Lys, und zu Dortchens Scherz am Narzissustag, den Heinrich als Spott auf seine Autobiographik empfindet. Hier ist der Sitz im Leben seiner schreibenden Selbstbespiegelung. Wie die sinnliche Dichte der Phantasie und die Phantasiekraft der Lebenserdichtung aus dem Reich der Medusa-Muse aufsteigen, so ist Anna die in den Himmel transportierte Muse der Sublimation, in deren Spiegel Heinrich sein Wunschbild erblickt.[88] Es ist von tödlicher Reinheit im Gegenwurf zum lebenden, verschlingenden Chaos; von exklusiver Harmonie, indes beim Erblicken des Spiegelbildes vergessen werden muß, daß auch unter dieser Fläche die Mutter anwest, denn erst das Dunkel macht das Wasser zum Spiegel. In der Mythe, die Narziß tödlich gebannt durch sein Spiegelbild in der Quelle zeigt, ist die Mutter dieses Jünglings eine Quellnymphe. Er muß wohl sich lieben, weil er in sich die Mutter liebt, die ihn liebt, aber weil er sich verlöre, wenn er erführe, daß er in sich die Mutter liebt. Heinrich flieht vor der Mutter Judith zur Schwester Anna, doch weil auch die Schwester aus der Mutter kommt, ist er auch bei der Schwester bei ihr, blickt auch aus der Tiefe der Schwester die Mutter ihn an. Das ist die Verwirrung am Grund der Klarheit, die sie faszinierend macht. Gegenüber der heiligen Muse Anna behält die Muse-Meduse das letzte Wort. Über die »stille Grundtrauer«, von der Keller in einem Brief an seinen Freund Wilhelm Petersen am 21. April 1881 spricht, laufen die Glanzlichter. Das Grollen im Untergrund ist der Cantus firmus aller Kellerschen Poesie.

Sie steht auch mit dieser eigentümlichen Ausformung der Spiegelsymbolik im geschichtlichen Zusammenhang. Beim Heraufkommen des modernen Individuums im Problemfeld der modernen Familie gewinnt das alte religiöse Motiv vom Ich als Spiegel Gottes zwei neue Varianten, während die lehrhafte Gattung vom Typus Knaben-, Ritter-, Fürsten-, Pfaffenspiegel veraltet. Sie hielt dem einzelnen den stände- und geschlechtsspezifischen Kanon zu tradierender Normen im Ideal oder in dessen satirischer Umkehrung vor. Wielands »Goldner Spiegel«, mit dem er sich dem Sachsen-Weimarischen Hof als Prinzenerzieher von Goethes späterem Mäcen Karl August empfahl, ist das letzte große Beispiel in der deutschen Literatur. Gleichzeitig kommt das Bild vom Künstler als Spiegel der Welt auf, wie es noch Heinrich in seiner Goethereflexion verwendet (v, 5 f.; B 3, Kap. 1), wobei es auf seine verdeckte narzißtische Komponente durchsichtig wird – kein Zufall, daß die Originalgenies des Sturm und Drang es lieben. Daneben breitet sich die bedrohliche, offen narzißtische Spielart der Spiegelung aus. In Friedrich Maximilian Klingers »Zwillingen«, in Karl Philipp Moritz' »Anton Reiser«, bei Kleist, Brentano und E.T.A. Hoffmann gibt es Episoden, wo sich das Ich entfremdet im Spiegel anschaut – in Selbsthaß, in Selbstverliebtheit, in beidem zugleich. Hoffmanns Kapellmeister Kreisler spricht delirierend sein Spiegelbild im Wasser als einen wahnsinnigen Maler und »geliebten Doppelgänger« an.[89] Bei Jean Paul mit seinen im Selbstgenuß schwimmenden Figuren werden Liebende einander zum Spiegel. In Moritz von Schwinds Allegorie »Der Mittag«, etwa gleichzeitig mit der Erstfassung des »Grünen Heinrich«, spiegelt sich eine Nixe beim Kämmen im Wasser. Der Wasserspiegel ist die Scheide zwischen aufsteigender und zur Nacht sinkender Zeit, die Umschlagstelle im Kreisen des in sich Identischen. Die Nixe mit ihrer Spiegelung bildet das Symbol der Vagina, der Scheide. (Abb. 8) In Philipp Otto Runges Gemälde »Die Mutter an der Quelle« hält eine breit in Gras und Blumen hingelagerte junge Mutter einen kleinen Knaben im Arm, der sich in narzißtischem Entzücken von ihr wegwendet, sein Spiegelbild in der Quelle erblickend. Doch sie ist nichts anderes als die Mutter, die Lebensquelle.

Erst kurz vor dem Aufbruch aus München kommt es in der Zweitfassung des Romans wieder zu einer tiefergreifenden Liebesbegegnung Heinrichs. Das Proletariermädchen Hulda, mit dem er anbändelt, erinnert in seinem Namen an die heidnischen Huldinnen, und tatsächlich fühlt sich Heinrich von ihr in die »Hörselberge« einer anonymen Liebe verlockt, »wo der prächtigste Ritter keine Vorstellung davon hat« (VI, 101; B 4, Kap. 5). Im Stadtproletariat, dem sich Heinrich als Akkordarbeiter anzunähern beginnt, lernt er zu seiner Verblüffung ein modernes Seitenstück zur »gedankenlosen Seligkeit« des dörflich-ständischen Lebens in der Elternheimat kennen, die hier wie dort in mangelnder Individuation gründet. So hat Hulda unter ihren fünf Vornamen nicht nach Vorliebe, sondern lediglich nach Kürze einen ausgewählt, um den Umgang mit den Behörden zu erleichtern (91 f.). Daß sie keinen Zusammenhang zwischen ihrem Wesen und ihrem Namen konstatiert, ist um so auffallender, als Heinrich diesen Zusammenhang herstellt und ihr Wesen als offenbares Geheimnis im Namen entgegennimmt. Sie mißbilligt zwar den gedankenlosen Partnertausch und Rücktausch, der sich unter ihren Bekannten beim Tanzvergnügen abspielt, aber sie behandelt selbst die sich anbahnende Liebesaffäre mit Heinrich bei allem Ernst und aller Zartheit unpersonal. Sie liebt die Arbeit, »sie ist mir Vater und Mutter! Und nur Eines gibts, das ich ebenso lieb habe, nämlich die Liebe. Eher sterben als nicht lieben!« (98) Für eine vorindividualistische ständische Kultur ist es naheliegend, daß man den liebt, den man heiratet; für die außerindividualistische, aber aus den alten Formen und Normen herausgefallene Kultur dieses Proletariats ist es ebenso naheliegend, daß man Liebesbedürfnisse hat und sich zu deren Befriedigung einen passenden Genossen sucht; aber für Heinrichs idealistische und individualistische Bürgerlichkeit stellt das die Dinge auf den Kopf, denn für ihn wird die Liebe durch die Eigentümlichkeit der Person geweckt und man heiratet denjenigen, den man liebt. Er wird »immer verwirrter, das jugendliche Geschöpf mit solchem Bewußtsein, solcher Bestimmtheit und Leichtfertigkeit sprechen zu hören . . ., daß sie in Arbeit und Liebe aufgehe und sonst nichts von der Welt begehre. Und doch war es wiederum wie eine Erscheinung aus der alten Fabelwelt, die ihr eigenes Sittengesetz einer fremden Blume gleich in der Hand trug. Es wurde mir zu Mut, als ob eine

wirkliche Huldin sich aus der Luft verdichtet hätte und mit warmem Blute in meinen Armen läge.« (99)
So wird ihm zur romantischen Phantasmagorie, was durch diesen Wahrnehmungsschleier hindurch die Konturen eines seelengeschichtlichen und psychosozialen Sachverhalts zeigt: Im Proletariat fehlt die Individuation, weil in ihm wie in der ständischen Welt des Dorfes die kernfamiliale Kindheit und Jugend fehlt, die ein Privileg bürgerlicher Schichten ist. Hulda hat sich »jeden Tag, vom zwölften Jahr an, mit Arbeit ehrlich erhalten und viel erfahren«; seit damals steht sie »ganz einzig« in der Welt – sie sagt nicht einmal allein, denn das wäre eine seelische Kategorie, die sie, trotz offensichtlicher Sensibilität, so wenig besitzt wie – in einem tieferen Sinne – Vater und Mutter. An der Stelle des Familiengehäuses steht das Gehäuse der Arbeit (98). Heinrichs in Leiden und seelischer Einsamkeit wurzelnde, mit Schmerzen erfahrene Individualität empfindet diese Welt als eine Versuchung zur Aufgabe seines Ich, zum Einsinken in einen vorpersonalen Grund, den das »Völklein«, als »tannhäuserliche Höhlen« »unter sich« (101) eingerichtet hat (VI, 142; B 4, Kap. 8): in anderer Form, quasi soziologisch, der Mutterschoß, dem Heinrich nahekommt, ohne in ihn einzugehen; das ist seine psychische Disposition und Möglichkeit, das ganz andere zu erleben. Doch die Entscheidung zur Selbstbewahrung hat ein Doppelgesicht, denn sie spielt zugleich eine Motivation an, die für die entscheidende Liebesepisode mit Dortchen Schönfund auf dem Grafenschloß ausschlaggebend wird: Heinrich, der sich Hulda im Beharren auf seine Individualität entzieht, entzieht sich ihr auch zugunsten der Heimkehr zur Mutter, die sich demnach in verschiedener Gestalt auf beiden Seiten der Waage befindet: als Hulda und als Betten schüttelnde Frau Holle[90], der Schutzgeist der Spinnerinnen.

Mit Dortchen Schönfund allerdings wächst dem grünen Heinrich im Grafenschloß, wo er die Heimfahrt unterbricht, die am meisten aufwühlende seiner Liebeserfahrungen zu, die er selbst in seinem Bewußtsein scharf von den Erlebnissen mit Anna und Judith abhebt. So monologisiert er in der Erstfassung: »Wäre es hier möglich, daß meine Neigung und mein Wesen in zwei verschiedene Teile auseinanderfiele, daß neben dieser mich ein anderes Weib auch nur rühren könnte? Nein! Diese ist die Welt, alle Weiber stecken in ihr beisammen, ausgenommen die häßlichen und schlechten!« (XIX, 276; A 4, Kap. 13). ». . . welch ein praktischer Kerl bin ich gewesen, als ich so theoretisch, so ganz nach dem Schema liebte und ein grünes Bürschchen war! Wie unverschämt hab ich da geküßt, die Kleine und die Große, zum Morgen- und Abendbrot! Und jetzt, da ich so manches Jahr älter bin und diese schöne und gute Person liebe, wird es mir schon katzangst, wenn ich nur daran denke, sie in unbestimmter Zeit irgendeinmal küssen zu dürfen, o weh, und doch möchte ich lieber den Kopf in das Grab stecken, wenn dieses mir nicht geschehen kann!« (276 f.) Mit dem Tod Annas und der Auswanderung Judiths ist Heinrich in der Hinsicht erwachsen geworden, daß er aufhört, die familiäre Situation in Liebesbeziehungen fortzusetzen und auszuspinnen und dabei die widerstrebenden Richtungen seines Fühlens auf zwei weibliche Gestalten zu projizieren, die ihm durch einander zugänglich werden. Dortchen Schönfund ist *eine* Frau und als eine ist sie *alle*; sie ist nicht Teil eines seelischen Feldes von Heinrich, sondern ein Mensch für sich, den Heinrich in seinem Eigenrecht wahrzunehmen weiß. Sie ist potentielle Partnerin, nicht Mutter oder Schwester, die vom egozentrischen kindlichen Ich auf sich bezogen werden, und wieder reicht dieses Eigenrecht der Figur bis in die Entstehungsgeschichte des Romans: Judith und Anna sind Gestalten von Kellers Wunschphantasie, Dortchen hat ein Urbild in Kellers Biographie: Betty Tendering.

Abermals ist diese Besonderheit auch konstellativ faßbar. Judith und Anna sind Verwandte Heinrichs. Annas Vater, der Schulmeister, und Heinrichs Mutter sind ein leiblicher Vater und eine leibliche Mutter. Dortchen aber ist Gottesgeschenk (griechisch Dorothea) und Schönfund als Findelkind, ein Solitär schon durch Herkunft, wie sich Partner in der modernen bürgerlichen Ehe als Solitäre entgegentreten. Der Graf, Dortchens Adoptivvater, der auch für Heinrich zu einer Art von Adoptivvater wird, präsentiert Dortchen in Heinrich und Heinrich in Dortchen solche Solitäre. Und doch ist Heinrich im Neuartigen seiner Beziehung zu Dortchen, das er so scharf erfaßt, auch der alte grüne Heinrich in einem unzeitigen Frühling, der den Winter nur scheinhaft mit der giftigen Blüte des Seidelbast überblüht (VI, 240; B 4, Kap. 13): ein unerwecklicher gefrorener Christ, den es immer noch eiskalt überläuft, wenn er einer Frau zu nahe kommt. In der Krypta der Friedhofskirche liegt ein steinerner Ritter, »der gegen Ende des fünfzehnten Jahrhunderts, von wilder und unsteter, aber ehrlicher Natur, von allerhand Unstern und Frauenmißhandlung verfolgt, durch die Länder geirrt war und bei den Vorfahren des Grafen hier seine letzte Zuflucht gefunden hatte, wo das Herz dann endlich an einem letzten Verrate gebrochen sein sollte« (262 f.). Dieser »verliebte Ritter« (264) als Gegenstück zur ›Versteinerung‹ der Gretchendarstellerin und der vom Bad kommenden Judith ist eine Geistergestalt des verratenen Verräters Heinrich, des »prächtigsten Ritters« der Hörselbergepisode. So kann Heinrich auch, hinter dem Grabmal versteckt, als Geistergestalt des Ritters den Dialog mit Dortchen Schönfund aufnehmen, als sie mit ihrem Kammermädchen Röschen zusammen die »Klappernuß« des vertrockneten Herzens »rascheln« läßt (265), die in einem grünlich oxydierten Bronzegefäß am Brustharnisch des Ritters befestigt ist: zur giftigen Blüte des falschen Frühlings das giftige, tote Grün des zersetzten Metalls. Der grüne Heinrich bittet Dortchen, sein Herz »en repos«, in Ruhe, zu lassen; sie übersetzt die Bitte in ein Angebot, dieses steinerne, verliebte, Schmerz empfindende und raschelnde Herz zu ihrem Nadelkissen zu erwählen (266), was sie ohnehin schon getan hat. Wieder hat der Pfeil Amors als durchbohrende Waffe gewirkt, die im Scherz verharmlost, dafür zu Nadeln multipliziert ist.

Der Friedhof, dem sich mit Dortchen Schönfund als Herrin und Gärtnerin eine weitere Frauenfigur des Romans zuordnet, verweigert Heinrich bei seiner Ankunft im gräflichen Besitz die Ruhe. »Steht in Gottes Namen auf, guter Freund!« (XIX, 204; A 4, Kap. 9) Die unfreundliche Anrede des Küsters an den zwischen den Gräbern ermatteten Heinrich travestiert in der Urform des Romans den Ruf zur Auferstehung der Toten und nimmt Dortchens Auferstehungswort für den gefrorenen Christen vorweg. Ihre freundlichen Worte verhindern, daß die Abgeschiedenen sich schon jetzt als die »eigentlichen Inhaber und

Gastwirte der Erde« erweisen, als die Heinrich sie einschätzt (VI, 156; B 4, Kap. 9). Sie holt den von langer Wanderschaft Ermatteten mit Erfolg ins Leben zurück. Der Wechselverweis von Leben, Liebe, Natur und Tod wird bei ihr ein Appell zu glühend intensivem Dasein im Angesicht radikaler Sterblichkeit des Menschen, doch für Heinrich erweist sich noch dieser Appell als tödlich, wie die Motivation des Schlusses der Erstfassung zeigt, die Keller in einem Brief an Hermann Hettner vom 5. Januar 1854 so zusammenfaßt: »Da er den Gedanken der Unsterblichkeit aufgegeben, fühlt er den Verlust [der Mutter] um so tiefer und intensiver, sowie das ganze Verhältnis, das körperliche Band der Familie, die unmittelbare Quelle des Daseins.« Der Weckruf Dortchens wendet sich zur Fanfare des Jüngsten Gerichts für einen Heinrich, der ohnehin nur melancholische Gedanken an die vertiefte Vergänglichkeitserfahrung anschließt – ». . . so wird sie dem Alter entgegengehen und zuletzt dem Tode!« (XIX, 290; A 4, Kap. 13) Er ist in der lebendigen Anwesenheit Dortchens so beschränkt, das Bild des glühenden Lebens als Phantasiegemälde auf ein Tischtuch zu entwerfen: »Ich blickte wortlos auf die runde weiße Fläche, die von der jungen Sonne beleuchtet zwischen uns glänzte . . . Es war, als ob das weiße Rund sich mit Bildern des Glückes belebte, und es ergriff mich ein tiefes Leiden um Dortchen . . .« (VI, 260 f.; B 4, Kap. 13). Das Gespräch zwischen Heinrich und Dortchen, das zunächst vom Friedhof ins Schloß führt, kehrt deshalb auf den Friedhof zurück und verkehrt sich in den Geisterdialog mit dem toten Ritter über sein verkapseltes Herz.

Was folgt, sind nur noch irrlichternde Zeichen; in der Erstfassung ein Hoffnungsgedicht, das Heinrichs Leiche in der Hand hält, und ein Adieu ohne Wiedersehenswunsch. In der Zweitfassung findet am Ende eine Umbiegung Dortchens ins Konventionelle des Trivialromans statt. Sie erweist sich als gräflicher Abkunft und mündet in eine standesgemäße Ehe ein, während das Hoffnungsgedicht nun in die Entsagungssphäre der rückgekehrten Judith überleitet. Doch auch hier bleibt eine tiefe symbolische Geste: Heinrich tröstet sich, mit seinem grünen Buch »ein Teil meiner selbst in der unmittelbaren Nähe Dortchens« zurückzulassen (274) – es ist sein monologischer Teil, und auch der geht zuletzt an Judith über. Sogar der Name Dorothea ist am Ende trüglich, wie alles Glück auf dem Grafenschloß. Sie heißt in Wirklichkeit statt Dorothea Isabel (VI, 303; B 4, Kap. 15), das ist eine schöne (bella) Elisabeth, und die Zweitfassung des Romans, die ihr diesen Namen gibt, spielt ausdrücklich mit der Namensbedeutung. Parallel zur Neubenennung Dortchens erscheint im Lauf der ersten Begegnung eine Anspielung auf die heilige Elisabeth, »welche die Armen aus ihrem eigenen Teller speist« (VI, 163; B 4, Kap. 9).[91] Das Spiel greift sogar durch bis in Kellers Biographie: Mit dem Vornamen Isabel kommt in Dortchen das biographische Urbild Betty (= Elisabeth) Tendering an die Oberfläche, die bella trovata und Konkurrentin der Elisabeth Keller zu Hause. Und ist Isebel, das Weib König Ahabs von Juda, nicht die Verfolgerin der Propheten des Herrn, die Naboth um sein väterliches Erbteil und sein Leben bringt? (1. Kön. 21) Isabel hat Heinrich seine alte Mutter, seine den Bettler mit Nahrung abspeisende wahre heilige Elisabeth weggenommen. »Freilich kam mir dieser Weltlauf etwas teuer zu stehen; denn der Umweg über das Grafenschloß hatte mich nicht nur die Mutter, sondern auch den Glauben an ihr Wiedersehen und an den lieben Gott selbst gekostet . . .« (VI, 306; B 4, Kap. 15).

Worin ist Heinrich auch bei Dortchen-Dorothea, dem Gottesgeschenk, aber nicht für ihn, der alte geblieben? Er kann Frauen jenseits des narzißtischen Bezugs nicht anders als übermächtig erfahren. Als Dorotheas Schützling betritt er das Grafenschloß, »ein Kerl«, wie die Erstfassung sagt, »der nicht einmal einen guten Hut, das Zeichen der Freien, auf dem Kopfe trägt! Da lauf ich barhäuptig wie ein Mönch in fremdem Besitztum umher! Ich muß einmal nach meinem Hute sehen!« (XIX, 244; A 4, Kap. 11) Es ist das Männlichkeitsattribut, das ihm in der Erstfassung schon zweimal durch anmaßende Vaterfiguren vom Kopfe entfernt worden ist – durch die bayerischen Beamten beim Grenzübertritt und durch den bayerischen König am Abend der Ankunft in München. Der solchermaßen wichtige Hut sieht jetzt »schändlich aus und war gänzlich zu Grunde gerichtet« in der Hand der Mädchen (244). Er gehört in die gleiche Bedeutungsreihe wie der zerbröckelnde Stecken in Heinrichs Heimkehrtraum, und so ist es kein Wunder, daß die Jungfern ihren Spott damit und mit dem Symbol der »Dornenkrone« treiben, die Heinrich beim Münchner Künstlerfest dem König hingehalten und in stachliger Enthaltsamkeit getragen hat – als Narr eine Parodie des mächtig-ohnmächtigen Christus. Dortchen hat den Hut, als ihr Nadelkissen dient sein Herz, und als von ihr Erzogener – wie einst bei Judith – findet er sich wieder. Denn »auf fast ganz weibliche Weise schlüpfte Heinrich in die Grundsätze derer hinein, die er liebte« (XIX, 264; A 4, Kap. 12), und lernt, die Welt durch Dortchens Augen anzusehen (VI, 212; B 4, Kap. 12). »Die Veranlassung solcher Freiheit [vom Gottesglauben] war allerdings eine Unfreiheit und für einen Mann nicht gerade rühmlich« (212).

So beginnt Heinrichs Neigung zu Dortchen zwar »mit ... inniger Achtung vor ihrem Gegenstande« (XIX, 243; A 4, Kap. 13), aber er lernt nicht sich selbst frei zu achten. Denn was Heinrich – und seinem Erzähler – an Dortchen anschaulich wird, daß sie *eine* Frau und *alle* Frauen ist, fällt ihm für sich selbst immer noch und immer wieder auseinander: »Das Gattungsmäßige im Menschen erwachte mit aller Gewalt seines Wesens in mir; das Gefühl der Schönheit und Vergänglichkeit des Lebens verdoppelte sich, und zugleich schien mir alles Heil der Welt nur auf diesen zwei schönen Augen zu stehen; während ich sie aber aus Dankbarkeit schon für ihr bloßes Dasein liebte und ehrte, verschmähte ich, sie auch nur in Gedanken mit meiner Person zu behelligen aus lauter Demut und Furcht ...« (VI, 238 f.; B 4, Kap. 13). Das Gattungsmäßige ist so mächtig wie anonym in der Person; die kindliche Erfahrung des Triebs als anonymes Tier, als Katze, lebt in der »Katzangst« fort, die Heinrich beim Gedanken, Dorothea irgend einmal zu küssen, empfindet (XIX, 276; A 4, Kap. 13). Was Heinrich pubertär in die Beziehungen zu Anna und Judith aufgespaltet und nach außen gewendet hat, das liegt noch gespaltet in ihm. Die schwache Person muß Buße tun für den starken Trieb und kann nicht Partner werden; der starke Trieb aber geht rückwärts ins Summarische, an der möglichen Partnerin vorbei zur wirklichen Mutter. Im weißen Tischtuch, dem Gewebe, auf das er Dortchen und sich zu Eheleuten phantasiert (VI, 260 f.; B 4, Kap. 13), ist sie noch der Grund dieser

Phantasie. Heinrich wird aus Katzangst Dortchen nicht küssen, und er wird tun, was ihm für den Entbehrungsfall einfällt: ». . . lieber den Kopf in das Grab stecken . . .« (XIX, 277; A 4, Kap. 13); welch ein Bild! welch eine Alternative!

Derart erhellt sich gerade im Verhältnis zu Dortchen, was der Beziehung zu Anna und Judith fehlt. Da Anna sich als Schwester der Mutter zuordnet, Judith an ihre Stelle tritt, kann ihn wohl ein Unbehagen gegenüber der Mutter angesichts der Liebesheimlichkeiten anrühren (XVIII, 91; A 3, Kap. 3), aber es wird nicht handlungsbestimmend. Dorothea jedoch ist die fremde, andere Frau, und damit ist Heinrichs Verhalten auf dem Grafenschloß bis in den Seelengrund von der Angstvorstellung einer Rivalität zwischen Dortchen und der Mutter geprägt, die noch in die spätere Rede von dem hineinwirkt, was der Aufenthalt bei Dortchen Heinrich gekostet hat. Dortchen hält ihn auf dem Grafenschloß für die Frist fest, in der die Mutter zu Hause erkrankt und stirbt. Sie unterbricht den instinktiven Zug nach Hause so mächtig, daß Heinrich trotz ihres guten Zuredens und ohne daß der Roman eine rationalisierende Motivierung dafür beizubringen vermöchte, nicht einmal mehr nach Hause schreibt. »Es schwebte ihm vor, wie wenn der Vorschlag des Grafen, seine Freundschaft, die Schönheit Dorotheas, das gastliche Haus und das feine Leben darin, alles dies eine künstliche, glänzende und lockende Welt wäre, welche ihn von dem harten und schmalen Wege seines guten Instinktes wegziehen und in die Irre führen möchte. Obgleich er über diese unsinnige oder unklare Ahnung sogleich lachen mußte, dachte er doch, es wäre für einmal besser, wenn er seiner Absicht treu bliebe und unverzüglich nach Hause reise . . .« (XIX, 248; A 4, Kap. 11).

Herkules am Scheidewege! Und die Bergpredigt dazu: »Gehet ein durch die enge Pforte« – zur Mutter; »denn die Pforte ist weit, und der Weg ist breit, der zur Verdammnis abführet« (Matth. 7,13). So spricht die erste Romanfassung mit großer Schärfe, ohne daß später die »unsinnige oder unklare Ahnung« irgend dementiert würde; im Gegenteil: Als Heinrich am Morgen aufwacht, um seinen Entschluß zur Flucht nach Hause auszuführen, »war es ihm nicht möglich, mit einem Worte seines Entschlusses zu erwähnen, ja er dachte kaum noch daran, da es sich von selbst zu verstehen schien, daß er nie einen Augenblick im Ernste von der Seite dieser Person wegkäme ... Als ... der Wagen in den sonnigen Herbst hinausrollte in der gastlichen Gegend, war es ihm, als ob er böse wäre auf seine arme Mutter, die da im Vaterland säße und in ihrem Schweigen die unerhörtesten Ansprüche erhöbe, alles zu lassen und stracks ein ungeteiltes Herz zu ihr zu bringen; denn in seiner Konfusion und bei der Neuheit der Empfindung glaubte er, daß es jetzt um die Liebe zu seiner Mutter geschehen sein müsse, da er eine Fremde mit solchen Augen ansah, wie er noch nie eine angesehen.« (249)

Wieder gilt das Schweigen für die lauteste Rede, auch das Schweigen des motivierenden und sonst so freigebig kommentierenden, zuweilen durch Kommentare verharmlosenden Erzählers. Hier verschwindet er einfach in der Erlebnisperspektive Heinrichs, wie noch einmal in der Feststellung nach dessen völlig freiwilliger und willentlicher Abschweifung zum Basler Schützenfest: »So wurde sein Heimweg gehemmt und aufgehalten, wie nur eine ängstliche Traumreise aufgehalten werden kann, und es war ihm fast gleich zu Mute wie in jenen Träumen, in denen er heimreiste ...« (XIX, 315; A 4, Kap. 14). In der Tat ein Traumprinzip: Heinrich trifft auf Hemmnisse, weil er Hemmungen hat heimzukommen. Am Tag des Mutterinzesttraumes vom 15. September 1847 verzeichnet Kellers Traumbuch einen anderen stark sexuell geprägten Traum, der über ein Jahr zurückliegt, aber »noch ganz gegenwärtig« ist – ein Zeichen seiner Intensität: Infantile Liebesspiele mit zwei halbwüchsigen Schwestern werden durch »viele alte, böse Weiber in den benachbarten Dachkammern« gestört, die trotz der Geheimhaltungsversuche die verbotene Lust bemerken. »Ein Ziegel wurde aufgehoben, eine lange, magere Hand langte herein, tappte herum und erwischte meine Haare, welche gen Berg standen, das Blut schien in meinen Adern zu gerinnen, als ich erwachte und tief aufatmete.« (XXI, 64 ff.) Die hexenhaften Mütter drohen, wenn man den Verführungskünsten junger Mädchen gegenüber nicht standhaft bleibt. Deshalb ist der grüne Heinrich der Heimkehrträume in der Romanerstfassung so klug. Ehe er den Heiratswünschen der hübschen Frauenzimmer sein Ohr leiht, die in der Münsterkrone sitzen, vertröstet er sie: »Warte du einen Augenblick, ich will nur erst meine Mutter aufsuchen und mit ihr Absprache nehmen!« (XIX, 174; A 4, Kap. 7) Der Heinrich der zweiten Fassung vergißt an dieser Stelle die Mutter, schaut »stolz und lüstern« einer »konvenablen Heirat« gedenkend auf die Schönen und wird prompt von der Vatergestalt des dicken Wilhelm Tell aus dem Tellspiel der Heimatgemeinde abgeschossen, so daß er aus dem Höhenflug auf die Erde stürzt (VI, 131; B 4, Kap. 7). Geh zur Mutter!

Denn die stumme lauernde Spinne zu Hause will das ganze Herz. Indem Dortchen, die fremde Frau, es aufgewühlt hat, hat sie es nicht für sich, sondern für die einheimische Frau mit den viel älteren Rechten bewegt. Sie will die Muse sein, die ihn zum Brief an die Mutter-Muse-Meduse inspiriert (VI, 245 f.; B 4, Kap. 13), aber sie bringt ihn zum tieferen Schweigen und adressiert ihn an den großen Schweiger Tod. Die Totenvögel Kauz und Uhu sind Heinrich auf dem Weg zu Dortchen begegnet (VI, 144; B 4, Kap. 8). »Lieben Sie die Toten so sehr?« ist das Wort ihrer ersten Zuwendung für Heinrich auf dem Gottesacker (VI, 156; B 4, Kap. 9). Als »liebevolle Freundin und Pflegerin der Toten« (163) nimmt sie ihn in Freundschaft und Pflege. Sie legt ein Efeublatt von einem Kindergrab in Heinrichs Lebensbuch, wo es vom armen Meretlein berichtet (VI, 190; B 4, Kap. 10), und macht es, indem sie grüne Blätter und Gras als Lesezeichen hineinlegt, zum »Herbarium« (VI, 245; B 4, Kap. 13), einem Friedhof für Grünzeug also. Vorher hat sie Heinrichs Reisebegleiter, den Totenschädel, aufgebahrt und ihm eine Beerdigung versprochen (VI, 205 f.; B 4, Kap. 11).

Mag sie Heinrich damit von seinem düsteren Gefährten befreien wollen (206), mag sie in der Lebensbuchlektüre den Wunsch verspüren, »bei einem solchen Mütterchen mit unter[zu]kriechen« (VI, 245; B 4, Kap. 13); etwas unterhalb und etwas außerhalb ihres Willens – die Konstellation – ist stärker. »Nicht blindem Zufall dient die Welt«, hatte Heinrich geflötet, als ihn zum erstenmal das noch unbekannte Dortchen beim Trödler Schmalhöfer erblickte (VI, 69; B 4, Kap. 4). Dortchen nimmt das Motiv auf, als sie Heinrich im Schloß als den Flötenspieler der Freischützarie wiedererkennt: »Nun, wenn wir durchaus Mythologie treiben wollen, so mag die allerliebste Gottheit des Zufalls herrschen, solange sie so artige Streiche macht!« (VI, 169; B 4, Kap. 9) Doch wenn durchaus Mythologie getrieben werden soll, ist an ganz andere Gottheiten zu denken, die diese artigen Streiche spielen, an Thanatos und Ananke, an eine tödliche Unausweichlichkeit, an einen tödlichen Amor mit der gelöschten, nicht der brennenden Fackel:

Der Graf hat Heinrich in Dorothea eine fremde Frau angeboten; aber er hat dem Adoptivsohn in der Adoptivtochter doch auch wieder eine Schwester vorgeführt, die auf den Ursprung zurückverweist. Der Graf setzt Dortchen endgültig für Heinrich zum Todesengel ein, der ihm die Welt poetisiert, indem er ihm den Tod poetisch macht. Fast rauschhaft in der Romanerstfassung (XIX, 260; A 4, Kap. 12); kaum ernüchtert in der Zweitfassung (VI, 204; B 4, Kap. 11) erklärt der Graf den Kirchhof zu Dortchens »Lustgarten«, ihrer »Universität«, ihrem »Schmollwinkel« und ihrem »Putzzimmer«. Hier wird auch der Schmoller Heinrich, im Leben nur Zaungast der Universität, seinen letzten Lustgarten, seine letzte Universität, seinen letzten Schmollwinkel, sein letztes Putzzimmer zu frischer Begrünung finden. Wenn Dorothea plant, den Zwiehanschädel zu begraben, weist sie noch einmal zurück auf das arme Meretlein im Hintergrund von Heinrichs früher Mutter-Sohn-Schmollgeschichte, denn Meretlein begrub den Kindertotenschädel, ihr Memento mori, ehe sie selbst hinab ging (III, 52; B 1, Kap. 5). Jede Frau muß Heinrich zur Mutter zurückverführen, weil er in jeder die Mutter erinnert. Dortchen kann Heinrichs Heimkehr verzögern, aber nur zu dem Ende, daß die Mutter ihre stärkste Waffe einsetzt: ihren Tod, der seine Schuld vollendet und seine Lebensflucht ans Ziel bringt. Sinnbildlich hat sich Heinrich zusamt seiner Malerei und Liebe schon eingesargt, als er die Kiste der beiden Bilder zunagelt, die er zum Abschied von der Malerei im Grafenschloß gemalt hat, »denn mit jedem Nagel, den er einschlug, nahm er sich gewisser vor, am nächsten Tage fortzugehen, und so dünkte es ihn, als nagle er seinen eigenen Sarg zu« (XIX, 287; A 4, Kap. 13).

»Wem gehört denn eigentlich die schöne Daphne? Gewiß mir, ich sehs ihr an!« So sagt Dortchen angesichts des Seidelbaststraußes, den Heinrich am Weihnachtsabend als einzige heimliche Gabe auf den Gabentisch des heidnischen Grafenhauses gelegt hat (VI, 240; B 4, Kap. 13), und eignet sich ihn an. Immer wieder übersetzt die zweite Fassung des Romans den direkten Bericht in solche indirekte Signale: Der botanische Name für Seidelbast, den Heinrich durch Dortchen kennenlernt (244), deutet auf den mythischen Hirten Daphnis, der in Wahnsinn und Tod verfiel, weil er sich gegen die Macht der Liebe verging. Einige Tage nach der Bescherung gehen Dorothea und Heinrich Arm in Arm durch den Wald, um mehr von den »narkotisch duftenden Zweigen« der Pflanze zu suchen (244). Als sie gefunden sind, reden sie von seiner Mutter. Dorothea irrt: Daphnis-Heinrich gehört nicht ihr, er gehört der Mutter.[92] Obwohl er die Mutter anschweigt? Weil er die Mutter anschweigt. »Nein, in Ihrer Haut mag ich nicht stecken, Sie kalter Fisch!« (246) Der kalte Fisch ist der Seher in der Ecke. Er kann die Geliebte nicht haben, weil die geliebte Mutter nicht nur neben ihr steht, sondern auch in ihr versteckt ist wie Keller in den Strophen eines Schwarzwälder Volksliedes auf der Schreibunterlage zum »Grünen Heinrich«, die von Betty Tendering spricht:

»Wenn Einer eine Liebe hat,
und weißt's nit z'machen,
so muß er auf die Seite Seite steh'n
und freundlich lachen!

Lachen das ist ein schweres Ding,
viel leichter ist's Weinen.
Was ich am liebsten liebsten hab'
das muß ich meiden!«

(XXII, 438)

Väter: Die Zurücknahme des Entwicklungsromans

Der grüne Heinrich ist auf der Suche nach der anwesenden Mutter, und er ist auf der Suche nach dem verlorenen Vater. »Je dunkler die Ahnung ist, welche ich von seiner äußeren Erscheinung in mir trage, desto heller und klarer hat sich ein Bild seines innern Wesens vor mir aufgebaut, und dies edle Bild ist für mich ein Teil des großen Unendlichen geworden, auf welches mich meine letzten Gedanken zurückführen und unter dessen Obhut ich zu wandeln glaube.« (III, 23; B 1, Kap. 2) So der spätere Autobiograph Heinrich. »Mein Vater« ist das erste Wort des Mutter-Sohn-Romans in seiner zweiten Fassung. Er »war ein Bauernsohn aus einem uralten Dorfe, welches seinen Namen von dem Alemannen erhalten hat, der zur Zeit der Landteilung seinen Spieß dort in die Erde steckte und einen Hof baute.« Damit geht im ersten Satz die Vaterrede weiter. Der Vater ist ein Sohn. Das Dorf ist Männergründung eines *Alemannen,* der zeichenhaft etwas sehr Männliches getan hat, als er seinen Spieß in Mutter Erde steckte.

Das Bild des in früher Kindheit verlorenen, verklärten und heimlich auch weggewünschten Vaters ist dem Kind zersplittert. Es gibt falsche Väter wie den Verführer Meierlein und Vatertyrannen wie den schlimmen Waldhüter, dem Heinrich kurz vor dem Eintreffen im Grafenschloß begegnet, als er ein armes, Holz suchendes Mütterchen schikaniert (VI, 147; B 4, Kap. 8).[93] Tyrannisch ist auch das Idealbild des toten Vaters, das unerreichbar herrlich, als ständiger Vorwurf und Schmerz in Heinrichs Erinnerungen lebt. Zur Buße und Selbstbestrafung wird ein Idol errichtet. Es zeigt seine Macht bis in die versteckte Konsequenz, daß es im »Grünen Heinrich« leichter ist, ohne Mutter als ohne Vater aufzuwachsen: so Anna mit ihrem verwitweten Vater, so Dortchen Schönfund mit dem verwitweten Grafen als Adoptivvater.[94] Zwei verwischte und doch tiefe Erinnerungsbilder des Vaters sind es vor allem, die Heinrichs Herz bewegen. Das eine, »wo er an einem Sonntagabend auf dem Felde mich auf den Armen trug, eine Kartoffelstaude aus der Erde zog und mir die anschwellenden Knollen zeigte, schon bestrebt, Erkenntnis und Dankbarkeit gegen den Schöpfer in mir zu erwecken. Ich sehe noch jetzt das grüne Kleid und die schimmernden Metallknöpfe zunächst meinen Wangen und seine glänzenden Augen, in welche ich verwundert sah von der grünen Staude weg, die er hoch in die Luft hielt. Meine Mutter rühmte mir nachher oft, wie sehr sie und die begleitende Magd erbaut gewesen seien von seinen schönen Reden. Aus noch frü-

heren Tagen ist mir seine Erscheinung ebenfalls geblieben durch die befremdliche Überraschung der vollen Waffenrüstung, in welcher er eines Morgens Abschied nahm, um mehrtägigen Übungen beizuwohnen; da er ein Schütze war, so ist auch dies Bild mit der lieben grünen Farbe und mit heiterm Metallglanze für mich ein und dasselbe geworden.« (III, 21; B 1, Kap. 2)
Dieser Vater ist auf den Spuren des Öffentlichkeitsdichters Schiller, nicht, wie später der Nicht-Faust Heinrich, in Beziehung zu Goethe, dem Dichter der Entelechie, die sich als geprägte Form lebend entwickelt. Der Vater ergeht sich in der Geschichte, der Sohn in der Lebensgeschichte. Es ist der Vater als Lehrer und Erzeuger, der in der Natur mit bewegt verkündigender, quasi öffentlicher, ein Publikum erreichender Rede auf einen Schöpfer hinweist und an den aus der Muttererde herausgezogenen schwellenden Knollen zeigt, was der himmlische Vater kann. Rudolf Lee ist der Vater als Schütze und Soldat mit den Waffen der Männlichkeit. Diese Erinnerungen bezeichnen die typischen väterlichen Erziehungsaufträge der Leitung zur Wehrhaftigkeit und zur Religion des Bürgers, die beide Öffentlichkeitsfunktionen sind; Religion verstanden als staats- und gesellschaftsgründendes System geheiligter Normen, »religiösen Glaubens an Verteidigungsrecht und Kraft«, wie Keller im Aufsatz »Am Mythenstein« 1861 sagt (XXII, 138), wogegen die Frömmigkeit der Mutter einen familienväterlichen Ernährer und Erhalter meint.

»Wer wird künftig deinen Kleinen lehren
Speere werfen und die Götter ehren«,

fragt in Schillers Gedicht »Hektors Abschied« die Mutter den Vater, der sich zu Kampf und Tod rüstet: im Vorgriff schon ein gefallener Vater. Es ist das eine gänzlich unhomerische Frage[95], noch zweitausend Jahre später in der patriarchalischen Familie der ständisch-absolutistischen Gesellschaft kaum aktuell. Odysseus' Sohn Telemach, den der französische Bischof Fénelon 1699, angelehnt an Homer, in einem hochberühmten Roman auf die Reise schickt, wächst vaterlos auf und wird dennoch vorbildlich erzogen durch Minerva in Gestalt des Erziehers Mentor. In der Gestalt der Minerva aber steckt zuletzt der Autor, der selbst als Prinzenerzieher die vaterlose, weil familienlose Erziehung des präsumtiven französischen Thronfolgers leitet: Fürsten hatten im Absolutismus üblicherweise kein Familienleben. Erst als Telemach zum vollkommenen Mann geworden ist, begegnet er seinem Vater. So erfolgreich ist Mentors Wirken, daß sein Name, vornehmlich durch Fénelon, zur Berufsbezeichnung geworden ist. Erst im Rahmen der modernen bürgerlichen Binnenfamilie, die sich nur im Vater nach außen wendet, wird Schillers Frage dringlich bis hin zu Heinrichs Mutter, die sie im Geist an den fortgegangenen Ehemann richtet.

Seine Stärke erscheint leuchtend vor der düsteren Folie mütterlicher »Trauer und Sorge« (III, 24; B I, Kap. 3). Der Vater hat sich, vom Lande kommend, über den Handwerkerberuf des Baumeisters an die Grenze zum Unternehmertum hochgearbeitet. »Er kaufte alte Häuser an für eigene Rechnung, riß sie nieder und baute an der Stelle stattliche Bürgerhäuser, in welchen er eine Menge Einrichtungen fremder oder eigener Erfindung anbrachte. Diese verkaufte er mehr oder weniger vorteilhaft, sogleich zu neuen Unternehmungen schreitend, und alle seine Gebäude trugen das Gepräge eines beständigen Strebens nach Formen- und Gedankenreichtum.« (III, 15; B I, Kap. 2) Der Gedankenreichtum ist das Ergebnis autodidaktischer künstlerischer und architektonischer Studien. Mit seinem Bildungsstreben, seinen künstlerischen Neigungen, seinem staatsbürgerlichen und sozialen Zugriff erscheint der Vater Lee als Synthese von Bourgeois und Citoyen, Ökonom, Berufspraktiker und Künstler. Wie wichtig für Keller diese Zusammenfassung ist, wird daran ersichtlich, daß er aus dem Drechsler Rudolf Keller den Baumeister Rudolf Lee macht, in dessen Beruf künstlerisches, praktisches und öffentliches Engagement, Handwerker- und Unternehmertum besser zusammengeführt werden können. Und doch trägt bei alledem die glanzvolle Erinnerungsgestalt auch eine Fragwürdigkeit in sich. Weil Rudolf Lee in Rastlosigkeit und allseitigem Ausgriff von der Kapitalakkumulation zur produktiven Kapitalinvestition übergegangen ist, läßt sein Tod die Familie in bedrängten Verhältnissen zurück, angesichts derer die alten hausmütterlichen Tugenden, mit denen Elisabeth Lee vorher die ökonomische Expansion ermöglicht und gestützt hatte, als Rettung wirken. Eiserne Sparsamkeit, Einschränkung, Aufnahme von Kostgängern, Wohnungsvermietung im verbliebenen Eigentumshaus sind die Maßnahmen, mit denen sich die Mutter aus der Wirtschaftswelt des Vaters zurückzieht, ohne sich ihr dadurch entziehen zu können. Wenn in der Zweitfassung des Romans neben den Ansprüchen des Sohnes, die sie zur Kapitalaufnahme zwingen, zuletzt üble Bau- und Grundstücksspekulationen zum Untergang der Mutter beitragen (VI, 294 f.; B 4, Kap. 15), dann ist es, als holte der kapitalistische Geschäftsgeist, dem in seiner heroischen Gestalt der Vater gehuldigt hatte, in polypenhafter Entstellung schließlich seine Witwe ein.

Sind dieser ökonomische Geist und die Dynamik der Veränderungen in der Gesellschaft für Mutter und Sohn unverständlich, ist der Vater als Meister dieser Situation entrückt hoch über ihnen, so macht sein früher, jäher Tod die Welt der Geschäfte vollends unheimlich. Ist der Vater in seinem »aufgeregten Leben« (III, 19; B 1, Kap. 2) vielleicht den Versuchungen der labyrinthischen Stadtwelt verfallen? War der starke Vater ein überladener Mann, wie ihn nach seinem Tod die Mutter in ihren Träumen sah und wie er von hier in die Träume Heinrichs übergegangen ist (VI, 4 f.; B 4, Kap. 1): bis in den Traum des Sohnes ein von der Mutter geprägter Vater? Von dieser Frage ist es nur ein Schritt zu Heinrichs untergründigem Bestreben, sich von der Idealität des Vater-Rivalen zu entlasten, die Selbstverurteilung durch die Verurteilung eines Vaters abzuschwächen oder zu ersetzen, der »seine Frau mit einem fünfjährigen Kinde allein zurück [ließ] und dies Kind bin ich.« (III, 20; B 1, Kap. 2) Der Vater, der wegging, der weit verreiste – ein Versager, gar ein Taugenichts, der sie der Not preisgegeben hat? Der auch Heinrich in der Mutter-Not ließ? Der, gleich Heinrich, zur Mutter nicht kommen kann? An den Glanz Rudolf Lees wagt sich dieser Zweifel nicht direkt heran, aber er spricht in der Namenssymbolik des grünen Heinrich mit, denn der Name Lee, des windgeschützten Hügels, ist der Mutter ja vom Vater zugekommen; er hat Mutter Erde inthronisiert und für Heinrich zum Ziel gemacht.

Der Zweifel am Vater gibt ein weiteres Deutungsmuster für Vaterstellvertreter und Vaterfiguren. Schwache Väter begegnen Heinrich in dem wohlwollend-unverantwortlichen Oheim und in dem liebevoll-lebensschwachen Schulmeister, Annas Vater; noch früher im Ehemann der Urmutter und Trödlerin Margret, dem Schmarotzer auf ihre Kosten. Am weitesten ausgeprägt ist das Schema an einer Epochenschwelle von Heinrichs Biographie. Beim Konfirmationsfest nimmt er zum erstenmal den Platz seines Vaters in der Kirchenbank ein, und dieser Akt erhält Nachdruck dadurch, daß Heinrich ein »armes Männchen« verdrängt, dem dieser Platz nicht zusteht, weil er sich »keines Grundbesitzes erfreute« (IV, 151; B 2, Kap. 12). Heinrich geht, dem Vater nachfolgend, über ihn hinaus, indem er sich vornimmt, von nun an der Kirche fernzubleiben und damit eine Konsequenz der Freigeistigkeit zu ziehen, zu der sich der Vater nicht vorgewagt hatte. An diesem Tage nun ist von der Mutter als einziger Gast eine »arme Witwe« geladen, deren Schicksal die denkwürdigsten Parallelen zu dem der Frau Lee mit ihrem Sohn aufweist: »Sie hatte vor langer Zeit einmal ein Jahr lang einen nichtsnutzigen Mann gehabt, der in alle Welt gegangen mit Hinterlassung eines Sohnes ...« (156). Dieser Sohn bleibt Geselle wie Heinrich, sogar Junggeselle, denn die Mutter hindert ihn am Heiraten, weil durch seinen »Lumpenhund« von Vater »ein böses Blut in diese[m] verteufelten Burschen« steckt. »Sie gab ihm alles, was sie irgend konnte« und was sie vorher mit saurer Mühe verdient hatte – genauso wie Frau Lee dem Heinrich tut. Der grüne Heinrich trinkt bei Judith Milch und wird von ihr Knirps genannt. Die Frau des Oheims auf dem Dorf nennt ihn »Bleichschnabel« und »Milchgesicht« (III, 200; B 1, Kap. 17); der Geselle ist ein »miserabler Kerl«, ein »Knirps«, ein »Milchsuppengesicht«, »mager, grün und bleich, wie eine Rübe«. Der grüne Schneider kann »besser schreiben als der eidgenössische Staatskanzler« (IV, 157; B 2, Kap. 12); der grüne Heinrich ist der Schreiber seiner Biographie. Heinrich spielt Flöte, sein grüner Doppelgänger mit dem seltsamen Doppelgänger von Vater bläst »die Klarinette gleich einer Nachtigall« (157), und während sich der konfirmierte Heinrich erhaben über Mutter und Sohn dünkt, bringt der Erzähler Heinrich beide in eine abgründig-humoristische Nähe zueinander.

Sie besteht gleichfalls in der düster-komischen Geschichte von

Albertus Zwiehan, die Keller in der Zweitfassung des Romans an der Stelle von Heinrichs Aufbruch nach München, also an der Naht der Fassungen, einfügt (v, 110 ff.; B 3, Kap. 10). Auch dieser Albertus ist eine schlimme Heinrich-Variante, wie die von den Personen des Romans selbst hergestellten Bezüge zwischen Heinrich und Zwiehan oder dem, was von ihm übrigblieb, unterstreichen. Auch dieser Unglückliche, den Keller gesprächsweise als »Symbol des grünen Heinrich« bezeichnete[96], hat ›zwiehähnig‹, sinnlich und übersinnlich, eine fromme Schwärmerin und eine praktische Haustochter geliebt. Heinrich errötet beim Reden davon und gesteht als Erzähler: »ich fühlte auch die Schwäche meiner eigenen Lebensgeschichten« (vi, 188; B 4, Kap. 10). Am Ende seines Unglückslebens schreibt Zwiehan eigenhändig seine Biographie auf, »um wenigstens eine Spur von seinem Dasein zu hinterlassen« und das ihm aberkannte Dasein, die aberkannte Identität auf die leergebliebenen Blätter einer Familienchronik zu retten (v, 133; B 3, Kap. 10). Auch diese »fable convenue« (vi, 187; B 4, Kap. 10), im Wortsinn mit der Heinrichs zusammengekommen, läuft zu einem Unglück verheißenden Ursprung zurück:

Zwiehan hat einen Verräter von Vater, der einen Bastard seiner Frau adoptiert, aber dem eigenen Sohn von dieser schlechten Mutter die Legalisierung verweigert. Albertus, laut Namensetymologie von glänzender Abstammung, ist also ein echter, aber nicht akzeptierter Sohn. Er versucht sein Glück zu korrigieren, indem er sich an die Stelle des verschollenen Bastards schwindelt, aber der kehrt zurück, korrigiert die Korrektur und verdrängt den von einer Reise kommenden Albertus Zwiehan aus seinem Leben. Seine Ähnlichkeit mit dem Vater beweist vor Gericht, daß er der echte Sohn, aber gerade deshalb nicht der Erbe ist. Eine böse Elterngeschichte, eine unglückliche Heimkehr, schlimme Vorzeichen da, wo Heinrich das Elternhaus verläßt, den Totenschädel Zwiehans als Kennzeichen eines komischen Heiligen bei sich führend. Zwiehan selbst war blindlings der Verschränkung von Liebe und Tod verfallen, als er ein frommes Lied vom himmlischen Paradies als Aufforderung zu irdischer Liebe las und sich damit selbst ins Unglück stürzte (v, 128; B 3, Kap. 10). Sein Schädel hatte in illusionistischem Leben auf dem Friedhof geleuchtet, als Glühwürmchen Hochzeit in ihm feierten (134). Er ist das einzige Überbleibsel der Ausfahrt, als Heinrich zum Tod der Mutter wiederkehrt (VI, 266 f.; B 4, Kap. 13). Doch vorher hatte er als Geheimwaffe bei der grotesken Vatertötungsgeschichte vom bösen Waldhüter gedient, die an der Gelenkstelle zur Schloßepisode steht, und war in dieser Eigenschaft an die Stelle des autobiographischen Manuskripts in der ersten Fassung des Romans getreten. Schlägt Heinrich dort – zur großen späteren Erheiterung des Grafen und Dortchens – dem amtlich legitimierten Mütterleinsmißhandler seine Mutter-Sohn-Geschichte vom Vater im Abseits über den Kopf und ergeht sich in Mordphantasien (XIX, 191 ff.; A 4, Kap. 8), so benutzt der grüne Mutterbeschützer in der Endfassung den Schädel des vom Vater verratenen Sohns und Doppelgängers als Drohbild, das den »Unhold ... bestialischen Wesens« zu wilder Flucht veranlaßt (VI, 147 ff.; B 4, Kap. 8).

Den Ernst zu diesem »Scherze« (148) bildet die erbärmlichste Vatergeschichte Heinrichs; es ist die vom Maler Römer, dessen Vorbild in Kellers Biographie Meyer heißt. Der Namenswechsel stellt ihn in die Nachfolge des ›Römers‹ und Klassikers Goethe, den Heinrich kurz vor der Begegnung gelesen hat, aber auch zur »Römerin« Judith.[97] Ariost ist neben Homer fast die einzige Lektüre Römers (V, 23; B 3, Kap. 2), und im Zeichen gemeinsamer Ariostlektüre kommen Heinrich und Judith sich am gefährlichsten nahe. Ihr beichtet Heinrich den symbolischen Vatermord an Römer, und sie beklagt, daß sie ihn nicht hat bei sich aufnehmen und pflegen können. Er hat Züge des Wunschvaters, wie sie der Wunschmutter, und gerade das läßt ihn vor Heinrich schuldig erscheinen. Als hätte der Himmel ihm nach langen Entbehrungen und Irrungen einen künstlerischen Vater zugespielt, überschattet sich dem um Hilfe betenden Heinrich der weiße Bogen Papier auf seinen Knien – Römer steht hinter ihm (10) und nimmt Heinrich zu sich, um ihm auf dem Feld der Malerei eine Ausbildung und Erziehung angedeihen zu lassen, indem er ihn mit Strenge und Geschick vor langsam schwieriger werdende Aufgaben stellt. Er bringt ihn zu anhaltender Arbeit und künstlerischem Fortschritt. Wenn Heinrich irgend etwas gelernt hat, dann in dieser Schule, und Strahlungen zu anderen

Vaterfiguren gehen von hier aus: Durch den Verkauf der bei Römer angefertigten Skizzenblätter gewinnt Heinrich Kontakt mit dem alten Trödler in München. Die über den Trödler verkauften Skizzen schlagen die Brücke zum Grafen und gewinnen Heinrich dessen Anteilnahme. Die zwei beim Grafen gemalten Bilder, mit denen Heinrich seine Malerlaufbahn zu einem symbolischen Abschluß bringt, sind die Frucht der Arbeit bei Römer und mit ihm.

Doch der Lehrer wird auch zum Eifersüchtigen, der Heinrich aus Angst um sein geistiges Eigentum verbietet, die eigenen Studien allzu weit zu kopieren. Der Weltkundige unterliegt dem Wahn, ein heimlicher, verfolgter Weltheiland und Weltregent zu sein. Das macht ihn dem Republikaner Heinrich suspekt; die Züge des guten Vaters entstellen sich zum Tyrannischen, und untergründig müssen Heinrich im Zerrbild noch die eigenen infantilen Allmachtsphantasien und Ohnmachtserfahrungen beunruhigen. Das Schlimmste aber: Römer verläßt zuletzt Mutter und Sohn unter Hinterlassung von Schulden, die man ebensogut als Bezahlung für genossenen Unterricht ansehen könnte. Der große Meister hat Bankrott gemacht. Daraufhin schreibt Heinrich, die Mutter unterstützend, mit infamem psychologischen Scharfsinn einen an Römers Mannesehre appellierenden Brief, welcher der Mutter zu ihrem Geld und Römer zur Fixierung im Irrsinn verhilft (v, 57; B 3, Kap. 5). Der Antwortbrief des Geisteskranken, aus der Internierung in einer Anstalt von fernher geschrieben und als Danksagung eingekleidet, enthält für Heinrich einen väterlichen Fluch (58 f.), der von nun an über seinem Leben zu liegen scheint. Daß es im Roman aber genau auf diese Stilisierung des Muttermörders Heinrich auch zu dem vom Vater verfluchten Vatermörder ankommt, lehrt der Seitenblick auf Kellers Biographie, denn da hat die Mutter den schnöden Mahnbrief an den Maler-Lehrer Meyer geschrieben. Der Sohn scheint »das Schreiben der Mutter zurückbehalten und durch eine mildere Fassung ersetzt zu haben. Jedenfalls zeigt ein Brief, den Meyer aus Genf an den ehemaligen Schüler richtet, keinen Groll.«[98]

Man kann den abwesenden Vater als entrückt verehren und als schwachen Fahnenflüchtling im Lebenskampf herabsetzen. Die Verschichtung beider Möglichkeiten aber trägt am weitesten. Sie findet sich im »Grünen Heinrich« dergestalt, daß der Vater zwar durch seinen Weggang dem Sohn freie Bahn gibt, daß er aber aus der Ferne als Richter und Retter in der Not herbeizitiert werden kann. Das stellt sich am reinsten in einem Traum der Mutter dar, den das Kind erinnert: »der Vater sei plötzlich von einer langen Reise aus weiter Ferne, Glück und Freude bringend, zurückgekehrt . . ., während ich, von einem heiligen Schauder durchweht, mir vorzustellen suchte, mit welchen Blicken mich der teure Mann ansehen und wie es unmittelbar werden würde, wenn er wirklich eines Tages so erschiene.« (III, 23; B 1, Kap. 2) Noch fast kindliche dichterische Entwürfe Kellers malen diese Situation aus[99]; es ist die Erfüllungsvariante des Traums, der den Vater weit entfernt, beladen dahinwandern sieht. Ein solcher von weither kommender Nothelfer-Vater ist der aus Italien angereiste Römer, der dann versagt. Der nächste raumgebende und helfende ›Vater‹ im Zusammenhang von Heinrichs Malerleben ist der Münchner Freund Erikson aus dem fernen Norddeutschland. Jungverheiratet mit der schönen Brauerswitwe Rosalie und unterwegs zu einer vom Kunsthandel bis zur Überseeschiffahrt reichenden Kaufmannschaft, macht er Heinrich einen Abschiedsbesuch in seinem Atelier und zerstört durch einen Fauststoß das in wochenlanger Trübsal gekritzelte Spinnennetz der Mutterbindung (V, 306; B 3, Kap. 15).
Die Bedeutung der Szene wird dadurch unterstrichen, daß sie den Übergang vom dritten Buch des Romans zum vierten und letzten bildet, das in einer erneuten intensiven Auseinandersetzung des nun erwachsenen Heinrich mit der Welt des toten Vaters einsetzt. Das erste Kapitel des neuen Buches schildert Heinrichs zeichnerische Studien an einem Gipsabguß des borghesischen Fechters, einer späthellenistischen Statue des Agasias, die im 19. Jahrhundert kanonisches Ansehen genoß. Bisher hatte der Landschafter Heinrich in seinen Bildern die Figuren ausgespart oder durch einen jungen Landsmann hineinzeichnen lassen (V, 173; B 3, Kap. 11). Jetzt unternimmt er den ersten Versuch, die menschliche Gestalt in ihrer Plastizität zum

bildnerischen Thema zu machen, ein Schritt von Mutter Natur als Thema, in welchem der Mensch nur als Staffage vorkommt, zur Menschenwelt (VI, 2 f.; B 4, Kap. 1). Es ist eine Entscheidung in der Schwebelage, die sich zwischen dem Spiegelbild Annas und der Fülle Judiths hergestellt hatte, zugunsten der raum- und lebensgreifenden Körperlichkeit, aber in der Steigerung, daß dieser Körper jetzt der des Mannes »im goldenen Zirkel von Verteidigung und Angriff« (1), in aktiver Auseinandersetzung mit der Umwelt ist: ein Kämpfer, dessen »Organe . . . einer kleinen Republik von Wehrmännern« glichen, »welche, von einem Willen beseelt vorandrangen, um ihren Verband gegen die Zerstörung zu schützen« (2). So taucht das Thema des Vaterlandes auf, der streitenden Bewährung im öffentlichen und beruflichen Leben, der Lebensformung und -bewältigung, die in Führung durch den Vater, aber auch in Auseinandersetzung mit ihm hätte geleistet werden müssen. (Abb. 9)
Was bisher als »Selbstbestimmung im zartesten Alter« rühmlich verbucht worden war, kann in diesem Augenblick das Aussehen »unheimlicher Zufälligkeit« und »Torheit« eines »noch in den Kinderschuhen« stehenden jungen Menschen mit seinem »unberatenen Willen« annehmen (3). Es gewinnt Aussagekraft, daß Heinrich just in der Beobachtung von Spinnen für sich die Freiheitsproblematik im Sinne der Willensfreiheit entschieden hat (VI, 17 ff.; B 4, Kap. 2) – ist diese seine Willensfreiheit doch in den Verstrickungen der Mutterbindung gewuchert, Willkür verschlungen in Passivität. »So sog er, während er . . . einen bewußten freien Willen zu üben wähnte, aber willenlos alle seine Angelegenheiten . . . liegen ließ . . . einer willenlosen durstigen Pflanze gleich, die Nahrung der Erfahrung und das Lebenslicht der Einsicht in sich . . .« (XIX, 56; A 4, Kap. 3) – nicht von ungefähr erscheint das Bild aus Kellers Tagebuch vom 16. September 1847 hier in der Romanerstfassung wieder, in das er dort seine parasitäre Verhaftung an Mutter und Schwester faßt (XXI, 77). Imaginativ versucht sich Heinrich jetzt die Vorstellung einer anderen Kindheit heraufzuholen, die durch einen lebenden Vater »der frühen Freiheit beraubt, vielleicht gewaltsamer Zucht unterworfen, aber dafür auch auf gesicherte Wege geführt worden wäre« (VI, 4; B 4, Kap. 1). Vom »süßen Gefühle

des Gehorsams und trotziger Freiheitslust gleichzeitig« erglühend, beschließt Heinrich, auf höherer Stufe eine Selbstbestimmung zu versuchen, die in Verinnerung der Vaterinstanz seinem Freiraum einen positiven Sinn abgewinnt. In der Tat geht der Weg von der bildnerischen Arbeit am borghesischen Fechter zum Studium der Anatomie als »Halbstudent« an der Universität (VI, 23; B 4, Kap. 2), weiter zur Auseinandersetzung mit Moral und Gottesglaube, schließlich zur Vertiefung in die Geschichte – alles in allem das Unterfangen, aus dem Mutterland der Malerei zurückzufinden und den Anschluß an die abgebrochene Schulzeit, die Vatersphäre der Gesellschaft zu gewinnen. Die erste Romanversion läßt diese mehrfach unterbrochene Linie aufgipfeln im Entschluß, den öffentlichen Dienst zu suchen und im Material der Gesellschaft zu wirken, mit dem Heinrich ins Grafenschloß und damit zu seinem letzten Idealvater kommt (XIX, 192 ff.; A 4, Kap. 8). Die zweite Fassung des Romans behandelt das Thema mit mehr Zurückhaltung, läßt Heinrich aber ausdrücklich an das Studium des borghesischen Fechters wiederanknüpfen, als er beim Abschied vom Grafen seine Wendung zum Menschen und zur Gesellschaft in Aussicht stellt (VI, 281; B 4, Kap. 14). Indem Erikson die Öffnung ins Mutternetz riß, weist er vor auf den tieferen Sinn in Heinrichs Kopierarbeit am borghesischen Fechter. Das Kopieren der Gipskopie gilt nicht einem beliebigen, wenn auch in der Zeit besonders beliebten Studienobjekt. Heinrich versucht in seiner Kopie auch den befreienden fechterischen Ausfall aus seiner seelischen Gefangenschaft zu kopieren, gleichsam Eriksons Fauststoß zu monumentalisieren, und in beiden Kopiertätigkeiten ist er erfolglos.

Eriksons Vorgängerschaft zum borghesischen Fechter unterstreicht nicht nur seine Funktion als freilassend-helfender Vater; die raffinierte kompositorische Beziehung ironisiert auch Eriksons Rolle. Die klassisch-heroische Statue ist die einzige vollgültige Vaterinkarnation des Romans, aber sie wandelt in Gips statt im Fleisch. Eriksons Freilassung Heinrichs läßt ihn auch im Stich. Der nordische Riese kann zwar Heinrichs Malerei kritisieren, aber er ist selbst als Maler ein routinierter Kleinmeister, zur großen Leistung unfähig, unwillig und steuerlos:

»O wär ich auf der hohen See
Und säße fest am Steuer!«

pflegt er in komischer Verzweiflung beim Malen zu singen (v, 152; B 3, Kap. 11). Sein Abschied von der Malerei besitzt so wenig prinzipielle Schärfe, seine Wendung ins tätige Leben ist so opportunistisch geschäftsmäßig, seine Eheschließung hat so viel von erfolgreicher Jagd nicht nur auf ein schönes weibliches Beutetier, sondern auch auf eine schöne Mitgift an sich (XVIII, 159; A 3, Kap. 5/XVIII, 202 u. 225; A 3, Kap. 6), daß er die Leitlinie für einen planvollen Weg der Selbstbestimmung nicht vorzeichnen kann. Der rüstige Lebensschiffer ist zu sehr auch ein vom lauen Wind des Erfolgs begünstigter, konjunkturwitternder Freibeuter des Glücks, der sein Schäflein ins Trockene bringt.

So wird für Heinrich das neugewonnene Feld geistiger Auseinandersetzung abermals zum Fluchtraum vor der gesellschaftlichen Praxis, das Reflektieren zu einer höheren Form selbstbezogenen Phantasierens. Der Betrachter des borghesischen Fechters ist »mit dem glänzenden Schwerte der Willensfreiheit bewaffnet, ohne aber ein Fechter zu sein« (VI, 20; B 4, Kap. 2). Kein Vater, nur ein Vaterdarsteller geht mit Eriksons Weggang aus Heinrichs Leben: ». . . die weißgestrichene Türe, durch welche die schönen Frauen und Männer verschwunden, flimmerte mir vor den Augen, wie eine Leinwand, von welcher mit einem Zuge ein Bild warmen Lebens weggewischt worden ist« (v, 306; B 3, Kap. 15). Das Netz ist beseitigt, doch nur das gezeichnete; das warme Leben war da, doch nur wie ein Bild auf der weißen gewebten Fläche, die Mutter heißt. Vater ist zwar das erste, die Mutter jedoch das letzte Wort des Romans. Nicht der borghesische Fechter, von Erikson beiläufig verkörpert, sondern der Zwerg als sterbender Fechter auf der umgekehrten Fischschüssel – diese Pantomime vom Künstlerfest ist das klassische Vorbild, das die Kunstwelt für Heinrich zur Nachfolge bereithält (v, 220; B 3, Kap. 13): Am Ende ist die Schüssel leer, und der Knirps hat es satt.

Weil Erikson kein Vater ist, der Praxis eröffnet, braucht Heinrich einen weiteren nah-fernen, stark-schwachen Vater für sein

Gründeln in der Praxissphäre während gleichzeitiger geistiger Höhenflüge. Er findet ihn in der größten Not. Nachdem Heinrich im Kunsthandel gescheitert ist, wird sein Geschäftspartner der Trödler Josef Schmalhöfer, der ihn nicht nur durch Bezahlung und Zuwendungen am Leben erhält, sondern auch in eine strenge Zucht der Arbeit und Bescheidenheit nimmt. Besonders die Erstfassung breitet die Beziehung Heinrichs zu Schmalhöfer aus. Der Trödler Josef Schmalhöfer ist ein Märchenvater wie die Trödlerin Margret eine Märchenmutter, wenn auch von ganz anderen Eigenschaften – ein »altes seltsames Männchen« (XIX, 114; A 4, Kap. 6), ein »Gönnermännchen« (122) und »freundliches boshaftes Greischen« (123), das »einen erbärmlichen Kram von allerlei Schnickschnack führte und in seinem dunklen Laden saß und allerhand laborierte« (114). Schon der Name des »alleinlebenden katholischen alten Gesellen« (117) billigt ihm nur ein schmales Höfchen und die im Volksglauben komische Stellung des keuschen Josef zu.
Und doch zeigt dieser schwache Vater »die Treue, die Gemütsehre der Armut und Einfalt« und schmeichelt eben mit diesem Wesen »den armen Heinrich in eine große Demut und Vertraulichkeit hinein« (117), ja, er zwingt ihn unter ein »unnatürliches Joch« (134), dem sich Heinrich nur durch die Flucht zur Mutter zu entziehen vermag. Aus der Ferne aber wird die Wunderstärke des Alten um so größer, der zwar mangels Bildung und beruflicher Ausbildung Heinrich nicht zum Mann in der bürgerlichen Welt des Vaters, immerhin aber vorübergehend zum Glückskind machen kann. Obwohl Heinrich den Alten »böslich verlassen« hat (XIX, 302; A 4, Kap. 14), vergißt dieser das »Söhnchen«, sein »Männchen« nicht; er setzt ihn sogar testamentarisch zum Erben ein – eine Art von Adoption durch eine Art von himmlischem Großpapa, der im Verborgenen waltet. Er hat den Sprößling Heinrich geprüft und behütet und macht ihn nach seinem Tode zum wohlhabenden Mann. Das geschieht in biblischer Rede. Als Heinrich einst in Akkordarbeit Fahnenstangen anstrich, hat sich Schmalhöfer vorgenommen, ihm »einen Beitrag und Anlaß zu geben, wie Du Dich im Kleinen als einen treulichen Verwalter gezeigt hast, es auch in beträchtlicheren Dingen zu sein!« (302) Der verlorene Sohn als der getreue

Haushalter des biblischen Gleichnisses? Er ist der verlorene Sohn einer Mutter, der noch die letzte Hoffnung des Alten enttäuscht, mit seinem nachgelassenen Geld ein »gutes Geschäft gemacht« und seinen »Nutzen erreicht« zu haben. Er wollte es einem »braven und geschickten Menschen« hinterlassen, »der Gott weiß in welcher Himmelsgegend lustig in die zukünftige Zeit hineinlebet« (303), doch er hat den Falschen erwischt. Wenn sich Heinrich von einem »armen Kerl« den schweren Becher mit dem Erbe nachtragen läßt, ist das ein märchenhafter Kontrast zu dem demütigenden Gang mit dem großen Bild durch die Menge, den ihm Schmalhöfer in der Erstfassung des Romans auferlegt (XIX, 121 f.; A 4, Kap. 6). Aber märchenhaft ist es auch, daß dieses Glück einen Dümmling erreicht hat, den nur seine Dümmlingseigenschaft davor bewahrt, das Gewonnene sofort wieder zu verlieren, denn der armselige diebische Geldträger ist so verblüfft von Heinrichs Vertrauensseligkeit, daß er darüber versäumt, mit dem Geld durchzugehen (XIX, 303 f.; A 4, Kap. 14).[100]

Mit dieser Episode ist vorgegriffen auf Heinrichs Aufenthalt im Grafenschloß, der das Ende und den Höhepunkt seiner Auseinandersetzung mit Ersatzvätern bringt. Der Graf zeigt auf den ersten Blick alle Eigenschaften eines Idealvaters für Heinrich. Das beginnt mit seiner sozialen Stellung. Er gehört in die lange Folge aufgeklärter Adelsfiguren, die für die deutsche Literatur seit dem letzten Drittel des 18. Jahrhunderts so charakteristisch sind – von dem adligen Tellheim, der mit seinem Wachtmeister Werner befreundet ist, über Don Carlos und Marquis Posa bis hin zu Sarastro und Bassa Selim. In dieser literarischen Erscheinung äußert sich der Anspruch der bürgerlichen Aufklärung auf ein Humanitätsideal, das alle ständischen Schranken übersteigt. Seine Wirksamkeit bezeugt sich geschichtlich in einer partiellen Verbürgerlichung der Höfe und des Adels am Ausgang des 18. Jahrhunderts. Zugleich bezeugt sich in den progressiven Adligen der Literatur aber auch die eigentümliche, politisch und sozial begründete Schwäche der deutschen Aufklärung. Sie führt dazu, daß die am weitesten gesteckten Ziele adligen Trägern überantwortet werden müssen, denen ständische Privilegien den Raum verschaffen, das Menschenbild des sozial und politisch beengten Bürgertums zu hegen. So vollendet sich der Bildungsgang des bürgerlichen Helden Wilhelm Meister mit seiner Wunschvorstellung der allseitig entfalteten Persönlichkeit durch den Eintritt in eine Schicht aufgeklärt-adliger Grundbesitzer. Die »Wallfahrt nach dem Adelsdiplom« hat deshalb der Adlige Novalis sarkastisch Goethes klassischen Bildungsroman »Wilhelm Meister« genannt.[101]

Der Aufenthalt Heinrichs im Grafenschloß ist ein Nachhall dieser Handlung des »Wilhelm Meister«. Es ist ein Signal der starren deutschen Verhältnisse, in die der Schweizer Heinrich mit dem Grenzübertritt gerät, daß der Graf, sein neuer Bekannter, lediglich aufgrund eines gesellschaftlichen Sonderstatus radikal-liberale Positionen in einem konservativen, monarchischen deutschen Partikularstaat einnehmen kann. Sein hoher Adelsstand erlaubt es ihm in der Erstfassung des Romans, Heinrich vor der als Königstreue eingekleideten Anmaßung der Zollbeamten zu schützen. Nur hinter dem gräflichen Rücken wird gemurrt: »Schade, daß er mit seinem Spleen nicht in England zu Hause ist!« »Ich glaube, er würde noch lieber nach Amerika gehören« (XVI, 51; A 1, Kap. 3). In Hinsicht auf geistige und gesellige Bildung jedoch ist die Sphäre des Grafen nicht nur nach Maßgabe der deutschen Situation, sondern auch für den Schweizer Heinrich ein begünstigter Ort. Dabei bekundet sich der geschichtliche Wandel gegenüber der Klassik darin, daß mit Heinrich, statt des wohlhabenden Großbürgerkindes Wilhelm, ein völlig abgerissener Handwerkersohn in die adlige Sphäre Eingang findet. In beiden Fällen dient literarische Bildung als Losungswort und Eintrittskarte. Wilhelm Meister reist als Theaterprinzipal und Hamletdarsteller, der grüne Heinrich vermag sich mit Dortchen wenigstens in Shakespeare-Zitaten zu unterhalten (VI, 158 f.; B 4, Kap. 9): Theater in der Schwundstufe der Zitatakrobatik.

Der Sonderling enger Herkunft, gleichwohl stolzgeschwellt im Verband bäuerlich-bürgerlich-reputierlicher Ahnen, wird auf dem Schloß gesellschaftlich frei und erhält von Dortchen mit dem Hinweis auf ihre dunkle Herkunft als Findelkind (VI, 199; B 4, Kap. 11) die nun allerdings fortschrittliche Lektion, die

Ständezugehörigkeit als Thema fallenzulassen, wogegen in »Wilhelm Meister« der Unterschied der Bildungsvoraussetzungen von Bürgern und Adligen noch ein zentrales Thema bildet. Daß der Graf, Witwer einer bürgerlichen Frau (XIX, 235; A 4, Kap. 10), das Findelkind adoptiert hat, diesen Adoptionsakt in einem geistigen Sinne gegenüber Heinrich wiederholt und schließlich mit ihm Brüderschaft schließt, zeigt seine gesellschaftliche Vorurteilsfreiheit. Das bürgerliche Menschheitsideal der Persönlichkeit als sich entwickelnder Entelechie, die Vorstellung des individuellen Bildungsganges hat in ihm einen entschiedenen Vertreter und Anwalt. Als Dokumente einer produktiven Persönlichkeit und ihrer Entwicklung, nicht als abgelöste Kunstwerke hat der Graf in München nach und nach alle bei Schmalhöfer erreichbaren künstlerischen Erzeugnisse Heinrichs angekauft. Nicht um einer künstlerischen Karriere willen, vielmehr unter dem Gesichtspunkt der Phasenhaftigkeit innerer Wachstumsvorgänge der Individualität dringt der Graf in Heinrich, vor der Wendung in eine öffentliche Tätigkeit seine Künstlerlaufbahn mit der Produktion zweier zum Verkauf bestimmter Bilder ordentlich abzuschließen. Heinrichs erschütternder Erfahrung der Zufälligkeit und Willkürlichkeit seines bisherigen Bildungsganges zum Maler wird damit der Anspruch entgegengestellt, auch Zufälligem und Willkürlichem durch Selbstbestimmung im Nachhinein einen Sinn zu geben. Der Graf und Dortchen lesen Heinrichs autobiographische Aufzeichnungen als Dokument des Werdens und der Selbstreflexion eines »wesentlichen Menschen« (VI, 192; B 4, Kap. 11/XIX, 304; A 4, Kap. 14), dem es gelungen ist, die von Glück oder Not ihm zugespielten Lebenssituationen in eine eigentümliche Existenzweise umzusetzen.

Die Höherbewertung des Seins vor dem planvollen Handeln macht den kinderlosen Grafen zum idealen Protektor der Adoptivtochter Dortchen Schönfund, da die Erziehung eines Mädchens den Konventionen der Zeit gemäß auf Bildung, nicht auf einen Beruf zielt. Annas Vater, der verwitwete Schulmeister, bemüht für diese Zwecke die traditionellen Bildungsinstitutionen des Bürgertums, so daß Anna gewisse standesspezifische Erkennungszeichen der höheren Tochter als Absolventin eines gepflegten, französischsprachigen Mädchenpensionats anhaften (IV, 90 ff., 101; B 2, Kap. 8 u. ö.). Sie müssen zurücktreten, damit das reine Wesen vorkommen kann. Dortchen dagegen ist ganz Schönfund, harmonisch und kultiviert durch eine Naturanlage, die der Graf nur zu umfrieden und zu schützen braucht, damit sie sich darstellen kann. Das Grafenschloß ist für sie ein Freigehege von allen Prägungen, die ausgeprägte und darin begrenzte gesellschaftliche Standorte sonst für den Menschen bereithalten. Es ist weniger ein Ort in der Gesellschaft als eine Ausnahme von allen gesellschaftlichen Ortungen, und der Graf als Adoptivvater ist eben in dieser Eigenschaft Nachfolger eines anderen Adoptivvaters einer anderen Adoptivtochter, dessen Leistung im Fernhalten von Entstellungen liegt: Nathans des Weisen.

Für Heinrich bedeutet die Aufnahme beim Grafen und die Annahme durch ihn, daß auch die projektierte Wendung ins bürgerliche Leben, die dem Manne zukommt, zuerst unter dem Gesichtspunkt der Selbstverwirklichung steht. Heinrichs Wesentlichkeit gilt dem Grafen als Voraussetzung, ja Garantie dafür, daß die soziale Integration in Beruf und Staat nach Abbruch der Künstlerlaufbahn gelingen wird. So stellt sich die Vollendung von Heinrichs Erziehung im Schloß durch den idealen Adoptivvater auch nicht als praktische oder theoretische Ausbildung, vielmehr als Abschluß geistiger Selbstklärungsprozesse in der geselligen Praxis eines familiären Raumes dar: Hier ist ein Grund dafür, daß nicht die Universität, sondern der Grafenhaushalt die Endstation eines Aufsteigers ist. Der Graf als allseitig gebildeter geistiger Vater und Haushaltungsvorstand steht für diesen Selbstklärungsprozeß ein und verwandelt sich zu dessen Abschluß in einen Freund, ja Bruder. Wie Wilhelm Meister von der Turmgesellschaft freigesprochen wird und sich als Vater des Felix erkennt, hat der vaterlose Heinrich einen Vater gefunden, der ihn zum Manne erklärt, ihn darin am Ende aller Vaterkatastrophen freispricht und ihm die Perspektive auf Dortchen als mögliche Ehepartnerin des potentiellen Vaters Heinrich eröffnet. Das Bruderschafttrinken, in der Erstfassung aus dem Kelch Schmalhöfers (XIX, 305; A 4, Kap. 14), ist die brüderliche Kommunion des zum Manne gewordenen Sohns mit den Vätern.

Doch daß diese Sicht auf den Grafen nur *eine* Seite der Gestalt und ihrer Bedeutung für Heinrich erfaßt, zeigt schon der Handlungsverlauf in seinem tief gebrochenen Bezug auf das Schema des Entwicklungsromans.[102] Ist die Vaterlosigkeit ein schwerer Hemmschuh auf dem Weg des Kindes in die Gesellschaft, wirft die Schulverweisung Heinrich auf die mütterliche Kinderstube zurück, zwingt ihn das berufliche Scheitern abermals auf den Heimweg, so enthält der Aufenthalt im Grafenschloß eine untergründige Entwicklungslinie der Handlung auf ein imaginäres Happy-End hin: Wie Wilhelm Meister hat der grüne Heinrich auf dem Umweg über die Kunst die Schwelle gesellschaftlicher Praxis erreicht und zur Selbstentfaltung gefunden. Die ›Präexistenz‹ als »leeres Schema« ist vorbei; der Schulausschluß ist in einem eigenständigen Bildungsgang wettgemacht, das Versagen als Maler ist in der Produktion zweier wohlgelungener Bilder aufgehoben. Heinrich wird wie Wilhelm Meister in der Adelsgesellschaft souverän, die Mutterbindung, durch die er in die Schwebe zwischen Judith und Anna geraten ist, löst sich in einer Verlobung mit Dortchen, und sogar materiell sammelt sich das zerstreute Leben in fast märchenhafter Weise: durch Erbschaft und Bildverkäufe.

Aber gerade das Märchenhafte der Erlebnisse in der Glückszone ist auch ihr Zweifelhaftes und Irreales. Heinrich empfindet es selbst, wenn er fürchtet: »Ich muß trachten, daß ich fortkomme, sonst verfließt mir das viele unnatürliche Glück zuletzt doch noch zu einem Traum!« (VI, 279; B 4, Kap. 14)[103] Das Adelsland der unbegrenzten Möglichkeiten erweist sich als Irrgarten. Aus den Zufällen von Heinrichs Leben drängt sich – statt der höheren Notwendigkeit einer Entwicklung – ein unausweichlicher, in Konstanten seiner Person und seines Weltverhältnisses begründeter Untergang heraus. Daß diese Konstanten weit zurückreichen, »daß die Kindheit schon ein Vorspiel des ganzen Lebens ist und bis zu ihrem Abschlusse schon die Hauptzüge der menschlichen Zerwürfnisse im Kleinen abspiegele« (XVI, 262; A 1, Kap. 9), führt der Erzähler der Erstfassung rechtfertigend für die breite Darstellung dieses Lebensabschnitts an. In der Darstellung der Münchener Zeit weist der Erzähler selbst auf Repetitionen hin.[104] So heißt es angesichts von Heinrichs rhetorischer und geselliger Entfaltung unter den Münchener Studenten: »Zuweilen gedieh ich im Eifer sogar zum lauten Wortführer, fast genau wie zu jener Zeit, als ich meine Sparbüchse verschwendete, ein Großsprecher unter den Knaben war und einem tragischen Unheil entgegenging.« (VI, 24; B 4, Kap. 2) Die Erstfassung sieht in der Ausstoßung aus der Schule eine »Vorzeichnung« dafür, daß »Heinrich in der Schule des Lebens unhaltbar« wird (XIX, 101; A 4, Kap. 5); die Reflexion auf die Kindheit als Modell des Lebens findet sich im Zusammenhang dieses Fehlschlags. Das Duell mit dem Münchener Freund Lys ist wie eine gespenstische Wiederaufnahme der fürchterlichen Prügelei mit Meierlein in der Kinderzeit und steht am Ende des dritten Bandes, wie Schulverweisung und Kampf mit Meierlein als parallele Unglücksfälle am Ende des ersten Bandes stehen. Schließlich sind die Idylle im Heimatdorf mit Schwerpunkt im zweiten Band und die Idylle auf dem Grafenschloß im vierten Band verwandt, sofern beide Episoden scheinbar Zeiten des Glücks sind, in die doch entscheidende Katastrophenmomente eingebettet sind: die Berufswahl als Maler und die tödliche Krankheit der verlassenen Mutter.

Auf diese Art saugt das in sich kreisende Verhängnis, das in Heinrichs Wirklichkeitsfluchten, in den Lähmungen seiner Tat- und Entschlußkraft wirkt, den Entwicklungsstrang in seinen Strudel. Heinrichs Schauder nach dem Abgleiten seiner Gestaltungskraft an der Statue des borghesischen Fechters vor der Plan- und Ziellosigkeit seines Lebens war mehr im Recht als die Zuversicht des Grafen in Heinrichs Tatkraft. Dessen Prophezeiung, der wesentliche Heinrich werde auch ein erfolgreicher sein, enthält den Geschmack bitterer Ironie. Während Wilhelm Meister einen Sohn erkennt und eine Familie gründet, reist Heinrich mit hängenden Armen ab, weg von der Geliebten, weg vom Vater, heim zum Tod der Mutter.[105] Der historische Entwurf des Entwicklungs- und Bildungsromans wird zurückgenommen; was durchkommt, ist die große Desillusionierung – nicht das Schema Wilhelm Meister, sondern das Schema Anton Reiser. Der »Urheinrich« endet inhaltlich konsequent in der Katastrophe; die Zweitfassung setzt dagegen eine Konsequenz der Erzählweise, durch die der inhaltliche Kompromiß des neuen Schlusses in Frage gestellt wird. Bringt die entsagungsvolle Verbindung mit der heimgekehrten Judith in der Handlung eine labile Balance von Weltteilhabe und Entbehrung, Entwicklungs- und Desillusionierungstendenz, zugespitzt gesagt einen Entwicklungsschub in der Zyklik zustande, so wendet sich Heinrich im Schreiben definitiv von der Welt draußen ab, nach innen, zur Welt in der Erinnerung. Es gehört zum Rang des Romans, daß er sich nicht in der Lösung rundet. Die biographisch erlebten Konflikte und Spannungen Kellers lassen ihn zwar Wunschmodelle hervorbringen – der von zwei Frauen um die Wette geliebte Knirps, das Grafenschloßmärchen –, aber seine Gestaltungskraft sagt Nein zum Ja. Auf höherer Ebene wiederholt sich hier die Dialektik von Heinrichs Wünschen, die im Maße der Annäherung an ihr Ziel auch zu Ängsten werden. Der grenzverwischende Heinrich der Romanhandlung muß immer wieder aus seinen Wunschwelten herausfallen. Die *erzählten* Wunschlandschaften, das *Erzählen* der Wunschlandschaften – sie tragen ihre Zerrüttungen von vornherein in sich.

Worin ist nun der Graf auch ein schwacher Vater? Eine Antwort muß ausholen: Der in Heinrichs Mißverhältnis zur Realität zugespitzte Widerspruch von individuellem Selbstentwurf und gesellschaftlichen Bedingungen reicht in die historische Geburtsstunde der modernen bürgerlichen Familie mit ihrem Produkt, der originalen, spontanen Persönlichkeit zurück. Wie diese Familie sich nach draußen abgrenzt, um doch das Bedürfnis der heraufkommenden kapitalistisch-dynamischen Gesellschaft nach produktiven, innovativen, initiativen Subjekten zu erfüllen, so trägt das moderne Subjekt, indem es diesen Anforderungen entspricht, Erwartungen und Ansprüche in die Gesellschaft hinein, die mit seinen neuentwickelten Fähigkeiten zusammengehören. Die Gesellschaft legt Wert auf originale Persönlichkeiten, die dann spezialistisch verwendbar gemacht werden. Das verwendete Subjekt aber erfährt seine Originalität und Individualität als Selbstwerte. Es will nicht nur als Rädchen im Getriebe beansprucht werden, sondern stellt seinerseits Ansprüche auf Selbstdarstellung und harmonische Entfaltung, wie sie in der bürgerlichen Gesellschaftskritik und humanitären

Programmatik seit dem ausgehenden 18. Jahrhundert allenthalben laut werden. Das bürgerliche System ist somit das erste und einzige in der bisherigen Geschichte, das in seiner Ausbildung zugleich seine radikalen Kritiker ausbildet.[106]

Von Lessings Grafen Appiani und Tellheim, die sich dem noch ständisch-absolutistischen System in einen privatistischen Raum freier Menschlichkeit entziehen wollen, bis zu Musils Mann ohne Eigenschaften, der die Utopie eines anderen Zustands totaler, aber auch leerer Identität jenseits der gesellschaftlichen Fixierungen des Menschen nicht nur in bestimmten Funktionen, sondern auch in einem bestimmten Charakter erprobt, reicht die Folge literarischer Entwürfe, die dem Menschen eine Möglichkeitssphäre jenseits der Zwänge der Praxis freizuhalten suchen. Schillers Idee der ästhetischen Erziehung und Goethes »Wilhelm Meister« sind klassisch-offensive Lösungsvorschläge angesichts dieser Situation. Schiller will durch die Einübung ganzheitlichen ästhetischen Verhaltens, eine Anschauung des Schönen, die alle Kräfte in harmonische Tätigkeit setzt, den Menschen in Bewegung bringen. Es geht um einen vom Individuum ausgehenden, praktischen und praktisch unabschließbaren Annäherungsprozeß der realen Gesellschaft an das ästhetische Ideal einer Göttergesellschaft freier Menschen. Goethes Wilhelm Meister transformiert seine Forderung nach allseitiger Selbstdarstellung, indem er den sozialen Beruf des Arztes symbolisch auffaßt und ausübt: Was der Mensch recht tut, steht stellvertretend für alles recht Getane und zu Tuende – eine Lösung, in der resignative und optimistische Töne zusammenklingen. Der grüne Heinrich im Auseinanderklaffen von Fühlen, Handeln, Reflektieren und Imaginieren, von »Wesentlichkeit«, Selbstbildung und gesellschaftlicher Integration ist also nur einer unter vielen literarischen Helden, die diese Problematik zu durchleben haben, aber doch ein besonderer darin, daß bei ihm die trüben Aspekte der Situation nach vorn treten, ein Kind der Epoche bürgerlicher Prosa des 19. Jahrhunderts, die das poetisch-idealistisch-heroische Zeitalter der bürgerlichen Durchsetzung gegen die alte ständische Ordnung, unter deren Decke sich das Neue vorbereitete, abgelöst hat.

Daß es sich bei Heinrichs Dissonanzen nicht nur um ein individuelles und privates Leiden handelt, sagt die Erstfassung ausdrücklich, wenn sie die himmelweite Trennung von Theorie und Praxis, die der grüne Jüngling schon früh in Liebesdingen erfährt (IV, 93; B 2, Kap. 8), eine deutsche Krankheit nennt (XVIII, 144; A 3, Kap. 4. Vgl. XIX, 102; A 4, Kap. 5). Das Münchner Künstlerfest, das die Bürgerrepublik verherrlicht, aber in der nur leicht parlamentarisch verbrämten Monarchie stattfindet, läßt die politischen Gründe für diesen Sachverhalt ahnen. Mehr als in Westeuropa und in der Schweiz gilt hier, daß die Gedanken frei sind – aber sonst politisch zu wenig. Die Berufung der Erstfassung auf Byrons Manfred, die Verweisungen beider Romanfassungen vom grünen Heinrich auf den großen Heinrich Faust erweitern das Problemfeld. Faust, der, um ganz zu sein, von der Theorie zur Praxis drängt, findet sich dort zerstückelt und zerrissen wieder. Manfred, bei dem das Auseinandertreten von Erkenntnis und Handeln in bengalischer romantischer Beleuchtung erscheint, ist tief in die Geheimnisse der Natur eingedrungen, aber die Natur als Lebens- und Erlebnisraum bleibt ihm stumm. Heinrich in seinem Leben »macht sich endlich klar und selbständig und gewinnt die Fähigkeit, als ein anderer in die Heimat zurückzukehren, als er fortging«. So schreibt Keller am 5. Januar 1854 in einem Werkkommentar an Hermann Hettner; »aber, indem er mit energischen und schönen Gedanken und Vorsätzen sich dem alten Städtchen nähert, stößt er auf den Leichenzug seiner Mutter. Sie ist über dem langwierigen Prozesse dieser Selbsterziehung aufgerieben worden . . .«.

Bis ins Innerste reicht dieser Widerspruch hinein, und bis zum parodistischen Bezug auf die großbürgerliche materielle Basis der bürgerlichen Gattung Entwicklungsroman wird er im »Urheinrich« ausformuliert, wenn es dort heißt: ». . . Heinrich trieb es wie etwa der Sohn eines wohlhabenden guten Hauses, welcher sich zu seiner Formierung im Auslande aufhält und einige allgemeine Studien treibt, von allem ein bißchen lernt, um dereinst einen wohlbestellten und unterrichteten Bürgersmann vorzustellen« (XIX, 69; A 4, Kap. 3). Der eher kleinbürgerliche grüne Jüngling hat tief über das Verhältnis von Person, Gesellschaft, Beruf und ökonomischem Erfolg nachgedacht, aber er hat keinen Beruf gefunden, und das Geld ist ihm fabelhaft zugeflossen. Indem er sein Denkvermögen gemehrt hat, hat das praktische Vermögen, sein Leben in die Hand zu nehmen, stagniert. Er ist zur sozialen Praxis entschlossen, aber sein Engagement ist vorerst hypothetisch und läßt – mit größter Schärfe in der Erstfassung – die kindliche Problematik des Theatralikers und Lebensregisseurs auf höherer Ebene wiederaufleben.

Der als Kind mit schlechtem Ausgang den Theatergott macht, der sich auf dem Münchner Künstlerfest als Christus-Narr mit der Stacheldistel-Dornenkrone einkleidet (V, 212; B 3, Kap. 13)[107], der in der Verzweiflung der letzten Münchener Tage seine »Bettlerkrone« aus »schnödem Dorngeflecht« ablegen will (XIX, 182; A 4, Kap. 7), verfällt nach der Verprügelung des Waldhüters vor dem Eintreffen auf dem Grafenschloß einem noch tieferen Wahn, als es der Wahnsinn seines Maler-Lehrers Römer war, um dessentwillen er sich von ihm abgesondert hat. Römer sah sich in seiner Passion als heimlicher Welterlöser; Heinrich bezog sich in seiner Allmacht-Ohnmachterfahrung auf die Paradoxie der im Fleisch wandelnden Christusgestalt, in der tiefsten Erniedrigung Sieger zu sein; jetzt aber will er die »schönre Meisterschaft« (182) üben, als Heldendarsteller und triumphierender ›himmlischer‹ Spielleiter aus der Kunstsphäre ins öffentliche Leben überzutreten, das sich ihm in diesem Schritt in ein Theatrum mundi verwandelt. Im Übermut seines letzten ›Vatermordes‹ sieht sich Heinrich »handelnd und redend, streitend und überzeugend oder sich unbefangen überzeugen lassend, unter den Menschen verkehren und durch das bloße Hervorkehren eines guten Gewissens, einer wahren Natur und Offenheit, eines unverhohlenen und kräftigen Benehmens die Lügner überführen, die Unentschlossenen antreiben und die vorsätzlich Unklaren zum Sehen zwingen, jeden Handel bestehen, jede Verwirrung zerstreuen und durch das einfachste und unverfänglichste Dasein das Wahre an sich ziehen und Heiterkeit um sich verbreiten.« (XIX, 193; A 4, Kap. 8) Der grüne Heinrich meint sich von Eitelkeit freisprechen zu dürfen in diesen Überlegungen; aber das ist seine größte Eitelkeit. Der Erzähler sagt in Anspielung auf das Bibelwort Matth. 23.12, daß

Heinrich, »da er ganz im Unstern war ... sich selbst erhöhte« (200). In München *spielt* er den Narren und wird es im Duell seinem Freund Lys. Jetzt ist der Herr des Spiels wieder, ohne es zu wissen, der Narr des Spiels.[108]

Der Graf kann Heinrich aus den Widersprüchen nicht herausführen; er führt ihn noch tiefer hinein. Wie alle anderen Ersatzväter in der Reihe der Vaterfiguren leistet auch er nicht die Einführung des Sohnes in die Gesellschaft und ist darin ein schwacher Vater. Zeigt in Heinrich das Außenseitertum pathologische Züge, so im Grafen parasitäre. Bei Goethes »Wilhelm Meister« eröffnet sich in der Adelssphäre die Perspektive auf die neue Welt, welcher die Gemeinschaft der Entsagenden zustrebt. Der von gesellschaftlichen Zwängen und Problemen ausgenommene Raum des Kellerschen Grafenschlosses dagegen ist kein Ansatzpunkt ausgreifenden Handelns; er erweist sich bei näherem Zusehen als Nest wohlgepolsterter Resignation, konsequenzenloser Radikalität, eines Schmarotzertums nicht ohne weltschmerzliche Züge, bei dem der Graf eine närrische Hofhaltung von Unterschmarotzern um sich versammelt. Schließt Heinrichs Bildungsgang in aufsteigender Linie statt an der Universität im Gehege familialen Lebens, so ist dieses aus gutem Grund nicht in die großbürgerlich-unternehmerische Sphäre verlegt, die sich Keller in Berlin öffnete. Im Roman tritt an die biographische Stelle der städtischen Verlegerfamilie Duncker, wo Keller Betty Tendering kennenlernte, der gräfliche Landsitz, der literarische Topos, denn: Graf zu sein heißt, den Problemen der modernen Arbeitswelt ebenso wie dem Druck überdauernder monarchischer Strukturen entrückt zu sein. Ein Graf braucht keinen Beruf, in dem er Geld verdient, wie schon Wilhelm Meister weiß; er hat Geld, er kann seine Persönlichkeit pflegen. Er ist der gesellschaftlich legitimierte und legalisierte Nichtstuer. Wieder wirft die Erstfassung des Romans bereits bei der frühesten Begegnung Heinrichs mit dem Grafen ein Schlaglicht auf dieses Profil eines materiell und sozial privilegierten Gleichheitsdenkers: Beide unterhalten sich von gleich zu gleich über Monarchie und Republik, Beruf und Bildung, kulturelle und politische Größe; dann drängt sich Heinrich »noch mit seinem Gepäcke unter den Leuten umher, um seinen Platz in der

dritten Klasse aufzufinden, während der vornehme Herr schon in einem bequemen und prächtigen Coupé der ersten Klasse sich ganz allein ausstreckte. Er rutschte aber unruhig hin und her und sagte zu sich selbst: Wunderliches Verhältnis!« (XVI, 59 f.; A 1, Kap. 3)
Wunderlich ist auch die Situation, daß der Graf in seiner Ahnengalerie sitzt und von Amerika träumt, ein Sammler von Geschichte und im Erwerben von Heinrichs Bildern ein Archivar von dessen Vergangenheit. Aber während das Archiv im »Wilhelm Meister« mit der Vergangenheit Zukunft eröffnet, gleicht der Graf Heinrich darin, daß sich bei ihm mit der Vergangenheit Zukunft verschließt. Ein »gemütliches Grab« in Asien, »woher unsere Urväter gekommen sind«, wünscht er im »Urheinrich« dem »ganzen Trödel« geschichtlicher Zeugnisse seiner Familie (XIX, 236; A 4, Kap. 10) – ein würdiger Wegweiser nach Heinrichs Endstation Sehnsucht. Durch seinen Liberalismus ist der Graf herausgefallen aus der Adelshistorie seines Hauses, in der Folgenlosigkeit dieses Liberalismus nicht angeschlossen an die lebendige Bewegung der Gegenwart in die Zukunft. Der Rausch des Grafen angesichts der Aussicht Heinrichs, in einer Demokratie zu leben (VI, 282 f.; B 4, Kap. 14), trägt den zugehörigen Katzenjammer schon in sich. Eine Werknotiz Kellers aus dem Sommer 1849 geht denn auch von einer eigentümlichen Parallelität des Grafen und Heinrichs aus. »Wenn Heinrich, von Natur Eklektiker, Zauderer und unentschlossen, noch durch äußere ungünstige Verhältnisse gehemmt, zu keinem Resultate gelangt und verunglückt; wenn der Graf, theilweise unbewußt durch die Geburt, dann durch Unentschlossenheit des Urtheils und eine gewisse vornehme Faulheit auch zu keinem glücklichen Ziele gelangt« (XIX, 347), so wird der Glücksfall, durch den Heinrich einen letzten Vater findet, zugleich zu dem Unglücksfall, daß zwei faule Brüder einander in ihrer Schwäche und Lebensferne potenzieren und bestätigen.
Das ist ein Sachverhalt, der vor allem die Erstfassung des Romans prägt. Es geschieht im Hinblick auf den Abschluß der Malerlaufbahn, indem der Graf Heinrichs Bilder zum öffentlichen Verkauf ausstellt, aber heimlich selbst aufkauft und so den Einklang von Selbstverwirklichung, Arbeit, öffentlichem Nut-

zen und Ertrag, von dem der Liberalismus ausgeht und den Heinrich als Ziel eines Berufsweges nicht finden konnte, durch faulen Zauber herstellt (XIX, 299; A 4, Kap. 14).[109] Dasselbe geschieht im Hinblick auf die öffentliche Tätigkeit, der Heinrich zustrebt, wenn der Graf Heinrichs poetisch-künstlerisches Bedünken, »als ob eine solche fortgesetzte und fleißige Tätigkeit in lebendigem Menschenstoffe doch etwas ganz anderes wäre als das abgeschlossene Phantasieren auf Papier und Leinwand« (XIX, 192; A 4, Kap. 8), nicht abbaut, sondern bestärkt. Eine Arbeitsnotiz zum Roman faßt das so zusammen: »Der Graf räth Heinrich, sich der produktiven Behandlung des öffentlichen Lebens zu widmen, als der einzigen noch möglichen und würdigen Form, die Gestaltungskraft und dichterische Phantasie zu benutzen, welche, wenn sie eine gesunde sein wolle, auch für das wirkliche Leben die besten und schönsten Erfindungen leisten müsse. Alle subjektive Eitelkeit, alles Phantastische müsse abgetan werden und nur in klarer, kühler Ruhe das Leben, der Staat betrachtet, beherrscht und gelenkt werden, indem man Alles als ein großes dichterisches und doch wirkliches Werk ansehen müsse, dem vor allem aus die Verwirklichung der poetischen Gerechtigkeit Noth thue.« (XIX, 350) Unter dem Schein, eine Wendung aus der subjektiven Phantastik ins Objektive und Gesellschaftliche zu propagieren, wird hier eine höhere Poesie des öffentlichen Engagements gepredigt. Erst der Tod der Mutter, nicht die Einwirkung des Grafen bringt Heinrich jäh an das Ende der Kunstperiode.

Auch die Zielvorstellung, ein wesentlicher Mensch zu sein, enthüllt in diesem Zusammenhang ihr Bedenkliches. Sie zeigt gegenüber der Klassik des »Wilhelm Meister« und der Schillerschen Briefe »Über die ästhetische Erziehung des Menschen« eine Gewichtsverlagerung von der bürgerlich-beruflichen Einordnung zur Selbstverwirklichung, ja sie enthält ein Moment von Selbstbezogenheit und Selbstinszenierung, von »Frivolität und Geistreichigkeit«, wie sie Heinrich im Gespräch über Angelus Silesius am Autor des »Cherubinischen Wandersmannes« feststellt (VI, 232 ff.; B 4, Kap. 12). Dadurch, daß dieses Buch bei gleicher Gelegenheit ein »wesentliches und charaktervolles Büchlein« genannt wird (232), ist das Attribut der Wesentlichkeit der Weltgegend dieses Barockmystikers zugeordnet, und »wesentlich« ist in der Tat eines seiner Lieblingswörter.[110] Wenn er unter der Überschrift »Zufall und Wesen« fordert:

»Mensch werde wesentlich! Denn wenn die Welt vergeht,
So fällt der Zufall weg, das Wesen, das besteht«,

dann stellt das eine kommentierende historische Perspektive für des Grafen Versuch dar, das Zufällige in Heinrichs Leben hinwegzueskamotieren; es ergibt sich eine ironische Säkularisierung der christlichen Antithese von Unwesentlichkeit der Welt und Wesentlichkeit des Göttlichen, in die sich der Mensch retten soll: Der ewige Träumer erhält die Lizenz, im ›mystischen‹ Bebrüten seiner Wesentlichkeit die Welt um sich her zu vergessen. Nicht einmal der Feuerbach-Bezug beim Angelus-Silesius-Gespräch der Schloßrunde (232) nimmt dem Attribut der Wesentlichkeit sein Bedenkliches, denn zwar liest Keller die Mystik im anthropologisch-aufklärerischen Sinne Feuerbachs, aber der Philosoph in seinem praxisfernen, von den Niederungen des politischen Alltags sich abwendenden, beschaulichen und selbstbeschaulichen Herrendasein[111] erfährt auch eine ironische literarische Brechung in der Gestalt des Grafen; er gerät mit in die Schußlinie einer Kritik, die sich im gräflichen Freispruch des Vatermörders Heinrich zusammenzieht:

Der Ritterschlag durch den souveränen Grafen beim Brüderschaftstrinken ist zugleich ein Ausweichmanöver, in dem sich ein schwacher Vater instinktiv an der Konsequenz einer Erziehungsaufgabe vorbeimogelt, die zum Selbstgericht und zur Selbsterziehung führen müßte. In Judiths Unternehmen, den Adoleszenten Heinrich zum Liebespartner zu emanzipieren, lag die Mißlichkeit, daß auch der zum Partner Erzogene Erziehungsprodukt im Verhältnis zum Erzieher bleibt. In der Beziehung Heinrichs zum Grafen ergibt sich der entsprechende Sachverhalt. Das Kind einer Mutter kann auch als Erwachsener nicht zu deren Mann avancieren. Der Vater eines Sohnes kann auch durch Abdankung von der Erzieherrolle nicht zu dessen Bruder werden, allenfalls zu dessen Komplizen. Heinrichs Freisprechung durch den Grafen ist Selbstabschaffung der Väter, nicht Einweihung zur Vaterschaft, und die Anrede »Grave«, die

Heinrich bei dieser Gelegenheit, verlegen über das Ungewohnte der Redesituation, anwendet (VI, 282; B 4, Kap. 14), trägt der Zweideutigkeit der Situation und ihres Urhebers dadurch Rechnung, daß sie durch den Titel hindurch auf ein lateinisches Adjektiv weist, dessen Bedeutungsfeld von würdig bis zu schädlich und belastend reicht.

Damit rückt auch die Konstellation Graf – Dortchen – Heinrich in ein verändertes Bezugsfeld. Wenn der Adoptivvater Nathan der Tochter Recha Luft zum geistigen und seelischen Wachstum schafft, läßt er das Licht der Aufklärung über ihr leuchten, das Vorurteile und Vormeinungen vertreibt. So bekundet auch sein Status als Adoptivvater das Übergewicht des Geistes der Familie über Natur, das biologische Substrat der Familie. Sieben Kinder haben ihm die Menschen genommen. Recha wird seiner erleuchteten Seele von Gott gegeben. Der kinderlose Graf dagegen ist Adoptivvater aus einem Mangel, der auch dem geistigen Adoptivsohn Heinrich anhaften wird, und sein erzieherisches Verhältnis zu Dortchen ist das einer Vermeidung von Erziehungseingriffen. Judith ist am Ende Naturmanifestation. Dortchen ist es von Geburt durch Geburt, die in sich vollkommene Figur des Romans, die vaterlos von Mutter Natur präsentierte Frau. Kein Erzieher zieht sie in seine Richtung. Sie zieht vielmehr den Erzieher sich nach, denn nicht nur übernimmt Heinrich mit fast weiblicher Einfühlung ihre Gottlosigkeit oder vielmehr Unbedürftigkeit Gottes, die viel mit ihrer Unbedürftigkeit eines Vaters zu tun hat; schon die Philosophie des Grafen, mit dem Heinrich seine religiösen Klärungsgespräche führt, ist nichts anderes als die reflexive Einholung dessen, was Dortchen naiv, von Natur, lebt (VI, 203 f.; B 4, Kap. 11).

Wieder läßt sich diese individuelle Situation historisch lesen. Wenn die Geschlechterrolle der Frau in der modernen bürgerlichen Familie von Männern formuliert ist, äußert sich darin einerseits der Anspruch des Mannes, ein in sich ruhendes Wesen der Frau komplementär zum männlichen Selbstverständnis zu bestimmen. Ist die Frau Herrin des Hauses, der Mann der Vermittler der Familie zur Öffentlichkeit, so veröffentlicht er auch, was die Frau ist. Zugleich spricht aber in dieser Veröffentlichung die Erfahrung von Männern, die als Kinder in der

Muttersphäre geprägt worden sind und die diese Erfahrung nun idealiter nach außen entwerfen, als Erfüllungsvorstellungen geweckter Wünsche. Wie der Graf reflektiert, poetisiert Keller. In Kellers Umschreiben seiner Biographie erweist sich die Situation, aus der Männer Frauen phantasieren, als ambivalent zwischen Herrschaftsverhalten und Kompensation mütterlicher Eindrücke: Derselbe Autor, der bis ins Mannesalter materiell und bis ans Ende seines Junggesellenlebens psychisch von der Mutter abhing, verkündet unerschütterlich den Alleinanspruch des Mannes auf die öffentliche Sphäre der Ökonomie, der Politik, der Kunst und der Gesellschaft; aber derselbe unerschütterliche Verkündiger institutioneller männlicher Macht bezeugt erschüttert in seiner Poesie die psychische Übermacht der Frauen als Mutter-Imagines und schließt die Idealität der Frau mit der Realität vorhandener Natur dergestalt kurz, daß er alle Querelen der Kultur und der Gesellschaft in der Frau als Inkorporation kultureller Naturnormen zur Ruhe zu bringen sucht.
Derselbe Keller erfindet im Grafen eine Gestalt, die in der Beziehung auf Dortchen anschaulich macht, was ihrem Autor in der Begegnung mit dem Philosophen des anthropologischen Materialismus Ludwig Feuerbach widerfahren ist. Von der familialen Urszene Gottfried Kellers her gelesen ist Feuerbach der Mann, der Gottvater und den heiligen Geist der bis dahin herrschenden klassischen Philosophie Hegels verabschiedet und den Rückweg zur ganzen, glühenden, sinnlich zu erfahrenden Mutter Natur weist. Für Hegel ist die Natur der Geist in seinem Anders-Sein. Für Feuerbach ist der Geist die Natur in ihrem Anders-Sein. Nicht die Natur muß zum Geist; der Geist muß zur Natur. Der Graf bringt Dortchen nicht zu sich, indem er sie als Natur definiert, er kommt vielmehr zu ihr als zu Natur. Er liest am Kind der Natur die Philosophie von Mutter Natur ab, auch in dieser Hinsicht ein abdankender Vater, der Heinrich in der Adoptivtochter – die Mutter Natur anbietet. Die Alternative zur Heimkehr ist keine. Wie der reale Vater mit der Hinterlassenschaft des Namens Lee und seiner grünen Kleider den ihm folgenden Sohn auf die Mutter verweist, so tut es auch der letzte und wichtigste von Heinrichs Ersatzvätern. Er schließt damit

eine Welt mächtiger Frauen und ohnmächtiger Männer, eine Welt mit einem finsteren Todesgrund, der das Leben schmerzlich intensiv leuchten läßt. Dorothea, die Gärtnerin des Lebens auf dem Friedhof, ist der vollkommene Mensch des Romans, schön erfunden, doch auch sie ist für Heinrich tödlich, die Frau als Grab, und auch ihr Leben läuft ins Leere. Ihre Selbstcharakteristik als »Findling« (202) steht in dieser Doppeldeutigkeit. Bevor die Zweitfassung des Romans ihr eine konventionelle Herkunft und eine konventionelle Ehe verschreibt, entschwindet sie in der Erstfassung unverheiratet und doch bis in den Tod mit Heinrich verbunden. Mit ihrem falschen Hoffnungssignal, dem Gedichtzettel, in der Hand, löffelt Heinrich seine letzte Speise, die Suppen, mit denen er auf den Kindchenstatus der Ernährung zurückfällt; mit ihrem Zettel in der Hand liegt seine Leiche da, »vom Kaun des Brots und allem Irrsal los«, wie sein Autor, auch ein Mutteraussauger (XXI, 77), einem alten Bettler im Gedicht als Wunschvorstellung zuschreibt (II/1, 109 ff.).

Und so ist denn auch die allerletzte Vaterfigur nach der letzten des Romans in seiner Erstfassung die ins Alltagsleben des 19. Jahrhunderts verschlagene, in den Umrissen fast zur Unkenntlichkeit verwaschene Gestalt Charons, der Fährmann, der ins Totenreich der Mutter hinüberleitet: noch ein Vater, der zur Mutter führt. Die Zweitfassung hat diesen erratischen Block beseitigt, läßt dafür aber ein Gespenst des toten leiblichen Vaters im Totenzimmer der Mutter auftauchen: »Am andern Tag kam der Bote eines Begräbnisvereins, den der Vater noch hatte gründen helfen, und traf alle Anordnungen; ich brauchte keinen Schritt zu tun. Auch die Kosten waren schon lange gedeckt durch die pünktlichen Beiträge der Mutter; es wurde nachträglich sogar noch eine kleine Rückzahlung angeboten.« (VI, 297; B 4, Kap. 15) Der tote Vater sorgt für die tote Mutter; die tote Mutter sorgt für sich und den ständig besorgten Heinrich. Noch vor den toten Eltern steht er als Kind.

Die Erstfassung des Romans legt dem alten Charon-Fährmann das Anti-Meister-Lied in den Mund, das vom Medusenschild und dem versunkenen Kleinod singt, ein Lied, »von dem man nicht wußte, wie es in die Gegend gekommen« (XIX, 326; A 4,

Kap. 15). Heinrich begegnet dem »großen siebzigjährigen Mann, den er noch nie gesehen«, eines Abends beim Umherstreifen in der Heimat der Eltern, wo er so glücklich gewesen war unter glücklichen Menschen und wo ihm jetzt nur noch Schatten von damals entgegenkommen. »Die Frauen waren schon verblüht, rasch und gesalzen in ihrem Tun und Sprechen und die Männer abwechselnd gleichmütig und einsilbig oder jähzornig. Sie schienen Heinrich zu beneiden, daß er nun alles noch vor sich habe . . .« (XIX, 325; A 4, Kap. 15). Alles – das ist, herb ironisch, der Tod des grünen Heinrich, der sich die grüne Idylle bei Mutter Natur autobiographisch erschrieben hatte. »Gestern ist mein alter Oheim gestorben auf dem Lande, der im ›Grünen Heinrich‹ figuriert. Er lebte zuletzt ganz allein mit einem Knecht und einer Magd, die den ganzen Tag heimlich Eierkuchen backt, in dem zerfallenden Hause. Seine Kinder sind zerstreut und meistens vollkommene Philister und verbauert, und bei dem Leichenbegängnis am nächsten Dienstag werde ich wahrscheinlich mit ansehen, daß in dem Hause, wo vor Jahren so viel Gesang und Gelächter war, nun rücksichtslos um die Erbschaft gestritten wird. Doch mir ist's Wurst, ich seh' alles mit an . . .«. So schreibt der ›Seher‹ Keller am 8. März 1857 an Lina Duncker. Die Wirklichkeit holt den Romanschluß ein. Auf das Lied folgt Heinrichs Identifikation durch den Fischer als »ein Lee«, dann dessen Erzählung von der Mutter. In ihr ist sie als Dreijährige mit »blühenden und fröhlichen Eltern« vereint – die einzige Vision der vollständigen und vollständig glücklichen Kernfamilie im Roman –, als Sechzehnjährige schon getrennt von den anderen, in dem angebundenen Kahn Charons, wo die spätere Spinnerin und Norne eifrig strickt. Am Ende des Romans, den Keller am 26. Juni 1854 gegen Hermann Hettner als »weitschichtige, unabsehbare Strickstrumpfform« bezeichnet, ist der Kahn los. Dem Kind, das zur Mutter strebt, kommt in der Erzählung die Mutter als Kind entgegen – es ist die letzte Begegnung Heinrichs vor seinem Sterben. Am Ende der Geschichte des Sohnes Heinrich steht der Verzicht auf alle Vater- und Sohnschaft. Der so sozialisiert worden ist, wird nicht sozialisieren. Der keinen Vater hatte, wird kein Vater werden. Auch ein Familienroman.[112]

Etwa zwanzig Jahre vor Keller schreibt ein klassischer französischer Romancier, Henri Beyle, *seinen* Familienroman, der – kontrastiv gelesen – noch einmal Licht über die familiäre Konstellation im »Grünen Heinrich« laufen läßt. Eine geistige Berührung, eine wechselseitige Erhellung findet da statt, wo biographisch-chronologisch keinerlei Beziehung vorliegt, denn »Henri Brulard«, Stendhals autobiographische Niederschrift, ist erstmals 1890, in Kellers Todesjahr, publiziert worden. Keller versteckt sich schreibend hinter seinem schreibenden Helden; Stendhal versteckt sein Buch. Wenn er »ich« sagt, meint er sich als Schriftsteller, aber er sekretiert seine trotz allerlei Mystifikationen sehr offenherzige Autobiographie bis nach seinem Tode und verstellt sie quasi im Bibliothekskatalog unter einem falschen Verfassernamen, denn das schreibende Ich nennt sich – von einer Ausnahme abgesehen, wo es die Camouflage vergißt und Henri Beyle sagt[113] – Henri Brulard. »Henri vert« (so Keller an Hermann Hettner am 4. März 1851) schreibt für sich; Henri Beyle-Brulard wendet sich an ein Publikum, aber an das von 1880 oder 1900.[114] Seine Kindheit ist beherrscht von einem extrem ausgelebten, wenn auch nicht voll bewältigten Ödipuskonflikt. Wie Keller im Alter von fünf Jahren seinen Vater, so verliert er als Siebenjähriger seine Mutter, mit der ihn starke kindliche Sexualerinnerungen verbinden:

»Als ich sie liebte, mit sechs Jahren vielleicht (1789), hatte ich ganz denselben Charakter wie im Jahre 1828, als ich in Alberte von Rubempré rasend verliebt war . . . Ich wollte meine Mutter mit Küssen bedecken, und es sollten keine Kleider da sein. Sie liebte mich glühend und küßte mich oft. Ich gab ihr ihre Liebkosungen mit solchem Feuer zurück, daß sie oft genötigt war, wegzugehen. Ich verabscheute meinen Vater, wenn sein Kommen unsere Küsse unterbrach. Ich wollte sie ihr immer auf die Brust geben . . . Ich . . . war so verbrecherisch wie möglich, ich war toll verliebt in ihre Reize. Eines Abends, als man mich durch irgendeinen Zufall in ihrem Zimmer auf der Erde auf einer Matratze schlafen gelegt hatte, sprang diese Frau munter und leicht wie eine Hindin über meine Matratze, um schneller in ihr Bett zu kommen.«[115] Der Vater bleibt der verhaßte, später verachtete Rivale, der das Zimmer der Mutter nach ihrem Tode

zuschließt, um sie damit über den Tod hinaus für sich allein zu reklamieren.[116] Noch für den Heranwachsenden ist die Mitteilung von »ungeheurer Tragweite«, daß die Mutter keine Neigung für den erheblich älteren Vater gehabt habe; er ist »bezaubert« von dem Gerücht, der väterliche Tyrann sei ein ungeschickter Liebhaber gewesen: »Darüber habe ich in meinem Leben vielleicht am meisten gelacht.«[117]
Kein Wunder, daß der Vater noch acht Jahre nach dem Hinscheiden der Mutter nur mit Widerstreben dem Sohn erlaubt, daß er seinen Wachstuchtisch in ihrem Zimmer aufstellt, um dort seine mathematischen Studien zu treiben. Mit Hilfe der Mathematik will der Sohn aus dem väterlichen Machtbereich in Grenoble nach Paris entkommen.[118] Um den widerlichen väterlichen Namen loszuwerden[119], nimmt Beyle als Schriftsteller ein Pseudonym an, hinter dem in der Autobiographie noch einmal ein Pseudonym auftaucht. Daß Stendhal auf den Geburtsort Winckelmanns, des Führers in die Antike, verweist, verweist zugleich auf das Sehnsuchtsland Italien. Winckelmann ist das Leitbild des Mannes, der aus nördlicher Kälte und familiärer Enge in die Zone aufbricht, wo die Orangen reif werden. »›Gibt es denn ein Land, wo die Orangen frei wachsen?‹ fragte ich meine Tante. Ich begreife heute, daß ich, ohne es zu wissen, an den ewigen Gegenstand ihrer Leiden gerührt hatte.« Stendhal nennt sich der Mann, der aus der Kälte kam. Der Grabstein, auf den der bürgerliche Name gehört, trägt wenigstens den italienisierten Vornamen Enrico: Der Tradition nach ist Italien das Herkunftsland der mütterlichen Familie.[120]
Der durch den ausgelebten, aber nicht bewältigten Ödipuskomplex an die Mutter gebundene Stendhal bleibt ledig, ist aber seiner glühenden Sexualität mächtig.[121] Wie für Keller können für ihn Trieb und Triebobjekt Frau unter das Bild des »furchtbaren Tieres« treten.[122] Seine schönsten Liebesverhältnisse sind bei alledem die unerfüllten, die auf Träume beschränkt bleiben und ihn so unablässig beschäftigen:[123] der weiterwebende Traum von der Mutter. Nach dem Tod dieser sinnlich-zärtlichen, dem Kind nächsten Frau gehen partielle Mutterfunktionen auf andere weibliche Mitglieder der Familie über. Die Schwester seiner Mutter, die für die Geliebte seines Vaters

gehalten wird, ist die böse, verbotene und Verbote setzende Mutter, auf die sich sexuelle Unterjochungswünsche richten.[124] Die Schwester des Großvaters mütterlicherseits wird die edle Mutter, Vertreterin erhabener Normen. Entsprechend spaltet sich die Rolle des guten Vaters vom leiblichen Vater ab und geht an den Vater der Mutter über. Er bewahrt mit seiner Schwester, der Großtante, zusammen die Erinnerung an die Mutter für das Kind. Er steht für Liebe, Güte, Gesprächsfähigkeit, Kultur und Literatur ein. Sie wächst dem Kind in der von Großvater und Großtante garantierten Muttersphäre zu. Der Vater steht für Dressur und die verhaßte Welt des Geldes und der bürgerlichen Geschäfte.

Das Dissonante dieser Konstellation zieht sich tief in Stendhals Auffassung von Staat und Gesellschaft hinein. Der Vater ist der niedriggesinnte royalistische Bourgeois, der plebejische Priester als Erzieher engagiert, unfähig zu adligem Leben, nach dem er sich hündisch hinsehnt. Die Nachricht von der Hinrichtung Ludwigs XVI., vom Vater in Furcht und Wut nach Hause gebracht, »berauscht« das Kind als symbolischer Vatermord.[125] Das reaktionäre Bündnis von Thron und Geldmacht in der französischen Restaurationszeit nach Napoleon, speziell das verabscheute Bürgerkönigtum Louis Philipps repräsentiert lebenslänglich die Vaterwelt. Von der Mutter heißt es: »Ihr Hauswesen glich einer kleinen Hofhaltung.«[126] Ihr Lebensstil und der des Großvaters, die Grandezza und das zarte Ehrgefühl der Großtante[127] markieren für Stendhal die gute Seite der aristokratischen Orientierung seiner großbürgerlichen Familie, die für ihn bestimmend wird. Sie macht ihn zu einer Art ritterlich-heroischem Citoyen. Auf dieser Seite steht für ihn Napoleon, noch als Kaiser Erbe der Revolution, die in kleinbürgerlich-vorproletarischer Reinkultur denn doch Stendhals Geschmack und ästhetischen Nerv beleidigt.[128] Hier fühlt er wie der Großbürger Heinrich Heine. Bei Napoleon findet Stendhal die große Geste; als Angehöriger seiner Armee zieht er gegen die Mächte der Restauration ins Feld.

Doch nicht als Soldat der kämpfenden Truppe, vielmehr als militärischer Verwaltungsbeamter macht Stendhal eine Karriere, deren leise Komik in der Perspektive regulärer Militärs

auch der Autobiograph zu sehen vermag.[129] So reicht das frühkindlich geprägte Widerspiel in das Gesamtverhalten hinab. Die heroische Aggressivität, in welcher der Kampf gegen den Vater fortgeführt wird, ist mehr als aufgewogen durch die Tendenz zum Rückzug in die mütterliche Sphäre der Phantasie, der Lektüre, des Traums, deren Pforte sich in der Exaktheit des Zahlen- und Schreiberwesens öffnet. »Wir halten in einer Hand die Feder und in der anderen den Degen«[130] – der antike Topos der Vereinigung von Geist und Tat erhält hier den speziellen Sinn eher einer Trennung der Bereiche, die sich mitten durch die Person zieht. Es liegt Stendhal näher, dem Juste-milieu der reaktionären Bourgeoisie den Rücken zu kehren als es praktisch zu attackieren, zumal im Feld des Geistes beide widerstrebenden Lebensrichtungen Ausdruck finden können.
Die Doppelneigung zur Mathematik und zur literarischen Autorschaft bekundet die zur analytischen Energie sublimierte Aggressivität neben dem Spieltrieb der Imagination, ja in Stendhals Schriftstellerei selbst lassen sich die Momente wiedererkennen. Nicht nur sind in seinen Werken alle Positionen der familiären Konstellation vorhanden; sie sind auch geprägt durch ein Ineinander von romantisch-heroisch-antibourgeoiser Einbildungskraft einerseits, psychologischer und sozialer Analytik andererseits. Der vaterlose Heinrich Lee mit dem vielfältig gebrochenen Vaterideal, der als Handlungsfigur den Weg ins Vaterland sucht, fällt in den Traum von der Kindheit des Muttersohns, fällt zur Mutter zurück. Der Autobiograph Stendhal will sich analytisch der gelebten Kindheit versichern. Er rechnet ab. Er sucht nicht Zuflucht in der Erinnerung; er genießt stattdessen, sich erinnernd, daß er geblieben ist, der er war als Liebhaber der Mutter und Rebell gegen den Vater: kein grüner, vielmehr ein leidenschaftlich brennender (brûler) Henri Brulard.

Gottvater, der Autor und der Humor

Heinrichs Auseinandersetzung mit dem toten Vater beginnt und endet als Auseinandersetzung mit Gott. Wenn das Kind beim Gedanken an eine Wiederkehr des toten Vaters »heiligen Schauder« verspürt (III, 23; B 1, Kap. 2) oder wenn Heinrich den Vater als Teil des großen Unendlichen denkt, unter dessen Obhut er zu wandeln glaubt (23), zeigt sich darin die Zusammengehörigkeit von Vater- und Gottvaterbild. So rückt bereits eine der ersten Kapitelüberschriften der Zweitfassung »Lob Gottes und der Mutter. Vom Beten« Gott an den Ort des Vaters in der Familie.[131] Daß Gott ein Geist sei – diese Auskunft der Mutter an das Kleinkind leitet von animistischen Gottesvorstellungen zu einer Vatervorstellung von Gott über (III, 28 ff.; B 1, Kap. 3). Gott ist ein Geist, wie der Vater ein Geist ist. Es gehört zum festen Bestand der patriarchalischen Gesellschaft, daß der Vater Stellvertreter Gottes in der Familie ist, und ins Vage verblaßt geht dieses Bewußtsein in die neuzeitliche bürgerliche Familie über. Wieviel zwingender wird dieses Repräsentationsverhältnis, wenn der Vater als Toter in der Rede gegenwärtig, abwesend-anwesend ist wie Gott!

Gegenstand des ersten Mutter-Sohn-Konflikts, der durch Heinrichs virtuose Kunst des Schmollens trotz des erzieherischen Aufwandes der Mutter zu seinen Gunsten entschieden wird, ist dieser abwesend-anwesende Gott-Vater in seiner Eigenschaft als himmlischer »Oberviktualienmeister« (XIX, 107; A 4, Kap. 5). Heinrich wehrt sich gegen die Neuerung, ein tägliches Tischgebet zum Geber aller Gaben zu sprechen. Das vom Erzähler geltend gemachte, vordergründige Motiv dafür ist Heinrichs Scheu laut zu beten (III, 41; B 1, Kap. 4), seine Ablehnung des Kultus und formalisierter religiöser Lehre. Bei der in Heinrichs Gedächtnis lebenden begeisternden Rede des Vaters von Gott waren Kultus, Lehre und Gefühl eins – auch in dieser Hinsicht dauert der Vater in der Imagination fort als Synthese-Figur; in Kirche und Schule dagegen findet Heinrich einen toten Kultus und eine versteinerte Rede, die nicht einmal den geringen religiösen Gefühlsansprüchen der Mutter Genüge tut (XVI, 22; A 1, Kap. 1), und er setzt dagegen den Wunsch nach einem Gott der »zarteren Empfindungen oder tiefgehenden Gemütsfreuden« (III, 57; B 1, Kap. 6). Es ist ein Gott, der die Phantasie aufblühen läßt, wie es in Heinrichs theosophischen Spielen geschieht, wo er den Vater als glückseligste Seele »zunächst dem

Auge Gottes, noch innerhalb des Dreieckes« als des Trinitätssymbols ansiedelt: Er »schien durch dieses allsehende Auge auf die Mutter und mich herunterzuschauen, welche in den schönsten Gegenden der Erde spazierten« (III, 110; B I, Kap. 10). Weil nur dieser »Privatverkehr mit Gott« Heinrich entspricht, läßt er sich durch die Trockenheit und Regelhaftigkeit der religiösen Unterweisung auf ihn zurückdrängen, und noch dieser Privatverkehr schrumpft mangels äußerer Anregungen zusammen zu einer »nüchternen und schulmeisterlichen Wirklichkeit . . ., zu welcher ich nur zurückkehrte wie ein müdgetummelter, hungriger Knabe zur alltäglichen Haussuppe . . .« (III, 102; B I, Kap. 9).

Mit diesem Vergleich wendet sich die Kritik von Schule und Kirche zur Mutter mit ihrer Gefühlssperre gegenüber dem Kind. Sie retiriert auf den patriarchalischen Hausvater- und Versorgergott ihrer dörflichen Herkunft, wo Heinrichs Vater Individualität und Erlebnis in seinen Gott einfließen ließ. Es ist die nur versorgende, aber die Entfaltung der Person im Medium von Emotion und Phantasie versagende Mutter, die durch ihre Kochkünste charakterisiert wird und bei der Kritik daran Gott ins Spiel bringt. Heinrich beschwert sich, daß ihre Speisen »aller und jeder Individualität« ermangeln (XVI, 104; A I, Kap. 5) – die Zweitfassung schwächt ab, indem sie statt dessen von »aller und jeder Besonderheit« spricht (III, 38; B I, Kap. 4); sie verweist auf einen Gott, der »nicht der Befriediger und Erfüller einer Menge dunkler und drangvoller Herzensbedürfnisse, sondern klar und einfach der vorsorgende und erhaltende Vater, die Vorsehung« ist (40). Weil Heinrichs Liebesfähigkeit nicht gebildet wird, kommt er dahin, »daß ich den Gott meiner Kindheit nicht liebte, sondern nur brauchte« (III, 102 f.; B I, Kap. 9); die Erstfassung des Romans fährt fort, »und daß damit das lebendige Gefühl der Liebe auch für alles übrige Leben nicht zum Erwachen kam und nur schwer durch die unnatürlich übergeworfene Eisdecke dringen konnte« (XVI, 169; A I, Kap. 7). Die Mutter vermittelt nicht zur Gesellschaft, aber sie tritt in eine unheilige Allianz mit ihr, wenn es die wuchernden Gemütsbedürfnisse des Kindes mit einer Eisdecke zu überziehen gilt.

In dieser unheiligen Allianz gewinnt das Christentum sein Gesicht als Summe aller Verweigerungen, nicht »Geist . . . einer sanften menschlichen Entwicklung«, sondern eines »rohen und starren Barbarentums« (III, 100; B I, Kap. 9). Damit rückt aber ein bedrückender Gehalt der Vatervorstellung in Gott nach vorn, der für Heinrich das Mittagessen unter der Forderung des Tischgebetes den Charakter des »Opfermahls« annehmen läßt (III, 41; B I, Kap. 4): Beim Opfermahl wird zur Versöhnung des zürnenden Gottes ein Opfer verspeist, das stellvertretend für das Selbstopfer des Opfernden eintritt. Das ersetzte Selbstopfer wäre Heinrich, und damit erst ist der Kern der Episode vom verweigerten Tischgebet erreicht. Die »nüchterne Gestalt« Gottes als eines »Ernährers und Aushelfers« (III, 57; B I, Kap. 6), wie sie die Mutter vor Heinrich hinstellt, vor der sie im Tischgebet Reverenz verlangt, ist ein naher Alltagsgott, im Seitenblick auf die an dieser Stelle eingeschaltete Meretlein-Erzählung aber auch ein strenger Gehorsamsgott, zu dem ums tägliche Brot betend sich Heinrich ebenso täglich als demütiges, hilfloses und zum Helfen unfähiges Kind bekennen würde, ein Kind, das den Vater verdrängte, ohne an seine Stelle treten zu können. Immer wenn Mutter und Sohn versammelt sind, ist dieser Vater mitten unter ihnen.

Er ist der Gegenspieler, den Heinrichs »unbewußtes Experiment mit der Allgegenwart Gottes« angreift. Dabei drängt es ihn, »Gott derbe Spottnamen, selbst Schimpfworte anzuhängen . . . mit der unmittelbaren Versicherung, daß es nicht gelten solle, und mit der Bitte um Verzeihung« (58). Der kommentierende Erzähler bringt diese »krankhafte Versuchung« mit dem »dunklen Gefühl« in Verbindung, »vor Gott könne keine Minute unseres inneren Lebens verborgen und wirklich strafbar sein, sofern er das lebendige Wesen für uns sei, für das wir ihn halten.« Noch die Gottesbeschimpfung mit anschließendem Reuebekenntnis stellt eine Beziehung zum Beschimpften als einem lebendigen Gegenüber her, so wie Heinrich sich unterm Auge der Trinität und des toten Vaters wandeln sieht; aber der Sohn hat in der Lust des Umgangs mit dem lebendigen Gott doch auch die andere Lust, als Maus mit der Katze zu spielen, den fernen Nahen herauszufordern. Gott ernennt in der Bibel

Adam zum Namengeber der Dinge, aber nun trumpft Adam auf und gibt noch Gott Namen, dazu höchst profane, so wie der namengebende ›Adam‹ und Poet Keller seine spöttische Namensphantasie mit besonderem Vernügen an Gottvatergestalten und Göttlichem übt – angefangen vom »Schnepfenkönig« im »gelben Todesreigen«, den der Dreizehn- bis Vierzehnjährige erfindet (»eine auf langen, mit Pumphosen bekleideten Beinen an einer Keule dahinstelzende Schnepfe mit einem Krönlein auf dem Kopfe, Vatermördern, gelbem Frack und rotem Mantel«[132]), bis zu Josef Schmalhöfer, Adam Litumlei im »Schmied seines Glückes« oder dem Trinitätsspott der »Drei gerechten Kammacher«. Welches Verbrechen hängt der kleine Heinrich den größeren Schuljungen an? Sie hätten den Geistlichen und den Lehrer mit Spitznamen belegt und Heinrich so lange mit Ruten geschlagen, »bis ich alles aussprach, was sie verlangten, auch jene unanständigen Worte« (III, 91; B 1, Kap. 8). Heinrichs Allmachtsspiele sind weithin Namengebungsspiele, und was sind die Spiele des Poeten anderes?
Daß Gott sich beschimpfen läßt, kann als Schwäche, aber auch als großmütige Stärke gedeutet werden. Wie im Vaterideal, so schmelzen in Heinrichs Gottesideal Schwäche und Stärke zusammen, beidemale gemäß dem gleichen Bedürfnis, uneingeschränkt, im Notfall jedoch geschützt und behütet zu sein.[133] Es entsteht ein Gott, den man nur »allenfalls« braucht und sonst »herzlich einen guten Mann sein« lassen kann. Heinrich kennt ihm gegenüber ». . . keine Bedürfnisse und keine Dankbarkeit, kein Recht und kein Unrecht« (III, 29; B 1, Kap. 3). Wenn er in Anspruch genommen wird, dann als ein Wundergott, von dessen »eklatanten und theatralischen« Manifestationen man der Mutter gegenüber besser schweigt (XVIII, 15; A 3, Kap. 1); ist er doch auch mit besonderer Vehemenz in der Vatersphäre tätig. Hierher gehört die Anrufung Gottes als »hülfreicher Vater« und »gerechter Richter« in der Verzweiflung des ersten Schultages, die sich in den ersten Schuljahren fortsetzt: »In jeder üblen Lage aber rief ich Gott an . . . und ich muß zu meiner Schande gestehen, daß ich immer entweder das Unmögliche oder das Ungerechte verlangte« (III, 36; B 1, Kap. 4). Später stellt sich Gott als Gebetserhörer im Berufsbereich dar – indem er dem

schulverstoßenen Heinrich das Zeichnen einer jungen Esche gelingen läßt (III, 229 ff.; B 1, Kap. 20) und indem er Römer schickt. »Ein Wunder und ein wirklicher Meister« ist das Kapitel genannt (V, 10; B 3, Kap. 2). Zuletzt erweist sich Gott als Lehrer der Ökonomie im Kapitel »Das Flötenwunder« (VI, 49 ff.; B 4, Kap. 4), bei dem Heinrich die Versetzbarkeit seiner Flöte, später seines gesamten Besitzes und seiner Bilder klar wird; es führt zu Schmalhöfer, womit die Öffentlichkeitsbereiche Schule, Beruf und Wirtschaft durchschritten wären. Zugleich vollendet sich der Kontrast zum Gott der Mutter, denn deren Viktualienmeister hilft dem fleißigen Selbsthelfer in der unauffälligen Weise der Gewährung des täglichen Brotes, Heinrichs Gott aber muß mit eigenen Händen in den Weltlauf eingreifen zugunsten des selbstseligen und selbstverlorenen Faulpelzes, dem nur durch das ›Wunder‹ des Totalausverkaufs noch geholfen werden kann.

Alle diese Wunder sind offensichtlich keine. Vielmehr ernennt Heinrich im Verlangen nach einem magisch herbeizitierbaren Gottvater ganz alltägliche Ereignisse zu Wundern. Nur scheinbar ist das ein Widerspruch dazu, daß Heinrich im ordentlichen Gang der Welt Gott immer weiter zurückdrängt und entmachtet, ja, ihm eine Selbstentmachtung und -abdankung zumutet, in deren Verlauf er vom erhabenen Schöpfer zum kindlich-brüderlich-väterlichen Umarmer (XVII, 118; A 2, Kap. 4), dann zum mäuschenstillen Gott (V, 6; B 3, Kap. 1) und zum konstitutionellen Monarchen wird, der »rein zu seinem Vergnügen Konzessionen« macht (XIX, 38 f.; A 4, Kap. 2; vgl. auch XIX, 349 und IV, 147; B 2, Kap. 11). Heinrich kann sich um so leichter der rationalistischen Auflösung des göttlichen Weltregiments in eine Art göttlicher Weltverfassung ergeben, je irrationaler im Bedarfsfall sein Verfügen über Gott ist. Gott wird ihm ein »wahrer Diamantberg von einem Wunder, in welchem sich die Zustände und Bedürfnisse Heinrichs abspiegelten«, eingelassen in die Ebene des Rationalismus, in der er um so höher aufragt, je flacher und weiter sie wird (XVIII, 134; A 3, Kap. 4). So fällt es Heinrich nicht schwer, das philosophisch argumentierende atheistische Schulmeisterlein unbefangen lachend abzuwehren (IV, 110; B 2, Kap. 9), aber im Zusammenstoß mit dem Gottesleugner Lys, dem Münchener Freund, wird es Ernst, denn hier steht eine magische Verlängerung Heinrichs selbst, seine »größte Möglichkeit« (XVIII, 45 f.; A 3, Kap. 2) auf dem Spiel, ohne die er in Ohnmacht fiele: der Junggeselle mit dem Übervater. Genaugenommen geht es ihm nicht um Gott, sondern um einen Schlußstein für seine unabgeschlossene Persönlichkeitsbildung, weshalb er auch in den Begriffen, die er sich von Gott macht, zwischen Pantheismus, Deismus und Theismus hin- und herschwimmen kann. Als deus sive natura und als deistischer Weltenuhrmacher ist Gott weit weg, als theistischer Gott ist er der »alte Papa« (IV, 146; B 2, Kap. 11), der Spaß verstehen muß und den Sprößling laufen läßt, ohne ihn zu verlassen.

Diesem Gottesverhältnis Heinrichs entspricht die Verarbeitung der Philosophie Ludwig Feuerbachs im Roman. Feuerbachs anthropologischer Materialismus, gegen den der junge Keller oberflächlich polemisiert und den er während seines Heidelberger Studienaufenthaltes 1849 genauer kennenlernt[134], ist in kritischer Wendung gegen die spekulative Geistphilosophie des deutschen Idealismus eine Philosophie der Erfahrung. Weil sie der ganze sinnliche, praktische Mensch macht, spielt Feuerbach die sensualistische Mystik, speziell den Sensualismus und Dynamismus Jakob Böhmes, gegen das abstrakte Denken Descartes', Leibniz' und – Spinozas aus. Der praktischen Richtung seines Philosophierens gemäß kommt Feuerbach über die Preisgabe des Glaubens an eine persönliche Unsterblichkeit zur Inthronisation des Diesseits und des diesseitigen Menschen, deren Kehrseite erst der Atheismus, die Verabschiedung Gottes ist. Sein Weg geht also von dem aus, was der Abbau des Jenseits für den Menschen bedeutet, und führt ihn erst im zweiten Schritt zur Schleifung der Bastion dessen, der das Jenseits garantiert. Trotzdem ist Feuerbachs Problem theoretisch, sofern er eine Klärung des Gottesproblems herbeizuführen versucht. Er will die Gottesvorstellung auflösen, indem er sie für eine Projektion des Menschen erklärt, was allerdings wiederum eine praktische, nämlich religionspsychologische Lösung bedeutet.

Keller übernimmt von Feuerbach die Absage an den Unsterblichkeitsglauben, die Thronerhebung des Diesseits und des ganzen Menschen in einer naturhaften Moralität. In ihrer Bestimmung findet sich allerdings eine Verschiebung gegenüber Feuerbach. Keller kann sich an ihn halten in der Feier der sinnlich-geistigen, leib-seelischen Einheit des Menschen, doch er bindet Leidenschaft und Ehe naturhaft zusammen nach dem Motto: Wo der Mensch rechter Mensch ist, sind ihm Liebe und Ehe identisch. Die Härte dieser Gleichsetzung hat sich an der Gestalt der purifizierten Judith gezeigt. Bei Feuerbach ist demgegenüber das Pathos des ganzen Menschen, die Parole einer Emanzipation der Sinnlichkeit, mit der er in der Nähe des Jungen Deutschland steht, ungebrochen. Weil er keine Institutionenlehre entwickelt[135], wird ihm die Ehe nicht zum Thema, während bei Keller das Chaotische der Sinnlichkeitserfahrung ein Korrektiv nötig macht, das zwecks Abschneidung aller Diskussionen in die Natur selbst verlegt ist.[136] Erst in diesem Zusammenhang Kellers gewinnt die Naturerfahrung den Todesgrund, von dem sich bei Feuerbach allenfalls Spuren finden, wogegen Keller in der Parallelisierung von Gottesglauben und Monarchie, Atheismus und Republik auf sicherem Feuerbachschen Boden steht. »Ich werde *tabula rasa* machen (oder es ist vielmehr schon geschehen) mit allen meinen bisherigen religiösen Vorstellungen, bis ich auf dem Feuerbachischen Niveau bin«, schreibt Keller unter dem Eindruck des Philosophen am 28. Januar 1849 an Wilhelm Baumgartner. »Die Welt ist eine Republik, sagt er, und erträgt weder einen absoluten, noch einen konstitutionellen Gott (Rationalisten). Ich kann einstweilen diesem Aufruf nicht widerstehen. Mein Gott war längst nur eine Art von Präsident oder erstem Konsul, welcher nicht viel Ansehen genoß, ich *mußte* ihn absetzen.« Diese Rede tönt in den Reflexionen des grünen Heinrich (IV, 147) und des Jukundus Meyenthal im »Verlorenen Lachen« wider (VIII, 346).[137]

Dagegen läßt sich der Hauptunterschied zwischen Keller und Feuerbach unter der Decke solcher Gemeinsamkeiten nur vom gelebten Leben Heinrichs her fassen, weil direkte Äußerungen des Dichters in dieser Richtung kaum vorhanden sind. Man könnte sogar vermuten, daß Keller dieser Unterschied nicht voll bewußt war. Heinrichs Gott ist – ganz Feuerbach gemäß – die Projektion seiner selbst und seiner Bedürfnisse bis zu der Konsequenz einer Werknotiz aus dem Frühjahr 1850, Heinrichs Gott solle so geschildert werden, wie er selbst ist (XIX, 348). Er ist wie (sein) Gott. Was er dann jedoch von Dortchen und vom Grafen lernt, ist nicht die Feuerbachsche Lehre, daß es keinen Gott gibt, sondern daß der mündige Mensch keinen Gott braucht.[138] Diese Wendung des Gedankens wird durch die Einführung des dogmatischen Atheisten Gilgus in der Zweitfassung des Romans unterstrichen. Als »Apostel des Atheismus« (VI, 220; B 4, Kap. 12) ist er ein komischer Jünger des Meisters Feuerbach, weil er kein mündiger Mensch ist. Heinrich wendet sich von ihm angewidert ab, wohl auch deshalb, weil in Gilgus gewisse Züge Heinrichs – bis hin zu seinem subtilen Schmarotzertum – vergröbert wiederkehren. Das physikalische Wachsmodell des menschlichen Auges, das Gilgus als das wahre Auge Gottes, nämlich des göttlichen Menschen, bei sich führt, ist nicht von ungefähr der Geheimbehälter für Gilgus' wertvollste Habe: er hat nichts als sich selbst im Auge. Jedenfalls steht für Gilgus die Abschaffung Gottes, nicht der Verzicht auf ihn, zur Debatte. Für Heinrich dagegen erlischt die Notwendigkeit, von Gott Gebrauch zu machen, in der Götterfamilie auf dem Grafenschloß. Er wird Gott los. Damit ist der praktische Ansatz Feuerbachs von seiner theoretischen Verbiegung befreit. Die Einsicht in den Projektionscharakter menschlicher Gottesvorstellungen läßt diese Projektionen aufhören, aber sie ist nicht der Beweis gegen die Existenz Gottes, den Feuerbach beigebracht zu haben meint. Theoretisch könnte es durchaus einen Gott geben, wenn auch einen ganz anderen, von unseren Projektionen und Wünschen uneinholbaren. Demgemäß verschwindet für Heinrich der Unsterblichkeit verleihende Wundertäter; die Systemstelle Gott bleibt offen.

Das ist aber eine Emanzipation vom Vatergott, die an der Fragwürdigkeit der Freisprechung Heinrichs durch den Grafen als Ersatzvater in doppelter Hinsicht teilhat: daß Heinrich in einen Nachtschatten von Mutter Natur tritt, aber auch, daß sein Verlangen nach Gott wieder erwachen kann, wie schon die leere Stelle Gott bald nach dem Tode der Mutter zu schmerzen anfängt – in der Bilanz vom Verlust des Unsterblichkeitsglaubens, der Mutter und Gottvaters beim Umweg über das Grafenschloß. Das alles seien indessen Dinge, »deren Wert nicht aus der Welt fällt und immer wieder zum Vorschein kommt« (VI, 306; B 4, Kap. 15), sagt der Heinrich der Zweitfassung. Der Heinrich der Erstfassung ist zu einer so zweideutigen Bilanz nicht mehr fähig; er ist tot. Ist es nicht denkwürdig, daß der Feuerbachianer Keller in einem Brief an Hermann Hettner vom 5. Januar 1854 Feuerbachs Atheismus unter den Todesursachen nennt? »Da er den Gedanken der Unsterblichkeit aufgegeben, fühlt er den Verlust [der Mutter, G. K.] um so tiefer und intensiver ... In solcher Weise schließt das Buch tragisch, aber klar, und besonders glaube ich den sogenannten Atheismus respektabel und poetisch gemacht zu haben, so daß er selbst in den Augen der Frommen wenigstens als eine Tragödie gelten kann, welche zur Reinigung ihres Gottgedankens beiträgt.« Da ist sie wieder: Dortchen Schönfund als Feuerbachscher Todesengel! In Kellers Feier des mündigen Menschen, der die höchste Lebensintensität aus dem Vergänglichkeitsbewußtsein zieht, schwingt ein Klagelaut über die Unzulänglichkeit des Lebens mit und in diesem Klagelaut ein Ton der Lust am Untergang. Nicht nur für Heinrich, auch für seinen Autor wird der Atheismus poetisch, indem er in den Tod führt. Das ist der Atheismus von Kellers Poesie.[139] Sie scheidet Gott aus. Sie sondert ihn ab; sie verwendet den ausgeschiedenen Gott in besonderer Weise als Ferment.

Bis hin zu den Buß- und Bettagsmandaten des Staatsschreibers (XXI, 228 ff.) dient die Religion für Keller als Autor zur Reinigung seines naturalen Naturkults, als Notenschlüssel für die Glaubensmelodie seiner Weltfrömmigkeit, als Formeln-Arsenal für die Kulturförmigkeit der menschlichen Natur. So wenn er Judith als »Stimme der Natur« an den »Tisch Gottes« treten läßt, nachdem vorher in der heiligenmäßigen Anna und in der heidnischen Judith, in der Lichtgestalt Annas und ihrem in der Tiefe versinkenden nixenhaften Spiegelbild Reinheit und Lebensfülle auseinandergetreten sind. In solchen Spannungen, mit solchen Ober- und Untertönen ergeht eine vatergöttliche Rede von Mutter Natur, die in Kellers gesamtem Werk herrscht. In seinem Leben hat Keller Ernst gemacht mit der Verabschiedung

Gottes als einer Instanz, die Defizite der eigenen Existenz abdeckt, aber auch hier hat er den Platz Gottes freigehalten. So schon in dem Brief an Baumgartner vom 28. Januar 1849, in dem er seine Verabschiedung Gottes unter dem Eindruck Feuerbachs mitteilt. Keller mußte seinen Gott absetzen, »allein ich kann nicht schwören, daß meine Welt sich nicht wieder an einem schönen Morgen ein Reichsoberhaupt wähle.« Im Alter hat er sich brieflich am 28. Februar 1881 gegenüber Paul Nerrlich vorsichtig von Feuerbach distanziert mit den kryptischen Sätzen: »Über die philosophische Zeitfrage ließe sich Weiteres sagen. Ich könnte mich nicht mehr ganz so fassen wie vor dreißig Jahren, ohne vom freien Gedanken abgegangen zu sein ... Der Satz Ludwig Feuerbachs: Gott ist nichts anderes als der Mensch! besteht noch zu Recht; allein eben deshalb kann man nicht sagen: der Mensch ist Gott! insofern das zweite Substantivum nun doch wieder etwas Größeres ausdrücken soll als das erste.« Allerdings sagt nur die öffentliche Rede, vorab die Dichtung, das im Brief negativ Ausgedrückte positiv, wenn auch immer noch in einer Verneinungsform. So die »Kantate zum fünfzigjährigen Jubiläum der Hochschule Zürich«:

»Das Urmaß aller Dinge ruht
In Händen nicht, die endlich sind ...«

(I, 324)

In der Ballade »Der Narr des Grafen von Zimmern« von 1877/78 heißt es: »Der Herr, der durch die Wandlung geht – er lächelt auf dem Wege« (II/1, 175), als der Narr bei der Wandlung in der Messe mit seiner Narrenkappe läutet. Rede von Gott oder religiöse Redeweise, in der Gott untergeht? Geht er in seinen Wandlungen in Mutter Natur *nicht* unter?

Vielleicht darf er es nicht, weil er Mutter Natur wandeln muß, hintergründig lächelnd, weil er sie schon gewandelt hat, indem er sich gewandelt hat. Vielleicht darf er es auch deshalb nicht, weil nicht nur bei Heinrich, sondern auch bei dem mit Heinrichs Problemen ringenden Autor Gottvater und Vater, Gott und Ich so unauflöslich einander verhaftet sind, daß für die Gottvaterabschaffung gilt, was für Heinrichs Vaterabschaffungstendenz festzustellen war: daß sie als Auseinandersetzung mit dem Vorbild und Rivalen ein Stück Selbstabschaffung und Selbstabdankung bedeutet, so wie die Tötung des Tiers der Mutterbindung in Selbsttötung terminiert. Die Formel Gottesabschaffung = Emanzipation des Ich ist zu einfach. Nicht nur traditionell, sondern existentiell ist es begründet, daß Heinrichs Ästhetik, wo sie über den hervorbringenden Künstler nachdenkt, den analogischen und metaphorischen Bezug auf Gott favorisiert. Der mächtige Schöpfer ist für ihn Vorbild des Künstler-Schöpfers. Im freundlichen und väterlich mächtigen Kinder- und Brudergott Jean Pauls, den die Erstfassung preist, taucht das Allmacht spielende Kind Heinrich wieder auf: ». . . der Unendliche, groß, aber voll Liebe, heilig, aber ein Gott des Lächelns und des Scherzes, furchtbar von Gewalt, doch sich schmiegend und bergend in eine Kinderbrust, hervorguckend aus einem Kindesauge, wie das Osterhäschen aus Blumen! Das war ein anderer Herr und Gönner als der silbenstecherische Patron im Katechismus! Früher hatte ich dergleichen Etwas geträumt, die Ohren hatten mir geläutet, nun ging mir der Morgen auf in den langen Winternächten, welche hindurch ich an dreimal zwölf Bände des unsterblichen Propheten las . . . Dazumal schloß ich einen neuen Bund mit Gott und seinem Jean Paul, welcher Vaterstelle an mir vertrat . . .« (XVII, 118 f.; A 2, Kap. 4).

Die dreimal zwölf Bände dieses unsterblichen Propheten nennen die heilige Zahl der Trinität sowie der göttlichen Vollkommenheit und Vollständigkeit (zwölf Jünger, zwölf Stämme Israel, zwölf Tore des himmlischen Jerusalem), wie die bei der Zweitfassung von dreißig auf vierzig Tage verlängerte Goethelektüre auf die heilige Zahl der Buße und der Vorbereitung anspielt: vierzig Tage und Nächte strömen die Wasser der Sintflut, vierzig Tage tut Ninive Buße, um der Strafe zu entgehen, vierzig Tage und Nächte wartet Moses auf dem Sinai, vierzig Tage geht Christus in die Wüste, vierzig Tage dauert das vorösterliche Fasten. Auch der »mäuschenstille Gott«, den Heinrich im Zeichen Goethes zu feiern lernt, ist ein Programmentwurf des eigenen Ich, das sich selbst stillstellt, wenn es den Vater stillstellt. Die rigorose Kappung der Jean-Paul-Apostrophe in der Zweitfassung ist nicht nur ein literarischer Vatermord

auf der Ebene der Autorschaft parallel zum literarischen Muttermord in der Streichung von Judiths Badeszene; diese Streichung ist auch ein Programm der Zurücknahme des göttlich ausschweifenden Kommentators und Selbstinterpreten hinter seine Sachen und Personen, als Selbstzurücknahme zugleich Selbsterweis, wie gerade der starkschwache Gott die Welt laufen lassen kann. »Heinrich freute sich . . ., im Namen seines liberalen und generösen Gottes jedes Fleckchen Welt einzuräumen, das sich selbst bewirtschaften konnte . . .« (XIX, 39; A 4, Kap. 2). Er freut sich; er stellt sich im Namen Gottes vor, was er an der Stelle Gottes täte; er stellt sich an die Stelle Gottes und stellt sich selbst weg: der tote Heinrich, der mäuschenstille Schreiber.
Auch die Systemstelle des Poeten in diesem Roman ist offen, wie sich schon bei der Betrachtung des Schreibers Heinrich gezeigt hat, der kein Dichter sein will, indessen er von einem Heinrich erzählt, der kein Maler sein kann. Der Poet, der Autor steht wie der Seher des Festzuges draußen, aber ohne diese Leerstelle gäbe es den Roman nicht. Und auch dieser Seher ist ja ein König wie der freiwillig zurücktretende König, als der Gott bei Keller gedacht ist. Im Verzicht, dabei zu sein, hat der Poet das Vermögen, Heinrich vor sich hinzustellen und seine Sprache – im doppelten Sinne – sprechen zu lassen. Keller, der nie den Autor in der Vollmacht seiner Autorschaft zum Thema macht, überliefert, wie Fontane am 7. Januar 1881 zu Bernhard von Lepel tadelnd bemerkt hat, die ganze Gotteswelt erbarmungslos seinem Keller-Ton, gebärdet sich also höchst auktorial und autoritär; aber seine Autorität bekundet sich letzten Endes im Offenlassen, in einer Tonart, die im Nennen von Phänomenen und Herstellen von Zusammenhängen durch Handlungen und Konfigurationen immer wieder fast unmerkliche Risse zwischen Dortchen und Hierchen, Sache und Bedeutung, Subjekt und Welt öffnet.

In diesen Rissen verschwindet und erscheint der humoristische Erzähler Heinrich und dessen humoristischer Erzähler.[140] Diese Risse sagen: sozusagen, so und auch so. Wilhelm Meister wird ein Meister. Der grüne Heinrich, der Geselle, sagt von sich

»Ein Meister bin ich worden,
Zu tragen Gram und Leid«
(XIX, 182; A 4, Kap. 7),

aber das Lied des Fährmanns sagt, »niemand mehr den Meister lobt«. Der grüne Heinrich ist grün wie der Vater und gehört grün der Mutter. Er ist ein grüner, lebensvoller gefrorener Christ. Er bleibt grün; aber er durchläuft auch einen Entwicklungsgang; aber der Entwicklungsgang läßt ihn in die Grube fallen. Wer andern eine Grube gräbt, fällt selbst hinein; aber über dem Grab ist bald schon ein recht frisches und grünes Gras gewachsen, in dem sich der »grüne Zweig seines Wesens« vervielfältigt (137 f.): Wiederkehr des grünen Heinrich, der, weil ohne Vater, »wie ein Gras« aufgewachsen ist (III, 144; B 1, Kap. 13), als grünes Gras; jedoch auch Heimkehr des »grünen Fremdlings« (XIX, 265; A 4, Kap. 12) in den Zyklus von Leben und Tod; grünende Hoffnung, aber zugleich: Viel Lärm um Nichts. Über der langen traurigen Geschichte mit dem »zypressendunkeln Schlusse« (XXI, 18) ist kurz und gut Gras gewachsen. Ein Prinz Heinz, der im Gegensatz zu dem Helden Shakespeares unreif bleibt?[141] Ein grüner Heinrich als Held eines Entwicklungsromans?[142] Ein Entwicklungsroman? Kein Entwicklungsroman? Keine Aussage hebt die andere auf. Alle heben einander auf. Kein Zweifel, daß Keller auch Symbole und Symbolik im Sinne Goethes gebraucht, Sein und Bedeutung bruchlos auseinander hervorgehend. Aber das Heraustreten der ›Sache selbst‹ in der Verschichtung von Sachen und Bedeutungen und Kommentaren und anderen Sachen ist die integrative Kraft in der Mitte der Kellerschen Poesie, die Kraft einer Integration in der Dekomposition. In dieser Poesie heißt der Mensch, durch den Heinrich seinen Gottesglauben einbüßt, Dorothea, Gottesgeschenk, und beide sehen einander zum erstenmal in dem Augenblick, als Heinrich auf der Wunderflöte des Flötenwunders eine das heilige Walten Gottes preisende Arie von sich gegeben hat (VI, 69; B 4, Kap. 4). Dortchen erinnert daran beim Wiedersehen: »Sie nahm meinen Stock, hielt ihn wie eine Flöte an den Mund und sang dazu ein paar Zeilen der Freischützarie« (VI, 207; B 4, Kap. 11). Ein schönes Walten Gottes, bei dem das

Walten Gottes flötengeht! Ein schöner Fund, dieses Findelkind Schönfund, das Heinrich seine Trinität verlieren läßt: Vatergott, Mutter und den heiligen Geist des Unsterblichkeitsglaubens. Ein Spott des Autors gegen Gott, ein Spott gegen Heinrich, ein Spott Gottes?

Daß »der Humor oft auf dem dunklen Grunde der größten Trauer seine lieblichsten Blüten treibt«, schreibt Keller an Hermann Hettner am 29. Mai 1850; Kellers Freund, der schwäbische Philosoph Friedrich Theodor Vischer, formuliert in seiner »Ästhetik«, deren Erscheinungsdaten 1846-1858 die Entstehung und Edition des »Grünen Heinrich« umgreifen, radikal: »Der Humor setzt ... das tiefste Unglück des Bewußtseins voraus.«[143] Dortchens Anordnung des grüngezierten Zwiehanschädels vor dem Spiegel (VI, 205 f.; B 4, Kap. 11) hatte das Narzißtische von Heinrichs Schreiben; die Beschwerung von Heinrichs grünem Lebensbuch durch den Narrenschädel (VI, 176; B 4, Kap. 10) das Tödliche der schreibenden Geisterbeschwörung und Schatzgräberei verraten, bei welcher der Schreiber sich im Hervorrufen des Lebens von ihm ausschließt. Der Schädel als Schalksnarr spricht leise vom Närrischen des Versuchs, Weltregiment zu spielen (187), indem man in der Welt nicht mitspielt. Zugleich setzt das Immergrün auf dem Totenschädel wieder das ganze Beziehungsspiel in Gang, das eben zwischen Grab und grünem Gras beobachtet wurde. So ist Zwiehans Totenschädel – das Apotropäum gegen Waldhüter, die Eingreifwaffe ins Weltregiment, das zwiespältige Sphäroid, in dem zwei Glühwürmchen Hochzeit feiern – zuletzt ein Bild für Kellers zwiehähnige humoristische Poesie: »Er lag in einem hohen grünen Unkraut ... und war inwendig von einem schwachen bläulichen Lichte erhellt, das leise durch die Augenhöhlen drang, wie wenn das leere Kopfhäuschen des Albertus Zwiehan, *insofern es wirklich das seinige gewesen,* noch von nichtigen Traumgeistern bewohnt wäre.« (V, 133 f.; B 3, Kap. 10; Hervorhebung G. K.). Augen, meine lieben Fensterlein! Der Poet dieser Poesie ist jedenfalls nicht nur das wortspielende Kind, das den abwesenden Gott herausfordert, sondern auch der abwesende Gottvater, der »Gott Schriftsteller mit der schicksalverleihenden Feder« (XXII, 78), der sich erweist, indem er durch seine Abwesenheit die Wortspiele möglich macht; ja er ist noch mehr: der Erfinder dieses Gegenübers von Kind und Gott, der deshalb in ihm nicht vorkommt. Keiner braucht ihn, aber er hat alle hervorgerufen und zu Konstellationen geordnet, die das Spiel zugleich regeln und freigeben.

Demgemäß ist an einer der wenigen Stellen, wo bei Keller ausdrücklich und gründlich der Humor verhandelt wird, dieser als Kreisen innerhalb einer Konstellation bestimmt – es ist anläßlich des humoristischen Kaplans, der mit dem Apostel des Atheismus zum Bekanntenkreis des Grafen gehört.[144] »Dieser Mann war vorzüglich drei Dinge, nämlich ein leidenschaftlicher Esser und Trinker, ein großer religiöser Idealist und ein noch größerer Humorist, und zwar letzteres fast nur in dem Sinne, daß er alle Viertelstunden das Wort Humor gebrauchte und es zum Maßstabe und Kriterium alles dessen machte, was irgendwie vorfiel und gesprochen wurde. Alles was er selbst tat, redete und fühlte, gab er zunächst für humoristisch aus, und obgleich es dies nur in den minderen Fällen war und mehr in einem maßlosen Klappern und Feuerwerken mit Gegensätzen, Bildern und Gleichnissen bestand, so erzeugte dies Wesen dennoch einen gewissen Humor, besonders wenn wir alle zusammensaßen und er uns mit ungeheurem Wortschwall erklärte, was Humor sei und wie wir dieser Gottesgabe auch nicht eines Senfkörnleins groß besäßen.« (VI, 215; B 4, Kap. 12) Die Erstfassung des Romans sagt verdeutlichend, besonders lachenerregend seien diese Erklärungen gewesen, weil der Graf, Dorothea und Heinrich ». . . in ihrem kleinen Finger, wenn sie ihn bewegten, mehr Humor hatten als der Pfarrer in seinem Gemüte . . .« (XIX, 256; A 4, Kap. 12).

Der »gewisse Humor«, von dem der Erzähler spricht, entsteht dadurch, daß ein Humorloser sich für einen Humoristen hält, während die Humorbegabten ihn als humorlos erkennen. Seine Humorlosigkeit bezeugt sich besonders darin, daß er humoristische Bezüge, in die er selbst gerät, nicht wahrzunehmen vermag. Als Beispiel dient das Abenteuer des Don Quijote in der Höhle des Montesino:[145] Der Pfarrer, der in dieser Geschichte »nur eine äußerliche komische Schnurre« sieht, entspricht dem Don Quijote, der sich in eine Höhle abseilen läßt, dort einschläft und seinen Traum für Wirklichkeit hält. Denn der »Idealismus« des humoristischen Pfarrers besteht darin, daß er alles »Wirkliche und Gewordene materiellen und groben Mist oder Staub schalt und dagegen alles Niegesehene, Nichtbegriffene, Namenlose und Unaussprechliche ideal hieß ... So nannte er auch jedes dilettantische pfuschende Treiben, aus dem nichts werden konnte, eine ideale Bestrebung, wenn es auch noch so verkehrt und anmaßlich war; die aufopfernde ernste Arbeit in Wissenschaft und Kunst dagegen, die zum Gelingen führte, war ihm ein am Irdischen klebendes Haschen nach Erfolg, nach Ehre und Gut« (VI, 216; B 4, Kap. 12), also etwas Wahnhaftes. So weit die vom Erzähler Heinrich aufgebaute Beziehungsstruktur, die noch den Hintersinn der Wortwahl einschließt: Das Senfkorn ist in den bekannten biblischen Parabeln Matth. 13.31, Marc. 4.31 und Luc. 13.19 Beispiel für das Himmelreich; Matth. 17.20 und Luc. 17.6 dient es der Gleichnisrede vom Glauben. Dem Pfarrer dagegen dient es für die Gleichnisrede vom Humor, der bei ihm zum Glaubensprinzip geworden ist, wie umgekehrt das, was er Humor nennt, nur eine närrische Art von Glauben ist. Die Sprache Kanaans ist also komisch und zugleich der Sache angemessen.

Die Beziehungsstruktur reicht aber viel weiter, bis zu dem Punkt, wo der grüne Heinrich als Faust-Nachfolger auch Don-Quijote-Nachfolger ist. Wenn das Kind Heinrich mit dem Freund aus der Leserfamilie ein unbekanntes und ahnungsloses Fräulein zu seiner Herzensdame ernennt, ergibt sich ein erster Anklang an Don Quijote mit der Phantasie›dame‹ Dulcinea, wenn auch in der Umkehrform, daß der ärmliche Heinrich seine Blicke weit nach oben in der gesellschaftlichen Hierarchie erhebt (III, 136 ff.; B 1, Kap. 12). Ausgeprägt kehrt das Muster im Tellspiel wieder, wo der Regisseur Heinrich die arglose Anna als Berta von Bruneck einkleidet und sich als Rudenz zuordnet (IV, 164; B 2, Kap. 13). Während er mit dieser Gruppierung ein lebendes Bilderrätsel stellt, das auseinanderfällt, als das Schulmeisterlein es mit dem Textbuch in der Hand aufzulösen vermag (IV, 200; B 2, Kap. 16), ist er auch für sich und in eigener Person ein Rebus, denn er hat sich von der selbstverkündeten Regel der Kostümtreue ausgenommen und einen großen Toledodegen umgeschnallt (IV, 166; B 2, Kap. 13). Woher hat er ihn? Aus einem Mansardenzimmer des Oheims, so malerisch-phantastisch eingerichtet, ». . . daß nur der Don Quixote fehlte, um das Ganze zu einem Bilde zu machen« (III, 213 f.; B 1, Kap. 19). Das wird im Augenblick gesagt, in dem der grüne Junge sich dort niederläßt. Don Quijote ist gefunden. Hier findet sich auch sein Toledodegen. Heinrich fällt aus seiner Inszenierung Annas in das Traumleben der Liebesszene und von da auf den harten Wirklichkeitsboden der sexuellen Verwirrung; eine bei ihm wohlbekannte Erlebnisfigur. Der junge Heinrich hat den »Don Quijote« aus dem französischen des Jean-Pierre Claris de Florian übersetzt (214); der Roman aber ›übersetzt‹ den Don Quijote in Gestalt des irrenden Ritters Heinrich aus dem Spanischen der Frühneuzeit ins Schweizerische des 19. Jahrhunderts.

Erlebt dieser Heinrich-Don Quijote nicht wie der Edle von la Mancha und der humorlose Humorist das Abenteuer der Höhle des Montesino in anderer Weise? Der Träumer Don Quijote betritt ein prächtiges Schloß, aus dem ihm dessen edler alter Gouverneur entgegenkommt und ihn belehrt. Im Palast aber befindet sich ein »marmornes Grabmal . . ., auf welchem ein Ritter nach seiner ganzen Länge ausgestreckt lag, und zwar nicht aus Erz, Marmor oder Jaspis gebildet, wie sie wohl auf andern Grabmälern zu sein pflegen, sondern er bestand aus wirklichem Fleische und wirklichen Knochen.« Dieser Ritter ist lebend-tot, steinern-fleischlich, und sein balsamiertes, vertrocknetes Herz befindet sich in den Händen der trauernden, in aller Nähe entrückten Geliebten. Sie ist in Frankreich und doch auch in einem anderen Saal des spanischen Palastes. Hat der Träumer Heinrich nicht ein ähnliches Traumschloß mit einem edlen Gouverneur betreten? Wird nicht wenig später sein und Dorotheas Liebesschicksal verhandelt im Geistergespräch beim Grabmal des steinernen Ritters aus Burgund mit dem herausgenommenen, verschrumpelten Herzen?

Und wie stellt sich bei Heinrich (zusamt dem Grafen) das Verhältnis von dilettantischem pfuschendem Treiben und aufopfernder, ernster Arbeit in Leben, Wissenschaft und Kunst dar? Ist Heinrich nicht im Gegensatz zum wackeren Ritter Cid und den »abenteuernden Helden«, die in der kapitalistischen

Gesellschaft mit Banknoten als »modernem Schwert« zu siegen wissen (XIX, 231; A 4, Kap. 10), ein Ritter von der traurigen Gestalt? Ist er als Maler nicht der »hypochondrische Ritter vom Dilettantismus, der im durchlöcherten Ordensmantel melancholisch einherstolziert«? (XIX, 88; A 4, Kap. 4) Nicht nur Gilgus, auch der Pfarrer ist eine Parallel-Kontrastfigur zu Heinrich, und beide sind Pendants: der Idealist ein Fresser, der Atheist ein Pfuscher. Der Erzähler Heinrich ist der Humorist des humorlosen Pfarrers. Doch wie dieser nicht merkt, daß die Höhlen-Episode des Don Quijote ihn betrifft, merkt der grüne Heinrich nicht, daß die Figur und deren Blindheit gegenüber der Höhlen-Episode ihn betreffen. Don Heinrich Quijote erzählt und stellt abermals mit allen seinen Figuren ein Rebus. Aber er kennt seine Stelle darin nicht. Der Poet Keller ist der Humorist des Humoristen Heinrich des humorlosen Pfarrers. Und gerade von diesem potenzierten Humor ist im Text über den Humor nicht mehr die Rede, so wenig wie vom gefundenen Don Quijote in der Kammer. Er ist nur da.

Bei der Auseinandersetzung mit dem Christentum wird diese humoristische Erzählweise im Kapitel »Die Glaubensmühen« besonders belangvoll. Mit viel Satire schreibt Heinrich, der hier als der jugendliche Autobiograph zu denken ist, über den Konfirmandenunterricht und dessen inneren Widerspruch, daß in ihm die christliche »Welt des Traumes auf das engste mit der gegenwärtigen und greifbarsten Wirklichkeit [des Staates und der Gesellschaft] verbunden war« (IV, 135; B 2, Kap. 11). Dem entspricht der »widerspruchslose Ernst . . ., mit welchem . . . das Fabelhafteste behandelt wurde« (135), die eiserne Disziplin, mit welcher der Schüler aus Traum und Schlaf gerissen wurde, »um in der düsteren Stube zwischen langen Reihen einer Schar anderer schlaftrunkener Jünglinge das allerfabelhafteste Traumleben zu führen« (133 f.). »Die wunderbarsten Ausgeburten menschlicher Phantasie« sind »die erste Bedingung, Bürger zu sein« (134). Hinter dem Rücken des erzählenden Heinrich und des erzählten Heinrich stehend, erkennt der Leser leicht in diesem Bild des Staatschristentums verzerrt und verstellt den Träumer Heinrich mit seinem »allerfabelhaftesten Traumleben« wieder, das sich in der gleichen widerspruchsvollen Weise auf die nüchternen bürgerlichen Wirklichkeitsbereiche der Arbeit und der Ökonomie erstreckt. Der, für den »die göttliche Manipulation mit dem Sündenfall« den »widerlich technischen Geruch wie von einer Leimsiederei oder von dem säuerlich verdorbenen Schlichtebrei eines Leinewebers« an sich trägt (135), zeigt sich selbst in ein Gewebe von Schuldbeziehungen verstrickt. Der über das »unsäglich blöde« klingende Wort Glaube hohnlacht (XVII, 204; A 2, Kap. 7), praktiziert selbst einen lächerlichen Wunderglauben. Der am staatlich institutionalisierten Christentum scharfsinnig die Funktion einer Stabilisierung und Legitimation problematischer Verhältnisse samt der historischen Wurzel erkennt (XVII, 196 f.; A 2, Kap. 7) – eine in der zweiten Fassung gestrichene Einsicht –, braucht selbst einen Gott, um sich in den problematischen Situationen seiner Lebensgeschichte zu stabilisieren. Und so ist denn auch in dem albernen religiösen Wahrheitsverdreher, dessen der erzählende Heinrich an dieser Stelle als eines Mannes gedenkt, an dem die Natur sich lächelnd rächte (IV, 142 f.; B 2, Kap. 11), ein nicht allzu ferner Verwandter des grünen Heinrich wiederzuerkennen, zumal er in der Erstfassung »Ölfinger« heißt, was viel mit dem Malen zu tun hat, und auf Nimmerwiedersehen mit mächtigem Satz in einem Abgrund verschwindet (XVII, 211 ff.; A 2, Kap. 7).[146] Demgemäß mag schließlich das im Zusammenhang der Lehre vom Heiligen Geist fallende Wort des noch gottgläubigen Heinrich, »Gott strahlt von Weltlichkeit« (IV, 146; B 2, Kap. 11), reflektiert werden vom Glauben des entgötterten Heinrich, die Welt strahle von Göttlichkeit, der wiederum reflektiert wird in der Gegenposition und so ad infinitum.

Das Hinübertragen der Fragestellung auf die Ebene der Romanform erinnert zuletzt daran, daß man Keller und Feuerbach nicht einfach vergleichend nebeneinanderstellen kann. In der Poesie sprechen neben und vor den ideellen Gehalten formale, figurale, pragmatische Fügungen. Bei Feuerbach äußert sich ein theoretisches Bewußtsein, bei Keller dagegen eine künstlerische Produktivität, die stark aus dem Unbewußten gespeist ist. Ihr wird auch der Begriff gestalthaft. Deshalb läßt sich nicht argumentieren, der Gegensatz zwischen Keller und Feuerbach bestünde darin, daß Kellers Werk mit seinen Mutter-Natur-Gestalten eine Mythisierung von Feuerbachs empirischem Verständnis von Natur darstelle. »›Natur‹, erläutert Feuerbach in einer Fußnote, ›ist für mich ebenso wie ›Geist‹ nichts weiter als ein allgemeines Wort zur Bezeichnung der Wesen, Dinge, Gegenstände, welche der Mensch von sich und seinen Produkten unterscheidet und in dem allgemeinen Begriff der ›Natur‹ zusammenfaßt, aber kein allgemeines, von den wirklichen Dingen abgezogenes und abgesondertes, personifiziertes und mystifiziertes Wesen.‹«[147] Aber derselbe Feuerbach sagt in einem Distichon »Nothwendigkeit des Naturstudiums«:

»Macht Euch vertraut mit Natur, erkennt sie als Euere Mutter;
Ruhig sinket Ihr dann einst in die Erde hinab.«[148]

Feuerbach ist kein Poet, doch er steht, wenn er im Distichon von Mutter Natur spricht, unter dem Gesetz der poetischen Sprache. Auch Keller nimmt keine Mythisierung, er nimmt die Poetisierung einer Erfahrung vor, wenn er Natur als Mutter inkorporiert. Demgemäß fällt bei der Erörterung von Kellers Verhältnis zu Feuerbach die Aufmerksamkeit zuletzt auf die kategoriale Besonderheit der Poesie, ihre Fähigkeit, das auszusprechen, was jenseits von Ideologien und Theorien epochal der Fall ist. Feuerbach vertritt das Programm einer emanzipatorischen Sinnlichkeit, einer Ganzheit des Menschen, die hier und jetzt in einem dialogischen Weltverhältnis ausgebildet werden kann. Kellers durch individuelle Leiden geschärfter Blick wird schöpferisch im Durchdringen der restriktiven Energien gesellschaftlicher Formationen bis in die Familie hinein, und er nimmt, gegen jede Programmatik, diese Restriktionen in das Wunschbild einer unverstümmelten und gleichwohl kulturförmigen Natur mit hinein. Feuerbach will Gott als Projektion des Menschen verflüchtigen. Kellers Gestaltungsvermögen kritisiert diese Kritik der Metaphysik, indem es darstellend vorbringt, diese Kritik müßte sich in Wirklichkeit gegen den Menschen in seiner Welt richten, deren Leidensgestalt einen Gott so schwer entbehrlich macht, daß die Diesseitigkeit des 19. Jahrhunderts aufquillt vom Pathos der Gottferne, von religiöser

Sehnsucht und pseudoreligiösen Tröstungen. Die Sprachregelungen der Zeit, auch die der Philosophie, werden hintergangen und auf die Zeichen der Zeit durchsichtig gemacht. In dieser Weise ist die Lebensgeschichte des grünen Heinrich auch die Geschichte seiner Zeit.

Subjektivität und Objektivität der Romanform

Wenn Keller im »Grünen Heinrich« ein Verfahren ausübt, bei dem auch die Grenzen und Bruchlinien von Reden und Schweigen zur Schrift des Romans werden, geht er als Schriftsteller einen Weg, den der Kunstjünger Heinrich als Zeichner des Spinnennetzes auf dem weißen Projektionsgrund vorzeichnet. Er formiert, was er nicht gestalthaft abschließen kann, als Craquelé des Textes. Der Autor des Mutter-Sohn-Romans veröffentlicht diskret, was Söhne an Mütter bindet, was Frauen von einem Junggesellen gesehen sind. Indem er es veröffentlicht, übt er die Macht des Mannes, der die Macht der Frauen erfahren hat, denn die öffentliche Rede ist die Domäne des Mannes, selbst wenn er von nichts zu reden weiß als von Frauen. Das Reden reglementiert die Phantasie, die bei den Müttern aufgeblüht ist. Es bringt Geist über die Natur. Mit welchem Erfolg? Der schreibende Gottfried Keller ist die Fortsetzung der seltsamen Vaterreihe des Romans. Das Erinnerungsbuch ist das Kind, das der grüne Heinrich erzeugt, indem er zu den Müttern hinabsteigt. Sofern dabei Heinrich von sich schreibt, erfüllt er sich den geheimsten Wunsch: Er erzeugt als Vater mit der Mutter sich selbst als Kind; er wird sein eigener Vater. Liebend blickt der erzählende Heinrich auf den erzählten Heinrich als sein im Schreiben wiedergeborenes Ich.

Das subjektive Moment des Romans hat Keller bereits während der Entstehungszeit bemängelt. »Mein Roman wird die letzte subjektive Äußerung sein, ich bin dieses nergelnden Wesens müde . . .«, erklärt ein Heidelberger Briefentwurf an seinen Förderer August Ludwig Follen schon 1849. »Das subjektive und eitle Geblümsel und Unsterblichkeitswesen, das pfuscherhafte Glücklichseinwollen und das impotente Poetenfieber haben mich lange genug befangen«, schreibt Keller am 22. September 1850 an Ferdinand Freiligrath im Blick auf die Korrektur der ersten acht Bogen des »Grünen Heinrich«. Er hat noch viele solcher Bogen vor sich, als er meint, damit solle nun Schluß sein. Ende 1854 heißt der Roman gegenüber Freiligrath sogar »ein ödes und ungeschicktes Machwerk ... noch in der subjektiven und unwissenden Lümmelzeit angefangen ...«. Die Bearbeitung lange Jahre später steht unter dem Motto der Objektivierung.[149] Durchgehend werden die Erzählerkommentare zurückgedrängt und statt dessen Parallel-, Kontrast- oder Verdeutlichungsfiguren und -episoden eingeführt; so die Figur des Schlangenfressers (für den verkommenen Künstler – v, 98 ff.; B 3, Kap. 9), die Zwiehangeschichte (für mißglückte Heimkehr und ›zwiehähnige‹ Liebe zwischen Judith und Anna), das Flötenwunder (für die Wunderbedürftigkeit des Rationalisten) oder das Wort- und Bedeutungsspiel mit Seidelbast = Daphne (für den Hirten Daphnis, der stirbt, weil er sich der Liebe entziehen will). Noch in der Abschwächung von Heinrichs Schuld am Tod der Mutter und der Öffnung des elegischen Schlusses bezeugt sich die Tendenz, Welt in den Roman zu holen. Gleichzeitig verdeutlicht aber gerade die Romanbearbeitung, wie vielschichtig das Problem der Subjektivität ist, denn während Keller auf der Handlungsebene ›objektiviert‹, ›subjektiviert‹ er auf der Erzählebene, indem er die Perspcktive des rückblickenden Ich-Erzählers durchsetzt. Und wiederum gegenläufig ist das Herausarbeiten dieser Perspektivik ein Zug zur ›Objektivierung‹, denn es läßt die Ich-Zentrierung des Romans laut zur Sprache kommen.[150]

Noch kühner bringen die breit ausgeführten Heimkehrträume des grünen Heinrich, die auf den ersten Blick in der Romankomposition befremdlich wirken, diese doppelte Leistung zustande. Zunächst mag man an Stellung und Bedeutung von Träumen im romantischen Roman denken, etwa in Novalis' »Heinrich von Ofterdingen«, aber die Träume beider Heinriche sind durch Welten voneinander geschieden. Zwar bringt auch Novalis psychisches Material ins Spiel, aber es ist geschichtsphilosophisch organisiert, visionär erblickte seelengeschichtliche Signatur des Zeitalters. Die Romantiker lieben Träume, die der

Weltgeist durch eine Person hindurch geträumt haben könnte. Die Träume des grünen Heinrich dagegen bearbeiten Alltagserfahrungen; sie sind am Alltagsbewußtsein gemessen, und sie sind dem Alltagsbewußtsein gegenüber reduktionistisch, in der vertrackt simplen Weise wirklich geträumter Träume scharfsinnig und unsinnig zugleich, psychologisch, nicht philosophisch geknüpft. Vor allem: Es sind vorerst einmal Heinrichs Träume, wenn sie auch ihre stilistische Verwandtschaft mit den wirklichen und dabei poetischen Träumen Kellers nicht verleugnen. Sie eröffnen und signalisieren den Blick in die Tiefenschicht der Person, die sonst nur indirekt zum Ausdruck kommt; sie demonstrieren, in welchem Maße Heinrich am Ende seiner Münchener Zeit auf sich und seine Mutterbindung zurückgefallen ist. Der Träumer hat keinen Gesprächspartner mehr; er muß sich seine Partner erträumen; als wichtigsten ein sprechendes Pferd. Die Innenwelt tritt auch kompositionell an die Stelle der Außenwelt.

In diesem Hervorkehren des Subjektiven liegt durchgehend ein Beitrag zur objektiven Charakteristik des Helden, aber unter Vermeidung einer direkten psychologischen Analyse Heinrichs und seiner Situation. Das ist ein Kunstgriff des Erzählens, der Kellers Not zur Tugend macht. Die Mutter-Sohn-Beziehung, die sich in der stummen Sprache der Bilder des Kunstjüngers ausschweigt, und das Schuldverhältnis, das im Schuldenmachen des Sohnes beredt wird, arbeiten sich zuletzt in der Symbolsprache des Traums heraus. Indem die Zweitfassung auch diese Traumsequenz aus der Erzählung in dritter Person in die Ich-Erzählung des bejahrten grünen Heinrich überführt, wird noch die zur Tugend gewordene Not des Autors ein Moment der Ich-Erzählung des Erzählers Heinrich. Es kennzeichnet die Erzählfigur, daß und wie sie Träume der Handlungsfigur erzählt. Die Erstfassung führt in der Traumerzählung einen Sachverhalt vor, der sich reflexiv nicht auflösen läßt; die Zweitfassung führt in der Traumerzählung einen autobiographischen Erzähler vor, der den Sachverhalt reflexiv nicht aufzulösen vermag – nichts weniger, aber auch nichts mehr.

Doch die Heimkehrträume leisten im Romanaufbau noch mehr. Sie sind die Innenwelt der Außenwelt. Sie verflechten in einer

Engführung die Zeit- und Gesellschaftsproblematik mit der Persönlichkeitsproblematik des grünen Heinrich. Das geschieht auf dem Boden des Subjekts. Die Welt des Romans ist die Welt, gesehen durch ein Temperament. Das Aufscheinen der übergreifenden Problemfelder im Traum unterstreicht, daß sie im Gesamtroman nur in bezug auf Heinrich, nicht an sich vorhanden sind.[151] Es unterstreicht weiter, wie tief in Heinrichs Persönlichkeitskern die objektiven gesellschaftlichen Mächte der Zeit hineinwirken, und es zeigt schließlich, daß Heinrichs Bedenken der Zeitprobleme in bezug auf ihn selbst nur begrenzt erfolgreich ist und seine Problemerfahrungen nicht vollständig aufzulösen vermag; es bleibt ein kruder Rest, der in dem Dunkel der Traumbilder mitgeschleppt wird. Sie enthalten subjektive Verkürzungen und Verzerrungen, aber sie lassen auch radikale Konsequenzen aufblitzen, in denen sich Gegebenheiten tiefer offenbaren als in der Empirie des Alltags, deren intellektueller Durchdringung und diskursiver Erzählung. Wenn beispielsweise der grüne Heinrich von der Brückenhalle der Identität der Nation träumt, wo sich die lebensgroßen Figuren der Wandfresken unter die Passanten mischen und umgekehrt die Passanten in das Gemälde übertreten (VI, 125; B 4, Kap. 7), äußert sich darin die Sehnsucht nach einer Kunst, die unmittelbar öffentlich und unmittelbar zur Wirklichkeit ist. Damit ist ein elementarer Widerspruch in Heinrichs Künstlerexistenz und in der Kunst der Zeit in irrealer und abstruser, aber ebenso eindringlicher Weise kenntlich gemacht.

Mit solcher Gestaltungsweise unternimmt Keller nichts anderes, als daß er das Weltbild der Gattung Roman in der Moderne folgerichtig entwickelt. Der an Wielands Romanschaffen orientierte erste deutsche Romantheoretiker Friedrich von Blanckenburg gibt dafür das Stichwort vom Roman als einer »innren Geschichte«. Goethe spricht in den »Maximen und Reflexionen« vom Roman als einer »subjectiven Epopee«. Der heute fast vergessene bedeutende Aufklärungs-Romancier Johann Carl Wezel nennt den Roman die »wahre bürgerliche Epopöe«.[152] Als subjektives Epos, das die zerklüftete, widerspruchsvolle, abstrakt werdende bürgerliche Welt in der Erfahrung eines Helden reflektiert, kristallisiert der Roman in seiner Gattungsstruktur die allgemeine und umfassende Bedingung und Voraussetzung von Autorschaft im neuzeitlichen Sinne: daß nämlich Kunst subjektgebunden, im Subjekt zentriert ist. Die Welt erscheint als Lebenssumme des Individuums im Roman, um so mehr, wenn er Ich-Roman ist, um so mehr, wenn der Ich-Roman im Material autobiographisch ist, um so mehr, wenn die reale und die fiktive Schreibsituation ineinander gespiegelt werden, um so mehr, wenn diese ineinander gespiegelten Schreibsituationen eine direkte Verlängerung der grundlegenden Erfahrungs- und Handlungssituation des Helden der Romanhandlung sind. Darin liegt aber auch eine Möglichkeit von Objektivität, in der sich alle eben erörterten Momente der Subjekt-Objekt-Dialektik zusammenfassen: Da der moderne Mensch sich nicht mehr in die Welt eingebettet, vielmehr ihr gegenüberstehend erlebt, ist Subjektivität die objektive Bedingung von Erfahrung überhaupt, und sofern der Roman das formkonstitutiv zu machen vermag, hat er die besondere Chance, Anspruch und Bedeutung des Subjekts in der Welt angemessen zur Erscheinung zu bringen. Keller hat das Verhältnis theoretisch bedacht und dabei nur scheinbar Widersprüchliches geäußert. So betont er am 3. Mai 1850 gegenüber seinem Verleger Vieweg: »Die Schuld kann in vielen Fällen an der Gesellschaft liegen, und alsdann wäre freilich der Stoff derjenige eines sozialistischen Tendenzbuches. Im gegebenen Falle aber liegt sie größtenteils im Charakter und dem besonderen Geschicke des Helden und bedingt hierdurch eine mehr ethische Bedeutung des Romans.« Zu Storm heißt es über die Richtung der Bearbeitung am 25. Juni 1878: ». . . alles dieses Mißlingen wird klarer und ausdrücklicher motiviert als eine psychologisch-soziale Frage . . .«, und Wilhelm Petersen erhält am 21. April 1881 den Aufschluß: »Eine eigentliche Verschuldung . . . trifft den Sohn doch nicht, da es sich um die Erfüllung eines Erziehungs- und Entwicklungsgeschickes handelt, an welchem niemand schuld ist oder alle.« Aber schon am 4. März 1851 formuliert Keller gegen Hermann Hettner »die doppelte Tendenz: einesteils zu zeigen, wie wenig Garantien auch ein aufgeklärter und freier Staat, wie der zürchersche, für die sichere Erziehung des einzelnen darbiete heutzutage noch, wenn diese

Garantien nicht schon in der Familie oder den individuellen Verhältnissen vorhanden sind, und andernteils den psychischen Prozeß in einem reich angelegten Gemüte nachzuweisen ...«.
Im »Grünen Heinrich« entspringt aus dem Ernstnehmen und Verantwortlichmachen des Helden eine Dichte in der Wahrnehmung seiner Umwelt, eine Differenziertheit in der Darstellung des Verhältnisses von Held und Welt, die Keller in keinem anderen Werk wieder erreicht hat. Heinrichs seelische Wunden und Narben sind hochsensible Chiffren eines psycho-sozialen Drucks, unter dem er steht. Dem Sohn eines reichen Kaufmanns Wilhelm Meister rückt der Problemzusammenhang von Arbeit, Nutzen und Ertrag nicht auf den Leib. Des unpraktischen Heinrich praktisches Problem bleibt für Wilhelm theoretisch und marginal; Heinrich strandet an ihm, und es wird riesengroß. Wilhelm Meister mag über das Nationaltheater nachdenken. Von politischen Bürgerpflichten erfährt er so wenig wie von politischen Bürgerrechten; von sozialer Isolierung so wenig wie von der ungestümen kompensatorischen Sehnsucht, im Schoß des Volks und Vaterlandes aufgehoben zu sein. Heinrich dagegen will so sehr Bürger sein wie er keiner ist, obwohl er zur Wahl geht, als Rekrut dient, am patriotischen Fest teilnimmt und politische Gespräche führt. Wilhelm Meister reflektiert tiefer und weiter als der grüne Heinrich; der grüne Heinrich leidet mehr und tiefer als Wilhelm Meister. Und doch sind Heinrichs Leiden nicht nur Chiffren, sondern auch Entzifferung der Situation. Wieviel Differenzierteres als in Kellers anderen epischen Werken erfährt man durch sie über die Verschichtung von Alltag und patriotischem Fest; wieviel Spannung hat die Gegebenheit der Liebe als Ehe, der Natur als Kultur, die sonst bei Keller als ruhiger Fixstern wahrer Menschlichkeit dient. Wie deutlich korrespondieren Heinrichs Wunderglaube und die offizielle Staatsreligion als Garantiemächte des Status quo, Bollwerke gegen Revolutionen im individuellen und öffentlichen Leben. In dieser Hinsicht könnte man den »Grünen Heinrich« auch Kellers objektivstes Werk nennen, und zwar gerade aufgrund der Eigenschaften, die ihn den Roman als subjektiv empfinden lassen.
Keller muß etwas von dieser Dialektik gespürt haben, wenn er,

trotz der Selbstkritik vom subjektiven Geblümsel, in einem Brief an Hermann Hettner am 3. August 1853 für sich in Anspruch nimmt, er habe seinen Gegenstand »weit wesentlicher und objektiver aufgefaßt ... als alle die berühmten Herren«, die in letzter Zeit »Knabengeschichten« publizierten.[153] Das spätere Werk Kellers ›objektiviert‹ sich im Verhältnis zum »Grünen Heinrich« darin, daß Gesellschaftskritik fortschreitend weniger im Namen des Subjekts vorgetragen wird.[154] Objektiv unauflösbare subjektive Problemlagen sind schon in der ersten Seldwyler Novelle vordergründig in die Verfügung des Helden verlagert, wenn etwa bei Pankraz dem Schmoller die vielsträngige Lebensverfehlung des grünen Heinrich zur vermeidlichen Unart des Schmollens verharmlost ist. Martin Salander, der Held in Kellers spätem Roman, gehört zum Bild einer schadhaften und scheinhaften Gesellschaft. Heinrich dagegen ist die Mitte einer Welt, die nur in bezug auf ihn existiert und die sich ebenso vor ihm zu verantworten hat wie er vor ihr. Der arme schwache grüne Heinrich in der Klemme seiner Schuld und seiner Schmerzen ist zwar nicht vollkommen – wie Dortchen –, aber die menschlich reichste Figur des Romans. Das erst gibt seinem aus Familienelend entspringenden Lebenselend die Würde und das Gewicht. Sein Leiden ist sein individueller Reichtum; sein individueller Reichtum ist sein Leiden. Sein Unglück ist tiefer als alle Glücksmöglichkeiten einer Welt, in der noch die glücklichste der Ehen, die Eriksons, den faden Beigeschmack des gut gelungenen Geschäftsabschlusses hat. Des grünen Heinrichs grüne Kindlichkeit ist auch überquellende Lebendigkeit, wie sie Keller für sich in Anspruch genommen hat:

»Nun haben wir das Blatt gewendet
Und frisch dem Tod ins Aug geschaut;
Kein ungewisses Ziel mehr blendet,
Doch grüner scheint uns Busch und Kraut!

Und grüner wards in unserm Herzen ...«

(XV/1, 144)[155]

Die Lebendigkeit Heinrichs besteht zuletzt darin, daß er mit seinem Leben Fragen stellt und an ihnen scheitert, die vernünftige Leute vergessen, weil sie ihnen unbeantwortbar sind. Diesen Fragen im Hinblick auf die Bereiche Kunst, Ökonomie, Gesellschaft und Staat gilt es nachzugehen.

Vom Malen schreiben: Kunst und Künstler

Ob Heinrich schreibt oder malt – das Muttergespinst hält ihn fest. Als Maler allerdings ist er der unaussprechlichen Mutter, der Mater, der Materia näher; ist doch die weiße Leinwand das Papier der Frauen (XVI, 15; A I, Kap. 1), und die Malerei terminiert in Öl auf Leinwand. Schreiben ist geistiger; Malen sinnlicher, freilich mit Unterschieden. Der sechzehnjährige Keller entwirft im Anschluß an Lessings »Emilia Galotti« ein Drama, in dem als »Vater des virginischen Opfers ein furchtbar ernster Historienmaler mit republikanischer Gesinnung« auftritt. Im Blick auf ihn hält der intrigante Minister dem Fürsten einen warnenden Vortrag »über den Unterschied zwischen der Historien- und der Landschaftsmalerei, wie diese ein sorgloses lustiges Völklein hervorbrächte, während jene nur von düsteren, wo nicht blutgierigen Graubärten betrieben würde, mit denen sich nicht spaßen ließe. Wenn das traurige Manuskript mir später in die Hände fiel, so war dies die einzige Stelle, welche mir einige Fröhlichkeit erregte.« (XXI, 16) So Keller in seiner autobiographischen Skizze von 1876. Der graubärtige verwitwete Historienmaler gehört offenbar ins Vaterland, und der Sohn Gottfried der Witwe wagt es jedenfalls über ihn zu spaßen, kommt er doch wie der andere Witwensohn Heinrich aus der Gilde der fröhlichen kleinen Landschafter, die dicht bei der Mutter wohnen, sogar an einem kritischen Punkt.

Mehrfach beim Schriftsteller Keller erklingt die Warnung vor einem Aufgehen in der Natur und einem Rückzug in sie, bei dem der Mensch aus der Gesellschaft herausfällt (so XVI, 216; A I, Kap. 8; vgl. auch III, 151; B I, Kap. 13, wo abschätzig von »untätigen Naturbewunderern« die Rede ist). Heinrich ist an dieser Grenze angesichts der prosaischen Berufsratschläge, die der Mutter für ihn zuteil geworden sind. Er fühlt sich »ganz allein und wehrlos mit meinen grünen Bäumen gegenüber dem ernsten kalten Weltleben und seinen Lenkern« (xvii, 62; A 2, Kap. 3). Dagegen preist Heinrich im Gespräch mit dem Schulmeister am Dasein des Landschaftsmalers, daß es keinen Mißton in seinem Tun gebe und er sich nicht mit schlechten Menschen vertragen müsse (iii, 245; B 1, Kap. 21). Heinrichs Landschaftsmalerei neigt einerseits zum Ausschweifenden und Träumerischen, andererseits zum Bluff und zur Attitüde. Leicht erkennt man darin die Allmachtsräusche und die um die Mutter gehenden Phantasiespiele, das Schmollen und Auftrumpfen des Kindes Heinrich wieder, zusamt den Ohnmachten, wenn er spürt, daß an seiner Malerei nichts ist, daß er an der Wirklichkeit abgleitet, daß die Natur seinen Bemühungen widersteht. Er kann sie nicht fassen und halten.

Heinrich malt und zeichnet, wie er Flöte spielt: gefühl- und phantasievoll, aber ohne Technik (iv, 84 f.; B 2, Kap. 8). Männer sind es, die ihn auf die Notwendigkeit der Technik und des bildnerischen Handwerks hinweisen, auf die Treue des Blicks und des Wirklichkeitsverhältnisses, die ihn zur Arbeit und zur Selbstbegrenzung zu erziehen versuchen.[156] Der Oheim im Heimatdorf der Eltern sieht mit dem Blick des Naturkenners das Unsolide von Heinrichs Landschaftsdarstellungen. Aus Goethes Schriften empfängt er den Appell zum Stillhalten vor der Wirklichkeit. Römer orientiert und korrigiert die Produktionen seines Schülers an der Natur. Lys verspottet den »Spiritualisten«, der in München eine altdeutsche Auerochsenjagd, die Schweiz der Völkerwanderung und einen germanischen Eichenwald ohne eine einzige Naturstudie malt (v, 172 ff.; B 3, Kap. 11), desgleichen ein mittelalterliches Städtchen mit vorerst nur gedachter Staffage und eine »sozusagen geologische Landschaft«. In ihr ist Moses unter dem Blick des »prästabilierten Jesuskindes« mit der Herrichtung der Steinplatten für die Zehn Gebote beschäftigt, die zum zweiten Mal aufgeschrieben werden sollen, nachdem die ersten Tafeln zerbrochen waren: Das allmächtige, ruhende Kind im Rücken des sich abplagenden, in der Erziehung der Kinder Israel nicht sehr erfolgreichen Patriarchen.[157] Spiritualismus heißt Schöpfung aus dem Nichts, ohne Arbeit, »das Herausspinnen einer fingierten, künstlichen, allegorischen Welt aus der Erfindungskraft«; »und wenn Romantiker und Allegoristen aller Art den ganzen Tag schreiben, dichten, malen und operieren, so ist dies alles nur Trägheit gegenüber derjenigen Tätigkeit, welche nichts anderes ist als das notwendige und gesetzliche Wachstum der Dinge« (176).[158] Heinrich verfehlt es, indem er Grenzen verwischt – ein »Epigramm, aber keine Malerei« nennt Lys das Mosesbild (176 f.) – und in Ursprüngen gründelt. Eine »verfluchte Himbeerbrühe [von] Abendrot« legt sich während des Gesprächs durch das Atelierfenster auf Heinrichs Bilder und reklamiert sie für Heinrichs Mutter- und Kinderland atmosphärischer Stimmungen. Später durchstößt Erikson das gezeichnete Spinnennetz des brütenden Heinrich, und der borghesische Fechter weist ihn an die Rundheit und Komplexität des menschlichen Lebens in Kunst, Wissenschaft und sozialem Leben.

Dennoch ist die Gegenüberstellung von Heinrichs kindlichem Traumleben im Bereich von Mutter Natur und dem von Männern auch in der Kunst vertretenen Anspruch der Wirklichkeit zu einfach; sind doch die Zeitgenossen unter diesen Vätern allesamt schon in ihrer Schwäche erkannt. Auch die Berufung Heinrichs auf Goethes Ästhetik ist nur halb im Recht, denn dieser versteht den Künstler als Schöpfer einer anderen Natur, als Prometheus, nicht lediglich als spiegelnden Seher. Er ist »schaffender Spiegel«, wie es im Faust-Paralipomenon »Disputation« heißt, eine produktive Potenz, die das Objektive hervorbringt, indem sie sich im Produzieren objektiviert. »Wo Object und Subject sich berühren, da ist Leben; wenn Hegel mit seiner Identitätsphilosophie sich mitten zwischen Object und Subject hineinstellt und diesen Platz behauptet, so wollen wir ihn loben«, sagt Goethe am 28. August 1827 zu Gustav Friedrich Constantin Parthey. Eine subjektlose passive Widerspiegelung ergibt lediglich »einfache Nachahmung der Natur«, nicht aber das Höchste, »Stil«.[160] Im »Grünen Heinrich« dagegen ist zwar beiläufig vom »wirklichen Genie« die Rede (III, 225; B 1, Kap. 20), aber was das sei, bleibt unerörtert; im Gang der Ereignisse spielt es keine Rolle. Da wird Genie von vornherein diskreditiert als »willkürlich genialische Subjektivität« – so eine Notiz Kellers vom Frühjahr 1850 (XIX, 348). Eines der Fahnenwörter der Goethezeit ist bei Keller entwertet, gerade gut für das

»Geniewesen« der frechen und dilettantischen Malerin in der Novelle »Regine« (XI, 94) oder für das »Genie« John Kabys, den Schmied seines Glückes und anderen Autobiographen (VIII, 93). Indem die Mutter und Frau Margret, die Trödlerin, Heinrich als Genie einschätzen, stellen sie die Weichen seiner Lebensbahn falsch (III, 98; B 1, Kap. 9 und VI, 300; B 4, Kap. 15).[161] Beim Oheim auf dem Lande findet Heinrich die Schriften Salomon Geßners und seine Biographie. In diesem Büchlein war »viel von Genie und eigener Bahn und solchen Dingen die Rede, von Leichtsinn, Drangsal und endlicher Verklärung, Ruhm und Glück. Ich schlug es still und gedankenvoll zu, dachte zwar nicht sehr tief, war jedoch, wenn auch nicht klar bewußt, für die Bande geworben« (III, 225; B 1, Kap. 20).

Es erscheint als Zeichen für Heinrichs Unreife, wenn er vor Annas Vater eine Vorstellung von höchster Würde in der älteren Kunstdiskussion aufgreift und den Künstler als Schöpfer preist, doch schon hier geht seine Reichweite nur bis zum »Nachgenuß der Schöpfung« (III, 245; B 1, Kap. 21). Man kann im Namen des ›Kunst‹-Fabrikanten Habersaat den Spott auf den Genieanspruch herauslesen, die Samenkörner des Lebendigen auszustreuen. Hier ist nur »Schwindelhaber« gesät, ein Interesse für das »Sonderbare und Krankhafte« (IV, 66; B 2, Kap. 6).[162] Der Name ist wohl aus dem siebzehnten Kapitel von Jean Pauls »Siebenkäs« entnommen, den der grüne Heinrich während der Lehre bei Habersaat liest – eine homöopathische Kur (IV, 62; B 2, Kap. 5).[163] So ist es ein Zeichen der Reifung, daß sich Heinrich vom genialischen Jean Paul zum objektivistisch mißverstandenen Goethe wendet. »Genie? Wo ist es?«, fragt das haltlose Genie Lys (V, 169; B 3, Kap. 11) – eine denkwürdige Frage für einen Roman, der in der Tradition des Entwicklungsromans ansetzt und in eine Pathologie des Individuums mündet, die zuletzt auch den Grafen, den Sammler von Entwicklungsdokumenten einer Entelechie, einbezieht. Ihm *muß* das Individuelle nicht Kunst sein, um Wert zu haben; den Künstlern *darf* die Kunst nicht individuell sein, damit sie Wert bekommt.

Im Verlust des Produktivitätskerns der klassischen Ästhetik, der Genievorstellung, nimmt die Widerspiegelungsästhetik, deren Predigt Heinrich hört und der er sein schlechtes Gewissen als künstlerischer Subjektivist verdankt, ein fatales Doppelgesicht an: Sie ist als Appell an Fleiß und Können, als Hinweis auf das Gegebene und Gesetzliche ein väterlicher Ruf für den Muttersohn; aber sie zeigt als Forderung an das Subjekt, im Gegenstand, und das heißt für den Landschaftsmaler in der Natur, unterzugehen, auch eine neue Variante der Funktion schwacher Väter, Söhne in den Mutterbereich zurückzuleiten. Nicht zufällig in einem der Heimkehrträume wird – bei der Brücke der Identität der Nation – von einer Kunst ohne Künstler geträumt.[164] Die Figuren des Brückenbildes können lebendig aus ihm heraustreten, die Figuren des Lebens ins Bild eingehen (VI, 125; B 4, Kap. 7). Die Kunst des Künstlers ist es zu verschwinden. Damit offenbart sich aber ein zweiter Aspekt der Kunstausschweifungen Heinrichs. Sie sind auch Ausdruck einer verqueren Selbstbehauptungstendenz als falscher Alternative zu der falschen Forderung sich auszulöschen. So hat sich das Bild vom Seher mit dem Spiegel bereits auf seinen geheimen Narzißmus hin lesen lassen. So ist der Spiritualismus die kontrastive Entsprechung des ›Naturalismus‹, der Subjektivismus die des Objektivismus. Wenn Heinrich nach der Vertreibung aus der Arbeitswelt der Schule ins Paradies der Mutter »eigene Landschaften« nach Motiven am Kachelofen und im mütterlichen Stammbuch erfindet, »worin ich alle poetischen Motive reichlich zusammenhäufte« (III, 196; B 1, Kap. 17), dann bestätigt er darin zugleich »nach dem immerwährenden Mißlingen meines Zusammentreffens mit der übrigen Welt . . . eine ungebührliche Selbstbeschauung und Eigenliebe . . . ich fühlte ein weichliches Mitleid mit mir selbst und liebte es, meine Person symbolisch in die interessanten Szenen zu versetzen, welche ich erfand. Diese Figur, in einem grünen, romantisch geschnittenen Kleide, eine Reisetasche auf dem Rücken, starrte in Abendröten und Regenbogen, ging auf Kirchhöfen oder im Walde oder wandelte auch wohl in glückseligen Gärten voll Blumen und bunter Vögel.« (196) Heinrich – ein Wandrer wie der Vater, zwischen Kirchhöfen und Gärten, zwischen Allmacht und Ohnmacht, muttermächtig und -ohnmächtig, aufgespreizt von ihr umgeben, verschwindend von ihr umgeben.

Heinrichs Dilemma ist aber auch das seiner künstlerischen Umwelt und Epoche. Indem er es ins Extrem treibt, macht er es deutlich und weist gleichzeitig auf äußerste künstlerische Positionen jenseits von Kellers Horizont als Kunstkenner und -kritiker. Heinrichs Wolkenbilder und seine Farbräusche, von ihm selbst mit Mißtrauen betrachtet, wären, umschlagend in Qualität, William Turners atmosphärische Malerei. Heinrichs gezeichnetes Spinnennetz der Mutterbeziehung ist eine Vorerfindung der abstrakten Kunst.[165] »Du hast dich kurz entschlossen und alles Gegenständliche, schnöd Inhaltliche hinausgeworfen! Diese fleißigen Schraffierungen sind Schraffierungen an sich, in der vollkommenen Freiheit des Schönen schwebend; dies ist der Fleiß, die Zweckmäßigkeit, die Klarheit an sich, in der reizendsten Abstraktion!« Eriksons höhnische Ratschläge aus diesem Anlaß gehen noch weiter; sie zielen auf die Transformierung solch abstrakter Subjektivität in abstrakte Objektivität, damit im Spott genau auf den historischen Krisenpunkt, dem die Malerei zutreibt. Heinrichs Gemälde ist durch Strichmuster und Reste gegenständlicher Bedeutung – eben als Spinnennetz – noch der Welt als »materiellem Geschwür« verhaftet (V, 302 f.; B 3, Kap. 15); der nächste Schritt wäre der wahrhaft göttliche Akt, in dem serielle Kunst entstünde als purer Geist, nacktes Ordnungsschema, Dezimalsystem aus Strichkolonnen – endlich ein Verlöschen nicht in der Mutter, sondern ein Auslöschen der Mutter selbst und Rückkehr des schöpferischen Gottkünstlers zu sich. Dieser Ich-Gott wäre Allgott, dieses All wäre Nichts, dieses Genie wäre jedermann, diese Qualität reine Quantität, diese Kunst reine Ware. Der Warencharakter der Kunst wäre identisch mit ihrer Nichtverkäuflichkeit.

Nach traditionellen ästhetischen Normen sind diese Möglichkeiten Unmöglichkeiten. Sogar viel Geläufigeres verfällt dem Verdikt, wie sich an Urteilen von Heinrichs Lehrer Römer über die Landschaftsmalerei zeigt. Er polemisiert gegen die Deutsch-Römer der Genie-Epoche, als deren Repräsentanten er Joseph Anton Koch und Johann Christian Reinhart nennt (V, 47; B 3, Kap. 5), die das Geniebewußtsein des ausgehenden 18. Jahrhunderts in ein heroisch-antikisierendes Pathos idealer Landschaften übersetzt haben. Die »edlen und gesunden Formen« Claude Lorrains, von denen der grüne Heinrich spricht

(IV, 67; B 2, Kap. 6), werden bei ihnen rhetorisch. Schon im Hause des Oheims war der junge Heinrich auf eine Radierung von Reinhart gestoßen (III, 219; B 1, Kap. 19). Die romantische Vertiefung der Landschaft zum Sehnsuchtsraum, zum Symbol der vereinsamten, aber nach Bindung und Verbindlichkeit verlangenden Seele bei Caspar David Friedrich; die spekulative Malerei Philipp Otto Runges; der aggressive Symbolismus des Schweizers Johann Heinrich Füßli treten dagegen nicht in den Blick. Was Römer bleibt, ist der »Glanz gemeiner Naturwahrheit« (V, 48; B 3, Kap. 5) einer Landschaftsmalerei, in der das Subjektive als Emotion zurücktritt und als Impression noch nicht wieder aufgetaucht ist[166], eine Kunst im Gegensatz zu schwächlicher Allegorie und »poetischer« Malerei – kennzeichnend, daß der grüne Heinrich die Kategorie unterschiedslos auf Literatur und bildende Kunst anwendet.[167] Diese poetische, allegorische Malerei ist ein Ausläufer des Geniewesens, in dem es epigonal und dekorativ geworden ist: eine Spielwiese des Ungefähren.

Daß Römer in Sorge ist, sein Schüler Heinrich könne ihm bei der fleißigen Kopierarbeit zu viel von den eigenen Studien wegnehmen, in denen sein einziges Vermögen bestehe (V, 22; B 3, Kap. 2), macht schlaglichtartig deutlich, wie wenig Römer das Eigentümliche als Mitte der Kunst erfaßt, und hier dürfte der verborgene Grund seiner Schwellenangst vor dem durchkomponierten Ölgemälde liegen. Einerseits sind Skizze und Farbstudie im 19. Jahrhundert tatsächlich die Felder, in denen der Traditionalismus und Akademismus zugunsten einer neuen Erfahrung des Lichts und der Gegenständlichkeit aufgebrochen wird. Andererseits liegt wohl doch bei Römer ein letzter Mangel an Produktivität und Durchschlagskraft trotz hohen Talents und ausgebildeter Technik vor, der ihn vor der Bewährung im ›offiziellen‹ Genre des Ölbildes zurückschrecken läßt. Und eben dieser Mann ist es, bei dem die Subjektivität, statt künstlerisch fruchtbar zu werden, in der Zerrform des Größenwahns durchs Leben geistert. Es ist die von Klassik und Romantik überkommene, aber verkommene und verdrückte Lehre vom Künstler als Richter und Retter der Zeit, die hier bewußtlos nachzuckt.

Eine andere Spielart der Subjekt-Objekt-Problematik ergibt sich bei Heinrichs Künstlerfreund Lys. Im Verhältnis Heinrichs zu Erikson und Lys erscheint die Doppelbeziehung zu Judith und Anna im Feld der Freundschaften variiert. Weil Erikson nur Vaterdarsteller, nicht wirklich väterlicher Freund ist, wird die Künstlerfreundschaft mit dem jungen Maler Lys zur Fortsetzung der narzißtischen Selbstbegegnung in Anna. Schon der Name des Holländers, in seiner Muttersprache Lëis ausgesprochen[168], also fast wie ein Plural von Heinrichs Namen, weist auf die Spiegelsituation hin, die ihren Höhepunkt in der Krise der Freundschaft erreicht, einem Duell. Nach dem Kampf träumt Heinrich in der Zweitfassung des Romans, »ich hätte den Freund totgestochen, blutete aber statt seiner selbst und werde von meiner weinenden Mutter verbunden« (v, 283; B 3, Kap. 14). Der andere ist das andere Ich, in der Erstfassung noch krasser Material und Instrument einer pathetischen Selbstdarstellung mit ebenso sadistischen wie masochistischen Zügen. Heinrich »sah jetzt nur das Kreuzen der glänzenden Klingen, mit welchem er das Dasein Gottes entweder in die Brust des liebsten Freundes schreiben oder es mit seinem eigenen Blute besiegeln wollte. Beides reizte ihn gleich angenehm, und er dachte daher an Ferdinand mit ungewöhnlicher Zärtlichkeit, wie an ein köstliches Pergament, auf welches man seine heiligste Überzeugung schreiben will.« (XVIII, 243; A 3, Kap. 6) In diesem Vergleich ist das narzißtische Schreiberwesen Heinrichs zitiert – das Leben Pergament für Heinrich, das Pergament Leben für Heinrich –, und Lys' Worte nach seiner Verletzung sind wie ein Echo der Gedanken Heinrichs: »Der grüne Heinrich hat nur die Feder, mit welcher er seine Jugendgeschichten geschrieben, an meiner Lunge ausgewischt – ein komischer Kauz –« (245 f.). Es unterstreicht den Charakter der ›Spiegelfechterei‹, daß sie um Gott geht, den gemeinsamen abwesenden Vater zu der von Heinrich herbeigeträumten gemeinsamen Mutter, und daß sowohl Lys' Behauptung, »ich würde mit ihm wie ohne ihn ganz der Gleiche sein« (v, 276; B 3, Kap. 14), wie Heinrichs beleidigende Replik: »nicht dein Kopf, sondern dein Herz kennt keinen Gott! Dein Glauben oder vielmehr Nichtglauben ist dein Charakter« (276) auch auf Heinrich deuten.

Wenig später wird Heinrich im Grafenschloß lernen, mit und ohne Gott der gleiche zu sein, und er wird erkennen, daß nicht sein Kopf, sondern nur sein Herz bisher einen Gott gebraucht hat, sein Glaube oder Nichtglaube mithin im höchsten Maße sein Charakter ist.

Gegenüber der ›Schwester‹ Anna besteht die narzißtische Spiegelverkehrung in der Geschlechtsdifferenz. Im Gegenüber zum ›Bruder‹ Ferdinand ist die Spiegelverkehrung eine der Kunst- und Lebensnot. Heinrich in der Mutterbindung kann als bildender Künstler weder sich noch sie darstellen, sondern nur diese Relation: Heinrich in der Natur, das Spinnennetz. Die künstlerische Technik bleibt ihm unerreichbar – Handwerk ist väterlich – und auch in verdeckten Schichten seiner Seele suspekt, weil sie sich für ihn unauflöslich mit der Drohung des Ich-Untergangs im Gegenstand verbindet. Lys' Narzißmus ist nicht, wie der Heinrichs, eine sekundäre Selbstbewahrungshaltung angesichts der überwältigenden Mutter; vielmehr eine primäre Selbstherstellungshaltung, deren Grund in seiner Biographie offen bleibt. Keller ist so sehr von der ödipalen Konfliktlage geprägt, daß ein nicht ödipal bestimmter frühkindlicher Mutterentzug allenfalls als Nullstelle im Roman erscheinen kann, die von seiten des Lesers mit Motivationsvermutungen gefüllt werden muß. Wo Heinrich gebunden ist, zeigt Lys sich jedenfalls unfähig, Bindungen herzustellen. Heinrich ist, wie Lys ihm vorwirft, ein »leeres Schema« (275), weil ganz mit Mutter angefüllt, heiße sie Elisabeth oder Judith, in der er nun das Beste seines Lebens verloren zu haben glaubt (231). Deshalb ist er anderen Lebenserfahrungen verschlossen. Anna ist so sehr Siegel wie Spiegel. Lys frißt Welt und erfährt, daß er immer leer bleibt dabei, auch er ein leeres Schema, aber weil die Erfahrungen durch ihn hindurchlaufen.

Entsprechend verhält sich Lys' Malerei zu der Heinrichs.[169] Sein leeres Ich sträubt sich nicht gegen Technik und Handwerk; es schlüpft vielmehr virtuos in alle Ausdrucksformen hinein, allerdings nur um festzustellen, daß ihre Beherrschung keinen Inhalt gibt und keine Individualität des Stils herstellt. Weil aber das Ich bei Lys so sehr auf sich und seinen Weltgehalt dringt und dieses Dringen so unbefriedigt bleibt, muß die virtuos und maskenhaft beherrschte Technik in Kostümierungs- und Entlarvungsbildern des Ich glänzen. Nicht weil das Ich sich nicht objektivieren ließe – wie das bei Heinrich der Fall ist –, sondern weil es in seiner Isolierung nicht ist, kann der Egozentriker Lys ebensowenig wie Heinrich ein Selbstporträt malen, obwohl das sein Thema wäre; einen wahren »Kultus der Persönlichkeit« schreibt ihm die Erstfassung des Romans zu (XVIII, 126; A 3, Kap. 4). Er vermag sich nur als Rolle in rollenhaften Beziehungen darzustellen, wobei wie in der Landschaftsmalerei auch bei diesem Maler der Menschenwelt zwischen Skizze und Ölbild zu unterscheiden ist.

Das Skizzenbuch ist eine Vorformulierung insofern, als Lys hier unverhüllt in der Gegenwart seiner jeweiligen Liebesaffären erscheint und auch deren Gegenstände porträtmäßig darbietet. Durch die Stilisierung auf typische Abläufe mit typischen Stationen hin werden alle diese Geschichten zu Varianten eines Modells, die Frauen zu Exemplaren, das Buch wird ein »Schmetterlingsbuch« voller Trophäen (V, 169; B 3, Kap. 11). Die Kostümierung und Rollenhaftigkeit liegt darin, daß Lys dieses Schmetterlingsbuch im altdeutschen Stil zeichnet, den im München der Zeit Peter von Cornelius, die beherrschende Gestalt des Akademiebetriebes, vertrat. Lys, den man sich als Corneliusschüler denken möchte, hat sich ironischerweise in Italien, wo Cornelius die altdeutsche Formsprache der sogenannten Nazarener vollendete, zum fortschrittlichen, »realistischen«, italienischen Stil Raffaels, Michelangelos und der Venezianer gewandt (XVIII, 124 f.; A 3, Kap. 4); er stülpt also im Skizzenbuch zitathaft den selbst schon zitathaften, frommen, eben nazarenischen Stil, der nicht mehr seiner ist, seinen Gegenständen über. Wo sein Anspruch gewichtig wird, in seinen großen Ölbildern, malt er in der Grundtendenz italienisch-realistisch. An die Stelle der rollenhaften Darbietung tritt die Rolle als Inhalt des Bildes, wenn er sich als Hamlet oder Salomo darstellt. Das Kostüm weist einen Träger auf. Ferdinand Lys ist in allen Rollen, weil keine er ist. Jede Rolle stellt ihn dar, jede Rollenbeziehung weist auf ihn, jede demaskiert ihn als leer in leeren Relationen. Keine Geschichten mehr, statt dessen Beziehungsformeln.[170]

In solchem Sinne ist der Maler Lys das, als was er andere sieht, ein »Phänomen« (XVIII, 152; A 3, Kap. 5), das heißt ein Scheingebilde, und sein aktuelles Liebesverhältnis treibt auch im Objekt seines Begehrens das Scheinhafte exemplarisch heraus. Es ist, wie er es sieht, von »elementarischer Unschuld«, im Gesicht »außer zwei unschuldigen großen Sternenaugen ... fast kein Inhalt« (V, 170; B 3, Kap. 11) – keine Frau für ihn, kaum ein Mensch, ein »Naturspiel« (V, 192; B 3, Kap. 12), ein Opferlamm namens Agnes, eine Kostümpuppe seiner Beziehungsspiele. Bei der Münchner Künstlerfastnacht kleidet Lys diese Puppe als Jägerin und Mondgöttin Diana ein; im Haar die »blanke Mondsichel«, das »Gesicht ... weiß wie Mondschein« (V, 211 f.; B 3, Kap. 13), auch der Mond ein »Phänomen« ohne eigenes Licht. Es ist charakteristisch, daß der Kostümkünstler ausgerechnet auf diesem Kostümfest er selbst wird. Nachdem alle anderen längst in ihre Identität zurückgekehrt sind, bleibt er im Gewand eines assyrischen Großkönigs, Jägers und Prachtmenschen, nur um zuletzt aufs jämmerlichste aus der Rolle zu fallen in der Werbung um die schöne Rosalie, Eriksons Geliebte, und nacheinander drei banale Charaktermasken des bürgerlichen Alltags zu zeigen: erst den schmachtenden Liebhaber, dann den brutalen Konkurrenten des Freundes Erikson und ganz leise noch den Geschäftsmann der Ehe, der mit hohem Spieleinsatz die schöne reiche Braut einzukaufen meinte.

In Wirklichkeit hat er – gegen seinen Willen – eine vierte Rolle gespielt, den Ersatzmann und Brautwerber für Erikson, denn Lys' Werbung endet mit Eriksons Verlobung. »Da hab ichs nun! Das ist die Folge, sobald man sich einmal selbst hingibt.« (V, 255; B 3, Kap. 14) Was er nun hat, ist, daß ihn »vielleicht ... zum ersten Mal ... die Empfindung von der dunklen leeren Stelle in seinem sonst so reichen Wesen überschattet« (255). Tiefsinnigerweise ist die schöne Braut Eriksons im Kostüm der Venus erschienen, derzuliebe Lys seine Agnes-Diana schnöde verläßt, beide weniger Personen mithin als Repräsentationen in dem von Lys geliebten Ritual, an dessen Anfang immer Jungfrauen und an dessen Ende immer Frauen stehen. Es liegt in der Linie dieses Tiefsinns, daß Lys, während er in der Erstfassung des Romans im Duell mit Heinrich tödlich verletzt wird, in der zweiten Fassung die Malerei aufgibt, »weil man die Augen dazu brauche« (v, 305; B 3, Kap. 15), und Kandidat für die Deputiertenkammer seines Landes wird. Der immer nur sich gesehen hat, hat seine Blindheit erkannt. Auf dem Künstlerfest hat der Repräsentant Lys den grünen Heinrich zum Narren gehalten, indem er ihn zu seinem Stellvertreter bei Agnes zu machen suchte. Jetzt wird der, welcher immer nur als Ich-Repräsentant aufzutreten vermochte, ein politischer Repräsentant, wozu er nach der skeptischen Zeiterfahrung des älteren Keller ein Ich nicht unbedingt zu sein braucht.

Lys' Kunst-Lebens-Debakel faßt sich in seinem wichtigsten Bild, der Bank der Spötter, zusammen, in dem das Motiv der Maskierung und Demaskierung auf die Spitze getrieben ist. Dieses repräsentative Ölbild wendet sich an niemand als den Maler selbst und die wenigen, die er an seine Stelle treten läßt. Das Ölgemälde ist dem Anspruch nach fertig – im Gegensatz zu Studie und Skizze. Aber Lys malt seine Bilder nicht zu Ende, weil sie sich als vollendete von ihm ablösen und damit die Öde seines Lebens noch vergrößern würden. Die Unabgeschlossenheit macht auch sie zum Beziehungssurrogat. Was zeigen sie ihrem Urheber? Der Nichtchrist Lys kleidet sein gemaltes Selbstgericht in den Wehespruch des ersten Psalms über die Spötter ein, die am Leben nicht teilhaben, weil sie nicht nach Gottes Gebot leben. Der Feind der Epigramme malt ein Epigramm; der Verächter allegorischer Bilder malt eine Allegorie. Absicht und Wirkung des Bildes sind verneinender Natur, aber die Ausführung ist mit wärmstem Leben getränkt (v, 164; B 3, Kap. 11); die zerstörende Kritik ist aus naivstem Wesen gemalt (165). Die Figuren des Bildes sind in das Kostüm des 18. Jahrhunderts gekleidet und stellen das traditionelle Gruppenbild einer konversierenden, musizierenden, trinkenden Herrengesellschaft mit Dame, aber das Motiv ist befremdlich variiert, denn während es für gewöhnlich das Festliche des Lebens in der Feier des gesellschaftlich-geselligen Miteinander bezeugt, sind hier die Figuren so angeordnet, daß keine mit der anderen in Blickwechsel steht. Die üppige weibliche Figur befindet sich mit dem Rücken zum Bildbeschauer. Alle anderen begegnen seinem Blick, sogar der Jüngling, der dem Mädchen sein Glas zum Trinken hinhält. Sie haben nichts miteinander zu schaffen; sie bevölkern eine Welt ohne Sinn und Gehalt in sich, und zum Zeichen dessen dient die exzentrische Schwerpunktbildung jenseits des Bildes im Betrachter, der durch die Blicke hinaus als Hineinblickender und sonst nichts ausdrücklich beansprucht wird.

Der Seher im Goethe-Gleichnis des grünen Heinrich sieht den Festzug des Lebens, indem er ihm gegenübersteht, mit treuem, unbescholtenem, wenn auch melancholischem Auge. Der Betrachter von Lys' Bild, den die sentimentalen, zynischen, höhnischen Blicke seiner Bildfiguren seinem Lebenszusammenhang entrücken, muß mit sentimentalem, zynischem, höhnischem Blick ins Leere des Bildes blicken. Die Blicke aus dem Bild präformieren die Blicke ins Bild. Der Seher begegnet sich als nichtig, und so hat das Bild auch kein Thema, sondern thematisiert seine Funktion: universales Durchschauen als universales Durchschaut-Werden. Demgemäß stehen die männlichen Figuren des Bildes stellvertretend für alle Varianten Mann zu sein. Sie sind die Auseinanderfaltung der Möglichkeiten des Repräsentanten Lys, der alles repräsentieren kann, weil er nichts ist und keinen Partner hat. Deshalb steht im Bild allen Möglichkeiten Mann zu sein nur ein blinder Fleck Frau gegenüber, das gehaltlose Rätsel Ich zum Rätsel Frau erklärt. Der grüne Heinrich kann die Mutter nicht malen, weil er sich nicht von ihr lösen kann, und malt doch nur die Mutterbindung. Lys' Ölbilder zeigen den Mann dem Rätsel Frau konfrontiert: Salomo, der Verfasser des Hohenliedes, dem doch alles eitel ist, und die Königin von Saba, beide einander undurchdringlich; Hamlet, dessen Schicksal das Rätsel Mutter ist; eine nackt zum Baden im Bach sich anschickende Königin, bodenlos und doch scheinbar »auf dem heiligsten Rechtsboden« (XVIII, 128; A 3, Kap. 4). Von drei bis vier Bildern spricht Heinrich in der Erstfassung des Romans seltsam ungewiß, und wirklich kann in der Zweitfassung das Bild der badenden Königin verschwinden, so daß mit der »Bank der Spötter« drei Werke zurückbleiben, weil das Geheimnis der Königin nichts ist als der irritierte Blick des betrachtenden Malers und malenden Betrachters.

Die gleiche Ungewißheit des Zählens wiederholt sich angesichts der Spötter, bei denen Heinrich von vier bis fünf Männern redet, die auf einer halbkreisförmigen Bank zu Oppositionen angeordnet sind und noch einmal Oppositionen in sich tragen: ein greisenhafter Jüngling und ein jünglinghafter Greis – die Lebensalter; ein Abbé mit stechendem Blick und ein mitleidiger Offizier – die Stände; alle in Selbstwidersprüchen, die sie als ›Ekstasen‹ von Lys kenntlich machen. In der Mitte, dem Betrachter genau gegenüber, Hanswurst – wie der Joker im Kartenspiel die Möglichkeit aller Möglichkeiten, der Stellvertreter schlechthin, die Person als Unperson. Die Frau aber mit dem Rücken zum Betrachter ist doch nicht nur die leere Fläche, worauf Lys sich, ohne sich zu erkennen, abbildet. Sie ist auch das ganz andere, die Wirklichkeit, von der Heinrich gebannt ist und von welcher der ›Realist‹ Lys nicht einmal etwas weiß. Die ›Irrealität‹ des Realen für Lys und der ›Realismus‹ seiner malerischen Mittel entsprechen einander ähnlich widerspruchsvoll wie Spiritualismus und Naturalismus bei Heinrich. Lys stürzt sich in den Realismus als Technik, aber statt damit Realität sicherzustellen, entlarvt er sich. Er spielt mit Phänomenen. Als sich die Realität ihm zuwendet, trägt sie das Gesicht Rosaliens, und er ist im Bild: als Hanswurst, der Narr mit der unerreichbaren Rose Rosalie vor dem Mund. »Das Narrengefecht« heißt die Überschrift zum Duell zwischen Lys und Heinrich (V, 227; B 3, Kap. 14). Es findet unter den Augen dieses Bildes statt.

Auch Lys' Malerei gehört in die Kunstszene der Zeit und hilft sie im Roman aufbauen. Die Landschaftsmalerei steht neben der rhetorischen Großgattung der bildenden Kunst des 19. Jahrhunderts, der Historienmalerei. Diese ist im deutschen Kulturraum tonangebend bis zu Hans Makart, an dem auch ihr Unwahres am schärfsten heraustritt. Sie ist Dekoration, effektvolle Kulisse eines in seinen zeitbewegenden Kräften unanschaulichen bürgerlichen Lebens. Von Max Liebermann geht die Anekdote, er habe einem um Motive verlegenen Kollegen, der den Repräsentationsraum einer Bank zu dekorieren hatte, den Rat gegeben, er möge die verschleierte Bilanz und die nackte Pleite malen. Bei Lys liest es sich in der Erstfassung des Romans so, »daß diese großen Realisten schon alles getan, was in unserm Jahrtausend vielleicht überhaupt erreicht werden konnte, und daß wir einstweilen weder so erfinden und zeichnen werden wie

Raffael und Michelangelo, noch so malen wie die Venetianer. Und wenn wir es könnten, . . . so hätten wir keinen Gegenstand dafür. Wir sind wohl etwas, aber wir sehen wunderlicherweise nicht wie etwas aus, wir sind bloßes Übergangsgeschiebe. Wir achten die alte Staats- und religiöse Geschichte nicht mehr, und haben noch keine neue hinter uns, die zu malen wäre, das Gesicht Napoleons etwa ausgenommen . . . ›Der Teufel soll den holen, welcher behauptet, ergriffen zu sein von dieser Versammlung von Bärten und Nichtbärten, welche die Arme ausrecken und gestikulieren!‹ Von dem Anlehnen des Malers an die Dichtung oder gar an die Geschichte der Dichtung wollte er . . . nichts mehr wissen; denn seine Kunst sollte nicht die Bettlerin bei einer anderen sein.« (XVIII, 125; A 3, Kap. 4)
Hier fallen alle Stichworte der Zeitkritik. In Frankreich laufen Glanzlichter über die Gestaltlosigkeit der modernen Gesellschaft: die erschütternden Szenen der Revolutionen, die undurchdringliche, noch im Nachhinein beherrschende Figur Napoleons mit ihren geschichtlichen Wirkungen, die Exotik des durch Kolonialkriege nahegerückten Nordafrika. Von hier holt die Kunst, soweit sie nicht Landschafts- und Porträtmalerei ist, bis zu Géricault, Delacroix und Auguste Raffet inspirierende Motive. Von hier kommt ihr – was noch wichtiger ist – der Schwung und die Eindringlichkeit einer Verweigerungsgeste gegenüber dem Juste-milieu zu, wie sie sich psychologisch-analytisch in den literarischen Werken Stendhals findet. Im deutschen Kulturraum zeigt sich dagegen unerbittlich, daß Geschichte, Mythologie und Bibel nicht mehr eine Gemeinsprache aus Bildern abgeben, die noch in der individuellen Transformation Verbindlichkeit behält. Sie sind zu einem Theaterfundus von Themen verkommen, aus dem man sich so beliebig bedient wie im Arsenal stilistischer Möglichkeiten bis hin zur Vertauschung der Ausdrucksziele der Künste, wie sie der grüne Heinrich an der modischen Zeiterscheinung poetischer Malerei und malerischer Musik beobachtet (V, 160 f.; B 3, Kap. 11). Die Aufbruchsepoche des Bürgertums gegen Ende des 18. Jahrhunderts hat die umfassenden geschichtsphilosophischen Entwürfe hervorgebracht, nach denen die Moderne in unaufhebbarer Geschiedenheit vom Gewesenen, im Herausarbeiten der Eigen-

tümlichkeit und Einzigkeit des historischen Moments das humanitäre Versprechen vergangener Epochen einzulösen habe. Das Individuelle entfaltet sich nicht nur im einzelnen, sondern auch in den geschichtlichen Phänomenen. Klassik und Romantik haben der Kunst als Zeitausdruck und Zeitkritik eine entscheidende Rolle in der historischen Menschwerdung des Menschen zugedacht. Jetzt ist einem flachen Historismus und Eklektizismus alles gleich nah und gleich fern.

Weil alles geht, geht nichts mehr. Es gibt einen degenerierten Fortschrittsgedanken von dem ebenso richtigen wie banalen Bonmot »man wählt nach der Natur keine Motive, die wie aus alten Kupferstichen aussehen! Man muß mit der Zeit leben und vorwärts schreiten« (VI, 54; B 4, Kap. 4) bis zum dummen Auftrumpfen gegen das »Geschwätz des sogenannten Goethe von Hackert, Tischbein und dergleichen« (III, 217; B 1, Kap. 19). Daneben aber steht eine blasierte Einsicht, in die sich beim neuen Salomon Lys die alte salomonische Weisheit verwandelt hat, es gebe nichts Neues unter der Sonne. Er resigniert vor den Leistungen der Alten, weil er sie als unüberwindliche Konkurrenten empfindet, nicht als Provokateure, anders und eigen zu sein. Und dabei ist Lys anders und eigen und weist – wie Heinrich mit Farbrausch und Abstraktion – auf eine weitere für Keller als Maler noch unannehmbare Position der Moderne vor mit dem Programm: nicht mehr die Risse kitten und verstellen, vielmehr die Widersprüche aufreißen. Dem ungenannten Vorläufer Füßli, auch Kellers spätem Freund Arnold Böcklin verwandt, steht Lys an der Schwelle der privatmythologischen, das imaginäre Museum der Geschichte, Mythologie und Religion ostentativ plündernden Selbst- und Zeitinszenierung, wie sie Chirico, Salvador Dali oder Max Ernst nach verschiedenen Richtungen hin betreiben. Lys gerät dabei sogar in die Nähe selbstzerstörerischer, noch die Bild-Betrachter-Relation zerfressender Spiegelbilder, wie sie gegenwärtig etwa Johannes Grützke produziert.[171] (Abb. 10)

Das Hineinfallen Heinrichs in seine eigene Bildwelt, die Selbstadressierung von Lys' Bildern demonstrieren in der Krise des Verhältnisses der Kunst zu ihren Gegenständen noch ein weiteres: die Krise im Verhältnis der Kunst zu ihrem Publikum, einen Verlust ihrer gesellschaftlichen Funktion, der breite Darstellung im Roman findet. Seit der Genie-Epoche stellt sich die Frage, welchen Anspruch auf Interesse und Kaufkraft eine Kunstproduktion geltend machen kann, in welcher der Künstler seine Individualität bearbeitet und ausstellt. Diese Frage muß sich in dem Maße verschärfen, in dem das Individuum sich selbst und seine Dignität in der Gesellschaft verliert und aufgibt. Der grüne Heinrich möchte in einer naiven Zuversicht voraussetzen, daß Fleiß und malerisches Können, gute Themenwahl und materieller Erfolg eine Art von natürlicher Harmonie darstellen, aber jeder dieser Töne erweist sich in der Realität als gebrochen. Nicht nur hat Heinrich seine privaten Schwierigkeiten mit der Ausbildung seiner malerischen Begabung; auch allgemein hört man im Roman zwar viel von der Künstlerstadt München, aber wenig von der Münchener Akademie als maßstabsetzender Ausbildungsstätte. Es gibt keine Maßstäbe außer flotter Technik, und es ist von bösem Witz, daß der flotteste Techniker, der einzige, den Heinrich einmal um Rat fragt, ihm auch flott sein Motiv klaut und es ins Gängige abwandelt (VI, 36; B 4, Kap. 3). Und der Gegenstand in Relation zum Verkaufswert? Es sagt viel, daß Heinrichs Überlegungen zum Sinn der Naturmalerei für ein Publikum kaum über das sehr frühe Gespräch mit Annas Vater hinausgehen. Soweit Heinrich bei dieser Gelegenheit überhaupt beim Thema bleibt und nicht in den Selbstgenuß seines imaginativen und imaginierten Schöpfertums ausschweift, steht die darzustellende Natur in einem Zwielicht zwischen Andachtsgegenstand – vielleicht nach der Art der Landschaftsmalerei Caspar David Friedrichs – und harmlosem Wirklichkeitssurrogat. ». . . in den Städten, in den Häusern der Vornehmen, da hängen schöne glänzende Gemälde, welche meistens stille grüne Wildnisse vorstellen, so reizend und trefflich gemalt, als sähe man in Gottes freie Natur, und die eingeschlossenen gefangenen Menschen erfrischen ihre Augen an den unschuldigen Bildern und nähren diejenigen reichlich, welche sie zu stande bringen!« (III, 245 f.; B 1, Kap. 21).

Heinrich jedenfalls wird von seiner Kunst nicht reichlich genährt. Vielmehr bleibt ihm als Maler »die Welt des Erwerbes wie durch eine Mauer verschlossen, an welcher ich keine Tür fand« (VI, 57; B 4, Kap. 4), bis sich zuletzt die schmale Pforte Schmalhöfers öffnet, der Kunst als Trödel verkauft. Dabei gibt es so viele Türen zu Kunsthandlungen und Verkaufsausstellungen. Aber die Kunsthandlungen sind leer von Käufern – lediglich einmal werden ein paar Kenner als Dunkelmänner gesichtet (52 f.) –, und die Ausstellungen, statt das Verhältnis von Kunst und Publikum zur Erscheinung zu bringen und das zerstreute Interesse einer bürgerlichen Massengesellschaft zu sammeln, stellen sich Heinrich so feierlich und geheimnisvoll wie die katholische Kirche dar – ein erster, fast noch kindlicher Eindruck (IV, 48 f.; B 2, Kap. 5), der doch die Wahrheit enthält, daß hier wohl ein Tempel, aber nicht der Malerei, sondern der Götter des Zufalls und des Kommerzes steht. Römer leidet Not, und Habersaat ist unter den Künstlern der Mann des Kunstwerks im Zeitalter seiner technischen Reproduzierbarkeit. Wozu Originale, wenn das Originale der Werke nicht mehr gelten soll? Fabrikmäßig produziert er mit Hilfe eines Proletariats von Kunstarbeitern für den Geschmack eines möglichst breiten Publikums. Seine Belanglosigkeit als Künstler besteht nicht zuletzt darin, daß für ihn das künstlerische Bedürfnis nach Welt- und Selbstausdruck gar nicht aufkommt.

Das Satyrspiel zum Thema allerdings liefert Heinrichs zweiter Malerfreund Erikson. Der große starke Mann malt an sich selbst vorbei, wenn auch mit einem gewissen Unbehagen, das sich als Faulheit äußert, spärliche genrehafte Bildchen und stößt damit auf eine ökonomische Nische, in der er ein bescheidenes Auskommen findet, aber keine Selbstverwirklichung und Selbstdarstellung. Die Geschichte, wie er zu seiner schönen reichen Braut kommt, entfaltet die Paradoxien des Kunstbetriebes. Die Brauerswitwe Rosalie, »die nicht gerade im Rufe einer Kunstfreundin stand, sondern mehr in Erfüllung einer Anstandspflicht reicher Leute sich an diesen Dingen beteiligte« (V, 182; B 3, Kap. 12), gewinnt einen echten Erikson bei einer der jährlichen Verlosungen, die mit der Kunstausstellung verbunden sind, und vergißt das Bild alsbald so gründlich, daß ihr die Kiste mit dem unausgepackten Meisterwerk als Fußschemel dient: Kunst deckt keinen Bedarf. Erikson versucht das Bild von ihr zurückzukaufen in der Hoffnung, aus der Differenz von Rückkaufspreis und Wiederverkaufspreis einen kleinen Gewinn zu schlagen und so »der Mühsal der Erfindung und Ausführung eines neuen Werkleins für einmal enthoben zu sein« (182): Kunst entspringt keinem Schaffensbedürfnis. Rosalie wendet ihre Anteilnahme, statt auf das schöne Bild, auf den schönen Künstler: Kunst ist kein Personausdruck. Und sie bestellt, um ihre Abschweifung zu kaschieren, bei ihm ». . . ein Gegenstück zu dem Bilde . . ., das ebenso freundlich und friedlich auf das Auge wirke, so daß sie sozusagen für jedes Auge einen solchen Ruhepunkt hätte, wenn sie an ihrem Schreibtische säße, über welchem sie die Bildchen aufzuhängen gedenke« (185 f.): Das Kunstwerk ist sinnlos als Verdoppelung der Verdoppelung der Realität, damit »optischer Unsinn« (186). Heinrich müht sich beim Malen, ohne verkaufen zu können; aber Erikson macht sein Glück, ohne malen zu müssen. Was den Künstler erniedrigt, in Gestalt seines Bildes zum Fußschemel gemacht zu werden, erhöht den Liebhaber, der sich aufgrund der guten Partie zum Bilderliebhaber und Kunsthändler erhebt – die einzige Künstlerkarriere, die im Roman gemacht wird. An Eriksons Erlebnis zeigt sich die Realität des Kunstwesens; an Heinrichs Erlebnissen die Fata Morgana. In den Scheinverkäufen der beiden Bilder, die Heinrich sozusagen als Meisterstück und Freibrief am Ende seiner Malerlaufbahn anfertigt, spitzt die Erstfassung des Romans die Scheinhaftigkeit des Kunstbetriebes zum Aperçu.

Denn noch weniger als für den individuellen ›Konsumenten‹ hat die Kunst eine Funktion für den kollektiven ›Konsumenten‹, die Öffentlichkeit. Als Lückenbüßer für den entwischten Lys taucht bei Agnes die Episodenfigur des Gottesmachers auf, ein fromm-katholischer Kunsthandwerker und guter Mensch, der sein reichliches Auskommen in der Anfertigung religiöser Gebrauchskunst hat. Die Kunstidylle rundet sich, indem er in der verlassenen Agnes eine Frau findet (V, 295 ff.; B 3, Kap. 15). Nicht genug mit der Pointe einer Eheschließung zwischen Frömmigkeit, Kunst und phänomenaler Scheinhaftigkeit; die ältere Fassung des Romans hält darüber hinaus die Ironie bereit, daß das Opferlamm Agnes im Augenblick des Jaworts ihren katholischen Glauben verloren hat (XIX, 9; A 4, Kap. 1): das Modell künftiger Madonnen? Nicht besser steht es mit dem Staat und der säkularen Gesellschaft als potentiellen Auftraggebern. Heinrichs Traum der Identität von Kunst und Leben in der Identität der Nation wird in der Erstfassung des Romans noch dergestalt erläutert, daß die Brückengemälde Freskomalereien für das gesamte Volk sind, die Gebildeten und die Ungebildeten, »denn die Bedeutung der alten Freskomalerei liegt in ihrer tüchtigen Verständlichkeit und Gemeingenießbarkeit, während die Vorzüge der neueren Malerei ein geübtes Auge erfordern und das Volk sich den Teufel um gebrochene Töne kümmert.« (XIX, 163; A 4, Kap. 7) Doch dieser Traum der Kunst aus allen für alle ist schon in dem bescheidenen Sinne illusionär, daß es in der Schweiz, wie sie in den Blick kommt, keinen öffentlichen Auftrag der Kunst gibt.[172] Die Republikanerstadt der Erstfassung und ihre imaginative Variante, Heinrichs Vaterstadt, zeigen ihren Stolz gerade darin, daß sie keiner modernen künstlerischen Repräsentation bedürfen. Das hoch aufragende Symbol des Bürgergeistes ist das mittelalterliche Münster, das Symbol der alten, in der Reichsunmittelbarkeit wurzelnden Freiheit das riesige Standbild Karls des Großen (XVI, 7; A 1, Kap. 1), Monumente der Geschichte, nicht der Gegenwart.

Die zweite Romanfassung läßt dann das Idealbild der republikanischen Bürgerstadt völlig beiseite. Das ist doppelt bemerkenswert, weil Keller seit 1856 mit dem berühmten Architekten Gottfried Semper, Erbauer des Zürcher Polytechnikums und Professor an dieser Hochschule, eng befreundet war, einem Liberalen wie Keller, der gleich ihm in zunehmenden politischen Pessimismus geriet und an seinem Ideal verzweifelte. Es bestand darin, eine Architektur zu entwickeln, die historisches Ornament und moderne Funktionalität vereinigen, Technik, Kapitalismus, Kultur und Demokratie zusammenbinden sollte. »Die wenigsten sehen ihre hochstrebenden Jugendträume vollfüllt, und zwar dennoch nur auf Kosten der Wirklichkeit durch Negation des Gegenwärtigen und phantasmagorisches Zurückbeschwören des Vergangenen. Die anderen sehen sich auf den Markt geworfen und suchen ein Unterkommen, wo sie es fin-

den.«[173] Diese Sätze Sempers könnten als Motto über dem »Grünen Heinrich« stehen.
Sie wirken auch wie ein Kommentar zum Anblick der Kunststadt München, dessen breite Ausmalung in der Zweitfassung des Romans geschmälert wird (v, 148 f.; B 3, Kap. 10). Die Schweiz hat ein Bürgertum ohne Repräsentationsarchitektur; der grüne Heinrich muß zur Ausbildung nach Deutschland gehen, wo trotz aller politischer Erstarrung die kulturelle Bewegung kräftiger ist – aber er findet in München eine architektonische Repräsentation ohne Bürger. Das »aufgeregte Leben auf den Straßen« wird von den exotischen Blüten der bürgerlichen Gesellschaft beherrscht. »Schöne und fratzenhafte Künstlergestalten« (xvi, 61; A 1, Kap. 3), »Studenten in Schnürröcken und silbergestickten Mützen«, »gepanzerte Reiter mit glänzenden Stahlhelmen«, »üppige Kurtisanen«, »alte dicke Weiber«, »dünne schwarze Mönche« tummeln sich, während Bürger in diesem Tableau, das sich Heinrich bei seinem Einzug bietet, nur als »wohlgenährte Spießbürger« unter offenen Hausfluren »hinter gebratenen Gänsen und mächtigen Krügen« verschanzt sichtbar werden. Eine Operettenstatisterie in einer phantasmagorischen Kunstkulisse, deren Bestandteile untereinander und zur Moderne beziehungslos sind: »Da glühten im letzten Abendscheine griechische Giebelfelder und gotische Türme; Säulen der verschiedensten Art tauchten ihre geschmückten Häupter noch in den Rosenglanz, helle gegossene Bilder, funkelneu, schimmerten aus dem Helldunkel der Dämmerung, indessen buntbemalte offene Hallen schon durch Laternenlicht erleuchtet waren ... Königsburgen, Paläste, Theater, Kirchen bildeten große Gruppen zusammen, Gebäude von allen möglichen Bauarten, alle gleich neu, sah man hier vereinigt, während dort alte geschwärzte Kuppeln, Rat- und Bürgerhäuser einen schroffen Gegensatz machten ... Steinerne Bildsäulen standen vor ernsten byzantinischen Fronten, die still und hoch in den dunkelnden Himmel hinauf stiegen ... alles wie erst heute und zur Mustersammlung für lernbegierige Schüler aufgestellt.« (60 ff.) Die ›poetische‹ Wirklichkeit überbietet die wirkliche ›Poesie‹ des von Heinrich in München gemalten mittelalterlichen Städtchens. Die Flucht aus der Realität in die Phantasie, die

rückwirkend die Realität überwuchert, ist nicht nur Heinrichs Krankheit, sie gehört zur Charakteristik der Realität dieser Epoche selbst.

Die kontrastierende Darstellung des Tellspiels in Heinrichs Dorfheimat und des Münchner Künstlerfestes, die schon durch die Kapitelüberschriften »Das Fastnachtsspiel« und »Wiederum Fastnacht« einander zugeordnet sind, verschärft und verfeinert das Situationsbild (IV, 160; B 2, Kap. 13 und V, 196; B 3, Kap. 13). Das Tellspiel im Heimatdorf ist gerade so sehr Selbstdarstellung des Volkes wie es keine Kunst ist. Schillers Drama geht im Volksfest auf und unter. Das Münchner Künstlerfest hingegen ist eine Selbstinszenierung der Künstlerschaft, die zum großen Teil aus Fremden besteht, in einem sorgfältig komponierten Festzug und Festprogramm, wohl in Anwesenheit des Königs und vieler Zuschauer, aber dabei doch auf die Scheidung von Kunstdarbietung und Publikum, »Traumwelt« und »Machtkreis« des »wirklichen Königs« abgestellt (V, 214; B 3, Kap. 13). Mögen in den Privatschicksalen der Beteiligten Spiel und Wirklichkeit sich verschichten – in den Liebesschicksalen von Erikson und Rosalie, Agnes und Lys, zwischen denen sich der grüne Heinrich als Narr herumtreibt –, für das Verhältnis von Kunst und Gesellschaft ergeben sich ganze Stufenleitern der Ironie gerade aus der tiefen Beziehungslosigkeit bis in die Wirkungen des Festes hinein:

Die Künstler werden wirklich in der Festvorbereitung eine Gemeinde Gleichstrebender, aber im Verhältnis zur Stadtbevölkerung sind sie damit erst recht eine Gemeinde von Außenseitern. Sie spielen in der Vergegenwärtigung der reichsstädtischen Bürgerschaft Nürnbergs im 16. Jahrhundert bei der Begegnung mit dem Hofstaat Kaiser Maximilians nationale Einheit, aber sie tun es unter einem bayerischen König und in der Hauptstadt eines Partikularstaates, der eines der größten Hindernisse auf dem Weg zum deutschen Einheitsstaat war. Der nationalen bürgerlichen Revolution von 1848 geht hier die nationale künstlerische Illusion voraus, durchschaut von der nachrevolutionären Zeit her, in der Keller schrieb. Die Künstler spielen Stadtrepublik mit einem fernen, eher dekorativen kaiserlichen Oberhaupt, aber sie tun es in einer zentralistischen Mon-

archie mit einem eher dekorativen Parlament. Sie spielen die Einheit von Bürgertum und Künstlertum, die Selbstdarstellung des Bürgertums in der Kunst, die Selbstverwirklichung des Künstlertums im Bürgertum, aber sie tun es in der Trennung. Sie spielen eine Zeit heroischen künstlerischen Aufbruchs, aber sie stehen bei aller Tüchtigkeit und Begabung einzelner doch nur für eine Zeit des künstlerischen Betriebs. Welch Zeichen, daß die einzige öffentliche Erscheinung von Kunst in diesem Roman ein Masken- und Kostümfest ist, ein Fastnachtsspiel, ein Rausch vor Fastenzeit und Katzenjammer!
Die bürgerliche Öffentlichkeit, die der Kunst fehlt, wird so als Kunstprodukt hergestellt. Darin besteht die Nähe des Künstlerfests, bei dem unter anderem die Meistersinger auftreten, zu Wagners auch zeitlich und räumlich nicht weit entfernten »Meistersingern«, deren Uraufführung 1868 in München stattfand. Aber was bei Wagner verklärt wird, wird bei Keller kritisiert. Richard Wagner, der Keller mit herablassendem Wohlwollen bedachte, will auf dem Theater das Gesamtkunstwerk verwirklichen. Gottfried Keller, der Wagner bewunderte und doch auch den Friseur und Scharlatan an ihm fand[174], decouvriert das Gesamtkunstwerk als Theater, wahrer Ausdruck einer scheinhaften Gesellschaft, in deren Irrgarten Lys, der künstlerische Maskenbildner, Heinrich, der künstlerische Tagträumer, und Erikson, der Kunstverkäufer, herumtaumeln. Im dritten Teil des Festzuges, der als Mummenschanz der Bürgerschaft und dem Hof folgt, suchen die drei Freunde einsichtsvoll ihren Ort, »um als verdoppelte Phantasiegebilde dem Phantasiebilde der gestorbenen Reichsherrlichkeit vorzutanzen« (XVIII, 146; A 3, Kap. 5).

Es ist eine banale, aber wichtige Feststellung, daß man das Scheitern eines Malers zum Roman, aber nicht das Scheitern eines Poeten zum Bild machen kann. Warum wird Keller, statt zum Maler, zum Poeten? Wenn Heinrich immer die Mutterbindung malen muß, aber nie die Mutter malen kann, warum kann Keller als Autor von der Mutter, vom Malen der Mutterbindung und von der Unmöglichkeit, die Mutter zu malen, schreiben? Aus dem gleichen Grunde, aus dem ihm die Malerei näher liegt als die Schriftstellerei. Die Muttersprache der Phantasie und der Träume ist Geheimsprache der Bilder. Das gilt um so mehr, je tiefer ein Schweigegebot in die Mutter-Sohn-Beziehung eingesenkt wird. Wo es sich lockert, greifen die Worte Platz. Im Schatten der Mutter beginnt Heinrich zu malen; im Schatten der Trödlerin Margret, wo geredet, disputiert, gestritten, erzählt wird und bei der Bücher voll dunkler Schriften und Zeichen stehen, wird er zum »kleinen Geheimschreiber« (III, 97; B 1, Kap. 9). Wenn der entgleiste Maler Heinrich, vom borghesischen Fechter als Wegweiser nach draußen verwiesen, die Hochschule betritt, um sich dem Studium des Menschen zu widmen, geht er aus dem Mutterhaus ins Vaterland. Aber sein Autor Gottfried Keller kommt weiter. »Väterlich« gefördert (XXI, 24), korrigiert und autorisiert durch den Literaten August Ludwig Follen, einen ehemaligen prominenten Burschenschaftler, der sich in der Schweiz ein Vermögen erheiratet hat, tritt er als patriotischer Lyriker ans Licht der Schweiz. Er gewinnt damit den Raum der Kunst, der sich dem grünen Heinrich nicht öffnet. Sind Öffentlichkeit und Veröffentlichen Dimensionen der Männerwelt, während drinnen die züchtige Hausfrau waltet, so wird die Rede noch männlicher durch ihren Gegenstand, das öffentliche Leben, und ihre Adresse: das Volk des Vaterlandes. »Zur höchsten Freiheit führt allein die Schönheit«, kann Keller in diesem Zusammenhang Schiller, den schlechthin virilen Dichter, paraphrasieren (I, 264 ff.); die Umkehrung gilt noch eher: Das Thema Freiheit führt Keller zur höchsten ihm zugänglichen Schönheit – zur Dichtung.

Nicht nur aus politischen Gründen, von denen noch die Rede sein wird, auch weil die männliche Rhetorik lediglich ein tour de force ist, um mit Gewalt die Zunge zu lösen, wird sie nur spärlich fortgesetzt. Keller hat mit Hilfe der patriotischen Lyrik einen Punkt gewonnen, von dem aus das gesprochen werden kann, was ihm noch dringender ist: die Mutter-Rede. Die Muse inspiriert, der Poet spricht. Erst nachdem er die Pforte der Universität durchschritten hat, kann Heinrich sein Lebensbuch in Angriff nehmen, mit dem er sich doch wieder zur Mutter zurückschreibt. Erst nachdem Keller die Pforte der vaterländischen Publizität durchschritten hat, kann er seinen grünen Heinrich schreiben lassen in einer väterlich gefaßten Muttersprache. Der spezielle Sachverhalt vatergöttlicher Redeweise von Mutter Natur ordnet sich diesem Allgemeinbefund zu. Ist der »Grüne Heinrich« ein Mutter-Sohn-Roman über einen fehlenden Vater, so ist die Sprache das vorhandene väterliche Medium, in dem die Kinder- und Jugendgeschichte zwischen Mutter und Sohn gegenwärtig wird. Im Schreiben kann der Geist die wabernde Phantasie einfangen, sich ihrer bemächtigen. Es balanciert den Autor zwischen Gegenstand und Publikum; es macht die Mutter zum Gegenüber eines Poeten gegenüber seinem Publikum, der in Erinnerungen schwelgend an der Nabelschnur hängenbleibt und sie in Veräußerung der Erinnerung zum Roman kappt; der schreibend die Mutter verklärt und sie zugleich strafweise gegenüber der wirklichen Elisabeth Keller ins Lebensfremde verdüstert; der schreibend sich mit sich identifiziert und sich analysiert; der schreibend sich als Lebensversager verurteilt und als erfolgreicher Schriftsteller ausweist. Er begräbt sich in seinem Mutterroman und entschreitet diesem Grab als männliche Autorität, als Autor, in epischer, auktorialer Rede.

Allerdings ist dieses Gleichgewicht fließend. Die auktoriale Erzählweise nimmt die Figuren gefangen, um sie am Ausbrechen ins Unsägliche zu hindern, aber ihre Befangenheit selbst ist sprechend. Die Poesie vermag um den Preis von der Mutter zu reden, daß sie vom poetischen Hervorbringen schweigt: vom Malen, nicht vom Schreiben kann geschrieben werden. Die Energie des Weitersprechens lädt sich an der Unvertilgbarkeit der Schweigezone auf. Wie in keinem anderen großen epischen Werk des 19. Jahrhunderts in Deutschland bleiben bei Keller in der großen Dichte der Komposition diffuse Materialien stehen, die es unmöglich machen, den Roman als Form und Struktur völlig zu durchleuchten. Die Gewalt des Vulkanausbruchs ist zu ermessen am toten Gestein, das er mitherausschleudert. Es besteht zum Teil in Stoff, der sich in der Vermittlung zwischen individueller Geschichte und Zeitbild querlegt – etwa in der Erstfassung des Romans die lange Beschreibung des Künstlerfestzugs; es besteht zum anderen in Stoffpartien, die nur im Gesamtpanorama von Kellers Werk, nicht aber im jeweiligen Zusammenhang interpretierbar sind – so etwa die Anekdote

von der Frau als Scharfrichterin, die der Gottesmacher beim Fasching in der Runde um die sich langsam betrinkende Agnes erzählt: sie ist eine extreme Spitze des bei Keller so affektbesetzten Mannweib-Themas (v, 267 ff.; B 3, Kap. 14).
Wie nirgends sonst ergibt sich aus dem Umschreiben der Biographie in Kellers Werken zuweilen die Frage, ob bestimmte tief verrätselte Aussagen noch zur Dimension des veröffentlichten Werkes gehören oder private Bestände verewigen wie der Bernstein die von ihm eingeschlossene Fliege. Überall zeigt sich die Gefahr, durch das Väterliche der Sprache ins Bodenlose der Mutter zurückzufallen – die Gefahr, die immer im »Grünen Heinrich« auch Thema ist, der Vater als Rückführer zur Mutter. Die Gegenläufigkeit der Bewegungsrichtungen erzeugt das komplizierte Erzählsystem, bei dem vom Veröffentlichen geschwiegen und das Schweigen veröffentlicht wird. Humoristische Mehrstimmigkeit erzeugt ein Gewoge im Text. Der Maler Wilhelm von Kaulbach, Direktor der Münchner Akademie seit 1849, hat in einem berühmten, Franz Liszt zu der gleichnamigen Tondichtung anregenden Gemälde die Hunnenschlacht dargestellt, wo die Geister der Gefallenen aufstanden und in der Luft weiterkämpften. Sigmund Freud hat die Abhandlung »Das Ich und das Es« von 1923 mit den Sätzen geschlossen: »Wenn dem Ich die Bewältigung des Ödipuskomplexes schlecht gelungen ist, wird dessen dem Es entstammende Energiebesetzung in der Reaktionsbildung des Ichideals wieder zur Wirkung kommen . . . Der Kampf, der in tieferen Schichten getobt hatte, durch rasche Sublimierung und Identifizierung nicht zum Abschluß gekommen war, setzt sich nun wie auf dem Kaulbachschen Gemälde der Hunnenschlacht in einer höheren Region fort.« Der Poet Keller hat den Text zum Ort der Schlacht gemacht.[175]
Was von Kellers Schreiben im Verhältnis zum Malen gilt, bezeichnet einen Spezialfall dieses Verhältnisses in der Moderne überhaupt, das bis in die Verbreitungsbedingungen von Literatur und bildender Kunst zurückzuverfolgen ist. Verkündet die Kunst seit der Genie-Epoche die Botschaft: Ich bin Ausdruck einer unwiederholbaren Eigentümlichkeit, genieße sie, erleide sie, sei auch du unwiederholbar! Laß uns unsere Unwiederhol-

barkeit ineinander reflektieren! – so ist das literarische Werk, als Buch gedruckt, Medium und Botschaft zugleich, denn jedes Exemplar des Buches ist bei noch so hoher Auflage Original, und das größte Publikum bleibt eines aus Tausenden von einzelnen Lesern im stillen Kämmerlein, den Grenzfall der politischen Agitationspoesie einmal beiseite gesetzt. Das gedruckte literarische Werk veröffentlicht und provoziert Intimität. Es hat eine Öffentlichkeit aus ebenso vielen Intimitäten wie es Leser gewinnt, von denen sich alle doch im Fürsichsein der Lektüre als Glieder der Großgemeinde der Fürsichseienden empfinden, die in ihrem Fürsichsein zueinander gehören, und noch das Drama, die schlechthin öffentliche Gattung der Poesie, nimmt an dieser modernen Dialektik teil. Es wird – mit der Entstehung des bürgerlichen Trauerspiels in der Mitte des 18. Jahrhunderts – erst Familiendrama, dann Seelendrama, das auch historische und gesellschaftliche Sachverhalte im Medium des Seelischen bricht. Auch das Theaterpublikum gerät so in den Rausch einer Zusammenstimmung sich fühlender Menschen.[176]

Dem Werk der bildenden Kunst fehlt dieser Rückkoppelungseffekt. Es verkündet weniger eindringlich die Intimität als das Buch, in das man eintaucht, wo das Bild immer Gegenstand bleibt, und es ist als Original zugleich viel intimer. Selbst wenn es im Museum hängt, gehört es nur den jeweiligen Betrachtern. Selbst wenn es reproduziert wird, bleibt es nur einmal Original, und es gibt sogar eine Grenze, wo es als Original durch die massenhafte Reproduktion zerstört wird; beim Buch ein undenkbarer Vorgang. Millionen von »Faust«-Drucken lassen das Werk unangetastet. Hunderttausende von Reproduktionen der Sonnenblumen van Goghs haben das Bild unansehnlich gemacht. So ist es nicht von ungefähr, daß der Hauptanteil der bildenden Kunst an der Bildung des modernen Bewußtseins im letzten Drittel des 18. Jahrhunderts der Druckgraphik und da der Buchillustration zukommt, deren Verbreitungsbedingungen denen des Buches am ähnlichsten sind. Sie vermag etwa in den Illustrationen Chodowieckis annähernd den gleichen Charakter veröffentlichter Intimität anzunehmen wie das literarische Werk, aber doch auch nur ihm dienend. Der Epiker Keller kann an die private Öffentlichkeit und öffentliche Privatheit seiner Lesergemeinde bringen, daß es keine Öffentlichkeit der bildenden Kunst mehr gibt und daß das Private in ihr nicht öffentlich wird. Wie sehr diese Aussagerichtung herrscht, zeigt sich daran, daß die Druckgraphik, zumindest in der Entstehungszeit der Zweitfassung eine Gattung von zunehmender künstlerischer Bedeutung (man denke an Kellers Bekannten Karl Stauffer-Bern), in Habersaat nur einen verächtlichen Vertreter findet und daß im ganzen Feld der Malereidiskussion des »Grünen Heinrich« die Gattung des Porträts fehlt, das doch in der Zeit eine große Rolle spielt. Hier allenfalls könnte ein subtiler Umschlag von Privatheit in Öffentlichkeit des Bildes zur Sprache kommen.

Auch beim Porträt allerdings besitzt die Malerei die Mittel nicht, mit denen das poetische Werk Subjektivität und Objektivität, Phantasie und Wirklichkeit, Innerlichkeit und Außenwelt vielfältig ineinander zu überführen vermag. Die bildende Kunst kann in ihrer traditionellen Gestalt das Innere als Äußeres darstellen, aber nicht das Äußere als Erinnerung. Sie kann Phantastisches und Reales mischen, aber sie kann nicht die Hervorbringung von Realität aus Phantasie, von Phantasie aus Realität anschaulich machen. Sie hat Perspektive, aber sie stellt nicht Perspektivik dar. Sie zeigt nicht die Zeit – weder den Prozeß als Thema noch die Prozessualität des Hervorbringens – und beherrscht erst recht nicht die Möglichkeit, Divergenzen zwischen beiden zu konstatieren. Sie kennt nur am Rande den Humor, mit dem Keller literarisch das Zerreißende noch einmal zusammenhält, das in der modernen Malerei mit dem Impressionismus aufbricht und sie in eine Fülle von stilistischen Extrempositionen auseinanderlegt.

Ein Beispiel kann die Situation verdeutlichen. Courbet, der welsch-schweizer Landsmann und genaue Zeitgenosse Kellers, kommt im Herbst 1839 nach Paris, Keller im Frühjahr 1840 nach München. Courbet ist als Maler in vielem dem grünen Heinrich zu vergleichen, nur daß er leistet, was im »Grünen Heinrich« von den Malern nicht geleistet wird. Wieviel davon der unterschiedlichen Situation der deutschen und der französischen Malerei, wieviel dem Unterschied der psychischen Verfassungen zuzurechnen ist, sei dahingestellt. Jedenfalls vermag

Courbet die Andacht zur Natur neu zu formulieren. Er vermag Menschen in der Landschaft, Frauen als Naturmanifestationen darzustellen. Sein berühmtes Atelierbild, das 1855 gleichzeitig mit dem letzten Teil der Erstfassung des »Grünen Heinrich« an die Öffentlichkeit kam, zeigt den Maler beim Malen einer Landschaft, zur Gruppe vereinigt mit einer nackten Frau, einem Kind und einer Katze. Er ist Verkünder einer Heilsnatur, deren Botschaft von der ihn umgebenden großen Gesellschaft vielleicht bewundert, aber nicht angeeignet wird. Weil dem so ist und weil ihm Natur Idol des Bleibenden und immer Wahren ist, muß er, der sich als Maler in ihr verliert, 1871 als Communarde auf die Barrikaden gehen. Seine Natur aber ist mütterlich still, erfüllt von einem »panerotischen Erleben, das in der Natur ein weibliches Geschöpf erblickt und folglich die Erfahrung von Höhle und Grotte in den weiblichen Körper projiziert«. In seinem Bild »Der Ursprung der Welt« stellt Courbet den Schoß einer liegenden Frau so dar, daß durch Perspektive und Bildausschnitt der weibliche Körper fast den Charakter einer Landschaft annimmt. »An diesem Punkt schlägt ›Realismus‹ in ›Symbolismus‹ um ... Courbet malte einen ›regressus ad uterum‹. Diese triebhafte Wunschvorstellung ist der Schlüssel, der zum Verständnis seiner Frauen und Landschaften führt. Beide Themen gelangen so auf eine gemeinsame Bedeutungsebene.«[177] (Abb. 11)
Was gelingt und mißlingt dagegen Keller als Autor? Er vermag darzustellen, warum Heinrich Mutter Natur, das Thema seiner Malerei, nicht darstellen kann. Er vermag diese individuelle Unfähigkeit signifikant zu machen für eine Zeitsituation, indem er den Widerspruch, den Courbet zwischen Natur und Gesellschaft auftut, in Natur und Gesellschaft jeweils noch einmal aufbrechen läßt und dieses doppelte Aufbrechen aufeinander bezieht. In der Natur besteht der Zwiespalt zwischen Naturchaos und Naturnorm, Judith im Bade und Judith am Tisch Gottes. Beide ›Naturen‹, ihr Gegensatz und ihre Verschlingung, werden erst von der Gesellschaft her ansichtig; sie sind Erzeugnis des Blickes von der Gesellschaft her, so wie der Maler Lys der ersten Romanfassung in der badenden Königin nicht die Natur als Frau, sondern ihr für ihn Rätselhaftes, sein Rätsel, malt. Von beiden Naturen her formuliert sich umgekehrt Ge-

sellschaft im Zwiespalt – als Zwangsanstalt und als rettende Ordnung, und abermals verschlingen sich diese Momente ineinander: Heinrich im militärischen Exerzierreglement, während Judith nach Amerika entschwindet. Entsprechend fasert sich bei Keller der seit Klassik und Romantik fragwürdig gewordene, von Courbet auftrumpfend dargestellte Künstler-Messias dieser Natur auf – in den Größenwahnsinnigen, denn diese Natur läßt sich nicht malen; in den Allwissenden, der durchschaut – ins Nichts; in den Routinier, der nichts beherrschen will als sein schmales Repertoire; in den Narren, der zwischen Ohnmachts- und Allmachtserfahrungen schwankt; in den Schmerzensmann, dem nicht die Krone zuteil wird, der nicht zum Vater aufersteht, sondern zur Mutter in die Hölle fährt. Der grüne Heinrich erlebt ein Großteil dieser Widersprüche, weil er sein Leben nicht führt. Courbet steigt auf die Barrikaden im Namen seines Ideals, und Keller hat diesen Zusammenhang wahrzunehmen vermocht. 1872 spricht er von dem »eisernen Realismus . . ., der einen Courbet zur Commune geführt hat und Vendômesäulen stürzen ließ« (XXII, 287); der ehemalige Freischärler Keller steigt von den Barrikaden herab und – löst sein Ideal humoristisch auf. Courbet fällt die bürgerliche Gesellschaft an, die sich als Publikum von Kunst nicht verändern läßt. Keller findet ein Publikum für den Roman, der sagt, warum (und nicht nur daß) die Gesellschaft kunstfern ist. Courbet pflegt einen eisernen, programmatischen Realismus; Kellers Poesie umkreist wie die Motte das Licht eine eiserne Realität. Keller ist nicht fortschrittlicher, aber vielleicht moderner, indem er das schreibend in streitende Momente umsetzt, was der Maler Courbet noch einmal als Ganzes gegenständlich zu machen versucht.

Es bleibt festzuhalten, daß der grüne Heinrich die kategorialen Unterschiede zwischen bildender Kunst und Poesie nicht ästhetisch reflektiert. Auch Keller hat es nicht getan. Hingegen hat er theoretisch ästhetische Anschauungen formuliert, die im Roman weder beim Erzähler noch bei einer der handelnden Figuren vorkommen, ja die den im Roman geäußerten Meinungen sogar entgegenlaufen. So lebt der »Philosoph« (XVIII, 126; A 3, Kap. 4) und Ästhetiker Lys im Bewußtsein, ein Epigone zu sein, das Keller programmatisch am Eingang der »Gaselen« von 1847 ausgesprochen, aber während der Arbeit am »Grünen Heinrich« eingeschränkt hat. In einem Brief an den Literarhistoriker Hermann Hettner vom 26. Juni 1854 entwickelt Keller mit dem Gedanken einer »Dialektik der Kulturbewegung« einen letzten Nachläufer der geschichtsphilosophischen Ästhetik der Klassik.[178] Schon am 4. März 1851 hat Keller gegen Hettner geäußert, der Dichter habe ein ewig Menschliches in der jeweiligen zeitgeschichtlichen Gestalt zu fassen, die Spannung zwischen zeitlosem Wesen des Menschen und geschichtlicher Erscheinung darzustellen – eine Überlegung, die über die resignative Einsicht des Malers Lys, es gebe nichts Neues unter der Sonne, hinausgeht. In all dem zeigt sich: Es ist abwegig, in den ästhetischen Reflexionen des grünen Heinrich und seiner Mitfiguren schlichtweg die Ästhetik Kellers zu suchen. Es ist noch abwegiger, in Heinrichs expliziten ästhetischen Meinungen und Urteilen die im Werk verwirklichte Ästhetik zu sehen. Gerade die im Roman nicht formulierte Position ist die Position des Romans. Daran erweist sich der Rang der Werke, daß sie ästhetische Programme immer schon überbieten. Ein Autor kommt, indem ein Maler geht. Genie wird praktiziert, aber nicht diskutiert. An seiner Stelle spricht der Humor, aber nicht von sich.

Die Geheimnisse der Ökonomie: Künstler und Bürger

»In sehr früher Zeit, schon mit dem fünfzehnten Jahre, wendete ich mich der Kunst zu, soviel ich beurteilen kann, weil es dem halben Kinde als das Buntere und Lustigere erschien, abgesehen davon, daß es sich um eine beruflich bestimmte Tätigkeit handelte. Denn ein ›Kunstmaler‹ zu werden, war, wenn auch schlecht empfohlen, doch immerhin bürgerlich zulässig. Der Zufall, daß nur angebliche Landschafter am Orte zugänglich für mich waren, entschied für die Landschaftsmalerei, bei welcher ich denn auch bis ungefähr ins dreiundzwanzigste Jahr verblieb, ohne jenes Selbstkönnen und Leichtlernen in den Anfängen und dazu noch stets übel beraten.« Es gelang nicht, »zu Anerkennung oder gar zu einer akademischen Professur zu gelangen.«

(XXI, 13) Mit diesen Sätzen gedenkt Keller in der autobiographischen Aufzeichnung von 1876 seiner Malerkarriere. Es zeigt die Grenze der Selbstdurchleuchtung, an der nicht seine Poesie, aber seine Reflexion haltmacht, wenn die Entscheidung zur Landschaftsmalerei lediglich aus dem Zufall begründet wird. Noch wichtiger aber ist die Äußerung darin, daß sie den Umschlagpunkt anvisiert, an dem Kunstsphäre und ökonomische Sphäre deutlich getrennt und auch eins sind. Es ist der Punkt des Berufs.

Bei den künstlerischen Bestrebungen des toten Vaters Lee hatte sich das Verhältnis in einer anachronistischen Anstrengung und zugleich leise fragwürdig nach der Seite der Einheit hin dargestellt. In seiner Übergangsexistenz zwischen handwerklichem Baumeister, Makler, Unternehmer und Architekt wirkt er wie ein letzter Nachläufer des Renaissanceideals des uomo universale, dessen theatralische Darstellung, auf das bürgerliche Deutschland des 16. Jahrhunderts zurückgestutzt, das Münchner Künstlerfest unternimmt. Vater Lee entspricht im Kleinformat den Leitfiguren des Festzugs, dem Meistersinger Hans Sachs (V, 198; B 3, Kap. 13), dem Bürger-Handwerker-Künstler-Unternehmer Dürer, dem Gold- und Rotgießer Peter Vischer, der »mit seinen fünf Söhnen samt ihren Weibern und Kindern in *einem* Hause und derselben Werkstatt, im Glanz neuer Werke« lebte (202; Hervorhebung G. K.) – ein Bild beruflicher Erfüllung, das sich zur Glücksvision des ganzen Hauses, der großen Familie rundet.

Doch schon die Genie-Epoche hat den Künstler der bürgerlichen Gesellschaft gegenüber gesehen, wenn auch als höchste Darstellung ihrer Möglichkeiten. Wilhelm Meister muß aufhören, Künstler zu sein, damit er wirklich Bürger werden kann. Richard Wagners Unternehmen der »Meistersinger«, das (adlige!) Genie Stolzing der bürgerlichen Kunst- und Lebenssphäre der »Meister« einzugliedern, den »Meister« Hans Sachs mit der Gloriole des genialen Schöpfers und Weltdurchschauers zu umgeben, ist illusionär mit reaktionären Zügen. Rudolf Lees Universalismus geht im Theaterspiel in den unverbindlichen Bildungsbetrieb, in der Architektur ins unverbindlich Dekorative über. Die Erstfassung des »Grünen Heinrich« gedenkt im Nachsinnen über ökonomische Lebensarten der modernen gespaltenen Existenzen Jean-Jacques Rousseau und Baruch Spinoza, bei denen Lebensfristung im Beruf und geistige Berufung auseinandertreten (XIX, 82; A 4, Kap. 4)[179], und das Bild des Heros Schiller, ein Beispiel »wirkungsreicher Arbeit, die zugleich ein wahres und vernünftiges Leben ist« (VI, 40; B 4, Kap. 3), hat den Schönheitsfehler, daß die volle »Wirkung und Erwerbsfähigkeit« seines »Arbeitslebens« erst nach seinem Tode begann (41). Abgesehen davon, daß in Schillers Poetenexistenz das Künstlertum den Boden des bürgerlichen Handwerks wie die praktische gesellschaftliche Einbindung verloren hat, »da er, mit Respekt zu melden, ein gelehrter Stubensitzer war« (41): Schiller ist zwar, wie der Vater, ein ganzer Mensch mit einem ganzen Leben, aber auch ganz tot.

Trotzdem ist für Heinrichs Ideale wichtig, daß ihm noch die große Personalunion des Künstlers und Bürgers vorschwebt. In einem eher naiven Gesinnungsliberalismus ist der Künstler als eine Art freier Unternehmer gedacht, der »im Wind und Wetter der Konkurrenz« (IV, 196; B 2, Kap. 15) seinen Mann steht und seine Erfolge einheimst. Es ist kennzeichnend, daß er an Schiller nicht die Künstlerproblematik, sondern das ökonomische Problem von Arbeit und Ertrag in den Vordergrund stellt. In Heinrichs Denken – wie auch in dem Kellers – herrscht eine grundsätzliche Bejahung der Werte schaffenden Produktion und des Handels in der Verantwortung unternehmerischer Wirtschaftssubjekte – seien es Handwerker, Industrielle oder Kaufleute. Nicht dem Mann der Wirtschaft – dem Beamten stellt sich Heinrich im Erwachsenwerden gegenüber, der zwar notwendig für Interessenausgleichung und öffentliche Verwaltung ist, dem aber trotzdem ein Zug des Schmarotzerhaften und Kleinmütigen anhaftet, wie ein ausführliches Gespräch anläßlich des Tellfestes ergibt (182 ff.). Der Beamte produziert nicht für den Verkauf, er verkauft nicht; er produziert auch nicht für den Eigenbedarf, wie der Bauer; er hält sich auf der windgeschützten Lee-Seite des ökonomischen Lebens auf. Das ist eine Einschätzung, die durch den Schluß der Zweitfassung des Romans, Heinrichs Eintritt in ein öffentliches Amt, keineswegs aufgehoben wird, die vielmehr in sie einfließt – und in die

Beurteilung von Kellers Staatsschreibertum im Dienst der Zürcher Regierung seit 1861. Auch dieser Schreiber steht im Zwielicht, ein wenig Praeceptor Helvetiae, ein wenig Schmerzensmann des öffentlichen Dienstes, in den sich der hochgemute und lyrisch hochtönende messianische Volksbeglücker und Spielleiter auf der Bühne der Öffentlichkeit verwandelt hat, ein wenig der ewige Lee-Mann.

So fehlt bei Heinrich – und bei Keller – völlig die für viele Künstler seit dem Ausgang des 18. Jahrhunderts charakteristische Attitüde des: épatez le Bourgeois; des bohemienhaften Auftrumpfens gegen bürgerliche Gewöhnlichkeit; der Verschanzung in der Position des verkannten Genies. Daß durch ihn »noch nicht ein Bissen Brot in die Welt gekommen«, bedrückt den jungen Heinrich der Erstfassung, der zum ersten Mal zur Wahl geht (XVIII, 117; A 3, Kap. 3). Schon die bescheidenen Kleidungsextravaganzen Heinrichs werden vom Erzähler mit Mißbilligung betrachtet, auf das Fehlen des Vaters zurückgeführt (III, 236; B 1, Kap. 21) und im Romantitel mit aufgespießt. Lys, Römer, Erikson treten nach Kräften bürgerlich auf. Es fehlt gleichermaßen der Gestus des Künstlerfürsten, der sich aristokratisch erhebt, wie er Kaulbach, Lenbach oder Franz von Stuck kennzeichnet. Nicht der Bürger, der Künstler steht bei Keller unter Rechtfertigungsdruck, und diese Rechtfertigung findet im »Grünen Heinrich« nicht statt. Wie die Genieposition in der Ästhetik nicht vollwertig vertreten ist, kennt der ›Künstlerroman‹ vom grünen Heinrich nicht die Problematik normativer Wertung individueller Leistungen. Werke sind gut oder schlecht. Es gibt bei solcher Planheit aber auch keine gewichtige Künstlergestalt unter den Lebenden. Unter dem Motto: »Der große Goethe ist gestorben«, tritt der Meister auf die Bühne von Heinrichs Bewußtsein (V, 3; B 3, Kap. 1), und das auf ihn bezogene Bild vom Seher und dem Festzug wird im Roman noch weniger auf die allgemeine als auf die spezielle Konsequenz hin durchsichtig gemacht: Heinrich erkennt und anerkennt nicht den Ausschluß von der Lebensteilhabe als Voraussetzung von Künstlerschaft, obwohl der Roman in seiner Struktur so laut davon spricht; keiner erkennt und anerkennt die Opposition von Künstler und Bürger, die von Goethes »Tasso« bis zu

Spitzwegs »Armem Poeten« und Thomas Manns »Dr. Faustus« zum Gemeinplatz der Positionsbestimmung des Künstlers in der bürgerlichen Gesellschaft geworden ist.
Allenfalls ein schwacher Reflex findet sich im Bewußtsein des Schweizer Landsmannes, dessen Aufbruch als kleiner Handwerksgeselle zur Walze mit Heinrichs Abreise zur Künstlerausbildung parallel lief und der am Ende der Münchener Zeit als aufstrebender Handwerksmeister Heinrich gönnerhaft zum Essen und zur Heimreise einladen kann (XVI, 34 f.; A 1, Kap. 2 und XIX, 142 f.; A 4, Kap. 7). Er erachtet, »daß Sie in dem Stadium sind, wo die Herren Künstler allerlei durchmachen müssen, um endlich mit stattlichem Ansehen aus dem Kampfe hervorzugehen« (VI, 109; B 4, Kap. 6). Heinrich greift nach diesem geläufigen Trost nicht, mit dessen Hilfe der Bürger sich den Künstler als Gegenbild zudenkt wie Außerordentliches zu Ordentlichem, Irregularität zu Regularität, Narrenfreiheit zu Lebensklugheit, Poesie zu Prosa. Heinrich will als Künstler weder das Opferlamm noch der Hofnarr der bürgerlichen Gesellschaft sein. Er verabschiedet mit der Erfolgsaussicht die Künstleraussicht. Thomas Mann ist so bürgerlich, daß er sich im Gegenüber von Künstlertum und Bürgertum an der dem Bürgertum und seinen Wonnen zugewandten Seite des Künstlertums einzurichten sucht; der grüne Heinrich und sein Autor sind so bürgerlich, daß sie die Künstlerlaufbahn nur als Umweg zur bürgerlichen Existenz empfinden.
Unter diesem Vorzeichen ist Heinrichs und Kellers Berufswahl zu sehen. Sie ist als Rückzug zur Mutter Antwort auf die Schulkatastrophe, die den breiten Normalweg zu bürgerlicher Prosperität versperrt. Das »halbe Kind« Keller hat bei der Mutter »das buntere und lustigere« Leben; das halbe Kind Heinrich verspürt in der Erstfassung des Romans, als ihm das Vorbild des Vaters vorgehalten wird, »eine Art von Grauen« gegenüber dem Geschäftsleben (XVII, 10; A 2, Kap. 1). Die späte Selbstanklage der Mutter, sie habe sich bei Heinrichs Erziehung und Ausbildung über ihren Stand erhoben, meint nicht das Ziel, in Vaters Spur »ein vollständiger Herr« zu werden (9); sie meint vielmehr die Künstlerlaufbahn als Sprengung des bürgerlichen Rahmens. Und doch handelt es sich dabei auch um »eine beruf-

lich bestimmte Tätigkeit . . . Denn ein ›Kunstmaler‹ zu werden, war . . . immerhin bürgerlich zulässig« (XXI, 13). Als das vom Maler Keller nicht Erlangte winkt das Erlangbare in Kellers später autobiographischer Berufsreflexion: die akademische Professur, das ordentlichste Außerordentliche und das außerordentlichste Ordentliche, das der Bürger des 19. Jahrhunderts sich vorstellen konnte. Immerhin von fern also bewegt sich Heinrich nach eigener Meinung – und zunächst auch nach Meinung der Mutter – auf den Spuren des Vaters, in Sichtweite der bürgerlichen Welt, mit der halben Lizenz und dem schlechten Gewissen, etwas anders zu sein und so genau nicht gewogen zu werden, wenn auch mit bürgerlichen Maßen und Gewichten.

»Die Zeit sei längst vorbei, da die Kunst mit dem Handwerk verbunden gewesen und der Scholare von Stadt zu Stadt habe wandern können wie jeder andere Handwerksgesell. Es gebe jetzo kein solches stufenweises Nacheinander mehr, sondern mit einem einzigen wohlvorbereiteten Erstlingswerk müsse sich der Anfänger auf eigene Füße stellen. Das sei aber nur möglich an einem Kunstorte; dort finde man nicht nur die nötigen Vorbilder für alle Arten der Kunstübung, sondern auch den lehrreichen Wetteifer vieler Mitstrebenden, endlich aber zugleich die Anerkennung des zu Leistenden, den Markt für geschaffene Werke und die Pforte des Wohlergehens für die Zukunft.« (V, 104 f.; B 3, Kap. 9) So weiß Heinrich mit »einiger Prahlerei« den dörflichen Gemeindevorstehern zu berichten, von denen er die Freigabe eines kleinen väterlichen Vermögens erwirken will.[180] Wenn das nicht so bürgerlich wie unbürgerlich argumentiert ist! In der Tat ist vom Besuch der »Künstlerschule«, den der wohlwollende Onkel bei dieser Gelegenheit erwähnt, in München ernsthaft die Rede nicht mehr (98), und doch imitiert Heinrich, so gut es geht, den Weg des Vaters im anderen Gelände.

Daß die Malerlaufbahn mit Hilfe einer Erbsumme »von Vaterseite« beginnt, ist ein Signal. Zwar ist der Maler kein Handwerker mehr, aber im Unterschied zur Poesie hat die Malerei ein Handwerk. Das ist die Vaterseite der Berufswahl Heinrichs, die sich reziprok zur endlichen Berufswahl seines Autors verhält. Der wird Autorität, wo Heinrich stumme Künste treibt, durch die Öffentlichkeit des Wortes, aber er spricht phantastisch von der Mutter. Heinrich schwelgt als Maler in Phantasien, aber wenigstens in einer Kunst, die den goldenen Boden des Handwerklichen besitzt. Am Professorenthema läßt sich der Gegensatz greifen. Das Malerziel wäre die akademische Professur gewesen. Nicht nur steht der Akademieprofessor, wenngleich ein Beamter, als Künstler im Wettstreit der Konkurrenz; der Akademielehrer ist auch Professor in seiner Eigenschaft als Kunstproduzent, als Vermittler von Fertigkeiten an Talente. Das ist ein Amt, das die Poesie im 19. Jahrhundert nicht mehr kennt. Demgemäß hat der Poet Keller eine ihm angebotene Professur für Literatur- und Kunstgeschichte am Schweizerischen Polytechnikum in Zürich abgelehnt, weil es, wie er am 11. Februar 1854 an Hermann Hettner schreibt, »mit dem Dozieren von Dichtern im eigentlichen Sinne des Wortes nie weit her gewesen« sei. Dem Dichter winkt die Professur nicht als Krönung einer Karriere, sondern als Notdach über einer poetischen Existenz, ja als Deckmantel eines Scheiterns, denn das Angebot an Keller erfolgte anstelle eines Geldwechsels, bei dem sechs Aktien à 300 Franken in einem Schweizer Gönnerkreis auf den Dichter gezogen werden sollten, um ihn seinen Berliner Schulden zu entreißen und die Heimkehr zu ermöglichen.[181]

Wie der Vater aus dem Heimatdorf zur Handwerkerausbildung in die Welt aufgebrochen ist und als tüchtiger Mann zurückkehrte, so strebt Heinrich zur Malerausbildung in die Ferne; wie der Vater »mit heitern Künstlerahnungen« (III, 12; B 1, Kap. 2) als Autodidakt künstlerische Bildung erwirbt, studiert Heinrich »begierig« ein vom Vater ererbtes Werk über Architektur, als es bei Römer mit der Malerausbildung, auch dem Zeichnen, Ernst wird (V, 23; B 3, Kap. 2). Der Unterschied zum Vater ist nur, daß der Gebrauch des architektonischen Musterbuchs beim Vater an wirklichen Bauten, bei Heinrich an mittelalterlichen Phantasiestädtchen seine Spur hinterläßt; nur daß Rudolf Lee erfolgreich heimkehrt und heiratet, Heinrich aber erfolglos und Junggeselle bleibt; nur daß Heinrich beim Zeichnen schon in der Schule versagt und nie ein Zeichner wird (III, 195; B 1, Kap. 17), während der Vater »mit eisernem Fleiße« zeichnen lernt (III, 12; B 1, Kap. 2); nur daß der Vater die Kunst aus dem

Handwerk hervorbringt, Heinrich aber kein Handwerk in der Kunst erlernt; nur daß der Vater beim Handwerk anfängt und bei der Kunst endet, Heinrich aber bei der Kunst anfängt und am Ende wirklich ›Handwerk‹ verrichtet, allerdings kein Meisterwerk, sondern nur ungelernte Arbeit.
Nachdem alle künstlerischen Produktionen bei Schmalhöfer vertrödelt sind, nachdem Heinrich in der Zweitfassung mit dem Zerschneiden seiner Großkompositionen zu handlichen Blättern sogar ganz auf sich gestellt aus purer Not eine Art von malerischer Analogie zur literarischen Neuerung der Fortsetzungsromane erfunden hat – die Vermarktung der Kunst häppchenweise (VI, 80; B 4, Kap. 5) –, läßt der alte Joseph ihn im Akkord Fahnenstangen anmalen. Es ist ein Hohn und ein Mirakel zugleich, daß sich auf diesem Niveau plötzlich alle Umstände des Gelingens vereinigen, die für Heinrich bisher auseinandergefallen sind: Heinrich arbeitet; die Arbeit deckt einen Bedarf; sie bringt exakt ihren Lohn, denn sie ist quantifizierbar; sie befriedigt; sie enthält ein handwerkliches Können; sie ist zeichnerisch und koloristisch gleich vollkommen; sie ist sogar Selbstausdruck und Selbstverwirklichung als »wahre Lebenslinie« (84), die Erfolgsspirale eines zielstrebigen Lebens, das sich aus der Spinnwebe befreit hat. »Ich aber drehte unverdrossen den Stab und durchwanderte mit meinen Gedanken auf der unablässig sich abwickelnden blauen Linie eine Welt der Erinnerung und der Ausschau in die Zukunft.« (85) Hier und nur hier erscheint Zukunft als Gegenpol zu erinnerter Vergangenheit, in der sich Heinrich als Schreiber bewegt. Endlich ein Maler! Endlich der Maler ein Bürger! Endlich der väterliche Wanderstab in den Händen des Sohnes! Doch wie schade, daß alle diese sinnvollen Zusammenstimmungen in einer Episode, die Keller aus der eigenen Biographie in den Roman überschrieben hat, auf ein sinnloses Ende hinauslaufen. Denn der Ausländer und Republikaner Heinrich hat die Fahnen für ein bayerisches monarchisches Fest, die Hochzeit des Thronfolgers mit einer ausländischen Prinzessin, angepinselt, und er kann seine »republikanische Eifersucht gegen die Macht eines monarchischen Lebens« (88), sein schlechtes Gewissen über den »Sündenlohn in der Tasche« nur durch den Trost besänftigen, daß wenigstens

kein Blut daranklebt – im Unterschied zum Sold Schweizer Reisläufer in fremden Fürstendiensten. Das Paradebeispiel für das Funktionieren des liberalen Wirtschaftsmodells ist das Musterbeispiel für dessen höheres Nichtfunktionieren.[182]

Das wiegt um so schwerer, als diese Geschichte zwischen Schmalhöfer und Heinrich die einzige Gelegenheit in dem so ausführlich von Ökonomie, Arbeit, Lohn, Gewinn und Nutzen handelnden Roman ist, wo ›künstlerisches‹ Verdienst und ›bürgerlicher‹ Verdienst identisch werden; wo der ökonomische Prozeß konkret vorgeführt, überschaubar und durchschaubar wird. Denn so wahr Kellers Realismus sich gegenüber dem klassischen Idealismus darin zeigt, daß er das Ambiente der bürgerlichen und kleinbürgerlichen Berufs- und Erwerbswelt ins Auge faßt, so falsch wäre es zu meinen, Keller gebe ein Panorama und ein Funktionsbild der kapitalistischen Arbeitswelt; in dieser Hinsicht bieten »Wilhelm Meisters Wanderjahre« mehr.[183] Es ist sehr ironisch auch in Bezug auf den Roman selbst, wenn in der Erstfassung Heinrich, der orientierungslos in der Gesellschaft herumirrt, von einer Anhöhe aus den Überblick über eine Feuerwehrübung gewinnt, den die Beteiligten vermissen lassen, und nun befriedigt feststellt: »Dies ist das Geheimnis! O wer allezeit auf rechte Weise zu sehen verstände . . .« (XIX, 200; A 4, Kap. 8). Wohl sieht man im »Grünen Heinrich« arbeitende Leute, man sieht Geld verdienende Leute, man sieht besitzende Leute. Aber wie diese Zustände auseinander hervorgehen, bleibt in der Romanhandlung undurchsichtig – sei es in der Art des Wunderbaren: der kleine Trödler Schmalhöfer, der plötzlich ein Vermögen besitzt, durch dessen Vererbung er ebenso plötzlich den grünen Heinrich reich machen kann; sei es in der Art des allzu Durchsichtigen: der Könner, der Heinrich Motiv und Verkaufserfolg stiehlt, oder Habersaat-Schwindelhaber. Judiths Lotteriegewinn steht wie ein Fanal über einer Lotteriewelt! (XIX, 77; A 4, Kap. 4)

Nur vom Rande, von der Künstlerthematik her, kommen kompliziertere Formationen und Institutionen des kapitalistischen Wirtschaftens wie das Fabrikwesen überhaupt in den Blick, etwa in der Gestalt des Tuchfabrikanten, der Heinrich zum Dessinateur ausbilden will und in seiner Reklamerede dafür die sonderbarsten Kurzschlüsse von Originalität und herrschendem Geschmack, geordneter Reihenbildung natürlicher Blumenvielfalt und Verzweiflung der Konkurrenz zustande bringt (IV, 3 f.; B 2, Kap. 1), oder eben in Habersaat am Umschlagpunkt von Kunstbetrieb und Industriebetrieb:[184] Parterre-Akrobaten, die das Kunststück, Bürger und Künstler zugleich zu sein, auf dem Boden der Tatsachen vollbringen, bei dem sich Heinrich, ohne Netz auf dem Seil seines weltfremden Idealismus, zum Krüppel stürzt; bei dem, wenn auch in anderer Weise, schon sein Vater zu Tode gekommen ist. Doch auch diese Parterre-Akrobaten trifft ein eher aufs Skurrile denn auf Systemkritik gerichteter Blick. Die marschierenden Blümchen auf der Spielwiese der freien Konkurrenz und das Refektorium des ehemaligen Nonnenklosters als Werkhalle von Habersaats Kunstproletariern zeugen ebensosehr von der Kommerzialisierung und Industrialisierung der künstlerischen Phantasie wie von Phantasieblüten im Reich der Industrie und des Kommerzes. Die Fragwürdigkeit wandert vom Künstler, der gern ein Bürger sein möchte, zum Bürger hinüber, der in seiner Art ein Künstler ist.

Diese Perspektive des Romans wird voll ausgebildet in Heinrichs großen Spekulationen über Lebensarten, bei denen Rousseaus, Spinozas und Schillers gedacht wird, aber auch des Schuldenmachens. Wieder ist der Hintergrund, wie bei der Fahnenstangen-Idylle, eher düster und dissonant. Während der die Mutter auszehrende und Schulden machende Künstler Heinrich beklommen, aber nicht unbehaglich übers Wirtschaften sinniert, ist die Mutter daheim bei der »Kunst« angelangt, »von nichts zu leben« (VI, 25; B 4, Kap. 3). Wie aber würde der Schuldenmacher und Mutterausbeuter Heinrich, wäre er Vater, über die Kunst des Schuldenmachens zu seinem Sohn sprechen? Er verwiese ihn »an den spanischen Cid, welcher den Juden eine Kiste voll Sand versetzte und ihnen sagte, es sei gutes Silber darin! Sein Wort war allerdings so gut wie Silber; und doch welche Verdrießlichkeit, wenn ein Neugieriger oder Mißtrauischer vor der Zeit die Kiste geöffnet hätte! Dennoch wäre es derselbe Cid gewesen, dessen Leiche am

Schwert ruckte, als ein Jude sie am Barte zupfen wollte.« (31 f.)
Merkwürdig genug erscheint hier neben dem toten bürgerlichen Heros Schiller ein Ritter und Feudalherr als Kronzeuge eines denn doch sehr brüchigen Liberalismus, der den Kredit als Bestätigung der Bonität und als Hilfsmittel zu eigener Produktivität, zugleich als Modell wechselseitiger Verflechtung der Wirtschaftssubjekte sieht, aber dieses ökonomische Verhältnis, noch ehe es klar heraustreten kann, ins Moralische einhüllt wie in Watte. Dabei ist dieser Garant nichts anderes als ein ehrenwerter Einschüchterer und Betrüger, der als einzige Sicherheit seine Waffe vorzeigen kann, die jedem Neugierigen oder Mißtrauischen die Lust nehmen muß, in die Kiste hineinzusehen. Die Silberkiste voll Sand ist ein treffliches Bild für das von Heinrich – und Keller – Undurchschaute-Undurchschaubare im Kern des florierenden Kapitalismus, dem Heinrich – und Keller – doch so gern vertrauen würden, verzerrte sich dem nachdenkenden Heinrich nicht die Komödie der Sand-Silber-Kiste gar zu bald zur Farce der im 19. Jahrhundert populären und gewinnbringenden betrügerischen Wundermedizin Revalenta arabica, die aus simplem Bohnenmehl angefertigt wurde.[185] (Abb. 12)
»Was ist Erwerb und was ist Arbeit? fragte ich mich; hier führt ein bloßes Wollen, ein glücklicher Einfall ohne Mühe zu reichlichem Gewinne, dort eine geordnete, nachhaltige Mühe, welche mehr wirklicher Arbeit gleicht, aber ohne innere Wahrheit, ohne notwendigen Zweck, ohne Idee. Hier heißt Arbeit, lohnt sich und wird zur Tugend, was dort Müßiggang, Nutzlosigkeit und Torheit ist. Hier nützt und hilft etwas stückweise, ohne wahr zu sein; dort ist etwas wahr und natürlich, ohne zu helfen, und immer ist der Erfolg der König, der den Ritterschlag erteilt« (37). Ein Spekulant setzt mit Ingenium, Umsicht und Ausdauer den Schwindel der Revalenta arabica in die Welt, und es entsteht eine unabsehbare wirtschaftliche Bewegung, die Kapital in Umlauf bringt, den Menschen Arbeit und Brot gibt, ihre Fähigkeiten herausfordert und zuletzt den Erfinder in den Himmel höchster bürgerlicher Reputation befördert. Er wird zur Märchenfigur der heilen Welt des Kapitalismus. Der Mann, der »mit nacktem Wanderstabe« ankam, ist laut eigener Festrede

aufgrund des »schöpferischen Gedankens« der »Welt zum Segen« und selbst zu »bescheidenem Wohlstand« gediehen (39 f.): das glückliche Kontrastbild zum stablosen Wandrer Heinrich und zum Traumbild des toten, mühsam dahinwandernden Vaters in der Ferne. Das ist – über einer ungeheuren Luftblase – die Poesie des Kapitalismus, der Unternehmer als Künstler, ringend in »einsamen langen Nächten« (40). »Welch eine Menge von Papiermachern, Druckersleuten, Verkäufern, Angestellten, Laufburschen, Lederhändlern, Buchbindern verdienten und werden ihr Brot verdienen« (41 f.). – So ist von Schiller als Arbeitgeber die Rede, gewiß im Kontrast »zu der Revalenta arabica manches Treibens«; und doch läuft hier allzu viel herüber und hinüber bis hin zur hohntriefenden Perversion biblischer Rhetorik (*eins* aber ist not . . .; Luc 10, 42) und Schillerschen Pathos' (das *Eine,* das Große . . .), welche die Rede des Fabrikanten ineinander verwurstet. Das künstlerische Nationaldenkmal Schiller, das Keller in seiner Schillerfest-Lyrik aufrichtet[186], steht nicht nur deshalb in einer ökonomischen Beispielreihe, weil sich hier die Klarheit und Wahrheit findet, nach denen Heinrich sucht – der Poet als Unternehmer und Arbeiter in einer Person, der Problematik der Arbeitsteilung, der Selbstentfremdung in der Arbeit, des Vertriebs seiner Produkte, also den harten Gegebenheiten des Kapitalismus entnommen; das Nationaldenkmal gerät durch diese Nachbarschaft auch in ein ungewisses Halblicht. Ein bißchen Schein gehört zur Wirtschaft; ein bißchen Scheinwirtschaft ist auch in der Kunst, ist doch auch sie Schöpfung aus dem Nichts.

Das Trauerspiel geht unten vor sich, bei der Mutter. Denn Heinrich ist kein Cid mit dem langen Schwert, der die Juden einschüchtert; kein tüchtiger Mann, der aus Schulden Geld macht. Er pfeift zwar ein paar bruchstückhafte, mit halbem Ohr erhaschte Melodien liberaler Wirtschaftsgesinnung vor sich hin, umspielt von moralischen und sozialpädagogischen Motiven wie Schutz der Schwachen, Chancengleichheit, Fürsorge, aber er versucht damit vergeblich, seine Angst und Orientierungslosigkeit in der »zivilisierten Wildnis« der Ökonomie zu übertönen, in der sogar der Vater unterging, obwohl er sie doch zu beherrschen schien, und in der nun der Sohn als ein hilfloser neuer Robinson auf Nahrungssuche ausgehen muß (XIX, 94; A 4, Kap. 4).[187] Ein Bild aller Verwirrungen, ein Gleichnis der Dynamik des modernen Wirtschaftslebens mit seinem kaleidoskopartigen Wechsel der Situationen ist das ständig im Umschwung begriffene Anwesen des Holzhändlers im Tellspiel. »Es lag ein großer Reichtum darin, aber dieser änderte täglich seine äußere Gestalt; selbst die Dächer von den Gebäuden verkaufte der Mann manchmal ...« (IV, 185 f.; B 2, Kap. 15). Prozesse lösen Prozesse aus, alles Kapital arbeitet, und es bleibt keine humane Lebenssphäre übrig. »... seine Frauensleute mußten für ein bescheidenes Ziergärtchen einen fortwährenden Krieg führen und mit demselben stets um das Haus herum flüchten; bald wurde es an diese, bald an jene Ecke geschoben, von Hecken oder Geländern war auf dem ganzen Grundstück nichts zu sehen.«

Wie anders das Autarkiemodell, das sich bei der Mutter in Kümmerform, beim Gastwirt und Telldarsteller, beim Oheim und den Bauern des Heimatdorfes der Eltern behäbig darstellt! Abrupt erklingt neben dem theoretischen Preis liberaler Wirtschaftspraxis in der Erstfassung des Romans ein Sehnsuchtsruf nach solcher bodenständiger Ökonomie: »In der heutigen Welt sind alle, die in der Werkstatt der fortschreitenden Kultur beschäftigt sind und es mit einem Zweige derselben zu tun haben, geschieden von Acker und Herde, vom Wald und oft sogar vom Wasser. Kein Stück Brot, sich zu nähren, kein Bündel Reisig, sich zu wärmen, keine Flocke Flachs oder Wolle, sich zu kleiden, in großen Städten keinen frischen Trunk Wasser können sie unmittelbar durch eigene frohe Mühe und Leibesbewegung von der Natur gewinnen. Viele unter ihnen, wie die Künstler und Schriftmenschen, empfangen ihre Nahrung nicht einmal von denen, welche der Natur näher stehen, sondern wieder von solchen, welche ihr ebenso entfernt stehen wie sie selbst und eine künstliche abstrakte Existenz führen, so daß der ganze Verkehr ein Gefecht in der Luft, eine ungeheure Abstraktion ist, hoch über dem festen Boden der Mutter Natur.« (XIX, 76 f.; A 4, Kap. 4)

Bei Mutter Natur sieht das leere Schema, die abstrakte Existenz Heinrich die Fülle. Hier sind Zyklen statt verdächtiger Prozesse.

Hier »ist die Heiligkeit und die Bedeutung der Arbeit noch klar und verständlich« (77). Hier wird konsumiert, was produziert wird. Zimmervermietung, Dienstleistung, Sparen sind die durchsichtigen Wirtschaftsgeheimnisse der Mutter; Ersparnisse kann sie sich nur in Form ruhenden Vermögens vorstellen. Mehr als er es ahnt, ist Heinrich auch in diesem Punkt an der ländlich denkenden und wirtschaftenden Mutter orientiert; aber noch mehr ist er auch hier ein Wunschdenker im Mutterschoß, der die Welt draußen an seinen Sehnsüchten und Ängsten zu messen liebt. Sie ist so schwer zu bestehen, daß mancher sich in ihr »das Beißen und Kauen schon zur Ehre« macht (77), während bei der milchgebenden Mutter die Nahrungsaufnahme eine arbeits- und »verdienstlose Notwendigkeit« ist. Auch wenn Tüchtigkeit propagiert wird; wie gut ist es, so verdienstlos leben zu dürfen! Der Oheim, dessen Landwirtschaft von allein zu laufen scheint wie der Trödelladen des Trödelmännleins in München, der pensionierte Schulmeister, der reiche Graf – das sind die Glückspilze, denen sich Heinrich auf etwas unheimliche Weise im Grafenschloß nähert. Aber noch besser sind die Frauen dran, denn die Menschen sind um so menschlicher, je ferner sie dem kapitalistischen Erwerbsleben stehen. Die Mutter fällt durch ihre Bedürfnislosigkeit nach unten aus dem System der Bedürfnisse heraus; jedoch Anna, Judith, Dortchen stehen drüber. Ihre Schönheit ist auch ihre Arbeitslosigkeit, und noch weiter führt die mächtige Urmuttergestalt der Frau Margret mit dem Männchen. Weiß schon Schmalhöfer, wie man's macht, noch besser weiß es diese Alte – und wie man's macht, das muß eine Art von Zauber jenseits der doppelten Buchführung sein, die Margret, des Lesens und Schreibens fast unkundig, nicht im entferntesten beherrscht. Es ist der Zauber einer urwüchsigen Tauschwirtschaft, bei der sie »in wörtlichem Sinne Gold zusammenhäufte« (III, 79; B I, Kap. 7).

Erst an dieser Stelle ist die unterste Schicht von Heinrichs ökonomischen Vorstellungen erreicht. In ihr zeigt sich denkwürdig eine dämonische Ambivalenz des Goldes und Geldes. Zutiefst ist Gold Wärme und Vitalität im Besitz der Mütter.[188] Deshalb darf man ihm nicht zu nahe kommen, es nicht zu sehr ins Licht bringen. Die Sparsamkeit der Elisabeth Lee, die Identifizierung ihrer kleinen Haushaltung des täglichen Brotes mit der Haushaltung Gottes in der Welt hat einen magischen Kern. Wird das jüdische Land von der Pest heimgesucht, weil König David eine Volkszählung durchgeführt hat (2. Sam. 24), so hütet sich die Mutter Lee davor, ihr Geld zu zählen (III, 165; B I, Kap. 14). Im heimlichen Griff in die kleine Goldtruhe hat sich das Kind Heinrich einst an der Mutter vergriffen; im Goldfluß von der Mutter zum Sohn in der Fremde hängt er an der Nabelschnur. Daß Revalenta arabica, Heinrichs Lehrbeispiel für das undurchsichtige Geheimnis der Wirtschaft, auch ein Potenzstärkungsmittel ist[189], verrät: Heinrichs Mangel als Ökonom hat auch etwas mit einem anderen Mangel zu tun. Er hat der Mutter etwas weggenommen, was ihm nicht zusteht, weil er es nicht verdient. Er muß heimlich wegnehmen, weil er nicht verdient. Er muß an der Mutter versagen, weil der Griff nach der Mutter ein schlechtes Gewissen macht, und er muß als Versager an der Mutter klammern. Indem er ihr Geld erlangt, erlangt er *eine* Hingabe statt der anderen. In Heinrichs Schulden geht es um Sünde und Heil; in der Schuldenwirtschaft ist Schuldwirtschaft versteckt, in der Ökonomie die Ökonomie des Seelenheils.

In der Ausbildung der Technik, der Mutter Geld zu entfremden, zeigt sich das Geld als Symbol der Entfremdung selbst.[190] Das erscheint noch harmlos in der Herzens- und Mitgiftjagd des großen Erikson. Das wird gravierend in den Entzweiungen, die das Geld zwischen Heinrich und Meierlein, später zwischen Heinrich und Römer anrichtet. Das ist beklemmend im Schicksal der mächtigen Margret. Alles geht in ihrem Leben gut, bis sich ihr Männchen von seinen Verwandten aufhetzen läßt, den juristisch ihm zustehenden Teil des doch ganz von ihr erworbenen Vermögens aus ihr herauszupressen und »seine schimmernden Goldstücke ... in lange, wurstartige Beutel« zu nähen (III, 80; B I, Kap. 7). Das ist tödlich für ihr Zusammenleben. Nichts ist gräßlicher im Roman als die Szene zwischen den alten Eheleuten, die einander, nächtlich im Ehebett sitzend, so laut beschimpfen, daß die Streitreden in den Gassen widerhallen. Nichts ist aber auch quälender im Roman als die Szene, in der Heinrichs Mutter das auf ihr Haus genommene Darlehen als

Geldpaket verwickelt, verknotet, versiegelt an den Sohn abschickt (VI, 46; B 4, Kap. 3) – verwickelt, verknotet, versiegelt wie die Mutter-Sohn-Beziehung. Geld ist ihre Sprache, aber daß ihre Sprache das Geld ist und sein muß, zeigt ihren ruinösen, in frühen Seelenkämpfen verknäuelten Zustand: das versiegelte Chaos. Von der reifenden und gereiften Person her gesehen hat der schimmernde Haufen, der gegeben oder einbehalten wird, Ersatzcharakter. Geld ist uneigentlich jene Zuwendung, die eigentlich nicht stattfindet. Das Herz will das Herz, aber das Geld tritt dazwischen. Deshalb mag archaisch Gold gleich Liebe sein; utopisch, sozialutopisch bis in den ›wissenschaftlichen Sozialismus‹, tritt Liebe an die Stelle des Geldes.

Enthalten die Heimkehrträume Heinrichs ein Künstlermärchen der unmittelbaren Übergängigkeit von Kunst und Leben, Kunst und Gesellschaft, so steckt in ihnen auch ein ebenso irreales und doch maßstabsetzendes Wirtschaftsmärchen, das diese Erlebnis- und Symbollinie auszieht. Eine der Linien weist in eine ›Mutterwirtschaft‹, welche die äußerste Steigerungsform der bodenständigen Ökonomie darstellt. Das erste große Bild des Traums ist ein Bauer, der in königlicher Leichthändigkeit und Pracht mit goldenem Pflug und milchweißen Ochsen pflügt, bis sich der Pflug in ein Schiff verwandelt, das auf dem Strom dahinfährt. In den Schiffsbauch bohrt der Bauer ein Loch, aus dem ein starker Strahl aufsteigt. Das Schmieden des Strahls zum Schwert, währenddessen sich der Bauer in den Wilhelm Tell verwandelt, der sich die Waffe selbst überreicht, ist eine Vision der Herstellung genitaler Männlichkeit, und sie ist ausdrücklich an die Wirtschaftsweise des »beleibten Wirts« im Tellspiel (VI, 114; B 4, Kap. 6) angeknüpft. Alle diese männlichen Aktivitäten entwickeln sich so sehr auf mütterlichem Grund, daß die Bilder einer verkehrten Welt entstehen: Aus dem steigenden mütterlichen Lebenswasser wird das Schwert; der Pflüger streut nicht die Samenkörner in die Erde, damit sie Frucht geben; ihr Mutterschoß bringt vielmehr selbst den Samen hervor: »Die Furche füllt sich mit goldenen Körnern . . .« (112).

In dieser Sphäre, in der die Mutter das Männliche produziert und zuläßt, ist der Entfremdungscharakter des Geldes in triumphaler Weise aufgehoben. Die vom Bauern hochgeworfenen goldenen Körner verwandeln sich in einen »goldenen Regen« von Schaumünzen. Der Rest dieses Schatzes, den Heinrichs Taschen nicht fassen, ergibt alsbald, wiederum in die Luft geworfen, einen prächtigen Goldfuchs. Der Hafer, den dieser aus der Erde herausscharrt, ist in jedem seiner Körner ein süßer Mandelkern, eine getrocknete Weinbeere und ein neuer Batzen Geldes. Später, in das Heimatdorf der Eltern zurückgekehrt, findet Heinrich in dem Mantelsack, der unversehens auf dem Rücken des Goldfuchses liegt, die schönsten Kleider, die sich im Auseinanderfalten ins Unabsehbare vervielfältigen. Alles das sind die wunderbaren Umwandlungen von Naturprodukten in Kulturprodukte, von Geld in Sachen und umgekehrt. Aus der Schiffswand wird eine Speckseite, aus Korn wird Gold, aus Gold ein Pferd, das Pferd bringt Korn, das Korn ist Gold usw. Entsprechend sind im geträumten Heimatdorf der Eltern die Häuser so eingewachsen, daß sie von der Natur nicht mehr unterschieden werden können – »weder Stein noch Ziegel« sind zu sehen (115), und im Wald auf dem Weg zur Mutter ist »ein natürliches Ästewesen« »wie künstlich bearbeitet, gezimmert und mit seltsamem Bildwerk verziert« (VI, 121; B 4, Kap. 7). Das alles bedeutet: an die Stelle des unendlich komplizierten und vermittelten Wesens der modernen Ökonomie und Gesellschaft tritt in der Wunschvorstellung Heinrichs ein Austausch von Natur- und Kulturerzeugnissen, Produkten und Geld, dessen Ursprung und Basis die Erde ist. Hat der wirkliche Heinrich statt der Mutter nur ihr Geld, ist dieses jetzt spielerisch in die Mutter rücktauschbar, ja, hinter erlaubten Mutterspielen steigt der an die Mutter angeschlossene Kreislauf des Embryos als Wirtschaftsmodell auf, das noch alle primitiven realen Tauschwirtschaften unterbietet. Sogar bis in die Sprache hinein sind diese Modelle wirksam: Wo der Traum aus dem Wasser*strahl* den *Stahl* des Schwertes und aus dem Goldfuchs (= Geldstück) den Goldfuchs (= Pferd) macht, ist die Umschlägigkeit von fast allem in fast alles auch als Regel eines Sprachspiels formuliert.

Das Gegenbild zu diesem Glück ergibt sich in der Stadt auf der Identitätsbrücke der Nation. Hier wird nämlich aus dem Geld-Waren-Umlauf ein reiner Kapitalumlauf, den der kluge Goldfuchs empfiehlt: »Ich rate dir, dein Kapital hier noch ein wenig in Umlauf zu setzen und zu vermehren« (129). In der ersten Romanfassung heißen Banknoten das »moderne Schwert« (XIX, 231; A 4, Kap. 10), und der Geldverdiener im System der kapitalistischem Ökonomie ist dem Aventiure-Ritter gleichgesetzt (XIX, 77; A 4, Kap. 4). Als ein solcher Aventiure-Ritter, ein moderner Cid, versucht sich jetzt der steinerne Ritter von der traurigen Gestalt Heinrich, indem er mit einem Merkuriusstab, zu dem sein Schwert verkommen ist, herrscherlich den Geldströmen die Richtung angibt (XIX, 172; A 4, Kap. 7). Sie fluten alle zu ihm zurück, und im Abstraktwerden der Geldwirtschaft verwandelt sich auch das Pferd, der Goldregen bildet zwei große Flügel an dem Tier, der Goldfuchs wird zum Pegasus der Poesie: die Poesie des Kapitalismus, sein phantastisches Element, tritt auch im Traum wie in einer Apotheose ans Licht.

Doch der Triumph ist ein Scheintriumph. Heinrich, der sich im luftigen Geldgetümmel vom Mutterboden erhebt, verfällt der Entfremdungsgestalt des Geldes als der Entfremdungsgestalt der Mutter. Er tut das Verbotene und läßt das Verbotene geschehen. Mit der Abstraktheit des dynamischen Geldgeschäfts schlägt auch das die Muttersphäre kompromittierende geschlechtliche Wesen des Geldes abstrakt durch, denn die ›Vermehrung‹ des Geldes geschieht dergestalt, daß die Leute die Goldstücke aneinander reiben und so verdoppeln, indessen manch einer der Vorübergehenden »mit eigentümlichem Griffe« Heinrichs »dicke Goldwurst« betastet (VI, 128 f.; B 4, Kap. 7). Bei alledem purzeln »Alte und Junge, Weiber und Männer . . . übereinander, das Gold zu raffen«. Diebe und Polizisten, Bäuerinnen und Magistratspersonen, das ganze Volk ist korrumpiert, »so daß zuletzt ein ungeheures Gesindel von Goldhungrigen hinter uns her war« (130). Heinrich als männlicher Meister der Ökonomie? Wirtschaft, Gesellschaft, Staat als Vaterland? Im unentrinnbaren Mutterkreis dieses poetischen Traumes nicht; da ist die böse kapitalistische Welt draußen die Umkehrgestalt der *guten* Mutterwelt.

Die Wirrsal und Betrüglichkeit der Geldwirtschaft ist die Truggestalt der Mutter, die sich unter dem selbstherrlichen Zugriff zur Sphinx verrätselt. Heinrich findet in Wirklichkeit kein Loch in der Mauer, welche die Welt des Erwerbs abschließt (132), und noch sein frecher Siegestraum zeigt, daß die Sphinx die Männer fällt, die Unerlaubtes vornehmen. Sie tut es im Traum mit Hilfe des Mutter-Mannes Wilhelm Tell, der in der zweiten Romanfassung die muttervergessenen Heiratswünsche bestraft (131). Er ist mit Schwert und Armbrust bewaffnet und schießt den hochfliegenden Gold-Poeten ab, daß er als »ein neuer Ikarus« zu Boden stürzt (131). Der neue Ikarus ist auch ein neuer Bellerophon, der, den Pegasus reitend, das Ungeheuer Chimära mit dem dreigeteilten Tierleib – vorne Löwe, in der Mitte Ziege, hinten Schlange – getötet hat. Die Götter stürzen ihn, als er sich auf dem Pegasus zu den Olympiern erheben will – ein Rückfall, der nach Bachofens Deutung seine Bindung im Mutterrecht anzeigt. Nur Pegasus allein steigt zum Himmel empor und wird zum Sternbild. Bellerophon dagegen irrt gelähmt und einsam umher, »sein Herz abzehrend in bitterem Kummer und die Pfade der Menschen fliehend«. So konnte Keller in seinem »Vollständigen Wörterbuch der Mythologie« von Vollmer lesen.

Der Erzähler hat gerade an dieser Stelle Anlaß, im Geträumten »zusammenhängende Märchen und buchgerechte Allegorien nach irgendwo gelesenen Mustern« festzustellen, die das irrlaufende Gehirn »mit Schulwörtern und satirischen Beziehungen ausheckte und fortspann«. Nun liegt der Chimären-Held Ikarus-Bellerophon-Heinrich unten, der Erde verhaftet und doch zur Strafe aus dem Mutterhaus verbannt. Mit ihm kommt *sein* Pegasus »halbzerbrochen« zu Boden und verwandelt sich zur peinlichen Verlegenheit seines Reiters in einen »aufgetürmten Haufen von Kostbarkeiten«. Der Reichtum der Poesie verdinglicht sich zur Poesie des Reichtums und zerfällt als Illusion. Die strenge Muse Mutter hat mit der Regelpoetik harter, das Unsägliche übertönender Ordnungen seine Poesie als Gegenstimme provoziert und zum Tönen gebracht, aber im Namen der Mutter wird diese Poesie auch vernichtet – für nichtig erklärt. Meierlein, der alte Rivale, stellt sich als Türhüter vor die Mutterheimat. Er reißt Heinrich die Kleider in Fetzen. »Von meiner trefflichen Traumeshabe war nichts mehr zu sehen als einige zertretene Reste auf dem Pflaster« (135); in der Erstfassung des Romans erfährt man noch, daß es kotig war (XIX, 176; A 4,

Kap. 7), und damit wird das Traumsymbol Gold schon im Traum selbst übersetzt:

Der Goldhaufen Margrets, von dem ihr Männlein wurstartige Beutel voll schimmernder Goldstücke abzieht; das Aufpflügen und Aufscharren der Erde, daß Goldhafer aus ihr quillt; das Aufbohren eines Loches im Schiffsbauch, aus dem ein glänzender Wasserstrahl aufsteigt; die von den Leuten betastete Goldwurst Heinrichs – das alles sind Traumbilder, die in eine anale Epoche der psychischen Entwicklung des Menschen zurückreichen, die zwischen dem zweiten und vierten Lebensjahr der genitalen Organisation der Sexualität vorausgeht. Auf der analen Stufe werden Ausstoßung oder Zurückhaltung von Fäkalien als Machterweis erlebt, und da bei jedem Menschen Momente früher Erlebnisweisen in die folgenden Lebensphasen hinübergenommen werden, kann eine psychische Symbolik entstehen, in der die Erkenntnis: Geld oder Gold sind etwas sehr Wertvolles, reprojiziert wird auf die anale ›Wertung‹ der Fäkalien.[192] Geld/Gold-Geben, Geld/Gold-Verweigern, Geld/Gold-Anhäufen, Geld/Gold-Wegnehmen werden zu Bildern, in denen anale Erlebnisweisen fortleben, und vollends, wo psychische Deformationen stattfinden, behalten frühere Erlebnisschemata Macht. Hier liegt ein Grund dafür, daß Hingabe und Forderung von Geld zwischen Heinrich und seiner Mutter zur Symbolsprache der Inzestthematik werden können. Die Möglichkeit einer Doppellesung der Traumbilder auf Sexualität und Ökonomie hin, die Formulierung ökonomischer Wunschvorstellungen in den Chiffren einer regressiven Sexualität bezeichnen bei alledem das Niveau der Reduktionen und zugleich die Lektüreregeln des Traumes. Zweimal unterm Träumen wacht Heinrich auf – in Tränen gebadet vor Sehnsucht nach der Mutterwelt, in der die Hungrigen satt werden sollen, und zugleich vor Erniedrigung über so viel Hunger (VI, 119; B 4, Kap. 6); erschüttert und fieberhaft nach dem Fall aus dem Paradies der Geldvermehrung (VI, 132; B 4, Kap. 7). Nach dem letzten Entzug der Mutter aber ist er froh über das Erwachen (136). Er weiß noch nicht, daß er bald an dem Ende sein wird, an das der Traum geführt hat.

Ein »einheitliches organisches Leben« hat die Erstfassung des Romans die umfangreiche, von Schiller ausgehende wirtschaftliche Bewegung genannt (XIX, 82; A 4, Kap. 4); der Heimkehrtraum verklärt einen vom Mutterland ausgehenden organischen Umlauf und annihiliert die kapitalistische Geldwirtschaft. Die Zweitfassung des Romans bringt auch hier einen Kompromiß, dessen Brüchigkeit offenliegt: Mit Judiths Amerika-Aufenthalt wird nämlich noch das Männermodell des liberalen Wirtschaftens, in dem laut Adam Smith die Verfolgung des wohlverstandenen Eigeninteresses das Gesamtinteresse fördert, an die Mutterwelt angeschlossen und in ihm zur Erfüllung gebracht. Diese Erfüllung besteht darin, daß Judith die Wirtschaftssubjekte mütterlich mit einem Netz sozialer Sicherungen und moralischen Zuspruchs umfängt. Sie hat zuletzt noch Arbeiten und Fürsorgen gelernt und könnte die natürliche Herrscherin und Mutter der ökonomischen Welt sein (VI, 315 f.; B 4, Kap. 16). Doch auch diese Krone bleibt auf dem Tisch Gottes liegen. Die seelische Heilsökonomie und die weltliche Ökonomie bieten sich gleichermaßen in Widersprüchen und Fragmenten dar.

Das Vaterland: Politik und Geschichte

In den Märchen von »Tausendundeine Nacht« wandert der Sultan als Privatmann verkleidet durch seine nächtliche Residenz, um unerkannt nach dem Rechten zu sehen. In München trifft der grüne Heinrich der frühen Romanfassung bei seinem ersten Streifzug durch die abendliche Stadt im ersterbenden Zwielicht einen einsamen Spaziergänger. Es ist der König, der ihm, wie an der Grenze die Beamten in seinem Namen, die Mütze vom Kopf schlägt und vom ahnungslosen Fremdling Respekt erheischt (XVI, 62; A 1, Kap. 3).[193] Im Zeitalter des europäischen Absolutismus wäre diese Szene kaum denkbar, weil da in der Majestät des Herrschers die Institution des Staates anschaulich wird: »L'État c'est moi!« Im Zeitalter der Bourgeoisie will der König ein Bürger sein und wie ein Bürger an seiner individuellen Physiognomie erkannt werden – aber als König. In der Geßlerhut-Szene des »Wilhelm Tell« wird der Anspruch gestellt, wo der Hut ist, sei der Staat. In der Heinrichhut-Szene des Kellerschen Romans ist der Staat nicht einmal mehr da, wo der König ist. Der Staat ist so abstrakt und funktionell geworden, daß man ihn leichter in seinen Funktionären, den Beamten, erkennen kann als in seinem Herrscher, der in der Repräsentativstraße seiner Residenz wie ein Flaneur in einer Theaterkulisse herumschlendert.

Anders die Schweiz, wo sich am Eingang der Erstfassung des Romans der gesetzgebende Rat der Republik mitten im Alltagsgetriebe einer großen Stadt versammelt: »Trommelschlag ertönt. In einfachen schwarzen Kleidern, selten vom neuesten Schnitte, ziehen die Vertreter des Volkes auf den Ufern dahin. Auch die Gesichter dieser Männer sind nicht immer nach dem neusten Schnitte und verraten durchschnittlich weder elegante Beredsamkeit noch große Belesenheit; aber aus gewissen Strahlen der lebhaften Augen leuchtet Besonnenheit, Erfahrung und das glückliche Geschick, mit einfachem Sinn das Rechte zu treffen. Von allen Seiten wandeln diese Gruppen, je nach den Tagesfragen und der verschiedenen Richtung begrüßt oder unbegrüßt vom zahlreichen emsigen Volke, nach dem dunklen schweren Rathause, das aus dem Flusse emporsteigt.« (XVI, 6; A 1, Kap. 1) Gerade das Nichtrepräsentative dieser Männer macht sie wahrhaft repräsentativ, zu Repräsentanten des zahlreichen, fleißigen, einfachen Volkes in seiner Arbeit, seinem Denken, Fühlen und Handeln. Anschaulich wird hier das Unanschauliche des modernen Staates, wo das politische Geschäft eines unter anderen ist; wo jeder, der seinen Geschäften nachgeht, an seiner Stelle politische Verantwortung trägt; wo der Idee nach jeder zum Politiker werden kann und der Politiker stellvertretend für alle steht. Der moderne Staat ist als Republik weniger abstrakt denn als Monarchie, weil im Parlament das Kollektiv sichtbar zum Souverän wird. So erscheinen die »diplomatischen Fremdlinge« (6), die Vertreter monarchischer Staaten, neben den republikanischen Volksvertretern wunderlich aufgeputzt, ja komisch in ihrem Stolz, und die emigrierten deutschen Gelehrten wirken traurig, weil sie kein historisch gewachsenes, darin konkretes republikanisches Vaterland besitzen.

Vertieft wird die Leuchtkraft der Republik vor dem dunklen Hintergrund der Monarchie in der Darstellung des Schweizer

Dorfes, das Heinrich auf der Reise nach München durchquert. Dabei stellt sich die Republik noch deutlicher nach ihrem Inhalt dar. In der Monarchie scheint »jeder Stein, jeder Baum . . . einen Stempel zu tragen, noch neben dem der Gottheit und der Natur. Jedes Postschild scheint mir zuzurufen: Du mußt dich auch zeichnen lassen wie ich, hier ist alles das erste und letzte Eigentum eines einzelnen Menschen! Und je weniger das Wort in Wirklichkeit wahr ist, besonders in einer gesetzlich eingerichteten Monarchie, desto mehr kommt es mir als ein unwürdiger Spaß, als ein blauer Dunst vor . . .« (XVI, 53; A 1, Kap. 3). Der Monarch ist eine herrschende und beengende Vatergestalt, deren Anspruch in Wirklichkeit Ausdruck der Schwäche, ja bloßer Schein ist; wird für Heinrich doch auf dem Wege zur Abschaffung Gottes eine Selbstbeschränkung Gottes als Äußerung göttlicher Kraft aktuell, die der Welt Freiheit gibt – quasi eine Abdankung des Herrschers statt einer Revolution des Volkes. Im Grunde aber kann er die deutschen politischen Verhältnisse dahingestellt sein lassen, denn Schweiz und Republik sind ihm identisch. Er erfährt das bürgerlich-republikanische Wesen als so bodenständig und urwüchsig, daß er noch bei der Rückkehr aus Deutschland »mit der Gedankenlosigkeit der Jugend und des kindischen Alters . . . die Schönheit des Landes für ein historisch-politisches Verdienst« hielt, »gewissermaßen für eine patriotische Tat des Volkes und gleichbedeutend mit der Freiheit selbst . . .« (VI, 284; B 4, Kap. 14).
Kulturell fühlt sich Heinrich Deutschland zugehörig, aber die Republik ist Vaterland; *nur* die Republik ist Vaterland. Der halb deutsche, halb dänische Erikson (XVIII, 120; A 3, Kap. 4) – wohl ein Schleswig-Holsteiner – will aus Enttäuschung an Deutschland in der ersten Romanfassung »seiner Zwitternatur ein Ende machen und ein guter Däne werden« (143). Doch auch damit bliebe er wie der Holländer Lys Untertan eines Monarchen. Der Schweizer Heinrich Lee ist dagegen begünstigt. Die ganze Schweiz ist »nur *eine* freie und offene Stadt«, »im Lichte fröhlicher Aufklärung und unter . . . den Flügeln der Freiheit« (XVI, 28; A 1, Kap. 2; Hervorhebung G. K.). Umgekehrt ist die Vielzahl der Gemeinwesen der Staat in seiner föderativen Gliederung. In diesem Sinne sieht Heinrich bei der Fahrt nach

Bayern das *eine* Dorf als Bild des Ganzen, stilisiert nicht wie das Heimatdorf der Eltern auf Mutter Natur hin, sondern auf das vielfältige, ausbalancierte Zusammenspiel der politischen und ökonomischen Kräfte. Bauern, Handwerker und Geschäftsleute leben im Gemeindeverband zusammen; die Geltung der Eigentumsordnung wird durchkreuzt und relativiert durch die militärische Ordnung, die den »reichen Dorfmagnaten« zum Gemeinen, den Bauern zum Unteroffizier macht (30). Georginen, einst die Blumen der Reichen, haben sich unter dem Mittelstande verbreitet und stehen noch vor der Hütte des ländlichen Tagelöhners – eine florale Demokratie. Blumen und Schnee, die Georginen des »neuweltlichen Westens« und die Rosen »des alten Ostens« (29) entfalten in der Gegenüberstellung eine Totalitätssymbolik und geben die Naturresonanz dieser Bürgerordnung, wie schon die Städte überwachsen sind von Laubgewölben und durchflossen von den Strömen des Lebens, wobei das Zürcher Rathaus förmlich aus dem Flusse emporsteigt.

Immerhin läßt der Aufwand an Kontrastierung und Stilisierung ahnen, wieviele politische Bedenken und Vorbehalte im Lobpreis der Schweiz überspielt werden müssen, der in der zweiten Romanfassung wohl nicht nur aus Gründen des Romanaufbaus ersatzlos verschwindet.[194] Wo Heinrichs Kindheits- und Jugendgeschichte einsetzt, zeigt der Schweizer Staat ein zwieschlächtiges Gesicht. Erscheint er einerseits als problematischer Vater, indem er das Waisenkind verstößt; als verknöcherter theokratischer Moralist im Konfirmandenunterricht; so bietet er andererseits ersatzväterlich ein Feld männlicher Orientierungen, etwa durch die schulischen Wehrübungen mit einem väterlichen alten Feldwebel (III, 150; B 1, Kap. 13), durch die politischen Wahlen, durch das militärische Exerzierreglement des Wehrpflichtigen, das Heinrich grausam, aber auch heilsam von Judith abschneidet. Das letzte Mal vor der Münchener Reise tritt Heinrich als Wähler und somit Teilhaber an der Schweizer Volkssouveränität in den Blick (XVIII, 117; A 3, Kap. 3), während er beim Münchner Künstlerfest nur noch die Narrenfreiheit besitzt, den König herauszufordern (XVIII, 192 f.; A 3, Kap. 6).[195] Schon bei der Wahl hatte er sich einsam gefühlt, weil er im ökonomischen Bereich noch kein Bürger ist (XVIII, 117 f.; A 3, Kap. 3); am Ende der Münchener Zeit steigt mit allen Sehnsuchtsbildern auch das des Vaterlandes übermächtig in ihm auf. Er träumt sich »am Rande des Vaterlandes« auf einem Berg im Schatten (VI, 136; B 4, Kap. 7), indessen sich das Volk »in hellem Scheine . . . zu heiteren Festen, zu verschiedenen Handlungen und Lebensübungen« sammelt, »was alles ich aufmerksam beobachtete« (136). Eine neue Variante des Bildes vom Festzug und vom Seher, der sich an dieser Stelle in einem Gedicht als müde, neugierig um sich blickende Danaide deutet. Das Los der Danaiden ist es, ewig sinnlos, unvermählt und unfruchtbar in der Unterwelt zu hausen und das Wasser des Meeres in ein Sieb zu fassen, weil sie ihre Freier ermordet haben: mythologisch verstellt das Schicksal Heinrichs, der sich nicht als Familienvater mit dem Volk verknüpft.

Wenn Heinrich in diesem Traumgedicht gedämpft den Gesang des Volkes hört, taucht in seiner Erinnerung wohl das große Tellspiel in der Heimatgemeinde der Eltern auf, das in eine »rauschende Freudenfeier« übergegangen war (IV, 210; B 2, Kap. 17). In mächtigem Chorgesang, bei großen brennenden Feuern hatte da das Volk sich selbst gefeiert, im Raum der nächtlichen Frühlingsnatur, und dieser Gesang war die Krönung seiner politischen Manifestation gewesen. Sie ergibt sich im patriotischen Fest, wo das Volk Darsteller und Zuschauer in einem ist, seiner Rolle im politischen Leben dieser Staatsform entsprechend. Ebenso entsprechend ist, statt der Herausputzung einer Schauseite des Staates in der Monarchie, das Herstellen von Öffentlichkeit im Umzug, aus dem symbolische Handlungen des Volkes und einzelner Vertreter hervorgehen, und in der Öffentlichkeit der Rede, die der nur imaginierten Öffentlichkeit von Heinrichs Traumgedicht kontrastiert. Diese öffentliche Rede ist zunächst Deklamation des Schillertextes, der dem Anlaß bedenkenlos untergeordnet wird. Statt einer geschlossenen Spielhandlung reihen sich Anlässe der Gesinnungskundgabe. Daneben entsteht ein Dreiklang von Chorlied, politischem Disput – wie er sich in der Mitte des Festes unter der Kapitelüberschrift »Tischgespräche« findet – und schließlich politischem Witzgespräch, wie es »kein dramatischer Dichter für seine Volksszenen treffender und eigentümlicher erfinden könnte« (219 f.). Allenthalben, im improvisierten Gesang, im Festspiel, im komischen politischen Dialog, tritt Kunst nicht eigentlich hervor, weil sie eine Gegenposition voraussetzt; der Künstler aber, Träumer von einer Kunst ohne Künstler, mischt sich unters Volk.

Abermals geschieht das am Ende der Trennung von der Heimat, beim Wiederbetreten des Schweizer Bodens, in Heinrichs Teilnahme am eidgenössischen Schützenfest in Basel, wie es in der ersten Romanfassung dargestellt wird. Es ist ein Fest der Wehrhaftigkeit, und Heinrich bildet sich während der drei Festtage zum guten Schützen aus – ein Versuch der Vaternachfolge, den ja eine der frühesten Erinnerungen als Schützen festhält. Das Treffen ist aber auch ein Fest politischer Auseinandersetzung, bei dem »ein ausgedehntes Meer gehaltener Männerstimmen wogte« (XIX, 314; A 4, Kap. 14), und patriotischer Zecherei, einer Art vaterländischer Kommunion über die politische Gärung und Auseinandersetzung hinweg, »welche mit dem Umwandlungsprozesse eines Jahrhunderte alten Staatenbundes in einen Bundesstaat abschloß« (310). Historischer Anknüpfungspunkt ist das vierhundertjährige Jubiläum der Schlacht bei Sankt Jakob an der Birs 1444, denn als dort die Schweizer Freiheit verteidigt wurde, herrschte im Land Bürgerkrieg.

Das Gehäuse des Festes ist »eine hölzerne Feststadt« – wieder ein Kontrast zur monarchischen Architektur Münchens, sofern die Festarchitektur streng zweckgebunden, für den Augenblick errichtet und doch monumental ist, ein Rahmen für das »politische Rendezvous des Volkslebens« (308), wo sich das Volk in seiner Massenhaftigkeit, Beweglichkeit und Bewegtheit ergeht. Eben diesem Volk gilt auch Heinrichs große monologische Gedankenrede auf »das edle Wild der Mehrheit«: »Mit großen Augen beschaut sich erst die Menge den Einzelnen, der ihr etwas vorsagen will, und dieser, mutvoll ausharrend, kehrt sein bestes Wesen heraus, um zu siegen. Er denke aber nicht, ihr Meister zu sein; denn vor ihm sind Andere da gewesen, nach ihm werden Andere kommen, und jeder wurde von der Menge geboren; er ist ein Teil von ihr, welchen sie sich gegenüberstellt, um mit ihm, ihrem Kind und Eigentum, ein erbauliches Selbstgespräch zu führen. Jede wahre Volksrede ist nur ein Monolog, den das Volk selber hält. Glücklich aber, wer in seinem Lande ein Spiegel seines Volkes sein kann, der nichts widerspiegelt als dies Volk, indessen dieses selbst nur ein kleiner heller Spiegel der weiten lebendigen Welt ist!« (318) Ein radikaler Liberalismus scheint hier sieghaft eingeflossen in Heinrichs zentrale Spiegelmetaphorik. Keine Selbstbespiegelung mehr; nichts sein als Spiegel des Volkes; der eigene Monolog eine heimliche Volksrede des gereiften Mannes.

In dieser monologischen Volksrede wirken zugleich die Bilder der Heimkehrträume nach, soweit sie neben Kunst und Ökonomie das Vaterland zum Thema haben. Es erscheint im pflügenden Bauern als neuem Wilhelm Tell; es erscheint in der Vaterstadt mit der großen Brücke am zehnfach verbreiterten Strom, den riesigen Häusern und den noch gewaltigeren Linden, alles Überhöhungen der Stadtpanoramen, die am Anfang der ersten Romanfassung stehen. Die Bedeutungen bündeln sich in der Brücke, wo der Kunst-Leben-Kreislauf, der Kapitalumlauf, der Volksumlauf und – laut Erstfassung – das Werden und Vergehen der einzelnen im Volk »wie ein Blutumlauf in durchsichtigen Adern« stattfinden (XIX, 164; A 4, Kap. 7). Brücke und Volksstrom zusammen bilden die »Identität der Nation«, wie der gelehrte Goldfuchs erklärt (VI, 126; B 4, Kap. 7), wobei offen bleibt, was die Brücke ist, wenn die darübergehenden Leute doch das Volk sein sollen. Man möchte erraten: es sind die staatlichen Institutionen, sie sind die Brücke des Volkes. Eine andere Frage aber wird in der ersten Romanfassung beantwortet: ist die Brücke Mittel oder Zweck, nur Übergang oder Zustand – eine Frage, die sich auf das Verhältnis von Individuum und Volk bezieht. Die Antwort: »Alles, was auf der Brücke geht, ist und bedeutet nur etwas, insofern es aus dem Gelände hüben und drüben kommt und wieder dahin geht und dort etwas Rechtes ist, und dort kann man es wiederum nur sein, wenn man als etwas Rechtes über die Brücke gegangen ist. ... von allen Punkten aus kann man sie ragen und sich erstrecken sehen. So ist sie ein prächtiges Monument und doch nur eine Brücke, nicht mehr als der geringste Brettersteg; eine bloße Geh- und Fahrbücke und doch wieder eine statiöse Volkshalle« (XIX, 170; A 4, Kap. 7). Der einzelne hat demnach Wert, indem er dem Volk zugehört[196], das Volk hat Wert, indem es aus tüchtigen einzelnen besteht, und die Brücke ist die politische Architektur dieser Übergängigkeit, ein Denkmal der Republik aus Traummaterial.

Feste und Träume enthalten also Verherrlichungen des politischen Volkslebens, und doch unterscheiden sich diese Manifestationen wesentlich von den idealen Kristallisationen des Politischen in der Eingangspartie der Roman-Erstfassung, denn in der Verklärung läuft jetzt gegenläufig der Widerspruch mit. Er liegt zunächst in Heinrich. Der Inszenator seiner selbst und anderer ist es, der im Tellfest Volk spielt, und noch da denkt er sich die Rolle des Rudenz zu, der in Schillers »Wilhelm Tell« als letzter zum neuen Bund der Schweizer stößt. Weil er Scheu hat vor der »strengen Richterin« zu Hause (XIX, 307; A 4, Kap. 14), biegt Heinrich in der Erstfassung zum Basler Schützenfest aus und kommt so erst zur toten Mutter heim. Der mannbare Schütze ist, wie schon der renommierende Heinrich der schulischen Wehrübung (III, 146 ff.; B 1, Kap. 13), ein ängstliches Kind. Der Spiegel des Volkes ist bald danach zerschlagen (VI, 300; B 4, Kap. 15); Narziß ist nicht im Volk aufgegangen; er ist zerbrochen. Nicht ein Monolog des Volkes im Medium Heinrichs hat stattgefunden, sondern ein Monolog Heinrichs im Medium des Volkes. Der Widerspruch liegt aber ebenso im politischen Wesen selbst, ist es doch der schlechte Vater Staat, der mit der schuldhaften Schulverweisung daran mitgewirkt hat, Heinrich in Schuld zu versenken.
So tut sich denn auch in den Festbildern Bedenkliches auf, und bereits in ihrer Festlichkeit liegt ihre Fragwürdigkeit. Einerseits ist es die Leistung der patriotischen Feste, das Volk als politische Einheit und Kraft darzustellen, die in der Unübersichtlichkeit des Alltags, im Widerstreit der Tendenzen beim politischen und ökonomischen Tagesgeschäft im Verborgenen bleiben. Volk erscheint im patriotischen Fest als potentielle, nicht aktuelle Größe. Andererseits ist es auch das Problematische der Feste, daß sie die Konflikte und Spannungen des Alltags überdecken und vergessen lassen – daß sie zum kollektiven Traum

des kollektiven Träumers Volk werden und die Grenzverwischung zwischen Phantasie und Wirklichkeit, an der Heinrich laboriert, auf höherer Ebene wiederholen. Das ist in allem Gegensatz zum Münchner Künstlerfest eine verborgene, gleichwohl nicht gänzlich abwegige Parallele. Der böse Vater Staat herrscht, solange der gute Festvater abwesend ist; wenn er wunderbar herbeikommt, ist alles gut – aber nur für den Augenblick des Wunders.[197]

Am gelindesten sind die Spannungen noch in der Darstellung des Tellspiels, zugleich am einläßlichsten herausgearbeitet. Das beginnt in der Gestalt des Statthalters, bei der die Verklärung der Volksrepräsentanten, wie sie im Eingang der Roman-Erstfassung stattfindet, verschwindet. Es ist schon charakteristisch, daß hier an die Stelle der Parlamentarier, die am Anfang der Erstfassung zusammentreten, ein Wahlbeamter als Darsteller des Gemeinwesens getreten ist. Wenn dieser Volksrepräsentant als wahrer Volksmann erscheint und anerkannt wird, dann in einer Selbstdarstellung, die »eine wunderbare Tatsache« überspielt (IV, 195; B 2, Kap. 15): daß nämlich »besonders in neuerer Zeit ein solches Stück Volk, ein repräsentativer Körper durch den einfachen Prozeß der Wahl sogleich etwas ganz merkwürdig Verschiedenes wird, einesteils immer noch Volk und andernteils etwas dem ganz Entgegengesetztes, fast Feindliches« (195). Doch alsbald folgt die Besänftigung: »Besagte Erscheinung dient bei einem gesunden Volke nur zu einer wohltätigen Heiterkeit . . .« (195). Der große Disput zwischen Wirt und Holzhändler mit dem Dazwischentreten des Statthalters, bei dem es um die Trassenführung einer neuen Straße geht, befremdet Heinrich zwar durch das »unverhohlene Verfechten des eigenen Vorteiles, an diesem Tage und in so bedeutungsvollem Gewande« (189 f.) – der Gastwirt spielt ja den Tell –, aber der Statthalter belehrt Heinrich, daß dieser Privategoismus das Ferment eines kräftigen Gemeinwesens sei. Immerhin ist es nicht ohne Ironie, daß ausgerechnet der Statthalter das Lob des mannhaften Selbsthelfers und des energischen Ausgriffs singt, der seinerseits an diesem kräftigen Leben nicht teilhat und mannigfach stillhalten muß, und daß ausgerechnet Heinrich, der doch auch durch das Festspiel seinen Vorteil als Liebhaber Annas sucht, am Egoismus im vaterländischen Fest Anstoß nimmt.

Eine Episode des Tellspiels, bei der die vom Berg zu Tal fahrenden Sennen das abgetriebene Vieh als Teil des Festzuges zu deklarieren und damit vom Brückenzoll zu befreien suchen (IV, 171; B 2, Kap. 13), läßt in sinnfälliger und doch eher drolliger Weise im Festtagsgesicht des Staates und der Gesellschaft das Alltagsgesicht auftauchen und wieder verschwinden, wobei der Gastwirt als Tell die patriotische Freiheitstat des Tyrannenmordes als freihändlerische ökonomische Befreiungstat vom Zoll ›aktualisiert‹ (IV, 173; B 2, Kap. 14). Gegen Schluß des Festes gewinnt dafür die politische Witz- und Streitrede der lustigen Brüder mit ihrem verzwickten Ineinander von politischem Scharfsinn und Unsinn eine dämonische Färbung, die von fern an die politischen Verleumdungskampagnen des »Verlorenen Lachens« erinnert (IV, 219 f.; B 2, Kap. 17). Schärfer noch kommen solche Vieldeutigkeiten im Basler Schützenfest heraus. Es ist ein Ereignis patriotischer Besinnung, aber das Festtreiben zittert von den politischen Spannungen des Augenblicks in einer fast gefährlichen Weise: Es ist das Jahr des ersten Freischarenzuges 1844, am Eingang der großen Krise, die im Sonderbundskrieg mit dem Sieg der liberalen Kräfte endet.

Am deutlichsten bringen Heinrichs Traumbilder mit der Idealität der Nation zugleich die Gebrechlichkeit dieses Ideals zum Vorschein, wobei auch in der politischen Thematik die Traumdarstellung wieder dazu dient, ein Verfahren der selektiven, inselhaften Gegenstandswahrnehmung mit Licht- und Schattenseiten zu rechtfertigen und auf die Spitze zu treiben. Vielleicht ist die Identitätsbrücke der Nation ein weniger märchenhaftes Modell als die Umschlägigkeit von Kunst und Leben, Geld und Gut, aber gemeinsam ist allen diesen Traumvorstellungen doch, daß sie die Mechanismen und Institutionen der realen gesellschaftlichen Prozesse mit einem Seitenblick abtun – charakteristisch, daß die Frage Volk und Brücke als Frage von politischem Subjekt und politischer Institution nicht durchgeführt wird. Der »Grüne Heinrich« ist so sehr und so wenig ein politischer wie ein ökonomischer Roman.

Trotzdem, ja deshalb können scharfe Akzente gesetzt werden –

eben in der Weise des Traums. Hierher gehört, daß das komische Streitgespräch zwischen Goldfuchs und Heinrich über die Identität des Traums und sein Realitätsverhältnis genau in die Darstellung der Identität der Nation gelegt ist. Sie ist brüchig wie der Traum an dieser Stelle, wo er sich auf seinen Traumcharakter besinnt (VI, 127 f.; B 4, Kap. 7), fabelhaft wie das Denk- und Sprechvermögen eines Pferdes. Inhaltlich gewinnt diese Partie Vehemenz in der Rede des Pferdes über die Identifizierung von »Privatsachen mit den öffentlichen Dingen« (129) als schlechter Kehrseite der Identität der Nation. Der Höhepunkt ist die makabre Umkehrformel Geld = Weisheit, in der die liberale Prämisse eines quasi natürlichen Entsprechungsverhältnisses zwischen Lohn und Leistung ebenso ad absurdum geführt wird wie das Identitätsthema in der ironischen Frage, ob vielleicht das gemünzte Gold das Geheimnis der ganzen Identitätsfrage sei (129); bringt doch gleich anschließend Heinrichs kapitalistischer Geldumlauf die Nation in die Zerrüttung, die das Geld auch in den Zweierbeziehungen stiftet. Heinrich, der Citoyen und Patriot, ist in seiner Eigenschaft als Bourgeois der »Landverderber« (131), der neue Geßler, den der Traum-Tell, in Wirklichkeit doch ein Bourgeois und als Pflüger ein Stück »Habersaat«, abschießt: das Piff-Paff der freien Konkurrenz. Das heitere patriotische Traumbild des pflügenden und schwertschmiedenden Tell-Bauern hat die Einlagerung von Egoismus in den Gemeinsinn versteckt, die sich beim Tell-Fest zeigt. Jetzt bricht sie radikal nach außen: Heinrich, der abgeschossene Sohn Ikarus (131), ist für einen Augenblick die andere, die Geschäfts-Seele des Vaters Dädalus-Tell. Nicht der Tyrann, der Sohn wird erschossen.

Noch an einer zweiten Stelle greift der Traum dergestalt auf das Tellspiel zurück, daß eine Fragwürdigkeit dieses vaterländischen Glanztages offenbar wird. Der junge Heinrich hat im Heimatdorf der Eltern ein Mutterland der Natur gefunden, das ihn tröstend umfängt. Auch in den Heimkehrträumen ist deshalb Heimat zuerst Dorfheimat, Familie zunächst die altertümliche Großfamilie des Oheims. Doch wie schon der nach München ziehende Heinrich der Erstfassung sich gegenüber der »gedankenlosen Seligkeit« dieser Großfamilie zur Leidensgeschichte des Individuums in der durch den Tod des Vaters verstümmelten Kleinfamilie bekannt hat, so zeigt nun auch die beseligende Traum-Idylle einen Mangel. Sie ist ein prähistorischer Raum, in dem Heinrichs Konflikte, statt gelöst zu werden, bedrohlich widerhallen. Mit dem wundersamen Hin- und Widergehen aller Sippenmitglieder, der Lebenden und der Toten, an dem die wilden und zahmen Tiere gegen den Strich teilnehmen, entsteht im Haus des Oheims ein Paradiesesgewebe, in das Rückkehr weder möglich noch geboten erscheint.

»Der Pfeil des Tellen fliegt noch heut«, singt der Traum-Tell (VI, 114; B 4, Kap. 6): der fliegende Pfeil steht im Traum, der stehende Pfeil fliegt im Traum; er »tanzt ... hoch im Licht«, schwerelos, richtungslos, geschichtslos. Alles ist hier Gegenwart und nichts ist hier Gegenwart, denn nur das Subjekt, das sich als einzelnes weiß, kann auch die Einzigkeit des Moments erleben, begreifen und ergreifen. Bei der Sippe bleibt das reiche Essen unangerührt auf dem Tisch stehen – Zeichen für die Abwesenheit dieser Existenzweise, Subjekt zu sein. Was bei Heinrich individuelle Lebenserfahrung ist, erscheint im wundervoll harmonischen Gesang der Großfamilie als kollektives Schicksal:

»Wir träumen, wir träumen,
Wir träumen und wir säumen,
Wir eilen und wir weilen,
Wir weilen und wir eilen,
Sind da und sind doch dort,
Wir gehen bleibend fort,
Wem konveniert es nicht?
Wie schön ist dies Gedicht!
Halloh, halloh!
Es lebe, was auf Erden stolziert in grüner Tracht,
Die Wälder und die Felder, die Jäger und die Jagd!«

(118)

Alle sind sie grüne Heinriche, wenn auch nicht im Sinne der Unfähigkeit zur Praxis, so doch in dem Sinne, noch nicht aufgebrochen zu sein in den Prozeß der Gegenwart. Sie sind die Wunsch-Heinriche Heinrichs, die sein Dilemma »Dortchen ist

nicht Hierchen« träumerisch unterlaufen: »Sind da und sind doch dort«. Sie bilden die mütterliche, in sich ruhende und kreisende Welt, aus der Geschichte wohl aufsteigen kann – Heinrichs Vater auf dem Weg in die Stadt –, in die sie aber auch wieder zurücksinkt, wie die Relikte adligen Landlebens und ländlicher Pfarrkultur im reichen Hof des Onkels ein zeitloses Ensemble der Behaglichkeit bilden; wie auch die dörflichen Besitzverhältnisse die einzelne, datierte und datierbare Veränderung in ihren gleichgültigen Umschwung einsaugen: »Die Kinder der gestrigen Bettler sind heute die Reichen im Dorfe, und die Nachkommen dieser treiben sich morgen mühsam in der Mittelklasse umher, um entweder ganz zu verarmen oder sich wieder aufzuschwingen« (III, 3 f.; B 1, Kap. 1).
Die wunderliche Traumgesellschaft beim Oheim ist nun dadurch gekennzeichnet, daß »Alle, Anna nicht ausgenommen, ... lange irdene Pfeifen in den Händen [trugen] und ... einen wohlriechenden Tabak [rauchten], und ich desgleichen« (VI, 117; B 4, Kap. 6). Das ist vermutlich eine Reminiszenz an das Tellspiel, wo in der Rütli-Szene »die Jungen und die Alten bei der feierlichen Handlung kaum die Pfeifen aus dem Munde [taten] und der Pfarrer Rösselmann unaufhörlich schnupfte« (IV, 178; B 2, Kap. 14). Wenn im Traum alle die Pfeifen pyramidenartig zusammenstellen »wie Soldaten ihre Gewehre«, knüpft auch das an das ›Biwak‹ auf dem Rütli an, und alles miteinander ist ein markantes Signal dafür, daß das Tell-Fest nicht schlechthin Selbstdarstellung der Republik, sondern eher Darstellung ihres vorgeschichtlichen Grundes ist, in dem mit der Scheidung von Spiel und Leben auch die Scheidung von Vergangenheit und Gegenwart noch aussteht. Schillersche Klassik ist dabei in eine Art mittelalterlichen Prozessionsspiels zurückgenommen, durchtränkt mit uraltem Fastnachtstreiben, und nur Heinrich mit dem Dringen auf Kostümtreue ist geschichtlicher Mensch, darin vereinzelt noch in der Masse, in die er im Traum, gleichfalls rauchend, eingeht.

Liegt hier ein Anachronismus des Festes, so ergibt sich die letzte Problemschichtung erst daraus, daß auch der Erzähler Heinrich selbst – und sein Autor Keller – das Ungeschichtliche dieser

Welt aus einer verkürzten Perspektive von Geschichte wahrnehmen. Es war festzustellen, daß Vater Tell den Ikarus-Sohn durch seinen Schuß auf Mutterboden herabholt. Dies gilt am Ende auch in Hinblick auf den Staat. Zunächst aber zeigt es indirekt, daß Keller, der Gott und die Monarchie verabschiedet und als radikaler Liberaler in die Fußstapfen des Vaters tritt, die Sicherung staatlicher Ordnung auch in der Republik Autoritäten anzuvertrauen geneigt ist. Das ist um so merkwürdiger, als der junge Keller beim Eintritt in die Politik revolutionären Tendenzen huldigt. Als Lyriker singt er blutrünstig und hoch erregt vom revolutionären Endgericht; als Freischärler nimmt er 1844 und 1845 an den kläglich scheiternden Aktionen der Fortschrittsleute gegen das katholische Luzern teil, die dem Schweizer Sonderbundskrieg vorausgehen.[198]

Allerdings zieht Keller nicht als erfolgreicher Schütze aus wie der Vater, sondern als grüner Heinrich mit einer Flinte, deren Feuerstein aus Holz ist.[199] Wie sich der Muttersohn Heinrich wunschträumend, also ›unmännlich‹, ins Reich der Ökonomie aufschwingt, geht sein Autor mit einem ›impotenten‹, friedensmäßig durch ein Sperrhölzchen gesicherten Gewehr ins Feld. Auch ins Vaterland schleppt der zwergenwüchsige Dichter die Vibrationen seiner Mutterbindung ein. Das wilde Draufgängertum ist eine Transformation der auf die Mutter gerichteten Energien, zugleich ein Versuch, im Gewaltstreich dieser Energien Herr zu werden. Gerade weil die männlichen Töne so ernst klingen, sind sie nicht ganz ernst zu nehmen. So fehlt dem ›Revolutionär‹ Keller ein angemessener Handlungsbegriff. Die Zeit ergreift ihn; er wirft sich ihr in die Arme.[200] Die Umwälzung wird als schicksalhaftes, alles erneuerndes, spirituelles Ereignis im eschatologischen Licht gedacht. Andererseits hat schon der ›Revolutionär‹ Keller die Neigung, das Neue fast konservativ als Wiederherstellung eines Alten zu denken, wie etwa das aus der Freischarzeit stammende Gedicht »Zwingli« bezeugt (XIII, 274) – zusamt der Sehnsucht, sich auf große Männer zu berufen, die eher Männer der Reform als des Umsturzes waren. Eine Bewegung auf die Ordnungskräfte und -mächte hin ist von vornherein bei Keller wahrzunehmen.

So verabschiedet er in einer Traumbuch-Eintragung vom 20.

September 1847 (XXI, 81 ff.) – übrigens fünf Tage nach dem offensten Mutter-Inzest-Traum, der von Keller überliefert ist – geradezu aufatmend in einer Art von Selbstgericht die revolutionären Räusche[201], um sich den großen Figuren der in Zürich zur Regierung gekommenen Liberalen anzuschließen: »Inzwischen erfüllt mich das Benehmen unserer Regierungsmänner . . . mit der größten Achtung. Ich bin ganz im geheimen diesen Männern viel Dank schuldig. Aus einem vagen Revolutionär und Freischärler à tout prix habe ich mich an ihnen zu einem bewußten und besonnenen Menschen herangebildet, der das Heil schöner und marmorfester Form auch in politischen Dingen zu ehren weiß und Klarheit mit der Energie, möglichste Milde und Geduld, die den Moment abwartet, mit Mut und Feuer verbunden wissen will. Daß Begeisterung und die frische Tatkraft . . . oder mit andern Worten der Sinn für die rechte und notwendige Revolution darüber nicht verloren gehen, bin ich versichert. Übrigens wird die Revolution von Tage zu Tage unzulässiger und überflüssiger, in einer Zeit, wo das lebendige Wort sich fast überall Bahn zu brechen weiß, besonders aber bei uns, wo die Gerechtigkeit immer eklatanter nach jeder Verfinsterung auf dem gesetzlichen Wege siegt. Ja, wir werden bald alle Revolution verdammen und verfolgen müssen, weil sie, da bald überall gesetzliche Anfänge der Freiheit gegründet sind, das Erbe des Absolutismus wird.« (XXI, 81 f.)
Mag Kellers Zuversicht später gebrochen sein; hier erscheint jedenfalls eine von nun an bleibende Tendenz seines politischen Denkens, die sich auch bei allen Sympathien für die achtundvierziger Revolutionen in Europa durchhält: Für die Schweiz wird die Revolution von ihm zur Reaktion und die Reform zur wahren Revolution erklärt, so daß sich der wahre Revolutionär im Vermeiden der Revolution zeigt. Auch wenn Keller zu den Männern des gemäßigten Liberalismus, voran der beherrschenden Gestalt des »Princeps« Alfred Escher[202], zeitweilig wieder in Opposition gerät – am 31. März 1854 heißt er gegenüber Hermann Hettner »mein spezieller Tyrann« –, gehört er am ehesten zu ihnen, nicht weiter nach links, und es ist wie ein Adoptionsakt, daß 1848 die Zürcher Regierung die Fürsorge für den neunundzwanzigjährigen ›Sohn‹ von der Mutter übernimmt,

mit Stipendien geduldig für seine nachzuholende Bildung sorgt und schließlich 1861 mit der Berufung zum Staatsschreiber am längst Erwachsenen die Erziehung vollendet.

Im Autor des »Grünen Heinrich« ist der revolutionäre Elan erloschen, sind väterliche Schutzmächte als Wall gegen die Revolution um Keller und in ihm installiert. Damit ergibt sich aber auch klar auf neuem Feld der alte Befund: Die Autoritäten sind in Anspruch genommen für ein Vaterland, in dem männliches Handeln, liberales Entscheiden, die Linearität des Fortschritts am Ende unterzugehen bestimmt sind in mütterlichem Wesen. Wenn die Schweizer Republik als »zellenreicher, summender und wohlbewaffneter Bienenkorb« vorgestellt wird (VI, 283; B 4, Kap. 14), dann ist darin das Geheimnis enthalten, daß das Bienenvolk das Volk einer Königin ist. In unmittelbarer Nachbarschaft zu diesem Vergleich steht das Stichwort des »organischen Prozesses«, das so wenig zum »Getöse ... politischer Aktionen« paßt, von denen gerade die Rede war. Je länger die Erstfassung des Romans die politische Reflexion an dieser Stelle ausdehnt, um so unstimmiger wird das Nebeneinander von »Kampf« und »Mauser«, reif werden und arbeiten (XIX, 310; A 4, Kap. 14), »freier Selbstbestimmung« und »jederzeit berechtigtem Dasein, oder wie man solche Dinge benennen mag« (310).

Die Unsicherheitsformel ist verräterisch: Fortschritt, organischer Prozeß, Schachspiel auf dem »Schachbrett« der Schweiz, wo »Umwälzungen, Wahlbewegungen und Verfassungsänderungen« (311; vgl. VI, 283; B 4, Kap. 14) hin und hergehen, liegen auf verschiedenen Ebenen, und nur manches davon liegt auf der Ebene des liberalen Mehrheitsprinzips, dem gleich anschließend der Lobpreis Heinrichs gilt. So sind denn auch in der Zweitfassung des Romans die breiten Ausführungen zum Fortschritt anläßlich des Basler Festes gestrichen und die Lobpreisungen des Mehrheitsprinzips mit grundsätzlichen Einschränkungen versehen, in denen sich die zunehmende politische Verdüsterung Kellers, besonders die Ablehnung der radikaldemokratischen Verfassungsänderung von 1869 niederschlägt. Im gleichmäßigen Grau der Enttäuschung, zuweilen auch in einer Zurücknahme der analytischen Anstrengung verschwimmt einiges von den Zerklüftungen des Kellerschen politischen Denkens, das vorher in Schlagworten und Metaphern klar zutage getreten war, aber es verschwindet nicht.

Jedenfalls sind in der Formel vom »organischen, republikanisch bürgerlichen Gemeinwesen«, die in der Erstfassung anläßlich des Münchner Künstlerfestes gebraucht wird (XVIII, 176; A 3, Kap. 6), nicht die Widersprüche der Festwirklichkeit, sondern die Kellers kaum verdeckt gegenwärtig. Die Lebensströme und Baumriesen in Zürich und in der Heimatstadt vergehen in der Neufassung des Romans, aber sie bleiben in den Heimkehrträumen: Zeichen für eine organische Lebendigkeit der Schweiz im Gegensatz zur »tausendjährigen Steinwelt« der monarchischen Residenzstadt München in der Roman-Erstfassung, einer Steinwelt, die den Anschein erweckt, als ob sie »auf ein mächtiges Zauberwort in Fluß geraten, nach einer neuen Form gerungen hätte und über dem Ringen in einer seltsamen Mischung wieder erstarrt wäre« (XVI, 62; A 1, Kap. 3). Organisches politisches Leben, wie es als Ideal vorschwebt, ist hier verfehlt. Die angestrengten Bemühungen eines von außen reglementierenden monarchischen Regiments führen in Erstarrung, weil dieser Staat in der Tiefe starr ist. Altes und Neues sind in ihm nicht in der fruchtbaren und lebendigen Weise verschmolzen, daß sich im Neuen ein verjüngtes Altes, im Alten keimhaft ein Neues darstellt.

Freilich ist der politische Organismusgedanke in seiner Spannung zum Liberalismus bei Keller nicht einfach als Gradmesser einer individuellen Konfliktlage zu sehen. Wie in Heinrichs – und Kellers – Bild des Kapitalismus als eines ›Wundersystems‹ individuelle Unfähigkeit zum Durchschauen und tatsächliche Undurchsichtigkeit der ökonomischen Verhältnisse zusammentreffen und sich ineinander verflechten, steht Kellers Vorstellung des organischen Staates, sich vertiefend zu einer organischen Auffassung der Geschichte, in einem epochalen Zusammenhang, der von Herder über die Romantik bis zum Historismus und dem deutschen Frühliberalismus reicht. Hier überall herrscht die Vorstellung einer organisch-geschichtlichen Entwicklung, die bei Herder noch auf die Völker und Kulturen zentriert ist und in Opposition zum absolutistischen Staatsapparat steht, in der Romantik aber auf den Staat übergreift und im gesamten deutschen Frühliberalismus in Reibung zum Fortschrittsgedanken sowie politischen Handlungs- und Entscheidungskonzepten liegt.[203] Wo sich Geschichte als Geschehen vollzieht und an jedem Punkt ihrer Bewegung, in jeder aus ihr aufsteigenden Erscheinung ihren Sinn in sich trägt, sind die politischen Aktivitäten gebremst. Gewiß bedeutet das im Rahmen einer alten und liberal erneuerten Republik etwas anderes als im Rahmen eines Staatenbundes monarchischer Partikularstaaten mit schwachem Parlamentarismus, aber gewiß ist auch gegenüber Herder, der Romantik und dem Historismus das Bewegungsmoment der Geschichte bei Keller noch weiter in Natur zurückgenommen.

Das geschieht dadurch, daß die Kulturnormen bei Keller fortschreitend tiefer in einer gegebenen, nicht transzendental gesetzten Natur des Menschen verankert werden – Judith als Naturnorm: Der grüne Heinrich wird von Tell abgeschossen und steht zuletzt zerschlissen auf kotigem Pflaster, weil er ausschweifend diese Normen, die von der Ehe-Ordnung über die Eigentumsordnung bis zur staatlichen Ordnung reichen, verfehlt; der »Grüne Heinrich« als Roman ruht auf diesem väterlich bestätigten und garantierten Mutterboden des Vaterlandes. Die Rücknahme der Bewegungsmomente der Geschichte und des politischen Aktivismus bei Keller vollzieht sich weiter dadurch, daß statt des organischen Entwicklungsgedankens bei ihm ein Gedanke organischen Daseins nach vorn tritt, das entsprechend der Offenheit und labilen Balance biologischer Systeme gedacht ist. Wenn sich der Wilhelm-Tell-Darsteller des Volksfestes als »Prophet« zeigt, indem er von der Sempacher Schlacht vorsingt (IV, 210; B 2, Kap. 17), die doch erst lange nach seiner sagenhaft-mythischen Existenz stattfand, mag darin die Geschichtslosigkeit dieser Volksversammlung bezeichnet sein; wenn aber die Fastnachtsfeuer des Tell-Festes als »Feuerzeichen des politischen Bewußtseins« (211) über die »Christenfeuer des Mittelalters zu dem Frühlingsfeuer der Heidenzeit« zurückweisen, wenn in den dunklen Föhnwolken »Heerzüge verschwundener Geschlechter« über den Singenden herzuziehen scheinen, deren Versammlungsort »vor der fränkischen Zeit . . . für die Bewohner der Gegend dasselbe gewesen, was heute« (211), dann äußert

sich darin eine Zusammenfassung der Geschichte in der Gegenwart des Volkes, die der Roman selbst verkündet. Sie steigert sich in Heinrichs Heimkehrträumen zu dem Gedanken, daß in der Identität der Nation »Vergangenheit und Zukunft nur *ein* Ding« seien (VI, 125; B 4, Kap. 7 – Hervorhebung G. K.). Zu den utopischen Grenzwerten der Kunst und der Ökonomie tritt ein weiterer der Geschichte und der Politik, freilich auch dieser relativiert durch die Desillusionierungseinbrüche des Gesprächs zwischen Heinrich und dem Goldfuchs.
Als frühlingshaft ist im Tellspiel die Kraft des Volkes gedacht; Frühlinge kommen und gehen. Kellers Geschichtsauffassung kennt Veränderung und historischen Wandel, aber keinen übergreifenden Gang der Geschichte. »Der große Geschichtsentwurf Herders und des Idealismus von der Verwirklichung und Selbstverwirklichung des Geistes und der Humanität kann dem Feuerbach-Schüler nicht mehr gelten . . .«. Im »Fähnlein der sieben Aufrechten« »führt gerade der Überschwang des vaterländischen Lebens zu einem beinahe rauschhaften Ausmalen des vaterländischen Todes, eines Schlußfestes des sich neigenden Vaterlandes, das nicht ›ein Dasein dahinschleppen soll wie der ewige Jude‹, sondern, nur um ein rühmliches Gedächtnis besorgt, Platz machen wird den neuen Erscheinungen, die an der Pforte der Zeit harren. Diese ›neuen Erscheinungen‹ stehen nicht im Zusammenhang einer geschichtlichen Sukzession, eines Überlieferungsganzen oder einer Entwicklung, sondern es ist immer wieder das Neuaufblühen und Wiederverwelken eines Urwaldreises, das Aufleuchten und Verlöschen eines Urlichtes. Es ist eine Vorstellung vom ›Kranz der Zeit‹, vom Wechsel und der Wiederkehr aller Dinge . . .«.[204] Bei Herder ist Natur die Kraft und das Telos der geschichtlichen Entwicklung zur Humanität; bei Keller die immer gleiche Substanz des Menschlichen im Wechsel der Erscheinungen, die Erde, aus welcher der Mensch gemacht ist und in die er zurückkehrt. Deshalb gibt es bei ihm nicht, wie im Gefolge Rousseaus, ein Zurück zur Natur, denn sie ist immer da in Geschichte und holt heim aus Geschichte. Das ist die Erlebnis- und Erzählperspektive des grünen Heinrich. Das ist die Perspektive des geschichtlichen und politischen Denkens bei seinem Geschichten schreibenden Autor.

»Therese« oder das unmögliche Drama

Während Keller am Roman arbeitete, richteten sich seine Wünsche und Hoffnungen auf das Drama. Von der Eroberung des Theaters erhoffte er sich Ruhm und Geld. Wie das Ölgemälde den Maler macht, so macht das Drama den repräsentativen Poeten. Des Theaters wegen gehe er nach Berlin, schreibt der Lyriker und Romancier Keller am 4. März 1850 an Ferdinand Freiligrath, »indem ich mich für einen der Messiasse halte, welche die deutsche Bühne vier Wochen lang verklären«. Doch auch in dieser Hinsicht ähnelt Keller mehr dem närrischen grünen Heinrich mit der Stachelkrone. Aus der Planung, »einige Novellen ausgenommen habe ich für die Zukunft nur dramatische Arbeiten im Auge« – so zu seinem Verleger Vieweg am 3. Mai 1850 – wird nichts.

Kellers vergebliches Bemühen um das Drama ist zeitsymptomatisch.[1] Nur Hebbel, den Keller laut Brief vom 15. Oktober 1853 an den Literarhistoriker Hermann Hettner, seinen dramaturgischen Gesprächspartner, mit einer »Agnes Bernauerin« attackieren wollte, war unter den großen deutschen Realisten ein bedeutender Dramatiker, allerdings um den Preis der Lösung vom Realismus. Seit »Maria Magdalene« (1843) und dem »Trauerspiel in Sicilien« (1846) wendet er sich von der Gegenwart ab und versinkt in der Geschichte. Das Ideendrama der deutschen Klassik wird von ihm in einer geschichtsphilosophischen Dramatik fortgeführt, der das Absolute in der Relativität historischer Entwicklungsmomente gegeben bleibt. In den dialektischen Umschlägen des historischen Prozesses erscheint, anachronistisch in die Vergangenheit befördert, das Individuum als Exponent der in Widersprüchen sich fortwälzenden Gesamtbewegung der Idee. Spezifische Themen der Moderne wie die Emanzipation der Frau (»Herodes und Mariamne«) oder der Konflikt der Person mit den Institutionen (»Agnes Bernauer«) werden in die Geschichte zurückgeworfen. Weil er in seiner eigenen Zeit die Idee des Ganzen nicht mehr wahrnehmen kann, bestimmt Hebbel an seinem Wendepunkt zum geschichtlichen

Ideendrama die Tragikomödie als eine charakteristische Form der Moderne, »wo auf der einen Seite wohl der kämpfende und untergehende Mensch, auf der anderen jedoch nicht die berechtigte sittliche Macht, sondern ein Sumpf von faulen Verhältnissen vorhanden ist, der Tausende von Opfern hinunterwürgt, ohne ein einziges zu verdienen. Ich fürchte sehr, manche Processe der Gegenwart können, so wichtig sie sind, nur noch in dieser Form dramatisch vorgeführt werden. Tragisch zu sein, hörten selbst die bedeutendsten auf, seit die Überzeugung der einen Parthei nicht mehr mit der Ueberzeugung der anderen, sondern nur noch mit ihren Interessen zu kämpfen hat. Aber die Träger und Verfechter dieser Interessen, wie nichtig und erbärmlich sie auch, als Persönlichkeiten betrachtet, seien, sind der Comödie deßungeachtet noch nicht verfallen, denn es gehen fürchterliche Wirkungen von ihnen aus.«
Diese Äußerung Hebbels fällt 1851 in seinem »Sendschreiben an Heinrich Theodor Rötscher« zur Rechtfertigung des »Trauerspiels in Sicilien«.[2] Sie liegt also mitten in Kellers Arbeitszeit am »Grünen Heinrich« und richtet sich an denselben Berliner Theatergewaltigen, den Dramaturgen der königlichen Bühnen, der in Kellers Briefen an Hettner immer wieder ironisiert wird. Abgesehen von der spezifisch Hebbelschen Düsternis am Rande einer universalen Sinnlosigkeitserfahrung entsprechen seine Worte in vielem dem Zeitbewußtsein der Realisten, auch dem Kellers, denen die gesellschaftliche Welt in dem Maße undurchdringlich und unverfügbar zu werden scheint, in dem Naturwissenschaft und Technik die Natur zu durchdringen und über sie zu verfügen vermögen. Diese Generation sieht die Welt trotz des raschen Wandels ihres Erscheinungsbildes gegenüber dem Subjekt und seinen Strebungen verfestigt. Ein anonymer Umschwung der Verhältnisse und Situationen wird vom einzelnen, der keine Einwirkungsmöglichkeiten erblickt, als starre Gegebenheit erfahren. »Buntscheckigkeit der Gesellschaft; ihre Zerklüftung in zahlreiche, durch Bildung, Vermögen, Ansehen streng geschiedene Klassen; das Raffinement der Kulturverhältnisse; die Teilung der Arbeit ins Endlose« führt der zeitgenössische Romancier und Romantheoretiker Friedrich Spielhagen als Gründe für die Unmöglichkeit des Epos und des hohen

Dramas in dieser Zeit an.[3] Die dramatische Bewegung zur Zukunft, deren Subjekt und Objekt der Mensch gleichermaßen ist, findet in der Gegenwart nicht statt. Die Antwort der realistischen Literatur auf diese Epochenwahrnehmung ist Resignation in der Spannweite von Aktivität bis zu Passivität, Versöhnung bis Verzweiflung.[4] Im Inhalt der Werke läßt sich das an der zunehmenden Bedeutung von Außenseitern und Beschädigten der Gesellschaft als poetischen Helden ablesen. Der »Grüne Heinrich« ist ein markantes Beispiel aus dieser Reihe. Formal äußert sich die Vormacht umgreifender Verhältnisse in der Herrschaft des Romans und der Novelle. Denn der Roman führt den Helden in Auseinandersetzung mit einer Welt vor, die bis zur Bedrohlichkeit und völligen Fremdheit undurchsichtig und unabänderlich sein kann. Die Novelle erhellt den Zustand der Welt und des Menschen in der exemplarischen Zuspitzung einer unerhörten Begebenheit. Beide Gattungen nehmen das Individuum in seinem Fürsichsein und von seiten seines Fürsichseins in Anspruch, während das Drama in der klassischen Tradition den dramatischen Prozeß zum Weltprozeß erweitert.

Kellers Mangel an dramatischer Begabung ist, so gesehen, seine Begabung, literarisch der Zeit und seinem Zeitbewußtsein zu entsprechen. Dabei setzen seine zum Scheitern verurteilten dramatischen Versuche bei weit voneinander abliegenden Punkten an, in denen Möglichkeiten des Dramatischen verkapselt sind. Der eine ist die Volkskomödie der Zeit mit ihrem breiten, weit in die unteren sozialen Schichten hineinreichenden Publikum, ihrem Raum zur Improvisation und ihrer Tendenz zur aktuellen politischen und gesellschaftskritischen Anspielung. So sieht Keller gemäß einem Brief an Hermann Hettner vom 16. September 1850 in den »Wienerpossen«, an denen er sich in Berlin vergnügt, »mehr aristophanischen Geist als in den Gymnasialexerzitien von Platen und Prutz«. Am 4. März 1851 preist er die Berliner Lokalposse, speziell von David Kalisch, dem Begründer der politisch-satirischen Zeitschrift »Kladderadatsch«, und Hettner hat beide Briefe in seiner Schrift »Das moderne Drama« (1852), einem dramaturgischen Schlüsselwerk der Zeit, auszugsweise abgedruckt, damit die prinzipielle Bedeutung von Kellers Ansichten unterstreichend. Keller begrüßt in diesem volkstümlichen Theater den Vorboten einer »künftigen politischen Komödie«, die in einer Zeit politischer Freiheit aufblühen werde. Die Berufung auf Aristophanes schließt an die seit der Romantik aktuellen Bestrebungen an, die dramatisch in sich geschlossene Charakter- und Gesellschaftskomödie aufzubrechen, wobei Keller diese Öffnung so direkt politisch und populär zu machen sucht, wie sie sich bei Aristophanes zeigt, wogegen die Romantiker oder Platen zum literatur-satirischen Bildungstheater tendieren, dessen Lesepublikum womöglich noch strenger exklusiv ist als das des bürgerlich gewordenen Hoftheaters der Zeit.

Die politische Direktheit und Popularität gründet in Kellers Schweizer Erfahrung einer umfassenden politischen Öffentlichkeit, insbesondere der patriotischen Feste, wie sie im Tellspiel und im Basler Schützenfest des »Grünen Heinrich«, im »Fähnlein der sieben Aufrechten«, im »Verlorenen Lachen« oder in »Martin Salander« geschildert sind. Demgemäß gibt es schon vor den Berliner Volkstheater-Eindrücken, zeitlich parallel zur vaterländischen Frühlyrik, politische Komödienentwürfe Kellers, die sich mit dem aktuellen Schweizer Zeitgeschehen auseinandersetzen; so »Die Flüchtlinge« (1844), »Ein vaterländischer Schwank« (wohl 1846), »Der Sonderbund« aus der Heidelberger Zeit (xx, 224 ff.). Bereits im »Vaterländischen Schwank« treten die sechs barmherzigen Brüder aus dem Schillerschen »Wilhelm Tell« auf, hier als konservative Dunkelmänner. Wenn ihnen nach dem Tellspiel des »Grünen Heinrich« im Wirtshaus die politischen Spottreden so flott von den Lippen gehen, »wie sie kein dramatischer Dichter für seine Volksszenen treffender und eigentümlicher erfinden könnte« (IV, 219 f.; B 2, Kap. 17), spielt Keller also auf sich selbst an. Dabei demonstrieren schon die frühen Projekte, daß Keller, seiner Volkstendenz entsprechend, seine dramatische Verwandtschaft zeitlich näher hat als in der klassischen Antike und räumlich näher als in Berlin oder Wien: Kellers Rezension der von Jakob Baechtold, dem späteren Keller-Biographen, 1878 herausgegebenen Schriften des Schweizer Malers, Schriftstellers, Politikers und Soldaten Niklas Manuel bestätigt nicht nur sein Interesse an »den vielseitigen Glanzgestalten der Renaissancezeit« (XXII, 214), an den

Bürgerkünstlern wie Dürer, Peter Vischer und Hans Sachs; sie demonstriert gleichzeitig eine Verbindungslinie der Kellerschen politischen Volkskomödie zur Tradition der politisch-religiös-satirischen Fastnachtsspiele der Schweizer Reformation. ». . . die Zeit war noch so empfänglich und plastisch gestimmt, daß mit einem polemischen Reimspiele, unter freiem Himmel dargestellt, eine unmittelbare Wirkung erreicht wurde. So legt denn, wie das Bedürfnis herantritt, der bewegliche Mann Pinsel, Schwert oder Richterstab beiseite und greift zur Feder . . .« (217).
Nur leicht ist der Hauch des romantischen Grotesktheaters à la Tieck, wenn sich Keller in seinen Skizzen den primitiven Bühnen- und Dramenformen des Fastnachtsspiels nähert. Im »Vaterländischen Schwank« ist die Bühne, wie es für Niklas Manuel geschildert wird, im Freien, auf dem Marktplatz einer alten Schweizerstadt aufgeschlagen, aber ein moderner Desillusionierungswitz wird daraus gezogen, daß »die natürliche Alpenkette im Morgenglanze über die papiernen, schlecht gemalten Berge herein[schaut]« (xx, 106). Ebenso modern ist das parodistische Zitat des Geßlerhutes aus Schillers »Wilhelm Tell«, der sich im »Schwank« verdoppelt hat: »Rechts steht eine Stange mit einem Jesuitenhute, links eine Stange mit einer Schlafmütze« (106). Die Fastnachtsspielform des Revuestückes, bei dem die Auftritte der Personen und Personengruppen ohne eigentliche Spielhandlung aneinandergereiht sind und lediglich deren Selbstcharakteristik, oft in direkter Rede an das Publikum, dienen, erscheint im »Schwank« und in der »Johannisnacht«, einem »Festspiel bei der Becherweihe der zürcherischen Zunftgesellschaft zur Schmieden 1876«, das Keller als einziges unter seinen kleinen Dramen vollendet hat (I, 300). In anderen Entwürfen deuten sich possenhafte, kunstlos aufgebaute Spielhandlungen an. In dem historischen Stoff »Das Gassengericht«, wohl vom Ende der 70er Jahre (xx, 264 ff.), bezieht sich Keller auf ein altertümliches Rechtsinstitut, bei dem zur Entscheidung unbedeutender Schuldforderungen ein Gerichtshof aus vorüberkommenden Bürgern auf der Straße gebildet werden konnte. Er geht also noch hinter das Fastnachtsspiel zurück auf urwüchsige öffentliche Dialogformen bis hin zur realen Wechselrede des

Gerichts, um ein neues Drama der Unmittelbarkeit zum gesellschaftlichen und politischen Leben zu gewinnen.
Kellers Artikel »Am Mythenstein«, der journalistische Festbericht über eine Schillerfeier am Urner See im Herbst 1860, weitet die Vorstellung des patriotischen Volksschauspiels aus, indem er das Fest selbst als »ein kleines Drama« begreift (XXII, 141) und aus dessen Schilderung zur Vision künftiger Volksfeste übergeht. Auch hier sollen politische »Volkskomödien« eine Rolle spielen. Wichtiger aber ist etwas anderes: In scharfer Wendung gegen das zeitgenössische literarische Drama, die gelehrte Dramaturgie und das professionelle »Städtetheater« preist Keller die »große[n] und echte[n] Nationalfeste, an welchen Hunderttausende sich beteiligen mit dem ausschließlichen Gedanken des Vaterlandes«, als »Mütter« eines neuen »Schauspiels« (143) oder besser Gesamtkunstwerks – nicht umsonst wird, wenn auch nicht unkritisch, Richard Wagner beschworen (152). Dabei gilt es, die Ansätze der eidgenössischen Sängerfeste weiterzuentwickeln. Zielvorstellung ist ein »Chor mit vier- bis fünftausend taktfesten Sängern ... Ein solcher Chor soll das produktive Bedürfnis und die Kraft haben, seinen Gesangsgegenstand selbst hervorzurufen, zu bedingen und auszubilden ... das Lyrische trete vor dem Epischen und Oratorischen zurück. Große geschichtliche Erinnerungen, die Summe sittlicher Erfahrung oder die gemeinsame Lebenshoffnung eines Volkes, Momente tragischer Selbsterkenntnis nicht ausgeschlossen, fänden Ausdruck und Gestalt ... Wenn nun dieses Tonmeer erbrauste und auftauchend aus demselben eine Reihe fünfhundertstimmiger Halbchöre einander die Erzählung oder die großen Fragen und Antworten einer Musik gewordenen Ethik abnähmen, so wäre ... die Frage des Dramas in ein neues Stadium getreten.« (151 ff.)[5]
Nah ist hier das Kunst-Traumglück der Identitätsbrücke der Nation: Die Stände, »vom anständigen Arbeiter und Bauernsohn bis zum Staatsmann und Kaufherren, vom taktfesten Dorfschulmeister bis zum gelehrten Kapellmeister der Hauptstadt« sind vereint (153), Publikum und Darsteller verschmelzen. »... eine leise rhythmische Bewegung wallt wie mit Zauberschlag über die Menge« (154). Die neue Kunst-Wirklichkeit

blüht auf unter dem Dach eines monumentalen, gleichwohl im Inneren völlig variablen Gebäudes mit Lichtregie, das die Architektur des Basler Schützenfestes aus der ersten Fassung des »Grünen Heinrich« überbietet. Es vollzieht sich nichts anderes als die Geburt der Tragödie aus dem Geist des Gesangs- und Turnvereins, wobei der Liberalismus in regressive und totalitäre Räusche umzukippen droht, die Subjektivität des Künstlers selig gelöst im großen Mutterschoß des Festes. Kein Wunder, daß die Tragödie aus »persönlicher Meisterschaft ... einzelner«, die »als etwas Neues und Verjüngtes« »auf dem gewaltigen Umwege« wieder entstehen könnte (156), dieser sanft rhythmisch schwingenden, wie Meereswogen tönenden All-Einheit gegenüber schon wieder auf der »abwärtsgehenden Linie« läge (156). Deutlich ist das Fest als Mutter des Dramas einem Geschichtsbild eingefügt, in dem es einen Grund und Boden der Erneuerungen gibt. Der Aufstieg geht aus der Vereinzelung zur Gemeinschaft, der Abstieg zu neuer Vereinzelung.

Dahin führt also die aus dem »Grünen Heinrich« geläufige Phantasie der subjektlosen, ins Leben unmittelbar übergängigen Kunst. Sie ist gerade darin so zeittypisch wie unzeitgemäß, daß das Subjekt in ihr, von sich erlöst, nicht als Ausdruck und Gehalt erschiene. Die grausige Realität der ästhetischen Zelebrierung der Masse und des Massenhaften im 20. Jahrhundert ist Keller erspart geblieben, zusamt der Begegnung mit den Übermenschen, die auf der Woge solchen Volksmeers schwimmen.[6]

Seltsamerweise hat Keller aber auch eine Verbindung nach rückwärts für seine Theateridee aus dem Blick verloren oder weggerückt – zu seinem welschschweizer Landsmann Jean-Jacques Rousseau mit seinem »Lettre à d'Alembert sur les spectacles« von 1758. Die Parallelen sind deutlich: Rousseau lehnt für seine Schweizer Heimatrepublik Genf die Einrichtung eines stehenden Theaters von Berufsschauspielern ab und schlägt vor, stattdessen die bereits bestehenden volkstümlichen Feste zur Stärkung des Patriotismus durch öffentliche Tanzfeierlichkeiten zu ergänzen, die das Volk sich selbst gibt. Nicht nur programmatisch, auch praktisch mögen Wechselwirkungen zwischen dem älteren Volksfest in der Schweiz und dem Fest Rousseauscher Imagination, wie es sich in der Französischen

Revolution verwirklicht, bis zu Keller gegangen sein. Jedenfalls hat Wernhart Huber, ein Anhänger der Französischen Revolution in der Schweiz und Großrat der Helvetischen Republik von 1798, mit Nachdruck das Rousseausche Fest in die Schweiz zu verpflanzen gesucht. So empfahl Huber einen Gesetzesvorschlag, der ein Volksfest der Vereinigung der Völkerschaften Helvetiens schaffen sollte. »Die Feierlichkeiten . . . müssen einfach, geschmackvoll und ihre Pracht der Majestät des Volkes angemessen und dem Nationalcharakter angepaßt sein. Sie müssen den Geist unterhalten, das Herz erheben, die Meinungen verähnlichen, die Gemüter zusammenschmelzen.« Der tiefgreifende Unterschied zwischen der Rousseau-Linie und Kellers Richtung besteht darin, daß der Träger des Festes, das Volk, bei Rousseau eine stärker voluntaristische, bei Keller eine stärker organologisch verstandene Größe ist. Vielleicht ist das der Grund dafür, daß Keller bei allgemein großer Reserve gegen Rousseau und die Helvetik über den Zusammenhang schweigt.[7] Greifbar ist die totalitäre Tendenz hier wie dort.

Schon in einem Brief an Hermann Hettner vom 16. April 1851 hat Keller als Voraussetzung eines zukünftigen nationalen geschichtlichen Dramas, seiner Hervorbringung und festlichen, womöglich zyklischen Aufführung, »größere Zustände und eine gewaltige Geschichte« genannt, »was uns zwingen wird, zugleich auch ein gebildetes und bewußtes Volk anzunehmen.« Die praktischen Anläufe zur politischen Volkskomödie Kellers bleiben weit hinter allen Visionen zurück. Sie sind wahrscheinlich eben deshalb so dürftig, weil er in ihnen über seinen Schatten springen und nichts als politisch sein wollte. In seiner politischen Lyrik sagt Keller »Ich« und »Wir« und hat damit in der traditionellen lyrischen Redeweise einen Ansatz, Erregungen aus privaten Leiden in die Erregung der politischen Öffentlichkeit überzuleiten. Es kommt zu Kurzschlüssen zwischen privaten und öffentlichen Emanzipationsbestrebungen, Vater- und Vaterlandssehnsucht. Im politischen Drama dagegen, bei dem Keller abgelöste Figuren auf die Bühne stellt, findet der Ausschluß des Privaten statt. Damit ist dieses Drama aber auch zu weit entfernt von Kellers innersten Ausdrucksnöten, die zugleich seine Ausdrucksenergien sind, als daß es Vollendung und Bedeutung erlangen könnte.

Dasselbe gilt von der Mehrzahl der Projekte, die an der Stelle Zugang zum Drama suchen, die der »Mythenstein« verschließen will: beim traditionellen Theater. Hat Kellers Freund Storm die heutige Novelle »die Schwester des Dramas und die strengste Form der Prosadichtung« genannt, die »gleich dem Drama ... die tiefsten Probleme des Menschenlebens« behandele[8], so kommt der alte Keller, der nicht mehr recht an seine Möglichkeiten als Dramendichter glauben kann, auf die am 1. Juni 1882 Paul Heyse mitgeteilte Idee, »einen Trauerspiel- und zwei Komödienstoffe, die ich seit drei Dezennien heimlich herumtrage, in Gottesnamen als Novellen einzupökeln«. Er zieht damit die Schlußfolgerung aus dem Sachverhalt, daß ihm immer wieder Dramenstoffe unterlaufen, die in Wirklichkeit Novellen-, ja fast Anekdotenstoffe sind. Das gilt handgreiflich für Drameneinfälle, die von kuriosen Fällen handeln: dem Vater, der seine Tochter und seine Nichte schnell verheiraten will, damit er ungestört seiner Jagdleidenschaft frönen kann (»Jedem das Seine«, 1851 [xx, 158 ff.]); den merkwürdigen Umständen und Folgen einer Doppelehe im »Neuen Grafen von Gleichen« (1878 [267]); der List eines Gesunden, der sich als Irrer einsperren läßt, um die Umtriebe des Irrenhausdirektors zu entlarven (1878 [266]). Mag sein, daß bei der Ausarbeitung diese Stoffe größere allgemeine und persönliche Verbindlichkeit hätten gewinnen können. Als Pläne zeigen sie nichts davon; sie sind beiläufig.

Näher an der Substanz der Kellerschen Novellistik ist der Dramenplan der »Provençalin« (1874), einer Schauspielerin, die aus dem Scheintod erwacht und ihrem Witwer in verwandelter Gestalt die Liebe abgewinnt, die er in der ersten Ehe mit ihr nicht empfunden hat: »Sie lebt sich so in die Sache hinein, daß sie gewissermaßen selbst an die neue Persönlichkeit glaubt und um so täuschungsfähiger wird.« (262) Das ist fast ein Max-Frisch-Thema, wie das Irrenhaus-Projekt ein Dürrenmatt-Motiv. Die Möglichkeit der psychologischen Verfeinerung der »Provençalin« lenkt den Blick auf die tieferliegende strukturelle Verwandtschaft von Drama und Novelle, die diese Formen im 19. Jahrhundert austauschbar erscheinen und die Novelle an den Ort des Dramas rücken läßt. So hat Keller ja schon früh den Shakespeareschen Tragödienstoff von Romeo und Julia zur

Novelle »Romeo und Julia auf dem Dorfe« abgewandelt und damit Shakespeare umgewendet, denn dessen Drama geht wiederum auf eine Novelle des Renaissanceschriftstellers Matteo Bandello zurück.[9] Beide Male wird das Thema Tod aus Liebe in einer feindlichen Welt behandelt. Shakespeares Romeo und Julia übergehen ebenso wie Kellers Bauernkinder Sali und Vrenchen den Wechselhaß der Familien, das Gewesene, den Widerstand ihrer Umgebung. Aber bei Shakespeare wird die Liebe zum Anstoß der Verwandlung der Welt über den Gräbern der Liebenden in der großen allgemeinen Versöhnung des Tragödienschlusses, die im Gegensatz zu Bandello nicht relativiert ist. Der Tod als Preis für die Weltvergessenheit dieser Liebe ist auch das Lösegeld einer neuen Welt aus Liebe. Kellers exemplarisch Liebende verwandeln die Welt nicht. Ihr Tod ist folgenlos, ja, schlimmer als das: er hat als einzigen Nachhall eine banalmoralisierende Zeitungsnotiz, mit der sich die Gesellschaft selbstgerecht freispricht. Wie einst die Väter stößt sie nun die Kinder als Sündenböcke aus. Wird bei Shakespeare durch den Vorgriff der sich absolut setzenden, darin schuldhaften Liebe auf eine bessere Welt die Verwandlung der Welt allererst möglich gemacht, so leisten Kellers Liebende etwas anderes. Sie bestrahlen grell Welt und Gesellschaft, wie sie sind.

Das ist der Gegensatz in der Gemeinsamkeit: Die Tragödie zeigt im Einzelfall eine Reinigung und Erneuerung, in der die Welt sich wandelt. Damit hört der Einzelfall auf, ein Einzelfall zu sein, denn er ist, mit Hegel zu sprechen, Vehikel des Weltgeists. Die Novelle zeigt am Einzelfall die Beschaffenheit einer in sich verharrenden Welt, und damit ist ihr Einzelfall wirklich ein solcher – eine isolierte Bewegung vor einem fixen Hintergrund, der sich bei der klassischen Novelle in der Erzählgesellschaft des Sammelrahmens, bei Keller in der zur Tagesordnung übergehenden Pressenotiz präsentiert. Als solcher Hintergrund kann sich die Gesellschaft des 19. Jahrhunderts in der Anonymität und diffusen Eigenbewegung tiefgreifender, fatal wirkender Umschichtungsvorgänge darstellen.

»Der grüne Heinrich« bestätigt vom Roman her die Verarmung und Verengung der literarischen Möglichkeit des Tragischen im 19. Jahrhundert. Keller muß im Briefwechsel die innere Notwendigkeit und die tragische Qualität des Romanschlusses betonen – so in Briefen an Vieweg vom 3. Mai 1850 und an Hermann Hettner vom 5. Januar 1854 –, weil der Tod des Helden im Vordergrund so wenig durchmotiviert und kaum aus dem Ganzen seiner Weltsicht abgeleitet ist. Er schläft eher ein, als daß er ausdrücklich tragisch unterginge. Keller selbst spricht gegenüber Wilhelm Petersen am 21. April 1881 von der »harmlosen Tragik meines Tragelaphen«. Die Bearbeitung des Romans stellt auch in dieser Hinsicht Folgerichtigkeit her. Das geschieht inhaltlich mit dem resignativen Schluß, der das Widerspruchsvolle von Heinrichs Erfahrungen, statt es melodramatisch zum tragischen Widerspruch aufzubauschen, im fahlen Dämmern eines Hades auslaufen läßt. Es geschieht formal, indem das humoristische Beziehungsspiel ausgeweitet wird und den närrischen Zug des tragischen Heinrich unterstreicht. Der Schatten des Zwiehan und des Zwiehanschädels legt sich auf ihn. Das dramaturgische Schema der Peripetie wird ironisiert, indem es den Helden ironisiert. »Glückswandel« heißt nun das Kapitel (VI, 173; B 4, Kap. 10), in dem Heinrich auf dem Grafenschloß heimisch wird; die Erzählung nimmt das Wort wieder auf, als Heinrich nach der Schmalhöfererbschaft anfängt, »dem Glückswandel nicht mehr recht zu trauen« (VI, 279; B 4, Kap. 14). Er hat recht. Denn der Glückswandel, der ihn ins Unglück führt, zeigt das Truggesicht, ihn ins Glück zu führen. Wohl kann auch das Drama mit komischen Episoden und Figuren die Tragödie verschärfen, und Keller hat sein Wort zu Hettner vom »Humor . . . auf dem dunklen Grunde der größten Trauer« am 29. Mai 1850 im Blick auf das Drama gesprochen. Wohl kann das Drama die Strukturen des Tragischen und des Komischen in der Tragikomödie so aufeinander beziehen, daß sie sich gegenseitig parodieren und pervertieren. Aber nur die Epik kann im 19. Jahrhundert durch den Erzählvorgang Tragisches und Komisches so trennen und vereinigen, daß die Kategorien gleichzeitig aufrechterhalten und in Frage gestellt werden, weil das eine immerzu als Kehrseite des anderen erscheint: Glanzlichter und Schatten auf einer undurchsichtigen Welt, auf einer unübersehbaren Welt, wie sie der »Grüne Heinrich« romanhaft ausbreitet.

So läuft denn auch bei Keller nicht vom Roman, sondern von der Novelle her die Linie zum letzten Anknüpfungspunkt seiner dramatischen Mühen, der am engsten beim vorhandenen bürgerlichen Theater liegt. Wiederum nur wenige Novellen Kellers sind es, die so viel Sentiment entfalten, daß die Linie herauskommt. Neben »Romeo und Julia auf dem Dorfe« ist vor allem »Regine« im »Sinngedicht« zu nennen. Dieses Werk weist auf das bürgerliche Trauerspiel, das der Aufstiegsepoche des Bürgertums in der zweiten Hälfte des 18. Jahrhunderts entstammt und zeitgenössisch in Hebbels »Maria Magdalene« wieder auflebt. Das bürgerliche Trauerspiel hebt sich in Deutschland vom Drama des Barock, aber auch vom klassischen Drama dadurch ab, daß die Verbindung zur großen Welt des Hofes und der Politik, der Geschichte und des Volkes zunächst abgeschnitten ist zugunsten der Vorführung des neuen Menschen in der Innerlichkeit seines Gefühls und seiner familiären Bindungen. Die Situation des gedruckten poetischen Werkes, an eine Öffentlichkeit aus einzelnen Lesern im stillen Kämmerlein adressiert zu sein, wandelt sich in der Theateraufführung des bürgerlichen Trauerspiels dergestalt ab, daß bei der theatralischen Schaustellung des Intimen das Publikum aus vielen einzelnen zu einer Gemeinde verschmilzt, in der alle das gleiche fühlen: ihre Nähe zu der empfindenden, leidenden, glücklichen Einzelseele der dramatischen Figuren, vorab des Helden. Viele werden eins, indem sie imaginativ Miß Sara Sampson werden und darüber in Strömen von Tränen zerfließen: Rührung über die Heldin mischt sich ununterscheidbar mit Rührung über die eigene Rührung.

Noch wenn im bürgerlichen Trauerspiel die Welt der Familiarität in ihrem Zusammenprall mit anderen Sphären, speziell mit der ständischen Sphäre des Hofes dargestellt wird, sind die politischen Konsequenzen des Konflikts ausgeblendet. So in Lessings »Emilia Galotti«, wo der römische Virginia-Stoff zum modernen Familiendrama abgerundet wird und die politische Linie gekappt ist. Sie führt zur Revolution als Gegenbewegung zum Einbruch des Fürsten in den Bereich der Patria Potestas, der patriarchalischen Familie. Statt dessen spielen bei Lessing intime psychische Vorgänge zwischen Vater und Tochter. In-

dem Kellers knabenhafte Emilia-Galotti-Nachahmung unter dem Titel »Der Freund« mit dem Historienmaler Römer und dessen Tochter Anna den revolutionären Ausgang der Affäre wiederherstellt, ist das unreife Produkt als eine Rückgewinnung des politischen Dramas, damit als eine Art Widerruf der Privatheit des bürgerlichen Trauerspiels angelegt (XX, 212; XXI, 16). Im ganzen aber ist das Kellers Tendenz nicht; im Gegenteil. Der Zürcher Regierungsrat Sulzer, der den Stipendiaten Keller zu historischen Studien nach Heidelberg schicken will, freut sich am 30. März 1850, »daß Sie sich doch von den sogenannten Familienstoffen und häuslichen Gemälden abzuwenden und die größeren historischen Stoffe vorzuziehen anfangen. Ob jedoch ›Gertrud von Wart‹ nicht wieder in diese Gefühlsfamilienszenen hinüberstreifen . . . wird, . . . wage ich nicht zu entscheiden.«[10] Hier spricht die leise und wohlbegründete Befürchtung, Keller werde noch den historischen Stoff aus der Schweizer Geschichte zum bürgerlichen Trauerspiel verengen. Damit nicht genug. Wenn Keller den mit ihm befreundeten Geschwistern Exner am 31. Januar 1873 ein Trauerspiel »›Savonarola‹ von Gottfried Keller, auf Pergament gedruckt, aus seiner, des Verfassers, eigener Haut« ankündigt, hat er darin unheimlich recht, denn der Bericht Jakob Baechtolds macht den historischen Stoff aus der Renaissance blitzartig auf Kellers eigenste Konfliktlage durchsichtig.
Als Kind hat Keller 1832 ein kleines Drama »Der Hexenbund« gedichtet, in dem am Ende ein Vater herbeistürzt und den Sohn aus den Händen der Hexen befreit, die ihn zur Hölle schleppen wollen. Wahrscheinlich zwei Jahre später wurde Schillers »Gang nach dem Eisenhammer« dramatisiert und um einen Vater des Knappen und Kindes Fridolin bereichert, der, entstellt durch das heiße Klima und dreijährige Sklaverei in Palästina, im glücklichen Beschluß des Stückes zu Frau und Sohn heimkehrt.[11] Noch am 30. April 1857 unterschreibt sich Keller in einem Brief an Ferdinand Freiligrath, auf seine Kurzbeinigkeit anspielend: »Gotfridolin Keller oder der Gang nach dem Eisenhammer watschelnden Angedenkens«. Savonarola ist das Gegenstück zu diesem Vaterglück des kindlichen Sohnes. Er »sollte – nach mündlicher Mitteilung – an einer Lüge zugrunde

gehen, indem er eine göttliche Mission vorschützte und bis zum Scheiterhaufen die Dazwischenkunft des Himmels drohend in Aussicht stellte. Der Schlußeffekt hätte sich sehr theatralisch gestaltet: das Gottesurteil des Scheiterhaufens geht vor sich, ein Gewitter bricht herein, Savonarola erwartet, daß die Fluten des Himmels den brennenden Holzstoß löschen werden« (xx, 222 f.). Da ist er wieder, der vaterlose Sohn. Er ist Junggeselle, geht aus unglücklicher Liebe ins Kloster, wird zum Rebellen, fordert durch Lügenphantasien den fernen (Gott)vater heraus, verwechselt seine Gespinste mit der Wirklichkeit, indem er sie anderen als Wirklichkeit vorgaukelt. Der ›Poet‹ Savonarola auf dem Scheiterhaufen erwartet das Wunder des Vaters, und dessen Erscheinung zum Gericht besteht gerade darin, daß er nicht erscheint. Gibt es ihn gar nicht?

Am krassesten zeigt Kellers wichtigstes und umfangreichstes Dramenfragment »Therese«, mit dem er sich, weithin parallel zur Arbeit am »Grünen Heinrich«, von 1849 an mit großen Unterbrechungen bis 1880 immer wieder beschäftigt hat, was hier droht. Trägt das bürgerliche Trauerspiel gattungseigentümlich die Privatsphäre des Individuums fast propagandistisch in ein großes Publikum, so brechen bei Keller, sobald er sich als Dramatiker der kritischen Zone der Selbsterfahrung nähert, die Dämme. Als Gegenstück zum subjektlosen politischen Volksdrama entsteht eines der extremen Subjektivität, weil im Drama die epische Vermittlungsmöglichkeit des erinnernd-verinnernden und humoristischen Erzählens fehlt.[12] Kann Keller in seinen politischen Dramenentwürfen Figuren auf der Bühne freilassen, weil sie nichts von ihm preisgeben, so werden sie in der dramatisierten familiären Situation vehement verräterisch, befreit vom auktorialen Erzähler, der im Erzählen seine Gestalten mit Tausenden von Zwirnsfäden, wie Gulliver bei den Zwergen geschieht, an den mitgegebenen Deutungszusammenhang fesseln kann. Das Unsägliche kommt auf die Bühne, Kellers »namenloses Trauerspiel«, wie er das Stück in einem Brief an Hermann Hettner vom 16. September 1850 nennt. Es steht genau am Übergang des novellistischen Dramas zum bürgerlichen Trauerspiel. Therese, das leidende Weib, fordert als dü-

stere Nachkommin der Lessingschen Miß Sara Sampson unwiderstehlich zur Identifikation heraus, denn ihre Leiden stehen im Mittelpunkt des Dramas, ohne aus anderen Positionen relativiert zu werden. Alle anderen Figuren sind ihr zugeordnet als Anlaß, Stichwortgeber, Resonanz. Goethes »Stella«, einer seiner Beiträge zum bürgerlichen Drama, stellt den Mann zwischen eine mütterliche Ehefrau und eine jugendliche Geliebte. Kellers Plan ist die novellistische Zuspitzung der dramatischen Konstellation zur unerhörten Begebenheit: Eine verwitwete Mutter liebt als wilde Rivalin der Tochter, »geboren ohne Liebe«, den (Schwieger)sohn: »Und ich mußte es gebären, dieses Kind, damit es geliebt würde, von dem, den ich liebe, damit es das Brot esse, welches ich essen . . . sollte.« (126) Das ist das unerhörte ›dramatische‹ Pendant zu den Leiden des jungen Heinrichs.
Endlich erscheint hier die Mutter, die unaufhaltsam spricht. Die Entstehungsgeschichte führt sofort zum schmerzenden Nerv des Stücks, für das ein Vorgang in Kellers Verwandtschaft den äußeren Anstoß gab.[13] Die erste von Keller niedergeschriebene Szene (241) ist ein Klagemonolog der sechsunddreißigjährigen Witwe Therese, deren Alter dem von Kellers Mutter beim Tod des Vaters entspricht. Findet Sara Sampson im tiefsten Leiden ihren gnädigen Vater wieder, so hat die bisher pietistisch fromme, dunkelfarbig gekleidete Therese den Vater im Himmel verloren; er ist ihr im Sohn, dem Verlobten der Tochter, untergegangen: »Ich kann dich nicht mehr lieben, o Herr, wenn ich dich nicht in ihm anbeten darf . . . Ich kenne dich nur in ihm.« (126) Die anschließende Auseinandersetzung mit dem Bräutigam der Tochter – zusamt dem Monolog Thereses die größte Dialogmasse und das Hauptstück des Entwurfs – stilisiert Therese mit den »schweren braunen Haarflechten« (131) nach der Braut des Hohenliedes und den Geliebten nach dem königlichen Freund Salomo. Er ist in geläufiger allegorischer Auslegung der Gottessohn Christus, der »süße« (127) und »liebe Freund« (131). Die bekehrte Therese bekennt dem Geliebten, »daß es ohne dich kein Heil für mich mehr geben kann« (136). Ihn suchend, für ihn Rosen pflückend, irrt Therese durch den nächtlichen Garten ihres Hauses. Die letzte Szene des Werks macht den Bezug offenbar, denn die zufällig aufgeschlagenen Bibelstellen, die sich

Therese vorlesen läßt, stammen zunächst aus dem Prediger Salomo, dann aus dem Hohenlied Salomonis, und Therese nimmt die Bibelverse, die nach dem Freund rufen, ihn zum Gang in den Weinberg auffordern, das Liebesglück mit ihm preisen, ohne Zögern als Folie ihres Schicksals. Auch sie findet den Freund im Garten, aber zur Trennung. Während vom Liebesglück unter dem Apfelbaum vorgelesen wird, wo die Mutter den Bräutigam geboren hat, hört man Dienstboten das Gepäck des Geliebten hinwegschaffen. Er verschmäht die Mutter, so daß sie am Ende, in Gedanken auf den Libanon-Bergen stehend, den Tod als süßen Freund zur Hochzeit ruft. Er ist der Heilige Geist, der sich ihr offenbart. ». . . am Pfingstmorgen, geht sie bräutlich geputzt, mit jugendlichem Liebreiz in die tödtliche Catastrophe« (246), ins Wasser des reißenden, angeschwollenen Flusses. »Ich habe nicht gelebt!« ist ihre Erfahrung (242) – dieselbe, die den grünen Heinrich und Keller zur Erfindung eines Lebensmorgens im Schreiben treibt.
Tritt die Sinnbildlinie: der Sohn als das Brot des Lebens, das sie essen sollte (126), und als messianischer Bräutigam, der den Vater verdrängt – erst im ausgeführten Schluß des Fragments klar heraus, so kann sich der Offenbarungsdialog zwischen Therese und dem von ihr geliebten Bräutigam der Tochter nicht genug darin tun, die Bedeutung des künftigen Schwiegersohns als Sohn und damit den sinnbildlichen Inzestcharakter des Verhältnisses klarzustellen. »Mutter, und immer Mutter! Zehnmal in einem Atemzuge spricht er das Wort aus, und jedesmal senkt er mir ein Messer ins Herz mit lächelndem Munde!« (130) Mit diesen Worten übertreibt Therese nur wenig. Zwölfmal auf drei Druckseiten des Dialogs nimmt der Schwiegersohn das Wort Mutter in den Mund, variiert als liebste Mutter, beste Mutter, zweite Mutter, allerliebstes Mütterchen, teure Mutter, wahre Mutter, liebe, liebe Mutter, obwohl Therese sich schon beim ersten Gebrauch des »eisigen Wortes« »erschüttert« wegwendet (129): »Wort des Lebens – für mich das Losungswort des Todes und des Wahnsinnes!« (137) »Ich bin krank, wahnsinnig«, erkennt sie, nachdem sie sich dem Sohn mit den Worten angetragen hat: »Bin ich nicht jung, lieber Freund? (reißt ihre schweren braunen Haarflechten auseinander, heftig) Sind das nicht schöne

braune Haare? Ich will alles Heilige verleugnen, wenn du ein graues entdeckst! Sieh mir mal in die Augen! Ist dieser heiße Glanz der Schimmer mütterlicher Huld und Milde? Sieh doch hinein!« (131 f.) Schon kurz vorher war sie »außer sich«: »Mutter! hast du denn keinen anderen Klang in deiner Kehle als diesen? (schmeichelnd) Wie kann ich deine Mutter sein, du großer lieber Junge? . . . (lacht) ein wunderliches Mütterlein!« (131)

Scharfsinnig bemerkt der große Junge zum wunderlichen Mütterlein, er habe wohl »einen Blick getan . . . in irgend ein verborgenes Leiden, welches zu kennen mir vielleicht noch nicht zukommt, da man mich ohne Ahnung deselben gelassen hat. Ich bin erschüttert.« (132) Der große Kleine ist nicht aufgeklärt worden. Wie gut, daß er noch in der Erschütterung moderiert ist, ein gefrorener Christ auch er, besser ein gefrorener Heide, denn Keller hat den leise heuchlerischen Missionar des ersten Entwurfs in einen atheistischen Ingenieur verwandelt, der von Gefühlen ungefähr so viel und so wenig versteht wie Max Frischs Homo faber mit seinem vollendeten Vater-Tochter-Inzest. Immerhin wird die Oberfläche seiner Verständigkeit durch die geradezu Freudsche Fehlleistung jäh durchstoßen, in der er an Thereses Tochter, seine Verlobte, den Auftrag formuliert, für die erschöpfte Mutter zu sorgen: »Geh mit der Mutter zu Bett!« (137) Leicht ist in *Rich*ard der umgestülpte Hein*rich* zu erkennen. Er verwendet nicht nur dutzendfach das verhängnisvolle Wort, er redet auch inhaltlich viel mehr von der Mutter als von der Tochter. Wie dem grünen Heinrich lebt ihm ein »allerliebstes Mütterchen in der Heimat«, in deren Herzen sein Name so »warm gebettet ist« (129 f.), daß ihm erst der Gedanke, »jenes teure Herze [werde] endlich auch einschlafen«, Sehnsucht »nach einer neuen Heimat« weckt: »Es zeugt vielleicht von einer verweichlichten Seele«, meint Richard entschuldigend in seinem Glück, mit der Tochter als Braut zugleich eine neue junge Mutter gefunden zu haben – die vitale Mutter (Judith!) zur letalen (Elisabeth Lee!). »Wenn ich mich Ihnen nahe«, sagt er zu Therese, »so klopft mein Herz beinahe so stark, als wären Sie Ihr Kind selbst – es wird mir warm unter Ihren Augen, deren Abglanz diejenigen Ihrer Tochter sind, und gerührt wünsche ich alsdann immer, Ihnen so recht wohl zu gefallen!« (129)

Ganz unschuldig an der Verwirrung der Gefühle ist also auch Richard nicht bei dieser Unglücksvariante der Mutter-Geliebten Judith. Therese geht zuletzt wie Heinrichs Mutter in den Tod, aber nicht von Stummheit erdrückt und mit Stummheit erdrückend, sondern weil sie zu viel geredet hat. Jedenfalls ist dieses Reden besser als das Schweigen einer alten heuchlerischen Dienstbotin Marthe, ursprünglich Sara, dann Elisabeth genannt (242), die unter dem Schein der Frömmigkeit und der freundlichen Zuneigung einen abgrundtiefen Haß gegen den Vater ihrer erwachsenen unehelichen Tochter verbirgt und als »Rabenmutter« und »altes Klapperbein« die Tochter verleugnet (145). Auch Therese kann die Tochter nicht lieben, die ihrer eigenen Liebe im Wege steht, und doch kommen die beiden Töchter, die Thereses und die Marthes, zu ihrem Glück – vielleicht gerade, weil sie keine wahre Mutter haben oder sie verlieren. Wie alle Versuche, dem monotonen, fast monologischen Entwurf Weltfülle zuzuführen, mündet auch dieser in die Grundkonstellation zurück: Wie wird man seine Mutter los – indem man heiratet oder indem man *sie* heiratet? Richard wird am Ende heiraten, nachdem Therese abgetreten ist, doch auch in diesem Falle ist der Tod der Mutter ihr letzter Machterweis, denn indem der Ingenieur die Tochter Röschen heiratet, heiratet er doch die Mutter, die den Rosenstrauß für ihn fallengelassen hat. Sind schon Röschens Augen nur ein »Abglanz« von denen ihrer Mutter (129), hat diese noch den Trost des letzten Wortes für sich: »Ist es nicht gut, daß die alte Blume abfalle, wenn die Frucht aufgeht? Ich lasse meinen besseren und schöneren Teil zurück, und niemand soll sich beklagen« (157); es ist der gereinigte Teil. Der grüne Heinrich liegt bei Judith »unbewußt des brennenden Abgrundes« und gibt sich »arglos der stillen Seligkeit hin . . .« (IV, 13; B 2, Kap. 2). Und Richard? »Ich will ein Röschen brechen und sehe jetzt erst den Abgrund, an welchem es blüht« – in einem »unheilvoll seligen Hause« (XX, 138). Er bricht beide Röschen, Mutter und Tochter.

Die Kontrafaktur Therese–Judith gewinnt ihre Tragweite in der korrespondierenden Ausfaltung des Sinnbildverhältnisses von Heidentum und Christentum im Drama und im Roman. Die nackte heidnische Judith steigt aus dem Wasser, nimmt Vernunft und Kleider an und läutert sich vom Naturchaos zu einer christlich-ordentlichen Naturnorm, die freilich nur um Weniges weniger weniger tödlich ist als die Todesreinheit Annas, deren Heidnisches im Wasser versank. Therese geht aus dem Trockenen ins Wasser. Sie durchläuft die Auflösung in Leidenschaft als unaufhaltsamen, tödlichen Sturz aus dem hellen, klaren Ordnungsschema eines bürgerlich-modesten Christentums in den Strudel des Heidentums, auf das sie vorgreifend, noch als fromme Pietistin, mit einem »Traktätlein« verwiesen hat: in ihm war, wohl zur Abschreckung, ein indischer »Götz« abgebildet. Es ist, wie man aus der unbeholfenen Schilderung der verliebten Dienstboten Heinrich und Marie erkennen kann, der tanzende Shiva, Gott des Kreislaufs von Schöpfung und Vernichtung (139). Auch der Geliebte Richard, der als christusgleicher Antichrist den Vater verdrängt, hat »Götzenbilder« in seinem »Studiernest«, darunter offenbar eine klassische Venus. Deren Reinkarnation im Fleisch der sündigen Dienstmagd, die das Götzengespräch führt (139), wird von Therese aus der Androhung der Verstoßung freigelassen und reich beschenkt, und sie ist es, die der verlorenen Christenbraut in der Stunde des Selbstmordentschlusses aus der Bibel vorliest. Aus dieser Lektüre erfährt Therese die tödliche Verdunkelung ihrer Welt und ihres Begehrens. Kellers Kommentar: »Von ihrer religiösen Sicherheit und Klarheit herab fällt sie in eine wilde Ursprünglichkeit zurück, welche mit Gewaltthat und Raserei endet.« (233) Die »wahre Leidenschaft« fährt durch das »künstliche Gewebe« aus »Bildung, Pflichten, Gewissen etc.« (245).

Auch hier muß also, wie bei Anna und der Heidenfamilie, das Leben mit, wenn die heidnische Chaosnatur versenkt wird. Heidnisch ist die bedrohliche Fülle; christlich die lebensarme Ordnung. Oben Röschen, unten die Meduse. Das Ganze ist nur in diesen Unvereinbarkeiten, diesen Brüchen vorhanden. Der wackere Ingenieur wird das Hochwasser bändigen, welches »jauchzend donnernd an der Stadt« rüttelt, »daß Thürm' und Linden in den Lüften wackeln« (240), und er wird den lebensärmeren, besseren Teil Thereses heiraten. Die Venus-Magd wird sich auf ihren christlichen Namen Marie besinnen und gleichfalls mit ihrem Heinrich in den Hafen der Ehe einlaufen. Der Autor Keller aber muß nach qualvollen Artikulationsmühen das Projekt in der Schublade versenken, denn zuviel hat das Hochwasser emporgeschwemmt. Von der stummen Mutter läßt sich reden; die geschwätzige muß so gründlich zum Schweigen gebracht werden, daß der Autor sich selbst in die Rede fällt. Das Drama ist unmöglich.

»Die Leute von Seldwyla« oder Poesie und Kapitalismus

Sprechen statt Schreiben

Neben der zähflüssigen Arbeit am Roman und den Anläufen und Abbrüchen der dramatischen Entwürfe hat Keller in Berlin so viele Novelleneinfälle, daß sich ihre Ausformung fast über sein gesamtes Schriftstellerleben hinzieht. Im Erscheinungsjahr des letzten Bandes der Erstfassung des »Grünen Heinrich« 1855 werden alle fünf Novellen des ersten Teiles der »Leute von Seldwyla« geschrieben. Anfang 1856 erscheint er beim gleichen Verleger Eduard Vieweg in Braunschweig, der mit wachsender Ungeduld und bei steigender gegenseitiger Verbitterung den »Grünen Heinrich« aus Keller herausgepreßt hatte. Beim zweiten Teil, der ursprünglich schon 1857 folgen sollte, wiederholt sich das Trauerspiel der Verzögerungen. Das Gesamtwerk kommt erst 1874 beim Göschenschen Verlag Ferdinand Weiberts heraus. Doch auch der zweite Abschnitt des Werks mit ebenfalls fünf Novellen ist schon früh konzipiert. Auf »Die mißbrauchten Liebesbriefe«, »Der Schmied seines Glückes«, »Dietegen« und »Das verlorene Lachen« weist ein Notizzettel von 1857 hin. Nur »Kleider machen Leute« gehört ganz in eine spätere Zeit: an das Ende der sechziger Jahre.
Wie der Roman sind die Novellen in der Fremde geträumte Heimkehrträume. Keller spricht Vieweg gegenüber am 15. Juni 1855 »von allgemein menschlichem Inhalte, aber auf dem schweizerisch lokalen Hintergrunde«. Einem jungen Verleger Hugo Scheube, mit dem Keller zuerst angebändelt hatte, offeriert er 1854 sogar »Chrakteristiken und Schilderungen in der Art meiner Jugendgeschichte . . . wofür ich noch reichlichen Stoff habe, der nicht in den ›Grünen Heinrich‹ paßte und den man in der dritten Person verwenden kann« (an Hermann Hettner am 21. Oktober 1854). Mündet der Roman in die Rückkehr zur toten Mutter im Vaterhause, so spielen die Novellen auf der Muttererde des Vaterlandes. »Seldwyla bedeutet nach der älte-

ren Sprache einen wonnigen und sonnigen Ort«, lautet der erste Satz der Vorrede zum ersten Teil. Aus den Namensbestandteilen Saelde (Glück) und Wyla (Weiler, Villa) bildet Keller einen alemannischen Ortsnamen im Phantasieraum seiner Muttersprache. Diese Muttersprache heißt für Keller in einem der »Vaterländischen Sonette« aus dem Jahr 1844:

»... das teure Jugendland,
Darin die Völker wachsen und gedeihen,
Das Mutterhaus, wonach sie sehnend schreien,
Wenn sie verschüttet sind auf fremdem Sand!«

(XIV, 75)

Während er an die »weitschichtige unabsehbare Strickstrumpfform« des Romans als Stricker verstrickt ist, gewinnt Keller in der Novellistik Freiheit und Distanz. Er stellt Einfälle im formenden Zugriff sich gegenüber. »Ich habe auch einige Erzählungen und Novellen ausgeheckt, welche farbenreich und sinnlich, und reinlich und bedächtig geschrieben, in einem Bändchen vereinigt, den schlechten Eindruck verwischen sollen, den mein formloser und ungeheuerlicher Roman auf den großen Haufen machen wird«, schreibt er am 18. September 1851 an Hettner. Die Gattungsbezeichnung Novellen meint in solchen Briefäußerungen die sogenannten Galatea-Novellen, aus denen später das »Sinngedicht« wird. Der Terminus Erzählungen dagegen zielt auf die »Leute von Seldwyla«, die auch im endgültigen Titel »Erzählungen« heißen, ohne daß eine grundsätzliche Verschiedenheit der erzählerischen Form und Substanz festgestellt werden könnte; allenfalls wäre an die kunstvollere Einbindung der Einzelnovellen im Rahmen des »Sinngedichts« wie auch im Rahmen der »Züricher *Novellen*« zu denken, die der traditionellen Novellensammlung mit einem Sammelrahmen entspricht, während in den »Leuten von Seldwyla« bei beiden Teilen nur je ein zusammenfassendes Vorwort die Einzelnovellen im Handlungsort Seldwyla zentriert.
In sich jedenfalls sind die kleineren epischen Werke Kellers fast durchgehend novellistisch strukturiert im Sinne des Goethe-Dictums vom 29. Januar 1827 zu Eckermann, eine Novelle sei nichts anderes als eine sich ereignete unerhörte Begebenheit.

Das gilt für den Großteil der Seldwyler Geschichten auf den ersten Blick: »Romeo und Julia auf dem Dorfe« behandelt einen tödlichen Sieg der Liebe über den Haß. »Die drei gerechten Kammacher« lassen drei gleichartige Sonderlinge im Wettstreit um ein Glück aufeinandertreffen, das wirklich ein Unglück ist. In »Kleider machen Leute« zeigt ein Betrüger, nämlich ein Hochstapler, wahre Liebe. »Der Schmied seines Glückes« schmiedet mit äußerster Kunst sein Unglück. In den »Mißbrauchten Liebesbriefen« korrespondieren zwei Männer miteinander, von denen jeder den Empfänger seiner Briefe für eine Frau hält. In »Dietegen« rettet ein Jüngling ein Mädchen vom Galgen, das ihn einst vom Galgen gerettet hatte. Aber auch für »Pankraz, der Schmoller« und »Frau Regel Amrain und ihr Jüngster« kann der Novellencharakter geltend gemacht werden, da in beiden Fällen die Entwicklungs- und Erziehungsgeschichten auf extreme, fast paradoxe Fälle hin zugespitzt sind; in »Pankraz« darauf, daß ein wildes Tier beim Helden die Humanisierung bewirkt, welche die Menschen nicht an ihm zustande gebracht haben; in »Frau Regel Amrain« darauf, daß der Muttersohn an die Stelle des Vaters tritt und ihn zum Kind degradiert. Im »Verlorenen Lachen« schließlich ist noch in der auseinanderlaufenden Handlung der novellistische Einfall erkennbar: Zwei Liebende verlieren ihr gleichartiges Lächeln, indem sie einander verlieren, und finden es wieder, indem sie einander wiederfinden. Sie erweisen sich nicht nur durch das Lächeln, sondern sogar durch den gemeinsamen Verlust als zueinandergehörig.

In all diesen Pointen offenbart sich die Nähe des Kellerschen novellistischen Erzählens zu »Witze[n] . . . Motive[n], Fabeln, Anekdoten«, an denen Keller am 26. Juni 1854, nachdem er gegenüber Hermann Hettner vom Romanstrickstrumpf gesprochen hat, den »merkwürdigen oder vielmehr sehr natürlichen . . . Kreislauf« der poetischen Stoffe erörtert. Gemäß dieser Variante der Zyklusvorstellungen Kellers ist »alles wirklich Gute und Dauerhafte eigentlich von Anfang an schon da«; es wird immer wieder literarisch geformt und taucht immer wieder in die mündliche Überlieferung zurück.[1] Die Novelle zeigt traditionell ihre Nähe zu dieser mündlichen Erzähltradition in einer sehr artistischen und nur der hochstilisierten Schriftlichkeit möglichen Weise: Novellensammlungen wie Boccaccios »Decamerone«, Goethes »Unterhaltungen deutscher Ausgewanderten«, E. T. A. Hoffmanns »Serapionsbrüder« betten die Einzelnovellen dem Erzählen, Diskutieren und Zuhören einer geselligen Gesellschaft ein, in der verschiedene Mitglieder nacheinander das Wort nehmen. Diese Darbietungsweise entspricht dem inhaltlichen Charakter der Novelle, einen ungemeinen Fall darzustellen, der im Erzählen herauspräpariert wird und in der Gesprächsrunde hin- und hergewendet werden kann.

Indem sich Keller der Novelle zukehrt, nimmt er die Fiktion des mündlichen Erzählens für seine Epik auf. Im »Grünen Heinrich« wird indirekt episch erzählt – mit Hilfe eines monologischen autobiographischen Schreibers, in dessen Leben die Mitteilung der Niederschrift an nahestehende Menschen die mündliche Selbstaussprache ergänzt. Sein Schreiben ist Ausdruck der Einsamkeit und der Beziehungsstörung. Im ersten Teil der »Leute von Seldwyla« ist dagegen in der ersten und letzten Geschichte, also in einrahmender Weise, das mündliche Erzählen eines Binnenerzählers in seiner Funktion thematisch. Pankraz der Schmoller, der sein ganzes früheres Leben lang geschmollt, geschwiegen, kommandiert und äußerstenfalls bitter gestritten hat, bekundet eine neue menschliche Mitteilungsfähigkeit und -bereitschaft, indem er Mutter und Schwester seine Lebensgeschichte erzählt, wobei sie freilich einschlafen. Spiegel das Kätzchen erzählt eine Geschichte und spricht sich damit von einem tödlichen Vertrag mit dem Zauberer Pineiß frei: Erzählen ist der wahre Zauber. Kellers Übergang vom Roman zur Novelle ist also ein Übergang vom Schreiben des Schreibens zum Schreiben des Redens, allerdings auch hier, ohne daß der Erzähler ein Poet wäre.

Das Ergebnis wird vom zweiten Teil der Sammlung variiert und bestätigt, denn hier handeln die rahmenden Novellen gleichfalls von Reden und Schweigen. In »Kleider machen Leute« beendet eine tiefgreifende Aussprache der Liebenden den Betrug, der durch das Schweigen des Helden entstanden und riesengroß geworden ist. In »Das verlorene Lachen« bekundet sich die Fragwürdigkeit der gesellschaftlichen Verhältnisse an der Fragwürdigkeit öffentlicher und quasi-öffentlicher Redeformen: Predigt, demagogische Volksrede, vaterländische Lyrik, Gerücht. Die zerstrittenen Liebenden sprechen und söhnen sich aus, indem der Held vom Schweigen predigt. Die Rede zieht sich zurück in die Intimität der Liebessprache. Der Wahrheitsfähigkeit des gesprochenen Wortes kontrastiert in zwei Novellen des zweiten Teiles die Lügenhaftigkeit des Schreibens, wenn John Kabys, der Schmied seines Glückes, einen erfundenen, die Mutter verratenden Kindheitsroman aufschreibt und wenn in den »Mißbrauchten Liebesbriefen« Herzensblut und Tinte verwechselt werden.

Trotz dieser Wende bleibt Kellers Rückgriff auf die novellistische Tradition der fingierten mündlichen Erzähl- und Gesprächssituation in den »Leuten von Seldwyla« verhalten. Das bekundet sich am deutlichsten in der Schrumpfung des herkömmlichen Erzählrahmens zum Vorwort, in der Metamorphose der novellistischen Erzählgesellschaft zur erzählten Gesellschaft der »Leute von Seldwyla« – statt einer Gesprächsrunde ein gesellschaftlicher Handlungshintergrund. Ihm ist nicht, wie der Erzählgesellschaft der Novellenüberlieferung von Boccaccio bis E. T. A. Hoffmann, die Herausarbeitung und Bewahrung von Normen aufgegeben. Die Seldwyler sind vielmehr eine Gesellschaft von Außenseitern wie die deutschen Schildbürger und die antiken Abderiten, und die Helden der Novellen sind die Außenseiter der Außenseiter, entweder indem sie sich extrem von den Seldwylern abheben – wie Pankraz der Schmoller oder die drei gerechten Kammacher – oder in ebenso extremer Weise deren Eigenschaften verkörpern wie Viggi Störteler und John Kabys. ». . . nicht solche Geschichten, wie sie in dem . . . Charakter von Seldwyla liegen, will ich eigentlich in diesem Büchlein erzählen, sondern einige sonderbare Abfällsel, die so zwischendurch passierten, gewissermaßen ausnahmsweise, und doch auch gerade nur zu Seldwyla vor sich gehen konnten.« (VII, 6)

Diese Konstruktion ist ein Ausdruck der Perspektivenverengung vom Roman Kellers zu den Novellen. Im »Grünen Heinrich« besteht eine hochdifferenzierte Gegenläufigkeit, in der ebenso der Muttersohn Heinrich wie die Gesellschaft in Frage gestellt wird. Die Muttersphäre einer Vatersehnsucht, in welcher der grüne Heinrich erwächst, ist nicht nur phantastisches, sondern auch kritisches Gegenbild einer Welt, deren Dynamik unbekannten Gesetzen folgt. Vergeblich arbeitet sich Heinrich an ihrer Enträtselung ab. In der Hintergrundgesellschaft von Seldwyla sind diese Gegenläufigkeit und diese Dynamik stillgestellt bis zu dem Grade, daß etwa in »Romeo und Julia auf dem Dorfe« noch die Verflüssigung der ländlichen Besitzverhältnisse, die Verdampfung der Ständeordnung in ihren Refugien auf das einfache und statische Schema von Recht- und Unrechttun zurückgeführt wird. Die Mannigfaltigkeit der Mittelinstanzen, in denen für den grünen Heinrich die Gesellschaft konkret wird – Schule, Kirche, Militär, Dorfgemeinschaft, Nachbarschaft –, der Reichtum beruflicher und ökonomischer Verhältnisse sind ins Spezielle eingeengt, das den jeweiligen Fall motiviert; die dicht und allseitig gewebten Reflexions- und Handlungsstränge sind rigoros gekappt. Die Leute von Seldwyla bieten sich dar als eine ins Pittoreske und Anekdotische geronnene Romangesellschaft; statt Akteuren chargierende Statisten auf einer novellistischen Bühne, wo punktuell Einzelfälle ausgeleuchtet werden. Ihre Anordnung zur Serie in der Novellensammlung weitet nicht nur den Blick – die Novellenkonstellation als Alternative für die Kontinuität der Romanwelt –; die Novellensammlung entschärft zugleich den noch so krassen Einzelfall. Die Erzählsammlung erreicht das gemeinhin durch Komposition und Diskussion; die Kellersche Sammlung durch eine Komposition allein, in der etwa die Geschichte von der exzentrischen und tragischen Liebeserfüllung zweier junger Menschen, die aus der bäuerlichen Gesellschaft herausfallen, neben der Erzählung vom Lebensweg des Exzentrikers steht, der bürgerliche Normalität erreicht, indem er die Geschlechterliebe vergißt.

Der stillgestellten Gesellschaft der Leute von Seldwyla die menschliche Naturnorm der Kultur anzuvertrauen, deren Ausbildung an den Wandlungen Judiths beobachtet worden ist, hätte inhaltlich eine Verklärung der vorhandenen Gesellschaft ins Utopische und Monumentale[2], formal einen kaum erträglichen Schematismus mit sich gebracht, damit einen weiten Rückfall hinter die traditionelle novellistische Erzählgesellschaft, die extreme Fälle dialektisch-dialogisch auf Normen bezieht. Kellers Poesie entgeht beidem, indem sie die wahre und rechte Schweizergesellschaft, deren Außenseiter die Seldwyler sind, als ausgesparten Bezugspunkt jenseits der Darstellung läßt und deren Kulturnaturnormen allenfalls in einzelnen, meist Außenseitern der Seldwyler Außenseiter, zum Aufleuchten bringt. Die Idealgesellschaft erscheint so, wenn überhaupt, in paradoxer Weise: in der fast immer von außen kommenden, regelmäßig von den Seldwylern abgehobenen, im Wesen fertigen Idealfigur. Daß sie eine Frau ist, versteht sich von selbst. Draußen ist abgetan worden, was Keller als Bearbeiter in der Zweitfassung des Romans an der in Aktion befindlichen Figur Judith wegoperieren muß. In Frau Regel Amrain, aus der tüchtigen Schweiz nach Seldwyla geraten, vereinigen sich Elisabeth Lee und Judith, und nur leise zittert in ihr und ihrer ›Rettung‹ vor der Macht der Sinnlichkeit durch das jüngste Söhnchen die Ambivalenz der Beziehung Heinrich–Judith nach. In dem von Kellers Schwester Regula entlehnten Vornamen ist das Normative mitgegeben, auf dessen Prokrustesbett Judith lebendigen Leibes gespannt werden muß, damit der Weibsteufel Naturnorm werde.

Der Novellist Keller rückt Bedrängendes von sich ab, indem er es ins Kleinformat bannt, wie gerade seine bedenklichsten Novellenfiguren skurrile Siebensächelchen bei sich zu führen pflegen. Ist im Roman die Subjekt-Objekt-Bewegung formbegründend, setzt sie sich in der Novellistik nur hinterrücks durch, da aber gründlich. Schon Friedrich Schlegel hat 1801 in der »Nachricht von den poetischen Werken des Johannes Boccaccio« festgestellt, die Gattung Novelle sei zu einer »indirekten und verborgenen Subjektivität vielleicht eben darum besonders geschickt, weil sie übrigens sich sehr zum Objektiven neigt . . .«. Kellers Novellen, die sich an der Oberfläche viel weiter von seiner Biographie entfernen als der Roman, in dieser Hinsicht also objektiver sind, können gerade in der Entfernung von der Biographie innerste Konfliktfelder freisetzen, über die der Roman den Mantel des Schweigens deckt. Sie können in verschwiegener Weise subjektiver sein als der Roman, im Maße der

Stillstellung der Oberfläche untergründig explosiver. Weil die Werke Kellers in dem Dilemma stehen, entweder die biographische Tiefenschicht oder die biographische Oberflächenschicht ans volle Licht zu bringen, nie aber beide zu der idealen Biographie zu integrieren, die ihre sich selbst zurücknehmende Intention ist, geht sein Schreiben immer weiter.

Der grüne Heinrich schreibt monologisch vor sich hin, und sein einsames Schreiben stellt die Frage des Lebendichtens in den Text – er bekennt sich als gedichtetes Leben. Wo in den »Leuten von Seldwyla« Erzähler vorkommen, erfinden sie frei – so Spiegel das Kätzchen – oder sie erzählen, wie es nach ihrer Meinung und Erinnerung wirklich war – so Pankraz der Schmoller a. D. Die Doppeldeutigkeit des Lebendichtens ist als *Thema* aus den »Leuten von Seldwyla« verschwunden. Das Um*schreiben* und *Um*schreiben des Lebens vereinfacht sich auf der Ebene des Textes zur schlichten Frage von Lüge und Wahrheit – so in John Kabys und den Briefstellern der »Mißbrauchten Liebesbriefe«, die mit moralischen Maßstäben gemessen werden. Das Erzählen selbst aber sagt nichts mehr von seiner Eigenschaft Umschrift zu sein. Modifiziert gilt das auch für die späteren Novellenzyklen – die »Züricher Novellen« und »Das Sinngedicht«. In den »Züricher Novellen« tritt mit Hadlaub zwar ein Umschreiber auf, der Literatur und nicht einfach Schwindel absondert, im »Sinngedicht« erscheinen mit Lucie und Reinhart Erzähler, die so angestrengt von anderen sprechen, daß sie sich dabei verraten, aber das Erzählen von diesen Erzählern sagt nicht, daß es im gleichen Fall ist. Man muß es erraten.

Wenn der Roman vom Seher jenseits des Festzugs spricht, verweist das Erzählen darauf, daß es dieses Jenseits gibt in Bezug auf den Schreiber Heinrich und damit – perspektivisch – auf den Schreiber Keller. Jenseits: das ist die Berliner Schreibunterlage zum »Grünen Heinrich«, deren Jenseits wiederum jene Schreibsituation ist, die gleichzeitig den Roman und die Schreibunterlage hervorbringt. Bei der späteren Epik Kellers muß man den »Grünen Heinrich« als ›Schreibunterlage‹ mitlesen, damit diese Werke als das gedichtete Leben lesbar werden, die sie sind. In der Punktualisierung der Novelle wird die unhandliche Lebens- und Konfliktmasse, an der sich der »Grüne Heinrich« abmüht, handhabbar – manipulierbar im Wortsinne. Das Finstere wird finsterer, das Helle heller als im »Grünen Heinrich«. Was von der Biographie weggedichtet ist, gewinnt eine formale Geschlossenheit wie der Roman nicht; was zur Biographie hingedichtet ist, enthält trotz der kleinen Form Verwerfungen wie diese. Im Hellen machen sich die Sehnsüchte breit, im Finsteren wütet der Selbsthaß, und das heißt auch, daß die humoristische Schreibart sich auffächert zum Sentimentalen, zum heiter Überlegenen, zur bösartigen Satire hin.

Sie trifft die ganz fernen-ganz nahen Gestalten: die saftlosen und liebesunfähigen Kammachergesellen, die zur Strafe für ihre Einsamkeit zu dritt in *einer* Kammer, an *einem* Tisch, in *einem* Bett zusammengepfercht werden – ein Zerrbild der ehelichen Gemeinschaft von Tisch und Bett; sie trifft die üblen Schriftsteller Viggi Störteler und John Kabys. Sie sind Umschreibungen eines anderen Gesellen und Schriftstellers, der im »Grünen Heinrich« das Prinzip Lebendichten dichtet. Der Muse-Meduse des Romans, der die heilige Narziß-Muse gegenübersteht, tritt in Viggis Ehefrau Gritli die Muse der Umschreibungen zur Seite. Sie läßt nicht verlauten, wie, woraus und warum entstanden ist, was da steht; sie läßt verlauten, was im Geschriebenen der Fall ist. Das Thema des Subjekts Heinrich namens ›Phantasie und Leben‹ transformiert sich weithin in den Novellen zum Thema des Sachverhalts namens ›Schein und Wirklichkeit‹, ›Schein der Wirklichkeit‹, ›Wirklichkeit des Scheins‹. Man muß diese Thematik subversiv gegen den Text wenden, um dessen Realitätsverhältnis zu durchleuchten, wo der Roman soviel freimütiger von sich und seinen Geheimnissen spricht.

Ist Seldwyla die Objektivation der Muttersehnsucht zur Heimatsehnsucht? Der Ort offenbart seine Eigenart im Vergleich mit der Vaterstadt der Erstfassung des »Grünen Heinrich«, die dort auseinandergelegt ist in ein ›reales‹ Zürich und einen imaginären Geburtsort. Die Vaterstadt liegt am Fluß der Geschichte und der Aktivität, der aus dem Quell des Lebens entspringt; Seldwylas Gründer dagegen haben es »eine gute halbe Stunde von einem schiffbaren Flusse angepflanzt, zum deutlichen Zeichen, daß nichts daraus werden solle« (1). In Zürich herrscht ein »inniger Zusammenhang« des geschichtlich Alten mit dem gegenwärtigen Dasein (XVI, 9; A 1, Kap. 1); ». . . der Verkehr und das tätige Leben haben unten am Ufer, wo die befrachteten Schiffe ab- und zugehen, nichts Altes und Unbequemes gelassen und die Steinmasse fortwährend erneuert, während das Alte sich am Berge hinaufflüchtete« (9). In Seldwyla jedoch ist die Zeit stehengeblieben. Es »steckt noch in den gleichen alten Ringmauern und Türmen wie vor dreihundert Jahren« (VII, 1). In Zürich betätigen sich Männer in Politik, Wirtschaft und Geschichte; in Seldwyla wird alles auf kindische Weise betrieben. In Zürich beruht die Blüte des Gemeinwesens auf der Tüchtigkeit der Bürger; in Seldwyla herrscht die sonderbare Lage, »daß die Gemeinde reich ist und die Bürgerschaft arm«; die »unabsehbaren Waldungen« (1) bilden ein natürliches Kapital, »woraus die große Armut unterstützt und genährt wird, und so steht das alte Städtchen in unveränderlichem Kreislauf der Dinge bis heute« (3).

Das ist eine fragwürdige Idylle wie alle Idyllen Kellers, ein ungewisses Schlaraffenland; mit einem Wort: keine Vaterstadt, eine Mutterstadt. Da gibt es keinen Fluß, nur einen *bedenklichen* Kreislauf, und keine Ambitionen der Bewohner darüber hinaus. Während eine Kulturnaturgesellschaft postuliert wird, aber als Utopie, als Nirgendwo, als leerer Ort; während Frau Regula Amrain ›reine‹ Mutter Natur als gesellschaftliche Instanz sein darf, bricht im Bild Seldwylas die ganze Zweideutigkeit einer zur Gesellschaft erweiterten Muttersphäre auf. Ein »Nest« in den »grünen Bergen«, der »wonnige und sonnige Ort«, wo man mit seliger »Gemütlichkeit« im vollen Wortsinne verweilen kann; ein »Paradies des Kredites« (1 f.), wo »kein rauhes Lüftchen« weht – wanderte nicht schon im »Grünen Heinrich« ein »Leemann« auf das Lee, den windstillen, warmen, grünen Hügel, das Muttergrab, den Mutterschoß zu? In der Tat fallen in der Charakteristik von Seldwyla die Stichworte von Heinrichs Lebensmisere, nur daß sie verharmlost, um ihren Ernst und ihre Würde gebracht sind. Wie die Seldwyler charakterisiert sind, erinnert oft an den grünen Heinrich. Auch dieser »grüne Tropf«, wie er in einem Brief an Wilhelm Petersen vom 7.

Dezember 1877 genannt wird, ist im Paradies des mütterlichen Kredits, beschäftigt mit der »Betreibung eines trefflichen Schuldenverkehres« (2), auch er bei »krabbeliger Arbeit«, »im ganzen zufrieden und munter«, auch er unter dem Machtspruch: »Müßiggang ist aller Laster Anfang«, auch er, der kindische Revoluzzer, dem Gericht einer Untersuchungskommission unterworfen, die ihn zum Schweigen bringt (6). Allerdings: Heinrich will hinaus in die Welt; die Seldwyler, müßten sie nicht hinaus, wären daheim zufrieden. Nichts anderes sind diese Leute von Seldwyla als ein Haufen vervielfältigter und im menschlichen Format verkleinerter grüner Heinriche, lauter fröhliche kleine Nichtsnutze.

Seldwyla ist der Mutterhügel, die Erdbrust, die warme, Nahrung gebende Mutter als natürlich-gesellschaftlicher Raum, verklärt und entlarvt zugleich gegenüber den politischen Traumvisionen des grünen Heinrich und ebenso gegenüber den Organismusvorstellungen seines liberalen Autors. Es ist so gemütlich hier, und doch gibt es kein Gedeihen (6). Nur hinausgeworfen werden die Seldwyler zu Männern, aber seltsam: Auch in Wind und Wetter der Konkurrenz werden die Männer nichts als rauhe Kriegsleute – familienlose Gesellen von Beruf – oder Spekulanten und Geschäftsleute, deren Geschäfte verzweifelt an Revalenta arabica erinnern. Gerade von daher aber versteht sich Seldwylas merkwürdigster Zug: daß im gegenwartslosen alten Nest das modernste und fragwürdigste Spiel seine Wiese hat. Steckt in Geschäft und Spekulation kindische Phantastik, nur ins Erwachsene getrieben, so sind die kindischen Seldwyler in ihrer Phantastik schon immer Spekulanten und Geschäftsleute und als solche auf der Höhe einer tief gesunkenen Zeit. Laissez faire, laissez aller!

Wenn die wahre Gesellschaft zwar da, aber nirgendwo greifbar ist; wenn sich die tätige, produktive Welt draußen im Zerrspiegel Seldwylas als nichts anderes denn das andere Seldwyla erweist, ist das heitere Bild schwarz grundiert. Zeigt sich in der Vorrede zum zweiten Teil der »Leute von Seldwyla« auch der Vordergrund verdüstert, ist das eine Konsequenz der Ausgangslage. Es ist nur halb aus der Verdüsterung der Weltsicht des alternden Poeten Keller zu erklären, dessen Installierung

eines Kulturnaturideals schon früh an Münchhausens berühmten Versuch erinnert, sich am eigenen Zopf aus dem Sumpf zu ziehen. Es wird vielmehr auch offenbar, was die Poesie Kellers stets schon gewußt hat. Wo sie es darstellt, muß sie dem Ideal die Zerrissenheit einzeichnen. Nach außen gestellt, muß es sich verlieren. Die Utopie ist eine kassierte gesellschaftliche Wirklichkeit. Der kindische Charme der Seldwyler ist hin, denn er war nur eine flüchtige Spielart des diskreten Charmes der Bourgeoisie. Alle möglichen Städte der Schweiz wollen Seldwyla sein, doch Seldwyla ist wie alle geworden. Der windstille Hügelort ist prädestiniert zum Grabhügel politischer, gesellschaftlicher und ökonomischer Ideale, denn zum Topos erstarrt ist hier, was im »Grünen Heinrich« in der Reflexion des Helden noch flüssig, vieldeutig und ungefähr blieb: daß Poesie und Kapitalismus verwandt sind. Ein bißchen Fiktion-Illusion ist in beiden. Die kleinen Lumpen von Seldwyla, die kleinen Phantasten, sind zugleich kleine Poeten und kleine Kapitalisten. Die Kapitalismuskritik und die Poesiekritik laufen zusammen. Die Ausmünzung des Lebens zur Poesie, der Poesie zur Ware vollzieht sich angesichts der Poesie der Warenwirtschaft.
Der Autor Keller aber geht versteckt und unerkannt unter den grünen Heinrichen von Seldwyla um. Im Alter von etwa zwanzig bis zu fünf- oder sechsunddreißig Jahren pflegen die Seldwyler in Flor zu stehen. ». . . sowie einer die Grenze der besagten blühenden Jahre erreicht« (2), muß er für gewöhnlich als Bankrotteur in die Fremde gehen, um dort sein Glück zu versuchen. Der Held in der Eingangsnovelle »Pankraz, der Schmoller« kehrt im gleichen Alter als gemachter Mann und eingeschworener Junggeselle zu Mutter und Schwester nach Hause zurück, mit einer Löwenhaut als Beute, die ihn an seine unglücklichen Liebesschicksale erinnert. Mit etwa zwanzig Jahren geht Keller zur Malerausbildung nach München. Als Sechsunddreißigjähriger kehrt er aus der Fremde Berlins zu Mutter und Schwester in Zürich heim. Seine Beute: der »Grüne Heinrich« voll Erinnerungen an die unglückliche Liebe zu Betty Tendering, die mehr als das Y im Vornamen mit der Lydia des Pankraz gemein hat, und – der erste Teil der »Leute von Seldwyla«. Doch die bürgerliche Existenz steht noch aus; das Spruchband der

Seldwyla-Vorrede vom Müßiggang als aller Laster Anfang hängt besonders schwer über den Jahren des Rückkehrers.

Erst sechs Jahre später erhält Keller das Amt des Zürcher Staatsschreibers, eines der höchstbezahlten des Staates. Der Stadtschreiber der Leute von Seldwyla sammelt in den Mauern des ersten Teils zwei Mutter-Sohn-Geschichten (»Pankraz«; »Frau Regel Amrain«); zwei Heimkehrgeschichten (»Pankraz«; »Romeo und Julia« als tödliche Heimkehr zu Mutter Natur); eine Geschichte von Vertreibung (»Die drei gerechten Kammacher«); eine Geschichte vom in sich ruhenden Dasein (»Spiegel, das Kätzchen«). In der Überschneidung des Mutter-Sohn-Themas mit dem Heimkehrthema bekräftigt sich noch einmal die Nähe zum »Grünen Heinrich«. Dann geht der Autor Keller hin, um mit dem Schreiben Staat zu machen. Der zweite Teil der »Leute von Seldwyla«, fast zwanzig Jahre später, läßt seine Geschichten denen des ersten Teils gegenbildlich korrespondieren. Die letzte Geschichte hier entspricht der ersten dort – das verlorene Schmollen dem wiedergewonnenen Lachen. Die vierte hier antwortet der zweiten dort – »Dietegen« Liebe aus Tod; »Romeo und Julia« Tod aus Liebe. Die dritte hier (»Die mißbrauchten Liebesbriefe«) und die dritte dort (»Frau Regel Amrain«) handeln von Erziehung durch mütterliche Frauen. Die zweite hier (»Der Schmied seines Glückes«) und die vierte dort (»Die drei gerechten Kammacher«) zeigen betrogene Betrüger, arme (Jung)gesellen. Die erste hier (»Kleider machen Leute«) und die letzte dort (»Spiegel, das Kätzchen«) erzählen Schwindelgeschichten. Spiegel wird glücklich durch eine Lügenerzählung, Strapinski durch Hochstapelei. Strapinski und Spiegel kommen zum Ziel, obwohl der eine kein polnischer Graf und der andere kein guter Bürger ist; oder gerade deswegen. Das Märchen am Schluß des ersten Teils übersteigt wie Goethes »Märchen« am Schluß der »Unterhaltungen deutscher Ausgewanderten« die Novellensammlung; es nennt im Titel das Geheimnis der spiegelbildlichen Entsprechung der Geschichten beider Teile.[3]

Der Aufbau der »Leute von Seldwyla«

1. Teil		2. Teil
● Pankraz, der *Schmoller*.		Kleider machen Leute. ✚ *Glück durch Hochstapelei.*
Romeo und Julia auf dem Dorfe. *Tod aus Liebe.*		Der Schmied seines Glückes. *Betrogener Betrüger, armer Junggeselle.*
Frau Regel Amrain und ihr Jüngster.	← *Erziehung durch mütterliche Frauen* →	Die mißbrauchten Liebesbriefe.
Die drei gerechten Kammacher. *Betrogene Betrüger, arme Junggesellen.*		Dietegen. *Liebe aus Tod.*
● Spiegel, das Kätzchen. *Glück durch eine Lügengeschichte.*		Das verlorene *Lachen.* ✚

● *Thema Erzählen.* ✚ *Thema Reden und Schweigen.*

Pankraz der Schmoller ist ein glücklicher Novellenbruder des grünen Heinrich aus der ersten Romanfassung. Ist Pankraz der Schmoller ein glücklicher Bruder des grünen Heinrich? Beide sind vaterlose Muttersöhne.[4] Heinrichs toter Vater war ein wackerer Mann mit Spuren von Fragwürdigkeit; Pankraz' Vater war ein fragwürdiger Seldwyler mit Spuren des wackeren Mannes. Beide Mütter sind tüchtige Spinnerinnen am Rande der Armut (VII, 12). Beide Söhne sind Eigenbrötler: Schmoller, gefühlvolle Phantasten, Müßiggänger, ›Schriftsteller‹, Maler: Das Kind Pankraz füllt ein kleines Heftchen mit Schriften und Zeichnungen. Beide lieben atmosphärische Schauspiele, Sonnenuntergänge und ähnliche Effekte, und hört man im Text nichts von Allmachtspielen des Pankraz, so sagt sein Name doch genug davon, abgesehen von den Rauchwolken und fliegenden Bomben seines Schreib-Zeichenheftes:[5] Er ist ein »Pankrazius«, ein wunderlicher Allesbeherrscher. Auch vom gefrorenen Christen ist er nicht weit weg, denn sein Name ist bekannt als Bezeichnung eines Tages der Eisheiligen. In einer wichtigen Hinsicht allerdings ist die familiäre Situation des Pankraz, dessen Mutterhaus ›exzentrisch‹ auf einem stillen Seitenplätzchen von Seldwyla steht, so verschieden von der des grünen Heinrich wie der Gottfried Kellers gleich. Keller hat eine um zwei, Pankraz eine um drei Jahre jüngere Schwester. Tritt Kellers Schwester dienstbar und nüchtern in die Nachfolge der mütterlichen Ernährerin, so ist Pankraz' Schwester eine naiv kokette Rivalin im Kampf um die mütterliche Gunst und Breinahrung. Pankraz hat militärischen Sinn für Ordnung und Gerechtigkeit in der Essenszuteilung; die kleine Schwester weiß sich durch unterirdische Höhlenspiele im Kartoffelbrei Vorteile zu verschaffen und die Mutter-Buttersoße auf ihr Gelände in der gemeinsamen Schüssel zu lenken, so daß Pankraz lamentiert und schmollt, »bis die gute Mutter die Schüssel zur Seite neigte und ihre eigene Brühe voll in das Labyrinth der Kanäle und Dämme ihrer Kinder strömen ließ« (13).

Der Raufbold Pankraz verschwindet noch als Kind in die weite Welt, nachdem er einmal gründlich von anderen Kindern Prügel bezogen hat und durch die Schwester wieder einmal heiter um einen Teil seines Essens geprellt worden ist. Wie die häßliche Regula Keller harrt auch Pankraz' schöne Schwester als »feine alte Jungfer« bei der Mutter aus, »um ja in dem Augenblicke da zu sein, wo der Bruder sich endlich zeigen würde, und zu sehen, wie die Sache eigentlich verlaufe. Denn sie war guter Dinge und glaubte fest, daß er eines Tages wiederkäme und daß es dann etwas Rechtes auszulachen gäbe« (16). Pankraz stellt Mutter und Schwester auf eine fünfzehnjährige Geduldsprobe, und wie beim grünen Heinrich läßt sich sein Weg in der Welt doppelsinnig lesen. Einmal als Entwicklungsroman in der Novellen-Nuß: Der Faulpelz Pankraz lernt in der Fremde arbeiten, um zu leben. Er lernt als englischer Soldat Disziplin. Er kommt als Gutsverwalter seines Kommandeurs zu einer allseitigen Persönlichkeitsentfaltung, die wie ein spöttisches Zitat des klassischen Bildungsideals anmutet: »Ich war Soldat, Verwaltungsmann, Gärtner, Jäger, Hausfreund und Zeitvertreiber . . .« (36). Er lernt die Liebe zur schönen Tochter des Kommandanten und späteren Gouverneurs und erreicht mit ihrer Hilfe die Welt der Dichtung. Am Ende wird er in Algier französischer Oberst und kehrt als freundlicher und gesprächiger, tüchtiger und geselliger Mensch zurück, geschmückt mit der königlichen Jagdtrophäe eines riesigen Löwenfelles. Der vom Schmollgeist geheilte Pankraz erzählt Mutter und Schwester seinen Bildungsgang und tritt dann als ihr Ernährer an die Stelle des Vaters. Der differenzierte, Welt und Ich kennende, Phantastik und Wirklichkeit unterscheidende Binnenerzähler – das ist Pankraz in seiner Vollendung.

Doch daß in der Mitte dieses Aufstiegs ein Liebesunglück steht, zeigt das Unzureichende dieses Deutungsschemas. Und so kann man das Ganze auch als Etappenfolge eines bis zur Katastrophe immer komplizierter abgesicherten und institutionalisierten Sonderlingswesens verstehen, das im Kreis zurück in die Arme der Schwester und der vor »scheuer Seligkeit« zitternden Mutter führt (21), wobei es »wie auf einer kleinen Hochzeit in dem Häuschen der Witwe« zugeht (24). Die Gefühlsunterdrückung von Mutter und Sohn Lee, die sich in Pankraz' Kindheit zumindest von seiner Seite schroff wiederholt, wird hier gelöst, doch

auch Pankraz wird nicht Vater einer eigenen Familie, lediglich Vaterersatz. Als Soldat übt er sich, statt in Partnerschaft, in Befehlen und Gehorchen, so daß seine »Zunge durch nichts zu bewegen war als etwa durch ein Kommandowort oder einen Fluch gegen unordentliche Soldaten« (36). Er wählt eine Lebensform, in der sich extreme Einordnung mit extremer Ausklammerung der Person vereinbaren läßt; ein Thomas Edward Lawrence made in Switzerland. Mit Befriedigung ergibt er sich einer quasi-kindlichen Situation mit einem Pflichtenritual, dessen Erfüllung durch totale Fürsorge von seiten der Institution beantwortet wird. Anstelle von Ertrag oder Lohn der Arbeit steht Belohnung der Bravheit (33). War ihm die Mutter »Oberbehörde«, auch wenn sie nur eine gleichsam astronomische Regelmäßigkeit des Mangels garantieren konnte (10), so ist ihm die militärische Oberbehörde eine andere Mutter, »indem jeder seine Ration so sicher bekam, wie die Sterne am Himmel gehen . . .« (32). Als Adjunkt des Kommandeurs erlangt Pankraz eine soziale Zwischenposition, in der er nicht zu den Untergebenen, aber auch nicht zur herrschenden Klasse gehört, also zu keinem. Und noch die Liebe als Erschütterung der Selbstbezogenheit ist Trug einer narzißtischen Muse, Metamorphose der kindlichen Phantastik. Durch den Hinweis auf Shakespeare gerät Pankraz in ein anderes und doch ähnliches Spiegelgleichnis, wie es der grüne Heinrich im Goethekapitel erzählt. Er blickt in den Spiegel der Literatur und erblickt darin sein Liebesverhältnis. In der Literatur wird es ihm erst glaubhaft wirklich, und er übersieht, daß es wirklich nur Literatur ist.
Der Eisheilige Pankraz trifft auf das »unheimliche Rätsel« der Schönheit in der Gouverneurstochter Lydia (53), einer schlimmen Vereisungsgestalt Annas aus dem »Grünen Heinrich«, und ihr Name ist in anderer Weise ein Spiegelname – nämlich im Verhältnis zu Pankraz. Stammt doch sein heiliger Namenspatron der Legende nach aus Phrygien, dem östlichen Nachbarland des kleinasiatischen Lydien, dem der Name der schönen Lydia zugehört. Sie ist ihm nahe mit einer Grenze dazwischen wie das Spiegelbild, wirklich und doch immer nur ein »schönes Luftgebilde«; unter dem Schein eines »groß angelegten Wesen[s], mit den Manieren, Bewegungen und Kennzeichen eines

wirklich edlen und seltenen Weibes« eine »ganz gewöhnliche Soubrette«, die mit Pankraz eine »einfältige Komödie« aufführt (65 f.). Ihre »wundersame Leidenschaft« ist »die Liebe zu sich selbst« (58), die sich durch ihn bestätigt sehen möchte, und seine »sich geschmeichelt fühlende Eigenliebe« (53) läßt ihn auf ihr Spiel hereinfallen. Die spiegelbildliche Anordnung der Spiegelverliebten begründet die Unaufhebbarkeit der Scheidung, ja, sie rückt für Pankraz die Geliebte so sehr ins Ungewisse, daß ihn noch beim Erzählen lange im Nachhinein der Zweifel berührt, ob sie tatsächlich ein Schein war oder der trügerische Schein nur ein Produkt seiner phantastischen Projektionen (39 f.), in welchen die *eine* Frau prismatisch in ein unnahbares poetisches Ideal, das verwirrenderweise »Fleisch und Blut« geworden ist (52), und eine seltsame Reihe von Tieren – wilde Sau, Esel, Gans, Lamm, Tiger, Schlange, Reh – gebrochen wird (62). Daß Lydias wirkliches Wesen sich darüber auch für den Leser entzieht, ist keine erzählerische Schwäche der Geschichte, sondern die Vollendung der inhaltlichen Charakteristik der Beziehung auf der Ebene der Erzählweise: Pankraz ist auch und erst recht da auf sich zurückgeworfen, wo er außer sich gerät.

Wie zwangshaft ballen sich im Blick auf Lydia die Tierassoziationen. Die vordergründig so biedere Novelle wirkt in dieser Eigenart wie ein Vorgriff auf Wedekinds »Erdgeist«-Prolog. Da aber in der Mitte dieser Menagerie das »wilde Tier« der »falschen, gefährlichen Selbstsucht« lauert (62), ist Pankraz, ein »großes Tier« in seiner Art (33), auch in dieser Hinsicht ihrer würdig. Er spricht von sich als Esel, wenn er sie einen Esel nennt (66); er versteht von Frauen soviel »wie ein Nashorn vom Zitherspiel« (40), und bei der Heimkehr zu Mutter und Schwester erscheint er unter dem spöttischen Vorzeichen aller möglichen Tierarten. Am Tag der Wiederkunft kommt nach einem Leierkastenmann, der von fremden Ländern singt, ein anderer »Herumtreiber mit einem großen fremden Vogel in einem Käfig«, dann ein ganzer Zirkustierpark mit Kamel, Affen und einem wild-possierlichen Tanzbären. Bei seinem Anblick muß Pankraz' Mutter »fortwährend weinen; denn der böse Bär erbarmte sie, und sie mußte . . . ihres verschollenen Sohnes gedenken« (18 f.). Die Schwester bringt das Verhältnis auf eine Formel, die wie ein Zauberwort den Bruder mit der Löwenhaut herbeizitiert: »Mir ist es zu Mute, als ob der Pankraz ganz gewiß heute noch kommen würde, da schon so viele unerwartete Dinge geschehen und solche Kamele, Affen und Bären dagewesen sind!« (19)

Pankraz begegnet sich also entfremdet in Lydia, aber er will nicht nur in den Spiegel blicken. Er ist mehr als Lydia, weil er mit einem Teil seines Ichs auch an seiner Selbstbefangenheit leidet und aus ihr herausstrebt. Deshalb ist die Liebesgeschichte auch mehr als eine Etappe der Stabilisierung seiner Gefangenschaft in sich. Sie ist zugleich der Beginn einer Wende, selbst wenn sie ihn noch tiefer in seine Schmollerei und sein Schweigen einsinken läßt. Das Eis des Narzißmus fängt an zu brechen, und darunter zeigt sich bei ihm – wie beim grünen Heinrich – der Abgrund einer Triebverstrickung an die Mutter, die das Nebeneinander von Idealisierung und Bestialisierung Lydias erklärt. Nicht nur durch Eigenliebe, sondern zum »noch größeren Teil« durch das »Lebensbedürfnis«, das »teuerste Wesen«, die gesellschaftlich weit über ihm stehende Gouverneurstochter mit einer »hohen Achtung« zu bedenken, sieht der Erzähler Pankraz sein früheres Verhalten gegen Lydia bestimmt (53). Bei Shakespeare hat der Verliebte ein Modell gefunden, nach dem er sein Verhältnis zur Geliebten zu deuten vermag. Die schönen Frauen Shakespeares in »der hohen Selbstherrlichkeit ihres Frauentums« sind »unwandelbar und treu wie die Sterne des Himmels« in ihrer Liebe zu »seltsamen Käuzen«: »gut! hier haben wir unsern Fall!« (52)

Nicht von ungefähr tauchen die Attribute der Institution Mutter – die gestirnhafte Regelmäßigkeit, Unwandelbarkeit und Unnahbarkeit – beim »schönen Stern« Lydia wieder auf. Die idealisierte Frau ist die Mutter. Da es wohl der tiefste Traum seiner Knabenträume war, die junge schöne Witwe zu nehmen, welche die Mutter gewesen ist, wird dem erwachsenen Krieger vom humoristischen Gott der Novelle die »Haupttätigkeit« zudiktiert, »das Verbrennen der indischen Weiber zu verhüten, wenn ihre Männer gestorben« (68). Der dienstverpflichtete Witwenretter und -tröster erlebt dabei die immer gleiche Enttäuschung, daß die Witwen nicht von ihm gerettet und getröstet werden wollen. Er gibt für seine Tätigkeit ein Beispiel, bei dem die zu rettende Witwe mit auffälliger Zartheit und der tote Ehemann mit ebenso auffälligem Ingrimm bedacht wird. Er ist ein »uralter, gänzlich vertrockneter Gockelhahn«, ein »alter Stänker«; sie ein »Geschöpfchen«, ein »bildschönes Weibchen von kaum sechzehn Jahren, welches mit lächelndem Munde und silberner Stimme seine Gebete sang« (69), eine »Kleine«.

Weil er ein Kind, und zwar ihres, war, konnte Pankraz einst die schöne Witwe nicht anfassen. »Noch ehe das Bürschchen sieben Jahre alt gewesen«, hat es sich den mütterlichen Liebkosungen entzogen (21 f.). Der Schmoller hat vermieden, »seine Mutter auch nur mit der Hand zu berühren«. Weil die indische Witwe ein Kind ist, das auf dem brennenden Ehebett des Scheiterhaufens »glücklicherweise . . . noch nicht Feuer gefangen« hatte (69), kann der Erwachsene jetzt zugreifen, und doch reicht es nicht weiter, als die Schöne an den »zierlichen Füßchen« vom Holzstoß zu ziehen, sie onkelhaft mit einer Aussteuer zu versehen und – einem anderen Mann zu geben. Vor der voll erblühten, übermächtigen Lydia zittert Pankraz' Herz, »das noch vor keinem Menschen und vor keinem wilden Tiere gezittert hatte« (53). Lydias Tiere sind Haustiere oder Bestien; Pankraz' Tiere sind insgesamt traurige, gefangene, gezähmte Wilde, weil sie Bilder eines Begehrens und eines Begehrten darstellen, die bei Todesstrafe verboten sind und eine Todesdrohung auf den kleinen Kauz ausstrahlen. Da die Mutter das Ziel der Wünsche ist, muß unter schwersten Kämpfen und Verlusten gelernt werden, daß Frauen Puppen sind, in denen das Wilde mörderisch lauert, so wie die wilden indischen Häuptlinge »schöne hindostanische Scheinfürsten . . . als Puppen« mit sich führen (68). Da die Mutter das Ziel der tödlichen Wünsche ist, muß sich Pankraz aus Phrygien in der schönen Lyderin auf sich selbst beziehen, um sich zu retten; weil die Mutter das Ziel der Wünsche ist, muß das Triebwesen hinter Lydia und durch sie hindurch auf das Gefährliche der eigenen wilden Erwartenserwartungen stoßen und sie töten. Die »Fremdartigkeit« des Namens (81) weist auf die Fremdartigkeit der Frau in der Perspektive fremdartiger Wünsche – sie alle sind Exoten. Das Ideal und das Tier haben eins gemeinsam: Sie sind unberührbar.

Daß Lydia, die »scheinbar so schöne und tüchtige Frau am Ende ganz einfach ein leichtfertiges und verbuhltes Wesen sei«, kommt Pankraz »ganz einfach« in den Sinn als »Ausweg« aus seiner »Mäusefalle« (45), aus der »Traumseligkeit«, die ihn doch zum »Tollhäusler« zu machen droht (54). »Diese verwünschte Ansicht tat mir so weh und traf mich so unvermutet, daß ich wutentbrannt einen ungeheuren rauhen Eber niederschoß, der eben durch die hohen Bergkräuter heranbrach, und meine Kugel saß fast gleichzeitig und ebenso unvermutet und unwillkommen in seinem Gehirn wie jener niederträchtige Gedanke in dem meinigen ... Ich setzte mich auf die Bestie« (46). Der getroffene Jäger schießt. Wen trifft er? Wenige Seiten später ist es ihm in der Auseinandersetzung mit Lydia wie einem »Jäger ..., der statt eines edlen scheuen Rehes urplötzlich eine wilde Sau vor sich sieht.« (62) Seltsame Projektionen, seltsame Ungeschiedenheit von Innen und Außen, Trieb und Triebobjekt, Ich und Nicht-Ich.

Der schlimmste und merkwürdigste Bestienkampf aber steht Pankraz noch bevor, lange nach der äußeren Trennung von Lydia, die doch in seinem Blute wohnt (64). Der »neugestählte Schmoller«, der sich im französischen Algier zum Obristen hochschmollt, und zwar zu einem »bösen« (75 f.), wird bei der Löwenjagd – neben der Pflichterfüllung das einzige ihm verbliebene Vergnügen – plötzlich zum Gejagten eines »ungewöhnlich großen Löwen«, dem er tagelang auf der Spur gewesen ist. Von Lydia träumend, wird ihm die orientalische Welt zu Lydia – »der Himmel war so dunkelblau wie Lydias Augen«; eine »verjährte Sehnsucht« läßt ihn aus einem Quell mitten in der Wüste trinken. Narziß, der die Quelle berührt![6] Wie Lydia den Jäger metaphorisch entwaffnet und fast tödlich »getroffen« hat (64), kostet die Gedankenverlorenheit an sie nun den Pankraz abermals und wortwörtlich beinahe das Leben, denn ausgerechnet in diesem Augenblick, als er das Gewehr, die Imponierwaffe seiner Mannheit, beiseite gelegt hat, steht der Löwe mit wildem kurzem Brüllen vor ihm: die Antwort auf seine Erinnerung Lydias, der Lyderin, der Orientalin, des wilden Sphinx-Rätsels Frau, vom Manne her gesehen, dessen Stummheit ihn einst leidenschaftlich zum Reden gebracht hat. Omphale, ausgerechnet

Königin von Lydien, hat einst den Helden Herakles so versklavt, daß er die Keule weglegt und sich in Weiberkleidern an den Spinnrocken setzt. Das Weib mit dem Herrschaftsgeheimnis zeigt sich als unmenschliche Natur – Erde, Himmel, Frau Welt, die große Mutter als große Hure, das Tödliche, angesichts dessen der Eisheilige zur Salzsäule kristallisiert. Das Tier ist zum Sprung gespannt, aber von Pankraz' Reglosigkeit gebannt; Pankraz ist zur Reglosigkeit gebannt von dieser Spannung. Er »stand und stand wie das versteinerte Weib des Loth oder wie der Zeiger einer Sonnenuhr« (78), entwaffnet, aber der ganze Mann ein aufgerichteter Phallos, nicht zur Vereinigung, vielmehr im angststarren Abwehrzauber.

Doch ist der Löwe nicht ein männliches Exemplar? Auch im »Schlimmheiligen Vitalis« der »Sieben Legenden« trägt die große Hure »ein rötliches Haar in reichen wilden Wellen gleich einer Löwenmähne« (x, 250) und wird als »wilde rote Löwin« in die Wüste geschickt (259). Eben weil der Greuel der verbotenen Frau auch der Greuel des auf sie gerichteten männlichen Triebes ist, herrscht hier Austauschbarkeit. Pankraz kann wie Loths Weib erscheinen. Die Schlange kann die Frau und auch den Penis bezeichnen; das Zeichen der Frau kann männlich und weiblich sein – Löwe und Löwin (die Sphinx!); Katze und Kater; und Jagen wie Gejagtwerden, Töten und Getötetwerden gehen angesichts ihrer ineinander über. »Die bitterste Schmollerei, die ich je verrichtet« (VII, 78), ist Teil eines Vorgangs, bei dem der Löwe »ein ähnliches schmollendes Spiel trieb mit mir wie ich mit ihm« (75). Einen Augenblick sieht es bei diesem Spiel so aus, als könne Pankraz lieben lernen – sogar sich; es »verschwand der Zorn und die Bitterkeit in mir, selbst gegen den Löwen« (78 ff.). Aber zu diesem Zeitpunkt sieht es auch am schlimmsten aus mit den Chancen seines Überlebens. Lebensrettung wird ihm zuteil durch die Männerhorde seiner Soldaten, die unverhofft herbeikommen, und nun nimmt die Sache eine andere Wendung: Pankraz tötet »ohne weitere Vorsicht« im Löwen ein Stück von sich, die Bestie, den Trieb. Deshalb ist im Aufgehen der »himmlischen Gnadensonne« der Befreiung der Kampf so gnadenlos; deshalb endet Pankraz' Humanisierung als ein unmenschliches Blutbad, bei dem alle drei Männer ihre

Gewehrkolben an dem verendenden Tier zerschlagen, »so zäh und wild war sein Leben«. Was im Kern des Schmollens saß, ist hin. Pankraz ist frei von ihm. Er kann lachen, reden, mit Menschen umgehen, heimkehren. Er ist der Pankrator seiner selbst geworden und hat damit die einzige Allmacht gewonnen, die nach alter philosophischer Tradition dem Menschen erreichbar ist. Aber um welchen Preis! Je härter der letzte Frost, um so stürmischer die Schmelze, aber die Trophäe, das Fell, wird einer im Tod erstarrenden Leiche über die Ohren gezogen.[7]

»Daß er in der Fremde durch ein Weib und ein wildes Tier von der Unart des Schmollens entwöhnt worden sei« – wirklich verwendet der späte Muttersohn dieses Wort! – zieht Pankraz als »Moral« aus seiner Lebensgeschichte (81). Die Formel läßt sich verkürzen, sofern er im Weib das wilde Tier und im wilden Tier das Weib und beides in seinem Schmollen gefunden und abgetan hat. Um ein liebevoller Mensch zu werden, muß er die Liebe vergessen – sogar das Wort, den Namen der Geliebten. Der Verlust ihres Namens wiederholt auf der Ebene der Sprache die Tötung. Der Wortlaut der Muse, die ihn mit Macht zum Sprechen bringt, wird getilgt. Deshalb lacht Pankraz – »wie ein Narr« (80). Deshalb ist der Kommunikationsakt, die Lebensbeichte, im Kern monologisch. Pankraz bemerkt nicht, daß Mutter und Schwester über seinem Reden ausgerechnet an der Stelle eingeschlafen sind, wo die Lebensgeschichte zur Liebesgeschichte wird; er »hatte überhaupt vergessen, vor wem er erzählte« (39), und wünscht im Nachhinein, »daß sie gar nichts davon gehört haben möchten« (74). Sein Wunsch ist schon erfüllt. Die Liebe soll verschlafen und vergessen sein, dekretieren Mutter und Schwester – auch wenn sie später die Neugier plagt gegenüber der entthronten Rivalin Lydia.[8] Lieb' Mutterland, magst ruhig sein – Pankraz hat in Lydia ohnehin den Abgrund der Mutter und das narzißtische Echo Schwester mit dem Echonamen Esther geliebt; er hat sie angeschmollt aus Liebe. Keller könnte das Wort aus Jean Pauls »Flegeljahren« entlehnt haben, wo Walt, einer der beiden Helden, als Kopist eines Generals dessen Tochter Wina liebt. Sein Übel ist »der Schmollgeist, esprit de dépit d'amour . . . Ordentlich als sei das Lieben nur zum Hassen da, erboßet man sich den ganzen Tag auf das süßeste Herz, sucht es sehr zu peinigen, breit zu drücken, einzuquetschen, zu viertheilen, zu baizen – – aber wozu? Um es halbtodt an die Brust zu nehmen und zu schreien: o ich Höllenhund!«[9] Ein glücklicher Bruder des grünen Heinrich? Gleich jenem »alten Heros«, dessen Name Herakles heißt, steht Pankraz mit der Löwenhaut unter den Seldwylern (25), und diese sind »Schatten«, wie sie dem Herakles einst im Totenreich begegneten. Aber er kam von diesem Abenteuer zurück; Pankraz ist an der Endstation: der Held, der den nemeischen Löwen seiner eigenen Sinnlichkeit ausgerottet hat und zuletzt beschließt, ein politischer Mensch und guter Bürger zu werden. Mit Mutter und Schwester zieht er aus Seldwyla weg in die Kantonshauptstadt, »wo er Gelegenheit fand, mit seinen Erfahrungen und Kenntnissen ein dem Lande nützlicher Mann zu sein und zu bleiben« (80).

So also sieht in der modernen bürgerlichen Gesellschaft der Kulturstifter Herakles, der Besieger des Chaos und der Bestien, aus: ein Junggeselle, der »verlorene Sohn« (21) – einer Mutter. Dieser ›Mythos‹ enthält viel Gesellschaftskritik und Psychologie: Die Menschen haben das Heldenkind nicht kultiviert. Deshalb muß Pankraz am ganz Anderen des Tiers seiner Menschheit innewerden. Er erfährt sie abseits der Gesellschaft als Hinweis auf die Gesellschaft. Das ist nur dadurch möglich, daß das ganz Andere des Tiers in Wirklichkeit das ganz Andere des Pankraz und der Gesellschaft ist, das Wilde des Verdrängten, nicht das Wilde der Wildnis. Es steigt zum ersten Mal in der deutschen Literatur in der Parklandschaft der Goetheschen »Wahlverwandtschaften« auf, an deren Enden die ironisch gebrochene Apotheose einer Heiligen steht. Aber Kellers Gesellschaftskritik und Psychologie enthalten auch viel Mythos, denn anstelle der Aufdeckung und Versöhnung des Verdrängten wird es getötet und noch tiefer eingekellert. Pankraz' Sprechen hat zum Ziel, *ein* zentrales Wort zu entrücken. Er weiß nicht mehr, daß er Rumpelstilzchen heißt, wenn er am Ende das ist, was bei Keller als natürlicher und wahrer Mensch gilt. Bei Goethe dagegen wird im Text selbst tief und kritisch das Verhältnis von Natur und Gesellschaft reflektiert, so wie später in seiner »Novelle« die Wildheit des von Honorio getöteten Tigers tief und kritisch als Projektion des Wilden in Honorio durchleuchtet wird, denn der gejagte Tiger ist in Wirklichkeit zahm und lahm.

Darüber allerdings leuchtet bei Goethe die Möglichkeit einer Versöhnung, einer Zähmung des Löwen, und sei es in der Kunst. Kellers Novellen-Handlung sagt demgegenüber um so radikaler, was geschehen ist und was geschieht, wenn wilde Natur zur ›Naturmanifestation‹ umstilisiert wird. Sie sagt es allerdings verkapselt ins starre stumme Emblem der starren stummen Bestie, die durchs Töten noch stummer und starrer gemacht wird. Ruhe ist die erste Bürgerpflicht. Kein lautes Wort über Staat und Gesellschaft. Lieber reden wir schon von den Wundern der Tierwelt. Judith verschwindet als Liebessünderin aus der Erstfassung des »Grünen Heinrich« und kehrt als Heilige der Natur in der Zweitfassung wieder. »Pankraz, der Schmoller« demonstriert, wie die leere Stelle entsteht, an der das Kultbild der kulturellen Naturnorm aufgestellt werden kann. Der Held der Geschichte ist noch ärmer dran als der arme Sünder Heinrich der zweiten Romanfassung, dem an dieser Stelle wenigstens die Heilige Judith als Gegenstand der Anbetung erscheint. Pankraz muß die sich ereignete unerhörte Begebenheit in ihrem Kern vergessen. Er muß selbst der Heilige sein, mit einem Löwen als »Lehrer und Bekehrer« (23), der dem Verstockten (21) »zwölf Stunden lang . . . eindringlich . . . predigt« (23). Der Prediger in der Wüste wird »wie ein Satan« (79) erschossen; dann geht Pankraz als ein anderer Hieronymus ins Gehäuse der innerweltlichen Askese, ohne Löwen, nur mit dickem Fell. Der Mythos vom neuen Herakles ist die Legende von Martyrium und Bekehrung des Eisheiligen Pankraz zur höheren Ehre des Kult-Kulturgegenstandes Natur.

Wie aber steht es mit der falschen »Handbibel« (79) des »verführerisch falschen Propheten« Shakespeare (50) im Verhältnis zur Poesie dieser Legende einer Versöhnung auf dem Boden der Nichtversöhnung? Zunächst einmal ist die Poesie hier falsch, weil sie falsch gebraucht wird, weil Pankraz – wie andere Kellersche und nicht-Kellersche Helden – Poesie und Leben verwechselt. Aber die poetische Kritik der Poesie reicht doch tiefer. Das Betrügliche Shakespeares, auf das Pankraz hereinfällt, besteht

darin, daß er ein »wesentliches Leben« vorführt (50), eine Welt, »wie sie ist, aber nur wie sie es in den ganzen Menschen ist«; »die Welt des Ganzen und Gelungenen« (50), in der auch das Böse in seiner Art ganz und ungebrochen ist. Aber ach, dieses Ganze »ist schon in der Welt, aber nur niemals da, wo wir eben sind, oder dann wann wir leben« (50). Von hier aus fällt noch einmal ein Schlaglicht auf die Sphäre des Grafen im »Grünen Heinrich«, die sich für Heinrich auf das Losungswort eines Shakespeare-Zitats hin öffnet und in der er vom Grafen zum »wesentlichen Menschen« ernannt wird. Sie schillert in der Doppeldeutigkeit, inselhaft und unzeitgemäß ganze Menschen in sich zu bergen, aber auch – zumindest für Heinrich – verführerisch und scheinhaft von der Wirklichkeit abzulenken. Sie ist poetische Märchenwelt und Wahnwelt zugleich, wobei diese Shakespearenähe auch ihrer Goethenähe entspricht. Nirgends ist Heinrich, der hier symbolisch bei Shakespeare eingekehrt ist, so nahe bei »Wilhelm Meister«. So spricht auch Pankraz, wenn er Shakespeare charakterisiert und – verdeckt – kritisiert, fast in den Worten, mit denen der Altmeister Goethe große Kunst feiert: Shakespeares Gefährlichkeit ist auch seine Goethe-Gemäßheit. »Zum Vergleich zwei Äußerungen Goethes. In dem Dialog ›Über Wahrheit und Wahrscheinlichkeit der Kunstwerke‹ sagt er: Der Künstler ›muß die zerstreuten Gegenstände in eins fassen und selbst die gemeinsten in ihrer Bedeutung und Würde aufnehmen.‹ Und zu Eckermann äußert er einmal: ›Wer etwas Großes machen will, muß seine Bildung so gesteigert haben, daß er gleich den Griechen imstande sei, die geringere reale Natur zu der Höhe seines Geistes heranzuheben und dasjenige wirklich zu machen, was in natürlichen Erscheinungen, aus innerer Schwäche oder aus äußerem Hemmnis, nur Intention geblieben ist.‹ Das deckt sich genau mit Kellers Wort von den ›ganzen Menschen‹ und dem ›wesentlichen Leben‹ . . .«.[10]
Wieder wird anläßlich Shakespeares die Kunstkritik auch zur Zeitkritik, nun in höchster Steigerung: Wo die Zeit trüglich und undeutlich ist, wird noch die Wahrheit der Poesie Trug. Pankraz und sein Autor wissen sich in einer zerstückelten, zerstreuten, widerspruchsvollen, undurchsichtigen Welt. Daß Keller auf diese Welterfahrung mit einer anderen Poesie antwortet, als es

die Shakespeares – und Goethes – ist, nämlich mit einer humoristischen Poesie der Brüche, Widersprüche, gegenläufigen Prozesse, weist seine Poesie nicht als die bessere, sondern die moderne Welt als die schlechtere aus. Die »klassischen Erfahrungen und Beobachtungen von Goethe, Schiller und Tieck« sind nicht mehr anwendbar, erklärt Keller in einem Brief an Hermann Hettner vom 4. März 1851. ». . . diese Leute sind längst gestorben und ahnten nicht den riesenschnellen Verfall der alten Welt.« Die Novelle »Pankraz, der Schmoller« sagt allgemein, daß es in der Wirklichkeit »zu keinem rechten Trauerspiel und zu keiner guten Komödie kommen kann« (51). Als Theoretiker weiß Keller, daß hier die Wirklichkeit der Moderne gemeint ist, der er selbst doch – wider tiefere Ahnung – die Komödie und Tragödie abtrotzen will. Der »riesengroße Verfall« ergibt nicht die große Kontur des Dramas. Er verlangt eine Poesie, die ihre Setzungen bis in die Form hinein in Frage stellt; er fordert eine Epik, die nicht nur erkennt, sondern bis in die Darstellung vergegenwärtigt, daß Dortchen nicht Hierchen ist. Deshalb aber weiß sie auch und spricht es im Blick auf die narzißtische Muse Lydia aus, daß Kälte das »unheimliche Rätsel« der Schönheit ist, Ergebnis eines Blickes aus der Nichtzugehörigkeit. Diese Kälte ist das Medium der Botschaft eines eisheiligen Propheten vom Kultbild Natur, in das Tödliches eingeschrieben ist. In diesem Spruch liegt ein Selbstgericht, das nun aber doch die Poesie des gesamten Kulturzusammenhanges betrifft, sofern in ihm Schönheit eine Überbietung der Wirklichkeit und Natur ein Produkt der Kunst ist.

Romeo und Julia auf dem Dorfe

In der Einzelausgabe des ersten Teils der »Leute von Seldwyla« nimmt »Romeo und Julia auf dem Dorfe« die Mittelstellung ein, die dem Werk in der Ausgabe von 1874 verlorengeht. Die frühere Anordnung läßt vermuten, daß Keller der Novelle ursprünglich einen besonderen Rang zuerkannt hat. Das Publikum jedenfalls hat sie »als eine Art Stichwort und Rosine« herausgeklaubt. Trotz Kellers Abschätzigkeit gegenüber dem

»großen Haufen«, die in dieser Briefäußerung zu seinem Verleger Weibert am 20. Mai 1875 mitspricht, ist zu sagen: mit einigem Recht. Die Geschichte ragt hervor durch Geschlossenheit und Stimmigkeit, eine sehr große Entsprechung symbolischer, pragmatischer, individualpsychologischer und gesellschaftlicher Motivation, einen äußersten Grad an Objektivierung. Die Tendenz dazu bekundet sich nicht nur im ursprünglichen Projekt, den Stoff nach dem Vorbild von Goethes »Hermann und Dorothea« zum Epos, der klassischen Form epischer Objektivität, zu bilden[11], sondern noch in der Druckfassung: Der Titel stellt das Werk in einen weltliterarischen Zusammenhang, und die Eingangsreflexion entrückt die Erzählung als Glied einer motivgeschichtlichen Reihe »zum Beweise, wie tief im Menschenleben jede jener Fabeln wurzelt, auf welche die großen alten Werke gebaut sind.« (VII, 85) Die Handlung entstammt nicht der subjektiven Imagination eines Mannes, der Phantasie und Wirklichkeit, Literatur und Leben zu verwechseln liebt. Vielmehr wird deren Übergängigkeit zur Sache selbst erklärt. Der Autor, der die poetische Hervorbringung von Welt aus Vollmacht des Poeten nicht zum Thema macht, ernennt statt dessen die gegebene Wirklichkeit zur Variationenfolge und Kombinatorik eines Grundbestandes literarischer Motive. Diese Fabeln wurzeln so tief im menschlichen Leben, weil das Menschenleben so fabelhaft ist.

Das berühmte Eingangsbild der Novelle läßt Kellers Anknüpfung am Goetheschen Epos erkennen. Die »Ästhetik« Hegels hat festgestellt, »Hermann und Dorothea« gründe in der Idylle der Ackerbürgerkleinstadt, die von der weltgeschichtlichen Bewegung der Französischen Revolution berührt und erschüttert wird. Die mütterlich dominierte Idylle im elterlichen Dorf des grünen Heinrich ist hoch problematisch. Die Idylle des Kellerschen Novellenbeginns, die im Zeichen pflügender Väter steht, ist trügerisch. Die gestirnhafte Regelmäßigkeit ihres Wandels verdeckt die moralische Unordnung, die sie die Besitzansprüche eines Außenseiters der bäuerlichen Gesellschaft unterpflügen läßt, nur weil er keinen schriftlichen Rechtstitel vorzuweisen hat. In stillschweigendem Einverständnis schneiden sie mit dem Pflug Stück für Stück des angeblich herrenlosen Grundes zwischen ihren Äckern ab und häufen auf dem verbleibenden wüsten Distelgelände die bei ihrer Arbeit herausgepflügten Steine. Das bäuerliche Paradies ist also bereits vom Sündenfall verstört und damit unter Gottes Strafwort: ». . . verflucht sei der Acker um deinetwillen . . . Dornen und Disteln soll er dir tragen . . .« (1. Mose, 3.17-18).

In solcher Doppeldeutigkeit steht auch das Spielparadies der eng vertrauten Kinder der Bauern, eines fünfjährigen Mädchens Vrenchen und eines neunjährigen Knaben Sali, die in der verlockenden Wildnis miteinander umgehen. Ihr kindliches Liebesspiel entsteht auf dem schlimmen Grund der Väter; ihr Hantieren mit einem gefundenen Puppentorso, den sie zerstören und dessen Kopf sie schließlich mit einer eingesperrten summenden Fliege vergraben, ein »ansehnliches Denkmal von Feldsteinen« darüber errichtend (94), wiederholt das Verfahren der Väter, die das Recht eines Mitlebenden buchstäblich unter die Erde bringen und mit Steinen zuhäufen. Doch die Repetition weist auch in die Zukunft. Der tönende Puppenkopf gleicht »einem weissagenden Haupte« (93), das Unglück vorhersagt. Wie der Puppenkopf im Erdschoß zum Verschwinden gebracht wird, werden die beiden am Ende in Umkehrung der Geburt im Schoß der Natur verschwinden.

Der »unscheinbare Mißgriff« (176) der Väter dieser Kinder entläßt alles spätere Unheil aus sich. Die Männer fahren im Unrechttun fort, rivalisieren bei der endlichen Versteigerung des Ackers und veruneinigen sich über einer Belanglosigkeit: einem schmalen Zipfel des Feldes, das sich der eine vor der Versteigerung rasch noch angeeignet hat und auf dem der Erwerber nun alle Steine des in seinen Besitz übergegangenen wüsten Ackers zu einer »gewaltigen Pyramide« (101) des Hasses auftürmt. Im gegenseitigen Prozessieren richten sich die Familien zugrunde. Das Unrechttun vereinzelt die beiden Bauern – der eine endet als armseliger Gastwirt und Diebeshehler in der Stadt, der andere als Irrer im Spital. Zugleich aber tritt im einzelnen Unrechttun alle verborgene Bereitschaft zur Ungerechtigkeit in dieser Welt fester Formen ans Licht. Der Steinhaufen ist nicht nur Zeichen einer speziellen Schuld; »alle Steine der Welt schienen da beisammen zu sein«. An der Verfehlung gegenüber dem schwarzen Geiger, dem rechtmäßigen Eigentümer, hat das ganze Dorf, sogar die Stadt Seldwyla Anteil, und schließlich haben die beiden Missetäter »nichts weiter getan ... als was zwei Drittel der übrigen [Bauern] unter diesen Umständen auch getan haben würden« (97), nichts anderes, als was alle Tage geschieht (176). Bei ihrem Unrechttun spielt sogar der Ehrenkodex der Gesellschaft, in der sie leben, mit: sie wollten durch Erwerb, und sei er auch an der Grenze der Legalität, ihr Eigentum und damit ihre Geltung vergrößern. Die beiden Bauern sind, indem sie zur eigenen Schuld alle Unrechtsbereitschaft der anderen aufgepackt bekommen, die Sündenböcke für alle, »Auserwählte ... Schlechtigkeitsmesser ... Ableiter des Übels ... von den Göttern gezeichnet« (97).

Wie sie gibt es noch andere Sündenböcke, die als solche korrespondierend zur Gesellschaft gehören. Allerdings begegnen sie als bereits Ausgesonderte, nicht im Vorgang der Aussonderung. Sie bilden den Bodensatz der Unordnung auf dem Grund der Ordnung. So ist der um seinen Acker betrogene schwarze Geiger das Gegenbild der bäuerlichen Sicherheit und Gesetztheit, wie sie sich im Anfang darstellt. Die ruinierten Bauern werden aus der Gesellschaft herausgedrängt und isoliert; der schwarze Geiger hat auf seine Verdrängung mit dem Sprung in einen Freiheitsraum jenseits aller gesellschaftlichen Bindungen geantwortet, in dem er sich mit anderen seiner Art zu einer auf Spontaneität gestellten Gruppe zusammenschloß. Sie bietet sich gegen Ende der Novelle in der Kirchweih der armen fahrenden Leute und ihrem bacchantischen Zug durch das schlafende Land dar. In der rauschhaft entbundenen, erst stillen, dann rasenden Festlichkeit gewinnt die Leidenschaft mit der radikalen Absage an die Ordnungen und Wertungen der Gesellschaft eine Art Unschuld zurück. An die Stelle der geordneten Natur als Rahmen des bäuerlichen Lebens tritt die entfesselte Natur des Waldlebens. All das steht gleichfalls unter der Symbolik des Paradiesischen, die sich im Gasthaus zum »Paradiesgärtlein« (170) mit der des Dionysischen verschlingt. Doch wenn der dionysische Zug der Festgesellschaft seinen Höhepunkt bei den verhängnisvollen Äckern und dem Steinhaufen findet, erweist sich auch dieses Paradies als korrupt, ja, als ein »wahrer Blocksberg«

(180 f.), nicht *vor* der Scheidung von Gut und Böse, sondern in der Vergessenheit dieser Scheidung. Es gibt keine Rückkehr in ein vorgesellschaftliches Paradies. Dionysos, der die heidnische Naturlust ins christliche Paradies trägt, ist zur Teufels- und Koboldgestalt des schwarzen Geigers verkommen.

Zwischen der fragwürdigen Ordnung der Gesellschaft und der ebenso fragwürdigen Entfesselung der Ausgebrochenen stehen die Kinder der Bauern. Sie kommen nach Jahren der Trennung in »dichte Berührung« beim Versuch, die aufeinander losprügelnden verkommenen Väter zu trennen (120). Es ist nicht der Neubeginn, sondern die Wiedererkennung ihrer Liebe. Das Elend und die unversöhnliche Feindschaft der Väter haben die alltäglichen Lebenszusammenhänge gelockert und die Familien vereinsamt. Diese Leere erfüllen Sali und Vrenchen alsbald mit einem umfassenden, sich genügenden Gefühl. Sie begegnen einander wieder auf dem wilden Acker ihrer Kinderspiele, und hier schon deutet sich an, daß sie einen dritten Weg gehen werden. Auf seinem entfremdeten Eigentum erscheint ihnen der schwarze Geiger. Wie er jetzt anbietet, werden sie später nach seiner Geige tanzen, aber sie werden sich diesem Tanz auch wieder entziehen. Denn nun gehen *sie* gestirngleich Hand in Hand. An die Stelle des Nebeneinanders der Väter ist ihr inniges Miteinander getreten, an die Stelle der Freundnachbarlichkeit, die in Sitte und Herkommen ruht, die innerste Übereinstimmung der Liebe, an die Stelle der einstigen herbstlichen Septembersonne die Julisonne des hohen Jahres. Waren die Väter in äußeren, inzwischen an ihrer Besitzgier zerbrochenen Ordnungen gehalten, so offenbart sich die Liebe der jungen Leute als unverrückliche innere Ordnung, als Identität von Leidenschaft und Gesetzlichkeit und damit ›natürlich‹ ehelich in überschwenglicher Weise.

Als personifizierte Aufforderung, gleich ihm aus den Schranken der Gesellschaft auszubrechen, erschreckt der Geiger das Liebespaar, gibt aber auch den Anstoß der Vertiefung ihrer Liebe zur inneren Welt, in der keine Dissonanzen mehr vorkommen. In dieser Innerlichkeit stellt sich das Paradies erst wahrhaft her, das außen scheinbar blieb. In der paradiesischen Verinnerung treten die Liebenden aber auch noch viel härter in Gegensatz zu Welt und Gesellschaft als die Randexistenzen um den schwarzen

Geiger. Denn diese entsprechen, wie zu sehen war, der Gesellschaft und können deshalb neben ihr, wenn auch in Opposition, bestehen. Die Gesellschaft realisiert um jeden Preis Ordnung und Norm, die Outlaws verwirklichen um jeden Preis die Ungebundenheit des Lebens. Die jungen Liebenden jedoch tragen die Unbedingtheit eines Ideals in sich, die quer zu Welt und Gesellschaft liegt und ihr voraus ist. Ihre Absolutheit läßt die Liebenden aus der Wirklichkeit herausfallen in den Tod. Sie lösen rückwirkend die letzten Verankerungen in der Umwelt, deren Schwäche den jungen Leuten erst diesen Zustand eröffnet hat. Ihre Idealität trägt so nicht nur den Tod für sie; sie wirft als Herausforderung zur Vollkommenheit zugleich auch einen Todesschatten in die Welt des Vorhandenen. Als Paradies der Innerlichkeit hat es die Schuld nicht mehr, wie einst das Kinderspiel, in sich, aber in seinem Verhältnis zur Realität, sofern sie nicht zur Kenntnis genommen wird.
Alle diese Momente sind im Text reich entwickelt, gehen Schritt für Schritt auseinander hervor. Der wilde Acker des Kinderspiels war von hohen Distelstauden bedeckt. Eine einzige verspätete Mohnblume wird zum Kopfschmuck der dann zerstörten Puppe (91). Bei der Wiederbegegnung auf dem Unglücksacker trägt der dort gehäufte Steinberg der Schuld eine »zahllose Menge von Mohnblumen . . . weshalb der kleine Berg feuerrot aussah zurzeit« (130). Es sind die paradiesischen Blüten der Liebe und des Glücks, aber auch des Traums und des Todes; der Mohn ist ja altes Zeichen für Schlaf, Traum und Tod. In der Ankunft des schwarzen Geigers, der auf den rotüberblühten Steinhaufen der Schuld springt, geht den Liebenden der »dunkle Stern« (129) des Todes auf. Wo die Idylle der Väter in der Ordnung Dauer zu verbürgen schien, geben sich die Außenseiter in der Regellosigkeit des rauschhaften Lebens der Vergänglichkeit hin, gegenwärtig im ruinösen Zustand der Wirtschaft zum Paradies. Das ist der Grund dafür, daß der schwarze Geiger als Dionysos- und Teufelsgestalt für die Liebenden auch Todesbote sein kann, der im Hintergrund ihres Aufschwungs steht. Ihre Gemüter werden so schwer wie die Steine, ehe sie sich befreien, indem sie nun erst recht sich ihrer Liebe anheimgeben, in das Spiel der einstigen Kinderszene zurücktauchen.

War das erste kindliche Spiel Vorgriff auf die Liebe, so ist die Liebe jetzt Rückgriff auf die Kindheit. War der Spaziergang Hand in Hand Zeichen der Gesetztheit und Gesetzlichkeit ihrer Liebe, so wird das Lager im Korn Zeichen ihrer Absolutheit in der Verinnerung, welche die Welt nur noch als Resonanzraum erfährt. Sie »bauten sich einen engen Kerker in den goldenen Ähren, die ihnen hoch über den Kopf ragten, als sie drin saßen, so daß sie nur den tiefblauen Himmel über sich sahen und sonst nichts von der Welt« (135). Wurde einst die Puppe beerdigt, begraben sie sich hier im Korn, werden sie sich einst in den Wellen des Stromes begraben. Doch indem die Liebenden der Welt den Rücken kehren, stört diese sie auf. Vrenchens Vater überrascht die »erschrockenen Kinder« (137). Sali schlägt den Alten, als er die Tochter mißhandelt, nieder, und zwar mit einem der von den Vätern gehäuften Steine der Schuld, die damit zu den »wie versteinert« dastehenden Kindern weiterwandert (137). Steht in der Szene des frühen Kinderspiels die Vernichtung der Puppe am Anfang, so liegt nun – in kunstvollem Kontrast – am Ende des Liebesspiels ein Dritter »wie tot« am Boden (138). Er ist schlimmer als tot; in einen schauerlich-kindischen Wahnsinn gestoßen, in dem sich die paradiesische Liebeskindheit des jungen Paares verzerrt spiegelt. Dieser Wahnsinn ist das Opfer, das für eine weltflüchtige, weltüberwindende und zugleich weltsprengende Liebesseligkeit fällt.

Der geistige Ort der Liebe zwischen Sali und Vrenchen ist als wiederhergestelltes Paradies das himmlische Jerusalem. Vrenchen erscheint in ihm als Braut des Hohenliedes. Die Tragödienheldin Therese ermißt ihr Liebesunglück an diesem Vorbild; jetzt wird tödliches Liebesglück an ihm ermessen. Damit ist der letzte Gehalt der Farbsymbolik Dunkel-Rot faßbar, die auch in der Darstellung Vrenchens zu beobachten ist. Das dunkelpurpurne Mädchen, die bräunliche Dirne von fabelhaftem und reizendem Aussehen, weist auf die Liebende, die dort von sich sagt: »Ich bin schwarz, aber gar lieblich, ihr Töchter Jerusalems . . . Sehet mich nicht an, daß ich so schwarz bin; denn die Sonne hat mich so verbrannt« (Hoh. 1. 5,6). Der Bräutigam wird angeredet: »Komm, mein Freund, laß uns aufs Feld hinausgehen und auf den Dörfern bleiben, daß wir früh aufstehen zu den Weinbergen, daß wir sehen, ob der Weinstock sprosse und seine Blüten aufgehen, ob die Granatbäume blühen; da will ich dir meine Liebe geben« (Hoh. 7. 12,12). Die »Wissenschaft« von Vrenchen, heißt es lässig und doch mit Gewicht, war Sali »wie vom Himmel gefallen« (VII, 122). Das ist der Eingang in die symbolische Kernzone der Novelle, der auch der liebende Jüngling zugeordnet ist als der königliche Bräutigam, und zwar schon durch seinen Namen: Sali ist eine Koseform von Salomon, und auf den König Salomon wird das Hohelied Salomonis zurückgeführt. Nach der Wiederbegegnung mit Vrenchen beim Kampf der Väter fühlt sich Sali »reich und wohlgeborgen wie ein Königssohn« (121); später dünkt ihn, »das schlanke schöne Geschöpf vor sich zu sehen, es sein eigen zu wissen ... ein Königreich« (134).

Bezogen auf das himmlische Jerusalem ihrer Liebe sind die Liebenden in der Wirklichkeit wie Träumer. Sali verkauft seine Uhr, das einzige Relikt einer Verklammerung in die Tageswirklichkeit der Zeit und der bürgerlichen Lebensregelung, um ein Paar Tanzschuhe für Vrenchen zu erstehen. An einem heiteren Septembertag wie dem, an dem die Geschichte begann, verlassen beide gemeinsam Vrenchens Vaterhaus, den Ort der sozialen Verankerung, zu ihrer letzten Wanderschaft, die sich bis zum enthusiastischen Tanz im Bacchuszug der Ausgestoßenen steigert: Wanderung und Tanz in die Weite einer Traumwelt. Traum, träumen, vergessen, verwirrt sein sind die Leitworte des letzten Tages der beiden, bis zu dem Kirchweihtanz, bei dem sich Vrenchen nun wirklich »wie im Himmel« vorkommt (175). Verwirrt lassen sie die blasphemische Hochzeitszeremonie des schwarzen Geigers über sich ergehen und schließen sich dem wilden Zug an (180 f.), bis sie sich losreißen. Wirklichkeit nehmen sie nur noch als Übereinstimmung wahr. »Endlich erwachten sie aus diesen vergeblichen Träumen . . .«, heißt es einmal von dem Paar auf seinem Wege: »Aber Jugend hat keine Tugend; der Wald war grün, der Himmel blau und sie allein in der weiten Welt, und sie überließen sich alsbald wieder diesem Gefühle« (160). »Jeder in der Sonntagsstille verhallende Ton oder ferne Ruf klang ihnen erschütternd durch die Seele; denn die Liebe ist eine Glocke, welche das Entlegenste und Gleichgültigste wiedertönen läßt und in eine besondere Musik verwandelt« (158). Behaglich ordentliche Wirtshäuser und Dörfer, bäuerlich würdige Spaziergänger, die als heimliche Könige schlanke Gerten »wie ein Szepter vor sich hin« tragen (161), sind wirklich, aber doch nicht die ganze Wirklichkeit, denn die Problematik der Gesellschaft ist ausgespart. Wo die Wirklichkeit die Liebenden festzulegen Miene macht – im Bacchuszug, der sie auf das Leben und die Gemeinschaft der Gesetzlosen zu verpflichten droht, brechen sie aus um ihres Traumes willen, der etwas anderes meint.

So nähern sie sich dem Tode in dem Maße, wie sie in ihren Traum hineingleiten, und ihr Traumleben wird um so tiefer, je näher sie dem Tode kommen. Daß »es um Leben und Tod geht« (144), wissen sie schon im Moment des Aufbruchs zur Pilgrimschaft ins himmlische Jerusalem, und symbolische Verweise unterstreichen es. »Aus einem Untergange zusammengesucht« ist Vrenchens Busensträußchen, als sie ihr Haus verlassen (152). Als das Knechtchen der Bäuerin, die Vrenchens letzte Hinterlassenschaft erworben hat, sich in die Bettstatt ihres Himmelbetts hineinstellt, »den Kopf gegen den mit verblichenen Sternen bedeckten Himmel derselben stemmte und, ein zweiter Simson, die zwei vorderen zierlich geschnitzten Säulen faßte, welche diesen Himmel trugen« (156 f.), erinnert ihre Lagerstatt an einen »wandelnden Tempel« (157). Der Anblick veranlaßt Vrenchen zu der Überlegung, mit Winden bewachsen könne dieser Tempel noch ein »artiges Gartenhäuschen oder eine Laube« abgeben (157). Das ist es, was war: das Lager im Korn; das ist es, was geschehen wird. Das wandelnde Bett weist vor auf ihre »Aussteuer: eine schwimmende Bettstelle und ein Bett, wie noch keine Braut gehabt« (185) – das Heuschiff, auf dem sie ihre Hochzeit feiern. Die Väter haben einst im Blick auf den ungetauften schwarzen Geiger höhnisch gefragt: ». . . sollen wir unsern Taufstein tragbar machen und in den Wäldern herumtragen? Nein, er steht fest in der Kirche . . .« (90). Nun geht mit den Kindern der Tempel auf Wanderschaft, wird die Natur zum Himmelreich und Tempel ihrer Liebe, den sie, wie einst Simson, über sich zusammenbrechen lassen werden, eine »Laube«, ein bergender Raum, der aber auch den Tod birgt, einen Tod wiederum, der wie der Simsons auch Selbstbefreiung ist. Eintauchend in den Strom beim Gang zum Heuschiff werden sie getauft und wiedergeboren als neue Kreatur in der Liebe und aus ihr. Das ist die Neudeutung des himmlischen Jerusalem gegenüber dem christlichen Ursprung: es ist nicht in einem Jenseits, zu dem der Tod den Durchgang bildete, sondern in einem geheiligten Diesseits des Gefühls, das die Wirklichkeit sprengt und den Tod in sich aufnimmt. Dabei wird die Welt zum Horizont des Traumes vom vollkommenen, in eine große Daseinsharmonie eingebetteten Lebens.

Dieser letzte Schritt vollzieht sich nach der Trennung von dem bacchantischen Zuge, der seinerseits ihre Trennung von der Herkunft besiegelt. Als das Paar austritt aus dem wilden Taumel, kommt es zur magischen Identifikation mit der Natur, in welcher der Rausch nach innen, in die Stille zurückgenommen wird, in eine »glühende Klarheit«, unter der Sali »ein Licht« aufgeht (183), während Vrenchen das »Brautwesen«, nicht einfach die Leidenschaft, im Blut loht (179). »Die Stille der Welt sang und musizierte ihnen durch die Seelen, man hörte nur den Fluß unten sacht und lieblich rauschen im langsamen Ziehen. ›Wie schön ist es da rings herum! Hörst du nicht etwas tönen, wie ein schöner Gesang oder ein Geläute!‹ ›Es ist das Wasser, das rauscht! Sonst ist alles still.‹ ›Nein, es ist noch etwas anderes, hier, dort hinaus, überall tönts!‹ ›Ich glaube, wir hören unser eigenes Blut in unsern Ohren rauschen!‹ Sie horchten ein Weilchen auf diese eingebildeten oder wirklichen Töne, welche von der großen Stille herrührten oder welche sie mit den magischen Wirkungen des Mondlichtes verwechselten . . .« (182). In dieser magischen Identifikation mit der Natur tauschen sie die einfachen Ringe miteinander, die jedes heimlich für das andere gekauft hat, fassen sich ihre Hände, »wie von selbst eine Trauung vollziehend, ohne den Befehl eines Willens« (183). Das ist der Trauungsakt, der die blasphemische Zeremonie des schwarzen Geigers wieder aufhebt. In dieser magischen Identifikation gehen die Liebenden in die Liebesvereinigung und in den Tod. Gegenbildlich zu Salis Vater, der beim Fischen am Fluß hinabgestrichen war »gleich einem eigensinnigen Schatten der Unterwelt, der sich zu seiner Verdammnis ein bequemes einsames

Plätzchen sucht an den dunklen Wässern« (116), gleiten »im Froste des Herbstmorgens zwei bleiche Gestalten, die sich fest umwanden, von der dunklen Masse [des Heukahns] herunter in die kalten Fluten« (186).

Der Strom, auf dem das Hochzeits- und Totenschiff, im alten Sinnbild steuerlos, durch hohe dunkle Wälder und offenes Land der Stadt zutreibt, erinnert an den Schauplatz eines anderen entscheidenden Augenblicks der Liebesgeschichte: der Wiedererkennung der Kinder im Ringkampf der Väter auf der Brücke eines Gewässers, und ein Detail verknüpft die Augenblicke erster und letzter Erkennung zwischen den Liebenden. »Weißt du noch, wie kalt und naß unsere Hände waren, als wir sie uns zum ersten Mal gaben? Fische fingen wir damals, jetzt werden wir selber Fische sein und zwei schöne große!« (185). Der Fisch ist ein Sexualsymbol, das hier in der höheren Unschuld und Heiterkeit der sich erfüllenden Liebe auftaucht. Wiederum ins Spiel gehoben, wie nach der ersten Begegnung mit dem schwarzen Geiger, jetzt aber in ein Spiel noch höheren Ernstes, ist die Leidenschaftssphäre: die Liebe ist himmlisch-paradiesische Natur geworden. Es genügt nicht, hier von Kellerscher Weltfrömmigkeit zu reden, vom Eingehen der Liebenden in den Grund und die Alleinheit der Welt. Es muß gesehen werden, daß der Lebensstrom, in dem die Liebenden als große schöne Fische schwimmen wollen, in ambivalenter Sinnbildlichkeit auch der Totenfluß ist, daß in dieser mondnächtlichen Vereinigung des Menschen mit der Natur der Tag-Bereich der Gesellschaft ausgespart ist, daß von diesem Paar Hingabe an die Welt nicht real als Lebensverpflichtung gelebt worden ist, sondern daß diese Hingabe zugleich ein Überspringen der Welt ist. Auch stilistisch zeigt sich die Verwandlung der Welt in Seele, wie sie den Liebenden geschieht, an: Die Novelle beginnt idyllisch in einer plastischen Gegenständlichkeit der Welt. »Wie in Stein gemeißelt« sind die Falten in den Kniehosen der Bauern (86). Jetzt kulminiert eine Tendenz zur Auflösung der Kontur in Stimmung, zur musikalischen Rhythmisierung, die nicht mehr die Idylle, sondern das himmlische Jerusalem des Gefühls meint.

Das schlüssigste Symbol von Salis und Vrenchens Verfassung

ist von großer Einfachheit: Lebkuchenherz und Lebkuchenhaus, mit denen die Liebenden einander auf der Kirchweih beschenken. In den einfältigen Versen, die auf diesem Backwerk stehen, und in den ebenso einfältigen Gesprächen, die das Liebespaar darüber führt, wird besonders deutlich, daß von den Liebenden die Verwandlung der Welt in Seele gemeint ist. In dem Lebkuchenhaus wird ». . . allein nach Küssen / Gerechnet und gezählt« (166) – an die Stelle der Normen und Konventionen, der kommunikativen Vermittlungen und materiellen Sicherungen der Gesellschaft ist einzig das Herz getreten, ein Kurzschluß ähnlich denen, die aus des grünen Heinrich Heimkehrträumen erinnerlich sind.[12] Und so kann Vrenchen auch sagen: »›Ach‹, . . . ›du schenkst mir ein Haus! Ich habe dir auch eines und erst das wahre geschenkt; denn unser Herz ist jetzt unser Haus, darin wir wohnen, und wir tragen so unsere Wohnung mit uns, wie die Schnecken! Andere haben wir nicht!‹« (167 f.). Indem das Herz aber gerade als Wohnung verstanden wird, die Küsse als Zahlungsmittel und Recheneinheit erscheinen, zeigt sich die andere Seite: daß die Liebe der beiden eine Form abgibt, daß sie ihnen eine Institution vorstellt, daß sie in der Liebe Sitte und bürgerliche Ordnung nach innen nehmen. »Ein Herr in einem blauen Frack und eine Dame mit einem sehr hohen Busen« (167) komplimentieren sich als Repräsentativfiguren der Bürgerlichkeit in das Lebkuchenhaus, wo nur Küsse gelten. In der Tat sind Vrenchen und Sali, die Bauernkinder, auf ihrem Weg der Verinnerung der bäuerlichen Welt entrückt und Bürger geworden, allerdings ohne, wie der grüne Heinrich, auch sozial Bürger zu sein. Bei der Kirchweih sind sie so »auf eine ganz ungewöhnliche und fast vornehme Weise verliebt und aufgeregt . . . und in dieser rückhaltlosen Hingebung und Selbstvergessenheit dem rohen Völkchen [der Dorfjugend] ebenso fremd . . . wie in seiner Verlassenheit und Armut« (169).

Das Sinnbild von Lebkuchenherz und Lebkuchenhaus sagt aber noch mehr und zeigt das Liebespaar noch in anderer Weise von seiner Umwelt abgehoben. Indem die beiden im Blick auf dieses Zuckerwerk das Herz zu ihrem Haus machen, den Traum vom vollkommenen Leben träumend, durchschauen sie zugleich den

Traum als ein Spiel und sich selbst als Spielende, so wie sie von vornherein Traum und Spiel auf deren Horizont: den Tod, durchschauen. Vrenchen bezieht ihn in das Spiel ein, als sie, im Bestreben, Gesicht und Hände ins todbringende Wasser zu tauchen, ausruft: »Ich will auch das kühle Wasser versuchen!« (185) Die Liebenden träumen sich als Brautpaar und sie spielen ein Brautpaar auf ihrer letzten Wanderung. Wie sie ihren Weg im Liebesspiel beenden, eröffnet ihn Vrenchen mit einem spielerischen Entwurf bürgerlichen Behagens vor der staunenden Bäuerin, die den Nachlaß zu Lebzeiten kauft. Gerade in diesem traumhaften Spiel sind sie in der Weise der Erwachsenen Kinder, deren Spielwelt ja voll gültig und bewußt fiktional ist. Im traumhaften Spiel verlieren auch die Formen des Gutbürgerlichen, in die sie sich versetzen, ihre Borniertheit und Enge, werden zu schwebenden Zeichen dessen, was diese Liebe meint, wenn sie vor dem Hintergrund des Todes ihr Paradies träumt und inszeniert. Und in dieses Wechselverhältnis von träumerischem Ernst und Spiel greift schließlich noch der Erzähler ein. Die Doppelperspektive, daß in dem Maße, wie die wirkliche Welt zurückbleibt, eine vollkommene Welt entworfen wird und daß diese vollkommene Welt von den Liebenden geträumt und auch gespielt wird, begründet die eigentümliche Mischung von Relativierung und Verklärung in der Erzählhaltung, aus der die gesamte Novelle erzählt wird. Sie dokumentiert sich besonders eindringlich im Bild von Vrenchen als Heiliger mit dem Pfefferkuchenhaus der Liebe in der Hand (171): Die Liebenden werden ernst genommen, wie ihr Spiel bewußt ist, und sie werden belächelt, weil sie sich doch auch an den Traum verlieren; sie werden verklärt, soweit ihr Traumleben das Vollkommene ist, und sie werden relativiert, soweit dieses Vollkommene bloß folgenlose Innerlichkeit ist.

Die Verflechtung der Momente erreicht ihren Höhepunkt in den Überlegungen, die während der wilden Kirchweih durch Salis Kopf gehen. Einerseits zeigt sich der in den Liebenden gegenwärtige Anspruch darin, daß beide Salis Gewalttat gegen Vrenchens Vater als unüberwindliches Hindernis einer bürgerlichen Ehe empfinden. »Seine verwirrten Gedanken rangen nach einem Ausweg, aber er sah keinen ... Das Gefühl, in der bürgerlichen Welt nur in einer ganz ehrlichen und gewissensfreien Ehe glücklich sein zu können, war in ihm ebenso lebendig wie in Vrenchen ... Sie mochten so gern fröhlich und glücklich sein, aber nur auf einem guten Grund und Boden« (175 ff.). Hier scheint fast dramatisch der Konflikt zwischen Liebe und Ehre im Bewußtsein des Helden ausgetragen zu werden. Dazu wäre aber die Voraussetzung, daß der Konflikt unlösbar ist. Gerade das wird jedoch durch die zweite Motivationsreihe in Frage gestellt, die einen Ausweg andeutet, den die Liebenden nur nicht zu gehen vermögen: »Wenn auch das Elend und die Hoffnungslosigkeit seiner Herkunft zu überwinden gewesen wären, so war seine Jugend und unerfahrene Leidenschaft nicht beschaffen, sich eine lange Zeit der Prüfung und Entsagung vorzunehmen und zu überstehen ...« (175 f.). Der »gute Grund und Boden« der bürgerlichen Ehe und Ehre »*schien* ihnen unerreichbar, während ihr wallendes Blut am liebsten gleich zusammengeströmt wäre« (177; Hervorhebung G. K.). Noch viel deutlicher und einseitig, weil hier die erste Motivationsreihe außer acht bleibt, ist die später getilgte Erzähleranmerkung der ersten Fassung von 1856: »Was die Sittlichkeit betrifft, so bezweckt diese Erzählung keineswegs, die Tat zu beschönigen und zu verherrlichen; denn höher als diese verzweifelte Hingebung wäre jedenfalls ein entsagendes Zusammenraffen und ein stilles Leben voll treuer Mühe und Arbeit gewesen, und da diese die mächtigsten Zauberer sind in Verbindung mit der Zeit, so hätten sie vielleicht noch alles möglich gemacht; denn sie verändern mit ihrem unmerklichen Einflusse die Dinge, vernichten die Vorurteile, stellen die Ehre her und erneuen das Gewissen, so daß die wahre Treue nie ohne Hoffnung ist.« (396)

Wo sich zunächst die Liebe selbst einen höchsten Pflichtmaßstab zu setzen scheint, zeigt sich nun die Unfähigkeit, der Pflicht als Forderung des Tages gerecht zu werden. Was sich als Idealanspruch darbietet, ist Unfähigkeit zur Realisation. Dabei schwächen die Argumente einander nicht ab, sondern gehören zusammen wie Vorder- und Rückseite einer Münze, denn eben aus der Unfähigkeit, sich mit einer nur bedingten Erfüllung unter Prüfungen und Entsagung abzufinden, entspringt der Aufschwung zum Unbedingten, das sich der Wirklichkeit als

Ideal gegenüberstellt. Sie können es so hoch hinauftreiben, weil sie sich durch ihr Schicksal von der Praxis des Alltags dispensiert fühlen, ja, sie treiben die ideale Forderung vielleicht auch deshalb so hoch hinauf, weil sie sich damit einer unendlich schweren, möglicherweise hoffnungslosen Aufgabe entledigen. So ist die Schuld der Väter nicht nur das Unglück, sondern auch das Glück der Kinder; Salis Verstrickung in die Schuld durch seine Gewalttat ist zugleich seine Entschuldigung. Sie brauchen nicht Knecht und Magd zu werden, denn sie sind, mit der Bibel (Joh. 8,35; Gal. 4,7) zu sprechen, Kinder des Hauses. Sie erlangen das himmlische Jerusalem, indem sie Kinder sind, bleiben und werden. Was die Liebeserfüllung in der Wirklichkeit des als Dauer gelebten Lebens verhindert, ist zugleich der Ermöglichungsgrund der höchsten Erfüllung in Tod, Traum und Spiel. Der scheinbar dramatische Austrag des Konflikts zwischen Ehre und Liebe im Bewußtsein Salis ist gleichzeitig nachtwandlerische Entscheidung aus der Sicherheit des Traums und Spiels für den Traum und das Spiel.

Mit der Vision des himmlischen Jerusalem als Identitätsort von Norm, Institution und Spontaneität stellt das Liebespaar die Gesellschaft infrage, in der Norm, Institution und Spontaneität auseinandertreten. Umgekehrt bestimmt die Gesellschaft durch ihr bloßes unangefochtenes Vorhandensein das himmlische Jerusalem der Liebenden als utopisches Wolkenkuckucksheim, ein Schneckenhaus folgenloser Innerlichkeit. Die Vision erlischt, die Gesellschaft behält mit einer selbstgerechten Zeitungsnotitz das letzte Wort und geht unbetroffen zur Tagesordnung über. Kaum eine andere Geschichte Kellers ist so ausgewogen wie »Romeo und Julia auf dem Dorfe«, wo eine geradezu klassische ›Dreiecksgeschichte‹ zwischen der Gesellschaft, den Outlaws und den Liebenden entsteht: In den Korrespondenzen liegt die kritische Relativierung der Outlaws, der Gesellschaft, aber auch der Liebenden mit ihrem Absolutheitsanspruch. Nirgends hat sich Keller – wenn auch im einschränkenden Grundriß der Novelle – dem idealistischen Muster der tragischen Versöhnung und Apotheose so sehr genähert wie hier. Nirgends hat er die biographischen Muster, die in der exotischen Verkleidung des »Pankraz« so leicht wiederzuerken-

nen sind, derartig tiefgreifend ›verarbeitet‹ wie in der Schweizer Dorfgeschichte. Nur einem Lesen gegen den Strich werden sie deutlich:
Die Liebenden Sali und Vreeli (VII, 129) im Gleichklang der Namen und in der kindlichen Vertrautheit miteinander haben etwas Geschwisterliches[13], aber ohne die narzißtische Erstarrung voreinander, die Heinrich und Anna, Pankraz und Lydia zeigen. Nicht wird narzißtische Selbstbewahrung ausgespielt gegen den Untergang in der Mutter; vielmehr ist der Untergang in der Mutter der Raum der Vereinigung. Wie in Kellers Legende von »Dorotheas Blumenkörbchen« die Liebenden, »gleich Zwillingen unter dem Herzen ihrer Mutter, entschliefen«, nachdem sie die Pforte des Märtyrertodes durchschritten haben (X, 285), liegen Sali und Vreeli, die wiederhergestellten Kinder, in der Höhle im Korn in intra-uteriner Geborgenheit. Dann schlafen sie »so sanft und ruhig wie zwei Kinder in einer Wiege« auf dem erkalteten mütterlichen Herd in Vrenchens Vaterhaus (VII, 144), ehe sie am Ende, eng umarmt, in die tödliche Umarmung der großen Mutter Natur versinken, weg aus der Gesellschaft verrotteter und tyrannischer Väter. Geöffnet wird der Weg durch den Schlag Salis gegen einen Vater, der diesen zum Unmündigen macht. Das ist die vom Landschafter Heinrich her wohlvertraute Frontstellung: Natur gegen Gesellschaft, in die äußerste Konsequenz getrieben. In Goethes »Werther« reißt der Pistolenschuß die Todessüchtigkeit auf, die den Leser mit umfängt; auch in der Kellers Geschichte zugrunde liegenden Zeitungsnotiz erschießt sich das unglückliche Liebespaar.[14] Keller dagegen zieht die Liebenden und die Lesenden in den Strudel des Leben-Tod-Stromes und entlarvt am Ende mit der Zeitungsnotiz weniger diesen Tod als die Überlebenden. Zwischen dem (Bei)lager im Korn einerseits, dem Lager auf dem mütterlichen Herd, im Heuschiff und im Wasser andererseits aber ereignet sich Salis symbolischer (Schwieger)vatermord, der Vrenchens Vater zum irren Kind schlägt – die Vorbedingung für den tödlichen Erfüllungsrausch der beiden. Sie sind zwar kritisch eingeschränkt, aber sie als einzige tragen die Folgen ihrer Fragwürdigkeit in einer Weise, bei der sie verherrlicht werden.

Doch woher erklärt sich nun Kellers Unbehagen an diesem Meisterwerk, das in dem Unbehagen am Rosinen klaubenden Publikum mitschwingt? Warum heißt die Novelle in Kellers letzter brieflicher Äußerung dazu am 9. November 1884 sogar »meine verhängnisvolle Dorfgeschichte, die mir wie ein gestutzter Pudel durch das ganze Leben nachläuft« – und das ausgerechnet anläßlich eines zu Kellers Erleichterung fallengelassenen Projekts von Victor Widmann, aus der Novelle ein versifiziertes Opernlibretto zu machen?[15] Weil in der Objektivität der Geschichte tatsächlich etwas von Stutzung des Pudels, weil in ihrer Tragik ein Stück Glättung, Oper, Dorfgeschichte im Sinne einer Modegattung des 19. Jahrhunderts liegt. Indem Keller sein Formniveau überschreitet, unterschreitet er sein Problemniveau. Nicht nur das Liebespaar, auch der Autor zahlt für die unbedingte Liebeserfüllung, in der allgemeinste Erfahrungen der Todesnähe bei der Liebesentgrenzung zum Schwingen kommen, einen hohen Preis:

Pankraz schläft als alternder Junggeselle im vertrauten Kinderbett seiner tüchtigen Bürgerexistenz entgegen, nachdem er das Tier in sich getötet hat. Heinrich und Judith feiern in der Natur, am Tisch Gottes, ihre Vereinigung als Scheidung. Romeo und Julia stehen anders am Tisch Gottes in der Natur. In ihnen wird Sinnlichkeit als Innerlichkeit kultureller Naturnormen des Menschen entfesselt und gefeiert wie sonst nirgends bei Keller, indem statt der Natur die Erzählung so zurechtgeschnitten wird, daß im Liebestod noch der Schmerz berauscht, der, Tag für Tag erlitten, nur weh täte. Im Ende ist die Erfüllung endgültig; in seiner illuminierten Nacht ist alles gleich schwarz, möglich und erlaubt. Das Heidnisch-Teuflisch-Versucherische, das Judith im »Grünen Heinrich« zunächst noch einwohnt, wird in den Outlaws von vornherein abgesondert. Das im Roman und im »Therese«-Fragment so scharf akzentuierte restriktive Moment des Christlichen und christlicher Vorstellungen wird im himmlischen Jerusalem der Liebenden zum Liebestod hoch- und wegstilisiert. Mutter Natur muß nicht christlich-gesetzlich purgiert werden; sie umfängt am Ende stumm das himmlische Jerusalem eines Liebeslebens zum Tode.

Die Gesellschaft ist von diesem Tod als einem Punkt her in

Frage gestellt, von dem aus nichts bewegt werden kann. Die Kritik ist ebenso radikal wie unpraktisch. Nichts von Heinrichs oder Pankraz' Einordnungsmühen. Herausfallen ist die geniale und triviale Lösung, der Traum ohne Aufwachen in Tränen, wie sie Heinrich am Ende seiner Träume vom Überspringen aller Vermittlungen und Bedingungen vergießt. Der unerhörte Fall aus dem Leben tritt an die Stelle des Bildungsromans. Romeo und Julia werden vorgreiflich vom Tod gebildet, verinnerlicht, harmonisiert, auch zum Spiel mit den Träumen legitimiert, für das Heinrich so schwere Strafe erleidet; sie werden Bürger als Bauern.[16] Der folgenlosen Totalkritik der Gesellschaft aus der Position einer abstrakten, tödlichen Innerlichkeit entspricht eine Totalisierung und Abstrahierung der Gesellschaft, trotz aller wirklichkeitsnahen und zeitcharakteristischen Details. »Hermann und Dorothea« zeigt Ackerbürger, von den Folgen der Französischen Revolution bedroht. »Romeo und Julia auf dem Dorfe« zeigt die Auflösung der Ständegesellschaft auf dem Dorfe als zeitlose moralische Verfallserscheinung. Der geschichtliche Prozeß wird so angehalten; das Gegenüber von Stadt und Land, bürgerlicher und bäuerlicher Welt, das so tief im »Grünen Heinrich« entwickelt wird, verflacht.
Zwar sieht man die Seldwyler Spekulationsnarren am bäuerlichen Konfliktstoff zündeln, aber Seldwyla ist schon hier, nicht erst im zweiten Teil der Sammlung, nichts besonderes – weder im Verhältnis zur ferneren Schweiz, wo die Zeitungen berichten, noch im Verhältnis zur Dorfsphäre, zu der Gleichheit in der moralischen Verrottung herrscht. Fremde Gesellschaft contra Verinnerung ist das Modell, das alle Details subsumiert. So vollzieht Keller in »Romeo und Julia« zwar nicht die sentimentale Idealisierung der dörflichen Welt, wie sie in der konventionellen Dorfgeschichte vorkommt; doch er erfindet eine Handlung und eine Figurenkonstellation, die Kavernen der Sentimentalität im Umriß des Liebespaars einkapselt und zugleich das ›Verarbeiten‹ der autobiographischen Motive zur Unkenntlichkeit ermöglicht: Kellers familiärer Grundkonflikt wird bei Sali und Vrenchen nicht ansichtig, weil sie nicht Kinder des Familientypus sind, der diesen Grundkonflikt hervorbringt – der modernen bürgerlichen Familie. Sie entfalten ihre Inner-

lichkeit nicht im sich abdichtenden Inneren des bürgerlichen Hauses, sondern in der sozialen Isolierung innerhalb der Ständegesellschaft. Sie erfinden damit eine neue Antwort auf eine alte Situation, konkurrierend zur traditionellen Lösung der Fahrenden, eine Gesellschaft von Außenseitern zu bilden. Nur eines fehlt an dieser Antwort: Weil Salis und Vrenchens Innerlichkeit nicht familiär erzeugt ist, haben sie keine individuelle Prägung; sie sind nicht verinnerte Individuen wie Heinrich oder Prankraz der Schmoller, sondern in all ihrer Beseelung typenhaft. Sofern Individuumsein bei Keller eine Leidensgestalt ist, sind sie frei von den Narben und Verstümmelungen der Individuation, aber sie sind in ihrer Geschlossenheit auch unprofiliert. In ihrer Typenhaftigkeit sind sie altertümlich; in der familiären Wurzellosigkeit ihres Seelenlebens sind sie unhistorische Hohlformen der Innerlichkeit. Keller hat seinen Konflikt als Sternbild an den Himmel der Dorfgeschichte projiziert, wo er eine quasi-mythische Figuration bildet. Als solche steht das Paar zwischen Judith, der Entsagungsgestalt der Kulturnaturnorm, und Frau Regel Amrain, deren Erfüllungsgestalt, Grund bürgerlicher Familie und Ordnung. Diese Regel wird in der Erziehung, die innere Motive setzt, nach außen entfaltet, wo Sali und Vrenchen von außen nach innen gedrängt werden.

Keller hätte in »Romeo und Julia auf dem Dorfe« nicht von sich gesprochen? Er denkt sich Außenseiter aus, die ein tödliches Glück finden. Sie müssen nicht Dichter und nicht Bürger der bürgerlichen Gesellschaft, sie dürfen wahrhaft poetische Existenzen sein, deren Schicksal unter einem versteckten Heine-Zitat hoch literarisch beginnt: »Was er webt, das weiß kein Weber.«[17] Noch einmal blickt ein Seher in den Shakespeare-Spiegel. Dabei öffnet das Losungswort Shakespeare die Gegenwelt, wenn nicht der tragischen Erneuerung und Versöhnung der ganzen Welt, so doch des Unbedingten und Ganzen. Keiner tut den Blick hinter die Kulissen. Der Autor tritt zurück und setzt den Leser einem Magnetismus der Figuren aus wie sonst nirgends mehr. Er ist in ihrer Eigenschaft begründet, vollkommene Hohlformen der Innerlichkeit zu sein, wie sie nur auf dem Boden der Poesie gedeihen. Ein Magnetismus – doch nur in eine fabelhafte Wirklichkeit der großen Fabeln der Weltliteratur ziehend. Der mürrisch moralisierende Kommentar der Erstfassung, der angesichts des Traumweges der Liebenden die wirkliche Wirklichkeit hervorhebt, wird gestrichen, so wie die Alternative zum himmlischen Jerusalem, das Leben in der Welt, blitzartig im Untergang verschwindet: Die Objektivierung bleibt als Bezug auf Literatur ein literarisches Arrangement. Die Vorstellung, große Literatur sei zunächst dem Leben, ist eine Brücke, die man nach zwei Seiten überschreiten kann.

Frau Regel Amrain und ihr Jüngster

Kaleidoskopartig verschieben sich die immer gleichen Motive der Kellerschen Familienthematik in seinen Erziehungsgeschichten zu immer neuen Mustern. Wie beim Schachspiel ergeben sich aus einer begrenzten Zahl von Figuren und Figurenbewegungen fast unbegrenzte Kombinationsmöglichkeiten.[18] Der Erzähler der Erstfassung des »Grünen Heinrich« weist die Entlarvungsgeste eines platten Materialismus zurück, der um die Rose, wenn sie erblüht, herumspringt und ruft: »He! dies ist nichts als Pottasche und einige andere Stoffe . . . Nein, man sagt: Dies ist zurzeit eine Rose für uns und nichts anderes . . .« (XIX, 48; A 4, Kap. 2). Das ist auf Kellers Werk anwendbar. Nicht der Entlarvungsgestus soll ihm gegenüber herrschen: so wenig Figuren, sondern der Überraschungsgestus: solcher Reichtum an Kombinationen! Nicht: Zurück zu den Materialien, sondern: Vorwärts zur Dichte und Variabilität ihrer Organisation! Das Spiel von Kellers poetischer Einbildungskraft ist durchsichtig, weil es, indem es originell ist, Regeln folgt – wie der erzogene Fritz Amrain. An der leeren Stelle, wo Pankraz dem Schmoller der Löwe erscheint, steht für Frau Amrains Jüngsten die Mutter mit dem Kellerschen Schwesternamen Regula. Deshalb kann er erwachsen werden und zu Hause bleiben. Er ist immer schon da. Erinnert die Mutter des Pankraz an die ängstliche, verschlossene Versorgungsmutter Elisabeth Lee, so die des Fritz Amrain an die souveräne, lachende, zärtliche Liebesmutter und Erzieherin Judith, nur daß der kleine (Gott)friedrich (= Fritz) dieser Novelle ihr leiblicher Nesthocker ist und sie, die Nicht-Seldwy-

lerin, von vornherein Regula, Naturmanifestation bürgerlicher Lebensnormen. Als der Ehemann bankrott in die Fremde verschwindet, ist sie »kaum dreißig« – das Alter Judiths beim ersten Auftritt in der Erstfassung –; wie die junge Witwe aus dem »Grünen Heinrich« »eine sehr frische, große . . . Dame mit kräftigen schwarzen Haarflechten und einem festen dunklen Blick« (VII, 194). Der Jüngste ist fünf, so alt wie der grüne Heinrich und Keller beim Tod der Väter.
Im Gegensatz zu Kellers Mutter heiratet Regula nicht den geschäftsführenden Gesellen, der an die Stelle des Vaters treten will. Sie lacht erleichtert über die Vertreibung dieses Rivalen Florian, der als falscher Heiliger die Glut der feurigen Frau anfachen will, durch ihren kleinen Ritter Georg. Wo dem grünen Heinrich die Stange fehlt oder zerbröckelt, führt Fritz erfolgreich »eine lange Gardinenstange mit dickem vergoldetem Knopf« (199) als Waffe. Sie umarmt ihn nach seiner Heldentat, bedeckt ihn mit Küssen und akzeptiert ihn als Stellvertreter und »Abbild des einst geliebten Mannes« (200). Zwei ältere Brüder Fritzens, die als »Schlafkappen« im Bett liegen, werden in diesem Augenblick belanglos. Der kleine »Bold« (201), wohl eine Mischung aus Kobold (= kleiner Hausgeist) und einem alten Wort für stark und kühn, Wortbedeutung also etwa der Kraftzwerg, schlägt demnach auf einen Streich drei Konkurrenten aus dem Feld und wird das Vorzugskind einer bemerkenswert parteiischen Idealmutter.[19] Wie ein Siegel legt sich Schweigen zwischen Mutter und Sohn über diesen Akt – ein stummer Paktschluß da, von wo sich im »Grünen Heinrich« Sprachlosigkeit wie Rost auf die Mutter-Sohn-Beziehung legt.
Als Wunschmutter Natur ist Frau Regula Meisterin im indirekten Setzen von Motivationen anstelle von Verboten, wie sie Elisabeth Keller und ihre Namensschwester Lee virtuos und rigoros ihren Kindern einbildeten. Als Wunschmutter Natur ist sie Herrin der Erde; taucht Judith bei der Wiederbegegnung mit dem gealterten Heinrich aus dem Felsen auf, so ist diese noch fast romantische Symbolik nun ins Bürgerlich-Praktische übersetzt: Regula bewirtschaftet einen Steinbruch und »gründete zum ersten Mal die Unternehmung, statt auf den Scheinverkehr, auf wirkliche Produktion« (194). Die Erdmutter ist Unterneh-

merin und Produktivkraft eines bodenständigen Kapitalismus, der sich in der Novelle von seiner Sonnenseite zeigt. Die trügerischen und verwirrenden Dunstschleier von Revalenta arabica, in denen sich die Reflexion des grünen Heinrich verfing, sind aufgelöst. Woran Frau Lee und Frau Keller scheitern, wird mühelos bewältigt – die Sanierung und der Ausbau des väterlichen Geschäfts und die Überleitung des Kindes aus der Familie in den Raum der Gesellschaft. Bis in Einzelheiten reicht der Kontrast: Beim grünen Heinrich äußert sich die Absonderung schon in der Absonderlichkeit der Kleidung, weil ihm ein Vater sagen müßte, wie er sich zu halten hat. Bei Fritz Amrain sorgt die Mutter für gewählte, aber unauffällige Anzüge. In der verschämten Armut von Elisabeth und Heinrich Lee spielt das Essen eine große Rolle; bei Amrains, obwohl gut gegessen wird, nicht. Und schließlich das Geld, ein Hauptproblem zwischen Mutter und Sohn im »Grünen Heinrich«. Frau Amrain lehrt einen freien, großzügigen und besonnenen Umgang mit ihm, weder geizig noch verschwenderisch. So vermag die Mutter auch ihr Erziehungswerk auf die Liebesschicksale des Sohnes auszudehnen, die Heinrich Lee im Wildwuchs und doch im Bann der Mutter durchlebt. Sie verheiratet den Jüngsten mit einer Frau, welche die Frau seiner Wahl sein darf, weil sie die Frau der mütterlichen Auswahlkriterien ist und aus der Heimat der Mutter kommt. Kaum mehr ist über dieses »Frauchen« (218) zu sagen: keine Liebesgeschichte, es sei denn zwischen Mutter und Sohn.

Kein Zweifel, daß bei alledem kein großer Mann vermißt wird. Ein kleiner genügt. Frau Regel praktiziert Richtlinienkompetenz vom heimischen Herd und von der Kinderstube aus. Die Produzentin von Wirtschaftsgütern und Kindern produziert hier das produktive Individuum, das Originalität auf normale und Normalität auf originelle Weise verwirklicht. Ein unternehmender junger Mann entwickelt sich zum Unternehmer, der wiederum Kindersegen und wirtschaftlichen Segen ins Haus bringt. Dabei wird gerade der scheinbare Mangel der Erziehungssituation in wunschmärchenhafter Weise zum Vorzug: Fritz Amrain orientiert sich völlig an der Mutter, da er ja ohne Vater aufwächst. Das Geheimnis ihrer Erziehung ist das Geheimnis moderner bürgerlicher Erziehung überhaupt, daß sie »in der zugewandten Liebe ... das Wesen ihrer Person dem seinigen einprägte und ... ihre Instinkte die seinigen werden ließ« (206). Da aber Fritz einzig eine Frau zum Vorbild hat, ist von ihm besonders eindringlich verlangt, daß er dabei kein Imitat wird. Indem er, seine Mutter nachahmend, ein Mann wird, vollbringt er eine eigenständige Leistung des Erwachsenwerdens.

Eine der markanten Episoden der Erziehungsgeschichte wirft Licht auf das Prekäre dieser Konstellation. Angesichts der erwachenden, noch frei schweifenden Liebesinstinkte des Jünglings steckt im Scherzwort der Mutter: »Also da willst du hinaus, du Schuft?« (208) etwas von Eifersucht über einen Verräter. Wirklich »zornige Bangigkeit«, daß man »etwa ihr Kind verderben wolle«, überwältigt sie aber erst, als sie ihn bei einer festlichen Hochzeit, mit den mütterlichen Kleidern als Frau verkleidet, in einem Kreis lüsterner verheirateter Seldwylerinnen findet, deren Namen wunderlicherweise mitgeteilt werden, obwohl sie der Handlung nicht weiter dienlich sind. Sie lauten Haider, Ackerstein, Aufdermaur, Gut, Amhag. Der Name Gut mag sich dem Vornamen Regula zuordnen; alle anderen, am deutlichsten der letzte, sind prismatische Brechungen des Familiennamens Amrain. Hier blitzt Gefahr: der Mutterfixierung, wo doch in der gelingenden Erziehung die Mutter vom Objekt zum Muster der Liebeswahl zu werden hat; der das männliche Kind verstörenden Mutterimitation; am tiefsten die Gefahr, die bei Keller, an dem Walter Benjamin »das Männliche ins Weibliche, das Weibliche ins Männliche unmerklich hinüberwechseln« sah, im Bild des Hermaphroditen aufscheint.[20]

In einer alten Auslegungstradition kann der Hermaphrodit Sinnbild ursprünglicher Einheit und Ganzheit des Menschen und der Welt und ihrer Wiederherstellung in Liebe und Ehe sein. Bei Keller wird er als Mängelwesen erkennbar, Zeichen tödlicher Abschließung in sich und darin Steigerung des Narziß, so wie schon der Hermaphrodit der antiken Mythologie – nachlesbar in Ovids »Metamorphosen« – zunächst gleich dem Narziß vor der Liebe einer Nymphe flieht. Doch er wird gegen seinen

Willen von den Göttern mit ihr zu *einer* Gestalt verschmolzen. Dem erfüllten Wunsch der Nymphe an die Götter, sie untrennbar mit dem widerstrebenden Geliebten zu vereinigen, entspricht der erfüllte Wunsch des so entstandenen Hermaphroditen in der Quelle der Verschmelzung:

> »Daß, wer immer als Mann zu diesem Borne gekommen,
> Ihm als Halbmann entsteige und gleich der Welle erschlaffe.«[21]

Narziß stirbt am Spiegelblick; der Hermaphrodit ist unfruchtbar, und eine Spur der Unfruchtbarkeit geht von ihm aus. Das aber soll nicht sein; es soll sein, was geschieht, indem Frau Regel ihren Fritz an dieser Klippe vorbeileitet und so die guten Dienste vergilt, die sie einst angesichts des Gesellen empfangen hat, der ihr Meister werden wollte: ». . . das Geblüt der Frau Regula Amrain wucherte . . . kräftig in diesem Hause . . .« (256).
Sie vollendet das mütterliche Erziehungswerk an ihrem Jüngsten im Bereich der Politik, ohne daß Regula die Domäne der Männer beträte, ja sogar mit einer ostentativen Anpassung ihrer Rede an männliche Argumentationsfiguren.[22] »Kindesgedanken und Weibernücken« nennt sie Fritzens Argumente dafür, sich dem Männergeschäft der Wahl fernzuhalten (246); »bübisch« wäre ein solches Benehmen. Die Bemühungen der Mutter dagegen sind »eigentlich weniger politisch gemeint als gut hausmütterlich« (247), weil die politische Ordnung eine Verlängerung der Ordnung des Hauses ist – ein sehr Kellerscher Gedanke im Munde der bürgerlichen Mutter Natur, die sich die Familie als Modell der idealen Gesellschaft vorstellt, während sie von ihr als Agentur der vorhandenen betrieben wird. Im »Grünen Heinrich« entsteht ein in sich widerspruchsvolles Bild des Staates, und die Widersprüche des Denkens und der Darstellung ziehen sich bis in seine Auffassung als Organismus hinein. Als kulturelle Naturform der kulturellen Naturnorm ist er die widerspruchsvolle Vergegenwärtigung dessen, was widerspruchsfrei, die brüchige Vergegenwärtigung dessen, was ganz gemeint ist. In »Frau Regel Amrain« ist die Welt insofern ganz, wenngleich novellistisch zugestutzt, daß erstmals hier die Brücke Naturnorm – Naturform Ehe – Naturform Staat zu

Ende geführt ist. Die Ehe als Grund der Familie ist auch Vorbild des so verstandenen Staates, und deren Stiftung ist Frau Regel gelungen – ein Ereignis, das noch einmal Licht zurückwirft auf den grünen Heinrich und Pankraz. Daß sie ehelos enden, ist nicht nur *ihr* geheimes Elend, es ist ebenso ein geheimes Elend des Staates, dem sie dienen.

Bringt »Frau Regel Amrain« in dieser Hinsicht die Abrundung der Kellerschen Welt, und sei es als novellistische Pointe, so ist auch in der politischen Erziehung Fritz Amrains mit bemerkenswerter Ausführlichkeit und Deutlichkeit ein erstes Fazit von Kellers eigener politischer Entwicklung gezogen – bis hin zum Thema Kannegießerei und Politikastertum, das für Keller, den trinkfreudigen politischen Raufbold und Bramarbas, von großer Bedeutung war. Da beim glücklichen Fritz Amrain Mutter Natur selbst die Wege weist, wiederholt sich in seiner politischen Bildung das bekannte Grundmuster. Sie verläuft indirekt durch subkutane Injektion von Motivationen und Wertungen. Fritz Amrain wird also ›natürlich‹ ein Liberaler, denn Frau Regula kann Konservative nicht leiden, und was links von den Liberalen ist, wird hier gar nicht erst mit Namen genannt. Umsturz bis in die Tiefe bürgerlicher Ordnungen darf nicht sein, wie sich schon am Mißtrauen gegen die Outlaws in »Romeo und Julia« ablesen läßt; andererseits ist es mit der bloßen Übernahme von Formen und Regelungen in der Politik so wenig wie in der Erziehung getan. Es geht um die Entfaltung eines labilen offenen Systems, das Spielräume bildet; es geht um Verzichte und Kompromisse, wo Interessen einander massiv entgegenstehen; es geht um die Fähigkeit, die prinzipiell allen zugänglichen Machtapparaturen einfallsreich für sich arbeiten zu lassen und dabei auch die Ansprüche anderer zu bedienen; es geht darum, im Inneren der Gesellschaft Rechte und Interessen – die interessanten Rechte und die rechten Interessen – durchzusetzen und zu wahren.

Alle diese Probleme werden mit dem Thema der Freischarenzüge angeschnitten, die ja auch für den einstigen Freischärler Keller eine politische Wende bedeuteten. Der Revoluzzer Keller ist zum vorsichtigen Reformer geworden, der Revolution nur noch in Balance mit Konservation, also gar nicht, gelten läßt:

»Da nun das Gesetzliche und das Leidenschaftliche, das Vertragsmäßige und das ursprünglich Naturwüchsige, der Bestand und das Revolutionäre zusammen erst das Leben ausmachen und es vorwärts bringen« (224), so war gegen Fritz Amrains Freischarenzug gar »nichts zu sagen als: seht euch vor, was ihr ausrichtet!« (224) Es ist weiter nichts dagegen zu sagen als daß die wetterwendischen Seldwyler »beharrlich blieben . . . in der Teilnahme an allen Freischaren- und Zuzügerwesen« (223). Gottfried Keller zieht mit einer unbrauchbaren Flinte ins Gefecht; Fritz Amrain gerät unrühmlich in Gefangenschaft. Gottfried Keller beginnt als revolutionärer Poet; Fritz Amrains revolutionäre Ideale entpuppen sich als nichts denn Poesie, luftige, subjektive Phantasien, die sich am Widerstand der Realität brechen.

Als Fritz nach dem politischen Rausch aufwacht zur Wirklichkeit, gefangen zu sein, ist ihm »zu Mute wie einem Schulknaben, welcher aus einer mutwilligen Herrlichkeit, die ihm für die Ewigkeit gegründet und höchst rechtmäßig schien, unversehens von dem häßlichsten Schulmeister aufgerüttelt und beigesteckt wird und der nun in seinem Gram alles verloren und das Ende der Welt herbeigekommen wähnt« (234). Hier schlägt nicht nur die Erinnerung an die Schulkatastrophe Kellers und des grünen Revolutionsschauspielers Heinrich durch; hier bricht für einen Moment der Antagonismus von Phantasie und Wirklichkeit in letzter Allgemeinheit auf. ». . . es war eine ganz andere grobe und widerstehende Welt als sich Fritz gedacht hatte, welche sich für unzweifelhaft und aufs beste begründet ausgab und nur verwundert schien, wie man sie irgend habe in Frage stellen und angreifen können.« (235) Der Novellist scheint Schein gegen Schein zu stellen, ohne daß er Stellung nähme. Aber Frau Amrain und die Novelle tun es.

Indem Regula ihren Fritz wohlgemut in der Gefangenschaft sitzen läßt, lehrt sie ihn: Die Realität hat recht schon darin, daß sie Realität ist, jenseits aller Gründe. Um so wichtiger, daß diese Erfahrung ausgewogen wird durch einen letzten Erziehungsakt zum bürgerlichen Engagement in den Grenzen der Legalität und nach Maßgabe der Möglichkeiten und Ansprüche der Realität. Nicht Phantasie und Initiative dürfen dem Bürger ausgetrieben werden; er muß vielmehr, so paradox es klingt, zur realitätskonformen Phantasie und zur Regelgemäßheit der Initiative erzogen werden. Und so reißt Frau Regel Amrain ihren Sohn aus der politischen Lethargie und Verantwortungslosigkeit, in die seine falsche Aktivität umgeschlagen ist, und stößt ihn auf seine Wahlpflicht. Was er beim Wahlgang tut, ist mehr als bloße Gebotserfüllung; es ist die Anstrengung der Realitätsphantasie und der Regelinitiative, indem er nicht nur wählt, sondern risikofreudig aktiv wird und der Wahl eine überraschende Wendung gibt.

Sie feilt zugleich die Geschichte novellistisch zu und hebt sie in diesem Punkt über das Niveau bloß penetranter und schönfärberischer politischer Pädagogik, auf dem sich Keller mit der zu Recht vergessenen Erzählung »Der Wahltag« von 1866 bewegt. Diese hat ihren einzigen Einfall in der Säkularisierung der biblischen Parabel von der Hochzeit, der die geladenen Gäste mit allen möglichen Ausreden fernbleiben, wogegen sie hier schließlich doch noch zum himmlischen politischen Hochzeitsfest der Wahl erscheinen. In »Frau Regel Amrain« wird tiefer gegraben: Fritz erreicht in der Wahlversammlung die Absetzung des korrupten Wahlpräsidenten mit dem Argument, daß »derselbe falliert und bürgerlich tot sei« (249) – cum grano salis die Situation von Fritzens eigenem verschwundenen Vater: wieder einmal ein symbolischer Vatermord.

Er gibt den richtigen Auftakt für die Heimkehr des alten Taugenichts und verlorenen Vaters, der seinen Platz durch den Sohn ausgefüllt findet. Frau Regel hat auch dazu das rechte Wort: »Nun, er soll uns nichts anhaben! Sei nur freundlich gegen ihn, wie es einem Kinde zukommt!« (251) Höchst zweideutig: wer ist in dieser Rede das Kind? Fritz findet die Lösung des Sphinx-Rätsels. Indes der Alte »mit der verlegenen Unverschämtheit der Zerfahrenen« dreinsieht, weist ihn Fritz in »Unschuld und Bescheidenheit« beim Kräftemessen mit dem Händedruck in die Schranken, daß »die Gewalt wie ein Blitz in den Arm des Alten zurückströmte und [ihn] . . . erschütterte«. Die väterliche Gewalt gegen den Sohn wird auf den Ausgangspunkt zurückgewendet. Fritz, einst das »Abbild« des Vaters, ist zum »Ebenbild« geworden (253), ebenbürtig. »Ich, Ebenbild der

Gottheit«, fordert Faust seinen Gottgleichheitsanspruch ein. Fritz ist sogar mehr als gleich, und es mag erlaubt sein, eine alte Wortbedeutung von Ebenbild – Muster, Vorbild – mitschwingen zu hören:[23] *er* ist das Original, der Alte der Abklatsch. Der Vater darf und muß sein mitgebrachtes »Geldchen« wieder einstecken (254) wie ein Bube sein Taschengeld und schlüpft erst aufmüpfig, dann demütig in die ihm bereitstehende Rolle. Indem er wie ein Kind in bittere Tränen ausbricht, bringt er das »Etwas«, nämlich das heulende Elend, hervor, das bei der Frau Achtung und Liebe wieder weckt – doch nicht die alte Liebe zum Alten, die gehört einem anderen. ». . . der alte Herr ließ sich von da an von seinem wohlerzogenen Sohne nachträglich noch ein bißchen erziehen« (256), bis er wenigstens ein bißchen in die ideale Welt paßt, in der nicht »die unbefangene Schamlosigkeit des Tieres« und das »nützliche Recht seiner Willkür« (232), sondern Frau Regula als Natur herrscht. Ein bißchen ist es auch verkehrte Welt. Seldwyla wird verrückt – ins Vollkommene. Was Sali mit einem Schlag auf den Kopf von Vrenchens Vater bewirkt – die Verkehrung des Alten zum Kind –, das wird hier durch pädagogische Feinarbeit geleistet.

»Der grüne Heinrich« und »Pankraz, der Schmoller« sind Entsagungsgeschichten, die aus den Leiden eines Knaben weg von Liebe und Ehe führen. »Romeo und Julia auf dem Dorfe« ist die Erfüllungsgeschichte einer tödlichen Identität von Liebe und Ehe, Spontaneität und Norm, abseits der Familie. In »Frau Regel Amrain« ist alles beisammen: familiäre Brutwärme für die spontane Produktion von Normen der Spontaneität. Von hier an ist der Weg offen aus der Familie in die Familie. In dem Grade, wie bei der weiblichen Inkorporation der Kulturnorm das ›Ungeheure‹ der Frauen ins Maßvolle verwandelt wird, erweisen sich Väter als überflüssig. Von »Frau Regel Amrain« her ließe sich sagen: Dem grünen Heinrich hat der Vater nur deshalb gefehlt, weil ihm die richtige Mutter gefehlt hat. Richtiger ist aber: Keller spricht im Roman seine eigene Vaterproblematik so weit aus, daß er den Rest erfolgreich manipulieren kann – wie es Vater Amrain geschieht. Wo Mutter Natur ist, kann der Mensch bei sich und der Welt sein; ihm mangelt dann nichts, ihm bleibt dann aber auch kein Anspruch offen. In der

Entschärfung der Vaterthematik ist zugleich das kritische Potential des Individuums entschärft – hier hängen beide Tendenzen Kellers zusammen. Mit der Verabsolutierung der Frau Mutter sind Leidensgeschichten nicht mehr die des Individuums und hört die Geschichte des Individuums auf, Leidensgeschichte zu sein. Das Individuum läuft aus in die Normierung. Keller hat sich aus der Anomalie seiner Kindheitsgeschichte ein Modell der Normalität gewonnen, das von seiner besonderen Situation – Mutterbindung und Vaterlosigkeit – Zeugnis ablegt und dabei eine Linie der Entwicklung zur modernen vaterlosen Gesellschaft vorzeichnet.

Die drei gerechten Kammacher

In »Frau Regel Amrain« ist der Königsweg aus der Familie in die Familie zu Ende gegangen. Die folgenden beiden Stücke des ersten Teils der »Leute von Seldwyla« setzen sich vom Dreischritt der ersten ab. Sie geben Extremsituationen: familienloses Unglück von Untermenschen; familienloses Glück: des Tiers.

Nach einer Mitteilung Conrad Ferdinand Meyers soll der Ausgangspunkt für die Handlung der »Drei gerechten Kammacher« ein Wort aus dem berühmten »Dictionnaire« des Frühaufklärers und Skeptikers Pierre Bayle gewesen sein, ein Staat von lauter Gerechten könne nicht bestehen.[24] In der Tat sind die drei innerlich einander so ähnlichen Helden Muster bürgerlicher Reputierlichkeit. Sie sind bienenhaft fleißig, ehrlich in Geldsachen, sparsam bis zum Geiz, mäßig bis zur Askese und äußerst friedfertig. Sie lieben den freundlichen Diskurs, haben keine Amouren und gehen bieder auf Eheschließung und Geschäftsübernahme aus. Sie leben völlig vernünftig diesem Plan einer Karriere und unterliegen so wenig der Versuchung der Phantasterei, mit der ja fast alle Kellerschen Helden zu kämpfen haben, daß sogar die von ihnen angefertigten Ochsenhornkämme, die andere Kammacher zur Einbeizung »herrlichste[r] Sonnenauf- und Niedergänge . . . rote[r] Schäfchenhimmel, Gewitterstürme und . . . gesprenkelte[r] Naturerscheinungen« verlocken

(VII, 260), nur dürftige Punkte und Striche zeigen. Noch ihre Imagination ist von ärmlichster, plattester Alltäglichkeit und Zweckorientierung. Nichts von den atmosphärischen Naturträumereien des grünen Heinrich oder des Pankraz findet hier statt.

Der Schmoller mit dem Löwenfell erscheint als kulturbringender Heros, der das Tierische in sich getötet hat; die drei Kammmacher haben von vornherein kein Tier in sich, denn ihr einziger Trieb ist einer, den das Tier nicht kennt: das leidenschaftliche Streben nach Wohl(an)stand. So sind sie Kulturbringer von Profession. Die Schreiner des ursprünglichen Entwurfs[25] werden zu Kammachern und liefern in diesem Beruf die Werkzeuge der Bändigung, Zähmung, Verzierlichung des Urwaldartigen und naturhaft Wilden, das als Haarwuchs unaufhaltsam und immerdar aus dem Menschen heraussprießt. Demgemäß ist auch das Liebesziel der drei Graziösen, die sich um eine Muse scharen wie ihre weiblichen Urbilder um den Musengott Apoll, von höchster Tugend: die ehrsame, etwas ältliche Jungfer Züs Bünzlin, fein und süß wie ein gespitztes Mündchen, das den Doppelwohllaut des Ü hervorbringt, so rein, daß ihr Jungfernkranz aus Seife und ihr lukratives Geschäft in einer Wäscherei besteht, die sie mit der Mutter betreibt. Fromm und erbaulich ist die Fülle des Herzens und des Geistes, die in wohlgesetzter poetischer Rede häufig aus ihrem Munde quillt, ihre drei Verehrer entzückend, und als Symbol ihrer Würde erhebt sich auf ihrem Sonnenschirmchen »eine große Lyra aus Elfenbein« (297).[26]

Trotzdem kann sich der Erzähler nicht darin genugtun, die Kammacher mit Tieren, ja sogar mit Sachen zu vergleichen. Jobst, der erste der Kammacher, arbeitet »wie ein Tierlein« und wird zuletzt ein »bleibender Hausrat« des Geschäfts (261). Er ist ein »Schweinigel«, weil er zu geizig ist, die Hemden zu wechseln (263). Er »wurmisiert« in der Kammer herum (264). Leute wie er gleichen »niederen Organismen, wunderlichen Tierchen und Pflanzensamen« (267). Er fühlt sich in der Hoffnung auf das Gelingen seiner Projekte »wie ein Fisch im Wasser« (269). Zu dritt liegen die Kammacher wie die »Heringe«, sogar »wie drei Bleistifte« im gemeinsamen Bett (273, 286). Die Wanderschaft

einer im Winterschlaf an der Wand erstarrten und dabei versehentlich blau überpinselten Wanze gibt den Auftakt für den großen Wettlauf der Gesellen (293), die einander so zuwider werden wie drei Spinnen in einem Netz (293), weil der Meister zwei von ihnen wegschicken will und dafür ein Ausscheidungsrennen vorgeschlagen hat, vor dem ihnen bange ist. Verliebte Reden des bayerischen Gesellen kanzelt Züs als »Sauereien« ab (301). Der Schwabe macht beim Liebeswerben ein Gesicht »wie ein lächelnder Karpfen« (308), und sein Herz hüpft wie ein Häschen im Weißkohl. Am Ende wird die Szene zum wahren Bestiarium, zum ›Naturereignis‹. Das Gelächter »dröhnte . . . donnernd« (315). Die Meute der Seldwyler folgt als »tosende Brandung« (316) den dahineilenden Gesellen, und während der Bayer und der Thüringer rannten wie »scheu gewordene Pferde«, hörte man die hell quiekenden Stimmen der Gassenmädchen, ein Geschrei also, das an Schweine erinnert (316): »ganz ineinander verbissen« sinken die Wettkämpfer am Ende um (318).
Wie kommt es, daß die fromme Muse Züs Bünzlin nach einem kräftigen Trunk von Kirschgeist der Attacke auf ihre Sinnlichkeit »so ängstlich und wehrlos wie ein Käfer, der auf dem Rücken liegt«, zum Opfer fällt? (313) Was heißt es, daß der Name Bünzlin von Bunzel, dem Mundartwort für ein kleines geeichtes Weinfaß kommt?[27] Was bedeutet es, daß diese Gerechten, die sich an der Poesie der Jungfer berauschen und von deren einem sie sich flüchtig berauschen läßt, mindestens so sehr im Metaphernfeld des Tierischen stecken wie Pankraz und Lydia, sogar eines besonders niedrig Tierischen am Übergang zum Pflanzlichen und zur Welt der Gegenstände? Der grüne Heinrich bleibt immer unfertig; Pankraz, Vrenchen und Sali, auch Fritz Amrain durchlaufen die merkwürdigsten und widerspruchsreichsten Bildungswege. Züs Bünzlin und die drei Kammacher aber sind von vornherein unwandelbar fertig. Der Aberwitz des Bünzlinschen geistigen Haushalts besteht darin, daß in ihm alles nebeneinander liegt: Schillers »Räuber« und der Katechismus, das Deklinierbuch, das Erbauungsbuch und die Anleitung zum Kartenschlagen. Es gibt keine geistige Rangordnung und keinen Stufengang des Geistes. Ein kindli-

ches und äußerliches Memorierwissen ist verhärtet zu einem kindisch-aggressiven Schematismus des Einteilens und Urteilens, der nichts vom lebendigen Leben faßt. Aufgrund ihrer Fertigkeit gehört Züs zu den Kammachern. Sie sind so geistlos, daß eine geistlose Muse für sie das Wort nehmen muß; sie sind ungebildet und unbildbar, deshalb eine Sorte und keine Personen, von einer Beständigkeit und Ähnlichkeit untereinander, wie sie Exemplaren einer Serie eignet. Auch das steckt als Sprachwitz in ihrer Berufsbezeichnung, bei der man aus Gründen der Orthographie – der Unzulässigkeit der Schreibung Kammmacher – nicht unterscheiden kann, wo die Gegenstände aufhören und ihre Produzenten anfangen, abgesehen vom weiteren Effekt, daß in der Mitte des Wortes ein lächerlich klingendes, spiegelbildliches Lautverhältnis auftaucht: (K)am/ma(cher).

Die Kammacher sind nichtig wie andere multiplizierte Personen bei Keller: die Zwillinge Weidelich mit den spiegelbildlich eingerollten Ohrläppchen in »Martin Salander«, die beiden Hyazinthen-Zwillinge in der Legende von der schönen, aber scheinhaft in ein asketisches Mönchstum verirrten Eugenia.[28] Als Duplikate und Triplikate sind sie das Gegenteil von Individuen und haben die immanente Tendenz, sich weiter zu vervielfältigen. So verdreifacht sich der Sachse in seinen Gedanken (269), und Züs Bünzlin läßt jeden der drei Kammacher in der Imagination von drei Damen wie ihr umgeben sein, damit sie sich vorstellen können, warum sie sich nicht zwischen den dreien zu entscheiden vermag. Es ist der Höhepunkt der Verdoppelungskomik, wenn drei Kammacher von neun imaginierten Züs Bünzlins umschwebt werden – die Pariswahl der Ilias mal drei, noch einmal überboten vom schwäbischen Gesellen, der Züs gleich verhundertfachen und tausend Küßlein angeboten bekommen will (300). Tödlich steril sind diese drei Parisse wie die Sachen, die sie in Gestalt von Lebendigem besitzen – Nadelbüchsen in Form von Fischen und Wickelkindern –, nutzlos wie die französische Grammatik oder ein Lehrbuch für Färber, welche die Kammacher bei sich führen.

Wie Narziß sind die Kammacher an ihre »Doppelgänger« (271) gebannt. Sie sind verurteilt, in der Gemeinsamkeit von Stube, Tisch und Bett die Karikatur einer Ehe miteinander zu führen, und Züs Bünzlin, ihre Muse, ist ein Scheingebilde, substantiell nur in ihrer verborgenen Hartherzigkeit, barbarisch im Ausnutzen und Abschieben eines sie leidenschaftlich liebenden Buchbindergesellen, berechnend unterm Schleier der Güte, dumm und von »kurzer Natur« unterm Deckmantel ihrer ›Kultur‹ (313), von Attributen aus früheren Liebesverhältnissen eher gezeichnet als durch sie ausgezeichnet: Ein Schnepper zum Aderlassen erinnert an ihre Fähigkeit, auch im übertragenen Sinne zur Ader zu lassen, Blutegel und Schröpfköpfe anzusetzen; ein Gewürzmörser mit Stößel und einer Schachtel voll Zimmet, Zucker, Nelken und Pfeffer ist eine kleine obszöne Anspielung auf das, was Bünzlin, dieses gewürzt redende Insekt, auf dem Rücken liegend einem der Kammachergesellen darbieten wird. Ein labyrinthisches chinesisches Tempelchen aus Pappe und Kleister markiert sie als das unheimlich labyrinthische Wesen Frau, in diesem Falle allerdings angefüllt mit Sächelchen, Säulchen, Spiegelchen, gegliedert durch Spiegelwände. Ihr Inneres repetiert ihre Äußerlichkeit so sehr, daß sie das Geheimnis des Tempelchens nie findet – unter einem doppelten Boden den wunderschönen Liebesbrief jenes genarrten Buchbindergesellen, dessen »wahres Gefühl« sich bei ihr in eine »Vexiergasse« verrannt hatte (283). Weil sie unempfänglich ist, hat sie seine Botschaft nie empfangen, obwohl er diese in sie hineingelegt und sein Verhältnis zu ihr in sein Werk übersetzt hat.

Die Kammacher sind betrogene Betrüger, weil sie, statt zu lieben, ein Geschäft mit der Ehe machen wollen und dabei selbst zum Objekt eines Ehegeschäfts werden, das sinnigerweise unter dem idealistischen, aber auf den Kopf gestellten »Wallenstein«-Zitat: »Der Zug des Schicksals ist des Herzens Stimme« durchgeführt wird (310). Dabei versucht Züs den am wenigsten scheußlichen der drei, zu dem sie am ehesten etwas hinzieht, durch verführerische Künste aus dem Wettkampf auszuschließen, weil er der ärmste ist. Doch sie fällt ihrer List fast mehr als der Gegenlist des Schwaben zum Opfer, der die Verführerin am Ende wirklich verführt und zur Frau bekommt. Der Sieg ist Niederlage. Der älteste von den beiden armen Teufeln hängt sich auf, der andere wird ein liederlicher Mensch und Menschenfeind; der dritte »hatte nicht viel Freude«, denn Züs »regierte und unterdrückte« ihn in einem absolutistischen Eheregiment (319). Das ist die menschenfeindliche, fürchterliche Satire des Muttersohns und Junggesellen Keller, dem ein Geselle die Mutter in zweiter Ehe weggenommen hat; der fürchterliche Spott eines durch Leiden Individuierten und Gebildeten auf die Ungebildeten und Nichtindividuierten, der deshalb dieses von ihm und dem Meister Richard Wagner besonders hoch geschätzte Werk zum Prüfstein der Bildung oder Unbildung seiner Leser erklärte.[29] Die »Gerechten Kammacher« sind auch die fürchterliche Rache an einer Welt der Regeln, Fertigkeiten, Muster, einer Welt unmenschlicher Menschen ohne Heimweh, Liebe und Patriotismus (267), die bleiern auf einem mit Phantasie, Gefühl und Sinnlichkeit begabten Kind gelastet hat. Sie sind Fremdlinge ohne Heimatrecht, an beliebiger Stelle festgesaugte Parasiten (267) und machen ihm die Heimat zur Fremde.

Doch die Rache an der Welt ist wieder zugleich Selbstbestrafung, denn die Kammacher, in allem so sehr verschieden von ihrem Autor, sind doch in *einem* ihm gleich. Auch sie sind Eckensteher des Lebens, nur daß sie durch Überanpassung hineinkommen wollen, wo Heinrich schmollend und träumend draußen steht. Ihre Pedanterie ist umgestülpte Phantastik. Sie beherrschen in ihrer dümmlichen Schlauheit die Spielregeln ebensowenig wie Heinrich, das andere leere Schema ohne Weltberührung. Die ›Reinen‹ sind die Unlebendigen, verkrochen, isoliert, einsam bei aller scheinbaren Tüchtigkeit; nicht einmal schöne wilde Tiere; nicht einmal in Wut und Verzweiflung, kaum in Tränen ernst zu nehmen, nur Wanzen, Mikroben, Bleistifte, Schreibmaschinen: Aus Gerechten kann man keinen Staat machen, denn sie sind zwar multiplizierbar, aber unfruchtbar. Züs (= Susanna)[30] übertrifft ihre biblische Namensschwester, indem sie die tote Begehrlichkeit von gleich drei Greisen auf sich zieht. Sie machen nicht einmal Wirtschaft in ihrem zünftlerisch blinden Fleiß, mit dem sie durch Überproduktion das Verhältnis von Angebot und Nachfrage aus der Balance und sich selbst, statt zu Geld, ums Brot bringen.

Der Wettlauf der Gesellen ist weit entfernt davon, Hohn auf die freie Konkurrenz zu sein; er ist vielmehr Gegenstand des Hohns der freien Konkurrenten auf ihre Opfer in deren schnödem Heroismus (269). Noch die faulen kindischen Seldwyler sind die besseren Kapitalisten, denn sie arbeiten zwar nicht, aber sie verstehen andere und Kapital für sich arbeiten zu lassen, wo die Gesellen totes Kapital im Versteck sammeln. Die Seldwyler Schuldenwirtschaft zeigt wenigstens im Zerrbild das wechselseitige Geben und Nehmen, in dem das Leben besteht; wenigstens ein wenig beherrschen sie das kapitalistische Geheimnis des Kredits, an dem der grüne Heinrich herumlaboriert: aus Schulden Geld zu machen. Die Kammacher machen keine Schulden und haben keine ausstehen (259). Sie sorgen nur für sich und sind doch Ausgebeutete. Geblendet torkeln die Wettläufer am Ziel, dem Meisterhaus, vorbei, kein Wilhelm Meister unter allen. Der hineinkommt, wird ein Ehesklave, und nur der Poet Keller kann lachen, sofern er produziert, indem er von der Unproduktivität schreibt.

Ist »Frau Regel Amrain« auf einen guten Kapitalismus versteift, der freilich im Steinbruch organologisch bei Mutter Erde gegründet und damit unversehens in Frage gestellt ist, so sind die »Kammacher« dessen Negativbild: die Pedanten, die Zünftler, Leute von gestern. Und wieder stellt sich bei alledem die christliche Symbolik ein, entfaltet nicht nach der positiven Seite einer Harmonie unter Lebensverzichten, sondern nach der negativen Seite der lebensfeindlichen Ordnung.[31] So liegt ein wahrhaft exzentrischer Witz der Geschichte in durchgehenden parodistischen Bezügen auf Bibel und Christentum – allerdings ein um die Liebe gebrachtes. Die Reden der Züs strotzen von biblischen Anspielungen. »Viele sind erwählt, aber wenige sind berufen« (292) – eine Verdrehung des berühmten Bibelwortes (Matth. 20,16), die sich schon auf der Berliner Schreibunterlage zum »Grünen Heinrich« findet (XXII, 440). Als gerechte und sanftmütige Männer sollen sich die Kammacher sagen: »Ich habe das bessere Teil erwählt« – eine Verballhornung von Christi Rede über Martha zu Maria (Luc. 10,11), denn bei Züs soll jeder der drei das bessere Teil erwählen, was schlechterdings nicht möglich ist (292 f.). Gerecht zu sein, ist eine der zentralen biblischen Tugenden, vor allem im Alten Testament. Sollte der Herr zehn Gerechte finden in Sodom, will er es vom Strafgericht verschonen. Hier sind wenigstens drei, obwohl von der blutlosen Sorte (259). Zwar hebt sie der Erzähler von der himmlischen Gerechtigkeit ab, aber er treibt dabei ein Doppelspiel, indem er in anderer Weise die christlichen Bezüge verstärkt. Wenn sie unter dem Bild des gleichseitigen Dreiecks (273, 287) oder des Kleeblattes (286) gefaßt werden, sind das Trinitätssymbole, deren eines, das Dreieck, auch der grüne Heinrich verwendet. Das Wettrennen ist nicht nur Zerrbild bürgerlicher Karriere; der Wettlauf nach der Krone (309) ist auch ein besonders geläufiges Bild der Bibel für die rüstige Bemühung des Gläubigen um den himmlischen Lohn. Jedoch empfindet der Geselle Jobst den Zwang zu diesem Wettlauf so, als sollten zwei von ihnen vor den Toren des himmlischen Jerusalem umkehren (288). Die Dreckflecken an der Wand erscheinen ihm unter der Drohung des Verlusts wie die seligen Inseln: die Elysiumsvorstellung mischt sich hier mit der des Paradieses und dem Idealbild Tahitis, in dessen unschuldigen Bewohnern die Spätaufklärer Rousseaus edle Wilde leibhaftig geworden wähnten (294).

In der Züs-Rede unmittelbar vor der Trennung wird das Bildfeld Mensch-Tier entfaltet und mit der Paradieses-Mythe verknüpft. Es ist tiefste Verkehrtheit, wenn sie sich und die Kammmacher, deren Unterschied von den Tieren frei nach Mephisto allein darin besteht, durch ihren Vernunftgebrauch tierischer als jedes Tier zu sein, über die Tierwelt erhebt und sich auf die göttliche Einsetzung des Menschen zum Herrn der Tiere, ja der Welt beruft: ». . . es sind unwissende und geistlose Geschöpfe, . . . Gott hat uns nach seinem Bilde geschaffen und uns seinen göttlichen Odem eingeblasen. O, könnten wir doch ewig hier so sitzen in diesem Paradiese und in solcher Unschuld! ja, meine Freunde, es ist mir so, als wären wir sämtlich im Stande der Unschuld, aber durch eine sündenlose Erkenntnis veredelt . . « (299). Der paradiesische Mensch, durch sündenlose Erkenntnis veredelt – das ist der Vollendete. Sie sitzen im Paradies nicht nur, sie sitzen im himmlischen Jerusalem, doch von hier spult sich die Geschichte wie ein verkehrt laufender Film rückwärts ab: Als andere Schlange teilt Züs Bünzlin mit dem zischenden Namen statt des Paradiesesapfels Backobst aus, das höllisches Bauchweh macht. Mit dem Schwaben bildet sie ein »spielendes

Paar« (308), ehe sie ihm als vertrocknete Eva in den Schoß fällt, nachdem er sie mit heiligem Kirschgeist getauft hat (307). Doch die Ehe ist nicht der Himmel, den er finden will (303), sondern der Sünde Lohn, und die beiden übriggebliebenen Wettläufer rennen aus dem himmlischen Jerusalem im Rückwärtsgang dem Selbstmord als Judasziel und der Irre des Menschenhasses zu: die verkehrte Welt der leise verkehrten Welt Fritz Amrains, das Satyrspiel zum Todesmärchen von Paradies und himmlischem Jerusalem, das in »Romeo und Julia auf dem Dorfe« stattfindet, und zur Tragödie der Hoheliedbraut Therese.

Spiegel, das Kätzchen. Ein Märchen.

Dem Brüllen von Pankraz' Löwen in der ersten Novelle der »Leute von Seldwyla« antwortet die Stimme von Spiegel dem Kätzchen am Schluß des ersten Teils. Der Löwe ist der verdammte Trieb; das Kätzchen Spiegel ist der erlöste Trieb. Der Löwe als Bild des verdammten Triebes ist auch Bild des Triebobjekts, mit dem eine unlösbare Verstrickung besteht: der verdammten Frau. Spiegel als Repräsentant des erlösten Triebes ist nur er selbst – der Kater, der Katzenmann. Nichts da von Mutter Natur mit ihren Versagungen und untergründigen Versuchungen. Hier zum einzigen Mal bei Keller erscheint die Natur originär im Mann und da in ihrem Recht als eine Natur frei von Normen und Restriktionen. So märchenhaft ist dieses Märchen, daß der freie Mann als Offenbarung von Natur ins Tierreich versetzt wird. Doch so gebrochen ist dieses Märchen auch, daß es in seiner Positivität das Negative bestätigt: Menschliche Natur ist bei Keller in Müttern restringiert und normiert. Der kleine grüne Heinrich gewinnt sich nach der Faust-Aufführung als Meerkatze verkleidet einen armselig-glückseligen Spiel- und Schlafraum der Lust im Bett der Gretchendarstellerin. Noch kleiner, hat er eine große schwarze Katze, das Triebwesen, als tödliche Bedrohung empfunden. Nur im Märchen wird aus Maskerade und Projektion Wesen; nur im Märchen aus dem Unglückswesen Glücksgeschöpf. Nur im Märchen tritt, statt aus dem Menschen Tierisches, aus dem

Tier Menschliches hervor. Doch in dessen Aufblitzen wird auch der menschliche Bereich, wie ihn Keller sonst absteckt, schon verlassen. Ist es Menschliches, was aufblitzte?
Es ist märchenhafte Ironie und ironisches Märchen, wenn der Held Spiegel als glücklicher und guter Bürger dasteht, der Vernünftige unter »unvernünftigen Menschen« (VII, 326), ein wahrer Tugendspiegel. Vergnügtheit, Klugheit, Mäßigung, zuverlässige Geschicklichkeit, Höflichkeit, anständige Wohlhabenheit sind die Eigenschaften, die ihn zieren; schön, still, aufmerksam, zutraulich, heiter, zierlich, beschaulich, munter stellt er sich dar (324). Zu philosophischer Betrachtung und Weltbeobachtung vermag er sich zu erheben. Die prästabilierte Harmonie der besten aller Katerwelten aber zeigt sich erst dann, wenn noch Schwächen und Leidenschaften, die den Menschen verunzieren und unglücklich machen müßten, bei Spiegel als Tugenden zu Buche schlagen. Daß im Zustand des Hungers seine freie und herrliche Katerei ins Armselige, Ängstliche und Kurzsichtige umkippt, würde einen Menschen brechen, seinen Ruf als Philosoph ruinieren, sein moralisches Selbstbewußtsein demütigen; bei Spiegel ist diese Abhängigkeit von Umständen nur die Kehrseite seiner vollkommenen Regenerationsfähigkeit, die ihm mit dem Fressen die Kraft und mit der Kraft die Vernunft und die Tugend wiederkehren läßt – so ist er unbesiegbar. Daß Spiegel im Zustand der Liebesraserei alle Grundsätze, Überlegung und Gelassenheit fahren läßt und sich vernunftlos wie ein Tier oder heroisch wie ein Held gebärdet, ist bei ihm nicht Charakterlosigkeit oder Dummheit, sondern der Ausfluß des Grundsatzes der »wohltätigen Abwechslung« (325), der nicht nur den Wechsel zwischen Ruhe und Toberei, sondern offenbar auch in den Gegenständen seiner Leidenschaft meint.
Spiegel ist ein »rechter Don Juan« (325), aber eigentlich doch kein rechter – denn er lebt in einer Sphäre, in der es die Ehe nicht gibt, gegen die man revoltieren könnte; wo man also weder Ehemann noch erziehender und verantwortlicher Vater wird. Spiegels Dichter träumt von glücklichen Familiengründern mit Kindersegen wie Fritz Amrain oder – im nächsten Teil der »Leute von Seldwyla« – Wenzel Strapinski, aber der Märchen-

traum hier und jetzt geht noch darüber hinaus, in ein Land der absoluten, reuelosen erotischen und sexuellen Freibeuterei absoluter Junggesellen. Oder bleibt er damit hinter dem Ehetraum zurück? Der Zusammenhang von Erziehung in der Familie und Gründung einer Familie bekräftigt sich hier ebenso von der Gegenseite her wie die Zuspitzung der Normnatur-Vorstellung Kellers im Gedanken der natürlichen Ehelichkeit der Liebe. Spiegel kommt aus keiner Familie und geht in keine. Er stellt keine Normen dar und keine sind ihm eingebildet. Er ist auf amoralische, anarchistische Weise gut und auf unvernünftige Weise vernünftig. Er ist ein Mann und Natur, weil keine Ehe stattfindet. Da er nicht in allem ein Bürger ist, ist er in nichts ein Bürger.[32] Auch in Spiegel gibt es den Punkt, wo er, wie Pankraz' Löwe, das ganz Andere ist, nur bejaht, deshalb sprechend.

Erlösung ist Gnade. Enthemmung ist gut. Entfesselung ist das Glück. Es gibt dies Gute und dies Glück, aber nicht für uns. Sie sind uns unzugänglich und doch noch in dieser Unzugänglichkeit von unserem Blick deformiert. Gerade wo Spiegel am wenigsten Bürger ist, ist er es auch am meisten. Zwar seine Lobrede auf eine »gute Hausfrau etwa weiß am Leibe, sorgfältig im Sinne, zutulich von Sitten, treu von Herzen, sparsam im Verwalten, aber verschwenderisch in der Pflege ihres Mannes, kurzweilig in Worten und angenehm in ihren Taten« entspringt der Anpassung an die Denkweise des Zauberers Pineiß, den er zur Ehe verführen will, die für den Kater ja nicht in Frage kommt (342). Frauen sind für diesen Nicht-Don-Juan Beute und Spielzeug, ein flüchtiger Rausch. Aber gemeinsam ist den scheinbar so entgegengesetzten Perspektiven doch die Instrumentalisierung der Frau und ihrer »anscheinenden Menschenähnlichkeit« (343) zum Zwecke der Bedürfnisbefriedigung des Mannes. Sie ist Trophäe des Aventiure-Lebens und Meublement fürs bürgerliche Heim, und sie verdient es nicht besser. Die glänzend wandelnde »schneeweiße Kätzin« (337), die »weiße Freundin«, die einzige aus der weiblichen Katzenmasse auftauchende Gestalt, geht »zufrieden und kühl miauend ihrer Wege«, während Spiegel sich stolz seinem Henker zuwendet (338) – bestenfalls eine anonyme, von menschlichen Regungen unberührte Lustmaschine in verdächtiger Nähe zu der Hexe, die

Spiegel am Ende dem Zauberer Pineiß zur Ehefrau anhängt: ». . . jung und schön und splitternackt, wie Gott die Weiber geschaffen und der Teufel sie gern sieht. Wenn sie aus dem Schornstein fuhr, so schnupperte sie mit dem feinsten Näschen und mit lächelnden Kirschenlippen in der frischen Nachtluft und fuhr in dem weißen Scheine ihres Leibes dahin, indes ihr langes rabenschwarzes Haar wie eine Nachtfahne hinter ihr her flatterte.« (367) Mag Gott die Frauen geschaffen haben, sie sind des Teufels.

Nicht freie Partnerschaft, nicht freie Liebe ist die Vision dieses Männermärchens. Leise zieht Stammtischdunst durch seine Atmosphäre. Spiegel ist weniger als Don Juan, der in den Frauen die Herrlichkeit der Frau sucht. Wie der Zauberer Pineiß den rechtlichen Dingen »schnell noch ein unrechtliches Schwänzchen . . . so klein wie die Schwänzchen der jungen Frösche« anhing (331), hängt der verzauberte Keller seinem Spiegel unwillkürlich noch ein Spießerschwänzchen an: Lustgewinn als Parole, darunter Verachtung, darunter Hemmung, ja Angst des Herrn der Schöpfung vor dem ewig Weiblichen, das ihn hinabzieht. So ist der bekannte Löwenvergleich auch hier schnell für die Hexe bei der Hand (372). So offenbart sich die geheime Vernünftigkeit von Spiegels Triebleben nicht als Triumph eines Miteinander, sondern als Triumph bindungsloser Überlebenskunst eines Junggesellen über einen anderen: Spiegel, seiner Versorgung bei einer alten Jungfer durch den Tod ledig und tief gesunken, läßt sich von dem Hexenmeister vertraglich den Schmer abhandeln. Er geht einen schäbigen Vertrag ein, in dem er um den Preis der Fettfütterung sein Leben verkauft. Seine mit der Sättigung zurückkehrende Gewitztheit veranlaßt ihn dazu, durch Mäßigkeit im Fressen den Zeitpunkt der Vertragserfüllung hinauszuschieben, aber erst seine besinnungslose Rammelei, das Vergessen von Lebensängsten und Todesfurcht, erreicht dieses Ziel perfekt. Restlos zerzaust und abgemagert, darf er sein Leben zum Tode noch einmal beginnen, wenn auch nun im Käfig, so philosophisch wie allein.

Der so weite und so enge Naturraum des Katers Spiegel ist ein Literaturraum. Die Märchenfigur des gestiefelten Katers, romantisch illuminiert durch Ludwig Tieck, Brentanos Kater

Mores, vor allem aber E. T. A. Hoffmanns Kater Murr sind im Hintergrund ansichtig. Doch die Bedeutung der Katzenschaft ist bei Keller tiefgründig verschoben. Brentanos Kater Mores aus den »Mehreren Wehmüllern« führt zwar den Namen von seinen menschlichen Sitten, aber er ist ein Teufelsbraten. Tiecks gestiefelter Kater ist ein Schauspieler, der ein Tier spielt, das sich wie ein Mensch gebärdet. Die universale Ironie des Stückes hat ihr Prinzip nicht in der Konfrontation von Mensch und Tier, vielmehr im Spiel der sich erhebenden schöpferischen Willkür mit allem. Hoffmanns Kater Murr ist ein Philister, der seine Lebensgeschichte nach dem Schema des klassischen Bildungsromans stilisiert, während der Künstler Kreisler als Gegentypus romantische Zerrissenheit erleidet. Komik liegt im Kontrast zwischen der Tierheit Murrs und seiner Selbstdarstellung als Mensch in der autobiographischen Niederschrift. Bei Keller erst findet sich die volle Emanzipation und märchenhafte Verklärung einer Gegenwelt des Tiers, deren ironische Vermenschlichung auf das Konto des Erzählers, nicht auf das Konto einer Selbstverkennung und Selbstverstellung des erzählenden Tiers geht. In die Tierwelt progrediert eine tief regressive Sehnsucht. Spiegel erhebt keinen Anspruch, ein Mensch oder menschenähnlich zu sein; im Gegenteil: sein bestes Teil ist, daß er die Menschenwelt auf Distanz hält, ja mit ihr zu spielen vermag. In ihr ist der Mensch als Fertiger starr wie die Kammmacher und als Werdender dem Unglück exponiert, wenn Mutter Natur ihm nicht als Norm zu Hilfe kommt. In Spiegels Katerwelt dagegen ist volles Dasein und volle Genüge, und deren männlich-egoistische Verkürzung schleicht sich nicht vom Tier, sondern vom Autor des Tiers her ein.
So ist denn auch Spiegels Erzählen gerade nicht Selbstbespiegelung eines über sich gebeugten Ich wie das Erzählen Kater Murrs und des grünen Heinrich; nicht eine in den Monolog hineinkreiselnde Selbstrechtfertigung wie das Erzählen des Pankraz, vielmehr streng publikums- und zweckbezogene Rhetorik. Weil Spiegel frei ist von der Notwendigkeit der Selbstvergewisserung und Selbstrechtfertigung, frei vom Bedürfnis, sich ein nicht gelebtes Leben zu erdichten, kann er sich mittels seiner Erzählung aus der Todesnot freisprechen. Er ist auch darin

Kontrast seines Autors, der die Grenzen noch seines Wunschglücks abtastet. Im Unterschied zu einem anderen Erzähler, der um sein Leben spricht – der schönen Scheherezade in »Tausendundeine Nacht« –, erzählt die Märchenfigur Spiegel kein Märchen jenseits von Wahrheit und Lüge. Er erzählt vielmehr eine Novelle in lügenhafter Absicht. Der Zweck heiligt die Mittel. Pineiß wird in die Fallstricke einer Geschichte gelockt, damit Spiegel aus den Fallstricken des Vertrages herauskommt, die Pineiß ihm gelegt hat. Kein höheres Ziel des Erzählens ist also gesetzt, als seine Haut zu retten, und sei es durch Schwindeln. Und doch leistet Spiegels Erzählen etwas, wovon der Erzähler Keller nur träumen kann. Wie Spiegels Grundsatzlosigkeit Grundsatz und sein Trieb Vernunft ist, ist auch seine Lügengeschichte das Mittel der Herstellung von Gerechtigkeit und Wahrheit. Sie entlarvt den Zauberer Pineiß und führt ihn der gerechten Strafe zu. Damit kann Spiegel als Erzähler und als Handlungsfigur abtreten. Seine ›Poesie‹ hat sich selbst überflüssig gemacht, indem sie Dasein hergestellt hat.

Spiegels Sphäre ist abgesetzt von einer Märchenrealität menschlicher Figuren und Verhältnisse, die nicht düsterer gemalt werden könnte. In ihr ist der Junggeselle, Hexer, »Kann = Alles« (330) und Dunkelmann Pineiß der Redigierer und Reinschreiber der Stadtgesetze, finstere Variante eines anderen Schreibers, bei dem es nicht mit rechten Dingen zugeht, und als Schreiber Gegenstück zum heiteren Erzähler und Junggesellen Spiegel. Pineiß' Name hat mit Fleiß zu tun – »Immer fl<u>eiß</u>ig, fl<u>eiß</u>ig, Herr Pin<u>eiß</u>«, verhöhnt ihn der gerettete Spiegel bei den alltäglichen Begegnungen (375) – und dieser Fleiß mit schlimmen Geschäften eines Doppeltalents. Denn der Schreiber ist auch – kein Maler, aber ein Plastiker und als Plastiker ein ›Landschafter‹. Er erfindet für Spiegel eine verführerische Freßlandschaft und Kunstnatur, in der dieser sein Leben zum Tode beschleunigen soll, indem er gebratene Fische aus dem Milchteich angelt, präparierte Vögel von den Zweigen pflückt und speckduftende Mäuse aus künstlichen Höhlen herauslockt: eine Kurzformel für Kellers bedrohliche Idyllen.

Pineiß' weibliches Pendant ist eine fromme Beghine, die nach außen ein nonnenähnliches Leben führt, in Wirklichkeit aber die

Hexe Frau ist, mittels derer Spiegel den Pineiß bestraft. Schon in den »Kammachern« hatte die Ehe als Zuchthaus gedient; hier, im Rahmen der Junggesellenwelt freier Lust, zeigt sie ein Höllengesicht. »Wollt Ihr lieber unter dem Vorsitze des Herrn Pineiß gebraten werden oder ihn braten, indem Ihr ihn heiratet?« So das Ultimatum Spiegels an die gefangene Hexe (372), würdig einer Welt des Fressens oder Gefressenwerdens; und der Erfolg: »Entsetzt ließ Pineiß den Leuchter fallen und lehnte sich zitternd an die Wand. Er hing die Zunge heraus und sein Gesicht war so fahl und spitzig geworden wie das der Beghine. Diese aber stand auf, näherte sich ihm und trieb ihn vor sich her in die Hochzeitkammer, wo sie mit höllischen Künsten ihn auf eine Folter spannte, wie noch kein Sterblicher erlebt.« (375) Es dürfte sich um die höllischen Künste handeln, die alle Männer erfahren, die in die Mausefallen der nur menschenähnlichen Frauen geraten: die Kehrseite der Lust Spiegels, so wie die Menschenwelt die Kehrseite seiner Welt ist. Das Bild wird würdig abgerundet durch die Geschichte der mit Spiegel befreundeten Eule vom Zustandekommen des Netzes, mit dem die beiden Tiere die Hexe fangen und zur Ehe mit Pineiß erpressen wollen: ». . . geflochten muß es sein von einem zwanzigjährigen Jägerssohn, der noch kein Weib angesehen hat, und es muß schon dreimal der Nachttau darauf gefallen sein, ohne daß sich eine Schnepfe gefangen; der Grund aber hievon muß dreimal eine gute Handlung sein.« (369) Die Erfüllung dieser Bedingungen ist kläglich genug – der Jägerbursche ist blind und die drei guten Handlungen sind bei näherem Zusehen keine. Nicht nur in der Geschichte von den Kammachern, auch hier sind die Menschen weniger als Tiere. Unterm Schein der Ehrbarkeit herrscht Niedertracht bei ihnen, unterm Schein der Ordnung Unordnung, und so steht mit Pineiß in der Mitte dieser Sphäre ein Diabolus, ein Durcheinanderschmeißer aller Verhältnisse, der durch sein Unheilswerk das Heilswerk Spiegels, die Richtigstellung des Verstörten mit den Mitteln des Erzählens, hervorruft.

Diese Binnenerzählung aber errichtet eine dritte Sphäre. Im Märchen meint die Erzählung der Eule die Wirklichkeit der Menschen, unter denen Spiegel und die Eule leben. Doch Spiegel bindet Pineiß ein ›Märchen‹ auf, das in seinem Wirklichkeitsbild Kellers anderen Novellen enspricht. Pankraz erzählt vom Löwen, der Kater vom Menschen, aber in einer »reinen Erfindung« (368), so daß noch die Erhöhung, die der Mensch in dieser Erzählung gegenüber der tristen Wirklichkeit von Pineiß und der Beghine erfährt, unter den Prämissen des Kellerschen Märchenerzählens eine Leistung des Tiers ist. Das ist die höchst komplizierte Erzählstruktur der auf den ersten Blick so harmlosen Geschichte. Der wunderbare Junggeselle und Erzähler Spiegel, glücklicher Zaungast des unglücklichen Menschentreibens, ist ein Phantasiegebilde des Junggesellen, Zaungasts und Erzählers Keller. Das ›realistisch‹ gesehene Liebespaar der Binnen-Novelle ist ein Phantasieprodukt des phantasierten Spiegel – ein märchen-ironischer Beitrag zum Thema Realismus, der nicht vergessen werden soll, zumal er dem gesamten Corpus der »Leute von Seldwyla« einen Hintergrund gibt, so wie das märchen-ironische Spiel vom unmenschlich-untermenschlich-übermenschlichen Spiegel Kellers Konzeption der Naturnorm des Menschen insgesamt unter- und überbietet. Wie in Goethes »Unterhaltungen deutscher Ausgewanderten« das »Märchen« in dunklen symbolischen Konstellationen die Individualmoral der Novellen mit einer Gesellschaftsmoral überwölbt[33], unterhöhlt das Märchen in den »Leuten von Seldwyla« das Monument von Mutter Natur als Kulturbringerin. Nur einmal ist Keller ihrer Zuchtrute entlaufen und haut, wie der kleine grüne Heinrich in der Verkleidung der Meerkatze, auf die Trommel, der Autor als kindlicher Gott unter dem Schutz einer literarischen Gattung, die schon von den Romantikern als regressiv-progressiv beschrieben worden ist – im Blick auf Goethes »Märchen«.[34]

Wie aber sehen nun Spiegels phantasierte Menschen aus? Sehr viel anders als er, denn was der Erzähler Spiegels aus Spiegels Leben selbstverständlich wegdenkt – eine menschliche Naturnorm ehelicher Liebe –, das denkt Spiegel selbstverständlich den Menschen zu. Liebesgeschichten sind Eheschließungsgeschichten. Aus dieser Selbstverständlichkeit baut er sogar die Falle, in der er den dumm-schlauen Zauberer Pineiß fängt. Spiegel erfindet nämlich eine Vermächtnisklausel für das »ungerechte Gut«, das seine »in Gott ruhende Meisterin«, eine

»simple Person«, »welche in ihrem Leben nie verliebt . . . war«, im Brunnen versenkt hat (368). Danach soll das Geld demjenigen verständigen, rechtlichen, hübschen und wohlhabenden Manne als Mitgift der Frau zufallen, der ein armes Mädchen nur um ihrer Schönheit willen liebt, heiratet und ihr lebenslänglich »in allen Dingen zu willfahren« verspricht (359). Der Witz der Klausel besteht darin, daß Pineiß sich einreden läßt, er könne dieses Geld gewinnen, wenn er ein armes Mädchen heirate, obwohl er es doch ausdrücklich auf diesen Geldgewinn hin tut, die Eheschließung demnach als Geschäft betreibend. Darin ist der Lügner Spiegel ehrlich: Er baut seinem schwindelhaften Angebot selbst dessen Entlarvung ein, die jeder durchschauen können müßte, der nicht ganz verblendet ist. In diesem Sinne betrügt Spiegel den Pineiß und tut es auch nicht, wie er ganz zutreffend festhält (263). Der hier hereinfällt, hat es nicht nur verdient, er springt sogar selbst.

Die vertrackte Klausel Spiegels wird nun als Moral einer Fabel angehängt, die wiederum das Thema Liebe und Ehe umkreist. Als junges schönes reiches Mädchen soll Spiegels einstige Herrin verzweifelt sein an der Ungewißheit, ob ihre zahlreichen Freier es auf ihre Liebe oder ihr Geld abgesehen haben. Das Paradoxe der Situation besteht darin, daß sie, die bei den Bewerbern ein Überwiegen der Berechnung im Verhältnis zum Gefühl befürchtet, selbst immer wieder ihr Gefühl der Berechnung unterwirft, indem sie gerade dann, wenn ihr Herz stärker zu klopfen beginnt, unerbittlich ihrem Argwohn folgt. Die bei anderen einen zu starken Hang nach Geld und Gut vermutet, besitzt diesen Zug selbst, so daß das »arme Fräulein, welches doch selbst so große Dinge auf den irdischen Besitz hielt« (345), die Bewerber *der* Untugend verdächtigt, von der sie beherrscht wird. Sie mißbraucht die, von denen sie mißbraucht zu werden fürchtet, indem sie abgefeimte Liebesproben für sie erfindet. Weil sie aber in ihren Liebesproben eine unmenschliche Selbstverleugnung verlangt, ist sie am Ende nur noch von Spitzbuben und Heuchlern umgeben, die das Unmaß an Tugend vorzutäuschen versuchen, das man natürlicherweise nicht besitzen kann.

Diese Konstellation ist nichts anderes als die Parodierung der

Formel von der Ehelichkeit der Liebe. Weil die Ehe ein Rechts- und, wie die Mitgiftfrage zeigt, ein Besitzinstitut ist, braucht sie nichts mit Liebe zu tun zu haben. Zum zweiten Mal nach den »Kammachern« findet sich damit bei Keller das triviale Verführungsmotiv in seiner bürgerlich-reputierlichen Umkehrgestalt, bei der die Ehe in der Tat und sehr handgreiflich das unmittelbare Ziel der Leidenschaft – zum Geld nämlich – ist. Der Verführer erlangt Liebe ohne Ehe; der Geschäftsmann der Ehe erlangt die Ehe ohne Liebe. In der Vision von Vrenchen und Sali stehen Küsse für Geld; hier steht Geld für Küsse. Gold macht erotisch. In schauerlicher Weise fällt dieser Verwirrung in Spiegels Geschichte ein vortrefflicher junger Geschäftsmann und Kavalier zum Opfer, der sich sterblich in die schöne Reiche verliebt, welche ihr Geld fast besser als ihre Unschuld hütet. Sie, die trotz heftiger Gegenliebe dem Gefühl auch jetzt noch nicht zu trauen vermag, verlangt einen Liebesbeweis, in dem Liebe und Ehe scheinbar auseinandergesprengt werden, denn sie läßt sich von dem liebenden jungen Mann sein gesamtes Kapital aufopfern, um angeblich ihren in Not befindlichen Verlobten vor dem geschäftlichen Ruin zu retten und so ihre Eheschließung mit einem anderen zu ermöglichen.
Daß sich die Schöne mit dem Gelingen dieses Experimentes nicht zufriedengibt, sondern den bewährten, ahnungslosen und unglücklichen Liebhaber auf Ehre und Gewissen eidlich verpflichtet, sich zu einem genau fixierten Termin als Gast bei ihrer Hochzeit einzufinden, bei der er in Wirklichkeit der Bräutigam sein soll, zeigt eine Verschwisterung von Analphabetismus des Gefühls, Sicherheitsdenken und Herrschsucht, die sich auch beim Vermächtnis in der Forderung der Unterwürfigkeit des zu beglückenden Ehemannes äußert. Der Goldschatz im jungfräulichen Bett macht ihr Liebe und Treue des Geliebten zum ausgemünzten ›Besitz‹; doch statt des lebenden ›Goldschatzes‹ darf sie zur Strafe am Ende nur totes Gold im Arm halten. Denn der Geliebte bricht seinen Eid und sucht als Soldat den Tod, weil er lieber auf Ehre und Seligkeit verzichten als Zeuge der Hochzeit der Geliebten mit einem Nebenbuhler sein möchte. Im verhängnisvollen Irrtum hat er recht. Weil sie sich seiner nur in der Entfremdungsgestalt des Geldes sicher ist, liebt sie einen

Fremden. Bei der Todesnachricht gerät sie außer sich – sie war es immer. Deshalb erzählt sie ihre Lügengeschichte, die den Geliebten auf die Probe stellen soll, zu ihrem Unheil – in der Lügengeschichte, die der bei sich seiende Spiegel zu seinem Heil erzählt.
Als unglücklicher Liebhaber steht neben dem Kater in seinem Spiegelglanz der Mann in seiner traurigen Pracht. Er zeigt statt Selbstsucht des Triebs Liebeshingabe; er hat statt egoistischer Triebbefriedigung die soziale Form der Ehe als Ziel; er erfährt statt tierischen Glücks menschliches Unglück. Keine Propaganda für die Liebe, für die Ehe, für die Liebe als Ehe. Denaturiert bietet sich die Naturform der Kultur in Spiegels Geschichte dar, die bessere Menschen erfindet, nur um sie elender zu machen als die wirklichen. Denn auch die junge Schöne ist um so viel ärmer wie sie der Beghine vorzuziehen ist. Und dennoch ist auch sie eine Argumentationsfigur des Junggesellen: die weiße Katze als Lustobjekt Spiegels ist gleichgültig; die weiße Schöne als Spekulationsobjekt des Pineiß ist eine Hexe. Das schöne Fräulein als Ziel der Liebe und des lautersten Ehewunsches ist für den Mann tödlich, eine Erscheinung der Unterweltgöttin Proserpina. Als sie in ihrem Ungemach nach Italien zieht, wo sie dann den Geliebten findet, versucht sie, »sich von der Teufelsbrücke in die tobenden Gewässer der Reuß hinabzustürzen« (347). Bei der Rückfahrt, in freventlicher Sicherheit, »lachte sie wie eine Unkluge und warf mit hellem Jauchzen ihrer wohlklingenden Stimme einen Granatblütenstrauß in die Reuß« (355). Der Granatapfel ist die Frucht der Liebe, aber auch die Frucht des Todes. Nach Ovids Bericht im fünften Buch der »Metamorphosen« verfällt Proserpina der Unterwelt, indem sie den Granatapfel ißt.[35] Mit Pluto, dem Gott des Hades und des Goldes, teilt sie das Bett. Sie ist die finstere, selbst der Finsternis verfallende Herrin. Sie spricht verwirrend-verwirrt die Sprache des Geldes als die Sprache der Entfremdung, in deren Bann schon der grüne Heinrich erstarrt. Mensch sein ist teuer. Man frage den gefrorenen Christen Heinrich. Man frage den Eisheiligen Pankraz. Und sogar Herr Pineiß weiß Bescheid, seit er mit der Hexe verheiratet ist. Noch Spiegel, der keine hat, muß von der Gewalt erzählen, welche die Menschenmütter ausstrahlen. ›Man‹ entkommt ihr nicht.

Neben dem Stern Shakespeares taucht der Homers mehrfach in den »Leuten von Seldwyla« auf.[36] Das Eingangsbild der pflügenden Bauern in »Romeo und Julia auf dem Dorfe« atmet den Geist des homerischen Epos; der Wettkampf der Kammacher travestiert neben einer biblischen Metapher auch die Kampfspiele homerischer Helden. Die Vorrede zum zweiten Teil der Novellensammlung nennt das ›wirkliche‹ Seldwyla eine »ideale Stadt«. In dem Augenblick, in dem die Düsternis der Wirklichkeit aus allen Ritzen des Kunststädtchens dringt, wird es zum autonomen Ort der reichsunmittelbaren Poesie erklärt[37], und dabei wird der Ur- und Meisterpoet Homer zum Stadtpatron berufen: Streiten sich sieben griechische Städte um die Ehre, Homer geboren zu haben, so etwa sieben Schweizer Städte um den Ruhm Seldwyla zu sein – ein Streit, den der neue Homer Keller humoristisch schlichtet mit dem delphischen Spruch, jede Stadt sei ein bißchen Seldwyla, aber dafür sei Seldwyla inzwischen auch wie jede. Wie Homer von Zeiten erzählt, als die Götter noch näher, die Helden noch stärker und die Weisen noch weiser waren als heutzutage, so hält der Autor der »Leute von Seldwyla« eine kleine »Nachernte« aus alter Zeit, beginnend mit der Geschichte vom neuen Paris Strapinski, der die neue Helena Nettchen davonträgt. Doch der trojanische Krieg findet deswegen nicht statt (VIII, 68). Er herrscht schon auf dem Felde der freien Konkurrenz, wo der Bürgerprinz Wenzel zum Helden und Sieger gekürt wird.

In den »Kammachern« müssen zwei Altgesellen am Ende aus dem warmen Seldwyler Nest heraus; in »Kleider machen Leute« ist am Anfang der junge Schneidergeselle Strapinski notvoll auf der Wanderschaft. Wie dort einer auf sehr unglückliche Weise durch Heirat zu einer Meisterstelle kommt, so hier der Schneidergeselle auf sehr glückliche Weise. Wie die Kammacher unter dem Schein, ehrbare Bürger im kommunikativen Netz zu sein, Egoisten und Mikroben sind, so ist Strapinski, der vermeintliche polnische Graf, nur ein Schneidergeselle. Doch hier liegt auch der größte Gegensatz: Die Kammacher sind ›unmenschlich‹ unter der Maske guter Leute; Strapinski ist ein ehrlicher und guter Mensch unter der Maske des Betrügers. Denn Strapinski hat zu eigen, was die Kammacher nicht besitzen: Liebe mit der Kraft zur Treue und Selbstaufopferung sowie Heimatgefühl gegenüber der Fremde, in die es ihn verschlagen hat. Die Kammacher horten Geld und planen rigoros, aber steril ihr Leben; Strapinski läßt sich wie der grüne Heinrich treiben – doch er kommt in den Hafen der Ehe und des bürgerlichen Geschäfts. Indem die Novelle »Kleider machen Leute« diese Geschichte eines Schneiders erzählt, spinnt sie das Kapitel »Lebensarten« des »Grünen Heinrich« aus: die spannungsvolle Beziehung von Poesie und Geschäft, die auch in die Grundfesten des Städtchens Seldwyla eingelassen ist.

Schon am »Grünen Heinrich« wird deutlich, daß der Kellersche Konflikt von Phantasie, Gefühl und Wirklichkeit nicht einfach vorgegebene, immerwährende Gegensätze meint und ebensowenig nur das Ergebnis und den Ausdruck einer individuellen psychischen Verfassung darstellt. Er ist auch in der bürgerlichen Gesellschaft angelegt, die in ihrer hohen Arbeitsteiligkeit, Zweckrationalität und Abstraktheit als ein System der Bedürfnisse nach Ergänzungen und Korrekturen verlangt, wie etwa die patriotischen Feste sie darstellen. Deshalb führen in dem geschichtsträchtigen Geldstädtchen Goldach die neuesten Häuser der modernsten Geschäftsleute die phantasievollsten Namen und verkünden die »Poesie der Fabrikanten, Bankiere und Spediteure und ihrer Nachahmer« (31); deshalb sind gerade die klugen Goldacher so sehr eines Abenteuers und eines Abenteurers bedürftig, der die Einbildungskraft anregt und beschäftigt. Deshalb hat das Bürgerkind Nettchen ein so ausschweifendes Verlangen nicht nach dem einheimischen Buchhalter Melchior Böhni als Ehemann, sondern nach einer poetischen Existenz, einem »Italiener oder eine[m] Polen, eine[m] großen Pianisten oder eine[m] Räuberhauptmann« (37). Die bürgerliche Gesellschaft ist der Boden der romantischen Liebe und der Liebe zur Romantik.

Allerdings nicht allein im Sinne des Kontrasts. Der nur Neunmalgescheite ist letzten Endes in dieser Gesellschaft der Dumme, wie sich an den Kammachern und in »Kleider machen Leute« an dem Buchhalter Melchior zeigt. Sein Kleinsinn hilft

ihm, als einziger den falschen Grafen Wenzel zu durchschauen, aber seine pfiffige Intrige treibt die reiche Braut erst recht in die Arme des armen Schneiders, so daß der Buchhalter in seinem Haus und Schlitten namens Bethesda eine komische Variante des Kranken aus der biblischen Parabel abgibt, der nach achtunddreißigjährigem geduldigen Zuwarten schließlich geheilt wird. Der seelisch lahme Melchior bleibt sitzen; das reale Wunder geht an ihm vorbei, dessen bloße Traumgestalt sich die leeren Phantasten vorspiegeln und dessen bloße Zerrgestalt die mehr oder weniger schlimmen Luftikusse herbeizaubern – man denke an die Kreditwirtschaft der Seldwyler, die letztlich nur im Hin- und Herschieben der Schulden besteht. Phantasie muß zur Ordnung, Ordnung zur Phantasie gerufen werden. Gebändigte Phantasiemenschen wie Pankraz, Fritz Amrain und – zum guten Ende – Wenzel Strapinski werden die Herren der bürgerlichen Welt. Der Unternehmer ist der Gratwanderer zwischen den Abgründen der Spitzbüberei und der Poeterei; der Poet, der Spitzbube und der Kapitalist sind ungleiche Brüder. Spekulation, als Hirngespinst Vernebelung der Wirklichkeit, als unsolides Geschäftsgebaren die Gleitschiene in den Untergang oder in den Betrug, ist als beherrschtes ökonomisches Zauberwerk die Krönung des Erfolgs.
Seine Wünschelrute aber schlägt an der Quelle des Kredits aus, der eine Vorgabe des Glücks ist. Die Chance des Kredits fällt zu. Man kann weitere Schulden aus ihm produzieren oder arbeitendes Kapital. Arbeit ohne Kredit führt zu nichts; Kredit ohne Arbeit desgleichen. Kredit + Arbeit + weiteres Glück machen den Aufsteiger, von dem die Erfolgsgeschichte spricht, und das ist die dritte Komponente des Irrationalen im Regelspiel der bürgerlichen Gesellschaft, die das Geschäft durch Phantasie vergoldet und Phantasie ausmünzt. Im Haus zum Landeswohl im schönen Goldach sitzt eine freundliche alte Garnhasplerin; im Haus zur Verfassung »hauste ein Bötticher, welcher eifrig und mit großem Geräusch kleine Eimer und Fäßchen mit Reifen einfaßte und unablässig klopfte« (31): Landeswohl als Haspelei, Verfassung als Herstellung von Fäßchen. Aber im Schlitten und Haus zur Fortuna wird der Grund gelegt für das große Geld und die »guten Spekulationen« (68), bei denen der ehemalige Hoch-

stapler in Tag- und Nachtarbeit sein Vermögen und sich selbst verdoppelt: Pro Ehejahr ein Kind, zehn bis zwölf Stück, man kann den Segen schon gar nicht mehr zählen.

Der Poet und Bohémien verwirklicht um den Preis bürgerlicher Lebenssicherungen die Ungebundenheit, die sich der Bürger erträumt. Der so liberale wie aristokratische polnische Emigrant tragiert um den Preis der Heimat und der Adelsvorrechte den Helden der unglücklichen und, Gott sei Dank, weit entfernten polnischen Aufstände, der leise gruselnde bürgerliche Begeisterung und Trauer gelten.[38] Der polnische Graf ist eine elegische Variante des passiv-resignativen Schloßherrn aus dem »Grünen Heinrich« – ein Schauspiel, aber ach, ein Schauspiel nur. Wenzel Strapinski, der »Wasserpolacke« (45), findet in der reichen höheren Tochter Nettchen eine wirklich nette Muse. Züs Bünzlin mit der Lyra auf dem Sonnenschirm berechnet ihren Vorteil; Nette, mit Preziosen überreich behängt, pflegt poetische Sehnsüchte und inspiriert damit den durch die Situation in seine Hochstaplerrolle gedrängten, geduckten und gehorsamen Wenzel, dieser Rolle schöpferisch gerecht zu werden. »Nun war der Geist in ihn gefahren« (33). Das biblische Bild für das Wehen des Heiligen Geistes, in einer langen Tradition säkularisiert zur Metapher für die Inspiration des Künstlers, zeigt den Wandel Strapinskis vom Objekt der Umstände zum Autor eines »artigen Romanes« im Stoff des Lebens an (34), dessen Held er selbst ist – eine aus dem »Grünen Heinrich« wohlbekannte Situation.[39] Der Schneider, dessen »so wunderlich zerstochene Finger, vielleicht von Praga oder Ostrolenka« herrühren, wie Böhni in Anspielung an zwei unglückliche Schlachten der polnischen Erhebungen von 1794 und 1831 sarkastisch vermutet (22), wächst in den polnischen Grafen hinein, »an welchem er gemeinsam mit der Stadt . . . liebevoll arbeitete«: am Zusammenspiel mit dem Publikum erkennt man den Meister.

Doch indem Strapinski als Autor *und* Graf, als Autor *des* Grafen zwei exotische Blüten am Spalierbaum bürgerlicher Ordnung auf einmal vorstellt, bildet er im Kokon seiner Hochstapelei zugleich den Falter des Bourgeois, des Geschäftsbürgers aus, zu dessen Tugenden das Glück gehört. Der falsche »Ritter« (25) des Grafen-»Abenteuers« (57) wird zum echten Aventiure-

Ritter, als den die Erstfassung des »Grünen Heinrich« den Geldverdiener in der modernen Erwerbsgesellschaft sieht (XIX, 77 f.). Als armseliger kleiner Halbprolet hat Strapinski von seinem Drang nach Höherem eher Ungemach als Vorteile, denn am Gesellenbrauch des Fechtens ist er durch seinen schönen Radmantel gehindert, der ihm ein reiches Aussehen verleiht (VIII, 7). In bitterem Witz wird von seinem Sonntagskleid geredet, da er kein anderes besitzt, und ein Opfer des Systems ist er auch; hat er doch »wegen des Falliments irgend eines Seldwyler Schneidermeisters seinen Arbeitslohn mit der Arbeit zugleich verlieren und auswandern müssen« (7), während der Meister sich nach Art betrügerischer Bankrotteure offenbar so schnell erholt, daß ausgerechnet er beim späteren Strafgericht der Seldwyler als Sprecher der Moral die Demütigung Wenzels vollenden kann (45). In anderem Sinne als er meint, ist er der Darsteller Strapinskis: als der große zum kleinen Betrüger. Doch gleichviel – einmal in einer reichen Kutsche gesessen, den Duft der großen Welt eingesogen, und der Geselle steigt im Glanz der Kreditwürdigkeit aus. Ein Hasardspiel unter Bürgern, und er hat mehr Geld in der Tasche, als er jemals in seinem Leben durch ehrliche Handarbeit erwerben konnte (23): er wird der Wenzel, der Bube, der Trumpf im Kartenspiel, der er dem Namen nach schon ist[40], dazu bestimmt, den Buchhalter Böhni mit dem Vornamen eines der heiligen drei Könige aus dem Spiel zu werfen. Und so fällt ihm auch alsbald der Lotteriegewinn zu (35), der als Symbol der Wirtschaftswelt in Gestalt von Judiths Lotteriegewinn auch über dem »Grünen Heinrich« schwebt.

Bei näherem Zusehen kann man die gesamte Hochstaplerkonstellation als nichts anderes denn ein ausgefallenes Verfahren der Kreditgewährung an Wenzel lesen. Seine Selbstinszenierung ist ein Lernprozeß, bei dem er fähig wird, dieses Kapital für sich arbeiten zu lassen. Er führt bis zur Spekulation als dem legalisierten Trick, Geld zu verdienen. Schon seine ausschweifende Phantasie ist auch bürgerlich kanalisiert: Er erfüllt Erwartungen, in die andere ihn hineinstellen. Die Hochstapelei im Strahlungsfeld von Nettchens Liebe macht Wenzel nicht nur zum Poeten, sie macht ihn insgeheim auch schon zum Bourgeois. Seine Lebensgeister erwachen; zusammengerafft spielt er sein waghalsiges Spiel. Die gedrückte Gesellenseele erwirbt einen Grundbestand gesellschaftlicher Souveränität und lebenskluger Gewitztheit. Doch wie im Glücksritter der gute Bürger ansichtig wird, beginnt auch das gute Bürgertum halbseiden zu changieren, und das bösartig komische Masken- und Fastnachtsspiel der Seldwyler demaskiert nicht allein den falschen Grafen, sondern auch das Schein- und Maskenhafte in der bürgerlichen Gesellschaft, die dem einen die Chancen zuwirft, die sie dem anderen versagt.

Der Umkehrspruch »Leute machen Kleider – Kleider machen Leute« zeigt voneinander abgekehrte gesellschaftliche Sphären: unten die Leute, die Kleider machen, oben die durch das Kleidermachen anderer Leute gemachten Leute. Das hat in altertümlicher Weise etwas mit den modernen Geheimnissen des Kredits und der Spekulation zu tun, so wie sich die breite Erzählerreflexion auf das Betrügerische in der Gesellschaft an alte Traditionen der Ständesatire anlehnt. Kreditwürdigkeit ist die Voraussetzung des Kredits, Kapital die Voraussetzung für das Arbeiten von Kapital, Erfolg der Vater des Erfolgs, und der arme Wenzel wäre ohne beides lebenslänglich einer von den kleinen Leuten geblieben, die den großen die Voraussetzung und den Raum zum Ausgriff bereiten. Der Fortuna-Popanz im Seldwyler Entlarvungsfestzug ist die Verzerrung der bürgerlichen Fortuna, in deren Haus Wenzel eingetreten ist und aus dem er wieder vertrieben werden soll; der Ziegenbock-Popanz verhöhnt den falschen Grafen als Schneider; in ihm ist aber auch eine biblische Metapher aus »Romeo und Julia« aufgenommen, die dort den unglücklich Lotterie spielenden Bauernvätern gilt: Hier werden Sündenböcke präpariert, die mit den Sünden aller beladen in die Wüste müssen.

So ist Wenzel denn auch im Augenblick seiner Entlarvung weniger von Schuldgefühl eingenommen als von der Empfindung einer ungeheuren Schande, ja, erlittenen Unrechts: »soweit seine Gedanken in die Kindheit zurückreichten, war ihm nicht erinnerlich, daß er je wegen einer Lüge oder einer Täuschung gestraft oder gescholten worden wäre, und nun war er ein Betrüger geworden dadurch, daß die Torheit der Welt ihn in einem unbewachten und sozusagen wehrlosen Augenblicke überfallen und ihn zu ihrem Spielgesellen gemacht hatte« (47). Wenzel ist nicht nur nicht schlechter als die meisten; er ist besser. Er hat bereits vor der Aufdeckung des Schwindels wiedergutmachen wollen; er spielt sein falsches Spiel zuinnerst aus Liebe, wo der Geschäftsmann Böhni ein falsches Spiel mit der Liebe treibt. Böhni führt Nettchen bewußt in die Blamage, um sie sich gefügig zu machen. Wenzel will seinem Leben ein Ende setzen, weil er nicht nur sich, sondern auch die Geliebte in Schande gestürzt hat, und schon früher hat ihm der höchste Einsatz, sein Leben, als Gegengabe für genossenes Liebesglück mit Nettchen vorgeschwebt – eine Art Romeo auch er, deshalb der Liebe und Lebensklugheit seiner netten Julia wert, der bei diesem Geständnis das Herz schneller schlägt (56). Böhmi *ist* infam und viele der Schadenfrohen sind es mit ihm; Wenzel *wird,* ganz im altertümlichen Wortsinne, infam *gemacht* (47)[41], nämlich aus dem Raum gesellschaftlicher Geltung verbannt. Wie in der Wüste sitzen Wenzel und Nettchen beim Platzen des Schwindels am Verlobungstage verlassen in der Gesellschaft (46), in der sie vorher »gleich fürstlichen Sternen« geglänzt hatten (43). Und doch greift jetzt der Vergleich noch höher, wenn er sie »einem steinernen ägyptischen Königspaar« in seiner hieratischen Würde annähert.

Dann geht Wenzel wie ein Toter davon, um, nachdem er bitterlich geweint hat, zu sterben. Aber er ist nach dieser Höllenfahrt für den Himmel bestimmt. Denn im Unterschied zu den unglücklichen Kammachern ist er ein Sonntagskind – das ist der Doppelsinn des traurigen Witzes, daß er nur ein *Sonntags*kleid besitzt. Setzt das Märchen von Spiegel dem Kätzchen eine irreale Gegenwelt neben die gesellschaftliche Welt des Menschen, so kehrt »Kleider machen Leute« zur märchenhaften Korrektur und Entschärfung der Wirklichkeit zurück, die Kellers häufiges Verfahren ist. Nicht, daß Wenzel Glück hat, macht dieses Märchenhafte in letzter Instanz aus, denn das ist lediglich die positive Erscheinungsweise einer Ungleichheit und Ungerechtigkeit, die sehr bitter erfahren werden kann. Vielmehr besteht die Verklärung der Wirklichkeit darin, daß dem Wenzel mit diesem Glück letzten Endes Gerechtigkeit zuteil wird, daß Glück und Recht hier einmal identisch werden. Das ist die

Umkehrung des traurigen Liedes aus dem Nachlaß der Mutter des grünen Heinrich: Gewonnenes Glück, gewonnenes Recht, jedermann den Meister lobt.
Im Gasthaus zur Waage beginnt Wenzels Aufstieg, und in seiner Herzenseinfalt meint er, er sei »in eine Art moralisches Utopien hineingeraten . . . So war er geneigt zu glauben, die wunderliche Aufnahme, welche er gefunden, hänge hiemit im Zusammenhang, so daß z. B. das Sinnbild der Waage, in welcher er wohnte, bedeute, daß dort das ungleiche Schicksal abgewogen und ausgeglichen und zuweilen ein reisender Schneider zum Grafen gemacht würde.« (32) Dieser Schein wird Wirklichkeit nicht, indem der Schneidergeselle zum Grafen avanciert, sondern der Graf zum Bürger, »Marchand-Tailleur und Tuchherrn« (68) – mehr als ein Meister, ein Herrenschneider im doppelten Sinne; nicht nur ein Arbeiter – ein Arbeitgeber. Der Held und Autor seines »Romans« ist der Held eines Autors, der im Text selbst die Wirklichkeit einen romanhaften Schein annehmen läßt, aber nicht, um den romantischen Schein zu entlarven. Es geschieht, um ihn in zweiter Märchenpotenz in nüchterne Wirklichkeit hinaufzutreiben. Wenn der Schneider malerisch drapiert im Abendlicht dahinschreitet (24) oder wenn er die »schneeweiße Gestalt des Mädchens wie mit schwarzen Adlerflügeln« umfängt (der polnische Adler!), gibt er gewiß »ein wahrhaft schönes Bild« ab (37); aber erst wenn Strapinski »rund und stattlich und . . . beinah gar nicht mehr träumerisch« geworden ist (68), ist das Märchentableau perfekt.
Wie für Pankraz den Schmoller wird auch für den Trumpfbuben Wenzel der Heraklesmythos bemüht – hier die alte, schon in der Erstfassung des »Grünen Heinrich« (XIX, 248) anklingende Parabel vom Jüngling am Scheidewege (VIII, 32), der sich in der Wahl zwischen Tugend und Glück für die Tugend entscheidet. Der junge Wilhelm Meister hat diese Alternative gemäß der bürgerlichen Gesellschaft und seiner eigenen Situation in ihr abgewandelt, indem er den Jüngling vor die Wahl zwischen der »Muse der tragischen Dichtkunst und einer anderen Frauengestalt« stellt, »in der ich das Gewerbe personifiziert hatte«.[42] Der Wenzel, das Sonntagskind, hat es besser. Am Scheidewege ist der Geist in ihn gefahren. Er ist der Wahl enthoben, wenn ihm

in diesem Augenblick Nettchen entgegenkommt und an der Flucht aus dem Grafentraum hindert. Sie ist das Glück *und* die Tugend, die Muse *und* das Gewerbe. Beim Spottspiel der Seldwyler scheint Herakles rettungslos demontiert zu werden, verhöhnt in Gestalt eines »Esel[s], der eine furchtbare Löwenhaut von Werg trug und sich heroisch damit drapierte wie mit einem Carbonarimantel« (43). In der Anspielung auf den revolutionären italienischen Geheimbund der Carbonari wird die Aureole des polnischen Freiheitsmärtyrers zur Narrenkappe; aber der vermeintliche Esel Wenzel wird sich als der heroische Kapitalist entpuppen, der die Seldwyler als ehrlich Geprellte ohne einen Stüber zurückläßt – »sei es aus Undank oder aus Rache« (69): und das ist eben das Märchen. Nicht einmal einen Stüber sind sie wert. Die kleine rheinische Münze ist doppelsinnigerweise zugleich – als Nasenstüber – ein Schlag ins Gesicht. Er ist nicht nötig. Sie fallen und fallieren von allein.

Warum geht es Wenzel so viel besser als den Kammachern? Weil er besser ist. Warum ist er besser? Weil er eine Mutter hatte, im Unterschied zu den allzeit fertigen Gesellen. Ihr verdankt er Urvertrauen, Gefühlskraft, Phantasie, die familialen Fundamental- und Gegenkräfte der bürgerlichen Gesellschaft.[43] Er macht die Liebe nicht zum Geschäft. Aber weil er liebt, kann er auch Geschäfte machen, die richtigen Geschäfte und die guten Spekulationen. Der Mutter ist Wenzel treu geblieben, als zum ersten Mal die Verlockung an ihn herantrat, durch Entfernung von ihr gesellschaftlich in die Schicht aufzusteigen, in die er am Ende einheiratet. Unmöglich, hier nicht an den grünen Heinrich und den Dichter, der dahintersteht, zu denken, zumal auch die Mutter dieses Muttersohns eine arme Witwe und der spätere Halbproletarier ein Deklassierter war: Sohn eines früh verstorbenen Schulmeisters. Kein Zufall, daß der Radmantel Strapinskis aus Kellers Münchener Garderobe stammt![44] Wo der Fremdgänger Heinrich unter einem unlösbaren Bann steht, wurde Wenzel in Liebe und Treue zur Mutter bis ins Grab der unwiderstehliche Bube, der Trumpf, der alle sticht – das ist der andere Sinn dieses merkwürdigen Vornamens. Davon träumen alle Frauen: einen unwiderstehlichen Buben für sich allein. Davon träumt auch Nettchen. Weil er bis zum Tode der Mutterliebe treu blieb, geht die Liebe Nettchens dem Sündenbock und verlorenen Schaf nach, um ihm Erlösung und Auferstehung zu bringen und ein Gericht der Gnade, in dem der »fremde Mensch« (53) als nächster Mensch erkannt und eingesetzt wird.

Der Musengeist Nettchen hat Wenzel angeweht und ihn zu seinem Roman inspiriert; nun bläst der Geist der »allezeit etwas koketten Mutter Natur« (61) sie an, so daß »sich die zunächst den Schläfen und über der Stirne liegenden Locken Nettchens leise beweg[en] wie von einem ins Gesicht wehenden Lufthauche«. In diesem Naturschauspiel wird sie für Wenzel zur Reinkarnation jener Kindheitsgespielin, deren Gesellschaft er um der Mutter willen aufgeopfert hat. Jetzt wird ihm deren Ebenbild von Mutter Natur zur Belohnung wiedergeschenkt. Pankraz der Schmoller ist und bleibt ein Eisheiliger wie sein Namenspatron – der Liebe fremd. Der gefrorene Christ Heinrich sinkt als Junggeselle zur Mutter ins Grab; Judith erscheint ihm wie ein »überlebensgroßes Marmorbild« (XVIII, 87 ff.). Aber Nettchen ist nur im ersten Schreck »weiß wie ein Marmor« (VIII, 46). Dann wird sie wieder zugänglich, holt den halb gefrorenen Wenzel aus dem Schnee und taut ihn gründlich auf. Die tote Mutter bringt den Buben der lebenden Mutter-Geliebten zu, und noch die Narben seiner Kindheit werden zum Stempel des Glücks. Hätte ihn nicht der frühe Silberblick des gesellschaftlichen Glanzes gestreift, nie hätte er sich in einem geheimen Heliotropismus nach ihm orientiert und so eitel Rad(mantel) geschlagen. Hätte die Mutter ihn nicht mit ihren Tränen zum Ausharren bei ihr gefügig gemacht, hätte die Kindheitsgeliebte ihn nicht mit demonstrativem Entzug der Liebe für dieses Beharren gestraft, nie hätte sich der erwachsene Wenzel so narzißtisch aufsteilen müssen; nie hätte er sich aber auch so tief in die gegenläufigen Anforderungen verstrickt, als ein guter Mensch aus der Hochstapelei zu fliehen und als ein guter Mensch bei der Geliebten und damit in der Hochstapelei zu bleiben. Nettchen hat ihn gefesselt. Sie muß die Fäden entwirren.

Die zweifelhafte Muse verwandelt sich dabei in die über jeden Zweifel erhabene Geschäfts- und Hausfrau voll Vernunft und

Energie, die den verwirrten Tagträumer und Poeten an der Hand nimmt und ihm im gesellschaftlichen Leben seinen Ort zuweist. Sie dekretiert: »Keine Romane mehr!« (62) Das Grafenkostüm fällt, der reale Aufstieg wird inszeniert: »Wir wollen nach Seldwyla gehen und dort durch Tätigkeit und Klugheit die Menschen, die uns verhöhnt haben, von uns abhängig machen!« (62) Ein Programm der Liebe, aber keines der Liebenswürdigkeit: Wenn irgendwo, dann an dieser Stelle des Märchens breitet sich schließlich doch der Dunstschleier der Melancholie aus; besser ein Macher als ein Träumer sein, aber doch nicht ganz gut. Hier wird einer zum Herrn wiedergeboren – an einem Haus an der Straße zwischen dem Geschäftsstädtchen Goldach und dem poetischen Städtchen Seldwyla, an der Übergangsstelle von Phantastik und Normalität, die in idealen Muttergestalten wie Frau Regel und Fräulein Nettchen zur Verbindungs- und Harmoniestelle wird. Wo die bürgerliche Naturnorm auf dem Boden der Träumer Platz greift, wird aus Traumproduktion Produktion. In Goethes »Knabenmärchen« vom »Neuen Paris« wird durch eine Vatergestalt ein Narziß zum Liebhaber Paris initiiert.[45] Bei Keller wird der Trumpfbube Wenzel durch eine mütterliche Frau am Scheidewege vom Narziß zum Paris gemacht und zum Spuren gebracht.

Der Schmied seines Glückes

Einmal das Thema Lebendichten novellistisch berührt, und es gibt kein Halten mehr. Dem Wenzel Strapinski folgt in John Kabys ein anderer Geselle nach, der mit einem Lebensroman sein Glück machen will, nachdem er zunächst an seinem Namen das Dichten ausprobiert hat. Der zarte Jüngling Johannes verwandelt sich in den weltläufig-unternehmerischen John, dem ein Rüchlein von Manchester-Liberalismus anhaftet. Der junge Mann schlupft aus dem gewöhnlichen Kabis in einen vornehmen Kabys hinüber, und die Erheiratung einer Dame Oliva soll ihm mit dem aristokratisch klingenden Doppelnamen Kabys-Oliva den Schlüssel zum vergnügten Seldwyler Kreditwesen in die Hand geben: eine dem Zeitgeist gemäße Illumination von

Wirtschaftsmacht durch aristokratischen Glanz, die in diesem Falle allerdings auf eine namensmagische Beschwörungsformel beschränkt bleibt. Und noch diese kommt nicht zustande. Daß das ersehnte Fräulein eine uneheliche Tochter mit etwas zu großem Kopf und dem schönen Vatersnamen Häuptle ist, bedroht den Namenspoeten mit dem Namen Kabys-Häuptle, zu deutsch Hans Kohlköpfle, was gemein-alemannisch einen törichten Menschen bezeichnet. Die Lauge des Spottes, die über diese geringfügige Gestalt ausgegossen wird, spritzt schon an dieser Stelle verdächtig in die Nähe des Autors, der selbst einen zu großen Kopf auf seiner »geringfügigen Gestalt« trug (XXI, 12), einen Kopf, in dem genug vorging, was man böswillig als Kappes und Aberwitz bezeichnen könnte. Daß der Kohlkopf alsbald, um das Namenskunststück doch noch zu retten, »die Mutter statt der Tochter zur Ehe« begehrte (VIII, 79), übrigens erfolglos, schlägt das Leitthema Kellerscher Geschichten an.
Im kritischen Seldwyler Alter von bald vierzig Jahren holt der Schmied seines Glückes zum Meisterschlag aus. Er schleicht sich bei dem »großen Patrizier« Adam Polycarp Litumlei in Augsburg ein, um sich als Letzter seines Stammes und entfernter Verwandter diesem Letzten seines Stammes zu präsentieren. Was am Ende von »Frau Regel Amrain« als märchenhafte Verkehrung der familiären Situation steht – der Sohn als Mann im Haus der Mutter und der Vater als Kind –, das ist hier der Anfang. Der große Patrizier in seinem mächtigen Haus ist keineswegs ein Polycarp – was der oft Blühende bedeutet – und kann nur durch einen Schreibakt zum Stammvater Adam werden. Das »winzige eisgraue Greischen«, »nicht schwerer als ein Zicklein«, dessen Nachname Litumlei an ein kindliches Lallwort erinnert, stößt als ein erstes Lebenszeichen in der Geschichte »eine Art Geschrei« aus »wie von einem größern Kinde«; es »strampelte vor Ungeduld«, »schrie weinerlich« und hat Schwierigkeiten mit seinem Bart, dem Attribut der Männlichkeit (84). Zweimal hat er sich scheiden lassen, um nun zum drittenmal mit einer jungen Frau die Zeugung eines Leibeserben zu probieren – vergeblich. Doch John löst alle Probleme. Er seift den Alten gründlich ein und schneidet ihm den Bart ab, von nun an sogar täglich, denn er ist ein geschickter Friseur, der seinen Lohn

findet. Setzt das Greislein Josef Schmalhöfer den grünen Heinrich, sein »Söhnchen«, durch Testament zum alleinigen Erben ein (XIX, 302), so geht der neue Adam Litumlei noch weiter: John wird zum Erben befördert und sogar zum unehelichen Sohn umgedichtet. Die echten, aber wenig aussagekräftigen Herkunftspapiere des Kabys werden beiseite gelegt, und an ihre Stelle tritt »eine schriftliche Kundgebung . . ., ein Memoire, ein kleiner Roman, eine denkwürdige Liebesgeschichte . . .« (VIII, 90), die der »künstlich-natürliche Sohn« und der »geschlechtergründende Erzvater« (92) gemeinsam aufsetzen.

»Es war für John ein Paradies, in welchem kein Sündenfall möglich schien« (87) – ein aus »Romeo und Julia auf dem Dorfe« und den »Drei gerechten Kammachern« geläufiges Motiv. Leider trügt der Schein. Johns Sündenfall, der ihn, wie den biblischen Adam, aus dem paradiesischen Schlaraffenland in die Arbeitswelt hinausschleudert, besteht darin, daß er außer beim neuen Vater auch bei der neuen Mutter, Litumleis Gattin, allzusehr lieb Kind sein will. Sie ist in einem kritischen Alter: etwa sechsunddreißig Jahre[46], wie Kellers Mutter beim Tod des Vaters und wie die Dramenheldin Therese mit der inzestuösen Liebe zum ›Sohn‹. Adam Litumlei meint zwar nach dem Bruch mit dem Kohlkopf, er habe in ihm eine Schlange an seinem Busen genährt (110), aber in Wirklichkeit erweist sich die »böse Frau« (109) als die verwünschte Schlange, die den Sohn verführt, indem er sie verführt. Reglos lauert sie auf ihn in ihrer Luxushöhle; starrt ihn mit halbgeschlossenen Augen an, ein halbgegessenes Himbeertörtchen in der Hand, ein roter Fleck, der ebensosehr Süßigkeit wie anziehend-abstoßende Körperlichkeit signalisiert (102). Schon in der Frau Oliva hatte sich John der sündigen Mutter einer unehelichen Tochter genähert. Jetzt *macht* er eine sündige Mutter und ein Kind dazu, aber sie ist ihm vielfach überlegen und fängt ihn in einem »unzerreißlichen Netze« (109). Sie betrügt nicht nur den alten ›Vater‹ Adam mit dem neuen Adam-Sohn, sondern auch den Sohn mit dem Vater, ja sogar den Sohn mit ihm selbst, da er sich »so selbst enterbt hatte« (109). Sie leistet somit das Äußerste, was auf diesem Gebiet möglich ist. Bitter muß der auf die Gans heruntergekommene »John im Glücke« erfahren (92), daß man der

Mutter kein Kind machen darf, denn sie ist immer die falsche. Sie hat ihm »diesen Streich gespielt und einen Erben untergeschoben« (109), den der vielleicht verblendete, vielleicht überschlaue Lustgreis Litumlei für sein eigenes Kind erklärt. Die treulose Ehefrau hat sich durch den Trick der Treulosigkeit in die erfolgreiche, in die richtige Ehefrau verwandelt.
Was aber spielt sich im Roman ab, den der Künstlervater Litumlei und der Künstlersohn John zusammen produzieren? Erst hat Adam Litumlei mit Hilfe falscher Zettel fremde Ahnenbilder zu eigenen umgedichtet (89). Jetzt werden der Ahnendichter und der Namendichter erst richtig schöpferisch. John, der Liebhaber sündiger Mütter, erzeugt unter Assistenz des Alten allein durch das Wort eine sündige Mutter und ihr Kind – sich selbst. O Vater, Sohn und heiliger Dichtergeist! Nicht umsonst gemahnt Litumleis Name ebenso an Bittlitaneien wie an Kinderlallen. Nicht folgenlos hat der kleine grüne Heinrich die unwiderstehliche Neigung verspürt, Gott mit schnöden Spottnamen herauszufordern. Die Bagatelle, die Farce unter den Seldwyler Geschichten ist die Novelle vom Erdichten eines Romans, der in verwegener Weise auf den »Grünen Heinrich« und seinen Autor verweist. Da ist einer, der sich die Kindheit eines Muttersohns erfindet und dabei Phantasie und Wirklichkeit verspinnt: den wirklichen Litumlei und die phantasierte Mutter. Da ist eine verlassene Mutter mit Namen Liselein Federspiel.[47] Elisabeth heißen die Mütter Gottfried Kellers und Heinrich Lees. Federspiel ist die Spielfigur einer Autorfeder, ein Weib, das in den Federn unsägliche Spiele getrieben hat; Frau Holle = Hulda, die Betten aufschüttelnd; Frau Lee, die Betten sonnend und mit der großen Rute als Fasanen hütend. Da ist ein Vater, der treulos verschwindet. Ein verächtlicher Vater, aber auch ein mächtiger Vater, ein stolzer Reiter mit rotem Sammetrock und Goldweste, zugleich ein Zerrbild des extravagant gekleideten grünen Heinrich, der im Traum hoch zu Roß zur Mutter heimkehrt. Das alles wird mit Hilfe zahlreicher Gastwirtschaftsbesuche mühsam, langsam und brüchig zustande gebracht – die lächerlichste Mischung von Trivialromantik, Naturschilderungen und Darstellung ökonomischer Gegebenheiten: »Im übrigen behaupteten sich die Preise der Lebensmittel noch immer wie oben bemerkt

und schwankten endlich einem merkwürdigen Frühling entgegen« (96).
Auch hier: der Roman dichtet das Leben, das Leben den Roman, und ein Autor will damit sein Glück machen, wobei er die Mutter ›verrät‹. John Kabys will die »liederliche Mutter« wieder löschen, wenn erst der Alte tot sein wird (94). Keller wird zum Romancier, indem er vom Schuldverhältnis zur Mutter spricht und es gleichzeitig beschweigt. Zur Artikulation dieses Schuldverhältnisses deutet er in einer Werknotiz einen Liebes-Sündenfall der Mutter an, von dem im Roman selbst nicht mehr die Rede ist (XIX, 347). Der grüne Heinrich findet in seinem Heimkehrtraum ein prächtiges Elternhaus in Form eines Renaissanceschrankes, aber die schöne junge Mutter ist unzugänglich drin, in einem »reizenden Garten« (VI, 134; B 4, Kap. 7). John Kabys hat mehr Glück. Er betritt den Renaissancepalast (VIII, 82); er darf im schönen inneren Lustgarten wandeln, und nicht nur das. Er hat die alte Mutter im Roman begraben und liebt die neue. Er findet den mächtigen und zugleich ohnmächtigen Vater, den er sich wünscht. Das Unzulängliche, hier wird's Ereignis – aber zu welch schrecklichem Ende! Denn wer einmal lügt, dem glaubt man nicht. Verzweifelt greift John, nachdem das Unglück mit der Mutter geschehen ist, zum äußersten Mittel, das Geheimnis um die vermeintliche Vaterschaft Litumleis am Kind seiner Frau zu lüften. Aber der Mitpoet erklärt die Wahrheit des Poeten zur Lüge; der kindische Greis wird zum mächtigen strafenden Gottvater, der den gebrochen im Bett liegenden John durch zwei Polizisten, bürgerliche Paradieseswächter, aus dem Haus werfen läßt. Endlich macht der Alte dem Scharlachrot, der Beinahe-Königsfarbe seines Schlafrocks Ehre, den er schon bei seinem ersten Auftritt trug (84). Wieder ist der Poet den Vater los, den er sich herbeigedichtet hatte.
Zwischen Zeugung und Geburt des Sohnes allerdings liegt eine Episode, die den Hohn auf einen Roman und seinen Autor vollendet. John, noch ahnungslos, was er sich eingebrockt hat, erhält den väterlichen Auftrag, auf Reisen zu gehen, um Erziehungsgrundsätze kennenzulernen. Kabys schreibt seine Erfahrungen, die er in der Heimatstadt Seldwyla abgerundet

hat, in einem Memorandum nieder. »Er verwahrte die Schrift zusammengerollt in einer runden Blechkapsel und trug dieselbe an einem Lederriemchen beständig an der Hüfte.« (107) Kein Zweifel, eine Botanisiertrommel, um Grünes darin aufzuheben. Wer dächte nicht an einen anderen, mit Hilfe eines landesväterlichen Stipendiums auf Bildungsreise befindlichen, grüne Gewächse botanisierenden Autor, der auf den Blättern, die er beständig an seiner Hüfte trägt, von Bildung und Erziehung schreibt? Wie gräßlich muß der arme John bei der Heimkehr erwachen, ein Vater, dem diese Eigenschaft abgesprochen wird von einem Nichtvater, der sich diese Eigenschaft zuspricht! In einem Brief vom 18. Juli 1875 an Marie von Frisch, die Frau eines Freundes, die er wohl nicht nur verehrte, hat Keller in unfaßbar taktloser Weise von ihrem zu erwartenden Kindchen als einem »allerliebsten Tierchen« gesprochen. »Wenn es ordentlich genährt ist, so wollen wir's braten und essen ... mit einem schönen Kartoffelsalat und kleinen Zwiebeln und Gewürznägelein. Auch eine halbe Zitrone tut man dran!«[48] John Kabys, ins ›Vaterhaus‹ heimkehrend, vernimmt vom Neugeborenen ein »gedämpftes Quieken«, denn der »leckere Bissen« ist »so munter wie ein Ferkel« (107 f.). Unter dem Geschrei eines Greisleins ist John Kabys eingezogen; unter dem Geschrei eines Kindleins zieht er wieder aus, um das blasphemische Scherze zucken: »Ei, Herr Jesus! ... ein Sohn ist uns allendlich geboren ...« (108). Das ist die kirchliche Lektion am Fest der Geburt des Herrn Jesus Christus, Jesaja 9, 5: »Denn uns ist ein Kind geboren, ein Sohn ist uns gegeben, und die Herrschaft ist auf seiner Schulter ...«. Der Friedefürst ist da, der selbstgeschaffene Rivale, der Sohn, das Triebwesen, das Schwein, die Katze, das Kind eines Taugenichts von Vater, der von einem Taugenichts von Vater verstoßen wird. Und wer ist schließlich dieser Litumlei, das kindische Greislein, winzig wie sein Autor, das keine Kinder zustande bringen kann außer in einer »schriftlichen Kundgebung«, einem »kleinen Roman«?

Ein Spektrum, das sich auseinanderlegt; doch in John ist es gesammelt. Während der Erzähler in dritter Person bei Keller aus souveränem Überblick zu erzählen pflegt, wird hier die

Geschichte zwar in dritter Person, aber weithin aus der Perspektive des John Kabys berichtet, seinen Bewertungen, seinem Urteil, seiner Wahrnehmung unterworfen. Es erhöht die Komik, wenn all die Lumpereien, die John Kabys begeht, im Lichte seiner Selbstdeutung als kluge, ehrenwerte Handlungen erscheinen. Es stiftet aber auch eine merkwürdige Nähe des Erzählens zu der Figur, die im Erzählten so weit verworfen wird. Der Schmied seines Glückes besitzt seltsame Attribute: neben der lang baumelnden Uhrkette, dem Zeichen würdiger Mannheit, eine gewaltige »Busennadel, welche als Miniaturgemälde eine Darstellung der Schlacht von Waterloo enthielt« (76); einen großen Rohrstock mit einem Operngucker als Knopf, durch den er seine ›Mutter‹ erstmals allzu scharf ins Auge faßt (76, 83), und schließlich als höchstes Gut eine Meerschaumpfeife, »darstellend den aufs Pferd gebundenen Mazeppa« (76). Napoleon, in der Schlacht bei Waterloo endgültig geschlagen, und der Kosakenhetman Mazeppa, als Strafe für Ehebruch nackt aufs Pferd gebunden und nach dem Abfall vom Zaren vergiftet – das sind zwei klassische Empörergestalten, die nach Anfangserfolgen doch am Legitimitätsprinzip scheitern. Hier sind sie, als schlechte Vorzeichen für den Empörer John, auf das Format des kleinen ödipalen Dreiecks Vater-Mutter-Sohn und damit in Schlafzimmerperspektive gebracht. Um seinen Kunstbesitz zu schonen, darf sich der Sohn John »kein Räuschchen und keine andere Aufregung ... gestatten« (77). Der Versuch, mit einem sehr aggressiven Nagel »das Glück recht an die Wand zu nageln«, ist deshalb ein Fehler (102). So kommen Ratio und Resignatio am Ende zusammen. John Kabys kehrt heim nach Seldwyla. Er bleibt der Letzte seines Geschlechts, ein Junggeselle. Er seift niemanden mehr ein, schreibt keinen Roman mehr und schneidet nichts mehr ab. Er macht nur noch harmlose »einfache Nägel« (112): kein Verse-, sondern ein Nagelschmied.[49] An seinem »niedrigen schwärzlichen Häuschen« aber läßt er »schöne Kürbisstauden und Winden« emporranken (112). In allen Winden sind seine Hoffnungen zerstoben, und an den Kürbissen hat er ein altes, auf den Propheten Jona 4, 5–11 zurückgehendes Sinnbild rascher Vergänglichkeit und kurzlebiger Überheblichkeit vor Augen, im Gegensatz zum langsam wachsenden Lorbeerbaum des Ruhms, der den wahren Poeten beschattet.[50] Der Holunder, der sein Häuschen überwächst, ist ein altes Abwehrmittel gegen Zauberer und Hexen.

Die mißbrauchten Liebesbriefe

Im dritten Schritt steigert sich das Thema von Poesie und Leben zur offenen Schriftstellersatire. Der Held Viggi Störteler ist ein verächtlicher kleiner Viktor, ein schon durch seinen Namen zum Sturz bestimmter Sieger, denn Störteler dürfte mit störten = stürzen zu assoziieren sein; Keller zitiert im »Grünen Heinrich« den Seeräuber Klaus Stürzenbecher = Störtebeker (V, 81; B 3, Kap. 7).[51] Der Autor der »Leute von Seldwyla« hat seine gesammelte Verachtung für die Literaturbetriebsamen der Zeit auf dieses arme Haupt versammelt. Die überlaut am Wirtshaustisch vom Poetenwerk sprechenden Dichter, unter denen sich Viggi auf Geschäftsreisen tummelt, kommen in Kellers Brief an Ferdinand Freiligrath vom 22. September 1850 vor. In einer Zeitschrift »Teut. Jahrbuch der Junggermanischen Gesellschaft . . . Erster Jahrgang 1859, Hamburg«, findet er das großsprecherische Programm einer »neuen Sturm- und Drangperiode«, an der er Viggi maßgeblich teilnehmen läßt, und dem epigonalen Epiker Adolf Widmann wird in einem Brief an Hermann Hettner vom 16. Juli 1853 vorgeworfen: »Seine Erzählungen ›Am warmen Ofen‹ sind ein interessantes Beispiel, wie man heutzutage ohne Beruf scheinbar gute und doch schlechte Bücher macht: absichtlich gemachte Studien in Wald und Feld, Reminiszenzen, gute Notizen, den Bauern und Jägern abgefragt und aufgeschrieben . . .«.[52] Es sind vergleichbare Notizen, wie sie Viggi Störteler, die Natureindrücke eines Spaziergangs verwertend, in sein Notizbuch mit Stahlschlößchen einträgt. Sie sind auffällig malerisch gesehen, etwa: »Ein Buchenstamm. Hellgrau mit noch helleren Flecken und Querstreifen. Zweierlei Moos bekleidet ihn, ein fast schwärzliches und dann ein sammtähnliches glänzend grünes. Außerdem gelbliche, rötliche und weiße Flechten, welche öfter ineinander spielen. Eine Efeuranke steigt an der einen Seite hinauf. Die Beleuch-

tung ist ein andermal zu studieren, da der Baum im Schatten steht. Vielleicht in Räuberszenen anzuwenden.« (VIII, 130)
Keller war ein Literatursatiriker von hohen Graden – »Der Apotheker von Chamouny« als Abrechnung mit der Romantik kann es zeigen; aber nur da springen Funken, wo in der Auseinandersetzung eigene Tiefenschichten berührt werden. Was hat Keller mit Adolf Widmann und – Viggi Störteler zu schaffen? Gewiß neigt Widmann zu Detailbeschreibungen, aber doch kaum mehr als zeitüblich. Vor allem bleiben in der von Keller beanstandeten Erzählungssammlung die Beschreibungen durchgehend handlungsbezogen, was gerade bei Viggi Störtelers Studien nicht der Fall ist. Vielleicht ist es kühn, aber man könnte zum Vergleich besser an Kellers eigene Aufzeichnung »zu malender Gegenstände, auf Spaziergängen gefunden« vom Mai 1838 denken. Neben bloßen Stichwörtern stehen dort ausgeführte »Ideen« dieser Art: »Ein kleiner, von schwarzgrauen Felsen umgebener Teich, der sich hinten im düstern Gebüsche verliert. Der Hauptgegenstand ist ein überhangender mächtiger Felsblock, dessen zerrissene Oberfläche die bizarrsten Charaktere bildet, und durch Zufall, nachdem man sie eine Weile betrachtet, etwa ein grinsendes Antlitz oder dergleichen zeigt. Verwelktes braunes Gestrüpp hängt wild über seinen Scheitel herunter, der sich hoch über den andern Felsen in die melancholisch blaue Luft taucht. Er neigt sich mit schwerer, kühner Masse über den dunkeln, tiefen Wasserspiegel, und wirft sein verkehrtes Bild in denselben, welcher überhaupt in schwermütiger totenstiller Ruhe alle Umgebungen wiedergibt, ausgenommen wo er sich im finstern Schatten des Hintergrundes verliert, aus welchem Tannenspitzen hervorragen. Alles ist so ruhig und still gehalten, daß man das Murmeln einer kleinen Quelle zu hören glaubt, die hinter dem großen Felsen hervor in den Teich rieselt. Dies sei die einzige Bewegung im Bilde, ein Häher ausgenommen, der hoch mitten über dem Teiche hinschwebt. Tiefer Schatten, nur am Felsen bricht sich ein spärlicher Sonnenstrahl, welcher auch einige Lichtspuren im Gesträuche zurückläßt, durch welches er in diese abgeschlossene Einsamkeit gedrungen ist. Keine Figuren.« Das ist auffällig literarisch, vor allem wenn man Stilkorrekturen beachtet, die für eine Ausfüh-

rung als Gemälde sinnlos wären. So wird die quellende zur rieselnden Quelle. ». . . ein Häher ausgenommen« statt der gestrichenen Lesart »ausgenommen ein Häher« verflüssigt den Rhythmus. Viggis Notiz kippt aus dem Detailrealismus ins romantische Klischee der Räuberszene; Kellers romantische Kulisse verdichtet sich in realistischen Details. Vor allem: um Nutzbarmachung von Natureindrücken geht es hier wie da.[53]

Das Nebenmotiv führt zum Kern der Geschichte: Herstellung von Kunst aus Leben. Nachdem der Geschäftsmann und Freizeitpoet Viggi auf seinen Kaufmannsreisen Gesinnungsgenossen angetroffen und mit ihnen die Einleitung einer neuen Genieperiode beschlossen hat, geht er zunächst daran, sein reiches, »hübsches, gesundes und gutmütiges Weibchen«, eine reizende Spinnerin »mit rosigem Munde, mit stillbewegtem Busen und mit zierlichem Fuße« (129) zu seiner eigenen eingebildeten kulturellen Höhe »heranzubilden« und in seine Muse zu verwandeln (129) – ein krebsgängerisches Unternehmen, wie der Rückblick auf die glückliche Mauser der Muse Nettchen zur Haus- und Geschäftsfrau Wenzel Strapinskis von vornherein vermuten läßt. Er öffnet zugleich die Einsicht, daß der alte Männertraum, sich die Ehefrauen nach dem eigenen Bilde zu formen, da besonders fehl am Platze ist, wo die Frau als Frau des Hauses ab ovo Repräsentant der Kulturnorm ist. Die ehemännliche Absicht der Frauenbildung zur Kultur kann demnach nur als emanzipatorische Fassade eines unbegründeten und undurchführbaren Herrschaftsanspruches über die Frau begriffen werden. Tatsächlich läßt die Anrede »Muschen« für das verheiratete Gritli-Gretchen mit dem Anklang an Mus und Maus heraushören, was der faustische Viggi in Wirklichkeit in ihr sieht und braucht: ein niedliches kleines Tierchen, einen süßen Breiaufstrich auf das trockene Brot des Alltags.

Die Ernennung Gritlis zur Muse ist der erste Fehlgriff, und der zweite folgt sogleich: die Abordnung der Muse zur Schriftstellerin. Gritli wird beauftragt, während einer Geschäftsreise des Eheherrn einen zur Veröffentlichung bestimmten Liebesbriefwechsel mit ihm zu führen. Das sind denn mehrere Zumutungen auf einmal. Sie soll das Spontane, ihr Gefühl, kommandieren.

Sie soll das Innerste veröffentlichen. Ihr Herzenslaut ist nur als Resonanz gefragt, und schon was ihr entgegenklingt, ist falsch. Viggi will »das Leben selbst, die schöne Leidenschaft zu Hilfe« rufen (135), damit wahre Poesie entstehe, aber das veranstaltete Leben, das zum Zweck der poetischen Ausschlachtung gefühlte Gefühl ist keins. Bereits die Herstellung dieser Liebesbriefe ist Mißbrauch, und so ist denn auch der Mißbrauch, den Gritli mit ihnen treibt, nichts anderes, als daß sie, ohne es zu wollen, deren Mißbräuchlichkeit ans Licht bringt. Ihre Lüge ist die Wahrheit über die Briefe. Weil deren Falschheit sie stumm macht, spiegelt sie einem hoffnungslos verliebten kleinen Schulmeister vor, er möge als Beitrag zu einem Scherz die ihm zugesteckten Episteln mit eigenen fingierten Liebesbriefen beantworten. Zum Zweck der Doppeltäuschung der schreibenden Männer stilisiert Gritli zuvor Viggis Briefe und im nachhinein die Antwortbriefe des willfährigen Schulmeisters in solche einer Frau um, so daß ein Schattenspiel entsteht: Der Schulmeister beantwortet und Viggi erhält Frauenbriefe, die in Wirklichkeit Männerbriefe sind, Viggi aber wird bei alledem zuteil, was ihm zusteht – die Reaktion eines geneigten Lesers, der nicht angeredet, ja, scheinbar von der Lektüre ausgeschlossen, von den literarischen Liebesbriefen aber eigentlich gemeint ist. Er heißt Publikum.

Das Schema der Entlarvung spitzt sich noch einmal zu am Ende des Briefwechsels, bei der Heimkehr Viggis von seiner literarisch so bedeutungsvollen Geschäftsreise. Beim Nachsinnen über den Titel des zu publizierenden Briefwechsels, den er unter seinem Poetennamen Kurt vom Walde geführt und für den er seine Gritli in eine hochtrabende Alwine zurechtgestutzt hatte, fällt ihm die Kontamination ein: »Kurtalwino, Briefe zweier Zeitgenossen« (153). Das deutet in alberner Weise auf Seelenverschmelzung und verräterisch auf ein Kellersches Motiv, das schon in »Frau Regel Amrain und ihr Jüngster« aufgetaucht ist. Es ist das Motiv des Mannweibs, des Hermaphroditen in seiner Unfruchtbarkeit.[54] Wenig später öffnet Viggis Zornesausbruch bei der Erkenntnis von Gritlis Kriegslist Kellers Gruselkabinett. Der arme Schulmeister beklagt, »immer mit der schwarzen Tinte zu sprechen, wo man das rote Blut möchte reden lassen!« (150 f.) Viggi, der mit dem Gedanken gespielt hatte, Tränenspuren im Brief faksimilieren zu lassen – falls es sich nicht um Spuren von Gritlis Schnupfen handeln sollte (150) –, meint in den Briefen sein »Herzblut« niedergeschrieben zu haben (156), wo doch in Wirklichkeit nur Tinte floß; und trotzdem hat er recht, denn sein Blut ist Tinte.

Und so werden nun gräßliche Verwünschungen gegen die Muse Gritli als »Buhlerin ... mit hohlem Kopf« und »Gans mit Geierkrallen« laut, die allesamt auf die Verstörung eines leider nur literarischen Geschlechtslebens deuten (155 ff.): »... zu unwissend, um den Buhlen mit dem kleinsten Liebesbrieflein kitzeln zu können ...«, nimmt sie »die treuen, ehrlichen Ergüsse, die Briefe des Gatten, verrenkt das Geschlecht ... und traktiert damit ... den betörten Genossen ihrer Sünde! So entlockt sie ihm ähnliche Ergüsse, die in sündiger Glut brennen, schwelgt darin ... wie ein Vampyr ... Sie dreht dem Geschlechte abermals das Genick um ...«. Da Viggi fähig ist, seine Gans wie eine Maus im Keller einzusperren und zu vergessen, vorher aber noch das Literarische seiner Situation und seiner Herzensergießung wahrzunehmen, ist er trotz seiner Verstümmelungen nicht unheilbar. Sein einzig verfügbares Geschlechtsteil, die Schreibfeder, wird durch eine andere Muse wieder eingerenkt, mit der er nach der Scheidung von Gritli ein literarisches Eheleben führt und den mit dem Muschen angefangenen Briefwechsel »unter vielem Gezänke vermehrt« (216). Keine andere Vermehrung ist ihm beschieden, so wie sich auch seine Liebesstunden mit der neuen Gefährtin in »langen und vertraulichen Gesprächen« über ein »anatomisches Lehrbuch mit Abbildungen« erschöpfen, das einem liederlichen Studenten abgekauft wurde (469) – ein von Keller aus dem Zweitdruck im Rahmen der »Leute von Seldwyla« herauszensiertes Detail. Vom »impotenten Poetenfieber« schreibt Keller einmal im Blick auf sich selbst am 22. September 1850 an Ferdinand Freiligrath.

Schrecklich ist das Aussehen der anderen, der für Viggi richtigen Muse, einer ›schlangenzüngigen‹ Kätter Ambach (161 f.). Viktors »kurzbeinige Fama« (174), die so Keller-ähnlich heißt, »besaß ... einen sehr langen hohen Rumpf, der auf zwei der allerkürzesten Beine einherging, so daß ihre Taille nur um ein Drittel der ganzen Gestalt über der Erde schwebte« (162). Das

Weib muß Störteler vorherbestimmt gewesen sein, denn er ist nicht nur ein Stürzender, er ist auch alemannisch der Strunk (Storz), der in seiner Gestalt verkürzte Mensch.[55] Der Name umspielt also körperliche Merkmale der für Viggi richtigen Muse und diese wiederum erinnern an die Körpermängel eines bekannten Mannes. Dessen Abneigung gegen emanzipierte Frauen, speziell Künstlerinnen und Literatinnen, die negative Entsprechung zur Feier der Hausfrau und Mutter Natur, entläßt an dieser Stelle einen sehr persönlichen Sinn. Mannweiber widersprechen nicht nur – wie bereits anläßlich Judiths im »Grünen Heinrich« erörtert – dem Leitbild der züchtigen Hausfrau in der klassischen Philosophie der Geschlechter, sie halten auch dem Weibmann, der nicht zeugen kann, ein erschreckendes Bild vor Augen. Sie sind noch mehr Zerrgestalt des Mannes als der Frau. Wieder enthält Haß Selbsthaß, verschärft eine individualpsychologische die gesellschaftliche Signatur der Zeit.
Verhaftet an Kätter Ambach verkommt der Geschäftsmann und Poet Viggi Störteler zum Geschäftsmann der Poesie, einem freien Schriftsteller, der vom Ertrag seiner Feder, vom Verkauf seiner gedruckten Bücher lebt und leben muß. Doch schon von Anfang an ist der Berufsliterat in Störteler angelegt. Wenzel Strapinski *lebt* einen Roman; John Kabys *erfindet* einen, aber nur als Vehikel zur Lebenswende. Er sähe ihn lieber versteckt als veröffentlicht. Viggi sucht Ruhm, die poetische Draperie seiner prosaischen Kaufmannsexistenz, wobei sich die Diskrepanz in alle seine Lebensäußerungen hineinzieht. So steht in den Skizzen neben der scharfen Beobachtung der pseudo-romantische Schwulst, in den Briefen die Prosa des Kaufmanns und Ehetyrannen neben der Poesie des schmachtenden Liebhabers. Und trotzdem gibt es schon anfangs auch das Verbindende der Sphären, wie es in anderer Weise bei Wenzel Strapinski erschien. Viggis Hauptberuf als Inhaber eines »Speditions- und Warengeschäftes« unterstreicht, was den Literaten macht: Er ist expedit im Hin- und Hersenden und Vertreiben von Waren, und zur Ware wird ihm das Geheimnis des Herzens im Aggregatzustand der Poesie – als Buch versendet, ausgestellt, angepriesen, verkauft. Das heißt aber: das Geheimnis des Herzens findet gar nicht mehr statt, wo Poesie sich ausbreitet. Nicht erst die Le-

bensfristung mit Hilfe der Veranstaltung von Literatur, schon die Veranstaltung selbst setzt einen Produktions- und Verwertungsprozeß von Ware in Gang.
Der Poet als Poet ist demnach ein Scheidekünstler, der mit dem Umschreiben von Leben in Poesie das Leben zersetzt – auch sein eigenes; ein Lebensinszenierer, der Leben abtötet; ein Produzent, der seinen Rohstoff vernichtet, indem er ihn bearbeitet. In der Spottgestalt des stürzenden Siegers und neuen Ikarus Viggi Störteler steckt das Konfliktpotential von Goethes Tasso, der im Versuch der Umarmung der Prinzessin das Erzeugnis seiner poetischen Anschauung und den lebenden Menschen verwechselt und dadurch mit Vernichtung bedroht.[56] In Viggis Genie-Attitüde ist tatsächlich ein letzter Aufguß des Sturm und Drang. In seinem Poetentum steckt der Widerspruch aller Poesie seitdem, entschieden Herzenspoesie und entschieden Ware zu sein, denn in denkwürdiger Weise etabliert sich gleichzeitig mit der Literatur der Genies und Originale das moderne System von Buchproduktion, Buchhandel und anonymem Massenpublikum. Der zur Publikation bestimmte intime Briefwechsel hat seriöse Vorbilder bis zurück zur Empfindsamkeit, etwa in den »Briefen von den Herren Gleim und Jacobi« (1768). Die ›Emanzipation‹ der Frau als Einweisung in das von Männern erfundene und garantierte Diskurssystem der Literatur ist vorfindbar seit der Romantik – so in dem Versuch Clemens Brentanos, seine Schwester Bettina zur Literatin auszubilden.[57] Und schließlich ist das unverhältnismäßige Verhältnis Viggis mit dem Schulmeister Wilhelm auch in den Reaktionen Wilhelms eine Karikatur des modernen Autor-Publikumsverhältnisses: Wilhelm wird durch seine Lektüre der Mitwisser von Herzensgeheimnissen, deren Geheimnischarakter ihr literarisches Erfolgsgeheimnis sein soll. So viele Leser, so viele Eingeweihte, es kann gar nicht genug dieser Geheimnisträger geben. Jeder der Eingeweihten aber ist ein Schlüssellochgucker, der sich mit seiner zur Mitarbeit eingeladenen Einbildungskraft an die Stelle der Akteure versetzt. Dem öffentlichen Geheimnis der Literatur antwortet die Einfühlung des Lesers als ein Surrogat des Fühlens.
Sehr naheliegend bei alledem, daß an dem Poeten Viggi und

seiner letzten Muse Kätter Züge Kellers und seines Komplexes Lebendichten auftauchen – Reminiszenzen an das eigene Skizzen- und Ideenbuch; physiognomische Ähnlichkeiten bis zur Genie-Kostümierung Viggis, bei der er sich die Haare lang wachsen läßt und hinters Ohr streicht, eine Brille aufsetzt und ein kleines Spitzbärtchen kultiviert. So etwa sah der verkürzte Mensch, der ›Störteler‹ Keller zeitweilig aus. (Abb. 13) Und Viggis erster Schwulstbrief – »Wenn sich zwei Sterne küssen, so gehen zwei Welten unter! Vier rosige Lippen erstarren, zwischen deren Kuß ein Gifttropfen fällt! Aber dieses Erstarren und jener Untergang sind Seligkeit, und ihr Augenblick wiegt Ewigkeiten auf!« (137) – ist wie ein entstellter Widerhall aus »Romeo und Julia«, wo in der Kußszene im Korn »die Vergänglichkeit alles Lebens mitten im Rausche der Blütezeit« beschworen und im stürzend aufleuchtenden Stern verbildlicht wird (VII, 135). Merkwürdig ist vielmehr, wie Keller noch bei so viel Nähe das Thema Poet und Poesie durch Satire von sich abschiebt und mit Oberflächenerscheinungen verstellt wie dem literarischen Geschäfts- und Cliquenwesen, dem Kampf aller gegen alle, der falschen Kollegialität, dem kenntnis- und substanzlosen Umtrieb, dem Keller sich freilich ferngehalten hat.
Dem windigsten der Poeten, dem Kell(n)er in seiner zurückliegenden Sündenzeit, ist die literarische Selbstdarstellung des Schriftstellerberufes, das Thema Schreiben übers Schreiben überlassen: »Indem ich Tinte in die Feder nahm, schrieb ich über diese Tinte« (VIII, 125). Im leeren Kopf Viggis fällt das unheimliche Weben der Phantasie im Wirklichkeitsstoff aus, an dem sich Tasso zu Tode spinnt wie der Seidenwurm und in dem Keller noch auf dem letzten Krankenlager lebt. Der komische Purzelbaum, daß schon auf Literatur hin gelebt wird, lenkt vom Medusenblick der Poesie ab, der gelebtes Leben erstarren läßt. In Viggis dummer Blindheit und Sterilität wird die Selbsttötung des Poeten durch die Poesie, sein Ausschluß vom Leben zum grimmigen Witz, wie er der ahnungslos-ahnungsvollen Gritli als einziger substantieller Beitrag zum Briefwechsel in die Feder fließt: Gritli will ihren strengen Ehemann durch das Erzählen einer Geschichte erheitern, wie ein poetischer Habenichts, ein armer Bauer, durch das Erzählen einer Geschichte zu einem

guten Mittagessen kommt. Es ist die Parabel von der Not eines dreizehnten Ferkels aus dem Riesenwurf eines Mutterschweins, das an deren zwölf Zitzen keinen Platz findet. Die biblische Geschichte vom Dreizehnten bei Tische, Fausts »Euch Brüste, wo? Ihr Quellen alles Lebens«, Schillers Gedicht von der Poesie als »Mädchen aus der Fremde«, Kellers Lebenstrauer, von den Brüsten der Mutter Natur verwiesen zu sein und deshalb als Poet von ihnen träumen zu müssen und zu dürfen – das alles ist hier auf die Sau und das Ferkel gekommen, dessen Quieken sich schon in »Der Schmied seines Glückes« vernehmen ließ.

Fast zwangshaft spricht Keller so vom Poeten und der Poesie, von sich als Poeten und seiner Poesie, aber fast zwangshaft unausdrücklich. Das existentielle Dilemma des modernen Poeten, im Dichten auf seine Erfahrung verwiesen zu sein, aber durch das Dichten sich von seinen Erfahrungen zu trennen und sie zu entäußern, wird auf das Duodezformat einer Moralistik gebracht, wo es seine Verquickung mit einem halbherzig moralisierenden Wirtschaftsliberalismus und einem halbwegs liberalen Gesellschaftsverständnis eingeht. Das Verhältnis von Poesie und Leben verengt und verwandelt sich in dem Maße, in dem es scharf ins Auge gefaßt wird, zu einer Verhaltensalternative zwischen Lüge und Wahrheit, Versagen und Bewährung. Es schrumpft auf einen Aspekt von Kellers Selbsterfahrung als Künstler und Poet in lebensuntüchtigen Verwirrspielen von Phantasie und Wirklichkeit, Verschweigen und Verraten, in einem Tauschprozeß von Schuld und Schulden, Geld und Sprache, mit einer schweigenden Mutter als Muse-Meduse, die das lichte Schattenbild einer Spiegelmuse des lebenausschließenden Selbstbezugs wirft. Gritli ist die mutterartige Höllenmuse des Schriftstellers en miniature, Viggis Mickimuse: sprachlos, »die unwissende, aber lüsterne Teufelin unsichtbar in der Mitte«, wo sie »ihr höllisches Spiel treibt!« (156). Von dem gänseartigen Weiberwesen mit Geierkrallen, als das von alters her die Sirenen dargestellt werden, geht der stumme Gesang aus, über den später Kafka in einer seiner Parabeln geschrieben hat.[58] Wir sind am blinden Fleck des »Grünen Heinrich«. Am Ort dieser Muse wird kein Wort gefunden. Sie ist als Thema des Schreibens die nicht redende Mutter, als Instanz des Schreibens die Muse der

Umschreibungen, eines lautlosen, verhohlenen Abschreibens, Adressierens, Umadressierens, das mittels Lügen die Wahrheit und die Wahrheit in Form von Lügen kundtut. Sie steht atemlos, blaß vom Kopieren und Adressieren, an einer Leerstelle, über die sich ununterbrochen Schriften legen: die Mitte von Viggis Speditionsgeschäft. Sie legt einen Autor[59], der wie kaum einer die Alchemie des Tauschs von Herzensblut und Tinte beherrscht, in den unheilbaren Komödianten seiner selbst und den geheilten Phantasten auseinander.

Wie könnte Gritli ihren Schreibsubstitut, den Schulmeister Wilhelm, anders von der Schriftstellerei erlösen und fruchtbar machen, als indem sie sich aus der Muse zur Ehe- und Hausfrau zurückverwandelt? Bescheinigt ihr Manöver mit den Briefantworten eines Dritten dem Viggi, daß seine Briefe sie nicht betreffen, so bescheinigt ihr Manöver dem Wilhelm, indem sie ihn zur Phantasieliebe in Phantasiebriefen verleitet, daß er ein unreifer, kindischer Liebesphantast, kein Liebender ist. Als Gritli ihn anspricht, lacht er »sie unbewußt . . . an, wie ein halbjähriges Kind, welchem man ein glänzendes Ding zeigt« (141). Doch vorsichtshalber wird auch seinem Geschlecht noch das Genick herumgedreht, so daß er nur »gewissermaßen hinterrücks«, also in sehr ungefährlicher Position (143), an sie denken kann. Er darf ihr Spiel, nicht seines, spielen, bei dem sie ihm noch das Briefpapier zusteckt, auf dem er schreibt (150). Nicht einmal zu träumen wagt der sonst so virtuose und ausschweifende Liebesträumer von ihr. Ihn träumt vielmehr, »er sitze und mahle ein Pfund duftig gerösteten Kaffee, und die Kaffeemühle spielte eine süße himmlisch klingende Musik, daß ihm ganz selig zu Mute ward . . .« (143 f.). Ein ziemlich einsamer Ersatzgenuß, dieses Herumrühren zwischen den eigenen Knien, wo man die Kaffeemühle zu halten pflegte! Während der träumerische Pascha Wilhelm den Katechismusgott abgeschafft hatte und abwechselnd nach Stimmung Germane, Grieche oder Indier war (140) – in jeder Hinsicht ein unverbindlicher Freigeist –, ist er jetzt so unvorsichtig, »den christlichen Gott seiner Kindheit« wieder einzusetzen (143), aus Dank »für die gute Gabe einer Liebsten« (143), die er sich freilich nur einbildet: neben seiner Kinderfrau ein Vater bescheidener Gewährung und strenger Zensur.[60]

Sie ist nötig, denn noch in Wilhelms Bravheitsversprechen liegen wohlbekannte Ausschweifungen: »Was sie befiehlt, das tu ich! Will sies, so sprech ich nie ein Wort zu ihr, verlangt sies, so kriech ich mit ihr in die Erde hinein, und begehrt sies, so tue ichs allein!« (142) Wilhelm muß solideren Umgang mit der Erde lernen. Er begibt sich nach der schimpflichen Entdeckung seiner Rolle bei Gritlis Arrangement »in die Dunkelheit« (178). Er wird ein »einsiedlerischer Arbeitsmann« und Gutsverwalter (182), ein Büßer und Heiliger der Naturnorm ehelicher und/oder entsagender Liebe, der sich durch produktive Tätigkeit, Liebestreue in der Versuchung und väterliche Kultivierungsleistungen in seiner ländlichen Umgebung bewährt. Keine Idylle, kein falsches Arkadien, kein »Erlaubt ist, was gefällt«. Die im Idyllenkostüm der Bäuerin aufgeputzte, gemacht naive, zur Liebesprobe ausgeschickte Freundin Gritlis blitzt ab; Wilhelm weigert sich standhaft, fürderhin Schreibfedern zu imaginierten Liebeshändeln zu spitzen, und noch seine Wohnung strahlt das Gesellschaftlich-Bürgerliche, Antipoetische der neugewonnenen Naturverfassung aus, denn sie ist in *einem* Bauernstube, Naturalienkabinett, Bibliothek und Weiheort der Natur: »Die Wände waren mit bemooster Baumrinde, mit Ammonshörnern, Vogelnestern, glänzenden Quarzen ganz bekleidet, die Decke mit wunderbar gewachsenen Baumästen und Wurzeln, und allerhand Waldfrüchte, Tannzapfen, blaue und rote Beerenbüschel hingen dazwischen. Die Fenster waren herrlich gefroren ... gleich dem Werk eines gotischen Baumeisters, der einen Kreuzgang baut und für die hundert Spitzbogen immer neues Maßwerk erfindet« (194 f.).

Das Märchenhafte und Schöne der Behausung ist nicht Werk der Kunst, es ist kein Naturgemälde, es ist Natur unmittelbar – als gemütliches Interieur des zu Läuterungszwecken vorübergehend eingeeisten Christen. Des grünen Heinrich Traum der Übergängigkeit von Kunst und Leben ist in die Erscheinung getreten. Schon das Stichwort vom Einsiedler weckt die Erinnerung an Jean-Jacques Rousseau, den Botanisierer und Einsiedler der Éremitage von Montmorency, Môtier und St. Peter im Bieler See. Hat man Rousseau, den campagnard und ›Bär‹ der Marquise d'Epinay, immer wieder mit Pelzmütze und Pelzkra-

gen dargestellt[61], so ist Wilhelm »in einen rötlichen Fuchspelz gehüllt«, trägt langes dichtes dunkles Haar und ein Bärtchen auf der Oberlippe (195). Aber der Schein trügt. Er ist kein Künstler, kein Utopist, kein edler Wilder, kein sentimentaler Wanderer und Literat ursprünglicher Natur. Er wirkt vielmehr gerade deshalb so utopisch, natürlich, künstlerisch und märchenhaft, weil er ein idealer, praktisch arbeitender Bürger und nichts darüber hinaus geworden ist: ein Anti-Rousseau im Gewand Rousseaus. Schweizer unter sich.
Gritli indessen ist »wie von der Erde verschwunden« (176). Schon in Wilhelms imaginierten Liebesbriefen ist sie wahrer Glut begegnet und beginnt sich nun zu entzünden. Die bei Viggi unerweckt geblieben war, wird zur liebenden Frau und bildet zugleich Züge der Strenge aus, die an die geläuterte Judith erinnern. So hat Wilhelm nicht unrecht, wenn er sie während seiner Einsiedlerperiode, als Gritli einmal neugierig verliebt um sein Haus streicht, als »Engel mit dem feurigen Schwert« wahrnimmt (189), der erst von der Pforte abziehen muß, ehe er in sein keusches, arbeits- und entsagungsvolles Junggesellenparadies heimzukehren wagt. Noch in der wunderbar sinnlichen Formulierung der Erfüllungsstunde – »Diese Frau war in ihren Kleidern und bei sich selbst zu Hause, und wer da einkehrte, befand sich in keiner Marktbude« (212), ist scheu zwischen den Kleidern und der Person der Körper ausgespart – ein Beitrag nicht nur zur Charakterisierung des Helden, sondern auch des charakterisierenden Erzählers.
Freilich, Wilhelm ist und wird mehr als der grüne Heinrich, und so spielt der Schluß der Liebesgeschichte auch nicht am oder gar im Muttergrab, vielmehr am uralten Grab eines keltischen Kriegers, und während Judith an der heidnischen Kult- und Gerichtsstätte das Wort des Verzichts führt, fällt hier ein Gewährungswort. Aber auch jetzt muß es die Frau sein, die spricht. Noch die so sehr Geliebte bleibt ein wenig gewährende Mutter; noch in der symbolischen Auffindung des Vaters im Schoß der Erde durch den elternlosen Wilhelm liegt ein wenig Gefahr. Der Tote in der Erde stellt die geschichtliche Verankerung der Kulturnatur sicher. Mit Schmuck und Waffen schenkt er Wilhelm die Attribute des Besitzes und der Mannheit und rückt sein

Geschlecht endgültig zurecht – eine zeichenhafte Einweisung in Ehe, bürgerliche Gesellschaft und Staat. Trotzdem erschreckt Wilhelm halb scherzhaft Gritli und sich: »Machen Sie nicht, daß der aufwacht, der da unten liegt!« (211) Wo in der Liebe ein wenig Mutter ist, bleibt auch ein wenig abwesend-anwesender Vater, der den Sohn holen könnte, wenn er es schlimm triebe. Schwarze Frau und schwarzer Mann garantieren Wohlverhalten, maßvolles Genußleben der »Gutbestehenden«, denen es gut geht und die Gut haben (215). Von weißen Sternen der Anemone ist das Grab überblüht, wo dieser Bund geschlossen wird – Stern und Erde, die ganze Welt; aber auch Leben aus Gräbern, Leben auf dem Grab, der verdächtigen »Erderhöhung« (184), welche Geschichte und Geschichten in sich zurückzuholen droht.

Gibt es aber nicht doch wahre Poeten in dieser Novelle und wahre Poesieliebhaber? Ja – in scharfem Kontrast zu Viggi und seiner Clique »würdige alte Herren mit weißen Haaren«. Sie »führten ein gemächliches Gespräch über allerlei Schreiberei, sprachen von Cervantes, von Rabelais, Sterne und Jean Paul sowie von Goethe und Tieck und priesen den Reiz, welchen das Verfolgen der Kompositionsgeheimnisse und des Stiles gewähre . . .« (119). Wahre Liebhaber hören nicht das Gras wachsen. Sie gehören nicht der Schererschule an. Sie sprechen vom Geheimnis der Form und schweigen vom Geheimnis des Zusammenhanges von Dichterleben und Lebendichten. Die wahren Dichter jedoch schweigen darüber noch tiefer. Sie sind alle tot, und so schweigen sie wie das Grab. Am Totsein kann man sie schon im »Grünen Heinrich« erkennen – sowohl Schiller wie Jean Paul wie den anderen, noch Größeren. »Der große Goethe ist gestorben«, lautet das Stichwort für Heinrichs Begegnung mit ihm: ». . . dies Wort klang mir immer wieder nach. Der unbekannte Tote schritt fast durch alle Beschäftigungen und Anregungen, und überall zog er angeknüpfte Fäden an sich, deren Enden in seiner unsichtbaren Hand verschwanden« (V, 3; B 3, Kap. 1). ». . . diese Leute sind längst gestorben«, hieß es im Brief an Hermann Hettner vom 4. März 1851, bereits anläßlich »Pankraz des Schmollers« zitiert, von den Klassikern Goethe, Schiller und Tieck. Große Dichter sind tot. Nur ihr Werk spricht.

»Spiegel, das Kätzchen« eröffnet mit Hexe und Hexenmeister eine Märchenvergangenheit Seldwylas »vor mehreren hundert Jahren« (VII, 323). Auch in der Novelle »Dietegen« gibt es Atmosphärisches und Einzelzüge, die einer eher skurrilen Märchenhistorie zugehören. In einer Welt, in der die Seldwyler als Historienmaler besonderer Art mit einem »ungeheuren Pinsel« voll schwarzer Wichse die überlangen Nasen ihrer Feinde anmalen und sie dadurch beim Kampf in die Flucht schlagen (VIII, 222 f.), wirken selbst grausame spätmittelalterliche Rechtsbräuche wie Henken, Rädern, Verbrennen und Ertränken ein wenig lächerlich. Sexual- und Kunstnöte des grünen Malers Heinrich kehren grotesk überspielt und entschärft in solchen Kunstlebens- und Sexualprotzgebärden einer possenhaften Historie wieder.

Dennoch tut Keller mit »Dietegen« im Rahmen der »Leute von Seldwyla« den ersten Schritt in Richtung auf eine Modegattung des 19. Jahrhunderts: die historische Epik, und dahin gehört, daß er in diesem Werk auf zwei Episoden aus Melchior Schulers populärem Geschichtswerk »Taten und Sitten der Eidgenossen« (3. Auflage 1841 f.) zurückgreift und sie miteinander verflicht. Die Ausbildung historischer Dichtung im engeren Sinne ist an das Aufkommen des historischen Bewußtseins seit dem Ende des 18. Jahrhunderts geknüpft. Erst indem die Vergangenheit als unwiederholbar eigenartig und zugleich als Entwicklungsglied zu einer ebenso unwiederholbar eigenartigen Gegenwart eingeschätzt wurde, konnte die Spannung erzeugt und erfahren werden, welche die Aktualität des Vergangenen ausmacht: daß im Gewesenen Gegenwärtiges und im Gegenwärtigen Gewesenes anschaulich wird, wobei das Vertraute ein fremdes und das Fremde ein vertrautes Gesicht annehmen kann. Die Geschichte vermag derart zu einem Mittel der Auseinandersetzung mit der Gegenwart zu werden. So ›erkennt‹ der junge Goethe in der Anfechtung des Fehderitters und Selbsthelfers Götz von Berlichingen durch die auf das römische Recht gestützten Fürsten und in seiner Verschlingung in das soziale Geschiebe der Zeit eine aktuelle Konstellation: die Beklem-

mung des eigenständigen, originalen Menschen, wie ihn der Sturm und Drang auf den Schild hob, durch die heraufkommende, in *einem* anarchische und abstrakte moderne Gesellschaft. Gerade die Ausbreitung historischer Dichtung im 19. Jahrhundert führt aber auch zu einem Abflauen der Aktualitätsspannung. Geschichte wird zur Kulisse pessimistischer Lebensstimmungen bei Conrad Ferdinand Meyer, Wilhelm Raabe oder Theodor Storm, zum unverbindlichen Fluchtraum aus einer zunehmend undurchsichtigen Gegenwart im Professorenroman Felix Dahns und Georg Ebers', zur Legitimationsbasis der Anpassung ans Bestehende bei Gustav Freytag. Bei Keller wird sie zum Ort der konkreten Utopie, und eben das zeichnet sich in »Dietegen« ab, allerdings nur in ersten Umrissen, da es dem Konstruktionsprinzip der »Leute von Seldwyla«, die wahre und echte Schweizergesellschaft draußen zu lassen, widerspricht.
Anläßlich des »Grünen Heinrich« ist das patriotische Fest als Erscheinung der Potentialität des Volkes bestimmt worden, dessen Ganzheit sich in der Aktualität des Alltagslebens zu entziehen droht. Das utopische Moment von »Dietegen« besteht darin, daß im Raum der Geschichte die in der Gegenwart für Keller verschwindende Aktualität des Volkes ansichtig wird: das Volk als geschichtsmächtige Kraft. Das geschieht in einer Situation, die dem im Fest möglichen, fast rauschhaften Einungserlebnis auf anderer Ebene entspricht. Es ist die große vaterländische Schlacht, wie sie in »Dietegen« historisch fixiert als Schlacht bei Grandson 1476 im Burgunderkrieg gegen Karl den Kühnen Darstellung findet. Mit einem humoristisch getönten Pathos, wie es in der Festschilderung des »Fähnleins der sieben Aufrechten« wiederbegegnet, ist in »Dietegen« der Kampf als Verbindung des Entzweiten und Einheit des Verschiedenen gefeiert – in bezug auf die Schweizer Gemeinwesen wie in bezug auf die einzelnen Kriegsteilnehmer. »Wie ein eiserner Garten stand das lange Viereck geordnet und in seiner Mitte wehten die Fahnen der Länder und Städte. Mann an Mann standen die Tausende, jeder in Zuverlässigkeit und Furchtlosigkeit wieder eine Welt für sich, und alle zusammen doch nur ein Häuflein Menschenkinder« (286).

Im Bild von der Kriegsmacht als Garten ist das Tödliche verglichen mit dem Fruchtbaren, das Unnatürliche mit dem Natürlichen, weil es hier um das Überleben der Kulturnaturgröße Volk geht, der es gelingt, »einen der ersten Kriegsfürsten mit seinem in Glanz und Üppigkeit strahlenden Heerzuge wie einen Fabelkönig in die Flucht zu schlagen« (287). Dabei sind auch die Leiden und Freuden des individuellen Lebens im Ganzen aufgehoben. In den Festen des »Grünen Heinrich« geschieht das nur vorübergehend, im Fest des »Fähnleins der sieben Aufrechten« dauerhaft durch das hier gestiftete Eheglück, bei der Schlacht dagegen endgültig im Tode. Eine der Hauptfiguren der Novelle, der Forstmeister, »arbeitete . . . sich«, unters feindliche Fußvolk verschlagen, »getreulich ein Kämmerlein aus, wie ein fleißiger Bergmann; aber eben als er sich auch ein Pförtlein in dasselbe gebrochen hatte, kam durch diese Öffnung eine verspätete und verirrte Stückkugel Karls des Kühnen und zerschlug ihm die breite Brust, also daß er in einem kurzen Augenblicke im Frieden der ewigen Ruhe da lag und nichts ihn mehr beschwerte.« (287)

Vielfach sind hier die Momente verschichtet: Der Arbeitsfleiß ist Fleiß des Tötens. Das Kämmerlein ist das eigenhändig ausgearbeitete Grab, die Öffnung ins Freie ist der Weg für die feindliche Kanonenkugel. Doch der Tod ist auch die Befreiung aus einer selbstverschuldeten ausweglosen Lebenssituation. Der Held geht ein durch das enge Pförtlein in die große Freiheit, und daß die Formulierung so klingt, als hätte Karl der Kühne persönlich die Stückkugel abgeschossen, läßt den einen fehlbaren Mann, den sie trifft, blitzhaft zur Verkörperung eines ganzen mannhaften Volkes, den »fleißigen Bergmann« zum Gegenspieler des glänzenden Fürsten werden. Werden sich im Volksfest des »Fähnleins der sieben Aufrechten« »Tore des Paradieses« öffnen, und »ein Strahl der Erlösung und Freude blitzte über alle Gesichter« (x, 67), so können es in »Dietegen« der Titelheld und der Forstmeister als »eine Erlösung« empfinden, »aus dem gestörten Hause hinauszutreten und die frische rauhe Kriegsluft zu atmen« (VIII, 285 f.).[62]

Das Unausgeführte der historischen Dimension bei »Dietegen« liegt nun darin, daß im Knotenpunkt der Schlacht zwar Figurenhandlung und historisch-politisches Geschehen zusammen-

laufen, aber doch nur an einer eher zufälligen Stelle und für die Titelfigur vorübergehend. Aufs Ganze gesehen bleibt die Geschichte ein kulturhistorischer Hintergrund, vor dem sich individuelle Schicksale ohne Aussagekraft für die einmalig-bestimmte historische Situation abspielen. Immerhin findet im Geschichtsrahmen eine deutliche Aufwertung Seldwylas statt, und es zeigt sich daran alsbald, worin die Eignung der Geschichte zur Utopie für Keller besteht: Sie gibt ihm die Möglichkeit, die ökonomische Problematik auszuklammern, die am stärksten zur Zerklüftung der Gesellschaft und zur Unansehnlichkeit des Schweizervolkes im Alltag beiträgt. Die Geschichte in Kellers Novellistik ist eine Sphäre ohne Ökonomie, demgemäß auch ohne die kritische Konstellation von Kapitalismus und Poesie. Es gibt keine poetische Wirtschaft. Die Kontraststadt zu Seldwyla ist hier nicht das Merkantilstädtchen Goldach, sondern das anrüchige Rechts- und Gerichtsstädtchen Ruechenstein.
Zwar behalten die Seldwyler ihr Fragwürdiges, aber es geht jetzt auf im Gegensatz von üppigem Leben und finsterer ruechensteinischer Gesetzlichkeit, wobei weder das üppige Leben bis zur radikalen Außergesellschaftlichkeit der fahrenden Leute in »Romeo und Julia« noch die Gesetzlichkeit bis zum Todernst der Meretlein-Episode im »Grünen Heinrich« getrieben wird, auch wo es um Kopf und Kragen geht. Im Krieg gegen den Landesfeind stehen die verfeindeten und so gegensätzlichen Nachbargemeinden treu zusammen, und in der vom »Grünen Heinrich« geläufigen Zeichenantithetik von Christentum und Heidentum ist unterirdisch ein Ausgleich in der etwas schematischen Form des Sowohl-Als-auch angelegt: Die Ruechensteiner sind finstere und lebensfeindliche Gesellen, und erst die hellen Seldwyler müssen auftreten, um zu entdecken, was den Ruechensteinern unerkannt vor Augen liegt. Gleichwohl besitzen die überchristlichen Ordnungs- und Dunkelmänner von alters her ein feines Repräsentationstafelzeug, auf dem »sehr fröhliche Göttergeschichten«, in »freien und üppigen Szenen« eine »heidnische Greuelwelt«, »hier eine Leda und dort eine Europa«, sogar »eine Galatea von den verwegensten Formen« dargestellt sind (230 ff.). Sinnlichkeit überwintert auch hier.

Umgekehrt empfängt die weibliche Hauptfigur in Seldwyla, wo es ziemlich heidnisch zugeht, besonders am Johannistag mit seinen vorchristlichen Traditionen, schmerzhafte Eindrücke von einem erkalteten alten Kachelofen, der als »rauhes Bildwerk . . . den Verlust des Paradieses« darstellt (288). Und auch das ist wieder relativiert, denn das Mädchen empfindet einen Lachreiz trotz großer Seelennot, weil just auf der Kachel der Paradiesesvertreibung »Adam statt eines vertieften Nabels ein erhabenes rundes Knöpfchen auf dem Bauche« hat (288 f.). Das deutet nicht nur auf verkehrte Welt in Seldwyla, sondern auch auf die erfreuliche Ausbuchtung der männlichen Anatomie an einer markanten Stelle, mit deren Akzentuierung Seldwyla heiter, aber unüberhörbar der gängigen Strafpredigt der Sündenfallmythe widerspricht – zumal der unaufmerksame Töpfer, dem diese hübsche Fehlleistung an Adams Bauch passierte, eine Postfiguration des Schöpfers selbst ist, der Adam aus Lehm gemacht hat. In Seldwyla und in Ruechenstein ist Sinnlichkeit im Kunstprodukt geborgen – im Tafelzeug, das an die reiche Tafel des Lebens erinnert, und im Kachelofen, der zum Wärmen bestimmt und fähig bleibt, auch wenn er rauhe Eindrücke macht und einmal ausgeht.

So kommen am Ende mit dem nach Seldwyla geretteten »Abkömmling von Ruechenstein« Dietegen (253) doch heilsam auch einige Züge dortiger Ordnung auf den zu allerlei Verkehrtheiten geöffneten Seldwyler Mutterboden, dessen Gewächs Küngolt Dietegens mit vielen Kindern gesegnete Frau wird, nachdem ihm vorher Bestände toter und tötender Ruechensteiner Gesetzlichkeit und Überheblichkeit abgestreift worden sind. Das geschieht durch die Stief-Adoptivmutter Violande (Viola = Stiefmütterchen), die noch als Sünderin soviel überlegene Frau geblieben ist, daß sie Dietegen von der Ordnung zum Leben rufen kann. Etwas von der unfruchtbaren Selbstgerechtigkeit der Kammacher hatte auch aus ihm herausgeschaut, denn Männer sind entweder schwach oder starr oder beides, wenn sie aus ihrer Erhabenheit am Bauch die Pose der Erhabenheit ableiten. Frauen dagegen verführen oder normieren oder tun beides nacheinander. Letzten Endes korrigieren der starre Mann Dietegen und die verführend-verführte Frau Küngolt einander wechselseitig. Da aber in den Namen Dietegen und Küngolt, wie Keller wohl wußte, jeweils Kollektive berufen sind: Diet = Volk und Künne = Geschlecht[63], und da die Nachkommenschaft beider bis in die Gegenwart des Erzählers blüht, hat zuletzt auch die Figurenhandlung den sinnbildlichen Horizont, daß in der kulturellen Naturordnung der Ehe die Naturordnung des Volkes gehalten und garantiert ist.

»Romeo und Julia auf dem Dorfe« und »Dietegen« sind Kontrastnovellen. Dort führt Liebe in den Tod, hier erwächst Liebe aus der Todesdrohung. Auch in der Tendenz, die Handlung gegen die biographische Unterströmung abzudichten und dadurch zu objektivieren, haben beide Novellen Gemeinsames, nur daß das Ergebnis bei »Romeo und Julia« in einer für Keller ungewöhnlichen, fast klassischen Rundung, bei »Dietegen« dagegen in vielfältigen und kleinräumigen Ausgleichbewegungen besteht, die der Novelle in ihrer von Keller gegen Emil Kuh am 11. Juni 1874 hervorgehobenen Symmetrie etwas Angestrengtes und Unlebendiges geben. So schieben sich bekannte Muster und Motivationsstränge Kellers einerseits, von der Quelle vorgegebene, extreme, im Ursprung eher schwankhafte Handlungskurven andererseits ineinander zu Momentbildern, die nur auf die Hauptlinien hin erörtert werden sollen.

Leicht ist der Kontrast des schönen Helden Dietegen mit seiner »tannenschlanken breitschultrigen Gestalt« (290) zu seinem unglückseligen Nebenbuhler, dem bucklig-verwachsenen Ratsschreiber von Ruechenstein zu lesen (267), halb ein Nachfahre von E. T. A. Hoffmanns Klein Zaches, genannt Zinnober, halb Zerrbild eines Staatsschreibers von Zürich, der während der Entstehungszeit der Novelle in seine Stelle eingerückt ist. Das im christlich-reglementären Ruechenstein verlorene und gedemütigte Waisenkind erlebt – abgehoben vom Schicksal des schönen, armen, von den Eltern verstoßenen Meretlein – eine dauerhafte Auferstehung vom Scheintod, der ihm durch einen ungerechten Prozeß und eine unsachgerechte Henkersarbeit zugefügt worden ist. Er wird wiedergeboren, »wie wenn er im Paradies erwacht« (235) und »von fremden bösen Leuten in das Vaterhaus zurückgekommen wäre« (242), in das Seldwyler Glück einer ganzen Familie, die ihn adoptiert: ein starker Vater;

eine zärtliche Mutter, die er über den frühen Tod des einzigen Sohnes hinwegtröstet; eine schöne Schwester Küngolt, mit der er im gleichen Kinderbett schläft – Kellers ideales Familienensemble, versammelt um einen glücklichen grünen Heinrich. Er ist ein »unschuldiges Kind« (235) und »guter Engel«, der vom Vater zum Forstmann und Krieger ausgebildet wird.

Die Seldwyler wollten Dietegen zu Tode bringen, weil er kindlich-spontan beim Trödeljuden ein vermeintlich wertloses Krüglein gegen eine Armbrust getauscht hat. Er selbst ist, von den Ruechensteinern unerkannt, im Griff nach dem männlichen Kinderspielzeug wie das von ihm vertrödelte Krüglein Silber, statt Blech. Der ins Paradies eingetretene Knabe erlebt im Wald, das Mädchen Küngolt an der Seite, die glückhafte Umkehr des Sündenfalls, der später im kunstvollen Kachelofen noch einmal paraphrasiert ist. Küngolt, die ihm aus der väterlichen Waffenkammer einen Spieß anvertraut hat, reißt ihm die Waffe weg, um eine im Wasser schwimmende Schlange aufzustören. »Aber als Dietegen sah, daß sie die blankgeschliffene schöne Waffe mißhandeln wollte, nahm er ihr dieselbe stracks wieder aus den Händen und machte sie aufmerksam, wie sie die glänzende scharfe Spitze an den Steinen verderben würde. ›Das ist wohlgetan von dir, du wirst gut zu brauchen sein!‹ sagte plötzlich der Forstmeister, der mit einem Knechte hinter den Kindern stand. Sie hatten ihn wegen des Bachgeräusches nicht kommen hören . . . der Forstmeister betrachtete voll Wohlgefallen den schönen Knaben und verhieß, einen rechten Gesellen aus ihm zu machen.« (245) Die Beschädigung der schönen Schlange, in der sich die Sexualität verkörpert, und der männlichen Waffe wäre der Sündenfall gewesen. Statt des strafenden Gottvaters tritt deshalb alsbald der liebende und lobende Vater auf und vollzieht einen Legitimierungsakt, dessen Bedeutung im Blick auf die problematische Verbrüderung zwischen dem Grafen und dem grünen Heinrich deutlich wird. »Du bist mein lieber Sohn, an dem ich Wohlgefallen habe!« Später wird sich Dietegen als Kriegsmann lässig auf einen langen Speer stützen und als Forstmann das Forstamt des toten Adoptivvaters führen.

Allerdings ist in der Paradieses-Episode auch hier eine Verschattung angelegt, die sich zum zentralen Konflikt der Novelle auswachsen wird. Nicht von ungefähr sind die paradiesisch zahmen Wildtiere, an denen sich der bis dahin völlig naturfremde Dietegen erfreut, lebende Braten, welche die praktischen Seldwyler für Festlichkeiten parat halten, also zum Tode bestimmte Gefangene – selbst diese Idylle Kellers ist trügerisch. Küngolts Zuteilen und Wegreißen der männlichen Waffe enthält eine Herrschafts- und Besitzforderung; »Niemand darf dich küssen als ich! Denn du gehörst mir allein, du bist mein Eigentum . . .« (248). Dieser Anspruch wächst sich mit zunehmendem Alter der Kinder immer stärker aus. Nach besitzergreifenden, zu frühen Zärtlichkeiten Küngolts, denen sich Dietegen zu entziehen trachtet, bricht in einer Art von Verlobungsszene die Spannung auf. Dietegen sagt: »Höre, du Kind! Ich lasse nicht mit mir spielen! Von heut an bist du so gut mein Eigentum wie ich das deinige . . .«. Küngolt antwortet: »O du großer und alter Mann! . . . du bist mein und nicht ich dein!« (257)

Solche Anmaßung gründet darin, daß Küngolt, indem sie das Leben im scheintoten, schlecht gehenkten Dietegen erkannte, ihn »eigentlich gerettet« und für sich zur Eroberung gemacht hat (236). Sie hat ihm das Leben geschenkt; *sie* hat ihn wiedergeboren. Im Verfügen über die Waffe ist sie eine Variante der Mutter, die in den Heimkehrträumen des grünen Heinrich mit langer Rute die Bettfasanen hütet; sie ist in aller Kindlichkeit eine Erscheinung der bedrohlichen, ergreifenden Mutter, so daß sich Dietegen »heiß und unheimlich zwischen Tochter und Mutter« fühlt (255). ». . . indem er sich so wohl geborgen sah, empfand er erst recht seine Einsamkeit in der Welt« (255). So zerbröckelt die familiäre Idealität im Krisenmoment. Die Mutter Küngolts, die in ihrer »wehrlosen Herzensgüte« (250) den Sohn angenommen hat, bestätigt halb scherzhaft das Liebes- und Herrschaftsbegehren der Tochter: »Hier hast du ihn, mein Töchterchen! Komm und halt ihn fest!« (255) Damit liegt ein Zug von Gefahr und Sünde in der Liebe, ein Sich-Anbieten der Mutter in der Schwester Küngolt, ein Sündenfall auf dem Boden des vermiedenen Sündenfalls, für den die Mutter eine tödliche Erkältung als Strafe davonträgt. Sie wird eingefroren und »fühlte wohl, daß das nicht die rechte Todesart für eine Hausmutter sei, die von Unvorsichtigkeit in der Freude herrührt« (258).

Und der Vater? Er verfällt nach dem Tod der Frau der Verführung durch eine zweifelhafte Nachfolgerin, und Dietegen wird »in höchster Betroffenheit«, »beschämt und errötend« (273), Zeuge einer Liebesvereinigung, die den starken Vater als unterworfenen schwachen Vater entläßt. Küngolt hat sich in ihrer Sucht, Männer zu beherrschen, »wie eine Schlange ... umzutun« gewußt (270), den »Geist einer, wenn auch noch kindischen Buhlsucht« im Leibe (263), dabei »kalt wie Eis gegen jeden Einzelnen in ihrem Herzen« (270). Ein leichtfertig angewandter Liebestrank trägt ihr die Anklage wegen Zauberei und Behexung ein (274). Sie findet sich eingesperrt in der Leichenkammer des Totengräbers (277 f.), später angekettet an den Sündenfallofen (283), noch später unter dem Ruechensteiner Galgen wieder. Sie muß ganz klein werden, ehe die männliche Erhabenheit Adams ihr erfreulich werden kann, und so ist denn Dietegens wackerer Entschluß: »... so will ich hingehen und das Kind zu mir nehmen!« (294), mit dem er Küngolt unterm Galgen weg vom Vollzug des Todesurteils rettet, nichts anderes als das Unternehmen einer Umkehrung der Asymmetrie der Geschlechter, die Küngolt hatte einführen wollen. Hat Küngolt dem Kind Dietegen das Leben geschenkt und ist damit symbolisch seine Mutter geworden, so schenkt Dietegen seinerseits der erwachsenen, aber tief gefallenen Küngolt das Leben und wirft sich damit im Eheschluß symbolisch zu ihrem Vater auf. Wie ein Kind schläft die gerettete Küngolt in seinen starken Armen (297). Wie als Kinder im Paradies ruhen sie jetzt wieder in der Natur beim Heimweg vom Galgen.
Emanzipation der Sinnlichkeit als der Widerspenstigen Zähmung – das ist Kellers paradoxe Variation eines alten Themas. Unter dem Schein der Keckheit ist der Kriegsheld Dietegen ein scheuer und schüchterner Gesetzesknabe. »Er liebte es, etwa eine schreiende Magd bei den Zöpfen zu packen, ihr einen Augenblick forschend ins Gesicht zu sehen und die Erschrockene oder auch Lachende dann wieder laufen zu lassen.« (290) So weit läßt er sich gehen! Er muß schon fast in eine Situation moralischer Erpressung geraten, ehe er den Heiratsentschluß faßt. Nun mag die Ruechensteiner Strenge geschmolzen sein, aber Küngolt bekommt als Brautkranz einen Stechpal-

menkranz aufgesetzt, der stark an des grünen Heinrich Narrenkranz beim Künstlerfest erinnert. Das bedeutet nicht nur wehrhafte Ehe nach außen, auch ein wenig noli me tangere nach innen. Mit Küngolt als Schwester hat er einst im Kinderbett zusammen gelegen. Etwas von Schwester ist in Küngolt auch, als sie nach dem Hochzeitsmahl »zur Ruhe« gehen und sie »zufrieden an der Seite ihres Mannes« liegt (299). Den Mutterboden von Seldwyla darf man nicht erschüttern. Worin drückt sich Küngolts tiefe Läuterung aus? In dem geheimen, nun aber selbstlos gewordenen Muttergedanken unterm Galgen, daß Dietegen »ihr sein blühendes Leben danke« (294). Warum sollen nicht Männer die Autorität haben; sie sind doch alle nur Söhne. Die wahre Domina macht keine Dominanz geltend. Nur äußerlich ist sie klein geworden, die von jetzt an auf Herrschaft verzichtende, aber lachend überlegene Ehefrau. In ihrem »Restchen von Schalkheit« (299) ist ein Restchen des Unzähmbaren transformiert, gebrochen und erhalten. Das Lachen ist gleichermaßen ein Anerkennungs- wie ein Entschärfungsakt der Sinnlichkeit – ein großes Thema Kellers, wie sich im »Sinngedicht« zeigen wird. Und auch diese sublime Aufhebung ist in Kunst dokumentiert: »dem Bilde eines guten Malers«, das von Küngolt überliefert ist. »Man sieht da eine schlanke feine Patrizierfrau, deren schöne Gesichtszüge einen gewissen tiefen Ernst verkünden, durchblüht aber von sanfter kluger Laune« (300). Wenn Küngolt am Ende einer Erkältung zum Opfer fällt, die sie sich am Grab des gefallenen Kriegshelden Dietegen unabsichtlich absichtlich zugezogen hat, ist sie eine gereinigte Wiederholungsfigur der Mutter. Nun wird sie wirklich Ruhe an der Seite ihres Mannes haben.

Das verlorene Lachen

Die letzte der Seldwyler Novellen ist erst 1874, in der Schlußphase von Kellers Tätigkeit als Zürcher Staatsschreiber 1861 bis 1876, fertiggestellt worden. Nach einer alkoholreichen Nacht in extravaganter Gesellschaft, in deren Verlauf Keller randalierend und stuhlschwingend gegen den deutschen Sozialisten Ferdinand Lassalle losgegangen war, mußte er am Morgen seines Dienstantritts als Leiter der kantonalen Staatskanzlei von einem Regierungsmitglied aus dem Bett zur Arbeit geholt werden. Die Wahl des im Staatsdienst unerprobten, durch keine Ausbildung vorbereiteten, in seiner Lebensführung – gelinde gesagt – unregelmäßigen Poeten in eines der höchsten Staatsämter erweckte Befremden; nach sechs Wochen Amtsführung aber wird Keller schon von der Presse bescheinigt, nach allem, was man höre, dürfte er einer der tüchtigsten Staatsschreiber werden, die Zürich je besessen habe.[64] Der ewig unfertige Muttersohn ist durch das vom Vater Staat gegebene Amt erwachsen geworden. Er ist ein Funktionär des repräsentativen liberalen Systems. Zu dessen Träger Alfred Escher besteht eine spannungsvolle, von Empfindlichkeiten gegen den Princeps und Mäzen nicht freie Freundschaft. Der Poet ist, was er wollte, geworden: ein Bürger. Keller macht mit dem Schreiben Staat.

Dennoch legen sich tiefe Schatten über ihn. Hat sich Keller, der die Berufung zum Professor ausschlug, das prosaische Amt als Bußübung zur Abtragung von Schuld an Vaterland und Muttererde auferlegt, aus denen er als Zierpflanze so lange, zu lange seinen Unterhalt gesogen hat? Jedenfalls ist dieser Beruf für Keller weniger Erfüllung als Mühsal. Beamter ist weniger als Unternehmer, weniger als aktiver Politiker. So verantwortungsvoll die Tätigkeit sein mag; sie ist nicht im tieferen Sinne produktiv, weder politisch gestaltend noch Personausdruck. Auch wenn sich prägnante Eigenschaften Kellers herausarbeiten – Pflichttreue, Beharrlichkeit, Eigenständigkeit; das Ganze ist doch wieder in der Spaltung. War die bürgerliche Existenz das Jenseits des Poeten Keller, so ist die Poesie das Jenseits von Kellers bürgerlicher Existenz. Mögen Poesie und Kapitalismus einander berühren, Poesie und Bürokratie tun es nicht. Die poetische Produktion wird spärlich. Der Staatsschreiber hat sich nicht von sich freigeschrieben und schreibt sich nicht von sich frei; vielmehr wandert die Fragwürdigkeit des Lebensschreibers zum öffentlichen Schreiber, des Phantasten zum Politiker hinüber, auf derselben Licht- und Schattenbrücke, über die das wechselseitige Bestrahlungsverhältnis von Poesie und Ökonomie läuft. Das Bild der müden Danaide, aus einem Gedicht des grünen Heinrich erinnerlich, in dem er sich in seiner Selbstverfangenheit als Außenseiter des Volkes sah, zieht ins Staatsschreiberwesen ein, wenn Keller in seiner autobiographischen Skizze von 1876 sagt, der moderne Schreiber fühle sich »nur als Danaide mit dem Wassersieb in der Hand, er sieht nur die Vergänglichkeit der Dinge, hört nur das Abschnarren eines Uhrwerkes, aus welchem die Hemmung weggenommen ist« (XXI, 8 f.). Der Staatsschreiber ist ein Außenseiter seiner selbst geworden, der das Abschnarren des Uhrwerks seiner poetisch schöpferischen Zeit fühlt; der im Räderwerk einer sich beschleunigenden und verselbständigenden administrativen Maschine sitzt; der die Abstraktheit, das Routinierte einer Tätigkeit empfindet, die als Schreiben nicht Wirken ist – vielleicht die Abstraktheit aller Tätigkeiten in einer Gesellschaft, in der auch das Ganze, Wirkliche, Lebendige nur noch abstrakt vorkommt, als ideale Gegenvorstellung zum partikularen eigenen Leben.

Der Staatsschreiber ist schließlich auch der Fremdling eines politischen und gesellschaftlichen Systems geworden, das sich entgegen seinen Wünschen und Hoffnungen entwickelt. Er erlebt mißgelaunt den Umbruch des liberalen Repräsentativsystems in eine plebiszitäre Demokratie, beunruhigt von der Eigendynamik einer Gesellschaft und einer Wirtschaftsordnung, durch die er den einzelnen Menschen – Grund und Bollwerk seines Liberalismus – untergraben sieht. Im »Verlorenen Lachen« schlagen sich diese düsteren Erfahrungen und Erwartungen nieder. Es vollendet sich die Auflösung der geistigen Topographie von Seldwyla. Kündigt die Vorrede des zweiten Teils der Sammlung eine Nachlese aus vergangenen lustigen Tagen der Stadt an, so springt die letzte Novelle jäh aus dem Spätmittelalter von »Dietegen« in ein Zeitbild über, bei dem das Geschiebe der modernen Gesellschaft das Reservat Seldwyla geschluckt hat und das dünne novellistische Gerüst mit seinen wohlvertrauten Bestandteilen fast zerdrückt. Der Staatsschreiber drängt auch als poetischer Autor die vitalen persönlichen Schreibimpulse zurück und beschäftigt sich kritisch, bei herabgeminderter Ausdruckskraft, mit dem Gemeinwesen.

Das junge Paar, das sich in der Novelle zur Ehe und nach einer schweren Ehekrise zu festem Glück findet, ist von Natur und

Kultur füreinander bestimmt. Die Naturbestimmung äußert sich durch das »wundervolle Naturspiel« (VIII, 318), daß Mann und Frau »das gleiche schöne Lachen« zeigen (308), dessen Verlust und Wiedergewinnung weniger das Thema als die mühsam hervorgebrachte novellistische Pointe der Erzählung ist. Die kulturelle Bestimmung der beiden füreinander liegt in der wechselweisen Ergänzung der Namen. In Jukundus und Justine mit dem gleichen Anlaut vereinigen sich Frohsinn und Gerechtigkeit, in den Nachnamen Meyenthal und Glor(ia) schöne Natur und gesellschaftliche Geltung, wenn auch bei der reichen Seidenfabrikantenfamilie Glor aus Schwanau, der Justine entstammt, bedenkliche Nebenassoziationen ins Spiel geraten, denn Gloria hat auch eine Seitenbedeutung von Ruhmsucht und das anklingende Chlor ist ein geläufiges Mittel zur Gewichtserhöhung der Seide, eine nicht gerade verbotene Verfälschung am Rande der Legalität.[65] Das stolze Schwanweiß (Schwanau kommt als Name einer Insel im Lauerzer See, aber nicht als Schweizer Ortsname vor) ist nicht ganz lupenrein. Es gehört hierher, daß die großartige Familienmutter Gertrud Glor mit dem Ehrennamen die Stauffacherin aus Schillers »Wilhelm Tell« im Augenblick der Familienkrise zusammenklappt. ». . . das Ideal einer klugen und starken Schweizerfrau« geht in ihr nieder, ein »Stern und Schmuck des Hauses und Trost des Vaterlandes« (317).

Mit der Stauffacherin ist Kellers Familienthema berührt. Drei »hohe Frauengestalten« (318) machen das Wohlergehen des Jukundus Meyenthal und sein Mißgeschick. Seine Mutter arrangiert, das Redegarn der Stauffacherin einfangend und eingewickelt zurückgebend (327 f.), mit der künftigen Schwiegermutter zusammen weltklug »das geschmiedete, oder in diesem Falle das genähete Glück« der Ehe (330) zwischen der Fabrikantentochter und dem wenig begüterten Sohn – eine Charakterisierung des Glücks, die nicht unbedingt günstige Prognosen einschließt. Die Mutter krönt damit – wie könnte es anders sein – die Erziehung eines vaterlosen Sohnes, der recht wohlgeraten ist und sogar den künftigen Schwager in einem militärischen Ehrenhandel vom mütterlichen Schürzenband löst (323 ff.). Trotzdem findet auch dieser Muttersohn seinen Weg zunächst da nicht, wo der Vater sein Führer hätte sein müssen. Er scheitert als selbständiger Kaufmann, dann als Mitarbeiter im großen Familienunternehmen der Glors; er scheitert in der Politik, indem er sich von einer scheindemokratischen demagogischen Bewegung einfangen läßt; er droht in der Ehe an der hohen stolzen Justine zu scheitern.

Diese nimmt – im Bunde mit Mutter und Schwiegermutter – den ersten beruflichen Mißerfolg des Jukundus beinahe mit einer »geheimen Freude« auf, »den lieben schönen guten Mann in ihr Vaterhaus ziehen und dort mit aller Vorsorge einspinnen und in Seide wickeln« zu können »wie ein zerbrechliches Glasmännchen« (336). Beim zweiten Mißerfolg aber, der einhergeht mit einem religiösen Zerwürfnis der Ehegatten, fällt das verächtliche Spottwort »Lumpazi« gegen den Mann, das um so schimpflicher ist, weil es fast auch ein Kosewort ist und an den kindlichen Kosenamen des Jukundus anklingt. Das Männchen Jukundi hat erst noch erwachsen zu werden. Seine Stattlichkeit und Herrlichkeit als Offizier und »mustergültige Festerscheinung« (306) beim patriotischen Sängertag erweisen sich, ähnlich wie beim grünen Heinrich militärisches und Festengagement, als unzureichende Anbindungen an die Vaterwelt.

Die Mütter müssen zusammenbrechen, damit die Wiederherstellung der Ehe, genauer gesagt die im Kindersegen manifeste Herstellung gelingen kann, jenes Wechselspiel, das sich in der Namengebung für die Kinder Justus und Jukunde ausspricht (431). Sie ist dem Rollenbild von Mann und Frau gemäß, das bei den Eltern auf den Kopf gestellt ist. Mutter und Schwiegermutter verlieren – man könnte sagen glücklicherweise – den Halt und sterben. Justine, eine bürgerlich abgemilderte Küngolt, muß »die kranke Sucht nach Selbständigkeit, welche die Frauen dieser Zeit durchfiebert«, hinter sich bringen (393); sie muß den Tod der Mutter, den Niedergang der väterlichen Firma, die Hohlheit ihres religiösen Führers und Pfarrers, die Beschränktheit einer mütterlichen religiösen Leitfigur erleben, ehe sie als Ehefrau für Jukundus reif wird. Jukundus muß beruflich auf die eigenen Füße kommen und politisch desillusioniert werden. Dazu ist es notwendig, eine alte Witwe mit dem unerschöpflichen Ölkrug der üblen Nachrede, genannt nach der biblischen

Witwe und Haushälterin des Propheten Elia (1. Kön. 17), als Quelle der politischen Vergiftung zu erkennen. Indem er diese letzte Mutterfigur – im Gegensatz zu den drei hohen Frauen eine tiefe, eine »Hexe« und »Unholdin« (422 f.) – am Kragen packt und ihr die Luft zum Reden nimmt, entlockt er ihr den Schrei, der zur Wiederbegegnung der getrennten Ehegatten, zum Wiederfinden ihres Lächelns und ihrer Gefühlssprache führt. Ein symbolischer Hexenmord als symbolischer Muttermord gibt dem Mann das Heft in der Ehe und in der Politik in die Hand.

Das Diffuse der Geschichte liegt nicht in Verwerfungen und Dunkelzonen dieser Familienhandlung; sie ist beredt genug. Es liegt vielmehr in Verwerfungen und Kurzschlüssen der Verknüpfung zwischen Familienhandlung und kritischem Gesellschaftsbild, an denen sichtbar wird, daß es Keller unmöglich war, das familiäre Happy-End in ein gesellschaftliches Happy-End einzubinden. Weil die Gesellschaft des »Verlorenen Lachens« soviel schlimmer ist als die des »Grünen Heinrich« und weil Jukundus ein soviel besserer Bürger ist als der Romanheld, läßt sich das Schema einer ineinandergreifenden Entwicklung als Bürger und Ehemann nur mit Mühe durchführen. So spricht das anfängliche berufliche Ungeschick des Jukundus eher gegen die ökonomische Verfassung der Gesellschaft als gegen ihn. Er ist zu nobel und zu wahrhaftig, zu gründlich und zu gewissenhaft, als daß er in der vielfältig zweifelhaften und unsoliden Geschäftswelt reussieren könnte, als deren Inbegriff die Glorsche Seidenfabrikation erscheint – auch außerdichterisch hat sich Kellers Kritik des Kapitalismus an der Textilindustrie entzündet.[66] Der Seldwyler Mißerfolg des Jukundus heftet sich an seinen vergeblichen Versuch, der »Baumschlächterei« (333), einer rücksichtslosen Abholzung der Wälder, mit der Rettung einer tausendjährigen Eiche entgegenzutreten, eines mächtigen Zeichens der Vatersphäre und der Tradition, der aus der Muttererde wachsenden Geschichte.[67] Entsprechend besteht der berufliche Erfolg des Jukundus am Ende darin, daß er mit Hilfe eines ehemaligen militärischen Vorgesetzten eine »bestimmte Lücke« in einem ausgebreiteten Handels- und Unternehmungswesen findet (372 f.), in der er nur tüchtig sein muß und die

Spekulationen, das »täuschen und ... lügen, überfordern oder ... unterbieten ... feilschen oder ... überlisten« anderen überlassen kann. Es ist eine ökologische Nische im Dschungel der Geschäftswelt, auf den noch im letzten Satz der Geschichte ein grelles Licht fällt: So viel weniger der ehemalige Pfarrer und geistliche Mentor der Justine ein Ehrenmann ist als Jukundus, um so viel mehr ist er ein Geschäftsmann.

Auch des Jukundus kurzlebige Anfälligkeit für die »dämonisch seltsame Bewegung, welche mehr Schrecken und Verfolgungsqualen in sich barg als manche blutige Revolution« (375), liegt in seiner Geradheit und Ehrlichkeit. »Während er im Geschäftsleben schon vorsichtiger geworden war, wurde er von dieser Bewegung überrascht wie ein Kind und glaubte jede Schändlichkeit, die man vorbrachte, wie ein Evangelium, über die Maßen erstaunt, wie es also habe zugehen können und was in einer Republik möglich sei.« (379) Er läßt sich für eine schlechte Sache einspannen, ohne persönlichen Ehrgeiz zu befriedigen oder eigenen Nutzen zu verfolgen: ein reiner Tor der politischen Szene, die sich am Ende zwar beruhigt und bereinigt hat, aber keine Zukunftsperspektive zeigt. Keller hat seine Mißbilligung der radikal-demokratischen Umwälzung von 1869, die ihn zwar im Amt ließ, aber den Princeps und Mäzen Escher vertrieb und den Staat tiefgreifend umgestaltete, durch nahezu vollständige Nichtbeachtung des erzielten Endergebnisses ausgedrückt. Vollends in seiner Weltanschauung, die Gott allenfalls als »Wahlkönig« gelten läßt (346), im übrigen aber Religion und Kirche beiseite hält, ist Jukundus ein Sprachrohr seines Autors, so daß zuweilen der Eindruck naheliegt, nicht Jukundus, vielmehr seine Umwelt sei unreif.

Schlüssigkeit erreicht das Werk allenfalls in einer Ebene, auf der das Thema der Poesie eine Wendung, Ausfaltung und Einbettung in das übergreifende Thema von Reden und Schweigen erfährt. Justine tritt als »Muse« des Sängerfestes auf (308), Jukundus als Sänger patriotischer Lyrik, eines Keller-Gedichts, das in steilem Überschwang das Vaterland als weltliche Kirche und irdisches Paradies »sündereiner Freude« feiert. Die konventionellen Motive und Metaphern anakreontischer Lyrik – die Anrufung der Freude in der Gemeinschaft und ihre Verknüpfung mit Weingenuß und Gesang, die Ornamentik der Rose, die Aufforderung zum Carpe diem – lassen das vaterländische Fest als Idylle erscheinen, in der Mensch und Natur, das Lied der Sänger und das hinter den Stämmen des Waldes wohnende Echo zusammenklingen (305). Das entspricht einerseits der Kellerschen Vorstellung des patriotischen Festes als Vergegenwärtigung der Einheit und Ganzheit der Kulturnaturgröße Volk. Gerade sofern das Fest inszeniert ist, ist es wahre Idylle, während die scheinbar wirklich und unmittelbar gegebenen idyllischen Lebenssituationen – man denke an den Anfang von »Romeo und Julia auf dem Dorfe« – trügerischen Schein über gesellschaftlichen Zerklüftungen verbreiten.

Andererseits aber deutet sich im Eingang der Novelle auch schon eine radikale Verschärfung der seit dem »Grünen Heinrich« bei Keller angelegten Kritik des vaterländischen Festes an. Im Echo wird das Thema exklusiver Selbstbespiegelung angespielt. Die preisgekrönte Leistung des Sängerwettstreits ist der Gesang einer »Tondichtung« »Veilchens Erwachen«, in der eine intime Stimmung chorisch aufgeschwellt, ein »nichtssagendes Liedchen« virtuos und mächtig überhöht ist (307) – eine Diskrepanz von Form und Inhalt[68], die in der Wiederholung des jukundischen Vaterlandsliedes auf dem Höhepunkt der pseudo-revolutionären Volksbewegung böse aufbricht: »Verkommene Winkeladvokaten, ungetreue und bestrafte kleine Amtsleute, betrügerische Agenten, müßiggängerische Kaufleute und Bankerottierer, verkannte Witzlinge und Sandführer verschiedener Art saßen . . . geschart und jubelten und sangen, als ob das tausendjährige Reich da wäre.« (381 f.) Dann geht ein Tumult los, dem sich »in schrillem Tone« der Gesang von der sündenreinen patriotischen Freude überlagert (387). Das alles spielt sich in einem dunklen Saal ab, der mit der Tapete einer mächtigen, aber in halber Höhe abgeknickten Schweizerlandschaft austapeziert ist. Ein Festderivat im Naturderivat. Darin liegt nicht nur die krasse Absage an die Idee der patriotischen Feier, bei der sie als wirklichkeitsfremde, ja wirklichkeitsvernebelnde patriotische Phantasie zurückbleibt; es ist zugleich in der Ebene der Handlungsführung ein Widerruf der gesellschaftlich-politischen Lyrik, in der das Fest bei Keller seine höchste Stilisierungsstufe erreicht, ein Todesurteil über die Öffentlichkeitsfunktion der Poesie. Noch mehr: Dieses Todesurteil gilt im ganzen der öffentlichen Rede im politischen Raum, dem »leidenschaftlich freien Wort«, von dem das Lied singt (303). Es ist verkommen zur Volksverhetzung und Verleumdung, zur Tarnung des Egoismus im Gewand des Gemeininteresses. Lied, Rede, Gerücht dienen in unheiliger Dreieinigkeit zur politischen Verstörung.

Von hier knüpft sich auch die Verbindung zu einem weiteren Bereich, der auf den ersten Blick dem politischen nur addiert scheint. Es ist der Bereich eines mit allen Hilfsmitteln der Künste modisch und effektvoll sich aufputzenden, aber inhaltlich leeren Reformchristentums im Gegensatz zur Orthodoxie und einem wiedertäuferischen Sektenwesen, wie es sich in der alten Fabrikarbeiterin Ursula mit ihrer Tochter darstellt. Sie wohnt Rücken an Rücken mit dem Ölweib, im gleichen Häuschen durch Welten von ihm getrennt – radikale Weltverleugnung als Binnenseite radikaler Weltverderbnis. In der Novelle »Ursula« aus der Sammlung der »Züricher Novellen« werden Sektenwesen, pseudo-religiöse Rhetorik und politische Demagogie zu *einem* Thema zusammenschießen. Im Bereich der praktischen Frömmigkeit von Mutter und Tochter stellt sich die Kluft zwischen Wort und Substanz einfach dar: Die Erfahrungen der Erweckten, bei denen Justine religiösen Rat sucht, sind sprachlos, deshalb bewußtlos und nicht mitteilbar. Justine stößt auf mechanisierte Glaubensformeln, die nichts sagen, wenn sie einherrasseln.

Verknäuelt erscheint die vom Politischen ins Metaphysische ausgeweitete Krise öffentlicher Redeformen, die der Krise der Gesellschaft entspricht, in den pathetisch-rhetorischen Floskeln des Pfarrers von Schwanau, denen Justine mehr als den klaren Worten ihres Mannes traut. Zwar geht die Novelle in das simplifizierende Extrem, daß sie den geistlichen Herrn als Lügner, Spekulanten und gerissenes Wirtschaftssubjekt demaskiert, aber in des Pfarrers skrupelloser Plünderung der Gärten der klassischen Poesie wandert von anderer Seite her der Zweifel und die Zweideutigkeit auch in einen Kernbereich der Kellerschen Poesie ein. Denn nimmt das moderne, von Keller aufgespießte Reformchristentum die Poesie in Dienst, um Substanz zu borgen, so nimmt Kellers Poesie Vorstellungen des Christentums in Dienst, um weltliche Gegenstände mit Bedeutung und Rang aufzuladen – die hohl klingende Rede von der im Vaterland sündenreinen Freude ist fast ein Umkehrbild der Predigt des Pfarrers von Schwanau, der aus Iphigeniens Seelensuche nach dem Land der Griechen taschenspielerhaft religiöse Sehnsucht hervorzaubert.

Zwar ließe sich einwenden, daß dem falschen Pfarrer alle religiösen Aussagen zur Metapher werden, so daß er an der Frage nach der buchstäblichen Gewißheit des ewigen Lebens zu Fall kommt (398), während Keller von der Endlichkeit des Lebens und der Endgültigkeit des Todes ausgeht, an der für ihn bedeutungslos gewordene religiöse Formeln Wirklichkeitsgehalt gewinnen. Aber zum einen gilt diese Unterscheidung nicht für das lyrische Frühwerk, wo ihm wie dem Schwanauer Pfarrer Dichtung zum Gottesbeweis werden kann –

»So lange noch ein Dichter singt,
So lange lebt auch Gott!«

(XIV, 239 ff.)

Zum anderen sind auch beim reifen Keller Sinn- und Ordnungsgehalte immer wieder dann unter Formulierungshilfe des Christentums aus- und angesprochen, wenn sie postulativ dem Vorhandenen entgegengestellt werden im Sinne letzter zu glaubender Lebensvoraussetzungen und -ermöglichungen. So verwirft der grüne Heinrich den christlichen Glaubensanspruch als töricht (IV, 135 ff.; B 2, Kap. 11) und fordert in der Erstfassung des Romans doch, »daß wir an das Natürliche glauben« (XIX, 37). Man muß es tun, weil auch Kellers Weltbild mit seinem chaotischen Untergrund Stilisierungs- und Stabilisierungsmomente nicht entbehren kann – so die christlich formulierten Harmonie- und Ordnungsbilder; so Judith am Tisch Gottes. Die vatergöttlich-christlich formulierte Redeweise von Kellers Poesie, soweit sie nicht parodistisch oder denunziatorisch angewandt ist, verdichtet sich im schlechthin Vorausgesetzten, im Kulturnaturbereich von Mutter Natur. Sie beginnt in dem Maße sich selbst unter dem Feindbild des Reformchristentums und –

später – der Wiedertäufer zu parodieren und zu denunzieren, in dem für Keller die Ordnungen und Harmonien durch die vorhandene Wirklichkeit parodiert und dementiert werden.

»Das verlorene Lachen« mündet demnach in einen vor dem eigenen Gedicht und der eigenen Metaphorik nicht Halt machenden Urteilsspruch über öffentliche und poetische Rede. Die Versöhnung des Ehepaares, das Wiederfinden des Zwillingslachens vollzieht sich im ausgesparten Raum wiederhergestellter Intimität und Privatheit, abgesteckt durch Zeichen einer Zuversicht jenseits aller Begründungen. Vom Hof der Großeltern, dem sippenhaften Zufluchtsort überdauernder Geschichte, bricht Justine zum stillen Fest der Versöhnung auf. Das »unendliche Klangmeer«, die »tönenden Wogen« des sonntäglichen Glockenläutens sprechen eine Sprache ohne Worte und Inhalt, dazu bestimmt, in »tiefer Stille« zu enden und sie hörbar zu machen (426 f.). Die Balance ist nicht viel weniger prekär und subjektiv als in »Romeo und Julia auf dem Dorfe« während der letzten Wanderung des Liebespaares, gleichfalls unterm Glockenläuten. Auf dem Berg, dem alten Ort religiöser Offenbarung, kommen Jukundus und Justine wieder zusammen. Statt Offenbarung findet vertraute Menschenrede statt, indem der Mann die Frau heißt, ihm in einer Art magischer Homöopathie das Wort ihrer Entzweiung zur Versöhnung zuzusprechen. Noch im innersten Bereich der Liebe besteht der Riß zwischen Wort und Sinn, der sich nur in der Gesinnung schließt. Sie macht das Schimpfwort zum Liebeswort und setzt den Jukundi als Jukundus ein. So beginnt er seiner Frau, die ihm früher nicht zuhören wollte, zu predigen. Er tut es über das Thema und angesichts der stillsten aller möglichen Schulen, einer Baumschule. Sie ist Kulturnatur als Zeugnis der Kultivierungsleistung und der alltäglich-praktischen Geschichtsmächtigkeit des Menschen in der Vorsorge für kommende Generationen. Die kleinsten Bäumchen bilden Kleinkinderschulen, die knie- bis brusthohen Bäumchen Knabenschulen, die mannshohen Baumjünglinge ein Heer, und die schützende Gemeinde der alten Hochwaldbäume schließt die Versammlung ab – die Baumgenossenschaft ist schweigender Ausdruck menschlicher »Genossenschaft« (427). Doch als die Rede des Jukundus in diese Weite schweift, ruft ihn Justine schon ins Enge: »Hast du mich auch noch ein bißchen lieb?« (428) Jukundus predigt seltsam seine Liebe zu Justine, indem er sich den »stillen Weltsaal« als »Gotteshaus [ihres] Gedächtnisses« für den Fall ihres Todes vorstellt (428). Dann spricht er von einem Endgericht ohne Gott, in das wir »als ganze unteilbare Leute« müssen (429), und von einer stillen Ewigkeit und Unendlichkeit.

»Wenn die persönlichen Gestalten aus einer Religion hinweggezogen sind, so verfallen ihre Tempel und der Rest ist Schweigen.« (429) Im wahrsten Sinne, denn der Rederest des Jukundus vom Schweigen ist ein Zitat des »Hamlet«-Schlusses. Justine freut sich nicht über den Sinn dieser Worte, sondern über das Faktum ihres Sprechens miteinander. Ein Heiliger, den sie in diesem Augenblick als Vorbild für Jukundus zitiert, hat den stummen Steinen, ein anderer den stummen Fischen gepredigt (430). Aber der seltsame Heilige Jukundus tut noch mehr – er predigt vom Schweigen. »Die Kirche ist aus!« (430) Nicht der Natur wird gepredigt, die Natur predigt dem Liebespaar, ehe es wieder hinabsteigt in die Familie. Stillhalten ist ein Programm, das dichterisch ausgesprochen wird, aber der Poesie, der öffentlichen Rede, der Öffentlichkeit wird nicht im guten gedacht. Sie werden im Versöhnungsfest der Innerlichkeit nicht mit versöhnt, wenngleich in der Baumschule, dem Gegenbild der Baumfällerei, der Jukundus vergeblich entgegengetreten war, ein verhülltes Monument der Hoffnung zugegen ist. Das verlorene Lachen wird in der Geschichte vom verlorenen Lachen wiedergefunden, die öffentlich verlorene Rede nicht, und es ist, als äußere sich die Sprachskepsis in der letzten der Seldwyler Novellen als Gestaltungsschwäche.

Verschiedene Freiheitskämpfer

Nach Planung und Entstehungszeit gehört die 1863 erstmals gedruckte, fast vergessene Erzählung Kellers in den Zusammenhang der »Leute von Seldwyla«. Ihre Poetenbeschimpfung ordnet sie dem »Schmied seines Glückes« und den »Mißbrauchten Liebesbriefen« zu. Ihre historische Dimension stellt sie zu »Dietegen«, ihre politische Ausweitung der Poesie-Problematik zum »Verlorenen Lachen«. Die Radikalität dieses Ausgriffs scheint auf den ersten Blick noch über das Schlußstück der »Leute von Seldwyla« hinauszugehen, aber sie ist enger als Absage an die revolutionäre Tradition und Bekenntnis zu einem bewahrenden Liberalismus: die nachträglich gelöste Eintrittskarte ins Staatsschreiberamt. Sie nimmt sich befremdlich genug aus, bei bekanntem Personal in bekannter Konstellation.

Die Jungfer mit dem sprechenden Namen Babette Zulauf ist die Tochter eines Mannes mit dem ebenso sprechenden Unternehmer-Künstler-Beruf eines Blechlackierers, der »griechische Tempel auf Teebretter malte« (xx, 22), ehe er sich nach dem Einmarsch der französischen Armee 1798, die das Ende der alten ständischen Schweiz brachte, geschäftstüchtig der Anfertigung helvetischer Freiheitskokarden zuwandte. Seine Begeisterung für die revolutionäre Freiheit, die sich in einer vom Schwatzen und Schäkern der französischen Soldaten bis zur Unverständlichkeit übertönten Rede Luft macht (24), ist in Wirklichkeit Begeisterung für sein Geschäft, »denn die Posamenter, Färber und Lackierer waren die Lykurge und Solone der neuen Republiken, welche Frankreich säete wie Rettige« (22): Umschrift bürgerlicher Prosa des Alltags in patriotische Rhetorik. Er redet Blech. Beim Freiheitstanz für die französischen Revolutionssoldaten legt Babette die »alte Landestracht« ab und tritt im Directoire-Stil auf. »Sie trug ein durchsichtiges weißes Kleid, welches den Hals sehr frei ließ, und eine rosenrote Schärpe, nebst roten Schuhen, die fast wie Sandalen aussahen und mit roten Bändern kreuzweise an den Füßen befestigt waren. Das Haar war in krause Locken entfesselt, die ihr über

Stirn und Schultern herabfielen, und da sie ein feines Gesicht und große ausdrucksvoll scheinende Augen darin hatte, so sah sie beinah einer Muse gleich« (23 ff.); ein »Heidengreuel« für einen alten Bauern, der »durch ihr beleuchtetes Gewand hindurch den ganzen Umriß ihres Körpers sah«, ein »Genius der Gastfreundschaft« für einen suspekten französischen Revolutionshelden, der »in den Septembertagen wörtlich ein volles Glas Menschenblut ausgetrunken hatte« (21).

Die Beinahe-Muse tauscht mit dem Franzosen schwärmend »die altrömischen Redensarten, die er im Pariser Konvent gehört«, gegen die »landübliche Freiheitsterminologie« aus, »so daß aus dem schäferlich-romantischen Weiberhirn und der politischen Phantasie des Franzosen eine Reihe von seltsamen Helden hervorging mit eleganter Schäfergestalt und stattlichen Räuberköpfen darauf, angetan mit Schärpen und Federn« (32): die zeitgemäße Umschrift von Beutegier und Gewalttätigkeit in schwärmerisch-revolutionäres Freiheitspathos. Der französische Phantasie-, Raub- und Mordgeselle wird bei einer im Namen der revolutionären Freiheit verübten Gewaltaktion gegen die katholischen Nidwaldener, die den Franzosen widerstehen, als Plünderer und Marodeur erschlagen, woraufhin die Muse mit dem in Reserve gehaltenen Waisenschreiber Schädele eine Versorgungsehe schließt. Er ist ein grauer bürgerlicher Hasenfuß, der nur in einem ungefährlichen Augenblick »mit großer Kühnheit« seine private Eifersucht und Gekränktheit in Franzosenhaß umzuformulieren wagt (38).

Die falsche Muse und ihr revolutionärer Freiheitspoet stehen für die Partei der Schweizer Helvetik, wo Gewalt, Eigennutz und Mitläufertum in Freiheit umgedichtet werden. Auf der Seite der Nidwaldener, die für Tradition, Recht und Schweizer Eigentümlichkeit untergehen, ist ihr repräsentatives Gegenüber das nach neunjähriger Brautzeit für nur eine Nacht vereinigte bäuerliche Ehepaar Aloisi und Klara Allweger: die Klare gegen Babette-Barbara, die Barbarin, die läufig jedem zuläuft, wo das junge Paar auf allen Wegen Treue bis zum Tode hält; die Wahrheit des Lebens gegen die betrügerisch-selbstbetrügerische Poesie. Klara wird in der Verteidigung ihrer weiblichen Ehre von den Franzosen getötet, ihr Ehemann sinkt ohnmäch-

tig und schwer verwundet auf ihre Leiche nieder, nachdem er sie gerächt hat, indem er mit den eisernen Absätzen ihrer Schuhe eben jenem französischen Jäger den Schädel zertrümmerte, dem sich die »Muse« Babette zugewandt hatte. Das sentimental-geschmacklose Bild, zu dem sich Keller an diesem Punkt verirrt, ist von einer versteckten und verräterischen Erotik: »Auf dem grünen Sammet des Mooses gebettet, das den ganzen Pfad überzog, lag Allwegers Frau da mit erblaßtem Gesichte, von der niedergehenden Sonne überstrahlt. Ihr roter Rock, ihre roten Strümpfe zeichneten ihren schlanken Wuchs; ihr mit Seidenblumen reich gesticktes Brustkleid war von Bajonettstichen zerrissen und durchbohrt, gleich einem Rosengärtchen, das durchgepflügt worden ist; aber die mit blauen und roten Steinen besetzten Ketten und Spangen hingen noch darum, das Haar war noch fest geflochten und wie eben erst aufgebunden, der Pfeil, in dessen Glassteinen ebenfalls die Abendsonne blitzte, steckte noch darin, sie war also unberaubt und hatte sich wahrscheinlich gegen mehrere verteidigt . . .« (47).
Das ehemalige »Wildmannli« Allweger mit dem kindlichen Kosenamen Aloisi (39 f.), wie der grüne Heinrich schüchtern hinter der Maske des Renommisten, tut den Chasseur ab, den poetischen Teufelskerl, der unter dem Wasserspiegel des Vierwaldstätter Sees vergeht: schon bei Anna hat man das zu lebendige Heidnische unter dem Wasserspiegel verschwinden gesehen. Aloisi darf auf Klara schlafen, freilich als Halbtoter auf einer Toten, wie der grüne Heinrich der Erstfassung bei der toten Mutter. Oben am Berg, wo Aloisi und Klara beieinanderliegen, ist Ordnung. Die wilden Soldaten konnten mit dem Bajonett Klaras Brust zerstechen, aber sie mußten sie unberührt und heimatlich-christlich-sittlich gekleidet dem Aloisi lassen, der danach schattenhaft allein bleibt: »Er kam jedoch mit dem Leben davon und lebte, nach vielerlei Schicksalen, noch lange Jahre, aber in sich gekehrt und traurig.« (48) Die echt Kellersche Metamorphose eines Märchenschlusses – und wenn er nicht gestorben ist, dann lebt er heute noch –, dem echt kellerisch ein Satyrspiel folgt:
Die Muse Babette, das lebensgierige, halb nackte Heidengreuel, fährt beim pseudopatriotischen Rütli-Fest der helvetischen Frei-

heit im Schiff auf dem See über die Stelle, wo ihr poetischer Revolutionär versunken ist, und spielt die bekannte Farce des Dreiecksverhältnisses: Muse zwischen prosaischem Ehemann und poetischem Liebhaber. »Sie war wunderherrlich aufgeputzt und drückte . . . dem Waisenschreiber gerührt über die Schönheit der Natur und über die Herrlichkeit des Weihefestes die Hand, während ein französischer Unter-Agent ihr lächelnd ein Sträußchen von Alpenrosen an den Busen steckte« (48). Wo Viggi Störtelers Muse durch Lüge Wahrheit erscheinen läßt, den einen Poeten entlarvt und den andern zum Mann macht, betrügt die Scheinmuse Babette alle, die ihr zulaufen, und feiert zuletzt den Triumph der poetischen Lüge, die weiterlebt, noch wenn die verschiedenen Freiheitskämpfer längst verschieden sind.

So rigoros kann man werden in der literarischen Programm-Musik gegen die Revolution, fürs bewahrte Bewährte. Und doch ist der rigorose Autor in der Geschichte selbst in drei dubiosen Facetten anwesend, deren Brechungswinkel sie scheidet und eint. Er figuriert in der Facette des lyrischen Blutsäufers und Eisenfressers, der selbst revolutionär getönt und als Freischärler gegen das katholische Luzern zu Felde gezogen ist – Frau Regel Amrains Jüngster ist die harmlose Variante dieses Burschen; er figuriert in der Facette eines Schreibers Schädele, der im öffentlichen Amt Karriere macht; er figuriert in der Facette eines Wildmannli, der von der vaterländisch-revolutionären Thematik in die tödlichen Träume des grünen Heinrich vom Schlaf bei der toten Mutter fällt. Oben fein bedeckt die tote Klara mit dem Pfeil im Haar – unten Babette, die ihrem Revolutionär einen vom Pfeil durchschossenen Apfel auf den Arm tätowiert hat (33); beides sind merkwürdige Kontaminationen: bei Babette von Pfeil und Apfel des Tellschusses mit Amors Pfeil und dem Paradiesesapfel, bei Klara von Amors Pfeil, tödlichem Pfeil einer Amazone und (als Bestandteil der heimischen Tracht) Zeichen der Kulturnorm. Oben Klara mit ihrer reinen Brust gleich einem durchpflügten Rosengärtchen, unten Babette mit dem Sträußchen von Alpenrosen, dem Kassiber des Liebhabers, am verräterischen Busen. Oben die Märtyrer von Volk und Ehe als kulturellen Naturnormen, unten die Ehebrecherin. Oben die Wahrheit und unten die Poesie, die Verräterin, die als Medium der ganzen Geschichte verrät, daß im himmlischen Ordnungsbild Leben getötet werden mußte, weil es so unordentlich ist. Das Thema von christlich blankgeputzter Harmonie und heidnisch luxurierender Lebensfülle ist mit letzter Härte zur Geltung gebracht, zusamt dem, was dahinterliegt. Kein wohltönendes, aber ein ungemein sprechendes, in geschichtlicher Kulisse ungemein privates Werk Kellers.

»Sieben Legenden« als Legende zu Kellers Werk

Es ist niemals ein Dokument der Kultur, ohne zugleich ein solches der Barbarei zu sein.
Walter Benjamin. Über den Begriff der Geschichte. VII. These.

Das Kosegärtchen

Sieben ist die Zahl der Vollkommenheit. Sieben Tage hat die Woche. Sieben Töne, die alle Lieder umfassen, hat die »alte Weltenweise« in Kellers erstem »Waldlied« (1, 53). Sieben Aufrechte scharen sich um das patriotische Fähnlein. Sieben Legenden bilden ein Büchlein. Keines der Kellerschen Werke markiert so genau die dichte chronologische Verwebung des Gesamtwerkes, die von der zeitlichen Folge der Veröffentlichungen eher verdeckt wird. Das Bändchen erscheint 1872, etwa in der Mitte von Kellers Schaffenszeit, sechzehn Jahre nach dem ersten, zwei Jahre vor dem zweiten Teil der »Leute von Seldwyla«. Die Konzeption geht jedoch bis in die Arbeitszeit an der Erstfassung des »Grünen Heinrich« zurück und steht im später gelösten Zusammenhang mit dem »Sinngedicht«, das erst 1881 publiziert wird. Ein Manuskript der »Sieben Legenden« lag schon 1857/58 vor; das Druckmanuskript ist im Herbst und Winter 1871 angefertigt worden.
Das beherrschende Thema, wie Mann und Frau in Liebe und Ehe zusammenkommen, verbindet die »Legenden« mit dem »Sinngedicht«. Die Trennung liegt im Stoff. In einem Brief an den Verleger Weibert spricht Keller am 24. März 1872 von »kleinen Novellen«, und tatsächlich heben sich die Legenden, bei kleiner Dimension, im Aufbau nicht von Kellers Novellen ab. Aber sie sind, wie es am 2. April 1871 zu Paul Heyse heißt, »Novellchen ohne Lokalfärbung«. »Auf Goldgrund« sollte der Titel zunächst lauten, »auf alte Heiligenbilder anspielend«, wie Friedrich Theodor Vischer am 1. Oktober 1871 mitgeteilt wird. Keller bekundet dem gleichen Partner am 19. Mai 1872 seine Absicht, mit der Stoffwahl aus alten Heiligenlegenden gegen

den »Terrorismus des ... Zeitgemäßen« protestieren und zugleich »eine deutliche gut protestantische Verspottung katholischer Mythologie ... begehen« zu wollen. Das ist ein Selbstkommentar, der gewiß nur die Oberfläche der Motivierung trifft, denn Keller geht nicht unmittelbar auf alte hagiographische Quellen zurück, die er exakt zu bezeichnen weiß, sondern auf einen protestantischen Vermittler, den norddeutschen Pfarrer und Schriftsteller Gotthard Theobul Kosegarten mit seiner zweibändigen Sammlung »Legenden«, teils in Prosa, teils in Versen, von 1804.[1]

Sicherlich ist Kellers Spottlust nicht nur vom harten katholischen Kernbestand der Legenden gereizt worden; mindestens ebensosehr durch den unverbindlich historisierenden, dem Zeitgeschmack schmeichelnden, empfindsamen Geist von Kosegartens Bearbeitung, die denn doch bei aller Konzilianz gegen eine klassisch gemäßigte Diesseitigkeit die ursprüngliche Wendung der Legenden gegen eine weltliche Welt nicht ganz zu brechen wagte. Was herauskommt, ist kompromißlerische Erbauung. Keller kann ganze Partien aus Kosegarten übernehmen, aber er kehrt ihn um, indem er ihn weiterführt. In Kellers Worten: »Ich nahm 7 oder 8 Stück aus dem vergessenen Schmöker, fing sie mit den süßlichen und heiligen Worten Kosegärtchens an und machte dann eine erotisch-weltliche Historie daraus, in welcher die Jungfrau Maria die Schutzpatronin der Heiratslustigen ist.« So an Ferdinand Freiligrath am 22. April 1860. In der kurzen Vorrede zu den »Legenden« beansprucht Keller, »die Spuren einer ehmaligen mehr profanen Erzählungslust oder Novellistik zu bemerken« und freizulegen (x, 185), und er bekennt, daß den Legenden dabei »freilich zuweilen das Antlitz nach einer anderen Himmelsgegend hingewendet wurde, als nach welcher sie in der überkommenen Gestalt schauen« (185). In einem virtuosen Spiel wird der christlichen Glaubenswelt der Kopf verdreht. Es entsteht ein »Kosegärtchen«, dessen Goldgrund nicht nur den Verzicht auf Zeitkolorit anzeigt, sondern auch erkennen läßt, was der Dichter protestantischer Herkunft – und zwar einer phantasiefeindlichen, innerweltlich-asketischen reformierten Tradition – unter dem Schein des Spotts vom Katholizismus aufnimmt. Es ist eine Sinnenhaf-

tigkeit, die im Marienkult ebenso wie in der Feier des Meßopfers aufscheinen kann – kein Zufall, daß Keller im Spätgedicht »Der Narr des Grafen von Zimmern« den lächelnden »Herr[n], der durch die Wandlung geht«, zu feiern vermochte (II/I, 174 f.). Freilich kennen auch die »Legenden« das Christentum als die lebensverstellende Macht, die im »Grünen Heinrich« zum finsteren Gesicht der Gesellschaft werden kann. Zwei der Geschichten sind verkehrte Bekehrungsgeschichten, in denen Christen aus ihrer Abschließung gegen die Welt herausgebracht werden müssen: Sie kommen zur Welt. Eugenia in der gleichnamigen Legende versammelt, obgleich gemäß Namen wohlgeboren, doch alle Kellerschen Zeichen der Verstörung in ihrem Lebenswandel. Sie ist eine lebensfeindliche Muse (X, 190) narzißtischer Selbstbespiegelung und hermaphroditisches Mannweib, das zwei kindische Spiegelmänner namens Hyazinth zu Weibmännern macht – Hyazinth war laut Ovids »Metamorphosen« der Geliebte des Apoll. Als Krönung ihrer Verkehrtheit wird Eugenia ein Mönch und steigt zum Abt eines Klosters auf, ehe eine parodierte Joseph-und-Potiphargeschichte, bei der sie von einer lüsternen Witwe als männlicher Verführer angezeigt wird, die Wendung bringt. Noch ihre Bekehrung läuft über den narzißtischen Selbstbezug. In ihrer Eigenschaft als falscher Abt küßt sie, statt es wie vorgesehen zu zertrümmern, hingerissen ein Kultbild ihrer selbst, das ihre heidnische Umwelt der angeblich unter die Sterne Entrückten errichtet hat und das vorher von dem sie unglücklich liebenden Konsul Aquilinius geküßt worden ist: Sie küßt in der Statue das unentstellte Bild ihrer selbst; sie küßt sich im Kuß des Geliebten auf den Lippen der Statue.
Die Parallelgeschichte zeigt den »schlimm-heiligen« Mönch Vitalis, dessen verkehrte Vitalität sich in einer abstrusen Askese und Märtyrerschaft äußert. Er sucht Dirnen auf, um sie, ihrer Verführungskraft widerstehend, zu bekehren, bis die schöne junge Jole, deren Namensschwester sogar den Helden Herakles zum besiegten Liebhaber machte, ihn zur Liebe führt. Sie spielt ihm zu diesem Zweck vor, sie sei entschlossen, eine Dirne zu werden. Bis ins Detail geht dabei die Umstülpung des Christentums und der Heraklesbezug. In der alten Taufzeremonie werden neue Kleider angelegt zum Zeichen, daß der alte als neuer

Adam wiedergeboren ist. Um Joles willen muß Herakles im neugeschenkten Nessushemd verbrennen und steigt zum Olymp der Götter auf. Vitalis legt das Mönchsgewand ab und prächtige Weltkleider an als Ausweis der Metanoia des Asketen-Sünders zum Ehemann, der in den Ehe-Olymp schwebt. Überhaupt spielen überall in den »Legenden« die seltsamsten Wandlungen. Es beginnt mit den Motti, die allesamt der Bibel und der Erbauungsliteratur entstammen und entweder so bewahrheitet werden, daß sich ihr Sinn dabei ändert, oder so widerlegt, daß sie sich indirekt bewahrheiten. So wird das zu Gott sich erhebende Sehnsuchtswort des Psalmisten »Wer gibt mir Taubenflügel, daß ich auffliege und Ruhe finde« (Ps. 55,7) zum Klagewort der Nonne, die es nach weltlicher Lebenserfüllung dürstet, und der Rat des Thomas a Kempis: »Meide den traulichen Umgang mit einem Weibe, empfiehl du überhaupt lieber das ganze andächtige Geschlecht dem lieben Gott« führt den Vitalis zum Gebet vor dem Marmorbild der heiligen Jungfrau, die für ihn die Züge Joles annimmt und zu seiner Rettung für das Weltleben einschreitet. Ein Sinnspruch des Angelus Silesius auf die Jungfrau Maria, die Thron und Zelt Gottes, Arche, Burg, Turm, Haus, Brunnen, Baum, Spiegel usw. sein kann, weil sie eine »andre Welt« ist, spricht den Gedanken der Wandlung unmittelbar an. Verwandelt sich die Jungfrau Eugenia zum Abt und zurück zur Jungfrau, der Mönch zum Ehemann, so nimmt die Jungfrau Maria die Gestalt einer Ritterdame, einer Nonne, ja sogar eines Ritters an; so werden in »Dorotheas Blumenkörbchen« die Märtyrer der Liebe zu Märtyrern des Christentums. Der Poet, der eine seiner Spottfiguren, den Paten Jacques in den »Züricher Novellen«, neue Ovidische Metamorphosen aus dem Kaufmannsleben schreiben wollen läßt und der so oft auf die Ovidischen Metamorphosen Bezug nimmt, hat in den »Sieben Legenden« so etwas wie eigene ›Metamorphosen‹ geschrieben, Vertauschungsepisoden, die allesamt zur alten himmlischen Zahl Drei die alte irdische Vierzahl fügen, Himmel und Erde transformieren und so die vollkommene Sieben verkündigen.

Denn die Abwertung des Christentums als Entstellung des Menschen ist nur eine Außenschicht der »Legenden«. Tiefer in ihnen spielt seine Umdeutung zum Bild des wahren, ungeteilten, harmonischen Lebens, wie es schon im armen Meretlein des »Grünen Heinrich« kontrapunktisch zum Gesetzeschristentum des Pfarrers hervortritt, wenn sie das Gotteslob der Psalmen auf heitere weltliche Weisen singt und im Bohnenbeet, ihrem kleinen Paradies gezähmter Tiere, unbehelligt mit einer giftigen Schlange spielt. Ähnlich ist es umformuliert in der Sündenfallparaphrase von »Dietegen«, wo das Vermeiden des Sündenfalls im symbolischen Vermeiden einer Verstörung der Sexualität liegt. So werden die falschen Christen Eugenia und Vitalis in den »Legenden« auch nicht zu Feuerbachianern und Atheisten, sondern zu wahren Christen, allerdings Kellerscher Provenienz – eines Christentums, das weltliche Erfüllung und erfüllte Welt meint. Es ist ein Christentum nicht mit Christus, vielmehr mit seiner Mutter Maria als Repräsentationsfigur, einer umformulierten und heiliggesprochenen Erscheinung der Mutter Natur – das ist der letzte Grund von Kellers unkatholischem Katholisieren.

In Formeln und Zeichen des Christentums können bei ihm innerweltliche Werte aufglänzen – das Vaterland als weltliche Kirche, in dessen Feier sündereine Freude herrscht, die Liebe, der Kosmos. In fünf der sieben Legenden öffnet sich der Hafen der Ehe als Himmel auf Erden, und wenn in der sechsten, »Dorotheas Blumenkörbchen«, die Heldin den Himmelsbräutigam dem irdischen vorzuziehen scheint, zieht sie damit den irdischen, einen »Geheimschreiber« (x, 276), in den Himmel. Sie gibt diesem Berufsgenossen des grünen »Geheimschreibers« Heinrich (III, 97; B 1, Kap. 9) und des Geheimschreibers der Legenden damit die Geheimschrift zu lesen, daß sie ihn als himmlischen gemeint hat, getreu der Devise, daß Ehen im Himmel geschlossen werden. So wird aus dem ungeschickten unreifen Schmoller doch noch ein Theophilus, beinahe ein Gottfried, der dieses Dortchen, diese Dorothea, dieses Himmelsgeschenk bekommt. Ihr Körbchen enthält die Rosen der Liebe und die Äpfel eines Himmelsgartens ohne Sündenfall.

Es ist dieser Himmelswelt gemäß, daß in ihr das Klostergelübde nicht der Rede wert, das Gelübde der Ehe aber heilig ist. Die

Bekehrungsgeschichten der Eugenia und des Vitalis rahmen drei Marienlegenden ein, in deren erster, »Die Jungfrau und der Teufel«, mit Hilfe der Gottesmutter ein böser Ehemann und der Teufel mattgesetzt werden. In der zweiten, »Die Jungfrau als Ritter«, wird dieser schlimme Ritter und Ehemann durch einen guten und tüchtigen ritterlichen Jüngling Zendel*wald* ersetzt, einen grünen vaterlosen Träumer, der aber Glück hat, denn seine Mutter droht ihm ihren Tod an für den Fall, daß er keine Ehefrau herbeischafft – im Gegensatz zu einer Mutter Elisabeth Lee, die zur Strafe dafür stirbt, daß ihr Sohn bei einer anderen Frau herumtrödelt. Zendelwald bekommt seine Judith-artige Bertrande, die reife schöne Witwe, der »die großen bekannten Grafen und eitelen Freier . . . alle zuwider« sind und die etwas zum »Hätscheln« sucht (x, 225). Er erlangt sie durch das Einschreiten der Supermutter Maria, Himmelsgestalt der Frau Amrain und der Frau Meyenthal. Während der Jüngling beim Gebet zur heiligen Jungfrau in der Kapelle träumt, schlägt sie, als Ritter verkleidet, zwei Supermänner und ältere Rivalen aus dem Feld, nicht ohne dem einen seinen steif gedrehten, waagrecht in die Luft ragenden schwarzen Schnurrbart und dem anderen seine Zöpfchen abgeschnitten zu haben, zu denen seine sechs Zoll lang aus der Nase herauswachsenden Haare geflochten sind. Beim Ritter Guhl (= alemannisch Hahn), dessen Helmbusch aus einem ungeheuren Hahnenschwanz besteht, ist das von der Jungfrau abgeschnittene Sexualsymbol des Schnurrbarts mit zwei Glöckchen geziert, beim anderen, dem Ritter Maus, der Nasenbart mit zwei zierlichen rosa Schleifen.[2]

Man kann sich bei diesem Herrn Maus an das Mäuschenlied im »Grünen Heinrich« erinnern, das Heinrich und Anna bei ihrem ersten schüchternen Liebesspiel miteinander singen. Dort ist dem Mäuslein ein spitziger Pfeil ins Herz gestochen worden. Hier wird der Ritter Maus von der Jungfrau in seinen Mantel so eingewickelt, »daß er in kurzer Zeit wie eine von einer Spinne eingesponnene ungeheure Wespe aussah und zuckend auf der Erde lag« (230). Das ist das Wunder der Legende: Die Mutter-Spinne-Meduse in der Heilsgestalt der Ehestifterin; das dem grünen Heinrich schwer im Herzen liegende eiserne Bild Dortchens, der steinerne gepanzerte Ritter Gretchen aus der Meerkatzenepisode als Hilfstruppe beim Feldzug nach der Männlichkeit.

Die dritte Marienlegende schließlich, »Die Jungfrau und die Nonne«, treibt die Programmatik auf die Spitze. Die himmlische Maria deckt das Entweichen einer Nonne aus dem Kloster, die der Sehnsucht nach weltlicher Liebe nachgeht, heiratet und acht stolze Söhne großzieht. Nach dem Weltleben kehrt sie ins Kloster zurück, wo ihr Verschwinden nicht bemerkt worden ist, weil Maria ihre Gestalt angenommen und ihre Aufgabe versehen hatte. Als bei einem Fest der Gottesmutter jede Nonne ein Geschenk darbringt, zieht gerade »ein greiser Rittersmann mit acht bildschönen bewaffneten Jünglingen des Weges« (245). Es sind Ehemann und Kinder der Nonne, wie sie bekennt. »So mußte nun jedermann gestehen, daß sie heute der Jungfrau die reichste Gabe dargebracht; und daß dieselbe angenommen wurde, bezeugten acht Kränze von jungem Eichenlaub, welche plötzlich an den Häuptern der Jünglinge zu sehen waren, von der unsichtbaren Hand der Himmelskönigin darauf gedrückt.« (245)

Das Weltleben ist himmlisch; im Himmel, den die Märtyrer Dorothea und Theophilus erreichen, herrscht Weltleben in Herrlichkeit. »Mit dem ruhigen Blicke der Seligen empfing sie ihn; wie zwei Tauben, die, vom Sturme getrennt, sich wieder gefunden und erst in weitem Kreise die Heimat umziehen, so schwebten die Vereinigten Hand in Hand, eilig, eilig und ohne Rasten an den äußersten Ringen des Himmels dahin, befreit von jeder Schwere und doch sie selber. Dann trennten sie sich spielend und verloren sich in weiter Unendlichkeit, während jedes wußte, wo das andere weile und was es denke, und zugleich mit ihm alle Kreatur und alles Dasein mit süßer Liebe umfaßte. Dann suchten sie sich wieder mit wachsendem Verlangen, das keinen Schmerz und keine Ungeduld kannte; sie fanden sich und wallten wieder vereinigt dahin oder ruhten im Anschaun ihrer selbst und schauten die Nähe und Ferne der unendlichen Welt. Aber einst gerieten sie in holdestem Vergessen zu nahe an das kristallene Haus der heiligen Dreifaltigkeit und gingen hinein; dort verging ihnen das Bewußtsein, indem sie, gleich Zwillingen unter dem Herzen ihrer Mutter, entschliefen und wahrscheinlich noch schlafen, wenn sie inzwischen nicht wieder haben hinauskommen können.« (285) Vergehen des Bewußtseins, Liebe, Schlaf, Zwillingsruhe unter dem Herzen der Mutter – alles ist vertauschbar, wo Mutter Natur die Mitte der Dreifaltigkeit, die Jungfrau-Mutter Maria ihre Erscheinung im Fleisch ist.

Nicht die personale Unsterblichkeit, das Ganze ist hier. Nach einer Frauenbekehrungslegende, drei Marienlegenden und einer Männerbekehrungslegende verrät die vorletzte, daß der Himmel die höchste Erde und der Tod in diesem Zusammenhang das Zeichen für die Radikalität des Überstiegs ins Vollkommene ist. Aus dem ›Himmel‹ des patriotischen Festes geht man wieder in den Alltag zurück; der ›Himmel‹ der Ehe kann sich trüben. Auf dem Paradies, in dem die Kinder Dietegen und Küngolt spazierengehen, liegt ein drohender Schatten. Dorothea und Theophilus aber sind bei einem *Diesseits* im Jenseits angekommen, wo sich das Vollgültige, unter den Bildern des Christentums imaginiert, als ein *Jenseits* im Diesseits erweist. Demnach hat, wie bereits anläßlich des »Verlorenen Lachens« festgestellt, die religiöse Formulierung der höchsten Güter bei Keller zunächst die Funktion, auf einen Kern dessen hinzuweisen, was an diesen Werten nicht einfach angeschaut oder hervorgebracht werden kann, sondern Glauben voraussetzt. Dieser Glaube begreift die Erfahrung ein, aber übersteigt sie. Wie jede Frömmigkeit braucht auch die Kellersche Weltfrömmigkeit, die sich dem »goldnen Überfluß der Welt« (I, 49) zuwendet und den »Zusammenhang mit dem All und Einen« (XIV, 30) fühlt, den Glauben. Er ist eine evokative Imagination, in der Feuerbachs These, alle Gottes- und Jenseitsvorstellungen des Menschen seien Projektionen seiner Wunsch- und Angstvorstellungen von sich und der Welt auf die große Azur-Leinwand des Himmels, einen positiven Sinn erhält. Der Christ ersehnt – nach Feuerbach – von Gott und seinem Himmel, was er selbst sich und die Erde ihm schuldig bleibt. Kellers Dichtung nennt das, was der Mensch von der Welt ersehnt, Himmel. Der Christ glaubt an seinen Gott und sein Himmelreich, das in Christus nahe herbeigekommen ist. Kellers Dichtung begibt sich an die Verkündigung des Glaubens, in der Welt und im Menschen sei das verhüllt, was poetisch in vollkommener Erscheinung als Himmel umschrieben wird.

Zur poetischen Ausarbeitung überschwenglicher Erfüllungsbilder im Goldgrund der Legenden mit der Vollkommenheitszahl Sieben gehört es, daß Heidnisches den christlichen Vorstellungen eingeschmolzen wird. Es entsteht eine Versöhnung der Weltalter, die nicht ohne historisches Vorbild ist. In der Nähe der alten Hera-Kultstätte von Paestum ist eine Kirche des 12. Jahrhunderts der Muttergottes vom Granatapfel geweiht.[3] Er ist in der Hand der Hera-Juno, der Beschützerin und Fruchtbarmacherin der Ehen, ein Fruchtbarkeitssymbol. Die Immaculata hat mit Diana, der Göttin der Keuschheit, den Sichelmond gemein, und mannigfache Beziehungen spielen zwischen Luna, der Mondgöttin, und der Mutter Maria.[4] Auch für den Kunstkritiker Keller kann über der »farbenglühenden Sinnlichkeit und Lebensfreude des Katholizismus« »ein Hauch des alten, klassisch heitern Götterdienstes« wehen – so äußert er sich 1861 zu einem Gemälde von Ernst Stückelberg (XXII, 262). Daß bei den »Sieben Legenden« drei im Mittelalter und vier in einer christlichen Antike spielen, ist auf die Verschmelzung von Christentum und Heidentum hin lesbar, die am Übergang von Antike und christlichem Mittelalter begründet wurde. Mit der Antike geht Irdisches in den Himmel ein – die Vierzahl; im Mittelalter ist der christliche Himmel, der christliche Kosmos ganz und geschlossen – die Dreizahl.

Wieder gibt es in Kellers Werk Vorläufer des Synkretismus von Heidnischem und Christlichem. Noch in der verengten, dadurch falschen Sprache, die der Pfarrer und Peiniger des kleinen Meretlein zur Schilderung von deren Erwachen aus dem Scheintod verwendet, wird die Verschmelzung wieder erkennbar: »Und wie im selbigen Moment die Strahlen Phöbi seltsam und stechend durch die Wolken gedrungen, so hat es in seinem gelblichen Brokat und mit dem glitzrigen Krönlein ausgesehen wie ein Feyen- oder Koboltskind« (III, 54 f.; B I, Kap. 5): Apotheose der Göttlichkeit der Welt in Gestalt eines sonnenüberglänzten kindlichen Naturgeistes, dessen Erhebung aus dem Sarg die Auferstehung Christi nachbildet. Was da anklingt, wird laut in den Legenden. Theophilus und Dorothea im Himmel werden Tauben verglichen – das Symboltier des Heiligen Geistes und der Venus. Neben der Jungfrau

Maria wandelt der »starke Eros« (x, 268), und beide befördern in Zusammenarbeit den schlimm-heiligen Mönch Vitalis zum heiligen Ehemann. Drei Gemmen im Besitz des künftigen Schwiegervaters deuten nicht nur allegorisch auf den Sieg Amors über die »großen Mächte ... Keuschheit ... Weisheit und ... Religion« (268), sondern auch postfigurativ und attributiv auf die Jungfrau Maria: Die keusche Luna, ohne es zu wissen von Amor begleitet, führt zur Maria auf der Mondsichel; Minerva mit Amor auf dem Schoß leitet zu Maria mit dem Christkind; Amor als Salamander im vestalischen Feuer symbolisiert einen Liebeskult im Kult der göttlichen Himmelsjungfrau Vesta, deren römischer Tempel »jetzt die Kirche Mariae liberatricis, – St. Stephani oder Maria della gratia ist«. So konnte Keller in Vollmers »Vollständigem Wörterbuch der Mythologie« lesen, dessen erste Auflage von 1836 ihn nach München begleitete.

Literarisch entspricht dieses Verfahren der bei den alten Kirchenvätern beliebten christlichen Umfunktionierung heidnischer Mythologie und der im frühen Christentum anzutreffenden Indienstnahme antiker Architektur und Bildwerke, wie sie im »Schlimm-heiligen Vitalis« einer alten Statue der Göttin Juno widerfahren ist. Man hat sie in einem »Gotteshäuschen ... mit einem goldenen Heiligenschein versehen, als Marienbild aufgestellt ..., um diese Gottesgabe der Kunst nicht umkommen zu lassen« (266). Leicht verständlich, daß diese heidnisch-christliche Maria mit dem Gott Eros konspiriert, wobei ihre Marmorhärte dem Vitalis rötlich durchblutet erscheint und die Züge der insgeheim schon geliebten Jole annimmt, »mochte es nun sein, daß die alte Göttin, die Beschützerin ehelicher Zucht und Sitte, sich bemerklich machte, oder daß die neue über die Not ihres Verehrers lachen mußte; denn im Grunde waren beides Frauen und diese lächert es immer, wenn ein Liebeshandel im Anzug ist« (266). In der »Eugenia«-Legende spielt sich Ähnliches ab, wenn der Heldin in einem heidnischen Kultbild als unter die Sterne entrücktem Wesen gehuldigt wird, während sich in ihrem Verpuppungszustand als christlicher Abt schon die Liebe der jungen wohlgeborenen Frau regt. Keller gräbt in der Gattung Legende weltliche Erzähltraditionen, im Christli-

chen das Heidnische auf, um mit einer Potenzierung im Christlichen das Weltliche anschaulich zu machen.
Nur scheinbar sind mit diesem Zwischenbefund Positionen unterspült, die im Blick auf den »Grünen Heinrich«, aber auch auf das »Verlorene Lachen« und »Verschiedene Freiheitskämpfer« gewonnen worden sind. Dort waren Christentum und Heidentum als Weltgegenden von Kellers Werk in der Trennung gesehen worden: Heidnisches als Lebensfülle, die der Bändigung bedarf, um nicht bedrohlich und verschlingend zu werden; christlich formulierte Harmonie- und Ordnungsbilder als Purgierung und Domestizierung des Lebens, deshalb noch in der Positivität ein mehr oder weniger ferner Widerschein des düsteren Christentums, das die unmenschlichen Züge der Gesellschaft ausdrückt. Bei genauerem Zusehen zeigen sich aber auch in der Goldwelt der Legenden die bekannten Gebots- und Verbotstafeln. Schon die Verschmelzung Juno-Maria macht nicht nur die Himmelsjungfrau ehelich[5], sondern auch die Antike ordentlich. Nichts vom dionysischen Zug der fahrenden Leute in »Romeo und Julia auf dem Dorfe«, nichts vom elbischen Verführungsgesang der Mutter-Geliebten Judith, nichts vom Heidengreuel der Babette Zulauf ist in den »Legenden« zugelassen. Liebe hat auch hier ehelich oder gar nicht stattzufinden. So wie Juno in der antiken Göttergeschichte unnachsichtig, obzwar wenig erfolgreich, die Geliebten und Liebschaften ihres göttlichen Ehemannes zunichte zu machen sucht, führt die ehefreundliche Himmelsmutter, die dem Jüngling Zendelwald ritterlich kämpfend eine Frau verschafft, in der vorhergehenden Legende einen Entscheidungskampf gegen den Teufel ehebrecherischer, frei schweifender Sinnlichkeit, an dessen Ende »der Böse . . ., unfähig, länger irgend eine Verwandlung zu tragen und wie an allen Gliedern zermalmt, . . .sich in grausig dürftiger Gestalt, wie der leibhafte geschwänzte Gram, im Sande davon[schleppte]. So übel war ihm das vorgehabte Schäferstündchen bekommen!« (219)
Teufel und Mutter Gottes befinden sich hier in einem Kampf, der einer Liebesumarmung verzweifelt ähnlich sieht. Noch bei einem anderen kleinen »Seitensprung« der Jungfrau nimmt der Teufel am Schwanz Schaden (228). Die Frau als absolut Reine läßt den Mann überhaupt als absolut unreines Sexualwesen auf

der Strecke, traurig, einsam, bedürftig, geschlagen – nicht zuletzt mit sich. Wo die Frau Jungfrau und Mutter zugleich ist, muß der Mann Teufel oder zahm sein. Der Himmel der Ehe entdeckt in den »Legenden« auch sein anderes Gesicht, Haus der Normen und als solches vergoldetes Prokrustesbett der Triebe zu sein, und alsbald wird die Geschichte des schlimm-heiligen Vitalis gegenläufig lesbar. Jole auf Männerfang sieht, »welch' ein schwärmerisches Feuer in seinen Augen glühte und wie entschieden, trotz der geistlichen Kleidung, alle seine Bewegungen waren. Wenn sie sich dazu seine Selbstverleugnung vergegenwärtigte, seine Ausdauer in dem einmal Erwählten, so konnte sie nicht umhin, diese guten Eigenschaften zu ihrem eigenen Nutzen und Vergnügen verwendet zu wünschen, und zwar in Gestalt eines verliebten und getreuen Ehemannes. Ihre Aufgabe war demnach, aus einem wackeren Märtyrer einen noch besseren Ehemann zu machen.« (263 f.)

Das fällt nicht schwer, weil im Ehemann der Märtyrer und Mönch überdauert[6], ja erst recht heraustritt. Der vitale Vitalis läßt das schöne Kätzchen Jole nicht »in die Hölle fahren als eine allerärmste Seele, wo die schöne Frau Venus ist« (261); sie holt ihn dafür aus dem Kloster in die Ehe. Der Asket Vitalis läßt, ohne es zu wissen, seiner Sinnlichkeit die Zügel schleifen, indem er alle Frauen in den Huren liebt, die allen Männern gehören. So können seine Bekehrungen auch Vergewaltigungen zum Verwechseln gleichen: Das schlimmste aller Weiber, die »wilde rote Löwin«, schlägt er auf die Hand (259), »warf sie dann auf ihr Bett, daß es erzitterte, und indem er auf sie hin kniete und ihre Hände festhielt« (254), begann er – zu beten. Die eheliche Entfesselung der Sinnlichkeit ist verglichen damit eher eine Disziplinierung, und so wird die Ehe auch mit einem Unterwerfungsakt des Kindes im Manne angebahnt. Schon in »Eugenia« wird in ehelicher Liebe die Blöße zugedeckt und geschlafen (206); der mächtige Vitalis wird von der kleinen, aber so weiblich überlegenen Jole genährt und eingeschläfert, ». . . daß er sich wie zu Hause fühlte und ihm fast seine Kinderjahre in den Sinn kamen, wo er als Knäbchen zärtlich von seiner Mutter gespeist worden.« Da nun schläft er ein, »sein Haupt zur Seite, nach Jolen hin, . . . ohne Säumnis . . . und bis die Sonne aufging« (272). Am Morgen dieses Tages macht er sich auf, »suchte das Haus, wo Jole wohnte, und erfüllte deren Willen« (273). Repräsentiert die von Vitalis angebetete Maria als Juno die irdische Liebe, so repräsentiert diese ›Juno‹ als Jungfrau und Mutter auch die Verbotsseite der Ehe.

Kein Zweifel, daß die Mutter Maria der »Legenden« nur deshalb die zentrale Inkarnation von Mutter Natur in Kellers Werk sein kann, weil sich in ihr zentral der kulturelle Normcharakter dieser Natur darstellt, der als Normanspruch gerade deshalb so rigide wirkt, weil er sich als Natur gibt. Mit genialem Griff hat Keller die dea ex machina Kulturnatur aus dem Fundus des Katholizismus herausgeholt. Damit erscheinen am Fundament dieser heidnisch unterwanderten Mutter-Jungfrau aber auch die bekannten Strudellöcher von Kellers Psyche wieder – gemäß dem geheimen Verweisungscharakter aller Verbotstafeln auf das, was dahinter liegt. Was der Teufel erfährt, das Verstörende und Zerstörerische von zu viel Reinheit, das nistet auch im Marmor, und sei er errötend, der aufeinander verweisenden Kultbilder Eugenias und Juno-Marias; das mögen auch die merkwürdigen Ehemänner erfahren haben, deren einer in der zweiten Legende seine Frau an den Teufel verkuppelt und deren anderer, der Ritter Wonnebold, seine Mustergattin, die ihm acht wackere Söhne geboren hat, sogar als Spielgewinn versetzt. Mit der lebenden Norm zu leben, ist wohl nicht allzu wonneboldig, und ist die Nonne zur Ehefrau avanciert, ist auch die Ehefrau soviel Nonne geblieben, daß sie nach vielen Ehejahren heimlich ins Kloster zurückweicht.

Noch beklemmender ist, was über Eugenia fälschlich und doch im tiefsten Sinne richtig erzählt wird: Sieht das eine Gerücht sie unter die Götter entrückt, so macht das vom Liebhaber Aquilinius absichtlich in die Welt gesetzte Gegengerücht sie zum Dämon – das Janusgesicht der im Wortsinne unfaßbaren Frau. Aus Maria sah man im Kampf mit dem Manne die aussaugende Spinne herauskommen, und der höchste Triumph ihrer Unbeflecktheit, bei dem sie den Teufel zum Schlappschwanz macht und mit ehernen Armen umklammert (218), erinnert nicht nur von weitem an die höllischen Foltern, mit denen die hexenhafte Beghine und die beghinenhafte Hexe in »Spiegel, das Kätzchen«

den Hexen- und Zaubermeister Pineiß in der Hochzeitsnacht unters Joch der Ehe beugt. Was ist die Maria der Legenden? Sie ist die verlockende Jungfrau in der verbotenen Mutter. Sie ist die verbietende Jungfrau in der verlockenden Mutter. Sie ist die bewahrende Jungfrau in der verschlingenden Mutter. Sie ist die bewahrende Mutter in der bedrohlichen Frau. Sie ist Elisabeth Lee und Judith und Anna und Frau Regel und Nettchen und Dortchen und Justine und Hulda – sie ist der Kreuzungspunkt aller Linien des männlichen Begehrens und des männlichen Schauderns, und von hier aus gehört ihre Fähigkeit zu unendlichen Metamorphosen auch zu ihrem Schauderhaften. Maria ist der Notenschlüssel zur Melodie von Kellers Gesamtwerk.

Ein Schlüssel, der so genau in alle Schlösser paßt, kann kaum gesucht werden; er muß sich einfinden. Und noch von weiter her ist das Bild aus »Dorotheas Blumenkörbchen«, wirklich der Vorgipfel in der Steigerungsfolge der »Sieben Legenden«, nach dem das letzte Weiblich-Mütterliche, worauf Maria zurückweist, gefaßt ist im strengen gleichseitigen Dreieck der Dreifaltigkeit. Ist Mutter Natur die Mitte der Dreifaltigkeit, so ist die himmlische Dreifaltigkeit der Damm, der sie am Ausufern hindert, die Grenze, die das Überbordende abschneidet. Christlich-vatergöttliche Redeweise ist gefaßte Redeweise, Ausdruck der Dringlichkeit, eine in Mutter Natur terminierende Weltfrömmigkeit in Ordnung zu bringen und zu halten. Je näher das Ganze des Himmels und seiner Repräsentantin Maria der unbegrenzten Lebensfülle kommt, um so mehr Chaos und Meduse kommt heraus – demnach ist es folgerichtig, daß man die Spinne da erblickt, wo Maria zur Kupplerin des Träumers wird. Je mehr die Lebensfülle um der Ordnung willen zurückgedrängt ist, um so mehr nähern sich Maria und der Himmel der Friedhofsruhe einer halb seligen, halb unseligen Spießeridylle, abgeschieden von Schönheit, Glück und Jugend – eine Vorstellung, die zwar nicht auf dem Goldgrund der Legenden Platz findet, wohl aber in einem der seltsamsten Gedichte Kellers aus dem seltsamen frühen Zyklus »Von Weibern« (1846), über den Keller im Juli 1852 an seinen Freund Baumgartner schrieb, es seien »leichte, wunderliche Klänge, von denen ich selbst nicht recht weiß, wie sie entstanden«:

»Wie glänzt der weiße Mond so kalt und fern,
Doch ferner schimmert meiner Schönheit Stern!

Wohl rauschet weit von mir des Meeres Strand;
Ach, weiterhin liegt meiner Jugend Land!

Tief ab liegt des Gebirges Kluft und Schlund,
Noch tiefer schwindet meines Glückes Grund!

Und alle Morgen muß ich niederschaun
In diesen Abgrund, wo die Nebel graun!

Und alle Nacht rück höher ich hinauf,
Zuletzt tut sich der kalte Himmel auf.

Da sitzt Maria auf dem goldnen Thron,
Auf ihrem Schoße schläft ihr sel'ger Sohn.

Da sitzt Gott Vater, der den heil'gen Geist
Aus hohler Hand mit Himmelskörnern speist.

In einem Silberschleier sitz ich dann
Und schaue meine weißen Hände an,

Bis irgend eine Harfensaite springt
Und mir erschreckend durch die Seele klingt.«

(xv/1, 42)

Über die Kälte dieses Himmels kann man nur klagen. Es ist ein Himmel gefrorener Christen. Aber was in ihm eingefroren werden soll, wird in dem Gedicht »Crescenz« auch konserviert. Die heilige Creszentia ist die legendäre Amme des heiligen Vitus, eine lebens- und glücksspendende Muttergestalt. Die Pietà ist die plastische Gruppe der Mutter mit dem seligen Sohn im Schoß, einem anderen grünen Heinrich und Junggesellen. Der Vater ist ein wenig überflüssig wie der heilige Joseph und mit sich als Geisttierchen beschäftigt.
In der Ordnungsfunktion der religiösen Sprache und Bildwelt Kellers liegt das, was über die Anzeige des Glaubenscharakters der Weltfrömmigkeit hinausgeht, aber eng damit zusammenhängt. Es ist die Voraussetzung einer Weltordnung der Harmonie, die inhaltlich nicht hinreichend begründet werden kann, ja,

die sogar eine Erfahrung des Gegenteils – der Drohung und der Verlockung – verstellen soll. Hier wird die Sprache Überredung zum Glück der in der Mutter der Naturnorm erscheinenden Kulturnatur. In ihr ist nicht nur Kellers eigene individuelle Entwicklungskrise verbunkert, sondern auch deren Exemplarisches und Repräsentatives: daß jeder individuelle und kollektive Kultivierungsprozeß ins lebende Fleisch schneidet, Prämien für Opfer gewährt; daß kulturelle Normen nicht natürlich vom Himmel fallen und nicht natürlich eingeboren sind, so daß es nur ihrer ungestörten Entfaltung bedürfte. Sie werden auch als Schmerzensspuren eingebrannt und müssen unter Tränen entziffert werden: Es ist niemals ein Dokument der Kultur, ohne zugleich ein solches der Barbarei zu sein.

Kommt Keller dem von ihm attackierten Reformchristentum in dem einen Punkt der Unterstellung von Inhalten durch Wörter nahe, wo es um das zu glaubende Unglaubliche geht, so liegt seine Größe und Tiefe im Gegensatz zur Flachheit der Reformchristen im Selbstwiderspruch, der jedem Glaubensbekenntnis seines Werkes einschießt. Die deutlichste Spur ist auch in den »Legenden« die Ausfällung von Leben, wo es um den angeblich so lebendigen Himmel geht, die Trennung, wo doch das Ungeteilte sein sollte. Wie Annas ganzes Leben im »Grünen Heinrich« hinabmuß, damit sie ganz rein werden kann; wie Meretleins ›Auferstehung‹ als göttliches Kind der Natur nur das vorletzte Wort vor dem letzten ist; dem Tod auf der Flucht vor den Kindern, die es doch »caressiren« wollen (III, 55; B I, Kap. 5); wie Romeo und Julia auf dem Dorfe das himmlische Jerusalem der Liebe in Abtrennung von der gesellschaftlichen Praxis erreichen und am Ende im Mutterschoß der Natur verschwinden, so müssen Dorothea und Theophilus ins Martyrium, um zu leben. Was am Schluß der »Eugenia«-Geschichte noch wie das Kaulquappenschwänzchen der alten Legende anmutet, daß sie mit ihrer Familie die »Märtyrerkrone« erlangt (X, 209), das wird in der Dorotheen-Legende profilgebend: Die himmlische Herrlichkeit fordert Abschied, Opfer, Leiden. Der Tod, Zeichen für die Radikalität des Überstiegs ins schattenlose Licht, ist auch Zeichen für einen Scheidungs- und Exklusionsprozeß. Etwas muß draußen bleiben, damit man durch die Tore des himmlischen Jerusalem eingehen kann. Dortchen ist nicht Hierchen. Mag der Himmel die vollendete Erde sein; die unvollendete ist nicht drin.

Der tiefste, himmelfernste Punkt dessen, was draußen bleibt, ist ganz konventionell in diese Topographie des Heils und Unheils eingezeichnet. Es ist die Hölle, wo Leben und Chaos untrennbar ineinander verschlungen sind, der Ort des Teufels, der Ort des Heidnischen, der Frau Venus, wie bereits von der Jole des Vitalis zu hören war. Selbst wenn die »Legenden« antreten im Zeichen einer Einverleibung der Antike, die dem christlichen Leben Fülle und Kraft zubringen sollte – das letzte Wort ist auch hier wieder, entsprechend den bereits gewonnenen Ergebnissen aus dem gesamten Werk, Scheidung. Gewiß – ein Schatten der Hölle kann in den Himmel fallen – die Pietà als Inzestbild; gewiß, ein Irrlicht des Himmels kann die Hölle erreichen – der Blocksberg der entfesselten Lust in »Romeo und Julia« heißt Gasthaus zum Paradiesgärtlein. Kellers »Pietistenwalzer« verkehrt die Hölle parodistisch zum Himmel – bis in den Gestus der Abschließung hinein:

»Sind alle da? Ei, so verschließet den Himmel,
Laßt draußen das sündige Pack und Gewimmel,
. . .
Zu wecken die schlaffen, wollüstigen Gluten,
Bestreicht uns der Satan den Hintern mit Ruten;
Die heilige Völle
Durchwürze die Hölle!
. . .
Mich fasset ein Schwindel!
Bacchantisch Gesindel!
. . .«

(XIV, 208 f.)

Aber das ist wechselseitige Irritation, statt Integration; Verstrickung, wie zwischen Maria und dem Teufel im Kampf. Wären sie zusammen das himmlische Paar, erst dann wäre der Himmel umfassend – die Erde.

Wohlgemerkt: Der Himmel Kellers und die dazugehörige

Hölle, der das Heidnische denn doch zufällt, sind nicht ›eigentlich‹ zu verstehen. Mit den Zeichensystemen Heidentum – Christentum in seinem Werk gehört Keller einer Überlieferung zu, die über Heinrich Heine und Eichendorff zur Romantik und Klassik zurückreicht. Wenn Schiller in der großen Elegie »Die Götter Griechenlands« das Entschwinden der olympischen Götterwelt angesichts der Spiritualität des Christentums und der Abstraktheit des modernen Lebens und Denkens beklagt, meint er zwar mit Göttern Griechenlands mehr Größen der poetischen Anschauung als der Religion, aber sie stehen ihm doch in einem geschichtsphilosophischen Entwurf, der Gültigkeit jenseits der Poesie beansprucht. Eichendorff kennt wie Keller im Werk die dämonische Verlockung durch das Heidentum, die Rede von Frau Venus und den alten Göttern und Marmorbildern, aber das Christentum ist demgegenüber bei Eichendorff Erlösungsreligion, nicht nur poetische Chiffre, und öffnet den wirklichen Himmel. Auch bei Heine gibt es das Gegenüber von christlichem Spiritualismus und heidnischem Sensualismus, aber das sind weltanschauliche Positionen, und es gilt die Verkündigung eines neuen Heidentums, in dem das Christentum als sensibilisierendes, differenzierendes Moment aufgeht. Heine wünscht, daß, wie bei Goethe, »der antike Marmor so modern pulsierte«; er verkündet die »glücklichern und schöneren Generationen, die, gezeugt durch freie Wahlumarmung, in einer Religion der Freude emporblühen . . .«.[7] Er weiß sich zwar selbst unter geschichtlichen Restriktionen, aber sie sollen im Fortschritt untergehen. Keller dagegen ist so wenig Humanist oder Klassiker oder Neuheide, dem die Antike das Bild von Arkadien oder Elysium abgäbe, wie Christ. Spiritualismus und Sensualismus, Heines Weltanschauungstypen, kommen bei Keller nur noch als Positionen der Malerästhetik vor. Antike und Christentum, Heidentum und Christentum sind zueinander relative strukturelle Positionen im Werkzusammenhang, denen sich Tendenzen des poetischen Kräftespiels zuordnen – Harmoniesehnsüchte, Dissonanzerfahrungen, Ängste und Abwehrmaßnahmen, Trennungen und Vereinigungsversuche, alle die Momente, die das Werk nicht nur zum Dokument, vielmehr auch zum Vollzug des Lebendichtens machen.

Greifbar wird das in den »Legenden« daran, daß die Jungfrau Maria, die Mittelpunktsgestalt, nicht als Handlungsfigur der Kunstwelt unter anderen Figuren auftritt. Sie ist ausdrücklich Kunstfigur und als solche Zeichen des Kunstcharakters der Goldgrundwelt der »Legenden«. Ihre Figur *sagt,* daß da Kunst ist, weil sie als Kunstprodukt, als Marien*bild* eingeführt wird und aus ihm hervorkommt. Das Thema ist scherzhaft präludiert im Motiv vom Kultbild der Eugenia, das sie als entrückte Gottheit darstellt. Es führt auf die Idolisierung der Frau, die sich in Maria vollendet, aber es führt auch darauf, daß Maria nur als Idol vorhanden ist, als »Gottesgabe der Kunst« (x, 266) in einer Zweideutigkeit, die mindestens so sehr das Göttliche als Gabe der Kunst meint wie die Kunst als ›göttliche‹ Gabe. In den zwei ersten Marien-Legenden tritt sie als Andachtsbild in einem Kirchlein auf den Plan, das die menschliche Heldin beider Legenden »in früheren Tagen so nebenbei einst gebaut und der Mutter Gottes gewidmet hatte. Es war einem armen Meister zu Gefallen geschehen, welchem wegen seiner mürrischen und unlieblichen Person niemand etwas zu tun gab . . . der verachtete Meister hatte gleichsam als Feierabendarbeit zum Dank noch ein gar eigentümlich anmutiges Marienbild selbst gearbeitet und auf den Altar gestellt« (215).
Adolf Muschg hat in seiner ingeniösen Deutung der »Legenden« diesen bedauernswerten Meister als den Dichter Keller erkannt, der sich nach Art mittelalterlicher Künstler in einen Winkel des Bildes gemalt hat, als traurig-komische und zugleich große Figur, sofern die Gottesmutter ja in einer Gestalt durch die Legenden geht, die sie ihm verdankt: dea ex machina poesis.[8] In der Legende »Die Jungfrau und die Nonne« spricht die weltdurstige Nonne mit der Marienstatue des Klosteraltars, und auch die Maria in der fünften Legende ist Kunstwerk – als umfunktioniertes Standbild der Juno. Mit dieser Darstellung der Maria sind die »Legenden« ein erstes und letztes Wort Kellers: nicht zum poetischen Thema des Poeten – der steht in der Ecke –, aber zum poetischen Thema seiner Poesie, ihrer Leistung und ihrer Spannung zwischen der narzißtisch-hermaphroditischen Muse, die in der Eugenia-Legende auftaucht, und der Mutter-Muse, die hinter den Marien-Legenden steht.

Das Wort zur Poesie wird am deutlichsten in der letzten der »Sieben Legenden«, dem »Tanzlegendchen«, das die Sammlung krönt.[9] Seine Sonderstellung äußert sich schon im Thema: Es ist weder eine Liebesgeschichte noch eine Mariengeschichte, obwohl Maria als Randfigur vorkommt. An ihre Stelle sind eine kleine himmlische Muse und die mächtigen Gestalten der neun heidnisch-antiken Musen getreten. In allem vertieft das »Tanzlegendchen« das Lineament, das die vorhergehenden Legenden ziehen. Der kleinen Musa, die wie eine Schwester des Meretlein anmutet, erschließt sich ein Himmel irdischen Glücks als Tanz, in den der Mensch einschwingt: der Himmel als symbolischer Ort für das an innerweltlicher Erfüllung, was die Erfahrung überbietet. Aber der kleinen Muse erschließt sich der Himmel des irdischen Glücks, dem ihre tiefe Sehnsucht gilt, nur durch tödliche Askese und Reinigung. Der Himmel verführt sie dazu. Und der erreichte Himmel ist nicht ganz. So scheitert die Hoffnung der Himmelsjungfrau Maria, die heidnischen Musen könnten Dauerwohnrecht im Himmel erhalten. Vielmehr wird ein Lobgesang der Musen zum Anlaß, ihnen sogar das Gastrecht im Himmel zu entziehen, das sie an hohen Festtagen genießen, und sie für immer aus ihm zu verweisen. Die heilige Trinität beschwichtigt den vom Gesang erregten Tumult – law and order sind der harte Kern der Himmelsharmonie.

Warum diese Vertreibung aus dem Himmel? Wodurch war der Gesang ein Sündenfall? Der Himmel mag die vollkommene Erde als Sehnsuchtsbild sein; am Ziel der Sehnsucht wird das Heimweh zurück nach jenem Unvollkommenen geweckt, das der Ausgangspunkt der Sehnsucht war: das Letzte wird zum Vorletzten. Mit dem Lobgesang der Musen hat das Himmelsglück, dem sie als Zaungäste beiwohnen dürfen, ein Ende. Er ist so traurig, weil er von Außenstehenden kommt und damit beklagt, was nicht im Himmel ist. Er ist eben deshalb so sehr Lobgesang. Er setzt den Himmel in Trauer und Aufruhr und weckt ein unbezwingliches Verlangen nach dem Leidensgrund, aus dem der Gesang um Glück ertönt, weil das Lied den Himmlischen zu Gehör bringt, daß es Unglückliche gibt und daß nur diese wissen, was Glück ist, weil sie unglücklich sind. Indem aber die Himmelsbewohner erfahren, daß nur die Unglücklichen wissen, was Glück ist, werden sie selber unglücklich. Sie müssen vergessen, was sie gehört haben, aber werden sie es können? Wird Musa wieder tanzen? Werden die Musen in der Hölle weiter den Himmel loben?

Das »Tanzlegendchen« bleibt die Antwort auf diese Frage schuldig. Kellers gesamtes Werk ist die Antwort. Nicht als Absage an das Christentum hat das »Tanzlegendchen« seine Bedeutung – denn auch sein Himmel ist ein Diesseits im Jenseits, ein Himmel innerweltlicher Erfüllung –, sondern als ›Legende‹ der dichterischen Welt Kellers in der Thematisierung ihres Erscheinens und der Bedingungen ihrer Produktion. Musa und die Musen sind voneinander geschiedene Spiegelungsfiguren, die zusammengehören, aber nicht eins werden können, wie Therese und Röschen, Anna und Judith, die heilige Cäcilie Anna und die Wasserfee Anna, die in der Tiefe des Elements bei der Muse-Meduse verschwindet. Zum Himmel gibt es einen Überstieg; gegen die Hölle verläuft eine Sperre. Der Himmel schließt die verführerische Hölle aus, die Unruhe zu stiften vermag, sei es durch Sehnsuchtsgesänge, sei es durch eine trunkenmachende höllische Pracht, wie es in dem Gedicht »Walpurgis« heißt (II, 94 ohne den ursprünglichen Titel). Die Bewohner der Hölle aber, als Ausgeschlossene, schließen mit ihrer Sehnsucht alles ein, auch und erst recht den Himmel. Diese Sehnsucht ist wissend und aktiv; die Verlockung, die von ihnen ausgeht, wird passiv erfahren und erlitten – sie vermittelt Wissen an Nichtwissende, die nicht wissen wollen und dürfen. Die Hölle öffnet die Augen, der Himmel versucht sie zu schließen – nichts anderes erzählt das »Tanzlegendchen«.

Die Musen haben nichts vom glücklichen Leben als das Sehen dessen, dem sie gegenüberstehen. Sie sind – die Musen des Sehers aus dem Goethekapitel des »Grünen Heinrich«, der dem Festzug zuschaut. Man kann dasselbe auch mit einem Brief über die günstigste Lage eines Arbeitszimmers sagen, so Keller am 14. August 1881 an Theodor Storm: ». . . philiströse Naturen wollen stets die Sonne in der Stube haben, während es sich so gedankenhell und ruhig weilen läßt, wenn man im klaren Schatten sitzt und der Sonnenschein draußen auf dem Lande liegt.« Und abermals am 21. September 1883: »Wenn ich die Wahl hätte, so würde ich nur Nordlicht in einem Arbeitszimmer haben, wie die Maler, so daß aller Glanz, Licht und Wechsel der Naturstimmung draußen liegt zur gefälligen Einsicht vom ruhigen Schattensitze aus.« Das ist gerade deshalb so metaphorisch, weil es nicht so gemeint ist, nur eine ganz landläufige Malerweisheit. Weil zum Ganzen der Schmerz gehört, nicht an ihm teilzuhaben, *hat* Keller unter so viel Schmerzen das Ganze – als Zerrissenes.[10] Er kennt den Himmel, weil und soweit er die Hölle kennt, deshalb spricht er von ihm in einer unendlichen und unendlich melancholischen Lust.

Insofern ist die Topographie des Werks eine Topographie der menschlichen Existenz, zusamt dem Ort, von dem aus sie entworfen und vermessen ist. Mögen die »Legenden« auf Goldgrund zaubern; der Grund des Goldgrunds ist schwarz. Mag die Nonne im erfüllten Weltleben den schönsten und freudigsten Gottesdienst vollbracht haben, erst zehn Jahre nach der Rückkehr ins Kloster erscheinen ihr der verlassene Ehemann und die verlassenen Kinder als höchstes Glück, auf der Folie des Verzichts. Alle Menschen erfahren hier, was alle Menschen wissen. Sie hören in besonderer, ja sonderbarer Weise das Allgemeine: daß der Schmerz zum Leben gehört, weil der einzelne und sein Leben nicht ganz sind. Deshalb muß und darf er sterben. Deshalb muß und darf er lieben. Deshalb erscheint Glück am Schmerz und vice versa. Keine Kultur ohne Barbarei, aber auch ohne Barbarei keine Kultur. Kein individuelles Leben ohne Ausschließung, aber auch ohne Ausschließung keine Einschließung. Mit diesem Horizont ist das gedichtete Leben Kellers eine Metapher des menschlichen Lebens überhaupt.

Die Produktionsbedingungen als Werkstruktur: Der Seher als ganzes Leben des Gesehenen, das Gesehene als ganzes Leben des Sehers, im Spiegel des Spiegelnden ein unerreichbares Gegenüber. Der verstummte Gesang der Musen wird ewig im Himmel erklingen. In der Hölle werden sie ewig zum Himmel gehören. Überall im Werk Kellers tanzt die kleine heilige Musa, der sich durch Entsagung ein Himmel öffnet, der nicht ganz ist. Überall im Werk Kellers singen die leidenden Musen vom

Glück des Himmels, das sie nicht teilen. In der Legende bleiben Musas Tanz und der Gesang der Musen streng geschieden. Sie sprechen Erfahrungen aus, die sich nicht ineinander übersetzen und umschreiben lassen. Aber die Legende *umschreibt* diese Unmöglichkeit von Kellers Werk als dessen Mitte und Ursprung. Nirgends hat Keller so klar, aber auch so abstrakt und statisch eine Vermittlung der Unvermittelbarkeit der Elemente seiner dichterischen Welt zustande gebracht wie im »Tanzlegendchen«, derzufolge denn doch das in der Ebene des *Erzählten* Unmögliche auf der Ebene des *Erzählens* geschieht: Die heilige Musa und die heidnischen Musen vereinigen sich in der Trennung kraft Magie der Namensgleichheit, die ernsthaft verspielt auf die einzige Vollmacht hinweist, die der Dichter als Gott seines Werks besitzt – die des ernsthaften Wortspiels.

In diesem Wortspiel kann kein Zweifel daran bestehen, daß die Musen gegenüber Musa das Wort haben, sogar das letzte. Sie ist ahnungslos die fünfte Kolonne der Hölle im Himmel. Zwar machen die Musen nicht Musas Erfahrungen, aber sie reflektieren Musas Erfahrungen. Sie finden sich hermeneutisch ein in das, was sie nicht fühlen; sie erfinden es. De profundis erklingt ihr Gesang und bricht sich am Himmel, in der stummen Zeichensprache von Musas Tanz. Die verdrängten Musen bringen, noch indem sie zum Verstummen gebracht werden, das Verdrängte zur Sprache, weil ihr Gesang aus ihm aufsteigt, wenn er sich von ihm abstößt: vom Ort, wo Chaos und Fülle sind, die nicht erlöst werden können und deshalb die Erlösungsvision grundieren und fundieren. Sechs der »Sieben Legenden« zeigen eine Glückswelt aus Vollmacht der Kunst mit einer heiligen Mutter als Schutzpatronin der Liebenden. In der siebenten Legende ist die heilige Mutter als *Figur* der Kunst verschwunden in den Personifikationen ihrer *Funktion*: als Muse-Meduse und Spiegelmuse Grund dieser Kunstwelt zu sein.

Kein Wort vom Poeten; die sonst stummen Musen führen es hier an seiner Stelle, damit überhaupt von Kellers Poesie und ihrer Konstitution die Rede sein kann. Dabei wird das Legitimationsproblem der Dichtung charakteristisch verschoben. An die Stelle der Rechtfertigung des Dichtens aus der Kraft der künstlerischen Produktion tritt eine Rechtfertigung aus der

Macht der Tradition. Es gibt Kunst, weil es die Musen gibt; es gibt eine heilige Musa, weil der heilige Papst Gregor in den vier Büchern seiner Dialoge von einer frommen Jungfrau Musa berichtet; es kann den Besuch der Musen im Himmel geben, weil die griechischen Kirchenväter Gregor von Nazianz und Gregor von Nyssa diese Frage kontrovers beantwortet haben. Haben sie es? Das ist letztlich gleichgültig. Das Jongleurstück mit drei Gregoren als dreiuneinigen Gewährsleuten zeigt, daß die Traditionsberufung eine Einkleidungsform der souveränen Produktivität, ja deren Bezeugung selbst ist. Die Verschiebung des Legitimationsproblems der Dichtung zum Traditionsproblem ist dazu bestimmt, den Durchblick auf den Ursprung der Kunst in der Freiheit der künstlerischen Imagination zu öffnen. Humor steht an der Systemstelle des Genies und bezeichnet sie in einem epochalen dichterischen Weltbild, das den Glauben an die weltschöpfende Kraft des Genies verloren hat.

Wie sich der auktoriale Anspruch bei Keller im Offenhalten des: so und auch so bezeugt, bezeugt sich seine höchste poetische Freiheit in den »Legenden«, wo er sich bis zum Wortlaut an die Quelle im Kosegärtchen hält. Dem »Terrorismus des äußerlich Zeitgemäßen« (von Keller gesperrt) sich entziehend[11], sagt er so, was die Uhr für ihn geschlagen hat. Er muß es sagen, denn wenn im Kulissenspiel mit der Tradition die Freiheit der Produktion ansichtig wird, dann wird hinwiederum in der Freiheit der Produktion das unentrinnbare Muster sichtbar, in dem Kellers Dichten mit seinem Leben verwoben ist. Die Legitimationsgeschichte führt keine Liebesgeschichte vor. Sie zeigt vielmehr die unglückliche Liebe als Grund von Geschichten: Sieben Legenden, in denen sich die Dreizahl des Himmels und die Vierzahl der Erde vereinigen und trennen.

»Züricher Novellen« oder der Staatsschreiber

Original und Volk, Geschichte und Gegenwart

Aus dem Stadtschreiber von Seldwyla wird der Staatsschreiber von Zürich, aus diesem der Schreiber der »Züricher Novellen«, der Dichter der vorbildlichen Stadt, deren Bild aus der Geschichte heraufgeholt wird in pädagogischer Absicht. Da diese Stadt ein Staat ist, ist der Staatsbürger der Stadtbürger. Da es um den vorbildlichen Staat geht, ist er nicht als Bourgeois gefragt, wie in den »Leuten von Seldwyla« mit Ausnahme der Novelle »Dietegen«. Angestrebt ist vielmehr die Phänomenologie des Citoyen[1], und so sieht man noch in der einzigen Gegenwartsnovelle des Zyklus, dem »Fähnlein der sieben Aufrechten«, den bourgeoisen Pferdefuß unter der Toga des Citoyen verschwinden. Auch entstehungsgeschichtlich nimmt das »Fähnlein« eine Randstellung ein, denn es ist schon einmal in Berthold Auerbachs »Deutschem Volkskalender« 1861 getrennt veröffentlicht worden. »Ursula« reicht zwar als Projekt in die produktiven Berliner Jahre zurück, aber niedergeschrieben ist sie mit den anderen »Züricher Novellen«. 1876 beginnt deren Ausarbeitung. Als Buch veröffentlicht wurde der Zyklus Weihnachten 1877 mit der Jahreszahl 1878.

Phänomenologie des Bürgers als Citoyen: Mit der Eingangsnovelle »Hadlaub« taucht der Stadtbürger aus dem feudalen Ständewesen auf. An einem der Höhepunkte der Novelle, bei dem großen Jagdfest der ritterlichen Herrschaften, gedenkt der Erzähler des »unsichtbaren Volkes«, »dem die Zukunft gehörte«. Es liegt wie die Dämmerung in der Tiefe (IX, 83), aus der gesellschaftlich der Novellenheld, ein freier Bauernsohn, kommt. Die zweite Novelle, »Der Narr auf Manegg«, zieht in einer Episode den Niedergang des Rittergeschlechts der Manesse zusammen; die dritte, »Der Landvogt von Greifensee«, zeigt einen Herrn, der als Vertreter des Zürcher Stadtregiments dem Ancien régime in der Schweiz dient und doch im Sinne der

Konzeption der »Züricher Novellen« ein Bürger ist. »Das Fähnlein der sieben Aufrechten« liegt jenseits der großen historischen Umwälzung der Freischarenzeit und des Sonderbundskrieges, in der aus dem alten Staatenbund der moderne Schweizer Bundesstaat, in Zürich zudem eine liberale Regierung entstand. Die Novelle hält verklärend den Zeitpunkt fest, an dem sich Keller als politischer Bürger und Liberaler im größten inneren Einklang mit seinem Staat befand.

Dann aber wird die chronologische Reihe zugunsten einer ideellen Steigerung gebrochen. Die Schlußnovelle »Ursula« greift zeitlich zurück in die Epoche der Reformation und bringt damit auf den geschichtlichen Begriff, was für Keller die Bedingung der Phänomenologie des Citoyen ist: Eine Folge gelingender Brückenschläge zwischen den Zeiten, in denen das Alte erneuert, das Neue an das Alte angeknüpft wird. Nichts anderes ist reformatio, und von nichts anderem handeln die Novellen.[2] Sie sind nicht einfach Geschichten aus der Zürcher Geschichte; sie sind Geschichten von geschichtlicher Erneuerung in der Bewahrung. »Hadlaub« handelt vom Einbringen des feudalen kulturellen Erbes in die heraufkommende stadtbürgerliche Gesellschaft. »Der Narr auf Manegg« ist das Endspiel zur Tragödie des Rittergeschlechts der Manesse, dessen letzter namhafter Vertreter als Schatten der Vergangenheit die Gegenwart versäumt, und wenn sich der Sonderling Buz Falätscher an die von ihm entwendete, einst von Hadlaub geschriebene Manessische Liederhandschrift anklammert, faßt sich darin sinnbildlich ein falscher Vergangenheitsbezug zusammen. Er wird korrigiert durch die Rettung des Minnesang-Zeugnisses von seiten eines jungen Adligen. Im Untergang sind auch Erlösung, Reinigung, Bewahrung.

»Der Landvogt von Greifensee« verhandelt das Thema der geschichtlichen Rückbesinnung gleich in mehreren Varianten: in den politisch-kulturellen Bestrebungen des Kreises um Johann Jakob Bodmer, der Schweizer Tradition und römisch-republikanische Tugend heraufrufen will; in der Idyllik Salomon Geßners, die der konventionalisierten Schäferdichtung eine Wendung ins Gefühlte und Wahre eines bürgerlich-behäbig gelebten Lebens gibt. Seine Idyllendichtung wird vor den

Hintergrund des geselligen Treibens in seiner »Waldwohnung« (198) gestellt, die er als Oberaufseher des Zürcher Sihlwaldes innehat: eine bewußt gelebte festliche Idylle, deshalb nicht trüglich. Akzentuieren Frauen als Naturmanifestationen bei Keller das naturhaft dem Menschen Gemäße der Kultur, so akzentuiert das Fest als *inszenierte* Idylle, daß diese Natur in Geschichte auftritt. Schließlich Salomon Landolt, der Landvogt selbst; an ihm zeigt sich Vergangenheitsaneignung in öffentlicher und privater Weise. Als Gründer einer freiwilligen Jägertruppe überführt er die alte Wehrkraft der Schweiz in die moderne Form der offenen Gefechtsordnung, die in den französischen Revolutionskriegen aus der Volksbewaffnung entsteht und ursprünglich die militärische Erscheinungsweise der Volkssouveränität darstellt. Als Privatmann versammelt er die Liebschaften seines Lebens zur festlichen Lebensernte in tätiger Gegenwart. Und auch das gegenwartsnahe »Fähnlein der sieben Aufrechten« wird durch das Thema des Rückbezugs auf die Geschichte dem Zyklus zugeordnet. Die Novelle stellt das patriotische Fest als emphatische Anknüpfung der Gegenwart des Vaterlandes an seine Vergangenheit dar. *Zeigt* »Ursula« Reformation, so *feiert* das »Fähnlein« patriotische Reformation.

Mögen bei der Zusammenstellung der »Züricher Novellen« – wie stets bei Keller – praktische Erwägungen eine große Rolle gespielt haben[3], ist trotzdem das Ergebnis mehr als eine bloße Buchbindersynthese. Alle Novellen sind durch die Einheit des Ortes – Stadt und Land Zürich – und das Muster des reformatorischen Bezugs auf die Geschichte zusammengehalten. Noch deutlicher wird der Aufbau erkennbar, wenn die Phänomenologie des Citoyen in ihrer Auffächerung nach zwei Seiten hin in den Blick fällt: als Originalitätsthematik und als Thematik des Volkes, der Einheit der Citoyens. Die Originalitätsthematik ist in einer Rahmenhandlung entfaltet, welche die ersten drei Novellen des Bandes – »Hadlaub«, »Der Narr auf Manegg« und »Der Landvogt von Greifensee« – zusammenschließt. Sie schildert die Erziehungsbemühungen eines Oheims an seinem Patensohn. Der Meister Jakobus versucht, seinen an Originalitätssucht und sentimentalem Traditionalismus krankenden Paten Jacques durch drei Geschichten zu heilen, die allesamt positiv oder negativ auf den Zustand des Zöglings verweisen, indem sie im Vergangenheitsbezug rechte und falsche Originalität ansichtig machen. Untergründig läuft dabei das Thema des Volkes als geschichtliche politische Größe mit – es ist, mit der Formulierung aus »Hadlaub«, Volk in der Tiefe, das im Schützenkorps des Landvogts das Licht der Welt erblickt.

In zwei weiteren Novellen jenseits des Rahmens ist das Hauptthema der Geschichten das Volk im Geschichtsbezug, und das Thema des Originals tritt in diesen übergreifenden Zusammenhang zurück, bleibt aber gegenwärtig. Die sieben Aufrechten des »Fähnleins« und Karl Hediger als achter, Zwingli und Hansli Gyr sind jenseits aller Unterschiede in Reichweite und Rang wahre Originale im Sinne Kellers. Die wahre Nation besteht aus wahren Originalen; die wahren Originale ermöglichen und bilden die Nation. Zwar nicht im Werk selbst, aber in einem Brief an Berthold Auerbach vom 25. Juni 1860 hat Keller halb scherzhaft den pädagogischen Appell formuliert, der auch diese Volksthematik durchzieht und die offene pädagogische Einbindung der ersten Novellen noch einmal überwölbt. Er liegt darin, »daß das Volk das, was es sich gutmütig einbildet zu sein und der innerlichen Anlage nach auch schon ist, zuletzt in der Tat und auch äußerlich wird. Kurz, man muß, wie man schwangeren Frauen etwa schöne Bildwerke vorhält, dem allezeit trächtigen Nationalgrundstock stets etwas Besseres zeigen, als er schon ist; dafür kann man ihn auch um so kecker tadeln, wo er es verdient.« Dem Volk der Gegenwart werden in den »Züricher Novellen« geschichtliche Erfüllungsaugenblicke wie eine Folge schöner Bildwerke vorgehalten, damit es seine guten Möglichkeiten nach außen kehrt und verwirklicht. Reformation wird von ihm erwartet; das Werk hat reformatorische Tendenz.

Wie in den »Sieben Legenden« sind also auch in den »Züricher Novellen« die letzten zwei Stücke in der Einheit des Ganzen herausgehoben; dort durch den Schritt von der einfachen Umkehrung des Himmels zur Erde in die Ausfaltung der Trennungsmomente im vermeintlichen Ganzen der ›himmlischen‹ Welt; hier durch den Schritt vom einzelnen zum politischen Kollektiv. Hier wie dort bildet die letzte Geschichte den krönenden Abschluß; dort durch die Offenlegung der »Legenden« als Legende von Kellers Werk; hier nicht nur in der Formulierung des Prinzips Reformation, sondern auch in der Aktualisierung des Volks, dessen Potentialität im Fest – schon beim bisherigen Gang durch Kellers Werk erörtert – im »Fähnlein der sieben Aufrechten« seine reinste, geradezu formelhafte Darstellung findet. Was in »Dietegen« nur einmal rauschhaft in der vaterländischen Schlacht aufblitzt, das ist in »Ursula« als stabile politische Größe gedacht und zur Erscheinung gebracht: das Volk als historisch-politisch-geistige Handlungseinheit, als Produkt, Subjekt und Objekt der Reformation. Zugleich damit ist die in »Dietegen« erst skizzierte Verbindung klar und verklärt: In der Verheiratung des Originals entsteht die Kulturnaturgröße Ehe, und sie ist der Baustein der Kulturnaturgröße Volk in ihrer Kontinuität. In »Hadlaub« ist die Eheschließung der unehelichen Adelstochter mit dem Bauernsohn Zeichen für die Entstehung des Stadtbürgertums. Im »Fähnlein« ist die Stiftung der Ehe die Mitte des patriotischen Festes; in »Ursula« ist das Liebesschicksal der Helden das Symbol des Schicksals der Reformation; überall aber sind es glückliche geschichtliche Augenblicke, die im Wandel der sterblichen geschichtlichen Gebilde als Dasein aufblitzen, wenn originale Menschen hervortreten. Sie erscheinen in den »Züricher Novellen« in geschichtlicher Perspektive, weil sie sich durch die Kraft ausweisen, Altes und Neues reformatorisch zu verknüpfen.

Mit der hier stillschweigend eingeführten Gleichung von Original und Citoyen sind beide Denkbilder bei Keller schon charakterisiert. In Kellers Abwendung vom revolutionären Denken und Handeln seiner Frühzeit ist auch der Citoyen, der Staatsbürger, aus dem historischen Rahmen der Französischen Revolution gelöst, in den er seinem Pathos nach politisch und geistesgeschichtlich gehört. Nicht in der revolutionären, vielmehr in der reformatorischen Einsetzung des dritten Standes zur Nation verkörpert sich für Keller das Citoyen-Ideal. Und das Original ist Citoyen, weil Keller, der im »Grünen Heinrich« dem Geniebegriff das Genie ausgetrieben hat, nun in den »Züricher Novellen« programmatisch dem Begriff des Originals das

Originale austreibt. Das geschieht bis zu dem Punkt, wo sich das Original glatt in die Zusammenhänge einfügen läßt. Mag in den tüchtigen Bürgern, die dem Sonderlingsnest Seldwyla entspringen, noch eine gehörige Portion an Eigenart, Phantasie, Skurrilität, etwas vom Traum des grünen Heinrich zugelassen sein – man vergegenwärtige sich die Reihe Pankraz, Fritz Amrain, Wenzel Strapinski, Wilhelm –, so propagiert der Oheim im Rahmen der »Züricher Novellen« eine kräftige Edelnormalität, wie sie sich in zeitlicher Nähe zu den »Züricher Novellen« auch in Dietegen und Jukundus Meyenthal herausfiltert. Schon der junge Keller beschließt in der letzten Eintragung seines Tagebuches vom 16. August 1843, nicht »ängstlich an Originalität etc« zu »hangen«. »Die alten Wahrheiten müssen . . . tausend und abertausendmal frisch in die Ohren gerufen werden.« (XXI, 62) Der Oheim Jakobus in den »Züricher Novellen« erklärt bieder und gegen den Wortsinn, das Original brauche nichts Unerhörtes und Erzursprüngliches zu sein. Er mutet ihm schlichtweg Musterhaftigkeit und Nachahmungswürdigkeit zu, ohne seiner Einzigkeit zu gedenken (IX, 17), und wärmt damit anthropologisch eine Meinung auf, die für das Genie ästhetisch seit der Mitte des 18. Jahrhunderts erledigt ist.[4] Mit anderen Worten: Das Original ist der öffentlich maß- und maßstabgebende Bürger, und diese Eigenschaft wird ihm als origo zugedacht, gemäß der Konzeption einer kulturellen Naturnorm, die in diesem Gedanken des Originals ihre Entsprechung und ihren letzten Abschluß findet: Wo Mutter Natur normenhaft ist, ist es ihr Originalprodukt gleichermaßen.

So sind denn auch die guten Originale der beiden letzten Erzählungen Edelnormalitäten: Karl Hediger, der sich durch seine farblose Rundumtüchtigkeit von den sieben alten Käuzen abhebt, für die er spricht, und Hansli Gyr, am Ende Ursulas Mann. Diese »Versinnlichung des Volksgeists« (X, 153) ist nicht die schöpferisch raunende Originalstimme, die sich die Romantiker unter dem Volksgeist vorgestellt haben, sondern ein tüchtiger Unteroffizier, der als Agent des Reformators Zwingli die losen Landsknechte diszipliniert und ihnen Disziplin vorlebt. Mag er darin abirren, so doch nur, indem er übers Ziel hinausschießt und ins Betulich-Bigotte gerät, wo es um eine freie, heitere

Ordnung ginge, wie sich in Salomon Landolts Exerzierkünsten mit seinem Schützenkorps zeigt. Gerade die freie Disziplin der Truppe des Landvogts macht deutlich, daß dem Programm des Originals in den »Züricher Novellen« ein Programm der spontanen sittlichen Selbstdisziplin unterschoben ist, das eben es ermöglicht, das Original ohne weiteres als Ordnungsfaktor der Gesellschaft einzusetzen. Mag im »Grünen Heinrich« die Gesellschaft noch ebensosehr an den Ansprüchen des Individuums gemessen sein wie das Individuum an den Ansprüchen der Gesellschaft, so hat hier das Erfordernis der Gesellschaft eindeutig das Übergewicht erhalten. Sie ist nicht nur faktisch, sondern auch moralisch dem Individuum vorausgesetzt.

Von da her versteht es sich, daß auch die Figuren, die auf Anhieb nicht in dieses Originalitätsschema passen, zumindest daran zurückgebunden, zuweilen darauf zurechtgestutzt werden, wobei die Verkürzung der Originalitätsthematik mit der Verdrängung und Verstellung der Künstlerthematik Hand in Hand geht. Salomon Landolt, der am ehesten den Zug zum Kauz und Genie hätte, erreicht höchstes Ansehen als Richter und militärischer Führer, also in maßstabgebenden Funktionen – auch wenn er sie auf eigenwillige Weise ausübt. Vor allem: Er ist wohl ein Festarrangeur, doch kein Künstler, von vornherein und im Gegensatz zu den Ambitionen des grünen Heinrich nur ein sehr begabter Freizeitmaler. Der Reformator Zwingli wird auf den Ton eines freilich genialen Volksmannes und Volkslehrers herabgestimmt, der durch Schrift, Wort und Tat, durch Predigten, Traktate, Diskussionen, Instruktionen, wissenschaftliche Abhandlungen und politisch gesetzgebende Maßnahmen die Zürcher bildet. Das antikisierende Renaissanceideal, dem noch Goethes Tasso anhängt, Feder und Schwert, Denken und Tun zu vereinigen, ist in ihm um den Preis verwirklicht, daß der Schreiber und Redner weit vom Poeten abgerückt ist. Im »Narren auf Manegg«, dessen Narrheit sich im Dichterwahn zusammenfaßt; in Karl Hediger, dem Festredner, sogar in »Hadlaub«, wie sich zeigen wird – immer wieder ist das Thema Künstlertum angespielt und beiseite geschoben.

Das gilt bis hin zum Rahmen: Wie in Zwingli tritt im Oheim eine Seite des Schriftstellerwesens nach vorn, die für Keller allgemein und speziell für die »Züricher Novellen« von großer Wichtigkeit ist, aber bisher nur in äußerster Zerrgestalt, in der Erziehungsdenkschrift des John Kabys innerhalb des Werks dingfest zu machen war – die Richtung der Kunst auf Erziehung. Doch prompt löst sich auch diese Tendenz wieder vom Poetenthema ab. Zwingli träumt von einem Himmel des vollkommenen Stadtstaates Jerusalem, in dem die religiösen und politischen Heiligen mit dem Künstler Pindar vereinigt wandeln, aber der Bildersturm als Seitentrieb der Reformation zerstört die Kunst. Keller ist in eigener Gestalt ein Stück Einlösung dieser Vision – der Staatsschreiber und Poet, beide Volkserzieher – aber der Meister Jakobus des Rahmens darf nur Pädagoge, nur Erzähler, kein Poet sein. Die Situation mündlichen Erzählens, in den »Leuten von Seldwyla« noch auf einzelne der Novellen beschränkt, geht bei den »Züricher Novellen« in den Sammelrahmen ein, doch der Poet wird beseitigt. Ausgerechnet durch einen Schreibauftrag befreit der Oheim den Paten Jacques endgültig vom Wahn, ein »Originalgenie zu werden« (IX, 279) – wenn auch nicht zu so gutem Ende, wie Wilhelm in den »Mißbrauchten Liebesbriefen« vom Künstler- und Poetenwahn geheilt wird.

Zum wiederholten Mal taucht in den »Züricher Novellen« die Gestalt Jean-Jacques Rousseaus als ein ungenannter Bezugspunkt Kellers auf. Der Genfer gehört in die Entstehungsgeschichte des »Grünen Heinrich« und – als Beispiel für die gespaltene moderne Existenz – in dessen Reflexionen. Rousseaus Ideal der radikalen Demokratie ist ein Gegenpol zu Kellers Ideal der liberalen Republik mit Repräsentativorganen des Volkes. Der Welschschweizer hält mit seiner Theorie eines Staats- und Gesellschaftsvertrages an der Grenze von Naturstand und Geschichte des Menschen eine Gegenposition zu Kellers Vergegenwärtigung der innergeschichtlich sich bildenden Nation in den »Züricher Novellen«. Er steht mit seiner Idee der Natur im Zusammenhang des 18. Jahrhunderts, und Kellers naturale Natur ist durch eine Markierung namens Feuerbach entschieden davon getrennt. Die Natur als Idee, wie sie vom 18. Jahrhundert bis zur Klassik und Romantik gedacht wird, hat eine kritische Sprengkraft gegenüber verfestigten gesellschaftlichen Formationen; die Natur als Gegebenheit wandert zu allen Gegebenheiten hin und verstärkt noch im Widerspruch zu ihnen die Erfahrung von der Macht des Gegebenen. Rousseaus sentimentalische Antithese von Natur und Gesellschaft wird aufgelöst in Kellers Vorstellung der kulturellen Natur des Menschen, wie sie etwa in der ›Wohnkulturnatur‹ des geheilten Poeten Wilhelm der »Mißbrauchten Liebesbriefe« zum Bild gerinnt.

Hier ist ein Berührungspunkt Kellers mit Adalbert Stifter.[5] Auch ihm ist die empirische Natur Trägerin des Sittengesetzes; dann aber öffnet sich sofort der Gegensatz zu dem »Tüftler«, wie Keller ihn am 15. Oktober 1853 gegenüber Hermann Hettner nannte: Sie ist es bei Stifter als versteinerte und naturalisierte Heilsgeschichte, als Offenbarung Gottes, nicht als Nomos des autonomen Menschen. Natur ist ferner bei Stifter – wie bei Rousseau – ein Gegensatz zur Geschichte, die in Stifters Werk, verstärkt seit dem Erschrecken vor den revolutionären Kräften von 1848, als nichtig und verworren erfahren wird. ›Zurück zur Natur!‹ könnte von Stifter als Parole eines von der Aufklärung berührten, aber bis in den Kern konservativ gewordenen Katholizismus erfunden sein. Die Geschichte, wie sie ist, muß vom Menschen bestanden werden, ehe er sich zur Natur als Rückzugsposition heimwendet, allenfalls um – in der utopischen Wendung des »Witiko« – eine neue naturförmige Menschengeschichte zu erfinden.

Die Erinnerung an die »Mißbrauchten Liebesbriefe« läßt das satirische Bild des neuen Sturm und Drang heraufkommen, in dem Viggi Störteler mitstürmt, und damit das geistige Feld, aus dem Keller den Originalitätsgedanken so gut wie den Geniegedanken herausreißt. Der grüne Heinrich ist ein Einziger, aber er stellt seine Einzigkeit nicht, wie Rousseau, aus; er versinkt in sie – und in den Wunschtraum, ein guter Bürger zu sein. Die Gesellschaftskritik des »Grünen Heinrich«, obzwar auch im Namen des einzelnen vorgetragen, konfrontiert doch die Gesellschaft kaum mit einem Programm, geschweige denn einer Programmatik des Subjekts. Sie stellt vielmehr den einzelnen *und* die Gesellschaft in den Schatten. Wo Genie nur im Duodezformat der »dichte[n] Unterlage von bewußten Vorsätzen und allem Apparate der Geniesucht« gelten darf, die möglicherweise zum »bescheidensten Gelingen« gehört (III, 225; B 1, Kap. 20), ist ebenso gegen den Sturm und Drang wie gegen Rousseau Front gemacht. Wo die origo des Originals Ordnung ist, verliert auch der Originalitätsgedanke – wie der Naturgedanke – seine ursprüngliche Sperrigkeit, die im deutschen Sturm und Drang noch schärfer als bei Rousseau, einem seiner geistigen Väter, ausgeprägt ist. Hat das Original seinen Wert in seiner ›Originalität‹, stellt sich die Frage, wie dann die Originalitäten zur Zusammenstimmung in übergreifenden Formationen gebracht werden sollen. Wo derart Original zu sein von einer Forderung zu einer Marotte verkommt, verstummt die Frage: Das Original wird ebenso kurzerhand in das Volk eingeschmolzen wie die Spontaneität in die Kulturnorm.

Damit gewinnt es innere Schlüssigkeit, daß Keller in der letzten der »Züricher Novellen«, mit seiner »Ursula«, weit hinter das 18. Jahrhundert in die Reformationszeit zurückgeht, um Original und Volk ostentativ in der politischen Handlungssphäre gleichzuschalten. Die Reformation, welche die Ordnungen des Mittelalters in die Sittlichkeit und das Gewissen des einzelnen verinnert, ohne schon neuzeitlich den einzelnen freizusetzen, ist prädestiniert zur Chiffre der Kellerschen Kulturnatur; die Täufer als Gegenspieler Zwinglis und der Reformation, die sozialrevolutionäre chiliastische Bewegungen des Mittelalters in die Neuzeit fortsetzen, werden zur Chiffre des Abfalls von ihr. In diesem Zusammenhang liegt es aber auch nahe, in der Namensdeszendenz eines Patensohnes Jacques von einem Oheim Jakobus mehr als einen kulturhistorischen Schlenker zu sehen. Wie der altfränkische Jakobus in die geschichtliche Tiefendimension bis zur spätmittelalterlichen Freiheitsschlacht von St. Jakob an der Birs zurückreicht, klingt im Spott gegen den Meister Jacques, der sich aus »irgend einem vorlauten Buche« angelesen hat, »daß es heutzutage keine ursprünglichen Menschen, keine Originale mehr gebe« (IX, 1), auch Spott gegen den Meister Jean-Jacques Rousseau als einen Wegbereiter und Ahnherrn solcher Büchlein auf. Wer musterhaft sein will, kann naiv original sein. Wer Original nach Mustern sein will, ist und bleibt ein eitler Narr. Dahin weist die Schlußwende der Rahmenhandlung, die Vorfindung eines vom inzwischen reussierten Paten

Jacques geförderten Kunststipendiaten als »neuer Pygmalion« (285).
Dieser Stipendienempfänger hat nämlich seine von Jacques empfangenen Monatswechsel im lukrativen und prosaischen Geschäft einer römischen Wäscherei angelegt und, statt als Bildhauer den toten Marmor zum Leben zu erwecken, ein höchst lebendiges, uneheliches Kind gezeugt. Der Pate Jacques läßt sich, trotz anfänglicher Empörung, zur Patenschaft für den »Bambino« überreden und wird damit ein neuer Onkel Jakobus, dem der alte voll Hohn genauso viel Erfolg beim Erziehungswerk wünscht, wie ihm einst beschieden war. Der ehemalige Poetenjüngling, der als neuer Ovid neue Metamorphosen aus dem Kaufmannsstand hatte schreiben wollen (2), erweist sich bei solcher Gelegenheit aber auch als neuer Pygmalion des neuen Pygmalion, eine weitere Variante dieser Figur aus dem Ovidischen Werk. Denn Meister Jacques hat zwar mittlerweile die Originalitätssucht ebenso wie die Traditionshascherei und die Künstlerpläne für sich quittiert und ist ein wohlhabender Banause geworden, aber er hat sich darauf versteift, gegenläufig zu seinem Oheim Originalkünstler durch Fördergaben nach der Norm der Bescheidenheit und des Fleißes zu bilden. Nichts anderes ist ihm bei diesem Unternehmen passiert, als was Pygmalion passioniert von den Göttern erbeten hatte: der mythische Künstler wollte seinem Kunstwerk Leben eingehaucht haben, dem heutigen Pygmalion Jacques ist sein Kunstwerk, der nach dem eigenen Bilde geformte Kunstbeflissene, eigensinnig und quicklebendig geworden, als er zum Bourgeois, Kindererzeuger und – freilich in falscher Reihenfolge – verheirateten Familienvater fortschritt.
Doch beim Meister Jean-Jacques Rousseau erst erreicht das Spiel seinen Halt, denn der Genfer war es, der in einem berühmten Monodrama »Pygmalion« ein Bild schuf für den Rückgang von Kunst-Künstlichkeit auf Natur[6] und der dabei den narzißtischen Kern der Situation und seiner selbst berührt hatte: In der zum Ideal erhobenen ursprünglichen freien Natur findet der Mensch nicht das ganz Andere, sondern ein Spiegelbild seiner selbst, seiner Sehnsüchte und Ängste, das er ›animiert‹, indem er es projiziert. Pygmalion, der sich nicht in eine vorhandene Frau,

vielmehr in das Kunstwerk seiner Hände und seines Geistes verliebt, verliebt sich in sich selbst. Er zeigt den Umriß des zur Selbstbefriedigung neigenden[7] Autors der »Confessions«. Der leere Jacques Kellers ist eitel und unfruchtbar. Er gewinnt keine Geschichte; die Geschichte geht an ihm vorbei und läßt ihn in einer lächerlichen »Künstleranekdote« zurück (288).

Dabei ist am Ende allerdings auch der Oheim Jakobus getroffen. Der Erzieher zur Bürgertugend – ist er nicht selbst ein Abseitsstehender, der sich hütet, »irgendwo an einer praktischen Tätigkeit wirklichen Anteil zu nehmen« (128)? Ist nicht auch er unfruchtbar geblieben, ein Hagestolz, dessen Liebesgeschichte im Sande verlief? Will er sich nicht auch ein Ebenbild hervorbringen, den Stein Jacques zum Leben erwecken? Wer kein Vater ist bei Keller, hat keine Söhne zu erziehen.[8] Das alte Lied, neu vertont, neu erlitten, in neuer Weise umgesetzt. Hinter allem der ehemalige Kunststipendiat und Pygmalion Keller, dem sein Werk nicht zum Leben wird; dem sein Werk zum Leben wird. Hinter allem ein Pygmalion, der Kunst und Leben ineinanderspielt. Auch der Pate Jacques hat seine erste Lebenshälfte zum »Kunstwerk« gekrönt (281), wenngleich in anderer Weise als sein Autor. Auch der Pate Jacques hat nur »ästhetischen Gewinn« an seiner traurigen »Erfahrung« (288), den er wenigstens vollständig einzuheimsen versucht. Auch der Autor als Anti-Jacques ist eine Art Jacques, mit Anti-Confessions, ja, sogar einem Erziehungs›roman‹ Anti-»Emile«, denn das in Rousseaus Erziehungswerk angewandte Verfahren der Bildung zur Gemeinschaft durch einen praktischen Geschichtsunterricht anhand von Lebensbeschreibungen und Faktenvermittlung zeitigt zwischen Herrn Jakobus und Herrn Jacques in den »Züricher Novellen« ein klägliches Ergebnis.

Damit ist aber etwas sehr Folgenschweres geschehen. Es ist die pädagogische Wirkungsmöglichkeit des Bandes in der Rahmenhandlung selbst in Frage gestellt, fast zurückgenommen: Mißlingt schon die Erziehung des einzelnen mit Hilfe von Geschichten, wie viel weniger aussichtsreich ist der poetisch-pädagogische Anruf an eine ganze Nation, deren junge Generation sich im Paten Jacques so wenig erfreulich darstellt. Ohne Zweifel ergibt sich von Jakobus zu Meister Jacques und von da

zum Stipendiatensproß ein System von Patenschaften in absteigender Linie. Ohne Zweifel sind die alten Herren, erprobte Weintrinker, Sänger, Scherzredner und Artilleristen, an deren »jährlichem Mörserschießen« Jacques ausgerechnet als – Pfeifenhalter teilnehmen darf (6), von anderem Kaliber als der grüne Jüngling, der diese inszenierte vaterländische Idylle vom Rand her betrachtet. Im »Fähnlein der sieben Aufrechten« wird die moderne Thematik der Ökonomie eingelassen, aber im patriotischen Fest ebensosehr verharmlost wie versöhnt. Der Pate Jacques, in der Chronologie der Handlung dem »Fähnlein« vorhergehend, in der Chronologie der Werkentstehung jedoch in weitem Abstand folgend, bewegt sich in einer Welt, in der unter der Tünche der alten bürgerlichen Tugenden, unter der dekorativen Stukkatur aus Tradition und Kunstsinn, unter dem gepflegten Faltenwurf der Originalität Rousseauischer Provenienz ein banaler Lebens- und Erwerbstrieb herrscht. In der Ökonomie der Wäscherei, wo die Tonmodelle der Kunst zerbröckeln, zeigt sich die Signatur der Zeit ebenso wie im ökonomischen ›Naturtrieb‹ des Kaufmannssprößlings, der schon als Kind die zum Robinsonspiel geeigneten Örtlichkeiten »für bares Geld an andere Knaben abgetreten« hat (4) und der als Heranwachsender unwillkürlich Holzpreise und Holzeinfuhren der Stadt Zürich zu überschlagen beginnt, statt, wie geplant, poetische Gedanken beim Lustwandeln in der Natur zu fassen. Er reicht also nicht einmal an das poetische Notizbüchlein Viggi Störtelers heran.
Wieder könnte hier eine Rousseau-Reminiszenz aufspringen. Während der junge Herr Jacques die Robinson-Spielplätze vermarktet, hat Rousseaus Emile an »Robinson Crusoe«, seinem einzigen Bücherschatz, ein Modell für den Freiraum einer natürlichen Erziehung des Menschen, den zu schaffen für Rousseau die wichtigste Aufgabe einer – übrigens in den Händen eines männlichen Erziehers liegenden – Erziehung ist. Wo Emile als neuer Robinson Crusoe Natur in die erstarrte Gesellschaft bringt, überzieht der junge Jacques im Luxurieren seiner ebenso geschäftigen wie geschäftlichen Einbildungskraft noch die Natur mit den Entstellungen der Gesellschaft. Ohnehin kann sie bei Keller da, wo Mutter Naturnorm als regelndes Vorbild nicht

hinreicht, als eine »zivilisierte Wildnis« erscheinen, in welcher etwa der grüne Heinrich der Erstfassung des Romans wie ein Robinson »nach Nahrungsmitteln ausgehen muß« (XIX, 94; A 4, Kap. 4). »Die wilden Bestien und Kannibalen, mit welchen Robinson sich herumschlägt, sind hier die zivilisierten Menschen, die Elemente die Menschenkniffe und gesellschaftlichen Verhältnisse«, sagt Keller über Gotthelfs »Schuldenbauern« (XXII, 105).[9] Lebt im immer grünenden Wald die »Herrlichkeit verschollener Ritter und Abteien . . . in der Hand ausdauernder Bürgerkraft fort« (IX, 5) – eine Natursymbolik der Reformation –, so bedeutet Abholzen, Holzhandel den Ausverkauf der reformatorischen Bürgertugend. Demnach hat es einen tieferen Sinn, daß in Jacques' Elternhaus das Zeugnis kecker republikanischer Gesinnung, der Kupferstich mit dem Spottvers auf den geköpften König Karl I. von England, auf den Dachboden verbannt und das Ahnenbild des frechen Poeten verkauft ist, wogegen der junge Herr Jacques in undeutlicher Nachahmung von Hadlaubs kunstvoller Schreiberarbeit zwei brav heraldische Löwen pinselt, die »mitten im Kampf ums Dasein, wie man jetzt sagen müßte, auf einer untern Entwicklungsstufe erstarrt zu sein« schienen (131).

Die unbeholfene Darstellung holt in Wirklichkeit nicht Geschichte herauf; sie zitiert im albernen Zitat von Geschichte den Kampf ums Dasein in der mobilisierten Konkurrenzgesellschaft, die der alternde Keller mit Besorgnis brutal werden und ausgreifen sieht. Diese hält den Menschen auf einer unteren Entwicklungsstufe fest. Wie im hart werdenden Konkurrenzkampf eine sekundäre Naturwüchsigkeit entsteht, die den Gemeinsinn zerstört, wird umgekehrt im darwinistischen Schlagwort, das abermals gegen Ende des »Sinngedichts« anklingt (XI, 375), der Konkurrenzkampf in die Natur hineingedeutet. Dergestalt ›verunmenschlicht‹, verweist sie in Verkehrung auf die sentimental vermenschlichte poetische Natur, wie sie der junge Herr Jacques bei seinem Spaziergang vergeblich in den Blick zu bekommen sucht. Eine poetisch-pädagogische Vision von Geschichte, die Original und Volk unlöslich miteinander verknüpft, entzieht sich den Boden mit der in Handlung gesetzten Feststellung, daß Geschichten von Originalen im Dschungel dieser modernen Welt kein Original hervorrufen. Diese Feststellung ist lauter als der Anruf, ja sie macht ihrerseits den Anruf zur Ausflucht, die erzieherische Sammlung historischer Novellen zu einer Variante jenes »Zürcherischen Ehrenhortes«, der eine »Schilderei von Landeswappen, Fahnen, Waffen, Musikinstrumenten, Büchern, Schriftrollen, Erdglobus, Eulen der Minerva, Lorbeer- und Eichenzweigen u. dgl.« enthält und dessen Buchstaben der junge Herr Jacques bei einem Besuch des Onkels mit Gold zu überziehen beschäftigt ist. »Je dicker er aber das Gold auftrug, desto weniger wollte es glänzen. ›Dick auftragen hilft nicht immer, mein Lieber, sondern gut polieren!‹ sagte der Pate, der ihm einen Augenblick zuschaute.« Wer schaut hier wem beim Anfertigen einer »bunten Projektion« (IX, 131) zu? Freilich, der Alte versteht zu polieren, und was herauskommt, ist eine ›polierte‹ Person – in Herders Sturm-und-Drangschriften ein Schimpf- und Gegenwort zu ›original‹. Gewiß geht das Werk über den Rahmen hinaus, und man könnte darin denn doch ein Zeichen der Hoffnung sehen, das von der Resignation dieser Rahmen-Episoden ebenso wegführt, wie sich die »Züricher Novellen« schließlich gegen den banalen Fortschrittsoptimismus von Jacques' »Ehrenhort« abheben (131). Ist nicht der Pessimismus der Jacques-Jakobus-Handlung ein Stimmungsbild der Restaurationszeit, das im »Fähnlein« aufgehoben wird? Dagegen spricht, daß in dieses Restaurationsgemälde die spezifischen Linien von Kellers Gegenwartskritik eingegraben sind, wie sie im Zeitroman »Martin Salander«, dem letzten Werk, weiter ausgezogen werden, und daß im »Fähnlein« ein für Keller inzwischen schon wieder fragwürdig gewordener Glanz herrscht.[10] Er ist noch dazu von der Entstehungszeit der Novelle auf den Glücksaugenblick der Geburt des Schweizer Bundesstaates zurückdatiert und – auf die Festsphäre beschränkt. Vor allem ist noch einmal der Reihenfolge »Fähnlein der sieben Aufrechten« – »Ursula« zu gedenken. Freilich läßt sich der Aufbau der Sammlung mit der Durchbrechung der Chronologie aus einem Prinzip der Steigerung ableiten, aber der Auseinanderfall von Chronologie und Steigerung ist selbst der Ausdruck der Misere, die im Rahmen herrscht. Nicht im hellsten Licht der Gegenwart kann gezeigt werden, was auf der düstersten Handlungsfolie der großen Reformationsniederlage in der Schlacht bei Kappel mit dem Tod Zwinglis glorreich erscheint: das handelnde Volk. Es ist weit entfernte Vergangenheit.

Hier liegt am Ende auch der Grund für die Unmöglichkeit, den Rahmen um das gesamte Werk herumzulegen. Er kann, wie er ist, zwischen den Zeilen und hinter dem Rücken des Autors die Fragwürdigkeit der Geschichtsbeschwörung für ein Volk mitverhandeln. Ein umfassender Rahmen müßte umfassend desillusionieren. Er könnte nicht die Hoffnung predigen, die in »Ursula« inkrustiert und in der Briefäußerung zu Auerbach über das »Fähnlein« humoristisch relativiert ist. Er müßte im Maße des Hervortretens der Volksthematik auch die Hoffnungslosigkeit der Hoffnung in die Vorbildwirkung der Vergangenheit laut werden lassen. Er müßte den geheimen Attentismus des Appells zur Reformation verraten. Es müßte sichtbar werden, daß das appellative Geschichtsbild in sich selbst resignativ ist. Weil die Gegenwart die Zukunftsperspektive schuldig bleibt, wird sie in die Vergangenheit entworfen. Aber im Entwerfen in die Vergangenheit ist von allen Realisierungswegen abgesehen. Keine Reformation wird durch das Reden von der Reformation bewirkt. Vielmehr wird auf nationaler Ebene die Schreibsituation des »Grünen Heinrich« repetiert. Wer keine Zukunft zu erfinden hat, erfindet eine Vergangenheit im poetischen Erinnern, im Phantasiespiel mit gelebter Wirklichkeit. Weil keine Realisierungsmöglichkeiten gesehen werden, schlägt Kellers Sehnsucht nach dem Volk mit solcher Vehemenz in den abstrakten moralischen Aufruf um.

Die »Züricher Novellen« sind im verklärenden Fest der vaterländischen Geschichte auch ein Abschied von ihren Tröstungen. Das »Fähnlein der sieben Aufrechten« läßt sich lesen als Darstellung der großen nationalen Versöhnung, die auch die konfessionellen Brüche der Reformation überwindet, so wie sich Kellers »Züricher Novellen« lesen lassen als realisierte Vision des sterbenden Zwingli in »Ursula« von der Versöhnung zwischen Kunst und Reformation, Sinnlichkeit und Lehre. Aber die Vision ist doch nur als Buch realisiert, das noch dazu von Sinnlichkeit und Kunst nur zensiert zu sprechen vermag. Eine Wendung vom Seldwyla der Phantasie ins Zürich der

Geschichte? Das erfundene Seldwyla bewältigt weithin die Wirklichkeit der Zeit tiefer als dieses Zürich, das gegen sie angedichtet ist. Zwingli eine Spiegelungsfigur sowohl des Princeps Escher wie des Stadtschreibers Keller? Wohl möglich, doch daß der mächtigen Gestalt des Reformators als eines Stadtführers und Stadt›schreibers‹ in der Gegenwart nur noch der alternde, aus dem Amt des Staatsschreibers geschiedene Dichter entspricht, daß der alte Schreiber das Amt des entmachteten Princeps Escher verwesen muß, zeigt tiefste Ohnmacht. »Selbst das Schreiberwesen hat sich seit der alten Zeit der Amts-, Rats- oder Geschichtsschreiber mit ihrem kleinen Kanzlertum« gründlich verschlechtert, wie die Abhandlung »Autobiographisches« von 1876 mit traurigem Scherz, mündend ins Bild vom Schreiber als Danaide, ausführt (XXI, 8 f.). Keller hat für die »Züricher Novellen« die Ehrenbürgerwürde seiner Stadt Zürich erhalten[11], die ihn dem vom Onkel Jakob verspotteten »Zürcherischen Ehrenhort« einverleibt: der Bürgerpoet als Dekorationsstück. Der zum Skeptiker des patriotischen Festes geworden ist, wird patriotisch gefeiert.

Hadlaub – kein Tasso.

»Hadlaub« ist die erfundene Geschichte einer historischen Figur, eines spätmittelalterlichen Zürcher Minnesängers (nach 1300), den Keller zum beauftragten Sammler, Redakteur und Schreiber der wichtigsten Sammlung des Minnesangs, der Manessischen Liederhandschrift, macht. Es ist die Geschichte eines freien Bauernsohnes, der zum Poeten und vom Poeten zum Bürger fortschreitet. Zum ersten und letzten Mal in seinem Werk setzt Keller in Hadlaub zwar keinen großen Dichter, aber doch einen Autor von Rang und Namen zum Helden ein. Hat Keller das poetische Thema des Poeten bisher durch Satire von sich abgerückt, so geschieht dasselbe hier durch Historisierung. Trotzdem bleibt es bei einer Blässe der Darstellung, einer Scheu im Zugriff, die schon der zeitgenössische Germanist und Kritiker Wilhelm Scherer festgestellt hat. Sogar der Mann der Zunft hätte Keller mehr Lizenzen eingeräumt.[12] Immerhin hat Keller die zeitliche Perspektivierung so vorgenommen, daß Hauptmomente seiner Selbsterfahrung als Autor im 19. Jahrhundert an Hadlaub hervortreten. So erinnert es an Kellers Stellung, wenn Hadlaub als Dichter und Schreiber erscheint, zumal sein Amt von der Arbeit an der Minnesanghandschrift im Dienst des Ritters Rüdiger Manesse bis zu juristischen und diplomatischen Aufträgen reicht. Da Hadlaub auch als Illustrator des Manesse-Kodex vorgestellt wird, ist er sogar ein Maler-Dichter wie sein Erzähler.

Vor allem wird in Hadlaubs Geschichte das Verhältnis von Leben und Dichten differenziert entfaltet, wobei der Rückgriff auf das literaturgeschichtliche Phänomen des ausgehenden Minnesangs zunächst der Entschärfung der Problematik dient. Schon die Verlagerung ins Feld der Lyrik nimmt ihm viel von seiner Brisanz, denn was als episches Prinzip nach Selbstverrat schmeckt und infolgedessen Rituale von Verhüllungen und Enthüllungen in Gang bringt – das Erzielen von Geschichten aus dem Potential der eigenen Lebensgeschichte –, das ist als lyrisches Prinzip seit Goethe fast kanonisch und durch den Terminus Erlebnislyrik sanktioniert: die Gerinnung von Erlebnisprozessen zum lyrischen Gebilde, die Sublimierung des empirischen zum lyrischen Ich. Indem nun aber Keller hinter dieses Modell zurückgeht auf den Minnesang, kann er in dieser Kostümierung noch aktueller werden und sich noch näher treten.

Der erste Eindruck allerdings ist der einer Ausflucht ins Fernstliegende. Unterscheidet doch den Minnesang von der sogenannten Erlebnislyrik der hohe Grad von Konventionalisierung der Motive und der ihnen zugeordneten Verhaltensmuster in einer gesellschaftlichen Veranstaltung, die Minne heißt und von der Moderne her gesehen die Verhältnisse auf den Kopf stellt. Denn die Minne eines Ritters zu einer Dame zielt nicht auf partnerschaftliche Liebeserfüllung, sondern trägt als Minnedienst für eine unerreichbar ferne Herrin ihren Lohn in sich: die Selbststilisierung des Minnenden zum vorbildlichen Ritter. Das Minnelied ist nicht Ausdruck gemeinschaftlicher oder zur Gemeinschaft drängender Liebeserfahrung; vielmehr könnte umgekehrt der Minnedienst mit dem Andichten der Dame als Veranstaltung zum Zweck der Erzielung von Minnelyrik er-

scheinen – ein Spiel nach strengen Spielregeln, das in einem Sprachspiel nach ebenso strengen Spielregeln terminiert.
Der von einem geistlichen Herrn zum Schreiber ausgebildete Bauernjunge Hadlaub lernt im Umgang mit Literatur aller Art, von der Urkunde und dem Rechtsbuch bis zum Minnelied, vorab Regelsysteme und Regelspiele der Sprache, und er lernt in der adligen Gesellschaft, die ihn als Funktionär zuläßt, sich nach Regeln zu bewegen, die weithin den Sprachregelungen zugeordnet sind. Deshalb kann der Jüngling durch Rüdiger Manesse zum »zierlichen Minnekanzler« eingesetzt und mit einem Ring zum Zeichen seiner Würde ausgestattet werden (IX, 59), nicht weil er die Liebe kennt, sondern weil er die Muster des Minnedienstes und des Minnesangs beherrscht und mit der Anfertigung der Minneliederhandschrift beauftragt ist. Aber Hadlaub lernt diese Regeln doch nicht ganz, und er lernt zugleich mehr als sie zusamt ihrer Anwendung. Wie jedes Laub ist auch Had*laub* grün; leben der grüne Heinrich, Pankraz oder der Wilhelm der »Mißbrauchten Liebesbriefe« in Phantasiewucherungen, so entzündet sich bei Hadlaub am Umgang mit den Texten etwas, was im Minnesang nicht vorgesehen ist, nämlich seine Phantasie, und in ihr erfährt er intensiver, was Leben ist, als in seinem wirklichen Leben. Infolgedessen wird das Kind des bäuerlichen Landes im »Besorgen der Liedersammlung« fähig, »die Natur, Erde und Luft, die Jahreszeiten und die Menschen darin wirklich [zu] schauen und [zu] empfinden, und gleichzeitig verwandelten sich die nachahmenden Anfänge der Frauenverehrung in die angehende Leidenschaft« (61). Wohlgemerkt: durch Literatur wird eine »unschuldige kleine Anbetung« (58) zur Passion! Hadlaub kann bald aus dem großen Schatz der Minnelieder andere Minnelieder zusammensetzen, die eine neue Wendung nehmen und doch die Leichtigkeit des oft Gesagten und Gehörten besitzen. Noch besser aber entwickelt er die Fähigkeit, aus dem einseitigen Minnedienst des Ritters eine monologische Phantasieliebe zu einer jungen Dame und daraus wieder ein Phantasiedichten zu entwickeln, das mit einem Minimum von Erlebnissen ein Maximum von Erschreibnissen erzielt. Seine Kunst ist, Leben in Dichtung zu verlagern, mit Dichtung ein wenig Leben zu erwirken, Leben und Dichtung zu verwechseln. Demgemäß

flieht Hadlaub, als er von seiner Liebe singen will, in eine Landschaft hinaus, die der locus amoenus, der traditionelle Wonneort der Literatur ist.:[13] ». . . alle Blumen, die je in einem Minnelied gemeint werden können, blühten unter den Bäumen und am Wasser« (66). Die spielenden jungen Damen gewähren dem lauschenden und spähenden Hadlaub »ein liebliches Schauspiel« (67), und während er in Wirklichkeit sprachlos, grußlos, ja sogar in »bewußtlosem Zustande« an der Geliebten vorbeiflieht, verwandelt er diese Begegnung alsbald in ein sehr bewußtes und beredtes »kunstgerechtes Lied« (69 f.). Es entsteht eine Liedproduktion »gefühlvoll und originell oder ein wenig jugendlich langweilig oder unbedacht nachahmerisch, leidenschaftlich oder pedantisch« (70). Zuletzt wird noch die Wirkungslosigkeit der literarischen Betriebsamkeit bei Hadlaubs Adressatin nach Minnesangmuster gedeutet und besungen. »Das fortwährende Stillschweigen der Dame beirrte ihn nicht mehr, die Sache war ja im Lauf . . . Es genügte ihm sogar, daß keine Anzeige oder Untersagung seines Vorgehens erfolgte, und er warf gerade auf diesen Grund kühnlich den Anker seiner Hoffnung.« (71)

Es ist sicher nicht nur Ausdruck kulturhistorischer Bemühtheit des Autors Keller, sondern auch ein Hinüberspielen des Themas Literatur – Leben auf die Ebene der Darstellung, wenn Keller im Erzählen von diesem Phantasiedasein der Liebe auf Gedichte des geschichtlichen Hadlaub zurückgreift, um aus ihnen Episoden von dessen halbwirklicher Lebenswirklichkeit zu machen. Jedenfalls zeigt sich Kellers historischer Blick und die stillschweigende Selbstdurchschauung darin, daß er die Neuzeitlichkeit Hadlaubs nicht etwa in seinen scheinbar ›realistischen‹ Gedichten sucht, die aus dem Minnesang-Schema ausbrechen, und daß er nicht eine plane Gegenüberstellung konventionelle Lyrik – Erlebnislyrik vornimmt. Wie Hadlaub als später Minnesänger auf Konventionen des Minnesangs festgelegt ist, so ist er beim Studium des Volksmäßigen und Alltäglichen »recht akademisch und epigonenhaft« (99), indem er sich auf den »breiten Spuren« Neidharts von Reuental mit seiner manieriert-dörperlichen Dichtung bewegt (97). Auch hier geht der Weg zur Erfahrung also über die literarische Präformation und ist imitatio eben da, wo sie sich recht originell gebärdet.

Das Zukunftweisende Hadlaubs liegt stattdessen in der Phantasieaufladung der Regelspiele, die auch den einseitigen Minnedienst noch zur gesellschaftlichen Institution machten, wo Hadlaub in sich zu versinken neigt und dabei nun bereits vertrauten Konsequenzen verfällt. In seinen Handschriften-Illustrationen liebt er es, sich als Randfigur anzubringen, die heimlich Geliebte aber in der Gestalt junger schöner Ritter zu verbergen (85). Taktisch dient das dem Versteckspiel seiner Liebe; konventionell entspricht es einem Zeitgeschmack, dem, nach Keller, das Zurücktreten der Geschlechterdifferenz im Bild ein Zeugnis dafür war, »daß das Schöne schöner sein sollte als das wirkliche Leben« (86). Im Kern aber offenbart sich das Motiv vom hermaphroditisch-unfruchtbaren Selbstbezug der Kunst, in deren Kokon aus Lebensphantasien sich der Künstler zum Tode einspinnt. Noch bevor Hadlaub sozial zum Bürger wird, wird er es als Phantasiekünstler emotional – in einer nun doch völlig anachronistischen Weise ein vom Himmel gefallenes Kellerkind der modernen bürgerlichen Familie mit dem psychischen Schicksal, das sie ihren Zöglingen bereithält.

Demgemäß kann ein ganz neuzeitlicher neuralgischer Punkt des Autors Keller im Poeten Hadlaub berührt werden, dessen Stichwort »epigonal« schon gefallen ist. Bei einer Reise an den Wiener Hof zu diplomatischen und Sammelzwecken lernt Hadlaub einen bejahrten Wandersänger kennen, welcher der Letzte in einer Folge von Vaterfiguren ist, die bei Hadlaub an den Lebensweg des grünen Heinrich erinnert; denn hier wie dort zeigt die Reihe der Väter, daß keiner der ganze Vater ist, den es letztlich bei Keller nicht gibt und entgegen der Meinung des grünen Heinrich nicht geben muß, weil alle Väter nicht mehr tun können, als auf Mutter Natur hinzuweisen. Der biologische Vater schenkt Hadlaub das Leben und das Fundament der stadtbürgerlichen Existenz, indem er ihm am Ende in Zürich ein Haus kauft. Der Meister Konrad von Mure, der adlige Bischof von Konstanz und der Patrizier Rüdiger Manesse führen Hadlaub in die Formeln des Schreibens und der gehobenen Gesellschaft ein. Das zum Tode bestimmte »uralte Singmännlein« aber (100), das an Josef Schmalhöfer erinnert, macht Hadlaub zum Erben, indem er ihm seine alten poetischen Handschriften hinterläßt.

Hat der Alte Namen und Herkunft vergessen, so ist auch sein poetisches Volksgut namenlos, »altertümlich und einfach« (100) wie die Natur selbst. Es ist das, was Keller in seiner Jeremias-Gotthelf-Rezension von 1855 den »volksmäßigen poetischen Ur- und Grundstoff« nennt, »wie er dem Menschengeschlechte angeboren und nicht angeschustert ist« (XXII, 112): für Hadlaub in dieser Anonymität nicht greifbar. Aber der Kürenberger ergreift den Jungdichter, der einzelne große Poet, der aus diesem »Urstoff« aufgestiegen ist, und dessen Werk ist in ähnlicher Weise klassisch, wie Keller die Dichtung der deutschen Klassik eingeschätzt hat: ausgerichtet wie Eisenfeilspäne zum Magneten auf einen Konvergenzpunkt von Kunst und Leben, Kunst und Natur im Objektiven, der in Goethes »Maxime« aufleuchtet, Kunst sei »eine andere Natur, auch geheimnißvoll, aber verständlicher; denn sie entspringt aus dem Verstande«.[14] So sieht der grüne Heinrich bei Goethe das Vermögen, das er selbst nicht erlangt: ». . . etwas Poetisches oder, was gleichbedeutend ist, etwas Lebendiges und Vernünftiges hervorzubringen« (V, 7; B 3, Kap. 1). Hier ist noch die von Goethe aufrechterhaltene Differenz – Kunst als *andere* Natur – aufgehoben, Kunst ins Leben zurückgenommen, aber in ein objektiv angeschautes, verständig abgerücktes. Um so weiter gegenüber liegen solcher Klassikvorstellung die subjektiven Grenzverwischungen des grünen Heinrich oder Wilhelms in den »Mißbrauchten Liebesbriefen« oder – Hadlaubs.

Nur zweimal in seinem poetischen Werk hat Keller die hier angelegte Problematik des Lebendichtens, des Phantasierens von Leben im Dichten, bis zum Poeten selbst ausgezogen und zugleich als Zeitproblem der Poesie gefaßt, beide Male unter dem Kennwort Epigonen, das von Immermann bis zu Heinrich Heine im 19. Jahrhundert widerklingt. Vor »Hadlaub« zum ersten Mal äußert sich Keller in den »Gaselen« von 1847:

»Unser ist das Reich der Epigonen,
Die im großen Herkulanum wohnen . . .
Braut den Trank für lange Winternächte,
Bis uns blühen neue Lenzeskronen!«

(XV/1, 61)

In der späten Fassung der »Gesammelten Gedichte« (1883) wird Herkulanum verdeutlicht und verwandelt zum »Zwischenreiche« (II/1, 3) – eine Andeutung des Zwischenbereichs von Leben und Tod, Phantasie und Wirklichkeit, der keine eigentliche Gegenwart besitzt. Das Gedicht endet in einem Hoffnungsschimmer, aus Resignation aufblitzend. Welche Lenzeskrone erblüht dem Epigonen und Zwischenreichsbewohner Hadlaub?

Er wird nicht vom Epigonen zum Klassiker; nicht vom Träumer, der mit seinen Phantasien konventionelle Formen durchglüht, zum klassischen Erlebnislyriker im Sinne jener Konvergenz von Kunst und Natur im Objektiven, bei der Individuelles der Welterfahrung und Erfahrbarkeit der Welt im prägnanten Augenblick einander nahtlos entsprechen. Nicht nur der poetische Phantast Wilhelm, auch der phantastische Poet Hadlaub verstummt zuletzt. Der Jüngling, der keine Tageliedsituationen erlebt, aber Tagelieder ritterlichen Abschieds nach der Nacht mit der Geliebten gesungen hat, muß sich schämen. Seine dichterische Phantasie war Pubertät, die als seelisches Phänomen dem Reifeprozeß des Heranwachsenden in der modernen Familie zugehört. Keller ist auf eigenartige Weise bei der banalen Weisheit des bürgerlichen 19. Jahrhunderts angelangt, daß dem Heranreifenden die Poesie, dem gereiften Menschen die Praxis wohlanstehe. Als Hadlaub nach seiner Reise und der Beerbung des Singegreisleins der Geliebten zur Verantwortung für seine Dichterei gegenübersteht, erweist er sich zum Manne gereift, indem er ein »kleines Lied« zitiert, »das tausendmal besser und schöner alle Sehnsucht und alles Weh enthält, die in mir sind, als alle meine Lieder und Leiche, obschon es eigentlich eine Frau ist, die spricht!« (IX, 118) Es ist Kürenbergers Frauenstrophe »Ich zog mir einen Falken«, durch die Hadlaub sich bekennt. Der ehemalige Phantasiedichter hat seine eigenen poetischen Worte verabschiedet; er spricht durch den Mund des Erlebnisdichters, eines Klassikers, der durch den Mund einer Frau spricht: In einer Variante des Kellerschen Modells (gott-)väterlich gefaßter Naturreligion gibt er Mutter Natur das Wort. Der Klassiker aber, der Kürenberger, liegt längst in Mutter Erde.

Wie ist das auf Kellers Poetik durchsichtig zu machen? Leicht erkennbar ist im Rückgang Hadlaubs von Minnesang und manieristischer Dörperlyrik auf den Kürenberger der eigene Rückgang Kellers von Jean Paul und der Romantik auf die Klassik, hier vor allem die Klassik Goethes, der erstmals am Lebenslauf des grünen Heinrich ablesbar war und bekräftigt wird in der äußersten Verkürzung der Jean-Paul-Passage bei der Bearbeitung des Romans. Kürenbergers Lyrik als Naturlaut und Erlebnisaussprache – das ist von Goethe, genauer vom Goethebild des 19. Jahrhunderts her gelesen. Mehrfach ist angeklungen, daß in Kellers Poetik ebensowenig wie in seiner Historik ein Konzept linearer Entwicklung herrscht. Wie die geschichtlichen Erscheinungen aus einem Urgrund aufsteigen und in ihn zurücksinken, so die großen Dichtungen. Die gelungenen Werke sind solche, bei denen im jeweils Neuen des aktuellen Lebenszusammenhanges die ewigen alten Fabeln wieder Leuchtkraft gewinnen. Das Prinzip der Reformation, der Vereinigung von Alt und Neu, gilt also auch hier, und es erweist sich als nicht nur der Revolution, sondern auch der Evolution entgegengesetzt: Reformationen sind diskontinuierlich, Momente gelingender Geschichte, gelingender Kunst.
Wenn Kontinuitäten sich andeuten und herstellen, sind sie zyklischer Art; so in Kellers Brief an Hermann Hettner vom 26. Juni 1854 mit seiner Vorstellung vom »natürlichen fortwährenden Kreislaufe« des poetischen Stoffes, der schon anläßlich der »Leute von Seldwyla« beigezogen wurde; so im Aufsatz »Am Mythenstein«, wo sich ein Kreislauf von kollektiven zu individuellen Kunstleistungen und zurück andeutet. Aber auch hier schwingt das Rad nicht von allein und in sich selbst. Vielmehr muß es gelingen, immer wieder den Boden des Urstoffs zu berühren, in den die Meisterwerke zurückkehren, wobei sie nicht auslöschen, sondern als Signum ihrer Vollkommenheit anonym oder quasi anonym werden. Das geschieht dem Kürenberger im Vortrag des alten Sängers; das geschieht Schiller im Tellspiel des »Grünen Heinrich«; das geschieht Goethes Gedicht »Kleine Blumen, kleine Blätter« im Gesang des Schusters am Ende des »Sinngedichts«.
Damit wird es verständlich, wieso Hadlaub im Rückgang hinter

den Minnesang das finden kann, was für ihn zeit- und persongemäß ist: eine Art von Klassik, die reformatorisch das Neue im Alten und das Alte im Neuen sagt und die ihrerseits reformatorisch gelesen werden kann. Noch nicht gelöst jedoch ist die Epigonenfrage, denn für sich selbst hat Keller im Gedanken von der »Dialektik der Kulturbewegung«, der nichts anderes enthält als eine Umschreibung des Prinzips Reformation, gerade eine theoretisch-poetologische Überwindung der Epigonenerfahrung gefunden. Formuliert ist diese Dialektik im eben zitierten Brief an Hermann Hettner von 1854; aber schon im Schreiben an den gleichen Empfänger vom 4. März 1851 ist die Vorstellung da: ». . . es ist der wunderliche Fall eingetreten, wo wir jene klassischen Muster [Schiller und Goethe] auch nicht annähernd erreicht oder glücklich nachgeahmt haben und doch nicht mehr nach ihnen zurück, sondern nach dem unbekannten Neuen streben müssen, das uns so viele Geburtsschmerzen macht. Daß es so lang (? laßt doch der Natur ein wenig Ruhe!) ausbleibt, berechtigt uns zu keinem Pessimismus; sobald der rechte Mann geboren wird, der erste, beste, wird es da sein. Und alsdann werden veränderte Sitten und Völkerverhältnisse viele Kunstregeln und Motive bedingen, welche nicht in dem Lebens- und Denkkreise unserer Klassiker lagen, und ebenso einige ausschließen, welche in demselben seinerzeit ihr Gedeihen fanden. So sehe ich wenigstens die Sache an und begrüße daher jeden Lichtblick mit Freuden, welcher die gegenwärtige Dämmerung durchblitzt. Was ewig gleich bleiben muß, ist das Streben nach Humanität, in welchen uns jene Sterne, wie diejenigen früherer Zeiten, vorleuchten.«[15]

Wer die Aufgabe wahrnimmt, von seiner spezifischen geschichtlichen Position aus die für Keller immer gleiche Humanität anzuvisieren, kann also auch in der »Dämmerung« der Kunst Dichter sein, ohne Epigone zu sein. Wie nun aber Hadlaub? Er ist in dieser Lage näher an der Position des von Keller wenig geschätzten liberalen Literarhistorikers Georg Gottfried Gervinus, der in seiner »Geschichte der poetischen National-Literatur der Deutschen« (1835-1842) nach der Vollendung der Klassik keine Möglichkeiten der Dichtung mehr sah und deshalb den jungen Talenten riet, politisch-bürgerlich zu werden,

so wie Hadlaub am Ende der Novelle. Und doch bleibt Hadlaub schon darin die Repräsentativfigur seines Autors, daß er der einzige ausgewiesene Dichter in dessen Werk ist und daß in ihm die theoretisch bewältigte Epigonenthematik praktisch wieder auftaucht. Der Querverweis läuft zum Paten Jacques und zum ›Epigonen‹ Buz Falätscher, auch zum Verstummen der öffentlichen Rede am Ende des »Verlorenen Lachens«; der Rückverweis führt zu einem Autor des dichterisch phantasierten Lebens, der »erträumten Poesie«, an dem Carl Jakob Burckhardt scharfsichtig eine »unendlich beseelte Pubertätszeit« erkannt hat: das Nicht-Realwerden.[16] Keine Erlebnisdichtung; Imaginationsdichtung geht von ihm aus. Die Glücklichen entkommen ihr – hinter Hadlaub und Wilhelm taucht Spiegel das Kätzchen auf. Zum Unglück des Unglücklichen gehört, daß er von allem sprechen, aber sich nicht ins Bild bringen kann.
In einem Altersbrief vom 16. Juli 1881 an Marie Melos, einst leidenschaftlich geliebt, sieht man die Epigonenfrage, nur mit mühsamen Scherzen niedergehalten, in Kellers Leben ungelöst rumoren. Er sinnt kaustisch-kryptisch über ein Doppelmonument nach, auf dem der eine Heros sich mit e schreibt, der andere mit r endet (Goethe-Schiller; Gottfried Keller), um sich dann doch »über unser Epigonentum nicht zu ärgern und statt auf ein Postament sich auf einen warmen Ofen zu setzen.« Die Differenz zwischen poetologischer Bewältigung der Epigonenproblematik und poetisch-praktischer Nichtbewältigung, nämlich Verharmlosung und Verdeckung, ist in anderer Gestalt der Riß, der das »Tanzlegendchen« durchzieht. Oben die kleine Musa Hadlaubs, die brav ist; unten die Musen Kellers. Tiefer als die Hölle der Satire, in welche die falschen Schreiber wie John Kabys oder Viggi Störteler verstoßen werden, ist die des Schweigens, das sich über die richtigen Schreiber legt, die nicht enden Leben zu dichten, weil sie nicht enden können. Sie hören nicht auf, Autoren aber keine Klassiker zu sein. Kein Gott gibt ihnen zu sagen, wie sie leiden, indem sie eine Figur auf die Bühne stellen, der ein Gott zu sagen gab, wie sie leidet. Das können nur Klassiker. In ihnen wird – wie schon in den »Mißbrauchten Liebesbriefen« – die dritte Position sichtbar, literarhistorisch formuliert: Wahre Dichter sind schon tot, hieß es

dort. Es ist zu präzisieren: Klassiker, die von sich reden können, sind schon tot und schweigen deshalb wie das Grab; falsche Poeten verraten sich oder werden geheilt, und Nichtklassiker reden nicht von sich. Es sind die Nichtklassiker, die in geläufiger Terminologie Realisten heißen. Keller, einer von ihnen, hat die Wunde des Epigonenbewußtseins versteckt, aber sie schmerzt weiter.

Die Epigonen also sind es, die im Zwischenreich der Phantasie, in der Unterwelt des vom Vesuv verschütteten Herkulanum wohnen müssen. Es ist die Dichtung der Epigonen, die hier überwintert. Kellers Ghasel kennzeichnet sie als gefrorene Christen mit ein wenig Lenzeshoffnung. Oder umgekehrt: Wer in der Unterwelt haust, ist dadurch als Epigone definiert. Keller hat keinen »Torquato Tasso«, nur einen »Hadlaub« gedichtet, aber wie hat er Tasso und Goethes leidende Genies umschrieben! »Wer nie sein Brot mit Thränen aß . . .«, steht auf der Berliner Schreibunterlage zum »Grünen Heinrich«. *Ist* Heinrich ein Anti-Meister, so *singt* hier ein Anti-Meister. Es ist das Lied des alten, halbirren, in eine Inzesttragödie verstrickten Harfners aus Goethes Entwicklungsroman. Hat er etwas mit Hadlaubs Singemännlein zu tun, das Namen und Herkunft vergaß und erschlagen wird? Der eine Dichter – Hadlaub – macht mit dem Dichten Schluß, der andere – der alte Sänger – vergißt sich und verschwindet, damit es aus ihm tönen kann. »Meine Briefschreiberei ist fast ganz eingeschlafen, und schon fängt des alten Harfners Wort an, sich zu erwahren: Wer sich der Einsamkeit ergibt usw., wenn ich nicht bald auftauche. Übrigens bin ich keineswegs so trübselig wie jener Unselige.« So schreibt Keller, wiederum an Marie Melos, am 17. Juli 1887. Die beruhigende Versicherung ist notwendig; der Trübsinn ist ein gewohnter Begleiter. 1845 zeichnet sich Keller in einer karikaturistischen Schlußvignette als Harfner unter einen Gedichtzyklus »Siebenundzwanzig Liebeslieder« (XIV, 375), dessen Sänger zum Liebesdichter geworden ist, seit er die Liebe verloren hat. Nummer I dieser Gedichte (XIV, 97 ff.) nennt die erste Geliebte: die Mutter. Der Radmantel des Harfners mit dem Rücken zur Sonne und dem Blick zum nächtlichen Himmel läuft in einen Zierschnörkel aus, der tiefer hinabreicht als die Harfe hoch ist, vom Harfner-

knirps zu schweigen. Am tiefsten Punkt des Schnörkels befindet sich ein Mondgesichtchen, das wie die Kettenkugel an der Kette des Zuchthäuslers hängt. (Abb. 14)
Gründlich hat sich Keller zu Hettner am 16. September 1850 über die Modernität des Charakters Tasso, die »Unzufriedenheit und Hypochondrie des Genies« ausgesprochen, aber am meisten hat er verraten, als er sich in Tasso versteckte. Am 13. Dezember 1881 bezeichnet er sich gegenüber Lydia Escher, der Tochter des »Princeps«, als der »kurzbeinige alte Tasso (was Dachs heißt)« und nennt das Landhaus ihres Vaters Alfred Escher beiläufig »Belriguardo«. Welche Konstellation! Der Mäzen Escher, halb Freund, halb Vaterfigur für den gleichaltrigen Keller, als Vaterfigur halb bewundert, halb gehaßt, ein kapitalistischer Fürst, und Keller ein Tasso, der auf die Wortbedeutung des Namens heruntergekommen ist, ein krummbeiniger alter Dachs (»korrupte Bestie« nennt er sich an anderer Stelle[17]), verkrochen im Labyrinth seiner Gesellschaft, seines Lebens, seines Dichtens, einer unaufhörlichen Schreibarbeit, aus der immer neue und immer alte bekannte Figuren heraustreten, Glückspilze, die sich *frei*sprechen und betrogene Betrüger, die sich *ver*sprechen – keine er selbst, er die Hohlform für alle.
Ein gerader Weg führt vom Muttergrab des grünen Heinrich, auf dem nach einem Jahr ein recht frisches grünes Gras gewachsen ist, zum krummbeinigen Dachs in seiner Höhle. »Oft wenn ich in der Nacht so daliege«, hat Keller auf seinem Sterbebett zu Adolf Frey gesagt, »komme ich mir vor, wie ein bereits Begrabener, über dem ein hohes Gebäude emporragt . . .«.[18] Schon 1844 hat der Dichter des Zyklus »Lebendig begraben« sich selbst in seiner Imagination eingescharrt, nachdem er vorher auf deren Bühne Szenen der Liebe und der Revolution, vermittelt im »blutroten . . . Mohnfeld« (1, 77), gestellt hat. Außen Winter, außen gefrorener Christ, innen »Winterspiel« auf »grünenden Auen«:

»Wie alles so stumm und erstorben ist,
So trag ich mich schweigend zu Grabe
Und pflanz ein schwarzes Kreuz darauf,
Das ich selber gezimmert habe.

Ich schreibe darauf: Hier ist ins Gras
Ein spielender Träumer gekrochen.
Wohl ihm und uns: wär die Welt von Glas,
Er hätte sie lange zerbrochen!«

(I, 78)

Gewiß, die Kulissen kennt man von Heine, aber das Stück ist von Keller, dem »spielenden Träumer« und Erfinder des »spielenden Träumers« Heinrich, der seine Spielwelten am Ende seiner kindlichen Allmachtsträume zerbricht und als Meerkatze in der Statisterie der Hexenküche im »Faust« mitwirkt. Dort spielen die Meerkatzen mit der großen Kugel, der Welt:

»Sie klingt wie Glas –
Wie bald bricht das!«

(2405)

Und nochmals im Blick auf Goethes »Faust«, auf den zweiten Teil des Alten, den Keller 1861 gegen Friedrich Theodor Vischers philiströsen Witz des »Faust III« abschirmte, hat Keller auch von sich gesprochen, fast von der Gedichtsituation, nun aber von deren Größe, die nicht in »Hadlaub« paßt: Goethe wollte laut Keller »noch einmal, eh er unter den Rasen hinabginge, schauen den ganzen glänzenden klagenden Zug von Dämonen und Gestalten, den er in seiner Brust beherbergte, lediglich zu seinem eigenen Vergnügen, und er ließ ihn hinaus und führte ihn um sich selbst herum. Es ist keine Frage, der Greis spielte, aber er spielte nicht wie ein Kind, er spielte wie ein Halbgott, immer noch gewaltig genug.« (XXII, 174)

Nun kommt auch noch Prometheus in den Keller. Dem hübschen Hadlaub wird das Ungeheure der Dichtung amputiert, damit er droben im Licht wandeln kann. Und natürlich wird die Muse wider Willen auch hier zur Hausfrau, natürlich ist sie Normnatur, weshalb sie Fides heißt, und kultürlich ist sie für Johannes Hadlaub bestimmt, damit die Symbolfigur der Liebe (Johannes der Lieblingsjünger Jesu) zur Symbolfigur der Treue kommt. Sie glaubt vom Glück der Liebe ausgeschlossen zu sein, weil sie eine uneheliche Adelstochter ist, aber ihr Leiden an diesem Makel wirkt zähmend auf ihre Eltern, den Bischof von

Konstanz und die Fürstäbtissin der Abtei von Zürich (IX, 56), die deshalb abweichend von den losen Adelssitten der Zeit ihren Liebesverkehr miteinander einstellen. Fällt in Hadlaub moderne bürgerliche Emotionalität vom Himmel, so in Fides alte bürgerliche Gesinnung und Moral. Nirgends bei Keller wird so deutlich wie hier, daß seine Naturnorm bürgerliche Moral ist. Die Adelsherren fördern den stillen scheuen Minnedienst des Hadlaub für Fides, aber nicht, weil sie eine Ehe zwischen beiden herbeiführen wollten; im Gegenteil. Fides soll durchs Andichten als adlige Partie im Wert steigen, und der Minnedienst soll die Minnesangsammlung anschwellen lassen.

Das ist die Spielregel, gegen die Hadlaub, indem er sie als Minneritter erfüllt, als Aventiureritter bürgerlicher Phantasie verstößt; und Fides ist es, die daran nach zwei Seiten Anstoß nimmt. Sie will kein Minnespiel, bei dem sie mit seinen Diensten spielte; sie will aber auch keine zweideutigen Phantasiespiele, bei denen er mit ihr spielt. Sie will die Eindeutigkeit der Liebe als Ehe, und zum Zeichen dafür wird der Ring, den Hadlaub als Minnekanzler erhielt, zum Ehering (124). So zieht sie, gegen den anfänglichen Widerstand der feudalen, aber schon nicht mehr streng geschlossenen Gesellschaft, mit Hadlaub von ihrer Burg weg in das von dessen Vater gekaufte Zürcher Steinhaus. Die Burg- und Minneherrin wird zur »Bürgersfrau«, Hadlaub zum »Mann . . . der Stadt« (125 f.). Mag der Onkel Jakobus im Novellenrahmen noch von Hadlaub als Dichter reden (19); mag Jacques ihn ärmlich als Künstler imitieren – ein Epigone des Epigonen; in der Novelle selbst wird der Dichterei nicht mehr gedacht, nur noch bürgerlicher Tüchtigkeit und der Vollendung der Handschrift. Hadlaub kann geheiratet werden, weil er das poetische Wort abgegeben hat, sogar zweimal: an den Kürenberger und durch diesen an die Frauenstrophe. In Mutter Natur hat die Frau das letzte Wort.

So stiftet auch Fides ihre eigene Ehe, spielt quasi Mutter Maria für sich selbst und ihren Zendelwald-Hadlaub, indem sie einen hochritterlichen, aber unseriösen Bewerber mit Hilfe einer alten Hexe ins Wasser fallen läßt, den Hadlaub aber einem märchenhaften Initiationsritual unterwirft. Ihm ist vom Singegreis, der einen Kopf »von zierlichster Form und glänzend wie eine kleine

Kuppel von Elfenbein« (99 f.) hatte, der Geist der Kunstwahrheit geschenkt worden, ein Geist, der den pubertären Poeten zum Verstummen bringt. Fides aber gab ihm einst, halb wider Willen, ein elfenbeinernes Nadelbüchslein, mit zwei kämpfenden Drachen geziert (94) – ein Zeichen von vielerlei, von stacheliger Wehrhaftigkeit, von Dämonie des Triebwesens Frau, von hausfraulicher Tugend. Fides' Mutter hat vor langer Zeit zu sinnlich-außerehelicher Liebe den Bischof von Konstanz als »starken Nekromanten«, »von Dämonen getragen«, in den Turm ihrer Burg Schwarzwasserstelz eingelassen. Jetzt wird Hadlaub von Fides, auf »Gefahr von Leib und Leben« (110), in einem anonymen Brief zur Mühle unterhalb der Burg bestellt, deren Herrin sie inzwischen ist, um seine Fähigkeit zum Ehemann zu erproben.
Ein Fährmann, dem die Drachen der Nadelbüchse als Erkennungszeichen vorzuweisen sind (111), fährt zu diesem Zweck den Novizen der ehelichen Liebe in einem Nachen auf der »wallenden Silberstraße« des nächtlichen Rheins zu einem »Pförtchen«, durch das er in ein finsteres Verlies im Turm von Schwarzwasserstelz geleitet wird (112). Nach Bewährung läßt ihn Fides heraus aus der Dichterhöhle, empor zum Licht! Unten beweist er Zuversicht und ißt Äpfel. Im Turmstübchen wird er gespeist und getränkt und darf schlafen, während ihn Fides eingeschlossen hält. Beim dritten Wiedersehen wird er verhört und freigesprochen, vielmehr umarmt, so daß ein von Fides als Anstandshundchen mitgebrachtes kleines Kind, in der Umarmung der Liebenden gefangen, zu weinen beginnt, weil es fürchtet, »daß die zwei schönen Menschen, durch irgend eine feindliche Macht gezwungen, einander das größte Leid zufügten, sich schädigten und weh täten« (121 f.). Ein ›Drachenkampf‹, der sich in Heiterkeit auflöst, steht so am Ende eines Abenteuers, dessen symbolische Ladung sich im merkwürdigsten Kontrast zur Biederkeit und Harmlosigkeit des inneren Vorgangs der Liebesannäherung befindet. Fides muß erst die große Unbekannte, das Sphinxwesen Weib darstellen; dann muß sie die Herrin der Mühle, die ein altes Todessymbol ist, und der Todesburg *Schwarz*wasserstelz sein; dann hat sie den Fährmann Charon auf dem Lethestrom in Bewegung zu setzen; dann

das enge Pförtchen freizugeben; dann den Mann in das tiefe Erdverlies zu verstoßen, ehe erkennbar wird, was sie wirklich ist: eine harmlose kleine Bürgerfrau mit Nadelbüchschen, die heiraten will.

»Hadlaub« – ein kulturhistorisches Tableau: der Original sein will, ist Epigone; der Bürger wird, ist Original und Reformator, indem er den Schatz der ritterlichen Kultur in Gestalt der Manessischen Liederhandschrift in die neue Zeit bringt. Der Weg vom poetischen Träumer zum Bürger, wie ihn Pankraz, Wenzel Strapinski, Wilhelm und, schwer gestraft, John Kabys gehen, ist hier zum geschichtlichen Lehrpfad ausgebaut. Am Anfang ein wirklicher Poet, am Ende ein Repräsentant aufstrebenden Stadtgeistes. Der glückliche, zum Vater prädestinierte Hadlaub, vorerst noch mit einem fremden Kind auf dem Schoß, sitzt im »Widerscheine einer großen goldenen Abendwolke, die im Osten überm Rheine stand« (121). Das ist der Widerschein des Westlichen im Östlichen. Alles rundet sich. Doch an den Rändern ist um so mehr Dunkel, je mehr Licht im Zentrum gesammelt wird: die vertriebene Poesie gerät hinein, der Horrorapparat, aus dem sich Fides am Ende herausschält; die Düsternis der Geschichte brandet an, die, wenn es um ihr Gelingen geht, auch mißlingen kann. Kein Entwicklungsgedanke, kein Fortschrittsgedanke gibt hier mehr Sicherungen. Keller ist offen genug, den Riß noch in die Miniatur hineinlaufen zu lassen.

Ein Bild vollkommener Schwebe bietet sich der festlichen adligen Jagdgesellschaft, an der Fides und Hadlaub teilnehmen, beim Blick aus der Burg des Herrn Walter von Eschenbach: »Die Seen von Zürich und Zug schienen nur als Spiegel dieses Glückes aus den großen Tälern herüber zu schimmern, und die damals verschlossene Gebirgswelt in ihrem silbernen Schweigen, von den Hörnern des nachmaligen Bernerlandes bis zum Säntis, schien nur als Zeuge einer ewig seligen Gegenwart herum zu stehen.« (82) Eine herrliche Umschau, aber aus der Perspektive eines der zukünftigen Mörder des Kaisers Albrecht von Habsburg. Bei der von Fides nur widerstrebend geduldeten Huldigung des Hadlaub, der damit nach dem Willen der adligen Gesellschaft zum Minnesänger eingesetzt und als ernsthafter

Liebhaber ausgeschlossen werden soll, ist sie umgeben »von ... zwei blühenden jungen Paaren«. »Es gab nichts Schöneres zu sehen ... aber auch nichts Erschütternderes, wenn einer die Zukunft hätte sehen und wissen können, wie in einer kurzen Spanne der Zeit der jetzt so frohe Wart wegen König Albrechts Ermordung auf das Rad geflochten sein ... [würde]; wie dieser selbe Eschenbacher Freiherr, landesflüchtig, in der Fremde als Hirtenknecht sein Leben fünfunddreißig Jahre lang fristen sollte, verborgen, verschollen in einer Hütte sterbend ...« (92). Sinnlosigkeit der Geschichte in einer so sinnvollen, runden Geschichte? Ein Kellerscher Hintersinn ist nicht zu übersehen. Die hier zum Elend bestimmt sind, sind Vatermörder, sofern der Kaiser als Vater verstanden werden darf. Ihr Anführer geht als Johannes Parricida in die Geschichte und in Schillers »Wilhelm Tell« ein.

Der Narr auf Manegg

Das Mittelglied zwischen den großen Novellen »Hadlaub« und »Der Landvogt von Greifensee« hat seine Bedeutung darin, daß hier zum einzigen Mal ein Mißlingen der Verknüpfung von Altem und Neuem im Vordergrund steht. Es widerfährt den Nachkommen des Geschlechts der Manesse in der Epoche der Wandlung Zürichs vom »Patrizierstaat« zum »freien Bürgerstaat« (IX, 134). Drei Gestalten nach dem Mäzen Hadlaubs Rüdiger Manesse bilden absteigende Stufen: Der jüngere Rüdiger Manesse stellt sich »bürger- und freiheitsfreundlich auf Seite der Stadt und der neuen Zeit« (135). Er bewährt sich in der Verteidigung der neuen Ordnung gegen die Habsburger mit ihren feudalen Herrschaftsansprüchen, und er zeigt »eine wirkliche und klassische Originalität« darin, daß er nach der Stunde der Gefahr, in der das bürgerliche Stadtoberhaupt versagte und der Manesse eine Führungsrolle übernahm, in den Hintergrund zurücktritt. Der jüngste Sohn dieses Mannes, Ital, ist Symbolfigur des Niedergangs. Er wirkt wie ein unglücklicher Bruder des Ritters Zendelwald: ein Träumer, dessen Träumerei aber in falsche Betriebsamkeit umschlägt, der immer ›aus dem Hause‹, nie bei sich ist. Die eindringlichste Darstellung findet dieser Zustand in einer Situation, die von der quälenden Eindringlichkeit eines Traumes ist: Zum ersten Mal versäumt er die ihn liebende schöne und reiche Frau, weil er in innerer Unruhe sich herumtreibt, statt sie aufzusuchen; zum zweiten Mal verfehlt er sie, als sie ihn zu einem Zeitpunkt besucht, wo er es noch nicht erwartete. Im halben Trunk läßt er sich die kostbare Minnesingerhandschrift aus dem Familienbesitz durch den »Narrn auf Manegg« Buz Falätscher entwenden, den dritten und Haupthelden der Novelle, der in dunkler und ungewisser Weise auch von den Manesse abstammt. Ital Manesse weist, wie Zendelwald, gewisse Porträtähnlichkeiten mit seinem Autor auf; der Narr auf Manegg ist eine wahre Schreck- und Zerrfigur des »kurzbeinigen Tasso« und – wie sich Keller in seinem Brief an Maria Melos vom 14. Dezember 1881 bezeichnet – »kurzen Erdenmännleins«.[19]

Ruhen Kultur und Gesellschaft für Keller in der Identität von Liebe und Ehe, so ergibt sich Buz Falätschers Mißlichkeit schon durch seine Abkunft aus einer Reihe unehelicher Verhältnisse geistlich gewordener Manesse mit »Nachtfrauen« aus »nächtlichem Volk«. Er kommt von »dunklen Ahnfrauen« (141), die von der Berghalde an der Burg Manegg stammen, und hat seinen Namen von einer Falätsche, einer tiefen Kluft aus einem Bergrutsch, einem »unheimlichen kahlen Wesen« (142), von dem »bisweilen jetzt noch Gerölle, Steine und Sandmassen die steile Wand herunterkommen«. An der Erd-Scheide wohnt er in einer Hütte, umgeben von struppigem Buschwerk, »welches mit der Hütte zusammen eine kleine Insel in dem Schuttwerke bildete« (142), als Robinsonkarikatur: Während Robinson aus der Natur Kultur hervorbringt, sinkt Buz ins fast Tierische zurück. In Tierfelle ist er gekleidet. Mit der »Schnelligkeit einer Spinne« flieht er aus der Gefahr (144). Nach dem Weggang seiner von ihm fast zu Tode mißhandelten und ausgebeuteten Frau, einer schwach-guten Muttergestalt, der er keine Kinder zu zeugen vermag, sucht er »instinktiv im Wasser und am Boden herum« seine Nahrung (148). Er jagt »wie ein Raubtier« (148), aber unedle Beute: Dachse, Hamster, Fischottern. Später haust er auf der verlassenen Burg der Manesse als auf einem »Malepartus« (151): der Name der Burg von Reineke Fuchs. Mit erschreckender Schärfe entsteht das Bild einer bösen, phantastischen Halbkindlichkeit, die an der Dunkelseite des Mutterbereichs wohnt, eine Figur, die nur halb aus diesem Schoß herausragt: böse, chaotische Natur jenseits der Normen und Ordnungen.

Doch derselbe Buz ist von einer unseligen Sehnsucht nach dem Geist, nach Ruhm, nach Größe, nach Kultur erfüllt. Ist bei Keller die Humanität als Identität von Kultur und Natur gedacht, so zeigt sich hier diese Einheit auseinandergebrochen in unversöhnliche Extreme. Der Erdgnom Buz will geistlicher Herr, Krieger, Ritter, Dichter sein – Wünsche, die man von Goethes Tasso in tragischer Würde kennt. Inspiriert vom Buch der Manesse macht Buz Verse von »schauerlichem Klang« (151), wie auch sein Name ihn freisetzt, und versucht Anerkennung für sie zu erzwingen. Dem Mißverhältnis von Kultur und Natur entspricht das Mißverhältnis von Altem und Neuem in der fratzenhaften Aneignung der nicht mehr verstandenen Minnesingertradition, bei der sich Buz in wilder Leidenschaft an die Handschrift anklammert. Das Buch im Arm, in der leichtfertig dem Brand ausgelieferten Burg von Höllenvisionen übermannt, findet er den Tod. Das vaterlose Kind, das Tier, der Phantast mit dem Buch, der Narr der andern, der arme Außenseiter wird von der geplagten Ehefrau mit einem Pilger verglichen, der jeden Morgen die Stiefel zur Wallfahrt nach Jerusalem anzog, aber nie wirklich aufbrach (147).

Ihre Rundung erfährt die kleine Geschichte dadurch, daß das Thema der Desintegration von Kultur und Natur auch in der Buz umgebenden Gesellschaft durchgespielt wird. Am Aschermittwoch bricht ein Trupp junger Leute, darunter Adelige, auf, um dem Buz sein Diebesgut, die Manessehandschrift, abzujagen. Es ist ein letzter halber Mummenschanz der Fastnacht, und am meisten bedroht fühlt sich Buz durch eine Gestalt im Bärenfell. Das Narrentreiben erinnert an den wilden dionysischen Zug in »Romeo und Julia auf dem Dorfe«, auch an den Narrenzug in der »Armen Baronin« – er ist wie ein Ausbruch des chaotischen Grundes mitten in der Kultur, der sonst bei Keller zugedeckt bleibt (153). Aus diesem Treiben kommt das zerstörende und doch auch reinigende Feuer, das die Burg verzehrt, den Narren tötet und von sich befreit. Flammen und Morgenrot vereinigen sich. »Einige alte Bäume, Zeugen ihrer besseren Tage, brannten mit und legten der verglühenden Nachbarin [der Burg] die brennenden Kronen zu Füßen« (154). Die Burg sinkt in den vorgeschichtlichen Naturgrund, indessen ein mutiger, gewandter und besonnener junger Mann den Toten zur Ruhe bringt und das Buch davonträgt.

Der wahre Bewahrer aber ist jener Grund der Geschichte, wo der poetische Urstoff lagert und seiner Wiederverkörperung harrt. Jahrhunderte später ist das Manesse-Buch im Museum verschlossen. Doch von dem Felsen der Burg, wo die Handschrift überdauert hatte, ging die Sage, »daß derselbe im Hochsommer und bei heller Witterung, wenn Reisende vorbeizögen, ein liebliches Tönen und Klingen hören lasse, als von vielen silbernen Glöcklein und Saitenspielen. Das Volk hielt es für Musik der kleinen Bergmännchen, der Naturforscher Scheuchzer dagegen für eine Folge der Tropfsteinbildung im Innern des Berges. Wir aber wissen, daß es die guten Geister des Liederbuches waren, welche dort tönten und klangen . . .« (155).

Der Landvogt von Greifensee: der Lebensspieler

»Der Landvogt von Greifensee« steht als letzte der vom Sammelrahmen übergriffenen Geschichten in der Mitte der fünf »Züricher Novellen« und ist in dieser Mittelstellung dadurch hervorgehoben, daß die Erzählung selbst aus fünf Episoden und einem Rahmen besteht. Die »Züricher Novellen« reihen Erfüllungsstunden der Geschichte wie Perlen auf eine Schnur, und auch der Bericht vom Narrn auf Manegg fängt ja dessen Scheitern in einem Akt der Bewahrung auf. Trotzdem liegt der Schatten der Resignation über dem Ganzen, denn die großen Utopien des handelnden Volks und des Originals sind in die Vergangenheit zurückgeworfen. Die fünf Liebesgeschichten des »Landvogts von Greifensee« reihen Enttäuschungen des Landoltschen Lebenslaufes wie Perlen auf eine Schnur, und auch im geschichtlichen Gang des Zyklus trägt die Novelle mit

ihrem Zeitbild zur resignativen Neigung bei. Denn durch die patriotische Besinnung im Kreis Bodmers zieht ein leiser Hauch von Komik, die dem Versuch gilt, ein Volk aus der Gelehrtenstube hervorzubringen, und die gesellige Idylle Salomon Geßners liegt im Windschatten der Geschichte.[20] Stille vor dem Sturm der Revolutionskriege mit dem Untergang der alten Schweiz ist auch der Raum von Salomon Landolts öffentlichem Engagement. Es ist, als sei in dieser Schweiz des Ancien régime Geschichte zur Lebensgeschichte geschrumpft, noch dazu der eines Hagestolz ohne Ehe und Kinder.
Handeln die »Züricher Novellen« insgemein davon, wie sich im Erneuern von Geschichte volle Gegenwart erzielen läßt, so läßt in Salomons Liebesgeschichten das Hereinragen der Vergangenheit jeweils die Gegenwart mißlingen. Durch die Brieferzählung seines problematischen Familienhintergrundes verscherzt sich Salomon die Ehewilligkeit seiner ersten Geliebten Salome. Aus der Familiengeschichte der größten Liebe des Landvogts mit Namen Figura Leu steigt die Drohung erblichen Wahnsinns auf und bringt Figura zum Gelöbnis der Ehelosigkeit. Die dritte Liebesgeschichte, zwischen Salomon und der wendelsinnigen Wendelgard, wird von der verflossenen Liebe Figura Leu hintertrieben, und Salomon selbst liefert dafür die Voraussetzung, indem er in rücksichtsloser Offenheit ein zurückliegendes »etwas unstetes und planloses Leben« gesteht (IX, 221). Die vierte Liebe, die »Grasmücke« Barbara, schreckt vor Landolt zurück, als er ihr die Sammlung der Bilder vorführt, die er als leidenschaftlicher und begabter Dilettant gemalt hat, denn sie ahnt aus ihnen die wechselseitige Fremdheit ihrer Charaktere. Die fünfte Liebe schließlich, Aglaja, hat selbst eine Vergangenheit, nämlich eine Liebschaft, die sie für Salomon unempfänglich macht, und sie löst sein vergebliches Liebesgeständnis aus durch eine Anspielung auf die Liebesschicksale, die hinter ihm liegen (246 f.). Keinmal ist es hier gelungen, Altes und Neues zur Erfüllung in der Gegenwart zu vereinigen, und doch ist das Heraufbeschwören dieser erfolglosen Liebesgeschichten durch Salomon, der all seine ehemaligen Lieben zu einem Fest der Erinnerung bei sich versammelt, eine Art der Erfüllung und Erneuerung der Geschichte für ihn. Die Haushälterin Marianne

spricht das Kuriose aus, daß es der Landvogt fertiggebracht hat, aus lauter mißlichen Ereignissen etwas Erfreuliches zu machen: »Ich hätte nie gedacht, daß eine so lächerliche Geschichte, wie fünf Körbe sind, ein so erbauliches und zierliches Ende nehmen könnte! Das macht Ihnen so bald nicht einer nach!« (277)

Auf diese Weise entsteht in den »Züricher Novellen« ein Verhältnis gegenseitiger Ausbalancierung zwischen dem Zyklus im Ganzen und seinem Mittelstück: Dort Resignation über Glücksmomenten, hier Glück über Enttäuschungsmomenten. Dort gelingt im Rahmen, in der Erziehung des Herrn Jacques, nicht, was in den Novellen gelingt: Altes in Neuem aufzuheben; hier gelingt im Rahmen, was in den ›Novellen‹ nicht gelingt: Altes in Neuem wiederaufblühen zu lassen. In dieser Fügung sagt die Mittelnovelle etwas über das Ganze und das Ganze etwas über die Mittelnovelle. Die Resignation des Gesamtwerks wird gemildert durch das im »Landvogt« erzeugte Bewußtsein, daß auch über ihr Heiterkeit und Gelassenheit leuchten können. Das Glücksgefühl, das Landolt ausspricht, hat seine Tiefe im Einschluß der Resignation. Resignation und Glück fallen ineinander. Ohne fünf Körbe Salomons kein Fest Salomons. Seine Geschichte hat eine Umkehrstruktur, in der alles auch als sein Gegenteil lesbar ist. Gibt es in den »Züricher Novellen« eine Aufgipfelung zum Schluß hin, die zugleich Rückfall in Vergangenheit ist, so steht dieser Kompositionslinie die Zentrierung im »Landvogt von Greifensee« entgegen: keine Utopie gewesener Zukunft, sondern Einhalt im Vergegenwärtigen ist da die Devise. Im »Grünen Heinrich« erzeugt das vergleichbare Gegeneinander von Zyklik und Linearität des Aufbaus eine innere Unruhe, die alles in Bewegung hält. Jetzt herrscht Gleichgewicht, an das nicht gerührt werden darf.

Wie können Glück und Unglück auch als ihr Gegenteil gelesen werden? Daß märchenhaft in Kellers Werk das Entbehrte herbeigeschafft wird – Liebe, Ehe, Kinder, Bürgerglück –, ist geläufig; auch daß dem Märchenglanz Störungen einwohnen, sogar daß Störungen – wie in der Geschichte des geheilten Schmollers – übergoldet werden. Der Landvogt Salomon Landolt aber ist etwas Einzigartiges: der unter den Unglücksvoraussetzungen des grünen Heinrich und seines Autors glückliche Mensch – ohne konsequenten Berufsweg; als Mittzwanziger noch ohne feste Lebensorientierung; als Naturmaler nicht professionell; ein später Staatsdiener; ein immer wieder die Liebeserfüllung verfehlender Junggeselle. Als Tor mit vielen Arabesken der Lebensführung ist Landolt ein Lebenspraktiker geworden. Der Nicht-Ehemann ist ein witziger und verständiger Richter in Ehesachen. Als unglücklich Liebender hat er so viel geliebt. Weil er keine Frau hat, hatte er so viele Frauen. Der zweiundvierzigjährige Salomon (160), der das Fest seiner Junggesellenschaft feiert, ist etwa so alt wie Keller beim Antritt des Staatsschreiberamtes, das ihm zum ersten Mal die sichere und breite Grundlage einer gutbürgerlichen Ehe hätte geben können. Als Nicht-Vater besitzt Landolt so viel Söhne wie Schützen in dem von ihm gegründeten Schützenkorps. Wie seine Geschichte in das Fest der Körbe mündet, nimmt sie ihren Ausgang in der festlichen Musterung seiner grünen Truppe am Sankt Heinrichstag, »weil ja doch, wie er sagte, die Hälfte der Milizpflichtigen des löblichen Standes Zürich stets Heinrich heiße und das populäre Namensfest mit Zechen und Nichtstun zu feiern pflege, also durch eine Musterung nicht viel Schaden angerichtet werde« (158). So viele grüne Heinriche sind bezogen auf einen grünen Superheinrich, den lebenssatten Salomon, und das ist kompositorische Absicht. Abweichend von der Quelle hat Keller die militärische Schaustellung auf den Sankt Heinrichstag verlegt.[21]

Der Landvogt selbst sieht sich bei seiner Festrede im Kreis der ehemaligen Liebsten mit »herrlichen und dauerhaften« Rosen der Entsagung bekränzt in einem »Turme der Freundschaft« sitzen, »dessen Quadern von Liebesgöttern aufeinander gefügt worden sind« (269). Aber auch die Mütter haben kräftig an ihm mitgebaut. Die von Salomon kraß überzeichnete Herkunftsgeschichte, vor der die schöne Salome, seine erste Liebschaft, kapituliert, bezieht sich auf die mütterliche Linie (wie übrigens auch die erbliche Belastung der größten Liebe Figura Leu). Seine Mutter kommt aus »einer förmlichen Zentaurenfamilie« (177), die einem wilden, lustigen Ruin zujagt, während des Vaters nicht zu gedenken ist. Die Großmutter Salomons war ein noch größeres Ehehindernis, denn sie schätzte ihren Liebling als zur Ehe ungeeignet ein und drohte ihm für den Fall seiner Verheiratung mit dem Entzug der Erbschaft (217). So ist er denn schließlich in der Fürsorge einer etwas älteren Haushälterin gelandet, die als ehemalige Marketenderin »eher einem alten Husaren, als einer Wirtschaftsdame« glich (165). Ihren Mann, einen Husaren, hatte sie von den Soldaten losgekauft und ihn laufen lassen, als er ihrer überdrüssig geworden war. Diese Frau, die Salomon in tiefer Liebe und Anhänglichkeit zugetan ist, hat neun Kinder geboren, und durch alle Rauheit leuchtet ihr zartes Gemüt hervor (166). In burschikoser Weise ist in ihr die heilige Jungfrau und Mutter Maria der »Legenden« postfiguriert, die ja auch alles war: Frau und Jungfrau, Frau und Ritter, und darin ihre himmlische Selbstgenügsamkeit als Naturnorm bezeugte. Der Gedanke einer Ehe mit ihr wäre so absurd wie mit der Jungfrau Maria, und es ist aussagekräftig, daß ihr Name aus Maria und Anna zusammengesetzt ist – Marianne: sie ist eine Art Himmelsmutter und Himmelsgroßmutter in einem, die in Salomons Junggesellenreich herrscht und von Salomon nur mit Diplomatie regiert werden kann.[22]

Es bedarf keiner großen Anstrengung, von hier aus Salomons Glück in seiner Verkehrung zu lesen. Die Konstellation des Junggesellen mit der neunfach mächtigen Mutter ist überdeutlich der Tod im Leben. Marianne, die Fruchtbare, hat neunmal den Tod geboren – alle Kinder sind ihr früh gestorben. Sie ist die Mutter des neunfachen Todes. Kein Wunder, daß der »Naturkultus«, dem Salomon in seiner »Malkapelle« frönt (240 f.), zugleich ein Todeskultus ist. Jagdgeräte, Waffen, eigenhändig präparierte Tierskelette, eine Gliederpuppe entfalten eine Ikonographie des Tödlichen und des Todes; das Husarenkostüm der Puppe weist auf einen Reiter, welcher der Todesmutter die Todeskinder zeugte.[23] Auch die stimmungshaften Naturbilder Salomons sind zum großen Teil »belebt mit einem Geschlechte heftig bewegter und streitbarer, oder einsam streifender, oder flüchtig wie die Wolken über ihnen dahinjagender oder still an der Erde verblutender Menschen« (237). Belebtheit als Verbluten an der Erde – hier ist wirklich der grüne Heinrich nahe, der sich bei der Mutter als einsamen Wanderer in Wunschlandschaf-

ten hineinmalt und der bei Judith der Vorstellung verfällt, von ihr erdolcht, sein Blut in ihren Schoß fließen zu lassen (IV, 231; B 2, Kap. 18).
Ein so grüner Salomon weiß, wie er seine Marianne verführen muß, damit sie sich bequemt, den vergangenen Liebschaften ein Fest zu bereiten. Er läßt sie, unter seiner Begleitung auf dem Waldhorn, eine Weise von den seligen Fräulein singen, die volksmäßig klingt, aber von Keller gedichtet ist:

»Wer die seligen Fräulein hat gesehn
Hoch oben im Abendschein,
Seine Seele kann nicht scheiden gehn,
Als über den Geisterstein!
Ade, ade, ihr Schwestern traut,
Mein Leib schläft unten im stillen Kraut!«

(IX, 167)

Das Lied erinnert an Mariannes tote Kinder, aber auch an das, was das Fest bringen wird: die seligen Fräulein Salomons im Abendschein, ein Treffen mit Jugend und Schönheit, ein Treffen mit dem Alter, dem Tod; der Geisterstein Übergang und Grenze zwischen oben und unten. Die Seele ist oben bei den Fräulein, der Leib unten im stillen Kraut bei der Todesmutter. Sie hat ihren Meister Salomon nie so leidenschaftlich verehrt wie damals, als er dem todkranken Kind eines Nachbarn die selige wechsellose Ruhe des Todes (166) als Paradies in Aussicht stellte. Interpretiert er, der Nichtchrist, für Marianne und das Kind den Tod mit Hilfe der Seligkeit, so die fromme Katholikin ihm seine Wiedersehensseligkeit mit Hilfe des Todes: »Es soll ein Tag werden, wie wenn ich alle meine heimgegangen Kinder, die seligen Englein, plötzlich bei mir hätte«, verspricht sie vor dem Fest (170), und das ist am Ende wohlgelungen: »nun haben Sie den Frieden im Herzen, soweit das hienieden möglich ist; denn der ganze und ewige Frieden kommt erst dort, wo meine neun kleinen Englein wohnen!« (277).

Das Überwältigende von Salomons letzter Lebenssüße und Lebensheiterkeit liegt nun aber darin, daß in ihr nicht nur Trauer, sondern auch ein Bodensatz von Bitternis zu schmecken ist. Das

beginnt im Erscheinungsbild des Ancien régime. Sammelt sich Salomons Leben in einem Fest, so ist das Leben dieser überreifen Gesellschaft zu einem einzigen Fest geworden. Die Herrenschicht auf ihren alten Landsitzen lebt »gleich den alten Göttern und Halbgöttern der Feudalzeit, aber ohne deren Fehden und Kriegsmühen, im tiefsten Frieden« (171). Doch in dieser allgemeinen Festlichkeit des Daseins ist auch eine universale Vergessenheit der Geschichtskräfte und Geschichtsläufe der Gegenwart. Hebt das vaterländische Fest vom Alltag des Vaterlandes ab zu einem Stillstand der Zeit, in deren Bewegung zurückgegangen werden muß, so bereiten sich unter dem Dauerfest die Katastrophen vor, denen die alte Ordnung zum Opfer fallen wird. In dieser Hinsicht ist das heiterste Geschichtsbild der »Züricher Novellen« auch das erste in dieser Reihe, das mit der Annäherung an die Gegenwart utopische Ladungen und Energien verliert. Aus diesem Glück kommen Untergänge; dieser Friede schlägt um in »Elend und Gedränge der Zeit« (278), »Wechsel der tausenderlei Gestalten, die sich wie in einem Fiebertraume ablösten« (278).
Salomon Landolt ist bei allem Sinn fürs Bizarre und Exzentrische ein »kühner und zugleich still harmonischer Geist« (236), auch charakterlich ein verbesserter Heinrich, und trotzdem liegt bei seinem Lebensfest das Bedenkliche neben dem Herrlichen. Wie das Wort vom Untergang der alten Schweiz alsbald an die Schilderung von Salomons Liebeskonzil anschließt, so auch das Wort von den letzten Jahren Salomons: »Als die Sturmfluten sich endlich verlaufen hatten, wechselte er, malend, jagend und reitend, häufig seinen Aufenthalt und starb im Jahre 1818 im Schlosse zu Andelfingen an der Thur. Von jener letzten Zeit sagt sein Biograph: An warmen Sommernachmittagen blieb er allein unter dem Schatten der Platanen sitzen, zumal während der Ernte, wo die ganze kornreiche Gegend von Schnittern wimmelte. Er sah denselben gern von seiner Höhe zu. Wenn sie bei der Arbeit sangen, pflückte er wohl ein Blättchen, begleitete, leise darauf pfeifend, die fröhlichen Melodien, welche aus dem Tale heraufschwebten, und entschlummerte zuweilen darüber, wie ein müder Schnitter auf seiner Garbe.« (278) Als Schnitter gehört Salomon zu den anderen Schnittern, und doch ruht er

fern für sich. Und in der Getrenntheit ist er bei den anderen, indem er »leise . . . pfeifend« – Ton und Stille – die Melodien aus dem Tal aufnimmt. Das ist ein Altersscheideblick. Trotzdem ist darin viel auch über den früheren Salomon in all seiner Aktivität gesagt. Festdistanz vom Alltag war bei ihm zur Lebensdistanz geworden.

Demgemäß liegt für Salomon nichts so nahe, wie sich einem Spiegelverhältnis von Anfang und Ende hinzugeben[24], das auch sein Autor liebt: Das Gedicht »Stille der Nacht« grüßt die »goldne Sternenpracht«, »indes herauf im Osten schon des Tages leise Ahnung dringt« (I, 8). Eine Kritzelei zum frühen Essay »Eine Nacht auf dem Uto« zeigt ein Männlein in der Weltbetrachtung, von dem links im Hintergrund die Sonne, rechts der Mond auf- oder untergeht.[25] Eine schon zitierte andere Selbstkarikatur zum Zyklus »Siebenundzwanzig Liebeslieder« (1845) stellt Keller als Harfner dar, links von ihm der Mond und die Sterne, rechts die kommende oder gehende Sonne (XIV, 374). Und Landolt?

»Vor einem Flußbilde, auf welchem der Kampf des ersten Frührotes mit dem Scheine des untergehenden Mondes vor sich ging« (IX, 238), versucht Salomon der Grasmücke, einer seiner Liebschaften, das Wesen seiner Bilder – und seiner selbst anschaulich zu machen. »Es wird heut in dieser Landschaft regnen, denk' ich«, sagt Salomon harmlos meteorologisch und doch symbolisch. Die Grasmücke wird weinen, Trennung liegt in der Stunde der Annäherung. Das Fest ist reinste Erscheinung des selbstgenügsamen Kreisens der Zeit. So faßt Salomon Jahre später beim Verglühen der Abendröte und dem Aufsteigen des Mondes den Plan zur Versammlung vergangen-gegenwärtiger Lieben: Ineinanderblick von Sonne und Mond, Tag und Nacht (162 f.). Während die Sterne verglühen und es im Osten rosig zu werden beginnt, pflanzt er die Herrschaftsfahne von Greifensee auf zum Zeichen, daß sein Festtag beginnt (252). Es ist der letzte Tag des Maimondes (252), und es soll nach Salomons Willen ein Tag sein, »wie es sein müßte, wenn es wirklich einen Monat Mai gäbe, den es bekanntlich nicht gibt, und es der erste und letzte Mai zugleich wäre!« (169).[26]

Mit dieser mehrfach unmöglichen Datierung wird ein Hauch

von Realitätsflucht nicht nur in der besten aller Möglichkeitswelten, dem Fest, spürbar, sondern auch in Salomons Lebensführung. Aus dem Abstand als Dauerhaltung fließt ein Lebensspielverhalten, das sich in Salomons Festspielen bis auf den Grund offenbart. Zum Auftakt des Festes stellt Salomon mit Hilfe seines Hausaffen Cocco eine Scharade, welche die anreisenden Damen als: »Zeit bringt Rosen« aufzulösen haben (253). Der nicht einmal von Salomon selbst entdeckte Hintersinn der Scharade aber lautet: Salomon äfft sich und seine Liebsten, indem er glauben macht, Zeit bringe Rosen. Er ist so stolz, daß er die herrlichen und dauerhaften Rosen der Entsagung in seinem Leben davongetragen hat, aber sie sind herbstzeitlose, weil sie nie volle Gegenwart hatten. Die liebste und klügste der Herzensdamen, Figura Leu, antwortet auf die Botschaft der Scharade mit einer rätselhaften Scherzdrohung: »Sie sind ein Schelm und ein Possenreißer! . . . nehmen Sie sich in acht, wir werden Sie ans Kreuz schlagen und Ihren Affen braten, samt seinen Rosen, singe aux roses! nicht wahr, Cocco, kleiner Landvogt?« (253) Hier huscht ein Schatten eines anderen vorbei, der auch nur ein Junggeselle und ein Muttersohn der Deszendenz Anna-Maria war. Salomon, der schon das todkranke Kind zu sich kommen ließ und tröstete, Salomon, nach alter theologischer Lehre eine Christuspräfiguration, erlöst sie alle ins himmlische Jerusalem und Hohelied seines Festes. Aber sie werden ihn ans Kreuz schlagen; sie haben ihn schon ans Kreuz geschlagen, weil seine Seligkeit, so viele Liebschaften zu haben, auch seine Passion war, keine zu haben. Er ist der Messias, er ist der Affe, und so schlägt Figura auch gleich zweimal in ihrer Rede die Brücke von dem Tier zu seinem Herrn, einmal ausdrücklich, indem sie Cocco als kleinen Landvogt anredet, und einmal indirekt; denn das französische Wort singe = Affe hat die Nebenbedeutung Chef oder Hauptmann, und Salomon ist »Jägerhauptmann« (233) seiner Truppe.

Läuft Salomons Lebensspiel in seinem Festspiel zusammen, so hat dieses als Höhepunkt ein »frevles Spiel«, wie er selbst gesteht (276) – es ist das Spiel, das er lebenslänglich mit sich und den Frauen getrieben hat: Welche soll ich heiraten? lebenslänglich mit der reservatio mentalis, die er nun beim letzten Mal heraus-

läßt: keine, denn sonst würde es ernst. Lieber der Aufbau eines Freundschaftsturms, der im Fundament ein Mutter-Großmutterturm ist! Landolt ist ein grüner Salomon, weil er es gelernt hat, mit der Grundtrauer, ja mit Entsetzen Scherz zu treiben – eine weitere Spielart seines Autors, glücklicher als dieser, weil er nicht Autor sein muß und ein Lebensspiel beherrscht, mehr als alle Schreibspiele. Allerdings: dieses Lebensspiel gibt es nur als Schreibspiel seines Autors, vielleicht sein schönstes, weil es hier gelungen ist, nicht einfach Leben zu dichten, sondern das Schreibprinzip unmittelbar ins Lebensprinzip zu überführen. Es ist das Glücksmärchen, Lebendichten leben zu können. Da in dieser Metamorphose dem Lebendichten nichts von seiner Fragwürdigkeit, nichts von seiner Verlockung, aber alles von seiner Unhaltbarkeit genommen wird, da hier einmal Leben und Fest als Lebensfest identisch werden, ist dieses Märchen Kellers mehr als alle anderen, denn während in die anderen die Spuren von Leid und Schuld heimlich eingeflossen sind, sind sie hier als Doppelgesicht dieses Glückes ansichtig gemacht.
Salomon soll für seine Vergehen nicht nur ans Kreuz geschlagen, er soll in seiner Eigenschaft als singe auch gebraten werden, »singe aux roses« würde das Gericht auf der Speisekarte heißen. Das Gericht? Von vier Gerichten ist beim Fest Landolts die Rede: Zu Beginn der Feierlichkeiten lädt der Landvogt seine Lieben ein, an einer Gerichtsverhandlung teilzunehmen, bei der er in amtlicher Eigenschaft »leichtere Sachen und kleine Ehestreitigkeiten« zu schlichten hat (256). Das zweite Gericht bietet sich als Erzählung des Landvogts vom Blutgericht in Greifensee dar, in dessen Schilderung sich Landolt »verlor« (266), während man prächtig zu Tisch sitzt: 1444 waren im Verlauf eines Bürgerkrieges neunundsechzig tapfere, aber glücklose Verteidiger der Burg Greifensee durch eine »Kriegsgemeinde« der Sieger (267), bei deren Darstellung Salomon »vornehmlich ... verweilte«, zum Tode verurteilt und hingerichtet worden. Unmittelbar nach diesem Bericht und in ausdrücklichem Bezug auf die »unheimliche Versammlung«, die wie Salomons Versammlung der Schätze am Ende des Maimonats stattgefunden hatte (268), fordert Salomon, der glückliche Verteidiger des Freundschafts- und Junggesellenturms von Greifensee, seine Liebsten auf, eine

»friedlichere Gemeinde zu formieren, eine Beratung abzuhalten und ein Urteil zu fällen«. Das siebzigste Opfer, das dritte Gericht.

Es ist die Liebesstreitsache, bei der die ehemaligen Geliebten von Salomon auf die Probe gestellt werden, indem er sie zum Schein entscheiden läßt, ob er seine Haushälterin oder eine reizende junge »Zofe«, deren Helferin und Verwandte (252), heiraten soll – in Wirklichkeit ein als Mädchen verkleideter Jüngling. Das vierte Gericht aber ist das, was Salomon mit seinen geliebten Gästen verzehrt, für das er – nicht als singe aux roses gebraten worden ist und bei dem er folglich auch nicht verspeist wird. Er soll verspeist werden, weil er alle geäfft hat und Junggeselle geblieben ist. Aber er wird nicht verzehrt, weil er Junggeselle geblieben ist. Der Krieger und Jäger ist allen Gefahren und Blutgerichten und leichten Ehesachen entkommen. Wieder ragt, wie in »Hadlaub«, der Schrecken der Geschichte direkt ins heitere Treiben hinein, hier aber von der Handlungsfigur Landolt in befremdlich-geschmackloser Weise an der Tafel der Freude aufgetischt und zum Aufbau des Beziehungsgeflechts: männerfressende Mänaden – Blutgericht – Ehegericht – Verurteilung zur Ehe – verwendet. Noch befremdlicher und geschmackloser als die Erzählung ist jedoch die Einbeziehung des Ehegerichts ins Festspielarrangement. Was für die Betroffenen bitterster Ernst ist, wird von Salomon als Komödie einem Publikum dargeboten. Ausgerechnet als »Rosengericht« (262) geht eine Veranstaltung ins Gedächtnis ein, die den Blick ins Trostlose und in finstere Alltäglichkeit öffnet, wo die Ehe zur »Schmach« wird (193) – genau die Schmach, die Salomon und Figura Leu einst scherzhaft zu meiden geschworen haben. Der Entsagungsrosenduft legt sich über diesen Moder. Keller hat für seine Autorschaft Auskunft bereitgehalten, wenn Freunde solche ›scherzhaften‹ Entgleisungen rügten, wie sie hier Landolt unterlaufen, und diese Auskunft gilt auch für seine Figur: es sind »verwünschte Dachziegel an einem Hause, in dem es spukt«.[27] Alles nur Spiel. Der salomonische, christusförmige, gerichtete Richter über unwürdige Eheleute und würdige Körbeverteilerinnen, die er gnadenreich in die Festseligkeit aufnimmt, hat Leben verspielt.

Der Hagestolz, der nicht gefressen wird, hat schon etwas Totes und Tödliches in sich. Cocco, der kleine Landvogt, ist dieser Anrede zum Trotz als »eisgraues Mütterchen« gekleidet (252): der unfruchtbare Hermaphrodit, der Unfruchtbarkeit als Fluch verbreitet – man kennt ihn bereits. Salomon wird von Figura Leu beim ersten Sehen als ertappter Sünder, der die sonntägliche Ausgangssperre in Zürich mißachtet hat, den Verliebten zugeordnet, und das aufgrund seiner Ausrede, er habe seiner Mutter einen Hasen – das Fruchtbarkeitssymbol – schießen wollen. Welch verständnisvolle Fehldeutung, welcher Beziehungsreichtum! Welche Wahl wird den Damen beim Gericht über Salomons Verheiratung zugespielt? zwischen Marianne, dem Mannweib mit Bartanflug (254), und dem hübschen Burschen, der als Mädchen posiert. Ihn wählen sie, ahnungslos, für Landolt aus, und er hat es vorgewußt, als er sie im Mai in den April schickte (275). Die(se) Ehe ist unmöglich.

Auch die mit der geliebtesten Figura Leu, dem »Hanswurstel« zum »Schalksnarrn« (269), »Schelm und . . . Possenreißer« (253) Salomon, denn auch der weibliche Hanswurst im Zeichen des Triebtiers, des Löwen, ist ein Hermaphrodit – der obszöne Namenswitz mit dem Hinweis auf die berühmte männliche Wurst sagt es. Auf den Kern jedoch bringt die Großmutter das Thema, als sie den »Gräuel« von Enkel vom Greuel der Ehe abhalten will. Sie zeigt ihm »ein vier Zoll hohes Skelettchen mit einer silbernen Sense, welches das Tödlein genannt wurde und an dem kein Knöchlein fehlte. Diesen zierlichen Tod nahm die Alte auf die zitternde Hand und sagte, während das feine Elfenbein kaum hörbar ein wenig klingelte und klapperte: ›Sieh her, so sehen Mann und Frau aus, wenn der Spaß vorbei ist! Wer wird denn lieben und heiraten wollen!‹« (218) Der beidgeschlechtliche Tod ist ungeschlechtlich – der wahre Hermaphrodit; seine Ganzheit und Vollkommenheit, seine Ruhe in sich ist Tod.

Dieses Tödlein erbt Salomon von der Großmutter, und Figura Leu erbittet es von ihm mit der Begründung, »da es ihr Spaß mache« (279). Es ist das von ihr empfangene gemeinsame Kind ihrer Nicht-Ehe, das sie ihm wiederum auf dem Totenbett zurückschenkt. Eine bemerkenswert mütterliche Herkunft des

Todes, und ein Hin und Her, wie es genauso zwischen Judith und dem grünen Heinrich mit seiner Lebensschrift stattfindet. »Der Schütze dort hat gut gezielt«, sind Salomons Worte in der Todesstunde – »auf das elfenbeinerne Tödlein zeigend« (279). Er beweist eine letzte Blicktrübung und Hellsicht in einem, denn er übersetzt mit diesen Worten den Sensenträger in einen skelettierten Amor mit dem tödlichen Liebespfeil oder lieblichen Todespfeil. Auf dem Schreibtisch Salomons hat er seinen endgültigen Platz gefunden – so dicht bei Salomon wie der Totenschädel Zwiehans bei des grünen Heinrich Schreibebuch –, und dem Schreiben, der Kunst ist dieser hermaphroditische Amor-Tod ja auch sehr nahe; nahe wie der andere Hermaphrodit, die schöne Figura Leu, deren seltener Vorname die Bedeutungen Bild, Schönheit, Schatten aus dem Todesreich in sich vereinigt. Das Tödlein macht ihr so viel Spaß, und ihr Spaß hat so viel mit dem Tödlein zu tun. Das Schreibprinzip in der Metamorphose zum Lebensprinzip spricht sich durch die Lebensmuse des Lebensspielers aus, deren Tanz der helle Reflex über einer Tiefe ist. Aus ihr singt der tödliche Muttermund Mariannes das Lied von den seligen Fräulein, verleitet und umspielt durch Salomons Waldhorn.

Natürlich ist der Narziß nicht weit, wo der Hermaphrodit bei Keller sich zeigt: die Figur der tödlichen Selbstbewahrung, der Berührungsangst neben dem tödlich Selbstgenügsamen. Wo so viele Blutgerichte drohen, bleibt man am besten steril, bei sich. Das Fest hat bei Keller immer mit Selbstbezug und Spiegelung zu tun – sei es des Volkes, sei es des einzelnen. Im höchsten Augenblick der Hadlaubischen Jagdgesellschaft schimmern die Seen als Spiegel des Glücks mit den silbernen Bergen als Zeugen ewig seliger Gegenwart herüber (82). Der Spiegelmensch Salomon vollendet sich im Fest. Beim Essens-Gericht leuchtet der »Glanz des blauen Himmels und des noch blaueren Seespiegels« (264); am Ende des Fests, bei gemeinsamer Kahnfahrt, kommen Spiegelung und Echo zusammen. »Musik und Gesang der Frauen ließ ein leises Echo aus den Wäldern des Zürichberges zuweilen widerhallen, und das große, blendend weiße Glarner Gebirge spiegelte sich in der luftstillen Wasserfläche.« (277) Und was ist für Salomon das Glück? ». . . einen fünffachen

Spiegel der Erinnerung zu besitzen, von keinem Hauche der rauhen Wirklichkeit getrübt« (269).
Die ›Gerichte‹ werden ineinander gespiegelt und die Liebschaften und in der tiefsten von ihnen heftet Figura Leu dem Salomon heimlich einen kleinen Spiegel an den Haarbeutel, um in anmutiger Selbstbespiegelung hinter ihm herzutänzeln (204). Sie will damit halb instinktiv des Professors Bodmer eitle Selbstbespiegelung kommentieren, aber zu Recht fühlt sich auch Salomon verspottet, denn er ist getroffen, das Spiegelmännlein vom Spiegelfräulein. Geßner, der gewandt die Scharade umdeutet zu Wahrheit im Gefolge der Tugend, sagt etwas Wahres (205): Figuras Tanz hinter Landolt her ist die Wahrheit, Salomon ist Narziß. Geßners sofort anschließendes drolliges Bild einer männlichen, aber weiblich drapierten Veritas ist die Wahrheit der Wahrheit: der Hermaphrodit. Der Affe (Cocco) ist ein Symboltier des Narzißmus; und der/die Leu? Nicht umsonst ist Pankraz dem Schmoller beim Spiegelblick in die Quelle der Löwe begegnet.[28]

Damit wandert das Spiegelmotiv auch in die zurückliegenden Liebesgeschichten ein – sie *sind* Spiegelgeschichten. Der Landvogt von Greifensee hat als Herrschaftswappen einen springenden Greifen, ein Fabeltier mit Adlerkopf und Löwenleib, im Mittelalter übrigens ein Messias-Symbol. Ihm sind drei weibliche Singvögelchen zugeordnet: der Distelfink, die Grasmücke und die Amsel. Der Distelfink ist zudem noch eine Salome zum Salomon. Hanswurstel ist, wie bekannt, das Pendant zum Schalksnarren Salomon; der Leu ist der halbe Greif. Der »Kapitän« Wendelgard ist so leer und eitel, daß sie nur seinen Titel als Jägerhauptmann – Capitaine – spiegelt. Salomon und Salome sind gerade deswegen nicht für die Ehe miteinander bestimmt, weil sie einander so ähnlich sind: Salomon zu weise für die Ehe überhaupt, Salome für die Ehe mit ihm. Sie spielen Idylle miteinander, erstes Paar, indem sie gemeinsam junge Kirschbäumchen pflanzen, aber die Liebesfrüchte werden ihnen nicht reif. Die korallenroten reifen Kirschen reißt Salomon mit einem Kirschzweig vom Baum und wirft sie Figura Leu in den Schoß – in *den* Schoß, den er nicht berühren wird, wie sie ihm gerade mit der Erzählung ihrer Herkunftsgeschichte bedeutet hat. Es ist ein Abschied, wie schon die erste Begegnung, bei der die Schmach der Ehe zwischen ihnen verschworen wird, in Anwesenheit eines aufgeklärten geistlichen Herrn und Onkels, der mit ihnen den Gottesdienst versäumt und deshalb blasphemisch vorschlägt: »Wir wollen uns hier geduckt halten, bis die Zeit erfüllet ist« (194).

Die biblische Rede spielt auf die Erfüllung der Zeit, das Erscheinen des Messias an (Marc 1,15; Gal 4,4 u. ä.). Bezogen auf die parodistische Messiasrolle Salomons beim Wiedertreffen mit den alten Flammen, die ihn ans Kreuz bringen wollen, entsteht der Doppelsinn der Rede, daß man sich geduckt halten wolle, bis der Messias der Entsagung und Ehelosigkeit erscheint. Er ist in Salomon schon da. Darauf will Figura anstoßen, verklärt in der Schöne ihrer Unberührbarkeit: »Wie sie das geschliffene Gläschen mit dem bernsteinfarbigen Wein lächelnd erhob und ein Strahl der Nachmittagssonne nicht nur das Gläschen und die Ringe an der Hand, sondern auch das Goldhaar, die zarten Rosen der Wangen, den Purpur des Mundes und die Steine am Halsbande einen Augenblick beglänzte, stand sie wie in einer Glorie und sah einem Engel des Himmels gleich, der ein Mysterium feiert.« (194) Sie ist der Engel des Junggesellenhimmels, wie Salomon ein »Übeltäter, und von welch schöner Sorte« (194), eine »Erscheinung«, das Phänomen, das nicht einmal der Bruder in die Arme zu nehmen wagt.

Der erblich drohende Wahnsinn ist die Handlungsformel ihres Mysteriums; bedenkenswert auch deshalb, weil Keller selbst einen Zug zu Gefährdeten verspürte. Zwei Frauen seines Umgangs – Johanna Kapp und Ludmilla Assing – starben in geistiger Umnachtung; seine Verlobte, Luise Scheidegger, beging Selbstmord. Salomon fügt sich der Formel des Ehe- und Liebesverbots. Weil er nicht an das Geheimnis der Frau zu rühren gesonnen ist, rührt er nicht an das Geheimnis dieser Frau, das vielleicht nur eine Liebesprobe darstellt, wie sie Salomon an Salome ausprobiert hat. Wartet sie nur darauf, statt hilflos bestammelt, mit sanfter Gewalt in die Arme genommen zu werden? Eine Ungewißheit wie am Tisch Gottes zwischen Heinrich und Judith. Schließlich sind auch Figuras Mütter und

Vormütter geheiratet worden, und tatsächlich bleibt sie ja gesund. Möglicherweise aber ist Salomons Liebes- und Ehescheu schon darin wirksam gewesen, daß er sich in das Mysterium einer Unberührbaren verliebt hat. Er liebt nur sie wirklich, weil er nur sie wirklich nicht haben kann.

Salomon Geßner gibt mit seinem Waldfest den Hintergrund für die große Entsagungsszene zwischen Salomon und Figura und zugleich den Kontrast zu Salomon, seinem Namensvetter. Salomon Geßner ist weise, indem er die Vorderansicht der bürgerlichen Kulturnorm zu verkörpern vermag: die brave Ehe, den beruflichen Erfolg, die staatsbürgerliche Geltung, den Ruhm des bescheidenen Künstlers, dessen Kunst sich in Geselligkeit erfüllt – im Schäferspiel im Garten, in der Einweihung eines kunstvoll bemalten Kaffee-Services bei der Gesellschaft im Freien. Sein Fest ist Selbstdarstellung der bürgerlichen und verbürgerlichten Herrenschicht, die ›natürlich‹ in Formen eingebettet ist. In Salomon Landolt lauern Abgründe – in seiner geniehaft-dilettantischen Malerei, in seiner Ahnung der Verrücktheit der Liebe. Dieses Geniewesen, die chaotische Leidenschaft dürfen nicht heraus, das ist seine Art weise zu sein, und so feiert er später sein Fest der Entsagung abseits der Gesellschaft als Inszenierung seines Lebens und doch darin ihren Normen gehorsam, daß er es vermeidet, die wirkliche und wahre origo des Originals zu entbinden.

»Sehen Sie denn nicht, daß ich nur mit diesem Herrn scherze?« fragt Figura Leu bei Geßners Geselligkeit (205). Nur mit Salomon scherzt sie, und sie *scherzt* nur mit ihm, die Narzisse mit dem Narziß, die beide sich bewahren, weil sie Angst haben, durch die Liebe verrückt zu werden, und die beide Angst haben müssen, durch die Liebe verrückt zu werden, weil sie Narziß und Narzisse sind. Deshalb spiegelt auch Hanswurstels Heiterkeit und deren Grund Landolts Verfassung. Sie ist »nur so lustig und töricht, um die Schwermut zu verscheuchen, die wie ein Nachtgespenst hinter mir steht, ich ahne es wohl!« (207) Mit der Verrücktheit des Humors verscheucht sie den Wahnsinn, aber ein wenig ist ihr Humor auch schon der Wahnsinn, der sie nie ganz einholt. Das ist auch der Stoff, aus dem Landolts Humor und sein humoristisches Fest sind; nochmals das Schreibprinzip als Lebensprinzip. Figura weiß nicht, »wann sie in das unbekannte Land abberufen werde, wo die Geister auf Reisen gehen« (208). Als dieses Land erweist sich am Ende Salomons Fest. Wer die seligen Fräulein gesehen hat, dessen Seele kann nur über den Geisterstein scheiden gehen, steht als Motto darüber: Mariannes Lied. Landolts Traum der Liebe ist geschützt durch »ein magisches Pentagramma von fünf so schönen Häuptern . . ., in welchem die zauberkräftige Linie geheimnisvoll von einem Haupte zum anderen zieht, sich kreuzt und auf jedem Punkt in sich selbst zurückkehrt, alles Unheil von mir abwendend« (269). Ein Abwehrzauber; man denkt an die abgeschlagenen Häupter von Feinden, als Apotropäum ans Tor genagelt. Salomon sammelt Häupter, um das Pentagramm des Humors herzustellen, der alles mit allem nach vorwärts und rückwärts verbindet, damit nichts Narziß berührt. Die Leichtigkeit, mit der er diesen Humor lebt, an dem Keller so schwer trägt, rührt daher, daß ein Lebensprinzip so vollkommen nur gedichtet werden kann; Kellers Größe besteht darin, daß er aus der Last seines Lebens die Vollkommenheit dieses Schreibprinzips gewinnt.

Hanswurstel Figura Leu ist der hermaphroditische Joker mit der gleichen Funktion wie der Joker von Lys' »Bank der Spötter« unter den vier Altern, Berufen und Temperamenten im »Grünen Heinrich«. Der Joker tritt für alle ein; Hanswurstel ist für Landolt: alle Frauen. So gibt es nach ihr nur noch Liebesnachspiele mit Variationen über die Spiegelthematik. Ist Figura Leu das Bild, das man nicht ins Leben holen kann, so scheint ihr der »Kapitän« Wendelgard eine geeignete Frau für Monsieur le Capitaine Salomon zu sein, weil sie den Eindruck erweckt, als ob sie »keine eigentliche Seele« hätte, und »so sei sie ja ein reines weißes Tuch, auf welches Salomon schon etwas Leidliches malen werde . . .« (222 f.). Was braucht Wendelgard eine Seele, Figura hat ja eine eigene sowie die Salomons dazu, und im übrigen wird Landolt auf das weiße Tuch ein Bild malen und es lieben – eine aus dem »Grünen Heinrich« wohlbekannte Vorstellung, dort mehr nach der Seite der Mutterthematik, hier mehr nach der Seite der Pygmalion-Thematik entfaltet, die Narziß als Schöpfer zeigt: man erinnere sich des Paten Jacques. Vorerst allerdings fällt die seelenlose Wendelgard auf ein Phantom, einen von Figuras Bruder gespielten reichen Kavalier herein, und Figura diktiert mit sadistischem Vergnügen den Absagebrief an Salomon. Das Bild vom »leeren Faß« Wendelgard (227) ist die unliebenswürdige Variante des wenig liebenswürdigen Vergleichs mit dem reinen weißen Tuch. Figura, die sich dem Schicksal entzieht, spielt selbst Schicksal, indem sie wie Landolts Mutter und Großmutter zum Ehehindernis für ihn wird.

Die beiden folgenden Liebesabenteuer Salomons sind so leichtgewichtig, daß sie unter *einer* Überschrift zusammengefaßt werden. Pygmalion-Landolt will in der Grasmücke ein Wesen »von zarter, aber ebenmäßiger Gestalt . . . wie aus Elfenbein gedrechselt« (234) heiraten, während Wendelgard noch an »parischen Marmor« und damit an Kellers Reihe steinerner Frauen erinnert hatte (210). Die Grasmücke soll durch Salomon zu einigem inneren Leben herangebildet werden, doch Pygmalion blickt in den Spiegel, denn wie er sie seinem Format annähern will, will sie ihn auf ihres bringen: »Eines Tages überraschte sie ihn mit der geheim ausgearbeiteten Darstellung seiner selbst, wie er in der Jägeruniform auf seinem Ukräner Apfelschimmel saß; es war natürlich nur seine linke Seite mit dem Degen, mit nur einem Bein und einem Arm; dagegen war die Mähne des Grauschimmels und der Schwanz aus ihren eigenen Haaren, die in der tiefsten Schwärze glänzten, geschnitten und angeklebt, und es konnte aus dieser Opferung, sowie aus dem ganzen Bildwerke erkannt werden, wie viel er bei ihr galt.« (234) Ihr Liebesopfer fordert seines ein; ihr Liebeszeichen für ihn ist das Zeichen der Verstümmelung, der sie ihn unterwerfen will. In der letzten Liebesgeschichte ist das Spiegelthema ins rein Situative gewandt: Salomon liebt unglücklich, weil die von ihm Geliebte unglücklich liebt, auch einen Hermaphroditen, auch einen ›Messias‹, aber einen anderen. »Es war ein junger Mann in schwarzer Tracht, mit ziemlich regelmäßigen Gesichtszügen und . . . großen, dunklen Augen, mit welchen manche Maler Jesum von Nazareth darstellen. Man konnte sie auch schwarze Junoaugen nennen. Landolt aber dachte, indem er das Bild mit bitteren Gefühlen, aber starren Blicken betrachtete: es sind die Augen einer Kuh!« (248 f.) Aglaja heißt die Schöne wie eine der drei

Grazien, die den Gott der Künste Apoll begleiten. Ihre Namensbedeutung ist Glanz, Anmut. Dieser Glanz ist für Landolt Schein.

Wer inszeniert, spielt nicht mit; wer im Leben mitspielt, kann nicht inszenieren. Salomon Landolt hintergeht diese Alternative. Er inszeniert und spielt mit, indem er auch mit sich spielt. So ist das Liebesfest nicht nur die resignative, sondern auch die humoristische Variante der Allmachtsspiele, wie man sie vom jungen grünen Heinrich in seinem Mutterturm kennt. Landolts Jägertruppe ist das Kollektiv der Söhne des Junggesellen, zu denen er in einem »väterlichen Verhältnis« steht (159), *und* Pygmalions Kunstwerk. So kann diese Truppe den Untergang der alten Schweiz nicht aufhalten, aber doch lebt sie weiter, ist das Neue: Karl Hediger im »Fähnlein der sieben Aufrechten«, Rudolf Lee, der grüne Heinrich im Uniformstoff seines Vaters tragen den grünen Rock der Schweizer Schützenbataillone, die auf Salomon Landolts Gründung zurückgehen.[29] Er ist der Junggeselle, der frauenlos zeugt, der einzige Hagestolz bei Keller, der trotzdem als musterhaftes Original erzogen hat, darin ein humoristischer Widerpart des Onkels Jakobus. Aber der große Landvogt als musterhaftes Original ist auch das Muster des kleinen Landvogts, des Affen Cocco, in dem die musterhaften Originale und ihre Deszendenz verspottet werden. Schließlich vollbringt Salomon, dem im Aufbau des Schützenkorps reformatio gelungen ist, in seinem Lebensfest für sich eher revelatio, Aufdeckung. Sein verspielter Widerspruch ist, Mann des Volkes und Narziß zu sein. Zum letzten Mal als Lebensprinzip ein Schreibprinzip Kellers: im Spiegel seines einsamen Schreibens das Sehnsuchtsbild des Volkes auftauchen zu lassen. So liegt ein Sinn darin, daß Keller diesen Literaten im Material des Lebens aus dem Material der Literatur hervorgebracht hat, aus einer 1820 in Zürich erschienenen Biographie des Landvogts Salomon Landolt von David Heß. Und doch ist dieses Material der Kunst auch tiefster Lebensgrund Kellers: Rudolf Keller hat als Aufsatzfiguren über die Stockuhr der Familie Büsten Goethes, Schillers und – Salomon Landolts gedrechselt.[30] »Zeit bringt Rosen«. Der Sohn bewegt sich als Dichter im Dreieck dieser Trinität. Er stellt zuletzt den gedrechselten Landolt seines Vaters in den Schatten durch den gedichteten Lebensdichter Salomon, auf dem Licht und Schatten spielen. Einmal bei Keller gelingt einer literarischen Gestalt Lebendichten im Leben, ohne Reue, wenn auch nicht ohne Schmerz und Schuld. Mag das Thema Volk im »Fähnlein der sieben Aufrechten« und in »Ursula« den Rahmen sprengen; der Lebenshumorist Salomon Landolt ist Kellers äußerste Gestalt, die, noch im Rahmen der »Züricher Novellen«, durch ihr bloßes Dasein diesen Rahmen und den gesamten Zyklus übersteigt. Balance, an die nicht gerührt werden darf, schließt nichts aus; sie ist ein verewigter transitorischer Moment, der von allen Bewegungen und Widersprüchen zeugt.

Das Fähnlein der sieben Aufrechten

»So sind meine sieben Alten da gewesen, und der ein' oder andere davon wird sagen, wenn er den Kalender zu Gesicht bekommt: bei Gott, so ist's gewesen! verfluchter Kerl!« Das schreibt Keller am 25. Juni 1860 an Berthold Auerbach, in dessen »Deutschem Volkskalender auf das Jahr 1861« die Novelle zuerst erschien. Einige von den sieben Helden waren noch mit Kellers Vater befreundet gewesen; drei zogen mit dem jungen Keller in den zweiten Freischarenzug gegen Luzern 1845. Eine unscheinbare, dabei tiefgreifende Korrektur an den Fakten zeigt jedoch alsbald, wie sehr die Fest-Novelle des Vaterlandes auf festliche Stilisierung ausgeht. Die real vorgefallenen Begebenheiten, die in das »hölzerne Gerüstchen« der Handlung eingebaut werden – eine Formulierung an Auerbach vom 25. Februar 1860 –, gehören zeitlich zum Aarauischen Sängerfest von 1842 und zum Basler Freischießen von 1844.[31] Keller verlegt die Geschichte auf das symbolische Datum 1849 und macht das Fest damit zum Zeichen der patriotischen Versöhnung in der säkularisierten Kirche des Vaterlandes nach den schweren politischen Auseinandersetzungen der vergangenen Jahre.
Der »Strahl der Erlösung und Freude« (x, 67 ff.) auf den Gesichtern der sieben »alten Sünder«, der Mitglieder des kleinen Patriotenklubs, der durch die Tore des patriotischen »Paradieses«

einzieht, ist der Abglanz der Befreiung nicht nur von privaten, sondern auch von politischen Beschwernissen. Die Naturmetaphorik, die neben die religiöse Redeweise tritt, die Bilder vom »Volksmeer«, von der »Waldnacht des Volkes«, von der »Sonne des Vaterlandstages«, vom »Waldesdickicht der Nation« und dem »ungezeichneten Stammholz« der einfachen Bürger entfalten so markant wie nirgends sonst bei Keller den Kulturnaturcharakter, den Volk und Staat für ihn besitzen, unter Einschluß organologischer Vorstellungen, wie sie in der Erstfassung des »Grünen Heinrich« laut werden. Ist dort vom Volk als summendem Bienenschwarm die Rede, dem Volk einer Königin mithin; spricht Keller zu Berthold Auerbach anläßlich des »Fähnleins« am 25. Juni 1860 vom »allzeit trächtigen Nationalgrundstock« – so hat das Fest jetzt in Hermine Frymann seine Festkönigin (84). Ihre Verklärung im Spiel der Sonne auf dem Wein im Becher des Preisschießens kontrastiert dem »Mysterium« der Figura Leu beim Wein im Sonnenstrahl (IX, 194). Die Königin Hermine wird den Schützenkönig Karl Hediger heiraten; sie ist die Muse der patriotischen Rhetorik, nicht des humoristischen Wahnsinns.

Daß es für den Verein der sieben Volksmänner zur Lebensfrage wird, wie sie sich in einer Festansprache vorstellen können – eine Schwierigkeit, die dann Hermines Schatz Karl Hediger, rednerisch in Geschichte und Landesnatur ausgreifend, glänzend löst – bezeugt den Charakter des vaterländischen Festes: es ist eine poetisch-imaginative Veranstaltung, die ihr Recht aus ihrer evokativen Ausstrahlung gewinnen kann. Die Potentialität des Volkes ist mehr als Illusion, weil und sofern sie Gegenstand der Liebe und des Glaubens ist. Es soll der Glaube der »wunderlichen Theologie« der sieben alten Sünder sein: »Hilf dir selbst, so hilft dir Gott«, den Karl Hediger in seiner Rede beschwört; es soll die Liebe sein – »Achte jedes Mannes Vaterland, aber das deinige liebe!« (X, 71) – weil allein dieser Liebe das Vaterland überhaupt erscheint.

Liebe und Glaube haben die umgreifenden Reformationen möglich gemacht, in denen versöhnend aus dem alten Staatenbund der neue Bundesstaat herausgetreten ist, ein Bundesstaat, der die konfessionelle Zerrissenheit seit der ersten Reformation reformatorisch übersteigt und Zwinglis vaterländische Todesvision in »Ursula« mit der Vereinigung des Dichters und des Helden bescheiden bürgerlich einlöst: der Redner Karl Hediger ist auch der Schützenkönig und Meisterturner. Bescheiden ist diese Einlösung nicht zuletzt deshalb, weil der Poet bei Keller beiseite gedrückt ist. Sind Wenzel Strapinski, Wilhelm und Hadlaub so glücklich, sich von der Poesie freisprechen zu dürfen, dann hat der Festredner Karl Hediger das vielleicht noch größere Glück, sich poetisch von *sich* und seiner Schreiberexistenz freizusprechen, indem er aus der Kanzlei vors Volk tritt, vom Vaterland redet und es hervorruft – zusammen mit einer langen Gegenrede seines Vaters, der zwar zur rhetorischen Darstellung des Fähnleins unfähig war, nun aber die komische Fähigkeit zeigt, eine gute Rede über die Gefahren kunstreicher Rede zu halten (73 f.). Die Krise der öffentlichen Rede, die im »Verlorenen Lachen« ausgebrochen ist, deutet sich hier scherzhaft als Möglichkeit an; sie wird scharf ausgezogen im Einfall des älteren Keller, die Schützenrede »dem jungen Fant durch einen alten Gedankenredner, der selber nicht sprechen kann, heimlich zustecken zu lassen . . .«. So am 25. Juni 1878 an Theodor Storm.

Im symbolischen Anklang der vergangenen politischen Auseinandersetzungen ist auch die Beschränkung des »antiquierten Großvaterstücks« auf diesen Anklang festzustellen. Ebenso leise ist der anläßlich »Dietegens« erörterte Zusammenhang von patriotischem Fest und patriotischem Kampf in Karls Verschränkung der »Stunde der Gefahr« und der »Stunde der Freude« (70) ausgesprochen. Als im Fest überwunden erscheint der große politische Streit in dieser Novelle. Was das Fest leistet, macht die Novelle nach, indem sie die Spannungen der Alltagswelt im Fest untergehen läßt. Die Problematik der gegenwärtigen bürgerlichen Gesellschaft wird angedeutet, jedoch nur so weit entfaltet, daß sie eine dunkle Folie für die Epiphanie des vaterländischen Glanztages abgibt. Damit zeigt die Novelle aber auch an sich als ästhetische Fragwürdigkeit, was die politische Fragwürdigkeit des patriotischen Feiertages ausmacht.

Am deutlichsten wird das Überspielen der grauen Wirklichkeit in der Behandlung der ökonomischen Konfliktstoffe, die zwar weitschichtig aufgenommen, jedoch tiefgreifend entschärft und im Fest versenkt werden. »Seien Sie übrigens ruhig, es wird nicht polizeiwidrig«, versichert Keller dem Herausgeber Auerbach am 22. Mai 1860 angesichts der Devise des neuen Festfähnleins der Sieben: »Freundschaft in der Freiheit!« (64) Er hat recht mit der Entwarnung: Hier murmelt einiges von der Parole der Französischen Revolution nach, aber die Brüderlichkeit ist zur Freundschaft gemäßigt und das Mittelglied der Formel Freiheit, Gleichheit, Brüderlichkeit, das sozial-ökonomisch egalitären Deutungen ausgesetzt sein könnte, ist verschwunden. So nimmt es nicht wunder, daß der Schneidermeister Hediger eine leise Kommunistenschelte vorbringt (31), während sein Urbild, der Schneidermeister Konrad Wuhrmann, zeitweise der Arbeitgeber des bekannten deutschen Handwerkerkommunisten Wilhelm Weitling war und selbst Neigungen in dieser Richtung zeigte. Der junge Keller hat sich laut Zeugnis seines Tagebuches vom 16. Juli 1843 zwei Stunden mit den Kommunisten um Wuhrmann herumgezankt. »Der Meister aber ist ein heftiger Demokrat und ehrlicher Republikaner, welcher vom Kommunismus endliche Besiegung aller Aristokratie und ihrer Sippschaft hofft und darum an ihn glaubt.« (XXI, 48)

Übriggeblieben ist bei den sieben Bundesgenossen des »Fähnleins« nach Abstrich solcher Ausschweifungen ein radikales Republikanertum. Sie sind allesamt Pfaffen- und Aristokratenfresser, und wenn Hediger gleich anfangs durch die Ausstattung seines Studierzimmers mit der Schweizergeschichte Johannes von Müllers, den Werken des liberalen badischen Historikers Karl von Rotteck sowie den Bildern Zwinglis, Huttens, Washingtons und Robespierres charakterisiert wird, dann ist damit eine Kellersche Linie der traditionsbewußten Progressivität gezogen, die sogar einen kleinen revolutionären Einschuß verträgt, wenn er nur nicht die Eigentumsordnung angreift.[32] Wie in der politischen Lyrik des jungen Keller selbst wird hier Zwingli noch als Mann der Radikalen in Anspruch genommen. Kellers Kritik an der eigenen revolutionären Vergangenheit, die sich in »Frau Regel Amrain« breit humoristisch ausspricht, ist im zeitlich nicht allzufern liegenden »Fähnlein« gedämpft zu leichtem Spott gegenüber dem langsam veraltenden Antiaristokraten- und Antipfaffen-Pathos der sieben Schwaben (pardon: Alemannen), das sie im entscheidenden Augenblick dann doch nicht zur Sprache zu bringen den Mut haben.

In der politisch-patriotischen Freundschaft und Gemeinschaft der Gefährten ist die ökonomische Ungleichheit so groß, daß dort der zentrale Konflikt der Novelle angelegt ist. Der alte Hediger ist ein kleiner Handwerker, der einen großen und ahnungsvollen Herzenserguß über die Gefahren des Kapitalismus für den demokratischen Staat und die Familie, die gesellschaftlichen Naturformen, von sich gibt. Er will seinen Sohn Karl, einen »Regierungsschreiber« (x, 27) und grünen Schützen nach bekanntem Vorbild, nicht mit der reichen Tochter Hermine Frymann verheiratet sehen. Ihr Vater ist im Begriff, aus dem Handwerkerstand des Zimmermanns zum Bauunternehmer und Spekulanten aufzusteigen: der Weg Rudolf Lees, wie erinnerlich. In der Absicht der Verhinderung der Ehe besteht Einigkeit Hedigers mit Frymann, der sich einen kapitalkräftigen Geschäftsmann zum Schwiegersohn wünscht (26 f.). Auch das aus dem »Grünen Heinrich« vertraute Thema: freies Wirtschaftssubjekt contra Beamter wird angerührt. Vater Hediger beschwert sich über seine Söhne, die Schreiberstellen den erlernten Handwerksberufen vorziehen, und Frymann blickt herablassend auf das »spärliche Einkommen« des Kanzlisten (27). Aber dann verpufft der Zündstoff in der bengalischen Veranstaltung des Festes. Der Wunsch Frymanns am glücklichen Ende der Geschichte, Karl möge die Kanzleistelle aufgeben und in sein Geschäft eintreten, ist von Keller nachträglich dem Manuskript für Auerbachs Volkskalender eingefügt, aber für die Buchausgabe der »Züricher Novellen« wieder gestrichen worden (309).[33]

Die Einigkeitsparole Frymanns und Hedigers, die um der politischen Gleichstimmung willen keine »Schwäherschaft« der Ungleichen wollen (30), deutet im Maßstab der Komödie auf den für die bürgerliche Gesellschaft des 19. Jahrhunderts repräsentativen Versuch, ein politisch-rechtliches Demokratieverständnis unter Ausschluß der ökonomischen Sprengkräfte zu etablieren. Die scharf satirischen Möglichkeiten werden jedoch bereits im Vorfeld des Festes abgeschnitten. So bricht bei der Erörterung des eigenen Festbeitrages der wirtschaftliche Egoismus der sieben alten Sünder auf, der dazu führt, daß jeder als gemeinsam zu stiftenden Schützensiegerpreis einen Ladenhüter aus seinem Besitz vorschlägt (22). Aber der alte Hediger und Frymann, die geistigen Häupter der Runde, veranlassen die Einigung auf einen Festpokal, der erst angeschafft werden muß. Das geschieht im Zusammenhang von Ausführungen Frymanns, die bis zum möglichen endlichen Tod des Vaterlandes reichen. Sie bringen Kellers Geschichtsbild ebenso feierlich nach seiner Nachtseite zum Ausdruck, wie das nach seiner Tagesseite hin in der Festrede Karl Hedigers geschieht. Die Vorstellung eines letzten Trunks auf das sich neigende Vaterland aus allen festlichen Trinkgeräten des Landes mag für heutige Leser etwas Horrendes haben; aber sie enthält auch ein ideelles Moment von letzter Kommunion.

Zur verharmlosenden Behandlung der ökonomischen Konflikte der Zeit, freilich auch zur Wirklichkeit Schweizer Demokratie, wie sie Keller erlebte, gehört die Ausgleichung der ökonomisch-gesellschaftlichen Ungleichheiten im militärischen Dienst. Da das die Novelle krönende Fest eines der Schützen ist, steht auch dieser Handlungsstrang im Umfeld der Festthematik. So werden der unseriöse Spekulant Ruckstuhl, in dem sich die gefährlichen Tendenzen der Geschäftswelt verkörpern, und sein Sancho Pansa, ein reicher Bauernsohn, in der Männergesellschaft des Militärs zu Außenseitern gestempelt und durch einen Streich der Militärjustiz ausgeliefert, so daß der finanzstarke Ruckstuhl als Konkurrent Karl Hedigers um Hermines Hand beiseite geräumt ist. Strafverschärfend wirkt, daß Ruckstuhl seinen militärischen Vorgesetzten, der im bürgerlichen Leben sein Mieter ist, an dessen Mietschulden erinnert. Derart bewährt sich das Militär als Schweizer Schule der Nation, wie es ansatzweise schon in der Dorfschilderung bei der Münchener Reise des grünen Heinrich in der Erstfassung des Romans erscheint, und ein wenig davon spielt im »Verlorenen Lachen« mit, wenn der Hauptmann Jukundus dem reichen Fabrikantensohn, der als Leutnant zum Duell gefordert ist, aus der Patsche hilft.

Es ist sehr zeitgemäß, daß daneben auch das Turnerwesen als bürgerlich-politisch bewußtseinsbildende, unter Ausschließung ökonomischer Gesichtspunkte emanzipatorische Kraft erscheint. Der alte Hediger, dessen Sohn einen wüsten Schläger im Fingerhakeln besiegt hat, preist »ewig und ewig die neue Zeit, die den Menschen wieder zu erziehen beginnt, daß er auch ein Mensch wird, und die nicht nur dem Junker und dem Berghirt, nein, auch dem Schneiderskind befiehlt, seine Glieder zu üben und den Leib zu veredeln, daß es sich rühren kann!« (88) Das ist wie ein ferner Nachhall von Wilhelm Meisters Rede über das Adelsprivileg allseitiger geistig-körperlicher Ausbildung des Menschen, das der Bürger nur als Schauspieler umgehen könne. Das großbürgerliche Ideal ist im Turnerlob Hedigers demokratisiert und politisiert, und die Plazierung im patriotischen Fest entspricht dessen Mehrgestaltigkeit als Schützen-, Turner- und Sängerfest.

Daß sich das Vermögen des Festes, Volk durch Darstellung herzustellen, gerade in der von den Vätern verfahrenen Liebesaffäre der Jungen, Karls und Hermines, bewährt, ist nicht nur auf die konventionelle Beliebtheit von Liebesgeschichten zurückzuführen, sondern auch auf die Kellersche Zusammenordnung von Original, Ehe und Volk. Die originellen sieben Alten werden erst wahre Originale mit der Kraft der Reformation, indem sie Karl als Achten in ihr Fähnlein aufnehmen und die Eheschließung zwischen Hermine und Karl sanktionieren, weil er sich beim Fest als musterhaftes Original ausgewiesen hat und Reproduktion der Originale verspricht. Die ursprüngliche Abneigung der Väter, Familienbande zwischen ihren Kindern entstehen zu lassen, hat ihre Komik darin, daß ihr politisches Ideal, das freie Volk, idealiter als Freundschaftsbund, ja, als große Familie vorgestellt ist. Das politische Volk als eine Natur- und Herzensgröße bildet sich in der Satzungslosigkeit des Vereins der Sieben ab (73) und äußert sich beim Fest als »hundertfach verstärkte[s] Gesumme einer frohen Hochzeit« (77). Daß umgekehrt auch die Ehe eine ›politische‹ Ordnung ist, zeigt sich im Vertrauen Karls und Hermines, in ihrer Ehe »ein Recht und eine Verfassung« zu finden (90).[34]

Die Liebesgeschichte selbst ist nach bekannten Mustern Kellers flüchtig gestrickt. Sogar Patriarchen sind schwache Väter, wo die Mutter hinter dem Rücken des Alten dessen Flinte an den

Sohn ausleiht, nachdem sie ihn vorher in der Pflege der Männerwaffe unterwiesen hat. Die Ideal- und Universalmutter macht den Mann und Bürger, der Speere werfen (= schießen = zeugen) und die Götter ehren (= zum öffentlichen Kultus führen = reden = erziehen) kann: Als Schützen und Rhetor hat der grüne Heinrich seinen Vater in Erinnerung. Was Karl noch zur Fertigkeit fehlen mag, wird durch Hermine beim Fest vollendet, indem sie Karl nach seiner Rede zu den Meisterschüssen anspornt: »Er tat einen . . . Schuß und hatte wieder eine Nummer und dann noch eine. Wieder sah er Herminen an, und sie lachte noch mehr mit den Augen und sagte noch ernsthafter: ›Siehst du? Es geht doch, jetzt fahre fort!‹ Unverwandt sah er sie an und konnte den Blick kaum wegwenden, denn noch nie hatte er ihre Augen so gesehen; es glühte etwas Herbes und Tyrannisches mitten in der lachenden Süßigkeit ihres Blickes, zwei Geister sprachen beredt aus seinem Glanze: der befehlende Wille, aber mit ihm verschmolzen die Verheißung des Lohnes und aus der Verschmelzung entstand ein neues geheimnisvolles Wesen. Tu mir den Willen, ich habe dir mehr zu geben, als du ahnst! sagten diese Augen, und Karl schaute fragend und neugierig hinein, bis sie sich verstanden mitten im Geräusch und Gebrause des Festes. Als er seine Augen in diesem Glanze gesättigt, wandte er sich wieder, zielte ruhig und traf abermals« (80 f.). Im Unterschied zu der konventionellen Liebesszene im Kahn auf dem See knistert diese Episode von Erotik. Wie könnte bei einem solchen Schießunterricht ein Schuß danebengehen!

Was da glüht, wirkt noch nach in Karls Turnersieg über einen mehr als fünfzigjährigen ewigen Sohn von Sennen, dem nichts als ein Vater beschieden ist. Der Muttersohn, nicht der Vatersohn, ist Herr im Vaterland. In der Charakteristik Hermines, die Karl verspricht, ihn so sehr wie möglich unter den Pantoffel zu bringen (90), wird deutlich, daß sich in ihr die mütterliche Lohn-Strafe-Tyrannei mit Liebesprämien fortsetzen wird. *Lohn* versprechen ihre Augen; nicht eigene Lust durch seine Lust. Fröhlich bekennt sich Karls Mutter zur Kuppelei für den Sohn, und Hermine konspiriert mit ihr gegen die Macht der Väter. Bis in den Namen Hermine Fry*mann* ist sie herrisch. Es gibt nur

(von Hermine) erlaubte Küsse (49); es gibt auf der ganzen Linie nur besiegte Väter und Männer. So kann denn als Ergebnis des Festes, dessen Königin sie war, der lebendige Stamm aufwachsen (88 f.), und neben dem Festbecher bekommt das glückliche Paar noch zwei der ursprünglich vorgeschlagenen Festgeschenke: ein großes Himmelbett und ein Fäßchen voll Schweizerblut, einen Rotwein, der seinen Namen zur Erinnerung an die eintausendfünfhundert Eidgenossen trägt, die 1444 bei Sankt Jakob an der Birs im Bürger- und Freiheitskrieg gefallen sind[35]; es ist dieselbe Schlacht, zu deren Erinnerung im »Grünen Heinrich« das große Basler Schützenfest stattfindet. Der grüne Heinrich verliert bei diesem Fest Glück und Recht, denn seine Mutter stirbt inzwischen. Karl Hediger findet es durch die Hilfe der von der Mutter ihm zugespielten väterlichen Büchse, mit der er schießen gelernt hat. Er findet es im Namen der Liebe und des Todes, der tot- und lebendigmachenden Liebe. »Und das Schweizerblut mag zur Hochzeit angezapft werden!« (89)
Notabene hat auch die Siegesflinte ein Urbild in der Wirklichkeit Kellers. Es ist das schießunfähige Gewehr mit hölzernem Feuerstein, das der Freischärler Keller, der unglückliche Schreiber im Gegensatz zum glücklichen Schreiber Karl Hediger, im zweiten Freischarenzug als Waffe trug. Der Besitzer war Schneidermeister Wuhrmann, das Urbild von Karls Vater.[36]

Ursula und die gefallenen Helden

Politisches Handeln ist Männersache – in der Schweiz und anderswo, und nicht nur im 19. Jahrhundert. Handelnde Männer sehen stark aus, aber sie sind, wie zuletzt alle Männer bei Keller, schwach. Männer handeln und fallen dabei herein; Frauen können motivieren und auffangen. Das wird in »Ursula« erzählt. Allerdings hatte Keller angesetzt, eine ganz andere Geschichte zu erzählen: die des reformierenden Volkes mit seinen Führergestalten. Was war da zu tun? Der Fall mußte zum Sieg umgedeutet und das Erzählen abgebrochen werden. Am 25. Juni 1878 schrieb Keller an Theodor Storm: »Die ›Ursula‹ haben Sie richtig erkannt, sie ist einfach nicht fertig, und schuld daran ist der buchhändlerische Weihnachtstrafik, der mir auf dem Nacken saß; ich *mußte* urplötzlich abschließen.«[37]

Starke Männer, musterhafte Originale: Der Reformator Huldrych Zwingli tritt auf als Vater des Vaterlandes. Wenn er am Ende, bei seiner Todesvision auf dem Schlachtfeld von Kappel, den Himmel offen sieht, erblickt er das vollkommene Vaterland. Keine Frau kommt darin vor. Hansli Gyr, sein wackerer Feldwebel, hält nicht nur die Truppe in Zucht. Er ist der stärkste Liebhaber und Ehemann in Kellers Werk. In Zuordnungen vom Typus Johannes und Fides, Jukundus und Justine ist zwar eine polare Ergänzung der Geschlechter in der Ehe angedeutet, aber zugleich die Frau als Mutter der Normen, als Regula naturae ausgewiesen. In der Liebesbeziehung Hansli Gyrs mit Ursula Schnurrenberger ist die Polarität mächtig überhöht zur Totalitätssymbolik und gleichzeitig umgepolt: Hansli Gyr (= Geier) in seiner glänzenden Rüstung ist der lichte Himmelsvogel der Ordnung; Ursula, die Bärin, das Tier der Wälder, ihm so unentbehrlich wie die Heimaterde (x, 99), *ist* die Heimaterde; sie ist das Leben, aber es muß erst aus schrecklicher, bis zum Wahnsinn gehender Verwirrung zur Ordnung gebracht werden.

Zwar erleiden Mann und Frau symmetrische Entstellungen, ehe sie sich als Licht und Erde vereinigen: Ursula will die Liebe ohne Eheschließung, »ohne Pfarrer und Obrigkeit« (121), also ohne Institutionalisierung. Es muß deshalb vom Patriarchen Zwingli »ein lichter Strahl von Gesundheit und lindem Troste in ihre gequälte Brust« hinüberziehen (174), der sie zur Besinnung bringt. Hansli vergißt über dem Dringen auf ordentliche Eheschließung seine Liebe zu Ursula und muß von der bösen Erdbraut Fresca (= frech, kühl, feucht) an die nicht freche Ursula mit dem »Zwillingsbruder« von Frescas Ring (164) und an die Kraft seiner Emotionen erinnert werden. Aber zuerst ist »der in allen Irrsalen herumgetriebene Reisläufer mit gesunden Sinnen« begabt, »während das Unheil das stille Weib in der entlegenen Bergeinsamkeit aufgefunden hatte« (104). Er liebt als echter Johannes, wenn er Ursula heiraten will, aber ihm ist »die bürgerliche Ehre notwendig zum Atmen« (148). Erst angesichts von Ursulas Wahn fallen ihm Liebe und Ordnung auseinander. So darf Ursula Hansli am Ende zwar retten und lieben, aber nur nachdem sie in den hellen Raum der Ehe und der bürgerlichen Normen zurückgekehrt ist. Der märchenhafte Katermann Spiegel brüstet sich hinter der Schule der Gesellschaft. Das macht seine Kraft aus. Verkörpern hier kräftige Männer Kellers Kulturnatur?

Der Eindruck wird verstärkt beim Blick auf die geschichtlichen Kräfte, denen Hansli und Ursula zugeordnet sind.[38] Hansli versinnbildlicht die Reformation und kann darin »eine Versinnlichung des Volksgeistes vorstellen« (153). Diese Reformation ist bei Keller ihres christlichen Charakters weitgehend entkleidet und zur umfassenden, aufklärerisch-politisch-kulturellen Erneuerungsbewegung stilisiert, die als solche religiöse Qualität besitzt. Ursula in ihrer Gestörtheit versinnbildlicht die Wiedertäuferbewegung des 16. Jahrhunderts, die in der Zürcher Reformationsgeschichte eine erhebliche Rolle gespielt hat. Sie wird von Keller zu einer ebenso umfassenden pseudoreligiösen anarchischen Umsturzbewegung abgestempelt (147). Die Wiedertäufer sind ganz schlecht und müssen aus der Geschichte verbannt werden. Als ein schnurriger Spuk verlieren sie sich am Ende in die Berge. Wenn Hansli den Volksgeist darstellt, dann sind sie von vornherein aus dem Volk herausgefallen. Keller knüpft bei ihrer Darstellung als einer Horde in den Wäldern Unzucht treibender Unruhegeister an das Bild der Outlaws in »Romeo und Julia auf dem Dorfe« an, aber so viel mehr er den Wiedertäufern geistig-politisch-gesellschaftliche Brisanz zukommen läßt, so viel weniger billigt er ihnen an Motivierungen aus Mißständen der Gesellschaft zu. Daß die Schwärmer »von alten Leiden des Volkes bewegt« sind (105), wird nicht weiter entfaltet.

Dabei hätte es vom historischen Befund her nahegelegen, den Auftrieb der Täufer aus Verkrustungserscheinungen der Reformation und sozialen Spannungen zu begründen, aber Keller tut nichts in dieser Richtung – es bestätigt sich am speziellen Fall, daß die Ökonomie aus der Geschichtsdichtung ausgeschlossen bleibt. Keller läßt wohl die Reformation Fehler begehen, die schließlich in die Schlacht von Kappel gegen die katholischen Kantone und in die Niederlage führen, doch er beschränkt sich dabei auf vage Anspielungen, die er aus dem Reservoir der freisinnigen Reformationsdeutung schöpft. Die Reformierten reißen Spannungen auf, indem sie aus einem Geist theokratischer Verhärtung besserwisserisch mit den Bundesgenossen und starr mit den Gegnern umgehen. Zwingli glaubt in seinem Eifer, mit der Bibel, statt dem Gesetzbuch in der Hand befehlen zu dürfen, und vergißt, »daß ein Volk aus dem gleichen Grunde eine Religions- oder Staatsänderung abweisen kann, aus welchem eine Weibsperson ein für allemal einen Freier verwirft« (153).

Die geistige Reformation vernachlässigt – wie Hansli Gyr, ihr Repräsentant aus dem Volke – die emotionalen Motivierungsschichten; so duldet sie auch den Bildersturm als Zerstörung einer sinnenhaft-anschaulichen kleinen Kunstwelt:[39] Aber die Reformationspartei mit Zwingli an der Spitze sühnt ihre Fehler und macht damit aus sich selbst die rettenden Kräfte frei. Als Liebender, als Blutzeuge, nicht als Streiter reitet Zwingli in die Schlacht. Als Messias der Reformation führt er sie durch seinen Opfertod zur Auferstehung. Im sterbend erblickten himmlischen Vorbild des irdischen Vaterlandes, für das er gelebt hat, sind zwar keine Frauen sichtbar, aber auch keine Trennungen mehr. Religiöse und politische Heilige, Helden und Künstler, Heiden und Christen wandeln vereinigt, und mit dem Eintritt Pindars in die patriotische Kirche kann Christus herausfallen. Er wird im Himmel Zwinglis nicht benötigt. Die Reformation hat zwar historische Grenzen ihrer Reformarbeit und bedarf der abermaligen Reformation zum frommen Bürger- und Weltglauben, der auch die Kunst zuläßt und vor allem die konfessionellen Spaltungen vergessen macht, aber sie stellt hier das Ideal, wie schon gesagt: den Prototyp gelingender Geschichte. Mag die Moderne im Denken und Dichten weiter sein, so ist sie weit zurück in der Kraft zu politischer und gesellschaftlicher Praxis. In Zwinglis Vision kulminiert die Geschichtsvision der »Züricher Novellen«.

Es liegt auf der Hand, daß sich die auf der Figurenebene Hansli–Ursula angelegte Polaritätssinnbildlichkeit von Äther und Erde im Verhältnis von Reformation und Täufertum nicht fortsetzen kann. Sie verhalten sich vielmehr zueinander wie Licht und höllische Finsternis, wie die »Kristallgeister des menschlichen Gemütes« einerseits, die »häßlichen Tazzelwürmer und das Heer der Ratten und Mäuse« andererseits (93). Die Täufer als Winkelpropheten und Volksverführer rufen das Ende der Geschichte aus und streben ins falsche himmlische Jerusalem eines chaotischen Naturzustandes, den sie in wirren Reden von einem in Natur und menschliche Regungen aufgelösten Gott verkünden. Die an Rousseau anknüpfende Formel: Zurück zur Natur! verzerrt sich in ihnen zur Fratze. Zwingli schafft in der erneuerten bürgerlichen Gemeinde das gebrechliche Abbild des wahren himmlischen Jerusalem, das ihm vor Augen steht. Hier können Hansli und Ursula das himmlische Jerusalem ehelicher Liebe erreichen, das Romeo und Julia auf dem Dorfe unter den widrigen Umständen der Gegenwart in sich und in den Tod nehmen müssen. Die Reformation ist es, deren Tempel »von dem festen Grunde der Erde ... wie lauterer Kristall in den kristallenen Äther« sich erhebt (129). Hier kommen Licht und Erde zusammen, und eine breite Metaphorik wird entwickelt, welche die Reformation im Gegensatz zu den idyllischen Trugbildern der Wiedertäuferei als wahre menschliche, nämlich in Geschichte erscheinende Natur ausweist. Sie ist nicht auf den Bauernhöfen und in den Wäldern der Wiedertäufer, nicht bei ihren kindischen Spielen und Tätigkeiten, nicht in der Pastorelle-Situation zwischen der wahnsinnigen Ursula und dem lüsternen Propheten, sondern bei dem »Gebirgskind« Zwingli, das in der Stadt Ordnung schafft (127).

Schon jetzt ist deutlich, daß sich Keller mit der außerordentlichen Aufgabe, das Volk in geschichtlicher Praxis vorzuführen, auch außerordentliche Darstellungsschwierigkeiten eingehandelt hat. Wo das große geschichtliche Ereignis dargestellt werden soll, muß der große geschichtliche Beweger erfaßt werden: Zwingli. Wo das Volk erscheinen soll, und zwar als Vision, nicht im Getriebe politischer Mechanismen, müssen neben die geschichtliche Leitfigur, ja sogar vor sie, Vertreter der Massen gestellt werden: Hansli und Ursula. Die Lebensgeschichte solcher Gestalten ohne historische Reichweite kann aber nur schwer durch Handlungen mit der großen Geschichte verflochten werden. An die Stelle des pragmatischen Nexus tritt deshalb

Repräsentation, vordringlich in der für Keller geläufigen Weise, daß Ehe und Volk parallel geschaltet werden. Hanslis Exemplarisches ist deutlich bis in den Namensanklang zum Reformator: Huldrych Zwingli – Hansli Gyr; Ursula Schnurrenberger aber muß, damit das Liebesschicksal der beiden – Verirrung, Rettung, Eheschließung und Fortleben – zeichenhaft für den Gang der Reformation sein kann, von der teuflischen Schnurrpfeiferei des Wiedertäuferwesens abgekoppelt werden, denn dieses wird keineswegs heimgeholt: es ist verdammt. Die Repräsentation für die Reformation zerstört die Repräsentation für die Täufer, ja, die Repräsentanz ist von vornherein brüchig, sofern Ursula eben nicht Finsternis, sondern gute dunkle Erde ist.

Aber nicht einmal das ist eindeutig. Im Gegenteil: Je mehr in der Geschichte die Männer stark gemacht werden, um so mehr werden die sonst als mütterliche Naturnorm fixierten und abgeklärten Frauen entfesselt und undurchsichtig. Judith muß aufhören Geliebte zu sein, um Heinrichs mütterliche Freundin werden zu können. Nettchen, Fides, Gritli müssen aufhören, Mutterfiguren zu sein, damit sie geheiratet werden können. Wenn Dietegen symbolisch der Vater Küngolts geworden ist, um aufzuwiegen, daß er symbolisch der Sohn Küngolts ist, bleibt im Untergrund die mütterliche Dominanz. In »Ursula« weisen schon die starken Verwischungen und Verschiebungen darauf hin, wie schlimm es um das Happy-End und die lichtbringenden Männer steht. Deutlich psychologisch ausmotiviert fängt die Geschichte an, aber immer mehr zieht sie sich in Andeutungen zurück, die doppelt verräterisch sind. Als durch bösen elterlichen Einfluß Verwirrte, einen kindischen Vater ›Verführte‹ steht Ursula anfangs für die Wiedertäufer und steht doch auch wieder – als nicht voll Verantwortliche, eigentlich Kranke, im Grund nicht Verdorbene – von ihnen ab. Aber noch als Geheilte mit dem sanften, sinnlichen Feuer in den Augen (103) weist die Bärin auf die Wälder zurück, aus denen sie kommt:

Besorgt und bekocht von Ursulas Mutter, der alten Schnurrenbergerin, die mit einer aus Lumpen gemachten Puppe verhärmt in der Küche steht, treiben die Wiedertäufer als eine Herde von Muttersöhnen infantile Promiskuitätsspiele, die zu ihren Promiskuitätsreden von Gott passen und eigentlich noch hinter die Differenz von Mann und Frau zurückwollen. Ursula, die Unberührte, vitales Pendant ihrer letalen Mutter, sitzt abseits und hält einen kleinen hölzernen heiligen Sebastian im Schoß, den sie heimlich ihrem Menschenverführer von Vater entwendete (170). Sie postfiguriert mit dem Püppchen die Pietà, sie spielt Mutter und Kind und wickelt es in »Binden und Tüchlein« (170); sie präfiguriert die mütterliche Rettung des ›hölzernen‹ Mannes mit dem Kinderkosenamen Hansli. Der symbolische Inzest ist reziprok, angeordnet um die symbolische Achse ihrer Heilung durch Zwingli. Sie hat den Sohn-Geliebten verbotenerweise vom Vater-Gatten. Der grüne Heinrich läßt grüßen mit schwarzer Mutter zu Hause und heller Mutter Judith im Freien, zusamt seinem Autor, der als unreifer, müßiggängerischer junger Mann im Atelier das Phantasiespiel des Romans treibt, und »die Mutter kochte unterdessen unverdrossen an ihrem Herde die Suppe, damit ich essen konnte, wenn ich aus meiner seltsamen Werkstatt nach Hause kam« (XXI, 18).

Weil Ursula leise anrüchig bleibt, kann sie nur als negativ Motivierende deutlich werden. Frau Regel Amrain und die gereinigte Judith integrieren Heinrich und Fritz Amrain der bürgerlichen Gesellschaft auch in ihrer politischen Dimension. Ursula läßt Hansli vor ihrer beängstigenden Verworrenheit in die Klarheit der Reformation ausweichen. Es ist der Schritt weg von den bedrohlichen Müttern ins Vaterland, den man vom jungen Keller kennt. Drei Fälle starker Männer finden in »Ursula« statt: Zuerst fällt der verstiegene Geist Hansli nach dem Besuch bei der schönen schlimmen Fresca die Treppe herunter, wobei sein Sturz durch ein dichtes Lorbeergesträuch abgemildert wird. Das Gewächs, welches das Haupt des Helden zu umkränzen pflegt, kommt hier seiner Rückseite zugute. Später fällt Hansli in der Schlacht bei Kappel ohnmächtig in einen tiefen Graben, und hier darf, hier muß die Erdmutter Ursula ihn finden: ist er doch in ihren Schoß hineingefallen. Und Zwingli, über dessen Heilungswerk an Ursula so wenig gesagt wird wie über die ihr neu zugekommenen Motivationen zur Eheschließung? Er liegt, ins himmlische Jerusalem blickend, als seltsamer Kruzifixus rücklings »an der Mutter Erde festgehalten« (X, 177).

Christus kann man heraus lassen. Aber es rächt sich, wenn man die Jungfrau-Mutter Maria in seinem Himmel vergißt. Mutter Erde ist Kreuz und Krippe dieser Reformation.

Indem Ursula in die bürgerliche Ordnung der Ehe und des Volkes eintritt, scheint sie von Hansli auf dem Boden einer reformierten Vaterreligion vereinnahmt zu werden, deren Symbolnetz die gesamte Novelle überspannt. Insgeheim aber deutet sich eine Vereinnahmung Hanslis und der Reformation in den Boden Ursulas an. Auf Ursulas Hof läßt sich das Ehepaar am Ende nieder, da Hansli den seinen in der Entfremdung von ihr, in seinem bodenlosen Hochmut verkauft hat. Das Anwesen wird zwar nach dem Vater »Gyrenhof« genannt, ist aber in Wirklichkeit doch der Mutterhof (182). Nicht nur im Titel geht die ganze Novelle, die ursprünglich laut Kellers Brief an Ferdinand Weibert vom 11. August 1877 »Hansli Gyr« heißen sollte, in Ursula auf. Das Kind kriecht in den Mutterschoß des Vaterlandes. Der große Patriarch Zwingli ist demnach genau besehen ein weiterer in der Reihe schwacher Väter, die, indem sie scheinbar die Wege in die marmorfesten Formen des Vaterlands freimachen, verhohlen zu den Müttern weisen: Auch der Graf vom Schloß an Heinrichs Weg zur Mutter ist nicht so weit, wie man denken könnte, und ist erst einmal dieser Punkt erreicht, wird im sinistren Reden der Täufer von einem Gott, der mit dem Schnee vom Dach schmilzt und als Kot in der Gasse glänzt (112), ein verrückter Feuerbach leicht hörbar. Nichts ist es mit der männlichen Verkörperung der Kulturnorm.

Die scheinbar so fern liegende Novelle »Ursula« ist Kellers tiefstgreifende Bearbeitung seiner politischen Erfahrungen. In »Frau Regel Amrain« und dem »Fähnlein der sieben Aufrechten« fanden sich eigene revolutionäre Jugendwallungen des Freischärlers und Gewaltlyrikers Keller humoristisch, in »Verschiedene Freiheitskämpfer« satirisch verspottet; im »Verlorenen Lachen« offenbarte sich Kellers heftiges Mißbehagen angesichts der »trockenen Revolution« von 1868 – so Kellers Formulierung an Ludmilla Assing am 12. Juni dieses Jahres –, in der sich die plebiszitäre Demokratie durchsetzte. An »Ursula« lassen sich die politische Entwicklung Kellers und ihre Konstanten bis ins Wurzelgeflecht ablesen. Nimmt der frühe Keller den Reformator Zwingli als Gewährsmann des allenfalls auch zur Gewalt entschlossenen Fortschritts in Anspruch (XIII, 274 f.), setzt er ihn in radikal aufklärerischer Weise als Lichtgestalt gegen die finstere Reaktion in ihrer katholisch-jesuitischen Zuspitzung, so ist Zwingli inzwischen ein Garant der festen politisch-gesellschaftlichen Formen geworden, zu denen sich der geheilte Revolutionär Keller schon in seiner den Princeps Escher und seine Männer verherrlichenden Tagebucheintragung vom 20. September 1847 bekennt (XXI, 81). In »Ursula« ist die aufklärerische Licht-Dunkel-Metaphorik geblieben, aber der Kampf gegen die Reaktion ist fast zum Nebenkriegsschauplatz herabgesunken. Die Umstürzler sind nun die Finsterlinge. Der Freischärler Keller zieht gegen das katholische Luzern; der alte Keller konfrontiert die Reformation so heftig dem Täufertum, daß Zwinglis Tod in der Schlacht bei Kappel gegen die katholischen Kantone fast wie ein Betriebsunfall der Geschichte erscheint – ein weiterer Riß im Gefüge der Novelle.

Die Konstanz zwischen dem frühen und dem späten Keller liegt im Fehlen eines politischen Handlungsbegriffs, das schon anläßlich des »Grünen Heinrich« angemerkt worden ist. Erst überfliegt der revolutionäre Schwung diesen Mangel, dann legt sich Resignation über ihn. Muß schon in die Geschichte ausgewichen werden, damit das handelnde Volk ansichtig gemacht werden kann, wird es auch dort leidend viel anschaulicher. Wäre die Reformation der Novelle »Ursula« geschichtliche Handlung, wäre sie mit dem Handlungsziel – der Niederlage bei Kappel – am Ende; daß sie hier erst wirklich durchbricht, zeigt: reformatio ist bei Keller viel mehr Haltung als Aktion. Die Männer der Reformation sind keine »willkürlichen Macher« (X, 129); vielleicht ist das Abirren in Betriebsamkeit der letzte Grund ihrer Irrwege, von denen sie zurück müssen. Das Geschichtsbild des Textes durchschaut visionär das ins Unabsehbare offene geschichtliche Handeln auf eine Wesensmitte von Geschichte in einer Grundkonstellation zu Natur hin, die mehr dargelebt als verhandelt wird. Gute Originale repräsentieren ein Volk, das eine kulturhafte Naturordnung repräsentiert; falsche Originale repräsentieren eine Horde der Revolutionäre, die Unordnung repräsentieren. Die Programmatik der Konstellation – dort Schwärmertum als bürgerliche Verirrung, hier Reformation als bürgerliche Erneuerung – ist wichtiger als der pragmatische Geschichtsverlauf, der nach hinten und vorn merkwürdig abgeschnitten wirkt. Mag der Revoluzzer Keller noch eschatologische Perspektiven haben[40] – die wahre Ordnung als einbrechende Zukunft –, so ist die Utopie nun das Vorhandene, entrückt zum vorhanden Gewesenen, das als Gesinnungsmacht vergegenwärtigt wird.

Daß Kellers starke Männer beim Handeln hereinfallen, hat seinen übergreifenden Grund in der Übermacht der gesellschaftlichen Prozesse, die für Keller zunehmend den Charakter der Unausweichlichkeit annehmen. Es hat seinen speziellen Grund darin, daß Keller der Muttersohn ist, dem die Handlungswelt befremdlich bleibt. Gegebenheiten seiner eigenen Sozialisationsgeschichte sind es zuletzt auch, die für ihn den Funken überspringen lassen von aktuellen politischen Erscheinungen zum historischen Phänomen der Wiedertäufer des 16. Jahrhunderts. Das moderne Sekten- und Täuferwesen hat für Keller offenbar keine zerstörende Gewalt, denn er bringt zwar in das »Verlorene Lachen« Erfahrungen mit wiedertäuferischen Hausgenossen ein und nennt eine der beiden täuferischen Frauen, die er auftreten läßt, Ursula, aber ihr Auftritt zeigt sie als Stille im Lande, allem öffentlichen Wesen fern. Das passende Stichwort für die umstürzlerischen Täufer der »Ursula« lieferte das Oberhaupt der germanistischen Literaturwissenschaft der Zeit, Wilhelm Scherer, wenn er bei seiner Rezension der »Züricher Novellen« in der »Deutschen Rundschau« 1878 die Schwärmer als »eitle reformatorische Communisten« bezeichnet. »Nicht blos nach der religiösen Seite hin sind die Vorgänge symbolisch, sondern auch nach der socialpolitischen: wir blicken in die grauenhafte Nacht des Unsinns, aus welcher verbrecherische Umsturzpläne und herostratische Attentate entstehen.«[41]

Hier weht der rauhe Wind des Sozialistengesetzes, das Bismarck im gleichen Jahr nach den Attentaten auf Kaiser Wilhelm I. gegen die »gemeingefährlichen Bestrebungen« der Sozialdemokratie durchgesetzt hat. Im Zeichen von Kellers Erfahrungen mit dem Handwerkerkommunismus der Schweiz können die beim »Verlorenen Lachen« getrennten Elemente Täufertum, religiöse Propaganda (dort der Reformchristen) und politisches Rebellantenwesen zusammenschießen, und wenn auch Kellers dichteste Berührung mit diesem Kommunismus in Zürich um fünfunddreißig Jahre zurückliegt, lesen sich doch seine Tagebuchnotizen dazu, kombiniert mit der Eintragung zum System Escher vom 20. September 1847 (XXI, 81 f.), wie ein vorweggenommener Kommentar zu »Ursula«: »Diese Kommunisten sind wie besessen«, heißt es am 16. Juli 1843 nach dem Gespräch im Hause Konrad Wuhrmanns, von dem im Zusammenhang des »Fähnleins« die Rede war (XXI, 47 f.). Sechs Tage früher meint Keller zur Verhaftung Wilhelm Weitlings, daß der Kommunismus »einerseits in Hirngespinsten besteht, welche unmöglich auszuführen wären, ohne das Elend größer zu machen, weil sie die ganze gegenwärtige Ordnung der Dinge nicht nur außen, sondern bis in unser Innerstes hinein umstürzen würden, – andrerseits mir aber nur die Folge einer immer mehr um sich greifenden Genuß- und Bequemlichkeitssucht zu sein scheint; hauptsächlich aber scheint es mir ein kurzsichtiger und gieriger Neid dieser guten Leute gegen die Reichen dieser Welt zu sein. Sie wollen nicht, wie Weitling deutlich sagt, bloß zu essen, sie wollen es vollauf, üppig und gut haben; sie wollen auch einmal an die Reihe. O ihr Toren! – Wenn ihr ganz gleichmäßige Erziehung vom Staate aus, . . . allgemeine Versorgung der Verdienstunfähigen und Hülflosen vom Staate aus verlangt: dann bin ich mit Leib und Seel bei euch! – So aber, mit euren wirklich fanatischen, Welt stürmenden Gedanken bleibt mir vom Halse, schert euch ins Tollhaus, wenn ihr's aufrichtig, und zum Teufel, wenn ihr es nur für euren werten Bauch gemeint habt.« (XXI, 42 f.) Bis in die Unterscheidung der ›tollen‹ Ursula von den eigensüchtigen, böswilligen Kräften des Täufertums sind hier Positionen der »Ursula« vorgebildet.

Man könnte einwenden, daß zur Charakteristik der Täufer zwei entscheidende Züge fehlen: die religiöse Färbung des Programms und die sexuelle Libertinage. Doch die religiöse Stimmung findet sich sehr ausgeprägt im vormarxistischen utopischen Sozialismus, wie er Keller bei Weitling, den er selbst einen

»Prediger« des Kommunismus nennt (Tagebuch 10. Juli 1843 [XXI, 42]), und seinen Genossen begegnete – zusamt der ja bis in den Marxismus hinüberlaufenden Identifikation mit den Wiedertäufern des 16. Jahrhunderts. Weitlings drittes großes Werk, »Das Evangelium des armen Sünders«, das er gerade zur Zeit von Kellers Tagebucheintrag in Zürich zum Druck zu befördern suchte, unternimmt es, in kommunistischer Auslegung von Leben und Lehre Jesu die Einlösung des Christentums durch den Kommunismus und sein irdisches Gottesreich nachzuweisen. Dabei beruft sich Weitling auf den abtrünnigen französischen Priester Lamenais und auf die Wiedertäufer Thomas Münzer und Karlstadt[42], nachdem er schon im Juni 1842 in seiner Zeitschrift »Die junge Generation« unter der Überschrift »Die Lehren der deutschen Kommunisten zur Zeit des großen Bauernkrieges« nicht die berühmten »Zwölf Artikel« der Bauern, sondern Schriften der Wiedertäufer abgedruckt hatte, in denen das Christentum als Religion der radikalen Demokratie erscheinen kann.[43]

Wie dauerhaft Kellers Kommunisten- und Sozialistenschreck ist, der ihn schon als jungen Republikaner befallen hat, wird ersichtlich an seiner Warnung vor »kommunistischen Gelüsten« als Abgeordneter des Zürcher Großrats im April 1866[44] und an den Notizen zur Fortsetzung seines letzten Romans »Martin Salander«, die nicht zustande gekommen ist. Hier findet sich der Plan »heilsarmeeartiger Aufzüge« am Himmelfahrtstag mit »tollen Gesängen«, in die sich »Geschrei des Pöbels, Kampflieder der Sozialisten und Anarchisten« mischen. »Weiber vordringlich, schrill!« (XII, 452) In der Vermischung des »Agitationsbummels« der Sozialisten, für den als Datum auch der Pfingstmontag erwogen wurde, mit der »Waldpartie« der Frommen (»Des Morgens bei dem Abendmahl, des Mittags ein Glas Bier, am Abend beim Herrn Jesulein im Nachtquartier« etc.) bezeugt sich, daß Keller die religiöse Komponente des Sozialismus überscharf wahrgenommen hat.

Auch die sexuelle Freizügigkeit läßt sich, wenn man will, bei Weitling und Genossen sowie später bei Ferdinand Lassalle finden, so daß man in Kellers Attacke gegen den sozialistischen Snob am Vorabend des Amtsantritts als Staatsschreiber einen etwas rüpelhaften Akt der Verteidigung von law and order sehen könnte.[45] Statisterie ist eine Gesellschaft von extravaganten Damen, politischen Rhetorikern, Anarchisten und Nihilisten, deren freizügiges und alkoholreiches Gelage zu Ehren des Propheten Lassalle wie eine Variante zu den Täuferexzessen aus »Ursula« anmuten mag. Ausgerechnet als Lassalle zu spiritistischem und hypnotischem Hokuspokus überging, verlor Keller die Fassung. Als Beispiel des für Keller Anrüchigen in Weitlings Umgebung, einige soziale Etagen näher am Täufermilieu, sei der Brief eines Freundes an Weitling genannt. Er warnt vor dem Fanatiker Albrecht, der »noch allerhand soziale Veränderung will, wozu er die Vorbilder gefunden hat, z. B. die Vielweiberei Abrahams und Salomons . . .«. »Zum Kolporteur magst Du ihn gebrauchen, darfst Dich aber sonst mit ihm nicht einlassen . . .«.[46]

Weitling selbst übt in seinem »Evangelium des armen Sünders« scharfe Kritik an der bürgerlichen Ehe, in der sich Besitz- und Sexualordnung verschränken, und ersehnt eine Zeit, in der eine Frau »durch nichts mehr gezwungen ist, einem Mann beizuwohnen, den sie nicht liebt, durch nichts mehr abgehalten wird, einem beizuwohnen, der sie liebt, so wird es auch keine unehelichen Kinder mehr geben; alle Kinder werden eheliche Kinder sein, selbst wenn die Mutter keinen andern Vater anerkennen wollte, als Gott oder den heiligen Geist«. Die blasphemisch-ironische Wendung von der Vaterschaft des Heiligen Geistes ist wie ein letzter Nachklang der religiösen Motivierung sexueller Promiskuität, wie sie, zuweilen verbunden mit der Ablehnung der Ehe, bis zum Schwärmertum der Reformationszeit und zum radikalen Pietismus aufgetreten sind. Weitling spricht im Zusammenhang seiner Ausführungen über Liebe und Familie von verschiedenen christlichen Sekten in den ersten Jahrhunderten der christlichen Zeitrechnung, die »den Act der Ehe ganz abschafften und Alles in Gemeinschaft genossen, sogar die sinnliche Liebe.«[47]

Der Grund für Kellers Überempfindlichkeit gegen solche Töne schon als junger radikaler Mann und damit auch für die lange Karenzzeit, bis das explosive Gemisch von Sozialismus, Religion und entfesselter Sexualität in seinem Werk ans Licht

kommt, ist offensichtlich: Hier ist Abwehr gegen eigene bedrohliche Möglichkeiten im Spiel, die mit der Kulturnaturformel gebannt sind. So ist Keller sogar in der Epoche eigener politischer Radikalität völlig unempfänglich für die Schalmeienklänge der Kommunisten, denen andere Linksbürger seines Umgangs wie der Keller inspirierende politische Lyriker Georg Herwegh und Kellers ehemaliger Lehrer Julius Fröbel, auch August Ludwig Follen zeitweilig das Ohr zu neigen schienen. In dieser Hinsicht gehört er von vornherein eher ins konservative Lager mit seiner Sozialistenangst als zu den Progressiven. Andererseits kommt er eben – halb zog es ihn, halb sank er hin – in Berührung mit sozialistischen und anarchistischen Kreisen, und sein ordnungspolitisches Stuhlschwingen gegen Lassalle ist ebensosehr ein anarchisches, revoluzzerhaftes Moment dieses Gelages selbst. Der Erzähler Keller erblickt in den Schwärmern durch die Kommunisten hindurch nicht das schlechthin andere, sondern fern Nahes; bedrohliche Energien der kulturell-sexuellen Regression, zu der sich ihm Weitlings Vision der freien Liebe verzerrt, und der gesellschaftlichen Revolution. Vor der bürgerlichen Besitzordnung muß Halt gemacht werden, nicht zuletzt, weil sie in ihrer von Weitling und Genossen durchschauten Verklammerung mit der bürgerlichen Sexualordnung Kellers kulturellen, ja, seinen personalen Status garantiert. Hier etwas angerührt, und alles geht hoch. Der sensible Punkt der bürgerlichen Gesellschaft ist der übersensible Punkt Kellers.
Um so schlimmer, was in »Ursula« zu rumoren beginnt beim Versuch, dieses Bärchen ins Trockene zu bringen. Da hilft nur auto-suggestives Schweigen, ein Mittel, dessen Probatheit sich schon im Blick auf das Dramenfragment »Therese« erwiesen hat. Wie mißlich deshalb, daß die Täufer so viel reden – von der Ökonomie der Erzählung und Kellers Quellen her gesehen ungewöhnlich viel – und daß sie nicht zum Schweigen gebracht werden können. Es ist, als breite der Erzähler ihre inhaltlich weithin befremdenden und von seinen Quellen nicht gedeckten Perorationen wie unter einem inneren Zwang aus: Ein Schwall, dem er lauschen muß und den er doch selbst hervorbringt. Was bereits anläßlich des Geschwätzes des Reformpfarrers im »Verlorenen Lachen« festzustellen war[48], gilt hier in einer extremen

Weise: Wie von den salbadernden Propheten narzißtische Nabelschau betrieben wird – »darum müssen wir uns fleißig ineinander bespiegeln und uns Brüder sein« (x, 112 f.) –; wie sie in vatergöttlicher Redeweise doch den Vatergott in Mutter Natur verschwinden lassen, das stellt Kellers eigenes poetisches Verfahren noch weiter in Frage als die reformchristliche Substitution von Metaphern für Gehalte, denn jetzt wird nicht nur etwas vorgetäuscht, was nicht ist; jetzt zeigt die religiöse Metaphorik sogar die Tendenz, die Inhalte zu zersetzen, auf die sie sich bezieht. Was eingeführt ist, um Kulturnatur zum Glaubensartikel zu machen, das desavouiert ihn jetzt. Es ist der Artikel, dessen Tradierung und Restaurierung in »Ursula« zu hohem Kurs als Reformation angeboten wird. Und so treiben die Wiedertäufer am Ende doch noch das Idealbild der reformatio in die Luft. Die Krise der öffentlichen Ordnungsrede der Poesie ist perfekt.
Keller hat »Ursula« nicht fertiggeschrieben, aber daran war nicht der Weihnachtsmarkt und der Weihnachtsmann schuld. Jukundus Meyenthal hat das entscheidende Hamlet-Wort gesagt: Der Rest ist Schweigen. Die Gefallenen können abgeräumt werden.

Bilder aus der Züricher Geschichte

Wilhelm Scherer hat in seiner Kritik die »Züricher Novellen« anerkennend an Gustav Freytags Monumentalunternehmen der »Ahnen« gemessen, einer den Gang der deutschen Geschichte illustrierenden, in der Zeit höchst populären Romanfolge. Was dazu berechtigt, ist die Tendenz der Auffächerung von Geschichte in Bilder. Schon die novellistische Dimensionierung dieser Bilder bei Keller zeigt die Verstärkung der Stillegungsintention. Das historische Drama ist die klassische Form, in der die Frage nach der Geschichtsmächtigkeit des Subjekts verhandelt, der geschichtliche Krisenmoment in einer Handlungskonstellation von Subjekten anschaulich wird – das gilt von Schiller bis Büchner, Grabbe und Hebbel. Der historische Roman in seiner klassischen Erscheinung, etwa Tolstois »Krieg und Frieden«, besitzt die Möglichkeit, breite historische Prozesse in ihren Bewegungstendenzen zu fassen, dichte Vermittlungsgeflechte zwischen Individuum und Gesellschaft auszuspinnen. Die Novelle grenzt übergreifende Bewegungen ab und kristallisiert ausschnitthaft Zustandsbilder der Gesellschaft an unerhörten Begebenheiten aus. Kellers Novellenkranz der Reformation ist eine Folge solcher unerhörten Ereignisse: Wie einer aufhört ein Dichter zu sein, damit er ein Mann werden kann: »Hadlaub«. Wie einer an der Einbildung, ein Dichter zu sein, zugrunde gehen muß, damit die Schrift gerettet werden kann: »Der Narr auf Manegg«. Wie einer aus dem Schreibprinzip ein Lebensprinzip zu machen weiß: »Der Landvogt von Greifensee«. Wie einer es fertigbringt, daß die Flinte schießt: »Das Fähnlein der sieben Aufrechten«. Wie man in die Mutter fällt, wenn man ins Vaterland kommen will: »Ursula«. Vielleicht aber ist es noch weniger erhört worden, daß sich einer am Standbild einer historischen Bewegung versucht und die Reformation zur Novelle macht.

Worin ist der gönnerhafte Vergleich Kellers mit Freytag deplaziert? Das Oberflächliche Freytags liegt nicht nur in seinem flachen national-liberalen Fortschrittsoptimismus, der die Konflikte der Epoche überdeckt, sondern auch darin, daß seine lebenden Bilder eine Geschichte illustrieren, die doch prozessual, als Fortschritt, gedacht ist. Literarische Form und Geschichtsbild widersprechen einander. Das Durchgreifende Kellers liegt darin, daß die zyklische Reihung historischer Standbilder exakt einer Geschichtsauffassung entspricht, die Reformation nicht mehr auf Zukunft hin versteht, wie es der junge Keller tut, sondern auf Gegenwart hin. Sie ist nun Dauer im Wechsel, die Inseln in sich ruhenden Daseins schafft, Reformierung von Vorgefundenem bis hin zur immer neuen Reformierung und Reformulierung des poetischen Urstoffes in der Kunst. In der Entfernung von der Geschichtsphilosophie der deutschen Klassik und Romantik bleibt ein auf Herder zurückweisender organologischer Zug. Äußert er sich dort als Entwicklung, so hier als Vorstellung mit sich identischen Lebens. Geschichte ist »Bestehen dieses organisch-notwendigen Gewebes« (XIX, 60; A 4, Kap. 3).[49] Die natürliche Ehelichkeit der

Liebe analogisiert die kulturelle Reproduktion und die biologische Reproduktion. Die in der Ehe gegründete Geschlechterfolge, die auch den geschichtlichen Leitfaden für die historische Novellistik von Kellers Freund Theodor Storm abgibt, ist ein biologisches, kein pragmatisches Muster. Die idealisierende dichterische Zusammenstellung von Ehe und Volk, Freundschaft und Staat drängt das Organisationsproblem und den Systemcharakter gesellschaftlicher und politischer Großformen zurück.

Keller ordnet sich damit auf eigenartige Weise einem Seitentrieb des Historismus nach Leopold von Ranke zu. Die unendliche Folge der Gestalten, zu der sich für den ehemaligen Theologiestudenten Ranke die aus der Ewigkeit Gottes in sie zurückmündende Heilsgeschichte geöffnet hat, ist bei seinem Schweizer Schüler Jakob Burckhardt, einem zeitweiligen Zürcher Trinkgenossen Kellers[50], zur Dokumentation eines sich in Leben, Verfall und Tod unaufhörlich durchwühlenden Geistes geworden. Mit dem Verlust des Ziels der Geschichte treten Burckhardts skeptischem Blick ihre Zustände in den Vordergrund. Sie wird auch dem Historiker poetisch, zur Bilderfolge; aus der politischen Historie wird Kulturhistorie. »Die Geschichte ist mir noch immerhin größtenteils Poesie; sie ist mir eine Reihe der schönsten malerischen Kompositionen«, schreibt Burckhardt 1842 an seinen Freund Beyschlag.[51] Der Historisierung der Poesie antwortet Poetisierung der Geschichte. Sie ist bei Burckhardt Gestaltung von Geschichtsgemälden, wo Geschichte nicht mehr gestaltet werden kann, ohnmächtige Berufung auf das, was war, gegenüber dem, was kommt.

Noch gründlicher allerdings als in der Entsprechung von Form und Geschichtsbild liegt die Qualität der »Züricher Novellen« in ihren Selbstwidersprüchen.[52] Bachofen und Freud, die so tief wie Keller ins Reich der Mütter geblickt haben, werden seiner als Theoretiker Herr. Freud gelingt das in der Überzeugung, eine Naturwissenschaft der menschlichen Seele etablieren zu können. Bachofen entflieht der verführerischen Todesnähe der Muttersphäre durch die Anstrengung des Begriffs zu einer geschichtsphilosophischen Konstruktion. Wo bei Keller ›himmlische‹ Ordnung der Reformatoren und heidnisch-verrückte

›Poesie‹ des Täuferwesens in einer unendlichen Bewegung ineinander- und auseinanderfallen, ist bei Bachofen die Chaosschicht einem mythengeschichtlichen Dreistufengebäude eingebaut, das sich in einer christlichen Geist-, Licht-, Ordnungs- und Männerwelt vollendet. Auch Keller macht Fluchtversuche, stellt Ordnungskulissen auf, aber er entkommt nicht. »In einer historischen Erzählung bin ich wie mit Hunden gehetzt, weil ich nie weiß, ob ich in der Wahrheit stehe«, gesteht Keller seinem Besucher Conrad Ferdinand Meyer.[53] Keller gibt als Grund an, daß er sich »der Wirkung einer weiland geschehenen und überlieferten Sache . . . nicht sicher sei«. Exemplifiziert wird das mit dem Hinweis auf die »verrückten Wiedertäufer«. Die Wirkungsfrage lenkt von der Wahrheitsfrage ab. Die Sprache Kanaans (»im Glauben stehen« 1. Kor. 16,12; 2. Kor. 1,24 – »in dem Herrn stehen« 1. Thess. 3,8) weist auf den Grund der Unsicherheit: Steht Keller in der Wahrheit – steht er bis zum Hals in der Wahrheit? Seine Poesie bleibt Prozeß auch im Reden von Zuständen, Abenteuer auch im Programm, unberechenbar auch als Plan und streng angeordnetes Experiment. Was als Ruhe im Erzählten mühsam hergestellt worden ist, kehrt als Unruhe im Erzählen wieder. So gerät die Darstellung einer kristallklaren Reformation zur Manifestation revolutionärer Tazzelwürmer in der Werkstruktur – und zum erschrockenen Verstummen. Die »Züricher Novellen« sind die Geschichten von einem, der auszog, die Ideale Volk, Ehe, Original zu suchen, und der dabei das Fürchten gelernt hat.

»Das Sinngedicht« oder die Damenwahl

Das Experiment: Küssen

»Das Sinngedicht« hat Keller fast so lange beschäftigt wie der »Grüne Heinrich«. Schon 1851 scheint die Gesamtkomposition erwogen zu sein. »Die ersten siebzig Seiten sind im Jahr 1855 in Berlin geschrieben«, unterrichtet Keller am 16. Dezember 1881 Adolf Exner. 1857/58 sind die »Sieben Legenden« aus der Erzählmasse ausgegliedert. 1881, ein Jahr nach dem letzten Band der Zweitfassung des »Grünen Heinrich«, erscheint der kunstvollste und geschlossenste Novellenzyklus Kellers in der Buchausgabe mit der Jahreszahl 1882. Obwohl die Konzeptionen der meisten epischen Werke Kellers zeitlich eng benachbart sind, fällt es schwer, in der Chronologie ihres Erscheinens kein Zeugnis einer literarischen Entwicklung zu sehen. Sie wäre in der Weise vorstellbar, daß jedes Projekt das vorhergehende voraussetzt und daß die Reihenfolge der Ausarbeitung Antworten auf die sich summierenden und einander korrigierenden Zeiterfahrungen enthält.[1]

So mußte der Roman die Breite der Zeit und Gesellschaft im Fokus der Lebensphantasie des immer grünen Heinrich sammeln, ehe die »Leute von Seldwyla« im Spannungsverhältnis von Poesie und Kapitalismus einen Hauptstrang des Romans pointierten und abstrahierten. Das Lebendichten mußte sich in der Quelle des autobiographischen Romans Bahn brechen, ehe es sich ins Feld der Novellensammlungen auffächerte und entäußerte. Die »Sieben Legenden« geben in einem zweiten Schritt der Ablösung vom unmittelbar Biographischen die Legende zu Kellers Werk. Die »Züricher Novellen« öffnen in der zunehmenden Düsternis der Zeiterfahrung die Zuflucht einer von der Ökonomie gereinigten Geschichte: die Utopie wird zum Refugium. »Das Sinngedicht« nimmt seine Helden aus der Gesellschaft zurück. Der geschlossenste Zyklus Kellers schließt auch am meisten aus. Die Dichte der Komposition ist größer als die Lebensdichte. Geschichte ist privatisiert zum Raum von Lebensgeschichten; Lebensgeschichten sind mediatisiert zum Argument von Streitrednern, deren Reden unter der Hand Lebensgeschichte macht.[2] Wenn Erzählungen Leben machen, wird umgekehrt das Leben literarisiert zur Bühne des Geschichtenerzählens. Das himmlische Jerusalem des Volkes mit seinem irdischen Abbild Zürich ist vergangen. Das Paar spinnt sich erzählend in den Kokon der Liebesehe ein.

Schon im grünen Heinrich haben sich Schrumpfungen Fausts und Don Quijotes erkennen lassen. Im Helden des »Sinngedichts« sind diese Bezüge noch einmal zusammengeschnurrt. Seine Studierstube ist die eines »Doctor Fausten, aber durchaus ins Moderne, Bequeme und Zierliche übersetzt« (XI, 1). Faust will fassen, was die Welt im Innersten zusammenhält, und genießen, was der ganzen Menschheit zugeteilt ist. Auch der grüne Heinrich ist als Träumer noch Visionär des ganzen Lebens. Reinhart im »Sinngedicht« wird als naturwissenschaftlicher Analytiker mit dem Rücken zum Menschen und zu sich eingeführt, konzentriert auf das »Stoffliche und Sinnliche« (4), aber ohne Ahnung von der eigenen Sinnlichkeit. Die leise Komik Fausts, der ausgerechnet mit einem geheimnisvollen Buch in der Hand hinaus ins weite Land jenseits der Gelehrsamkeit fliehen will, wird in Reinhart laut, wenn er, weil er schließlich doch etwas vom Menschenleben erfahren möchte, in die verwahrloste Bodenkammer hinaufsteigt, um im Werk des längst gestorbenen Klassikers Lessing nachzuschlagen – noch dazu in der historisch-kritischen Ausgabe Lachmanns, in die der Lesetext eingesargt ist. Prompt findet er dort das Sinngedicht des noch viel länger toten Barockautors Friedrich von Logau, das dem Zyklus den Namen gibt:

»Wie willst du weiße Lilien zu roten Rosen machen?
Küß eine weiße Galathee: sie wird errötend lachen.«

(5)

Reinhart, der nicht nur die Liebe, sondern dementsprechend auch Zeit und Tod aus dem Sinn verloren hat – »eine Reihe von Menschen- und Tierschädeln« in seinem Laboratorium sah »so weiß und appetitlich aus ... daß sie ... den Nippsachen eines Stutzers glichen« (2) –, stößt auf die Toten in ihren Buchgrüften, wenn sich das Leben als Augenschmerz bei ihm meldet.[3] Der Mann mit den »schattigen Haaren« (1) ist in seiner wissenschaftlichen Dunkelkammer wie tot und begraben, ein aufgeklärter Dunkelmann in einer Zeit, »als die Naturwissenschaften eben wieder auf einem höchsten Gipfel standen« (1).

Don Quijote aus seiner Bücherkammer und Heinrich Lee ziehen in närrischem Heroismus auf Aventiure aus. Wenn Reinhart auf dem »ersten besten Mietpferd« losreitet (6) mit der Don Quijotesken Einsicht, »daß nun nichts fehle, als eine Dame zu suchen, in die er verliebt sei«[4], geht es zunächst um das Gegenteil von Aventiure. »Ein Naturforscher entdeckt ein Verfahren und reitet über Land, dasselbe zu prüfen«. Er nimmt Logaus Sinnspruch als Anweisung auf ein »köstliches Experiment« und hat die »artige Vorschrift . . . wie ein Rezept . . . in die Brieftasche gelegt« (6). »Obgleich das Gesetz der natürlichen Zuchtwahl noch nicht bekannt war« – so die ironische Zeitangabe des Erzählers (1) –, unternimmt Reinhart so etwas wie eine experimentelle Zuchtwahl. Spricht das Gedicht allegorisch von Frauen als von botanischen Erscheinungen, wird Reinhart praktisch ihre Reaktionen wie die von Pflanzen prüfen, und der »reizende Versuch der Freiheit« (5) meint zunächst die Freiheit des Experimentators, die Versuchsanordnung zu bestimmen.

Gesucht wird eine Galatea. Die aus dem Meer geborene, von Delphinen begleitete, im Muschelwagen dahinziehende höchste Schöne ist in der klassischen Walpurgisnacht von »Faust II« als Krönung der Gestaltenreihe des Lebens der Gegenstand unstillbarer Sehnsucht. In Logaus Sinngedicht und demgemäß auch in Reinharts Experimentalunternehmen figuriert sie als hervorragendes Exemplar einer Sorte annehmlicher weißer Frauenzimmer. Als solches erscheint Lucie, die spätere Geliebte, bei der ersten Begegnung mit Reinhart vor dem Delphinenbrunnen, eine Rosen reinigende und ordnende Gestalt (26), und in der Berlockengeschichte am Ende des Erzählwettstreits erblickt man ein winziges Amphitritchen, quasi Galatea im Taschenformat, als Emailarbeit. Sie schmückt eine Taschenuhr zusammen mit einer Gravur, die einen kleinen Seehafen – wohl den Hafen der Ehe – zeigt: die Ehe als Verzierung der Mechanik des bürgerlichen Alltags. Während sich das Ziel von Reinharts

Unternehmen unmerklich von der Augenheilung zur Brautschau erweitert, ist es merklich auch das gleiche geblieben. Die Ehe ist dem Naturwissenschaftler Mittel zum Zweck, ein gut erholter, gut aufgelegter, zufriedener Naturwissenschaftler zu sein, ans Leben so weit angeknüpft, daß er sein naturwissenschaftliches Feld frei von Störungen bearbeiten kann.

In der Tat steht als Handlungsergebnis kaum etwas anderes am Ende des »Sinngedichts«, als daß ein privatgelehrter, lediger, lebensblinder Naturwissenschaftler am Ende ein klar sehender, verheirateter, privatgelehrter Naturwissenschaftler geworden ist. Dabei läßt sich nicht leugnen, daß das nicht nur zu Lasten des Helden, sondern auch zu Lasten des Autors geht. Ist die Verschiebung des literarischen Sinngedichts zum Experiment Reinhart zuzuschreiben, so scheint es doch in der Auslegung des Gedichtsinns keinen Unterschied zwischen der Meinung der Figur und der Meinung der Erzählung zu geben. Und dieser Sinn ist gleichfalls verschoben. Logau stellt in einer seinen Zeitgenossen ohne weiteres durchsichtigen Blumenallegorie die Scherzfrage, wie man eine Jungfrau (= weiße Lilie) zur Frau (= rote Rose) macht: durch Küssen (und so weiter).[5] Reinhart und sein Autor verstehen das Sinngedicht so, als sollten durch Küssen die Charaktereigenschaften von Frauen herausgefunden werden. Ob und wie Erröten und Lachen als Reaktion auf Küssen zusammengehören, das ist nur Reinharts und Kellers, nicht Logaus Problem.

Es ist offensichtlich, neu formuliert, Kellers altes Problem. Erröten ist im Novellenzyklus Ausdruck der kulturnatürlichen Gebundenheit des Menschen. Eine Wallung des Bluts läuft dem Damm verinnerter Verhaltensnormen auf. Lachen ist Ausdruck der dem Menschen ebenso kulturnatürlichen Freiheit, ein Bekenntnis zur Wallung des Bluts in der spontanen Sicherheit, daß kein Dammbruch droht. Errötend lacht im Kuß, wer in seiner Kulturnatur wohlig geborgen ist. Des wahnsinnig liebenden, liebend in den Wahnsinn stoßenden Faust größtes Wort über die Liebe als Passion – »geheilt will ich nicht sein« – darf im »Sinngedicht« Kellers nie gehört werden.[6] Nur sanft, wärmend und erheiternd hat eheliche Sinnlichkeit zu glühen. Gewiß kommt der Mensch bei Keller nicht durch natürliche Zuchtwahl zu seinem Ehepartner, aber er wählt ihn als züchtige Natur aus züchtiger Natur.

Faßte das »Sinngedicht« nichts anderes in sich, es wäre selbst kaum mehr als eine niedliche Gravur. Daß es so anfängt und aufhört, ist Zeichen höchster erzählerischer Präsenz und Konzentration. Reinhart erscheint im Raum der Erzählung als Spielfigur eines Erzählers, der es offenhält, wie weit die scherzhafte Erfindung des Liebesexperimentators auch als Scherz der erzählten Figur zu denken ist. Die Geschichte vom Experiment wird jedenfalls in der Kahlheit einer Versuchsanordnung durchgeführt. Schon die an den »Don Quijote« anklingenden resümierenden Überschriften der Kurzkapitel geben dem dialektischen Dreischritt des Handlungsfortganges die Künstlichkeit und Schwerelosigkeit des Balletts. Dem ersten Kapitel mit der Entdeckung des Verfahrens und dem Anwendungsentschluß folgt ein zweites, »worin es zur einen Hälfte gelingt« – eine schöne Zöllnerstochter an der Brücke lacht beim Kuß, errötet aber nicht – und ein drittes, »worin es zur andern Hälfte gelingt«; eine ebenso schöne Pfarrerstochter errötet beim Kuß, lacht jedoch nicht.

Selbst die Komplikationen des Schemas sind in diesem Eingang schematisch angelegt. Die Liebe der Zöllnerstochter ist um einer beruflichen Karriere willen verschmäht worden; um das Schöne bauen zu können, hat der Baumeister die Häßliche geheiratet. Die Pfarrerstochter dagegen ist lieblich auch als Angebot bürgerlicher Versorgung und Wohlhabenheit. Die Zöllnerin lacht, ohne zu erröten, weil sie nach der Liebesenttäuschung nur noch scherzt, statt zu fühlen. Die Pfarrerstochter errötet, ohne zu lachen, weil sie gehemmt im Umgang mit anscheinend sehr drängenden Gefühlen ist. So macht sie sich lächerlich durch die zierlichen Maßnahmen, mit denen sie auf die vitalen Freß- und Saufbedürfnisse von Reinharts Pferd antwortet. Ihre sittsam gesenkte Nase weist widerspruchsvoll auf einen prallen Busen, und die Entfesselung muß sich auf zwei goldene Löcklein beschränken, weil es sonst vielleicht kein Halten mehr gäbe. Jedenfalls ist das bürgerlich randständige Mädchen nicht leidenschaftlich und das leidenschaftliche gut bürgerlich eingehegt.

Im vierten Kapitel wird ein Rückschritt vermieden, weil Reinhart das Kußexperiment bei einer verlockenden Gastwirtstochter nicht wiederholt. Die ersten beiden Kußepisoden zeigen die Seltsamkeit, daß Reinhart nicht eigentlich küßt, wie es dem Rezept des Sinngedichts entspräche, sondern, zum Kusse auffordernd, sich küssen läßt. Offenbar ist das Küssen so irritierend, daß sogar der Erzähler sich in der zweiten Kußgeschichte verwirren läßt, denn er spricht vom Kuß, den das Mädchen gibt, woraufhin Reinhart sie »zum zweiten Mal küßte« (16). Genaugenommen küßt er sie hier aber zum ersten Mal, wenn es sich auch um den zweiten Kuß zwischen ihnen handelt. Doch gleichviel: bei der Wirtschaftstochter wird das Küssen jedenfalls unterlassen, weil der Experimentator Reinhart, der die Zöllnerin nach ihren Lebensumständen verhörte und die Pfarrerstochter durchschaute, sich plötzlich durchschaut von einem weiblichen Experimentator wiederfindet. Der küssend eine Dame auswählen wollte, ist von der Gefahr bedroht, der geküßte Gegenstand einer Damenwahl zu werden. Er weicht zurück, und »in diesem Augenblicke wallte ... ein kalter Schatten über sein Gesicht, die Augen funkelten unsicher zwischen Lust und Zorn ...« (22).

Das vierte Kapitel bringt also nicht nur eine Fermate; mit ihm beginnt eine Variation des Themas, die wieder drei Kapitel – bis zum sechsten – umfaßt: Das Experiment entgleitet dem Experimentator; das Rezept zur Berechnung von Frauen stößt auf die Unberechenbarkeit der Frau. Im fünften Kapitel wird der Wissenschaftler nun doch gegen seinen Willen zum irrenden Ritter, zum »Eindringling und Parkverwüster«, der in »traumhafter Verwirrung« auf das prächtige Fräulein Lucie, von jetzt an seine Partnerin, stößt. Wo er »eher eine stachlichte Distel als eine weiße Galathee« vermutet (24), hat er damit seine Galatea, aber sie zeigt sich vorerst als Distel, als er ihr in einer klassischen Fehlleistung, statt sein Experiment durchzuführen, die Experimentalanweisung in die Hand drückt. Eigentlich hatte Reinhart eine briefliche Bitte der Pfarrerstochter um Rettichsamen bei Lucie abgeben sollen. Rettich und Rübe sind alte Sinnbilder für Zank, Streit und böse Geister, ebenso alte Zeichen für das, was den Mann körperlich als Mann auszeichnet. Die Pfarrerstochter

benötigte dergleichen; bei Lucie aber fällt es mit scherzhaftem Zank und Streit ins Haus.
Stilgerecht findet sich der irrende Ritter in einem Zauberschloß zu schweren Prüfungen vor, nur daß Reinhart und Lucie dieses Zauberschloß durch ihre Scherze und Sticheleien aus der Realität eines behaglichen aristokratischen Landsitzes der Schweiz aufbauen. Das sechste Kapitel, »worin eine Frage gestellt wird«, führt Reinhart in Luciens Arbeitszimmer und Bibliothek und zu dem »bedachtlosen« Ausruf, auf den doch die gesamte bisherige Erzählung hingezielt hat: »Warum treiben Sie alle diese Dinge?« (38) Diese Frage angesichts des Einblicks in Luciens literarische und künstlerische Liebhabereien erfährt erst nach sechs weiteren Kapiteln eine Antwort, aber schon sie zu stellen heißt: Reinhart sucht nicht mehr *eine* Galatea, sondern *die* Galatea, *diese* Galatea. Erst von jetzt an kann von Liebe gesprochen werden.

Hermeneutik: Erzählen statt Küssen

Während die Erzählung dem Experimentator folgte, hat sie ihn untergründig bereits durch Zeichen gedeutet. *Rein*hart, der den Lichtstrahl »auf die Tortur« spannt, indem er ihn durch einen »Kristallkörper« leitet (2), ist auf Lucie = Lux, das Licht, gestoßen. Lucie, eine Heilige der Augenkrankheiten wie Ottilie in Goethes »Wahlverwandtschaften«, wird seine Augenkrankheit heilen, Frauen nicht erkennen zu können – wohl im Wortsinn der Lutherbibel – und die Macht der Frauen zu verkennen. Lux, »von einem hellen innern Licht« strahlend (29), wird sich daranmachen, den Dunkelmann und Aufklärer zu durchleuchten. Sie wird aber auch als Raubtier Lux = Luchs mit dem »feinen Fell« (337) den Naturwissenschaftler zur Strecke bringen, nachdem sie als das wohlbekannte Spinnentier den Zeichner von »Pflanzengeweben« (2) »hinter dem goldenen Gewebe des leichten Gittertörchens« (27), in den »kunstreichen Netzen« ihres Landsitzes eingefangen hat.
Einleuchtend, daß ein derart anfechtbarer und manipulierbarer Naturforscher die Natur der Frauen durch Experimente ergründen will, ohne seine eigene Natur dabei aufs Spiel zu setzen.

Hinter der Herrschaftsallüre herrscht Ich-Schwäche, die ihn auf Sicherheitsabstand achten lassen muß. Deshalb reagiert er mit Verwirrung und Abwehr auf Versuche, ihn zu erforschen. Weil er aus Ich-Schwäche ichbefangen und ichblind zugleich ist, stößt er bei seinen Kußexperimenten auf lauter Ich-Befangene: das Zöllnermädchen, das sich in der eigenen Schönheit sonnt; die Pfarrersfamilie, die ihren kleinen Haushalt dokumentiert, als schriebe sie die Geschichte der Heilsökonomie Gottes; die Wirtin zum Waldhorn, die ihren Witz ausstellt. Reinhart will auf diesem Instrument nicht blasen (23), doch er könnte es auch gar nicht, weil es ein Wirtshausschild und kein Instrument ist. Er muß sein Ich schonen, retten, herstellen, bestätigen – ohne es zu wissen und wissen zu wollen, ein gänzlich bewußtloser Narziß, dem die Waldhornwirtin zum Zeichen ihres stumpfen Scharfsinns bestätigt, daß er »gewiß keinen Spiegel in der Tasche« trägt (20). Sie »setzen . . . Ihren Weg fort als Schein für mich, wie ich als ein Schein für Sie zurückbleibe!« (21) – Phänomene im bekannten Kellerschen Sinn: Scheingebilde. Im sechsten Kapitel, bei Lucie angekommen, erhält er eine »schöne Kristallflasche« (32) und zeigt sich als einer, der Mädchen vor den Spiegel zu stellen versteht (33). Vom siebenten Kapitel an wird er sich mit Lucie in einer Auseinandersetzung befinden, in der sie die Lippen nicht zum Küssen, sondern zum Reden bewegen. Beide werden von anderen Leuten reden, um nicht von sich reden zu müssen, und dabei doch, ohne es zu merken, als Narzissen von nichts reden als von sich. Alles wird zum Spiegel, blind stehen sie davor; zunächst auch Lucie, die mächtig-ohnmächtige Frau.
Schon in den drei gerechten Kammachern sind bei Keller Figuren aufgetreten, deren Deformation nicht in einer individuellen Geschichte gründet, vielmehr darin, daß sie keine Geschichte haben. Aber das waren zünftlerische Gestalten einer abtretenden Zeit. Auch Reinharts Schwäche ist nicht das Ergebnis einer Geschichte, sondern haftet ihm als Typus unhinterfragbar an. Das Besondere und pessimistisch Stimmende der Figur besteht dabei darin, daß er ein Typus der Zukunft ist – der erste und einzige Naturwissenschaftler als Held einer Kellerschen Erzählung. Zerbrochen ist in der Faust-Paraphrase des »Sinngedichts«

die *eine* Welt, in welcher der Philosoph Feuerbach noch einmal faustisch auf dem Boden seines anthropologischen Materialismus auch die naturwissenschaftlichen Forschungsergebnisse der Zeit einschließlich des von Keller verspotteten Darwinismus zu sammeln suchte.[7] Mag der grüne Feuerbachianer Heinrich vage monistische Gedankengirlanden vom Stoff zum Licht und zum Geist flechten (XIX, 35 ff.; A 4, Kap. 2), mag Reinhart die moralischen Dinge an den physischen fest angebunden wähnen, seine vorerst einzige menschliche Praxis ist doch nur naturwissenschaftliches Denken, und die Praxis seines naturwissenschaftlichen Denkens benutzt die reservatio mentalis im Blick auf die moralische Welt lediglich, um die Menschendinge wie einen entfärbten Schmetterling irgendwo flattern zu lassen (XI, 4). Auch auf diesem Feld ist Dortchen nicht Hierchen, und so formt Keller im naturwissenschaftlichen Lebensstil Reinharts eine Gegenexistenz zur humanen Wirklichkeit, wie er sie sonst ausbreitet. Dieses Naturwissenschaftlerleben ist ein factum brutum ohne Warum, weil es von außen angeschaut wird.

Indem die Sphäre der Naturwissenschaft in Reinhart als Männerwelt entworfen wird, wird die korrespondierend getrennte Sphäre des Lebendichtens zu Lucie, der Frau hin versetzt. Das Laboratorium, von dem Reinhart ausgeht, und Luciens Bibliothek, in der er ankommt, sind sinnbildliche Orte. Dort Maschinen und Bücher, unter denen kein einziges von menschlichen und moralischen Belangen handelt (2), hier Summen menschlichen Lebens in Autobiographien; dort Zahlen, hier Sprachen; dort Strukturen einer ganz anderen Natur, in die Reinhart nur leichteste Umrisse der menschlichen Komödien hineinprojiziert, um sie zu vergessen (4), hier Parkprojekte, in denen seit Goethes »Tasso« der Mensch sich Kulturnatur leise surrogathaft anschaulich zu machen sucht. Fragt Reinhart, wenn er sich der auf dem Boden verstaubenden Dichterwerke erinnert, sogar hinsichtlich des Menschlichen noch nach »Gesetzmäßigkeit«, »Ursache« und »Wirkung« (3), so sind bei Lucie Lebensbeschreibungen als Spuren individuellen, einzigartigen Lebens versammelt.

Hat der Epiker Keller beim autobiographischen Roman angefangen, läßt der alte Novellist sein Lichtgeschöpf Lucie an der

Quelle der Biographien, Memoiren und Briefsammlungen wohnen. Unter ihren Büchern werden keine Romane, auch keine autobiographischen, erwähnt. Sie schreibt auch nicht, sie liest. Warum liest sie? »Warum treiben Sie alle diese Dinge?« (38) »Schönste, weißt du nichts Besseres zu tun? oder noch deutlicher: Was hast du erlebt?« Hinter Reinharts Neugier steckt männlicher Chauvinismus: Warum, da du doch kein Blaustrumpf bist, hast du nicht geheiratet? Aber hinter diesem männlichen Chauvinismus steckt eine tiefere Frage, die in allem Gegensatz zwischen Reinhart und Lucie auf die Gemeinsamkeit eines Mangels weist: Reinhart hat nicht teil am Leben, Lucie hat nicht teil am Leben. Sie ist kein Lebensschreiber und kein Umschreiber ihres eigenen Lebens, aber sie lebt in Lebensbeschreibungen und wird sich ihrem Erzählen als Negativ einzeichnen, ehe sie sich positiv gibt. Das sortenhafte Mängelwesen Reinhart ist auf ein individuelles Mängelwesen gestoßen, das ihm überlegen ist.
Beide bewegen sich aufeinander zu; Reinhart bewegt sich auf Lucie zu. Auf ihrem Boden treffen sie sich: im Erzählen von Lebensgeschichten. Schon als er bei der schönen Zöllnerin die Brücke überschritt, hat er seine Welt verlassen und ist in einen Bereich literarischer Motive übergetreten. Daß ihn die Spinne gefangennimmt, läßt sich auch anders sagen: Der noch am Morgen Frauen nach äußeren Merkmalen klassifizierte, versucht jetzt, eine Frau von innen – aus dem Interieur ihres geistigen Lebens – zu erfassen, und stellt zum ersten Mal die Frage: Wie soll ich dich verstehen? Was ist deine Geschichte? Der Experimentator tritt mit dieser Frage ab, ein Hermeneutiker betritt als zaghafter Anfänger die Bühne. Die Kategorien von Ursache und Wirkung weichen den Kategorien von Ausdruck und Sinn. Daß am Anfang des siebenten Kapitels der Zettel mit der Experimentalanweisung verbrannt wird, ist nur noch eine äußere Konsequenz dessen, was sich innerlich bereits verändert hat. Hat Lucie den irrenden Ritter zunächst als eleganten Abenteurer eingeschätzt (41), der im Aristokratenstil Alteuropas sexuelle Freibeuterei treibt, muß sich Reinhart jetzt als »junger Chorschüler« und »ungefährlicher Abenteurer« bekennen (42). Verstehen lernen ist die einzige Chance dessen, dem

sein Koordinatensystem verwackelt ist. Öffnung heißt die Not zur Tugend machen. Verstehen, Berührung der Seelen anstelle und in der Berührung der Körper ist die moderne bürgerliche ars amandi, vor der die aristokratische schon so lange gewichen ist, daß sie in Reinhart nur noch als Gespenst und leerer Schein erschien. Reinhart ist beileibe kein Ritter; aber daß der Ritter kein Ritter ist, ist das einzige, was ihm weiterhilft.
Mit der Veränderung der Konstellation verändert sich auch das Erzählen. Der von bedeutenden Zeichen durchzogene und übergriffene Experimentalbericht verbreitert sich im gleichen Augenblick, in dem Reinhart danach strebt, Leben als Fülle individueller Gestalten wahrzunehmen, zur detailreichen, psychologisch vertieften Schilderung eines Daseins in konkret vorstellbaren zeitlichen und gesellschaftlichen Bedingungen. Das Erzählen wird gewichtig, indem es die redenden und handelnden Figuren, den Naturwissenschaftler und die Leserin, zum Handeln durch Erzählen avancieren läßt. Was zunächst wie eine Schiefheit der Komposition aussieht – die Diskrepanz zwischen Kapiteleinteilung und Gesamtumfang –, erweist sich als Moment der Komposition. Weil der Experimentalbericht formelhaft bleiben kann, umfassen sechs von insgesamt dreizehn Kapiteln nur etwa ein Sechstel der Textmasse. Während in den »Züricher Novellen« das Erzählen vom Erzählen abflaut – nur die beiden ersten Novellen werden vom Oheim erzählt, die dritte wird als abzuschreibendes Manuskript mitgeteilt, die beiden letzten sprengen den Rahmen –, vollzieht sich im »Sinngedicht« die gegenläufige Bewegung. Erst in der dritten Kellerschen Novellensammlung rückt der Erzählprozeß in den Mittelpunkt. Der grüne Heinrich schreibt monologisch – von sich; Reinhart und Lucie erzählen dialogisch – von anderen. Aber beide versprechen sich dabei so lange und gründlich, daß Lucie schließlich doch von sich spricht und sich am Ende ihm verspricht: im Kuß. In den »Züricher Novellen« verfehlt das Erzählen sein Ziel. Im »Sinngedicht« wird das Thema vom gelingenden Erzählen, vom Sich-Freisprechen und Sich-einander-Zusprechen, zum Rahmenthema. Beide, Reinhart und Lucie, gewinnen den Erzählprozeß, den sie gegeneinander führen. Am Ende der Geschichten, die als Argumente im Streit darüber

dienen sollen, wie man am besten zu einer Frau kommt, steht eine Lebensbeichte, durch die Lucie zu einem Mann kommt.

Von einer törichten Jungfrau: Küssen und Gähnen

Lucie beginnt das Erzählen mit der Geschichte »Von einer törichten Jungfrau«. Es ist die seltsame Gastwirtstochter, bei der Reinhart seine Versuchsreihe abgebrochen hat. Der Bericht wird, wie Reinhart bemerkt, zur Strafaktion für den Abenteurer und Kußexperimentator, der doch nur ein Chorknabe ist. Lucie zeigt ihm nämlich das Ebenbild eines »Muttersöhnchens« und »unnützen Bürschchens« (45), das genau wie Reinhart zum Opfer des Spiels zu werden drohte, das er mit der Wirtstochter zu inszenieren unternahm. Während er vor einer Gesellschaft von Zechkumpanen im Dunkeln monologisch eine Kußszene mit der Wirtstochter imitiert – Luftküsse eines narzißtischen Luftikus –, legt sie sich ihm wirklich in die Arme und erzwingt damit die Verlobung. Eine Geschichte von der Eitelkeit, dem Selbstbezug, der Blindheit der Männer also. Der närrische Name Drogo macht das Bürschchen zum Dragoman oder – französisch – Drogman, was arabisch Dolmetscher heißt, aber dieser Dolmetscher versteht die Sprache der Kamele nicht – im Gegensatz zu Lucie.

Denn sie gibt, wie Reinhart ebensowenig entgeht, mit ihrer Erzählung ein Beispiel für die Überlegenheit hermeneutischen, historischen Deutens und Verstehens über Beobachtung und Experiment, indem sie Reinhart das Rätsel der Gastwirtstochter löst. Daß ihr Deuten aber noch mehr Entlarvung der Frau als Entlarvung des Mannes ist, weist zum erstenmal ebensosehr auf eine innere Verletzung wie auf beginnende Liebe oder wenigstens Liebesbereitschaft bei Lucie hin. Als Kamel (50) entpuppt sich die Gastwirtstochter bäuerlicher Herkunft beim Versuch, ihr bürgerlichen Schliff zu geben und sie damit auf die kulturelle und soziale Ebene des Mannes zu heben.[8] Hinter der »Waldhornjungfrau« Salome – parodistische Anspielung auf die mythische Jungfrau mit dem Einhorn und die böse Prinzessin aus der Geschichte Johannes des Täufers – steckt nichts als ein

»vollständiges Schaf« in »dunkelster Gemütslage« (44). Ihre Gewitztheit ist leeres Stroh. In Wahrheit kann sie mit ihrem Mund nur küssen und gähnen, aber nichts Feines sagen und erzählen.

Was sagt diese zur Frauenbeschimpfung abrutschende Männerbeschimpfung? Daß das fremdartig beunruhigende Rätsel dieser Frau nur ihre Banalität ist; daß sie Männer nicht verschlingt, sondern lediglich angähnt; daß Frauen niemanden verschlucken, vollends nicht, wenn man sich an gebildete Damen gehobener Stände hält, die ihren Mund nur kultiviert und mäßig zum Erzählen öffnen. Sie können so gut erzählen, daß ihre Selbstverachtung hinter der Fähigkeit verschwindet, die weibliche Konkurrenz verächtlich zu machen.

Regine: Sprachlosigkeit

Wäre Reinhart kein Anfänger im Verstehen, er verstünde dieses Signal. Wäre er kein Ignorant im Selbstverstehen, er erzählte die Geschichte von Regine nicht, mit der er auf Luciens Geschichte reagiert. Unbewußt wehrt er sich gegen Luciens Überlegenheit, indem er erzählt, wie ein gebildeter und reicher Mann – kein Dummkopf – sich einer Frau aus dem einfachen Volk zuwendet. Das Thema der Liebe über einen Ständegegensatz hinweg, das im 18. Jahrhundert sozialkritische Sprengkraft besitzt, ist bei Keller zur Chiffre eines seelischen Sachverhalts geworden. Abgeschwächt gilt das gleiche vom Thema der Bildung der Frau durch den Mann, das sich Reinhart ebenfalls von Lucie vorgeben läßt und nun in aller Breite entfaltet. Denn ohne es selbst zu wissen, will Reinhart weniger und mehr.

Weniger, denn ernsthaft taucht der im Bürgertum des späten 18. und 19. Jahrhunderts so geläufige männliche Anspruch, die naturhafte Seele der Frau durch den männlichen Geist zu überformen, bei Keller nicht auf. Man erinnere sich an die »Mißbrauchten Liebesbriefe«. Das gilt auch für Reinhart, der nicht zufällig erstmals und sofort von Luciens Vornehmheit und Bildung gefangengenommen wird (34). *Mehr* als Frauen zu sich heranbilden will Reinhart im Experiment, das so viel über ihn und seine Ängste verrät. Er will eine Garantie für die kulturelle Fassung und Entschärfung ihrer Liebe – wer im Kuß errötend lacht, rast nicht gerade in verschlingender Leidenschaft. Er will darüber hinaus die Frau als Objekt in der Hand haben. Er will sie, wie den Lichtstrahl im Kristall, in Reinhart brechen. Frauen müssen präpariert und tariert, sie müssen ›tot‹ sein, ehe sie leben dürfen. Wiederum treten so Narziß- und Pygmalionmotiv eng zusammen, und der Arbeitstitel »Galatea-Novellen« für das spätere »Sinngedicht« gewinnt von hier aus einen weiteren Sinn, der über den Namen der weißen Schönen in Logaus Sinngedicht hinausdeutet: Galatea heißt in nachantiker Überlieferung die Geliebte, die auf das Flehen Pygmalions hin aus der von ihm gebildeten leblosen Statue zum Leben erwacht; Erröten im Kuß ist schon in Ovids »Metamorphosen« das Zeichen für die Belebung des Marmors.[9] Pygmalion ist etwas anderes als Galateas Erzieher – er ist ihr Hersteller, ihr Schöpfer. Er liebt in ihr sein Bild, weil sie als sein Bild auch lebend von ihm abhängt. Er begehrt sie, weil er vor fremdem, selbständigem, ihm vorgegebenem Leben Angst hat.

Wenn sich das Thema Bildung der Frau erst mit dem Schritt vom Experimentieren zum Verstehen ausformuliert, entwickelt sich darin allerdings auch schüchtern Reinharts neue Tendenz, das Objekt Frau zum Menschen freizugeben, das ja gleichfalls in der Pygmalion-Mythe gefunden werden kann. Frauen sollen leben, sie sollen aus der Experimentalanordnung entlassen, sie sollen selbst sein. Gebanntes Leben soll erweckt werden, freilich zur Kulturnatur der Ordnung, am Chaos vorbei. Während Reinhart im Erzählen von Bildungsgeschichten diesen Gedanken abtastet, reizt ihn Lucie immerzu durch die Betonung und Verurteilung männlicher Machtansprüche und männlichen Heiratsmarktsverhaltens. Doch mag Lucie noch so provozierend über den Warencharakter der Schönheit (59), über den Sklavenmarkt (59), über »sanfte Wollschäfchen . . . auf dem Markte« (198) sprechen – von natürlicher Zuchtwahl oder kommerziellen Interessen ist eben zwischen ihr und Reinhart gerade nicht die Rede, und einen männlichen Herrschaftsanspruch, der nichts wäre als das, kann Lucie zu diesem Zeitpunkt in Reinhart ernsthaft nicht mehr vermuten. Auch die Kritik an der bürgerlichen Ehe oder besser ihren Entartungserscheinungen erweist sich damit als Deckthema im »Sinngedicht« – verständlich bei einem Autor, an dessen Werk sich zwar vielfältig das Krisenpotential der bürgerlichen Ehe und Familie ablesen läßt, am meisten aber dadurch, daß er es zu verdecken bestrebt ist.

Am weitesten allerdings bleibt jenseits der Reflexion, was Reinhart immer wieder fast zwanghaft erzählt, weil er es immerzu erfährt: Die vermeintlichen Experimentalobjekte sind lebendiger als die Experimentatoren, die Galateen sind mehr als die Pygmalione, womit alle männlichen Bildungsunternehmungen an Frauen im »Sinngedicht« paradox werden – sei es in Katastrophen oder Happy-Ends. Das Ungezähmte, das Unzähmbare des Lebens triumphiert in der Lebendigkeit der Frauen, wie es der italienische Salonmaler Guilio Bargellini in einem Pygmalion-Gemälde 1896 unabhängig von Keller, aber in einer Keller nicht fremden Spielart illustriert: Mehr erschreckt als entzückt weicht der Bildhauer Pygmalion vor der zum Dasein erwachten Frauenstatue zurück, denn indem das männliche Wunschbild der Frau erwacht, erweist es sich als herrschgewohnte, Unterworfene zu ihren Füßen versammelnde femme fatale. (Abb. 15) Die Geschichten von den bildenden Männern entpuppen sich allesamt als Geschichten von triumphierenden Frauen, wodurch Reinhart, ohne es zu ahnen, genau die Geschichten erzählt, die Lucie hören will, ohne es zu ahnen, während Lucie, ohne es zu ahnen, die Geschichte erzählt, die Reinhart hören will, ohne es zu ahnen: daß sie von ihm geliebt und geheiratet sein möchte.

Damit ist für Reinharts Erzählung »Regine« ein Grundriß gezeichnet. Vordergründig ist es eine Geschichte über die Frage, ob ein Bürger eine Frau aus einfachstem Stande lieben, heiraten und zur Bürgerin machen kann. Auf dieser Ebene nimmt Keller eine literarische Auseinandersetzung mit Berthold Auerbachs Novelle »Frau Professorin« auf, die oft erörtert und von Keller selbst durch die Arbeitsnotiz von 1851 »Novelle contra Auerbach« benannt worden ist (XX, 180).[10] Der unausgesprochenen Warnung der gebildeten Lucie vor dem Überspringen der Ständeschranken setzt Reinhart eine ausgesprochene Zustimmung zu diesem Verfahren entgegen mit dem angesichts seiner Erzählung seltsamen Argument, »daß ein angesehener und sehr gebildeter junger Mann . . . eine Magd vom Herde weggenommen und so lange glücklich mit ihr gelebt hat, bis sie richtig zur ebenbürtigen Weltdame geworden, worauf erst das Unheil eintraf« (XI, 59). Der Klartext von Reinharts Äußerung heißt: solange die Frau unterlegen ist, geht es gut; erst die überlegenen Weltdamen machen das Unglück. Im Widerspruch zu seiner eigenen Meinung handelt Reinharts Erzählung aber von der Unmöglichkeit dieser Verbindung. Sie besteht darin, daß die Frau nicht von der Magd zur Weltdame wird, sondern Magd, Löwin und Regine zugleich ist und bleibt.

In diesen Widersprüchen nimmt der aus Amerika ins Land seiner deutschen Väter eingereiste Erwin Altenauer die »schöne Person« wahr (66), in die er sich verliebt: als kluge Jungfrau mit dem Öllämpchen (77) und gänzlich unwissenden, wissensdurstigen Geist; als »Dienstmagd . . . von so herrlichem Wuchs und Gang, daß das ärmliche, obgleich saubere Kleid das Gewand eines Königskindes aus alter Fabelzeit zu sein schien« (66); als sanft untergebenes, schüchternes Wesen und von einer Studentenmeute bedrängte wilde Löwin (68); als Kind aus edlem, aber moralisch degenerierten »uralten Volkstum« (74) und »gescheuchte Katze« (78). Umsichtig, vorsichtig, liebevoll zieht Altenauer das Mädchen zu sich heran, gibt ihr Schutz und Belehrung, erwägt und bejaht die Möglichkeit der Ehe, heiratet sie schließlich, um danach sein Bildungswerk an ihr zu vollenden und sie, den scherzhaften Ermahnungen seiner Verwandtschaft gemäß, als »eine recht sinnige und mustergültige deutsche Frauengestalt über den Ozean zurückzubringen« (61). Mehr noch: ». . . in Reginen hoffte er ein Bild verklärten deutschen Volkstumes über das Meer zu bringen, das sich sehen lassen dürfe und durch ein außergewöhnliches Schicksal nur noch idealer geworden sei« (88).

Und doch ist dieses behutsame Verfahren in sich Schritt für Schritt problematisch, ja nichtig. Der Schnitt, mit dem Erwin Regine von ihrer Herkunft abzunabeln versucht und sie gleichsam aus ihrer Familie loskauft, ist ein Schnitt ins Gewachsene. Ist Erwins Bewußtsein weit genug, Regine vielschichtig zu erfassen, ist es doch durch romantische Deutschlandklischees so präformiert, daß in diesen Raster leichter eine königliche Magd, ein Aschenputtel aus dem Märchen, als eine Tochter aus bildungs- und finanzbürgerlichem Hause paßt. *Alten*auer scheint nicht nach Deutschland, er scheint nach dem Lande Ur gereist zu sein, so oft kommt diese ur- und trivialromantische Vorsilbe in der Beschreibung seiner Tätigkeiten und Neigungen vor. Statt diplomatischer Akten studiert der amerikanische Gesandtschaftssekretär im »Urland« seiner Väter (61) historische »Urkunden« (65). Er spürt Waldduft von den »Urmüttern« her um die deutschen Frauen wehen (64), speziell um Regine aus »uraltem Volkstum« (74), dieses »Rheingold« (61). Er liebt sie und auch sein Ideal in ihr und zugleich seine bildnerische Leidenschaft, mit der er sie noch idealer machen will. Aber Ideale sind stumm und gehören keinem, die Urzeit ist nicht heute, und auf dem Rheingold liegt ein Fluch, der den trifft, der es zu heben versucht. Es ist ein Widersinn in dem Vorhaben, der die Frage nach einer moralischen Schuld des Mannes hinter sich läßt. Er kommt am krassesten darin zum Ausdruck, daß Altenauer im Verlaufe seiner Bildungstätigkeit Regine mit Hilfe der romantischen Liedersammlung »Des Knaben Wunderhorn« die Sprache zu lehren versucht, die das Bürgertum für die Sprache des Volkes hält: das bauchrednerische Unternehmen eines Narziß und Pygmalion, das Gegenteil von Tradition und Reformation, die Vorhandenes neu formt.

Daß der Widersinn in Regines Bildungsprozeß im Augenblick des vermeintlichen Erfolges kraß nach außen tritt, ist die verderbliche Wendung ihres Schicksals. Wenn Erwin, statt Regine bei der aus familiären Gründen unumgänglichen Amerikareise heimzuführen, sie in Deutschland läßt, damit der Marmor seines Bildungswerkes den letzten Schliff erhalte, zeigt sich darin die Eitelkeit seines Verhältnisses zu ihr. Seine Haltung gerät unter ein Vergrößerungs- und Zerrglas in der Episode von den drei Parzen, Damen der gehobenen Gesellschaft, die »im Rufe einer großen und schönen Bildung standen» (93), in Wirklichkeit aber nur von frauenemanzipatorischer Geltungssucht und Betriebsamkeit beseelt sind. Erwin, der bei seiner Frau mangelnden Takt argwöhnt, zeigt selbst mangelnden Takt, indem er sie während seiner Abwesenheit diesen gesellschaftlich-kulturellen Betreuerinnen ausliefert. Der Mann, der »auf das zweckdienlich-

ste nach menschlicher Berechnung« (82) Schicksal spielt und seinen Künstlerehrgeiz zur »schweren Notwendigkeit« für Regine erklärt (92), gibt seine Frau falschen Schicksalsgöttinnen in die Hände und löst damit eine Serie abenteuerlicher Zufälle aus, die Regine und ihn ins Unglück stürzen.[11] Der Bildner findet seine Frau wie in einem schlechten Traum allerorts, wo sie nicht hingehört, als Bild wieder, denn die hermaphroditischen Kulturmannweiber prostituieren mit Hilfe einer dämonischen, an den römischen Tyrannen Nero erinnernden Malertransvestitin die lebende Regine zum Salonkunstwerk.
So stößt der Amerikadeutsche, der sein Meisterstück unvollendet zu Hause nicht hatte herzeigen wollen, im amerikanischen Kunst- und Kunstgewerbehandel auf eine frech gepinselte, als work in progress sich gebende »Studie« Regines: die Königin »gehüllt in einen Theatermantel von Hermelin und rotem Sammet, d. h. jener von Katzenpelz und dieser von Möbelplüsch« (98). So stößt der besitzstolze Ehemann und Romantiker beim einzigen diplomatischen Geschäft, das man ihn abwickeln sieht, auf einen verfänglichen Halbakt seiner gesichtlos gemachten romantischen Schönheit unter den Augen der »schwarzäugigen Romantik« eines südamerikanischen Diplomatengrafen (122). Es ist eine Herrenbekanntschaft, die Regine durch ihre Bildnerinnen zuteil geworden ist. Das Bild zeigt Regine als eine der Venus von Milo »durchaus verwandte« Erscheinung (119) in der Pose, die dem Rückkehrer seine einsam in den Spiegel versunkene, mit Seidendamast drapierte Frau dargeboten hatte. Die von Erwin zum Spiegel seiner Vortrefflichkeit und Bildung bestimmte Regine verliert sich im Spiegel. Die Darstellung nachstellend, ist sie eine Kopie des nach ihr gemalten Bildes, an die Kopie eines Originals erinnernd, die als »Dutzendware« beziehbar ist. Wie die Mediceische Venus ist sie ein Inbegriff verfügbar gemachter Unverfügbarkeit im Kulturdekor der Zeit.

»Ach! – Die Venus ist perdü –
Klickeradoms! – von Medici!«

So Wilhelm Busch in der »Frommen Helene«, neben Kellers Gedicht »Venus von Milo« (II, 25) zu halten.[12]
Die drei Parzen, selbst Besitzerinnen solcher Abgüsse der Ve-

nus von Milo, haben der ärmsten Regine quasi als Aushängeschild ihrer Schönheit dieses vervielfältigte Einmalige im Vestibül der bürgerlichen Wohnpracht aufgestellt: Erwins Urweib – statt zum lebenden Kunstwerk erweckt – als Riesennippes, Duplikat, Triplikat, Serienerzeugnis und Boudoirstück im Spannungsfeld zwischen nacktem Gips und verhülltem Fleisch, Regine, zur Kopie von Altenauers Ideal verbildet – so taucht zwischen Bibel und Max Frisch das Thema des Bilderverbots auf, gegen das Erwin verstoßen hat; so entstellt sich das Narzißtisch-Pygmalioneske, Unfruchtbar-Fruchtlose von Erwins Pädagogik zur Grimasse. Und doch ist noch in der Entstellung, im »trockenen Gipsweiß«, das sich an die Stelle des Marmors schiebt, die »edle Gestalt« vorhanden (XI, 118). »Ich glaubte, die Regine selbst dahinschwanken zu sehen«, kommentiert der Erzähler Reinhart die von Altenauer angeordnete rohe Abfuhr der Heidengöttin (127). Wie sie auf dem Handwagen, unters Gesindel gefallen, davongekarrt wird, das verweist schneidend auf die geheime Brutalität von Erwins Unternehmen, das königliche Urbild des romantischen Volkstums in die Bürgerstube zu transportieren.

Regines Herkunft holt sie dort in Gestalt des von der Polizei verfolgten Bruders und »Reitersmannes« ein (70), den die Zeugen und der verblendete Erwin für einen Liebhaber halten. Dritte sprechen über Regine. Das ist die Katastrophe. Daß in diesem Zusammenhang fälschlich der südamerikanische Graf und Exote in Verdacht gerät, sagt als Symptom: Regine, das Urbild des Urdeutschen, bleibt für Erwin auch die Exote. Das stumme, in seiner Idealität niemandem zugehörige, selbstgenügsame Ideal ist auch das stumme, anonyme Tier aus der Tiefe (der Gesellschaft), die Löwin, die Sphinx: rätselhaft und tödlich, darin vergleichbar mit Lydia in »Pankraz, der Schmoller«. Kein Mann macht einem Ideal ein Kind; kein Mann macht einem Tier ein Kind. Statt zu erzeugen, wird hier erzogen. Nach dem vermeintlichen Sündenfall berührt Erwin seine Frau nicht mehr und spricht nicht mehr mit ihr. Sie ist sprachlos, denn ihre Sprache ist unerhört. Was sie zu artikulieren neu gelernt hat, hat sie nicht zu sagen; was sie zu sagen hat, ist unartikuliert. Nur mißverstandene, mißverständliche Zeichen gehen von ihr aus. Ihre Fehlhandlungen rühren aus Unkenntnis oder Fehlverständnis bürgerlicher Regelsysteme des Verhaltens. Ihre Fehleinschätzung durch die Umgebung rührt aus Unkenntnis oder Fehlverständnis der Regelsysteme, in denen sie wurzelt.

»Nun ist es aus«, klagt die Magd Regine, als Erwin ihr seine Liebe und Eheabsicht erklärt (80). Es ist die Reaktion der Luise Millerin auf Ferdinand von Walters verwegene Wünsche, ehe diese Wünsche auch ihre eigenen werden.[13] Regines Instinkt ist klüger als Erwins umsichtige Intelligenz. Wichtiger als die Erörterung, ob bei anderem Verhalten das Unmögliche doch hätte möglich werden können, ist die entgegengesetzte, warum Erwin Altenauer das Unmögliche versucht, indem er Regine heiratet. Die Antwort ist bereits geläufig: weil ihm wie anderen Gestalten Kellers die Ehe selbst unmöglich ist. Nur der Mutter vertraut Altenauer bei der tristen Rückkehr nach Amerika einen Teil der Wahrheit über Regine an – oder dessen, was er für die Wahrheit über sie hält. Mit der Mutter spricht er sich aus, nicht mit seiner Frau. Die Mutter ist es, unter deren Augen und Anteilnahme Regine in Amerika vereinzelt wandelt. Sie ist ihr am nächsten, und so wird an dieser Nähe Unnahbarkeit erschütternd deutlich. Die Mutter sieht während einer Reise Altenauers, wie die verlassene Regine schreibt, aber sie sieht nicht die Schrift. Es ist ein Aufklärungsbrief, den Altenauer nach ihrem Selbstmord lesen wird. Erst als Tote wird sie sprechen. »Woher sie solche Töne genommen, sei eben das Rätsel der ewigen Natur selbst«, sagt Altenauer metaphorisch über die doch tonlose Schrift (135).

Die Mutter sieht auch, durch eine Fensterscheibe von ihr getrennt, Regine im Gebetbuch beten. Es ist ihr Totengebet. Die Umstände ihres Todes durch Erhängen machen Regine lesbar. An ihrer nackten Brust liegt der Brief für Erwin, der sie nicht hören konnte. Auf dem »edlen Körper« trägt sie wieder die Kleidung der Magd »von elendem braunem . . . Baumwollzeuge« (133 f.): Mutter Erde, die in Naturlauten schreibt. Als eine »mythische Heroenfrau« bezeichnet Lucie kommentierend die Tote (139) – ein mythisches Opfer für die Möglichkeit und Unmöglichkeit der Ehe bei Keller. Erst über die Tote wird gesagt, daß Altenauer ihre Brust berührt und sie an seine Brust drückt – die einzige sinnliche Zärtlichkeit in dieser Geschichte, die von ihm ausgeht. Warum war diese Liebe unsäglich? Weil Altenauer in Regine den Ursprung geliebt hat, die Mutter; weil er aus ihr die Mutter hervorbringen wollte. Die alte, letale Mutter kann zur Vertrauten werden; im Verhältnis zur jungen, begehrenswerten herrscht Schweigen. Sie ist die Sphinx, undurchdringlich und mich betreffend, die Löwin, die Königin, die Venus, die Magd, die Herrin, niedrig als durch Begehren erniedrigt, herrlich als unerreichbares Ziel hochfliegender Sehnsucht. Erwin ist bei dem Versuch, die Mutter zu reduplizieren und das Duplikat zu beherrschen, in das ›Urland‹, nicht ins Vaterland gereist: eine Reise in das Innere der Erde. Er ist nicht angekommen und kommt doch nicht wieder ganz heraus. Er bleibt über der Erde der Witwer der toten Frau unter der Erde. Denn sie hat ihm den Widerspruch verkörpert, an dem er leidet. Sie war für ihn der Marmor, zum Gips erweichlich, aber nicht von der fleischfressenden Lebendigkeit des Fleisches; die königliche Aphrodite, die aphrodisische Königin, die zum Idealen abgekühlte Sinnlichkeit und das die Sinnlichkeit treffende Ideal[14], die Heidin mit dem frommen Gebetbuch in der Hand, gebannt an die Grenze von lebendem Kunstwerk und künstlichem Lebewesen, Erwins aus der Kontrolle geratende Automate.

»Regine« ist – nach der komischen Geschichte von den küssenden und gähnenden, aber redeunfähigen Mündern – die schreckliche Geschichte von der Sprachlosigkeit, abgelöst vom biographischen Grund des »Grünen Heinrich«. Objektiviert ist die Schweigezone des Begehrens, das dort zwischen Mutter und Sohn schweift, verstellt die Geschichte eines Sekretärs und Sonderlings, der in zwei Sprachen spricht – der des phantasierten Ursprungs und der des Gastlandes der Gesellschaft, in dem er nie völlig anlandet. Judith kann aus Amerika heimkommen; wohin kommt Erwin Altenauer? Neben der Exote namens Regine und dem exotischen Südamerikaner gibt es in dieser Geschichte dreier romantischer Figuren als dritten Exoten den Nordamerikaner Erwin Altenauer. Ein Exote hat nach der Exotin gegriffen, ein Sprachloser nach der Sprachlosen. Der

Deutsche in Amerika ist in Deutschland ein Amerikaner, hier wie dort exterritorial, ein arbeitsloser Gesandtschaftssekretär ohne Botschaft. Die Familie hat in Amerika an der deutschen Sprache festgehalten, offenbar weil sie ihr ›Wesen‹ in der englischen Sprache nicht aussprechen konnte. In der Heimat angekommen, versteht Erwin die Sprachregelungen und Spielregeln der deutschen Gesellschaft nicht, obwohl er sich ihnen äußerlich anzupassen weiß.

Die Muttersprache als Ursprache aber ist eine Phantomsprache, die Sprache von seinem Phantom, das sich in Regine verkörpert. Die Romantik ist das Phantom des Realisten Keller; sie ist das Phantom Altenauers, der in Amerika realistisch die Familienverhältnisse ordnet. Ihre Räume sind lockend, abstoßend, unheimlich, heimlich, das, was man wie die Badeszene Judiths im »Grünen Heinrich« streichen muß, will man nicht verlorengehen. Romantik ist von Keller her erfahren Phantasieentfesselung, Wunschentfesselung, Angstentfesselung, Redeentfesselung.

»Hörst du die Gründe rufen
In Träumen halb verwacht?«

So Eichendorff.[15] Die entfesselte Rede wäre zuletzt offene Rede von der Mutter als Meduse und Muse in der Tiefe der Kellerschen Kunst. Erwin Altenauer unterscheidet sich von seinem Autor darin, daß er der Sehnsucht nach der Romantik nachgibt. Gibt er ihr wirklich nach? Er will eine Rheintochter, die Konversation macht und die Sprache des Ursprungs spricht – als redigiertes Zitat. So lehrt er Regine Sprachen – Englisch, und, o Knabe Wunderhorn, die Sprache des Volkes. Jenseits der Sprache, in der das Wesentliche nicht gesagt werden kann, lauscht er einer stummen Sprache des Unwesens.

Das Sprachproblem Erwins ist in anderer Form das Mutterproblem. Er kann mit der Mutter sprechen – von Regine. Er spricht in Regine die Mutter an, aber wie ein Taubstummer. Die Sprache von der Mutter ist nicht die Sprache mit der Mutter – eine Grunderfahrung des grünen Heinrich und Kellers. Die größte erreichbare Nähe ist die größte mögliche Ferne: die Umarmung des toten Körpers, zu dem Erwin Pygmalion schließlich die

lebende Frau geraten ist. Wie hätte er sie nach Luciens verständiger Meinung der Mutter zur Erziehung anvertrauen können? Er ist das Produkt der Mutter, deshalb ihr nicht ebenbürtig. Er will nicht ein zweites Produkt der Mutter. Er wollte das Absurde: seine Produzentin, den Ursprung reproduzieren. Er wollte das Duplikat der Origo, das auf anderem Feld die drei Parzen als Kopie der originalen Venus herbeischafften. Der Ursprung soll der Gegenwart entspringen, aber nicht zu weit; er soll rufen und reden, aber möglichst leise. Romantik soll herrschen, aber von ihm beherrscht. Die stumme Sprache ist demnach nicht nur ein Zustand, der durch Erziehung überwunden werden soll. Sie ist auch ein Ergebnis; das Zeugnis und der Kreuzungspunkt widersprechender Wünsche. Der Gesandtschaftsangestellte hat am Ende die Botschaft, der Geheimschreiber den Geheimbrief. Der stumm tönende Tod Regines bedeutet das endlose Leiden Erwins. Doch es gibt auch einen Punkt in ihm, da ist dieser stumm tönende Tod die Erfüllung, nur übererfüllt. Die tote Regine ist das finstere Geheimnis des Sekretärs, das sekretierte Rheingold.
Reinhart spricht von Altenauers romantischen Idealen mit einiger Ironie. Er weiß nichts von Erwin in wonderland, nichts von der Phantastik, nichts von der Romantik der Muttersprache. Er spricht »über fremdes Schicksal . . ., das mich persönlich wenig berührt hat« (85). Er spricht über Leben, das zum Schicksal und Spiel des Zufalls entfremdet ist, weil es programmiert werden sollte. Seine Deutung der Geschichte ist abstrus, aber sein Erzählen ist – im Gegensatz zu Luciens rascher und gnadenloser Interpretation-Exekution der Wirtstochter – so vorsichtig und gegenstandsgesättigt, daß es Eigenständigkeit gegenüber seinem Meinen gewinnen kann. Der Mann ohne Geschichte beginnt so gut Geschichten zu erzählen, daß sein Geschichtenerzählen den Erzähler hervorbringt. Fremdes Schicksal? Der vom sprachlosen Experiment Abgefallene erzählt zunächst eine Geschichte von der Sprachlosigkeit einer Erzählfigur und dem Mangel eigener Erfahrung bei einem jugendlichen Beobachter. Er erzählt – »mit der unklugen Aufrichtigkeit, welche ihn seit seiner Ankunft plagte« (40 f.) – worauf Experimentatoren mit Frauen, von ambivalenten Wünschen geplagt, unbewußt hin-

auswollen: aufs Töten, aufs Lebendigmachen. ». . . und wenn er die ärgsten Teufeleien begangen, so würde ihm das Geständnis derselben über die Lippen gesprungen sein« (41). Von außen betrachtend hat er als ferner Zeuge Regine wahrgenommen, weithin, vor allem beim Schluß, auf die Wahrnehmungen Altenauers mit seinem wiederum begrenzten Verständnis angewiesen. Und am Punkt größter Nähe Regines, beim einsamen Schreiben und Beten, ist die Geschichte noch einmal im Medium eines dritten Blicks auf Regine gebrochen; es ist die Wahrnehmung durch die Mutter Altenauers.

Wo Lucie aus Insiderperspektive Frauen enträtselt, stellt Reinhart so – unwillentlich – das Rätsel Frau wieder her, das ihn erschüttert, und Lucie gibt dem Rätsel einen Namen: mythische Heroenfrau. Lucie empfiehlt sich als das Gegenteil, und Reinhart weiß es zu schätzen: eine Frau, mit der man noch über erschütternde stumme Heroenfrauen plaudern kann. Denn Stummheit beängstigt, Plaudern beruhigt. Wo verhandelt wird, wird nicht geschossen, sollte man meinen. Solange Verstehen geübt wird – und sei es angesichts eines Rätsels – fühlt man sich verständig.

Die arme Baronin: Sprechen lernen?

So handelt denn die dritte Geschichte mit einer Frau im Titel, Reinharts zweite Erzählung, von einem sehr verständigen Mann und einer armen Baronin, die miteinander eine Sprache finden. Ein Schritt auf Lucie zu besteht darin, daß ihre Befürchtung aufgelöst wird, wenn die gebildeten Herren jetzt »Dienstmädchen, Bäuerinnen und dergleichen« zu heiraten liebten, müßten die gebildeten Mädchen wie sie sich an die Kutscher und Hausknechte halten. Noch muß Fräulein Lucie nicht Strindbergs Fräulein Julie werden! Die arme Frau, die einen Mann findet, ist eine Baronin, die den ständisch unter ihr stehenden reichen Bürger heiratet. Das Thema der Liebe über Ständeschranken hinweg ist endgültig verspielt durch Luciens Bezeichnung der »Regine« als Geschichte einer »Treppenheirat« (144) – es gehört im späten 19. Jahrhundert bereits dem Hintertreppen- oder Trivialroman zu.

Auch Reinhart macht sich nun, mutiger geworden, an das Geschäft der Frauenenträtselung in der zu »Regine« gegenläufigen Treppengeschichte. Die zum Scheuerweib und zur Zimmervermieterin deklassierte, ihres Mannes verlustig gegangene Baronin – Keller wohlbekannte Zustände einer Frau! – wird von dem Rechtsgelehrten Brandolf auf der Treppe versehentlich fast über den Haufen gerannt. Sie sticht dafür mit einem Messer zornig nach seiner Ferse. Brandolf freut sich, daß es keine Achillesferse ist (146), aber er irrt sich. Er hat dem Amor die Achillesferse gezeigt. Noch näher liegt natürlich die Erinnerung an die biblische Schlange. Nach dem Sündenfall soll sie den Menschen in die Ferse stechen; der Mensch wird ihr den Kopf zertreten. Ein wenig Bibelkontrafaktur also: die böse Schlange wird sich zur lieben Schlange häuten – wie ja auch Reinhart und Lucie am Ende bei ihrem Abenteuer im Walde die Unschuld der Schlange entdecken. Aber zunächst wird die Bosheit der Frau ausgemalt. Die »kleine Hexe« (183) stellt als Vermieterin ihre Falle harmlosen Mietern auf (146); wieder ein Erdweib, ein Tierweib, eine »wilde Katze« (156) voll Hunger, der in Brandolfs weiser Betrachtung einen allgemeinen Bedeutungshorizont der Bedürfnisse leicht erkennen läßt: Der Hungerblick ist ein Liebesblick und umgekehrt (155 f.).
Wer diese Möglichkeit an der Baronin mit dem sprechenden Namen Lohausen wahrnehmen kann, der muß wenigstens versteckt im Namen ein wenig Glut beherbergen. Brandolf heißt der gelehrte Märchenprinz, dem die Erlösung des »Aschenbrödels« gelingt (161). Er ist abermals ein »reicher Muttersohn« (162), so provozierend er sich zunächst aufspielt, wenn er sich männlich mit der Wollmütze auf dem Kopf zum Fenster hinausrekelt. Entsprechend reagiert die Baronin mütterlich, indem sie dem jungen Herrn durch den Hinweis auf die Fliegen des benachbarten Pferdestalles erzieherisch die Luft abschneidet. Immer haben es Männer mit dem Tierischen und Schmutzigen zu tun. Konstellationsgemäß ist die erste Annäherung eine Annähung: sie befestigt dem großen Jungen mit Nadel und Zwirn einen Knopf an der Jacke.
Dagegen schlägt sein Versuch fehl, die wilde Katze zu füttern. Das Zähmungsobjekt Frau ist zu gefährlich, als daß man dem

Knaben eine Chance einräumen könnte, käme nicht die Strategie des Schicksals ihm zu Hilfe, das die übermächtige hungrige Mutterhexe zum gefügigen Hausmütterchen macht. Die arme Baronin wird schwerkrank und darf nun so viel männlichen Schutz annehmen, wie Brandolf nur aufzubringen vermag. Es wächst der Mensch mit seinen höhern Zwecken; als reines Mitleid rechtfertigt sich die nicht ganz reine Liebe. Brandolf wird Armen- und Krankenpfleger beim »Drachen« (168). Sie wird ihm, dem Grabe entronnen, schön und begehrenswert. Die Undurchschaubare wird ihm glasklar wie die vielen polierten Gläser in der mit edlen Sächelchen übermöblierten Wohnung. Dennoch läuft es nicht komplikationslos auf Liebe und Ehe hinaus. Der Sohn muß erst an den Vater denken, dem er die geheilte Schöne als Haushälterin zuspielt. Der beantwortet die freundliche Rücksicht mit freundlichem Verzicht auf Ehegedanken. Wilder sind Schatten der Vergangenheit, die wie ödipale Rivalengespenster aufsteigen und die vorhergehende Verstörung der schönen Frau verständlich machen. Ihre bösen Brüder hatten sie einem Herrn mit Namen (Ver-)Schwendtner in die Hände gespielt, der ihr Vermögen durchbrachte und sie und das gemeinsame Kind mit äußerster Brutalität behandelt. Er tötet es, indem er über dem Gesichtchen des schwerkranken Wiegenkindes seine Männerwaffe, die Pistole, abschießt.

Das war das Ende der Ehe mit dem unheimlichen »Rittmeister« (178), den sie nahm, weil sie noch keine zarteren Gefühle kannte. Die zarten Gefühle wachsen dem ersten guten Mann, den sie kennenlernt (173), also dem Muttermännlein Brandolf zu, das so vorteilhaft von dem verschwundenen Rittmeister Schwendtner absticht. Der böse Vater und routinierte Frauenreiter ist beseitigt. Ganz ähnlich wird es in der nächsten Geschichte einem anderen Rittmeister gehen, der sich zum Oberst und Oheim läutert.[16] Auch er muß hinter einem Rivalen zurücktreten, der ein Mannelin ist. Die idealen Mutter-Geliebten Kellers bevorzugen eben Mannelins – so wie Judith den grünen Heinrich, Fides statt des freibeuterischen Großritters den Hadlaub, Klara Allweger das Wildmannli Aloisi, durch das sie am gewalttätigen Chasseur gerächt wird.

Zum guten Ende aber müssen die Gespenster der Leidenschaft

und schlimmen Lust noch exorziert werden. So inszeniert der edle und siegreiche zweite Gatte Brandolf zum Fest der Hochzeit mit dem Hausmütterchen eine dionysische Maskerade zu kathartischen Zwecken. Der verkommene Rittmeister und die schlimmen Brüder, die Kuppler, die es ahnlungslos herbeigezogen hat, werden – als Böcke, Affen und Teufel kenntlich und unkenntlich gemacht – an ihren überlangen Schwänzen rückwärts im Festzug bei der Braut vorbeigeschleift. Ein böser Scherz, wie Kellers Freunde Storm und Paul Heyse fanden[17], aber für den Autor unverzichtbar – eine Selbstausrottung dionysischen Feuers, das ähnlich im Festzug der Outlaws in »Romeo und Julia auf dem Dorfe« glüht. Nur ein bißchen Dionysos ist bei diesem unchristlichen Erben des Christentums zugelassen; der Weinrausch löscht andere Flammen. Am Dionysostag, dem Fest der Weinlese, ist Hochzeit, aber durch die Weinlese ist der Tag auch streng an die Arbeitswelt angekoppelt. Der bürgerliche Ehehimmel öffnet sich, nachdem das heidnische Chaos fesselloser Sinnlichkeit ausgetrieben worden ist.

Das also war die Lösung des Rätsels der armen Baronin – für Reinhart jedenfalls. Aber Lucie kehrt nun den Spieß um, indem sie das enträtselte Rätsel auf anderer Ebene neu stellt. Sie deckt zu diesem Zweck eine Schicht der Geschichte auf, die Reinhart zwar miterzählt, aber nicht mitbedacht und gedeutet hat. Die Diskrepanz zwischen den Geschichten Reinharts und deren Interpretationen durch ihn, zwischen Oberflächensinn und Tiefsinn der Erzählung wird damit thematisch, und zwar an der für Reinhart höchst sensiblen Stelle, die bereits mehrfach gereizt worden ist: ». . . aber sind Sie auch sicher, daß dieser Erkieser seines Weibes nicht ein wenig das Spiel des Zufalls war oder am Ende selbst eher gewählt wurde, während er zu wählen glaubte?« (197) War die Strategie des Schicksals nicht vielleicht Strategie der Baronin? wenigstens Strategie ihres Unbewußten? War Brandolfs Versuch mit ihr und an ihr nicht vielmehr ihre Versuchung für ihn? Haben sie miteinander sprechen gelernt oder sind ihm unterschwellig Motive imputiert worden? Wer wählte wen? Am Eingang der dritten Triade des Zyklus stellt sich zum drittenmal die Frage der Damenwahl in Liebe und Ehe. Die Antwort wird Reinhart alsbald in den Ohren dröhnen.

Drei Novellen mit Frauen folgen drei Männernovellen, von denen die letzte zwar keinen Männernamen, aber ein Männerattribut nennt, die Berlocken. So tritt denn auch an dieser Schlüsselstelle des Zyklus ein zweiter Mann als Erzähler auf: Luciens lediger Oheim, ein pensionierter schwergängiger Oberst an einer Krücke, der »mit der Freiheit alter Soldaten oder Sonderlinge« Reinhart vor der Geschichte von der armen Baronin fixiert und begrüßt hatte (142). Jetzt ergreift er das Wort. Er erinnert dabei an einen anderen Hagestolz und Oheim als Erzähler – den Herrn Jakobus in den »Züricher Novellen«, der sich erzieherisch am Sohn der Frau abmüht, die ihn verschmäht hatte. Luciens Onkel hat mehr Glück als Erzähler, weil er nicht in erzieherischer Absicht erzählt, sondern als Bekenner. Er bekennt Mißerfolg und Unglück in seiner Liebe: ein Nichtvater, der anderen die Augen öffnet, indem er erzählt, warum er nicht Vater ist.[18] Keller erzählt so, wo er am besten erzählt.

Die Geschichte des Oheims berichtet von zwei jungen Männern guter Herkunft, die in Freundschaft und Rivalität die gleiche Frau lieben. Sie kann sich nicht zwischen den Bewerbern entscheiden, denn beide zusammen wären, wie in Thomas Manns Legende von den »Vertauschten Köpfen«, der ganze ideale Mann. Vom wechselseitigen Ergänzungsbedürfnis rührt auch ihre Freundschaft. Der spätere Obrist und Erzähler ist im entscheidenden Augenblick, nach der Teilnahme an den Befreiungskriegen gegen Napoleon, Rittmeister und Berufsoffizier; der andere, ein Privatdozent und späterer Professor der Rechte, ist Infanterieleutnant, also ein bescheidener militärischer Fußgänger (205). Der Rittmeister ist leidenschaftlich, ein wenig Renommist, ein wenig romantisch angehaucht, »bald mehr ein aufgeklärter Mystiker, bald mehr ein gläubiger Freigeist« (201). Der Jurist ist ein »Mannelin« der Vernunft, Mäßigkeit und Ordnung. Im Scherz ernennt die junge Dame den Draufgänger zu ihrem Marschall, ein altes Hofamt, in dessen Zuständigkeit die Pferde (auch der Sinnlichkeit) fallen; den Gelehrten aber macht sie zum Kanzler, der für Wort, Geist und Norm einsteht.

Im Ernst entzündet das »heiße Feuer« des Krieges (205) auch das Feuer der Gefühle, und ein merkwürdiger Schiedsspruch der umworbenen Schönen wird zum Ausdruck emotionaler Verwirrung: »Ich werde nie die Frau eines Mannes werden, es wäre denn einer von euch beiden; dazu müßte aber der eine fallen! ... Da ich mir aber keinen von euch tot denken kann und will, so lebt wohl und auf ewig, liebste Brüder!« (207) Das ist ein raffiniertes Arrangement, um Liebe mit schlechtem Gewissen und Schuld unlösbar zu koppeln. Eine Hälfte des Freundespaares muß begraben werden, weil es das Ganze, und das wäre alle Männer im vollkommenen Mann, nicht gibt. Die begrabene Hälfte wäre die schmerzlich vermißte; wenn nicht das Gegenteil wahr ist: Einer der beiden Männer soll dann in ihrem Schoß liegen, wenn der andere im Schoß der Erde liegt. Dann hätte sie beide, aber den zuerst, welcher der Erde gehört.

Denn Tödlichkeit der Liebe und Erdmütterlichkeit der Frau spuken auch in der Tiefe der »patenten Person«, des »fixen Kerls« (204), der sich wieder einmal durch seinen Namen verrät: Hildeburg – die bergende, einvernehmende Huldin; Moorland – die Erdfrau, Mutter Erde, sogar in einer besonders gefährlichen, verschlingenden Erscheinungsweise. Wie Judith, wie die mythologische Frau Regine, wie die Bärin Ursula reicht die brünette dunkeläugige Hildeburg mit dem Tituskopf, der »nächtlichen Wildnis« ihrer Haare und den zobelfarbenen Augenbrauen in heidnische Gründe des »verhexten Liebeswesens« (210) hinab. Sie werden aufgedeckt, wenn sie sich dem Mannelin zuwendet und den Rittermeister schmäht, als der Infanterist tot gemeldet wird, dann schwer verwundet heimkehrt, während der Reiter nur »über manche Blutlache hinweggesetzt hatte« (214). Der Infanterist ist näher an der Erde. Die heidnischen Gründe werden zugedeckt, wenn Hildeburg mit einer bizarren Liebesprobe ihre vorgreifliche Gefühlsentscheidung rationalisiert und Gründe dafür herbeischafft, den Kanzler statt des Marschalls, den Gelehrten statt des Kriegers, den Realisten statt des Romantikers, den treuen Beglücker statt des leidenschaftlichen Verführers zu wählen (206 f.).

Hildeburg inszeniert zu diesem Zweck einen Gespensterauftritt, deren Darsteller sie selbst ist, und setzt die beiden heimgekehrten Kriegshelden nacheinander dem Spuk aus. Es erscheint die alte Kratt (= Kröte), eine Hexe, die sich mit schauerlichem Eifer darum bemüht, eine Schrift von einem Dokument wegzuschaben. Der Rittmeister verliert die Fassung und das Spiel bei dem schauderhaften, das Gespenst beim Wort nehmenden Gedanken: »Hier ist einstmals ein Vertrag gefälscht, ein Geburtsrecht, ein Erbe, ein Lebensglück gestohlen worden!« (223) Das Mannelin aber liest den versteckten Sinn der Gespensterballade: Im Gespenst steckt ein »Frauchen«, dessen »allerdings schlangenförmigen, aber sehr lebenswarmen Körper« es in die Arme nimmt (231). Vernunft und Witz zähmen ein Gespenst zur Ehefrau, das Vernunft und Witz seine Existenz verdankt und sich als Preis für Vernunft und Witz einsetzt. Nichts ist ausradiert worden, wo nichts stand.

Und doch verscherzt ein Rittmeister im Augenblick, wo er diesem Wahn verfällt, ein Geburtsrecht, ein Erbe, ein Lebensglück – die geliebte Frau, weil er sie im Rausch der Phantasie, des Muts und des Alkohols für ein häßliches Tier, eine Kröte, eine alte Hexe, ein Gespenst hält. Und damit ist noch nicht die volle Wahrheit gesagt: Der Rittmeister *verliert* sein Glück nicht einfach; es wird von Hildeburg in ihrer Eigenschaft als radierendes Gespenst in der Tat ausradiert. Sie weiß, daß ihr Glücksspiel ein russisches Roulett mit höchstem Einsatz ist, daß es einen von zweien todunglücklich machen muß. Doch auch sie muß. Um bürgerlich zu leben, radiert sie zugleich die eigene Verwirrung aus, die sie beides – die Pferde und die Normen – als überschwengliches Ganzes hat ersehnen lassen. Dortchen sollte Hierchen sein. Indem das Mannelin aus dem Gespenst eine Frau herausschält und ihr Hexenhaftes als Maskerade von ihr abfällt, wird die Grunderfahrung des Kellerschen Werks und Lebens so ausgelöscht, daß sie als Schmerzensgrund unter dem Scherz lesbar wird. Das Menetekel erscheint als ein Palimpsest an der Wand, als heitere Scharade: In jeder Frau steckt ein Gespenst, eine Hexe, ein Tier – vom Kamel über die Löwin, die Schlange, die Kröte bis zu Lux = Luchs –, weil in der Stummheit einer problematischen Mutterbeziehung ein Erstgeburtsrecht, ein Erbe, ein Lebensglück gestohlen worden ist. Die Alte, die im Kind radiert hat, hat auch in sich selbst radiert.

Reinhart und Lucie sprechen lediglich sich versprechend von sich. Der Obrist ist der erste in diesem Zyklus, der willentlich von sich spricht, und gerade das macht Reinhart so betroffen. Denn indem der Obrist von sich redet, spricht er im doppelten Erzählsinn von Reinhart. Der vom Himmel gefallene Unbekannte (28) erfährt die Vorgeschichte seiner Zeugung. Das Mannelin und Frau Hildeburg sind seine Eltern, der Obrist ist der alte Freund und Rivale. Der Erforscher von Ursache und Wirkung (3) erkennt sich »als der Sohn der willkürlichsten Manneswahl einer übermütigen Jungfrau« (235). Lucie schärft es ihm ein durch die parodistische Verwendung des Christuszitats: »Ihr habt mich nicht erwählet, sondern ich habe euch erwählet!« (Joh. 15, 16) Die christliche Folge von Vater-Sohn-Adoptionen wird zum Modell für die Frau als den Ehemann adoptierende Mutter. Der Wahlmann verdankt sich einer Damenwahl. Der experimentierfreudige Naturwissenschaftler ist das Produkt eines weibliches Experiments, das mit Männern als Versuchskaninchen durchgeführt wurde, wobei sich die Frau als der bessere Experimentator erwies. Reinhart wollte Gefühle experimentell begründen, um ihnen nicht ausgeliefert zu sein. Seine Mutter machte *das* Experiment, von dem ihr Gefühl ihr sagte, daß es ihrem Gefühl rechtgeben werde.

Reinhart ist »gedrückt«, weil er sich in seinem eigenen Papa geschlagen fühlt (239), denn indem dieser seinen Nebenbuhler besiegte, war er der stets Besiegte von immer größerem: der Mutter. Da hilft es auch nichts, daß die als Hexe durchsichtig verkleidete, von den Rivalen als Hildeburg-Huldin klassifizierte Dame in Wirklichkeit eine gut bürgerliche Else ist, der die beiden Liebhaber den dämonischen Übernamen angehängt haben (235). Denn auch der eigentliche Name hat es in sich, bringt er doch als Kürzel Elisabeth Lee und Elisabeth Keller ins Spiel, die so vieles ausradiert haben. In der Hexe steckt Hildeburg, in Hildeburg Elisabeth und umgekehrt. Heinrichs und Gottfrieds Mütter waren zwar nicht mit einem Reinhart, aber mit einem Rudolf verheiratet, der »die Bildung und den Ton jener Tage« – der Befreiungskriege nämlich – in die Heimat mitgebracht hatte, als er dort eine Frau suchte (III, 11; B 1, Kap. 2). Der Sohn des Vaters Reinhart ist so radikal wie möglich ein Muttersohn, radikaler als Heinrich Lee und Gottfried Keller, radikaler als von Erziehung, noch radikaler als von Geburt. So sieht er seine eigene Niederlage voraus. Das Experiment, das mit ihm gemacht wird, besteht darin, ihn verräterische Geschichten erzählen zu lassen. Während er zu verstehen meint, wird er begriffen und übergriffen. Bei einer Gedankenausflucht zurück zum halb vergessenen eigenen Experiment erleidet er eine Bewußtseinstrübung: »Man sieht ja, dachte er, welchen Wert sie darauf legen, obenauf zu sein! Da lob ich mir die ruhige Wahl eines stillen, sanften abhängigen Weibchens, das uns nicht des Verstandes beraubt! Aber freilich, das sind meistens solche, die rot werden, wenn sie küssen, aber nicht lachen! Zum Lachen braucht es immer ein wenig Geist; das Tier lacht nicht!« (XI, 239). Das Tier errötet aber auch nicht, lieber Reinhart. Steht denn bei der Brautschau in natürlicher Zuchtwahl ein Tier zur Wahl?

Don Correa: gelernte Sprache und stummes Zitat

Man könnte es meinen, wenn man Reinharts letzte Geschichte vom Seehelden und Politiker Don Correa hört, denn sie zeugt von Schrecken und Verstörung. Reinhart glaubt, eine Abwehrwaffe »gegen die Überhebung des ebenbürtigen Frauengeschlechts« zu schmieden, indem er von einem Mann spricht, der »seine . . . Gattin buchstäblich vom Boden aufgelesen hat und glücklich mit ihr geworden ist« (242 f.). Wenn das nicht Frauen lesen heißt! Reinhart selbst hat die Geschichte in einem von Luciens Büchern gelesen. In den beiden letzten Geschichten werden – nach den Erzählungen aus dem eigenen Erfahrungsumkreis – literarische Quellen angezapft, die in Luciens Bibliothek sprudeln; kein gutes Vorzeichen für Reinhart! In seinem Triumph bedenkt er nicht, daß Frauen diese Geschichte ausgelesen und »artig« gefunden haben (241) – zum höheren Ruhme der Männer? Dem Ex-Experimentator scheint zu entgehen, daß der Held stellvertretend für ihn auf der ganzen Linie kapituliert mit der Erkenntnis, »man [solle] in Heiratssachen auch im guten Sinne keine künstlichen Anstalten treffen und Fabeleien aufführren, sondern alles seinem natürlichen Verlaufe . . . überlassen« (271). In der Einsicht: Keine Experimente! hört die Wahl auf. Glück aus Zufall und weibliche Aktivität werden die Ehestifter. Aus eigener Kraft hat sich Don Correa gründlich verlesen.

Welches Geschiebe in Reinhart durch des Oheims »Teufelsgeschichten« (239) in Gang gekommen ist, zeigt zunächst der Schauplatz dieser ersten historischen Novelle des Zyklus: Das Spanien des Katholizismus, der Inquisition, der Klöster, der Jesuiten, dem Aufklärer Keller fremd und fern. Es wird noch deutlicher an der äußersten Schärfung des Motivs vom janusköpfigen Wesen der Frau. Das scherzhaft verspielte Doppelgebilde Hexe und Frauchen wird mit zwei Teilgeschichten unversöhnlich in Hexe und Märchenprinzessin auseinandergelegt, aber gerade diese Trennung bindet die Pendants auch unlösbar aneinander, läßt das Lichtbild und das Nachtbild hartnäckig aufeinander verweisen.

Wie Reinhart geht der reiche Grande Don Correa in einer Arbeitspause auf Brautschau, »ehe die Tage der Arbeit und des Kampfes zurückkehrten. Nachher sei diese Sache abgetan« (244 ff.). Wie Reinhart anfangs will Don Correa auf experimentelle Weise »eine um so treuere und ergebenere Gattin . . . erhalten«. Um nur seine Person zur Geltung zu bringen, tritt er als »ein gänzlich unbekannter und ärmlicher Mensch« auf, unter »Verheimlichung von Namen, Rang und Vermögen«. Doch keine Lucie, vielmehr wiederum eine »Hexe« und wahre Dunkelfrau läuft ihm in den Weg. Die schwarz gekleidete, rubingeschmückte »Furie« (269) ist – wie der schwarze Geiger von »Romeo und Julia« im roten Mohnfeld – eine Repräsentantin von Leidenschaft, Blut und Tod; eine Witwe, eine Gattenmörderin, die sich mit einem Verbrecher und Spießgesellen zum zweiten Mal verbunden hat. Während dessen Abwesenheit nimmt sie den Don Correa »eine Zeitlang als ihre Puppe« bei sich auf (266), der sich in einer Liebeskriegslist an ihrem Burgfelsen hat anschwemmen lassen. Die Hochzeit der großen Dame mit dem namenlosen Mann ist die Adoption durch eine »Kalypso« (257), die mit ihrem Opfer in einer Grotte in der Erde tändelt (255 f.). Trotz der Ehe versucht sie, ihn unmündig und besitzlos als ein Kind zu halten. Aber Don Correa schlägt wie

David den Goliath von Verbrecherhäuptling nach dessen Rückkehr nieder (265 f.), entgeht den Mordanschlägen der Feniza, deren Name Phönix, italienisch Fenice, ein Unikum bezeichnet, und läßt als Admiral und Gerichtsherr die »Bestie« (275) mit ihrer Bande aufhängen.

Hier ist nun wirklich die Bodenlosigkeit der Frau herausgekommen – oder die Bodenlosigkeit eines Frauenbildes, in dessen Vordergrund mit dem zweiten Teil der Geschichte ein Mädchen tritt, auf dem Keller durch seinen Erzähler Reinhart alle möglichen Vollkommenheitsattribute versammelt. Als Prinzessin aus sagenhafter afrikanischer, vielleicht letztlich ägyptischer Königsfamilie wird sie mit der Königin von Saba in Beziehung gebracht (288, 312), die einst den König Salomon besucht und mit Goldgeschenken überhäuft hat (1. Kön. 10, 10). Bei der Taufe auf den Namen Maria trägt sie einen mit roten Rosen durchflochtenen Myrtenkranz und ein weißes Kleid, Zeichen des Jungfräulichen und der erblühten Liebe zugleich. In der braunen Schönen ist die Erdhaftigkeit ins Liebliche abgemildert. Sie kommt von Osten (287) und blickt am Abend ihrer Taufe nach Westen, wo Sonne und untergehender Mond einander begegnen. »Vielleicht wendete sie sich, ohne es zu wissen, noch einmal der verschollenen Selene zu, ehe sie der goldenen Göttin folgte, an deren Altar sie heute gestanden . . .« (293). Nach antiker mythologischer Vorstellung hat Luna-Selene den Sonnengott Sol geboren; die »goldene Göttin« Maria und Gebärerin der Gnadensonne Christus steht wiederum im Zeichen des Mondes, der Sinnbild der Jungfräulichkeit und der Fruchtbarkeit in einem ist.[19] Totalitäts-, Kontinuitäts- und Reformationssymbolik greifen hier ineinander, während Zambo-Maria in den Glanz der höchsten Sublimationsfigur der Kellerschen Mutter-Geliebten Natur tritt.

Er wird noch gesteigert durch ein vermeintliches Wunder beim Taufakt. Als die glänzende Wange einer frisch gefirnißten Marienstatue das Näschen des Christuskindes abspiegelt (289), meint Zambo, »es wohne ein Mann in der durchsichtigen Frau, der seine Nase herausstrecke«. Das »goldene Weiblein«, in welchem ein Geist haust, der größer ist als es selbst, läßt scherzhaft eine höchste Vorstellung aufsteigen: daß sogar der allmächtige

Mann, Sohn und Vater liebend von der Frau Mutter eingeschlossen wird. Die Urmutter offenbart sich in diesem Mirakel, auf handliches Format gebracht. Maria ist – wie in Kellers »Legenden« – alles, und so kann die Größte in ihrer Repräsentantin Zambo-Maria auch die Kleinste, ja eine bloße Sache sein: eine Sklavin, die Don Correa als Geschenk übereignet wird. Er darf den vollen Pygmalion-Genuß empfinden, die braune Galatea, das »schöne Bildwerk« (284) ins Leben zu führen, als Gatte auch ihr Vater und Urheber zu sein. Er wird es, indem er die so ursprüngliche wie traditionsreiche Königin Kultur-Natur in ihrer Eigenschaft als »leidende Natur« (285) und »arme Kreatur« (296) vom Boden aufhebt. Dann läßt er sie sorgfältig erziehen und übernimmt bei der Taufe die Patenschaft über ein »Patenkind« (291), das mit etwa siebzehn Jahren ungefähr halb so alt ist wie er (287, 306). Wie eine »Offenbarung« überkommt es ihn, »trotz der schlechten Erfahrung, die er einst gemacht . . . daß dieses weibliche Wesen ihn nicht betrüben werde« (285 f.).
Eine blinde Verdoppelung des Hinweises auf die Königin von Saba unterstreicht, wie sehr und in welcher Weise hier Sehnsüchte in den Text eingegangen sind. Die Schenkerin Zambos, eine mit gewaltigem Pomp im afrikanischen Lager Don Correas einziehende kluge Barbarenfürstin, erinnert nämlich von Situation und Konstellation her zunächst viel eher an die dem König Salomon begegnende mythische Herrscherin. Aber nicht sie soll es sein, vielmehr die demütige Edle, die dem Herrscherweib zur Machtdemonstration als Stuhl gedient hat; die Königin, die nicht einmal einen Namen ihr eigen nennt. Denn Zambo, wie man sie ursprünglich rief, ist eine Sortenbezeichnung, und eine verächtliche dazu. Im spanischen und portugiesischen Südamerika heißt der Mischling so, speziell zwischen Neger und Indianer, den verachteten Rassen der alten und der neuen Welt. Das ist die Negativseite der Totalitätssymbolik, unter der Zambo-Maria steht. Nicht als Gleichberechtigte kommen Mann und Frau zueinander. Eigentümer – Vater – Ehemann sind die geplanten Stationen vorsichtiger Annäherung an die neue Königin von Saba, die Großmacht Frau im »weißen Wickelgewande« (286), das in Europa als Säuglingskleidung dient.
Allerdings kommt noch eine Intrige dazwischen, die auch das

zweite Eheprojekt des spanischen Herrn zunichte zu machen droht und Don Correa die an Erwin Altenauers Schicksal gemahnende Überlegung eingibt, »ob er sich mit seinen äußerlichen und luxuriösen Anstalten und Bestellungen nicht gegen die Einfachheit des unschuldigen Wesens versündigt und es zur Strafe dafür nun verloren habe« (297). Mit der Etablierung als geistlicher Vater ruft Don Correa schlimme und mächtige Konkurrenzväter auf den Plan, die ihm, unterstützt von einer bösen geistlichen Muhme, sein geistiges Kind, die Jungfrau-Mutter Erde und künftige Ehefrau wegnehmen wollen. Es sind Jesuitenväter, die Zambo-Maria verschwinden lassen, weil sie als Visionärin für das bei der Taufe proklamierte falsche Wunder in Anspruch genommen werden soll, noch dazu in falscher Auslegung der Begebenheit als einer Verherrlichung nicht der Gott-Mutter, sondern des Supervaters Gott.

Glücklicherweise hat der schon vor der Ehe geprellte Ehemann Don Correa einen guten ›Sohn‹ zur Verfügung, seinen Pagen, der die verschollene Zambo-Maria aufspürt und ihr Nachricht von ihrem Herrn zuschmuggelt. In diesem entscheidenden Augenblick nun entfaltet der Schützling mehr Initiative als Don Correa, der über sein herannahendes Alter nachdenkt und zur Resignation neigt, während sie sich in langer ungewisser Wanderschaft zu ihm aufmacht. Nicht durch Wortgefechte, wie die gute Lucia; nicht durch Mordanschlag gegen den Mann, wie die böse Feniza – vielmehr durch Hingabe an ihren Herrn zeigt Zambo die Kraft der Frau. Sie wählt den Mann, dem sie gehört. So braucht dieser ihr nur noch den Trauring seiner Mutter anzustecken und zu heiraten, nachdem er sie begrüßt hat wie der Vater den verlorenen Sohn! (307) Luciens Oheim zählt richtig zwei ›Erniedrigungen‹ der »braunen Weibsperson« (315): Die als Sache vor Don Correa gelegt worden ist, wirft sich als zum Leben erweckte Frau am Ende ihres Weges vor ihm nieder.

Da sie von den Nonnen in keiner Weise auf weltliche Dinge vorbereitet worden ist, erfüllt sich für Don Correa noch ein anderer Männertraum. Maria erfährt erst durch ihn, was es mit dem Heiraten überhaupt auf sich hat. Er erweckt auf der Hochzeitsreise ihr Bewußtsein, und seine Frage nach ihrer Freiheit beantwortet sie genau in der vorschriftsmäßigen Weise. Hat er

ihr einst die Hand gereicht und ihr aufgeholfen, so erlebt er jetzt, daß sie ihm »mit freier und sicherer Bewegung die rechte Hand« gibt und sich als sein Eigentum erklärt (314). Die Frau ist das Meer, das der Mann als Schiff und Kapitän zugleich durchfurcht – wie Don Correa in diesem Augenblick mit seinem großen Admiralsschiff. Er sagt zu ihr, das Meer sei frei, weil es nur den Winden und dem Schöpfer gehört. Sie antwortet, sie könne nicht anders als ihm gehören – wie das Meer dem Schöpfer. Sie ist sein Geschöpf. Der namenlose Ritter hat sich nicht von einer Hexe adoptieren lassen; der Grande hat vielmehr eine »namenlose Gattin« genommen (243) und dem Kind einen Namen gegeben. Das fremde Spanien ist auch das vorbildliche Spanien einer klassischen ›Musternovelle‹ nach Art von Cervantes' »Novelas ejemplares«. Don Correa ist kein Romantiker wie Erwin Altenauer, der seine wahre Sprache nicht finden kann und dessen wirkliche Sprache nichtssagend ist. Don Correa spricht die wahre und wirkliche, mit Vollmacht namengebende Sprache. Sie ist lehrbar und lernbar. In diese Sprache vermag Zambo als Maria überzutreten. Die unbegreifliche Frau wird begreifbar, indem sie die Sprache des Mannes annimmt. Sie ist seine tabula rasa. Der Augenblick der vollen Liebe ist der, in dem Zambo-Maria »die erlernte Sprache ihres Beschützers zum ersten Male ihm gegenüber hören ließ . . .« (310).
»Regine« ist die Geschichte von einem Phantasma; »Don Correa« ist eine Männerphantasie. Dahin gehört, daß Zambo-Maria ihr letztes Wort in Form eines Zitats spricht, das in die Zeichensprache des Traums übersetzt ist. Die frei gereichte Hand ist eine Formel aus Goethes Gedicht »Mit einem gemalten Band«, das am Ende des »Sinngedichts« erklingt:

»Fühle, was dies Herz empfindet,
Reiche frei mir deine Hand . . .«

singt dort der Mann. In »Don Correa« geht die Frau so weit, die Liebeserklärung und -aufforderung gestisch auszusprechen. Trotzdem ist dieser äußerste Punkt des Wunschtraums von der erzogenen Frau, die dem Mann nachzieht, auch sein kritischer Punkt. Regine ist als handsame Königin von Saba wiedergeboren, aber in einer sperrigen Geschichte, die noch einmal als verkappte Damenwahl zum guten Ende kommt. Nur wenn die Frau die Sprache des Mannes lernt, wird sie faßlich. Wird sie faßlich? Zambo-Marias Zitat ist stumm; es spricht hinter ihrem Rücken. Das ist die Grenze der Figur, der erzogenen Exotin, die in der Stellung einer Sphinx zum Stuhl erstarrt war (280), im Unterschied zur gebildeten Lucie, die nichts von einem Ritter und Granden wissen will. Das stumme Zitat spricht aber ebenso hinter dem Rücken Don Correas, ja sogar hinter Reinharts Rücken. Die Grenze der Figur Zambo-Maria läßt die grenzenlose Größe von Mutter Kultur-Natur aufscheinen, die immer schon den Klassiker Goethe zitieren kann, weil er der Natur das Wort gibt. Zambo-Maria hat die Sprache Don Correas gelernt, er hat ihr den Namen gegeben, aber beide sind sie bis in ihre Handlungen Worte von Mutter Kultur-Natur, die sich in Maria darstellt.

Die Berlocken: Mißverstehen durch Wörtlichnehmen

Es ist verständlich, daß Lucie – gleichfalls im Rückgriff auf historische »Lesefrüchtchen« aus ihren Büchern (315) – nichts Eiligeres zu tun hat, als Männerphantasien platzen zu lassen und die Serie von Männer wählenden Frauenzimmern mit einer den Bewerber verschmähenden Dame zu krönen. Zu Recht meint der Oheim, hier sei eine »Art von Duell« im Gange. Es ist zugleich eine Art von Duett, ein Minnekrieg der wechselseitigen Annäherung, bei dem im Gefechtseifer die Geschütze donnern. So eifrig ist Lucie, daß sie nichts vernimmt oder nichts zu vernehmen vorgibt vom verhohlenen Kapitulationsangebot des wegen ihrer Grausamkeit besorgten Reinhart.

Auch Lucie erzählt eine zweiteilige Geschichte, deren Hälften sich im Gegensatz zusammensetzen. Der Held ist ein »hübscher guter Junge«, aus dem ein »gefährlicher Mensch und Mann« wird (316 f.) – offenbar in der Tiefe Synonyme für Lucie wie für Reinhart Frau und Hexe. Zunächst allerdings wird Thibaut von Vallormes aus dem guten ein dummer Junge, und seine Dummheit besteht in der Konfusion des quid pro quo. Lucie spielt das neue Thema an, wenn sie vorschlägt, ihr »Geschichtchen abzuwandeln, und zwar im wörtlichen Sinne, indem wir ein wenig ins Holz hinausgehen« (315). Sie läßt die Männer auf den Holzweg geraten. Schon die Überschrift »Berlocken« spielt mit einem Doppelsinn. Sie bezeichnet nicht nur den Uhrkettenschmuck eines Kavaliers, sondern deutet auch auf die französische Redensart battre la breloque = verworrenes Zeug reden.

Thibaut verursacht Leiden durch falsches Wörtlichnehmen. Der »Junker« erhält zum Dank für seine Pagendienste bei der Vermählung der Dauphine, der Prinzessin Marie Antoinette, eine hübsche Uhr mit der bereits erwähnten Gravur des (Ehe)-hafens und den Rat, die »Berlocken müsse er sich mit der Zeit selbst dazu erobern« (317). Er beginnt »schreckliche Raubzüge« nach Damenherzen, aber indem er darunter Schmuckherzen versteht, die er an seiner Uhr befestigen kann, verwechselt er das Zeichen mit der Sache. So »stiehlt« er – wiederum wörtlich und nicht metaphorisch – einer schlafenden Schönen ein Korallenherz und zerstört dadurch eine Verlobung. Später bemächtigt er sich »mit ihrer zärtlichen Einwilligung« des kleinen – Kristallherzens der Denise und gerät bei einer Tante in solch närrische Verzückung, »daß er selbst nicht wußte, ob er das kleine Schmuckherz oder das liebende Menschenherz verlangte« (325). Für seinen weiteren Weg läßt es die Erzählerin Lucie scheinbar offen, ob die vornehmen Dameneroberungen Thibauts diese selbst oder deren »Kleinödchen« betreffen. Die Antwort liegt aber darin, daß es dem »gefährlichsten Kavalier der Armee« unklar bleibt, ob er die Schönen nach vollbrachter Eroberung sitzenläßt oder von ihnen sitzengelassen wird. Der Frauenheld ist unergiebig und insgeheim liebesunfähig, der Liebhaber weiblicher Siebensächelchen ist in Wirklichkeit der leere Bewunderer seiner selbst, der Fetischist eines wachsenden männlichen Gehänges vor seinem Bauch, von dem nur Theaterdonner ausgeht, daß es »klirrte und blitzte«.

Daß etwas mißraten ist beim gefährlichen Mann, wird noch deutlicher im Blick auf seine Opfer. Der Abschied von der oralen Lust an Geschichtchen und eßbaren Süßigkeiten alter »Tanten, Basen und andre[r] würdige[r] Matronen« (316) wird ausgelöst durch den mißverstandenen mütterlichen Rat der

Dauphine, die zwar jung, aber doch auch jung verheiratet und das heißt eine erfahrene Frau ist. Er wird nacheinander erprobt an einem schönen zweiundzwanzigjährigen Frauenzimmer, das den siebzehnjährigen Jüngling für unverfänglich hält; an einem Mädchen, das nach der Enttäuschung mit Thibaut nur noch als »ein gedrücktes Hausfrauchen, so ein bescheidenes aufgewärmtes Sauerkräutchen« vor sich hin duftet (323); zuletzt an der empfindsam verblühenden Tante. Jedesmal steht der Heranwachsende in Konkurrenz zu einem ernsthaften, männlich erwachsenen Bewerber, am Ende zu einem »herrlichen jungen Edelmann«, der allerdings vor zwanzig Jahren gefallen ist, so daß sich der grüne Knabe unter der Erzählung der in Sehnsucht und Erinnerung verklärten älteren Dame raffiniert an die seelische Leerstelle schmuggeln kann: ein lebender qui pro quo. Es ist leicht, in alledem die symbolische Konstellation Mutter – Vater – rivalisierendes Kind zu erkennen, das sich der Mutter in deren Schlaf oder Verwirrung nähert. Beziehungsreich steckt in der ersten Beute, dem Korallenherz, ein smaragdenes, unendlich bewegtes Spinnlein; die Mutter-Meduse als Spielzeug. Komödienhaft leicht tauchen am »Taugenichts« und seinem Verhalten die bittersten Themen des »Grünen Heinrich« auf – Sprachverwirrung zwischen Mutter und Sohn, Gold als Ersatzsprache für Leben und Liebe.

Was aber geschieht in der zweiten Hälfte der Erzählung dem erwachsenen Narziß, der Frauen als Beute und Schmuck seiner Eitelkeit mißbraucht hat – der Karikatur Erwin Altenauers mit seinem Rheingold und Don Correas mit seinem »Kleinod« (295) Zambo? Der erwachsene Narziß gerät in den Bann des Groß-Narziß Rousseau – Autor nicht nur eines »Pygmalion«, sondern auch eines Lustspiels »Narziß« –, dessen Schatten schon in den »Züricher Novellen« und früheren Werken vorbeihuscht. Der historischen Paradoxie, daß ein Expeditionskorps des spätabsolutistischen Frankreich für die amerikanische Freiheit kämpft, entspricht der snobistische Enthusiasmus französischer Aristokraten für die »wahre Natur« (328), die Rousseau jenseits von Gesellschaft und Geschichte gefunden zu haben meint und die doch nur eine Projektion sentimentaler Sehnsucht ist. Der Kapitän Thibaut schwärmt »einem Neuling gleich« auf den Spuren einer Wilden einher, die von Lucie pointiert dem verklärten Volkstum Regines und der königlichen Kulturnatur Zambos gegenübergestellt wird. Er beabsichtigt sogar, das »rote Naturkind«, dessen konstitutionelle Röte einen besonderen Hohn auf Reinharts Logau-Rezept darstellt, zu heiraten, nicht ohne daß dabei anklingt, der zum Philosophen fortgeschrittene Dümmling wolle »mit diesem Inbegriff von Natur und Ursprünglichkeit« abermals wie mit einem ausgefallenen Bijou in die Salons treten.

Nichts wird daraus. Die Thematik des quid pro quo taucht im neuen Leben verändert wieder auf und wird zum Instrument einer erbarmungslosen Rache am männlichen Helden. Das romantische Sprachproblem Erwin Altenauers, die Fragwürdigkeit der Herrschaftssprache Don Correas werden bewitzelt durch die Darstellung praktischer Schwierigkeiten zwischen Eingeborenen und militärischen Touristen, die bei ihren Verständigungsversuchen auf Zeichensprache und Pidgin-Englisch angewiesen sind. Thibaut verkennt nun seinerseits die Neigung der hold errötenden Rothaut zu seinen Berlocken als Neigung zu ihm und ihre Dankbarkeit als Zärtlichkeit. Er schenkt seine Eroberungen der »jungen Natur . . . die uns eine neue Welt gebären soll« (331 f.). Der Wortsinn umfaßt vollmundig die zukünftige Mutter seiner Kinder und eine weltgebärende Mutter Natur, indessen die »Tochter des Urwaldes« dic Trophäen ihrem hochdekorierten Urwaldungeheuer von Bräutigam als Tanz- und Kriegsschmuck unter die Nase hängt. Während Thibaut Christofor Columbus zu sein meint, »welchem sich der entdeckte Weltteil in Gestalt eines zarten Weibes anschmiegt«, ist er der Genasführte in jedem Sinne. Hat er mit Mißverständnissen Beute gemacht, so wird er nun zur Beute des Mißverständnisses, und doch ist er dabei im tiefsten Sinne ›verstanden‹, wenn auch nicht von der Rothaut, so vom Gang der Geschichte:

Lucie tut im Erzählen alles, um die schöne Natur der Rothaut als Scheingebilde zivilisierter Klischee-Erwartungen zu kennzeichnen. Sie nennt die Indianerin »Libelle oder Wasserjungfer« (329) und bezieht sie damit auf ein Symboltier der Anakreontik. Man sollte Libellen nicht fangen, weiß schon ein anakreontisches

Gedichtchen des jungen Goethe mit dem Titel »Die Freuden«, denn das im Flug irisierende Insekt ist, in der Hand gehalten, glanzlos. Ein »buntes Papagenakleidchen« der Wasserlibelle macht die Naturszene zur Opernszenerie der »Zauberflöte«. Der tanzende Bräutigam trägt seinen wilden Putz als »Quincaillerie« (334), und die zivilisierten Berlocken sind die Vollendung seines urigen Kriegs- und Jagdschmucks. Die Potenzierung der Projektionen aber ist es, wenn im barbarischen Tanz und Brautraub dieses Kriegers zuletzt noch die totale Fremdheit und Wildheit des Indianerwesens ihren Projektionscharakter erweist. Nach der Hingabe seiner Berlocken hat Thibaut das Gefühl, »wie wenn einer ihm den schönen Zopf abgeschnitten hätte, der so stattlich den Rücken seines Scharlachrockes schmückte, und in der Nacht hatte er einen schweren Traum. Es träumte ihn, er habe das Korallenherz der schönen Guillemette aufgemacht, die grüne Spinne sei herausgelaufen und habe ihn in die Nase gebissen, die wie eine Rübe aufgeschwollen sei« (332). Sein Männlichkeitsschmuck ist weg, sein Schwellkörper durch die Spinne schwer beschädigt und vor Schmerz statt vor Lust wie eine Rübe aufgequollen. Sein Prunkgehänge baumelt unter der kriegerisch bemalten Nase des Rivalen, deren Symbolbedeutung am Spinnenbiß so deutlich wird: der große Rächervater und Vaterrächer ist da, der dem dummen Jungen im listigen Einverständnis mit der Frau seine Männlichkeitstrophäen wegnimmt und ihn in seine Nichtigkeit verweist. Sie hat sich wählen lassen. Nur nicht von ihm. Der Knabe war qui pro quo für den Vater. Diese Sprache hat er verstanden, denn sie kam aus seinem Inneren.

Lucie leitet das Erzählduell ein und beschließt es. In beiden ›Rahmengeschichten‹ um Reinharts Erzählungen wird die Entlarvung männlicher Nullität überboten durch die Demontage eines weiblichen Idols, dessen Faszination nur das Produkt der eitlen männlichen Einbildungskraft ist. In beiden Fällen haftet der blendende Schein an einem ›Naturkind‹, so daß dessen Destruktion die gebildete Erzählerin stumm-beredt anpreist. In der zweiten Erzählung ist dieser Akzent um so schneidender, als Reinharts Geschichten immer wieder der Idolisierung von (Kultur)naturkindern dienten. Wurde die Wirtin zum Waldhorn auf die Künste des Küssens und Gähnens reduziert, so stammelt die Wasserlibelle Vokabeln einer kruden Wortwörtlichkeit.

Sind alle Binnenerzählungen des Zyklus Geschichten von Sprechen und Verstehen, so enthalten alle Geschichten und Kommentare seit der neunten Novelle, also seit dem Übergang zur letzten Triade des Erzählduetts, Aufschlüsse über den ablaufenden Redeprozeß selbst, auch wo die Beteiligten diesen Aufschlüssen gegenüber blind bleiben. Erzählt der Muttersohn Reinhart, wie der wackere Muttersohn Brandolf eine Frau gewählt hat, liest Lucie zwischen den Zeilen seiner Erzählung, daß der Ahnungslose im Spinnennetz weiblicher List gefangengenommen worden ist. Reinhart wehrt sich empört gegen diese Lesart und erklärt seine »Redaktion« für verbindlich (197), aber der Erzähler dieses Erzählers läßt unerbittlich zwischen den Zeilen lesen, daß die zwischen den Zeilen lesende Lucie richtig liest. Reinharts Muse Lucie hat ihm die Erzählgabe wie einen Dachziegel auf den Kopf fallen lassen (145), was das Reflexionsvermögen des Erzählers nicht unbedingt erhöht. Wo Erwin Altenauer romantisch die Ursprache als Sprache des Ur und vom Ur sucht; wo Don Correa seine Sprache besitzt und von der anderen nichts weiß, redet es aus ihrem Männerkollegen und Erzähler Reinhart in Orakelsprüchen. Wird im »Grünen Heinrich« der Schreibakt thematisch, dann hier – am äußersten Reflexionsrand von Kellers Novellistik – eine letzte Konsequenz des Erzählens, indem dessen Muse verdeckt die Leseanweisung gibt, Umschreibungen als Umschreibungen zu lesen, ungeachtet der lauten Proteste gewisser Erzähler gegen die Leute, die das Gras wachsen hören. Des Oheims Geschichte vom radierenden Gespenst geht noch weiter. Sie plaudert die Grundregel von Kellers Erzählen aus, daß auch Radieren Schreiben, daß Schweigen erst recht Sprechen sein kann. Reinharts Bericht von Don Correa macht jenseits des Sprechens der Redenden und des Erzählenden eine Sprache hörbar, in der die Redenden gesprochen werden. Lucie endlich, die schon in ihrer ersten Erzählung für Erzählerinnen wirbt, klärt in ihrer zweiten Geschichte Reinhart darüber auf, daß er sie mißversteht, wenn er ihre Kriegführung zu wörtlich nimmt und die Strategie der weiblichen Annäherung in ihr überhört.

Vergeblich: Reinhart beklagt sich beim Oheim über die »satirischen Pfeile« der »prächtigen Nichte«, die »fast über das Ziel hinaus«-schießen (337), aber vielleicht macht seine Betroffenheit ihn auch fähig, den onkelhaften Elementarunterricht im Lesen zwischen den Zeilen anzunehmen, nachdem er den der Nichte verweigert hat: »›. . . merken Sie denn nicht, daß es weniger schmeichelhaft für Sie wäre, wenn sich die Lux gleichgültig dafür zeigte, daß Sie für allerhand unwissende und arme Kreaturen schwärmen, zu denen sie einmal nicht zu zählen das Glück oder Verdienst hat?‹ . . . ›So geht es‹, sagte er [Reinhart] mit unmerklicher Bewegung; ›wenn man immer in Bildern und Gleichnissen spricht, so versteht man die Wirklichkeit zuletzt nicht mehr und wird unhöflich. Indessen habe ich natürlich an das Fräulein gar nicht gedacht, so wenig als eigentlich an mich selbst, so wie man auch niemals selber zu halten gedenkt, was man predigt. Es ist Zeit, daß ich abreite, sonst verwickle ich mich noch in Widersprüche und Torheiten mit meinem Geschwätz, wie eine Schnepfe im Garn.‹«

Freilich ist diese Wahrheit zwischen den Zeilen leichter zu lesen, weil sie zwischen den Zeilen Luciens steht und für ihn schmeichelhaft ist, im Gegensatz zur Wahrheit zwischen seinen Zeilen, die für ihn unschmeichelhaft war. Und doch »bewegt« diese Wahrheit Reinhart so tief und wörtlich, daß er sich in Bewegung setzt und abreist. Gerade an seiner Freude über diese Lesart erkennt Reinhart nämlich, daß der Wahlmann erfolgreich gewählt, der Frauenjäger »angeschossen« ist (340). Bekennt sich Reinhart nach dem Eintreffen auf Luciens Landsitz als »groben Vogel«, der sich in Luciens »kunstreichem Netze« gefangen hat (30), so verrät Lucie schon in ihrer ersten Erzählung, von der Wirtstochter berichtend, ihre Taktik, »den Spötter in seinem eigenen Garne zu fangen« (48). Nach ihrer zweiten Geschichte bleibt dem umgarnten Mann nur noch übrig, den Erfolg dieser Taktik zu konstatieren. (Abb. 16) Der Frauenbeobachter und -prüfer hat sich im eigenen ›Sehmannsgarn‹ gefangen – das Kunstreichste an Luciens Netz ist, daß es *sein* Netz ist, in dem er sich verwickelt.

Die Flucht ins Laboratorium belehrt Reinhart, daß solche Rückkehr in die Naturwissenschaft nicht mehr möglich ist. Der Versuch, an seinem Herzen »die Natur dieses Muskels« zu untersuchen (340), beweist ihm lediglich, daß sein Herz nicht dieser Muskel ist und daß es für ihn nur noch eine erfolgversprechende Fluchtrichtung gibt: nach vorn. Hat es ihn als Sohn bürgerlicher Familiengeheimnisse verwirrt, in den verehrten Eltern Geschlechtswesen erkennen zu müssen, wofür der Erzähler jedes Verständnis aufbringt, so wird jetzt das Zusammentreffen der Eltern mit Luciens Oheim, das heißt die Wiederherstellung der einstigen Situation der Geschlechterwahl, zur Anweisung für ihn, sich als gewählt zu bekennen und damit zugleich, durch die Vereinigung mit Lucie, den mütterlichen Riß zu schließen. In Lucie und Reinhart, dem reitenden Gelehrten und gelehrten Freizeitreiter auf dem Mietgaul, werden der Oheim-Rittmeister, das gelehrte Mannelin – ausdrücklich ein Nichtreiter – und Else-Hildeburg Moorland schließlich doch noch *ein* Fleisch. Und zwar parterre, denn auf Rat des Oheims und Geheiß Luciens ist Reinhart endgültig abgesessen und hat das »Nilpferd« (338) zuhause gelassen. Gut bürgerlich und mit Reisekoffer kommt er gefahren, als klein gewordener Grande.

Zunächst jedoch liest Reinhart Lucie noch einmal falsch, nämlich wörtlich, als sie ihn mit der Ankündigung einlädt: »Der Onkel Marschall will mit Ihnen smollieren, was mir leider als einem Frauenzimmer versagt bleibt!« (341 ff.) Hört er doch die »vorläufige Andeutung eines Abschlages«, wo viel leichter zu vernehmen ist, daß man mit einem Frauenzimmer bei weitem schöner zum Du kommen kann als durch Schmollis. Doch dann geht Reinhart endgültig ein Licht – das Licht auf, als Lucie dem Rückkehrer ins Schnepfengarn statt des erbetenen Buches sich selbst zu lesen gibt. Bei diesem neuen ›Text‹ erweist er sich plötzlich als der erleuchtete Ausleger. Wo Lucie erzählend und hörend demaskierte, Rätsel löste, Positionen ›hinterfragte‹, lehrt Reinhart sie jetzt, daß der Hermeneut Geheimnisse versteht wie Siegfried die Sprache der Vögel.

Das beginnt im letzten Gespräch über Lesen und Schreiben, Erzählen und Hören, Geheimnis und Offenbarung, das beziehungsreich an den Ort zurückkehrt, wo Reinhart einen ersten Blick in Luciens ›Inneres‹ getan hat: in das »Museum« ihrer Bibliothek und ihres Arbeitszimmers. Es leitet die Erzählung ihrer eigenen Geschichte ein, die endlich Reinharts erste Verstehensfrage beantwortet: Warum Lucie so klösterlich lebt, daß sie Leben nur in Lebensgeschichten anderer hat. Jetzt wird die Frage noch einmal weniger offensiv gestellt. »Vielleicht . . . entdecke ich das Geheimnis, welches Sie in den Offenbarungen anzieht!« Die lebensabgewandte Klosterjungfrau, die Offenbarungen des Lebens in Natur und Schrift studierend – in welcher Weise ist sie doch eine von den »unwissenden und armen Kreaturen«, für die Reinhart – laut Oheim – »schwärmt«?

Lucie eröffnet zunächst das Geheimnis ihres Lesens: »Ich suche die Sprache der Menschen zu verstehen, wenn sie von sich selbst reden« – ein bemerkenswertes Programm für die literarische Figur eines Autors, der eine so offene und zugleich versteckte Rede von sich führt, daß er den philologischen Trüffelnasen voll abgrundtiefen Mißtrauens gegenüberstand. Lucie vertritt die pessimistische Meinung, es gebe kaum einen ganz wahrhaftigen Menschen, und die optimistische, daß mehr Gutes als Schlimmes verschwiegen wird. Reinhart setzt dem Pessimismus die optimistische und sehr hermeneutische Meinung entgegen, die Menschen offenbarten ihre Wahrheit stückweise nach und nach, so wie es die großen traditionellen Offenbarungsquellen Natur und Schrift tun. Der Leser ist also durch die Texte selbst aufgefordert, im Stückwerk das Ganze zu finden; aber mit dem Sukzessiven hat es seine Schwierigkeiten, jedenfalls im Hinblick auf die gegebene Situation. Denn nicht eine progressive Aufklärung findet im Erzählerwettstreit statt, sondern eine stückweise Enthüllung in immer anderen Verhüllungen, aus denen blitzhaft und paradox das Licht fährt wie aus Gewitterwolken und dem Hermeneutiker das Schlachtfeld erhellt. Die Einsicht ist so diskontinuierlich wie die Erkenntnis der Mondscheibe als Kugel, des Zweidimensionalen als dreidimensional.

Der optimistische Teil von Luciens These findet eine praktische anstelle einer theoretischen Antwort. An ihrer eigenen Geschichte macht Reinhart ansichtig, daß die Menschen deshalb weniger Schlimmes als Gutes verschweigen, weil ihr Schlimmes, richtig verstanden, so oft ihr Gutes ist, daß der Umkehrschluß einiges für sich hat. Dabei löst Luciens Geschichte auch das Problem, wieso der Verächter der philologischen Geheimnisforscher zur Heldin eine solche Geheimnisforscherin und zum Helden einen hermeneutischen Versteher gebrauchen kann. Lucie, selbstbezogen über Selbstbezogene gebeugt, findet deren ganze Wahrheit nicht, solange ihr die ganze eigene Wahrheit unverständlich bleibt. Sie läßt vom Geheimnis der anderen ab, als ihr das eigene Geheimnis offenbar wird. Dann kann sie mit Reinhart ins Freie gehen. Er, der Lucie ihr Geheimnis deutet, ist ein Verstehender, der ein Liebender ist; das ist die Legitimation des Verstehens. Ist Verstehen die bürgerliche ars amandi, so rechtfertigt sich die ars interpretandi als ars amandi.

Am Anfang von Luciens Geschichte steht ein allegorisches Bildchen, das durch ein im Boden steckendes und ein davonfliegendes Herz irdische und himmlische Liebe darstellt. Lucie hat es selbst als Klosterzögling gestickt, dann in Büchern verkramt wie ihr Geheimnis. Jetzt flattert es Reinhart aus einem Buch entgegen und wird dem Verstehenden als Lebensdokument lesbar, im Allgemeinsten der Allegorie das Individuellste. Die irdische Liebe, von der sich die kleine Klosterschülerin lossticken soll, ist die verfrühte Neigung zu einem viel älteren Vetter mit dem Stelznamen Leodegar, in Luciens Augen so herrlich, daß er ihr mit der literarischen Gestalt des strahlenden Max Piccolomini aus Schillers »Wallenstein« verschmilzt. An einem von ihr als Weihestätte hergerichteten Scheingrab Maxens träumt die Halbwüchsige vom fernen Leodegar, aber der Lebende ist toter als der Tote, selbst ein leeres Prunkgrab. Er wählt mehr aus Eitelkeit denn aus religiöser Berufung eine geistliche Karriere und vergißt über seinen Kanzelredekünsten die kleine sprachlose Lucie, die seinetwegen heimlich katholisch geworden ist.

Das feurig davonschwebende Herz der himmlischen Liebe, welche das Band zum irdisch in der Erde steckenden Liebesherzen zerrissen hat, ist also Leodegar? So einfach sind Allegorien nicht auf gelebtes Leben anwendbar. Die Auslegungsspannung zwischen Allegorie und Lebensdokument steht sinnvoll am Anfang der Geschichte, die hervorgehoben ist als Geschichte vieler Geschichten. Die Eigenschaft, Geschichte vieler Geschichten zu sein, stiftet ebenso wie die Eigenschaft, Allegorie und Dokument zugleich zu sein, die brüchigen Beziehungen und beziehungsreichen Brüche des humoristischen Textes gegenläufig zu symbolischer Kontinuität und Stimmigkeit. Reinhart, der »immer in Bildern und Gleichnissen« spricht (338), »versteht die Wirklichkeit zuletzt nicht mehr«, aber er ist für den Leser im Umriß dieser Bilder und Gleichnisse habhaft. Luciens »naive Schilderei« ist Allegorie und Dokument des Allegorischen und Dokumentarischen in Kellers Text, will sagen der Sinnbildlichkeit und Gegenständlichkeit in ihrer Verschränkung, gegenseitigen Kommentierung und Relativierung. Das »närrische Ding« von Stickerei (345) steht hintersinnig im Gewebe des Texts, der mitteilt: Leodegars himmlische Liebe ist als Ausdruck seiner Egozentrik irdisch, und der jungen Lucie irdische Liebe ist himmlisch. Das gilt in einer Bedeutung, die Reinhart in Luciens Erzählung erfaßt und ausspricht, womit er an die Stelle von Luciens Vater und zugleich von Leodegar tritt, die einst dieses Wort schuldig geblieben sind.

Lucie selbst deutet ihre vorzeitige Liebesgeschichte naturwissenschaftlich als Einimpfung von Krankheitserregern zum Schutz vor ernsthafter Erkrankung – ein Vorbeugungsmittel gegen spätere Liebesabenteuer. Der Naturforscher Reinhart antwortet menschlich: »Was Sie erlebt haben, ist wohl zu unterscheiden von der ungehörigen Liebesucht verderbter Kinder und widerfährt nur wenigen bevorzugten Wesen, deren edle angeborene Großmut des Herzens der Zeit ungeduldig, unschuldig und unbewußt vorauseilt. Der naive Kinderglauben an die leichtfertigen Scherzworte des Herren Kardinals, an welchem Sie so treulich festgehalten haben, gehört zu dieser Großmut, wie ein Taubenflügel zum anderen, und mit solchen Flügeln fliegen die Engel unter den Menschen« (372 f.). Die unwissende und arme Kreatur ist die reiche, es muß ihr nur bewußt gemacht werden. Ihre irdische Liebe war geflügelt und himmlisch, das Gute im Gewande des Schlimmen, das Vollkommene im Stückwerk. Und so reicht der Humor weitstrahlig bis zu Reinharts und Luciens anschließendem Liebesspaziergang ins Glück, der »Kinderdummheit mit den Taubenflügeln«, der gleichfalls Allegorie und dokumentarisches biographisches Ereignis in einem ist. Warum muß das feurige Herz der Stickerei davonfliegen? Vielleicht ist die Lesung falsch. Es kann auch auf dem Landeanflug begriffen sein. Ein Herz mit blauem Band kommt zu Lucie vom Himmel herab – der vom Himmel gefallene Ritter Reinhart (345). Die Pfarrerstochter muß den Rettichsamen entbehren, aber bei Lucie wird eine Rübe in der Erde stecken, sofern die Herzen Rüben gleichen (345) und die Rüben etwas anderem. Dann wären zwei Stationen eines Herzens auf dem Bildchen simultan dargestellt: Die Liebe wird erst wahrhaft himmlisch, indem sie irdisch wird.

Wieso ist, was Lucie von sich erzählt, eine Geschichte der Geschichten? Sie ist es in Bezug auf Luciens eigene frühere Erzählungen. Die bösen Frauenentlarvungen sind Zeugnis ihres eigenen Nichtigkeitsgefühls, von dem sie erst durch Reinhart befreit wird. Die männlich faden Jünglinge, von denen der eine die Frau sitzenläßt, der andere durch die Frau sitzengelassen wird, sind Spielarten Leodegars, der sie verließ und den sie wenigstens im Phantasiebereich des Erzählens bestraft. Und Reinharts Geschichten? In Altenauer, Brandolf, Don Correa erkennt Lucie die Eitelkeit, die sich zu Frauen huldvoll herabläßt; in der armen Baronin die betrogene Frau, die sie bewußt, und die raffinierte Frau, die sie unbewußt selbst ist; in Zambo-Maria sieht sie die Selbsterniedrigung, die sie sich vorwirft, und in deren katholischer Taufe ihre eigene schmähliche Konversion als ungültige Eintrittskarte in die Welt des Mannes. Alles schmerzt, wo alles Wunde ist. Sternförmig zielen die Novellen in Luciens Geschichte, und Balsam ist der Bericht des Oheims: Rache der Frauen an den Männern *und* Liebesglück, Hochzeit *und* Freiheit, Frauenwahl als Damenwahl.

Damit ist aber Luciens Geschichte erst zur Hälfte gelesen. Es ist nicht nur eine verfrühte Liebesgeschichte, sondern auch die Geschichte einer Kindheit mit einem Vater, der eine gefrorene Tochter zurückließ. Die Toleranz, mit welcher dieser Protestant die Mutter beim Katholizismus duldete, war in Wirklichkeit

Gleichgültigkeit, ja Hochmut. Die Erzählerin von der schönen Rothaut ist vom Vater bei den jährlichen Klosterbesuchen der Mutter scherzhaft »aztekischen Indianern« verglichen worden (349). Den Nonnen diente sie »als eine Art lebendiger Puppe« (348). Nach dem frühen Tod der Mutter wird sie einer Erzieherin übergeben, die sich eher für das kommerziell betriebene Fangen und Präparieren seltener Käfer als für ihren Zögling interessiert. So alleingelassen, kann sie gegenüber Leodegar die Erwachsene mimen, um dann doch »gleich einer hölzernen Puppe« vor der Konversation der Großen verstummen zu müssen (354) – die Querverbindung zur Sprachlosigkeit Regines, Zambos und der Indianerin liegt offen. Wenig später fragt sie Leodegar unvermittelt, wann er sie heiraten werde, worauf das verhängnisvolle Wort von der Konversion als Bedingung lässig hingeworfen wird. Leicht verständlich, daß die spätere Lucie so eifrig redet, um zu beweisen, daß sie keine Puppe ist, und so indirekt von Liebe und Ehe spricht, wo sie einmal derartig direkt war.
Die Käferjagd der Erzieherin beim gemeinsamen Spaziergang mit Leodegar im »vernachlässigten Lustwäldchen« (355), nachdem diese ihm vorher einen Schmuck-Skarabäus, auf deutsch einen Mistkäfer, zum Betrachten in die Hand gelegt hatte, erregt ein wirres Knäuel von Assoziationen; sie reichen von streunenden frühen Sexualahnungen und -ängsten[20] bis zur Identifikation mit dem für die höhere Ehre der Wissenschaft sterbenden »armen Waldbruder«. Ist doch Lucie wie der erbeutete Waldkäfer das Opfer eines Wissenschaftlers und Experimentators. Erst dient die Erzieherin dem Vater zu »religionspsychologischen Studien« (352); nach der Entdeckung der heimlichen Konversion ist sogar die Einweisung der Tochter in eine protestantische Erziehungsanstalt ein »religiöses Experiment«, das der Vater »an andern Leuten anstellte, wie die Naturforscher an den Fröschen« (367). Leodegar, der ersehnte männliche Beschützer und verständnisvolle Freund, zeigt sich in diesem Licht als Phantasieprodukt: Wunschvatergestalt eines Geliebten, der die kleine Lucie nicht wie einen Frosch behandeln soll. In der Selbstdeutung ihrer frühen Erlebnisse als Impfung erweist sich bis in einen Sprachwinkel die Macht der wissenschaftlichen

Denkschablonen des Vaters über die Tochter. Noch das Leben mit dem Oheim nach des Vaters Tod ist Leben mit einem unbedrohlichen, vertraut gemachten Vater.
Vor allem aber wird die Affektladung des Verhältnisses zu Reinhart ansichtig, damit noch ein weiterer Sinn, in dem Luciens Geschichte die Geschichte der Geschichten ist. Was muß es für sie bedeuten, wenn mit Reinhart ein anderer Experimentator anspruchsvoll in ihrem Leben erscheint, ein Mann, in dessen Laboratorium zu Hause »ein lebendiger Frosch in einem Glase» hockt und seines Stündleins für das Experiment harrt! (2)
Bei alledem ist die Konversion, die sie mit Leodegar vereinigen sollte, für Lucie nicht nur Inbegriff einer Schuld am Vater, sondern aller in der verpfuschten Kindheit gründenden Versehungen und Verkehrtheiten ihres Lebens: Konversion ist wörtlich Umkehrung. Sie wird erst mit der Beichte beim »Beichtvater« Reinhart (373) überwunden, wodurch zuletzt an ihm eine Wunschvater- und Wunschleodegar-Seite nach vorn kommt. Der geheimste Wunsch der überlegenen Wahlfrau richtet sich auf die quasi-väterliche Autorität eines Ehemanns und Liebhabers, der seinerseits in der Geliebten etwas von Mutter ahnt. In einer ähnlichen Konstruktion wie in »Dietegen« wird so ein Gleichgewicht aus einer doppelten Unausgewogenheit hergestellt. Das ist das Spiegelverhältnis, das ein anderes in sich enthält: Luciens Geschichte wäre – ›konvertiert‹ – eine wohlbekannte Männergeschichte; eine, die Reinhart fehlt, aber für Keller und den grünen Heinrich quälend vorhanden ist: früh gestorbene Mutter hier – früh gestorbener Vater dort. Gestörte Liebe zum Vater hier – zur Mutter dort; Reihenbildung der Vater-Geliebten hier, der Mutter-Geliebten dort.
Daß Reinhart keine Geschichte hat, wird doppelt eindringlich im Blick auf Luciens Geschichte. So wird er – im Gegensatz zu Lucie – auch durchgehend beim Familiennamen genannt, der nur wie ein Vorname klingt. Er weist ihn als Familienerzeugnis aus, sonst nichts (235). Der Vorname, der ihn als Individuum auszeichnete, erscheint lediglich am Rande (144, 243). Reinhart ist das Gegenteil eines Originals, denn er hat keine origo; er ist die Leerformel Kellerscher Originale, sofern sie keine origo haben. Er versteht Luciens verdrängte Geschichte, aber ihm

fällt keine Geschichte seiner selbst ein. Er gewinnt nur in der Weise eine Geschichte, daß er Geschichten anderer Leute erzählt. Er erzählt sich eine Geschichte gleich dem grünen Heinrich und doch ganz anders, weil er nicht ausdrücklich von sich spricht, sondern seine Geschichte als unbewußte Verstellung in anderen Geschichten herstellt – das Verfahren Kellers in der ›Verstellung‹ seiner Novellen. Sie sind die ›Konversion‹ seines Lebens.

Der Novellist Keller kann in den Erzähler Reinhart einwandern wie der Romanschreiber Keller in den grünen Heinrich – man erinnere sich der Namensgleichheit Elisabeth, die Reinharts, Heinrichs und Gottfrieds Mutter aufeinander bezieht. Es ist wieder eine Einwanderung, die verhindert, daß das Dichten in dieser Dichtung thematisch wird. Als Persona des Autors vermag der Naturwissenschaftler – an der Oberfläche der Vertreter einer Gegenwelt – zu erzählen und zu verstehen. Umgekehrt kann Lucie als andere Persona eines Autors, der nicht ganz zu sein vermag, Lebensgeschichten sammeln und seine Geschichte als ihre Geschichte vorbringen, wobei diese durch ›Konversion‹ in der Reichweite begrenzt und durch textinternes Verstehen stillgestellt wird. Das Verständnis erfolgt aus der unerschütterlichen Position eines Saubermannes Reinhart, der, wie er ist, einfach gegeben ist und doch – als einfach gegeben – weniger menschliches Gewicht hat als die gewordene Lucie, die bei ihm Halt sucht und findet.

Keller gewinnt Autorität als Autor. Reinhart gewinnt noch am Ende seiner Geschichte mit Lucie gegen alle Erwartung und in einer spiralenförmigen Rückwendung zum Anfang Autorität als Naturwissenschaftler, also in der Eigenschaft, in der er bei Lucie zunächst Animositäten geweckt hat. Er hat nur eine Naturgeschichte – seiner Erzeugung und Geburt – und kann mit autoritären Sprüchen aus der Naturgeschichte die Debatte beendigen, nachdem sie endlich beim Küssen angekommen ist. Ist er als Verstehender die Überbietung von Luciens totem Vater, so ist er in seiner Geschichtslosigkeit und darin ›Jenseitigkeit‹ zuletzt dessen Reinkarnation. Der Vater spricht aus dem Jenseits vom Kampf ums Dasein und von Schlangen. Reden statt Küssen war das Motto einer Annäherung durch Ausfluchten. Küssen statt Reden wird das Motto einer schicklichen Nähe am Eingang eines transparenten Häuschens namens Ehe. Sie kennt kein Liebesgestammel, keine Raserei, keinen Orgasmus der Rede, keinen Orgiasmus der Verschmelzung.

Das Experiment, das keines war: Küssen statt Reden

Dem Geständnis und Verständnis folgt das Einverständnis bei einem Waldspaziergang Luciens und Reinharts. Mannigfach sind die Motive Wanderung, Reise, Wald schon angespielt. In einem »Vexierwald« fühlt sich Reinhart (239) nach der Geschichte von »Hildeburgs Männerwahl« (234). Die Erzählung von den Berlocken wollte Lucie im Holz »abwandeln« (315). »Wie ein Afrikareisender« zieht Reinhart danach heimwärts (339). Jetzt aber wird eine glückliche ›Abwandlung‹ möglich, die in allem das Gegenstück zum Leodegar-Spaziergang im »vernachlässigten Lustwäldchen« ist. Herrschte dort Trauer um den Waldbruder, den die Erzieherin tödlich berührt, und zugleich Selbstfremdheit in der Identifikation mit dem »Kerbtierchen«, einem Bild der fremden eigenen Geschlechtlichkeit Luciens (356), so vollzieht sich nun im *gepflegten* Lustwäldchen die schönste und glücklichste unter den Sündenfall-Paraphrasen Kellers.

Wo im Zeichen der Liebe die Natur spricht – Eiche und Buche flüstern in der Umarmung miteinander (374) –, werden Reinhart und Lucie zu einem für Keller einzigartigen Liebesspiel fähig[21], das die Aufhebung der Sexualangst praktiziert und damit Reinharts Tendenz, über Frauen distanziert zu verfügen, ebenso auflöst wie Luciens Selbst- und Männerhaß. Leodegar bekommt von der Erzieherin den schmucken Mistkäfer in die Hand (354); Lucie lernt durch Reinhart eine Schlange in der Hand zu halten zum Zwecke der Belebung anstelle der Tötung. Die Identifikation mit diesem Waldbruder erfolgt nicht in der Selbstfremdheit, sondern so, daß mit dem Fremden auch Fremdes an ihr selbst vertraut wird. In einem »Rettungsabenteuer« befreien Lucie und Reinhart die Schlange aus den Scheren eines Krebses (374 f.). Das ›Kerbtier‹ Vagina wird den Penis nicht abklemmen. Die »große schöne Schlange« ist »keine Giftschlange« (374). »Lucie schaute wortlos, aber mit wogendem Busen hin, und . . . rief . . .: ›Ach, von dieser schönen Schlange wünschte ich zu träumen, wenn ich einmal traurige Tage hätte. Gewiß würde mich der Traum beglücken!‹« (375) Im traurigen Lustwald läuft Lucie »wie ein Hündchen hinter dem Paare« Leodegar und der Erzieherin drein (356); jetzt folgt die erlöste Schlange dem Paar Lucie und Reinhart: der versöhnte Versucher und Erbfeind Sexualität.

Lucie und Reinhart sind als Liebesboten für die Magd Bärbel zu deren Verlobtem, einem Schuster, unterwegs, aber sie vergessen das, denn er wird ihnen selbst zur Botschaft. Mit Birnen und Trauben ist sein Haus behangen, das »behagliche Nest«, in das Bärbelchen als Ehefrau einziehen wird (376): Dionysisches gemildert durch süß Nahrhaftes. »Ganz hell und durchsichtig« ist das »Innere der Stube«. Wo in Goethes klassisch-heiter gezähmtem Gedicht »Cupido, loser, eigensinniger Knabe!« noch der Gott selbst den Tumult in der Hütte des Liebenden verursacht, ist als äußerstes bei Keller »eine Art von Tumult in der Stube« entstanden aus dem schmetternden Gesang der Kanarienvögel und dem Arbeitsgesang des Schusters, »von welchem hingerissen Lucie und Reinhart sich küßten«. Das Experiment, »in welchem das Sinngedicht sich bewährt«, gelingt, als es keines mehr ist: ausgelöst durch einen Zufall, hingerissen beide, so daß nicht mehr unterschieden werden kann, wer von beiden wen küßt. Sie küssen sich; es fällt ihnen zu als Gabe der »allerliebste[n] Gottheit des Zufalls«, die Dortchen Schönfund im »Grünen Heinrich« ahnungslos preist (VI, 169; B 4, Kap. 9). Ihre Macht im »Sinngedicht«, aufdringlich seit »Regine«, ist die Antwort auf so viele anmaßende Planspiele der Liebe. Und doch gibt sie nur die Bahn frei für das, was psychologisch und konstellativ angelegt ist.

Zwischen Reinhart und Lux wird eine helle, heitere Liebe und Ehe sein. Der Erdenrest, zu tragen peinlich, ist mit Hildeburg-Else Moorland in die Vorgeschichte zurückgetreten. Im Hain (»lucus a non lucendo«, zitiert Keller am 20. Dezember 1873 gegenüber Adolf Exner) geht Reinhart aus dem adventistischen Heidentum »ante lucem« in die Heilswelt des Lichts über (380).

Der Aufklärer ist aufgeklärt, und ganz leise ist die Reminiszenz geworden, daß Reinhart in Luchs mit dem feinen Fell wohlverschleiert auch jenes höllisch-wilde Tier davonträgt, das bei Keller immer in der himmlischen Liebe der Frauen und in den poetischen Himmelsträumen der Männer versteckt ist. Zuletzt sind sie alle behexte Hexenmeister wie der alte Zauberer Pineiß, dessen paradiesisch schönes Weibchen sich in der Hochzeitsnacht als alte Hexe entpuppt. Die Hexen, als Engel verkleidet, kommen in den Himmel, aber nur um die Männer in die Hölle zu holen, sofern sie nicht gefeit sind, weil sie als Poeten allwissend immer schon in der Hölle wohnen. Aber wir sprechen hier nicht davon. Die Hexen kommen in den Himmel.

Der Schuster singt Goethes Lied »Mit einem gemalten Bande« zur Arbeit. Logaus Sinngedicht wird eingelöst wie das Experiment, aber auch zurückgelassen. Wirklich ist etwas von Rezept in ihm, soweit es sich den unpersönlichen Spielen eines gattungshaften Geistes mit gattungshaften Trieben verdankt, die jeden einzelnen Fall von Liebe zur Probe aufs Exempel machen. In der Anakreontik gehen diese unpersönlichen Rituale des Geistes und des Eros literarisch unter: in Goethes Sesenheimer Gedicht geht die moderne individuelle, innerliche und innige Liebe literarisch auf. Das Goethe-Lied im Munde des Schusters – nicht das Sinngedicht – trifft Reinhart und Lucie genau.

»Und so tritt sie vor den Spiegel
All in ihrer Munterkeit,
Sieht mit Rosen sich umgeben,
Selbst wie eine Rose jung,
Einen Blick, geliebtes Leben!
Und ich bin belohnt genung.«

(377 f.)

Reinhart sieht Lucie zum ersten Mal Rosen reinigend und ordnend (26). Der Blick soll aus dem Spiegel weggewendet werden – zum Blickwechsel der Liebenden. Das gelingt den Narzissen. Zambo-Maria vollzieht die Aufforderung des Gedichtes »Reiche frei mir deine Hand« als stummes bewußtloses Zitat. Reinhart fragt bewußt in den Worten des Gedichts, nicht in eigenen: »Willst du mir deine Hand geben?« (379)

Die Stimme des toten Klassikers bringt Mutter Kultur-Natur zur Sprache. Deshalb muß das Gedicht nicht aus der Gruft der Bücher heraufgeholt werden. Es klingt im Leben. Der Kreislauf vom poetischen Urstoff zu klassischen Prägungen, wie ihn Keller sich dachte, läßt die Klassik hier wieder zum Urstoff sinken. Vollkommen ist der Kreis. Was das Klassische der Klassik bestätigt, macht das Gedicht zugleich offen für die Zeichensprache der Lebenswelt. Das Band, das uns verbindet, sei kein leichtes Rosenband. Es wird »Pechdraht« des Schusters sein, den er singend herstellt. Sie werden wie Pech aneinanderkleben. Das liegt unter der Stilhöhe des Gedichts und läßt ein wenig Alltag in den emphatischen Augenblick des Liedes ein. Aber der Pechdraht übertrifft zugleich das Rosenband inhaltlich als die solideste der Bindungen. Er bringt das Gedicht dahin, wohin es will.[22] Ein wenig Mißklang, soziale Degradierung des Liedes und seiner Motive in der Herabstimmung zur mundartgefärbten, zersungenen Handwerkerpoesie läuft in der Vorstellung zyklischer Vollkommenheit mit, aber ein wenig Überbietung des nur Poetischen durch das gelebte Leben ist auch dabei. Träume werden wirklich und wirklich verbindlich – in einer Poesie, die den Schuster monologisch eine imaginierte Anrede singen läßt, während sich Reinhart dialogisch auf diesen Monolog beruft. Die feine Krakelüre des Humors zieht durch den gesamten Schluß.

So schon beim Bild des Spaziergangs: Die Natur, der Experimentalgegenstand des Naturwissenschaftlers, fängt an zu predigen in der Umarmung von Buche und Eiche, in der Erscheinung von Krebs und Schlange. Sie verfährt damit gemäß ihrer Anerkennung als Offenbarungsquelle durch Reinhart im Gespräch mit Lucie. Was die Natur im Paar mit der Schlange offenbart, ist eine Paraphrase der Heiligen Schrift, des anderen Offenbarungsträgers, von dem der Naturwissenschaftler sprach (344). Das Sprachlose – die Natur, die Handlungen – *muß* reden, weil Reinhart und Lucie stumm kommunizieren. Auch redend sprechen sie nicht, wovon sie doch sprechen. Was geschieht, findet quasi hinter dem Rücken ihres Bewußtseins und ihrer Sprache statt. Auf höherer Ebene ist das wieder die Situation vom Schluß der Novelle »Don Correa«. Die Dichter haben inzwischen das Letzte gesagt, deshalb kann im letzten nur noch zitiert werden. Die Naturwissenschaftler wissen inzwischen fast alles über Natur, nur nicht in bezug auf den Menschen. Zwischen dem Vorgegebenen und dem Vorgesagten läuft der Humor und verflüssigt beide. Es muß humoristisch vermittelt werden, was im Rest doch unvermittelbar bleibt. Es muß zeichenhaft gehandelt werden, was nicht gesprochen und gewußt werden darf. Reinharts und Luciens Zeit zu reden ist zu Ende, wo noch Unendliches zu sagen wäre. Reinhart zitiert den Klassiker, er zitiert den Schuster, wo er Liebe aussprechen und aus Liebe sprechen können müßte. Unpersönliche naturwissenschaftliche Autoritätsrede steht an der extremen Stelle des Liebesspiels: ». . . es ist keine Giftschlange!« Die Liebenden bewegen sich von der naturwissenschaftlichen Aussage zum Zitat. Die Natur stellt das Paradiesesbild, nicht Mann und Weib bringen es hervor. Sie müssen in eine redende Welt, ja in eine Welt aus Rede versetzt werden, weil sie so vieles zu sagen nicht vermögen, was zu sagen wäre.

Gleichzeitig durchkreuzt auch die Natur im humoristischen Hin und Wider das Paradiesesbild. Indem die Versöhnung der Sexualität als Basis der Allegorie der paradiesisch versöhnten Welt einsehbar wird, werden beide Zeichen-Reihen zugleich dissoziiert durch den Krebs, der als Bauelement der sexual-symbolischen Reihe ein Fremdkörper in der Paradiesesparabel bleibt. Wiederum paßt das gar zu Heidnische nicht ins Paradies. So ist der Naturwissenschaftler Reinhart gleich Luciens Vater im skeptisch-desillusionistischen Reden und Denken von Natur beredter als im symbolischen. Luciens Enthusiasmus angesichts der neu erworbenen Fähigkeit, »die Kreatur in Händen zu halten«, wird herabgestimmt durch Reinharts spöttische Erklärung: ». . . es erfreut uns, in dem allgemeinen Vertilgungskriege das Einzelne für den Augenblick zu schützen, soweit unsere Macht und Laune reicht, während wir gierig mitessen« (375). Nur im vollendeten Augenblick der Liebe scheint die Welt ganz. Reinhart ist schon dabei, sie wieder auseinanderzulegen, der geliebte Analytiker. Naturwissenschaftliche Autoritätsrede hat die Naturoffenbarung beglaubigt; sie weist diese Offenbarung auch wieder in die Schranken. Die Natur stellt das Bild des

Paradieses; sie ist nicht das Paradies. Sie ist auch nicht das Gegenteil. Nichts ist gültig im Sinne der Endgültigkeit. Der Spaziergang als Lebensvollzug und der Spaziergang als Allegorie, sein Faktisches und dessen (Be)deutungen gehen nicht ineinander auf. Nirgends bei Keller ist so sehr Paradies wie hier. Nirgends wird ein Paradiesesbild so zerrüttet wie dieses durch das schneidende darwinistische Wort vom Kampf ums Dasein, das alles ungewiß macht und in der Mitte dieser strengsten Kellerschen Komposition den stärksten Schock von Dekomposition und Chaos auslöst.[23] Er kommt aus der Explosion der Spannung des Humors.

Die Leerstelle des Realismus

Was im Text berichtet wird, ist vom Text zu berichten. Der Rahmenerzähler bringt die Natur zur Offenbarung als Liebesnatur, indem er die Bibel zitiert und paraphrasiert. Diese Offenbarung hat den Krebs, der die Schlange anfällt, als blinden Fleck. Das Paradiesische wird durch ein naturwissenschaftliches Dictum des Helden sowohl bestätigt – keine Giftschlange – wie im Blick auf den blinden Fleck aufgelöst – Kampf ums Dasein. Der Erzähler läßt anschließend in der Gestalt eines Schusters, der singend Goethe rezitiert, die Menschenwelt Liebe predigen, und er gibt dieser Predigt Erfolg, indem er den Helden den Rezitator zitieren und das Liebespaar ein Sinngedicht praktizieren läßt – wahrhaftig »Wortspiele«, wie der Erzähler im letzten Satz sagt, dessen letztes Wort ein Wortspiel mit dem Namen der Geliebten ist. Immer schon hat Kellers Erzählen mit Zitaten des Erzählers und der Figuren gearbeitet, aber erst Spätwerke erreichen ihr Ziel in zitierenden Helden; so das »Verlorene Lachen« mit dem »Hamlet«-Zitat des Jukundus: »Der Rest ist Schweigen«; so »Hadlaub« mit dessen Liebesgeständnis in der Frauenstrophe des Kürenbergers; so – in der Quintessenz – Reinhart im »Sinngedicht«.

Das Gemeinsame von naturwissenschaftlichem Dictum und literarischem Zitat liegt darin, daß sie fremdverantwortet sind. Für ihre Anwendung haftet der Sprecher, aber für ihre Gültig-

keit bürgt der Textzusammenhang, aus dem zitiert wird, bzw. die Wissenschaft. Zitat und wissenschaftliche Aussage bilden die Ränder einer poetisch vergegenwärtigten Wirklichkeit, die in ihrem Kern undurchdringlich ist. Er kann nur eingekreist werden. »Das Wirkliche ist im Denken nicht in ganzen Zahlen, sondern nur in Brüchen darstellbar.« Dieses Feuerbach-Wort ist wie eine Basiserklärung zum poetischen Realismus des 19. Jahrhunderts in Deutschland. Es ist mit dem Rücken zu Hegel und der Philosophie des deutschen Idealismus gesprochen. Das Überwältigende der Wirklichkeit, die nicht mehr aus dem Geist ist, deshalb stumm, bricht das Denken und Deuten vielfältig.[24]
Die Klassik steht im Zeichen von Synthesen; das »Tanzlegendchen« als ›Legende‹ von Kellers Werk läßt es als unendliches melancholisch-heiteres Spiel von Inklusionen und Exklusionen lesen, bei dem jede Einschließung ausschließt und jeder Ausschluß eine neue Einschließungsbewegung in Gang setzt.
In dem Maße, wie sich für Keller der Kern des Undurchdringlichen in der Realität auswächst, zieht sich der poetische Realist mit der zugedeckten Wunde des Epigonenbewußtseins auf das Zitat zurück, bis im Schluß des »Sinngedichts« die ganze Welt zum Zitat ausgedünnt wird. Die Kulturnatur selbst nimmt den Charaker des Zitats an und tritt in einen facettenreichen Bezug zur naturwissenschaftlichen Aussage, die in der Klassifikation der Schlange Feststellungen unter Ausschluß des Menschlichen und in der darwinistischen Lebensdeutung unter Auslöschung des Menschlichen trifft. Vorhandenes wird so durch vorgegebene Muster teils übereinstimmend, teils widersprüchlich gedeutet – ein Ausdruck der Sprachkrise, die schon im »Verlorenen Lachen« Spuren bis in die Liebessprache des Ehepaares zieht. Im Rückbezug, im Rückzug auf das Zitat kann sonst nicht mehr Sagbares gesagt werden. Es wird als Zitat gesetzt und auch zurückgenommen. Die latente Tendenz zur Zurücknahme wird im »Sinngedicht« manifest durch die Konfrontierung des Zitats mit wissenschaftlichen Sätzen, deren letzter, übergreifender den Helden gerade dann in unaufgelösten Widerspruch zum Erzähler bringt, als die Figur ihren endgültigen Umriß erhält:
Wird im Erzähleingang Darwins Satz von der natürlichen

Zuchtwahl ironisiert, entschreitet dem Erzählende ein darwinistisch argumentierender Held, der mit dem Wort vom allgemeinen Vertilgungskriege in bezug auf die Selbstdurchsetzung des Menschen die gleiche Ausweitung des Naturgesetzes vornimmt, die der Erzähler in bezug auf die Selbstreproduktion des Menschen in Frage stellt: Mitten im Goldschnittbild der Kulturnatur macht sich der Repräsentant einer rigid naturwissenschaftlichen Naturauffassung breit, der zwar nicht mehr mit Menschen experimentiert, aber doch den Menschen selbstverständlich dem ›unmenschlichen‹ Naturgesetz subsumiert. Der sich und die Geliebte punktuell der Liebe überantwortet, unterstellt die Welt generell dem Trieb. Er treibt das absurde Geschäft, allgemeingültige Regeln und zugleich Ausnahmen von diesen Regeln aufzustellen – und wird nicht zurückgewiesen. Damit findet auf höchster Ebene des Erzählens statt, was am Erzählen Reinharts und Luciens beobachtet und textintern kommentiert wurde – das unbeherrschte Klaffen von Aussagegeschichten. Die Tendenz des Kellerschen Erzählens, das Erzählte in der Verfügung des Erzählers zu belassen und damit gefährliche Verselbständigungen gefährlicher Aussagen zu verhindern, wird durch das gleiche Mittel unterlaufen, dessen es sich bedient, denn die tausendfädigen humoristischen Verknüpfungen können verräterisch werden und außer Kontrolle geraten. Das Bestreben des Erzählers, das Erzählte in der Hand zu behalten, wird im »Sinngedicht« vollends sabotiert, wenn das Erzählte eine Eigenständigkeit gewinnt, die sich gegen das Deutungsmuster des Erzählers durchsetzt und es zuschanden werden läßt – genau der Sachverhalt, den Lucie Reinhart unter die Nase hält.

Noch weiter geht das »Sinngedicht« darin, daß es den geschichtslosen Reinhart zum Ort macht, von dem Dicta und Zitate und Deutungen ausgehen. Das Undurchdringliche ist nicht nur Gegenstand und Widerstand der Rede, es liegt im Ausgangspunkt der Rede selbst. Die Leerstelle des Realismus, das Unerreichbare der Welt, erscheint im Sprecher, damit aller Besprechung endgültig entzogen. Daß die Umschlagstelle des Lebendichtens leer ist, obwohl und weil von endloser Schreibarbeit durchzogen, war an den »Mißbrauchten Liebesbriefen«

ablesbar. Daß der Erzähler in den Rissen und Brüchen der humoristischen Erzählweise sowohl vortritt wie verschwindet, zeigte sich durchgehend. Daß Autorschaft und Realität gleichermaßen ein Grenzwert des Erzählens bleiben, war die Eingangsbeobachtung am »Grünen Heinrich«. Doch nicht in diesem Roman mit seinem Reichtum an Wirklichkeitsgehalt, nicht im weiten Netz der früheren ›gesellschaftlichen‹ Novellistik, sondern erst im »Sinngedicht« ist das Prinzip so weit formalisiert, daß die Korrespondenz der Grenzwerte voll erkennbar wird. Die geniale Formel besteht in dem Widerspruch, einen geschichtslosen unbedeutenden Erzähler Geschichten erzählen und deuten zu lassen; den Naturwissenschaftler zum Vexierbild des Poeten und den weiblichen Adoleszenten zum Vexierbild des männlichen zu machen. Eingesponnen im Erzählen des Erzählens, als Ende der artistischen Sublimierungen tritt die Provokation des Realismus ans Licht – das was ihn provoziert und wodurch er provoziert.

Wenn in Reinhart, dem Haupterzähler des »Sinngedichts«, die Leerstelle des Realismus auftaucht, ist das die letzte Bestätigung dafür, daß bei Keller zwar durchgehend um das poetische Produzieren herumgeredet wird, daß aber der Produzent und das Produzieren von Poesie nicht zum Thema wird. In der Epoche, an deren Ausgang das hermeneutische Paradigma ›Das Erlebnis und die Dichtung‹ formuliert wird, steht Keller unter dem Zwang, entweder das Erlebnis oder die Dichtung als Thema zu suspendieren. Das eine Leerstelle des Realismus überhaupt zu nennen, ist ebensosehr eine These wie eine Definition. Keiner der großen deutschen Realisten, weder die Droste, noch Raabe, noch Storm, noch Fontane macht einen bevollmächtigten Poeten zum poetischen Helden. Umgekehrt: Wo der Poet noch oder wieder poetisches Thema wird, liegt keine große realistische Poesie vor.

Auch in diesem erweiterten Rahmen bietet sich der Vergleich mit Klassik und Romantik an. Goethes Tasso, auf den sich Keller so mannigfach bezieht, produziert aus seinem Leiden an der Welt die Urbilder, in denen das Wirkliche auf das Wahre durchsichtig wird. Aus diesem Vermögen leitet sich sein Anspruch her, als Dichter zugleich ›Weltmann‹ und vollberechtigtes Mitglied der höfischen Gesellschaft zu sein. Als Kreuzritter will der Sänger des befreiten Jerusalem ins befreite Jerusalem einreiten, dessen Befreiung er mit seinem Epos eingeleitet hat. Noch diese Illusion des Poeten trägt dazu bei, den durchdringenden Blick seiner Poesie zu schärfen. Noch in dieser Illusion, die unauflösbar mit dem Wahrheitscharakter seiner Dichtung gekoppelt ist, äußert sich der Rang des Dichters, an dessen Anspruch die Welt scheitert, indem er an ihr scheitert; dessen die Welt bedarf, die ihn doch beiseite stellt. Da die Welt darauf angelegt ist, im Menschen, und repräsentativ im Künstler, zum Bewußtsein zu kommen, vermag die Dichtung das sinnliche Scheinen des Bewußtseins der Welt zu sein. In ihren Idealmodellen wird die Welt durchsichtig. Erfahrungen, Leiden, Phantasmen, die aus der Tiefe der individuellen Biographie mit ihrer Brutstätte in der modernen Familie auftauchen, werden in diesen Modellen so exemplarisch klar, wie der Poet als Produzent der Modelle klar erfaßt wird.

Das gilt auch für die Romantik. Enttäuscht in der Hoffnung, die Welt gemäß den Visionen des poetischen Geistes praktisch formen zu können, rettet sie sich in einen absoluten Anspruch, geistig und imaginativ das Vorhandene zu verflüssigen. Tasso will die Welt verändern. Die Frühromantiker wollen das Bewußtsein so verändern, daß in ihm der Jüngste Tag anbricht. Das Scheitern dieser Vision führt zum Versuch, Freiräume der Poesie auszugrenzen, in die sich das höhere Leben des Geistes aus der erstarrten Wirklichkeit der Gesellschaft zurückziehen kann. Das ist der Schritt von Novalis' »Heinrich von Ofterdingen« (1802) zu E. T. A. Hoffmanns »Serapionsbrüdern« (1819-1821). Der Anspruch, der Künstler sei der repräsentative Mensch, wird verkapselt. Erst für das Junge Deutschland und das Biedermeier verliert die Poesie ihre Richtlinienkompetenz. Heinrich Heine ruft 1834 im »Salon« das Ende der Kunstperiode aus.[25] Der Künstler wird zum Sprachrohr progressiver oder konservativer Zeittendenzen. Der Realismus geht weiter, indem er stehenbleibt. Der Realist ist der Chronist des Vorhandenen in seiner Übermacht und Zerstreuung, und zwar dergestalt, daß bei den bedeutenden Vertretern sowohl Verklärung wie Kritik den Maßstab einer grundsätzlichen, zielorientierten Veränderbarkeit der Welt verlieren.

Der Ästhetiker Friedrich Theodor Vischer, der den Freund Keller in seinem Roman »Auch Einer« als Guffrud Kullur auftreten läßt, nennt als besonderen Charakter von Kellers Realismus »eine gewisse ausnehmende Herbigkeit, eine Art von Unerbittlichkeit, womit er uns die Nase auf den Granitgrund der Realität drückt«.[26] Goethes Werther verläßt unter Protest eine Welt, die er als Gefängnis empfindet, weil sie ihm Bedingungen stellt. Kellers Fritz Amrain stößt mit blutender Nase auf »eine ganz andere grobe und widerstehende Welt als sich Fritz gedacht hatte, welche sich für unzweifelhaft und aufs beste begründet ausgab und nur verwundert schien, wie man sie irgend habe in Frage stellen . . . können« (VII, 235). Er erkennt – jenseits aller Rechtspositionen – ein ›Recht‹, das im bloßen Vorhandensein des Vorhandenen liegt. Wie seltsam, es jenseits von gut und böse, wahr und unwahr, konservativ und progressiv als einen trigonometrischen Punkt zu erblicken, an dem zu orientieren sich empfiehlt. Der heitere Knabe lernt seine Lektion, geht hin und paßt sich an. Da sich die Welt nicht nach seinen Wünschen richtet, richtet er seine Wünsche nach der Welt. Noch das realistische Wunschbild von Wirklichkeit ist eine Rückzugsposition. Fritz Amrain gewinnt seinen Realitätssinn als Gefangener nach einer mißlungenen revolutionären Aktion, die sich leicht als Zürcher Freischarenzug von 1845 gegen das katholische Luzern orten läßt, an dem auch Keller teilgenommen hatte. Der Realist Keller wird im Augenblick der politischen Beruhigung, im Bekenntnis zu den marmorfesten politischen Formen geboren, die nach Meinung seiner Traumbuch-Eintragung vom 20. September 1847 so liberal sind, daß jede weitere revolutionäre Bewegung eigentlich reaktionär wäre (XXI, 81 f.). So läßt er die revolutionär-visionäre Lyrik und beginnt episch von dem zu schreiben, was vor Augen liegt. Der deutsche Liberale August Ludwig von Rochau erfindet 1853, fünf Jahre nach dem Scheitern der Revolution von 1848, das Schlagwort »Realpolitik«.[27] Während der Realismus blühte, brachte Bismarck sie zur Perfektion.

Das Diffuse der Umwelt im bloßen Vorhandensein erscheint als Haupthindernis der Bewältigung nicht nur in der Praxis, sondern auch in der Poesie, die es auf mannigfache Weise in sich einläßt und bearbeitet. In einer Welt, die nicht mehr die Schöpfung Gottes oder des Menschen ist, vielmehr nur noch ist, verleugnet auch der poetische Schöpfer sein Schöpfertum, indem er seine Hervorbringung als Gegebenheit imaginiert und präsentiert. Nur als Ausdruck der Unreife findet sich im »Grünen Heinrich« die Auffassung des Künstlers als alter deus. Nur weil Spiegel das Kätzchen kein Poet ist, darf als Märchenscherz verraten werden, daß die ›Realität‹ der Binnengeschichte Spiegels Erfindung ist. Nur weil er kein großer Poet ist, darf Hadlaub als Dichter aus Phantasie erscheinen. Der Beinahe-Romantiker dankt vor der Realität ab und wird ein ganzer Bürger. In der Epoche des Realismus hört das schöpferische Subjekt auf, Menschheitsrepräsentant zu sein. Es tritt zurück ins Glied. Für Tasso bleibt *im Leben* das Innerste der Wirklichkeit unzugänglich. Den Realisten bleibt *im Werk* eine Wirklichkeit unzugänglich. Sie sind nicht deren Instanz; sie ist ihre Instanz, der sie sich bis in die Konvention der Vorfindlichkeit der doch von ihnen erfundenen poetischen ›Wirklichkeit‹ unterwerfen. Sie dichten als dichteten sie nicht; Keller sogar, wo er von Schreibern und Rednern dichtet, die auf ihn zurückweisen.

Die Bescheidung des Theoretikers Keller geht so weit, daß bei ihm das Prinzip Realismus in bezug auf eine Realität unentfaltet bleibt. Die wichtigsten seiner spärlichen poetologischen Publikationen bewegen sich am Rand der zeitgenössischen Realismusdebatte.[28] Es sind die kurze, aber prägnante Anzeige der »Gedichte von Heinrich Leuthold« (1878; XXII, 208 ff.) und die mehrteilige, umfangreiche Besprechung der Epik seines Landsmannes Jeremias Gotthelf aus den Jahren 1849 bis 1855, also aus der Zeit der Arbeit am »Grünen Heinrich« (XXII, 43 ff.). In Gotthelf sieht Keller einen Antipoden. Der Liberale setzt sich ausdrücklich vom Konservativen, der Feuerbachianer vom orthodoxen Christen ab, unausdrücklich aber beherrscht ein Gegensatz der poetischen Positionen die Erörterung, der mit Gotthelfs religiöser Haltung zusammenhängt: ihm ist die Welt als Schöpfung Gottes erklärt; alles in ihr ist eindeutig geortet. Keller, der moderne Autor, der sich der Dialektik der Kulturbewegung anvertraut, erblickt in Gotthelf nahezu einen Klassiker.

Echte Dichter im Werk Kellers sind lange tot, war beim Stammtisch der echten Literaturliebhaber in den »Mißbrauchten Liebesbriefen« und im Verhältnis Hadlaubs zum Kürenberger festzustellen. Gotthelf beeilt sich, dieses Kriterium zu bestätigen, indem er unter Kellers Rezensententätigkeit am 22. Oktober 1854 stirbt. Dieser Pfarrer ist ein wahrer Dichter und – schon lebend ein Anachronismus, von homerischer Schlichtheit, Größe und Plastizität in der Schilderung einer langsam vergehenden ständisch-bäuerlichen Kultur. Seine Poesie ist dem poetischen Ur- und Rohstoff noch oder wieder aufs äußerste nahe, näher – und hier muß eine in der bisherigen Erörterung unterlassene Differenzierung von Klassikern und homerischen Naiven Platz greifen – als die deutsche klassische Dichtung im engeren Sinne. Beide sind sie Stimme der Natur, aber in der Klassik Goethes reicht sie bis in ein Leiden, für das der Name Tasso spricht. Es entspringt einer schon modernen Differenzierung der Gesellschaft, in welcher der Autor für sich steht. Bei Poeten von der Art Gotthelfs und – so ließe sich anfügen – des Kürenbergers dagegen entspringt der Naturlaut der Unmittelbarkeit zu den dargestellten altertümlichen Verhältnissen. Bei Kellers zyklischer Vorstellung des literarischen Lebens kann Gotthelf durch diesen archaischen Zug auch moderner als die Klassiker erscheinen; jedenfalls ist etwas, das sein Werk von der Klassik abhebt, auch etwas, das ihn mit Keller und den Realisten verbindet. Ob nun die Welt aufgehört hat, Schöpfung zu sein, oder ob Gott exklusiv und orthodox als alleiniger Schöpfer gedacht wird – in beiden Fällen erübrigt sich der poetische Schöpfer. Sein Auftreten ist entweder nicht möglich oder nicht nötig. Bei Gotthelf wird das Poetische so wenig beachtet, daß er nicht nur das Thema der Hervorbringung von Poesie ignoriert, sondern darüber hinaus seinen Kunstprodukten jegliche künstlerische Aufmerksamkeit und Anstrengung verweigert.

So besteht für Keller die Möglichkeit, seine ausführliche Rezension wohl im Hinblick auf die Person des Autors und ihre Überzeugungen, aber unter völliger Nichtbeachtung des Zusammenhanges von Seele und Form im produktiven Prozeß zu schreiben. Vielleicht ist hier begründet, daß er in diesem *einen* Falle dem literaturkritischen Geschäft mit solch liebevollem

Behagen nachgegangen ist; die mißliche Frage nach Erlebnishintergründen und -bedingungen des Werks entfällt. Umgekehrt hat Keller als Kritiker das Thema Werk und Erleben nur ein einziges Mal scheu und intensiv zugleich berührt – im Wort über den geisteskranken, anstaltsinternierten Lyriker Heinrich Leuthold, dessen Dichtung von Treuhändern gesichtet und ediert worden ist. Ihm schreibt Keller das Buch zu, »welches gelebt und geworden und nicht gemacht ist ...« (XXII, 209). »Kurz, das Buch hat nicht nur ein Schicksal, sondern es stellt ein Schicksal dar« (211). In bezug auf Gotthelf gewinnt das sonst bei Keller so entwertete Wort einen hohen Sinn, wenn er ihn »ein großes episches *Genie*« (108; Hervorhebung G.K.) nennt – er ist es für Keller als fast unpersönliche poetische Potenz, frei von jeder Innerlichkeit, also in Umkehrung des Sinnes, den das Wort seit dem Sturm und Drang besitzt, so daß Keller das Genie im gleichen Atemzug auch »das größte epische *Talent*« nennen kann (108; Hervorhebung G.K.). Keller blickt in Gotthelfs Land ohne Innerlichkeit auch bei den Figuren, die das Wort Liebe nicht kennen, wenn sie lieben, mit der Sehnsucht, die der junge, zugehörige und doch getrennte grüne Heinrich dem Heimatdorf der Eltern zuwendet. Das größte Genie weiß und sagt nichts von sich und seinem Produzieren. Dem verrückten Künstler ist die Frage nach der persönlichen Lebensbedeutung und dem Lebensausdruck des Werks gemäß: Der Irrsinn steht hinter gelebten Büchern, in denen Schicksal erscheint und sich abspielt.

Ob der Zustand des Menschen als In-der-Welt-Sein gefeiert oder als Von-Wirklichkeit-unentrinnbar-umstellt-Sein beklagt wird – er ist nun Zustand und nicht Eigenbewegung, Gegebenheit und nicht Produkt. Das Unfaßbare der Welt kann sich als schneidende Sinnlosigkeit einer Realitätsmaschine, als Schnittpunkt polyperspektivischer Wahrnehmungen im Unendlichen, als Verschwimmen der Konturen in Oberflächenreizen der Wahrnehmung, als Abgesunkenheit oder Verengung des Erzählhorizonts, als ungewisses Aufsteigen von Erinnerungsgestalten zur Geltung bringen. Es kann im humoristischen Verspinnen der Widersprüche zu einem Ganzen erscheinen, das keines ist. Auch wenn Keller im Blick auf die von Paul Heyse getadelten Unwahrscheinlichkeiten der Handlungsführung und Mängel der psychologischen Motivierung im »Sinngedicht« brieflich am 27. Juli 1881 die »Reichsunmittelbarkeit der Poesie« für sich in Anspruch genommen hat[29], ist es ihm jedenfalls nicht mehr möglich, sie in der souveränen Geste eines Erzählers darzustellen, wie er in Goethes »Wahlverwandtschaften« anhebt: »Eduard – so nennen wir einen reichen Baron im besten Mannesalter – Eduard hatte in seiner Baumschule die schönste Stunde eines Aprilnachmittags zugebracht . . .«.

Selbstverständlich wird hier die Vollmacht in Anspruch genommen, ein Welt- und Gesellschaftsmodell idealiter aufzubauen. Bei Keller ist die Freiheit der Poesie in die Dimension eines epischen Anfangs verkrochen, der so lautet: »Vor etwa fünfundzwanzig Jahren, als die Naturwissenschaften eben wieder auf einem höchsten Gipfel standen, obgleich das Gesetz der natürlichen Zuchtwahl noch nicht bekannt war, öffnete Herr Reinhart eines Tages seine Fensterläden . . .«. Über das als vorhanden Imaginierte laufen Glanz- und Irrlichter, die alles und noch den, der so spricht, opak machen, indem sie überraschende Kombinationen entstehen lassen und sie alsbald wieder auflösen. Schon *ein* höchster Gipfel der Naturwissenschaften ist ein Widerspruch in sich, abgesehen davon, daß der Gipfelstürmer Reinhart offenbar gleichzeitig menschlich noch ziemlich weit unten ist. Und die Einschränkung »obgleich das Gesetz der natürlichen Zuchtwahl noch nicht erfunden war«, läßt das Kriterium der Gipfelhöhe und das Gesetz in einem fragwürdig werden. Solches geschieht am Anfang eines Buches, an dessen Ende naturwissenschaftliche Autoritätsreden die Natur – und nicht nur diese – vom Reden zurück ins Schweigen bringen. Wie kann, was so ungewiß anfängt, auf eine andere Gewißheit hinauslaufen, als daß sich der Regisseur des Arrangements nicht zeigen wird? Er ist so reichsfrei, auf sein Recht zu pochen, daß er sich in seinem Reichsstädtchen oder hinter seinem Reichsstädtchen versteckt. Sofern er nicht verhaftet oder ausgesperrt ist.

Werden in Klassik und Romantik Erfahrungen des Individuums in Idealmodellen des Menschlichen und Gesellschaftlichen organisiert und objektiviert, so sind die Realisten dem verhaftet, was der Fall ist, und mühen sich an ihm ab. ». . . die Geschichte mit dem Logauschen Sinngedicht, die Ausfahrt Reinharts auf die Kußproben kommt ja nicht vor; niemand unternimmt dergleichen«, räumt Keller in seinem Brief an Heyse ein; doch was ist die Auskunft des reichsfreien Poeten? »Sieht man schließlich genauer zu, so gab es am Ende doch immer einzelne Käuze, die in der Laune sind, das Ungewohnte wirklich zu tun, und warum soll nun dies nicht das Element einer Novelle sein dürfen? Natürlich alles cum grano salis.« Weil es Käuze gibt, darf es Kauziges in der Literatur geben. Gilt das Gebot, »keine Unmöglichkeiten zusammen[zu]pferchen« für die »kurze Novelle . . ., in welcher man puncto Charakterpsychologie zuweilen zwischen den Seiten zu lesen hat, respektive zwischen den Factis«, wie viel mehr noch steht der psychologische Roman unter dem Diktat der Wirklichkeit. Man vergleiche »Wilhelm Meister«, gar »Heinrich von Ofterdingen« mit dem »Grünen Heinrich«, um zu ermessen, was das heißt. Dort so viel an Realitätszeichen, wie nötig ist, das Idealmodell einer Entwicklung zu konkretisieren; hier ein Dickicht von Realitätswucherungen, in das die Breschen einer Konzeption geschlagen werden. »Das realitätssüchtigste Buch von der Welt«, nennt Keller in einem Brief an Hermann Hettner vom 25. Juni 1855 Goethes »Wilhelm Meister«; wie viel realitätssüchtiger ist der »Grüne Heinrich«, obwohl und weil Realität dem autobiographischen Schreiben Heinrichs ein Grenzwert bleibt!

Vorhandensein ist Maßgeblichsein, rundum im Realismus: Nicht nur das Material der Erinnerung, auch die Struktur des Erinnerns geht in Storms realistisches Erzählen ein. Fontanes Realismus analysiert nicht nur die Gesellschaft, die er darstellt, mit Hilfe von Figurengesprächen; er läßt diese Analysen wiederum übergriffen sein von Gesellschaft, in welcher der Erzähler wie der Teilnehmer eines Gespräches mit seinem Meinen schwimmt: Stirbt Effi Briest versöhnt, und wenn ja, womit? Oder stirbt sie nur, nachdem sie auch noch sich selbst und ihre geistige Kontur verloren hat? Die Welt – Material des Redens, das in sich Humanität ist, oder: Humanität lediglich noch ein Kreisen der Rede? Raabes Realismus läßt nicht nur die Wahrnehmungs- und Urteilsfähigkeit des Weltreisenden Eduard, er läßt durch die Erzählkonstruktion auch das Erzählen selbst an der Frage haltmachen, ob Stopfkuchen nun der wahre Mensch oder das menschenfressende Riesenfaultier ist, das sich auf der roten Schanze mästet und milde böses Wissen ausdünstet. In der »Judenbuche« der Droste läuft die Geschichte in das Doppelgängermotiv wie in eine Falle. Who's Who in der »Judenbuche«? Kellers Realismus ist Lebendichten, Umschreiben der Biographie, des eingebrannten Musters. Idealmodelle stehen für sich und sind in sich lesbar. Wer das eingebrannte Muster liest, findet es auf der Haut. Der biographische Roman ist ein Prachtexemplar des poetischen Realismus, der sich poetisch ums Reale dreht. Gefangen noch im Verfügen; hilflos, harmlos oder trostlos die Anläufe zum Pädagogischen.

Auch klassische und romantische Werke können im Blick auf die Biographien ihrer Autoren entziffert werden, aber es ist erläßlich, wo sich das Gesamtwerk in Problemfeldern organisiert, mögen sie bei Goethe Natur und Gesellschaft, bei Schiller Natur und Geschichte oder bei Eichendorff Natur und Gnade heißen. Doch angesichts des gedichteten Lebens ist eine Lektüre des Geschriebenen, die bis auf die Schreibunterlage durchdringt, unabdingbar. Auch im klassischen und romantischen Bildungsroman wird die Welt als Erfahrung des Helden gegenwärtig, aber da der Held als exemplarische Figur der Welterfahrung angelegt ist, organisiert seine Biographie die Welt als Kontinuum bis ins Detail. Bei Keller hingegen, wo die gelebte Autorbiographie die Grundfigur der epischen Organisation abgibt, behält der Weltaufschluß Zufälliges und Fragmentarisches. Auch bei Goethe oder Schiller erweisen Bruchlinien in den Werken den Text als Ort seelischer Kämpfe und Prozesse, aber seine Gliederung in Problemfeldern garantiert einen Abstand des Autors, der ihn befähigt, noch Brüche zum Moment der Komposition zu machen. So verfährt Goethe mit seiner Kunst des Fragmentierens, die sich in »Faust II«, weithin einer Komposition aus erratischen Blöcken, auf dem Höhepunkt zeigt; so verfahren die Romantiker in Fragmenten und ironischer Formaufhebung in der Form. Auch Goethes oder Schillers Gesamtwerk bildet offene Systeme, in denen ein Werk oder eine Werkgruppe andere aufnimmt, fortsetzt, ergänzt, korrigiert und in Frage stellt, so daß durch ihren Wechselbezug alle zusammen mehr und anderes aussagen als jedes für sich. Wo aber das seelische Geschiebe der gelebten Biographie so sehr in die Dichtung dringt wie bei Keller, liegen Rang und Ganzheit des Werkes viel weniger im Einzelwerk als im Gesamtwerk, weil das Spiel von Erfahrungsdruck und Formkraft, Verschweigungs- und Enthüllungstendenz, integrativen und desintegrativen Energien über alle Grenzen wogt. Goethes und Kellers Texte haben eine vergleichbare Dichte der Textur, aber wo bei Goethe die Bildteppiche zum Ganzen gewebt sind, scheinen sie bei Keller oft aus dem laufenden Muster, dem Rapport, herausgeschnitten.

Auch bei Goethe oder Schiller schließlich ließe sich zeigen, daß bestimmte Aussagen im Werk nicht möglich sind, obwohl oder weil sie den Fluchtpunkt dieser Werke bilden, oder daß Schweigen als Weise des Aussprechens in ihren Dichtungen vorkommt. So reden Eduard und Charlotte in Goethes »Wahlverwandtschaften« bei der Erörterung, was die Anwesenheit eines Dritten für ihre Ehe bedeuten würde, ausgesprochenermaßen von Eduards Freund, unausgesprochen jedoch von dem Kind, das sie nicht haben. So hat Schiller in einem Brief an Wilhelm von Humboldt am 30. November 1795 eine elysische Idylle skizziert, in der das Ziel seiner Geschichtsphilosophie, der Umschlag der Dissonanzen der Geschichte in eine grenzenlose Harmonie, sinnbildlich dargestellt werden sollte. Da aber jede Darstellung dieses Grenzenlosen Vorstellungsgrenzen hätte setzen müssen, da ein Gemälde aus lauter Licht nicht möglich ist, war der Plan unausführbar. Nur am Horizont der »Jungfrau von Orleans« oder des Gesangs »Das Ideal und das Leben« leuchtet das eschatologische Licht auf, an dem doch Schillers gesamte Klassik orientiert ist wie die Blume an der Sonne.

Was aber dieses Reden durch Schweigen und diese Unaussprechlichkeit gegen vergleichbare Phänomene in Kellers Werk abhebt, ist dieses: In den »Wahlverwandtschaften« ist das beredte Schweigen eine Gestaltungsleistung des Autors, bei Keller ist es die Spur des für den Autor Unsäglichen, weil Undenkbaren im Werk. Bei Schiller ist die Unaussprechlichkeit Elysiums eine Eigenschaft des idealen Gegenstandes, nicht Folge einer Redehemmung. Alles das ist anders in Kellers Realismus, wo Unaussprechliches auf die Kontingenz der Gegebenheiten, in ihrem Zentrum solche der individuellen Biographie, zurückverweist. Das sprechende Schweigen der Goetheschen Figuren verhält sich zur Ausdrucksqualität stummer Stellen bei Keller wie kunstvoll hergestellte Unordnung zu den atemberaubenden Einbrüchen der Zerrüttung in moderne Werke. Daß Keller nicht das Unsägliche zu sagen, aber über das Prinzip der Unsäglichkeit poetisch zu sprechen vermag ist die extreme Leistung des »Sinngedichts« mit dem leeren Reinhart, dem poetischen Nichtpoeten, in der Mitte.

E. T. A. Hoffmanns »Serapionsbrüder« schaffen sich eine Zuflucht für die Überwinterung der Kunst in der Philisterwelt. Mörikes Mozart vereinigt sich mit der Gesellschaft in einem dionysischen Glücksmoment als der zum Sterben Bestimmte, schon Abgeschiedene. Seine Kunst ist die geistig-sinnliche Essenz, das Aroma, das der durchschnittenen Frucht entströmt. Stifters »Haidedorf« nimmt in der Zweitfassung den Dichter aus der großen Welt in die Idylle zurück. In Storms »Aquis submersus« versinken zuletzt noch die Bilder des Malers Johannes im trüben Wasserloch der Zeit: er war nicht groß. In Grillparzers »Armem Spielmann« entzieht sich die Gestalt des Künstlers ins Psychopathische. In Raabes »Hastenbeck« liegen Geßners Idyllen auf dem blutigen Schlachtfeld des Siebenjährigen Krieges, der sogar die Porzellanmaler bedroht. Keller läßt den Dichter im Irrspiegel erscheinen und verschwinden. Bei Fontane ist er abgetreten: Wege des Realismus. An ihm vorbei läuft die Linie einer Thematisierung der Posie in der Posie, der Kunst in der Kunst, weiter zur Moderne. Conrad Ferdinand Meyer, Kellers Landsmann und Gegenspieler, spricht vom Dichter, er läßt den Dichter in seiner elegischen Pracht sprechen. Dante in der »Hochzeit des Mönchs« ist der Herr künstlicher Paradiese glühenden Lebens, die in ihrer Intensität und Farbenpracht über die graue Wirklichkeit triumphieren. Er zeigt nicht die Urbilder, er zeigt die Gegenbilder des Lebens; er zeigt sie in einem psychologisierenden Stil, der monumental aufzutrumpfen versteht. Nirgends ist das volle Leben als in der eisigen Totenwelt der

Kunst. Nicht: »Wach auf, gefrorner Christ!«, vielmehr: laßt euch einfrieren, ihr Christen! lautet die Devise. Das Defizit der Kunst, nicht unmittelbar Leben, vielmehr dessen tödliche Kristallisierung zu sein, wird zu ihrem Vorzug erklärt. Zwischen Keller und Meyer, zwischen Kilchberg und Zürich verläuft die Wasserscheide von Realismus und Symbolismus.
Wie verträgt sich aber dieses Bild des deutschen Realismus mit dessen erklärter Tendenz zur Verklärung noch in der Kritik; mit seiner Reserve gegen den konsequenten Realismus etwa der Franzosen? Der französische Realismus Stendhals, Balzacs, Flauberts erfaßt zur Gänze entfremdete Welt; er zieht sein Pathos, wo er es entfaltet, aus dem Betonen der Entfremdung. Stendhal zeigt den Willen zur distanzierten Analyse des Befremdlichen noch in der erst 1890 postum veröffentlichten autobiographischen Erzählung »Vie de Henri Brulard«; Balzac strebt mit wuchernder Phantasie zu einem Panorama der Gesellschaft, das sie nach Analogie biologischer und zoologischer Systeme auffaßt; Flauberts Energie des Schreibens nährt sich »aus einem Menschen- und Dinghaß, der eben durch die kalte Präzision der Bestandsaufnahme den Abstand feststellt . . .«.[30] Die Helden dieses französischen Realismus stoßen auf den Widerstand einer gemeinen Wirklichkeit, aber die Welt dieser gemeinen Wirklichkeit ist den Werken als fremde immanent. Der deutsche Realismus zeigt das Bestreben, die entfremdete Wirklichkeit wenigstens poetisch zu verklären, aber er ist trotz dieser Neigung oder zumindest Bereitschaft zur Apologie an *einem* Punkt tiefer radikal als der französische, denn indem der deutsche Realismus in perspektivischem Erzählen, in geflechthaft ausstrahlenden Gesprächen der Figuren, in humoristischem, sich selbst in Frage stellendem Vermitteln, in vergegenwärtigendem Erinnern die fremde Welt human anzuwärmen und die banale Wirklichkeit mit Bedeutung zu unterfüttern versucht, läßt er durch eben diese Perspektivierung, diese Gespräche, dieses Erinnern, diesen Humor etwas außerhalb und in den Zwischenräumen der vergegenwärtigten Welt, von dem sich Erfahren, Erinnern, Reden, humoristisches Vermitteln ableiten und von dem sie abgleiten, ohne es fassen zu können. Was die Helden des französischen Realismus erleiden, erleidet in

Deutschland der Realismus selbst – noch da, wo er Versöhnung darstellt: die penetrante Widerständigkeit der Dinge, wie sie nun einmal liegen, und der Verhältnisse, die nun einmal nicht so sind. An ihnen splittert der deutsche Realismus humoristisch, perspektivisch, dialogisch ins Aspekthafte auf, weil er *poetischer* Realismus sein soll. Sie sind das, was sich jedem Kompromiß entzieht und jedem Kompromiß widerspricht und jeden Kompromiß als solchen kenntlich macht. In Reinhart ist es verinnert und auf die Leerformel gebracht.

Reinhart und Lucie sind am Ende des »Sinngedichts« angekommen. Wo und zu welchem Ende sind sie angekommen? Ein Zyklus kreist in sich. Darin kehrt die ›Zeitlosigkeit‹ des Naturwissenschaftlers wieder. Man hat von Gott und der Welt gesprochen und doch nur vom Sinn eines Sinngedichts. Urhaß und Kampf der Geschlechter, zu dem Hebbel, Nietzsche, Strindberg und andere die antagonistischen Momente der bürgerlichen Philosophie der Geschlechter tragisch verabsolutieren, sind novellistisch paradox eingefangen und zum Minnekrieg konventionalisiert, in dem jede Kampfhandlung Werbung ist. Reinhart bleibt ein leeres Schema, auch wenn er am Ende mit Lucie vereinigt ist. Der grüne Heinrich möchte für Anna durchsichtig sein wie ein Kristall. Reinhart, auf den Lux fällt, ist rein wie nichts. Er hat erzählt; er hat sich sogar freigesprochen, aber am Ende ist er nichtssagend. Im »Grünen Heinrich« wird das leere Schema schmerzhaft aufgebrochen. Im »Sinngedicht« entfaltet es einen Sog, weil seine Leere kein Ergebnis ist und kein Ergebnis enthält. Sie ist kein Punkt des Verschweigens, nicht einmal des Radierens, vielmehr etwas Einmaliges. Sie ist in einem Buch voller Lebenserzählungen und Lebensdeutungen absolut. Kernzonen werden beschwiegen. Das Schweigen wird zum Sprechen gebracht: Es sagt mehr als es will und soll – aber von diesem ›Unsagbarkeitstopos‹ aus und auf diesen ›Unsagbarkeitsstopos‹ hin. Er ist der ou topos der Schlußutopie.

Wäre »Das Sinngedicht« nur eine Geschichte vom Heiraten, wäre es nur die Geschichte einer Damenwahl, man könnte das Buch beruhigt zuklappen. Aber Reinhart, der Held, hat Unvereinbares zitiert: daß es das Glück der Liebe geben soll, daß die Schlange nicht giftig ist *und* zugleich, daß alle alle fressen. Das ist nicht nur das Ende *seiner* Hermeneutik. Reinharts Frage: »Was hast du erlebt?« endet an ihm. In dem Augenblick, in dem Reinhart durch Verstehen die Lücke zwischen dem, was er sagen will, und dem, was er sagt, zu schließen fähig wird, bricht sie als Lücke der Verstehensmöglichkeit überhaupt in ihm wieder auf. Nichts ist es mit der ganzen Wahrheit und der vollen Offenbarung des Geheimnisses. Der Triumph der Hermeneutik ist zugleich deren Niederlage, und davon spricht dieses Buch. »Das Sinngedicht« enthält auch Sinnverzicht. Es ist darin die potenzierte Fassung der Kellerschen Wahrheit, daß das Ganze nicht ganz ist – jener Wahrheit, die in den »Legenden« als Legende von Kellers Werk lesbar wurde. Eine Inhaltsparaphrase des Sinngedichts hätte zu dem Ende zu führen, daß Reinhart im Verstehen Luciens sie und sich zur Liebe befreit und in den Hafen der Ehe einfährt, der freilich im »Sinngedicht« bemerkenswert wenig Umland und Hinterland hat. Das wäre noch einmal mit höchstem Aufgebot an Sicherungskräften das Kellersche Wunschmärchen. Doch schon im Inhalt der Geschichte sind Signale angebracht, die vor einer so einfachen Lesung warnen. Reinharts Reinheit bleibt undurchsichtig, sofern nur die Durchsicht seiner erlebten Geschichte den Menschen auf sein Wesen, auf ein Wesentliches durchsichtig macht; seine Reinheit bleibt Undurchsichtigkeit, sofern der rein Liebende am Ende rein gar nicht verrät, wie er Liebe in der Räuberhöhle des Daseinskampfes möglich, wirklich und wirkend machen will. Das Erzählen des Erzählers vertieft diese Fragen, denn es schweigt sich aus über den Binnenerzähler, es hat keine letzte Meinung über dessen letzte Meinung. Im Übergang der Erzähler Reinhart und Lucie von erlebten zu erlesenen Geschichten wird das Erzählen Literatur aus Literatur. Es stellt zuletzt eine Kulissenrealität aus Zitaten in die Realität. Ein schmaler Lichtstrahl fällt ins Undurchsichtige. Lucie entschwindet glücklich mit Reinhart. Aber die Form des Erzählens läßt sie auch *in* Reinhart verschwinden. Artisten in der Zirkuskuppel – weltlos.

Schema zum »Sinngedicht«

○ Damenwahl
□ Lucie erzählt
◌ Damenwahl?
◇ Oheim erzählt

I. Das Experiment: Küssen

Kap. 1, Kap. 2, Kap. 3 – Experimentalanordnung und Experiment

Kap. (4), Kap. 5, Kap. 6 – Auflösung der Experimentalanordnung

II. Hermeneutik: Erzählen statt Küssen

Kap. [7], Kap. 8, Kap. (9) – Unterwegs zur Sprache
- Von einer törichten Jungfrau: Küssen und Gähnen.
- Regine: Sprachlosigkeit.
- Die arme Baronin: Sprechen lernen?

Kap. ◇10, Kap. (11), Kap. [12] – Was die Sprache sagt
- Die Geisterseher: ein Palimpsest lesen.
- Don Correa: Gelernte Sprache und stummes Zitat.
- Die Berlocken: Mißverstehen durch Wörtlichnehmen.

Kap. [13] 1. Hälfte: Geständnis, Verständnis, Einverständnis: Das vernachlässigte Lustwäldchen.

III. Das Experiment, das keines war: Küssen statt Reden

Kap. 13, 2. Hälfte: Das gepflegte Lustwäldchen.

»Martin Salander« oder die Muse des Realismus

Reicht noch »Das Sinngedicht« als Plan in den Berliner Aufenthalt zurück, so ist das letzte große epische Werk Kellers innerhalb einer verhältnismäßig kurzen Zeit entworfen und vollendet worden. 1881, sechs Jahre nach dem Ausscheiden aus dem Amt, zeigt sich die erste sichere Spur des Romans »Martin Salander«. 1886, vier Jahre vor Kellers Tod, erfolgt der Vorabdruck in der »Deutschen Rundschau«, die schon die »Züricher Novellen« und »Das Sinngedicht« vor der Buchausgabe herausgebracht hatte. Im gleichen Jahr folgt das Buch. Über dreißig Jahre liegen zwischen Kellers erstem und zweitem Roman, die das Novellenwerk einrahmen. Tiefgreifend hat sich inzwischen die Situation im Raum der deutschsprachigen Literatur gewandelt. Der letzte Band des »Grünen Heinrich« (1855) steht in zeitlicher Nachbarschaft zu Stifters »Nachsommer« (1857), der den klassischen Bildungsroman fortsetzt, während Kellers »Grüner Heinrich« ihn zersetzt. Der Rückbezug auf das Muster der Klassik, der Versuch, bürgerliche Kultur in einer als Bezugsrahmen gegebenen Natur zu sichern, bildet die Gemeinsamkeit trotz entgegengesetzter Bewegungsrichtung der poetischen Energien. Bei Keller halten sie gegenläufig zur eigenen Programmatik das Werk in Bewegung; bei Stifter dienen sie der Verkündigung eines Programms und lassen das Werk hieratisch erstarren.

Der Erscheinungstermin des »Martin Salander« liegt in der Mitte zwischen der norwegischen Fassung (1884) und der deutschen Übersetzung (1887) der »Wildente« Henrik Ibsens. Das in Deutschland entstandene Stück widerruft Ibsens Gesellschaftskritik durch Radikalisierung. Galt es im früheren Werk Ibsens, die Gesellschaft im Namen der Wahrheit zu reformieren, so wird nun noch der Wahrheitsanspruch des Reformators als lügenhaft – eine Verkappung des Hasses und der Schwäche – entlarvt und die Lebenslüge als einziges Mittel des Überlebens in einer unreformierbar versumpften Gesellschaft gedeutet. In ähnlicher Weise widerruft auch Keller durch Radikalisierung in

einem Roman, der nicht mehr Lebensgeschichte des einzelnen, sondern Gesellschaftsbild zu sein beansprucht, getragen von der gemeineuropäischen Zeitbewegung realistischer Gesellschaftskritik, die sich auch gegen eigene frühere Positionen Kellers richtet.[1] »Es scheint jetzt eine Zeit zu sein, in der alle Nationen, große und kleine, eine Art Romanbekenntnisse ablegen, in denen sie ihre Schäden vergleichen und beklagen, Überhebungen und Verirrungen abbüßen, und ihre Besserungsrecepte austauschen. So eintönig der Gesang zu werden beginnt, kann sich doch keiner der auf den Bäumen herumsitzenden Vögel ihm entziehen, zumal die Kunstform eine Freiheit der Bewegung gestattet, die sonst nicht leicht vorhanden ist. Auch vorliegender kleiner Roman stellt sich in diesem Sinne an die Heerstraße und ohne andern Anspruch, als in das allgemeine ›es ist bei uns wie überall‹ als umgekehrtes c'est partout comme chez nous einzustimmen« (XII, 432). So der Entwurf einer Vorrede, der sich statt der geplanten Fortsetzung im Nachlaß fand.
Was Umbruch innerhalb einer Kontinuität bedeutet, wird am leichtesten durch einen Vergleich erkennbar. Der »Grüne Heinrich« schildert das Scheitern eines vaterlosen Muttersohns beim Versuch, sich auf dem Weg der Selbstentfaltung in die bürgerliche Gesellschaft einzugliedern. Der breite widerspruchsvolle Weltstoff des Romans ist vom Zentrum der subjektiven Erfahrung und Reflexion des Helden her organisiert, wobei gerade die Form der Ich-Erzählung dazu führt, das Sperrige, nicht zu Bewältigende des Erfahrungsmaterials hervortreten zu lassen. Das subjektiv Unbegriffene gerinnt zu starrer Objektivität – eine negative Subjekt-Objekt-Dialektik, die der Lebenswelt der realistischen Generation gemäß ist. In »Frau Regel Amrain und ihr Jüngster« dagegen kann die gesellschaftliche Einordnung eines heranwachsenden Individuums gelingen, weil es von den Ansprüchen der Gesellschaft her in auktorialer Erzählung souverän entworfen und einer mütterlichen Erzieherin überantwortet ist, die als Mutter Natur den Riß zwischen Gesellschaft und Familie zum Gelenk macht. Die Problemlage des Romans ist damit novellistisch pointiert und durch Reduzierung lösbar gemacht; die Subjektivität des Autors, die beim »Grünen Heinrich« im erzählenden Helden perspektivisch wurde, verstellt sich zur ›objekti-

ven‹ Situation, wenn wunschmärchenhaft der vaterlos aufgewachsene Muttersohn am Ende die Gelegenheit erhält, an der Seite der Mutter stehend den Vater zum Kind zu degradieren.

Noch einmal anders verfährt der Altersroman »Martin Salander«. Mit dem »Grünen Heinrich« hat er die stoffliche Ausbreitung, mit der Novelle die Schrumpfung der individuellen Figur zum Exempel gemein. Die erzählte Geschichte ist keine Entwicklungs- und Bildungsgeschichte. Damit ist der direkte Bezug auf die Entwicklung des Autors ausgefällt. Die Schicksale eines in seiner Unfertigkeit fertigen Helden und seiner Familie sind dazu da, eine universale ökonomische, politische und geistige Krise der Gesellschaft zu illustrieren. Allerdings wird diese Krise nicht als Zusammenhang eines Systems oder eines historischen Prozesses ansichtig, vielmehr als Folge von Zustandsbildern und zufälligen Konstellationen, die ihre Einbindung im Erfahrungshorizont einer Mittelpunktsfigur verloren haben. Bei alledem sind die lebensgeschichtlich zentralen Motive des Autors nicht einfach verschwunden. Sie sind, vereinzelt oder als ausgreifende Muster, in die Tiefe des Romangeschehens abgewandert, von diffuser Faktizität bis zur Unkenntlichkeit überwuchert. Die Subjekt-Objekt-Dialektik hat sich auseinandergelegt in amorphe Oberfläche und Tiefenstruktur.[2]

In beiden Schichten ist das Thema Martin Salander und sein Autor nicht unergiebig. Ist der »Grüne Heinrich« eine Entfaltung und Umsetzung der Kindheits- und Jugendgeschichte, so finden sich bei Salander Daten von Kellers bürgerlichem Heldenleben wieder, abgesehen von allgemeineren Eindrücken der Staatsschreiberschaft. Sieht sich Keller doch in ihr als Nutznießer und Opfer der politischen Poesie und der Poesie der Politik, der er in seiner Jugend als patriotischer Lyriker gehuldigt hatte. Es fällt auf, daß Martin Salander zwei schwierige Auslandsaufenthalte mit seinem Autor teilt, und zwar bis in die Zeitspannen hinein, nur daß die Fristen gegeneinander auszutauschen sind. Zweieinhalb Jahre, wie Salanders zweite Amerikareise, dauert Kellers Studienzeit in München. Sieben Jahre, wie Salanders erste Amerikareise, währt die Studienzeit in Heidelberg und Berlin, von der Keller endlich den sicheren ›Besitz‹ des »Grünen Heinrich« mitbringt.

Zugleich – und im Zusammenhang noch wichtiger – hat Martin Salander den Positionswert des Vaters für den Muttersohn. Auch in diesem Roman erzieht ein in der alleinigen Obhut der Mutter aufgewachsener Knabe am Ende den aus weiter Ferne heimgekehrten Alten, aber weder die Erziehungsleistungen der Mutter noch das Erziehungsdefizit des Vaters werden radikal figur- oder handlungsprägend. Wo Frau Regel Amrain als Ideal alle Regeln der Familie und der Gesellschaft beherrscht und darstellt, changiert Frau Marie Salander zwischen hilfloser Hausfrau, durch die Abwesenheit des männlichen Ernährers in der ökonomischen Klemme, und mächtiger Maria, die den eher kindlichen Ehemann menschlich-mütterlich dominiert und an Scharfblick weit übertrifft: Er braucht seit Jahren eine Brille (354; Kap. 17), sie nicht. Wo der Ehemann Amrain als prahlerischer Nichtsnutz und Familienverräter ins Bild kommt, schillert Martin Salander vieldeutig bis in die sinnbildlichen Bedeutungsnuancen seines Namens.

Als Sal(am)ander führt er das Wappentier des Gerechten, der im Feuer der Lebensprüfungen besteht.[3] Aus der Ferne heimkehrend, wird er in einer Episode alsbald zum Beistand des noch unerkannten Sohnes und verwirklicht damit eine Vaterphantasie des grünen Heinrich und seines Autors. Als Martin ist er ein Nachfolger jenes Heiligen, der großherzig und ritterlich seinen Mantel teilt, lies: sein Vermögen einsetzt, um dem Nächsten in der Not zu helfen. Aber dieser ›Nächste‹ und Freund ist ein durchsichtiger Betrüger, der sein Haus provozierend mit einem unbezahlten Wandgemälde des Arnold von Winkelried schmückt (51; Kap. 4). In bösem Witz wird dem Mann, der Salander durch Mißbrauch einer Bürgschaft ruiniert, Schillers Ballade »Die Bürgschaft« in den Mund gelegt (18 f.; Kap. 2); wird dem Missetäter an Salanders Weib und Kindern das letzte Winkelriedwort »Sorget für mein Weib und meine Kinder« wie eine Girlande umgehängt. In Bezug auf diesen Nichtsnutz ist der Heilige Martin Salander auch ein falscher Heiliger aus Gutgläubigkeit und Schwäche, fatal mit dem falschen Winkelried zusammengestellt zu einer Grundfigur gesellschaftlicher Mißstände: Wo Leichtgläubigkeit und Skrupellosigkeit unter der Decke des Gemeinsinns herrschen, geht es rückwärts.

Zur Undeutlichkeit des Stellenwertes der Personen gehört eine Unschlüssigkeit von Motivationen. Sie weist nicht mehr – wie noch in »Ursula« – auf Hochspannungsfelder des Lebendichtens, vielmehr nur noch auf einen Rückzug der Gestaltungskraft von den Außenposten. So in der Darstellung der ökonomischen Thematik: Daß Martin Salander eine Beamtenstelle als Lehrer aufgibt, um Kaufmann zu werden (16 f.; Kap. 2), macht ihn zu einer Wunschfigur seines Autors. Salander vollbringt, wozu dieser und der grüne Heinrich nicht fähig sind; als aber Salanders Frau nach dem zweiten geschäftlichen Fehlschlag ihm ansinnt, wieder eine Schule zu übernehmen, beruft sich dieser nicht nur auf sein Unabhängigkeitsgefühl, sondern auch auf den Verlust der beruflichen Kenntnisse (76; Kap. 5). Daß derselbe Martin mit seiner Bürgschaft einem Louis Wohlwend beispringt, der seine eigenen Katastrophen wohlwendet, indem er andere in Katastrophen stürzt, macht es schwer, an die wirtschaftliche Vernunft und die kaufmännischen Fähigkeiten Salanders zu glauben. Daß Salander sein in Südamerika hart erarbeitetes neues Vermögen bei der Heimkehr zu seiner Familie abermals verloren sehen muß, weil er betrügerischen Bankmanipulationen zum Opfer gefallen ist, deren Hauptfigur wiederum Wohlwend war, wirkt dagegen wie bloße Tücke des Schicksals, denn hier war – im Unterschied zum ersten Vermögensverlust – das Unheil kaum vorhersehbar; es sei denn, Martin wäre mit dem Namenssymboliker Keller bekannt gewesen. Dann hätte er sein Vermögen kaum einem Bankhaus »Schadenmüller & Comp.« (51; Kap. 4) anvertraut.
Wenn Salander bei der nochmaligen Ausfahrt nach Südamerika dann doch noch einen dauerhaften Geschäftserfolg erzielt, zeigt sich das Märchenmodell: Du mußt es dreimal sagen. Der unverdrossene gutmütige Dümmling findet das Goldland. Entsprechend wunderbar arbeitet zu guter Letzt auch sein Geld – unabhängig von Salanders Geschäftsgeschick, das am Ende immer noch nicht sonderlich überzeugend aussieht. Der Erzähler rühmt Salanders »klaren Blick« (283; Kap. 15), doch Salander rühmt wohl mit mehr Recht sein Glück. So ist er bereit, es zum drittenmal geschäftlich mit Wohlwend zu versuchen, und erweist sich beim Gespräch mit diesem als Nutznießer eines Bau-

booms, ohne daß er sich über seine geschäftliche Beteiligung an dem Spekulationsobjekt überhaupt im klaren ist (280 f.). Trotzdem blüht sein Geschäft so sehr auf, daß der Sohn Arnold am Ende zu bremsen beginnt. Offensichtlich konkurrieren hier zwei von Keller wohlbekannte Deutungsschemata. Das eine sagt, daß geschäftliche Tüchtigkeit und geschäftlicher Erfolg einander bedingen. Das andere sagt: Geldwirtschaft ist undurchsichtig im Schlimmen für den Outsider, im Guten für den Insider. Wo aber im »Grünen Heinrich« beide Handlungs- und Deutungsmuster zusammenstoßen, wo in »Frau Regel Amrain« eines davon entschieden das Feld beherrscht, gleitet in »Martin Salander« das eine fast unmerklich am anderen vorbei und leitet das düster moralisierende Wirtschaftslehrstück in die Wirtschaftsschnulze »Excelsior« hinüber, wie der Roman – laut Brief an Paul Heyse vom 25. Dezember 1882 – ursprünglich heißen sollte: Höher hinauf!

In der Art, wie der Held unversehens der gnadenlosen Härte des wirtschaftlichen Existenzkampfes enthoben wird, erinnert »Martin Salander« an die letzte Novelle Kellers, die sich zum kritischen und selbstkritischen Zeitbild ausgeweitet hatte: das »Verlorene Lachen«. Findet dort der Held eine ökologische Nische, findet er hier in Brasilien das legendäre Goldland mit seinem Zauberschatz. Zeigte sich dort der Held Jukundus Meyenthal gutmütig-tüchtig, aber bestimmbar und leichtgläubig, so sind diese Züge in Martin Salander zum Bedenklichen gesteigert und werden nicht, wie bei Meyenthal, in einer Reifung zur Männlichkeit aufgefangen. Salander behält auch im Feld der öffentlichen Angelegenheiten noch als Alternder eine Unreife, die Marie Salander in den mütterlichen Spott faßt: »Dieser gute Martin! . . . Immer jagt er einen neuen Osterhasen . . .« (275; Kap. 14). In etwas aufdringlicher Sinnbildlichkeit läßt sich Salander zu Beginn des Romans als Heimkehrer aus Südamerika von einem alten Bekannten, der ihm in den Weg läuft, zu einem Wirtshausbesuch ablenken. Excelsior! gilt dem wunderlichen Bourgeois Salander; die Irritationen des Citoyen bleiben bis zum Schluß so beträchtlich wie sein Patriotismus, der ihn zu einem weiteren Exemplar der Heimkehrer aus Amerika in Kellers Werk macht, allerdings zum mißlich motivierten, was den unmittelbaren Anlaß betrifft: Ausgerechnet aufgrund der von Keller abgelehnten radikaldemokratischen Verfassungsänderung von 1869 bricht Martin vorzeitig auf, weil er sich zum Mitwirken gerufen fühlt.

In seiner Beirrbarkeit ist Salander kennzeichnend für den bedenklichen Zustand des politischen Gemeinwesens, wie er ihn beim sonntäglichen Rundgang nach der zweiten Heimkehr kopfschüttelnd und bedrückt zur Kenntnis nehmen muß. »... den Hauch und Glanz ... der neuen Zeit, das Wehen des Geistes, den etwas feierlicheren Ernst, den er suchte, konnte er nicht wahrnehmen« (84; Kap. 6). Das Bild vom summenden, wohlbewaffneten Bienenkorb, das in der ersten Fassung des »Grünen Heinrich« die Zuversicht in eine letztlich glückliche Auswirkung der Unruhen vor dem Sonderbundskrieg enthält (XIX, 310; A 4, Kap. 14), ist leer geworden: nun summt der Bienenkorb des Volkes von politischer Betriebsamkeit und falscher Geschäftigkeit, von Gesetzesvorschlägen, Abstimmungen und massenhaften Wahlen (XII, 99; Kap. 7). Das Wort Republik, dessen Mißbrauch schon im Schlußteil der Zweitfassung des »Grünen Heinrich« beklagt wird (VI, 308; B 4, Kap. 16), hat einen hohlen Klang (XII, 100 ff.; Kap. 7). Wie anders sieht dieses helvetische Münsterburg aus als der stolze Bürgerstaat am Beginn des »Grünen Heinrich«, mit dessen Schilderung der Epiker Keller debutierte! Wie sind – als Zeichen dafür – die patriotischen Feste verkommen! Karl Hedigers und Hermine Frymanns Verlobung im »Fähnlein der sieben Aufrechten« ist die Mitte des patriotischen Festes. In der Naturform des Volkes verherrlicht sich die Naturform der Ehe. Jukundus Meyenthals und Justine Glors Ehe ist die zweifelhafte Frucht patriotischer Lustbarkeiten und muß die Weihe des Alltags erst erkämpfen. Martin Salander macht die Doppelhochzeit seiner Töchter zum politischen Volksfest mit dem echt Kellerschen Wort vom »freien Staat ... dessen Wurzeln in der freien Familie gegründet sind« (187; Kap. 11), aber das Fest und die Ehen mißlingen, und keine weitere Hochzeit findet im Roman statt. Der blaß vorbildliche Sohn Arnold, ursprünglich wohl zu einem patriotischen Helden und Retter wie Arnold Winkelried bestimmt, darin der eigentliche Gegenspieler des falschen Winkelried Wohlwend, entschwindet am Romanende als Junggeselle – höher hinauf? Wie er sitzen die Töchter als kinderlose geschiedene Frauen im Hause des Vaters. Das Ausbleiben der Romanfortsetzung wirkt wie ein biographisch-schaffensgeschichtliches Zeichen für den Verfall des Kellerschen Naturmodells kultureller Reproduktion in der Geschichte; der Wechselbezug von Volk und Familie ist ein Wechselbezug des Versagens geworden.[4]

Der Blick auf das patriotische Fest Salanders lenkt zur dritten Dimension jenes Allroundideals, das erstmals bis zum Zerbrechen überspannt im toten Vater des grünen Heinrich erscheint. Die Einheit von Citoyen, Bourgeois und Künstler – prismatisch auseinandergefaltet im Seldwyler Spannungsbogen von Poesie und Kapitalismus, operettenhaft hergestellt in Jukundus Meyenthals Anfängen als patriotischer Festsänger und Fahnenträger – siecht dahin in der politischen Phantastik des Wirtschaftsmannes Salander, die sich im Rhythmus der Echternacher Springprozession entwickelt. Weil er seinen politischen Aufstieg nicht den von ihm zunächst abgelehnten Liebhabern der Töchter verdanken will, lehnt er seine von beiden betriebene Nominierung für das Parlament ab, obwohl sie seinen geheimen Wünschen entspricht (149 f.; Kap. 9). Da aber die Hochzeit der Töchter mit eben diesen Liebhabern, der er schließlich noch zustimmt, von ihm zum politischen Volksfest ausgestaltet wird, schafft ihm diese Festlichkeit denn doch die Basis für seine Wahl zum Parlamentarier, weil sie ihn als Volksmann populär macht.

Soll eine improvisierte Komödie bei der Hochzeit die Versöhnung der widerstreitenden Liberalen und Demokraten vorführen, verschärft das Theater gegen die Absicht des Veranstalters die Gegensätze und wirft erste Enthüllungslichter auf die Praktiken der Schwiegersöhne. Der künstliche Gesang, der im »Verlorenen Lachen« wenigstens noch rein klingt, tönt falsch, und als weiteres schlimmes Signal redet bei dieser Gelegenheit auch im letzten Roman ein reformchristlicher Pfarrer geschwollen und gehaltlos. Beginnt Salander seine Abgeordnetentätigkeit mit der strengen Rücksicht des Ökonomen auf Einnahmen und Ausgaben der öffentlichen Hand, so läßt er sich abtreiben zu

politischen Volksbeglückungsprojekten und Ausweitungen der Staatszuständigkeit, deren Kosten seinem in die Ferne verschwimmenden Blick entschwinden. »Martin Salander . . . war unermüdlich, mitzuwirken und neue Erfindungen in Umlauf zu bringen« (234; Kap. 13). Jukundus zieht sich selbst ins ›Maiental‹ der familiären Intimität zurück; Martin wird von Arnold Salander in Quarantäne gesteckt. In betontem Gegensatz zum Vater verschreibt er sich der politischen Enthaltsamkeit und Nüchternheit. Dem Fortschritt, der sich schon in der Zweitfassung des »Grünen Heinrich« verdrückt, traut er nicht (182 f.; Kap. 11). »Es sei ein Naturgesetz, daß alles Leben, je rastloser es gelebt werde, um so schneller sich auslebe und ein Ende nehme . . .« (183; Kap. 11). Nicht ganz überzeugend steht er mit seinen Freunden als Reservetruppe im Hintergrund, wenn die Not des Vaterlandes ausbrechen oder sonst der Staat tätige Hilfe brauchen sollte: wohltrainiert und schweigsam. Statt aller politischen Sängerei und Rhetorik hört man nur ein knappes Lied bei den Sitzungen seines staatsbürgerlichen Klubs.
Wird auch hier der Rest Schweigen sein? Die zentrale Gemeinsamkeit jedenfalls mit dem »Verlorenen Lachen« ergibt sich darin, daß »Martin Salander« Geschlossenheit gleichfalls nur in der Sinnbildschicht der Sprachkrise gewinnt, die tiefer greifend den Roman durchzieht. Äußert sie sich im »Verlorenen Lachen« und noch einmal in den Täufern der »Ursula« als eine Krise der öffentlichen Rede, so kehrt »Martin Salander« darin zu Kellers Anfängen zurück, daß der Roman die Fragwürdigkeit am weitesten in Schreibergestalten exponiert – neben den privaten Geheimschreiber Heinrich treten die öffentlichen ›Geheimschreiber‹. Da ist zunächst der Bankrotteur Louis Wohlwend. Als Salander Rechenschaft über sein Vermögen fordert, trifft er ihn scheinbar eifrig schreibend an (52; Kap. 4), kann aber keine geschäftlich bindende Unterschrift von ihm erlangen. Wohlwend zieht sich hinter heraldische Studien und Pinseleien zurück – ein schlimmer Verwandter des Paten Jacques in den »Züricher Novellen«, der auf der Suche nach Originalität als neuer Hadlaub heraldische Löwen zu malen versucht und als neuer Ovid Metamorphosen aus dem Kaufmannsstand verfassen will, dem aber beim sentimentalen Waldspaziergang nur

Holzspekulationen einfallen. Wohlwend redet Schwulst von Busen der Natur, Kampf ums Dasein, Martyrium (70; Kap. 5) und *lebt* kapitalistische Metamorphosen, indem er aus Bankrotten Gewinne macht. Sein Hirngespinst, den Staat zur Theokratie umzuformen, obwohl er selbst an keinen Gott glaubt, ist ein Schlenker von Kellers Kritik am metaphorischen Reformchristentum, die in letzter Konsequenz auch die christlichen Metaphern seiner eigenen weltlichen Poesie trifft. Die Verschleierung der brutalen à la Baisse-Spekulation durch eine Fassade von Kultur und Religion, verziert mit familiärem Tischgebet und patriarchalischer Sittenstrenge (285 ff.; Kap. 15), wirkt wie ein leichter Vorgriff auf Musils »Mann ohne Eigenschaften«. Stilgerecht versucht der phantastisch-pfiffige Schreiber Wohlwend, der wie der andere Poet des Kapitalismus John Kabys auch an seinem Namen herumdichtet (285), den Freund Salander zum dritten Mal auszubeuten, indem er ihn durch eine »Muse« (298) verlockt und verwirrt. Es ist Wohlwends antikisch schöne Schwägerin Myrrha, dem Familiengerücht nach aus einer thessalischen Familie stammend (271; Kap. 14) – Thessalien ist das klassische griechische Hexenland. Salanders kluger Sohn muß kommen, um den Vater aus der Bezauberung der neuen Antigone, Nausikaa, Helena (274) zu lösen und den Hintergrund eines Balkan à la »Zigeunerbaron« zu erhellen. Er erkennt die schüchterne, weltfremde Schöne als »Scheingebilde« (398 f.; Kap. 20) und »unheimliches Schauspiel«. Die klassische Schönheit, deren Haupt »wie nach dem Rezept für altgriechische Frauenköpfe« gebildet ist (272; Kap. 14), ist »auf den Kopf gefallen« (397 ff.; Kap. 20), sitzt unerreichbar in der Höhle des »Blödsinns«, und ein »irres Licht« flackert durch den feuchten Schimmer ihrer Tränen, während sie aus dem Munde nach soeben genossener Wurst duftet. Das ist die letzte Muse in Kellers Werk, und sie steht in einem tief beunruhigenden Irrlicht der Bedeutung. Gritli in den »Mißbrauchten Liebesbriefen« schafft sich als Muse ab, indem sie die Falschheit der Poesie denunziert. Babette Zulauf in den »Verschiedenen Freiheitskämpfern« ist nur eine falsche Muse. Wohlwends Schwägerin dagegen ist als Gestalt zwiegesichtig, halb falsche Muse, halb Falschheit der Musen, wie auch ihr Name sagt: Myrrhe ist

Aphrodisiakum und Marienattribut, Schönheitsmittel und Augenarznei, hier zur Verblendung eines ewigen Jünglings, der den Jahren nach ihr Vater sein könnte. Als falsche Maria steht sie gegen die wahre Ehefrau-Mutter Marie Salander.
Der Zusammenbruch der »dünnen gewundenen Säulchen« eines »Schreibtischleins« unter der Last Louis Wohlwends signalisiert das Brüchige seiner Myrrha-Spekulationen. »Das zarte Möbel lag kläglich auf dem Boden mit allem, was sich darauf befunden; aus dem kleinen Porzellangefäße lief ein kümmerliches Bächlein Tinte« (382; Kap. 19). Das ist eine Parodie des Musentempels und des Musenquells, die ihren Abgrund in einer letzten Signalbedeutung des Namens erreicht. In den »Metamorphosen« Ovids findet sich eine Königstochter Myrrha, die im Wahnsinn einer inzestuösen Leidenschaft mit ihrem Vater den Sohn Adonis erzeugt. So erscheint noch einmal in neuer Verschlüsselung die zentrale Kellersche Wahrheit: Die irre Muse ist die Muse des Inzest – man denke an die Promiskuitätsreden, wie sie die verirrten Täufer in »Ursula« führen. Aber auch eine neue, bisher unausgesprochene Wahrheit liegt in Myrrha: Sie ist die irre Muse eines poetischen Realismus, der sein Poetisches nicht thematisch machen kann, der in dieser Hinsicht reflexionslos ist und dem korrespondierend damit das Reale der Realität absolut gegeben – und auch absolut entzogen – bleibt. Die blödsinnige Muse, die nach Wurst aus dem Mund riecht – in dieser Gestalt läuft die verschwiegene Realismusdebatte vom leeren Reinhart in den letzten Roman hinüber. Die realistische Muse ist falsch, sofern sie nichts vom poiein, vom Machen der Poesie verlauten läßt. In irrwitziger Klarheit blendet aus dem Geschiebe entfremdeter Realitätsbrocken die Muse auf, der die entfremdete Realität schwerverdaulich im Magen liegt.
Mit der irren Muse Myrrha ist auch Martin Salanders Sitz im Roman sinnbildlich festgemacht. An ihm, durch ihn und für ihn erweist sich die Entsprechung von Fest und Realität, Staatsvolk und parlamentarischer Repräsentanz, Wesen und Erscheinung als Illusion. Wenn er sich von Myrrhas Jugend eine Verjüngung seines patriotisch-demokratisch-volksbeglückenden Idealismus erhofft, sind damit zeichenhaft seine patriotischen Phantasien, die spezielle Ausprägung seiner poetischen Anwandlungen,

vernichtet. Die Handlungsführung parallelisiert die poetische Liebe Salanders mit den mannigfachen schweren Mißständen der Gesellschaft, die in schlimmste Korruptionen hinabreichen, und Martin selbst verknüpft reflektierend beide Bereiche miteinander, indem er feststellt: »Es ist doch ein wahres Wort ... wenigstens für die ideale Liebe, jenes geflügelte: l'amour est le vrai recommenceur! Sie macht mir sogar die alte Republik wieder hüpfen wie ein Zicklein!« (306; Kap. 15) Der Festkönigin Hermine schönes Antlitz leuchtet rosig im Widerschein des durchsonnt im Festpokal aufblitzenden Weines (x, 84); Salanders alterndes Gesicht wird gleicherweise, aber falsch und eitel rosig verjüngt, während er so denkt; bis in solche Details reicht der bittere Kommentar zum »Fähnlein der sieben Aufrechten« (xII, 307; Kap. 15). Der Rundum-Illusionist Martin Salander erst ist die endgültige Zerfallsfigur des Rundum-Idealisten Rudolf Lee – die Figur Kellers, in der sich die Themen Politik, Ökonomie, Liebe und Poesie aufs vielfältigste und dunkelste verwinden. Zugleich damit ist Martin Salander ein Nachfolger des grünen Heinrich. Der Träumer Heinrich träumt in der Roman-Erstfassung am Ende der Malerei davon, nun ein ›Poet‹ im Material des öffentlichen Lebens zu werden. Die Zweitfassung macht den Phantasten zum Bürger. In »Martin Salander« erweist sich der Bürger als Phantast.

Von der Musenbedeutung Myrrhas her festigt sich auch die Zuordnung der Salander-Schwiegersöhne, die im Handlungsbereich lediglich anekdotisch scheint. Sie sind die seltsamsten Schreiber im Roman, in denen die Verschmelzung von politischer, ökonomischer und Liebes-Poesie weitergeführt wird. Die Landschreiberzwillinge, Muttersöhnchen und Parlamentarier Gebrüder Weidelich, ihre Behendigkeit ›weidlich‹ ausnutzend, wandern als korrupte Politiker und betrügerische Notare ins Zuchthaus – der eine, weil er alte ungünstige Pfandbriefe in neue, vermeintlich für den Käufer günstige umschreibt, der andere, weil er von Kaufschuldbriefen Duplikate und Triplikate anfertigt und bei den Banken belehnt: wahrlich »kalligraphische Kunststücke«, für die sie früh Begabung zeigten (114; Kap. 8). Sie werden zum Kern einer Lawine von öffentlichen Skandalen, und schon ihr Eintritt in die Politik ist ein Skandal, indem sie nämlich zwischen sich auslosen, wer in welcher der großen rivalisierenden Parteien sein Glück suchen soll.

Aus den poetisch-romantischen Liebhabern der verblendeten Salandertöchter, die schwungvolle Liebesbriefe zu schreiben wissen, werden »seelenlose« Projektemacher der politischen und ökonomischen Sphäre (249; Kap. 13, 155 f.; Kap. 10), Singvogelschlächter und -fresser (259 f.; Kap. 13), treffliche »Humorist[en]« (350; Kap. 17) in der abgrundtiefen Frechheit, mit der sie durch ihre scheinhaften Schreibereien in die Wirklichkeit eingreifen und mit bitter possenhaftem Doppelspiel ihrer Mutter den Tod bringen – eine Variante zum Ende der Mutter Lee im »Grünen Heinrich«, die in der Zweitfassung des Romans ihre Verfehlung bekennt, den Sohn zur Selbstüberhebung verzogen zu haben. Eben das ist auch die Schuld der Mutter Weidelich gegenüber ihren Söhnen, die als Zuchthauskandidaten die Poesie fortsetzen: als pathetische Briefschreiber, deren einer aus der Ferne seiner Flucht vor der Strafverfolgung sehnsuchtsvoll grüßt – auf seine Art ein Reiseschriftsteller –, während der andere in die Haft neben Wurst und Cognac auch Gerstäcker-Romane und Schreibzeug erbittet. Will er doch, »sowohl um mir selbst Rechenschaft zu geben, als vielleicht auch der Gesamtheit nützlich zu sein, eine sozial-pädagogische Studie . . . schreiben über Pflichtverletzungen und ihre Quellen im Staats- und Volksleben und die Verstopfung der letzteren, vom Standpunkt eines Selbstprüfers« (355; Kap. 17). Das ist noch einmal ein gespenstischer Schatten des »Grünen Heinrich« und seines Autors, dieses seltsamen Schuldenmachers, Pflichtverletzers, Selbstprüfers und ›Reiseschriftstellers‹, der vom grünen Robinson und vom grünen Martin im Dschungel der Gesellschaft berichtet: Beim Waldspaziergang hebt Salander freudig die von »erquickender Luft durchwehten« Forsten der alten Welt von den »Urwäldern des Westens« ab, »wo nur Kampf und Ausrottung herrsche« (66; Kap. 5) – und sein Erzähler läßt alsbald Urwald, Abenteuer und »niedrigste Gewinnsjagd« (291; Kap. 15) im »Hausgarten« des Humanwaldes aufwuchern, denn die Familie trifft am Busen der Natur das wahre Raubtier, den biederen Naturgenießer Wohlwend.[5]

Der Bezug Martins und seiner Schwiegersöhne auf den »Grünen

Heinrich« und seinen Autor wird bekräftigt durch das Wiederaufleben des Narzißmotivs. Salander steht nach seiner eindrucksvollen Begegnung mit dem seelenlosen Scheingebilde Myrrha lange vor dem Spiegel und betrachtet verwirrt sein Bild (302; Kap. 15). Die Zwillinge Weidelich stellen in ihrer spiegelbildlichen Ähnlichkeit – der eine mit eingerolltem rechten, der andere mit eingerolltem linken Ohrläppchen als einzigem Unterscheidungsmerkmal – selbst Umschreibungen dar, Duplikate diesseits und jenseits der Spiegelachse eines ausgesparten Originals und schon darin ein substanzloses »Phänomen« (265; Kap. 13 u.ö.) und »Wahngebilde« (136; Kap. 8), so daß die Eltern Salander die Verliebtheit ihrer Töchter in dieses Doppelgängerpaar als geradezu anrüchig empfinden können. Sie ist es um so mehr, als die Töchter durch ihre zwillingshaften Kosenamen Setti und Netti offenbar an der Substanzlosigkeit der jugendlichen Spiegel-Weideliche teilhaben, für die sie »mit einem mütterlichen Sinne begabte Frauen« sein wollen (134; Kap. 8). Ihr Charakter als schlechte Reproduktionen rückt die Zwillinge Weidelich, Verwandte der gerechten Kammacher und der beiden Hyazinthen in der Eugenia-Legende, neben das Nicht-Original Jacques; ihr Scheincharakter stellt sie neben das Schauspiel Myrrha. Sie sind in ihrer Eitelkeit, Selbstbezogenheit und leeren Spiegelbildlichkeit Narziß an der »Erdbrust« der Natur (158; Kap. 10) und markieren damit letztmalig bösartig die narzißtische Komponente der Schreiberei, welche die Innenseite der poetischen ›Öffentlichkeitsarbeit‹ bildet.
Der Verhärtung der Krise der öffentlichen Rede zur Spottgestalt der öffentlichkeitsbezogenen Geheimschreibe entspricht es, daß sich in »Martin Salander« gegenüber dem »Verlorenen Lachen« die Sprachstockung noch tiefer in das Erzählen eingefressen hat. Keller hält partienweise am humoristischen Erzählen fest. Im ganzen aber tritt die humoristische Verknüpfungskunst zurück gegenüber dem Versuch, Figuren, Handlungen und Gegenstände für sich stehen zu lassen. Der Erzähler entzieht sich nicht mehr an der Umschlagstelle der vielfältig einander kreuzenden und in Frage stellenden Beziehungen, sondern hinter die Oberfläche der Erscheinungen. Mag dabei eine Irritation durch die Erzähltheorie des Moderealisten Friedrich Spiel-

hagen mitwirken, der den Erzähler aus dem Erzählen zu verbannen sucht, so liegt der umfassende Grund auch für die zeitgenössische Wirkungsbreite dieser Theorie doch in der Verfassung der Zeit.[6] Schon Kellers humoristisches Erzählen spricht von einem Ganzen, das nicht ganz ist, aber in dieser Zerrissenheit ist es doch ganz nahe – eigene Zerrissenheit. Jetzt fallen – anläßlich des Weidelichschen Schreiberhumors – schreckliche Worte, die den schwärzesten Grund solcher Haltung nach außen kehren. Der Notar Julian Weidelich, ein Julian Apostata bürgerlicher Wohlanständigkeit neben Isidor Weidelich mit dem atmosphärisch antisemitischen Namen, hat durch seine betrügerischen Manipulationen zwei geizig verfilzte und verfeindete alte Brüder bis zur Raserei bei »großem Gelächter« der Zuschauer in tätlichen Streit geraten lassen (351; Kap. 17) – ein »köstlicher Einfall« (353), nicht weitab von Kellers Köstlichkeiten am Ende der »Drei gerechten Kammacher« oder der »Armen Baronin«; ein »verzwickter Streich«, ein »traurig lächerliches Phänomen«. »›Jawohl!‹ entgegnete Frau Marie, ›wie man in der Nacht beim Anblick einer Feuersbrunst sagt, es sei furchtbar schön! Behüt' uns der Himmel!‹«

Der Humorist hat die beiden Alten »benutzt, ohne sie zu fragen« – Keller ist an dem Punkt, wo der Humor böse ist, weil er Welt zum Zwecke des Humoristen, der nicht dazugehört, benutzt und inszeniert; sei es, seinen Reichtum zu mehren, sei es, seine Not darzustellen. Er ist an dem Punkt, wo alles Schreiben böse ist, weil es Leben benutzt, ohne Frage nach dem Recht dazu. So furchtbar schön wie hier kommt die schmerzgrundierte Intensität des Lebendichtens nicht noch einmal heraus. Die Welt rückt ab. Sie ist nicht in dem Maße eigene Welt wie früher. So ist die herbste Zeitkritik des letzten Romans nicht die inhaltliche an bestimmten Erscheinungen und Entwicklungen, sondern die stilistische, wo der Stil stockend und ernüchtert diese Befremdlichkeit zum Ausdruck bringt. Die souveränen Ausgriffe des humoristischen autoritativen Erzählers erlahmen; die lange Ankerkette des Humors findet am Steingrund keinen Halt mehr.

Kaum ist ein größerer Gegensatz denkbar als zwischen dem letzten und dem vorletzten epischen Werk Kellers. Im »Sinngedicht« führt hinter den Kulissen ein Erzähler über Erzähler

Regie; hier verschwindet er letzten Endes in der Versenkung. Dort wird vom Erzählen erzählt, und die Sprachproblematik äußert sich dementsprechend als Verfügen über das Zitat. Der Roman dagegen kommt als gesprochener und erzählter nicht zur Sprache. Die Sprachproblematik tritt nackt heraus als Sprechlähmung. Dem hoch organisierten und integrierten Kokon des Novellenzyklus steht eine Romanmasse gegenüber, bei der das Verweisungs- und Sinnbildgeflecht wie ein Myzel den Untergrund durchwächst. Tasso im Dachsbau – nirgends ist Keller so tief im Katakombensystem verkrochen wie hier.

Trotz dieser Gegenläufigkeit sind »Das Sinngedicht« und »Martin Salander« nicht nur als zwei Etappen einer Entwicklung, sondern auch als extreme Konsequenzen aus der gleichen Situation zu verstehen. »Das Sinngedicht« wirft möglichst viel Ballast ab, um dadurch die für Keller zentrale Ordnungsform der Ehe tragend zu erhalten. Doch wie's da draußen aussieht, geht niemand was an. »Martin Salander« nimmt nach der Rückzugspoesie der »Züricher Novellen« und des »Sinngedichts« noch einmal in einer gewaltigen Anstrengung das volle Gewicht der gesellschaftlichen Probleme der Zeit auf und riskiert den Schiffbruch. »Das Sinngedicht« unternimmt eine Rettung, »Martin Salander« zieht eine Bilanz. Gleichwohl nistet im »Sinngedicht« das Chaos; gleichwohl nisten im »Martin Salander« Hoffnungen, auch wenn sie nicht mehr aufgehen. Vor allem aber: Wenn der Erzähler aus »Martin Salander« auswandert, dann genau durch die Leerstelle, die sich im »Sinngedicht« im Erzähler Reinhart selbst eröffnet hat. Lebendichten ist nicht Leben. Es kann sich in seinen Widerspruch auseinanderlegen. Wird das Erzählen weltlos, wird die Welt unerzählbar. Bleibt der Erzähler wesenlos, fallen in der Welt Wesen und Erscheinung auseinander.

Wie ein Gespenst zeigt sich gerade in dieser Leere für einen Moment der Autor in einer fallengelassenen Werknotiz: »Der Autor stellt sich anläßlich des Festschwindels (Schulreisen etc.) selbst dar als büßenden Besinger und Förderer solchen Lebens. Alternder Mann, der unter der Menge geht und seine Lieder bereut etc.« (443 f.). Wird Lebendichten als Lebenssurrogat aus der Position des erbarmungslos Wirklichen bloßgestellt, müssen die Schreiber und Poeten als Betrüger beiseite gebracht werden. Diese Möglichkeit, die bei Keller immer schon da ist, ist auch die letzte. Die Schreiber Weidelich verschwinden hinter Gittern. Louis Wohlwend wird tödlich verletzbar, weil endlich ein juristisch und historisch geschulter ›Philologe‹ solide Quellenarbeit leistet. Er kommt dem Gerücht und Geschwätz auf den Grund und kann ein gerichtliches Dokument aufsetzen lassen, das Wohlwend als Betrüger dingfest macht. Damit hat die positivistische Schererschule den Poeten doch noch eingeholt. Der wahre Historiker kommt dem falschen auf die Sprünge. Nur gnadenhalber läßt man ihn entkommen: »Er räumte den Platz, um anderwärts das Nichts zu finden, das ihm beschieden war« (407; Kap. 21). Mit einem »Blitzzuge« sei er »abgefahren«, ist die mündliche Überlieferung vom Ende eines Mythos, dessen Held ein falscher Blitz- und Donnergott des poetischen Kapitalismus war.

Martin Salander aber, der vom Sohn ausgenüchterte und von seiner Muse abgesonderte Bürger, geht mit seiner Hausfrau Maria schlafen, die er in »komischem Zorn« als Hexe erkannt hat (406; Kap. 21). Sal(am)ander, der unvollkommene Gerechte, ist seiner Herkunft nach auch ein Geisterfürst. In E.T.A. Hoffmanns »Goldenem Topf« ist er bürgerlich verkleidet als Archivarius Lindthorst[7]; bei Keller ist er bürgerlich verstümmelt. Auch dieser grüne Martin wird zum Verschwinden gebracht, wenngleich nur im Bett. Indessen liest der junge Arnold, der Sohn der Hexe, an dem sie Wohlgefallen hat (400; Kap. 20), noch ein Stündchen in einem Buch. Er hat es gewiß nicht selbst geschrieben, und es enthält sehr wahrscheinlich keine Poesie, denn als Jurist und Historiker ist er Angehöriger einer Zunft, die zu Kellers Zeiten wissen wollte, wie es eigentlich gewesen ist. Das aber ist das Jenseits der Poesie, von dem sie sich herschreibt, auf das sie zuschreibt, das sie zuschreibt. Reinhart im »Sinngedicht« weiß nichts von Originalität. Arnold Salander hat ein Lebensprogramm perfekter Rollenspiele, wie sie eine moderne Gesellschaft reibungsarm in Gang halten. Er plant vorerst, »sich auf die Erfüllung aller Bürgerpflichten zu beschränken« (401; Kap. 21). Im Vaterhaus will er als Privatgelehrter leben, »womit sich, damit ich nicht ganz umsonst esse, wohl vereinigen ließe, in Deinen Handelsgeschäften diese oder jene Funktionen zu besorgen« (181; Kap. 11). Die wohlbekannte und so aktuelle Kombination von Hobby und Job ist erfunden, eine säuberliche Trennung zwischen Addieren und methodisch diszipliniertem Imaginieren. Daraus wird keine Geschichte werden. Sogar der Naturwissenschaftler Reinhart findet eine Muse und lernt Geschichten zu erzählen. Das Schlußlicht von Kellers letztem Versuch, Geschichte anhand einer Familiengeschichte zu erzählen, ist der Historiker, der die Muse und den Poeten enttarnt. Geschichte besteht für ihn nicht aus Geschichten. Auch für den alten, müde gewordenen Geschichtenerzähler Keller besteht Geschichte nicht mehr aus Geschichten, und so trennt er sich von seinem letzten großen epischen Werk – oder von dem, wovon es erzählt – mit dem Urteil: »Es ist nicht schön! Es ist nicht schön! Es ist zu wenig Poesie darin!« (424).

Sie wird nicht nur durch Arnold Salander vertrieben, sondern auch durch dessen Autor, der zum letzten Mal ein Märchenmodell benutzt – das vom Dümmling –, um eine Misere aufzuwiegen, und bei dem dann doch die Misere das Märchenmodell aufwiegt. Marie Salander, stolzer auf ihren nüchternen Sohn als auf ihren phantastischen Mann, eine Hexenfrau, aber dezidiert keine Muse, erzählt ihren Kindern in der hereinbrechenden Notsituation vor der Heimkehr Salanders ein Märchen, in dem Adolf Muschg die verzwergte Äußerung eines Kellerschen Grundgefühls erkannt hat:[8] Ist für Keller der Tod Herausforderung zu intensivem Leben und zugleich Ziel der geheimen Lust am Untergang, so überträgt Frymann im »Fähnlein der sieben Aufrechten« mit seiner Rede vom Tod des Vaterlandes diese Ambivalenz in den Schwingungsraum von Kellers Patriotismus, wo er am höchsten sich selbst feiert. Gerade der vom Tod Redende ist der Frymann (= freie Mann); gerade Frymann ist der Vater der Braut, zu deren Hochzeit das Schweizerblut angezapft werden soll. Wie sehr es auch bei dieser Übertragung um Wesentliches für Keller geht, zeigt sich darin, daß ähnliche Gedanken im ersten, von der Regierung zurückgehaltenen Bettagsmandat des Staatsschreibers von 1862 enthalten sind (XXI, 229). Bei Arnold Salander ist der Gedankengang zu der Einsicht banalisiert und ›entmythologisiert‹, daß das Leben im

Maße seiner Intensität sich verbraucht und daß man deshalb die vitalen politischen Ressourcen des Volkes strecken müsse (XII, 182 f.; Kap. 11).

Marie Salander berichtet von Erdmännchenvölkern, deren Aussterben nach Maßgabe der Ausartung, Verdummung und Verschlechterung des Menschenvolkes im Lande heranrückt. Vor dem Ende feiern sie noch einmal ein großes Fest im Erdgeschoß eines Regenbogens. Dann vergraben sie ihre goldenen Schüsselchen und ziehen ab, als letztes ein kleines Erdweiblein – Mütterchen Erde –, das die Kunde vom untergegangenen Volk bewahrt, und »es soll schon vorgekommen sein, daß eine solche Person sich in der Fremde noch glücklich verheiraten konnte bei einem jüngeren Geschlechte« (39; Kap. 3). Das ist nun Poesie – als Illusionierungsmittel für hungrige Kinder eingesetzt, so lange haltbar wie der wunderschön aufgehende Regenbogen, der rasch verblaßt: nicht der biblische Bogen des Friedens, der sich nach der Sintflut wölbt, sondern lediglich eine atmosphärische Erscheinung. Ein Traum vom Sattwerden soll aus dem Märchen fließen. Marie, die Antimuse, ist am Ende der Geschichte »etwas betroffen über die Flunkerei, die sie den Kindern vorgemacht«. Poesie hält der Wirklichkeit nicht stand. Aber wird sie an dieser Stelle nicht von der Wirklichkeit noch überboten?

Marie Salander bekommt von ihrem eigenen Märchen einen rettenden Einfall zugespielt. Die Goldschüsselchen der Erdmännchen erinnern sie an ein »glänzendes goldenes Regenbogenschüsselchen« in ihrer Schmuckkommode, »nämlich eine uralte Hohlmünze, Brakteat genannt«, deren Verkauf die erste Not abwenden könnte. Der grüne *Heinrich* ruht auf einem Zürcher Friedhof, dem Sinnbildort aller Zyklen, und der Landvogt von Greifensee läßt sein großenteils aus Heinrichen bestehendes Schützenkorps am Sankt Heinrichstag exerzieren, der rot im Zürcher Kalender steht als eine Art Stadtfeiertag, weil Kaiser Heinrich der Heilige der Stadt eng verbunden war.[9] Der Brakteat trägt die Inschrift »Heinricus rex« (40; Kap. 3). Er ist ein Zeichen der Reserven, aus denen Leben noch möglich ist. Und diese Reserven müssen nicht einmal angegriffen werden. Denn just in diesem Augenblick betritt der Heimkehrer Martin

Salander das Haus und bringt die Wendung. Doch gerade diese Wendung ist nicht die Überbietung des Märchens durch die Wirklichkeit, sondern das Aufbrechen des Risses, der durch den Roman geht, wo er selbst in aller Trostlosigkeit noch Märchentrost sucht – »betroffen über die Flunkerei« zum Betrieb einer Traummaschine. Das Erdweibchen braucht nicht auszuwandern, weil das Männchen wieder einwandert? An dieser Flunkerei ändert nichts, daß das Märchenglück Martins schon bei der Heimkehr wieder zerronnen ist. Es kommt beim zweiten Mal um so dicker. Und ändert wiederum doch nichts daran, daß »das große Volk im Lande anfängt auszuarten und dumm und schlecht zu werden und die gescheiten Leutlein unten ein betrübtes Ende voraussehen . . .« (37; Kap. 3). Soweit die Wirklichkeit das Märchen überbietet, ist sie selbst nur Märchen. Soweit sie der Voraussetzung des Märchens entspricht, wird es wirklich in Erfüllung gehen: Die Zwerge verlassen das sinkende Vaterland. So verstummt Keller als Dichter vier Jahre vor seinem Verstummen im Tod. Die Kleinen werfen ihre Panzerchen ab und legen sich schlafen. Aber unter dem Erdmännchen-Völkchen ist ein Erdmännchen-Weibchen, das ein Geschichtchen erzählen wird, das vom Leben handelt. Das ist Kellers letzte poetische Geschichte, die noch geht.

Die Lyrik
oder der Schatz im unzugänglichen Keller

Der rückwärts singende Mund

Eines der ältesten Motive der Kellerschen Dichtung erscheint in dem Gedicht »Nachtfahrer« (I, 18).[1] Es schildert eine selig wie an Mutterbrüsten in den Wogen ruhende Insel, vom Saum der Brandung als vom Mutterarm umschlungen, wo ein Gott schöne Menschen in den Büschen schlafen läßt. Verderbenbringend fällt eine lüsterne Männerhorde auf einem Europäerschiff ein, angeführt von einem schwarzgekleideten Christenpriester, der das Marterholz mit dem gequälten Gotte in den Händen schwingt. Der junge Lyriker nimmt 1844 das seit dem ausgehenden 18. Jahrhundert geläufige Thema der glücklichen Südseeinseln auf, die dem Einbruch der europäischen Zivilisation ausgesetzt sind. In der Idealisierung dieser Inseln verschmelzen biblische Paradiesesvorstellungen und aufklärerische »Der Mensch ist gut«-Parolen, die sich im edlen Wilden ein Bild schaffen. Einer Familiarität bei Mutter Natur, der ein Vatergott schöne Menschen überantwortet hat, wirft sich eine fremde, finstere Gesellschaft entgegen, deren Mörderisches sich im Zeichen des Christentums zusammenfaßt. Doch das Zeichen des Zeichens ist der gequälte Gottessohn, um dessentwillen vorgeblich der Einbruch geschieht und in dessen Qual tatsächlich vorweggenommen ist, was den Kindern der Insel beschieden sein wird – unter der schweigenden Abwesenheit jenes Vatergottes, der doch den Inselfrieden der Friedensinsel Familie zu sichern hätte. Das pathetische Gedicht ist wichtig als balladeske, halb epische, halb lyrische Abwandlung des aus dem »Grünen Heinrich« wohlbekannten familiären Musters; wichtiger noch darin, daß es die Gültigkeit der in Kellers »Legenden« enthaltenen Legende seiner dichterischen Welt auch für die Lyrik erweist.[2]

Das Gedicht »Winternacht« bekräftigt nicht nur, daß auch in Kellers Lyrik die Welt immer wieder in der Mitte geteilt ist; es äußert darüber hinaus, wie die Teile in der Trennung aufeinander verweisen:

»Nicht ein Flügelschlag ging durch die Welt,
Still und blendend lag der weiße Schnee.
Nicht ein Wölklein hing am Sternenzelt,
Keine Welle schlug im starren See.

Aus der Tiefe stieg der Seebaum auf,
Bis sein Wipfel in dem Eis gefror;
An den Ästen klomm die Nix herauf,
Schaute durch das grüne Eis empor.

Auf dem dünnen Glase stand ich da,
Das die schwarze Tiefe von mir schied;
Dicht ich unter meinen Füßen sah
Ihre weiße Schönheit Glied um Glied.

Mit ersticktem Jammer tastet' sie
An der harten Decke her und hin –
Ich vergeß das dunkle Antlitz nie,
Immer, immer liegt es mir im Sinn!«

(I, 79)

Der Seebaum unterm Eis bedeutet, daß unten ein Land ist wie oben – das Gedicht »Morgentraum« (XIII, 205) weitet diese Vorstellung zur politischen Allegorie aus. Mit ersticktem Jammer, in qualvollem Schweigen zieht es die Bewohnerin der Unterwassergefilde zu dem Ich, das droben im Licht wandelt und doch an das andere Ich unten im Frost gebannt ist. Getrennt sind beide »Nix«[3], jedenfalls kein Ganzes. Wie Musa und die Musen, die ›Heilige‹ Anna und die Nixe Anna signalisieren sie eine gespaltene Wirklichkeit; das gespaltene, deshalb hinabverlockte, deshalb narzißtisch sich suchende und bewahrende Ich. Auch in der zweigeteilten *lyrischen* Welt Kellers ist oben der Himmel der lebensfilternden Ordnungen, unten die Hölle der chaotischen Lebensfülle – man erinnere sich des Gedichts »Creszenz« (XV/1, 42), auf das anläßlich der »Legenden« der Blick gefallen ist, mit einem Himmel äußerster Lebenserstarrung gefrorener Christen, in den dennoch verstohlen das Chaosbild des im Schoß der Mutter schlafenden Sohnes eingedrungen ist. In der Hölle wollen dagegen unlebbare, unters Eis gebannte Sehnsüchte ans Licht:

»Die oben nicht zum Leben Raum gefunden,
O was für Liebe schläft und träumt da unten.
Friert endlich ein zu hartem Diamant!«

(XIV, 26)

Das seltsame Sonett »Der Schein trügt« zeigt einen »tiefsten Keller«, wo »von dicken Schlangen wahre Königinnen« hausen (XV/1, 51). Noch darunter aber, »im allertiefsten Schweigen« liegt ein ungemeßner, unhebbarer Schatz.[4] Es ist einleuchtend, daß Kellers spätere Überarbeitung des Gedichts nicht mehr vom tiefsten Keller, sondern vom »Grundgewölbe« spricht (I, 129); ebenso einleuchtend, daß eine Revolution, die Umkehrung von Oben und Unten, allenfalls entprivatisiert, als politische Möglichkeit aufblitzen kann; so im Gedicht »Vor einem Luftschlosse«, das dem Ordnungs-»Himmel« der Monarchie den Untergang verkündet:

». . .
In die Tiefe tauche kühn,
Ewige Jugend zu werben,
Wo die Bäume des Lebens blühn
Und die Augen wie Sterne glühn;
Droben bei dir ist Sterben!
. . .«

(I, 12)

Umfassend und radikal ist diese Topographie in dem frühen Terzinenzyklus »Eine Nacht« hergeleitet (XIII, 82 ff.). Er bildet auch in der Hinsicht eine Terz, daß im Dreiklang dreier Gedichte die zentralen Felder der Kellerschen Lebensproblematik auftauchen: die familiäre Kindheit im Zeichen der Mutter – die Schule als exemplarische Vergegenwärtigung der Gesellschaft im Zeichen des Vaters – das Ich allein mit sich. Dabei ist am dunkelsten das Mutter-Gedicht, in dem der Name Mutter nicht fällt, sprechender durch seine Verschichtungen als durch seine Reden. Es beginnt mit dem Erwachen »erschöpft, beklommen« »aus wilder Liebesträume wirrem Treiben«, von wo das lyrische Ich sein »Denken zurücke in des Schlafes dunklen Schacht« sendet. Es soll ergründen,

»Was die entbundne Seele so erschreckt,
In Todesangst vermochte zu versenken.

Doch formlos, schattenhaft, was ich entdeckt,
Und nur verworren ist es mir geblieben:
Entschlafne Kinderjahre, aufgeweckt

Und weinend in des Traumes Sturm getrieben,
Sah ich in scheuer Flucht vorüberfliehn.«

Undeutlich-überdeutlich erweist sich als Raum der wilden Liebesträume die Kindheit, weshalb der Gegenstand dieser Träume nicht genannt werden kann. »Gute, liebe, verschollne Tage« sind diese Kinderzeiten, und als Schuld empfindet es das sprechende Ich, daß es »[s]eines Lebens Kreis . . . sein Mittel und sein Maß« verloren, seine Jugend »unfruchtbar« gemacht hat, weil es »seine Jugendzeit nicht zart gepflegt«: Mit dem Vergeuden der Jugend ist rückwirkend die Kindheit verschleudert. Tiefer aber, widerspruchsvoll und ohne Begründung heißen schon die guten und lieben Kinderjahre selbst an späterer Stelle des Gedichts die »unfruchtbaren, heißbereuten«, die mit Gewimmer im »wilden Sumpf« seines Lebens versinken, der sich dann doch wohl auch von ihnen herleitet. »Ein Irrlicht tanzt' auf meiner Jugend Grab«.
Das Schulgedicht bearbeitet das geläufige Traummotiv, daß der träumende Erwachsene schmählicherweise unter Kinder auf die Schulbank zurückversetzt ist. Es sind fremde Kinder, »ein neu Geschlecht«, unter denen der »graue Junge«, der »unbrauchbare Tor« und »böse Geist« sein Pensum zu lernen versucht.

»Ich horchte auf, gar sorglich, still und bang,
Worum verfehltes Leben mich betrog,

Wornach ich später oft vergeblich rang,
Zu lernen jetzt. O es war wohl zu spät!
In meinem Ohr des Lehrers Wort verklang,

Wie wirkungslos ein Hauch vorüberweht!«

Der Lernunfähige wird vom erst nachsichtigen, dann zornsprühenden Lehrer aus der Schule verbannt, wobei sich die Verstoßung in der wunderbar sinnfälligen Weise abspielt, daß der Lebensschulversager von der »Jugend zartem Chor« ausgeschlossen wird.[5] Wie das Tellfest des »Grünen Heinrich« im nächtlichen Chorgesang des Volks aufgipfelt, wie der grüne Heinrich vom Chorgesang der Sippe im Heimatdorf träumt, wie Keller am »Mythenstein« in der Vision übermächtiger Volkschöre schwelgt, das erweist den Chor als zentrales Kellersches Sinnbild der Geborgenheit im Schoß der Gesellschaft, des Vaterlandes auf der Muttererde. Auf »schwachen Füßen« flieht der Verstoßene,

»Und jeder Ton traf wie ein blut'ger Stich
Mein Innerstes. Denn einem Urteilsspruch
Das friedenvolle, heil'ge Lied ja glich

Und einem lächelnden Verbannungsfluch
Aus dieser Erde zu der Toten Ruh!
Es deckten, wie ein blumig Leichentuch,

Die holden Kinderstimmen fest mich zu.«

In beiden Terzinengedichten spricht der gefrorene Christ. Er ist »gepackt von der Verzweiflung eis'gem Fieber«, ja er ist die Personifikation des Winters selbst:

»Und, was der Frühling rings ergriff mit Lust,
War mir, dem Winter, auf das Eis gesät!«

Der jugendliche Dichter des Gedichts sieht sich als Greis, »alt und krank, gefurchter Stirn, gebeugt, mit grauem Haar«. Er ist vom Lehrer-Vater verstoßen und zugleich verdammter Nachfolger der Vater-Imago, die als Gespenst aus Asche ruhelos in der Fremde wandert, nur ein Ziel vor Augen – »[der] Jugend Grab«, »der Toten Ruh«. Es ist das Grab der verfehlten Kindheit und Jugend, an dem der grüne Heinrich zu schreiben beginnt.[6]

Das dritte Terzinengedicht ist der Traum, das lyrische Ich hätte seine Angst und Not nur geträumt.

»Und die Natur hing ihren Liebessold
In reichen Fruchtgewinden labend aus.
Sie lächelte so mütterlich und hold . . .«

Doch »vom letzten Schauer noch gejagt« eilt das Ich, bis es im »dämmernden Gehölz«, am »tiefen See« in »Waldesnacht«, am Wasserspiegel Halt findet.

»Da schaute, wie ein zweifelhafter Fund,
Aus feuchtem Grab mein eigen Bild empor;
Mir bebt' der Mund, dem Bilde bebt' der Mund,

Aus unsern Augen stürzten Tränen vor,
Und durch die Tränen sahen wir uns tief,
O tief ins Eine arme Herz, und ich beschwor

Mein eigen Bild, laut, laut, und rief:
›Hast du nun wirklich keine Hoffnung mehr?‹ –«

Ein das Wasser überlaufender Seufzer läßt die Spiegelung verlöschen, aber alsbald kommt sie zweifach wieder. Ein gespenstischer Doppelgänger, der in des »Glückes Schoß« geboren und mit tiefer Sorgfalt erzogen worden ist, beklagt seine Langeweile aus Übersättigung und Talentüberfluß, wo das lyrische Ich nach entgangenem Glück hungert.
Dieser Doppelgänger, der »im Frühling schon des Winters Raub« ist, bildet eine lyrische Parallelgestalt des Lys in der Konstellation mit Heinrich[7], und er bestätigt die Funktion des Lys als Doppelgänger, denn der noch unglücklichere Schatten des Gedichts hat genau das Alter Kellers, als er diese Terzinen dichtete – vierundzwanzig Jahre:

»Zum zweimal zwölften Mal vor meinem Blick
Nun raschelt da das vorwurfsvolle Laub«.

Das Ebenbild, sogar »zu reiner Leiden jungfräulicher Qual« verdorben, baut »von Flüchen [sich] ein Leichenmal« und versinkt – wie die Nixe, wie Annas Spiegelbild, wie die Musen.

»Mir aber war, als ob mein alter Schmerz
Nun bei dem Toten auf dem Grunde ruht'.

. . .
Wie Morgenrot, vom Ostwind angefacht,
Wie einen taubesprengten Blütenkranz
Trug ich mein Unglück singend durch die Nacht . . .«

Es herrschen Nacht, Winter, Einsamkeit nach der Gesellschaft mit Spiegeln, Unglück noch immer und nun erst recht, denn vorhin war ja heller, herbstlicher Tag. Kein Chorgesang ertönt, aber wenigstens Gesang, Stimme, Sprache des Unglücks, sprachgewordenes Unglück. Sprechen als Glück ist der einzige, der äußerste Trost; denn die Teilhabe an »des Lebens wildem Tanz« bleibt bloße ohnmächtige Sprachgebärde des Schwachfüßigen, in sich Versunkenen, der als Muttersohn im Frost erstarrt und als Narziß Leben unter der Eisdecke des Textes anschaut und anschaulich macht. Es wird anschaulich bis in die Spiegelsituation selbst von oben und unten, in die sich die Texte schieben. So sehr hat Keller sich hier ausgesprochen, daß er das Werk, an dem er vom 2. September 1843 an ein volles Vierteljahr arbeitete, später mied. Es liegt »nur in erster, nie wieder durchgesehenen Niederschrift, nicht in zusammenhängender Folge, vor: die Teile sind im Schreibbuch verstreut . . .« (XIII, 394). Terzinen über die Unzulänglichkeit, eisig fließende, verfließende Verse.

Der horizontale Schnitt durch die Welt gibt die Achse, nach der sich Kellers lyrische Produktion ordnet. Oben in der Lichtwelt erklingen vaterländische Gesänge, politisch-freiheitliche Kampfgedichte, offizielle Festlieder. Hier herrscht das öffentliche Wort, durchsetzt von merkwürdigen Zwischentönen der Revolution und der Leidenschaft, die sich unter der politischen Deckadresse zu Wort melden. Ein flagrantes Beispiel ist das Gedicht »Fiebernacht« von 1846 (XIII, 246 ff.), das seinen offiziellen Anlaß demonstrativ vorschiebt: »Als jüngst Kaiser Nikolaus in Rom war und der Papst ihn umarmte zur Aussöhnung wegen der Katholikenverfolgung in Polen«. Auch der grüne Heinrich betet gegen den Zaren für die Polen an (XIX, 107; A 4, Kap. 5). Inoffiziell ist der Herrscher aller Reußen ein Vatergespenst für den qualvoll Träumenden, den das Lager wundbrennt. Mit den Worten: »Mein sind sie und nicht dein!« nimmt das andere Vatergespenst Gott die Blumen aus der Welt und die Sterne vom Himmel und verschwindet selbst über die Heide. Eine nun folgende gräßliche Verkehrung der Dinge endet in dem Wahnbild:

»O unerhörter frecher Trug:
Im Traum ich meine Mutter schlug!

Nun wird es wahrlich mir zu heiß
Von meiner Stirne strömt der Schweiß!
Ist meine Schuld noch nicht gesühnt?
O Gott, woran hab ich verdient,
Daß du mir solche Träume gabst?
O Wasser! seht, nun hat der Papst
Den Russenkaiser – wer erbarmt
Sich meiner? – grinsend umarmt! –«

Der romantisch-ironische Stilbruch bringt den von Gottvater eingegebenen Traum einer schauderhaften Gewaltanwendung gegen die Mutter in einer schauderhaften Umarmung zum Verschwinden – ein ungefüger Versuch, dem zutiefst Privaten eine öffentliche Wendung zu geben.

Schon Walter Muschg sieht in den »blutdürstigen Hetzgesängen« des zwergenwüchsigen Dichters, der »als reifer Mann ... noch immer wie halb geboren« war, »zusammengekauert in sich selbst«, den »hochpersönlichen Konflikt«, wie er in seiner politischen Ausstrahlung anläßlich der »Ursula« erörtert worden ist.[8] Im Vaterland soll er sich besänftigen, wie eine Idyllenvision aus der Heidelberger Zeit, von einem verwirrend dumpfen und betörenden finsteren Strand her erblickt, ausmalt:

»Ausgespannte Netze schimmern
Zwischen blütenweisen Bäumen,
Perlend in der Sonne flimmern
Sie von feuchten Wasserschäumen;
Und ein Knäblein schläft im Kahn,
Schaukelnd sich in jungen Träumen;
Ohne Hast und ohne Säumen
Schafft der Vater nebenan.«

(II/1, 125)

Wo der Vater so ruhig nebenan schafft, vermögen die ausgespannten Netze nichts Bedrohliches, kann das Knäblein ruhig schaukeln und träumen. In fremden Landen ein Bild dessen, was Vertrauen gegeben hätte!

Unten in Kellers Gedichten erklingt die lyrische Muttersprache, doch durchzogen von Formeln der Verkündigung und von Appellen, die den Todesschauer zur Lebenslehre einer entschiedenen Diesseitigkeit zu wenden versuchen. Droht die Verschlingung, so kann dieser Schrecken besänftigt werden zum Preis eines in der Todesumarmung sich entfaltenden glühenden Lebens; andererseits zur Vorstellung des fried-, ja lustvollen Schlafs in den Armen der Mutter Erde, der Mutter Natur. Allerdings bleiben dabei die Lebensappelle von Unfruchtbarkeit, die Todesschlafträume von Angst leicht anrüchig. Dafür zeugt Kellers Faszination durch das Motiv des lebendig Begrabenen, dafür zeugt in einem der bedeutendsten Programmgedichte von Kellers Feuerbachschem Sterblichkeitspathos, daß ausgerechnet die Lilie, die Blume der Jungfräulichkeit und – im Gedicht »Scheiden und Meiden« (1, 108 f.) – des Todes, dem Junggesellen den Gruß des in seiner Endlichkeit herrlichen Lebens zukommen läßt, wogegen »Rosenglaube« für einen blinden Unsterblichkeitsglauben in einem blind vergehenden Leben steht:

»Solange die Rose zu denken vermag,
Ist niemals ein Gärtner gestorben!«

(1, 217)

heißt es frei nach Fontenelle, aber:

»Nun erst versteh ich, die da blühet,
O Lilie, deinen stillen Gruß,
Ich weiß, wie hell die Flamme glühet,
Daß ich gleich dir vergehen muß!«

(1, 213)

Wichtiger noch als für die inhaltliche Gliederung von Kellers Lyrik nach ihren literarischen Weltgegenden ist der trennend zuordnende Schnitt für den Tonfall und den Gedankengang seiner Gedichte, die sperrig in der Tradition der nachgoetheschen deutschen Lyrik stehen. Von Goethe bis Mörike ist deren Hauptstrang die sogenannte Erlebnislyrik, die in kunstvoller Unmittelbarkeit das Ich im Horizont einer geschlossenen Situation zur Sprache bringt, indem es sich durch die geschlossene Situation aussagt:

»Ich saug' an meiner Nabelschnur
Nun Nahrung aus der Welt . . .«

(Goethe)

»Was soll ich nun vom Wiedersehen hoffen,
Von dieses Tages noch geschloßner Blüte . . .«

(Goethe)

»Hier lieg ich auf dem Frühlingshügel . . .«

(Mörike)

Das sind beliebig herausgegriffene Beispiele solcher lyrischen Unmittelbarkeit zum Ich und zur Situation, deren Essenz sich häufig im Symbol sammelt. So endet Goethes Gedicht »Auf dem See«, dessen Anfang in der Erstfassung eben als erstes Exempel zitiert wurde, mit dem Symbol:

»Und im See bespiegelt
Sich die reifende Frucht«.

In Versen, die mit seltener Deutlichkeit das Ich rhythmisch-melodisch zurückwiegen in eine überschwengliche Alleinheitserfahrung, wird das Reifen des Ich durch das Symbol organisch und das Reifen der Frucht geistig, werden See und Frucht zum Bild intra-uteriner Geborgenheit, wird intra-uterine Geborgenheit zum Bild urvertrauensvoller Einbettung ins Leben. Spiegelung wird in diesen Grund zurückdatiert und damit Reflexion dem Leben versöhnt, ins Leben hineingenommen.

Extrem anders stellt sich die Masse der Lyrik Kellers dar, wie sich an einem Extrembeispiel verdeutlichen läßt. Es erzählt:

»Wohl, ich saß im hohen Eschenbaume,
In der grünen Krone still verborgen,
Unterm Baume lag ein schönes Fräulein
Auf dem sonnbeglänzten Sand im Bade.
Auf dem Rücken lag sie unbeweglich,
Mit dem Köpfchen auf dem warmen Ufer,
Ihre Arme reglos drum geschlungen;

Doch die zarten Füße, sie verschwanden
In dem blauen Purpur des Gewässers.
Aber sichtbar wurde schon das Leuchten
Ihrer Kniee aus der klaren Feuchte,
Und wie Glas auf ihrem weißen Schoße
Unablässig floß die Welle weiter,
Und die Silberfischchen schwammen ruhig
Über ihre Hüften hin, erblinkend,
Wenn sie lässig ihre Flossen regten.«

(XV/1, 192)

Abgesehen davon, daß in diesem Gedicht die Scheidung von Oben und Unten, Himmel und Hölle durch den Wasserspiegel besonders sinnfällig vorgenommen wird, sind diese Verse bemerkenswert durch die Schachtelung von Wahrnehmungen. Die Badende sieht ein Schiff mit Schiffern an sich vorüberfahren. »Sachte, sachte schloß sie ihre Augen« (193). Ein harmloser magischer Akt gelingt. Wer nicht sieht, wird nicht gesehen. Aber oben im Baum sitzt das Ich des Gedichts und sieht sie und das Schiff, ihr Sehen und ihr Nichtgesehenwerden. Doch auch dieser versteckte Seher ist ›gesehen‹ – vom Gedicht und seinem Erzähler, der sich im Akt des Erzählens vom Handlungs-Ich unterscheidet, und zwar radikal: Das Handlungs-Ich faßt im Präteritum des Gedichts den Entschluß:

»Wenn ich schweig von dem, was ich gesehen,
Ist mir wohl und ihr nicht weh geschehen!«

In der Erzählgegenwart des Erzählers jedoch wird dieser Schweigeentschluß veröffentlicht; er ist die Schluß-Pointe des Gedichts, dessen Titel noch einmal mit dem Unterschied von Verheimlichen und Veröffentlichen spielt, denn er verrät – anstelle des nackten ›Gegenstandes‹ – nur das Versmaß der Erzählung: »Trochäen«.[9] Das Gegenüber von Oben und Unten setzt sich hier fort zur Trennung von Drinnen und Draußen, wie sie schon im Gedicht »Nachtfahrer« erschien, zur Parzellierung von Subjekträumen gegenläufig zu allen Verschmelzungstendenzen. Es wird nicht erlebt, es wird beobachtet. Gesprochen wird vom Lust- und Qualort des Voyeurs aus.

Nur das epische Gedicht kann eine solche Staffelung der Perspektiven entfalten, die Abstände schaffen, aber es gibt auch wenige Gedichte Kellers, die nicht erzählerische Bestandteile enthalten, und kaum eines läßt sich finden, das sich nicht durch Distanzierungsschritte von der Lyriktradition der Unmittelbarkeit abhebt. Am einfachsten sind dabei die Mittel der politischen Kampf- und Repräsentationslyrik, die sich aus dem Metaphern- und Figurenarsenal der Rhetorik bedient und damit individuelle Leidenschaft ins Repräsentative und Exemplarische verallgemeinert. Je mehr sich die Gedichte der Muttersprache von Natur, Liebe, Leben und Tod, Poesie und Wirklichkeit nähern, also dem Kernbereich lyrischer Unmittelbarkeitsaussagen, desto kompliziertere Maßnahmen werden ergriffen, um eine Geschlossenheit der Situation und deren mächtigen Sog zu vermeiden. Der epische Lebendichter geht nicht den Weg der lyrischen Erlebnisdichtung, der sich doch so bequem anzubieten scheint, weil er, berührte Narziß den Wasserspiegel – die Trennlinie –, in sich und seinem Grund versinken und ertrinken müßte.

Neben der Deklarations- und Deklamationslyrik entsteht so an der Möglichkeit der Erlebnislyrik vorbei eine Imaginationslyrik, die – häufig Erfahrungen verarbeitend – offene Felder des Erörterns, eines räsonierenden Gefühls und eines gefühlvollen Räsonnements entwirft. Ein Beispiel ist das berühmte frühe Gedicht »Stille der Nacht«:

»Willkommen, klare Sommernacht,
Die auf betauten Fluren liegt!
Gegrüßt mir, goldne Sternenpracht,
Die spielend sich im Weltraum wiegt!

Das Urgebirge um mich her
Ist schweigend, wie mein Nachtgebet;
Weit hinter ihm hör ich das Meer,
Im Geist, und wie die Brandung geht.

Ich höre einen Flötenton,
Den mir die Luft von Westen bringt,
Indes herauf im Osten schon
Des Tages leise Ahnung dringt.

Ich sinne, wo in weiter Welt
Jetzt sterben mag ein Menschenkind –
Und ob vielleicht den Einzug hält
Das viel ersehnte Heldenkind.

Doch wie im dunklen Erdental
Ein unergründlich Schweigen ruht,
Ich fühle mich so leicht zumal
Und wie die Welt so still und gut.

Der letzte leise Schmerz und Spott
Verschwindet aus des Herzens Grund;
Es ist, als tät der alte Gott
Mir endlich seinen Namen kund.«

(I, 8)

Schon der gemessene Sprechrhythmus, das einfache und gleichmäßige Reimschema, die feste Strophenform wirken einem Auf- und Untergehen des Ichs in der Situation entgegen. Die Rede stellt Betrachtungen und Beobachtungen fest; es herrscht eine Sprache der Sammlung, nicht des Aufschwungs, nicht des Spiels, von dem doch die Rede ist. Der Gruß an Sommernacht und Sternenpracht ist fast zeremoniell, die Anschaulichkeit der Sternenpracht, die atmosphärische Wahrnehmbarkeit der Sommernacht werden aufgelöst in der Berufung der Tiefe der Welt. Das Urgebirge »um mich her« ist entmaterialisiert durch den Vergleich mit dem Nachtgebet. Seine massive Geschlossenheit ist aufgebrochen durch die Vorstellung des Meeres in der Ferne dahinter. Flötenton von Westen und Tagesahnung von Osten evozieren einen Zeitstillstand, der nicht Aufgehen im verewigten Augenblick des Gefühls bedeutet, vielmehr einen Zeitraum herstellt, in dem sich das Ich mit seinen Gedanken weit ausgreifend bewegt.[10] Dabei stoßen Flötenton und Tagesahnung als akustische und optische Wahrnehmung kaum merklich aufeinander, statt ein Vorstellungskontinuum zu schaffen. Mit der Berufung von Tod und Geburt an dieser Stelle werden West und Ost alsbald zu Zeichen von Geburt = Morgen und Tod = Abend verallgemeinert, so wie schweigendes Urgebirge und Meeresbrandung das Ineinander von Ruhe und Bewegung in

der Welt, den wiegenden Naturrhythmus eher bezeichnen als vergegenwärtigen.
Einschneidend ist der Aussagesatz: »Ich sinne, wo in weiter Welt . . .«, der den hier einsetzenden inneren Monolog einleitet, entgegen der geläufigen lyrischen Möglichkeit fließender Übergänge von Emotion, Reflexion und Wahrnehmung. Nicht nur überschreitet das Sinnen den Erfahrungsraum; der als sinnend Ausgewiesene, in seiner Tätigkeit Charakterisierte ist von außen wahrgenommen. Die Scheidung von Drinnen und Draußen, von der die »Trochäen« einen so extensiven Gebrauch machen, wandert in die stille Intensität dieses Nachtgedichtes an entscheidender Stelle ein und rückt sie ab, quasi als Vorsichtsmaßnahme, ehe die Verse denn doch, das logische Gefüge durchstoßend, sich dem reinen Ausdruck der Ergriffenheit nähern. Die Rede vom viel ersehnten Heldenkind – im Kontrast zum sterbenden Menschenkind – beschwört das Bildungsgut der vierten Vergilischen Ekloge mit ihrer berühmten, messianisch gedeuteten Verheißung, um eine Hoffnung auszusprechen, die argumentativ ins Leere läuft. Sie wird in einem Grundgefühl aufgehoben, das seine Macht darin bekundet, wie es den adversativen Satzanschluß: »Doch wie . . .« seines Sinnes und seiner syntaktischen Durchschlagskraft beraubt.
Logisch wäre zu formulieren, daß das Ich der messianischen Hoffnung nachsinnt, deren es doch nicht bedarf, da die Welt schon still und gut ist und der alte Gott bereits jetzt seinen Namen kundtut. Syntaktisch müßte der Wie-Satz einen So-Satz nach sich ziehen: Wie im Erdental ein Schweigen ruht, so fühle ich mich leicht – und schon das wäre ein Vergleich ohne tertium comparationis. In der Tat ist der Zusammenhang von Schweigen, Still- und Gutsein, der nun Ich und Welt in eins nimmt, als wären sie es immer schon gewesen, gerade dadurch so zwingend und zugleich in seiner Tragfähigkeit so gebrechlich, daß er der stringenten Ausformulierung nicht bedarf. Zerrüttung wird auch hier, in Kellers Lyrik, zur Sprachgeste. Der Irrealis der Gottesoffenbarung ist am Ende eine halbe Zurücknahme. Nicht führt die Natur in eine Gottesoffenbarung, vielmehr ist der Mensch so still und gut, als ob der alte Gott ihm endlich seinen Namen kundtäte. Die Gottesoffenbarung ist ein Vergleich für

die Welt- und Menschenstille, in die das Gedicht mündet. Es geht in getragener Rede einem Schweigen zu, in dem das erlebende Ich versinkt und bei dem das sprechende Ich sich zuschaut, so daß es nicht vergehen kann. Zudem schützt die Berufung auf den Namen Gottes vor dem Vergehen, denn der Name ist ein Mittel der Unterscheidung, der Identifikation, der Identitätssicherung. Im Hintergrund des Gedichts wird damit wieder die Familienszene ahnbar. Das umarmende Urgebirge, seinerseits vom Meer umarmt: Mutter Erde, Judith, die am Schluß der Zweitfassung des »Grünen Heinrich« als Naturmanifestation aus dem Felsen kommt. Der alte Gott, der endlich sich bezeugt: der ferne, entbehrte Vater. In seiner Offenbarung könnten sich Schmerz und Spott lösen. In der hergestellten heiligen Familie wäre der betende Sohn selbst das Heldenkind, kein verstockter Gebetsverweigerer wie der junge grüne Heinrich am vaterlosen Mittagstisch der Mutter.

In den »Waldliedern« kehrt der Vater als Pan der Alte wieder, der, die alte Geige streichend, seine Wälder in der alten Weltenweise unterrichtet. Die Weltenweise aus den sieben Tönen der Tonleiter entspricht auch den sieben Tagen der Schöpfung. Der Wald ist nicht – wie im Heimkehrtraum des grünen Heinrich – verführerischer Mutterbezirk[11], sondern »Waldesdickicht der Nation« (x, 70), ein Sinnbild der bürgerlichen Genossenschaft, der Kulturnaturgröße Volk im Zeichen des Vaters als Lehrer. Die jungen Dichter und die jungen Finken lauschen in den Büschen. Hier ist das Ich so weit abgesichert und zurückgenommen, daß das Sturmlied mit Macht und sinnlicher Dichte brausen kann:

»Arm in Arm und Kron an Krone steht der Eichenwald verschlungen,
Heut hat er bei guter Laune mir sein altes Lied gesungen.

Fern am Rande fing ein junges Bäumchen an sich sacht zu wiegen,
Und dann ging es immer weiter an ein Sausen, an ein Biegen;
Kam es her in mächt'gem Zuge, schwoll es an zu breiten Wogen,

Hoch sich durch die Wipfel wälzend kam die Sturmesflut gezogen.

Und nun sang und pfiff es graulich in den Kronen, in den Lüften,
Und dazwischen knarrt und dröhnt es unten in den Wurzelgrüften.

Manchmal schwang die höchste Eiche gellend ihren Schaft alleine,
Donnernder erscholl nur immer drauf der Chor vom ganzen Haine!

Einer wilden Meeresbrandung hat das schöne Spiel geglichen;
Alles Laub war, weißlich schimmernd, nach Nordosten hin gestrichen.

Also streicht die alte Geige Pan der Alte laut und leise,
Unterrichtend seine Wälder in der alten Weltenweise.

In den sieben Tönen schweift er unerschöpflich auf und nieder,
In den sieben alten Tönen, die umfassen alle Lieder.

Und es lauschen still die jungen Dichter und die jungen Finken,
Kauernd in den dunklen Büschen sie die Melodien trinken.«

(I, 53)

Die Langzeilen aus je acht stampfenden Trochäen mit einer Mittelzäsur, die nur zweizeiligen, immer wieder neu anlaufenden Strophen mit der strengen, rhythmischen Markierung der Zeilenenden bilden einen schwerfüßigen Dithyrambus. Sie sind die Chormelodie des Vaterlandes, die Keller nur einmal, an dieser Stelle, so gewaltig und heiter zu beschwören vermag – indem er ›objektiviert‹ als junger Dichter unter andere Sänger zurücktritt; indem er das Naturereignis des Sturms im Wald mythisch vertieft und so verhalten auf das Vaterland bezieht, daß Natur und Gesellschaft im Gedicht einander von fern berühren.[12]

Bewahrung herrscht selbst im lyrischen Schmelzen bei Keller allenthalben:

»Hohe Lust, im dunklen Tal,
Selber ungesehen,
Durch den majestät'schen Saal
Atmend mitzugehen!«

(I, 11)

Allein die Feststellung des Gedichtes »Unter Sternen«, das singende Ich sei selber ungesehen, errichtet eine Außenperspektive, in die mit der Abschaffung Gottes das Ich tritt. Der atmend Mitgehende genießt die Lust, endlich den überirdisch-irdischen Aufseher los zu sein, aber es wird alsbald zum Aufseher seiner selbst. Es sieht sich als ungesehen.

»Die Zeit geht nicht, sie stehet still,
Wir ziehen durch sie hin . . .«

(I, 214)

Kein Hingerissensein im Zeitfluß, kein Fluß.

»Zum Dank trüb ich die Quelle nicht
Und lobe deinen Glanz.«

(I, 214)

Mit dieser Anrede an die Welt endet das Gedicht »Die Zeit geht nicht . . .«. Eintauchen, Baden, Schwimmen trübt die Quelle, aber das lyrische Ich ist der Zuschauer nebenan auch zu sich:

»Die Lebenslust, die Todespein,
Sie ziehn auf meinem Herzen Schach.

Ich aber schaue innerlich
Still lächelnd zu in guter Ruh,

Und meine Seele rüstet sich
Ergeben ihrem Schicksal zu.«

(XIV, 57)

Was hier harmonisierend Schicksalsergebenheit heißt, wird an anderer Stelle »Via mala« genannt, eine Straße dem Leben gegenüber, wie das gleichnamige Gedicht erzählt:

»So seh ich dich, du träumrisch Kind,
Am abendlichen Rheine stehn,
Wo seine schönsten Borde sind
Und seine grünsten Wellen gehn.

. . .
Ich aber wandle im Gestein
Und wolkenhoch auf schmalem Steg,
Im Abgrund schäumt der weiße Rhein
Und Via mala heißt mein Weg!«

(I, 190)

Immer wieder in neuer Gestalt findet sich so in der Lyrik Kellers die Position des vom Festzug getrennten Sehers, der für sich bleibt, noch wenn er sich zur Einreihung anschickt. Das Momentbild der »Feuer-Idylle« vom Zug der Neugierigen zur Feuersbrunst etwa läßt den Dichter, den krummbeinigen Dachs, mühsam hinterher kommen:

»Auch der Poet, er watschelt mit hinaus
Und sendet seinen Kennerblick voraus.«

(I, 173)

Das äußerste Zeichen für dieses Draußenstehen ist die Situation des lebendig Begrabenen, der noch als tauender Christ gefangen bleibt, Leben lediglich von fern hörend, als eindringende Feuchte in seinem Sarg spürend, in seine Sehnsucht sich einbildend – und alles das, weil er der Mutter Erde tödlich verfallen ist:

»Ich hör ein Knistern, wie wenn, mählig, leis,
Sich Schollen lösen aus des Winters Eis;
Ich hör ein feines Rieseln, wie wenn sacht
Das Erdreich aus dem starren Schlaf erwacht.

O wehe, wehe mir! nun darf es kühn
Hinaus in Gottes freien Himmel blühn!
O wehe mir! ich bin ja auch erwacht,
Und kann nicht regen mich in Grabesnacht!«

(XIV, 165)

Das ist im Zyklus »Gedanken eines Lebendig-Begrabenen« Kellers finsterstes, verhohlenstes Bild für die poetische Existenz[13], und an seinem extremen Punkt bekommt der Humor seinen Platz zugewiesen – als Poesie der Hölle:

»Von Erdenduldern ein verlorner Posten,
Will ich hier streiten an der Hölle Tor!
Den herbsten Kelch des Leidens will ich kosten:
Halt mir den Becher, göttlicher Humor!«
(XIV, 160)

Wohl muß der göttliche Humor den Becher halten, denn dieser verdankt sich allein der humoristischen Einbildungskraft dessen, der eingesperrt im Grabe liegt und sich ungehört-unerhört dem Tod zu-imaginiert, zu-spricht: allein wie der Schmerzensmann am Ölberg, als er den Kelch des Leidens nahm.
Schwarzer Humor kann das Verhängnis der Außenseiterstellung des Poeten in Schuld verkehren – zum Beispiel im Sonett »Der Schulgenoß« mit seinem biographischen und epischen Bezug. Es spricht vom ehemaligen Kind der Leserfamilie aus dem »Grünen Heinrich«, mit dem Heinrich sich in bedenklichen Grenzüberschreitungen zwischen Phantasie und Leben ergangen hatte (III, 140 f.; B I, Kap. 12), in »Aventüren, Liebschaft und Gefahren«:

»Da seh ich just, beim Schimmer der Laterne,
Wie mir gebückt, zerlumpt ein Vagabund
Mit einem Häscher scheu vorübergeht – !

So also wendeten sich unsre Sterne?
Und so hat es gewuchert, unser Pfund?
Du bist ein Schelm geworden – ich Poet!«
(I, 115)

Das ist die lyrische Kurzformel für das epische Kapitel Poesie und Kapitalismus, das in den »Leuten von Seldwyla« entwickelt wird. Spitzbub und Poet sind im Gegensatz das gleiche – Verfehler der bürgerlichen Synthese von Normgerechtigkeit und Produktivität, der eine ein verachteter, der andere ein geduldeter Sonderling, wobei die Duldung des Poeten ihn noch tiefer fragwürdig macht, sofern Poesie, Kunst überhaupt, als Ausbeutung von Leben bürgerlichen Verhaltensweisen näherkommt – man denke an John Kabys und Viggi Störteler, denen sich im Gedicht »Der Schöngeist« ein weiteres schlimmes Exemplar zugesellt (II/1, 112). Er erhält Prügel, weil er als Maler menschliche Not wie ein ästhetisches Ereignis kommentiert und die malerische Szene des Elends in sein Skizzenbuch bannt.

Es ist das Zwiespältige der Abseitsstellung, daß sie nicht einfach einen archimedischen Punkt gewährt, der Bewegung ohne bewegt zu werden ermöglicht. Die Abseitsstellung kann auch haltlos machen. So sind die lyrischsten Momente von Kellers Lyrik solche, bei denen dem Ich im Rückfall auf seine Exterritorialität das Leben wie ein Traum zu entgleiten droht. Die Nacht »und der Tod und wir Alle sind Träume von einem Traum« (I, 10), klingt noch sehr geläufig-romantisch nach Heine. Das zweite Gedicht der Gruppe »Am fließenden Wasser« formuliert die Erfahrung in Kellers ureigenem System von Oben und Unten mit deren Spiegelungen. In die Wellen der klingenden Quelle blickend, sieht das Ich »das alte vertraute, das Weltangesicht« vorbeifließen, das Spiegelbild einer Himmelserscheinung:

»Woher ists gekommen?
Vom blauenden Himmel!
Denn als ich ins Weben
Der Wolken gesehn,
Da sah ich noch eben
Es dort vergehn.«

(I, 57)

Der matte und angestrengte Schluß des Gedichts versucht dieses Weltangesicht »scharf« als tröstenden Eindruck festzuhalten. Die schön fließenden Anfangsstrophen sagen dagegen die Wahrheit einer existentiellen Erfahrung aus: Das Weltangesicht erscheint nur entgleitend, als Spiegelung von Oben und Unten ineinander, deren ungewisser Ausgangspunkt vielleicht nichts anderes ist als das Spiegel-Ich des Narziß. Entsprechend hat ein balladeskes Gedicht Kellers – »Schlafwandel« (II/1, 87) – die Pointe, daß französische Fremdenlegionäre, im Marschieren durch die Wüste halb schlafend, halb träumend, durch einen Araberüberfall jäh geweckt und zum Kampf gezwungen, auch den Feind nur »wie Traum und Reu« so flüchtig erfahren: Die Realität verschwimmt zur Impression, sie wird ungewiß wie das Ich.

Um so stärker ergeht umgekehrt die Herausforderung an dieses Ich, mit seinen Maßnahmen einen Zusammenhalt herzustellen, in dem es sich, statt ihm verfallen zu sein, als souverän erweist. »So reihen wir uns perlenhaft an *einer* Lebensschnur«, ist in den »Gaselen« die Aussage einer Zusammengehörigkeit des Lebendigen in der Liebe, die mehrfach verhalten ist:

»Ich halte dich in meinem Arm, du hältst die Rose zart,
Und eine junge Biene tief in sich die Rose wahrt;
So reihen wir uns perlenhaft an *einer* Lebensschnur,
So freun wir uns, wie Blatt an Blatt sich an der Rose schart.
Und glüht mein Kuß auf deinem Mund, so zuckt die Flammenspur
Bis in der Biene Herz, das sich dem Kelch der Rose paart!«
(II/1, 6)

Hier ist die Verbindung, die Mensch, Tier und Pflanze im Liebesaugenblick zusammenschließt, nicht wahrgenommen, vielmehr ausgedacht, eine matte »Flammenspur« dichterischer Phantasie, die an dieser Stelle nur darin tief ist, daß sie ins zentrale Sinnbild der Geschöpfe an der Lebensschnur ein enormes Zeichen der Vereinzelung einbringt: die Aufreihung der Perlen zur Kette ist ein Artefakt; der Zusammenhang des Lebendigen ist konstruiert wie die vom Ghasel verlangte mühselige Folge immer gleicher Reime.

Das runde Für-sich-Sein der Perlen gibt Anlässe und Notwendigkeiten des Auffädelns und des Verwebens – Ghasel bedeutet Gespinst; es gibt Anstöße für Leistungen des abgehobenen, abgetrennten Künstler-Ich, der einsamen, peripheren Sonne:

»Alle finstern Hütten
Sollen Mann und Maus
Auf die Aue schütten,
An mein Licht heraus!

Mit all euern Schätzen
Lagert euch herum,
Wendet eure Fetzen
Vor mir um und um!

Daß durch jeden Schaden
Leuchten ich und dann
Mit dem goldnen Faden
Ihn verweben kann!«

(1, 30)

Erst der Tod bettet die Bewußtseinssonne des Ich, die sich beim »Gruß der Sonne« in der kosmischen Sonne reflektiert, der Erde ein, in die es trotz aller Gegenbewegung hinein will; erst die Verwesung wird den lebendig begrabenen Poeten aus dem Gefängnis seines Sargs herausholen und mit dem »All und Einen« verschmelzen lassen. Seine Freiheit wird sein, den Freiheitsanspruch vergessen zu haben. Der zerfallende Sarg gibt ihn der Erde frei. Trotz strahlender Unsterblichkeit und Öffnung der Grüfte – Ahnungen des Vergehens sind es, die »Unter Sternen« (1, 11) das Kellersche Lied an die Freude entfesseln; nur mit umgedrehtem Hals vermag dieses lyrische Ich zu jubilieren:

»Scheidend rückwärts singt mein Mund
Jubelnde Gebete!«

Bis an die Grenze dieses Jubels wird, was erlitten ist, auch veranstaltet, wird Regie geführt. Noch in einem der bekanntesten Gedichte Kellers, dem »Abendlied«, in dem sich das Ich der Vorerfahrung des Todes tief hingibt, herrscht aufgrund der Vorläufigkeit der Erfahrung ein Verfügen über die Eindrücke, die Möglichkeit, sie zum Anruf zu wenden:

»Augen, meine lieben Fensterlein,
Gebt mir schon so lange holden Schein,
Lasset freundlich Bild um Bild herein:
Einmal werdet ihr verdunkelt sein!

Fallen einst die müden Lider zu,
Löscht ihr aus, dann hat die Seele Ruh;

Tastend streift sie ab die Wanderschuh,
Legt sich auch in ihre finstre Truh.

Noch zwei Fünklein sieht sie glimmend stehn,
Wie zwei Sternlein innerlich zu sehn,
Bis sie schwanken und dann auch vergehn,
Wie von eines Falters Flügelwehn.

Doch noch wandl ich auf dem Abendfeld,
Nur dem sinkenden Gestirn gesellt;
Trinkt, o Augen, was die Wimper hält,
Von dem goldnen Überfluß der Welt!«

(I, 40)

Die Welt fällt als Licht durch die Augenfensterlein ins Dunkel. Aus dem dunklen Jenseits wird sie angeschaut, aus der Hölle der Musen, aus dem Nordzimmer des Malers, dessen Reize für das Malerauge Keller in zwei Briefen an Theodor Storm beschwört. Im Abendlicht glänzt die Welt, das Trennung, Getrenntsein verheißt. Die Seele wird sich in ihre finstre Truhe legen, sie wird die Schuhe der Lebenswanderschaft abtun. Eine Truhe bewahrt Gegenstände auf. Legt sich meine Seele in ihre Truhe, das heißt in den Sarg, vergegenständlicht sie sich in meiner Einbildungskraft zur Leiche, die ›ich‹ von außen sehe – das Ich, dessen Seele hier noch spricht. Noch merkwürdiger ist, daß nun, wo die Seele in ihrer Finsternis liegt, sie zwei Fünklein glimmend stehen sieht, »wie zwei Sternlein innerlich zu sehn«. Jetzt ist also das Licht, zumindest vergleichsweise, innen, und wieder ist es – als im Innern der Seele gedacht, über die von außen Aussagen gemacht werden – jenseits, vom Dunkel her erblickt. Diesseits und Jenseits sind mitten im Gedicht ausgetauscht worden. Der Aufbau von Aussagen bis zur Aufforderung nicht an mich, nein, an meine Augen, die erst als Fensterlein, dann als trinkende Wesen vergegenständlicht und vom sprechenden Ich-Kern abgerückt werden, ist eine schüttere Verhäkelung von Assoziationen. Ihre Folge wirkt suggestiv, weil sie die Verinselung der Eindrücke im vergehenden Bewußtsein vergegenwärtigt – gegenläufig zur rhetorischen Bewegung, mit der das Ich sich selbst in Gang hält.

Brechen epische Distanzierung und Perspektivierung, Perspektivenwechsel, Resümee und Kommentar die lyrische Unmittelbarkeit bei Keller auf, so sind weitere durchgreifende Ordnungsmittel, die dem freien Fluten der Innerlichkeit entgegenwirken, strenge Formen wie das romanische Sonett oder das durch Friedrich Schlegel in Deutschland eingebürgerte arabische Ghasel, für die Keller eine besondere Neigung zeigt, oder die Bindung der Gedichte zu Zyklen, die sie übergreifenden Vorstellungen und Themen zudenken. Auffällig ist in allen Bereichen von Kellers Lyrik ein starker Zug zur Allegorie, die eine Fülle von Eindrücken und Erlebnismomenten in Denkbilder einmontiert, dabei deren Eigenständigkeit abschneidend. So eröffnet Keller die »Gesammelten Gedichte« von 1883 mit einem »Spielmannslied«, in dem die biblische Parabel vom Sämann zunächst in ein Kindererlebnis übersetzt wird: Augen, Stirn und Mund des im Korn liegenden Kindes werden von den Körnern eines säenden Bauern getroffen, der sich durch seine Rede als der biblische Sämann zu erkennen gibt. Der gealterte »Zitherspieler« erkennt sich seufzend als der harte, furchendurchzogene Weg der Parabel, auf dem das Korn nicht gedeiht; doch hat er den Trost, daß die hungrigen Vögel die verirrten Samenkörner aufpicken und mit ihnen zum Himmel fliegen.

Die mühsame Gedanklichkeit ist nicht Ausdruck eines lyrischen Altersstils. Das zeigt sich etwa im vierten Gedicht »Am fließenden Wasser« aus der ersten Gedichtsammlung von 1846. Hier wird die Aushöhlung der Erfahrungen und Eindrücke eindringlich, wenn in der ersten Strophe »frisch und rein« zwischen Alpenrosen eine »junge Welle« gesehen wird, die der lyrische Sprecher am Ende im Meer wiederfindet:

». . . sah meine Welle wieder
Aus den Bergen, wohlbekannt.

Von dem heißen Strahl durchzittert,
Ja, sie war es, deutlich, nah!
Doch versalzen und verbittert,
Still und mutlos lag sie da.«

(I, 60)

Das ist eine Allegorie auf Jugend und Alter, deren Schiefheit und unfreiwillige Komik Friederike Kempners, des »schlesischen Schwans«, würdig wäre.

Auf den ersten Blick wirken Kellers Gedichte im Volksliedton wie Fremdkörper im Raum einer gebremsten lyrischen Bewegung. In Wirklichkeit bauen sie diesen Raum mit auf, denn sie sind Ausdruck der Möglichkeit, Unmittelbarkeit als Rolle und Zitat herzustellen; so in dem bereits anläßlich der »Legenden« beigezogenen Gedicht »Creszenz« (xv/1, 42) aus dem Zyklus »Von Weibern«, zu dem Keller unwirsch bemerkt hat, sie seien nicht erlebt und deshalb auch schlecht.[14] Nichts ist erlebt, weil es nicht erlebt werden durfte, weil schon Zitat und Rollenspiel ein äußerstes bedeuteten, weil nur Zitat und Rollenspiel ein äußerstes erlaubten – hier die totale Destruktion des Himmels innerweltlicher Erfüllung, der für Kellers literarische Programmatik eine so große Rolle spielt. In der späteren Redaktion für die »Gesammelten Gedichte«, Kellers Lyrikausgabe letzter Hand, ist der Zyklustitel zu »Alte Weisen« verharmlost und der Einzeltitel »Creszenz«, wie alle anderen Frauennamen über den Gedichten, gestrichen. Das sprechende Ich wird damit zum lyrischen Ich des Dichters selbst, und Hand in Hand geht die Besänftigung:

Ist in der Erstfassung der Himmel die letzte Stufe auf dem Weg aus Jugend, Glück und Schönheit in die Kälte, so stehen in der Zweitfassung ein glückloses, alterndes Leben und das Paradies (anstelle des »kalten Himmels«) einander gegenüber. Ein »Wägelein« wird das sprechende Ich aus dem elenden Leben ins schöne Paradies bringen. Zugleich mit dieser Glättung hat das Gedicht an logischer Bündigkeit gewonnen. In »Creszenz« wird aus einem Zwischenreich gesprochen, von dem aus Jugend und Himmel in einem ungewissen Nebel liegen. Das Springen »irgend einer Harfensaite« am Schluß der Erstfassung, durch keine frühere Erwähnung der Harfe vorbereitet, ist ein Sprung in der bis dahin optischen Vorstellungsfolge himmlischer Gegebenheiten, der rückgreifend das ganze Gedicht zum erschreckenden Klang der zerspringenden Saite macht. Creszenz (von crescere) wächst auf, steigt auf, eine Himmelfahrt in den schneidenden, zerreißenden Frost. In der zweiten Fassung steht stattdessen am

Ende ein Bild des Schuhe flickenden Petrus, mit dem sich der Himmel zur gemütlichen Idylle rundet.[15]
Indem Keller den Volksliedton rollenhaft aufgreift, gewinnt er ein Stilmittel, das schon Herder als Sturm-und-Drang-Programmatiker in seiner Abhandlung über »Ossian und die Lieder alter Völker« als die »Würfe und Sprünge« des Volkslieds und der Volksballade bezeichnet hat. Es stellt für Keller nichts anderes dar als eine Abart der Verwerfungen und Grenzlinien, die seine Poesie durchziehen, nur daß diese Grenzlinien hier besonders kühn in seine Lebenserfahrungen und -visionen einschneiden, sie herausschneiden. So das Gedicht, das ursprünglich den Titel »Helene« trägt und einmal mehr von der Demontage eines ›Rittmeisters‹ berichtet. Helene – schöne Helena – unterwirft den »hohe[n] Krieger, der sein Herz [ihr] ergab«, schrittweise einem zunächst drollig anmutenden Ehejoch, unter dem er kochen und backen lernen muß, bis plötzlich mit krasser Schärfe heraustritt, daß die Ehe die Hölle ist:

»Und der Reitknecht muß lernen,
Wie man Lebkuchen backt,
Wie man Wurst und Gefüllsel
Auf die Weihnachtszeit hackt!

Nun befehlt Leib und Seele
Dem heiligen Christ!
Denn ihr seid verkauft,
Wo kein Erlösen mehr ist!

Seid der Liebe verfallen
Und verpfändt euer Blut!
Müsset leiden und brennen
In ewiger Glut!«

(xv/1, 33 f.)

In dieser Zone kann Therese, eine Namensschwester der Kellerschen Tragödienheldin mit der Inzestliebe zum (Schwieger)-sohn, vom »milchjungen Knaben« die Frage vernehmen, deren Antwort in der Meermuschel liegt – der Muschel der Aphrodite, dem Sinnbild des Geschlechts der Frau. »Wie der ›milchjunge

Knab‹, so habe er eigentlich dem ganzen Leben ständig hilflos gegenübergestanden«, verrät Keller einmal beim Wein; deshalb möge er die Komposition des Gedichts von Brahms nicht hören – »er müsse dabei zu schwer weinen«:[16]

»Da halte dein Ohr dran,
Dann hörst du etwas!«
(XV/1, 25)

Die zweite Fassung entspannt wieder zum kindlichen: »Drin brümmelt dir was« (II/1, 93). In dieser Zone füllt das trunkene Köhlerweib »Kunigunde« (XV/1, 38) mit dem Namen eines Burgfräuleins den Wald durch ihren bacchantischen Gesang; hier vertreibt in »Walpurgis« (XV/1, 26) ein schöner und unschuldiger Jüngling, der vom Schein seiner Augen und dem Rot seines Mundes beglückt ist, das nackt dem unheimlichen See entsteigende Nachtweib. Die Nixe, die sogar den Himmel von höllischer Pracht trunken macht, verschwindet angesichts der Entblößung seiner lebendigen Brust:

»Da hat sie mit Schande
Versinken gemußt!«

– Wer? die andere Möglichkeit des Narziß, Anna, sofern sie als Waldfee tödlich versinkt, damit Narziß leben kann, sofern Narziß lebt. Das Gedicht »Winternacht« von der Nixe unterm Eis und das dritte Gedicht des Zyklus »Eine Nacht« mit der offenen Anspielung auf die Narzißmythe sind hier enggeführt.

Neben der Aneignung des Volksliedtons steht in ähnlicher Funktion bei Keller die Bänkelsangparodie, die in der »Ballade vom jungen Mörder Haube« (XV/2, 100 ff.) einen sanften Schneiderlehrling schildert. Er hat »seinen großen, starken Meister«, eine Goliathfigur, im Bett erschlagen:

»Weckte mordend so den Meister,
Der schlaftrunken mit ihm rang;
Und mit dem graunvoll Erwachten
Rang der Knirps, bis es gelang,
Bis der Stärkre sank zu Boden.

Dieses tat der kleine Held,
Und der Kobold suchte sogleich
Nach des Toten Gut und Geld.«

Das ist eine weitere symbolische Vatermordgeschichte, neben denen des grünen Knirpses Heinrich, deren grotesker Graus sich darin steigert, daß der Kobold durch den Mord zum Maler wird:

»All die friedlichen Gelasse,
Laden, Schränke malt er rot
Mit der Hand, dem roten Pinsel,
Bis dem Aug der Raub sich bot.«

Der nuckelnde Bonbonlutscher steht bei seiner Verhaftung im festen Glauben, »daß Gott der Rächer selbst hier eingegriffen hat«. Ein Vater tritt für den anderen ein.
Auch außerhalb der Volksliedtradition macht das Rollenlied Kraßheiten möglich, die in Kellers Lyrik sonst abgebogen werden. So die Aussicht:

»O gute Scholle meiner Heimaterde,
Wie kriech ich gern in deinem warmen Schoß!
Mir ahnet schon, wie sanft ich ruhen werde,
Vom Kaun des Brots und allem Irrsal los!«

(II/1, 110)

Im Tod wird nicht mehr gekaut, es wird wieder getrunken – die Muttermilch Lethe, das Blut des Vergessens. Das kann nur als Rollenlied »Der alte Bettler« laut werden, der »mit der verworfnen toten Bettlerhand« die »lebensfrohen Kinder« des »guten Vaterlandes« segnet und dessen »Reichtum« im »selig klaren Schauen« besteht: offenbar ein Seher abseits – der Seher abseits mit der ungeheuerlichen Todesvision, er wolle »unersättlich ruhn in meinem Grabe«. Diese Lesart mußte denn doch kassiert werden. Das verwandte »Abendlied an die Natur« (XIV, 5 f.) spricht viel verhaltener die Natur als mit grünen Decken einhüllende, einlullende Mutter und Geliebte eines ewigen Kindes an. Es wagt sein Lied von diesem Lullen nur schulmeisterlich nüchtern vorzutragen.[17]

Schließlich bleibt die Aufnahme christlicher Vorstellungen auch in der ›mütterlichen‹ Lyrik, wie sie in eher schematischer Weise das »Spielmannslied« darbot, ein Mittel für schwebende oder gebrochene Aussagen – so in der Ballade »Der Narr des Grafen von Zimmern« (II/1, 174), wo von den Glöckchen am äußersten Zipfel einer Narrenkappe kindliches Lob für den Herrn erklingt, während er bei Keller durch eine Wandlung geht, deren Ziel die Natur ist. In wie tiefe Schichten das Bild der Pietà reicht – der Sohn im Todesschlaf im Mutterschoß –, ist anläßlich des Gedichts »Creszenz« im Zusammenhang der »Legenden« erörtert worden. Das Altersgedicht »Abend auf Golgatha«, um 1878 in zeitlicher Nachbarschaft zum »Narrn des Grafen von Zimmern« geschrieben, faltet diesen Gehalt in kühnster Weise aus, indem es ihn in konventionellster Weise christlich, fast theologisch formuliert und in traditionellster Weise versifiziert – in antiken Distichen, dem Versmaß der Elegie:

»Eben die dornige Krone geneiget, verschied der Erlöser,
Weißlich in dämmernder Luft glänzte die Schulter des Herrn;
Siehe, da schwebte, vom tauigen Schimmer gelockt, die Phaläne
Flatternd hernieder zu ruhn dort, wo gelastet das Kreuz.
Langsam schlug sie ein Weilchen die sammtenen Flügel zusammen,
Breitet' sie aus und entschwand fern in die sinkende Nacht.
Nicht ganz blieb verlassen ihr Schöpfer: den Pfeiler des Kreuzes
Hielt umfangen das Weib, das er zur Mutter sich schuf.«
(I, 38)

Ein Bild voll geheimer todesnaher Sinnlichkeit! Wenn sich die Phaläne, der Nachtfalter, auf die weißlich glänzende, tauig schimmernd verlockende Schulter des sterbenden Erlösers an der Stelle niederläßt, wo das Kreuz gelastet hat, vollzieht sich damit eine Berührung, die zugleich lindernd und zärtlich wirkt. Die Kreatur nimmt vom Kreator Abschied; aber sie verläßt ihn auch. Im heilsgeschichtlichen Bild ist ein antiker Mythos umgewendet. Amor, der Liebesgott, und seine irdische Geliebte

Psyche, seit alters im Bild des Schmetterlings dargestellt, werden nach Trennung und harter Prüfung vereinigt. Hier entschwebt Psyche dem Liebesgott und Himmelsbräutigam nach kurzer Begegnung. Nicht mit einer Geliebten besteht unverbrüchliche Einheit des Sohns. Den Pfeiler des Kreuzes, in einer Lesart die Säule, umfängt ein anderes Weib mit einer Gebärde, die sowohl mütterliche wie geschlechtliche Vereinigung bezeichnet: die Mutter. Es ist eine Mutter – o Traum der Träume! – die nicht nur den Sohn hervorgebracht hat, sondern auch vom Sohn hervorgebracht worden ist, die Mutter demnach, die auch als geliebtes Weib Geschöpf des Sohnes ist und deshalb nicht zur Bedrohung werden kann. Hinter dem grünen Heinrich werden Dietegen und Erwin Altenauer sichtbar – Dietegen in seiner Eigenschaft, ›Vater‹ seiner ›Mutter‹ Küngolt zu sein; Erwin Altenauer in seiner Eigenschaft als Bildner, der in Regine seine Produzentin zu produzieren versucht. Das Wort vom Schöpfer und Erlöser, das als spätestes, isoliertes Bekenntnis Kellers zum Christentum gelesen werden könnte, liest sich auch als Geständnis einer Obsession: die mächtigste Chiffre für den lebensbeherrschenden Klartext.
Weitere besondere eindrucksvolle Beispiele christlicher Bezüge bieten zwei zusammengehörige Gedichte der »Wanderbilder«: »Berliner Pfingsten« und »Weihnachtsmarkt«. Im Pfingstgedicht führt sich der Sprecher als ein Nachfolger der begeisterten Jünger vor[18], der ein freudevoll zu deutendes »Gesicht«, also eine Vision, verkündet:

»In dem frühen Pfingstenlicht
Und beim Glockenläuten
Schritten Weiber drei einher,
Feierlich im Gange,
Wäscherinnen fest und schwer!
Jede trug 'ne Stange.

Mädchensommerkleider drei
Flaggten von den Stangen,
Schönre Fahnen, stolz und frei,
Als je Krieger schwangen;
Frisch gewaschen und gesteift,

Tadellos gebügelt,
Blau und weiß und rot gestreift,
Wunderbar geflügelt!

Lustig blies der Wind, der Schuft,
Falbeln auf und Büste,
Und mit frischer Morgenluft
Füllten sich die Brüste;
Und ich sang, als ich gesehn
Ferne sie entschweben:
Auf und laßt die Fahnen wehn,
Lustig ist das Leben!«

(II/1, 119)

Die drei bei Glockenläuten wie in einer Prozession feierlich einherschreitenden Waschweiber, die engelgleich geflügelten, wie Fahnen wehenden Mädchenkleider, der Wind als Schuft bezeugen einen heiligen Geist, der in der täglichen Lust des Lebens weht. Als pneumatisches Ereignis füllt er die Brüste.[19] Der Geist des Fleisches feiert ein Sinnlichkeitsfest, das allerdings im folgenden Weihnachtsgedicht ein grausiges Gegenstück erhält.

Der behaglich wuselnd geschilderte »Weihnachtsmarkt« (II/1, 120 f.) enthält Beunruhigendes zunächst nur untergründig darin, daß die Bäume des »lustigen Waldes« wurzellos in einem städtischen Getriebe stehen:

»Hier backt man Kuchen, dort brät man Wurst,
Das Räuchlein zieht um die Gipfel.«

»Wer ... heißt Bäume von der Erde Wurzeln lösen?« Macbeth fragt so, dem der beweglich wandernde Wald von Dunsinan den schmählichen Tod bringt. Dem Shakespearekenner Keller dürfte es in den Ohren geklungen haben, als er seine Verse vom wandernden Wald schrieb, und nicht nur von Shakespeare-Worten, auch von Worten seines anderen Schutzpatrons Goethe.

»Die nie mit Tränen ein Reis gepflanzt,
Die fällen am frohsten die Bäume.«

Diese Verse diffamieren die Städter als ahnungslose Verbraucher des Gewachsenen; sie bewegen sich dabei merklich auf den Bahnen des vom Harfner, einem anderen Verzweifelten, im »Wilhelm Meister« gesungenen Liedes: »Wer nie sein Brot mit Tränen aß . . . der kennt euch nicht, ihr himmlischen Mächte.« Eine künstliche, gegen die Lebensmächte abgedichtete und von ihnen abgeschnittene Welt ist es, die so lustig ist. Rauschgold scheint in ihr statt der Sonne. Das Wort Volk ist in diesem Gedicht eine halb abschätzige Mengenbezeichnung für Leute, die aneinander vorbeitreiben, in der körperlichen Nähe zueinander doch gesellschaftlich scharf geschieden. Hier das Weib mit einem dünnen »Silberling« – wieder ein schlimmer Anklang –; dort Lakai und Zöfchen aus reichem Hause, und alle bewegen sich in einer verkehrten Welt:

»Der Eine kauft ein bescheidnes Gewächs
Zu überreichen Geschenken,
Der Andre einen gewaltigen Strauch,
Drei Nüsse daran zu henken.«

Genau in dieser Spur bereitet sich der krasse Umschlag des Gedichts vor, das erst Festliches düster grundiert (wir werden die gehenkten Nüsse nicht vergessen!) und dann das Gräßliche festlich inszeniert. Die »ärmste Mutter« führt »bang« ihr Kind am »Zauberhaine« vorbei, weil Weihnachten nicht für sie beide ist. Der Zauber ist auch fauler Zauber, gespenstisches Glück zu realem Entsetzen, das Kategorien der Sozialkritik erfüllt und sprengt. Denn nun steigt als Einst zum Jetzt dem Erzähler die Erinnerung an einen »Weihnachtsbaum« auf, der im »düstern Bergesbanne« steht in reifbezuckerter, süßer, sternenglitzernder Weihnachtsbaumschmuckschönheit. Selbst der Sprache verschlägt es für einen Augenblick den Atem, so daß sie eine ganze Strophe lang ihre daktylische Hüpferei vergißt und – wiederum in den Bann fremder Verse gerät:

»Einst sah ich einen Weihnachtsbaum:
Im düstern Bergesbanne . . .«

»Einst hatt' ich einen schönen Traum:
Da sah ich einen Apfelbaum . . .«

»Einst hatt' ich einen wüsten Traum:
Da sah ich einen gespaltnen Baum . . .«

Mephistos Lied; die Walpurgisnacht. Aber die Kellersche Wirklichkeit im »Bergesbanne«, also im Bannwald, wo wegen der Lawinengefahr kein Holz geschlagen werden darf – kein Christbaum kommt von hier in die Stadt –, ist als eingebranntes Erinnerungsbild viel wüster als der wüsteste Traum der Walpurgisnacht. Denn die Weihnachtsnacht von einst ist wüst und leer, keine teuflische walpurgisnächtliche Gegenwelt zur göttlichen Welt, die der Prolog im Himmel preist, sondern *die* Welt. Es gibt keine andere.
So springen denn die Verschen weiter. »Fröhlich soll mein Herze springen«, sang einst Paul Gerhardt zu Weihnachten. Was haben sie zu berichten?

»Und zwischen den Ästen waren schön
Die Sterne aufgegangen;
Am untersten Ast sah man entsetzt
Die alte Wendel hangen.

Hell schien der Mond ihr ins Gesicht,
Das festlich still verkläret;
Weil auf der Welt sie nichts besaß,
Hatt' sie sich selbst bescheret.«

Eine ganze Flucht religiöser Gedankenverbindungen wird hier blasphemisch ausgelöst. Weihnachten ist das Fest, an dem sich Gott als Menschenkind den Menschen beschert, an dem die Hirten stellvertretend für alle Menschen auf diese Bescherung mit ihrer Bescherung für das Christkind in der Krippe antworten. Es ist die Nacht, in der sich Menschen an diese Bescherungen erinnern, indem sie einander Bescherungen bereiten, wofür sie einen Weihnachtsmarkt brauchen. Aber der alten Wendel ist nichts beschert worden; kein Kind, wie noch der ärmsten Mutter des Marktes, kein Gott. Es ist eine schöne Bescherung, mit der sie auf die schöne Bescherung des lustigen Lebens mit seiner sinnlichen Pracht antwortet. Die Alte ist die Todesgestalt der feierlichen Wäscherinnen, die das Leben mit Mädchenkleidern beflaggen. Sie ist die letzte Offenbarung und Erscheinung einer kinderlosen Mutter Natur. Sie ist Mutter Natur, zur Sinnlosigkeitsfigur geschrumpft.

Die alte Wendel muß ziemlich zusammengeschnurrt sein, denn eine Wendel ist etwas, das sich hin und her wendet oder hin und her gewendet wird, etwa vom Wind, dem Schuft.[20] Wir erinnern uns an die wendelsinnige Wendelgard im »Landvogt von Greifensee«. Wendel ist auch ein Volksname für den Vogel Wendehals, Jynx torquilla, der mit seinem langen Hals die bizarrsten Verrenkungen vornehmen kann. Eduard Mörikes Wendehals in dem Nonsense-Gedicht »Zur Warnung« »der tut tanzen bei den Pflanzen«; Kellers Wendel tut tanzen an der Pflanzen wie im geläufigen literarischen und subliterarischen Vergleich der Gehenkte am Galgenbaum.

Aber noch dieser Unsinn ist zuviel Sinn. Wird die Aussage vom Selbstmord als schöner Bescherung überstrahlt durch das stumme Bild des Schreckens, so wird der Name Wendel aus der Version der »Gesammelten Gedichte« von 1883 überboten in einer 1854 gedruckten, früheren Fassung. Hier erreicht Keller die äußerste, später wieder zurückgenommene Position, indem er die Selbstmörderin »die alte Schmidtin« nennt (XV/1, 169 f.). Warum sie aber ausgerechnet die alte Schmidtin heißt, das weiß kein Mensch und kann keiner wissen, denn es ist absolut sinnlos, so sinnlos wie Pfingsten und Weihnachten, wie das festliche Jahr dieses heiligen Lebens, wenn das die Mitte ist. Gibt es eine Lyrik des am Felsen der Realität auflaufenden Realismus, dann an dieser Stelle bei Keller, wo die Aussageverweigerung eines Details zum letzten Wort wird. Es ist die Größe dieses Gedichts, in dem die Indienstnahme religiöser Lobesformeln zu deren Verneinung gerät, daß das Poetische des poetischen Realismus an sein Ende kommt und hinter der Unfaßbarkeit der schweigenden alten Frau die letzte Unfaßbarkeit der Realität erscheint.

Kann dieses Unfaßbare in der Seldwyler Novelle »Frau Regel Amrain und ihr Jüngster« (1855) noch im leicht humoristischen Licht stehen – als »grobe und widerstehende Welt . . ., welche sich für unzweifelhaft und aufs beste begründet ausgab und nur verwundert schien, wie man sie irgend habe in Frage stellen . . . können« (VII, 235) – so äußert es sich auch an anderer Stelle von

Kellers Lyrik schon früh in unerbittlicher Härte, etwa in dem Sonett »In der Stadt« aus den »Gedichten« von 1846. In den Gassen geraten Wachtparade, Brautzug und Leichenzug durcheinander. »Das alles stockt, es kann kein Glied sich regen«. Gelächter und Fluchen klingen auf.

»Doch oben, auf den Schultern schwarzer Träger
Starrt in der Mitte kalt und still die Leiche
Mit blinden Augen in den Wolkenflug.«

(I, 123)

Die Terzette, wo das klassische Sonett in eine Synthese zu münden pflegt, deuten hier auf das nackt Wirkliche, vor dem aller Trubel den Charakter operettenhafter Unwirklichkeit annimmt und jede Deutung verstummt. Es heißt Tod. Die blinden Augen starren nicht in den Himmel, sondern dahin, wo unaufhörliche und unaufhaltsame Bewegung ist, die vom Menschen nichts weiß.

Schon Heinrich Heine hat den Gedichttypus des situativ geschlossenen Erlebnisraums aufgebrochen. Er hat es geliebt, in seiner Lyrik den hohen Gefühlston in die Banalität umkippen zu lassen. Ein bevorzugtes Modell ist dafür das Erwachen aus einem Traum. So heißt ein ganzer Abschnitt im »Buch der Lieder« »Traumbilder«. Aber der Umschlag vom Satz in den Gegensatz schafft bei Heine durchgehend eine Dissonanzbeziehung der Ironie; der Akt der Desillusionierung wird zur Pointe. Die Realität ist inszeniert, etwa so:

»Und als ich in die Grube schaut',
Ein kalter Schauer mich durchgraut;
Und in die dunkle Grabesnacht
Stürzt' ich hinein – und bin erwacht.«

(Traumbilder 2)

Gerade dieses Zuspitzungsverhältnis zwischen ›Poesie‹ und ›Realität‹ bei Heine macht auch die banale Realität zum Bauelement des Poetischen. Diese Zuspitzung fehlt bei Keller, wo er sich vom Heineschen Vorbild seiner Anfänge gelöst und zu sich gefunden hat. Stumpf stößt das Gedicht auf eine Realität, die selbst die Dissonanzbeziehung verweigert. Wäre das Sonett über den Leichenzug »In der Stadt« von Heine, der Tote wäre der verschmähte Liebhaber der Braut, die so fröhlich Hochzeit macht, und der Tambourmajor wäre der Bräutigam. Bei Keller ist der Tote, der sich in Lust und Glanz hineinkeilt, irgendeiner.

Auch Goethe hat es – wie Keller – geschätzt, Gedichte zu Pendants anzuordnen, die einander bei ihm wechselseitig bestrahlen und mit Sinn aufladen. So »Prometheus«, die Hymne der Verselbstung, und »Ganymed«, die Hymne der Entselbstigung; ein »Nachtlied« des Friedens und »Ein gleiches« der Ruhe; »Meeresstille« und »Glückliche Fahrt«. Was ist der Außenposten des Realismus in der Lyrik? Wenn dem »Gesicht, freudevoll zu deuten« als Pendant keine Leidensvision gegenübersteht, sondern das in seiner Undeutbarkeit verklärte Gesicht von Frau Müller, Schulze oder Schmidt, die sich als Christbaumschmuck aufgehängt hat. Die poetische Ordnung des Gedichts, in der jedes Detail spricht, preßt noch das Entsetzliche in eine ästhetische Versöhnung. Doch in Kellers »Weihnachtsmarkt« macht Wirklichkeit das Gedicht in der Mitte, wo vom Opfer die Rede ist, sprachlos. Die Verklärung der Leidensgestalt ist ein unerschöpfliches Thema seit der Gottesknechtsverheißung des Jesaia (Jes. 53, 4 f.), die als Karfreitagsepistel seit alters auf den am Kreuz ›gehenkten‹ Christus bezogen wird. Erst die Verklärung des Nichtssagenden schneidet das Wort ab.

Keller stößt damit – in letzter Konsequenz des Realismus – an die Schwelle der modernen Lyrik vor. 1870 schreibt Arthur Rimbaud das Gedicht »Le Dormeur du Val«: »Von einer kleinen Talwiese, die ›von Strahlen schäumt‹, führt es in den Tod. Parallel dazu verläuft die Sprache von den leis verzückten Versen des Anfangs zum nüchternen Schlußsatz, der eröffnet, daß der stille Schläfer ein toter Soldat ist. Sehr langsam geschieht der Abstieg ins Tödliche, verzögert es und läßt es erst ganz am Ende schnell und unerwartet hervorbrechen. Der künstlerische Gehalt des Gedichtes ist sein Bewegungsverlauf vom Hellen ins Dunkle. Doch erfolgt er ohne Anteilnahme, in kühler Friedlichkeit, die auch nicht vom Tod spricht, sondern dafür das gleiche Wort gebraucht, das vorher die Talwiese bezeichnet hatte: dort

›ein Loch aus Grün‹, jetzt pluralisch ›zwei Löcher an der rechten Seite‹. Der Getötete ist reines Bild im Auge des Hinsehenden. Die mögliche Betroffenheit des Herzens bleibt aus. Statt ihrer ist ein künstlerischer Bewegungsstil da, der das Totsein eines Menschen für einen Querschläger braucht, um damit die Bewegung zum schroffen Stillstand zu bringen.« Dieses Gedicht hat mit Heines Lyrik eine Art der Pointierung gemeinsam, die bei Keller fehlt. Daß der scheinbar friedlich Schlafende ein Toter ist, ist eine desillusionistische Pointe; daß die Tote im Baum die alte Schmidtin heißt, nicht. Moderner gegenüber Kellers Lyrik ist Rimbauds Gedicht darin, daß es auf den rhythmischen Schock, nicht auf einen Gefühlsschock zielt. Erst das ist die »Enthumanisierung«, die als Strukturmerkmal der modernen Lyrik beschrieben worden ist.[21] Sie stellt jenseits der Grenze, an der Keller das Wort vergeht, eine Kunstwelt her, deren Protest gegen das Vorhandene absolut ist, denn er liegt nicht im Inhalt der Kunst, sondern in deren programmatischer Künstlichkeit selbst. Keller macht die Leiche zum Loch in der poetischen Welt – man denkt an Erikson, der mit einem Fauststoß Heinrichs zeichnerisches Spinnennetz durchstößt; Rimbaud macht die Leiche zum Ornament.

Man braucht nicht bis zu Baudelaire, Mallarmé und Rimbaud zu gehen, die Keller wohl kaum berührt haben. Der Seitenblick auf den Nachbarn Conrad Ferdinand Meyer ist auch in der Lyrik hinreichend, eine andere Welt zu öffnen. In Meyers Gedicht »Der schöne Tag« fahren zwei Knaben im Boot auf den See hinaus. Nur einer kommt lebend, »fahl wie ein Verbrecher«, zurück.

»Der andre Knabe sinkt und sinkt
Gemach hinab, ein Schlummernder,
Geschmiegt das sanfte Lockenhaupt
An einer Nymphe weiße Brust.«

Rimbaud nimmt als Zwanzigjähriger 1874 von der Kunst Abschied, um sich bis zum Exzeß und Exitus der »runzligen Wirklichkeit« (»la réalité rugueuse«)[22] hinzugeben. Kellers alte Schmidtin ist die zur Verweigerungsgeste geschrumpelte Mutter Natur, auf die er fasziniert starrt. Meyers weiße Nymphe ist das zweite Gesicht dieser Mutter – wieder eine Nymphe, aber kein Himmelsteufel, auch kein Engel, vielmehr ein Geist der Tiefe: Kunst. Sie ist ganz – unten. Wo bei Keller das andere Ich hinabmuß – das Spiegelbild Annas, die Nixe der »Winternacht« oder der »Walpurgis«-Nacht, der Doppelgänger der Terzinen in »Eine Nacht« – ist das Verbannung, perspektivisch von oben angeschaut. Bei Meyer ist das Dilemma von Dortchen und Hierchen aufgelöst. Paradies und Hölle hören auf, Gegenden einer Kunstwelt zu sein, wo der Tod mit dem Paradies und das Paradies mit der Kunst identisch ist: künstliches Paradies. Da ist der schöne Tag, da ist die Rettung vom Hades der Lebenden, die als Schatten schleichen. Keller steht als Lyriker an der Schwelle, aber vor der Schwelle. Sein Äußerstes ist das Ende der Träume; die moderne Lyrik hebt als Halluzination an. Ihre Folgerichtigkeit ist es, den Sinn in ein Formkalkül umzutauschen. Kellers Folgerichtigkeit ist es, ihn zu verlieren. Die Kunst widerruft nicht in letzter Instanz das Leben; das Leiden ermißt in letzter Instanz die Kunst.[23]

Das zeigt sich am deutlichsten, wo Kellers Gedichte von Kindern und von Tieren handeln. Hier treiben sie am wenigsten Selbstschutz und Mimikry. Das Gedicht »Vom spröden Eidechschen«, das »seinen Zipfel spröd, wie Glas so spröd« macht – »er blieb mir in den Händen« (XV/2, 132) –, verhöhnt kaum verhüllt kindliche Sexualängste, die aus wer weiß welchen Tiefen aufsteigen. Im »schaurigen Lenz« des »Frühlings 1853« herrscht »eine stechende Maienlust, das Säulein schrie in der Menschenbrust« (XV/1, 171): das Tier im Menschen, der sich schaudernd im Tier erkennen kann – die Kindersicht; auch die Sicht des falschen Kindes John Kabys, als der Heimkehrer an seiner Stelle ein anderes Kind geliebt sieht. Der Mensch kann sich aber auch brüderlich zur Kreatur neigen – der Blickwinkel des kinderlosen, einsamen Erwachsenen, der Versöhnung mit sich sucht, der Versöhnung weitergeben möchte, Versöhnung da, wo die Sprache kaum hinreicht.[24]

»Die kleine Passion« (II/1, 127), im Titel auf Dürers Holzschnittfolge anspielend, schildert den langsamen tapferen Tod eines Mückleins, an dessen Sterbensgestalt die ganze Pracht des Lebens sichtbar wird. Auf dem Wörtlein »will« in einem aufgeschlagenen »dichterlichen Buch« geht sein Lebensweg zu Ende. Zuviel wäre es, vom Wollen dessen zu sprechen, was man muß und auf die Willensfreiheitsdiskussion zurückzukommen, die der grüne Heinrich mit sich angesichts netzespannender Spinnen führt. Resignativer Humor kann auch das Gegenteil lesen: daß alles Wollen im Müssen endet. Eindeutig ist nur der Frieden nach sieben Tagen des Sterbens – das Leben, im ersten »Waldlied« eine Siebentagefolge des Vollkommenen, ist hier eine Siebentagefolge des Todes. Das Mücklein ist Vorbild in dessen Bestehen. »Mög uns sein Frieden eigen sein!« Im Christentum wird der Gott zum Bruder des Menschen. Hier geschieht das gleiche mit dem Tier. Aber dieses Tier erlöst weder noch wird es erlöst. Seine Passion ist ganz irdisch. Der Friede, die Erlösung ist der Tod: als Ende des Leidens. Der Tod der Kreatur ist eine Lektüre für den Menschen über alle dichterliche Lektüre hinaus. Das dichterliche Buch ist sogar »Gruft und Leichentuch« für das Leben. Aber es ist – als Buch, in dem dieses Gedicht steht – auch die Offenbarung, die Bibel, die einzige Botschaft, die von der kleinen Passion Zeugnis ablegt. Ein dichterliches Buch ist es, das von der Lektüre jenseits der Buchlektüre handelt. Noch einmal wird so das Thema Leben und Dichten in seinen Verschränkungen und Auffächerungen gegenwärtig, ins Einfachste zurückgenommen, in eine nachdenkliche Zärtlichkeit, wie sehnsuchtsvoll von Kindern und mit Kindern gesprochen werden kann, die nicht die eigenen sind.

Das Gedicht »Bei einer Kindesleiche« handelt vom Tod eines noch fast sprachlosen Kindes; »doch hat dein Lallen mir so viel verkündet« (II/1, 85). Der Sänger im Lebensbaum, als der sich das Ich des Gedichts einführt, hat Verkündigungen aus dem Lallen, aus der Sprachlosigkeit empfangen – ein beredtes Schweigen, das nicht droht, vielmehr verheißt. Das Leuchten der Augen läßt »ursprünglich helles Licht von schönern Auen« durch – das Licht der Utopie. Freundschaft, Nachbarschaft mit dem Kind als Entsagungsglück findet seine ekstatische, seine im Ekstatischen auch zerreißende Erscheinung im ersten der Sonette »Von Kindern«:

»Man merkte, daß der Wein geraten war:
Der alte Bettler wankte aus dem Tor,
Die Wangen glühend wie ein Rosenflor,
Mutwillig flatterte sein Silberhaar.

Und vor und hinter ihm die Kinderschar
Umdrängt' ihn, wie ein Klein-Bacchantenchor,
Draus ragte schwank der Selige empor,
Sich spiegelnd in den hundert Äuglein klar.

Am Morgen, als die Kinderlein noch schliefen,
Von jungen Träumen drollig angelacht,
Sah man den braunen Wald von Silber triefen.

Es war ein Reif gefallen über Nacht;
Der Alte lag erfroren in dem tiefen
Gebüsch, vom Rausch im Himmel aufgewacht.«

(I, 126)

»Es war ein Reif gefallen über Nacht« umkreist eine Volksliedzeile, die Keller aus Heines Gedicht-Trilogie »Tragödie« zugekommen sein wird. Ihr ist ein rheinisches Volkslied »Es fiel ein Reif in der Frühlingsnacht« einverleibt, das auch im »Grünen Heinrich« erklingt (V, 260) und mit der schrecklichen Feststellung endet:

»Sie haben gehabt weder Glück noch Stern,
Sie sind verdorben, gestorben.«

Mit dem überaus populären, zu Büchmanns »Geflügelten Worten« gehörenden Zitat sind dem Gedicht schwerste Leidenserfahrungen eingeimpft. Wieder ist da der alte Bettler, der alte Trinker, der alte schwerfüßig Wankende, einsam und stumm sein bacchantischer Taumel, sein Tod als gefrorener Christ, aber auch eine selige Spiegelung des alten Träumers in den »hundert Äuglein klar« der jungen Träumer. Ihr Traum weiß nichts von ihm, doch sein Traum weiß von ihnen wie der Gesang der heidnischen Musen vom Himmel weiß. Und noch hier muß ein konventioneller Lendenschurz sein vor so viel Blöße. Harmonisierend wird ein Himmel gewölbt, zu dem der Rausch das Tor sein soll, wo doch der alte Bettler keinen Himmel als den des Rausches offen sieht. Der Selige ist der vom Wein Beglückte; der Selige ist aber auch die euphemistische Bezeichnung für den Gestorbenen, mag er nun selig sein oder nicht. Der schwank emporragende Selige ist durch seine Benennung schon im Bann der Lust der Abgeschiedene im Bann des Todes.

Ein Nachlaßgedicht Kellers führt die Rede von Kindern und von Tieren zusammen und läßt die Schlacken der falschen Tröstung abfallen, die noch leiseste und intimste Gedichte Kellers entstellen:

»Spinnen waren mir auch zuwider
All meine jungen Jahre,
Ließen sich von der Decke nieder
In die Scheitelhaare,
Saßen verdächtig in den Ecken
Oder rannten, mich zu schrecken,
Über Tischgefild und Hände,
Und das Töten nahm kein Ende.

Erst als schon die Haare grauten,
Begann ich sie zu schonen,
Mit den ruhiger Angeschauten
Brüderlich zu wohnen;
Jetzt mit ihren kleinen Sorgen
Halten sie sich still verborgen,
Läßt sich einmal eine sehen,
Lassen wir uns weislich gehen.

Hätt ich nun ein Kind, ein kleines,
In väterlichen Ehren,
Recht ein liebliches und feines,
Würd ich's mutig lehren,
Spinnen mit dem Händchen fassen
Und sie freundlich zu entlassen;
Früher lernt' es Friede halten,
Als es mir gelang, dem Alten!«

(xv/2, 133 f.)

Das Gedicht »Friede der Kreatur« hat seine Vielschichtigkeit schon im Titel, der Frieden der Kreatur feststellt, Frieden der Kreatur verheißt und den Frieden mit der Kreatur weiterzusagen versucht. Es spricht von Verbrüderung mit den Spinnen, den Sinnbildtieren der äußersten Verstörung, der tiefsten verhängnisvollen Triebverstrickung an die Mutter. Diese Tiere, die er »entsetzlich fürchtete«, vertraten die Stelle der Tiger in der Menagerie des kleinen grünen Heinrich, deren Bewohner er schließlich mit einem glühenden Eisen durchbohrt und, tot oder halbtot, verscharrt. Der Alte des Gedichts hat gelernt, mit den Spinnen »brüderlich zu wohnen«: »Friede der Kreatur« wenigstens im Gedicht, wiederhergestelltes Paradies, wo der Löwe mit den Lämmern weidet, im Kleinformat.
Der alte Melancholiker, der über einem unerfüllten Leben brütet, hat er das Paradies im gelassenen, fast monologischen Parlando seiner Verse? Er hat es – als ein Adam mit längst grauen Haaren, den Sündenfall hinter sich. All die jungen Jahre hat er getötet. In die Scheitelhaare haben sich die Spinnen niedergelassen: der Scheitel – das denkende Gehirn; die Haare – Sinnbild der Geschlechtlichkeit. Bis in die kleinkindliche Perspektive, der ein Tisch zum »Gefild« wird, ist der Schrecken noch abrufbar gegenwärtig. Als er, der hier spricht, grau wurde, begann er zu schonen und ruhiger, nicht ruhig, anzuschauen. Und noch jetzt: Einander weislich gehenlassen – welch merkwürdige verkümmerte Vorstellung von Brüderlichkeit!
Nur im Irrealis des unerfüllbaren Wunsches ist die ganze Versöhnung, ihm eingeschrieben der Grund für die Unmöglichkeit der Erfüllung. »Hätt ich nun ein Kind, ein kleines . . .« Nicht nur früher lernte es Frieden halten als der Alte, auch, weil ermutigt, mutiger, bis zur Freundlichkeit, bis zur Hautnähe, bis zum Anfassen, das doch freiläßt. Es wäre lieblich, dieses Kind, deshalb könnte es lieben. Und weil es lieben könnte, wäre es lieblich. Noch ins Bild unerreichbaren Glücks geht die Spur eines kindlichen Bewußtseins, das sich nicht lieblich wußte, das an sich nur Hände, keine »Händchen« wahrnahm, dem Spinnen »auch« zuwider waren. Dieses aus tiefster Tiefe heraufkommende »auch« ist der Inbegriff dessen, was gelitten wurde. Der Alte steht nicht »in väterlichen Ehren«, weil er nicht in kindli-

chen Ehren gestanden hat; er wird kein Vater, weil er keinen Vater hatte. Er kann keine Liebe lehren, weil er sie so spät und unvollkommen gelernt hat. Der Traum vom Kind, das da sein sollte, ist der Traum vom Kind, das nicht war.

Das Paradies wird nicht wiedererlangt, weil es nie verlorenging; es ist nur im einsamen Sprechen von Liebe, Väterlichkeit, Brüderlichkeit und Kindlichkeit vorhanden, das seines Adressaten völlig ungewiß ist. Das Gedicht ist der Schatten des hellen Glücks, der auf den Melancholiker fällt. In Worten kann er, was er im Leben nicht vermocht hat: er›zeugen‹ – zum Beispiel die Lichtgestalt Lucie, die spät, aber nicht zu spät für ihr Glück lernt, die Kreatur in Händen zu halten. Mit Worten kann er, was er im Leben nicht kann: ›bilden‹, freundlich anfassen und loslassen, den ganzen Frieden halten und geben. Im Gedicht hat er das Leben so wie der Landvogt von Greifensee die unerreichbare und immer nahe Figura Leu.

Sein für mich schönstes Gedicht hat Keller in mühseliger, aus der Handschrift ablesbarer Formulierungsarbeit zu äußerster Leichtigkeit gebracht und durch Streichung der letzten Strophe fast wieder zurückgenommen – fast, denn sie wurde im unaufgelösten Gegeneinander der Impulse, wie es Kellers gesamtes Werk und fast zerstörerisch die Lyrik durchzieht, zwar gestrichen, doch als gestrichene aufbewahrt. Eine besondere Malträtierung ließ Keller in der Handschrift den Schlüsselwörtern »in väterlichen Ehren« und »Kind« bei der Streichung zukommen. Die Verse blieben ungedruckt, denn sie sagten zu viel. Im Gedicht »Poetentod« (II/1, 160 ff.) befiehlt der sterbende Poet, den dichterischen Nachlaß ins Feuer zu werfen; aber Keller hat das Unveröffentlichte sorgfältig archiviert und damit wissend den Philologen ausgeliefert, die mit postumen Veröffentlichungen noch die Toten zum Sprechen bringen. Wovon man nicht sprechen muß, darüber kann man schweigen. Aber worüber man nicht schweigen kann, davon muß man sprechen.

Der Apotheker von Chamouny oder ein Dichterleben

Es gibt in Kellers Lyrik eine Poesie des Weins und des Rausches, aber es gibt auch hier nicht den Rausch der Poesie. Eine Erinnerung von Carl Ludwig Schleich, dem großen Chirurgen, an seine Zürcher Studentenzeit macht erkennbar, wie Keller noch in seinem Leben den Wein braucht, um vom Dichten schweigen zu können. »Als wir saßen, nahm ich mir ein Herz und begann: ›Herr Keller! Ich habe ja gar nicht gewußt, daß Sie ein so großer Dichter sind!‹ Da fuhr er auf: ›Wennst noch an oinzig's Wurt von Dichten soagst, da hau i di an Schellen. Wir chommet hier nüt zusamme, um von Literatur zu schwätze, sondern um zu suffe! Also halt din Gosche!‹« Selbst wenn er gesprächig wird und auf die Frage »wie wird man eigentlich zum Dichter?« antwortet, weicht er aus: »Wenn du das Wunder in dir entdeckst – dann bis du einer!«[25] Neben dem Geistergespräch mit der Heidengöttin Aphrodite beim Cypernwein, dem Wein ihrer Ursprungsinsel (XV/1, 80 f.), steht kein lyrisches Geistergespräch mit den Musen – allenfalls eine »Reminiszenz an Lenau« unter der Überschrift »Tokaier«, die von Bedeutung ist, denn Keller hat in einem früheren, direkt »An Lenau« adressierten Gedicht den seit 1844 geisteskranken Lyriker als Erwecker seiner eigenen Gedichte gefeiert: oben der Rhetoriker Herwegh, der mit Anastasius Grün zusammen nach Kellers eigenem Zeugnis die politische Lyrik freisetzt (XXI, 19), unten der »Nekromant«, der dem gefrorenen Christen »in so öder Winterzeit« die tieferen Quellen öffnet (XIV, 256). Merkwürdiger als der banale Kernspruch »Nur durch den Winter wird der Lenz errungen« im Huldigungsgedicht an Herwegh (I, 140) ist im ersten Lenaugedicht die Vorstellung, daß ausgerechnet ein Totenbeschwörer der Erwecker des Lenz sein soll. So strudelt denn auch das Gedicht auf den Ungarwein aus dem mühsam gefügten Sinnbild vom letzten Sonnenstrahl vorm Gewitter, der im Tokaierwein glüht, in das »Geheimnis« auf »dem leeren Grund« des Bechers hinab:

»Schwarz seh ich die Gründe gähnen,
Wo erlosch der Strahl,
Der sich durch Gewittertränen
Aus der Sonne stahl.

Eine ungeheure Leere
Tut sich gräulich kund,
Wie im abgelaufnen Meere
Wimmelts auf dem Grund.

Und, ein schwarzer Wirbel, drehet
Es sich niederwärts,
Bis in ew'ger Nacht vergehet,
Scheidet Lust und Schmerz.

Schenke, Wirt! o laß es brausen!
Gieß den Becher voll,
Wenn mein Herz ob innerm Grausen
Nicht verzagen soll!«

(xv/1, 78)

Der Wein, der das Geheimnis öffnet, soll es auch wieder verschwinden lassen; vom Wahnsinn kann geflüstert werden, weil vom Dichten geschwiegen wird.[26]

Das Thema der Poesie und des Poeten kommt zwar in der Lyrik Kellers vor, wird aber konventionell abgehandelt – mit zwei Ausnahmen. In den »Siebenundzwanzig Liebesliedern« aus der Frühzeit der Kellerschen Lyrik finden sich im fragwürdigen poetischen Spiel eines Liebesschicksals, das auf dem Friedhof beim Grab der Geliebten endet, die am Eingang dieses Buches zitierten Verse:

»Unverwüstlich sind die Dichter,
Alles wird zum Traum verwoben;
Selbst der nahe Tod wird spielend
Noch mit Schein und Tand umschlungen –
O, ich glaube, er ist eben
Eisig in ein Herz gedrungen!«

(xiv, 141)

Hier ist die Anklage der Dichtung als Lebensverrat, bei dem noch aus dem Tod der Geliebten poetisches Kapital geschlagen wird, so tief gefaßt, daß sie das lyrische Ich selbst trifft und nicht nur irgendwelche Spott- und Versteckfiguren wie Viggi Störteler oder John Kabys. Die Dialektik von Inklusion und Exklusion findet nicht nur im Werk statt, sondern auch im Verhältnis von Werk und Leben. Drin wird der Tod beschworen, aber draußen ereignet er sich; jedoch drin wird gesagt, daß er sich draußen ereignet und daß das Reden drin von der Wirklichkeit draußen als Geschwätz entlarvt wird. Der Text gewinnt sein Gewicht dadurch, daß er seinen Widerruf bei sich führt. Daß sie alles zum Traum zu verweben vermögen, macht die Unverwüstlichkeit der Dichter aus: eine Antwort schon des frühen Keller auf die Frage, wie dieses Leben überhaupt zu ertragen war. Daß ihnen alles zum Traum wird, wie dem König Midas zu Gold, was er berührte, ist aber auch das Wort zur Ant-wort: daß dieses erträgliche Leben kein Leben ist. Unverwüstlich sind die Dichter in der Lebenswüste.
Wie ein Blitz fährt diese Rede in romantisierendes Geklingel. Ausführlich wird die Rede vom Dichter bei Kellers lyrischer Auseinandersetzung mit der Romantik im Zyklus »Der Apotheker von Chamouny oder: Der kleine Romanzero«. Schon der Titel zeigt den Bezug auf Heinrich Heines späte Lyrik-Sammlung »Romanzero« von 1851. Ein äußerer Anlaß muß dem Lebendichter die Zunge lösen, vom Dichterleben zu sprechen, und es ergibt einen Sinn, daß dieser Anlaß Heine, nicht Lenau heißt. Lenau ist einen Weg hinabgegangen, auf dem seine eher konventionelle Gefühlslyrik zurückbleibt. Heine treibt ein Literatur-Leben-Spiel, das Keller vielleicht weniger als Menschen, aber mehr als Poeten betroffen macht. »Der Apotheker von Chamouny« ist ein Zeugnis der komplizierten Entstehungs- und Veröffentlichungsgeschichte von Kellers Gedichten. Sie sind in ihrer Masse in drei Schüben entstanden. Die erste Epoche schiebt sich zwischen die Entwurfsphase des »Grünen Heinrich« nach der Rückkehr aus München und dessen Ausarbeitung in den Heidelberger und Berliner Jahren ein. Der zweite Schub begleitet die Entstehung des »Grünen Heinrich«. Von der Rückkehr aus Berlin nach Zürich 1855 bis 1878, zwei Jahre nach

dem Ausscheiden aus dem Amt, tritt Keller als Lyriker zurück. Dann beginnt abermals eine Produktionszeit. Die Lyrik der ersten beiden Epochen ist in den »Gedichten« von 1846 und in den beiden Auflagen der »Neueren Gedichte« von 1851 und 1854 gesammelt. Die späteren Gedichte sind in die zweibändige Ausgabe der »Gesammelten Gedichte« von 1883 eingegangen, in der Keller mannigfache Texteingriffe vornahm und eine größere Reihe vor allem politischer Frühgedichte ausließ. Die »Gedichte« von 1846 hat August Adolf Ludwig Follen rücksichtslos für den Druck zurechtgestutzt. Der ehemalige radikale Burschenschaftsführer – später in der Schweiz behäbig verheirateter Emigrant und Literat – gebärdete sich nicht nur als Gönner, sondern auch als literarischer Vormund des unerfahrenen Lyrikers, und Keller ließ den väterlichen Redaktor seiner Lyrik gewähren. Er notierte nur für sich mit stillem Ingrimm Follens Eingriffe: ». . . als er nach fünfunddreißig Jahren daran ging, sein ›lyrisches Testament‹ zusammenzustellen, da erinnerte er sich nicht mehr des alten Bändchens mit den angemerkten Verböserungen Follens und mühte sich, wo er Verdacht schöpfte, um einen neuen Text, öfter aber leitete er hinüber in das neue Manuskript, halb unbewußt, halb resigniert, was er ehmals als Follensches Gut verworfen hatte.«[27] Immerhin – und hier liegt vielleicht ein letzter Grund für Kellers Nachgiebigkeit – zeigt sich häufig auch bei Keller selbst die Prägekraft marktgängiger lyrischer Bestände mittleren Niveaus[28]; sei es, weil in der Lyrik der Verführungsdruck bereitstehender Formen und Formeln besonders groß ist, sei es, weil Keller sich zu viel vom Leibe zu halten hatte, als daß er sich frei seiner lyrischen Kraft anzuvertrauen wagte. Er wußte nicht, wohin sie ihn bringen würde. Die äußere Textgeschichte wird damit zur Besiegelung der Mimikry und der Abwehrmaßnahmen des Lyrikers Keller gegen lyrische Unmittelbarkeit.

Kellers Romanzensammlung ist in ihrer ersten Fassung 1851-53 entworfen und großenteils ausgearbeitet worden.[29] Ein Manuskript aus dem Jahr 1860 wurde vom Verleger der »Neueren Gedichte« zurückgewiesen. In den »Gesammelten Gedichten« von 1883 erschien eine stark veränderte und entschärfte Neufassung, die hier unberücksichtigt bleibt gegenüber der zu Kellers

Lebzeiten Handschrift gebliebenen Urfassung. Indem Keller in der ersten Gestalt des »Apothekers von Chamouny« eine literatur-satirische Jenseitsvision – quasi eine »Divina Commedia« der Literatur – durch eine banale Liebes- und Mordgeschichte nach einer Zeitungsnotiz einrahmt, nimmt er Heines Kontrastierung von Privatem und Öffentlichem, von Prunkräumen der historisierenden Poesie und plattem Alltag, von Pathos und witziger Distanz auf. Während bei Heine Reimstrophen verschiedener Bauart herrschen, greift Keller mit seinen reimlosen trochäischen Vierhebern die Metrik und Strophenform der neueren spanischen Romanze, eines der Ballade verwandten Erzählgedichts, auf. Das Bauprinzip des »Romanzero«, die Einbettung eines Buches ›privater‹ Bekenntnislyrik in zwei Bücher mit Gedichten über historische Gegenstände, ist bei Keller umgestülpt, und insgesamt zeigt Kellers Werk die Umorientierung seines literarischen Bezugssystems von der Romantik zur Klassik, wie sie sich auch im »Grünen Heinrich« und indirekt in »Hadlaub« niederschlägt.
Allerdings bekunden bereits die späte Bearbeitung und das Nachholen der Publikation zu einem Zeitpunkt, an dem die Auseinandersetzung mit der Romantik für Keller längst keine Aktualität mehr besaß, daß in dem fast abwegigen Nebenwerk doch alle Wege zu Keller führen. So travestiert die Rahmenhandlung von dem Apotheker und Wildschützen Bertram zwischen der wollüstigen und tückischen Buhlerin Laura und der reinen, von ihm verführten Klara wohlbekannte Figurenanordnungen des »Grünen Heinrich« mit dem jägermäßig gekleideten Helden. Wenn Laura den treulosen Geliebten als »Todesschlange« umfängt (XV/1, 212) und »wie die Schlange das Kaninchen« liebt (213), wenn sie ihm schließlich in mörderischer Absicht einen Schlangenschal strickt und diesen mit Schießbaumwolle füttert, um Bertram in die Luft zu sprengen, dann wird die Groteskversion der mit »Schlangenringen« (210) tödlich umgarnenden Frau ansichtig. In die gleiche Schicht des grotesken Wortwitzes gehört es, daß Bertram am Ende in der Absicht, einen Bock zu schießen, die ihm in den Bergen nachkletternde Laura tödlich trifft und sich selbst, weil ein Funke den Schal explodieren läßt, dabei in die Luft sprengt: Er hat

wirklich einen Bock geschossen, als er sich von der Paradiesesschlange bestricken ließ.[30]
Belangvoller als dieser Rahmen ist die Literatursatire. Kellers Thematik des Lebendichtens erreicht in ihr einen Höhepunkt. Dabei ist das Prinzip in zwei Richtungen entfaltet. Die jung gestorbene Klara wird zum Läutern der oberflächlichen Trübung ihrer reinen Seele wie andere büßende Seelen in einer Eissäule des Montblanc eingefroren – ein Purgatorium, das ähnlich der Büßer Wilhelm in den »Mißbrauchten Liebesbriefen« erleidet[31], und eine Reinigung, die vergleichbar der Stiefmutter Dietegens bei ihrem Erkältungstod zuteil wird. Auf Klaras leerem Grab aber, das eine Mini-Alpenlandschaft darstellt, wohnt ein asketischer Einsiedler-Gnom. Nächtlich kommt zu dem Träumenden eine Dryas, die »gleich einem Kätzchen« zärtliche Spiele mit seinem Bart, dem Männlichkeitsschmuck, treibt. Doch erwachend schreibt der Fromme sein heidnisch-sinnliches Nachterlebnis in eine goldene Marienlegende um –

»Wie die Königin des Himmels
Ihm allnächtlich sei erschienen
Und sein Bärtchen hab geflochten
Und mit frischem Band geschmücket!«

So weiht er sein Gotteshäuschen

»Nach dem zarten Wunder fromm
Unsrer lieben Frau vom Bärtlein.
In dem Bäumchen lacht die Dryas . . .«
(XV/1, 215 ff.)

Die Baumnymphe hat gut lachen, denn in der frommen Umschreibung des Heidnischen ist auch das Heidnische ins Fromme eingedrungen. Mutter Maria, die mit dem Gnom auf dem Grab sinnliche Spiele treibt, hat Züge der lüsternen Dryas angenommen – eine Legende noch einmal zu den »Sieben Legenden« und zum Muttergrab des grünen Heinrich, eine der bösartigsten Umschreibungen, die überhaupt dem Schreib-Gnom Keller mit dem Mutterphantom eingefallen sind.[32]
Die entgegengesetzt entsprechende Figur der Satire ist der tod-

kranke, fieberträumende, sterbende und als Geist umgetriebene Romantiker Heinrich Heine, vom Dichter des »grünen Heinz« (an Freiligrath am 22. September 1850) zuweilen in Koseform Heinz oder Heinzchen genannt. Dieser Heinrich wohnt nicht nur *am* Grab, ihm wird

». . . ein Bettchen aufgelockert
In der duftig weichen Erde.

Ja, die alte braune Mutter
Duftet freundlich in die Nase;
Und sie frißt die toten Kinder
Selber wieder, wie die Katzen!

Und der Dichter, kaum versenket,
Wird von ihr mit Hast umarmet,
Und wie Goethe einst auf weißem
Nacken hat zu Rom skandieret,

So skandiert sie dichterlich
Jetzt mit Schollen auf dem Sarge . . .«
(XV/1, 264 f.)

Dergestalt tödlich verführerisch kann Mutter Natur, mit der Dryas durch den Katzenvergleich verbunden, dem Dichter werden. Was stattfindet, ist die Metamorphose der Idylle der »Römischen Elegien« zur letzten Idylle, wo der Wandrer Ruhe findet, dem Friedhof; die Metamorphose des Bettes zum Grab, wo die alte braune Mutter Erde die Rolle im Liebesspiel übernimmt, die bei Goethe dem Wandrer Geist zugedacht ist.[33] Sie dichtet eine Ungeschiedenheit von Dichtung und Leben, die der Tod ist. Die stumme Muse wird produktiv als Poetin des Todes.
Doch der Poet Heine findet bei Mutter Erde keine Ruhe. Ein Totengericht gestorbener herzloser Kokotten verurteilt und entführt den toten Dichter zur gleichen Läuterungsstrafe, der die befleckte Apothekergeliebte Klara unterworfen worden ist. Sitzt der Umschreib-Gnom auf dem leeren Grab, so wird der tote Dichter in den Eiszacken einquartiert, der nach Abschluß der Bußzeit Klaras frei geworden ist. Diese Nachfolge hat ihren

guten Grund, denn die Verfehlung des Homme de lettres hat sehr viel mit der des schlichten Gebirgskindes zu tun.

»Ohne Schuld und deren Ahnung
Zeigte sie die Art der Schuld'gen«,

lautet ihre Charakteristik (214); über Heine wird gesagt, daß »der Esel hier, der Dichter« ein »wohlgebildet Herz« besaß, aber unter der »Satyrmaske« verbarg (278, 285).

»Er, der sich mit Prahlen rühmte,
Tigerkrallen zu besitzen
(Mäuse fing er mit den Krallen,
Zierlich freilich wie ein Kätzchen),

Dieser große Herzverleugner . . .«
(279)

Der gutartige Dichter zeigte in seiner Poesie die Art der Schuldigen; er spielte den Mephistopheles, dem er so wenig gleicht, daß er bei dessen Anblick fast stirbt (245). Er korrespondiert damit als poetischer Lebensumschreiber dem Schreib-Gnom. Der eine schreibt seine unfrommen Erlebnisse in fromme Legenden um, der andere seine Herzens›frömmigkeit‹ in eine Poesie der fleurs du mal.
Indem Keller Heine als einen der Büßenden darstellt,

»Die für böse Teufel galten
Und im Herzen Lämmchen waren«,
(219)

wendet er das Heinesche Prinzip der ironischen Illusionsdurchbrechung potenziert auf dessen Erfinder an. Schlägt bei Heine der reine Herzenslaut der Lyrik in Zynismus um, so deutet Keller Heines Zynismus als Verstellung des reinen Herzenslautes. Die Selbststilisierung und Selbstauslegung des Poeten hat Heines Leben zur Kunstfigur und seine Poesie zum Schein seiner Lebenswahrheit gemacht, und am Ende bringt Kellers Heine noch einen Gott als Kunstfigur hervor, dessen parfümierte Unechtheit schon durch die zeitliche Koppelung dieser Gotteserschaffung mit der damals vielberufenen Konversion der gräflichen Schriftstellerin Ida Hahn signalisiert wird. Da

Gott Kunstfigur ist, findet ihn der todkranke Dichter in seinem Himmelstraum nicht, wohl aber ein Pandaemonium der Literatur. Da das Leben bei Heine Kunstfigur ist, erscheint seine anderslautende Wahrheit am Tode und im Tode: als Spott von Kröte und Heimchen über den Dichter, der nicht sterben will (232) und deshalb den künstlichen Gott hervorruft; als Skandieren der Erdmutter auf dem Sarg; als tödliches Ende der volltönenden Beredsamkeit des neuen grünen Heinz:

»Denn des Schweigens hohe Schule
Ist das Grab, und Christ wie Heide,
Pfaff und Hanswurst, alle Schreier
Lernen schweigen unterm grünen Gras!«

(227)

Die Positionen des Umschreib-Gnoms und des Umschreib-Heinzchens werden ergänzt durch die Zitierung von vier toten und einem lebenden Poeten. Der ungenannte lebende Poet ist der von Keller heftig mißbilligte Karl Gutzkow, dem das Königtum über die »toten Tintenmolche« im höllischen Tintensee zugedacht ist. Denn »von Papier ist seine Welt« (259), während Heine und der ihm von Keller eng zugesellte Erzfeind Ludwig Börne wenigstens als große Talente am Leben teilhaben (257). Zwei der toten Poeten, die das Figurenverhältnis ausbauen, sind Heines Rivale August Graf von Platen und Lessing. Platens Schatten »wallt ... glänzend jenes deutsche Volk entlang« (238), weil ihm manches schöne Lied gelungen ist, aber seine Todeswahrheit ist der Widerruf der Wirkungskraft der Worte:

»Nichts auf Erde noch im Himmel
Wird durch Worte je erzwungen;
Was er ist, das gilt ein Jeder!«

(239)

Der zweite »tapfre Waller« ist Lessing (247). Heine sieht den

»... einzlen Mann
Ohne Schein und Bilder gehen,
Freudlos, doch auch kummerlos,
Fest und dunkel schritt er hin!«

(247)

Einst hat Lessing »in der Nacht die Sonne« gesehen (248); jetzt ist er ohne Schein und Bilder zusammengezogen auf den dunklen harten Kern seiner selbst, deshalb immer noch neugierig auf Bücher, aber ungerührten Herzens (248), ein »Selbstvergnügter« (250). Das ist ein hohes Lied auf Poeten, aber nicht weil sie Poeten, sondern weil sie illusionslose Menschen waren.
In zwei weiteren Dichtern stellt sich die klassische Poesie dar – wieder als Poesie der Toten –; das positive Gegenbild des sich selbst im literarischen Pandaemonium aussparenden Literaten Keller: Schiller und Goethe. Kellers Poesie unterscheidet sich von den Positionen Umschreib-Gnom – Umschreib-Heinzchen – Gutzkow – Platen – Lessing. Er ist als Talent am Leben, nicht wie Gutzkow zum Herrscher über den Tintensee bestimmt, und doch hat auch Kellers Lebenswelt etwas von einer Papierwelt, sofern im Schreiben Ersatzleben ist. Keller ist ein Selbst jenseits der Worte wie Platen und Lessing, aber seine Selbstbegründung liegt mehr im Wort, als es Platens Postulat gelten läßt. Auch Keller kennt das literarische Oszillieren zwischen heidnisch-chaotischen Erlebnissen und frommen Ordnungslegenden, aber während der Gnom lediglich umschreibt, umschreibt Keller noch einmal die Umschreibsituation. Der Gnom verrät sich, doch sein Autor verrät den Verrat. Auch Keller übersetzt schließlich – wie Heinrich Heine – sein Leben in die Kunstfigur, aber wo Heine Umbrüche arrangiert, erleidet der Lebendichter Keller Verwerfungen, und damit wird sein Leben*dichten* zum *Leben*dichten. Wo Heine noch sein Leben literarisch formt – etwa zum Bild der Matratzengruft: »Schaffen auf dem Bett des Todes, abgewelkt vor Schmerz die Glieder« (250) –, arbeitet sich die Wahrheit von Kellers Leben labyrinthisch im Werk heraus. Heine stellt künstliche Lebensbilder –

»Doch das Fleisch in blasser Seide
Mahnte an Pariser Trikot.«

(222)

Bei Keller gewinnt das Fleisch sinnlichen Glanz im Werk – nur hier, erst hier, wirklich hier.
Ergreifend prägt sich Keller als Negativ im Bild Schillers und Goethes aus, das zentrale Motive der eigenen Schriftstellerexi-

stenz umkehrt. Wie Moses und den Juden beim Zug durch die Wüste der Herr nachts in einer Feuersäule vorherleuchtet (2. Mose 13,21), deutet sich das Nahen Goethes durch »eine starke lieblich heitre Säule Lichtes« an (241). Es ist die Lichtsäule von Goethes Kunst: Leben nicht als Kunstfigur, Kunst vielmehr als Figuration des Lebens selbst in leuchtender Fülle, Deutlichkeit und Ganzheit. Sie ist Hervorbringen eines Mannes »ohne Reu und heiter« (242). Kein »Ich dulde, ich schulde« als Lebensdevise, wie sie Keller beim letzten Zusammentreffen mit Conrad Ferdinand Meyer auf dessen Visitenkarte schreiben wollte[34]; stattdessen: »Froh und lehrreich war die Erde« (243). Nicht das sich in Kunst durchwühlende Leben, vielmehr das in Kunst vollendete Leben steht da. Keller kann das Superzeichen der Triebverstrickung, des Selbstverlusts, der Willenslähmung noch im theoretischen Konstatieren der Willensfreiheit, des unschöpferischen Brütens – die Spinne – allenfalls ruhig anschauen, wie sich im Gedicht »Friede der Kreatur« zeigte. Im Reden über Goethe wird sie zum Glückszeichen. Wer bringt die Kunst als Lebensfigur hervor?

»Doch wer schafft und webt das alles?
Zwei weit offne Sonnenaugen!

Webten, webten unermüdlich,
Wie zwei goldne Schwesterspinnen!«[35]
(242)

Für Goethe bleibt zu bereuen, daß er sich von den Weibern hat um sich selbst betrügen lassen – hier wirkt die Vorstellung von der Herzlosigkeit Lauras und der Kokotten aus dem Totengericht über Heine weiter. Der »hehre Schatten« Schillers (244), der neben Goethe tritt, macht das Lichtbild vollkommen, erweitert um die Familie, leuchtend vor der Folie des frühen Todes. An Schiller wird die Ausstrahlung des dichterischen Liedes ins Leben im »Abgesang« zum Schillerjahr 1859 dargestellt, mit dem die Erstfassung des »Apothekers« schließt.[36] Vor allem überführt die Erscheinung des zweiten Klassikers das dichterische Weben in den Tanz. Sieht Conrad Ferdinand Meyer bei seinem letzten Besuch am Sterbebett den Dichter Keller als

Schauplatz der spinnenden und webenden Phantasie, in dem *es* dichtet, weil er so nahe beim Ich dichtet, so sieht man im »Apotheker von Chamouny« Goethe und Schiller als webende Subjekte der Phantasie:

»Und vereint begannen beide
Sich in einem Kreis zu drehen,
Und sie webten Ein Gewebe
Wie mit tausend Weberschiffchen,

Daß Gestalten an Gestalten
Leuchtend sich vorüberjagten
Und die beiden guten Helden
Dicht in ihre Kreise hüllten!«

(245)

Was er webt, das weiß kein Weber, aber diese tanzen, was sie weben. Die kleine Musa im »Tanzlegendchen« tanzt nur das Glück, von dem sie nichts weiß; Goethe und Schiller tanzen alles, Glück und Schmerz: »Klag und tanz mit mir, o Bruder!« (245). Der Tanz der Klassik, auch der romantische Kehraus Heines ist vorbei. Realisten vermögen die versteinerten Verhältnisse nicht zum Tanzen zu bringen. Menschenschritte sind kurz (241). Der kranke Heine schreitet gravitätisch (231) und schwankt zuletzt (251). Der schwerfüßige Keller watschelt; der krummbeinige Dachs in der Höhle rumort; Tanzen aber ist lichtes Gelingen, Leichtigkeit, Dabeisein, Einverständnis, Miteinander. Es ist die Vision des einsamen Lebendichters vom Dichterleben.

Abb. 1 zu Seite 18:
Der Totenschädel auf dem Buch: Zeichen der Vanitas. Stilleben von William Michael Harnett (1879)

Abb. 2 zu Seite 38: Der Künstler als Christus. Zeichnung von James Ensor (1886)

Abb. 3 zu Seite 55 u. 62:
Die Frau als Spinne. Illustration zu Oscar Wildes »Salome« (1894)
von Aubrey Beardsley

Abb. 4 zu Seite 55: Die Frau als Vampir. Lithographie von Edvard Munch (1895)

Abb. 5 zu Seite 57:
Die Familie als gesellschaftlicher Ort. Gemälde von Jan Josef Horemans (1712)

Abb. 6 zu Seite 57:
Die Familie als Refugium und Gegenpol zur Gesellschaft. Radierung von Daniel Chodowiecki (1796)

Abb. 7 zu Seite 90:
»Adieu, mein Lieber, ich gehe zu meinem Verleger . . .« Verhöhnung der emanzipierten Frau. Lithographie von Honoré Daumier aus der Serie »Les Bas-Bleus« (1844)

Abb. 8 zu Seite 106:
Spiegelung als Scheidung und Zusammengehörigkeit. »Der Mittag«.
Gemälde von Moritz von Schwind (um 1860)

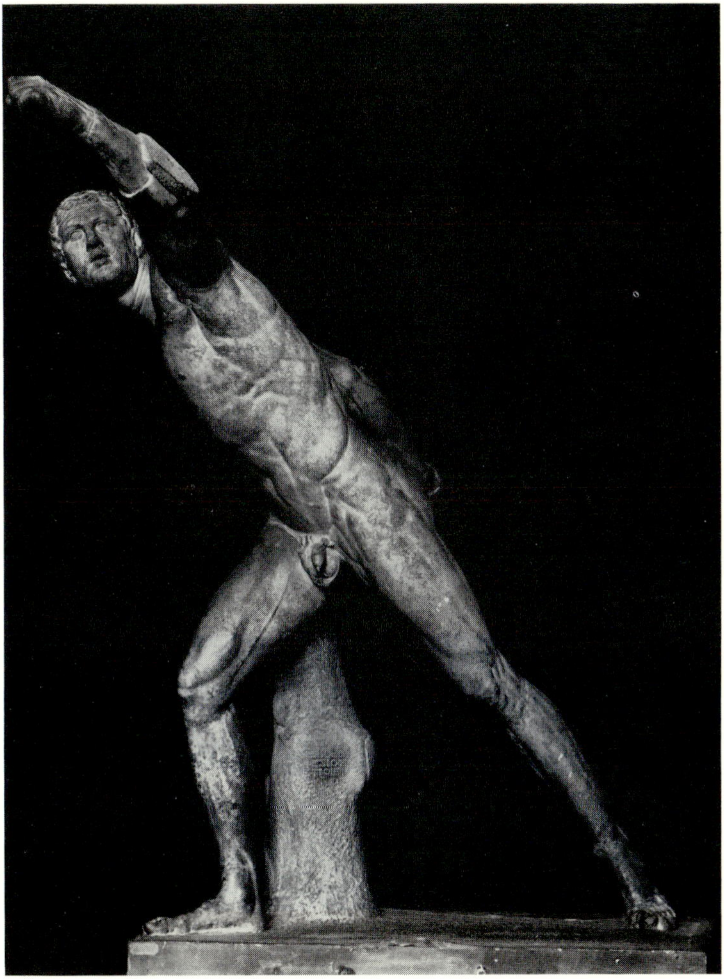

Abb. 9 zu Seite 128:
Der nicht kopierbare borghesische Fechter. Plastik des griechischen Bildhauers Agasias (1. Jh. v. Chr.)

Abb. 10 zu Seite 196:
Eine moderne Bank der Spötter. S. Freud, K. Marx, H. Marcuse und Julius Grützke.
Gemälde von Johannes Grützke (1969)

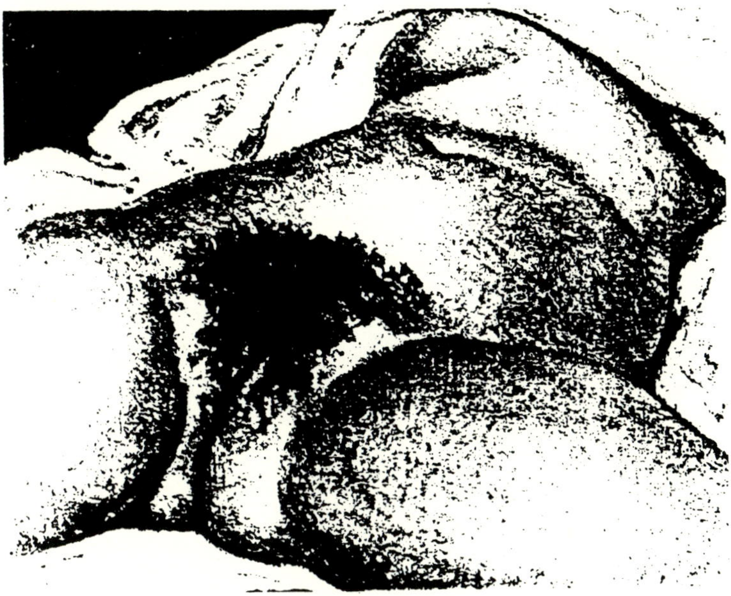

Abb. 11 zu Seite 209:
Mutter Natur: »Der Ursprung der Welt«. Zeichnung von Gustave Courbet (1819–1877)

Abb. 12 zu Seite 221:
Zeitgenössische Karikatur von W. Scholz im »Kladderadatsch« (1857)
auf »Revalenta arabica« und andere Wundermittel.

Abb. 13 zu Seite 367:
Ein »Störteler« mit Brille, Spitzbart und hinters Ohr gestrichenem Haar: Keller (Mitte) als Freischärler. Aquarellierte Zeichnung von Johannes Rutt (1845)

Abb. 14 zu Seite 449 f.
Keller als Harfner. Zeichnung von G. Keller

Abb. 15 zu Seite 517: Pygmalions Erwachen. Gemälde von Guilio Bargellini (1896)

Abb. 16 zu Seite 546:
Der umgarnte Mann. Lithographie. Berliner Künstler, fünfziger Jahre des 19. Jahrhunderts

Anmerkungen

Mein Buch ist mit Hilfe eines Akademie-Stipendiums der Stiftung Volkswagenwerk vom Sommer 1979 bis zum Frühjahr 1981 geschrieben worden. Das Ministerium für Wissenschaft und Kunst Baden-Württemberg gewährte für diesen Zeitraum eine Beurlaubung. Große Unterstützung erhielt ich durch Frau Gertrud Künze-Dienger sowie Fräulein Irene Hildenbrand. Fragestellung, Methode und Ergebnisse wurden in Gottfried-Keller-Seminaren der Jahre 1977-79 vorgetragen und zum Teil weiterentwickelt. Den Teilnehmern, besonders meinem Assistenten Dr. Friedrich Adolf Kittler, danke ich für viele Anregungen zum Ganzen und zu Einzelheiten der Arbeit. Für die methodische Begründung und wissenschaftliche Auseinandersetzung verweise ich auf das Vorwort und meine Beiträge zu dem Band: Gerhard Kaiser, Friedrich A. Kittler: Dichtung als Sozialisationsspiel. Studien zu Goethe und Gottfried Keller. Göttingen 1978, ferner auf die Arbeiten: Die heilige Musa und die Musen. Himmel, Erde und der Ort der Dichtung bei Gottfried Keller (in: G. K.: Bilder lesen. Studien zu Literatur und bildender Kunst. München 1981. S. 76-128) und: Sündenfall, Paradies und himmlisches Jerusalem in Kellers »Romeo und Julia auf dem Dorfe« (in: G. K.: Wandrer und Idylle. Goethe und die Phänomenologie der Natur in der deutschen Dichtung von Geßner bis Gottfried Keller. Göttingen 1977. S. 258-289).

Die Ergebnisse der philologischen, biographischen und psychoanalytischen Keller-Forschung sind vorausgesetzt und dankbar verwendet. Ich nenne besonders: E. Ermatinger: Gottfried Kellers Leben, Briefe und Tagebücher. 3 Bde. Bd. I. 3. A. Stuttgart und Berlin 1918. Bd 2 und 3 Stuttgart und Berlin 1916 (zitiert als Ermatinger I, II und III); E. Hitschmann: Gottfried Keller. Psychoanalyse des Dichters, seiner Gestalten und Motive. Leipzig–Wien–Zürich–New York–London 1919; Walter Muschg: Umriß eines Gottfried Keller-Porträts. In: W. M.: Gestalten und Figuren. Bern und München 1968; ders.: Psychoanalyse und Literaturwissenschaft. In: Psychoanalyse und Literaturwissenschaft. Texte zur Geschichte ihrer Beziehungen. Hg. B. Urban. Tübingen 1973. S. 156-177. Wichtig ist mir die neomarxistisch-psychoanalytisch orientierte Dissertation meines Schülers K. Moormann geworden: Subjektivismus und bürgerliche Gesellschaft. Ihr geschichtliches Verhältnis im frühen Prosawerk Gottfried Kellers. Bern und München 1977.

Aus Adolf Muschgs Monographie »Gottfried Keller« (München 1977) sind mir so viele Hinweise und Gedanken zugekommen, daß ich sie nicht im einzelnen belegen kann. Trotzdem ist meine Arbeit grundsätzlich von seiner Untersuchung abgehoben. Versucht die ältere psychoanalytische Keller-Forschung, aus Werk und Biographie ein Persönlichkeitsbild zu erarbeiten, so fragt Adolf Muschg spezifisch literaturwissenschaftlich nach dem Verhältnis von biographischen Leiden und *literarischer Produktivität*. Meine Arbeit ist nicht biographisch, sondern werkorientiert. Ich frage nach dem Verhältnis von Leben und *Werk*. Was geschieht, indem Leidenserfahrungen Literatur werden? Unter dieser Frage rekonstruiere ich im Werk das Verfahren der gestaltenden Phantasie. Gegenüber den Beiträgen in »Dichtung als Sozialisationsspiel« ist in »Himmel, Hölle und der Ort der Musen bei Gottfried Keller« der methodisch auch für diesen Band grundlegende Gesichtspunkt gewonnen, daß in Kellers Gesamtwerk das Thema der Übergängigkeit von Phantasie und Wirklichkeit, Schreiben bzw. Reden und Leben so verhüllt wie maßgebend ist. Meine Fragestellung, die zwischen Werk und Autorbiographie hin- und hergeht und das Werk als gedichtetes Leben begreift, ist also im Werk selbst verankert. Sie scheint mir geeignet, die Naivität des Zirkels aufzulösen, mit der die Keller-Forschung weithin den »Grünen Heinrich« aus der Biographie Kellers und die Biographie Kellers aus dem »Grünen Heinrich« erläutert. Dem wissenschaftlich interessierten Leser dürfte aus meinem Text leicht erkennbar werden, daß durchgehend versucht ist, die Ergebnisse *implizit* methodisch abzusichern. Bei alledem geht es mir nicht darum, die Bewegung des Textes zu durchschauen, sondern mitzuvollziehen. Ich gehe davon aus, daß Kunst stellvertretend etwas vormacht; sie entfaltet ihre kathartische Kraft, wenn wir mitmachen.

Bei der Breite der wissenschaftlichen Literatur über Gottfried Keller muß ich mich darauf beschränken, Lesehinweise zu geben und bei markanten Positionen Rückgriffe, Übereinstimmungen oder Gegensätze festzuhalten. Es ist nicht mein Ziel, den gesamten Forschungsstand zu vergegenwärtigen. Dazu sei auf den Bericht von H. Boeschenstein verwiesen: Gottfried Keller. 2. A. Stuttgart 1977. – Alle Zitate folgen der Ausgabe: Gottfried Keller. Sämtliche Werke. Historisch-kritische Ausgabe. Hg. Jonas Fränkel und Carl Helbling. 22 Bde. Erlenbach–Zürich und München 1926-1948. Römische Zahlen bezeichnen den Band, arabische Zahlen die Seite. Um auch andere Keller-Ausgaben benutzbar zu machen, sind beim »Grünen Heinrich« Bandzahl und Kapitelzahl der Urfassung bzw. der Bearbeitung beigefügt. A bezeichnet die Urfassung, B die Bearbeitung. A 1, Kap. 1 bedeutet demnach: »Der grüne Heinrich«. Ursprüngliche Fassung. Erster Teil, 1. Kapitel. Bei »Martin Salander« wird in entsprechender Weise die Kapitelzahl hinter jedem Zitat vermerkt. Für die Novellen und kürzeren Texte wird auf diese Hilfe verzichtet, da hier die Zitate leichter auffindbar sind. Briefe sind mit Datum und Empfänger nach der Ausgabe: Gottfried Keller. Gesammelte Briefe, 4 Bde. Hg. C. Helbling. Bern 1950-54 zitiert. Entstehungsgeschichtliche Angaben folgen, wo nicht anders vermerkt, der kritischen Werkausgabe.

Spinnen und Weben

1 Zu Meyers Erinnerung s. Ermatinger 1, S. 675. Am 6. Dezember 1874 schreibt Keller an Emil Kuh: ». . . ich scheue mich oft wochen-, monate-, jahrelang, den angefangenen Bogen aus seinem Verstecke hervorzunehmen . . . Wäh-

renddessen geht aber das Sinnen und Spintisieren immer fort.« Im Umkreis des Zyklus »Liebesspiegel«, aus dem das zitierte Gedicht stammt, wird noch öfter gesponnen und geträumt (s. XIV, 346). Vgl. Anmerkung 35 meines Kapitels über den »Apotheker von Chamouny«.

2 Die enge Nachbarschaft von Traum und Poesie bei Keller wird von W. Muschg betont (G. K.: Das Tagebuch und das Traumbuch. Vorwort und Anmerkungen von W. M. Basel 1942. S. 11 ff.), Kellers Äußerung wäre ein Musterbeleg für Sigmund Freuds These der strukturellen Verwandtschaft von Traumarbeit und künstlerischer Produktion.

3 Heinrich Heine: Romanzero. 3. Buch. Jehuda ben Halevy 2.

4 Für Kellers Gespräch mit Freiligrath über Brentano s. seinen Brief an Ida Freiligrath vom 9. Januar 1880. Zu Brentanos Brief an Freiligrath s. C. Brentano: Werke. Hg. W. Frühwald, B. Gajek und F. Kemp. Bd 1. München 1968. S. 623 f. und 1187 f. Das Brentano-Gedicht vom lahmen Weber dort S. 611. Die Rückgabe der Porträts von Immermann und Brentano kündigt Keller in seinem Brief an Ida Freiligrath vom 4. August 1887 an.

Der grüne Heinrich oder der Ich-Schreiber

Leben dichten.

Dieser Abschnitt wurde vorab veröffentlicht in: Literaturwissenschaft und Geistesgeschichte. Festschrift für Richard Brinkmann. Hg. Jürgen Brummack u. a. Tübingen 1981. S. 416-437. Die Buchfassung ist überarbeitet.

1 Wie sehr sich während des Schreibens die Gewichte nach der Seite der Kindheits- und Jugenddarstellung des grünen Heinrich verschoben haben, bestätigt ein Brief Kellers an Hermann Hettner vom 15. Oktober 1853, in dem er das 4. Buch des Romans »das Buch der ursprünglichen Intention« nennt. Entsprechend heißt es in einem Brief an Kellers Verleger Vieweg vom 24. Januar 1851: »Endlich muß ich Ihnen offen gestehen, daß fast der ganze erste Band, welcher ... die Jugendgeschichte ... enthält, erst bei dieser letzten Handanlegung diese Ausdehnung erhalten hat, indem sich diese Jugendgeschichte von wenigen Bogen zu vielen ausgedehnt hat.«

2 Irrtümlich sieht C. Heselhaus (Nachwort zu G. K.: Der grüne Heinrich. Erste Fassung. dtv-Dünndruck-Ausgabe 1978. S. 786) einen Widerspruch in der fingierten Entstehungsgeschichte, wie sie die zweite Fassung bietet: »Im neunten Kapitel ›Das Pergamentlein‹ des dritten Bandes war die Jugendgeschichte bereits geschrieben (›Wie lang ist es her, seit ich das Vorstehende geschrieben habe‹), aber im vierten Kapitel des vierten Buches (›Das Flötenwunder‹), etwa anderthalb bis zwei Jahre später, begann der grüne Heinrich noch einmal ›eine Darstellung meines bisherigen Lebens und Erfahrens‹, die bis zum Ende der Jugendgeschichte reichte (›bis

zu der Stunde, da ich als Rekrut auf dem Felde stand und die schöne Judith auswandern sah‹).« Die vermeintliche Unstimmigkeit löst sich aber leicht auf. Die Niederschrift der Kindheits- und Jugendgeschichte, die Heinrich am Ende der Münchner Zeit vornimmt, führt nicht bis an die Erzählgegenwart heran, sondern nur bis zu Judiths Auswanderung. So muß die Fortsetzung der Niederschrift durch den gealterten Heinrich bis zu diesem Zeitpunkt zurückgreifen. Dabei berichtet diese Fortsetzung auch über die erste Schreibsituation an der Stelle, wo die Chronologie der Handlung es erfordert. Der kompositionelle Sinn dieser Überlappung des Erzählens und des Erzählten liegt darin, daß auf diese Weise Judiths Bedeutung aufs schärfste akzentuiert wird. Die erste Niederschrift reicht bis zu ihrem Weggang – nach Amerika; die zweite Niederschrift bis zu ihrem zweiten Weggang – in den Tod.

3 Ich widerspreche hier der These von H. Laufhütte in seiner an differenzierten Beobachtungen reichen Monographie: Wirklichkeit und Kunst in G. K.s Roman »Der grüne Heinrich«. Bonn 1969. Laufhütte behauptet eine Entwicklung vom jungen zum alten Erzähler Heinrich. Das geschieht aber weithin so, daß Laufhütte das Raffinement des Erzählens in der ersten Erzählpartie dem Autor Keller und in der zweiten Erzählpartie dem Erzähler Heinrich zuschreibt. Im übrigen ergeben sich Unterschiede des Erzählens aus dem Gegenstand, ohne daß dafür eine Entwicklung des Erzählers angenommen werden müßte. Die Kindheits- und Jugenderlebnisse sind mehr episodisch und gegenständlich; die Auseinandersetzungen des jungen Malers mit den Bildungsmächten erschließt sich besser in einer panoramischen Überschau.

4 Noch zwanzig Jahre haben Judith und Heinrich nebeneinander gelebt (VI, 324; B 4, Kap. 16). Etwa ein Jahr nach dem Tod der Mutter ist Heinrich Kanzlist (307). »Nach ein paar weiteren Jahren« wird er Vorsteher (308), ehe er Judith wiedertrifft. Die Niederschrift der ersten Hälfte liegt kurz vor dem Weggang aus München. Ich rechne: letzte Zeit in München + Aufenthalt auf dem Grafenschloß und Heimkehr + ein Jahr + ein paar weitere Jahre = ca. 5 Jahre. 1855 erscheint der letzte Band des »Grünen Heinrich«. 1880 erscheint der letzte Band der zweiten Fassung.

5 Ich befinde mich hier in Gegensatz zu Ch. Fischer: Roman, Novelle und künstlerische Subjektivität. 1. Teil: Das Modell des Entwicklungsromans und die Geschichtlichkeit der künstlerischen Subjektivität. Diss. Jena 1972 (ungedruckt). Während ich im autobiographischen Roman das Produkt des Lebendichtens sehe, sieht sie in der autobiographischen Anlage des Romans »eine ›fabelhalfte‹ ästhetische Erfindung des Lebens selbst . . .« (S. 114). Demgemäß betont sie das Moment der Rechenschaftsablage und Zeitanalyse; sie übersieht weithin das Moment des Selbstgenusses und der Ich-Erfindung, das in die Erzählsituation eingesenkt ist. – Zu dem im folgenden entfalteten Problem schreibt erhellend und im großen historischen Zusammenhang K.-D. Müller: Autobiographie und Roman. Studien zur literarischen Autobiographie der Goethezeit. Tübingen 1976; zum

»Grünen Heinrich« s. S. 346-352. Eine kritische Auseinandersetzung mit dem »Grünen Heinrich« unter diesem Gesichtspunkt führt schon F. Th. Vischer: G. K. Eine Studie. In: F. Th. V.: Altes und Neues. Heft 2. 1881. S. 135-216. Wenn Keller in einem Brief an Paul Nerrlich vom 28. Februar 1881 schreibt: »Der hohe Rang, welchen Sie meinem Buche anweisen, ist schon darum unmöglich, weil die autobiographische Form zu unpoetisch ist und die souveräne Reinheit und Objektivität der wahren Dichtersprache ausschließt . . .«, dann stellt er sich mit Vischer hier und in vielen anderen mürrischen Briefäußerungen über das Erzähl- und Gattungsproblem seines Romans auf den Boden einer klassisch-idealistischen Poetik. Das gilt auch für Kellers Kritik an O. Brahms Untersuchungen der »Deutschen Rundschau«, Brahm habe die »Hauptfrage der Form: Biographie oder nicht? gar nicht berührt oder dieselbe ignoriert« (an Storm 11. April 1881). Es ist schief, wenn W. Kayser meint, Keller habe sich von der Kritik der Zünftigen völlig im Stich gelassen gefühlt (W. K.: Wer erzählt den Roman? Wiederabdruck in: Zur Poetik des Romans. Hg. V. Klotz. Darmstadt 1965 [= Wege der Forschung xxxv]. S. 197-216; dort S. 198). Der Vorwurf gilt Brahm, allenfalls der Schererschule; nicht aber Vischer und dem Literaturwissenschaftler und Freund Hermann Hettner.

6 Zu Totenkopf und Buch als Vanitas-Symbol s. den Katalog: Stilleben in Europa. Hg. G. Langemeier und H.-A. Peters. Münster und Baden-Baden 1979, S. 194-217.

7 Infolgedessen zieht Keller die Grenze zwischen Phantasie und Erfahrung bei verschiedenen Gelegenheiten unterschiedlich. Vgl. gegenüber der autobiographischen Skizze von 1876 die Äußerung vom 3. Mai 1850 zu Vieweg, daß »der Roman ein Produkt der Erfahrung ist, ausgenommen die unglückliche Katastrophe am Schlusse . .«. An H. Hettner schreibt er am 4. März 1851, »daß ich meine eigene Jugendgeschichte zum Inhalt des ersten Teiles machte, um dann darauf den weiteren Verlauf des Romanes zu gründen.« Vgl. auch den Brief an Holger Drachmann vom 12. September 1888 und Berichte wie die von Adolf Frey und Marie Bluntschli. In: Dichter über ihre Dichtungen. Gottfried Keller. Hg. K. Jeziorkowski. München 1969. S. 210, 214.

8 Die leichtestzugängliche Abbildung findet sich bei A. Muschg: G. K. München 1977. S. 130 ff.

9 Siehe dazu Ermatinger I, S. 234: ». . . einmal blieb er fast zwei Jahre lang stumm für das Mutterherz.« Vgl. das Gedicht vom 28. Dezember 1851 (xv/2, 6 ff.). Auch als Schriftsteller unterlag Keller Schreibstörungen; s. die Briefe vom 6. Dezember 1874 an Emil Kuh und vom 8. September 1856 an Lina Duncker. Keller hat seine Produktionsschwierigkeiten sogar lyrisch bedichtet: »Vorabendlich« (xiii, 237); »Ein Tagewerk« (ii/1, 78).

10 In einem Brief an Ferdinand Freiligrath vom 22. September 1850 nennt Keller den grünen Heinrich den »grünen Heinz«. Es liegt nahe, an Shakespeares Prinz Heinz zu denken, zumal sich der grüne Heinrich bei Dortchen Schönfund mit einer Zitatberufung auf Bardolph, einen anderen

Gefolgsmann Sir John Falstaffs, einführt (s. »Heinrich V.«, 3. Akt, 6. Szene [VI, 158 ff.; B 4, Kap. 9]) – nur daß der Kellersche Prinz Heinz nicht reif wird.

11 K. Szemkus (Gesellschaftlicher Wandel und sprachliche Form. Literatursoziologische Studie zur Dichtung G. K. s. Stuttgart 1969) neigt dazu, den Roman zur Darstellung der Schreibproblematik zu verkürzen mit der merkwürdigen These: »Der Grüne-Heinrich-Roman ist die Darstellung einer Entwicklung, in der ein sprachliches Ausdrucksvermögen sich seine angemessene Beziehung zu den Gegenständen sucht« (S. 13).

12 Nicht nur für Keller, sondern generell für die Prosa des Realismus weist R. Böschenstein auf die »Kluft zwischen dem Scharfblick des figurativen Gestalters und der Vordergründigkeit des Kommentators« hin (R. B.: Pankraz und sein Tier. Zur Darstellung psychischer Prozesse um die Mitte des 19. Jahrhunderts. In: Formen realistischer Erzählkunst. Festschrift for Charlotte Jolles. Ed. by J. Thunecke, E. Sagarra. Nottingham 1979. S. 146-158; dort S. 148). Vgl. auch W. Preisendanz: G. K. »Der grüne Heinrich«. In: W. P.: Wege des Realismus. Zur Poetik und Erzählkunst im 19. Jahrhundert. München 1977. S. 127-180; dort S. 171.

13 Es ist nicht unwahrscheinlich, daß es sich hier um ein humoristisches Schillerzitat des Schillerliebhabers Keller handelt: »Und das Dort ist niemals Hier« ist der Schlußsatz des Gedichts »Der Pilgrim«. Er bezeichnet allerdings bei Schiller eine anthropologische Konstante, nicht, wie bei Keller, eine individuelle Erfahrung ausgeschlossen zu sein, die sich bis in die Konstellation und Struktur des poetischen Produzierens durchhält.

14 Schon in der Zeit seiner größten Jean-Paul-Nähe distanziert sich Keller von der übergroßen Empfindsamkeit Jean Pauls und von dessen »Witz, welcher, sei er noch so gut und schön, doch manchmal dem Leser ein wenig Ungeduld verursacht.« So anläßlich der »Hesperus«-Lektüre am 7. August 1843 im Tagebuch (XXI, 53). Der völlig ungebrochene Jean Paul-Hymnus, den der grüne Heinrich im vierten Kapitel des zweiten Teils der Erstfassung des Romans anstimmt (entstanden zwischen 1846 und 1852), ist ein Beitrag zur Charakteristik des Helden, nicht eine unmittelbare Meinungsäußerung Kellers. Untergründig besteht im Gegensatz auch eine Beziehung zwischen dem Phantasten Jean Paul und dem Phantasten Schwindelhaber, bei dem Heinrich seine unglückliche Lehrzeit absolviert. Er trägt nicht umsonst einen Namen, der ihm wahrscheinlich aus Jean Pauls »Siebenkäs« (17. Kap.) zukommt. P. Schaffner (G. K. als Maler. Zürich 1942. S. 7) führt den Namen auf Ludwig Uhlands Gedicht »Schwindelhaber« von 1816 zurück. Vom Thema des Gedichts ist das aber unwahrscheinlich. Nicht auszuschließen ist es, daß Keller weder durch Vermittlung Jean Pauls noch durch Vermittlung Uhlands zu dem Namen des Kunstfabrikanten kommt, sondern durch unmittelbaren Rückgang auf die Bezeichnung eines Ackerunkrauts, dessen geläufigere Bezeichnung Taumellolch (lolium temulentum) ist. Siehe Grimmsches Wörterbuch, Artikel Schwindelhaber.

15 Eine Formel Goethes im Gespräch mit Eckermann am 25. Dezember 1825.

16 Vgl. Kellers kurzen Essay: Das goldene Grün bei Goethe und Schiller (XXII, 319-323).

17 Für Kellers Interesse an dieser Tradition s. die Erzählung über Luciens Bibliothek im »Sinngedicht« (XI, 35 ff.).

18 Die Distanziertheit und nüchterne Sachlichkeit der Darstellung im »Anton Reiser« wird von W. Wucherpfennig (Versuch über einen aufgeklärten Melancholiker: zum »Anton Reiser« von Karl Philipp Moritz. In: Freiburger literaturpsychologische Gespräche 1. Hg. J. Cremerius, W. Mauser, C. Pietzcker und F. Wyatt. Frankfurt 1981. S. 167-193) als Ichleistung autobiographischer Rekonstruktion aus einer fundamentalen narzißtischen Kränkung in seiner Kindheitsgeschichte abgeleitet. Spätere Überlegungen werden darlegen, daß Keller, im Ödipuskonflikt wie in einer Falle festsitzend, Beziehungsstörungen des Ich hinwegphantasiert – eine Leidensgeschichte nicht ohne narzißtische Komponente. Moritz dagegen ist damit beschäftigt, sich seines Ich allererst zu vergewissern, indem er es durch Analyse herstellt. Aus der Perspektive des Über-Ich wird es kritisch durchleuchtet; die Über-Ich-Position ist das Exil des rudimentären Selbstgefühls. Es nährt sich aus dem Genuß der Fähigkeit zum Aufschwung in diese Höhe. Umgekehrt ist diese Leidensgeschichte nicht ohne ödipale Komponente. Sie führt zu Berührungen in biographischen Strukturen Kellers und Moritzens, die Kellers Ignorierung dieses literarischen Nachbarn erstaunlich macht – von der »Seelenlähmung« des Außenseiters Anton Reiser (K. Ph. M.: Anton Reiser. Ein psychologischer Roman. Hg. W. Martens. Stuttgart 1972. S. 168, 213, 368) über Allmacht- und Theaterspiele bis zu Moritz' Suche nach Ersatzvätern und zur Sehnsucht nach Schlaf in den Armen eines Todes, der die Züge der Mutter trägt:

»So schließe denn auf immer
Die müden Augen zu –
Was scheust Du meine kalte Hand? –
Du hast an meiner Brust gesogen,
Ich bin es, die Dich aufgezogen,
Und habe Dir mit Geisterzungen
Dein letztes Wiegenlied gesungen!«

(K. F. Klischnig: Erinnerungen aus den letzten Lebensjahren meines Freundes Anton Reiser. Als ein Beitrag zur Lebensgeschichte des Herrn Hofrath Moritz. [= K. Ph. M.: Anton Reiser. Ein psychologischer Roman. Fünfter und letzter Theil von F. Klischnig. Berlin 1974. S. 32 f.] Zit. bei W. Wucherpfennig, S. 175). Wucherpfennig sagt (S. 177) im Blick auf dieses Gedicht, das zuerst »Die Stimme drinnen und der Fremdling draußen« hieß, später »Freund Hains Errettung«: »Die lieb-böse Mutter ... lockte demnach von dort, wo der Sohn die böse zuvor hingewünscht.«

19 Schon 1854 konstatierte Karl August Varnhagen von Ense angesichts der ersten drei Bände von Kellers Roman: »Sein ›Grüner Heinrich‹ ist ein Roman wie Rousseaus Bekenntnisse einer ist, voll Psychologie, unbeab-

sichtigter Pädagogik, frischer Naturbilder, alles in edler, höherer Haltung . . .«. Zit. M. J. Temmer: Jean-Jacques Rousseau's ›Confessions‹ and G. Keller's ›Der grüne Heinrich‹. In: Revue de Littérature Comparée 44. 1970. S. 155-183; dort S. 202.

20 Neun ist als Dreifaches der heiligen Zahl Drei die Zahl der Vollkommenheit; in dieser Eigenschaft kann sie auch die vollkommene Narrheit oder Bosheit anzeigen. So gibt es bei Hans Sachs eine Fabel: »Die neun Häute eines bösen Weibes« (H. S.: Sämtliche Fabeln und Schwänke. Hg. E. Goetze. Bd 1. Halle 1893. S. 164-169).

21 Siehe S. 141 f. dieses Buches.

22 Schon H. Dünnebier (G. K. und Ludwig Feuerbach. Zürich 1913. S. 151) betont, daß in der Überarbeitung des Romans alles sorgfältig getilgt wird, was auf eine poetische Begabung des Helden hindeutet. Vgl. dazu S. 203 f. dieses Buches. Nicht nur die markante Plazierung und Wechselbeziehung der Schreibsituationen, sondern auch deren Durchmotivierung wird erst in der zweiten Romanfassung gewonnen. In der ersten Fassung heißt es noch diffus, Heinrich habe »in jugendlicher Subjektivität und Schreibseligkeit« geschrieben (XVI, 66; A 1, Kap. 4), gleichzeitig aber als »durch Einsamkeit frühreifer und unbefangener Beobachter seiner selbst und der Welt« (XVIII, 119; A 3, Kap. 4).

23 ». . . in Heinrich steckt ein Poet. Aber Keller hat nicht den Muth, diesen Entwicklungsgang aufzudecken, er vernachlässigt darum das fruchtbare Motiv, das in Heinrich's ästhetischer Lebensanschauung – diesem Urgrunde seines Glücks und seiner Schuld zugleich – enthalten ist.« (H. v. T.: Ein Schweizer Poet. In: Preußische Jahrbücher 5. 1860. S. 70-87; dort S. 83).

24 Den Hinweis auf den Zusammenhang verdanke ich Martin Stern.

25 Ich unterscheide mich hier von H. Laufhütte: Wirklichkeit und Kunst. 1969. Nicht nur versteht Laufhütte Heinrich als einen künstlerischen Prinzipien folgenden Erzähler; er sieht auch in den Goethereflexionen das künstlerische Prinzip von Kellers Erzählkunst. Bei alledem verwickelt sich Laufhütte in den Widerspruch, daß er erst der Forschung die naive Gleichsetzung des grünen Heinrich mit seinem Autor ankreidet, dann aber auf dem Umweg über die Analyse der Erzählweise selbst zu dem Schluß kommt: »So ist denn der Erzähler Heinrich, den Keller all dies wollen und leisten ließ, letztlich mit seinem Schöpfer identisch.« (S. 372) Im Gegensatz zu Laufhütte wirft B. Romberg (Studies in the narrative technique of the first-person-novel. Lund 1962) Keller eine Illusionsdurchbrechung vor, weil er den grünen Heinrich seine Erzählung so kunstvoll komponieren lasse, wie das nur einem Dichter zukomme. Dieser Vorwurf ist ein wenig naiv – er ließe sich gegen die meisten Autoren erheben, die Nichtpoeten als Ich-Erzählern das Wort geben. Schließlich sind Ich-Erzähler und ihre Erzählungen Bauelemente einer fingierten, dichterisch stilisierten Welt!

26 Die Formulierung findet sich noch einmal ähnlich im Brief an Wilhelm Petersen vom 21. April 1881 (». . . Brahm, der das Buch mit philologi-

schem Apparate untersucht und das Gras darin wachsen hört . . .«). Vgl. ferner die Briefe an Julius Rodenberg vom 22. Juli 1882 über Brahm und an Friedrich Theodor Vischer vom 6. August 1877 über Emil Kuhs Hebbel-Biographie. Siehe auch K. Guggenheim: Das Ende von Seldwyla. Ein Gottfried-Keller-Buch. Zürich und Stuttgart 1965. S. 298. Für Kellers Verhältnis zu den Literarhistorikern der Zeit s. neuerdings ausführlich und differenziert K. Jeziorkowski: Literarität und Historismus. Beobachtungen zu ihrer Erscheinungsform im 19. Jahrhundert am Beispiel G. K.s. Heidelberg 1979. S. 149-184.

27 »Hadlaub« ist kein Gegenbeispiel; s. dazu mein entsprechendes Kapitel. Kellers Aussparung des Poeten als poetischen Helden ist um so bemerkenswerter, als sein Werk voller literarischer Bezüge ist. Siehe dazu sehr einläßlich zuletzt K. Jeziorkowski, Literarität.

28 Die Unterscheidung zwischen Autorspiel und Beziehungsspiel transponiert die Kategorien subjektiver und objektiver Humor aus W. Preisendanz: Humor als dichterische Einbildungskraft. Studien zur Erzählkunst des poetischen Realismus. München 1963.

29 Zit. Ermatinger 1, S. 658.

30 Ermatinger 1, S. 665.

31 Der Brief ist zitiert nach dem Abdruck in der »Neuen Zürcher Zeitung« 1./2. November 1980. Nr. 255: H. Anania-Hess: Ein verschollener Brief G. K.s an Nietzsche. Den Hinweis auf den Zusammenhang verdanke ich Karl Pestalozzi.

32 Georg Büchner: Sämtliche Werke und Briefe. Histor.-krit. Ausgabe. Hg. W. R. Lehmann. Bd 1. Hamburg o. J., S. 459 ff.

33 E. T. A. Hoffmann: Nachricht von den neuesten Schicksalen des Hundes Berganza. Dort gegen Ende. Bei Kreislers Lebensgefährten Kater Murr erscheint das Motiv in humoristischer Brechung, wenn sich »Kater Murr an Johanna die Sängerin. Am 2. März 1820« in einem Sonett mit den auf das Christenkind anspielenden Worten empfiehlt: »Ja! das Kindlein ist erkoren!« (Werke in 15 Teilen. Hg. G. Ellinger. Berlin–Leipzig–Stuttgart o. J. Bd 12/15. Teil 15. S. 101). Vgl. weiter S. 126, 187, 209 f. dieses Buches.

34 Als einem vorzüglichen Bibelkenner war Keller der Situationszusammenhang des Zitats geläufig. Vgl. die Briefäußerung vom 10. Januar 1886 an Marie von Frisch: ». . . ich besitze jetzo vier geehrte Korrespondentinnen, die alle Marie heißen, und kann also das Grab Christi nun doppelt garnieren.« Auch in einem Brief an Maria Melos vom 19. Juli 1885 spielt Keller mit dem Gedanken des Dichter-Messias: »Letztes Jahr war eine Frau aus München oder Stuttgart hier, die mit großem Spektakel bei mir einrückte und verkündete, sie habe ein Vierteljahr krank im Bett gelegen und endlich sich an meinem vierbändigen ›Grünen Heinrich‹ gesund gelesen! Worauf sie behende weiter kugelte. Ich stand da und war versucht, mich einen Augenblick neben Christum zu stellen, der mit einem Sälbchen von Kot den Blinden geheilt hat.« Das Gedicht »Geübtes Herz« vergleicht das Herz einer Geige, »die geübet lang ein Meister unter Lust und Schmerz« (11, 14).

35 In der Deutung der familiären Situation Kellers und des grünen Heinrich sind die Berührungen mit A. Muschg besonders zahlreich und dicht. Übereinstimmungen mit G. Sautermeister (G. K. Der grüne Heinrich. Gesellschaftsroman, Seelendrama, Romankunst. In: Romane und Erzählungen des Bürgerlichen Realismus. Neue Interpretationen. Hg. H. Denkler. Stuttgart 1980. S. 80-123) empfinde ich als Bestätigung, denn die Ergebnisse sind unabhängig voneinander. Der Manuskriptteil meines Buches zum ›Grünen Heinrich‹ lag im Herbst 1979 abgeschlossen vor.

36 Abgesehen von der zentralen Stellung der Schuldproblematik bei A. Muschg wird der Druck des Schuldgefühls auf Keller am stärksten von K. Guggenheim betont: Das Ende von Seldwyla. Ein G. K.-Buch. Zürich und Stuttgart 1965.

37 Zur Namenssymbolik von Heinrich Lee s. R. Gerber: Wege zu G. K.s letztem Namen. In: Beiträge zur Namensforschung 15. 1964. S. 308-330; dort S. 315 (Lee) und S. 313 (Heinrich). Der namenssymbolischen Auslegung steht nicht entgegen, daß es sich bei Lee um einen in Glattfelden, der Heimatgemeinde von Kellers Eltern, tatsächlich vorkommenden Namen handelt.

38 Ermatinger I, S. 8. Im Roman klagt Heinrich, daß er keine Brüder hat (III, 22; B I, Kap. 2).

39 Siehe den Brief von Kellers Mutter an den Sohn vom 11. März 1854 und Kellers Antwort vom 10. April 1854.

40 Zu diesem Thema s. O. Rank: Das Inzest-Motiv in Dichtung und Sage. Grundzüge einer Psychologie des dichterischen Schaffens. Leipzig und Wien 2. A. 1926. S. 126 f.

41 Daß Keller – selbstverständlich bei einem so virtuosen Namenssymboliker – die Symbolik des eigenen Namens bewußt war, zeigt die Bemerkung anläßlich einer lobenden Erwähnung durch Berthold Auerbach, »nun sei er bald Auerbachs Keller« (s. Ermatinger I, S. 366). Es gehört hierher, daß Keller in dem Sonett »Der Schein trügt« einen »tiefsten Keller«, wo »von dicken Schlangen wahre Königinnen« hausen (XV/I, 51), umändert in ein »Grundgewölbe« (I, 129).

42 Man könnte versucht sein, in Kellers körperlicher Mißgestalt den Hauptgrund seiner psychischen Beeinträchtigungen zu sehen und dabei an Fälle wie Toulouse-Lautrec oder Adolph von Menzel zu denken. Dagegen spricht, daß nur Keller unter den Genannten die eigene biographische Ausgangssituation mit äußerstem Nachdruck im Werk thematisch macht und daß bei dieser Thematisierung durchgehend das ödipale Muster, nicht das Faktum der körperlichen Mißgestalt im Zentrum steht. Viel näher liegt deshalb, in der Wachstumsstörung eine psychische Störung manifestiert zu sehen – das satirisch überhöhte Thema von Günter Grass' »Blechtrommel«. Natürlich muß eine solche Lesart spekulativ bleiben. Mit größerer Sicherheit läßt sich sagen, daß die Mißgestalt allenfalls verstärkend auf die ödipale

Fixierung einwirkte, indem sie sich dieser zuordnete. Im Rahmen einer psychologischen Interpretation hat Walter Muschg stärker die Zwerggestalt, Adolf Muschg mehr die Mutterbindung betont und die Zwerggestalt aus ihr abgeleitet.

43 So tief und erfolgreich war Kellers Verdrängung der zweiten Ehe der Mutter, daß erst A. Muschg in seiner Keller-Biographie das Schweigen lüftete und den Spuren dieser Unglückserfahrung nachging. – Übrigens ist hier das mögliche Mißverständnis abzuwehren, als handle es sich bei der Erklärung von Kellers Leidensgeschichte um ein kausales Muster für das, was geschehen muß, wenn fünfjährige Knaben im Milieu der bürgerlichen Kernfamilie ihren Vater verlieren. Es geht hier um das Verständnis eines individuellen Falles, und der Erklärungswert der These für den individuellen Fall zeigt sich in ihrer aufschließenden Kraft für das Werk sowie für das Werk-Leben-Verhältnis.

44 Daß Keller solche Buchstabenspiele nahelagen, zeigt sein Brief an Maria Melos vom 16. Juli 1881. In bezug auf Ernst Rietschels Doppelmonument von Goethe und Schiller vor dem Weimarer Nationaltheater führt Keller aus: »Dagegen fehlt mir für ein Doppelmonument absolut der würdige Zweite oder Andere. Bin ich derjenige mit r am Ende, so fehlt mir der mit E oder e, und wenn er sich fände und ein langer Kerl ist, so bin ich wieder zu kurz usw.« Der mit r am Ende ist Schiller bzw. Keller. Der fehlende E oder e muß Goethe bzw. ein würdiger Nachfolger, vielleicht Heyse, sein. Schwer verständlich ist das E in der Helblingschen Brief-Ausgabe. Die erste Auflage der Briefe, von Ermatinger herausgegeben (Stuttgart und Berlin 1916), liest hier G, was zu Goethe passen würde. Die Handschrift des Originalbriefs zeigt einen Großbuchstaben, der weder mit Kellers geläufigem Schriftzug für E noch für G übereinstimmt, sich aber allenfalls als E lesen läßt. Das Wort davor heißt auf keinen Fall »mit«, eher »eine« oder »reine«. – Zu denken ist auch an das Wort- und Buchstabenspiel Betty Tendering = bella trovata = belle trouvée = Dortchen Schönfund, das sich auf der Berliner Schreibunterlage zum »Grünen Heinrich« findet (Ermatinger 1, S. 242).

45 Dichter über ihre Dichtungen, S. 167. Hier ist auch der Punkt, den Theodor Storm in seiner bekannten Äußerung vom 15. Mai 1881 berührt, wenn er sagt: »Ihre liebsten Gestalten, der Grüne und Judith, Landolt und Figura Leu, lassen, wenn die späte Stunde des Glücks endlich da ist, die Arme hängen und stehen sich in schmerzlicher Resignation gegenüber, statt in resoluter Umarmung Vergangenheit und Gegenwart ans Herz zu schließen. Das sind ganz lyrische, ich möchte sagen: biographische Ausgänge ... Sie brauchen mir nicht zu antworten ...«. Keller antwortet an diesem Punkt tatsächlich nur mit einer sogenannten Retourkutsche am 16. August 1881. Storms Äußerung wird dadurch noch erstaunlicher, daß er hier den »Spalt« sieht, aus dem von ihm beanstandete »Späße« Kellers, wie das Strafgericht am Ende der »Armen Baronin«, aufsteigen.

46 Zum Wandel der Auffassung der Geschlechterrollen s. K. Hausen: Die

Polarisierung der »Geschlechtscharaktere« – Eine Spiegelung der Dissoziation von Erwerbs- und Familienleben. In: Sozialgeschichte der Familie in der Neuzeit Europas. Neue Forschungen. Hg. W. Conze. Stuttgart 1976, S. 363-393. Für den Wandel der Familie und der Stellung des Kindes s. D. Schwab: Artikel Familie. In: Geschichtliche Grundbegriffe. Historisches Lexikon zur politisch-sozialen Sprache in Deutschland. Hg. O. Brunner, W. Conze, R. Koselleck. Bd 2. Stuttgart 1975. S. 253-301; J. Habermas: Strukturwandel der Öffentlichkeit. Untersuchungen zu einer Kategorie der bürgerlichen Gesellschaft. Neuwied und Berlin 1962; I. Weber-Kellermann: Die deutsche Familie. Versuch einer Sozialgeschichte. Frankfurt 1974; E. Shorter: Die Geburt der modernen Familie. Reinbek bei Hamburg 1977; Ph. Ariès: Geschichte der Kindheit. München 1975; Hört ihr die Kinder weinen. Eine psychogenetische Geschichte der Kindheit. Hg. Lloyd de Mause. Frankfurt 1977; Deutsche Kindheiten. Autobiographische Zeugnisse 1700-1900. Hg. I. Hardach-Pinke, G. Hardach. Kronberg/Ts. 1978; Zum Bild der Mutter in Kunst und Literatur s. G. Kaiser: Mutter Nacht – Mutter Natur. Anläßlich einer Bildkomposition von Asmus Jacob Carstens. (Mit weiteren Literaturangaben). In: G. K.: Bilder lesen. Studien zu Literatur und bildender Kunst, S. 11-51.
Die frühromantische Verflüssigung des Schemas der Geschlechterrollen, wie sie etwa durch Friedrich Schlegels »Lucinde« oder durch August Wilhelm Schlegels berühmte Parodie auf Schillers »Würde der Frauen« (s. H. H. Borchert: Schiller und die Romantiker. Briefe und Dokumente. Stuttgart 1948. S. 412) bezeugt wird, kann hier außer acht gelassen werden, da sie für Keller keine Rolle spielt.

47 Goethes Werke. Hamburger Ausgabe in 14 Bdn. Hg. E. Trunz. Hamburg 1948 ff. Bd 1. S. 320.

48 Dagegen neigt Keller im späteren Werk dazu, die moderne bürgerliche Familie als überhistorische Größe zu zeichnen.

49 Auch wenn die Rechtsform der Familienorganisation schon modern ist, kann die Lebensform der Familie noch patriarchalisch sein. Sie ist es auf dem Lande bis tief ins 19. Jahrhundert.

50 Dagegen spricht nicht Heinrichs Feststellung, daß die Mutter »lieber auf Gespräch und Unterhaltung dachte als auf ein genaues Erziehungssystem«, denn das genaue Erziehungssystem wird im gleichen Atemzug mit ausdrücklichen Schweigegeboten und mit Strafen identifiziert (III, 39; B 1, Kap. 4). Es meint also Dressurregeln, während das Moderne der mütterlichen Erziehungsmethode gerade ihre Indirektheit, z. B. das Motivieren des Kindes im Gespräch, ist.

51 Es ist kennzeichnend, daß die Mutter in ihrer nachgelassenen Selbstbeschuldigung wegen der falschen Erziehung Heinrichs das altertümliche Schema anwendet: »Damit habe ich mich über meinen Stand erhoben« (VI, 300; B 4, Kap. 15).

52 Georg Christoph Lichtenberg: Vermischte Schriften. 8 Bde. Hg. L. Ch. Lichtenberg und F. Kries. 2. A. Göttingen 1844-1847. Bd 1. S. 191.

53 Zu Weitling vgl. S. 480, 495 ff. dieses Buches und – ausführlicher – meinen Beitrag: Natur und Geschichte. Kellers »Ursula« und der Aufbau der »Züricher Novellen«. In: G. K. und F. A. Kittler: Dichtung als Sozialisationsspiel. 1978. S. 168 ff.

54 Siehe R. Gerber in: Beiträge zur Namenforschung. Bd 15. 1964. S. 308-330; dort S. 315.

55 J. J. Bachofen: Das Mutterrecht. 1. Hälfte = J. J. B.s Gesammelte Werke. Hg. K. Meuli. Bd 2. Basel 1948. S. 175, 393, 392. Wie wenig natürlich, wie sehr historisch geprägt der Gedanke der Zyklik der gebärenden und verschlingenden Natur ist, zeigt sich umfassend bei Ph. Ariès: Geschichte des Todes. München und Wien 1980.

56 S. Freud: Gesammelte Werke. Bd 15. London 1940. S. 25; s. auch ders.: Das Medusenhaupt. Ebd. Bd 17. S. 45-48; ferner Bd 13. S. 296.

57 Vgl. Meyers Gedichte »Schwüle«. Von hier erklärt sich eine erstaunliche motivliche Berührung der Antipoden Keller und Conrad Ferdinand Meyer in der Lyrik. Beiden ist das Motiv der verlockend tödlichen Nymphe in der Unterwelt des Wassers gemein. Man stelle Kellers »Winternacht« (s. S. 599 dieses Buches) und »Walpurgis« (s. S. 624 dieses Buches) neben Meyers Gedichte »Der schöne Tag« oder »Die Fei« (vgl. auch S. 634 f. dieses Buches).

58 Vgl. die Literaturangaben in Anm. 46 dieses Kapitels. Zum alten oikos s. O. Brunner: Adeliges Landleben und europäischer Geist. Leben und Werk Wolf Helmhards von Hohberg. 1612-1688. Salzburg 1949.

59 Georg Gottfried Gervinus: Geschichte der poetischen National-Literatur der Deutschen. Erster Teil. Leipzig 1835. S. 302 f. Die Frau verkörpert in der Moderne die Poesie, »weil das Weib heute, wie einst der griechische Bürger, den gemeinen Berührungen des Lebens entzogen, weil es den Einwirkungen des Rangsinns, den Verderbnissen durch niedrige Beschäftigung, der Unruhe und Gewissenlosigkeit der Erwerbsucht nicht ausgesetzt ist und weil von Natur schon das Weib mehr als der Mann gemacht ist, mit der höchsten geselligen Ausbildung den Sinn für Natürlichkeit und die ursprüngliche Einfalt des Menschen zu vereinen und die letztern nicht dem erkünstelten geselligen Leben aufzuopfern. Die geänderte Gestalt der äußeren Verhältnisse in neuerer Zeit bedingte sogar diese Art Gefühle, die in diesen Dichtungen so ausschließlich behandelt sind, mehr als man glauben sollte. Die Hindernisse und Beschwerden unseres Lebens wehren uns den leichten Genuß und die rasche Befriedigung der Alten; sie schrecken uns in uns zurück, sie erzeugen die unbestimmte Sehnsucht nach einer Gefährtin, die uns die Lasten des Lebens tragen hilft und diese Lasten kannte der Grieche so wenig, wie unser eheliches und häusliches Glück.« Die Verkörperung der Poesie durch die Frau erreicht allerdings nur da ihre Vollmacht, wo sie »von jeder Anmaßung einer weiteren Herrschaft« Abstand nimmt und »wo häusliche Tugend im Weibe aufrecht erhalten ward . . .«, indem sie sich »des Mannes und seiner kleinen Bedürfnisse pflegend und dienstfertig annimmt.« – Wie wenig diese Poetisierung Sache des individuellen

Charakters, wie sehr Ergebnis der familiären Konstellation ist, zeigt sich darin, daß noch die unpoetische Mutter Kellers Ursprung und Thema seiner Phantasie und damit seiner Poesie ist, die sie gleichsam aufstaut und potenziert, indem sie ihr die Sprache versagt.

60 Siehe hierfür und zum Folgenden G. Kaiser: Mutter Nacht – Mutter Natur. Die Dissertation von R. Würgau (Der Naturbegriff im Werk G. K.s. Topik der Natur, Materialismus, Mimesis. Tübingen 1970) kommt aus der gewiß richtigen Einsicht in das gesellschaftlich Vermittelte des Naturbegriffs zu einer Begriffsausweitung, in der unter Natur alles und jedes gemeint und untersucht wird. Würgaus Naturbegriff »meint die bewegte Konstellation, in welcher Bild- und Gleichnishaftes zusammengetreten, aufgehoben und zur Erfahrung geworden ist« (S. 10). Ich spreche von einem Naturbegriff der Kultur zentral da, wo vorhandene oder ersehnte kulturelle Muster nicht in ihrer gesellschaftlichen und historischen Relativität vorgestellt werden, sondern absolut – als dem Menschen von Natur angemessen. Trotz dieser Differenz sehe ich in der verschlungenen Dialektik Würgaus wichtige Ergebnisse aufblitzen.

61 Dementsprechend hat wohl der Begriff der Natur, nicht aber der des Geistes eine Tradition allegorischer Verbildlichung. Siehe J. Langner: Runge und die humanistische Tradition. Zur Symbolik von »Natur und Geist«. In: Jahrbuch der Hamburger Kunstsammlungen 24. 1979. S. 133-150. Die althergebrachten Bilder der Natur sind die nackte milchspendende Frau und die vielbrüstige Diana Ephesia. Siehe W. Kemp: Natura. Ikonographische Studien zur Geschichte und Verbreitung einer Allegorie. Diss. Tübingen 1973.

62 Siehe G. Kaiser: »Aquis submersus« – Versunkene Kindheit. Ein literaturpsychologischer Versuch über Theodor Storm. In: Bilder lesen. Studien zu Literatur und bildender Kunst, S. 52-75.

63 Vgl. F. J. Stopp: Keller's »Der grüne Heinrich«: the Pattern of the Labyrinth. In: The Discontinuous Tradition. Studies in German Literature in honour of E. L. Stahl. Hg. P. F. Ganz. Oxford 1971. S. 129-145.

64 Ermatinger 1, S. 675.

65 Der Mädchenname von Kellers Mutter war Elisabeth Scheuchzer.

Das ewige Kind

66 Am 10. Dezember 1871 schreibt Keller an Eugène Rambert: »Was meine Kenntnis der Frauen anlangt, so ist sie keineswegs groß; andernfalls hätte ich früh geheiratet. Aber es ist eine andere Sache, die schönen Wolken am Himmel zu malen, so wie man sie von weitem sieht.« (Dichter über ihre Dichtungen, S. 457). Die Verbindung der Symbolik von Spinne und Wolke, die zu »Schlaf und seltsamen Träumereien« anregen, findet sich in einem Fragment vom 17. Juni 1838 mit dem beziehungsreichen Titel »Die Reise in die Unterwelt« (xx, 85 f.). – Hinweise verdanke ich hier und im

folgenden der ungedruckten Zulassungsarbeit von T. Böning: Die Identitätsbildung des grünen Heinrich. Eine Skizze. 1978.

67 Ein von fern vergleichbares Erlebnis verzeichnet Kellers Tagebucheintragung vom Besuch eines Wachsfigurenkabinetts am 1. Mai 1848 (XXI, 90). Vgl. auch Anm. 32 dieses Buches zum »Apotheker von Chamouny«.

68 Diesen Akzent setzt W. Preisendanz in seiner Interpretation des »Grünen Heinrich« (G. K. »Der grüne Heinrich«. In: W. P.: Wege des Realismus. München 1977. S. 127-180; dort S. 170).

69 Als »Sündenbock« charakterisiert sich Keller in der autobiographischen Aufzeichnung von 1847 (XXI, 1).

70 Als Heinrich Anna nach der zwei Jahre zurückliegenden ersten Begegnung wiedersieht, gehen beide dem 16. Geburtstag entgegen (IV, 85; B 2, Kap. 8). Die erste Begegnung erfolgte beim Landaufenthalt nach dem Schulverstoß. Kellers eigener Schulausschluß erfolgte am 5. Juli 1834 zwei Wochen vor seinem 15. Geburtstag.

Frauen: Der Ursprung als Ziel

71 Eine Problematisierung der Dorfwelt findet sich bei Laufhütte: Wirklichkeit und Kunst, S. 91, 129 u. ö.

72 Ins unfreiwillig Komische ist das Motiv der Liebe auf dem Grabe in dem Gedicht »Die Gräber« getrieben (I, 218 f.). – Die Frage der Motivübertragungen aus der Frühlyrik in den Roman, die sich für den folgenden Abschnitt besonders eindringlich stellt, verfolgt an viel Material A. Dürst: Die lyrischen Vorstufen des »Grünen Heinrich«. Bern 1955.

73 Auch Kellers Gedichte verraten eine Faszination durch den weiblichen Busen, so die unterdrückten Verse aus »Waldliebe« bzw. »Waldfrevel« (XV/1, 113; vgl. II/1, 107).

74 Ermatinger I, S. 28.

75 Vgl. Anm. 70 dieses Kapitels.

76 Zum literarischen Traditionszusammenhang der Badeszene vgl. H. Schlaffer: Musa iocosa. Gattungspoetik und Gattungsgeschichte der erotischen Dichtung. Stuttgart 1971. S. 217-223. Zum Romantikverhältnis s. E. Staiger: G. K. und die Romantik. In: Jahresbericht der G. K.-Gesellschaft 6. Zürich 1937. S. 3-11. Desgl. L. Ziegler: Dreiflügelbild. G. K. Heinrich Pestalozzi. Adalbert Stifter. München 1961. S. 17 ff. Staiger sieht Judith als »Erdgöttin« (S. 6).

77 Vgl. die Novellen »Die mißbrauchten Liebesbriefe« und »Regine«. Das Schriftsteller-Ehepaar Fanny Lewald und Adolf Stahr hat Keller mit dem Spottnamen das »vierbeinige-zweigeschlechtige Tintentier« beehrt (Ermatinger I, S. 453). Auch in die Lyrik dringt das Motiv ein, als Abneigung gegen das Politisieren der Frau. Siehe »Tagelied« (I, 100). – Die Verhöhnung von Schriftstellerinnen und gelehrten Frauen findet sich verbreitet im 19. Jahrhundert; so bei Christian Dietrich Grabbe (vgl. u. a. »Scherz,

Satire, Ironie und tiefere Bedeutung« [I, 3]). Sie ist ein Kernthema der Karikaturen Honoré Daumiers, der in der Emanzipation der Frau eine Gefährdung der Familie sah. Sie war für den Republikaner Daumier wie für den Republikaner Keller die Grundlage der Demokratie. Siehe H. D.: Mesdames. Hg. Ch. Strich, Vorwort K. Schrenk. Zürich 1980.

78 Zu dieser Vorstellung von Kulturnatur s. meinen Beitrag: Natur und Geschichte. Kellers »Ursula«..., bes. S. 191 ff.; vgl. Anm. 60 dieses Kapitels.

79 In für Keller komischer Form wird der Anspruch auf die Ehe als »Naturrecht« vom philosophischen Schulmeisterlein durchgesetzt (XVIII, 92 f.; A 3, Kap. 3).

80 Siehe S. 160 dieses Buches mit den Anmerkungen 135 und 136. Das Eigentümliche von Kellers Position innerhalb des Traditionszusammenhanges zeigt sich im Vergleich: Wenn Hegel in den »Grundlinien der Philosophie des Rechts« die Ehe als Sittlichkeit in Form des Natürlichen bestimmt, ist zunächst einmal davon auszugehen, daß Hegels Philosophie sich nicht auf die empirische Natur bezieht, sondern unter Natur den Geist in seinem Anders-Sein versteht. In der speziellen Anwendung bedeutet »Sittlichkeit in Form des Natürlichen« eine Einschränkung. Die Ehe ist als Institution noch mit dem Natürlichen behaftet – im Gegensatz zu höheren Institutionen wie etwa dem Staat. Bei Keller dagegen meint die Vorstellung der Ehe als Naturordnung die höchstmögliche Dignität. Der konservative Kulturhistoriker und Soziologe Wilhelm Heinrich Riehl, Kellers Zeitgenosse, krönt seine »Naturgeschichte des Volkes als Grundlage einer deutschen Sozial-Politik« (1851-1855, 1897 in 11. Auflage erschienen!) durch eine Monographie »Die Familie«. Sie wird als »Urgrund aller organischen Gebilde in der Volkspersönlichkeit«, als »ursprünglichste natürliche Gliederung des Volkes«, als »Naturprodukt unserer geschichtlichen Entwickelung« beschrieben. Das geschieht wie bei Keller (s. meinen Abschnitt über »Ursula«) mit scharf antisozialistischer Wendung, von Riehl zugespitzt gegen sozialistische »Staats-Kinderzeugungs-Anstalten« und sozialistische Gleichmacherei. Riehl hält ihr den Kernsatz entgegen, in dem »Gegensatz von Mann und Weib« lasse sich »die soziale Ungleichheit als ein ewiges Naturgesetz im Leben der Menschheit« erweisen. (W. H. R.: Die Naturgeschichte des Volkes als Grundlage einer deutschen Sozial-Politik. Stuttgart 1897. Bd 3: Die Familie. S. VI, 9, 121, 120, VI, 5, 3). Innerhalb der Übereinstimmung mit Keller liegt der Gegensatz im Kulturverständnis zwischen beiden darin, daß Riehls Natur Schöpfung des christlich-jüdischen Vatergottes ist. Die Gesellschaft ist deshalb für ihn ›von Natur‹ tiefer patriarchalisch geordnet als für Keller. Die Welt ist bei Riehl eindeutig vom Mann dominiert, bei Keller untergründig von der Frau.

81 B. Spies (Behauptete Synthesis. G. K.s Roman »Der grüne Heinrich«. Bonn 1978) sagt schon im Titel seiner Dissertation, daß die Synthese von Subjekt und Ganzem der Natur- und Menschenwelt vom Erzähler bloß

behauptet werde. Spies konstatiert also wie ich Brüche und Verwerfungen im Roman zwischen dem Geschehen und den vom Erzähler explizit und implizit mitgegebenen Deutungsmustern. In der Bestimmung des Deutungsmusters jedoch verfährt er, nachdem er der bisherigen Forschung durchgehend Textferne vorgeworfen hat, seinerseits textfern und konstruktiv, indem er für Kellers Naturvorstellung eine »allgemeine Subjektivität des Naturganzen« ansetzt (S. 232). Das Naturganze wird in einer »Freiheit des Hervorbringens« gesehen. Die allgemeine Subjektivität spiegelt sich in den Subjekten. Judith ist in spezieller Weise »die Individuation der Natur« (S. 165), und sie heiratet den grünen Heinrich nicht, weil sie »das umfassende Wesen der Beziehung zwischen ihnen durch ihre Verbindung zum Paar partikularisieren würden« (S. 165). Weder ist bei Keller von der Subjektivität des Naturganzen die Rede – es ist vielmehr objektive Gegebenheit; noch von »Individuation der Natur« im Hinblick auf Judith – sie ist vielmehr verkörperte Naturnorm; noch von diesem abstrusen Ehehindernis. Heinrichs und Judiths Verhältnis ist *weniger* als die Ehe, nicht *mehr*.

82 Es zeigt die Konsequenz der Neufassung, daß in ihr die Beichterzählung Heinrichs vor dem Grafen gestrichen ist (XIX, 225; A 4, Kap. 10); sie hätte die Symmetrie der Beichtsituationen vor Judith gestört.

83 Keller hat sowohl das Grundmuster wie dessen Verbiegung gesehen. Im autobiographischen Bericht von 1876 nennt er »die beiden Frauengestalten gedichtete Bilder der Gegensätze, wie sie im erwachenden Leben des Menschen sich bestreiten« (XXI, 21); in einem Brief an seinen Verleger Vieweg vom 3. Mai 1850 spricht er im vergleichenden Blick auf die Liebe zu Dortchen Schönfund von »früheren krankhaften Liebesgeschichten«. Aus dem üblichen Deutungsschema bricht W. Preisendanz (G. K. »Der grüne Heinrich«. S. 142 ff.) mit der These aus, Judith verkörpere die wirkliche, Anna die imaginierte Liebe. Er ordnet das Liebesverhältnis damit seinem Interpretationsmodell – Zusammenstoß von Einbildungskraft und Realität – zu.

84 Schon in einer antiken Variante des Narzißmythos (Pausanias. Description of Greece. With an English Translation by W. H. S. Jones. Cambridge/Mass. und London 5. A. 1975. Bd 4. Kap. 31. S. 311) wird das Bild des eigenen Ich mit dem Bild der Schwester in Verbindung gebracht. Narziß »hatte ... eine Zwillingsschwester, die ihm vollkommen ähnlich war, ihre Haare eben so trug, als er, sich eben so kleidete, und so gar mit ihm auf die Jagd gieng. Diese liebete er zärtlich, verlor sie aber durch den Tod; daher er oft zu einer Quelle gieng, und zur Beruhigung seiner Liebe sich einbildete, daß er darinnen seine Schwester sähe, ob er gleich wußte, daß es sein eigener Schatten war.« Benjamin Hederich: Gründliches mythologisches Lexikon. 1770. Neudruck Darmstadt 1967. Artikel Narcissus.

85 Eine Formulierung von B. Bolliger: Mensch und Landschaft. Eine Studie zu den Werken G. K.s. Aarau 1961. S. 40.

86 Vgl. den Artikel Weih, Weihe. In: Trübners Deutsches Wörterbuch. Siehe

auch das Gedicht xv des Zyklus »Lebendig begraben« und Anm. 24 des Kapitels »Die Lyrik«.

87 Zur Sinnbildlichkeit von Glas und Wasser für Anna s. J. Rothenberg: G. K.s »Die kleine Passion«. Zur Darstellung des Todes im Werk des Dichters. In: Jahrbuch der Deutschen Schillergesellschaft 19. 1975. S. 208-336; dort S. 229 f.

88 Ein Harmoniemodell des Gleichgewichts zwischen dunkler Muse-Meduse und heller Narziß-Muse versucht Keller in dem Gedicht »An Freiligrath bei seinem Eintritt in die Schweiz im Frühling 1845« zu entwerfen (XIV, 258 ff.).

89 E. T. A. Hoffmann: Lebensansichten des Katers Murr. 1. Bd. 2. Abschnitt (E. T. A. H.: Werke in fünfzehn Teilen. Hg. G. Ellinger. Berlin–Leipzig–Wien o. J. Bd 9/11. Teil 9. S. 149 f.). Zum Zusammenhang s. A. Langen: Zur Geschichte des Spiegelsymbols in der deutschen Dichtung, der allerdings die Narziß-Mythe außer acht läßt (A. L.: Gesammelte Studien zur neueren deutschen Sprache und Literatur. Hg. K. Richter, G. Sauder, G. Schmidt-Henkel. Berlin 1978. S. 141-152. Dort finden sich Belege für die genannten Autoren.). Das 1931 verbrannte Runge-Gemälde befand sich im Besitz der Hamburger Kunsthalle. Abbildung s. G. Kaiser: Bilder lesen. Studien zu Literatur und bildender Kunst, S. 37.

90 Der Zusammenhang war für Keller leicht zugänglich. Siehe Wilhelm Vollmer: Wörterbuch der Mythologie aller Völker. 3. A. Stuttgart 1874. Artikel Holda. Die 1. Auflage befand sich in Kellers Gepäck, als er nach München aufbrach (s. VIII, 466). Die Linie von Hulda-Frau Holle zur Frau Venus der Tannhäusersage läuft über die »Deutsche Mythologie« von Jacob Grimm (Göttingen 1835), die bis in Kellers Formulierung anklingt, vor allem S. 524: ». . . seit dem christenthum hauset sie [Frau Holle = Frau Venus] in unterirdischen hölen . .«. In München läßt Keller den grünen Heinrich »die Bände deutscher Rechtsaltertümer, Weistümer, Sagen und Mythologie« studieren (VI, 21; B 4, Kap. 2).

91 Die hl. Elisabeth wird vom alternden Keller auch im »Verlorenen Lachen« (VIII, 380) und in einem Brief an Maria Melos vom 14. 12. 1881, zitiert.

92 Es hilft Dortchen auch nichts, daß sie – in der frühen Fassung – Heinrichs durchnäßte Mutter-Sohn-Bindungsgeschichte getrocknet und damit vor dem Untergang bewahrt hat (XIX, 223; A 4, Kap. 10); im Gegenteil: Sie trägt unwillkürlich dazu bei, Heinrichs Mutterbindung zu festigen.

Väter: Die Zurücknahme des Entwicklungsromans

93 In der Erstfasssung heißt der »Waldhüter« (VI, 187; B 4, Kap. 10) noch »Flurschütz« und ist ausdrücklich »dick«; damit verweist er auf den dicken Wilhelm Tell, der den Traum-Heinrich abschießt. In Schillers »Wilhelm Tell« ist der Flurschütz Stüssi die banale Kontrastfigur zum Wildschützen Tell.

94 Anders ist die Situation in den späteren Werken. Siehe »Frau Regel Amrain und ihr Jüngster«, »Martin Salander« usw. Vgl. dazu S. 323 f. dieses Buches.

95 Im sechsten Gesang der »Ilias«, deren Verse 390 ff. Schiller als Quelle dienten, begründet Andromache ihre besondere Schutzbedürftigkeit durch den Ehemann damit, daß sie ihre gesamte Sippe durch den Krieg verloren hat. Die Frage, wer den Sohn künftig erziehen werde, taucht nicht auf. Im Gegenteil: Hektor, des eigenen Todes gewiß, betet zu den Göttern, sie möchten sein Knäblein zu einem mächtigen König der Troer machen, der den Vater noch weit überragt. Während der gesamten Szene ist die Amme zugegen, aus deren Armen Hektor seinen Sohn entgegennimmt, um ihn zum Abschied zu segnen. Schiller erst hat die Vater-Mutter-Kind-Situation intim gemacht, indem er sie aus dem die Kernfamilie übergreifenden und durchdringenden sozialen Verband herauslöst. Wie radikal und genial er dabei verfährt, zeigt ein Blick auf das Gemälde »Hektors Abschied« des Klassizisten Wilhelm Tischbein von 1812, das zwar auch einen intimen Reiz über die Situation legt, aber die Ehefrau gegenüber der Dienerin in den Hintergrund treten läßt. Abbildung s. H. W. Keiser: »Des Mannes Stärke« und andere Bilder für das Schloß zu Oldenburg von Johann Heinrich Wilhelm Tischbein. Hg. von der Bremer Landesbank und Staatlichen Kreditanstalt Oldenburg-Bremen. Oldenburg 1973. S. 28.

96 Gegenüber Marie Bluntschli am 7. Januar 1887. Dichter über ihre Dichtungen, S. 212.

97 Für Meyers Rolle in Kellers Leben s. P. Schaffner: G. K. als Maler. Stuttgart und Berlin 1923. Übrigens ist der Name Römer, wie auch der Annas, aus dem Dramenprojekt herübergenommen, von dem S. 262 dieses Buches die Rede ist. Es ist der Name des republikanischen Historienmalers von römischer Tugend. Anna heißt seine Tochter.

98 Ermatinger I, S. 48 f.

99 Siehe S. 262 dieses Buches. Vgl. auch den autobiographischen Bericht Kellers von 1876 (XXI, 14 f.).

100 In der Roman-Zweitfassung ist die Erbschaft auf ein Legat Schmalhöfers von 4000 Gulden reduziert.

101 Fragmente und Studien 1799-1800. Nr. 536. In: Novalis: Schriften. Hg. P. Kluckhohn (†) und R. Samuel. Bd 3. 2. A. Darmstadt 1968. S. 646. Zum Zusammenhang vgl. G. Kaiser: Aufklärung – Empfindsamkeit – Sturm und Drang (= Geschichte der deutschen Literatur. Hg. G. Kaiser. Bd 3). 3. A. München 1979. S. 52 ff.

102 Die Frage nach dem Verhältnis des »Grünen Heinrich« zur Gattung des Entwicklungsromans, damit zu Goethes »Wilhelm Meister«, ist so alt wie die Keller-Forschung. Vgl. dazu den Forschungsbericht von H. Boeschenstein: G. K. 2. A. Stuttgart 1977. S. 26 ff.

103 Die Rückbezüge der Schloßepisode auf die in höchster Not geträumten Sehnsuchtsträume des Helden beziehen auch deren schlimmes Ende mit ein: Die Bezahlung der Studienblätter Heinrichs durch den Grafen er-

scheint diesem wie »eine wirkliche Handvoll jenes Traumgoldes« (VI, 183; B 4, Kap. 10). Anläßlich der Schmalhöferschen Erbschaft ist es schon, »als ob das unglückliche Träumen von Gold und Gut im kleinen zur Wahrheit werden wollte ...« (VI, 277; B 4, Kap. 14).

104 Das Schema der Repetitionen – im Gegensatz zum Schema der Entwicklung – betont besonders W. Preisendanz: G. K. »Der grüne Heinrich«. In: Wege des Realismus. München 1977. S. 152. Eine Bestandsaufnahme der Rückgriffe findet sich bei Ermatinger I, S. 329.

105 »Widersacher, Weiber, Schulden –
Ach, kein Ritter wird sie los!«

Goethes scherzhafte Ballade von »Ritter Kurts Brautfahrt«, die zunichte wird, weil die Vergangenheit den Hochzeiter einholt und sich ihm in den Weg stellt, präludiert schon im Habersaat-Kapitel der Erstfassung leichthändig Heinrichs Schicksalsmelodie (XVII, 144; A 2, Kap. 5).

106 Zum Zusammenhang s. K. Moormann: Subjektivismus und bürgerliche Gesellschaft. Ihr geschichtliches Verhältnis im frühen Prosawerk G. K.s (1977).

107 Schon Jean Paul bringt »Dornenkronen und Distelköpfe« zusammen, und zwar als »Dornenkronen und Distelköpfe der Eifersucht« (»Siebenkäs«, 17. Kap.).

108 Die zweite Romanfassung verweist indirekt auf das Narrentum Heinrichs in der Waldhüterepisode, wenn der Graf den Zwiehanschen Schädel »einen Schalksnarren« nennt, mit dem sich Heinrich »sogar in die Weltregierung einmischt« (VI, 187; B 4, Kap. 10). In einer klügeren Stunde des Katzenjammers hatte Heinrich dem Zwiehanrelikt den närrischen Stechpalmenkranz der Künstlerfastnacht aufgesetzt (V, 284; B 3, Kap. 15). Der überlebende Heinrich wird die Krone des Lebens auf dem Tische Gottes liegen lassen müssen.

109 In der Zweitfassung des »Grünen Heinrich« ist Erikson der Käufer.

110 In der Schlußphase der Arbeit am »Grünen Heinrich« wendet Keller das Attribut selbst im positiven Sinne an. Gegenüber Hermann Hettner nennt er sich am 3. August 1853 »original und wesentlich« als Schriftsteller. Das hebt die relativierende Interpretation des Wortes im Kontext der Grafenschloßepisode nicht auf. »Wesentlich« als Charakterisierung des Menschen spielt weder bei Schiller und Goethe noch bei Hegel und Feuerbach eine besondere Rolle. Es dürfte mit seiner wichtigen Bedeutung in Kellers Wortschatz von Angelus Silesius herkommen.

111 Siehe H.-M. Sass: Ludwig Feuerbach in Selbstzeugnissen und Bilddokumenten. Reinbek bei Hamburg 1978. H. Dünnebier (G. K. und Ludwig Feuerbach. Zürich 1913. S. 142) sieht in Feuerbach das Urbild des Grafen, bestreitet aber, daß am Grafen im ausgearbeiteten Roman noch eine Art »vornehmer Faulheit« zurückgeblieben sei.

112 Er erinnert an Macbeth, den unglücklichen Seher im Goethekapitel des »Grünen Heinrich«. Sigmund Freud hat in der Schrift »Die Traumdeu-

tung« von Shakespeares »Macbeth« gesagt, die Tragödie ruhe auf dem Thema der Kinderlosigkeit.

113 Stendhal: Leben des Henri Brulard. Deutsche Übertragung von A. Schirmer. 2 Bde. München 1923. Bd 1. S. 31 (= S.: Sämtliche Werke. Hg. F. Blei und W. Weigand). Vgl. S.: Vie de Henri Brulard I-II (= Œuvres de Stendhal. Bde 1-54. Nachdruck. Nendeln/Liechtenstein 1968. Bd 25/I. S. 40). Es ist charakteristisch, daß Beyles richtiger Name bei der Gelegenheit durchschlägt, wo er sich der frühesten kindlichen Schreibkunst, der Einritzung seines Namens in einen Gipsüberzug, erinnert.

114 Leben des Henri Brulard, Bd 1. S. 9, 61, 105 u. ö. (vgl. Stendhal. Bd 25/I. S. 11, 86, 149 u. ö.).

115 Ebd., Bd 1. S. 32 f. (vgl. Stendhal. Bd 25/I. S. 41 ff.).

116 Ebd., Bd 1. S. 33 (vgl. Stendhal. Bd 25/I. S. 43 f.).

117 Ebd., Bd 1. S. 123 f. (vgl. Stendhal. Bd 25/I. S. 174 f.).

118 Ebd., Bd 1. S. 64, 108 u. ö. (vgl. Stendhal. Bd 25/I. S. 90, 152 u. ö.).

119 Ebd., Bd 1. S. 73 (vgl. Stendhal. Bd 25/I. S. 102).

120 Ebd., Bd 1. S. 72; Bd 2. S. 139 (vgl. Stendhal. Bd 25/I. S. 101; Bd 25/II. S. 206).

121 Erich Köhler weist mich unter Bezug auf »Souvenirs d'egotisme« und »De l'amour« auf das Thema der Impotenz bei Stendhal hin.

122 Leben des Henri Brulard, Bd 2. S. 71 u. ö. (vgl. Stendhal. Bd 25/II. S. 108).

123 Ebd., Bd 1. S. 16 f. (vgl. Stendhal. Bd 25/I. S. 22 f.).

124 Ebd., Bd 1. S. 164 (vgl. Stendhal. Bd 25/I. S. 236).

125 Ebd., Bd 1. S. 105 (vgl. Stendhal. Bd 25/I. S. 148).

126 Ebd., Bd 1. S. 32 (vgl. Stendhal. Bd 25/I. S. 42).

127 Ebd., Bd 1. S. 66, 122 u. ö. (vgl. Stendhal. Bd 25/I. S. 93, 172 u. ö.).

128 Ebd., Bd 1. S. 150 (vgl. Stendhal. Bd 25/I. S. 214 f.). Dagegen kommt Kellers massive Abdichtung gegen die sich bildende proletarische Schicht aus dem kleinbürgerlichen Sinn für Reputation, für Besitz und Ordnung.

129 Ebd., Bd 1. S. 11 f. (vgl. Stendhal. Bd 25/I. S. 14 f.).

130 Ebd., Bd 2. S. 161, 163 (vgl. Stendhal. Bd 25/II. S. 235, 238).

Gottvater, der Autor und der Humor

131 Das gleiche geschieht gegen Ende des Romans in der Überlegung Heinrichs, der »Umweg über das Grafenschloß« habe ihn »nicht nur die Mutter, sondern auch den Glauben . . . an den lieben Gott selbst gekostet« (VI, 306; B 4, Kap. 15).

132 Ermatinger I, S. 24.

133 Das Wechselverhältnis von Vater- und Gottvaterbild bei Keller ist ein Kerngedanke bei K. Moormann: Subjektivismus und bürgerliche Gesellschaft. 1977 (s. das Kapitel: Vatergott und Gottvater).

134 Ausfälle Kellers gegen Feuerbach finden sich in der Besprechung von Arnold Ruges Schriften am 30./31. Oktober 1848 in den Blättern für

literarische Unterhaltung (XXII, 22-34). – Zu Feuerbach s. außer H.-M. Sass (L. F. 1978) A. Schmidt: Emanzipatorische Sinnlichkeit. L. F.s anthropologischer Materialismus. München 1973. Für Kellers Verhältnis zu Feuerbach ist neben der grundlegenden Arbeit von H. Dünnebier (G. K. und L. F. 1913) H. Laufhütte: Wirklichkeit und Kunst. 1969. S. 27 ff. zu nennen.

135 Feuerbach »schiebt Hegels System lediglich beiseite, anstatt es als das der Gesellschaft zu dechiffrieren. Es gelingt ihm nicht, die neuen, bei Hegel idealistisch verkleideten Inhalte hinüberzuretten in ›die Wissenschaft von den wirklichen Menschen und ihrer geschichtlichen Entwicklung‹ (Marx/Engels, Werke. Bd 21. Berlin 1962. S. 290)«. A. Schmidt: Emanzipatorische Sinnlichkeit, S. 23. In der nach meiner Kenntnis jüngsten Publikation zu Feuerbach spricht Todor St. Stoytschev von der »Beschränktheit der anthropologischen Philosophie . . ., die sich nur auf einen Teil des gesellschaftlichen Seins gründet, nämlich auf den einzelnen Menschen, und völlig die Beziehungen negiert, die der Mensch notwendigerweise mit den übrigen Individuen im Prozeß seiner Arbeits- und Produktionstätigkeit schafft und unterhält . . . Feuerbachs Mensch sieht auf den ersten Blick wie eine reale Persönlichkeit aus, in Wirklichkeit ist sie jedoch vom sozialen Milieu isoliert und lebt ihr eigenes, inneres, nur durch die eigene Natur bestimmtes Leben.« »Deshalb erschöpft sich der soziale Faktor bei Feuerbach in der menschlichen Natur, die sich als versteckte biologische Realität erweist.« (T. St. S.: Der Atheismus Ludwig Feuerbachs. In: Philosophie und Religion. Hg. E. Lange [= Collegium philosophicum Jenense H. 3]. Weimar 1981. S. 102-115; dort S. 113).

136 A. Schmidt (Emanzipatorische Sinnlichkeit, S. 55. Anm. 132) spricht bei Feuerbach von einem auf Liebesmoral beschränkten Kommunismus und bezieht sich dafür auf Feuerbachs Abhandlung von 1845: »Das Wesen des Christentums in Beziehung auf den ›Einzigen und sein Eigenthum‹« (Sämtliche Werke. Hg. W. Bolin und F. Jodl. Bd 7. Stuttgart 1903. S. 294-310). Nun redet Feuerbach dort zwar von der ». . . Liebe, welche, ob sie gleich die höchste und tiefste Anerkennung des Individuums ausdrückt, doch nicht bei diesem einzigen Individuum mit Ausschluß aller anderen stehen bleibt, auch nicht auf dieses einzige und unvergleichliche Individuum sich beschränkt« (S. 302). Die Aufhebung der Beschränkung vollzieht sich bei Feuerbach aber so ins Große, daß sie nicht auf die Ehe bezogen werden kann. Es heißt nämlich, daß das Individuum ». . . seine Gedanken und Gesinnungen auf die *Gattung,* d. h. die *anderen* Individuen ausdehnt«. »*Eines* will überhaupt nur der Egoismus, aber *Vieles* die Liebe« (S. 302). Die Anwendung dieser Maxime auf die Ehe wird von Feuerbach vermieden. Er spricht hier lediglich davon, daß die Liebe über das einzige Kind hinausdrängt und mehrere Kinder haben will. Wenn allerdings Feuerbach zum Thema »du sollst nicht ehebrechen« argumentiert, dann nur negativ im liberalen Schema, daß »der Geschlechtstrieb des Anderen . . . vermittels des Gesetzgebers meinem Geschlechtstrieb dieses Verbot giebt . . .« (Ueber

Spiritualismus und Materialismus, besonders in Beziehung auf die Willensfreiheit. In: L. F.: Sämtliche Werke. Bd 10. Stuttgart 1911. S. 108).

137 Auch Kellers Stellung zum Problem der Willensfreiheit, soweit sie an den Reflexionen des grünen Heinrichs abgelesen werden kann, ähnelt der Position Feuerbachs. Siehe Feuerbachs Äußerung: »Der Wille ist Selbstbestimmung, aber innerhalb einer vom Willen des Menschen unabhängigen Naturbestimmung.« (Ueber Spiritualismus und Materialismus, besonders in Beziehung auf die Willensfreiheit. In: L. F.: Sämtliche Werke. Bd 10. Stuttgart 1911. S. 107).

138 Das betont stark zuletzt H. Laufhütte: Wirklichkeit und Kunst. 1969. S. 369.

139 K. Fehr untersucht differenziert das Verhältnis von »Leben und Tod bei G. K.« und spricht in diesem Zusammenhang vom »Lebensrhythmus eines manisch-depressiven Menschen« (K. F.: G. K. Aufschlüsse und Deutungen. Bern und München 1972. S. 8-28; dort S. 14 u. ö.).

140 Ich nehme im folgenden W. Preisendanz' These auf, Humor sei nicht als weltanschaulicher Inhalt, sondern als Darstellungsprinzip literaturwissenschaftlich dingfest zu machen. Als Darstellungsprinzip aber sagt Humor rückwirkend etwas über das Dargestellte und den Darstellenden. W. P.: Humor als dichterische Einbildungskraft. Studien zur Erzählkunst des poetischen Realismus. München 1963.

141 Vgl. Anm. 10 dieses Kapitels. Auf die Vieldeutigkeit des Attributs grün weist A. Henkel hin, geht ihr aber aus Scheu vor philologischer Schwerfüßigkeit nicht nach (Nachwort zu G. K.: Der grüne Heinrich. Erste Fassung. Frankfurt und Hamburg 1961 [= Fischer-Bücherei. Exempla classica]).

142 Merkwürdigerweise zeigt Keller bei der Umarbeitung ein kurzes Schwanken über den vieldeutigen Titel. Vgl. den Brief an Theodor Storm vom 26. Februar 1879.

143 F. Th. Vischer: Aesthetik oder Wissenschaft des Schönen. Erster Teil. Bd 1. 2. A. Hg. R. Vischer. München 1922. S. 487. Erinnert sei auch an Kellers berühmte Briefäußerung zu Wilhelm Petersen am 21. April 1881: »Mehr oder weniger traurig sind am Ende alle, die über die Brotfrage hinaus noch etwas kennen und sind; aber wer wollte am Ende ohne diese stille Grundtrauer leben, ohne die es keine echte Freude gibt?« Auf der Schreibunterlage zum »Grünen Heinrich« heißt es: »Resignatio ist keine schöne Gegend« (XXII, 441).

144 Das Wort vom »sachgemäßen Humor«, das Keller im Blick auf Jeremias Gotthelf verwendet (XXII, 113), wird von ihm nicht erläutert, so daß es offenbleiben muß, ob Keller die Differenz zwischen Gotthelfs Humor und seinem eigenen wahrnimmt. Jedenfalls fehlt Gotthelfs Humor die Bodenlosigkeit des Kellerschen.

145 Cervantes: Leben und Thaten des scharfsinnigen Edlen Don Quixote von La Mancha. Übersetzung von L. Tieck. Bd 3. Achtes Buch, 6. Kapitel. Berlin 1800. S. 174 ff. Die Beziehung des grünen Heinrich auf den Don Quijote wird von K. Pestalozzi bemerkt: »Der grüne Heinrich«, von Peter

Handke aus gelesen. In: 43. Jahresbericht der G.K.-Gesellschaft 1974. Zürich 1975. S. 3-18; dort S. 8 f.

146 Ölfinger wird in der zweiten Fassung zu Wurmlinger; sein Sprung wird aufgefangen. Er fällt Fischern ins Netz.

147 Zitiert Sass: L. F. 1978. S. 125.

148 Ludwig Feuerbach: Sämtliche Werke. Hg. W. Bolin und F. Jodl. Bd 1. Stuttgart 1903. S. 373.

Subjektivität und Objektivität der Romanform

149 Von der Qual der Umarbeitung zeugen zahlreiche Briefe, die bei ihren pejorativen Benennungen für das Buch und seinen Helden in vieldeutiger Weise immer auch die Qual des gedichteten Lebens mitzumeinen scheinen. So an Maria Melos am 26. Dezember 1879: das »schrecklichste aller Bücher«; an Paul Heyse am 29. März 1880 und an Theodor Storm am 13. Juni 1880: »mein Schicksalsbuch«; an Julius Rodenberg am 24. Juni 1878: »mein alter Sündenroman«; an Ferdinand Weibert am 22. September 1880: »mein Martyrium« usw.

150 Zur Dialektik von Subjektivität und Objektivität im Erzählen vgl. R. Brinkmann: Wirklichkeit und Illusion. Studien über Gehalt und Grenzen des Begriffs Realismus für die erzählende Dichtung des 19. Jahrhunderts. 3. A. Tübingen 1977. – Eine minutiöse Zusammenstellung aller Änderungen in der Bearbeitung bietet F. Beyel: Zum Stil des »Grünen Heinrich«. Tübingen 1914. Vgl. zum Zusammenhang auch die Diss. von Ch. Fischer: Roman, Novelle und künstlerische Subjektivität. Diss. Jena 1972 (ungedruckt). Fischer betont einseitig den Pol der Objektivierung, die Zeitanalyse des Romans, hinter der die Figur des Helden fast verschwindet. Die Untersuchung ist ein Beispiel für Tendenzen der DDR-marxistischen Literaturwissenschaft, die literarischen Werke, die zumindest im 18. und 19. Jahrhundert weithin von individueller Erfahrung der Kindheit, Liebe, Ehe, Familie, Freundschaft handeln, ohne Umschweife auf die Widerspiegelung gesellschaftlicher Großstrukturen hin zu befragen. Kennzeichnend ist Fischers Argumentation, das Scheitern von Heinrichs Beziehung zu Dortchen zeige »die geschichtlich verursachte Unmöglichkeit der Menschen, andere als über die bürgerlichen vermittelte Beziehungen einzugehen« (S. 332). Schließlich geht es zwischen Heinrich und Dortchen um nichts anderes als die Frage einer über die bürgerlichen Beziehungen vermittelten Beziehung, schlicht: um die Möglichkeit der Ehe. Sie scheitert an Heinrichs gesellschaftlich signifikanter, aber individueller Disposition. Die Gleichgültigkeit gegenüber Handlung und Figuren in ihrer Besonderheit, die hier wurzelt, zeigt sich in Fischers Behauptung, Keller lasse Heinrich durch Judith von individueller Schuld freisprechen (S. 146). Der Text sagt genau das Gegenteil.

151 In der Erstfassung betont der Erzähler in dritter Person, er schildere die

Dinge in der Weise, wie sie sich dem jungen Wandrer eindrückten (XVI, 32; A 1, Kap. 2). In bezug auf die »Facta« der Kunst heißt es: »... was das Verweilen bei denselben betrifft, so hat es allein den Zweck, das menschliche Verhalten, das moralische Geschick des grünen Heinrich ... zu schildern« (XVIII, 132; A 3, Kap. 4). Die zweite Fassung kann auf solche Erläuterungen verzichten, indem sie die gesamte Erzählung dem autobiographischen Ich-Erzähler in den Mund legt.

152 F. v. Blanckenburg: Versuch über den Roman. Neudruck Stuttgart 1965. Hg. E. Lämmert. S. 392; Goethe: Maximen und Reflexionen. Hg. M. Hecker. Weimar 1907. Nr. 133; J. C. Wezel: Herrmann und Ulrike. Hg. C. G. v. Maassen. 2 Bde. München 1919. Bd 1. S. XLIV.

153 Trotzdem ist Keller mit dem »Grünen Heinrich« nie glücklich geworden. »Die beiden Grundübel des Grünlings: die unpoetische Form der Biographie und die untypische Spezialität der Landschaftsmalerei, bleiben freilich als Kielwasser unverändert und lassen das Schiff nie fröhlich fahren«, schreibt Keller an Paul Heyse am »Samstag nach Martini 1880«. Weitere Äußerungen in dieser Richtung ließen sich anführen. Hier ragt die biographische Problematik des Lebendichtens als vages poetologisches Unbehagen am Ergebnis in Kellers Selbstreflexion hinein. Dieses Unbehagen ist die Triebkraft, die ihn veranlaßt, in den späteren Werken den Zusammenhang von Leben und Schreiben tiefer zu verstecken.

154 Das wird besonders herausgearbeitet bei K. Moormann: Subjektivität und bürgerliche Gesellschaft. 1977.

155 »grüner« wird in den »Gesammelten Gedichten« durch »wärmer« ersetzt: I, 126 (»Wir wähnten lange recht zu leben ...«). Vgl. auch »Zur Erntezeit II«: »Mir ist, ich trag ein grünes Kleid« (I, 52).

Vom Malen schreiben: Kunst und Künstler

156 Der Maler Hans Thoma hat von Kellers eigenen Bildern festgestellt, sie blieben meistens »in einer gewissen herkömmlichen Handwerksmäßigkeit« stecken (zit. nach H. E. v. Berlepsch: G. K. als Maler. Leipzig 1895. S. 148). Noch am 18. Juli 1877 bietet der ehemalige Staatsschreiber Keller dem Briefpartner Wilhelm Petersen an, ihm einige Winke zur Behandlung der Wasserfarben zu geben, »da ich in meiner Jugend gerade hierin technischer Grundsätze teilhaftig wurde ...«. Für Keller als Maler sei nochmals verwiesen auf P. Schaffner: G. K. als Maler. Stuttgart und Berlin 1923. Zahlreiche Farbabbildungen finden sich in dem Beitrag von B. Weber: Der Maler G. K. In: palette 37. 1971. S. 2-18. Für die Münchner Kunstszene während Kellers Studienzeit dort s. den Katalog: Münchner Landschaftsmalerei 1800-1850. Ausstellung vom 8. März bis 20. Mai 1979. Städtische Galerie im Lenbachhaus. München.

157 Eine weitere Pointe des Bildes liegt darin, daß das Kind, das für den Christus Modell gestanden hat, später als Überbringer des rettenden Mut-

terbriefes fungiert, in dem sie nach Heinrichs Schulden fragt – ein Götterbote, ein Göttinnenpostbote (VI, 45; B 4, Kap. 3).

158 In der Spiritualismus-Schelte des »Grünen Heinrich« dürfte Heines Kritik am Spiritualismus fortwirken, wie sie in seiner Schrift »Zur Geschichte der Religion und Philosophie in Deutschland« (1834) und in der »Romantischen Schule (1836) entwickelt ist. So heißt es in der »Romantischen Schule«: »Die romantische Kunst hatte das Unendliche und lauter spiritualistische Beziehungen darzustellen oder vielmehr anzudeuten, und sie nahm ihre Zuflucht zu einem System traditioneller Symbole oder vielmehr zum Parabolischen ... Daher das Mystische, Rätselhafte, Wunderbare und Überschwengliche in den Kunstwerken des Mittelalters ...« (H. H.: Sämtliche Werke. Hg. E. Elster. Leipzig und Wien o. J. Bd 5. S. 224). Die romantische Schule der Gegenwart wird von Heine begriffen als »Wiedererweckung der Poesie des Mittelalters« (ebd. S. 217). Zum Verhältnis Keller-Heine vgl. H. Adolf: A Mid-Century Duel. G. K. and Heine (In: The Germanic Review 28. 1953. S. 180-189). Sie sieht in Ferdinand Lys ein literarisches Porträt Heines, aber diese Deutung ist rein spekulativ. Besonnen ist dagegen die Würdigung von M. Stern: »Poetische Willkür«. Heine im Urteil G. K.s In: Heine-Jahrbuch 16. 1977. S. 49-70.

159 Goethe: Maximen und Reflexionen. Hg. M. Hecker. Nr. 1105: »Kunst: eine andere Natur, auch geheimnißvoll, aber verständlicher; denn sie entspringt aus dem Verstande.« Nr. 1071: »Wenn Künstler von Natur sprechen, subintelligiren sie immer die Idee, ohne sich's deutlich bewußt zu sein.« Siehe auch »Italienische Reise« (Goethes Werke. Hamburger Ausgabe. Bd 11. S. 383 f.): »... die Kunst wird mir wie eine zweite Natur, die gleich der Minerva aus dem Haupte Jupiters, so aus dem Haupte der größten Menschen geboren worden.« Die Episode vom jungen grünen Heinrich, der in die Natur läuft, um erst eine gewaltige Buche, dann eine junge Esche auf sein »Papier [zu] stehlen« (III, 230; B 1, Kap. 20), ist geradezu der Widerpart zu Maximen und Reflexionen Nr. 1074: »Und gesetzt, der Gegenstand wäre gegeben, der schönste Baum im Walde, der in seiner Art als vollkommen auch vom Förster anerkannt würde. Nun, um den Baum in ein Bild zu verwandeln, gehe ich um ihn herum und suche mir die schönste Seite. Ich trete weit genug weg, um ihn völlig zu übersehen, ich warte ein günstiges Licht ab, und nun soll von dem Naturbaum noch viel auf das Papier übergegangen sein!« Die Reflexion des jungen Keller »Schönheit ist Natur, Natur ist Schönheit« bedeutet zumindest eine starke Verkürzung der Goetheschen Position der Klassik (XXII, 328).

160 Ich zitiere hier den Titel von Goethes Schrift »Einfache Nachahmung der Natur, Manier, Stil«. Erstdruck Teutscher Merkur, Februar 1789 (Goethes Werke. Hamburger Ausgabe. Bd 12. S. 30-34). Zum schaffenden Spiegel s. das entsprechende Kapitel bei Franz Koch: Goethe und Plotin. Leipzig 1925. S. 83-127. Die Goetheäußerung zu Parthey s. W. v. Biedermann: Goethes Gespräche. Bd 6. Leipzig 1890. S. 183.

161 Vgl. auch Kellers Tagebuchäußerung über Originale vom 16. August 1843

(XXI, 62) und seinen Spott über Originalgenies gegenüber Hermann Hettner im Brief vom 26. Juni 1854 (s. desgl. XXII, 75 f.). Ein seltenes Beispiel für den positiven Wortgebrauch bei Keller steht in seinen frühen Reflexionen: »Hauff scheint mir ein wahres Genie, ein Dichter zu sein.« (XXII, 334). Zum Wortgebrauch in der Gotthelf-Rezension s. S. 568 dieses Buches.

162 Das sind die Kategorien von Goethes Romantikkritik. Vgl. das berühmte Dictum: »Classisch ist das Gesunde, romantisch das Kranke.« (Maximen und Reflexionen Nr. 1031).

163 Vgl. Anm. 14 dieses Kapitels.

164 Die romantische Wurzel solcher Auffassungen zeigt sich in Kellers Äußerung: »Wie ›deutsch‹ eigentlich nichts anderes heißt als volkstümlich, so sollte auch ›poetisch‹ zugleich mit inbegriffen sein, weil das Volk, sobald es Luft bekommt, sogleich poetisch, d. h. es selbst wird.« (G. K.: Die Romantik und die Gegenwart. Eine Grille (XXII, 311-316; dort 314). Allerdings öffnet sich schon im gleichen Jahr 1849, in das diese Miszelle gehört, mit der Gotthelf-Rezension die Differenz zum romantischen Verständnis des Verhältnisses von Volk und Kunst (XXII, 44 f.). Keller mag vom Idealmodell einer Kunst unmittelbar zum Volk träumen, doch in der Praxis betont er immer den einzelnen Autor als Urheber. Vgl. Anm. 1 des Kapitels über »Die Leute von Seldwyla«.

165 Vgl. dazu O. Stelzer: Die Vorgeschichte der abstrakten Kunst. Denkmodelle und Vor-Bilder. München 1964. S. 54 ff. Zu dieser Erfindung Kellers ist Balzacs Novelle »Le chef-d'œuvre inconnu« (1831) zu vergleichen. Vgl. G. Kaiser: Mutter Nacht – Mutter Natur. In: Bilder lesen. Studien zu Literatur und bildender Kunst, S. 45. – »Im Juli 1838 hat Gottfried Keller in seinem Tagebuch die Schilderung gerühmt, die Balzac in seinen ›Etudes philosophiques‹ von einem verunglückten Genie entwirft.« (Ermatinger I, S. 281. Kellers Werke XXII, 335). Zum Verhältnis von künstlerischer Regression und Vorgriff auf die Moderne s. – unter Bezugnahme auf Ernst Bloch – R. Würgau: Der Naturbegriff im Werk G. K.s. 1970. S. 236 ff.

166 Keller hat im «Grünen Heinrich« seine eigene gegenwärtige Position als Kunstkritiker in die Jugendgeschichte des Helden zurückdatiert. Allerdings verwendet er als Rezensent den Spiritualismusbegriff nicht. Als Keller nach München kam, huldigte er in seinen Malersonetten vorbehaltlos der Kunst, die im »Grünen Heinrich« als spiritualistisch verurteilt wird. Cornelius und Overbeck, unter den Franzosen die Historienmaler Horace Vernet und Paul Delaroche, werden in den Sonetten gefeiert (XIII, 136 ff.). Den deutschen Malern wird zwar geraten – wie immer wieder zitiert –, »Mythos, Nibelungen, Bibel« fahrenzulassen, aber sie werden in ihrem Spiritualismus als »Dichter und Denker« gefeiert und aufgefordert, »der Freiheit eine Bilderfibel« zu malen (XIII, 140 f.). Noch 1847 nennt Keller Kaulbach den Platen, Cornelius eine Art von Goethe der bildenden Kunst (XXII, 252). Später verschwinden diese Namen aus seinen Äußerungen. Kellers Vorliebe unter den Schweizern gehört nun den ›sensualistischen‹, differenzierten malerischen Reizen der Natur zugewandten Landschaftern

Ernst Stückelberg, Rudolf Koller, Frank Buchser, Robert Zünd (xxii, 261 ff.). Von Zünd sagt Keller, er habe nur »das gelungene Werk der Mama Natur« zur Geltung gebracht (xxii, 298). Das entspricht ungefähr Römers Kunst und Kunsturteil. Allerdings zeigt das Lob für Andreas Achenbach (xxii, 296), den Repräsentanten der Düsseldorfer Schule, daß der konsequente »eiserne Realismus« Courbets an der äußersten Grenze der Kellerschen Zustimmungsmöglichkeit liegt (xxii, 287). Die extreme Gegenmöglichkeit, die Keller noch gelten lassen kann, ist Arnold Böcklin mit seinen »geheimnisvollen Farbenepigrammen« (xxii, 296). ». . . er erzählte Böcklin, wie er einst auch habe Maler werden wollen, und wie er sich freue, den Mann kennen zu lernen, der in seiner Kunst zur herrlichen Vollendung geführt habe, was ihm selber in seinen Jugendträumen nur als dunkle Ahnungen und unerreichbare Wünsche vorgeschwebt . . .« (Fleiner: Mit A. Böcklin. Zitiert P. Schaffner: G. K. als Maler. 1923. S. 197). Die Spannweite von Böcklin zu Courbet läßt erkennen, daß auch Keller in seinem Urteil nicht einfach einen Weg vom Spiritualismus zum Sensualismus geht; in ihm ist die gleiche Gegenläufigkeit zwischen dem Willen zum Aufgehen in den Formen der Natur und der Tendenz zur Ausfaltung der Subjektivität in einer malerischen Mythologie und Allegorik wie beim grünen Heinrich wirksam, wenngleich abgeschwächt. Im Rückblick ordnet Keller den grünen Heinrich in einem Brief an Wilhelm Petersen vom 21. April 1881 der Kunstsituation der Zeit zu, wobei er allerdings unter den Münchnern nur Rottmann nennt: »Bei besserem Unterricht und mehr Mitteln zur Ausdauer würde er sich der Richtung der J. Anton Koch, der Lessing, Schirmer usw. nicht ohne Glück angeschlossen haben: das soll eigentlich zwischen den Zeilen gesagt sein. Daß mit der Lebensnot zugleich die Einsicht von dem Überlebtsein fraglicher Richtung eintritt, ist mit ein Stück von der harmlosen Tragik meines Tragelaphen, mit Goethe zu reden. (NB. Rottmann hatte sich schon zur stilvollen Realschönheit herausgearbeitet, Preller blieb mit seinen Odyssee-Bildern bei der Richtung und führte sie veredelt doch noch zum Siege; zu meiner Zeit war er aber noch nicht anerkannt. Dies beiläufig.)«. Die hier genannten Künstler stehen für den modernen Betrachter weit voneinander ab. Der gemeinsame Nenner ist eine ideale Stilisierung der Landschaft, wenngleich in sehr verschiedenem Grade. Einen Blick auf die von Keller geschätzten Schweizer Künstler erlaubt der Katalog der Stiftung Oskar Reinhart. Bd 1: F. Zelger: Schweizer Maler des 18. und 19. Jahrhunderts. Zürich 1977. Für Frank Buchser s. auch »palette 37«. 1971. S. 19-32.

167 Auch Keller selbst erklärt als Gemäldekritiker 1847, »daß in aller Kunst nur die Poesie auf eine höhere Stufe hebt. Wer nicht vor allem ein Poet ist, gehört unter die Landwehr und wird nur Strohköpfe in Flammen setzen.« (xxii, 245). 1861 ist er terminologisch viel zurückhaltender. »Es ist ein moderner Gemeinplatz geworden, alles Ansprechende, Inhaltreiche in Musik und bildender Kunst . . . poetisch zu nennen, wo unsere Vorfahren etwa pittoresk, interessant usf. sagten« (xxii, 262). Hier könnte sich im Wortge-

brauch die Wendung zu einer rein malerischen Auffassung der Natur in der Malerei abzeichnen.

168 Keller dürfte die holländische Ausspracheregel bekannt gewesen sein, zumal sie auch bei dem berühmten Maler von Dyck (= Deïk) anzuwenden ist, den er mehrfach in seinen Kunstkritiken erwähnt. Auch die Selbstbeklagung: »O weh mir armer Treckschuite« nach dem inzestuös geladenen Traumbuchbericht vom 15. September 1847 (XXI, 69) enthüllt erst dann ihren Anklang-Witz, wenn man weiß, daß das Wort ›Treckscheit‹ auszusprechen ist.

169 Vgl. zum Folgenden F. A. Kittler: Fleurs de Lys. In: Fugen. Deutsch-französisches Jahrbuch für Text-Analytik. 1980. S. 99-113.

170 Hier liegt der Unterschied des Frauenhelden Lys zum Typus Don Juan: Don Juan will alle Frauen. Sie haben für ihn Realität. Er erkämpft sie, nimmt sie Männern und Vätern weg, will allmächtig sein. Dafür muß er in die Hölle. Auch Lys sucht alle Frauen, aber als Bilder, in denen er Wirklichkeit erst finden will. Er muß die Wirklichkeit der Mutter aus allen Frauen herstellen; Don Juan muß die Wirklichkeit der Mutter in allen Frauen besitzen.

171 Siehe Katalog Johannes Grützke. Neuer Berliner Kunst-Verein. 1. 3.-28. 3. 1974 (1 Berlin 15, Meinekestr. 4).

172 Auch Keller hat in der nüchternen Tageswelt der Kunstkritik 1846 Pläne und Entwürfe zu einem »schweizerischen Nationalmonument« abgelehnt (XXII, 243) mit der Begründung: »Solche Denkmäler bauen die Völker, nachdem sie den Blütenpunkt ihrer Entwicklung erreicht haben, lange Zeit glücklich gewesen sind, und kurz vor ihrem Verfall. Wir denken, daß die Schweizer vorerst noch andere Dinge zu tun haben.« So schätzt Keller auch die Möglichkeiten der bildenden Kunst im Unterschied zu den Redekünsten beim Schützenfest gering ein (XII, 265 ff.). Dagegen verwendet sich Keller in einem Zirkular von 1865 (XXII, 269 ff.) für die Gründung eines Vereins schweizerischer Künstler und die Museumsförderung und sieht jetzt in einer breiten nationalen Kunstentwicklung die Voraussetzung für die Entstehung einer öffentlichen Monumentalkunst.

173 G. Semper: Wissenschaft, Industrie und Kunst. Vorschläge zur Anregung nationalen Kunstgefühles (zuerst 1851). In: G. S.: Wissenschaft, Industrie und Kunst und andere Schriften über Architektur, Kunsthandwerk und Kunstunterricht. Ausgewählt und redigiert H. M. Wingler. Mainz und Berlin 1966. S. 47.

174 Siehe den Brief an Ferdinand Freiligrath vom 30. April 1857. Umgekehrt urteilt Wagner böse und scharfsichtig über Keller: ». . . alle seine Arbeiten, welche wirklich von sehr originellen Anlagen zeugten, gaben sich sogleich aber auch nur als Ansätze zu einer künstlerischen Entwicklung zu erkennen, und man frug sich nun unerläßlich nach dem Werke, welches jetzt folgen und seinen Beruf erst wahrhaft bezeugen sollte.« (R. W.: Mein Leben. Hg. M. Gregor-Dellin. München 1969. Bd 2. S. 543). Im Gegensatz zu mir wertet H. Laufhütte das Künstlerfest uneingeschränkt positiv – als

das wahre Kunstwerk, das sonst keiner im »Grünen Heinrich« zustande bringen kann. (Wirklichkeit und Kunst. 1969. S. 252 ff., 262).

175 Deshalb bedeutet es eine Banalisierung Kellers, wenn Leo Löwenthal ihn zum selbstgefälligen Ideologen der Triebverdrängung und der Kleinbürgermoral stilisiert: »Kellers Menschen verdrängen ihre an der Verwirklichung gehinderten Triebwünsche und werden Käuze, oder sie weisen sie – und das ist das Wertvollere – im Akt des bewußten Verzichts ab.« »Keller ist der Ideologe des protestantischen Schweizer Kleinbürgertums, ein kleinbürgerlicher Kant in Dichtertracht.« (Gottfried Keller. Die bürgerliche Regression. In: L. L.: Erzählkunst und Gesellschaft. Neuwied und Berlin 1971. S. 206-225; dort S. 207 und 210).

176 Lessing nennt Mitleid gelegentlich »sich fühlende Menschlichkeit«. G. E. L.: Des Herrn Jacob Thomson sämtliche Trauerspiele. Vorrede (Sämtliche Schriften. Hg. K. Lachmann, F. Muncker. 23 Bde. 3. A. 1886-1924. Bd 7. S. 68).

177 W. Hofmann: Courbets Wirklichkeiten. In: Courbet und Deutschland. (Hamburger Kunsthalle, 19. Oktober-17. Dezember 1978; Städt. Galerie im Städelschen Kunstinstitut Frankfurt a. M., 17. Januar-18. März 1979; aus Anlaß der Ausstellung »Courbet und Deutschland«). Köln 1978. S. 589-613; dort S. 610.

178 Die Hegel-Nähe von Kellers Ästhetik scheint mir weit überbetont bei K. Jeziorkowski: Literarität. S. 16 ff., 191 u. ö. Erstens fehlt bei Keller die Vorstellung eines prozessualen Geschichtsverlaufs. Zweitens geht Keller von einem gleichbleibenden »poetischen Ur- und Grundstoff« aus (XXII, 112), bei dem nur die Erscheinungsformen wechseln. Bei Keller ist das Wesen des Menschen und der Welt gegeben, bei Hegel wird es hervorgebracht. – Für den theoretischen Abbau des Epigonenbewußtseins s. a. die Reflexion aus dem Anfang des Jahres 1850 (XXII, 337). Zum Zusammenhang s. den Abschnitt zu »Hadlaub«.

Die Geheimnisse der Ökonomie: Künstler und Bürger

179 Übrigens redet die Erstfassung des »Grünen Heinrich« viel positiver über Rousseau als die Zweitfassung (vgl. VI, 42; B 4, Kap. 3).

180 Keller reiste mit einem Gültbrief aus dem Erbe der Großmutter nach München. Ermatinger I, S. 59.

181 Zum Zusammenhang s. A. Muschg: Professor Gottfried Keller? In: 47. Jahresbericht der G.K.-Gesellschaft. Zürich 1979. Vgl. außerdem Muschgs Keller-Monographie.

182 Zum biographischen Zusammenhang s. Dichter über ihre Dichtungen S. 169. Wie problematisch die Anfertigung der Fahnenstangen zum monarchischen Fest für Keller war, zeigt das Spottlied auf die deutsche Untertanengesinnung »Frau Rösel«, das Keller im Herbst 1842 anläßlich der Vermählung des damaligen Kronprinzen Maximilian dichtete

(xiv, 229 ff.). Das Gedicht kulminiert im Hohn auf die festliche Dekoration, mit der Frau Rösel ihr Haus bei dieser Gelegenheit schmückt. Für die »Gesammelten Gedichte« (ii/1, 51 ff.) hat Keller den Text noch verschärft. – Auch H. und R. Wildbolz (G. K. In: Bürgerlichkeit und Unbürgerlichkeit in der Literatur der Deutschen Schweiz. Bern und München 1978. S. 31-48) betonen, Keller habe die bürgerliche Gesellschaft nicht positiv dargestellt (S. 38). Ungebrochen erscheint dort allerdings das Bild von Kellers Vater, wie meist in der Forschung. F. Hildt (G. K. Literarische Verheißung und Kritik der bürgerlichen Gesellschaft im Romanwerk. Bonn 1978) kommt zu einer sehr abstrakten Kapitalismuskritik aufgrund einer von ihm abstrakt konstruierten Beziehung von individuellem Schicksal und kapitalistischer Gesellschaft. Die Arbeit bedeutet einen Schritt zurück hinter K. Moormann: Subjektivismus und bürgerliche Gesellschaft. 1977.

183 »Während ein frühbürgerlicher Autor – denken wir etwa an Goethe – noch Einblick in Handel und Gewerbe, Manufakturen, Heimarbeit und dergleichen haben konnte, da sich all dies innerhalb seines weiteren Erfahrungsbereiches abspielte, sind die komplizierten, arbeitsteiligen Prozesse der fortgeschrittenen Industrialisierung einem Späteren nicht mehr im gleichen Maße zugänglich . . .« (R. v. Passavant: Zeitdarstellung und Zeitkritik in G. K.s »Martin Salander«. Bern 1978. S. 81).

184 Abgesehen davon, daß Habersaat mit seiner Werkstatt ein Urbild im Leben Kellers besitzt – es ist der Maler Peter Steiger in Zürich (s. P. Schaffner: G. K. als Maler. 1923. S. 22 ff.) –, verweist Kellers Nachruf auf den Maler Conrad Hitz aus dem Jahr 1866 auf das Schicksal eines Künstlers, dessen Talent in der Fayencemalerei halb industriell ausgebeutet wurde, ehe er sich unter schwersten Entbehrungen nach München freikämpfte (xxii, 274 ff.). Conrad Hitz ist so etwas wie ein zu Erfolg gekommener Maler Heinrich Lee. Auch zu Hitz s. den Katalog der Stiftung Oskar Reinhart. Bd 1: F. Zelger: Schweizer Maler des 18. und 19. Jahrhunderts. Zürich 1977.

185 Siehe H. Hager: Handbuch der pharmaceutischen Praxis. Erster Theil. Berlin 1876. S. 343.

186 Vgl. den »Prolog zur Schillerfeier in Bern 1859« (i, 264 ff.) und »Das große Schillerfest 1859« (ii, 191 ff.).

187 Keller hat mit Interesse Hermann Hettners Schrift »Robinson und die Robinsonaden« (Berlin 1854) gelesen (s. Brief an Hettner vom 26. Juni 1854) und immer wieder auf die Robinsonade Bezug genommen, so bei der Charakterisierung des Paten Jacques in den »Züricher Novellen« und in der Gotthelf-Rezension von 1855, wo anläßlich des »Schuldenbauern« wiederum die Gesellschaft als Wildnis erscheint: »Die wilden Bestien und Kannibalen, mit welchen Robinson sich herumschlägt, sind hier die zivilisierten Menschen, die Elemente die Menschenkniffe und gesellschaftlichen Verhältnisse und das Schauspiel mitten im alten Festlande, in der alten Republik Bern das gleiche wie auf jener Insel des Weltmeers . . « (xxii,

105). Vgl. das Kapitel »Robinsonaden« bei K. Moormann: Subjektivismus und bürgerliche Gesellschaft. S. 140-143.

188 Auch bei Goethe ist das ein Aspekt der in seinem Werk zentralen Goldsymbolik. Vgl. W. Emrich: Die Symbolik von Faust II. 2. A. Bonn 1957. Sachregister.

189 Siehe E. Ernst: Das »industrielle« Geheimmittel und seine Werbung. Arzneifertigwaren in der zweiten Hälfte des 19. Jahrhunderts in Deutschland. Würzburg 1975. S. 261, Anm. 26, und S. 264.

190 Die gleiche Symbolik findet sich in Friedrich Hebbels »Trauerspiel in Sicilien«. Vgl. dazu G. Kaiser: Hebbels »Trauerspiel in Sicilien« als Tragikomödie, und ders.: Replik. In: Hebbel-Jahrbuch 1974. S. 167-192; 208-218. Bei Ludwig Börne hat das Geld als Entfremdungssymbol seinen biographischen Ort im Vater-Sohn-Konflikt, den er durchlebte. Siehe M. Schneider: Die kranke schöne Seele der Revolution. Heine, Börne, das »Junge Deutschland«, Marx und Engels. Frankfurt 1980. S. 87-138. Das gesamte Romanwerk Balzacs spricht von der Dämonie des Geldes. Zum weiteren Zusammenhang vgl. M. Franke: Steinherz und Geldseele. Ein Symbol im Kontext. In: Das kalte Herz und andere Texte der Romantik. Hg. M. F. Frankfurt 1978 (= insel taschenbuch 330). S. 233-357. Vgl. meinen Abschnitt über »Spiegel, das Kätzchen«.

191 Zu Vollmer s. Anm. 90 dieses Kapitels. Zu Bachofens Bellerophon-Deutung s. Gesammelte Werke. Bd 2: Das Mutterrecht. Hg. K. Meuli. 1. Hälfte. Basel 1948. S. 86 ff.

192 Vgl. Sigmund Freud: Über Triebumsetzungen, insbesondere der Analerotik. 1917 (= Gesammelte Werke. Bd 10. London 1946. S. 402-410).

Das Vaterland: Politik und Geschichte

193 Die Bearbeitung mildert die Episode und trägt sie anläßlich des Künstlerfestes nach (V, 214 f.; B 3, Kap. 13).

194 Die zunehmende Skepsis Kellers gegenüber der Schweizer Entwicklung zeigt sich auch in der Abschwächung der Aussage über das Verhältnis der Schweizer zum Schillerschen »Wilhelm Tell« anläßlich des Tellspiels. In der Erstfassung entspricht das Stück der Wahrheit und dem Leben (XVII, 230; A 2, Kap. 8), in der Zweitfassung drückt es aus, was die Schweizer »für wahr halten; wie denn selten ein Sterblicher es übel aufnehmen wird, wenn man ihn dichterisch ein wenig oder gar stark idealisiert« (IV, 161; B 2, Kap. 13).

195 Die Episode ist in der Bearbeitung gedämpft (V, 215; B 3, Kap. 13).

196 ». . . wehe einem jeden, der nicht sein Schicksal an dasjenige der öffentlichen Gemeinschaft bindet . . . Nein, es darf keine Privatleute mehr geben!« Das ist der Schlußpunkt des Tagebuchs am 3. Mai 1848 (XXI, 98).

197 Zum Thema des patriotischen Festes s. U. Schweizer: Feier des Festes. Das Fest in der Dichtung G. K.s. Diss. Zürich 1973. Zum gesamten Abschnitt

s. G. Kaiser: Kellers »Ursula«. Für das Fest S. 147 ff.; für die Geschichtsauffassung S. 162 ff.; für den politischen Werdegang S. 174 ff.; dort jeweils auch weitere Literaturangaben.

198 Zu Kellers Geschichtsauffassung s. das Gedicht »Am Sarg eines neunzigjährigen Landmanns vom Zürichsee« (II/1, 60 ff.). Vgl. M. Wehrli: Die »Züricher Novellen«. In: 18. Jahresbericht der G.K.-Gesellschaft 1949. Zürich 1950. S. 3-12. Das Hauptwerk für Kellers Beziehung zur Politik ist H. M. Kriesi: G. K. als Politiker. Frauenfeld und Leipzig 1918. Stärker problematisierend ist die Darstellung von C. Winter: G. K. Zeit – Geschichte – Dichtung. Bonn 1971.

199 Ermatinger I, S. 155.

200 Siehe Tagebucheintragung vom 5. August 1843 (XXI, 50 ff.). Vgl. C. Winter: G. K., S. 136, 146.

201 Der Wandel läßt sich an der Veränderung der Sicht der Französischen Revolution ablesen. Sie ist positiv in dem Gedicht »Aus der französischen Revolution« vom 12. Februar 1844 (XIII, 330), dagegen äußerst negativ in der Erzählung »Verschiedene Freiheitskämpfer«, veröffentlicht 1863 (s. S. 394 ff. dieses Buches). Keller ist hier so nahe wie möglich an der Position seines konservativen Antipoden Jeremias Gotthelf mit der Erzählung »Elsi, die seltsame Magd« (1843). Wie andere radikale politische Gedichte hat Keller auch »Aus der französischen Revolution« nicht in die »Gedichte« von 1846 und die »Gesammelten Gedichte« von 1883 aufgenommen.

202 »Der Princeps und sein Hof« (1866) ist der Titel einer Streitschrift von Friedrich Locher gegen Escher im Kampf um eine radikaldemokratische Verfassung. Siehe Ermatinger I, S. 416.

203 »Sinn und Bildung für organisches Gesetz« fordert eine Reflexion des jungen Keller (XXII, 336 f.). Zum Organismusgedanken in Geschichte, Staat und Gesellschaft vgl. G. Kaiser: Pietismus und Patriotismus im literarischen Deutschland. Ein Beitrag zum Problem der Säkularisation. 2. A. Frankfurt 1973. S. 139 ff.

204 Siehe M. Wehrli: Die »Züricher Novellen« S. 5 ff. Bei Keller wird das Verhältnis von Geschichte und Natur in der gleichen Weise gedacht wie das Verhältnis von Geist und Materie, Materie und Form: ». . . der Geist, welchen die Materie die Macht hat in sich zu halten, hat seinerseits die Kraft, in seinen Organen dieselbe zu modifizieren und zu veredeln« (XIX, 37; A 4, Kap. 2). »Ihre Zeit hat auch die Rose. Wer wird, wenn sie erblüht, um sie herumspringen und rufen: He! dies ist nichts als Pottasche und einige andere Stoffe, in den Boden damit, auf daß der unsterbliche Stoffwechsel nicht aufgehalten werde! Nein, man sagt: Dies ist zurzeit eine Rose für uns und nichts anderes, freuen wir uns ihrer, solange sie blüht!« (48) So ist die Natur die Pottasche, die Geschichte die Rose.

1 Vgl. dazu aus marxistischer Sicht G. Lukács: G. K. Berlin 1947. S. 87 ff. Umfassend ist die Problemerörterung bei J. U. Saxer: G. K.s Bemühungen um das Theater. Ein Beitrag zur Problematik des deutschen Theaters im späteren 19. Jahrhundert. Winterthur 1957. – Henrik Ibsen kann hier außer Betracht bleiben. Seine Wendung zum Drama der modernen Gesellschaft erfolgte um 1870. Er ist nicht in den Gesichtskreis Kellers getreten und wird erst maßgeblich für die Generation der Naturalisten.

2 Zum Zusammenhang vgl. G. Kaiser: Hebbels »Trauerspiel in Sicilien« als Tragikomödie, und ders.: Replik. In: Hebbel-Jahrbuch 1974. S. 167-192, 208-218. Desgl. G. Kaiser: Die Tragikomödien Gerhart Hauptmanns. In: G. H. Hg. H. J. Schrimpf. Darmstadt 1976 (= Wege der Forschung 207). S. 360-384.

3 Friedrich Spielhagen: Neue Beiträge zur Theorie und Technik der Epik und Dramatik. Leipzig 1898. S. 52 f. Spielhagen sieht durch Ibsen und den jungen Hauptmann seine Ansicht bestätigt. Siehe F. S.: Drama oder Roman? Gelegentlich H. Ibsens Nora. 1881. In: Beiträge zur Theorie und Technik des Romans. Leipzig 1883. S. 295 ff.

4 Das Problem des Realismus wird später wieder aufgenommen. Siehe S. 560 ff. dieses Buches.

5 Zum Zusammenhang vgl. I. Weber-Kellermann: Volkstheater und Nationalfestspiel bei G. K. In: Deutsches Jahrbuch für Volkskunde 3. 1957. S. 145-168. Dort vor allem wichtig der Hinweis auf Anregungen, die Keller von Richard Wagners Schrift »Ein Theater in Zürich« (1851) empfangen hat, und auf Kellers Ablehnung eines forcierten Volkstheaterbetriebes, wie ihn der österreichische Emigrant Ludwig Eckardt propagierte. – Über künstlerische Darbietungen bei patriotischen Festen berichtet Keller ausführlich in seinem Brief an Ludmilla Assing vom 21. April 1856.

6 Vgl. hierzu das monströse, aber in vielem scharfsichtige Werk von K. Theweleit: Männerphantasien. 2 Bde. Frankfurt 1977-78.

7 Zitat nach P. Wernle: Wernhard Huber, der helvetische Grossrat und Basler Dichter. In: Basler Zeitschrift für Geschichte und Altertumskunde 20. 1922. S. 59-126; dort S. 117. Roland Galle hat neuerdings »Sozialpsychologische Überlegungen zu Rousseaus Autobiographie« (In: Freiburger literaturpsychologische Gespräche 1. Hg. H. Cremerius, W. Mauser, C. Pietzcker, F. Wyatt. Frankfurt 1981. S. 39-61) angestellt, in denen hervortritt, daß Rousseaus Biographie – und Autobiographie – den Zusammenbruch der ständischen Gesellschaft, der patriarchalischen Familienordnung und der Religion als umfassend bindender gesellschaftlicher Ordnungsmacht, wie sie sich gerade im Genfer Calvinismus radikal ausprägt, zur Darstellung bringt. Rousseaus Antwort, ein extremer, doch aus der Tiefe des Unbewußten infragegestellter Subjektivismus, läßt die letzten Gründe für Kellers Antipathie ahnen. Als Exponent eines defensiv gewordenen Bürgertums versucht er, Ordnungen zu renovieren, deren Unterspülung Rousseau, wenn

auch zerrissenen Herzens, in einer revolutionären Phase der bürgerlichen Entwicklung mit vorangetrieben hatte. Für Kellers Stellung zu Rousseau s. bes. S. 430–436 dieses Buches.

8 Theodor Storm: Eine zurückgezogene Vorrede aus dem Jahre 1881. In: Theodor Storms Sämtliche Werke. Hg. A. Köster. Bd 8. Leipzig 1920. S. 122 f.

9 Siehe hier und im folgenden G. Kaiser: Sündenfall, Paradies und himmlisches Jersualem in Kellers »Romeo und Julia auf dem Dorfe«. In: G. K.: Wandrer und Idylle. Göttingen 1977. S. 258-289.

10 Zit. Ermatinger I, S. 275.

11 Ermatinger I, S. 25 f.

12 Keller selbst hat empfunden, wie sehr sich sein Ton im Drama ändert. So schreibt er am 28. Juni 1875 an Emil Kuh: »Ob meine Opuskula manieriert seien, weiß ich selbst noch nicht recht, fühle aber die Gefahr davon insofern, als ich schon darüber nachgedacht habe. Es liegt mein Stil in meinem persönlichen Wesen; ich fürchte immer, manieriert und anspruchsvoll zu werden, wenn ich den Mund voll nehme und passioniert werden wollte, wohlverstanden in der erzählenden Form, wo der Mann eben selbst spricht und in seinem Namen. Wenn ich eine dramatische Stilübung vornehme, da tönt es ganz anders, da hört jener ruhige trockene Ton von selbst auf.« Der »trockene Ton« ist das Ergebnis humoristischer Brechung der Passionen.

13 Ermatinger I, S. 270.

»Die Leute von Seldwyla« oder Poesie und Kapitalismus

Sprechen statt schreiben

1 Aus dieser Kreislaufvorstellung entspringt eine Differenz Kellers zum romantischen Verständnis der Volkspoesie. Siehe Kellers Gotthelf-Rezension, wo es heißt: »Denn vieles, was man für ursprünglich Volkstümliches hält, die Lust an allerlei gepfeffertem Abenteuer- und Sagenspuk, ist ebenfalls nur ein Hinzugekommenes und in den tiefen Grundschichten und Spalten länger Hängengebliebenes. Es ist sehr natürlich, daß der Görres des 19. Jahrhunderts dasjenige für urvolksmäßig und ewig erkläre, was ein Görres des 10. Jahrhunderts ausgestreut hat.« (XXII, 43-117; dort S. 45).

2 Dieser Verklärung kann später die Geschichte dienen. Siehe das Kapitel über die »Züricher Novellen«.

3 Zum Aufbau der »Leute von Seldwyla« s. H. Ohl: Das zyklische Prinzip von G. K.s Novellensammlung »Die Leute von Seldwyla«. In: Euphorion 63. 1969. S. 216-226. – Im Herausarbeiten von Möglichkeiten und Grenzen der Gattung Novelle für Kellers dichterisches Weltbild liegt der Akzent von G. Lukács' Studie: G. K. Berlin 1947.

4 Meine Darstellung folgt in vielem der Abhandlung von R. Böschenstein: Pankraz und sein Tier. Zur Darstellung psychischer Prozesse um die Mitte des 19. Jahrhunderts. In: Formen realistischer Erzählkunst. Festschrift für Charlotte Jolles. Ed. by J. Thunecke, E. Sagarre. Nottingham 1979. S. 146-158. Mit anderer Argumentation als ich kommt auch L. Hoverland (G. K.s »Pankraz, der Schmoller«. Eine Neuwertung. In: Wirkendes Wort 25. 1975. S. 27-37) zu dem Ergebnis, daß Pankraz mit einer tiefgreifenden Schädigung zurückbleibt.

5 Keller nennt sein eigenes Tagebuch am 8. Juli 1843 seinen »traulichen Schmollwinkel« (XXI, 37).

6 Vgl. H. Anton: Mythologische Erotik in Kellers »Sieben Legenden« und im »Sinngedicht«. Stuttgart 1970. S. 33. Generell ist seine Untersuchung für die Motive Narziß, Pygmalion, Hermaphrodit wichtig.

7 Die Verstümmelung des ganzen Menschen in der Einpassung in die bürgerliche Gesellschaft betont von »Pankraz« ausgehend B. Neumann: »Ganzer Mensch« und »Innerweltliche Askese«: Zum Verhältnis von Citoyen-Utopie und bourgeoiser Wirklichkeit in G. K.s Seldwyla-Novellen. In: Monatshefte 71. 1979. S. 145-160.

8 Ermatinger I, S. 347 weist für das Einschlafen von Mutter und Schwester über der Liebesgeschichte des Pankraz auf das Vorbild von Goethes »Wilhelm Meister« hin, wo Mariane über Wilhelms Kindheitsgeschichte einschläft. In der Übereinstimmung liegt die Differenz: Das Einschlafen der Geliebten anläßlich der Kindheitsgeschichte des Geliebten ist etwas ganz anderes, als was sich in »Pankraz, der Schmoller« abspielt. Hier schlafen Mutter und Schwester ein, weil sie nichts von einer anderen Liebe des Sohnes wissen wollen. Dort schläft die Geliebte ein, weil sie nichts von ihrer Vorgängerin in der Liebe des Sohnes, nämlich dessen Mutter, wissen will. Vgl. F. A. Kittler: Über die Sozialisation Wilhelm Meisters. In: G. Kaiser, F. A. K.: Dichtung als Sozialisationsspiel, S. 32 f.

9 Jean Paul: Flegeljahre. 2. Bändchen. Nr. 18. Echinit. Der Schmollgeist. Hinweis Ermatinger I, S. 348.

10 Ermatinger I, S. 358 f. Er interpretiert den Befund allerdings entgegengesetzt – als Zeugnis uneingeschränkter Goethe- und Shakespearenähe Kellers.

Romeo und Julia auf dem Dorfe

11 Ermatinger I, S. 357. – Ich modifiziere im folgenden die Ergebnisse meiner Studie »Sündenfall, Paradies und himmlisches Jerusalem in Kellers ›Romeo und Julia auf dem Dorfe‹«. In: G. Kaiser: Wandrer und Idylle. 1977. S. 258-289. Dort nehme ich auf die Forschung Bezug. Die scharfe Polemik von H. Gsell gegen meinen Aufsatz (s. H. G.: Einsamkeit, Idyll und Utopie. Studien zum Problem von Einsamkeit und Bindung in G. K.s Romanen und

Novellen. Bern–Frankfurt 1976. S. 42 ff.) ist für mich unbegründet. Nach Gsell »haftet Salis und Vrenchens Tod nicht die Spur von Erfüllung an« (S. 44). Wer das sagt, muß blind sein für die stillen und rauschhaften Glücksmomente dieser Liebe etwa beim gemeinsamen Wandern, bei der Mahlzeit im Gasthaus oder bei der Vermählung am Strom. Er muß über die Symbolik des himmlischen Jerusalem hinweglesen, die ich aufgezeigt habe, und muß ratlos vor der Doppelmotivation des Selbstmords bleiben. Im übrigen teile ich Gsells Meinung, daß das Verhältnis von Individuum und Gesellschaft bei Keller von starken Brüchen durchzogen ist.

12 Küsse als Zahlungsmittel finden sich schon in einem Traum von Kellers Traumbuch unter dem Datum »Nacht vom 5. auf den 6. August 1846«. Zwei Mädchen, die den Träumer liebkosen, ». . . konnten, wie mich dünkte, die Küsse sehr gut und vollkommen ausprägen, ohne Geräusch zu machen, sie fielen von ihren Lippen, wie neue goldene Denkmünzen auf ein wollenes Tuch, ohne zu klingen.« (XXI, 65) Noch eine Stufe weiter regrediert das Traumbild des grünen Heinrich, der von Judith einen Kuß als Nahrungsmittel, nämlich ein Stück Apfelkuchen, empfängt (VI, 115; B 4, Kap. 6). – An der Einschätzung der Lebkuchenherz-Verse als einfältig ändert nichts, daß Keller sich bei ihnen auf den 1855 ins Deutsche übersetzten »Diwan des Abu Nuwas« (756-806) bezieht (VII, 393 f.). Sie stellen sich in der Novelle als anonymes Volksgut dar. Keller hat die Verse Abu Nuwas auf der Berliner Schreibunterlage zum »Grünen Heinrich« festgehalten (XXII, 436 f.).

13 Siehe K. Moormann: Subjektivismus und bürgerliche Gesellschaft, S. 153 f.

14 Der Wortlaut findet sich Ermatinger I, S. 356. Schon E. Staiger (Keller und die Romantik. Jahresbericht der G.K.-Gesellschaft 6. 1937. Zürich 1938. S. 9) weist auf das Bedeutende dieser Änderung hin.

15 Allerdings hat dieses Schicksal Kellers Novellen doch noch ereilt in der Oper »Romeo und Julia auf dem Dorf« des deutschstämmigen Engländers Frederick Delius (1862-1934), die 1981 kurz nacheinander auf den Opernbühnen von Zürich und Darmstadt zur Aufführung kam (FAZ 5. Februar 1981. Nr. 30. S. 25).

16 Das Exzeptionelle dieser Seelengeschichte wird noch tiefer ansichtig beim Blick auf Kellers Charakteristik der Liebe in der bäuerlichen Welt Jeremias Gotthelfs (XXII, 83 f.).

17 Heinrich Heine: Romanzero. Drittes Buch. Jehuda ben Halevy 2.

Frau Regel Amrain und ihr Jüngster

18 Die Konstanz von Themen Kellers verfolgt K. Jeziorkowski: »Eine Art Statistik des poetischen Stoffes.« Zu einigen Themen G. K.s. In: Deutsche Vierteljahrsschrift für Literaturwissenschaft und Geistesgeschichte 45. 1971. S. 547-566.

19 Zu Bold vgl. den Artikel – bold in: Trübners Deutschem Wörterbuch. Zu den inzestuösen Zügen der Erziehung Fritz Amrains s. G. Sautermeister:

G. K. – Kritik und Apologie des Privateigentums. Möglichkeiten und Schranken liberaler Intelligenz. In: Positionen der literarischen Intelligenz zwischen bürgerlicher Reaktion und Imperialismus. Hg. G. Mattenklott und K. R. Scherpe. Kronberg/Ts. 1973. S. 39-102; dort S. 83-91. – Außer Hitschmann ist in diesem Zusammenhang auch O. Rank zu erwähnen: Das Inzest-Motiv in Dichtung und Sage. Grundzüge einer Psychologie des dichterischen Schaffens. Leipzig und Wien 2. A. 1926. S. 192.

20 W. Benjamin: G. K. In: W. B.: Angelus Novus. Ausgewählte Schriften 2. Frankfurt 1966. S. 384-395; dort S. 392. Zur zitierten Episode s. H. Anton: Mythologische Erotik, S. 43 f. Zur Deutungstradition für Hermaphroditen und Androgynen ebd. S. 38 f.

21 Ovid: Metamorphosen. Verdeutscht von Th. v. Scheffer. Bremen o. J. (= Sammlung Dietrich Bd 35). Viertes Buch. Vers 386 f.

22 Noch mehr indirekt wird Martin Salander von seiner Ehefrau politisch beeinflußt. Auch er gehört »nicht zu den Befreiern oder Gleichstellern des Frauengeschlechtes hinsichtlich des bürgerlichen Daseins« (XII, 212).

23 So in dem Lied »Schlemmer« (Nr. 213) der »Alten hoch- und niederdeutschen Volkslieder mit Abhandlung und Anmerkungen«. Hg. Ludwig Uhland. Erster Band: Liedersammlung in fünf Büchern. 2. Abtheilung. Stuttgart und Tübingen 1845. Keller hat diese Ausgabe mehrfach zitiert und sich wiederholt auf Uhland bezogen (s. II, 63; II, 166 f.; VIII, 480; IX, 322; XXII, 16 f.). Zu Kellers Uhland-Kenntnissen s. auch K. Jeziorkowski: Literarität und Historismus. 1979. S. 47 f. Im Schlemmerlied heißt es:

»ich nim mir ein ebenbild
bei manchem tierlein wild,
das springt auf grüner Heide,
got bhuet im sein gefild!«

Der Dialekt ist laut Bruno Boesch oberdeutsch, am ehesten alemannisch oder schwäbisch, vielleicht elsässisch. Ebenbild = Vorbild ist auch im Schweizerischen Idiotikon für das 15. und 16. Jahrhundert aus Rechtsquellen und religiösen Quellen belegt. Vgl. schließlich den Artikel Ebenbild im Grimmschen Wörterbuch.

Die drei gerechten Kammacher

24 Ermatinger I, S. 351.

25 VII, 400.

26 Wie wichtig Züs Bünzlins Charakter als Muse ist, zeigt sich in der Briefbemerkung zu Emil Kuh am 9. Juni 1875 anläßlich der Übersendung des Briefwechsels der Rahel Varnhagen: ». . . Erst jetzt weiß ich recht, was mir bei den Reden der Züs Bünzlin in den ›Gerechten Kammmachern‹ [sic!] . . . für ein Ideal vorgeschwebt hat. Ich hatte beim Schreiben auch hochstehende Weiber im Auge, glaubte aber nicht, daß es so hoch hinauf ginge.«

27 Siehe J. K. Brechenmacher: Etymologisches Wörterbuch der deutschen Familiennamen. Limburg 1957-1963. Bd 1. S. 248.

28 H. D. Irmscher (Konfiguration und Spiegelung in G. K.s Erzählungen. In: Euphorion 65. 1971. S. 319-333) sieht solche Verdoppelungsphänomene als Zeichen für die zunehmende Mechanisierung des gesellschaftlichen Lebens. Innerliterarisch wäre der Zusammenhang mit dem Motiv der Marionette, des Doppelgängers, des Spiegelmenschen zu untersuchen.

29 Ermatinger 1, S. 354.

30 Siehe G. K.s Werke in zehn Teilen. Hg. M. Zollinger. Berlin–Leipzig–Wien–Stuttgart 1936 (= Bongs Klassiker). Bd 9/10. Teil 10. S. 312.

31 Religiöse Muster in den »Kammachern« werden von L. Hoverland (G. K.s Novelle »Die drei gerechten Kammacher«. In: Zeitschrift für deutsche Philologie 90. 1971. S. 499-526) und K. Leopold (Religious satire in Keller's »Kammachern«. In: Studies in Swiss Literature. Brisbane 1971. S. 7-13) herausgearbeitet.

Spiegel, das Kätzchen. Ein Märchen

32 Ganz als guter Bürger wird Spiegel gedeutet bei H. Poser: Spiegel, das Kätzchen – Bürgerliche Welt im Spiegel des Märchens. In: Amsterdamer Beiträge zur neueren Germanistik 9. 1979. S. 33-43. Dagegen interpretiert Th. Müller-Nussmüller (Spiegel das Kätzchen. Interpretation. Diss. Basel 1974) Spiegel als Deckadresse des Autors.

33 Goethes Werke. Hamburger Ausgabe. Bd 6. S. 610 (Kommentar von E. Trunz).

34 Vgl. H. Schuhmacher: Narziß an der Quelle. Das romantische Kunstmärchen. Wiesbaden 1977. bes. S. 13-19.

35 Auch die Halbzigeunerin Elisabeth in Mörikes »Maler Nolten« ist dadurch als Proserpina-Gestalt charakterisiert, daß sie Nolten beim Ball in der Sylvesternacht heimlich einen Granatblütenstrauß anheftet.

Kleider machen Leute

36 Dieser Abschnitt wurde vorab gedruckt in: Festschrift for E. W. Herd. Department of German. University of Otago. Dunedin, New Zealand 1980. S. 107-115. Der Text ist hier leicht überarbeitet. Das Motiv vom Schneidergesellen als falschem Grafen findet sich schon in der Erzählung »Die schwarze Spinne« von August Friedrich Ernst Langbein, zuerst veröffentlicht in: Minerva. Leipzig 1819 (s. F. Sengle: Biedermeierzeit. Deutsche Literatur im Spannungsfeld zwischen Restauration und Revolution 1815-1848. Bd 1. Stuttgart 1971. S. 366), verbreitet durch die Werkausgabe in 31 Bänden (1835-1837). Auf die stoffgeschichtliche Beziehung zwischen »Klei-

der machen Leute« und Langbeins Erzählung, die auch eine Quelle für Gotthelfs »Schwarze Spinne« ist, machte zuerst E. Hoffmann-Krayer aufmerksam: Langbeins Novelle ›Die schwarze Spinne‹ bei Gotthelf und Keller. In: Sonntagsblatt der Basler Nachrichten. 18. Oktober 1936. S. 167 f. Siehe G. T. Hughes: ›Die schwarze Spinne‹ as Fiction. In: German Life and Letters 9. 1955/56. S. 250-260.

37 Ich beziehe mich auf Kellers Brief an Paul Heyse vom 27. Juli 1881 anläßlich des »Sinngedichts«. Vgl. S. 569 f. dieses Buches.

38 Keller war Sekretär eines »Provisorischen Komitees zur Unterstützung der Polen«, das sich nach dem polnischen Aufstand von 1863 konstituierte. Siehe Kellers Beiträge »Für die Polen« (XXI, 159-167). Das »Polenlied« und das »Nachträgliche Polenlied« (XIII, 243 ff.) gehören in den Zusammenhang der europäischen Polenbegeisterung in den Jahrzehnten nach dem mißglückten polnischen Aufstand von 1831. Kritik an den Polen findet sich im Tagebuch am 1. Mai 1848 (XXI, 94). Vgl. auch S. 604 f. dieses Buches.

39 Schon B. v. Wiese sieht Strapinski als Künstler (B. v. W.: Die deutsche Novelle von Goethe bis Kafka. Interpretationen. Düsseldorf 1956-1962. S. 238-249: Kleider machen Leute).

40 Das Schweizerdeutsch kennt zwar das Wort Wenzel für den Trumpf im Kartenspiel nicht, aber es kann Keller leicht bei seinem Deutschlandaufenthalt zugekommen sein.

41 So wird der Ehrenmann Kosinsky in Schillers »Räubern« ». . . ergriffen, angeklagt, . . . prozessiert, infam . . . aus den Grenzen gejagt« (3. Akt, 2. Szene).

42 Goethes Werke. Hamburger Ausgabe. Bd 7. S. 32, 276.

43 Das Moment der Verbiegung von Wenzels Charakter durch Erziehung wird von G. Sautermeister betont (G. S.: Erziehung und Gesellschaft in G. K.s Novelle »Kleider machen Leute«. In: Der alte Kanon neu. Zur Revision des literarischen Kanons in Wissenschaft und Unterricht. Hg. W. Raitz und E. Schütz. Opladen 1976. S. 176-207). Durch ein Versäumnis lernte ich diese Arbeit erst nach der Drucklegung meines Beitrags kennen. Sautermeister, mit dem eine Reihe von Übereinstimmungen besteht, konstatiert einen Bruch der Handlungsführung im affirmativen Schluß der Novelle. Ich finde zwar die Gesellschaftskritik der Novelle gegenüber dem »Grünen Heinrich« verkürzt, aber die Handlung in sich völlig konsequent. Der Unterschied dieser Einschätzungen dürfte darin begründet sein, daß ich die Novelle entschiedener als Sautermeister auf Kellers Biographie rückbeziehe und als Variante seiner Umschreibungen der Mutterbindung lese. So möchte ich auch im Verhältnis zu Sautermeister akzentuieren, daß bei Keller die Schriftstellerthematik immer verzerrt auftaucht, in der Verzerrung aber immer die eigene Schreibproblematik, das Vertauschungs- und Übergangsverhältnis von Imagination und Wirklichkeit mitmeint. Infolgedessen kann Strapinskis »Roman« trotz der Trivialelemente, die Sautermeister zu Recht hervorhebt, doch auf Kellers Autorschaft verweisen. Zum Bedürfnis der Goldacher nach ›Poesie‹ und zum Thema Trivialroman vgl. auch H. Richartz:

Literaturkritik als Gesellschaftskritik. Darstellungsweise und politisch-didaktische Intention in G. K.s Erzählkunst. Bonn 1975. S. 131 ff.

44 Siehe H. Boeschenstein: G. K. 2. A. Stuttgart 1977. S. 64.

45 Goethes Werke. Hamburger Ausgabe. Bd 9. S. 51 ff.

Der Schmied seines Glückes

46 Die Altersangabe der Frau Litumlei ist für den Druck gestrichen (s. VIII, 450).

47 Den Namen Ulrike hat Keller erwogen und fallengelassen (VIII, 458).

48 Im Gedicht taucht das Motiv bei Keller unter der Überschrift »Frühling 1853« so auf:

»Es war eine stechende Maienlust,
Das Säulein schrie in der Menschenbrust.«
(XV/1, 171)

Auch Kellers historisches Zitat eines Hadlaubliedes fügt sich hier ein, wo das Herz eines Liebhabers »unablässig in der Brust [zappelt], wie ein sperriges schreiendes Ferkel in einem Sacke« (IX, 97).

49 »Gottfried Keller, Jambenmacher« unterschreibt Keller am 25. Februar 1859 einen Brief an Karl Morel.

50 1643 hat Andreas Gryphius ein Epigramm auf einen Schnell- und Vielschreiber seiner Zeit veröffentlicht:

»DU machst dreyhundert vers eh' als ich drey gemacht.
Ein Lorber=baum wächst spätt/ein Kürbs in einer nacht.«

Zum Zusammenhang s. A. Schöne: Kürbishütte und Königsberg. In: Stadt – Schule – Universität – Buchwesen und die deutsche Literatur im 17. Jahrhundert. Hg. A. Schöne. München 1976. S. 601-660; dort S. 609 auch das Gryphiuszitat.

Die mißbrauchten Liebesbriefe

51 Zu Kellers Kenntnissen vom Niederdeutschen und Holländischen s. Anm. 168 des Kapitels über den »Grünen Heinrich«.

52 Hinweise im Kommentar der »Mißbrauchten Liebesbriefe« (VIII, 462 ff.).

53 Ich zitiere nach der Handschrift im Keller-Nachlaß. Zentralbibliothek Zürich. Skizzenbuch Ms. G. K. 2 (s. auch XXII, 330 f.). Eine Beschreibung aus der Erzählung »Die katholische Mühle« aus Adolf Widmanns Band »Am warmen Ofen. Eine Weihnachtsgabe« (2. A. 1853. S. 85) lautet so: »Links ziehen von allen Seiten glatte Fußpfade vom Berge herab und laufen bei einer Brücke von unbehauenen Tannenstämmen zusammen, die zur Mühle hin über den alten fast trockenen Wasserlauf führt. Tiefe übergraste Radspu-

ren zeigen, daß man, wenn auch nur selten und mit Noth und Mühe, doch das Korn zur Mühle fährt, wenn sich schon schwer begreift, wie ein Wagen über Stein und Berg kommen soll, weil eine Krümmung der Schlucht den Blick ins weitere Thal verdeckt.« – Zu Kellers Skizzenbücher s. den Aufsatz von P. Schaffner: G. K.s Skizzenbücher. In: Der Lesezirkel. 10. 1922/23. 10. Heft. S. 125-129.

54 Hinweis bei H. Anton: Mythologische Erotik, S. 48. Das Hermaphroditenmotiv erscheint auch im Spottnamen für das Schriftstellerehepaar Fanny Lewald und Adolf Stahr: das »vierbeinige-zweigeschlechtige Tintentier« (Ermatinger 1, S. 453). Das böse Witzwort gibt einen Bedeutungshintergrund für Viggis unfruchtbare Ehe mit Kätter Amberg.

55 Auskunft von Bruno Boesch: »alemannisch storz, innerschweizerisch auch stort hat die Grundbedeutung Strunk, Rundholz und dergleichen, häufig für Menschen verwendet im Sinne von: in seiner Gestalt verkürzter (abgestumpfter), auch besonders steifer Mensch. Der Name paßt als Übername eigentlich gut auf Keller selber.«

56 Für meine »Tasso«-Auffassung hier und später vgl. Der Dichter und die Gesellschaft in Goethes »Torquato Tasso«. In: Wandrer und Idylle. 1977. S. 175-208. Es handelt sich hier um eine Problematik der Kunst, die Goethe in seinem Werk früh und durchgehend entfaltet. Vgl. meinen Aufsatz: Wandrer und Idylle. Die zyklische Ordnung der »Römischen Elegien«. In: ebd. S. 148-174. Das hundertste der »Venetianischen Epigramme« sieht den Dichter in der Gefahr, ein neuer König Midas zu werden:

»Traurig, Midas, war dein Geschick: in bebenden Händen
Fühltest du, hungriger Greis, schwere verwandelte Kost.
Mir, im ähnlichen Fall, geht's lust'ger; denn, was ich berühre,
Wird mir unter der Hand gleich ein behendes Gedicht.
Holde Musen, ich sträube mich nicht; nur daß ihr mein Liebchen,
Drück' ich es fest an die Brust, nicht mir zum Märchen verkehrt!«

57 Siehe F. A. Kittler: Writing into the Wind, Bettina. In: FLYPH. Textual Studies Nr. 7. Baltimore–London 1980. S. 32-69.

58 Im Koffer von Kellers Münchner Reisegepäck befand sich Wilhelm Vollmer: Vollständiges Wörterbuch der Mythologie aller Nationen. Eine gedrängte Zusammenstellung des Wissenswürdigsten aus der Fabel- und Götter-Lehre aller Völker der alten und neuen Welt. Stuttgart 1836 (VIII, 466). Zum Artikel Sirenen gehört eine Illustration, die ein geflügeltes weibliches Wesen mit Raubvogelkrallen darstellt.

59 Im politischen Sonett »Epilog« vom April 1844 heißt es: »Doch ist's mein Herzblut, das ich ausgespieen . . .« (XIV, 79).

60 In Kellers Geringschätzung der »Alphabetgötter« aus Wilhelms Wörterbüchern gegenüber dem Christengott äußert sich auch Geringschätzung mythologischer und philosophischer Spielereien, gemessen an einem ernsthaften Glauben. Ähnliches zeigt sich in »Ursula« oder in »Das verlorene Lachen«. Das ändert nichts daran, daß für Keller das Abschiednehmen vom

persönlichen Gott der Bedürfnisse und Verbote generell das (in sich ambivalente) Zeichen der Männlichkeit ist.

61 Vgl. G. Holmsten: Jean-Jacques Rousseau. Reinbek bei Hamburg 1972 (= rororo Bildmonographie). Dort das Titelbild nach einem Gemälde von Allan Ramsay, der Stich von J. H. Michel (S. 127) und die Radierung von C. H. Watelet (S. 138), campagnard S. 82, Bär S. 81. Im Erstdruck der Novelle in der »Deutschen Reichszeitung« vom Oktober 1865 besteht ein direkter Rousseau-Bezug: Viggi Störteler bietet nämlich an, in der neuen literarischen Bewegung neben der Darstellung Bodmers und Lavaters »auch noch die Partie der Julie Bondeli nebst den Rousseauschen Reminiscenzen [zu] versehen ...« (VIII, 469).

Dietegen

62 Eine Interpretation dieser Stelle findet sich bei W. Preisendanz: Humor als dichterische Einbildungskraft. 1963. S. 138 f.

63 Zur Wortbedeutung Dietegen vgl. Kellers Briefe an Wilhelm Petersen vom 4. Juni 1876 und Emil Kuh vom 12. Februar 1874. »Dietegen ... oder eigentlich Dietdegen, gehört zur Klasse der Dietrich, Diethelm, Dietmar usw. und heißt Volksheld, Volkskrieger oder so was.« Bei Kellers regem philologischem Interesse konnte er, laut Bruno Boesch, diet und künne schon zusammenbringen. Zum Beispiel finden sich in »Hadlaub« und »Ursula« gelehrte etymologische Darlegungen über Personen- und Flurnamen.

Das verlorene Lachen

64 Ermatinger I, S. 397 f.

65 Siehe H. Silbermann: Die Seide. Ihre Geschichte, Gewinnung und Verarbeitung. 2 Bde. Dresden 1897. Bd 2. S. 379 f.

66 Siehe G. Keller: Randglossen IV (XXI, 145-150). Die Randglossen sind eine Artikelserie im »Zürcher Intelligenzblatt« vom 16., 18., 26. und 27. März 1861. Vgl. auch Randglossen III (XXI, 144) über das »Eisenbahnfieber«. In »Martin Salander« ist der Großrat Kleinpeter mit seinen schlimmen Söhnen ein Fabrikant von Baumwolltüchern (XII, 222). Es gibt bei Keller allerdings auch ein grundsätzliches Lob der Technik. Siehe die »Erwiderung« auf Justinus Kerners Lied »Unter dem Himmel«, Morgenblatt 1845 (II/1, 163).

67 Zur Symbolbedeutung des Fällens mächtiger Bäume s. das Gedicht-Paar »In der Stadt«, wo dem Leichenzug die stockende Fuhre mit einer gefällten Rieseneiche, dem »toten Waldeskönig« korrespondiert: »Verwundert drängt sich alles Volk heran. Sie weiden sich an der gebrochenen Kraft.« (I, 124) Der grüne Heinrich versucht vergeblich, eine gewaltige Buche zu zeichnen, die »wie ein König aus alter Zeit« dasteht (III, 227; B I, Kap. 20).

Zum Zusammenhang s. Th. Wieser: Das Baumsymbol bei G. K. In: Euphorion 54. 1960. S. 109-120, und S. 612 f. dieses Buches.

68 Laut Kellers Aufsatz »Am Mythenstein« hat es »etwas Komisches, mehrere tausend Männer unter fliegenden Fahnen amphitheatralisch aufgestellt zu sehen, um ein Liebesliedchen, eine Abendglocke oder die Empfindungen eines wandernden Müllerburschen vorzutragen« (XXII, 151).

»Sieben Legenden« als Legende zu Kellers Werk

Das Kosegärtchen

1 Siehe A. Leitzmann: Die Quellen zu G. K.s Legenden. Halle 1919. Unter Berufung auf H. Dünnebier (G. K. und Ludwig Feuerbach. 1913) stellt Leitzmann die große Bedeutung von Feuerbachs Rezension »Ueber den Mariencultus«, gedruckt 1842, für Keller heraus. Maria werde dort als Göttin der Schönheit, der Liebe, der Menschlichkeit, der Natur, der Freiheit von Dogmen interpretiert. Leitzmann übersieht, daß diese Qualifikation bei Feuerbach ironisch erfolgt zur Charakterisierung einer Ausgabe von Marienlegenden durch Eusebius Emeran. Feuerbach stellt sich dem entgegen, wenn er sagt: »Maria ist *wesentlich* eine negative, naturwidrige Gestalt, nichts Anderes als die naturwidrige katholische Castität in Person. Sie heißt darum ausdrücklich Meisterin der Jungfräulichkeit oder Keuschheit, und der Maria dienen, sich weihen, sich vermählen, heisst nichts Anderes als sich, zwar nicht leiblich, was die Kirche streng verbot, aber geistig *castriren, sich entmannen.*« ». . . dieses Feuer der Sinnlichkeit, welches Eusebius Emmeran so rühmend, so begeistert an der Maria hervorhebt, hat keineswegs primäre, sondern nur secundäre Bedeutung. Weil ihr ursprüngliches Wesen die Negation der Sinnlichkeit ist, gerade deswegen ist es eine nothwendige Folge, dass sie hernach wieder die Position der Sinnlichkeit ist . . . *›Je mehr das Sinnliche negirt wird, desto sinnlicher ist der Gott, dem das Sinnliche geopfert wird.‹* « (Das 1. Zitat L. Feuerbach: Sämtliche Werke, neu hrsg. von W. Bolin und F. Jodl. Bd 7. Stuttgart 1903. S. 202. Das 2. Zitat ebd., S. 205). Feuerbach meint mit seinem Selbstzitat, daß sekundär, aber entsprechend auch verzerrt, die verdrängte Sinnlichkeit im Marienkultus ebenso wie im Christuskultus wieder durchschlägt. Aufgrund dieser Verzerrung sagt er: »Aber eben weil mit dem Gedanken an die Jungfrau Maria sich wesentlich verknüpft der Gedanke an die Uebel, welche dieses Muster der perpetuirlichen und immaculirten Jungferschaft den unglücklichen Nonnen zuzog, eben deswegen ist die Maria ungeachtet alles poetischen Scheines, der sie äusserlich umgiebt, eine im Grunde und Wesen unästhetische, unpoetische, abstracte Gestalt« (S. 204; Feuerbach spielt auf psychopathische Erscheinungen in Nonnenklöstern an). Wenn Keller also Feuerbachs Aufsatz überhaupt

gekannt hat, dann hat er dessen Interpretation der Maria als einer unpoetischen Gestalt mit seiner Gestaltung gerade widersprochen. Allerdings könnte man fragen, wieweit Feuerbach mit seiner Betonung der Verdrängungen in der Mariengestalt wenn nicht den Katholizismus, so doch Kellers Marienbild in seinem Untergrund kritisch trifft.

2 Keller schreibt am 29. Juni 1875 an Friedrich Theodor Vischer: »Ich wollte, unter dem Eindruck des Krieges, nationale Tendenzen hineingeheimnissen. Guhl der Geschwinde (Guhl alemannisch Hahn z. B. bei Hebel) sollte Frankreich vorstellen, Maus der Zahllose den Panslawismus, welchen die Muttergottes als deutscher Recke sukzessive besiegt. Das äußere Wesen des Slawischen sollte unter anderm durch allerlei gezopftes Haar- und Schnauzwerk gemalt sein, und da dachte ich mir als Übertreibung wirkliche lange barbarische Nasenhaare als Zöpfchen . . .«. Die allegorische Selbstauslegung Kellers entzieht einer psychologischen Interpretation natürlich nicht den Boden.

3 Siehe E. Peterich: Italien. Ein Führer. Bd 2. München 1961. S. 752.

4 Siehe H. Rahner: Griechische Mythen in christlicher Deutung. Zürich 2. A. 1957. S. 89 ff.

5 Gewiß ist auch die biblische Maria verheiratet, aber ihre traditionelle dogmatische Bedeutung liegt in der Eigenschaft, jungfräuliche Gottesmutter zu sein.

6 Der Text unterstreicht das noch einmal: »Er wurde . . . ein ebenso trefflicher und vollkommener Weltmann und Gatte, als er ein Märtyrer gewesen war.« (x, 273)

7 Heinrich Heine: Zur Geschichte der Religion und Philosophie in Deutschland. In: Sämtliche Werke. Hg. E. Elster. Leipzig und Wien o. J. Bd 4. S. 272, 170.

8 A. Muschg: G. K., S. 106.

Das Tanzlegendchen

9 Den Interpretationsansatz für das »Tanzlegendchen« verdanke ich A. Henkel (Interpretationen 4. Deutsche Erzählungen von Wieland bis Kafka. Hg. J. Schillemeit. Frankfurt 1976. S. 243-259). Die Entstehungsgeschichte der »Legende« unterstreicht die Gegenläufigkeit der Tendenzen. Die Erstfassung endet mit dem vollen Glück Musas im Himmel. Die Zweitfassung – das an den Verleger übersandte Druckmanuskript – führt bis zum Versprechen der Himmelsmutter, sich für die Aufnahme der Musen in den Himmel zu verwenden. Erst während des Druckes entstand der jetzige Schluß, der den Himmel relativiert und die Musen aufgrund ihres Lobgesangs ausschließt. Keller hat zwei Legenden Kosegartens zur Vorlage, die bei A. Leitzmann: Die Quellen zu G. K.s Legenden, S. 21-31 abgedruckt sind. Beide erzählen von einer tanzenden Heiligen und vom Tanz im Himmel. Für die längere der Legenden, deren Heldin namenlos ist, konnte Leitzmann keine Quelle

Kosegartens ermitteln. Für die kürzere, deren Heldin Musa heißt, nennt er selbst den Gewährsmann: den heiligen Papst Gregorius mit seinen »Dialogi« [4, 17; Migne, Patrologia latina 77, 348]. Die Geschichte ist bei Leitzmann (S. XLV) wiedergegeben. Gregors Heilige heißt zwar Musa, zeigt aber keine musischen Neigungen. Von Tanz ist bei Gregor nicht die Rede. Die Einführung der heidnischen Musen ist Kellers Erfindung. Die Berufung auf die beiden Kirchenväter Gregor von Nyssa und Gregor von Nazianz ist laut Leitzmann (S. LIII) »natürlich Spaß«. Neben den beiden von Keller benutzten Prosalegenden Kosegartens gibt es noch eine in Versen mit dem Titel: »Die Tänzerinn« (L. G. Kosegarten: Dichtungen. Bd 4. Legenden. 5. A. Greifswald 1824. S. 61-65).

10 In diesem Sinne kann sich schon der junge Keller dem zeitgenössischen Modetypus des Zerrissenen zuzählen, den besonders Byron und Lenau repräsentierten. Siehe das »Lied der Zerrissenen« von 1844 (XIII, 241 f. und 448 ff.). Die Parodie dieses Typus findet sich in dem Gedicht »Modernster Faust« (XIV, 272 f.). Zu erinnern ist an Nestroys Posse »Der Zerrissene« (1845).

11 An Friedrich Theodor Vischer am 19. Mai 1872.

»Züricher Novellen« oder der Staatsschreiber

Original und Volk, Geschichte und Gegenwart

1 G. Beckers (Zur Darstellung des Bürgertums in G. K.s »Züricher Novellen«. In: Akten des V. Internationalen Germanisten-Kongresses. Cambridge 1975. Heft 3. Hg. L. Forster und H.-G. Roloff. Bern und Frankfurt 1976. S. 289-297) beschränkt sich auf den Nachweis, daß Kellers Figuren Züge aufweisen, die Wilhelm Heinrich Riehls Charakteristik der bürgerlichen Gesellschaft entsprechen.

2 Die Thematisierung nicht nur der Geschichte, sondern des geschichtlichen Rückbezugs wird betont von M. Wehrli: Die Züricher Novellen. In: 18. Jahresbericht der G. K.-Gesellschaft. 1949. Zürich 1950. S. 3-12. Die Geschichte wird als Raum der Idealisierung in den »Züricher Novellen« besonders energisch von K. Reichert charakterisiert (Die Zeitebenen der historischen Dichtung, dargestellt am Beispiel einer Interpretation von G. K.s »Züricher Novellen«. In: Deutsche Vierteljahrsschrift für Literaturwissenschaft und Geistesgeschichte 36. 1962. S. 356-382). Ich stütze mich hier und im folgenden auf meinen Beitrag: Kellers »Ursula« . . . Neu gegenüber dem dort entworfenen Aufbauschema ist die Betonung des »Landvogts« als Mittelpunkt des Zyklus.

3 Siehe Kellers Briefwechsel mit Julius Rodenberg und dem Verleger Ferdinand Weibert. Am 31. Mai 1875 benennt Keller gegenüber Rodenberg nur

die vom Rahmen eingeschlossenen Stücke als »Züricher Novellen«. Am 25. Dezember 1875 ist im Brief an Weibert das »Fähnlein« hinzugekommen. In bezug auf »Ursula« schreibt Keller, es »wäre vielleicht Zeit vorhanden, noch ein kleineres Stück, aus der Reformationszeit, auszuarbeiten, um 28-30 Bogen zu erreichen, die für 2 Bändchen ausreichen würden, falls das etwa in Ihrer Konvenienz läge.« K. Reichert geht von der »uneinheitliche[n] Fügung des ganzen Zyklus« aus und versucht sie entstehungsgeschichtlich zu erklären. (K. R.: Die Entstehung der »Züricher Novellen« von G. K. In: Zeitschrift für deutsche Philologie 82. 1963. S. 471-500).

4 Man könnte allerdings an die Position Kants in § 46 der »Kritik der Urteilskraft« denken, der vom Genie sagt, »daß *Originalität* seine erste Eigenschaft sein müsse. 2. Daß, da es auch originalen Unsinn geben kann, seine Produkte zugleich Muster, d. i. exemplarisch sein müssen . . .«. In § 57 der »Anthropologie« nennt er Genie »musterhafte Originalität seines Talents«. Gegenüber Keller ist bei Kant aber die Spannung von Original und Musterhaftigkeit bedacht; sie wird nicht einfach hinwegeskamotiert. – Zur Originalitätsthematik s. K. Reichert: Das Problem des Originals im Zyklus der »Züricher Novellen« von G. K. Diss. Jena 1959 (masch.) und ders.: Die Zeitebenen der historischen Dichtung. In: Deutsche Vierteljahrsschrift für Literaturwissenschaft und Geistesgeschichte 36. 1962. S. 356-382.

5 Ein Vergleich Kellers mit Stifter wird bei G. Imboden gezogen: G. K.s Aesthetik auf der Grundlage der Entwicklung seiner Naturvorstellung. Studie zur Begründung der geometrischen Struktur in seiner Novellistik. Bern und Frankfurt 1975. Zu der von mir angedeuteten Auffassung Stifters s. G. Kaiser: Der Dichter als Prophet in Stifters »Haidedorf«. In: G. K.: Wandrer und Idylle, S. 240-257; ferner G. Kaiser: Stifter – von Kurt Mautz dechiffriert? Die Vorstellung vom Dichter in »Das Haidedorf« und »Abdias«. In: G. K.: Antithesen. Zwischenbilanz eines Germanisten 1970-1972. Frankfurt 1973. S. 113-184.

6 Zum Thema s. H. Schlüter: Das Pygmalion-Symbol bei Rousseau, Hamann, Schiller. Drei Studien zur Geistesgeschichte der Goethezeit. Diss. Zürich 1968; I. Strohschneider-Kohrs: Künstlerthematik und monodramatische Form in Rousseaus »Pygmalion«. In: Poetica 7. 1975. S. 45-73; A. Dinter: Der Pygmalion-Stoff in der europäischen Literatur. Rezeptionsgeschichte einer Ovid-Fabel. Heidelberg 1979.

7 Jean-Jacques Rousseau: Œuvres Complètes. Hg. J. Fabre und M. Launay. Bd 1 (= Œuvres autobiographiques). Paris 1967. S. 161.

8 Wieweit der Landvogt Salomon Landolt davon eine Ausnahme ist, wird später erörtert werden.

9 Zum Thema Robinson vgl. Anm. 187 zum »Grünen Heinrich«.

10 Siehe das Zeugnis der Autobiographie von 1889 (XXI, 27) sowie die Briefe an Julius Rodenberg vom 27. März 1878 und an Theodor Storm vom 25. Juni 1878.

11 Ermatinger I, S. 565.

12 Siehe W. Scherer: G. K.s Züricher Novellen. In: W. Sch.: Kleine Schriften zur neueren Litteratur, Kunst und Zeitgeschichte. Hg. E. Schmidt. Berlin 1893. S. 152-159. – Die jüngst erschienene Insel-Taschenbuchausgabe (G. K.: Hadlaub. Mit Bildern aus der Manessischen Liederhandschrift. Hg. U. Schmidt-Berger. Frankfurt 1980) betont im Nachwort die Bedeutung von Uhlands »Nachklänge des Minnegesangs« als Quelle und zieht eine Verbindung zwischen Kellers Poetik und der Bodmers und Breitingers. Auch Schmidt-Berger würdigt »Hadlaub« als »Schlüsselerzählung für das künstlerische Selbstverständnis G. K.s« (S. 155) und erkennt den Zusammenhang mit Kellers Sicht des Epigonenproblems, kommt aber zu einer anderen Einschätzung als ich, indem sie in Hadlaub Künstler und Bürger harmonisch vereinigt sieht. Sie konstatiert damit einen poetisch-realistischen Nachsommer der Klassik.

13 Siehe E. R. Curtius: Europäische Literatur und lateinisches Mittelalter. Bern und München 4. A. 1963. Register.

14 Goethe: Maximen und Reflexionen. Hg. M. Hecker. Nr. 1105.

15 Vgl. Kellers Reflexion aus dem Anfang des Jahres 1850 (XXII, 337 f.). Keller kann den Begriff auch wertungsfrei, also im Wortsinne lediglich chronologisch gebrauchen, so in dem Essay »Ludwig Börne« von 1848: »Ich als ein Epigone freue mich sehr darüber«, daß Börnes »Nachgelassene Schriften« gedruckt worden sind (XXII, 19). Zum Epigonenproblem bei Keller s. H. Laufhütte: Wirklichkeit und Kunst. 1969. S. 4 ff. Vgl. Anm. 20 dieses Kapitels.

16 Burckhardts Äußerung lautet im Zusammenhang: »Bei Keller ist unendlich viel erträumte Poesie, diese Welt zwischen Oberrhein und Limmat, die er schildert, ist in ein Zauberlicht gestellt, eine bis zur Verzweiflung reichende Wehmut wird gestillt durch herrliche Träume einer unendlich beseelten Pubertätszeit. Alles ist skurril und lieblich, resigniert und durch einfallreiche Spiele der einsamen Phantasie immer wieder für Augenblicke ins Euphorische gehoben. Wie durch das Prisma ist die Welt gesehen, bis zum ›Salander‹, wo dann die Scherbe aus dem Auge genommen wird und etwas für den aufmerksamen Leser sehr Unheimliches entsteht. Aber auch da, etwas lokal Gebundenes, für uns Schweizer Verständliches, aber durchaus Unübertragbares. Wobei es gar sehr zu bedauern ist, daß niemand den Deutschen ihren warnenden ›Salander‹ geschrieben hat.« Hugo von Hofmannsthal, Carl J. Burckhardt: Briefwechsel. Frankfurt 1966. S. 160 (Brief vom 30. August 1924).

17 Ermatinger I, S. 669.

18 A. Frey: Erinnerungen an G. K. 3. A. Leipzig 1919. S. 152.

19 Der satirische Bezug Buz Falätschers auf Keller wird gesehen von M. Wehrli: G. K.s Verhältnis zum eigenen Schaffen. Bern 1965. S. 20.

Der Landvogt von Greifensee: der Lebensspieler

20 J. Rothenberg stellt den »Landvogt von Greifensee« in den Zusammenhang der Kellerschen Epigonenproblematik: Der Landvogt von Greifensee. Zum Problem des Epigonischen im Werk G. K.s In: Sprachkunst: 7. 1976. S. 213-246.

21 Ermatinger 1, S. 551. Der Zusammenhang der Heinriche mit dem grünen Heinrich ist gesehen bei R. Gerber: Wege zu G. K.s letztem Namen. In: Beiträge zur Namensforschung 15. 1964. S. 321.

22 Auch wenn Keller den Namen Marianne und andere Fakten aus Landolts Biographie von David Hess (Zürich 1820) übernommen hat, sind solche Fakten im Werkzusammenhang interpretierbar, denn Keller hätte ja Änderungen vornehmen können, abgesehen davon, daß die Bedeutungsaura vorgegebener Sachverhalte und Namen zum Reiz des Stoffes für die dichterische Imagination gehören. So sagt Keller anläßlich des »Fähnleins der sieben Aufrechten« am 25. Juni 1860 zu Berthold Auerbach: »Schaufelberger, der Schreiner, ist nämlich der einzige von den Kerls, den ich, weil mir der Name gefiel, kenntlich genannt habe . . .«. Dann kommen ihm aber doch Bedenken, weil der Genannte noch lebt.

23 Er steht in einer Linie mit dem Rittmeister in der »Armen Baronin«, dem Rittmeister in den »Geistersehern« und dem Rittmeister bei den Kürassieren, mit dem der grüne Heinrich bei Dortchen Schönfund ins Bockshorn gejagt wird (VI, 256; B 4, Kap. 13). Im Zusammenhang von Kellers ödipaler Konstellation ist er der väterliche Meister, der die Mutter zu reiten versteht. Vgl. Anm. 16 des Kapitels zum »Sinngedicht« und S. 623 dieses Buches.

24 Hier und an anderen Stellen (Salomon- und Christusbezüge, Einschätzung von Figura Leus Gefährdung, Symbolik des 31. Mai, Wechselverweis von Blutgericht und Ehegericht) finden sich Berührungen mit W. Wittkowski: Erfüllung im Entsagen. Keller: »Der Landvogt von Greifensee«. In: Amsterdamer Beiträge zur Neueren Germanistik 9. 1979. S. 45-72.

25 Abbildung s. G. Kaiser: Bilder lesen, S. 38.

26 Über die Kunstproduktion des historischen Landvogts hat Keller sehr abschätzig in einem Aufsatz von 1847 geurteilt: »Die Blitz- und Knallkosakereien von S. Landolt mögen für alte Kriegsgurgeln ergötzlich, für einen reinern Geschmack aber werden sie nie erquicklich sein.« (XXII, 246) Um so deutlicher liegt am Tage, daß der Landolt der Novelle auch als Maler in Richtung auf die Landschafter Heinrich Lee und Gottfried Keller hin stilisiert ist. Vgl. bes. III, 196 mit IX, 235 ff.

27 Anläßlich der »Armen Baronin« an Theodor Storm am 16. August 1881. Vgl. den Brief an Paul Heyse vom 27. Juli 1881.

28 Zum Zusammenhang s. H. Anton: Mythologische Erotik, S. 35 ff.

29 Siehe G. K.s Werke in zehn Teilen. Hg. M. Zollinger. Berlin–Leipzig–Wien–Stuttgart 1936 (= Bongs Klassiker). Bd 9/10. Teil 10. S. 333.

30 Ermatinger I, S. 2.

Das Fähnlein der sieben Aufrechten

31 Ermatinger I, S. 157.

32 Dazu aus marxistischer Sicht G. Sautermeister: G. K. – Kritik und Apologie des Privateigentums. Möglichkeiten und Schranken liberaler Intelligenz. In: Positionen der literarischen Intelligenz zwischen bürgerlicher Reaktion und Imperialismus. Hg. G. Mattenklott und K. R. Scherpe. Kronberg/Ts. 1973. S. 39-102; ebd. S. 91-100 eine Kritik an der Konzeption des patriotischen Festes.

33 G. K.s Werke in zehn Teilen. Hg. M. Zollinger. Bd 9/10. Teil 10. S. 335.

34 W. Hahl (Realismus und Utopie in den 50er Jahren. Zu G. K.s »Fähnlein der sieben Aufrechten«. In: Literatur in der sozialen Bewegung. Aufsätze und Forschungsberichte zum 19. Jahrhundert. Hg. A. Martino. Tübingen 1977. S. 327-354) betont zu dieser Stelle »die vollkommene Einheit von Haus und Staat, Privatheit und Öffentlichkeit, Intimität und Repräsentation« (S. 351). Er nennt das »›Fähnlein‹ eine Musterkollektion jener utopischen Topoi . . ., die vom Idealismus über die philosophische Opposition des Vormärz in die realistische Epoche hereinreich[t]« (S. 343).

35 Siehe G. K.s Werke in 10 Teilen. Hg. M. Zollinger. Bd 9/10. Teil 10. S. 334.

36 Ebd. Bd 7/8. Teil 7. S. 26.

Ursula und die gefallenen Helden

37 Ähnlich ist der Wortlaut eines Schreibens an Paul Heyse vom 9. Juni 1878. – Dieser Abschnitt ist eine Kurzfassung meines Beitrags: Kellers »Ursula«. Dort ist Kellers Bezug auf den Handwerkerkommunismus, besonders auf Wilhelm Weitling, ausführlich erörtert und belegt. Hinweise auch bei K. Moormann: Subjektivismus und bürgerliche Gesellschaft; K. Reichert: Das Problem des Originals. Moormann zieht die Verbindung von »Romeo und Julia« zu »Ursula«. H. Meumann (Entstehung und Aufbau von G. K.s »Ursula«. Bonn 1916. S. 53 ff.) sieht die Beziehungen zum »Verlorenen Lachen«.

38 Vgl. H. Laufhütte: Geschichte und poetische Erfindung. Das Strukturprinzip der Analogie in G. K.s Novelle »Ursula«. Bonn 1973. S. 135.

39 Eine verständnisvolle Bewertung des Bildersturms findet sich in Kellers Rezension von Baechtolds Ausgabe der Schriften des Niklas Manuel (XXII, 212-228).

40 Siehe C. Winter: G. K. Zeit – Geschichte – Dichtung. Bonn 1971. S. 117 u. ö.

41 Deutsche Rundschau 17. 1878. S. 324-329; dort S. 327.

42 W. Weitling: Das Evangelium des armen Sünders. Die Menschheit, wie sie ist und wie sie sein sollte. Hg. W. Schäfer. Reinbek bei Hamburg 1971. S. 17. Keller zitiert am 10. Juli 1843 im Tagebuch Weitlings »Garantien der Harmonie und Freiheit« von 1842 (XXI, 42).

43 Vgl. A. Gerlach: Deutsche Literatur im Schweizer Exil. Die politische Propaganda der Vereine deutscher Flüchtlinge und Handwerksgesellen in der Schweiz von 1833-1845. Frankfurt 1975. S. 184 ff. Bei Gerlach finden sich ausführliche Informationen zu Weitling, seinem Bekannten- und Freundeskreis. Sehr positiv hat sich Feuerbach über Weitling geäußert. Ihn »frappirte ... der Ernst, die Haltung, der Bildungstrieb dieses Handwerksburschen«; er sieht darin eine Kraft, die sich emporringen wird »im Sinne der Menschheit, nicht der Individuen ... Dies wird das Resultat des Communismus sein, nicht das von ihm beabsichtigte.« (Ausgewählte Briefe von und an Ludwig Feuerbach. Hg. W. Bolin. Leipzig 1904. Bd II. Nr. 171).

44 Siehe H. M. Kriesi: G. K. als Politiker, S. 156. In der Erstfassung des »Grünen Heinrich« spielt ein sozialistischer Schuster eine kümmerliche Rolle bei der Berufsberatung für Heinrich (XVII, 58). In der Besprechung von Arnold Ruges Schriften findet sich eine gehässige Bemerkung über Ruges »deutsche kommunistische Landsleute, welche ihm sozusagen die Honneurs von Paris machten und sich auf unverschämte Weise herausnahmen, seine ökonomischen Verhältnisse kontrollieren zu wollen und zu verlangen, er solle mit seinen überflüssigen Mitteln auch praktisch für die Theorien wirken, welche unter ihnen verhandelt wurden.« (30./31. 10. 1848 in: »Blätter für literarische Unterhaltung«; XXII, 22-34; dort S. 31). Am 19. Mai 1883 beschwert sich Keller bei Theodor Storm, er habe anläßlich der Verleihung des bayerischen Maximiliansordens »ein paar Unannehmlichkeiten ... gehabt, indem sozialdemokratische Schimpfblätter mich, als ich mich in irgendeiner Sache mußte vernehmen lassen, sofort einen Ordensjäger und Fürstendiener nannten.« Der Maximiliansorden wurde 1853 für Verdienste in Wissenschaft und Kunst gestiftet.

45 Siehe Ermatinger I, S. 398.

46 Siehe W. Weitling: Garantien der Harmonie und Freiheit. Hg. B. Kaufhold. Berlin 1955. S. 372, Anm. 40; S. 376, Anm. 80.

47 W. Weitling: Das Evangelium des armen Sünders, S. 70 ff.

48 Auch in »Ursula« fallen Seitenhiebe gegen das Reformchristentum – so die Rede von der Religion als mythologischer Literatur (X, 129).

Bilder aus der Züricher Geschichte

49 Nur flüchtig taucht der historische Entwicklungsgedanke als »Volksentwicklung« bei Keller auf (XII, 73).

50 Siehe Kellers Brief an Hermann Hettner vom 11. November 1857, auch den Brief an Wilhelm Petersen vom 11. November 1879.

51 Zitiert bei H. Ritter von Srbik: Geist und Geschichte vom deutschen Humanismus bis zur Gegenwart. Bd 2. 2. A. München und Salzburg 1964. S. 150.

52 Das hier liegende Wertungsproblem ist für den Bereich der Philosophie von B. Waldenfels (Das Zwischenreich des Dialogs. Den Haag 1971. S. 63) angesprochen: »Man tut einem Denker keinen Gefallen, wenn man sich um jeden Preis auf die innere Konsequenz seines Werkes versteift; nicht selten sind es schwache und brüchige Stellen, die ein Werk am Leben halten, da in ihnen ein Mehr sich ankündigt, ein Mehr an Möglichkeiten.«

53 Dichter über ihre Dichtungen, S. 572.

»Das Sinngedicht« oder die Damenwahl

1 Besonders wichtig waren mir für das »Sinngedicht« die Arbeiten von W. Preisendanz (G. K.s Sinngedicht. In: W. P.: Wege des Realismus. München 1977. S. 181-203) und P. M. Kramer (The Cyclical Method of Composition in G. K.s »Sinngedicht«. New York 1939). Preisendanz arbeitet die Spannung von Naturwissenschaft und Poesie als Konstante des »Sinngedichts« heraus und betont das Verhüllende des Erzählens in der Auseinandersetzung zwischen Reinhart und Lucie. Kramer zeigt mit ganz anderer Argumentation als ich, daß sich das »Sinngedicht« spiralförmig schließt. Überzogen scheint mir die These, die im Titel von J. Rothenbergs Aufsatz formuliert ist: Geheimnisvoll schöne Welt. Zu G. K.s »Sinngedicht« als antidarwinistischer Streitschrift (In: Zeitschrift für deutsche Philologie 95. 1976. S. 255-290). Daß die Liebe den Kampf überwindet, ist eine Allerweltsweisheit. Eine stringente Darwin-Widerlegung scheint mir daraus nicht ableitbar, zumal Rothenberg dabei abschwächen muß, daß Reinharts letztes Wort zum Schlangenabenteuer darwinistisch ist (S. 281; vgl. S. 560 und S. 561 f. dieses Buches). Übrigens übersieht Rothenberg die weiteren Darwin-Anspielungen in Kellers Werk (s. Anm. 23 dieses Kapitels). Eine »Urfeindschaft der Geschlechter« bei Keller anzunehmen (S. 259), halte ich für abwegig. Wie sollte sie dann auch durch Geschlechterliebe überwunden werden können? Anläßlich des »Sinngedichts« weise ich nochmals hin auf H. Anton: Mythologische Erotik.

2 Deshalb sind in dieser Novellensammlung Kellers erstmals die Einzelnovellen einer durchgehenden Kapitelzählung unterworfen. Sie sollen nicht für sich genommen werden.

3 Die stutzerhafte Drapierung der Schädel erinnert an die Anordnung der Grabfunde durch den Architekten in Goethes »Wahlverwandtschaften«, bei der »diese alten, ernsten Dinge durch seine Behandlung etwas Putzhaftes annahmen und man mit Vergnügen darauf wie auf die Kästchen eines Modehändlers hinblickte« (Goethes Werke. Hamburger Ausgabe. Bd 6. S.

367). Hier wie dort geht es um die Verdrängung von Zeit und Tod. Auch die Gestalt Luciens, wie Ottilie eine Heilige der Augenkrankheiten, und die Parksymbolik klingen an die »Wahlverwandtschaften« an. Der Park ist ein künstliches Paradies, er dient auch bei Lucie der Abdichtung gegen die Lebensgewalten. Der Bezug des »Sinngedichts« zu den »Wahlverwandtschaften« wird von K. Jeziorkowksi (Literarität und Historismus, S. 110) betont.

4 Miguel de Cervantes Saavedra: Leben und Thaten des scharfsinnigen Edlen Don Quixote von La Mancha. Übersetzung von L. Tieck. Bd 1. Erstes Buch. 1. Kapitel. Berlin 1799. S. 11.

5 H. Anton (Mythologische Erotik, S. 84) zitiert in diesem Zusammenhang ein anderes Sinngedicht Logaus:

»Ich weiß nicht, was ein Kuß, ihr Jungfern, auff sich hätte?
O, wer auffs küssen kümmt, der kümmt auch gern ins Bette.«

(F. v. Logau: Sämmtliche Sinngedichte. Hg. G. Eitner. Tübingen 1872. S. 92).

6 Faust II. Vers 7459.

7 A. Schmidt (Emanzipatorische Sinnlichkeit. 1973. S. 131) betont, »daß Feuerbach sich zunächst an die unmittelbare Forschungspraxis der Naturwissenschaften hält. ›Die Philosophie‹, fordert er, ›muß sich wieder mit der Naturwissenschaft, die Naturwissenschaft mit der Philosophie verbinden. Diese auf ... innere Notwendigkeit gegründete Verbindung wird ... fruchtbarer sein als die bisherige Mesalliance zwischen der Philosophie und Theologie.‹«

8 Als Paul Heyse an diesem Kamel Anstoß nahm, hat Keller am 27. Juli 1881 betont, daß »es mit der Katastrophe der kleinen Geschichte verwachsen ist«. Offenbar so sehr, daß Keller nicht auf die Erwägung zurückgekommen ist, »für eine andere, weniger verpönte Grobheit [zu] sorgen«.

9 Siehe H. Anton: Mythologische Erotik, S. 84.

10 Eine Beziehung auf Immermanns »Gesellschaftsnovelle« »Der neue Pygmalion« machen H. Anton (Mythologische Erotik, S. 90) und A. Dinter (Der Pygmalion-Stoff in der europäischen Literatur. 1979. S. 131-137) geltend; s. Anton auch zum Pygmalion-Motiv bei Auerbach und Immermann (S. 90 ff.).

11 Darüber handelt sehr perspektivenreich K. K. Polheim: Der gezielte Zufall. Ein Versuch über G. K.s »Regine«. In: Wissen aus Erfahrungen. Werkbegriff und Interpretation heute. Festschrift für Herman Meyer zum 65. Geburtstag. Tübingen 1976. S. 541-560.

12 Vgl. den Brief an Wilhelm Petersen vom 25. Juni 1878 und den Kommentar II/2, 166 f.

13 Schiller, »Kabale und Liebe«, 1. Akt. 4. Szene.

14 Siehe den Erzählerkommentar XI, 118 f.

15 J. v. Eichendorff. Werke in 1 Bd. Hg. W. Rasch. 4. A. München 1971. S. 170.

16 Zum Motiv vgl. Anm. 23 des Kapitels über die »Züricher Novellen«. Man

denke auch an den »Reitersmann« in »Regine« (XI, 70). – Beim Blick auf August Strindbergs Drama »Der Vater«, das auch von der Entmachtung eines Rittmeisters erzählt, läßt sich ermessen, was über abgrundtiefe individuelle Unterschiede hinweg eine Epochenkonstante ist. »Der Vater« ist 1887 uraufgeführt, sechs Jahre nach Erscheinen des »Sinngedichts«.

17 Heyse nennt die Bestrafung »barbarisch«, Storm spricht von einer »Roheit« und bringt sie klarsichtig in seinem Brief vom 15. Mai 1881 mit der tiefen Resignation in Verbindung, die über dem grünen Heinrich und Dortchen, Landolt und Figura Leu liegt. Kellers Briefantworten erfolgen am 27. Juli und am 16. August 1881. Siehe Dichter über ihre Dichtungen, S. 381 und 385. – B. Allemann untersucht eine Grenzmöglichkeit von Kellers Humor: G. K. und das Skurrile. Eine Grenzbestimmung seines Humors. In: Jahresbericht der G. K.-Gesellschaft 28. 1959. Zürich 1960. S. 1-16. Er spricht dabei zwar von »chaotisch-unterschwelligen Impulsen«, die ans Licht treten (S. 3), fragt diesen aber nicht beim Autor, sondern nur bei seinen Figuren nach. Jedenfalls lehnt er die Anwendung tiefenpsychologischer Kategorien ab und beschränkt sich auf den Nachweis der Integration des Skurrilen in Kellers Epik. Die Kritik Storms und Heyses macht die Integration aber doch zumindest punktuell fragwürdig.

18 Die Tragik des Oheims wird von E. May betont: G. K.s »Sinngedicht«. Eine Interpretation. Bern und München 1969.

19 Vgl. H. Rahner: Griechische Mythen in christlicher Deutung. Zürich 2. A. 1957. S. 89 ff.

20 Schon in den »Drei gerechten Kammachern« wird die von ihrer Sexualität überwältigte Züs einem Käfer verglichen; s. S. 326 dieses Buches.

21 Zur Sexualsymbolik der Szene zwischen Reinhart und Lucie s. H. Petriconi: »Le Sopha« von Crébillon d. J. und Kellers »Sinngedicht«. In: Romanische Forschungen 62. 1950. S. 350-384.

22 Daß der Handwerksbursche das Liebeslied Goethes als Ehelied singt – er steht ja unmittelbar vor der Verheiratung –, unterstreicht: die Ehelichkeit der Liebe ist Kulturnatur. Daß der Sozialismus von Keller nicht als Ideologie einer unterdrückten Klasse, sondern als Ausdruck der um sich greifenden Unnatur verstanden wird, zeigt der Seitenhieb bei dieser Gelegenheit: Der Schuster singt »nichts Minderes als Goethes bekanntes Jugendliedchen ›Mit einem gemalten Bande‹, welches zu jener Zeit noch in ältern, auf Löschpapier gedruckten Liederbüchlein für Handwerksbursche statt der jetzt üblichen Arbeitermarseillaisen und dergleichen zu finden war . . .« (XI, 376 f.).

23 Der »allgemeine Vertilgungskrieg« ist eine an der Natur gewonnene Kategorie, die auf Darwins in den »Züricher Novellen« zitierte Formulierung vom Kampf ums Dasein zurückgeht (IX, 131), aber sie radikalisiert. Im Unterschied dazu ist das alte vielzitierte Plautus-Wort »lupus homo homini« (Asinaria II. 4, 88) eine genuin anthropologische Aussage, die lediglich mit einer Metapher aus dem Tierreich formuliert wird. In »Martin Salander« werden noch dreimal Schlagwörter des Darwinismus in aufschlußreichem

Zusammenhang zitiert: Der Betrüger Wohlwend beruft sich auf den »Kampf ums Dasein« (XII, 70) und der Salandersohn zitiert spöttisch die »Selektionstheorie« (113); desgleichen Marie Salander (364).

24 Ludwig Feuerbach: Sämmtliche Werke, neu hrsg. von W. Bolin und F. Jodl. Bd 2. Stuttgart 1904. S. 310 (Grundsätze der Philosophie der Zukunft. § 48). A. Schmidt (Emanzipatorische Sinnlichkeit, S. 14) weist von philosophischer Seite auf die Berührung der Feuerbachschen Philosophie mit dem poetischen Realismus hin. Ganz von Feuerbach her wird Keller bei G. Lukács (G. K. 1947) gesehen. – Ich kann mich nicht entschließen, mit H. Anton die Realismusdebatte aus der Keller-Forschung zu verbannen (Mythologische Erotik, S. 18). Anton verwendet dazu das Argument D. Henrichs, Kunst sei kein Modus der »Aneignung von Welt«, sondern höchstens »die Darstellung der Aneignung selbst« (D. H.: In: Nachahmung und Illusion. Hg. H. R. Jauss. München 1964. S. 225). Damit ist aber das Realismusproblem nicht erledigt, sondern nur verschoben in einen Bereich der poetischen Bearbeitungsweisen von Welterfahrung. Sowohl die Weisen der Erfahrung wie die Weisen der Bearbeitung der Erfahrung sind an historisch spezifische Situationen als Bezugs- und Ermöglichungsrahmen gebunden. H. Blumenberg (Wirklichkeitsbegriff und Möglichkeit des Romans. In: Nachahmung und Illusion, S. 9-27; dort S. 13, 24) spricht vom »Wirklichkeitsbegriff der erfahrenen Widerständigkeit des Gegebenen«. Er »tritt am Roman heraus als das Auseinanderbrechen der Bezogenheit und Beziehbarkeit der perspektivischen Aspekte aufeinander«. Blumenberg ordnet Jean Pauls humoristischen Roman »Der Komet« diesem Wirklichkeitsbegriff zu. Sofern bei mir Kellers Humor als Stilprinzip gebrochener Vermittlungen verstanden wird, läßt sich Blumenbergs Argumentation auch für Keller in Anspruch nehmen. – Die jüngsten Beiträge zur Frage des Realismus bei Keller sind: J. Rothenberg: G. K. Symbolgehalt und Realitätserfassung seines Erzählens. Heidelberg 1976, und I. Graichen: Der frühe G. K. Menschenbild und poetische Konzeption. Frankfurt 1979. Rothenberg bestreitet einen Realismus Kellers unter Hinweis auf Verschleierungstendenzen und Aussparung zentraler Felder sozialer Wirklichkeit im 19. Jahrhundert. Graichen hält an einem Realismus Kellers fest, indem sie von Verklärung statt Verschleierung spricht und Bezüge von Kellers Werk auf die gesellschaftliche Situation der Zeit herausarbeitet. Auch H. Meier (G. K.s »Grüner Heinrich«. Betrachtungen zum Roman des poetischen Realismus. Zürich und München 1977) schlägt Keller mit vorwiegend inhaltlichen und weltanschaulichen Argumenten dem Realismus zu. E. Staiger rückt Keller in »Urlicht und Gegenwart« vom Realismus ab (E. S.: Spätzeit. Studien zur deutschen Literatur. Zürich und München 1973. S. 247-267). – Für Kellers Ort im Zusammenhang der Epoche s. F. Martini: Deutsche Literatur im bürgerlichen Realismus. 3. A. Stuttgart 1974. Einen guten Überblick über die wissenschaftliche Realismusdebatte gibt der Forschungsbericht von H. Aust: Literatur des Realismus. Stuttgart 1977 (= Sammlung Metzler Bd 157).

25 Heine. Sämtliche Werke. Hg. E. Elster. Leipzig und Wien o. J. Bd 4. S. 72.

26 F. Th. Vischer: G. K. In: F. Th. V.: Altes und Neues. 2. Heft. Stuttgart 1881. S. 135-216; dort S. 156.

27 August Ludwig von Rochau: Grundsätze der Realpolitik, angewendet auf die staatlichen Zustände Deutschlands. Stuttgart 1853.

28 Zum Zusammenhang s. R. Luck: G. K. als Literaturkritiker. Bern und München 1970. Auch des *Begriffs* Realismus als literarischer Kategorie bedient sich Keller sehr distanziert, s. XXII, 161 f. – F. Sengle kritisiert in seinem monumentalen Werk zum Biedermeier die mangelnde Berücksichtigung zeitgenössischer Äußerungen zum Realismus durch die Realismusforschung, die dadurch weit hinter dem Stand der Klassik- und Romantikforschung zurückbleibe. Doch auch wenn es zum Realismus einflußreiche und ausführliche zeitgenössische Theorien gibt, bleibt festzuhalten, daß im Unterschied zu Klassik und Romantik gerade die bedeutendsten Autoren am wenigsten theoriefreudig waren. »Aber ich fange bald an zu theoretisieren über meine eigenen Sachen wie weiland Friedrich Hebbel, Ihr Landsmann«, unterbricht Keller in einem Brief vom 18. Juli 1877 an Wilhelm Petersen seine Rechtfertigung des »Landvogts« gegen Einwände des Briefpartners. Und nicht einmal die Klassik- und Romantikforschung kann sich auf die Extrapolation der Theorien der Autoren und ihrer Zeitgenossen beschränken! Im Falle des Realismus, speziell Kellers, würde man bei einem solchen Verfahren an den Kern der Werke nicht herankommen. (F. S.: Biedermeierzeit. Bd 1. Stuttgart 1971. S. 257 ff.; Bd 3. Stuttgart 1980. S. 1047 ff.).

29 Keller spricht in einem Brief an Julius Rodenberg schon am 2. Dezember 1880 davon, »daß man ab und zu die Freiheit der unmittelbaren Poesie, sozusagen das reichsunmittelbare Genre, wahren oder wieder erobern sollte.« Auch an Kellers Wort über den »Terrorismus des äußerlich Zeitgemäßen« zu Friedrich Theodor Vischer am 19. Mai 1872 kann in diesem Zusammenhang gedacht werden.

30 H. Friedrich: Drei Klassiker des französischen Romans. Stendhal. Balzac. Flaubert. 7. A. Frankfurt 1973. S. 105.

Martin Salander oder die Muse des Realismus

1 Zur Gesellschaftskritik s. R. v. Passavant: Zeitdarstellung und Zeitkritik in G. K.s »Martin Salander«. Bern 1978.

2 Ich verweise zur Problemlage nochmals auf R. Brinkmann: Wirklichkeit und Illusion. Studien über Gehalt und Grenzen des Begriffs Realismus für die erzählende Dichtung des 19. Jahrhunderts. 3. A. Tübingen 1977. A. Hauser (G. K. Geburt und Zerfall der dichterischen Welt. Zürich 1959) sieht Kellers Spätwerk generell im Zeichen des Zerfalls. Erstaunlich hell und ganzheitlich – als idyllischem Anschauen entspringendes Raumbild der Gesellschaft – wird

der Roman von M. Merkel-Nipperdey gesehen (G. K.s »Martin Salander«. Untersuchungen zur Struktur des Zeitromans. Göttingen 1959).

3 Zum Namen s. R. Gerber: Wege zu G. K.s letztem Namen. 1964. S. 321.

4 Hier und im folgenden verdanke ich K. Pestalozzis Manuskript »G. K.s Widerruf im ›Martin Salander‹« wichtige Anregungen. – Nicht nur die Feste, auch der Friedhof sowie der Delphinen- und Tritonenbrunnen sind im »Martin Salander« verkommen: der Friedhof (XII, 374 f.) im Verhältnis zum »Grünen Heinrich«, der Brunnen (124) im Verhältnis zum »Sinngedicht«. Partienweise wirkt »Martin Salander« wie ein Kehraus Kellerscher Motive. Vgl. auch den volkstümlich entstellten Klassiker Goethe am Ende des »Sinngedichts« und den dumm verballhornten Klassiker Schiller in »Martin Salander« (18 f.).

5 Vgl. R. Würgau: Der Naturbegriff im Werk G. K.s. Tübingen 1970. S. 296.

6 Vgl. W. Hellmann: Objektivität, Subjektivität und Erzählkunst. Zur Romantheorie Friedrich Spielhagens. In: Begriffsbestimmung des literarischen Realismus. Hg. R. Brinkmann. Darmstadt 1974. S. 86-159. Keller äußert sich am 30. Januar 1882 zu Paul Heyse unwillig über seine Lektüreversuche von Spielhagens Romantheorie.

7 Keller hat sich intensiv mit E. T. A. Hoffmann auseinandergesetzt. Siehe sein Tagebuch vom 9. Juli 1843 (XXI, 38 ff.).

8 A. Muschg: G. K. 1977. S. 302 ff. Zum Märchen vgl. auch R. Würgau: Der Naturbegriff im Werk G. K.s. 1970. S. 296.

9 G. K.s Werke in zehn Teilen. Hg. M. Zollinger. Bd 9/10. Teil 10. S. 330.

Die Lyrik oder der Schatz im unzugänglichen Keller

Der rückwärts singende Mund

1 Siehe II/2, 40 und XIV, 305 f. – Alle Gedichte sind mit Titel zitiert, soweit verhanden. Die Bandzahlen I und II der historisch-kritischen Ausgabe bezeichnen die Ausgabe der »Gesammelten Gedichte« (1883). Wo andere Bandzahlen beim Zitat stehen, handelt es sich um frühere Fassungen dort aufgenommener Gedichte oder um solche Gedichte, die in die »Gesammelten Gedichte« nicht aufgenommen worden sind. Soweit es nicht gerade auf die Textdifferenz zwischen Endfassung und Frühfassung ankommt, zitiere ich möglichst immer die »Gesammelten Gedichte«, weil deren Text leichter zur Hand ist.

2 Eine vergleichbare Gegenüberstellung von lebensfeindlichem Christentum und »sel'gen Inseln« findet sich im Gedicht »Der Kirchenbesuch« (I, 98 f.).

3 Auch der männliche Nix kommt in Kellers Lyrik vor – in dem Gedicht »Plauderwäsche« (XV/2, 27).

4 Der Kommentar des historisch-kritischen Ausgabe (II/2, 74) meint: »Das

Motiv der Parabel ist wohl die Vaterlandsliebe des Schweizers.« Auch wenn diese Deutung stimmen sollte, kann als Unterton des Gedichts ein privater Tiefsinn gelesen werden.

5 Der biographische Anstoß dürfte wohl in der Tagebucheintragung vom 8. August 1843 zu finden sein: »Wie lieblich und unschuldig aber klingt der Gesang einer benachbarten Mädchenschule zu mir herüber. Wie mächtig ergreifen mich diese wohlbekannten und doch längst vergessenen Kinderlieder, aus denen des Schulmeisters leitende Stimme ganz patriarchalisch herausschallt. Ein bißchen Berg und Wald guckt kümmerlich noch über die alten Dächer, hinter denen das Kind einst die Welt abgeschlossen glaubte. Das kleine Stück Berg war mir dann ein fernes, unerreichbares Amerika oder Ostindien. Wie anders jetzt, wo mir die glückliche Ruhe und Stille der Kindheit und die Abgeschiedenheit des Vaterhauses ewig unerreichbar geworden sind! – Und doch war eigentlich das Kind auch nicht ruhig und befriedigt; aber das friedliche Ergeben war sein! –« (XXI, 56 f.). Die Arbeit am Zyklus beginnt am 2. September 1843 (XIII, 394). Auch in der Erstfassung des »Grünen Heinrich« taucht »jener ängstliche Traum« noch einmal auf (XIX, 29; A 4, Kap. 2). Vgl. dagegen das Glücksbild XIV, 178.

6 Ich verweise an dieser Stelle nochmals auf A. Dürst: Die lyrischen Vorstufen des »Grünen Heinrich«. Bern 1955.

7 So nennt eine Notiz aus den Vorarbeiten zum »Grünen Heinrich« den späteren Lys, der hier noch den Namen Georg trägt, einen »Charakter, welcher, äußerlich und innerlich zu stark begünstigt und genährt, zu rasch, zu glänzend lebt und reüssirt und sich schon in frühster Jugend überholt und stirbt« (XIX, 347).

8 W. Muschg: Umriß eines G. K.-Porträts. In: W. M.: Gestalten und Figuren. Bern und München 1968. S. 148-208; dort S. 180, 161.

9 Für die »Gesammelten Gedichte« hat Keller das Gedicht von 1851 gemildert durch Einführung eines Rahmens, in dem ein Entenjäger als Erzähler auftritt. Dazu kommt die Überschrift: »Stilles Abenteuer« (II/1, 142).

10 Zur ruhenden Zeit G. K.s vgl. E. Staiger: Die Zeit als Einbildungskraft des Dichters. Untersuchungen zu Gedichten von Brentano, Goethe und Keller. 2. A. Zürich 1953. Auch Staiger betont die Bindung von Kellers Werk an die eigene Jugend (s. ebd. S. 202). Zum Motiv »Das viel ersehnte Heldenkind« s. K. Fehr: G. K. 1972. S. 67-74. Überhaupt ist Fehrs Sammelband besonders für Kellers Lyrik ergiebig.

11 Vgl. das Mutterlied in den Heimkehrträumen des grünen Heinrich (VI, 122; B 4, Kap. 7) oder »Lebendig begraben«, Nr. XV (XIV, 175 ff.).

12 Mit der Bedeutung des Waldes als Sinnbild des Volkes hängt die negative Bedeutung des Bäumefällens zusammen, die sich außer in der Epik (»Das verlorene Lachen«; der Pate Jacques in den »Züricher Novellen«; die Prosaskizze »Das Gewitter« [XX, 77-84]) auch in der Lyrik bekundet. So »In der Stadt« II (I, 124) und »Weihnachtsmarkt« (s. S. 628 ff. dieses Kapitels). Positiv ist das Baumfällen nur da, wo es um die Bestimmung zum Freiheitsbaum geht (»Der Freiheitsbaum« XIV, 218).

13 Schon E. Staiger bezieht den Zyklus auf den gefrorenen Christen und Kellers Epigonenbewußtsein (Die Zeit als Einbildungskraft, S. 199 ff.). Vgl. ferner L. Gessler: Lebendig begraben. Studien zur Lyrik des jungen G. K. Bern 1964. S. 84 ff. Das Motiv findet sich auch bei anderen Autoren der Zeit, so bei Uhland; im März 1844 notierte sich Keller Uhlands Verse im Tagebuch, die für Entstehung und Grundgedanken des Zyklus wichtig sind. Siehe Ermatinger I, S. 132. Dort auch über den äußeren biographischen Anlaß, wie ihn Keller berichtete.

14 Siehe Dichter über ihre Dichtungen, S. 250. Auch sonst betont Keller das Fiktive, Nichterlebte seiner Liebesgedichte. Vgl. XXI, 17 und den Brief an Ferdinand Freiligrath vom 22. September 1850. Etwas differenzierter äußert sich der Brief an Johann Salomon Hegi vom 10. Mai 1846. Es liegt auf der gleichen Linie, daß Keller immer wieder das frei Erfundene der Liebesgeschichten im »Grünen Heinrich« heraushebt – so gegen Holger Drachmann am 12. September 1883; gegenüber Adolf Frey (Dichter über ihre Dichtungen, S. 214); gegen Wilhelm Petersen am 21. April 1881 und in der Autobiographie von 1876 (XXI, 21). Zum Gedichttext s. S. 413 dieses Buches.

15 Im Gegensatz zu mir wertet H. Politzer in seiner Interpretation des Gedichts die Zweitfassung bei weitem höher. In: Frankfurter Anthologie 3. Hg. M. Reich-Ranicki. Frankfurt 1978. S. 95-98.

16 C. L. Schleich: Besonnte Vergangenheit. Lebenserinnerungen. (1859-1919). Berlin 1924. S. 129.

17 In der Bearbeitung I, 36 heißt es »singen« statt »lullen«.

18 Ausführlich interpretiere ich diese Gedichte in dem Beitrag: Eine schöne Bescherung. Ein Gedicht-Paar Gottfried Kellers. In: europalyrik. 1775 bis heute. Hg. K. Lindemann. Paderborn voraussichtlich 1981.

19 Der mißliche Albertus Zwiehan wird durch einen ähnlichen Eindruck in seine Lebenswirren gestürzt: »Der ganze Raum füllte sich . . . mit ihren Hemden, Strümpfen, Busentüchern und Nachthäubchen, und da eine frische Brise aufging, begann das blütenweiße Zeug . . . mutwillig zu flattern . . . die wie von Luftdämonen beseelten Weiberhülsen säuselten sachte hin und her, bis ein Windstoß sie plötzlich emporwirbelte, die langen weißen Strümpfe gleich Geisterbeinen um sich stießen . . .« (V, 115 f.; B 3, Kap. 10). Ausgesprochen voyeuristisch ist das Thema in dem Gedicht »Plauderwäsche« von 1849 behandelt, das Keller nicht veröffentlichte (s. XV/2, 27 und die in einer Abschrift der sechziger Jahre unterdrückte Strophe XV/2, 208).

20 Siehe den Artikel »Wendel« im Grimmschen Wörterbuch und zum Folgenden den Artikel »Wendehals« in Trübners Deutschem Wörterbuch.

21 Siehe H. Friedrich: Die Struktur der modernen Lyrik. Von der Mitte des neunzehnten bis zur Mitte des zwanzigsten Jahrhunderts. Erweiterte Neuausgabe. Reinbek bei Hamburg 1967. Das Zitat S. 71. Das Gedicht ist zweisprachig abgedruckt in der Ausgabe:. A. R.: Sämtliche Dichtungen. Hg. und übertragen von W. Küchler. 5. A. Heidelberg 1978. S. 64 f.

22 A. R.: Une saison en Enfer. Abschnitt Adieu. Sämtliche Dichtungen, S. 322 f.

23 Ein weiteres Beispiel für das Abschneiden des Wortes ist das Erzählgedicht »Ein Schwurgericht«, das einen Kindesmord durch einen achtzehnjährigen Burschen zu verhandeln hat. Motive werden beigebracht, der Tathergang wird rekonstruiert. Trotzdem steht am Ende:

»Der Wahrspruch fiel, die Sühne ward bemessen;
Doch aus der Untat wurde Keiner klug.« (II/1, 189).

24 Hierher gehört die Episode vom Weih und vom Eidechs in »Lebendig begraben« (XIV, 175 ff.) – Träume von gesellschaftsferner Geborgenheit in einem herrlichen Wald, der doch auch – Lieferant von Sargbrettern ist.

Der Apotheker von Chamouny oder ein Dichterleben

25 C. L. Schleich: Besonnte Vergangenheit. Berlin 1924. S. 128 f.
26 Zur Bedeutung Lenaus für Keller s. M. Stern: Zu Lenaus Wirkung in der Schweiz: G. K. und Heinrich Leuthold. In: Lenau-Forum. Jg. 11. 1979. S. 19-28.
27 Einleitung von J. Fränkel zu Bd XIV der historisch-kritischen Ausgabe S. XXXII.
28 Das betont auch E. Staiger: Die Zeit als Einbildungskraft, S. 204. Kellers eigenes Verhältnis zu seiner Lyrik war distanziert. So äußerte er gegenüber Emil Kuh am 28. Juli 1872: »Daß Sie meine Gedichte nicht lieben, ist ganz in der Ordnung; ich tue es auch nicht.« Allerdings darf der taktische Zug in solchen Äußerungen Kellers zu seinen Werken nicht übersehen werden.
29 Zur Entstehungsgeschichte s. K. T. Locher: G. K.s »Der Apotheker von Chamounix«. Versuch einer Rettung. In: Jahrbuch der Deutschen Schillergesellschaft 16. 1972. S. 483-515. Der Rettungsversuch Lochers besteht allerdings lediglich im Nachweis, daß der »Apotheker« die dichterische Ausformung einer Krise Kellers ist.
30 In der Zweitfassung des »Apothekers« taucht die Frau, nämlich eine englische Touristin, auch als »grause Gletscherspinne« auf (II/1, 207).
31 Die Parallele zu Wilhelm zieht L. Wiesmann: G. K.s »Sieben Legenden«. In: Schweizer Monatshefte. 39. 1959/60. S. 1201-1215; dort S. 1204.
32 Eine weitere Schreckensgestalt findet sich in der Zweitfassung des »Apothekers«: Hat der kleine grüne Heinrich den Wachsföten in der Flasche Lebensläufe zudiktiert, so ist in der Apotheke als Diener ein Zwerg tätig, »fast so breit als hoch« (II, 212 f.), der die eifersüchtige Geliebte seines Herrn zu einem »Embryönchen« führt:

»Spannelang und ganz verhutzelt,
In dem trüben Spiritus,
In dem staubbedeckten Glase.«

Von diesem »Persönchen« erzählt der Diener mit feinem Grinsen einen lügenhaften Lebenslauf. Abermals eine Transformierung der Konstellation findet sich im »Männchen ... weiß und starr« (xv/1, 284), das die Büßer in den Eiskristallen bewacht, während sie »still gekauert, wie das Kind im Mutterleibe« sitzen (286): Hier erscheint der Eiszapfen als anderes Glasgehäuse, in dem gefrorene Christen aufbewahrt werden.

33 Ich verweise auf meine Interpretation der »Römischen Elegien«: Wandrer und Idylle. Die zyklische Ordnung der »Römischen Elegien«. In: G. Kaiser: Wandrer und Idylle. Göttingen 1977. S. 148-174.

34 Ermatinger I, S. 676.

35 Im »Gruß der Sonne« (I, 29 f.) erschien diese als kunstvolle Weberin, aber die Weberin war noch nicht ausdrücklich dem Künstler, das Weben nicht ausdrücklich der Spinne zugeordnet. Hier geschieht beides. Die Metapher vom Weben verbindet Goethe und Keller. Wie Goethe kann Keller die Wirklichkeit selbst nach »Faser und ... Textur« als Gewebe auffassen (XIX, 60). Am 28. Mai 1876 spricht er zu Julius Rodenberg von der »sanfte[n] aber eiserne[n] Textur der Lebenstage«. Von seinem Schreiben redet er brieflich wiederholt in Bildern des Spinnens und Webens. So zu Ludmilla Assing am 5. Juli 1857; zu Emil Kuh am 15. Mai 1876; zu Marie von Frisch am 20. Mai 1882. Auch beim »Spintisieren« (an Emil Kuh am 6. Dezember 1874) mag nicht nur Christian Morgenstern in den »Galgenliedern« die Verknüpfung zum Spinnen herstellen: »Das Weiblein mit der Kunkel. Es spinnt und spinnt. Was spinnt es wohl? Es spinnt und spintisieret.« Goethes Altersgedicht »Antepirrhema« sieht die Welt als Gewebe aus dem Zettel der Natur und dem Einschlag Gottes. Der Erdgeist in »Faust I« sitzt am »sausenden Webstuhl der Zeit« und webt »der Gottheit lebendiges Kleid«. Der Weber wird in Goethes »Vorspiel am 19. 9. 1807« als »Schöpfer« bezeichnet. Wichtig ist, daß dem Weben bei Goethe allemal ein Moment männlicher Aktivität und bewußter Schöpferkraft zukommt. Vgl. zum Weben bei Goethe und Keller H. Anton: Mythologische Erotik, S. 100. – In den Sonnenaugen Goethes und im Tanz der Klassiker ist ein weiteres Motiv Kellers aus dem Zwielicht ins Licht gerückt: Im frühen Gedicht »Irrlichter« (XIII, 118) schweben tanzend die leuchtenden Augen der Geliebten als Irrlichter vor dem Wandrer her.

36 In den »Gesammelten Gedichten« ist der »Abgesang« bearbeitet unter dem Titel »Das große Schillerfest von 1859« (II, 191).

Register

In die folgenden Register sind nur wichtigere Belege aufgenommen. Das Personen- und Sachregister enthält nur eine Auswahl von Namen. Personen werden nicht verzeichnet, wo sie nur als Briefempfänger im Text vorkommen.

Personen- und Sachregister

Werkregister

Aufsätze, Rezensionen

Bildnachweise

Abb. 1: American Paintings 1850-1950. Katalog der Berry-Hill Galleries. Inc. New York 1981. S. 13
Abb. 2: Grégoire Le Roy: James Ensor. Brüssel, Paris 1922. S. 82
Abb. 3: Aubrey Beardsley: Zeichnungen. Wiesbaden 1977 (ohne Seitenzählung)
Abb. 4: Werner Timm: Edvard Munch. Graphik. Berlin 1969. Tafel 35
Abb. 5: Kindlers Malerei Lexikon. Bd. 3. S. 318
Abb. 6: Daniel Chodowiecki. Bürgerliches Leben im 18. Jahrhundert. Ausstellungskatalog Städelsches Kunstinstitut u. Städtische Galerie Frankfurt. 8. Juni 1978 bis 20. August 1978. S. 161
Abb. 7: Honoré Daumier. Mesdames. 100 Lithographien. Hg. Christian Strich. Vorwort Klaus Schrenk. Zürich 1980. S. 95
Abb. 8: Foto Schack-Galerie München
Abb. 9: Foto Louvre, Paris
Abb. 10: Johannes Grützke. Katalog Neuer Berliner Kunstverein 1974 (ohne Seitenzählung)
Abb. 11: Courbet und Deutschland. Katalog Hamburger Kunsthalle 1978. S. 610
Abb. 12: Kladderadatsch. Humoristisch-satyrisches Wochenblatt. Berlin. Jg. 10. Nr. 51/52 vom 8. 11. 1857. S. 205
Abb. 13: Paul Schaffner: G. K. als Maler. Gottfried Keller-Bildnisse. Zürich 1942. Abb. 79
Abb. 14: Gottfried Keller: Sämtliche Werke. Histor.-krit. Ausgabe. Bd. XIV. S. 374
Abb. 15: A. Čelebonović: Bürgerlicher Realismus. Berlin 1974. S. 82
Abb. 16: Günter Böhmer: Die Welt des Biedermeier. München 1968. S. 105
Umschlag vorn: Gottfried Keller. Gemälde von Karl Stauffer – Bern. (1886). Leihgabe der G. K.-Stiftung Bern im Kunsthaus Zürich
Umschlag rückseitig: Gottfried Keller. Sämtliche Werke. Histor.-krit. Ausgabe. Bd. XXII, Falttafel Anhang

Quellenangaben zu den Motti auf Seite 7:

Jorge Luis Borges: Borges und ich. Gedichte und Prosa. Übersetzt von K. A. Horst. München 1963. S. 126.
Peter Handke: Die Lehre der Sainte-Victoire. Frankfurt 1980. S. 99.
Max Frisch: Montauk. Frankfurt 1980 (Bibliothek Suhrkamp 21.-28. Tausend). S. 156.